SHANGHAIJIAOYUCONGSHU
上海教育丛书

《上海教育丛书》编委会 主编

足迹

——上海教育故事

上

上海教育出版社

前 言

建设一流城市，需要一流教育。办好教育，最根本的是要建设好教师队伍和学校管理干部队伍。

在长期的教育实践中，上海市涌现了一大批长期耕耘在教育第一线呕心沥血、努力探索，积累了丰富经验的优秀教师；涌现了一批领导学校卓有成效，有思想、有作为的优秀教育管理工作者。广大优秀教育工作者教育教学和管理工作的经验，凝聚着他们辛勤劳动的心血乃至毕生精力。为了帮助他们在立业、立德的基础上立言，确立他们的学术地位，使他们的经验能成为社会的共同财富，1994 年上海市领导决定，委托教育部门负责整理这些经验。为此，上海市教育局、上海市中小学幼儿教师奖励基金会组织成立《上海教育丛书》编辑委员会，并由吕型伟同志任主编，自当年起出版《上海教育丛书》(以下称《丛书》)。1995 年上海市教育委员会成立后，要求继续做好《丛书》的编辑出版工作。2008 年初，经上海市教育委员会领导同意，调整和充实了《丛书》编委会，并确定夏秀蓉同志任执行主编，协助主编工作。2014 年底，经上海市教育委员会领导同意，调整和充实了《丛书》编委会，确定尹后庆同志担任主编。至 2019 年 10 月，先后共编辑出版《丛书》128 册。《丛书》的内容涵盖了基础教育和中等职业教育的各个方面，包含有较高理论水平和学术价值的著作，涉及中小学教育、学前教育、师范教育、职业教育、校外教育和特殊教育，以及学校的领导管理与团队工作，还有弘扬祖国优秀文化、促进国际教育交流等方面的著作，体现了上海市中小学教育改革与发展的轨迹，体现了上海市中小学教育办学的水平与质量，体现了优秀教师和教育工作者的先进教育思想与丰富的实践经验。《丛书》出版后，受到广大教师、教育工作者及社会的欢迎。

为进一步搞好《丛书》的出版、宣传和推广工作，对今后继续出版的《丛书》,我们将结合上海教育进入优质均衡、转型发展新时期的特点,更加注重反映教育改革前沿的生动实践,更加注重典型性、实用性和可读性。希望《丛书》反映的教育思想、理念和观点能起到抛砖引玉的作用,引发大家的思考、议论和争鸣;更希望在超前理念、先进思想的统领下创造出的扎实行动和鲜活经验,能引领当前的教育教学改革工作,使《丛书》成为记录上海教育改革历程和成果的历史篇章,成为广大教师和教育工作者的良师益友。限于我们的认识和水平,《丛书》会有疏漏和不尽如人意之处,诚恳地希望广大读者提出宝贵意见,帮助我们共同把《丛书》编好。

《上海教育丛书》编委会

2019 年 10 月

序

教育是国家发展、民族振兴的奠基石。回望中华人民共和国成立70年来上海教育走过的道路,完全能从这句话中得到印证。

抗战时期我在革命根据地参加了教育工作。中华人民共和国成立以后,长期在上海教育战线的不同岗位工作,亲眼见证了新中国教育的重生、改革开放后教育的崛起以及新世纪教育现代化的奋进。可以说,上海教育(主要是指基础教育)这70年的发展历史始终体现了在党的领导下上海广大教育工作者积极进取、奋发有为的创业精神,勇立潮头、勇攀新高的创新品质和育人为本、科学发展的专业涵养。从某种程度上说,上海教育的发展历程也就是中国教育现代化历程的缩影。

当然,上海教育的发展历史还应该追溯到近代。作为一座近代史上的新兴城市,上海在近代中国教育史和学校发展史上却占有主导地位。近代中国教育开创性的改革和实践,大多数来自于上海。中国人创办的第一所近代新式小学,中国人创办的第一所中学,中国近代史上最早系统传授西方自然科学知识的学校,中国第一所特殊教育学校,最早成立的专门教研机构,全国职业教育的发源地……上海拥有许多中国基础教育的"最早""第一"和"率先"。

新中国成立后,在党和人民政府的大力推动下,上海教育的规模迅速扩大,普及程度不断提高。20世纪50年代以来,上海的基础教育为构建社会主义教育体系,为培养坚持社会主义方向、德智体全面发展的优秀人才发挥着重要的奠基作用,在教育改革中也提供了许多影响全局的重要经验,为社会主义事业培养了一大批栋梁之材,他们在中国的政治、经济、科技、文化等各个领域内承担着或承担过重任。

改革开放后,上海进入了快速发展的时代。上海始终把"办好每一所学校、教好每一个学生、成就每一位教师"作为重要发展目标,希望为每一个孩子,包括残疾儿童、超常儿童等有特殊需要的儿童,扣好人生第一粒扣子,播下终身可持续发展的种子。同时，面向21世纪，上海基础教育的改革呈现出超前布局、整体联动的态势，在全国继续产生着先导和引领作用。改革开放以来，几乎每隔十年，上海就有一些学校或者改革项目在全国产生广泛影响，这些学校以厚实的传统积淀和前瞻的改革实践成了教育改革的先行者、教育思想的策源地、教育探索的试验田。

在上海基础教育领域，先有陶行知、陈鹤琴、段力佩、吕型伟等老一辈教育家，后有“人民教育家”于漪以及唐盛昌、顾泠沅、仇忠海、刘京海、倪谷音、郭宗莉、张志敏、卞松泉、封莉容等教育名家，还有一大批优秀的校长和教师共同见证并推动着上海教育的发展进程。

这些学校、校长和教师就是上海教育历史发展的中流砥柱。他们在历史的风雨沧桑中积淀着、变革着、创造着、发展着，在学校的课程教学、管理制度、队伍建设等领域取得了许多突破，他们的实践丰富了上海教育发展的辉煌历史。

今年是中华人民共和国成立70周年，站在历史的交汇点上，研究和剖析这些在上海教育发展史上留下过重要足迹、产生过重要影响的学校，重新感受那些推动教育改革发展的人和事，审视他们的发展过程和精神价值，无疑对迈向新时代的上海和中国具有重要的价值和深远的影响。

教育是任何时代进步的基础，也应该是任何时代的先行者。而经验告诉我们，教育发展的强大动力之一往往来自于一所所学校，一位位校长、教师的初心坚守，创新求索，砥砺奋进。率先迈向现代化的上海教育需要一代代教育工作者和一所所学校的长期坚守和接力创造。

希望循着这些足迹，能给今天承担重任的校长和教师们，了解上海基础教育学校的历史传统提供一些线索和导引，从中汲取一些养料和智慧，能够从这些故事中获得启迪和力量。因为当我们面对新时代新任务的时候，我们一定需要沿着历史的足迹继续前行，一定要继承和开拓，才能成为新时代改革的风向标、发展的排头兵，才能共同推动新时代的上海教育再铸辉煌。

原上海市教育局局长

姚庄行

目　录

（上）

群英荟萃

华东师范大学附属卢湾辅读实验学校："提灯女神"何金娣耕耘的特教新天地 …4

上海市上海中学：创新引领，迈向世界一流 …15

上海市育才中学：段力佩推动学校教改"三次飞跃" …28

上海市闸北第八中学：从"成功教育"到"委托管理"的创新之路 …41

上海市第一师范学校附属小学："愉快教育"从这里走向全国 …54

上海市静安区闸北第一中心小学：陈鹤琴创办的一所"童心"学校 …66

华东师大一附中：传承廖世承"研究型"学校文化 …78

上海市市东实验学校（上海市市东中学）：吕型伟教育理想的实践基地 …91

上海市杨浦高级中学:“人民教育家”于漪坚守的教育热土 ...102

上海市行知中学:根植校史,“学陶师陶”,再创新路 ...113

上海市青浦区实验中学:传承“青浦实验”的宝贵经验与科学精神 ...125

世纪风物

上海市大同中学:敢为人先、立己达人的百年求索 ...140

上海市第八中学:从首所女校到首探男子高中 ...152

上海市第十中学:近代女子教育的“教育兴国”之路 ...164

上海市格致中学:近代中国最早中西合办培养科技人才的新型学堂 ...175

上海市光明中学:培养“立足上海,胸怀祖国,放眼世界”的光明学子 ...189

上海市敬业中学:上海办学历史最悠久的学校 ...204

中华职业学校:我国近现代职业教育史上第一所现代中等职业学校 ...216

上海市黄浦区卢湾二中心小学:中国人自己开办的第一所女子小学 ...229

上海市黄浦区梅溪小学:中国人办的第一所新式小学 ...241

上海市南洋中学:沪上最早的民办新式中学 ...251

上海市南洋模范中学:百年薪火相传,“以立模范”之教 ...264

上海市徐汇中学:开创中国近代教育史上多个第一 ...275

上海市徐汇区建襄小学:三位家庭妇女创建的民办小学 ...285

上海市第三女子中学:女子教育的摇篮 ...295

上海市复旦中学:传承复旦文化的“根”与“源” ...308

上海市省吾中学:中共地下党创办的教育阵地 ...319

上海市盲童学校：上海唯一一所教育培养视力障碍学生的学校 ...330
上海市回民中学：上海唯一一所寄宿制民族完全中学 ...342
上海市久隆模范中学：全国第一所免费学校 ...351
上海市民立中学：中国最早的近代私立新式学校 ...362
同济大学附属七一中学："创"字引航促进学校发展 ...374
上海市聋哑青年技术学校：中国聋教史上诸多第一的开创者 ...384
上海市晋元高级中学：爱国主义精神的薪火相传 ...396
上海市北虹高级中学：跨越百年的艺术教育 ...408
上海市澄衷高级中学：名师辈出的百年高中 ...419
上海市复兴高级中学：复兴中华、求真创新的精神传承 ...428
上海市继光高级中学：坚持传播进步思想的百年名校 ...440
上海市吴淞中学：我国最早接受、实施国外"道尔顿制"的学校 ...451
上海市嘉定区普通小学：有着独特文化符号的百年老校 ...463
上海市浦东中学：底蕴深厚的上海首所现代完中 ...474
上海市浦东新区观澜小学："教育救国、学用结合"的百年兴学之路 ...487
上海市松江二中："云间书院"的百年跨越 ...499
上海市松江区泗泾小学："蒙以养正"的世纪传承 ...511
上海市松江区中山小学：领20世纪小学语文教改的风气之先 ...522
上海市奉贤区南桥小学：百年传承"文道统一，德才见长" ...534
上海市金山区廊下小学：精神文化内涵丰厚的百年乡镇小学 ...544
上海市金山区张堰小学："尚德明理"引领百年发展 ...557
上海市崇明中学：祖国第三大岛上的百年名校 ...569
上海市崇明区实验小学："诚朴敬爱"的悠久传统 ...580

(下)

时代弄潮

上海外国语大学附属大境中学:从体育兴校到现代化优质高中 ...4
上海市向明中学:从创造教育品牌发展到“创造文化” ...17
上海市实验小学:从贫民学校到“上海小学之优” ...28
上海市第四聋校:上海历史最悠久的听障学生教育学校 ...39
上海市徐汇区向阳小学:“兴趣教育”让孩子快乐成长 ...50
上海市长宁区江苏路第五小学:以“和谐教育”引领学校发展 ...63
上海市静安区教育学院附属学校:一所追求“轻负担、高质量”的学校 ...74
上海市静安区和田路小学:三十多年坚持创造教育 ...86
上海市虹口区第三中心小学:率先开启“少先队自动化”改革 ...97
上海市辛灵中学:“一个都不放弃,人人都能成功” ...107
上海市杨浦区控江二村小学:少年科学院小院士的摇篮 ...119
上海市嘉定区第二中学:融合人文的科技教育 ...129
华东师范大学第二附属中学:以卓越教育创新高中学段育人模式 ...138
上海市建平中学:“规范+选择,合格+特长”的育人追求 ...150
上海市实验学校:中小学十年一贯学制成为现实 ...160
上海市浦东新区育华(集团)学校:从工读学校到形成多元化办学新格局 ...172
上海市七宝中学:率先开展研究性学习的求索之路 ...184

人文芳华

上海市尚文中学:初中课程教材改革的尝试者 …198

上海市第五十四中学:以文化立校的公办完中 …207

上海师范大学附属中学:从美育实践到“发展教育”推动学生终身成长 …218

上海市世界外国语小学:“让学生走向世界,让世界走进学校” …230

上海市延安中学:促进全面发展的教改探索 …242

上海市市北中学:“勤、恕、勇”文化的百年传承 …253

上海市市西中学:好学力行的守正创新路 …264

上海市静安区第一中心小学:传承陈鹤琴先生“活教育”思想 …274

上海市曹杨二中:文理相通、人文引领 …286

上海市江宁学校:爱是最好的教育 …297

上海财经大学附属北郊高级中学:探索财经拔尖创新人才培养模式 …308

上海外国语大学附属外国语学校:培养外语外交人才的摇篮 …319

上海市虹口区曲阳第四小学:上海中小学第一所心理健康教育示范校 …331

复旦大学附属中学:将“育人”写在教育的旗帜上 …343

上海交通大学附属中学:思源致远,创生卓越 …355

上海市控江中学:自主、创新,托起“控江梦” …367

上海市同济中学:“同修仁德、济世养生”的百年坚守 …378

上海市杨浦区打虎山路第一小学:办老百姓家门口的好学校 …387

上海市嘉定区第一中学:办一所安静而丰富的学校 …398

上海市高桥中学:市郊学校民主管理的先行者 ...410

上海市进才中学:上海第一所高规格现代化寄宿制高中 ...421

上海市唐镇中学:百年老校的求索之路 ...433

上海市浦东新区第二中心小学:“全面发展　生动发展”的百年征程 ...444

上海市浦东新区梅园小学:传承百年的艺术教育探索 ...456

上海市浦东新区周浦小学:百年小学堂的教育追求 ...466

上海市闵行区七宝镇明强小学:自强不息、勇于超越的世纪求索 ...476

协和教育集团:“中西融合”的民办教育之探 ...488

上海市松江一中:根植传统的“四自教育” ...500

上海市青浦高级中学:在坚守与创新中“磨炼” ...513

上海市朱家角中学:水乡名校,惠泽代代学子 ...525

上海市青浦区实验小学:上海郊县第一所承担学制改革教育实验任务的小学 ...536

上海市奉贤中学:以“质量管理”享誉社会 ...547

上海市金山中学:培养具有时代精神的新型农村高中生 ...558

后记 ...569

足迹

群英荟萃

活跃在上海教育舞台上的一批著名教育家，是上海教育发展历史的创造者和见证者。

他们长期扎根在基础教育的一线，从学校办学中汲取丰富的实践养料，在研究思辨中形成独特的教育思想，在改革创新中创造着崭新的教育生态，为上海教育的现代化进程留下一个个清晰高耸的路标和一盏盏照亮未来的明灯。

华东师范大学附属卢湾辅读实验学校

“提灯女神”何金娣耕耘的特教新天地

岁月留痕

图1　1986年6月1日，卢湾区辅读学校挂牌成立

1986年6月，上海市卢湾区辅读学校成立。2012年，学校更名为华东师范大学附属卢湾辅读实验学校。学校作为首届全国特殊教育先进单位，引领国内特殊教育的发展。1997年起学校提出对中度弱智儿童进行“生存教育”的研究，自此开启了近20年的中重度智障学生生存教育研究，培养了一支研究型的师资队伍。在全国只有中重度弱智教育大纲，没有教材的时候，学校自编了以生活为核心的单元主题中度弱智教材60册，由上海教育出版社出版，被全国300多所特殊学校使用。1999年起学校在全国率先实施特殊教育“零拒绝”，提出“一个都不放弃”，为极重度残疾学生实施送教上门，将教育、医疗、康复三结合，真正落实“是人就要受教育”的理念。原校长何金娣在此耕耘了21年，提出了“生存教育”理念，率先开展“送教上门”，开展了许多卓有成效的特殊教育研究。何金娣也因此被评为上海市首届教育功臣，并担任上海市特殊教育名师培养基地主持人，培养了上海市乃至全国数十位优秀的特殊教育工作者。

校史回眸

上海市卢湾区辅读学校，挂牌于 1986 年 6 月 1 日，当时是一所卢湾区教育局领导下的全日制公办学校。创办时，学校由位于鲁班路 183 弄 7 号（二楼及一楼一部分）的总部以及位于重庆南路 224 号（上海市卢湾区重庆南路第一小学）中两个汽车间的分部组成。1994 年 6 月学校迁至局门路 426 号北大楼。1995 年 7 月在教育局的关怀下，原丽二幼儿园所在地（局门路 426 号）划归卢湾辅读学校，学校占地面积 1985 平方米。

图 2　1995 年局门路 426 号划归卢湾辅读学校

2012 年学校增加了斜土路 265 弄 30 号（原丽三小学）校舍，学前班至九年级全体学生迁入崭新的校区，学校也正式更名为华东师范大学附属卢湾辅读实验学校。

卢湾辅读学校建校初期，招收对象仅为本区内轻度智障学生。1999 年学校率先实施特殊教育“零拒绝”后，逐渐发展成为一所囊括学前教育—九年制义务教育—初级职业技术教育的一贯制学校，其招收对象为患有中、重度智力障碍，以及自闭症、唐氏综合征、脑瘫、多重残疾等的儿童和少年，学生年龄跨度从三岁到二十岁。自2017年3月起响应市教委号召,为满足残疾学生完成九年义务教育后,继续接受教育的需求,正式建立特殊职业教育办学体系,学制四年。目前,黄浦区特殊教育职业学校与华师大附属卢湾辅读实验学校为同一套行政班子,两个校区,共享师资。

多年来,学校办学成效显著,得到社会各方认可,在上海乃至全国有一定声誉。学校获得首届全国特殊教育先进单位、上海市"五一"劳动奖状集体等荣誉称号。学校是华东师范大学特殊教育学系、教育康复学系的实习基地和黄浦区特殊教育见习教师规范化培训基地。

目前学校招收患中、重度智力残障,自闭症,以及多重残疾的儿童少年,并已形成"教育、康复、医疗一体化"的教学体系。为了充分体现"让每一个儿童少年都能充分、和谐、多元、个性地发展"的办学目标,学校积极营造"爱、鼓励、尊重和包容"的校园环境,以人为本,因材施教,用科学的方法形成了以生存教育为核心的办学特色。

历史撷英

开拓者:特殊教育界的"提灯女神"何金娣

"我无法把握生命的长度,但我可以把握生命的宽度与深度。"

"特殊教育是我生命中的一部分,它已流淌在我的血液中!"

"选择了特殊教育,就等于选择了奉献和无悔。"

——何金娣

何金娣(1955—2016),华东师范大学附属卢湾辅读实验学校前任校长,特级教师、特级校长,在特殊教育领域耕耘21年。创办"何金娣工作室",担任上海市特殊教育名师培养基地主持人,培养特殊教育人才。获上海市首届教育功臣、上海市师德标兵、全国中小学十佳中青年教师、全国"三八"红旗手、全国劳动模范和全国道德模范提名奖等荣誉称号,享受国务院政府特殊津贴。

图 3 何金娣校长与学生

她提出了“生存教育”理念，打破了传统的“保育员式”辅读教育模式，建立了“主辅教师制”。为了让久卧病榻的重度智障儿童享受平等的受教育权利，何金娣在全市第一个实现对要求入学的学生“零拒绝”。为了让智障儿童能拥有适合他们的教材，她带领同事们潜心钻研，编制教材。其中的 60 册校本教材由上海教育出版社出版，供全国近 300 所辅读学校使用，发行量超过 30 万册。

在近 20 年“生存教育”的研究中，何金娣校长带领学校先后开展了“中度弱智儿童生存教育课程与教学”等四个统领性课题的研究，并取得了显著的研究成果。她编著或主编的《中重度智障儿童生存教育社会化课堂实践研究》等七本专著出版发行，共计 200 多万字。研究成果多次获得上海市教育科学研究成果一等奖，以及国家教育部优秀研究成果奖等。国家教育部推出教育家成长丛书，由北京师范大学出版社出版了《何金娣与特殊教育》，35 万字记载了何金娣充满大爱、大德和科学实践的感人事迹，以及在特殊教育领域所获得的成果。

作为上海市特殊教育名师培养基地，以及何金娣工作室的主持人，她不遗余力地带教上海乃至全国特殊教育中的优秀教师。她率先垂范，用“提升做教育工作的境界，提升做学问的境界，提升做人的境界”来要求并激励身边的教师。“让每个学生都有人性化、个性化发展空间，最大限度发挥他们的潜能”，上海市特殊教育名师培养基地、何金娣工作室将这一理念在全国范围内广泛播撒。何金娣老师为中国特殊教育做出了巨大的贡献。

在她的引领下，学校获得了全国特殊教育先进学校等多项荣誉，中央电视台等新闻媒体曾几十次专题报道学校“生存教育”研究成果。由中共上海市教育卫生工作委员会、上海市教育委员会、上海市中小学幼儿教师奖励基金会共同拍摄的大型纪录片《教师》，回顾、展现了何金娣作为教育楷模的教育心路。

上海市教卫工作党委和上海市教委曾主办了以何金娣为原型的音乐诗剧《走进艳阳天》，发出向何金娣同志学习的通知，中央和地方新闻媒体几十次报道何金娣无私奉献、催人泪下的事迹。

在学生眼中，她是慈爱的母亲，千方百计为他们构建回归社会的桥梁；在家长眼中，她是知心的朋友，呕心沥血为他们解忧排难；在同事眼中，她是精神的支柱，身先士卒引领他们不断进取。而在朋友眼中，她更像是一个由特殊材料制成的超人，身患重病，却能奇迹般地迅速站起来，一路走来，身后留下的是一串串坚实的脚印、灵动的音符，写满了坚毅、勤奋、谦逊、严谨、求实……她用自己的智慧和掌握的科学知识，以科研为抓手，通过医教结合，带领全校教师开始艰难的教育教学改革，不断开创特殊教育的新天地。

坚守者：“一个都不放弃”的送教上门团队

1999 年起，在区政府、教育局、残联的支持下，学校组建送教上门教师团队，形成了以教育部门、特殊学校、特教专家、康复指导者和志愿者组成的教育管理网络。在专家团队的带领下，制定送教上门教学制度，对 6—16 周岁要求送教上门的学生实施送教上门服务。

在何金娣带领下，无论严寒还是酷暑，老师们风雨无阻地坚持每周为学生一对一上门教学以及进行康复训练活动。2007 年，对送教上门学生的年龄向两头延伸，凡 0—20 岁有需要的残疾学生都可进行全面送教。

时光飞驰,一转眼,这支队伍坚持至今已有20年。这支团队从最初只有校长、书记、党员教师拓展到如今科任教师们无怨无悔地热情参与,这期间发生了无数的故事,有奇迹、有欣慰、有飞跃。

有的孩子能够到普通学校融合教育了;有的孩子能够到特殊学校学习了;有的孩子能够迈出家门到学校训练了;有的孩子迈出了人生第一步……生命是严肃的,在送教期间,也有些病情实在严重的孩子敌不过病魔的摆布,在老师和父母的关爱中去了天堂。这是令人遗憾的,但是父母会说:"老师,无论如何我们还是感谢学校,至少,我的孩子过世之前也有学上了,在你们的教导下,我的孩子学会了吞咽、眨眼,会朝我们微笑点头……至少在他活着的时候,他能接触到你们,感受到你们对他的爱,不枉孩子来世上走一遭"。迎着老师满满的爱,带着世间的温暖,相信孩子也会微笑离开。送教上门的各种感人故事还在发生着,老师感动着学生,学生也感动着老师。

从家长的脸上,教师们渐渐地看到了他们的微笑,渐渐地看到了那一丝丝微笑中的希望。曾经有一位家长感激地说:"你们是在做一份积德的事业。"这是给予送教上门团队工作极大的肯定与鼓舞,也是大家坚持与努力的动力。

多年来,送教上门组的教师尽职、尽心、尽力,在医生专家指导下,完成了每个学生训练中6大类32个项目的详细评估,制订了有的放矢的个别化训练计划,刻苦学习各种脑瘫训练技能和知识,完成了每个学生的"案例报告",整理了每次训练的教育随笔,并由学校汇编成册。它们是:《托起明天的太阳》《悠然我思》《我的成长》等送教上门学生个案集10册、《教育随笔》汇编三册……2004年由何金娣、贺莉编著的《残疾儿童心理生理教育干预案例的研究》,在上海教育基金会资助下,由上海教育出版社出版,这些研究都贯彻了"医教结合"的原则,详尽地描述了不同类型的障碍儿童在个别化教育干预下的发展历程,其中有一章节就是送教上门的教师撰写的案例。送教上门组老师撰写的一篇篇"个案报告"、一篇篇"随笔",字里行间都透露出对学生的关爱,充满着对学生点滴进步带来的那种别人无法分享的喜悦和欣慰,记录了每个送教上门教师无私奉献、执着追求的精神,认真负责的工作态度,以及严谨科学的工作方法。

人们乐于把送教上门这支团队中的每一个成员比作是“修补生命的人”，他们不仅仅拥有爱心，更拥有恒心。他们照亮了孩子们的心灵，点燃了家长们的希望，照亮了彼此的心田，他们用一颗颗无私的心，重塑着重度残疾孩子及其家庭生活的幸福……

这是一支展现教师爱心，施展教师才华的新时期的新型队伍。教师们用爱点燃家长的希望，用科学引领实践，修补重度残疾儿童的生命，他们展现了新时代、新形象、新气息！

案例两则

一、微弱的奇迹

在沙发角落里，一个身躯蜷缩着，一声轻轻的呼唤传出来——“爸爸”。

“你说什么？再叫一遍”，站在一旁的父亲猛地睁大了双眼。

“爸爸”这一声是响亮而坚定的，父亲应着“哎”，眼泪夺眶而出，而站在一旁的老师们也湿润了双眼。“爸爸、爸爸……”她连声叫起来，一声比一声响亮，仿佛要把这整整二十年对父亲的呼唤都在这个时刻弥补。

奇迹，在她二十岁的某一天就这样不期而至了。

她，琦琦，一个身患重度癫痫的女孩。由于在9个月时开始大剂量服用治疗癫痫的药物，巨大的副作用抑制了她的智力发展，并使她丧失了语言能力。她很晚才学会走路，可是不能出门，因为她癫痫发作频繁，经常摔倒，甚至曾把自己摔成重伤。家，是保护她的天地，也是她的牢笼。在家里，她是绝望而无助、任性而愤怒的，只有父亲一人与她相依为命。她拒绝学习任何东西，不听指令，整天佝偻着身躯，蜷缩在沙发上，不停地玩牙签、棒针、榔头等奇奇怪怪的东西，偶尔嘴巴里发出模糊的哼哼，不时皱起眉头表现出一副愁眉苦脸的样子。

刚开始对她实施训练的时候，惊声尖叫是对老师们的迎接序曲。一旦老师让她学习东西，尖叫、猛烈急促的拍手声、东西被砸碎声是伴奏曲，有时在老师脸上响起的耳光声也会来凑凑热闹。而这种现象随着年龄增大以及青春期的来临，有越来越严重的趋势。父亲绝望地说，“我不求别的，这辈子，能叫我一声爸爸也好啊”。是啊，要求真的不高。

这样一个学生要怎么训练呢？医生和老师们决定从她的兴趣爱好着手，找到一个突破口进行训练。

经过仔细观察，老师们发现她很怕寂寞，她喜欢让父亲整天开着电视机听声音，无论是什么节目，只要有声音就行。看到老师们到来，她就会笑，会主动与老师们握手，会伸出食指点点老师们的额头，用这种特有的身体语言来表达对老师们的欢迎；当老师们要离开时，她会表现出依依不舍。她会哼哼、尖叫，这说明她的发音器官没有问题。她能在听到老师说“出门逛逛”后，马上穿好鞋子，走到门口，说明她能够理解语言含义，并非一无所知。

于是，老师们决定从语言训练开始。

第一步，听觉反应训练。在她身旁两侧及身后摇动沙球，或者敲动响铃，训练她听到声音后能有意识地转头找寻声音来源。

第二步，发声训练。以听音乐为刺激手段，诱使她开口发出声音，甚至唱歌。开始，音乐选择是她比较熟悉的《世上只有妈妈好》，后逐渐变换其他音乐。

第三步，说简单词句。老师念儿歌、歌谣，让她开口学习一些简单的词句。

训练过程并非一帆风顺，经常由于她情绪波动严重而多次中断，进展十分缓慢，有时连续几个星期没有一点进步。父亲由最初的充满希望，慢慢地再次陷入失望，只是唉声叹气地述说着那个“只要叫一声爸爸”的愿望。家长绝望，而老师则坚持再坚持。

一天，她能准确地转向声源方向，并将那个令她讨厌的、发出嘈杂声响的沙球推开了。

一天，在听到熟悉的《世上只有妈妈好》的音乐时，她会随着音乐节拍轻微但有规律地左右摇晃身体了。

又一天，她会跟着这首歌曲哼曲调了，开始是一句，慢慢地，两句，三句，她能哼出完整的一首歌了。一遍、两遍、好多遍……

一天，她会唱出《世上只有妈妈好》了，一个字，两个字，半句，一句……她会叫自己的名字“琦琦”了，她会说“下雨了”，她会随着音乐节奏拍拍手了。幸福在时间缓慢的流动中弥漫开来。

终于有一天,她叫出了"爸爸"!奇迹终于出现了,在等待了二十年后,在无数次的失败、绝望、重来之后,那一声"爸爸"震撼着每一个人的心灵!

二、授人以鱼不如授人以渔

"我们坚持五年的康复,现在直接来学校跟班上课了!我们能说话背课文了!我们站起来直接能走了……"小梁的母亲自豪地跟人介绍。"真的?怎么做到的?""我告诉你,应该这么给孩子训练……"在众多同病相怜的学生家长面前,小梁妈妈微笑着,俨然一副"专家"的模样。又有谁能想到,当初小梁妈妈一脸泪水的无助模样呢。

对于小梁这样一个重度脑瘫的孩子,他既听不到也看不见,仅仅靠老师一周几次的送教上门是不够的。授人以鱼不如授人以渔。不仅要教孩子,更要进一步教会家长专业的康复训练手段,以便于家长在老师不在的时候也能自行给孩子进行康复和教学。于是,在送教上门团队教师手把手地指导下,经过若干年教师与家长的齐心努力,孩子不仅会听会说了,躯体也得到了飞跃式的发展,他能在辅助器材的帮助下站起来了,他能走了。

孩子的飞跃是值得高兴的,但是家长的飞跃难道不是更让人欣喜?

图4 2007年10月学生参与特奥会开幕式演出

守望者:特殊的爱凝聚特殊的教师团队

当你走进绿树成荫、鲜花绽放的校园时,师生的脸上写满了阳光,这里是学生学习的乐园、生活的天地,是教师们的精神家园。这里充满了欢乐,充满了自信,充满了希望。

开明、开化、开放的办学作风带动学校的发展,而学校环境的宽松、同事之间的宽容和宽厚,使得广大教师创造性的劳动得到了充分展示。一支充满朝气、富有创新精神、热爱特教事业的教师队伍已经形成,学校涌现出一批师德高尚、学术精湛、科学性和技术性兼备的专业化骨干教师。

学校始终秉承“以人为本”的核心理念,以特殊儿童“生存教育”为主题,开展了广泛而深入的研究。研究内容涉及生存教育教材的编写和课程建设,生存教育课堂教学的方法和策略,生存教育课堂支持系统的构建,生存教育多元化评价系统的建设,以及基于最新课程标准的教学模式的改革,学校以其二十多年丰富的教学实践经验与坚实的科研实力,获得了2016年度全国教育科学“十三五”规划重点课题的立项。

1999年学校率先实施特殊教育“零拒绝”后,招收的学生年龄相差之大、残障种类之多、残障程度之重,给每一个教师的教育教学工作带来严重的挑战,但是学校老师从不言放弃。

为了真正做到因材施教,为每一个学生都“量身定做”了一套教学方案;为了让个别教育真正落到实处,让每个学生得到公平的教育,针对学生智力发展程度和残疾种类的不同,学校设置了包括集体教育与个别教育两大类7张课程表。为了全面了解智障学生的学习历程,促使特殊学生得到充分发展,学校建立了目标多元、方法多样的评估体系,实施全面、真实、综合的过程性多元化评价,在校园网建立学生个人成长平台和多元化评估系统。每位学生都拥有一个以网页形式展示的个人成长档案,记录了他们的成长轨迹,记载着他们成长过程中的点点滴滴。家长也能通过密码登录网站,实际感受孩子的进步,真正实现了把教育落实到每个人,这让每个学生都有弹性化、人性化的发展空间,最大限度地发挥了他们的潜能。为了让智障学生将来能立足于社会并融入社会生活，学校以“行走生活，实践成长”为社会实践的出发点和归宿，努力构建智障学生的课外活动体系。学校建立了五十二个社会实践基地，密切联系智障学生的实际生活定期开展活动，为他们以后自立或半自立于社会提供了桥梁和纽带。

来卢湾辅读学校学习的兄弟学校络绎不绝，他们通过和该校校长、教师、学生的朝夕相处，感受颇多。在记录中，他们这样写道："教育教学在这所学校是非常有效的，任何一个学生在这里都得到了最适切的发展。""一切为了学生，为了学生的一切"不是挂在墙上的口号，而是一堂堂生动活泼、精彩纷呈的课堂教学，是一次次形式多样、张扬个性的社会实践，是一件件充满灵性、一物多用的教具，是一本本充满智慧、浸透心血的特教专著，是一间间设施先进、功能完备的专用教室，更是一张张灿烂如花、神采飞扬的孩童笑脸……这一切都是那样的鲜活、温馨、清晰、可爱。

老师们用爱心架起沟通的桥梁，用耕耘铺设生活的道路，用毅力成就明天的奇迹，赋予了“有教无类”新的含义，用行动诠释了特殊的事业。

图 5　卢湾辅读学校现校舍

上海市上海中学

创新引领，迈向世界一流

岁月留痕

“龙门发轫进无疆，一柱中流海上。”这是上海市上海中学校歌中的起始两句，既蕴含着学校发轫于1865年的龙门书院，也显现了学校自创办以来在上海乃至中国近现代教育发展中的地位。“毋负甄陶教泽长”是学校校歌中间一句，意蕴学校注重传承“储人才，为国家之用”的办学宗旨，敢为人先，一直致力于培养与造就国家、民族发展所需要的人才。

凡是到过上海中学的人士，都知道学校有一幢标志性建筑“龙门楼”（图1）。其名取自于“龙门书院”。龙门书院是近代沪上最早的官办新学，为当时沪上最高学府，也被称之为“当时上海质量最好的书院”（参见熊月之教授《论李平书》）。

图1　上海市上海中学标志性建筑龙门楼

自1865年创办之后，学校历经晚清、民国与中华人民共和国三个历史时期，秉持“兴校救国”“兴校报国”“兴校强国”之信念，一直走在中国近现代基础教育发展的前沿。在学校改为师范教育的时期，享有“全国教育看苏省，苏省教育看二师”的盛誉。在江苏省立上海中学时期，形成了“北有南开，南有上中”的赞誉，并名列江苏省“四大名旦”之首。

改革开放以来，上海中学在校长唐盛昌等同志的带领下，进行了一系列在上海市乃至全国基础教育领域的开创性探索，如在全国公办学校中率先创办国际部，在全国率先开展高中生创新素养培育实验项目与开办科技班、工程班等实验形态，在全国中学最早系统化构建基于数字平台的创新实验室，在上海市率先支援社会主义新城镇教育并开办上海中学东校等，树立了学校全国领先、国际一流的地位。

进入21世纪以来，学校率先推进研究型、创新型高中新形态的构建，探索拔尖创新人才的培养模式，持续走在世界一流的研究型、创新型中国基础教育顶尖名校发展之路上。

校史回眸

上海中学的发展历史是中国近现代教育发展史的一个经典缩影。

学校创始于1865年的龙门书院，位于今尚文路龙门村现址。时值洋务运动兴起，担任苏松太兵备道的丁日昌应“兴新学”潮流，捐银创设龙门书院。龙门书院成为上海开埠以来最早的地方官办新学，培养了一批近代边防、地理人才以及实业家。

1904年，学校承戊戌变法“革旧习，必立师范学堂”之要义，改龙门书院为“苏松太道官立龙门师范学校”。1911年辛亥革命后，师范教育由府立改为省立，学校更名为“江苏省立第二师范学校”，1922年学校还在黄渡镇设立农村分校。学校还曾提出创办“龙门大学”的设想。师范教育时期，学校明确提出“立国以教育为本，教育以师范为先”，培育了诸如黄炎培、徐特立等一批教育家；近代一大批实业、外交、军事、科技的先驱，如实业家穆藕初（后成为棉纱大王，出资创建了位育中、小学校），中国近代物理学奠基人叶企孙（他培养了杨振宁、李政道、钱三强等科技精英）。

1927年，江苏省立第二师范学校与上海附近的江苏省立商业专科学校、江苏省立第三中学、江苏省立第四中学（今松江二中）及东大附中一部分，合并为江苏省立上海中学，变成普科、商科、师范科等合科的综合性中学；1934年左右师范科结束，改设工科。学校在1927年至1928年2月更名为国立第四中山大学上海中学；1928年2月至4月又更名为江苏大学上海中学；1928年4月至1929年4月，名为国立中央大学区立上海中学。1927年至1934年，学校初中部设在尚文路，高中部设在陆家浜路。1934年购置吴家巷500余亩地建新校舍，并于10月迁入新校舍（今上中路）。

樓　　　牌

图2　江苏省立上海中学迁址吴家巷（今上中路校区）的校名牌

抗战全面爆发后，吴家巷校园被日军占领作为兵营，学校借当时的美专作为战时临时校舍继续办学。1941年至1945年8月，学校校园成为华东地区最大的英美侨民集中营。1941年汪伪政府成立，要求所有公办性质的学校必须向汪伪政府登记。为使学校得以继续办学并拒绝向汪伪政府登记，学校于1942年1月至1945

年 10 月改名为私立沪新中学。1945 年抗战胜利后，学校迁回现址并恢复校名为江苏省立上海中学。江苏省立上海中学时期，青年学生承担起“民族解放与科学发展”两大使命，在救亡图存的烈火中锻造，一批成为中国革命和建设的领导者，一批成为高素质的科学学术先锋，如被嘉奖的“两弹一星”科学家屠守锷与杨嘉墀。这一时期的校友中产生了两院院士 20 余人。

新中国成立后，1950 年 2 月学校正式更名为上海市上海中学。一直到 1970 年，学校在学习苏联的过程中，努力探索自主办社会主义教育的发展之路。日后成为国家副主席的曾庆红、李源潮就是这一时期的校友。这一时期的校友中产生两院院士 30 余人。1970 年至 1977 年，学校因“文革”而停办。1978 年在海内外校友以及各届支持下，上海市上海中学得以恢复办学。之后，学校经历了一段重振雄风的艰难发展时期。

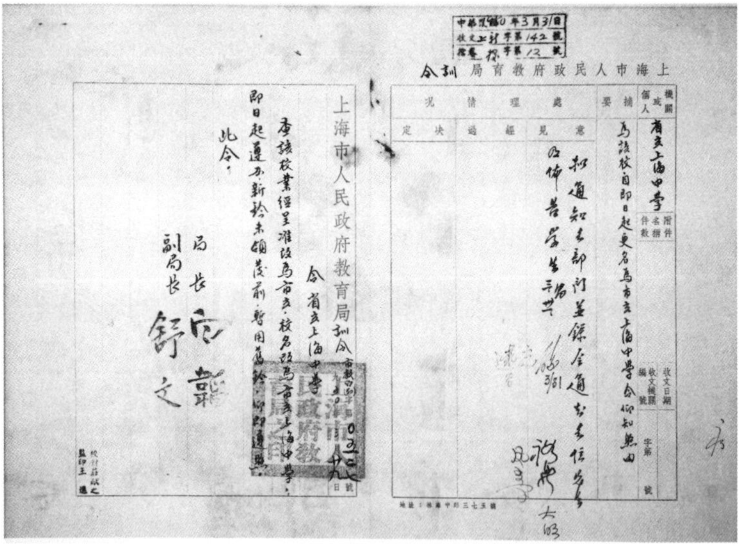
上海市人民政府教育局训令
机关或个人：省立上海中学
摘要：为该校自即日起更名为市立上海中学令仰知照由

上海市人民政府教育局训令
令省立上海中学
查该校业经呈准改为市立，校名改为市立上海中学，即日起遵办。新钤未颁发前，暂用旧钤，仰即遵照。
此令。
局长
副局长

图 3　江苏省立上海中学更名为上海市上海中学的文书

20 世纪 90 年代以来，学校在国家逐步走上富强之路的背景下，教育教学改革也走上了快车道，在引领上海基础教育现代化、信息化以及拓展国际视野方面闯出了新路。1993 年，学校创办了国内第一个公办学校国际部，招收外籍与港澳台人士子女入学。国际部从无到有、从小到大、从大到强，如今发展成为从一年级到十二年级完整序列，在校学生数超过 2800 人，学生累计来自 60 多个国家与地区，在 2019 年全国国际学校胡润排行榜上名列第一。国际部学生的 IB 全科平均分已连续六年超过 40 分（满分 45 分），位于全球领先水平，创设了与上海市建设社会主义国际化大都市以及具有全球影响力的科技创新中心所需要的国际教育服务环境。

图 4　1978 年上海中学复校后部分教职工在龙门楼前的合影

上海市上海中学本部招收上海生源高中生，持续推进以聚焦志趣、激发潜能为突破口的拔尖创新人才早期培育新路，1990 年在上海市率先开办以数学尖子生为培养对象的数学班，2008 年在上海乃至全国率先开展高中生创新素养培育实验项目并在全国首设科技班，2012 年在全国首创工程班。在全国率先构建学校课程图谱，在上海市率先支援社会主义新城镇办学。成为全国教育信息化建设首批试点学校以及国家教育体制改革项目“探索建立拔尖创新人才培养基地”首批试点学校之一。2014 年获全国首届基础教育教学成果奖一等奖。学校于 1997 年在全市率先推进乒乓球体教结合，成为全国乒乓球后备人才培养基地。至 2018 年，上海中学乒乓球队已连续 8 次代表中国中学生参加世界中学生乒乓球锦标赛，获得冠军超过 40 个。

学校已连续20余年保持教育教学质量领先，先后获得国际数学奥林匹克金牌12枚，成为全国获得国际数学奥林匹克金牌最多的学校；进入21世纪以来，学生进入全国重点大学的比例持续保持在99%左右，近五年学生进入北大、清华、复旦、交大及香港著名高校的超过70%，一大批校友已在各行各业崭露头角。

历史撷英

在150多年发展的历史中，学校留下了“忧国忧民，探索近代新学教育之路”“挽救国难，探索中国师范教育之路”“生生不息，探索救亡图存教育之路”“尊师重教，探索社会主义教育之路”“求真务实，探索改革开放教育之路”的发展乐章，留在了《史品上中——菁英教育的缩影》（上海教育出版社，2009年出版，2015年修订再版）、《图说上中——菁英教育的缩影》（上海教育出版社，2015年出版）两本书稿里。在此，摘取几朵花絮加以展现。

“东方黑格尔”的“五日一问”

学校在“龙门书院”时期，历任山长（相当于现在的学校校长）有十余位，其中最有名的当属被称为“东方黑格尔”的山长刘熙载（至今研究美学的人，都要研究他的作品）。他主持龙门书院长达14年（1867年至1880年），其间注重学生的“书品”“人品”，在治学中关注与学生之间的对话与问答。他的“五日一问”教学，充分显现了他的思辨教学之风。

他给学生讲课终日不倦，每隔五天就要一一问学生读了什么书，学到了什么道理，解答学生的疑惑，勉励学生不要夸夸其谈，要崇尚实学，认清事物的客观真相。他五天考察一次学生的学习情况，指出优缺点。刘熙载以严师形象主持书院，注重培养学生的独立人格，并能对学生的明理思辨打下坚实的基础，南洋公学总教习张焕伦就是其有名的弟子之一。（参见易惠莉《同光年间上海本邑绅士的生活价值取向》）

龙门书局与学校的渊源

师范时期的学校，从学日本走向学欧美，注重师范救国，学校成为重要的学术交流场所，美国教育家杜威曾多次来校讲学。当时，全国师范教育兴起，最缺的是教材，尤其是外文原版图书与资料。地处上海的江苏省立第二师范学校，发挥沪上吸取新教育思想快的优势，博采众长，努力抢占中国初等师范教育制高点，自编教材与讲义，并编印成册。自编教材在全国广受欢迎，此时产生了一个极具影响的印刷品牌——龙门书局。

时任省二师教师的严幼芝（也是省二师毕业生，从 1925 年起在学校任教）发现当时能够购买到的教学资料以及外文图书十分有限，价格又十分昂贵，于是产生了自办出版社以满足读者对高质、廉价图书需求的念头。1930 年 6 月，他通过多方集资、学校参股的方式，在上海尚文路龙门师范学校的旧址借两间小屋办起了出版社，取名为龙门书局，并自任经理。书局出版的第一批书，供上海交通大学教学用的有 70 余种，当时的中央大学等也使用其印刷的图书资料。

龙门书局在教育与科技方面大量影印西方的名著，为贫苦的青年学子提供了价格比较低廉的国外优秀科技教育类图书，启迪国人思想，在出版行业产生了广泛的影响。龙门书局在 1954 年改名为科学出版社，1993 年新闻出版署同意科学出版社以“龙门书局”为副牌的申请，使“龙门书局”重返中国出版之林。

长期“合科”的学制模式

江苏省立上海中学时期，学校模仿美国综合中学制，将普通教育与职业教育合设于一校。在这一时期里，原省立第二师范改设为师范科，并入的省立商业专门学校改为商科，省立第三中学、第四中学及东南大学附属中学一部分学生划拨归入省立上海中学成为普通科，并将黄渡师范划归为乡村师范部。初中部设于上海小西门尚文路省二师原址，高中部设立于上海小南门陆家浜商专原址，分普通科、商科、师范科三部分，乡村师范部在黄渡镇。

在美国的近现代教育体制中，倡导综合制中学，一部分升学，一部分就业，这一体制在当时的省上中发挥得淋漓尽致。1932 年，由于师范教育独立，高中师范科停止招生。乡村师范及附属乡村实验小学也独立成为江苏省立黄渡乡村师范学校及其附属小学。1934 年夏师范科完全结束，改设机械工科，原附属的实验小学也完全独立，改称为江苏省立上海实验小学（今上海小学，早在龙门师范时期就一直为学校的附属小学）。后上海中学高中普通科改为理科，学校变成高中理、工、商三科和初中部合制的中学，1935 年陆续添建木工、铸工、钳工、机械、电气六处工厂及原动力实习室一所（后成为学校的校办工厂）。

这种合科制的探索，“亦可谓全国中等教育制度之一大贡献也”（参见陆人骥《江苏省立上海中学的回顾》）。在 1933 年江苏省教育厅举行的第一次高中学生毕业会考中，省上中名列第一。在 1935 年至 1937 年，连续三年名列第一。

“滚雪球”的思想教育经验

在中华人民共和国成立后的社会主义教育探索时期，为培养“又红又专”的社会主义建设者与接班人，上海市上海中学在学苏联的过程中进行了自主的社会主义教育改革探索。在叶克平担任校长期间，学校在思想教育上形成了“滚雪球”经验。1962 年 4 月与 1963 年 10 月，《解放日报》两次报道上海中学“滚雪球”经验，后一次报道位于头版头条且配发了社论文章。

这一报道介绍了当时的高三（2）班依靠骨干分子变落后班为先进班的经验，特别是他们采取的“滚雪球”办法。这个班的学生在刚入校时由于缺乏远大理想、学习劲头不足等原因，成为学校最弱的班级。班主任后来通过以优秀共青团员为代表的先进分子的骨干作用，通过一个人影响两个人，两个人影响四个人，积极分子人数以几何级数递增，像“滚雪球”一样越滚越大，该班级在毕业时成为最优秀的班级之一。

后来学校将这一经验加以提炼，以榜样的力量影响整个集体前行，并拓展到全校，从而极大地推进了学生的思想教育工作。

公办学校探索国际教育的第一个“吃螃蟹者”

在1989年至2013年的24年里，唐盛昌任上海中学校长。他不仅把上海中学带到了一个全国领先、国际一流的高度，而且开办了国内第一个公办学校国际部，大力推进教育体制改革试点，成为公办学校抢滩国际教育的第一个“吃螃蟹者”。通过本部与国际部的优势互补，使上海中学的改革具有国际视野，成为引领上海乃至全国基础教育在融通中外中办出中国特色的示范窗口。

唐盛昌深刻地意识到上中的发展需要更进一步，要挑战世界名校，就必须“让上中了解世界，让世界了解上中”。1989年，他在与上海市国际交流协会的一位上中老校友交流的过程中深感教育打开国门看世界的重要性，于当年12月提交了一份交流项目计划，这在当时需要承担很大的风险，但是学校态度坚决，终获市外协批准。1990年7月，首届“上中—哈佛夏令营”在上海中学召开，一直延续了十多年，为世界了解中国打开了一扇窗口，也成为日后创办上海中学国际部的一个重要铺垫。

图5　校长唐盛昌引领学校开办国内首个公办学校国际部

1992年，邓小平南方谈话后，上海浦东改革开放战略吸引了越来越多的外籍人士来华经商、工作、讲学、交流。当时的上海还没有中国人办国际部的先例，他就决定在上中这块土地上办一个中国人自己管理的外国人子女学校,为上海的改革开放提供良好的国际教育服务环境。然而当时官方文件中只有由外国机构创办外国人子女学校的有关规定,而没有任何涉及中国人创办外国人子女学校的条文,还没有出现中外联合创办国际基础教育的先例。上海中学有能力消化这只“螃蟹”吗?在多方努力下,1993年6月1日,上海中学创办国际学校的申请获得了上海市政府的批准。在唐盛昌的引领下,上海中学国际部不仅成为国际上有影响的名校,而且在国内发挥了良好的示范引领作用。

上海中学从起步办国际学校,到以优质的办学质量产生国际影响,从探索中西方教育融合,再到反哺国内基础教育,坚持国际标准与中国特色的统一,为上海建设国际大都市及全球科创中心营造了良好的国际教育服务环境。为做大做强国际部,学校将在读学生一直维持在2800名左右(来自60多个国家与地区),形成了一至十二年级完整的教育教学序列。学校在1995年授权成为上海市第一所国际文凭学校,先后被授权开设TOEFL(托福)\GRE(美国研究生入学考试)\SAT(学术评估测试)\PSAT(SAT预考)\ACT(美国大学入学考试)\A-LEVEL(英国高中课程)考点。国际部主要开设类美国课程、IB课程(国际预科证书课程)与AP课程(大学先修课程)。学校开设的AP课程达17门,IB课程达27门;AP平均分超过4.56分(满分5分);IB全科平均分超过42.5分(满分45分),连续四年名列全球第一。超过90%的国际部毕业生被国外著名大学录取。每年有约50%的国际部毕业生选择前往美国就读,超过90%的毕业生进入美国排名前50的大学。20多届毕业生以及就读的学生合计万余人,带着对中国的深厚感情,去往世界各地,培育了上万名具有中国情结的友好使者。

正因为上海中学国际部在国际课程实施上的成功探索,上海市教委于2013年批准在上海中学建立全国首个以国际课程为研究对象的“上海市基础教育国际课程比较研究所”,并承担了上海市普通高中试点开设国际课程的准入评估与年检等任务,形成了一系列开创性的评估标准及《高中国际课程的实践与研究》系列丛书,在上海乃至全国发挥了示范引领作用。

十年磨一剑的创新素养培育实验

“乐育菁英”一直以来是上海中学的办学理念，尽管在不同时期、不同时代，学校教育探索创新人才早期培养的追求有所不同，甚至有的时候走过弯路，但探索的步伐从未间断过。2007 年，上海市教委要在科技类创新人才早期培育等方面率先开展实验探索，校长唐盛昌与时任市教委主任沈晓明一同到韩国釜山科学高中考察。釜山科学高中对有科技潜质的学生加以集中培养，提出的口号是培养未来为人类科学事业做出贡献的杰出科学家。回国之后，唐盛昌感受很深，也准备在上中尝试进行科技素养培育的课程改革。2008 年学校提出的实验方案被上海市教委批准（沪教委基〔2008〕29 号文），并在上海率先开展“高中生创新素养培育实验项目”。学校将 1990 年设立的数学实验班以及拟开展的科技实验班、之后设立的工程班、多个实验组以及学校课程体系建设，均纳入创新素养培育实验项目。

聚焦志趣的创新人才早期培育探索，要强调学生个性化的知识基础。传统的课程体系具有知识本位的倾向，不能满足学生多样化的需求和认知特点。其实，1999 年至 2008 年，学校就以学生可接受性、高选择性、学科现代发展为基点，经上百次研讨（特别是学习国际经验），借鉴 IB 课程“学科群”的思想，形成了第一版校本发展课程纲目——课程图谱（2010 年、2012 年、2014 年又分别更新了三版）。如今，学校课程图谱分资优生德育课程子图谱（提供 39 个科目、150 多个模块供选学）、学习领域课程图谱（创设 7 个学习领域、14 个学科范畴、500 多个科目供选学）、优势潜能开发课程期望图谱（提供生物学、工程等 10 多个专门领域供选学）三大部分。2010 年，上海市教委充分肯定了学校的实践成果，专门发文在全市开展“上海市普通高中学生创新素养培育实验项目”（沪教委基〔2010〕31 号）。自此，上海市 20 余所高中和 4 个区域参与此项目。上海中学被确定为首批国家教育体制改革项目“探索建立拔尖创新人才培养基地”试点学校之一，学校率先开展的实验，在上海乃至全国产生了广泛的影响。

2012 年，首届工程实验班开班，开设工程、通信、环境、能源、海洋五个领域专门课程，同时科技班调整为物理、化学、生命科学、计算机科学、医学五个方向。至今，学校先后与17所大学、科研院所取得了联系，与他们建立了以专门课程开发、实验室建设、课题与项目指导为载体的实质性合作，积累了大量的合作实践经验与改革成果。在面上，针对全体学生的不同志趣发展需要与潜能开发，学校与相应领域领先的高校、科研院所合作，设置了节能汽车、人体医学、金融、法学、微电影、主持与演讲6个创新实验组。随着学校与高校、科研院所实质性合作的开展，在专家指导下，2008年后又新建了现代仪器分析、无人机、脑科学与人工智能等16个数字化创新实验室，加上原来的16个数字化实验室，累计达到32个，极大地促进了学生基于数字平台的学习、探究与创新。

2013年唐盛昌退休，冯志刚接任校长，他继续大力推进拔尖创新人才早期培育实验，积极推进本部与国际部的互通发展。本部在推进大中学合作进行实质性探索上走向深入，于2013年、2015年、2018年先后召开三次拔尖创新人才早期培育链建构研讨会，从2014年至今推进了“复旦大学—上海中学学术兴趣与创新素养培育”的导师制计划，将科技班、工程班的10多个专门课程打通学习，推进了脑科学与人工智能实验中心建设等。国际部近五年报考美国大学的毕业生，90%进入美国排名前50的大学；IB全科平均分均超过了40分（满分45分）。注重将国际教育经验反哺国内教育，开展两部学生辩论赛以及教师教学研讨活动等，两部发展都达到了新的高度。冯志刚还在引领学生国际数学奥林匹克竞赛上取得了进一步突破。2003年他被中国数学奥林匹克委员会任命为2003年IMO（国际数学奥林匹克竞赛）中国国家队副领队，这是我国第一次由中学教师出任国家队副领队。之后，他曾经五次作为IMO中国国家队副领队出征。自2008年起，上海中学每年都有学生获得国际数学奥林匹克竞赛金牌，到2018年上中学生累计获得了12枚国际数学奥林匹克金牌，成为全国获得金牌数最多的学校。

学校这些年来推进拔尖创新人才早期培育实验项目，促进了有潜质学生的潜能发展，学校教育教学质量持续保持领先，学生进入北大、清华、复旦、交大以及香港大学、香港科技大学的比例超过70%，进入重点高校的比例超过99%。最重要的是促进了学生形成基于初步理性的专业选择。2014年，“聚焦志趣、激发潜能：国际视野下上海中学高中生创新素养培育实践研究”获得首届全国基础教育教学成果一等奖。如今,参与该项目的学生在各自感兴趣的领域脱颖而出,展示出了强大的可持续发展力。上海中学十年磨一剑,为"创新素养培育项目"交出一份令人满意的答卷,在应对"新高考"(2017 年上海、浙江率先实施)上形成了具有全国领先的经验,显现"高能高分"的发展格局,以研促教、以研促用、以研促学、以研促新,上海中学因此被誉为"最像大学的中学"。

学校的发展活力源于原来的基础与高度,源于上中良好的文化氛围,更源于每一位教职工的共同协作。上海中学将长期保持发展的活力,在"创建世界一流的研究型、创新型中国基础教育顶尖名校"之路上踏实前行。

图 6　上海市上海中学南大门

上海市育才中学

段力佩推动学校教改"三次飞跃"

岁月留痕

上海市育才中学创办于1901年,是一所享誉沪上乃至全国的历史名校。自创办以来,虽历经百余年风雨,育才始终不改其名,不改作育英才的目标。可以说,在中国现代教育史上,育才中学具有典型意义,它的成长道路折射出中国现代中学教育的改革与发展历程,是近现代中国探索新式教育之路的绚丽缩影。

图1　1912年育才公学成立

早在1912年,育才就是上海工部局"四大华童公学"之一。中华人民共和国成立之后,国家和上海历次确定重点中学,育才中学都位列其中。更重要的是,育才以教育改革闻名。教育家段力佩锐意进取,不断推进改革,他领导的三次教改对中国基础教育产生了重大影响。

第一次是20世纪60年代初的教法改革,总结出的“十六字经验”闻名全国,使育才中学成为引领中小学教学改革的一面旗帜。第二次是20世纪70年代末、80年代初的学法改革,总结出的“八字教学法”再度使育才成为“普通中学教育、教学改革的一面旗帜”。第三次是20世纪80年代末、90年代初的教育改革,总结出的“三自”教育理念引领了1991年上海市课程教材改革整体试验,实现了育才教改的“第三次飞跃”。

校史回眸

上海市育才中学由英籍犹太人埃丽斯·嘉道理(Ellis Kadoorie)于1901年1月创办,最初名为育才书社。早期以“中英并包、汉英兼采”的办学特色享誉沪上,后更名为育才公学、育才中学,但“育才”二字,始终不变。

图2　山海关路455号校舍主楼

1912年,育才书社改为育才公学,成为工部局所办的“四大公学”之一。

1941年,育才由公学更名为中学。

1950年3月,段力佩出任育才校长,与育才结缘近半个世纪。1954年,育才成为全国确定的首批194所重点中学之一。1959,上海确定23所市重点中学,育才位列其中。

1960年开始,为改进教学方法、减轻学生负担,段力佩领导育才教改,总结出“紧扣教材,边讲边练,新旧联系,因材施教”十六字经验。

1963年2月,上海市选定了13所中学、20所小学作为首批要办好的学校,育才再度榜上有名。

1964年4月2日,上海《解放日报》、《文汇报》与北京《光明日报》以头条整版的形式报道了育才教改的经验。4 月 11 日,《人民日报》加以转载,并特地配发了《培养生动活泼的学习空气》的社论。《上海教育》1964 年第 4 期也以专刊形式,介绍育才经验。自此,育才由上海名校一跃成为全国名校,成为引领中小学教学改革的一面旗帜。

1980 年上半年,段力佩认识到,之前的十六字经验是讲究教师的"教",但是教学手段的应用,最后要在学生身上反映出来。于是,他果断地提出教改要以"学"为重点,变"授"为"学"。经过实验摸索,育才推陈出新,总结出"读读、议议、练练、讲讲"有领导的"茶馆式"教学法,即"八字教学法"。

1982 年 12 月 29 日,《光明日报》发表《一所教育思想端正的学校——上海育才中学调查报告》,育才再一次引领全国中小学教学改革。

20 世纪 80 年代末、90 年代初,段力佩提出"三自"(自治自理、自学自创、自觉体锻)育人目标,为学校从应试教育向素质教育转轨探出一条新路。

1998 年,育才搬迁至嘉定马陆,建成一所现代化的新型寄宿制普通高中。

图 3 1998 年育才中学迁址嘉定马陆

新世纪,育才中学的教育更加注重人的全面发展,更加关注学生个性培养,并开展了大量探索。2003 年 12 月,育才率先通过了上海市实验性示范性高中评审。研究课题"普通高中学生个性化学程学习的设计与实践"荣获 2014 年国家级教学成果一等奖。

“育才”的校史，正好印证了中国新式教育的发展历程。

历史撷英

育才书社的创立

伴随着上海及其邻近地区越来越频繁的中外商贸交往和新兴洋务对外语和西学人才需求不断增强，以造就中英文口译、笔译人才，为英国人开办的商行、洋行、工厂、公司以及工部局各个部门服务为办学目标的“育才书社”亦在此背景下产生。

1901 年 1 月，英籍犹太商人埃丽斯·嘉道理创立育才书社（Ellis Kadoorie School），于上海南市、北市各设一校，北市一校设于派克路（Park Road，今黄河路）。育才之名，深合中国传统文化之精神，蕴含了教育之本意。

1902 年 5 月 6 日，英人白林斯（Em Billings）由香港至沪接受监院（即校长）之职，当时学校学生人数为 149 人。5 月 12 日举行分班考试，添招学生，总数达 163 人，专攻中英文两科，学校稍具规模。

1903 年，白林斯赴任西童公学校长，英人道伟（Robert G. Dowie）继任校长，考虑到原有校舍不敷应用，另设白克路（今凤阳路）分校。

1904 年 4 月 22 日，南市育才结束办学。4 月 26 日，派克路、白克路两校合并。学校分小学、中学二部，小学分 8 级，中学分 6 级。

创办这样一个庞大的兴学育才团体，仅凭嘉道理先生一人之力是无法完成的，事实上香港华人绅商如刘铸伯、冯华川、周东生、何泽生等 89 人对此提供了巨大支持。刘铸伯被推举为书社司理，在育才书社承担了日常的管理事务。

育才书社的创立，不仅应对了当时的历史诉求，而且领风气之先，引入西方近代教学内容和教学方式，致力于培养具备新知的人才。作为一所英人创办并负责的学校，育才书社采用近代西方倡行的分班制，以西学和各种实用知识技能为课程主题，以英汉双语授课，在当时的新式学堂中独树一帜，开创了近代中国教育的新篇章。

育才的革命传统

育才学生爱国反帝的光荣革命传统一直延续着。根据记载，早在1919年波澜壮阔的“五四运动”中，育才公学的学生就参加了上海反对帝国主义和封建主义军阀的罢课斗争。

1919年6月5日中午12时45分，学校里发生了骚动，许多同学拿了书包离开了学校。虽然工部局、校方都明确表示了严控学潮的态度，但育才的学生并没有退却。1919年6月7日，包括育才在内的四所华童学校就停学罢课一事致函工部局，表明其立场。

信函中说：“我们必须牺牲所有的时间及金钱来挽救我们的国家，我们要贡献自己的一切为有益于我们的国家，所有的上海人都停顿了工作，就是连辛苦地求学的学生也抛开了书本参加了罢工。我们面对别人正在做一个真正的公民应做的工作时，假使我们仍在上课，对我们有什么感觉？假使我们——中国的基石不去完成对他们有利的工作的话，这是耻辱，对我们永远是耻辱。”

鉴于学生集体罢课的情况，6月13日，校长道伟只得亲自致函每个中国学生，宣告学校暂时停课，6月16日重新开学。重新开学之后，仍有学生陆续参与游行、抗议。

1925年，“五卅惨案”发生后，不少育才学子选择罢课以抗议帝国主义屠杀中国人民。在上海学生联合会的号召下，1925年7月5日，工部局四公学学生会议召开，宣布工部局所办之华童、聂中丞、育才、格致四公学的学生出于爱国主义，先后宣告脱离学校。

1946年至上海解放，在育才党支部的领导下，育才学子参加了各种斗争，包括反饥饿、反迫害、反内战的集会活动；抗议美军在北平的暴行等。

1946年至1949年可谓是黎明前最黑暗的时刻，育才学生的爱国民主运动却从未停止，他们坚持读书，坚持参加革命斗争，接受真理熏陶，在革命的洪流中锤炼成长，直到上海解放。

“十六字经验”

20 世纪 60 年代初，随着经济领域的“调整、整顿和提高”，教育领域恢复了“以教学为主”。但是师生负担过重的老问题又随之出现，育才也难以避免。

段力佩经过长期观察，在脑海中产生了一连串问号：为什么教师辛辛苦苦讲了45 分钟，学生还是听不懂呢？为什么放学后，学生还不能到操场上去玩呢？为什么教师回家还要抱着一大堆作业本呢？

于是，段力佩选了初一（3）班为蹲点对象进行调研，发现：该班学生睡眠时间不足，成绩很一般；该班少先队第二小队，由于作业负担重，小队会开不起来。田径单项运动，大家都不愿练习，忙着做功课。教师对这种状况感觉颇无奈。

图 4 “超级校长”、教育家段力佩

看在眼里，急在心里，段力佩请刚从上海师院毕业的数学教师王守藩上教改课，两人一起商量教学方案——让学生看懂了就练。根据这个原则，教师对学生讲解，对不同对象提出不同的要求，收到了良好的效果。接着，其他学科也跟着开展了教学方法的改革。

为了使教师相信学生具有一定的阅读和理解能力,与教师座谈时还当场做了个试验:找了一个学生过来,请他阅读一遍还没有上过的新课《老山界》,然后让他向教师讲解,结果学生讲得很好,只有五六处比较模糊。于是语文教师逐渐明白了“不应该平均使用力量,面面俱到讲个不停,既浪费了课堂时间,而学生真正难懂之处又未能帮助解决,讲解应该把力气用在刀口上”。随后,又请一位数学教师在上代数课时布置两个学生做几道还未教过的下一课的练习题目,结果一个学生全做对,另一个做对两道,错了一道。这样,教师们都相信学生具有一定的阅读理解能力,在教与学的关系上逐渐有了统一的认识。有了这样的基础,段力佩便与该班的语文、数学、英语三位教师一起研究在边读边练的基础上持续进行教学方法改革的试验。段力佩还亲自上教改课,先用10分钟言简意赅、条理分明地讲述新内容,然后让学生自由讨论,对不理解的地方再启发引导,在下课前20分钟安排学生做事先拟好的10道题目,下课时大多数学生都完成了。

改革期间,段力佩不断提醒参加改革的教师:要注意在课堂上少讲一些,一定要促使学生多读多练一些,做到读练结合,因材施教要注意以旧导新、以新带旧;还要注意:虽然要少讲一些,但要明白通达、通俗易懂。

改革以后,初一(3)班的语文、数学和英语的平均成绩不仅没有比其他班低,反而超过了其他班,学生的负担也减轻了。而且,这个班的风貌也有了很大的改变:思想政治教育有所加强,文体活动、社会活动也能较好地开展,学生在政治、学习、身体各方面都有了进步,视力、健康也比较好。该班少先队第二小队的队员们不再惧怕小队活动了,他们积极参加参观工厂、访问老工人、了解家史等教育活动。

改革的成果得到了上海市教育卫生工作部的认可,后又上报给中宣部。这个班的教学改革的经验被总结为“紧扣教材,边讲边练,新旧联系,因材施教”,即“十六字经验”。后来《人民教育》和《光明日报》对此进行大篇幅报道,在普教界产生重大影响。

“八字教学法”

20世纪70年代末,广大教师以十分高涨的热情投入到教育教学工作中去。然而,片面追求升学率、学生负担过重的情况再度出现。段力佩一如既往地抵制片面追求升学率的歪风,坚持全面贯彻党的教育方针,按照教育和教学规律办学,大胆进行教学改革。

当时招生按地段分配生源,育才中学招收的是武定街道和苏州河附近的学生,基础较差。基于此,段力佩认识到:要抓教学,首先要抓读书,各门学科、各个年级都要培养读书习惯。所有学生先读半年书。语文教学的任务,各科教师都要担任起来。同时,制定出培养读书的习惯,其目标:一是要抓"通"字,就是要学生能把课文读通;二是要初步领会课文内容,弄懂含义。

通过半年多的读书习惯培养,学生读书情况有了好转。1980 届 3 班共有 46 人,原来数学课上能将课文读通的只有 3 人,半年后,46 名同学在原有基础上有所提高的占三分之一。

1977 年下半年,育才中学除了继续在 1980 届 3 班进行试点外,又选取了三个典型班级试验教改。其中 1980 届 1 班基础较好,1979 届 2 班同学基础稍差,1978 届 2 班则是思想和文化都不理想。在试验中发现,学生阅读水平不均衡的现象比较突出,基础好的学生能够比较快地理解课文内容,基础差的学生花费了很多时间也读不出名堂。靠教师逐个辅导也有困难,因此,为解决这个矛盾,育才中学将群众路线的工作方法运用到教学过程中,开展"官教兵、兵教官、兵教兵"的群众练兵运动,学习基础好的学生帮助基础差的,并在学生阅读后,由教师组织和引导他们进行讨论。

试验期间,段力佩在听 1980 届 1 班的数学课时,发现学生阅读时经常与前后左右的同学交头接耳讨论,于是提出了"议议"的教学方法。把前后两个座位上的学生组成一个读议小组,每个读议小组按好、中、差不同程度搭配组合,从组织上保证了学生"议议"环节的进行。

1978 年暑假,育才中学对实验班和非实验班进行了对比实验,结果认为,"读读、议议"有利于培养读书习惯,提高读书能力;可以发展学生思维,提高同学观察问题、提出问题、分析问题、解决问题的能力;有利于在教学过程中,师生之间互相探讨，互相启发，教学相长；有利于在教学过程中实施因材施教的原则，等等。

在教改试验中，参与试点的教师提出，只抓学生的读和议还不够，对“读读、议议”的内容还要通过练习来加深理解并得到巩固。学生读读、议议、练练中的问题，还要教师帮助解决。由此，段力佩和教师进一步总结教学方法，把教学方法归纳为“读读、议议、练练、讲讲”的“八字教学法”。

1979 学年度开始，为了统一教师的认识，育才中学从搞典型入手，组织数学组、化学组和物理组的部分教师上公开课，其他教师观摩，课后进行讨论研究。经过一年 100 多次的公开课，教师们逐步明确了“八字”教学法的实质，即：讲课中的引导、解剖、总结，主要是为了指导学生自己学习；读读、议议、练练、讲讲，对不同年级、不同学科、不同特点的班级，应有区别，但它们要贯穿在整个单元教学中，而不是把每节课机械地分割成四段。

经过这一年多的教学实践，段力佩总结出“八字教学法”各要素的内在关系：读是基础，议是关键，练是应用，讲是贯穿始终。读书时教师要指导怎么读；讨论时教师要引导；学生练习时也要指导，只不过教师不能占用所有的时间。由于教师的作用很关键，段力佩便把“八字教学法”命名为“读读、议议、练练、讲讲”有领导的“茶馆式教学法”。

“三自”教育理念

“八字教学法”亮相全国中学教育之后，段力佩虽年事已高，仍不懈地思考和探索教育教学改革。段力佩认识到，培养学生学习的自觉性是提高教学质量的前提，而学习自觉性只能靠启发引导，不能靠强迫命令。“八字教学法”是建立在课桌前后四人为单位的读议小组的基础上，容易形成同学—读议小组—班委—班长的工作网，而这种工作网又是完全建立在学生自觉学习、自我管理之上。于是，段力佩在 20 世纪 80 年代初就尝试提出实行班级工作“自治自理”，锻炼学生的管理能力和组织能力。经过实践探索，段力佩进一步丰富教改内涵，完整地提出“自治自理、自学自创、自觉体锻”，作为育才中学的育人目标。

1981年上半年,育才中学开始在高中两个班级进行“自治自理”试点。在试点班级,班主任改为班级辅导员,由学生组成的班委会自己主持班级工作,包括班级的教育活动、学习活动、文体活动。班级辅导员的主要任务是指导学生干部分析班级同学的思想、制订班级工作计划、组织班级活动、及时总结工作经验教训;另一方面,当好学生干部的参谋和顾问,一起实践,努力示范,言传身教。经过一学期的试点,自治自理开始在全校推广,全部班主任都改成班级辅导员,甚至采取以大带小的方式,让高年级学生担任低年级学生的班级副辅导员。

“自治自理”意在让学生学会做人,要求学生集个人责任感与社会使命感于一体,成长为一个具有高度整体自觉的人。学生自治自理的要求是:(1)生活上自理,要求每个学生根据自己的实际情况制订家庭生活计划。(2)政治上自治,主要是培养学生在政治大节上具备辨别大是大非的能力。(3)能力上自强,启发学生发现自己的能力,相信自己的能力,培养他们独立处理事物的能力。

为了让学生们在自治自理中得到锻炼和成长,除了在班级工作中放开手脚之外,育才中学还通过学代会、团代会、少代会等组织,让学生做学校的主人,轮流值日,甚至每周一次的升旗仪式也由值勤的学生干部主持。

如果再往前追溯,育才中学的“读读、议议”中就蕴含了鼓励学生“自学自创”的思想。同学们在“读读、议议”中,既能加深对教材的理解,交流学习心得,还会对教材本身产生新的看法,甚至提出质疑,这也就很自然地将自学与自创联为一体。1980年秋,初二(3)班在语文课上读《中国大石拱桥》,同学们根据常识,对课文中所说的卢沟桥“桥长265米,由十一个半圆形的石拱组成,每个石拱长度不一,从16米到21.6米”感到不解。从字面看,石拱长度不一,而常识告诉我们多孔桥的石拱,左右应当是一一对称的。“议议”后,意见仍未统一。于是,大家决定斗胆给课文作者、桥梁大师茅以升写信咨询,求得一个满意的解释。茅以升复函对同学们的来信表示赞许,并解释说,按照设计原意,左右两边的十个石拱应当是一一对称,问题是建设中桥墩位置不正,从而导致石拱长度不一。茅以升还具体地列出各个石拱的长度,作为证明。

由质疑教材到提出自己的观点,育才从中看到创造性人才的培养途径。20世纪90年代,育才中学有一次举办教育改革成果展览,一本题为《一句点评新教材》的小册子引起了参观者的浓厚兴趣。“形式活泼,版面新颖,广则广矣,深入不够”“疏漏之处过多,美中不足”,诸如此类的评头论足,大胆而率真。

“自觉体锻”也是段力佩继“自治自理”之后提出来的,是要培养学生自觉参加体育锻炼的习惯,以增强体质、发展心智。段力佩对体育有着非常独到的认识,十分重视学校体育工作,1985年就提出“德育是根本、智育是关键、健康是第一”的办学思想,后来又说:“我们学校所施行的学生自治自理,从体育课就明显地看出这个问题,无论是广播操也好,男拳女舞也好,竞技指导也好,学生干部的作用都得到发挥,体育老师从旁点拨点拨就行了。”

正是在老校长段力佩的带领下,从1980年9月1日起,育才中学就实行每班每周六节体育课,正式列入课表,连初高中毕业班也不例外。这不仅在当时绝无仅有,就是现在恐怕也很少有学校能够做到。六节课中有两节大课(55分钟)、四节小课(30分钟)。两节大课仍维持传统,偏重于运动技术的学习,内容包括田径、体操、球类等竞技性活动,以发展各项身体素质。四节小课则是男同学学拳、女同学学舞,拳和舞是由教师根据学生年龄特点和身体素质自编的。

段力佩总结出一条“三自教育,双向提高,目标一体化”的指导原则,将“三自”视为相互联系、相应相承、相互促进的整体。“自治自理”是“自学自创”和“自觉体锻”基础,在学生整体自觉的前提下,学习创造、体育锻炼就显得更有主体意识。学生的自觉性和主动性调动起来以后,就要在各方面为其自主发展提供广阔的空间,在教师教学和学校管理中为学生的自我表现搭建平台。学生通过“三自教育”,能力得到了锻炼、智慧得到了升华、体质得到了增强,又为在更高层次上实现自我主动发展打下了基础。即便高中毕业,继续深造,或步入社会,“三自”精神已镌刻在育才学子的心灵深处,为他们取得学业和事业上的成功保驾护航。

图 5　学校大会堂

走向个性化:每个人都有一张自己的课表

为了每一个学生的全面发展、个性发展和终身发展,2008 年起,育才中学实施以“个性化学程”为核心载体的课程改革,以增加课程的多样性和选择性,提高教学的针对性和有效性。改革赋予学生在课程和学习方面极大的自主性和选择性,使每一个学生都能按照自己的实际情况个性化、差异化地实现发展。

在这里,以育才中学 2010 级高三(5)班张泽远的成长故事为例:张泽远学习成绩优秀,多次获学科免修资格;2012 年参加国际可持续发展项目奥林匹克竞赛(I-SWEEEP)获得银奖,同年赴美参加联合国青年领袖论坛;酷爱机器人实验,喜爱发明制作,热爱社会工作和公益活动。

学程 年级	第一学程	第二学程	第三学程	第四学程	第五学程	第六学程
高一	历史 基础模块 1	地理 基础模块 2	地理 基础模块 3	历史 基础模块 2	政治思想 基础模块 2	综合复习
	地理 基础模块 1	信息技术 基础模块 1	信息技术 基础模块 2	政治思想 基础模块 1	话剧 基础模块 1	自主学习
拓展型课程	机器人实验	英语视听说	英美文学 赏析	机器人实验	机器人实验	机器人实验

（续表）

学程 / 年级	第七学程	第八学程	第九学程	第十学程	第十一学程	第十二学程
高二	生命科学 基础模块 1	生命科学 基础模块 2	生命科学 基础模块 3	物理 研模块修 1	物理 研模块修 2	综合复习
	政治思想 基础模块 3	历史 基础模块 3	历史 基础模块 4	政治思想 基础模块 4	大学数学 联考指南	物理 研模块修 3
拓展型课程	机器人实验	机器人实验	机器人实验	机器人实验	英语翻译 与写作	明清小品 文选

他有一张属于自己的课表，“这张课表完全是我自己设计的。在育才，不仅选修课可以选，必修课也可以选，我们可以自主选择学习内容、学习时段和学习进程。而且在高一年级，我就可以规划我整个高中三年的学习生活。当初设计课表时，我的设想是尽可能把文科与理科的学习模块分开。这样既可以减轻负担，又可以保证每个学程学习的完整性和思维发展的连贯性。当然，我也有自己的‘小算盘’——为了让自己在近一个学年的学习后可以放松一下，又有足够的时间来总结复习，便把话剧与自修都安排在了高一。同时考虑刚进高中会有一个适应期，而高二下学期学习压力相对大，所以我在这两段时间预先为自己安排了冶情养性，舒缓心情的选修课，以便调整身心。”

在育才，每个人的课表都是不一样的。当学生能把自己的兴趣爱好和人生理想融入学习生活的时候，这不再是一张简单的课表。

上海市闸北第八中学

从"成功教育"到"委托管理"的创新之路

岁月留痕

上海市闸北第八中学从薄弱学校到成为上海市文明单位、上海市素质教育实验学校、上海市教师专业发展学校，学校的成功教育研究成果被列为向全国基础教育重点推广的三个成果之一，成为实施素质教育的一面旗帜。

三十多年前，还是闸北区教研室副主任的刘京海在闸北八中启动了"成功教育"的研究，担任闸北八中校长后更探索出了一条从帮助成功到尝试成功，再到自主成功的路径。今天，依托闸北八中原校长刘京海团队创办的上海成功教育管理咨询中心，2005年接受浦东新区社发局委托管理东沟中学，在全国首创委托管理农村学校先例，此经验被写入中国和上海教育中长期发展规划。学校先后共接受委托管理20所薄弱学校，为教育均衡做出了贡献。

2009年的PISA测试成绩公布之后，成功教育再次引起了国际教育组织和主流媒体的关注。国际经合组织从上海众多的教育实践经验中选取了成功教育和委托管理农村学校的经验，拍摄了题为"教育的强力执行者和成功改革者——中国上海"的专题片在OECD官方网站播出。英国BBC、日本NHK、德国电视一台都拍摄了专题片介绍成功教育的经验。美国公共电台，法国《费加罗报》《解放报》，芬兰《赫尔辛基报》纷纷来校采访。2009年马来西亚华文学校董事联合总会引进成功教育，目前已有23所学校践行了成功教育，被称为既有思想又有操作点的好经验。

校史回眸

1963年上海市闸北第八中学在中华新路970号创办。2001年在场中路2950弄80号建立新校,南北两地办学。2003年闸北八中新校开设高中班。2006年中华新路的闸北八中迁至场中路,新校停办,重新恢复闸北八中校名。2015年校门从幸福第二公寓内改到场中路3000号。学校现有21个初中班、13个高中班,占地80余亩,在校生千余名,建有各科实验室、各活动室50余间,有可容纳近千人进餐的现代化餐厅,可容纳300人住宿的宿舍,有200米跑道运动场,两个室内体育馆,另有篮球场、排球场,图书馆被评为上海市中小学一级图书馆,食堂被评为上海市A级食堂。在上海市教委和静安区政府大力支持下,总投资达3亿元的学校改造工程基本完成,学校将建成城市森林式生态校园,成为中心城区最好的完全中学之一。

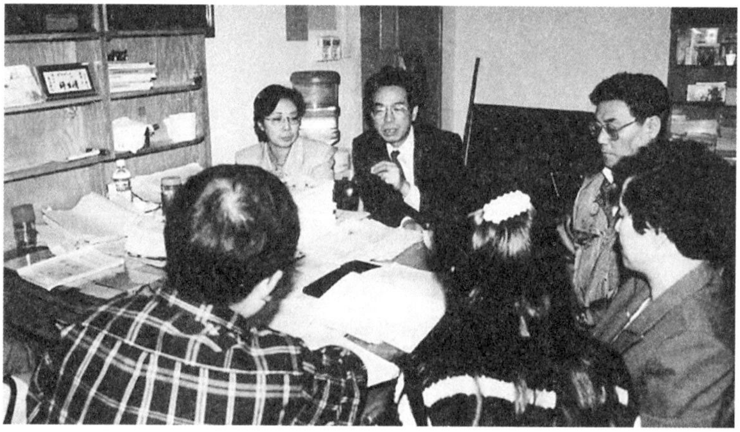

图1　团队研讨建构成功教育思想体系

"文革"期间的闸北八中是重灾区,因为地处上海最有名的"旧货市场"附近,生源属全区最差,办学条件和师资条件十分困难。

在校长陈燮荣的带领下,学校探索打翻身之路。1987年,时任闸北区教研室副主任的刘京海带领教研员深入闸北八中,与学校合作实施"薄弱初中语数外综合改革　大面积提高学生素质"的改革,该课题被评为上海市"七五"期间的重点课题，经过三年改革，取得明显效果。改革的主题思想被概括为“成功教育”，学校从此走上成功之路。

1994 年，刘京海辞去闸北区科研室主任职务，到闸北八中担任校长。他带领全校教职员工在校内扩大和推广成功教育研究，探索一条从帮助成功到尝试成功，再到自主成功的路径，并首创“教与学电子平台”，复制、推广优秀教师经验，全面推行“低起点、小步子、多活动、快反馈”的策略方法，助推学校走上持续成功之路。

图 2　借助委托管理辐射成功教育实践经验

2012 年，闸北八中为了顺应课改的新要求，在成功教育取得较好效果基础上，基于“互联网+”背景，在学科和实践活动领域实现成功教育新突破。这项基于“互联网+”的研究丰富了成功教育的内涵，拓宽了成功教育的路径和方法。

学校荣获全国教育信息化创新应用先锋学校，成功教育新进展——BYOD 移动终端应用及资源建设相继被评为上海市教育综合改革典型案例、全国基础信息化应用典型案例等。学校研究成果获教育部全国第二届教育科学优秀成果二等奖、国家级教学成果一等奖，两度获得上海市教学成果特等奖。

历史撷英

“靠死拼，救不了八中，要靠成功教育”

成功教育是在教师教与学的成功经验之上总结出来的。然而，只有在实践中让教师感觉到其科学性、合理性，才能让其被接受、被应用，从而体现自身的价值。

在成功教育产生之前，闸北八中的老师是非常努力工作的，但“差生集中营”的帽子依然没有脱掉。楼蓉嬉是闸北八中的一位老师，在比较与实践中，她心悦诚服地接受了成功教育理念。本来在楼老师眼中，这些“差生”几乎没有什么优点。但是成功教育说，要张扬孩子的闪光点，让他们心中充满无限喜悦和兴奋。她想了想，觉得学生也不是一无是处。在新学期她向大家介绍学生闪光点：王成，有绝活，能炒人人爱吃的蛋炒饭；查文斌，会唱很多很多歌，全是自学的，而且唱得很好；吴锁强制作了好多昆虫标本；杜芳会写诗、易红会跳舞、黄斌爱集邮……学生们喜洋洋的，他们觉得自己不比别人差。

成功教育说：要引导学生在集体活动中确立自信。

无论是军训活动、文艺会演还是黑板报比赛、主题班会，楼蓉嬉都要求学生展现自己在集体中的地位，发挥自己的作用。在集体仪式中“我们一定能”具有无限的感染力。慢慢地，大家都说楼老师的班里人才多。

楼蓉嬉真正体会到：没有自信就没有成功，自信是成功的开始！

成功教育说：必须尊重学生，特别要尊重“差生”。

陈海青同学是个转校生，本来要进工读学校。开始楼蓉嬉拒绝接受，刘京海说：如果把一个个“差生”都拒之门外，还谈什么成功教育？楼蓉嬉认真与陈海青谈话，过了一段时间，又选他为少代会候选人。陈海青吃惊了，他没想到这些都是真的！初三时，陈海青入了团，毕业后成为宝钢集团的一名技工，是劳动模范，还入了党。

在成功教育第一、第二轮试验后，闸北八中面貌大变，最重要的变化是有了一批在实践中认可成功教育，并且愿为成功教育研究献身的教师。

“我是成功教育的获益者”

成功教育在第一、第二轮试验时，把许多本来的“差生”培养为成功者。顾斌就是其中的一个。闸北八中高中文科班的学生到彭浦机械厂采访顾斌，他深情地说：“我是成功教育的获益者。”他未出生时父亲去世，刚出生，母亲改嫁。祖父残疾，祖母因整日操劳双目失明。

顾斌因为缺少长辈教育，变得自暴自弃。做广播操时，他能像壁虎那样攀爬在墙上，还做怪脸。上数学课，他把本子撕得粉碎，纸屑满教室飞舞。他把老师气得手脚冰冷、血压升高。

他的表现让同学都不理他，体育课打羽毛球，没人愿与他一起。班主任楼蓉嬉偶然发现了，便与他一起打。没想到顾斌打得很好，不仅如此，他还主动提出把顺风的位置换给楼老师，并且还夸楼老师打得好。楼蓉嬉善于发现他的这些善解人意的举动，便让他负责卫生值日。“一扫、一拖、一抹”之后，多数学生就把工具一扔。顾斌不一样，他把拖把、抹布洗干净，然后晾在窗台上。楼蓉嬉表扬顾斌，说：“就凭这一点，你将来可以成为劳动模范的。”顾斌双眼发光了。楼蓉嬉继续说：“可是当劳动模范不仅要会干活，还要掌握一定的科学文化知识。你现在不好好读书，将来能干什么呢？你这盏灯灭了，你的祖父祖母心中的灯也灭了！你这盏灯亮着，你全家都有希望！”顾斌点点头。作为班级劳动干事，顾斌干得很好，班级卫生评比总是满分。上课他也认真了，本来人就不笨，于是成绩也一点点变好了。

“在我初三时，刘校长来八中搞成功教育。毕业后，我考上了技校，这本来是不可能的。”顾斌说。现在顾斌在彭浦机械厂食堂工作，从一个门外汉，成为一家酒店的经理，能自己下厨烧一手好菜，也能管理一个现代化的酒店。新的时代，节奏变化快，无论干什么工作都要与时俱进。他还在学新的技术，学新的管理经验……他深情地说:“可以这样说,没有八中的成功教育,就没有我……”

采访他的文科班同学认真地记录着,他们在思考,成功教育不管怎样发展,基本理念是不变的,那就是“相信每个学生都能成功,有成功的潜能,而且能在多方面获得成功”。祖国各行各业需要这样的建设者、成功者。

图 3　学校入选教育部首批基础教育信息化应用典型示范案例单位

青年教师与成功教育发展与时俱进

叶莉娜 2002 年进入上海市闸北第八中学任教,在刘京海“成功教育”理念熏陶下投入信息科技教学工作。她 2012 年教育硕士毕业,2014 年成为学校信息中心主任。

叶莉娜敬业爱岗,严谨治教,在市、区教学大赛屡次获得一等奖。2008 年她的“关于创建教与学电子平台的研究”获评为上海市教育科学优秀成果,成果中充分融入成功教育及委托管理实践。2010 年至 2012 年,她参加上海市中学信息科技学科基地,以“新技术研究”和“实证研究”为主题进行教学尝试和探索。她在学校“短视频运用于课堂教学的研究”和“IPAD 进课堂”的信息技术与学科整合研究中先行先试,充分贯彻成功教育“三个相信”理念,呵护学生好奇心,发展学生思辨力，注重学生自主能力培养，注重信息技术新发展与学生创新能力培养。2012年，她利用“互联网+”信息化优势启动“BYOD移动学习终端应用及资源建设”，打破教与学时空，优化教与学方式，激发学生学习主动性，提高教师教学针对性，增强师生、生生互动。

在成功教育理念指导下的十多年教学实践中，叶莉娜形成了具有鲜明特点的教学主张：以关注信息安全为先，激发信息社会责任感；以挖掘科技本质为本，发展学生思维；以适应未来发展为标，提升信息社会使命感。作为信息科技教师，她不断激发学生信息意识，点燃学生智慧，引导学生在学、懂、用信息技术基础上，用“与信息技术一起学”的态度和能力从容面对未来信息社会。

叶莉娜和她的团队在移动终端辅助教学的改革中勇挑重担、迎难而上，从单纯设备维护发展到信息化辅助教学方案设计和软件测试，不断寻找阻挡移动教学的难点与痛点，找到相应对策，坚持研究可复制、可推广的实践方案，深化课堂改革，为每个学生的成功创造更多可能。

叶莉娜以“耐心指导、热心宣传、静心反思”的“三心理念”为教师服务，策划组织了多次校内信息化培训竞赛，如2010—2012年电子白板全员分层培训及进课堂竞赛，2015年校内短视频大赛，2012年至今的IPAD平台和资源应用培训。

“成功教育多方面成功的理念成就了我”

闸北八中自2002年起开办高中班。成功教育在初中能取得成功，在高中能否获得成功？事实证明，在高中也能成功。

黄聪颖就是一名高中班的学生。她在初中就开始写小说，结果不被理解，成绩也差了，进了闸北八中。但是自进高中以后，黄聪颖就很少受到委屈，她写小说的事也能公开进行了。

“闸北八中对我的成功很有帮助，首先分数不像其他学校那样重要。八中有不少相对空余的时间，可以让我发呆，做自己想做的事，自由发展。而且，我的语文老师特别好，她很可亲、平易近人，也很喜欢和学生交流、了解情况。她还经常督促学生少看网络文章，多读读书，但是在说笑时，她也承认自己在业余时间也喜欢浏览各种网络文章，甚至跟我们分享，我们都很喜欢她。事实上，作为现代人，绝对拒绝网络信息也不对，成功教育与网络信息不是冤家，关键是怎么获取、如何利用……”黄聪颖在学校已经感受到成功教育的影响了，感受到成功教育应与时俱进，需要新技术的支撑。

黄聪颖坦诚地说，她特别感谢老师和学校对她在写作与绘画上的鼓励和支持。特别是当她的小说问世，老师和同学都买了她的书……

黄聪颖现在出版了六本小说。我们很难说是闸北八中培养出了一名年轻作家，但是闸北八中确实为每个学生多方面的成功作了铺垫。这本来就应该是教育的职责。

委托管理使成功教育得到拓展

浦东新区政府为进行综合改革，在教育系统提出“管办评”分离的举措，向校长刘京海提出：能否请成功教育托管一所薄弱学校。2005 年，国内首个中学“委托管理”项目应运而生，借助团队契约式支教，将成功教育研究成果、思想理论和实践推广至受托学校东沟中学，将“优秀”过程化、细节化和显性化。

总结“成功教育”委托管理的方法和策略，可以清晰地发现：

成功教育管理咨询中心承担东沟中学的办学主体责任，组织团队进入受托管学校后，在冲突、突破和融合等方面展示了极强的整合能力，构建了具有强烈教育情怀的教学和管理团队，健全了委托管理制度环境，将学校管理流程中常规性工作依靠流程进行解决。将成功教育研究成果——帮助成功、尝试成功和自主成功三种课堂教学模式进行推广。通过简单模仿，做中学；理解使用，做中思；革新创造，做中创推广学科电子平台，这一特色技术资源，为课堂教学水平提升提供了具体操作点。

学科电子平台将理念与技术形成内在一致，通过“低起点，小步子，多活动，快反馈”，践行“两个增加与一个减少”，即增加动脑思维时间与动手操作时间，减少教师讲的时间,为学生提供更加适切的针对性教学。

派出闸北八中教师住校顶班、组织学科专家现场指导、集中培训传播优秀教师和校长经验、组织交流展示活动等举措,发掘和唤醒教师专业意识和潜能,在托管学校形成“情感融合,价值认同”。依据成功教育“三个相信”关注学生,让学生有了改变的愿望、前进的动力和成功的机会。不仅实现了教师个体专业发展,更实现了整个教师团队结构优化。

委托管理,是人力资源支持,是团队整体作战,利用母体闸北八中提供优质人力支持,利用学科教与学电子平台推动课堂改革,促进教师专业发展。委托管理,提升了学校教学质量,促进了学校内涵发展,扩大了社会影响。至今,以闸北八中为主体的上海成功教育管理咨询中心先后共计委托管理20所学校,都取得了合格或优秀成绩。成功教育及委托管理抬高了上海学校教育教学底部,低端学生成绩普遍提高,为薄弱学校如何提高走出了一条探索之路,这一经验被写入国家和上海市中长期教育改革和发展规划纲要。中央电视台《焦点访谈》栏目,《人民日报》《解放日报》与法国《解放报》等中外媒体相继进行了托管成效的专题报道。

图4　美国总统教育顾问团来访

信息技术助力成功教育改革实践

信息技术与闸北八中成功教育的第一次结缘，可追溯到21世纪初。针对大批老教师退休、成熟教师流动带来的困局，学校借助信息技术，创建了以“二期课改”理念为指导，体现成功教育特色，以优秀教师的经验为依托的学科教与学电子平台。并以此平台为支架，探索出与教师成长三阶段匹配的教师培养实践方法：模仿——“做中学”，理解——“做中思”，创新——“做中创”，从而开启了成功教育与信息技术整合的1.0版。

平台的构建实现了优秀教师经验过程化、细节化、显性化，使教师群体尤其是青年教师得以在优秀教师经验的高起点上发展，帮助其实现从不规范到规范化的快速提升，并为日后的个性化发展奠定基础。

教师团队共开发四种版本、共包含5062课时内容资源的电子平台，不仅为上海市百余所初中学校使用，使近十万学生受益，学生学习效率显著提升，而且多种版本平台的实践为委托管理、海外华文教育联姻的成功实施，为教育均衡化的探索提供了有益的技术支撑。

“互联网+”时代，如何培养学生必备品格和关键能力，促进学生主动学习、自主成功，成为成功教育研究面临的新课题。2012年起，学校借助移动互联新技术，基于移动终端的应用，开启了以“学程包”等新型学习资源开发与应用为标志的成功教育二次革命，即成功教育与信息技术整合的2.0版。

某日晚间，选修历史的每个学生收到校本平台自动发送的学程包任务，每个学生的练习不仅数量不同，其内容也不一致。一个午后，从校园河畔走来的学生，把刚采集的河水样本送往实验室，通过DIS设备进行水质监测和数据跟踪比对。快一年了，学生关于上海水质变化的项目研究即将结题。五年来，教师通过创造性运用新技术，以学程包、自带终端、无线网络等手段再造学习环境与资源，构建“尊重差异、体验互动、数据分析反馈”的学科学习模型，落实“以学为主”变革：从基础题资源建设开始，实现个性化练习反馈，再推进到课堂混合式学习变革以及学生课外拓展数字化阅读；构建“跨学科—全员参与—群体合作—表现性评价”的实践活动学习模型,全面推进从学科学习领域向实践活动领域改革的拓展:通过数字化实验校本化、全员研究性学习和社会实践活动三个方面,落实学生核心素养的提升,从而促使跨领域、跨学科、跨时空的教与学方式得以实现。

五年来,全校千余名学生自带 iPad 开展个性化学习。通过学程包等学习载体,教的针对性和学的主动性增强,学校成为全区学业质量进步最快学校之一;初高中生百分之百参与研究性学习,从验证到自主设计,学生的实践能力与创新精神得到发展。2016 年至 2017 年,学生共完成四百多项小课题;在各类市级创新和社会实践项目大赛中获得 70 多个团体与个人奖项,其中 2017 年获“未来杯”高中阶段学生社会实践项目大赛志愿公益类全市唯一的一等奖。

成功教育应用移动互联有新突破

成功教育的探索与发展,必须依赖新技术,这样才能为学生的发展留有空间,使教的改革有新的舞台。闸北八中基于“互联网+”背景技术,在学科教学和实践成功教育上有新的突破。

应用移动互联,重构学习环境和流程。运用技术与管理机制消除家长顾虑,实现千余名学生全员自带终端;再通过开发“学程包”等手段重构学习环境、教学与评价流程,深度实现“以学为主”,丰富“低起点,小步子,多活动,快反馈”成功教育内涵。

学程包依据课时目标设计,有学习任务、情境、内容、过程和评价,以小工具应用为手段,可嵌入各类资源,有数据收集“埋点”,可实现互动、体验、个性化和数据反馈。

开发系列小工具,即拖即用、有效组合,助力不同风格教师开展教学设计与活动,支撑差异化的教与学。

构建三个模型,全方位推动学生应用新技术学习:构建“尊重差异—体验互动—数据分析反馈”学科学习模型,构建“跨学科—全员参与—群体合作—表现性评价”实践活动学习模型,构建“埋点采集—聚类分析—反馈调适”行为数据采集与分析模型。

形成六条实践路径，深化成功教育，实现学生多元发展。学科领域形成个性化练习反馈、课堂混合式学习和数字化阅读应用新技术的路径与方法。实践活动领域形成数字化实验校本化、全员研究性学习和社会实践活动应用新技术的路径与方法。

世界教育改革的中国经验与声音

20世纪80年代，“成功教育”乘着改革的春风，在上海基础教育界树起了一面大旗，渐渐地引起了全市的关注；90年代，“成功教育”加快改革的步伐，在全国产生了广泛的影响；进入21世纪以来，“成功教育”在全国扩大开放的新形势下，不断探索开展国际交流合作的路径，开始走向世界。

2009年，马来西亚华校董总教育访问团来我国考察取经，特别选中并引进“成功教育”教学模式，掀开了成功教育与马来西亚华校合作的序幕。他们的理由是：成功教育既有理念思想，还有操作体系，能学能做能推广。

智慧输出首先应该是教育理念的输出。刘京海校长除自己向马来西亚华文学校的师生介绍成功教育的改革和实践外，还多次组织市、区有关专家赴马来西亚讲学，介绍成功教育的思想、理念和实践。

学校专门开发了马来西亚版语文、数学、物理、生物等学科电子平台，共包括956课时内容资源。同时定期派出专家与教师团队，以讲座、现场授课示范、听课、评课等多种形式开展培训活动，成效显著。

董总已先后组团17次来闸北八中考察，学校也已派遣了14批共62人次的优秀教师赴马来西亚独中进行课堂教学交流活动。近年来，马来西亚华校独中选派教师组成“成功教育教学模式种子教师上海蹲点学习团”，每年3月来学校进行为期一周的浸润式培训。

成功教育已在马来西亚华文教育的土壤上开花结果。从起初3所学校参与，逐步增加到24所，超过华文独中总数的三分之一。马来西亚华文独立中学董事联合会总会主席宣布:“实践证明,成功教育模式能有效地帮助学生成功学习,也能帮助教师成长,它的推展让我们母语教育的优越性得到充分发挥。”他们竭诚感谢刘京海校长带领他的团队将成功教育的理念传播到马来西亚。

如何让每一个孩子都能受到良好的教育,是一个世界性的教育难题。成功教育模式与推广实践,为该难题的破解提供了中国方案。自从国际 PISA 测试成绩公布之后,成功教育再次引起了国际组织与海外教育界的关注。

国际经合组织(OECD)专门选取了成功教育和委托管理农村学校的经验拍摄了题为“教育的强力执行者和成功改革者——中国上海”的专题片在其官网播出。2011 年,美国联邦教育部助理部长卡梅尔·马丁率领教育高层领导代表团共 30 多人访问闸北八中时说:“闸北八中做了一件我们美国人一直想做而不知道怎样做的事。”

近几年来,与学校开展交流活动的国家已达三十多个,其中建立项目合作的国家主要有马来西亚、新加坡、澳大利亚等;表示有合作意向的国家包括美国、加拿大、泰国、奥地利、俄罗斯、匈牙利、日本、墨西哥等。成功教育模式与实践经验,很好地诠释了普通学校成功变革的有效路径与方法,为世界教育改革提供了可推广的实践经验。美国亚洲学会对成功教育的评价是:“来自亚洲的经验和声音!”

图 5　成功教育在马来西亚华文独立中学推广

上海市第一师范学校附属小学

“愉快教育”从这里走向全国

岁月留痕

图1　学校创办人陈鹤琴先生

上海市第一师范学校附属小学是中国近代著名教育家陈鹤琴先生创办于1945年的一所实验性学校。20世纪40年代,陈鹤琴先生提出了“活教育”理论,并且身体力行地在学校开展教育实验,以“活教育”的三大目标引领着办学走上高起点:

做人,做中国人,做现代中国人(目的论);

大自然,大社会,都是学习的活教材(课程论);

做中教,做中学,做中求进步(方法论)。

图2　20世纪50年代校舍

20世纪50年代至60年代中期,一师附小在继任校长刘佛年、张文郁、顾杏芳等的带领下,一直致力于“全面贯彻党的教育方针”的研究与实践。最早是在上海市教育局领导下开展“让儿童的聪明才智得到充分发展”的课题研究,又先后试行过“五年一贯制”“五级记分制”“国家第一个小学生守则”“第一个小学教育条例”和“全国统编新教材”等实验。一师附小成为名副其实的教育实验学校。一师附小和“愉快教育”是密不可分的，而“愉快教育”又和倪谷音的名字紧紧连在一起。作为“愉快教育”的创始人，她让“愉快教育”的办学观、教学观、学生观进一步清晰，并在全国产生了广泛的影响。学校不断地改革创新，也涌现了一批优秀教师：1958 年，臧慧芬被评为全国先进工作者；1960 年，倪谷音被评为全国先进儿童工作者、全国优秀辅导员；1959 年，一师附小第一次被评为全国三八红旗集体；1960 年，一师附小获评全国文教先进单位，校长顾杏芳光荣出席全国文教群英会。2017 年，一师附小被评为第一届全国文明校园。2018 年现任校长鲁慧茹当选上海市教育功臣。

校史回眸

1978 年，倪谷音被任命为校长，她具有改革的思想和管理的智慧，遵循邓小平同志“教育要面向现代化、面向世界、面向未来”的指示，针对传统教育观念和单纯升学教育带来的弊端，站在学生的立场，开始了“愉快教育”整体实验探索。

经过了整个 20 世纪 80 年代的实践，学校形成了明确的愉快教育四要素（爱、美、兴趣、创造），愉快教学四原则（实、广、活、新），愉快教育培养四目标（美好的心灵、健康的体魄、聪明的才干、活泼的个性），至此，愉快教育的办学观、教学观、学生观进一步清晰。当时国家教委领导从一师附小的“愉快教育”实验看到了其在基础教育发展中的价值，时任国家教委副主任柳斌多次来校视察，予以充分肯定：“愉快教育是实施素质教育中的一种比较成功的模式”，并把“愉快教育”作为第一批教改经验在全国推广。

1994 年，特级教师宋珠凤担任校长，继承愉快教育思想，提出了“愉快中求发展”的理念，积极贯彻上海当时“一期课改”的精神，带领教师先行先试，起到了辐射引领作用。她以“教育改革与学校少先队自动化”课题为抓手，建构了愉快的儿童德育新格局，弘扬了少年儿童的主体精神，发挥了少先队自动化学习、自动化管理的作用，进行了多项少先队活动的改革，培养学生从愉悦生动发展迈进到自主自动发展，并出版了成果专著。

2001 年，特级教师鲁慧茹担任校长，传承愉快教育的理念，着力进行内涵发展的探索实践，先后主持多项市级课题：①“构建现代学习方式，提高自主学习能力”，对愉快教育的学风（爱学、会学、主动学、创造性学、发展性学）进行了全面研究与实践，形成小学生现代学习的 5 方面、16 个要点的策略提炼，促成了学生学习能力提升。②“以选择成就学生的愉快学习”，在全市率先开设提供“自主选择、走班学习、混龄合作”的校本课程群（一个下午三节课程、四个要素、五大板块），成为“愉快教育”发展的全新增长点。③“现代学校教研功能的研究与实践”。④“为了学生的愉快学习改变课堂”，通过实化教研，运用学习设计理念带领教师全面更新观念，由“主导教”转向“帮助学”，推行“学习任务单”“学习反馈表”作为载体，促使课堂教学和学生学习发生变化。这些成果均有专著出版，并在市级层面获奖，其中有的获得国家首届教学成果一等奖、上海市首届教学成果特等奖。

在此期间，一师附小的办学取得了丰硕的成果，获全国文明单位、全国首届文明校园、上海市五一劳动奖状（集体）等荣誉。

儿童因愉快教育而灿烂，愉快教育因儿童而生辉。

图 3　一师附小新校舍

历史撷英

倪谷音:愉快教育的创始人

一师附小和“愉快教育”是密不可分的,而“愉快教育”又是和校长倪谷音紧紧连在一起的,她是愉快教育的创始人。

1978年,倪谷音被任命为一师附小校长。她是一个有智慧才干、有大爱精神的管理者。她首先思考的是一所学校要有办学的灵魂,要有好的校风和教风,那一定要在继承办学优势的基础上求发展、求创新。她做的第一件事是发动全校教师开了个“诸葛亮”会议,还请来了老校长、老教师一起畅谈学校的办学思路。当时,正值上海首批特级教师评选,教了28年语文的臧慧芬老师光荣入选,她是附小教师精神追求的育人典型。总结臧老师的经验,附小的教风呼之欲出。教师们讲故事、谈体会、议感想,倪谷音综合大家的想法,提炼出“三严四认真”:严肃对待教育事业,严密组织教育教学,严格要求自己和学生;认真备课,认真上课,认真批改作业,认真辅导困难学生。“三严四认真”在当时是质朴实在的,但确实是教师努力工作的真谛,从此这一教风成了一师附小的优良传统。

良好的教风一定会影响学校的校风。倪谷音每年会请一些附小毕业生回校给孩子们做演讲。有个20世纪60年代毕业的学生,因双腿关节损伤,入学时就拄上双拐,在老师加倍的爱护和一再鼓励下,通过治疗和顽强锻炼,他终于扔掉了双拐独立行走!长大后他精心画了一幅油画《关怀》送到学校。他说:“这是我童年的生活写照,我的童年是在老师的背上和同伴的搀扶中度过的。正是因为他们的帮助,我才克服了困难。”倪谷音和老师们听了无不为之感动,从而凝练出“两全两爱”的校风:全面贯彻党的教育方针、面向全体学生;爱教育事业、爱每个学生。

20世纪80年代初,倪谷音带领的教师团队在附小这块教改的沃土中尤为活跃,各项改革实验纷纷出台,均取得了显著的成果:

——全国率先开设学前班,研究“低幼衔接,早期开发智力”;

——在语文教学中,率先开展阅读速度的研究;

——在各科课堂教学中,开展“三多三鼓励”的教学方法研究;

——在少先队工作中,开展读书活动,以及自主自动的活动研究;

——在低年级阶段,试行建立队前“苗苗儿童团”的组织,并进行研究。

改革开放后,邓小平同志提出“教育要面向现代化,面向世界,面向未来”的重要指示,而当时社会由于恢复了高考制度,各年级的学生学业负担逐渐加重。倪谷音一直在思考:如何让学校从单项实验跨越到整体性的改革?如何贯彻邓小平同志的三个面向,而又能正视社会和教育现状的问题?附小要有自己的办学目标,应该有一个鲜明的主题,要进行整体改革!这是倪谷音的胆识魄力,也是她的满腔教育情怀。至于如何改革,倪谷音作了大量的调查和研究。

春天,她和孩子们去佘山彩色天地星期营,她看着孩子们带上速写本,车上画,山上画,参观展览也画,自由活动时也画……佘山回来,速写本上满满的是多彩的生活。孩子付出了很多时间,但却是自愿的,有乐趣的!

一年级小朋友要加入儿童团了,大队部要求孩子们搞一次“种子发芽”实验,孩子们不仅种下了不同的豆子,还观察了发芽过程,用简单的文字、数字、画画等方式“写”下了日记。

孩子们学书法,一张又一张,越写越好;下棋、打乒乓也是如此,走了一盘又一盘,打了一局又一局,乐在其中。

孩子们看课外书,常常入了迷,竟忘了打铃后要进教室。看书有了灵感,孩子们还编起了课本剧、小品……

倪谷音从那么多孩子的身上总结了一条规律:凡是孩子愿做的事,喜欢学的知识,花费时间再多他们都不会觉得负担过重,也绝不会是苦差事!于是倪谷音的整体改革有了思路——愉快教育,即从调动学生内心的情感、内在的积极性着眼,从唤起学生对学习的兴趣入手,从鼓励孩子做喜欢的、爱好的事情做起。她站在孩子的角度,以孩子的天性、年龄特点为基点,归纳出“爱、美、兴趣、创造”的愉快教育四个要素。

倪谷音对自身的学习要求很高,她对教育“三个面向”、对党的“全面发展方针”的研究得深透。孩子们毕业后难以忘记童年的学习生活，也难以忘记教师对他们的谆谆教诲。每逢节假日，他们会来看望校长、老师，每每有成功，他们马上想到向校长、老师汇报……可以说，一个人童年的教育会对一生产生印痕。驻法外交官、艺术设计师、头脑奥林匹克金牌获得者、科学家、发明家……倪谷音每年收到这些附小学子的信件，接待他们的回归。她由衷感叹：教育的真谛是育人，而育人担负的是国家、民族的使命和责任。就在确立“愉快教育整体实验”的伊始，倪谷音提出了“三个五”：“教孩子五年，为他们想五十年，为国家民族想五百年”。这是一个教育者何等的气魄和豪情！它是愉快教育的核心思想，也是附小多年发展的座右铭。

在“三个五”引领下，愉快教育成为一种教育思想，学校相应出台了愉快教育的办学观、愉快教育的教学观、愉快教育的学生观。在倪谷音的指导下，“实广活新”的教学原则，“美好心灵，健壮体魄，创造才干，活泼个性”的培养目标一一确立。由此，愉快教育改革实验体现了时代性和先进性，形成可操作、可实践、可引领、可复制的深远影响力。

一师附小的全体教师经历了30多年的艰苦而有意义的探索和实践，也以名校之誉走在了全国教育改革的前列。

倪谷音倡导的愉快教育在全国产生了很大影响，全国各地先后有七所学校进行愉快教育、快乐教育的探索，形成全国“愉快教育七校联盟体”。联盟校的合作探索，受到时任国家教委副主任柳斌的高度认可。他多次参加活动并称赞道：“愉快教育是实施素质教育的一种比较成功的模式”。“愉快教育”在20世纪80年代末年作为第一批教改经验在全国进行推广。倪谷音成为当时全国小学领域的改革创新者，曾获全国教书育人“樟树奖”。

宋珠凤：推动愉快教育新发展

在愉快教育走过的第二个十年中，有这样一位校长：她，看上去平平和和、淡淡雅雅、不事张扬，但内心情感丰富，有一份对教育、对附小真挚的热爱，一份追求办学卓越的执着，一份科学求实严谨的风格……她就是上海首批特级校长、小学语文特级教师宋珠凤。

宋珠凤是一位治班有道的智慧型班主任，她教育学生自己的中队自己管，学会自己管理自己。她重点抓小干部的培养，具体地教他们如何订计划，如何关心集体、组织集体活动，学会班级自我管理。有一次，团市委少年部、社科院青少年和少先队工作协会组织的联合调查组到一师附小调研，对少先队的自主自动精神和能力进行一次“突然测试”，要求宋校长带的中队开展以“向您介绍有趣的书”为主题的队会，规定“老师不能动，队员全自动”，专家组只给了孩子们三十分钟的时间。在短短的三十分钟里，中队长组织队长们商议，确立了队会的程序，各人分工合作，有的写了开场白，有的写结束语，而且还发挥文艺特长精心准备表演节目。全中队学生在一小时的队会中，表演了 15 个自编自导的节目，介绍了 15 本书，全班学生全员参与。通过测试，专家们发现一师附小的学生知识面广，主动性、自动性、创造能力很强，自主自治自理班级的能力体现得淋漓尽致，这使调研组的专家领导大为惊异。

“教育是一种艺术，没有一种通用的方法可以适用于所有学生，每个学生都是一本独特的书。作为教育工作者，务必要用智慧和情感去尊重、去探索、去求解，只有心里装着每一个孩子，爱他们、疼他们、帮他们，用心培育，才能真正找到有助于他们成长的最佳途径。”宋珠凤说。

正是基于这样的理念，在宋珠凤当校长的近十年间，一师附小建构了愉快的儿童德育新格局，以上海市“教育改革与学校少先队自动化”课题研究为引领，以“从学生需要出发”“发展学生个性”“学生自主自动发展”等为视角思考愉快教育的内涵发展。这一阶段学校进一步研究儿童和少年，研究少年儿童组织——少先队和儿童团，把教育改革与学校少先队的自动化紧密结合起来，开发和弘扬少年儿童的主体精神，发挥了少先队自动化旺盛的生命力，提出“自己的活动自己搞，自己的事情自己管，自己的伙伴自己帮，自己的进步自己争”。学校按主题序列，生动活泼地开展了少先队、儿童团的创造性的自我教育活动，以 12 个少先队节日为载体，以“雏鹰争章”和“成长手册”为评价手段，有力推进了学校少先队改革和学校德育工作的融合。学校建设了"少先队执勤制""少代会"和"大队职能部"三个阵地,创建了"自主自动墙""春芽电视台""春芽小报"和"春芽艺术(科技)团",作为深化愉快教育的四条途径,通过自我管理、自主活动提高学生的综合素质。学校还创建了学生"星级评价制度",包括"附小金星""附小银星"和"附小红星",涌现出了一批学科类、艺术类、体育类、科技类的尖子生。评价制度的改革,充分开发了学生的潜能,发展了学生的个性,让素质教育开花结果。

宋珠凤带领教师完成了市级课题"教育改革和学校少先队自动化"研究,教师撰写了百余个教育案例和三十余篇论文,结集编成《愉快中求发展》一书。

宋珠凤在办学过程中,尊重学生的个体自主性,培养学生自我管理能力,培养学生的学习兴趣、求知欲望、好奇心和进取精神,让每一个学生拥有"精神的浩瀚、想象的活跃、心灵的美好、体魄的健康",创建了"爱学、会学、主动地学、创造性地学、持续发展地学"的"学风",开展了"以学风为突破"的少先队自主学习研究,诠释了学风的内涵:

爱学:学科的热爱在师生互动中产生;
　　学习的兴趣在情知交融中唤起。

会学:问题让学生自己去揭示;
　　知识让学生自己去探索;
　　规律让学生自己去发现;
　　学法让学生自己去归纳;
　　效果让学生自己去评价。

主动地学:学习的需求得到充分满足;
　　　　学习的潜能得到充分开发;
　　　　学习的个性得到充分展现。

创造性地学:学生在学习中能质疑解难;
　　　　　学生在学习中会迁移活用;
　　　　　学生在学习中能求异创新。

持续发展地学:学生自己去拓宽学习领域;

学生自己去开掘学习内容；

学生自己去发展持续学力。

宋珠凤给一师附小愉快教育实验内涵发展注入了立德树人变革之源，为愉快教育持续发展寻找到新的生长点，确立了以“学生发展为本，开发学生潜能，发展学生个性”的办学理念；培养学生从愉快地、生动活泼地发展向自主自动地发展方向迈进，为学校未来德育工作设置了前驰的路标，建构了腾飞的踏板。

鲁慧茹：激发愉快教育无穷生命力

她，是一位语文特级教师。她的课堂是充满诗意的空间，行云流水般的语言像一条溪流、似一缕春风、如一汪清泉，使学生徜徉其间，感受着涌动在字里行间的生命智慧，体会着闪烁灵慧之光的表达所带来的力量。

她，是一位教育专家。多年来笔耕不辍，从“现代学校校本教研功能的研究与实践”到“让选择成就学生的愉快学习”，从“小学生现代学习方式的研究”到“新课改背景下小学学习设计的研究”，一本又一本的教科研专著记录着她不断探索与创新的足迹。

她，是上海教育界一位资深的特级校长。作为“愉快教育”的嫡系传人，她带领着一百多名志同道合的老师拾级而上，努力探索符合新时期要求的教育模式，努力寻找能够促进儿童主动发展的科学规律，努力办好老百姓满意的教育。

她，就是上海市一师附小校长鲁慧茹。

2001 年，鲁慧茹担任校长后，继承发展了愉快教育的实验，提出了新一轮的办学理念：让每一个孩子拥有幸福的童年，让每一个孩子得到全面的发展，为每一个孩子提供优质的服务。

在学校课程改革方面，鲁慧茹大胆探索。上海“二期课改”之后，小学也有了 20% 的自主时间可以开展学校校本课程。鲁慧茹开始琢磨：要让孩子学得宽泛一点；要让他们有兴趣地体验，学有收获；要让他们学会选择，能全身心地投入；整个学习方式，要体现自主、自由、自信。

经过一番深思熟虑，2008 年，鲁慧茹立项一个课题——“让选择成就学习的快乐——拓展型课程可持续发展的实践研究”。

很快，她带领课题团队确定了具体做法：

（一）学校提出了“3、4、5”自主课程创新思想。

什么是“3”？“三节课是我的”“三节课由我做主”（这三节课安排在周二下午，其中，一节是团队课，两节为自主选择课）。

什么是“4”？它代表愉快教育的四个要素：爱、美、兴趣、创造。

什么是“5”？它代表愉快教育的培养目标，即：美好的心灵、聪明的才干、健康的体魄、活泼的个性。具体实施就是“五个学会”和“五种能力”。

“五个学会”是：学会主动求知、学会关心助人、学会自觉健身、学会合作交往、学会担当责任。

“五种能力”即：能上网学习、能双语交流、能动手制作、能歌舞弈棋、能游泳打球。

（二）集聚校内外优质资源满足学生的学习需求。

学校开发了科技、艺术、健身、人文、生活五大板块共 60 多门自由选择的拓展课程。在具体操作时，鲁慧茹又动足了脑筋。

1. “走班”式上课。每周二下午，场所是固定的，学生是走动的。鲁慧茹告诉老师们，这个走班，不光是跟老师学，还包括跟同龄人学，跟高一级的学生学，跟不同学段的伙伴学；这种跨年级的不同伙伴之间的相互学习、相互借鉴、相互影响，会培植学生更多的兴趣、爱好，会促进全校学生的人际互动。

2. “菜单”式选择。学校开的“菜单”精彩纷呈：茶艺、乐高、车模、农艺、烹饪……从某种意义上说，它们是课程，也是生活体验，更是一种好奇心的满足。鲁慧茹指出，开“菜单”的目的，是让学生了解自己的兴趣所在，分析哪些兴趣可以持续发展，让他们将来到了中学，能知晓自己的兴趣在哪里、特长在哪里。小学生的这个“扬长”，对他们的终身发展极有好处。当然，小孩子的兴趣，又是在发展变化中的，是需要慢慢培养的。因此，鲁慧茹特别对课程管理的老师强调，允许孩子考虑周全后“改行”，允许有两次选择。

3."晋阶"式提高。针对各个课程社团中的"拔尖人才",鲁慧茹又组织开设了"特需课程"。教学内容是个性化的,将这些孩子从发展兴趣这一层次提高到学有专长。

经过多年的实践,鲁慧茹带着老师们在校本课程的开发运作、有效管理、多元评价等方面探出了新路,多次向全市、外省市展示汇报,为课改的推进提供了实践经验。

鲁慧茹注重科研兴校,传承愉快教育的精髓。近年来,她带领一师附小与愉快教育研究所一起合作研究"学习设计",它是愉快教育的深化与完善,更多地在学习者的主动性上下功夫,让学生在丰富多彩的学习经历中,获得高层次的愉快体验。"学习设计"最核心的思想,是从原先课堂的"教学设计"转向"学习设计",把学生的学放在首位,教师的职责是帮助学生学,以学定教,为学而教。

鲁慧茹鼓励老师们思考:你的学生在课堂里能改变多少?如何让学生人人"动起来"?如何让学生思维"活起来"?

就这样,鲁慧茹带着老师们实践着,摸索着,课堂上有了"新事物":

一是学习活动单。它是一种学习的载体,也是课堂学习活动的小方案。它改变了以往课堂教学中教师牵着学生一步一步走的状况,下放了课堂教学的重心,把教师的"教"转化为任务单上的导语运用、线索提供、温馨提示、学习小窍门传递等。学生在课堂上的"听、说、读、写、算、评、议",或独立进行,或小组合作学习,人人都动起来。

二是学习反馈表。每个学生在单元整体学习之后,都会拿到"单元学习自我回顾"(又称"学习反馈表")。第一步,自己评一评:你对单元学习总体感觉如何?你觉得满意的地方在哪儿?你觉得需要改进的地方在哪儿?第二步,查一查:自己在单元练习中,出现错误的原因有哪些?第三步,想一想、问一问:你觉得自己可以努力的方向是什么?你希望老师给你提供的新内容是什么?

学校开展"学习设计",使学生的快乐体验得到强化,并成为一种内在的行为动力,培养学生强烈的成长热情和积极的正能量。

鲁慧茹对愉快教育的内涵根据时代要求作了全新的提炼:喜欢学习——学生

有浓厚的兴趣和学习意识;有效提高——学生有适度负担但质量较高;充分发展——学生有个性的发挥和能力的提升。

卓有成效的实践积淀催生了丰富的教改成果。鲁慧茹先后出版了多本专著,其中《愉快教育理念下学生自主课程的创新》获首届上海市级教学成果一等奖,《为了学生的愉快学习,变革课堂教学》获国家级首届教学成果一等奖。

在一师附小这片闻名遐迩的教育沃土上,鲁慧茹凭借着脚踏实地的付出、孜孜不倦的探索,获得了累累硕果。从上海市劳动模范到全国五一劳动奖章获得者,从全国优秀工作者到国务院特殊津贴获得者……一串串荣誉的光环下,她始终是笑意盈盈、平易近人;她依然在教改之路上执着攀登,没有丝毫的倦怠。她是学生、家长心目中可亲可爱的校长,是老师眼中优雅睿智的良师益友。她爱孩子、爱学校、爱教育,她常说,教育工作是一项需要把爱与激情倾注其间的神圣事业,她为此用心付出着,并快乐着……

上海市静安区闸北第一中心小学

陈鹤琴创办的一所“童心”学校

岁月留痕

上海市静安区闸北第一中心小学(原闸北区第一中心小学)建于1928年10月,由中国当代教育家、儿童心理学家陈鹤琴(1892—1982)先生创办。

1914年陈鹤琴毕业于北京清华学堂(1928年改名清华大学)后,留学美国,与陶行知同行,获哥伦比亚大学师范学院教育学硕士学位。中华人民共和国成立后,陈鹤琴曾先后担任南京师范学院院长、江苏省人大常委会副主任、中国教育学会名誉会长等职。1928年10月,在担任上海公共租界工部局华人教育处处长时,创办了工部局北区小学,即现今的静安区闸北第一中心小学。陈鹤琴提出“活教育”理论,主张中国儿童教育的发展要适合国情,符合儿童身心发展规律。主要著作有《家庭教育》《儿童心理之研究》《幼稚园的课程》《中国幼稚教育之路》《教育史导言》等,著有《陈鹤琴全集》。

校史回眸

1928年10月	工部局北区小学
1929年	克能海路北区小学
1940年	康乐路小学
1945年	上海市第十五区中心国民学校
1949年	北站区第一中心小学

1957 年　　闸北区第一中心小学

1964 年　　被定为八所五年制试点学校之一

1969—1978 年　　停办，改为恒温控制器厂工农兵学校

1978 年　　复校，同年经市教育局批准为区属重点小学

学校矢志不渝地践行陈鹤琴的“活教育”思想，在办学中坚持“以儿童为中心、为主体”，在全面观察本校儿童的幸福感现状，分析影响儿童幸福感的各种因素的基础上，学校提出了“建设童心学校，追求儿童幸福”的办学目标，并提出开发和建设“新五指课程”，帮助师生“做中得幸福”的办学方向和策略。

学校具有很高的社会知名度与办学声誉，已连续十一届获得上海市文明单位称号，是上海市素质教育实验校，心理健康示范校，生命教育、双语教育首批试点校。2010 年至今，学校又陆续获得第一批全国中小学中华优秀文化艺术传承学校、上海市安全文明校园、上海市红旗大队、上海市头脑奥林匹克特色学校、上海市行为规范示范校、上海市红十字工作示范学校等称号。

目前学校共有 25 个班，921 名学生。学校占地面积 8390 平方米，建筑面积 10425 平方米，其中教学及辅助用房 7910 平方米，操场 1833 平方米，室内体育活动场所 733 平方米。经过 2013 年大修，校园面貌焕然一新。春华、秋实两幢大楼遥相辉映，专用教室齐全，教学设施到位，配套的专用教室多达 23 个。家长认同学校办学理念，认可全面的质量观，具有开放的教育观念，对孩子具有较高的期望，学校毕业生升初中情况理想，学生学业基础扎实、品行端正、自信悦纳、兴趣广泛，具有较大的发展潜能。

2010 年至今，学生参加体育艺术类、科技创新类、语文写作类、数学竞赛类、英语综合类等比赛，获奖每年均在三百人次左右。学生先后获得亚太小学数学奥林匹克邀请赛团体金奖；亚洲机器人锦标赛中国选拔赛、泛太平洋区选拔赛 VEX 机器人工程赛小学组一等奖，两次赴美参赛均获得创意设计奖；“城市让生活更美好——‘童心’在行动”获全国青少年科技创新大赛优秀科技实践活动一等奖；二十多人次获上海市青少年科技创新大赛项目等第奖；2013 年、2014 年 2 月分别获第 35 届、第 36 届世界头脑奥林匹克中国赛区决赛第二名、第一名殊荣；2013 年 3

月学生作品“会发光的篮球架和篮球”参加上海市第 28 届青少年科技创新大赛获一等奖，同时获得专项奖“光电创新精英奖”。学校已形成奥数、双语、京剧、OM、VEX 机器人、健美操等特色项目。

图 1　传承“一切儿童”思想，创办一所追求儿童幸福的小学

历史撷英

乘上儿童列车　奔向祖国未来

20 世纪 80 年代是改革开放、国门打开、思潮涌入的开放时期，学生思维活跃、眼界大开，在这样的情况下，全市开展了“红领巾爱祖国”教育活动，以考察旅行的方式开展活动，让学生饱览祖国大好河山，了解祖国发展步伐。学校由全国优秀辅导员陈宝霖设计开展了“争乘 2000 次儿童列车”的主题教育活动，鼓励学生开展自我教育，当时成为学校少先队工作的主导，在队员中引起很大反响。

“呜——”汽笛响起，那是“2000 次儿童列车”从我们的校园驶向远方，一年又一年。新的一年带来新的展望，这趟列车十几年来帮助许许多多队员茁壮成长，经过一代又一代辅导员的指导,取得了丰硕的成果。1995 年学校开学典礼上,举行了 2000 次儿童列车启发式,要求全校学生努力交上五个好朋友——自学、自理、自护、自强和自律;并且做到:行为规范懂礼仪,自主自动争奖章,乘上列车奔未来,争做新世纪的小主人。

1999 年,站在新世纪的大门口,倾听新世纪的脚步声,一个全新的 21 世纪即将展现在我们眼前。2000 次预备列车向我们驶来,2000 次奖章专列正式启动,队员们个个行动,人人参与。苗苗章、自理章、兴趣章、活动章……争章园里好热闹。乘上新世纪的列车,我们的"儿童号"准点、迅速、高质、高效,以新的姿态奔向 21 世纪的新征程!

图 2　1979 年 7 月,"2000 次儿童列车"出发啦

职称职务首聘　推动学校发展

1985 年起,学校接受职改试点工作,建立起完整的教师业务档案,1986 年 8 月建立了职改领导小组,学习政策、统一思想、制订计划。1987 年初,职改工作正式开展,通过学校评议、投票、推荐,经区学科评审组、区中评委、市高评委审议,完成了高、中、初级教师职务主系列评聘工作。

通过职改工作,学校进一步加强了师资队伍建设,健全完善了学校教育、教学工作常规,组织教师根据学校整体改革规划制定个人规划,启发引导教师端正教育思想,转变教育观念,以适应新时期经济建设的需要。

通过职改工作,广大教师明确任聘条件和履行的职责,工作更有方向。老教师不满足于现状,对自己从严要求;中、青年教师树立信心,提出奋斗目标,向高一级职务任聘条件攀登。青年教师陈小敏的脱颖而出对青年教师的影响很大,在青年教师中出现了虚心好学、积极主动承担开课任务的可喜现象,他们分别在区语文、数学、英语、体育教学竞赛中获奖。职改给青年人带来希望,职改燃起了青年人要求上进的火热之心。

通过职改工作,教师更重视教育、教学改革研究和经验总结:撰写论文在市、区教育科研评比中获奖,经验总结在市、区报纸杂志上发表,学校出版了两期《实践与探索》校刊。

职改工作推动了学校的教育教学工作。学校在进行职改工作期间组织了"向管理要效率,努力提高教育质量""贯彻市教学工作文件,制定执行教育、教学常规"大型现场会,由学校老师李静艳主教,向全区举办"教规律、教方法"学习班,为全区培养了一百多位骨干教师。两年半中让各层次教师执教公开课,为教师创设展露才能的舞台,其间经受了区小教科、中心校校长的两次突击检查,被称为"经得起检查的学校"。学校制定了六年整体改革规划,引导高层次教师和青年教师确立科研专题,制定科研计划,开展教育教学研究。1987 年学校被评为上海市办学成果显著表彰学校,少先队大队部被团中央少工部评为"红旗大队";学校连续三年被评为区文明单位,获区先进党支部、区科技先进学校、推普工作先进单位、区卫生先进单位、区房屋普查先进单位等。

倡导自主教育　学生全面发展

20 世纪 80 年代起,针对学校教育、教学中存在的问题,学校实行了一系列改革:突破升学教育模式,向素质教育转轨,把实施"自主教育"作为整体改革试验的课题,以调动学生的主动性与积极性,促进学生的全面发展。20 世纪 90 年代起,学校进行了小学“自主教育”理论与实践的课题研究，致力于培养学生自我教育、自我发展的能力，促进学生素质的整体提高。自主是智能与个性心理的综合，它具有独立性、自觉性、创造性和自律性等要素，而这些要素又是一般的、概括的，在学生的学习、生活中具体表现为自我教育、自主学习、自觉锻炼、自我鉴赏、自我管理等几方面的能力。

学校相继完成《小学3—5年级学生学习兴趣及相关因素的调查研究》《学生在家生活自理情况调查》《影响小学生主动积极参与教育过程的原因及其分析报告》《“自主教育”与我国近年来小学教育改革的理论与实践资料综述》等研究报告，针对学生在成长中的“过度依赖”现象，改变教育过程中教育工作者（包括家长）“过度包办”的局面，致力于培养学生的自我意识与自我教育能力，促进学生“生动活泼、主动地发展”。

关于“自主教育”的论文先后获得全国中小学整体改革专业委员会论文评比二等奖、上海市第四届普教系统科研成果三等奖、闸北区第五届教育科研成果一等奖。教育整体改革推动了办学水平的提高，学校少先队被评为全国雏鹰大队，学校被评为上海市文明单位、上海市德育工作先进集体、上海市中小学行为规范示范校、闸北区“双高普九”成果显著单位、闸北区办学先进单位、闸北区先进党组织、闸北区科技教育先进集体等一系列荣誉。

“自主教育”不断地提炼出先进的教育思想，促进学校的发展。改革之初，在研读了陶行知、陈鹤琴先生的论著，领会其相信儿童、尊重儿童、发展儿童的思想精髓后，结合燕国材教授“学生主体论”的基本思想，学校将“自主教育”理念落实在学校的各项工作中。20世纪90年代后期，学校及时了解国际教育发展的趋势，学习联合国教科文组织出版的著作，进一步明确教育要以人的发展为本，重在教学生学会学习、学会思考以及培养创新精神等教育新思想、新概念，为学校发展与工作开展提供了强有力的思想武器，使学校建设有较高的立意、有超前的举措，能保持领先地位。课题组先后发表了《“自主教育”论》《马克思关于人的发展理论是教育改革的理论基石》《试论陈鹤琴十七条教学原则对教学改革的指导意义》《试论小学教育的儿童化特征》《试论自主性教育》等论文，成为学校办学思想的核心，在学校发展中产生了极其重要与深远的影响。

“自主教育”不断地提供科学的实践模式，促进学校的发展。在课堂教学、少先队工作、班集体建设、行为习惯养成、课余活动、学校管理、教育技术研究、家庭教育指导、心理健康教育、学生素质综合评价、教师培养、教育研究的组织等方面分别汲取“自主教育”的研究成果，对原有的工作模式进行改革，努力归纳科学、创新的工作措施，提高工作实效，促使学校整体水平不断走上新的台阶。

“自主教育”不断地培养出素质较高的科研型教师，促进学校的发展。“自主教育”成为老教师“传、帮、带”与新教师学习与继承的最佳载体，成为骨干教师成长的重要阵地，为学校的稳步、持续发展培养了一支教师队伍，提供了最为重要的人才资源。

传承中华艺术　体验京剧之美

作为中国传统艺术的优秀代表，京剧艺术彰显着中华文化的博大精深，贯穿于民族精神的血脉渊源，它是我们民族最值得骄傲的瑰宝之一。对青少年进行传统文化普及教育，不仅有利于增长他们的知识，更让他们在学习民族传统艺术、接受美的熏陶的过程中，了解祖国悠久的历史和灿烂文化，并从心底深处树立民族精神之根。

学校自 1989 年起开始探索京剧普及教育之路，至今已有 25 年的历史。

少儿京剧作为实施素质教育的载体，蕴含着丰富的教育元素，京剧艺术中华美的服饰、优美的唱腔、动人的脸部造型、凝练的唱词等都是生动的育人资源。学校在京剧特长生培养的同时，将京剧普及活动纳入校本课程加以规划与开发，探索出京剧普及活动的新机制、新方法，调动多方资源开发适合小学生年龄特点、能激发学生兴趣的京剧阅读读本，鼓励全体学生参与到“唱京剧、听名段、画脸谱、学身段”的活动中来，让京剧艺术的花朵在校园生根发芽，结出硕果，开出绚丽之花，为普及祖国传统艺术做出了应有的贡献。

目前，学校除了定时、定点、定人，开展有提高性质的社团活动外，还开设了《体验京剧》校本教材的课程学习，通过音乐课，教师向学生宣传和介绍有关京剧的背景知识，教会学生简单的唱段，让更多学生了解并认识京剧，将京剧艺术引进课堂、进入班级、进入家庭，通过普及宣传，发现一些身体条件适合的、有天赋的、对京剧有兴趣的学生，让他们通过参加学校的京剧艺术社团进一步学习，成为上海市戏曲学校的后备人才。在普及京剧知识、探索京剧文化的同时，激发学生热爱祖国传统文化的情怀。让学生意识到中国传统文化的博大精深，并能够关注除京剧以外的一些值得我们传承的文化，唤醒教师和学生保护中国传统文化的意识。

1992 年至今获得的全国、市、区奖项多达 20 余项，培养了姚颖颖（第一届五星奖京剧擂台赛冠军得主）和“全国京剧小票友”等一批学生。她们有的成了热心京剧事业的票友，有的被推荐进入戏校继续学习。学校还成立了京剧艺术校本化研究项目组，以“京剧艺术校本化的实践与研究”为基础，开展教学研究。学校校本课程“走进京剧”的开设为普及中国传统文化起到重要的作用。学校于 2013 年被光荣地评为全国中小学中华优秀文化艺术传承学校。

图 3　京剧大合唱《我是一个中国人》（2002 年学校举行“京之韵”少儿京剧专场演出）

小礼堂　大舞台

1928 年秋，陈鹤琴怀着收回教育权为中国儿童办学的时代使命感，应上海华人纳税会和工部局教育委员会的聘请，执掌上海公共租界工部局华人教育处，开始了他在上海长达11年的教育行政生涯。陈鹤琴在公共租界东部工厂区和老北站附近筹资创办了工部局东区小学和北区小学，“北区小学”即现在的静安区闸北第一中心小学。

在北区小学的校园里，一栋尖顶西式二层建筑为教学楼，楼内除教室外，另设有体育室、图书馆、实验室、美术室、自然室等，最引人注目的是底楼正中央宽敞的大礼堂，它是学生们开展各类活动和竞赛的场所。学校除国语、算术、英文三门主科以外，自然、美术、体育、音乐等课程尤被重视。自然课上，学生不仅看挂图和标本，还要动手做实验、做手工，当年自然学科的常识教具展示就布置在大礼堂里，体现了陈鹤琴倡导的“手脑并用”的教育主张，培养儿童的动手能力和创造精神。

图4　1992年3月谢丽娟副市长、袁采局长在学校参加上海市解决中小学入学高峰问题现场会

1978年复校后，学校的大礼堂成为一个展示的舞台，在当时的教育条件下，拥有这样一个中西合璧的大礼堂在上海市也属罕见，市区各学科教学现场会和课堂教学展示及竞赛、各类教育教学讲座等都选择在学校礼堂内举办，这里成为市区展示教育高地的窗口。1991年11月的教育局“自主教育”理论与实践研讨会、1992年3月的上海市解决中小学入学高峰问题现场会和上海市办好小学教育现场经验交流会相继在我校礼堂举行。

学校的大礼堂更是孩子们的天堂，大队集会、少代会、少先队入队仪式、儿童团入团仪式，以及主题活动"今年我十岁""别了，母校""六一集会""新年会演"等都在大礼堂举办。舞台上的大幕徐徐拉开，欢声笑语萦绕在大礼堂的上空。

王同庆在担任校长的40年中，把闸北第一中心小学办出了水平，办出了特色。在这里诞生了一批又一批的名师：全国优秀党务工作者施南峰，上海市小学语文特级教师李静艳，全国劳动模范庄国娟，上海市劳动模范曹静芝、瞿月清……校长杨江丁后任上海市少年儿童研究中心主任，副校长鲍英菁现任闸北区副区长，副校长徐晓唯现任上海市大宁国际小学校长。

如今，徐静校长正带领着一支善于思考、勇于创新的团队，一群敬业爱岗、勇于实践的教师，又一次站在教育教学改革的前沿：学校在创办"童心学校"、追求儿童幸福办学宗旨的指导下，以"师德建设"为核心，以"人格培养"为重点，以"课程改革"为载体，以"教师专业发展"为目标，为创造型"童心"教师的成长提供优良的"土壤"与"气候"。闸北第一中心小学，这所近百年的老校，正焕发出新的光彩，走向新的辉煌！

创办"童心"学校　追求儿童幸福

自1993年起，学校在上海市中小学心理健康教育协会、闸北区教育局及德育室的关心和指导下，开展了学校心理健康教育，并参与了《心理健康活动自助手册》的编写工作。心理健康教育从随机性逐步发展到纳入学校整体的教育教学工作中，有计划、有步骤地持续进行，建立了"六个一阵地"，即：一个信箱，学校向全体学生开设"悄悄话信箱"；一条热线，学校定期开通心理热线，接受学生和家长的电话咨询；一间辅导室，学校设立心理辅导室，对个别学生的心理问题加以疏导；一节活动课，学校加强对心理健康教育活动课的教学与研究，使之发挥更大的作用；一所"学校"，家长学校是心理健康的重要阵地；一次开放活动，学校每年向社区居民开设心理健康教育专题咨询活动，既展示学校心理健康教育的成果，又在社区营造人人都来关注学生心理的良好氛围。20世纪90年代末，学校被上海市中小学心理辅导协会命名为心理健康示范学校，2003年被命名为上海市青少年心理辅导服务中心。

学校多年来坚持心理健康教育，具有明确的心理健康教育目标：促进孩子心理素质健全发展，使孩子们过一种充满童趣的生活。注重心理健康教育在童心培育中的作用，这份健康的养料滋润了孩子的心田，使孩子们敬业好学、乐群向上、自我发展并且童心依旧。

坚持心理健康教育，学校形成了一支成功的教师团队。在素质上，这支教师队伍具备良好的个性特点、较高的专业水平，并善于建立和谐的师生关系；他们乐观开朗，情绪稳定，充满自信。在方法上，这支教师队伍不仅能注重对学生心理健康的阵地教育（心理健康教育活动课、心理健康教育讲座、个别心理辅导等），而且能把心理健康教育的理念（人本的理念、行为改变的理念、认知改变的理念等）和一些心理辅导的技术（同感、参与技术，角色扮演等）潜移默化地融入他们教育、教学的各个方面。这支教师团队走进了孩子的心灵。

坚持心理健康教育，帮助家长形成积极的生活态度。家长的心理波动得到点拨和调节，孩子们的心理素质得以提高。创建童心学校的内涵越来越丰富，外延越来越扩展，学校多次承担了心理健康教育现场观摩活动并作经验交流，出版了心理健康教育文集（《走进童心》《爱童育心》等），并且进行了多项心理健康课题研究，形成了一套符合儿童年龄特征的心理健康活动课的模式。

当前，在上海基础教育转型发展的大背景下，学校根据传统和资源构建了独树一帜的学校课程，确定创建以"爱童育心"为核心理念的学校课程体系。儿童心理健康发展项目组开发了一至五年级的"探索式主题微课程"，在学校三年发展规划中明晰了心理健康教育的总目标：培养"幸福少年"，具有明亮的眼睛、灿烂的笑容、美丽的心灵、灵巧的双手、聪明的头脑、健康的身体，"做"中求进步。打造"幸福教师"，拥有健康的身体、愉悦的心情、积极的情绪及和蔼的态度，具备培养儿童幸福的志向与能力，以及持续学习的品质，敢于面对挑战并实现自我更新与完善。构建学校、家庭与社会三位一体的心理健康教育网络和机制，营造适合学生全面、健康、幸福发展的育人环境。

2012年,学校成为闸北区心理健康教育分中心之一。目前,学校教师中除了拥有心理健康专业硕士双证的专职教师外,还有12人参加了国家二级心理咨询师的培训考证工作,他们分布在各学科和各年级,组成了目前在小学阶段比较精干的专业团队。学校心理健康教育中心的“六个一”承诺:一个信箱、一条热线、一个咨询、一支团队、一句口号、一份承诺,让心理健康教育深入人心,也让教师们更认认真真、踏踏实实为全校学生服务,关爱每一个孩子的健康成长。

现在,关注并维护心理健康已经成为全校师生的自觉和习惯。当教师感觉到自身情绪有些波动、状态不佳时,他们会主动来到音乐放松室,通过音乐理疗适度放松后,调整好不良情绪,以积极的心态回到教室继续工作;学生有了烦恼,他们会通过“王老师信箱”诉说内心的苦闷,小纸条在师生间无声地传递,烦恼就在这悄无声息中溜走,笑容又重回脸庞;遇到考试焦虑了、同伴间有了小摩擦,心理信息员会及时帮助预约沙盘室、宣泄室,让孩子们去合理宣泄焦虑、愤怒的情绪,然后带着轻松重返课堂;碰到实在不能解决的忧愁,孩子们又会悄悄来到咨询室,关上门,和心理健康老师细说自己心里的悄悄话……

学校作为区心理健康中心之一,将本校的心理健康教育成果和经验分享到其他学校和社区,学校专职心理健康教师为区心理健康教师培训心理热线、沙盘治疗,给全区心理健康教师展示公开课,将心理健康教育的专业知识、经验积累与全区教师进行交流分享。

2014年10月24日,12355上海青春在线青少年公共服务中心与闸北区中小学心理健康教育中心在学校正式签订了合作备忘录,共同商定今后将由“12355中心”在闸北区域内部分小学开展“家长学堂”“轻松备考·阳光行动”“护花行动”等主题心理讲座,并为家长开设针对性的亲子成长课程。此外,“12355中心”还将与闸北区中小学心理健康中心共同构建闸北区心理健康三级防御体系,合作开展与青少年心理发展相关的课题研究工作。

多年的探索、实践和坚持,让我们深深感受到心理健康教育工作在促进学校整体发展中所发挥的重要作用和独特魅力,坚持“童心学校”品牌建设,将为“爱童育心”新课程插上翅膀,给更多的学生、教师和家庭送去健康和幸福。

华东师大一附中

传承廖世承“研究型”学校文化

岁月留痕

图1　光华大学附中

华东师大一附中前身为光华大学附中与大夏大学附中。1925年“五卅惨案”发生后,上海圣约翰大学及其附中的师生积极投入反帝爱国运动,却遭到美籍校长的横加干涉。于是,572名师生愤然离校,在爱国人士王省三、张寿镛等人的支持下,创办了光华大学及附中,以示“光我中华”。光华附中首任校长(附中主任)是陆士寅。1927年3月,我国著名教育家、心理学家廖世承接任校长,他前后任职达十多年。他提出了“积极研究,勇于尝试,艰苦卓绝”的办学理念,奠定了附中“研究型”学校文化的基础。

其后担任校长的有张芝联、包玉珂等。在他们的主持下,光华附中力邀名师讲学,注重品学兼优,开展文体活动,成绩斐然,成为与上海中学、南洋模范中学并驾齐驱的“沪上三大名校”之一,培养了许多杰出人才。后来成为党和国家领导人的乔石、姚依林、尉健行、董寅初等都是光华附中的校友。

大夏附中创办于1925年秋,校名寓“光大华夏”之意,创办人为欧元怀,首任校长是鲁继曾教授。学校仅设初中,规模较小。20世纪30年代初,增设高中,分普通科、师范科、商科及土木工程科。在校长鲁继曾、宋成志等主持下,以“教育救国,振兴中华”为办学宗旨,重视教育质量,也取得了不俗的成绩,培养了叶公琦、谢晋等栋梁之材。体育方面,曾连续两次获得上海市运动会冠军。

校史回眸

1951 年秋,光华附中和大夏附中合并为华东师大附中,由宋志成教授任校长,校址在欧阳路 259 号。

1952 年秋,学校迁至中州路 102 号,华东师范大学委派林静任校长。

1954 年—1964 年,陆善涛任校长。1958 年,华东师范大学又办了第二附中,华东师大附中随后改称华东师大一附中,同年被确定为上海市重点中学。

图 2　华东师大一附中老校

1964 年秋,由徐正贞接任校长。“文革”后,学校又被宣布为上海市重点中学。从 20 世纪 80 年代起,学校在徐正贞校长,以及后任校长季克勤、石源泉的领导下不断发展。1999 年至 2009 年,孙稼麟任校长,附中成为首批“上海市实验性示范性高中”。2005 年,学校迁至虹关路 88 号。

回顾建校的90余年历史,“研究型”学校文化在学校奠基、传承、积淀、提炼和弘扬,虽历经周折,但源远流长。

20世纪20年代,校长廖世承提出“积极研究,勇于尝试、艰苦卓绝”的办学理念。他在光华附中聘请了一批名师。对学生,他则“提倡课外作业”,组织了“自然科学研究会”“数学研究会”等课外小组,目的是“促进研究心”。这些举措奠定了附中研究型学校文化的基础。陆善涛以及徐正贞等校长则是研究型学校文化的传承、积淀者。陆校长认为,教师进行“教科研”后会有四个不一样:“思想境界不一样、理论素养不一样、信息意识不一样、教育能力不一样”。

2009年担任校长的丁伟强,思考如何弘扬和发展研究型学校文化。他认为,应当把“创建教师专业发展共同体,探索教师专业发展形态”作为提升学校“研究型教师”和“研究型文化”整体水平的战略思考,作为对一附中“研究型”学校文化的进一步弘扬和发展。

历史撷英

一代教育宗师廖世承

青少年时代的廖世承,目睹帝国主义侵略中国的罪恶行径,痛感清廷的腐败和民族的危难,一心想寻求民族自立的道路。1908年,他考入上海南洋公学,欧美教育救国的思想给了他很大影响。1912年8月,他被北京清华学校高等科录取,三年后赴美留学,入勃朗大学攻读教育学和心理学。1921年,他获得哲学博士学位。

廖世承回国后,先是在南京东南大学任教授兼附中主任。1927年3月,他来到创办不久的上海光华大学任副校长、教育系主任兼附中主任。1931年,他力辞大学副校长兼职,以集中精力办好附中。在他的努力下,光华附中在上海各中学中名列前茅;在华东大区运动会上获十项全能冠军;在上海地区校际英语及语文比赛上也屡屡夺魁。光华附中以“设备完善,办理认真,成绩斐然”列入甲等学校,当时教育界也曾有“北张南廖”(张伯苓、廖世承)之说。

廖世承主持光华附中时,制定出全面发展的教育方针,他说:“学校不应专顾及学生知识,而忽略品性。”廖世承注重思想教育,还抓体育,重视劳动教育,尤其重纪律教育。廖世承办学有一套完整的制度,制度一经公布,一定严格执行。

作为教育家的廖世承深知,一所学校能否办好,关键要有一支高素质的师资队伍。当时,光华附中的教师称得上国内第一流,大都学有专长。许多能胜任大学教职的教师,如徐燕谋、王遽常、包玉珂、归孟坚、倪若水、章质甫、盛占春、郦家驹、叶百丰、谭维翰等都就职于附中,这与廖世承的科学管理、他的个人魅力是分不开的。他想方设法提高教师的工资待遇。当工资封顶时,他又减少教师的课时。这样,教师生活安定,爱校如家,专心讲学,又可将多年的教学经验加以整理,有条件的便可著书立说了。

图3 廖世承像

廖世承还言传身教,时时处处以身作则。每天早操,同学们谁也不敢迟到,因为无论酷暑严寒,他总是一早就在操场上,等候全体学生到齐、整队、锻炼。身为校领导,他生活俭朴,不图舒适,不讲排场,一直和学生同住一幢普通的宿舍。四楼的一间小房,既是他的卧室,又是他的书房,同时又是批阅文件和接待友人的地方。

平时,廖世承看上去很严肃、拘谨,实际上他很讲民主作风,而且非常重视学生的意见。据曾担任安徽省副省长的杨纪珂校友回忆,一天早晨,他正在学校小花园里朗诵古诗,迎面遇上了廖校长。廖先生得知他对数学、中文感兴趣,很高兴。"鼓励我把数学和中文学好,说这都是最重要的基础课,只有把基础打好了,才能学得好其余的学科"。杨纪珂回忆道。当听说杨的英语学得不太好,廖先生就认真起来,说:"中、英、数三门一定都要学好,决不能偏废啊!"杨纪珂说:"那番话影响了我一生,因此对廖先生怀有终生感激之情。"

德高望重的陆善涛

在老附中人中流传这样一句话:"校长当如陆善涛。"陆善涛怎么会在老附中人心目中留下如此高的威望?

陆善涛毕业于暨南大学化学系,是一位党的地下工作者出身的教育行家。他当教师不只是教化学,还教过数学、物理、政治等。1954年,陆善涛担任附中校长。

陆善涛认为"教学管理的中心内容是教学质量,教学质量是教学管理的生命",因此"要理直气壮地狠抓教学质量",要"向管理要质量"。为此,他在附中主持实行了一系列的教学、教育的管理改革。

当时,苏联教育专家捷普列茨卡亚担任附中的校长顾问,进行教学改革试验。学校从教学质量考查、评定着手,改革教学方法,改革管理制度,实行五级记分制与教室日志制;采用以五个环节为主的综合课型;强调伦理谈话、主题班会,建立班级集体;实行校长全面负责制。1960年开始学制改革试验,提出了"学多一点,学快一点,学好一点"的口号,把某些大学教学内容下放到中学,并改六年制为五年制。由于有了1958年"教育革命"的教训,附中采取稳步改革的方法,高中一半班级实行两年制,一半班级仍采取三年制,效果十分理想。学校除了抓好课堂教学,还积极组织学生开展课外活动,丰富学生的课外生活。1960年,学校被评为科技活动全国先进单位,陆善涛代表学校出席了全国文教群英会。

陆善涛深知“教育质量的高低,很大程度上取决于师资队伍的水平和他们的积极性。因此,学校最基本、最重要的是师资队伍的建设”。他采取了两项重要的措施:一是实行“推门听课”;二是破除“坐班制”。

当时学校中名师颇多,他们经验丰富,各有风格,但缺少相互学习和相互合作。实行“推门听课”使名师有了交流,中青年教师则有更多的学习机会。陆善涛还在许多场合鼓励老师们博采众长、团结协作,逐步形成了全校“推门听课”无障碍的良好教研氛围,为全校教师共享教育智慧和教学艺术提供了切实可行的通道。

“坐班制”几乎是每所学校都要执行的一项考勤制度,不论你当不当班主任,也不论你当天有没有课,都要按时上班,按时下班。陆善涛上任后,他规定老教师每周有半天“自由支配”的时间,可以来学校,也可以不来学校;可以去图书馆、实验室,也可以在自己家里,只要与教导处打个招呼就可以了。与此同时,他又要求老教师,要根据教育教学的实际问题,制定专题研究课题,要在一年之内写出论文,在报刊上发表。表面上看,学校对教师的管理很宽松,可实际上是提出了更高更严格的要求。陆善涛逐步取消坐班制,促进了当时附中的优良教风。陆善涛在任的十年,被称为“一附中”发展的第一个辉煌期。

实干、有担当的徐正贞

从教师做到校长的徐正贞,在附中师生的心目中是一位实干、有担当的校长。

徐正贞一直认为“教师要有一桶水,才能给学生一碗水”,提倡教师要加强业务进修。当时他责成教导处为每位教师每周排出半天进修时间,同时还安排星期六下午(当时是六天工作制)作为全校教师进修的专用时间,讲师德修养、教育学、“三论”,交流心得体会等,以帮助年轻教师迅速成长。他还经常带领各学科资深教师到课堂去听课,一旦发现不合格教师,就给予分流或淘汰,对质量不高和不能满足学生需求的课,则及时提出改进意见。徐正贞十分重视教育科研,常勉励教师“要当教育家,不做教书匠”,要“向科研要质量”。学校设有教育科学研究室,分个人、教研组、学校三级开展科研工作,60%以上的教师都投入了研究活动。在20世纪80年代,教师发表论文600多篇,出版著作60余册。他还以非凡的魄力开了中学教师“整个学期不排课,享受科研创作长假”的先例,正是在“科研领先,教有特点”的引领下,“一附中”的学术研究氛围浓厚。

徐正贞总结了学校“课内打基础,课外出人才”的经验,在抓课堂教学的同时,提倡开展“三个三分之一”活动,即课后约三分之一学生到图书馆阅览室看书读报,约三分之一的学生参加文体活动,约三分之一的学生参加科技或学科小组活动,狠抓了“第二课堂”,发展学生特长。

徐正贞常常直言不讳,给人以硬汉的形象,然而他也有柔情时刻,十分关爱他人。20世纪50年代初,作为青年教师的他生活并不富裕,但他对经济困难的学生解囊相助,受惠者达数十人。对一些有才气、素质好的学生,如陈步君、陆继椿、郑震中、林树清、陈宗义等,高中毕业后就将他们直接留校,聘用他们担任教师,并创造条件让他们到大学里去进修。这些教师以后都成为上海教育界的骨干,有的还担任市、区教育局的领导。

“研究型”学校文化的实践者孙稼麟

1999年6月,孙稼麟出任校长。他上任后,提出了“培养研究型学生,创设研究型课程,造就研究型教师”的办学理念。十年间,孙稼麟重点抓了“培育小花”的工程。他说,一附中每隔几年开一朵全国知名的教育科研“金花”,他要重点做的工作就是不断培育“小花”,并为这些“小花”走向“金花”营造环境,提供服务和支持。一段时期以来,“一附中”不仅培育出了毕红秋、韩亚成、王远、丁伟强、符杰普等五朵“小花”,还涌现了江源、黄鉴峰、蔡蕾等好几位代表上海获得全国教学大奖一等奖的青年名师。全校拥有四个市级研究基地、两个区级研究基地,承担国家级教育研究课题3项、市级研究课题3项,参与国家级课题子课题研究2项、区级立项课题10项。

在课外活动方面,孙稼麟除了继续开辟“第二课堂”,开设各类选修、研究型课程,让学生按照兴趣自由选择外,着重让学生自主成立各种社团,如成立了摄影社、文学社、街舞社等 20 多个社团,尽可能发挥、发展学生的特长,并派出指导教师,丰富学生的课余生活。学校层面上,孙稼麟则重点抓传统的科技特色项目:头脑奥林匹克(OM)、车模等,学校在这些项目中多次荣获全国性的集体冠军、个人冠军。学校头脑奥林匹克队自 2001 年以来获得全国冠军 8 次,并 5 次赴海外,参加德国和美国的世界头脑奥林匹克决赛,取得优异成绩。

图 4　学校在“研究型”文化的引领下不断发展

五朵金花和百花盛开

“一附中”的五位在教学和科研方面做出一系列成就的名特教师,被冠上“五朵金花”的美名,传播到全国。他们是崔乐美、陆继椿、张思中、刘定一、吴传发。

语文特级教师陆继椿,从 20 世纪 80 年代初开始探索语文教学科学化道路。他设计了“以写作为中心,循序渐进”的教学体系,自编了“分类集中,分阶段进行语言训练”的初中语文实验教材,倡导“一课有一得,得得相联系”的教学思想,并广泛传播。十年来,学校举办了语文“双分”教学研究班七期,先后在上海、南阳、黄石、屯溪、咸阳、大庆等地召开了语文“双分”教学研讨会,进行研究探索。全国先后有 28 个省市的 500 多个班级在试用这套教材,在全国语文界产生了较大的影响。为此,陆老师被评为上海市劳动模范,并荣获全国"五一"劳动奖章。

外语特级教师张思中总结了学生学俄语的特点,提出了"适当集中,反复循环,阅读原著,因材施教"的十六字教学法,大面积提高了学生的俄语成绩。后来,他又将该教学法移植到英语教学中,组织有经验的英语教师编写了一批强化训练丛书,深受英语教学界的欢迎。他在国内 280 多个县市办了 130 多期的教师培训班,召开了 3 次全国性的大型研讨会,有 4 万多教研人员和教师参加,有几百万名学生受益。他研究的"张思中外语教学法"课题获第二届全国教育科研优秀成果二等奖,曾受到国务院副总理李岚清同志的亲切接见和热情肯定。如今,学校成立了上海市张思中外语教学法研究所,继续研究、推广他的教学法。

刘定一老师是一名数学特级教师,但他的文史知识广博,文学功底扎实。他的讲课常穿插古代文学、文化的趣谈,并且他对中学开设的各门学科都有见解,而他的"博学"造就了"跨学科课程"研究课题的开发。课堂上,学生们对周围事物极强的研究兴趣激发了刘老师对教学改革的研究和思考,跨学科研究课程由此孕育,繁衍开去。刘老师开展的以"高中生跨学科研究活动辅导"为课题的跨学科课程的科学研究,注重学生科学精神的培养和科学方法的学习,强调跨学科和接触科学前沿。上海市普教所称"这项研究体现了当代及未来社会对人才的要求和素质教育目标,它对现有教育观念、教育内容体系、课堂教学方法以及教师素质的评价标准都是一种强有力的冲击和挑战",它"定位于二十一世纪,代表上海水平。"这项研究获得上海市第六届教育科研成果一等奖,以及第二届全国教育科研优秀成果二等奖。

数学特级教师吴传发则是总结了数学教学中的经验,进行了中学"数学思维训练与问题解决教学的构想"的研究,开发出一套数学课程,取得了相当大的成绩。

崔乐美老师是一位心理教师,她对学生的心理教育颇有研究。崔老师在校内开设了心理咨询课,这在全国范围内都是较早的。她的心理教育"两全美心法"受到了学生的普遍欢迎。

近十年来,学校重点开展精心培育众多"小花"的工程。如今这项工程已经取得初步的成效,培育了毕红秋、韩亚成、王远、丁伟强、符杰普五朵"小花",江源、黄鉴峰、徐凯里、姜振华、邬文敏、蔡蕾、刘超等一批中青年骨干教师纷纷在全国的教学大奖赛上获得一等奖，或被评为教学能手、名师；徐凯里、向胜翔、陈耸、区志华、朱彦铭、阮武林等人则已编写出《化学实验拓展》《历史学习中的知识结构》《经济常识的校本课程设计》等诸多校本课程教材，有的还在区教师培训班上开设有关讲座。

学有特长　人才辈出

“全面发展，学有特长”是华东师大一附中的优秀传统，学校创办90余年来，注重挖掘学生的潜能，发展他们的兴趣爱好，在抓好课堂教学的同时，大力开展课外活动，努力开辟“第二课堂”，让那些学有特长的学生有施展才能的空间，这使得各类人才层出不穷。早在光华附中、大夏附中时期，就涌现了朱践耳、舒适、赵家璧、范泉、谢晋等中外知名的文艺界、出版界人士。

进入“一附中”时期以来，学校先后涌现了著名作家赵长天、文学评论家郦国义；知名电影演员梁波罗、陈茂林（《上海一家人》中的老裁缝，上海戏剧学院教授）；话剧演员吴尔朴；电影摄影师杜煜庄；知名电视、广播节目主持人叶惠贤、刘文仪，以及阿彦、王海燕等；20世纪50年代中国足球队的主力队员陈文宽。在科学领域，则涌现了夏鼐、梁守槃、童志鹏、吴耀祖、江龙、方成、郑厚植、贺坤三、陈凯先、骆利群十位中外院士；在经济学界则有厉无畏、连平、孙立坚等著名人士；而知名学者钱文忠更是家喻户晓。当然，从附中毕业后成为各领域专家、学者的更是不计其数。因此，“一附中”被誉为“培养高级人才的摇篮”。

中国科学院院士方成，是学校1955届的校友。他作为国际天文学联合会副主席，为提高中国天文学在国际上的地位做出了显著的贡献，并为国家培养了一批优秀的科学人才。国际天文学会特将国际编号为185538的小行星，命名为“方成星”。他在校时曾是化学课外小组长，学过一点底片的冲洗。毕业时高三甲、乙、丙三个班照毕业集体照，如果请照相馆印很费钱，同学们建议方成包下来自己印。这么大的照片他从来没有印过，但方成有兴趣，还自己做曝光箱。第一张照片经曝光、显影、定影后，一片漆黑！什么原因？他与同学讨论后，认为光太集中，因此要把光分散一些，找一块破的毛玻璃挡了一下。再次尝试后，人像出来了，但不清晰。于是，他反复试验，不断调整灯光和毛玻璃的距离，最后终于洗出了一张清晰的集体照来。方成在实践过程中善于发现问题，找出解决问题的方法，这让指导老师丁明远看在眼里，喜在心里，觉得方成是个搞科研的好苗子。从附中毕业后，方成考进南京大学天文系，后在天文学领域做出卓越的贡献。

梁波罗、叶惠贤分别是学校1955届、1964届的校友。当年他们在附中时就积极参加校内各种文艺演出，曾主演过独幕话剧《一只热水瓶》《年青的一代》《昆仑山上一棵草》以及歌剧《红珊瑚》等。梁波罗能考入上海戏剧学院，就和曾受到两位文艺造诣很深的老师谭维翰、廖康民的影响，以及他们的精心辅导分不开。后来，他因主演电影《51号兵站》中的小老大，一举成名。叶惠贤踏上社会后，担任过相声演员，后来成为著名主持人、“金话筒”奖得主。他们在附中时的文艺实践活动，奠定了日后走上艺术道路的基础。

美国科学院院士骆利群是学校1981届初中毕业生，1981年考入中国科大少年班。1985年，他被中科院生化所免试录取为研究生，并且赢得“郭沫若奖学金”。1987年7月，他远赴美国东部名校布兰戴斯大学（Brandeis University）直攻博士学位。他于2012年5月1日当选为美国科学院院士，目前，他在斯坦福大学任教授。骆利群对发育神经科学研究做出了重要贡献，他对于突触分枝以建立和维持神经回路领域的研究处于国际领先水平。他当年的班主任商月蓉、数学教师刘定一对他印象极其深刻。他们介绍说，这个孩子天性聪颖，大小测验几乎都是100分。一般孩子如此优秀，个性未免张扬甚至放肆，利群则不然。当时中国科大少年班到上海来招生，学校的老师、领导慧眼识才，推荐了他，也成就了他。如今，骆利群已成为科学界一颗冉冉升起的新星。

钱文忠是学校1984届的校友，如今已是闻名全国的学者。当年他在校时，酷爱文学、历史，常爱到办公室与老师们谈古论今。有一次，教他历史课的郝陵生老师感叹说：“季羡林先生研究的梵文、巴利文怕后继无人了。”说者无意，听者有心。钱文忠受这番话的刺激，就给北大的季羡林先生写了一封信，表示自己渴望学习这两种艰深的语言。不料，季先生很快就回信，充分肯定了他的好学精神。与此同时,他委托好友王元化教授调查一下这个孩子的情况。加之当年高考,钱文忠夺得上海市文科第二名,于是他顺理成章地成了季羡林大师的关门弟子。

OM 比赛屡摘桂冠

学校参与头脑奥林匹克活动已有 25 年的历史,取得了许多骄人的成绩,仅 2001 年以来就获得全国冠军 8 次,并 5 次代表中国赴德国和美国参加世界头脑奥林匹克决赛。

曾经的 OM 队长施艳雯清楚地记得:2002 年 5 月,他们在美国丹佛的科罗拉多大学获得了第 23 届世界头脑奥林匹克决赛高中组的亚军!这是我国高中组在历届国际 OM 决赛场上所取得的最好成绩。站在领奖台上的那一刻,他们理应深感自豪,可是那一夜他们却哭了,因为离冠军队仅仅差了 0.27 分。

2005 年 5 月,还是在科罗拉多大学,举行了"第 26 届世界头脑奥林匹克决赛"。这次比赛由上届队员甘明菲担任队长。在本次大赛中,学校 OM 队荣获"特技车"项目高中组冠军,打破了 18 年来中国高中组在这一赛事中从未夺冠的纪录,实现了零的突破。这个冠军既实现了甘明菲两年前许下的心愿,也弥补了学姐施艳雯曾经留下的深深遗憾。

图 5　2005 年学校获得第 26 届世界头脑 OM 高中组冠军

最近几年，学校把OM活动与“以培养学生的创新精神和实践能力为重点”的素质教育相结合，与学校“培养研究型学生、造就研究型教师”的办学理念和学校的课程改革相结合，使OM活动逐步朝普及与竞赛并重的方向发展，由单一的课外活动向课外、课内并举的方向发展。在2013—2014年度DI上海青少年创新思维竞赛中，学校获得了“极限绝境”挑战赛高中组第一名。在2013年VEX亚洲机器人锦标赛中国赛区选拔赛中，学校又获得了高中组手控冠军、高中组联队赛亚军。

图6　学生在2016上海市创新素养大赛上获团体一等奖

上海市市东实验学校（上海市市东中学）

吕型伟教育理想的实践基地

岁月留痕

上海市市东实验学校(上海市市东中学)创办于1916年,既是全国百所历史名校之一,又是以百年老校为基础的“十二年一贯制”公办学校。

学校创建之初,创始人聂云台认识到发展中国的实业必须依靠科学技术、必须重视人才培养。他受“西学东渐”思潮的影响,为学校确立了加强科学、英语、国学和实科教育的课程思想。从教育的视角看,这无疑是当时一个大胆而切实的举措。

图1　聂中丞华童公学校舍

20世纪50年代,吕型伟先生担任市东中学校长的八年期间,在探索社会主义新教育的办学实践中,探索和形成了“三班两教室”“课堂密集提问法”“两个课堂并举”“普职渗透”等先进办学经验,影响了上海和全国,使市东中学成为上海教育改革的一面旗帜。

校史回眸

上海市市东实验学校(上海市市东中学)是一所有悠久历史的重点中学,也是上海的名校之一,创建于1916年,系沪绅聂云台先生为纪念其父聂缉槼献地而建,由当时公共租界工部局创办的学校,学校原名“聂中丞华童公学”(Nieh Chih Kuei Public School for Chinese),1941年改名“上海市立缉槼中学”,1951年定名“上海市市东中学”。

图2 20世纪40年代校门

在中国人民反帝反封建的斗争中,市东中学有着光荣的革命传统。由于地处沪东,受到沪东工人运动的影响,早在1919年,聂中丞华童公学的广大学生就投入了反帝反封建的“五四”爱国运动。同学们举行罢课,上街演讲,宣传抵制日货。1925年的“五卅惨案”发生后,舆论大哗,商界罢市,工人罢工,学生罢课,风潮越演越烈。市东学生也参加了全市规模的大罢课和义演活动,前后近一个月,参加人数达全校学生的90%以上。学生积极投入反帝斗争,表现出高昂的爱国热情。上海龙华烈士陵园著名的二十四烈士之一费达夫就是市东学子。1943年起,市东学生建立了中国共产党的地下组织,根据上级党组织的部署,发动广大师生积极参加救济失学儿童义卖活动、“争取民主,反对内战”活动;组织百余师生参加欢送上海人民请愿团去南京的“6·23”反内战大游行,声援南京“五二〇”惨案,举行“反饥饿、反内战、反迫害”的罢课斗争,直至上海解放。

中华人民共和国成立后,著名教育家段力佩、吕型伟分别担任市东中学的第一、第二任校长,在继承和发扬市东优良传统的同时创造了许多教育教学的宝贵经验。本着“培养劳动人民子弟成为国家栋梁之材”的宗旨,学校勉励学生“堂堂正正做人,实实在在做事”,为国家培养了大量德才兼备的人才,涌现出众多党政领导、科学家、外交家、企业家和各行各业的精英,被教育界誉为“市东现象”,原中共上海市委副书记龚学平(后担任上海市人大常委会主任)、市纪委副书记洪林珍、副市长周慕尧、市人民检察院检察长吴光裕、市总工会主席包信宝、台湾文化名人李敖等都是市东校友。1960 年市东中学被评为上海市教育系统先进集体,被推选出席全国教育、文化、卫生、体育、新闻方面社会主义先进单位和先进工作者代表大会。厚实的文化底蕴、辉煌的办学历程、成功的教改经验、良好的社会声誉,使市东中学当时走在全市中学的前列,被收入《中国名校》一书。2011 年底,上海市教育委员会、上海市档案馆联合展示本市 36 所历史名校档案,市东中学是杨浦区唯一上榜的历史名校。

市东中学还具有悠久的国际教育历史,前三任校长均为英国人。办学初期采用英国学制,除国语外,其他学科的教科书悉用英国原版书。2005 年,学校与德国斯道芬市浮士德一级文理中学结为友好学校,2007 年与美国太平岭中学成为姐妹学校,开始和友好学校之间进行交流和师生互访。从 2010 年起学校引入德国外交部国外学校教育司认可的 DSD 德语国际课程,在小学、初中和高中学段招收部分有潜质学生强化第二外语学习。

市东中学在传承中不断与时俱进,学校积极参加上海市中小学课程“一期课改”和“二期课改”,20 世纪 80 年代形成了科技、环保等特色,20 世纪 90 年代形成了影视、心理、篮球等特色;进入新世纪以后,又形成了“中学生走进人大”“见习居委会主任”等德育特色。近年来,学校积极探索以“学案导学、一课三单”为操作特色,以“先学后教、以学定教”为内涵特色的“二段五步教学法”,开发系列创新实验课程,形成了头脑 OM、机器人、演讲与辩论、科学创意等特色社团。市东中学先后荣获全国中小学影视教育先进集体、上海市文明单位、上海市中学生行为规范示范学校等众多荣誉称号。

2017 年 9 月 1 日，市东小学正式并入市东中学，在保留原“市东中学”校名的前提下，新增“上海市市东实验学校”校名，使之成为上海市首所以百年名校为基础的公办十二年学制贯通学校。

历史撷英

创始人：聂云台奠定市东中学百年历史

图 3　缉槼楼

在杨浦区辽阳路、惠民路，有 5 幢旧式三层红砖房组成的居民区，叫“聂家花园”。数年前，此处原本因旧城改造要拆迁，文物保护专家阮仪三教授发出疾呼，希望保留这处优秀历史建筑。后经当时的杨浦区政府拍板，五栋老房子不拆，要修缮、保护、利用。这 5 栋老房子到底有什么保护的价值呢？也许你想不到，这里曾是清末上海道台、著名的恒丰纱厂(上海解放后改为第三丝织厂,后为蝴蝶丝绒公司)老板聂缉椝的豪宅!

聂缉椝于1890年—1894年任上海道台,后任浙江巡抚,1906年因受政敌攻击而被革职。聂家最初住在江南制造局厂区内,后来为了照应黄浦江畔的恒丰纱厂,便在今杨浦区辽阳路、惠民路、霍山路一带建起了宅院,占地数万平方米,里面就伫立着保存至今的这五幢三层红砖房,并设有亭台鱼池和网球场。这是一处中西合璧的海派园林。当时,聂氏家族在沪的近百口人均居住于此。

市东中学的创始人聂云台系聂缉椝第三个儿子,自幼随父居住上海,兄弟五人、姐妹四人延师共读。少年时,聂云台曾跟英国人学习英语,1893年回原籍参加童子试,考取秀才。青年时期师从西洋人学习电气、化学等工程,对各科知识均有所涉猎,做到无师自通,尤其谙熟英语,成年后曾多次赴欧美考察,并邀请美国纺织业专家来中国改良棉纺织业。聂云台致力于经营近代企业,活跃于当时上海的工商界,其经营范围涉及纺织、机械制造、电力、商业、金融、外贸及建材等诸多方面,一度声誉大振。1908年聂云台担任恒丰纱厂纺织新局总经理,1918年被选为全国华商纱厂联合会副会长。1919年创办大中华纱厂,任总经理。1920年被选为上海商会会长,还担任上海公共租界工部局华籍顾问、学务处董事及华人教育委员会委员。

经过大量的经营实践,聂云台深切认识到发展中国的实业,必须依靠科学技术和培养人才。于是,他热心于教育事业,不仅在企业内部办培训班,出资选送技术骨干赴国外学习,而且在社会上也积极资助办学。早在1910年至1913年间,聂云台就为格致公学复学而奔走出力,1917年协助黄炎培创办中华职业教育社,并担任临时干事。他还热心地创办过一所为纱厂、铸造厂和机器厂输送技工的学校,为促进我国改良棉业资助金陵大学成立农学院。他被聘为复旦大学董事勉励会会长,担任启秀、启明、中西等三所女中的顾问,翻译《无线电学》及《托尔斯泰传》二书。

聂云台对教育事业最重要的贡献之一就是创办了聂中丞华童公学。他考虑到本市东区人口稠密,失学儿童甚多,却没有一所好学校,为此捐地十余亩,效仿上海著名科学家徐寿创办格致公学的先例,由工部局建校兴学,1915 年冬校舍落成,1916 年 2 月 21 日正式开学,为纪念其父聂缉椝(聂中丞),学校命名"聂中丞华童公学",1941 年又改名为缉椝中学。

聂云台一贯重视职业教育,主张在学校开设簿记和金工、木工科,学校有专用教室,设备齐全,兼聘技术专家授课。学校培养学生手脑并用,重视发展智力、培养技能,这在当时的上海是首创。鉴于沪东地区居民多为工人,家境贫寒,聂云台请求工部局减少学费,同类学校收取 30 元,该校收取 20 元。同时,他还自设奖学金以奖励贫寒而又优秀的 10 名学生,凡恒丰纱厂职工子弟入学,均由聂家代付学费。1919 年"五四"爱国运动期间,学校近三分之一学生积极参加学生联合会爱国活动。聂云台对此十分赞赏,他特在恒丰纱厂内为学生安排自习场所,给学生以有力支持。经过三十余年的苦心经营,截至 1947 年,学校在校学生由办学之初的 46 名增至千余名,缉椝中学已成为沪东地区首屈一指的名牌学校。

聂云台所捐的十余亩地正处于聂家花园的西北部,当年工部局建造的那幢漂亮的教学楼至今无恙,百余年来从中走出的知名人物不知凡几。正是聂云台,奠定了市东中学的百年历史。

老校长:吕型伟创新引领基础教育改革

谈到我国基础教育,不得不提的一个人物就是吕型伟。吕型伟被人们誉为我国基础教育的"活化石"。他亲历了中国 20 世纪前半期的教育,参与了中华人民共和国基础教育改革与发展的全过程,不仅在基础教育国家决策咨询中发挥了重要作用,也形成了独树一帜的教育思想和理论特色。他长期投身于教育研究中,提出了诸多教育改革创新举措,促进了上海乃至全国教育的发展。

说起吕型伟的教育改革,当然绕不开他在市东中学的七年。解放初,吕型伟临危受命来到了市东中学担任校长。在吕型伟看来,到市东中学当校长是一个很好的际遇,他觉得自己从小到大受了不少教育,终于有了施展的机会,可以为新中国的建设作自己的贡献了。一句话,就是有了报国的机会。这种信念大大激发了他的工作热情。

中华人民共和国成立初期，我国学校教育普遍有“划一主义”“一刀切”和“重智轻德”的突出问题，对此，吕型伟提出了“开发潜能、发展个性”和“教育社会化”的主张。吕型伟曾说：“20世纪是物的世纪，但是看来21世纪一定是人的世纪。”教育是面向未来的，是人的教育，因而吕型伟十分强调人文精神的回归，尤其是人的自主精神。吕型伟为市东中学确立的办学宗旨是“把劳动人民子女培养成国家栋梁”，他认为“教育工作的根本任务是培养人才”。

图4　吕型伟

那么应该如何培养未来的人才，把劳动人民子女培养成国家栋梁呢？吕型伟给出的答案是“课内抓基础，课外搞特长”。当时的市东中学，有自己的农场、工厂、车间、作坊、车队、实验室等，因陋就简、因地制宜，支持学生的各项“第二课堂”（即课外教育）活动。吕型伟把课外活动搞得轰轰烈烈，并为它起了一个名字——最活跃的教学因素。学生在丰富的课外活动中增长知识，动手实践，培养兴趣，形成属于自己的特长，做到“人人有才，人无全才，扬长避短，人人成才”。上海直到20世纪80年代才提出“一期课改”，建立必修课、选修课、活动课“三个板块”的课程架构，而这个架构的雏形，早在三十年之前（20世纪50年代）的市东中学就已经基本形成了。

同时，吕型伟也十分关心劳动人民子女的上学问题。新中国成立前，学校拒他们于大门之外，新中国成立后又因学校容量有限，无法容纳更多的劳动人民子女上学。吕型伟费尽心思，创造了一种“三班两教室”的办学模式：三个班级用两间教室。这样有30个教室就能招收45个班级的学生，每个学生一周有两天是全天上课，另有四天是半天上课，半天活动，这样，既可用足教室，又保证了质量。这个创造性的办学模式得到了上海市政府的充分肯定，并在全市推广。全市在不建造校舍的情况下，几乎多招收了1/3的学生，既节约了国家对教育的投入，又基本上落实了中小学向工农开门的政策。

吕型伟始终认为学校教改应该是原创的、多样化的、立足自身的，不规定预设的。他提倡要摸着石头过河，不赞成盲目地跟风。新中国成立之初中国完全按照苏联模式大规模地改造和重建教育，一本凯洛夫《教育学》成了红极一时的“宝典”。凯洛夫有一整套教学工作的规范：教师怎么上课；一节课45分钟组织教学多少时间，提问多少时间；讲和练多少时间；提问的质量与密度；板书的设计，都有精密的计算。这对教学起了一定的规范作用，但吕型伟也有自己的想法：取其精粹，创新发展。凯洛夫的教育学非常强调整齐划一，按照他的模式，一堂课被提问到的学生只有五六个。吕型伟认为课堂上应该尽可能让更多的学生发言，所以他创造了“密集提问”法，一堂课一下子可以提问一二十个学生。学生有的是口头回答，有的是在黑板上回答，有的是站起来回答，有的是书面回答。每个人都处于一种注意力高度集中的状态，因为随时随地都可能被提问到，也可以发问。

除此之外，吕型伟还提出了重建青少年科技站；提出大力发展职业教育和校外教育；提出农村教育改革和健身体育，为上海申请了高考命题自主权；建议把“三个面向”作为教育的指导思想推向全国，在全国建立示范学校推广实验。20世纪90年代还提出了“弘扬传统美德”的口号。现在看来，这些倡导对于今天仍旧有着非常深刻的指导意义。

吕型伟认为搞改革必然是要冒风险的，教育改革只有一个目的：什么东西对学生有利，怎么可以更好地培养学生，就怎么干。一切都是为了探索一种真正有利于学生成才的教育。面对社会变迁过程当中的诸多问题和学校教育中一个接着一个的困难，吕型伟带领师生大胆地实践。在他担任校长的七年时间里，市东中学向兄弟学校、专业机构和政府部门一共输送了四十多位老师，真正做到了办学出人才、出经验、出思想、出理论，使得市东中学成为当时上海教育改革的一面旗帜。

新百年：彰显市政文化，向现代名校的“华丽转身”

进入新世纪，市东中学的改革创新仍在继续，“锐意进取，勇于改革，以人为本，追求卓越”成为市东人办学实践的学校精神。近年来,在上海基础教育课程改革背景下,学校已经形成并且正在发展着一系列教育特色:以“人文德育、百花齐放”为理念的学生德育工作体系;以“学案导学、先学后教、讲练结合、当堂检测”为特征的课堂教学综合改革;以各学科“创新实验室”建设为重点的课程教材综合改革;以“承认差异、尊重个性、提供选择、最近发展”为理念的分类走班教学;以“3.5+3.5”新学制为特点、特色课程建设为抓手的学制贯通教育实验;以证书考试为导向、获得德国外交部承认的“DSD 德语课程项目”;以“课堂研修”为核心的学科教研工作体系;以“项目工作制”为主要特色的学习型组织的建设与管理。

同时,学校先后获得一系列市、区级以上的荣誉项目和荣誉称号。2006—2008年,学校创建杨浦区实验性示范性高中,是杨浦区第一所通过评审的区实验性示范性高中。2009 年,“基于课程标准的新教学任务研究”确立为国家“十一五”教科规划重点课题的分课题。2010 年,“课堂教学综合改革”确立为上海市教委“普通高中学生创新素质培养”的项目学校分课题,“学制贯通教育实验”确立为上海市教委委托课题。2013 年,被授予上海市头脑 OM 特色学校、杨浦区中小学科技特色学校、“DSD 项目学校”。2014 年,被授予杨浦区首个“创智课堂研究工作坊”。2015年,《创智课堂的研究和探索——上海市市东中学“二段五步教学法”的课堂教学改革经验》被评为 2013 年上海市基础教育教学成果二等奖。2016 年,成为“上海市教委教研室中小学课程领导力行动研究项目”实验学校。

2017 年,市东中学进入新的百年,开启新的征程。这一年,有两件大事烙印在新一轮的百年历史征程上。一是,市东小学正式并入市东中学,在保留原“市东中学”校名的前提下,新增“上海市市东实验学校”校名,使之成为上海市首所以百年名校为基础的公办十二年学制贯通学校。二是,学校成功申报上海市第三批特色普通高中建设项目学校,确定“彰显市政文化,培育实践智慧”的办学特色。

新百年确立“市政文化”办学特色是对市东百年文化和传统的继承与发扬。市东中学创校之初,西风渐进,学校课程中西合璧,同时考虑到市东地区多平民子弟,为学生毕业谋生计,多设职业教育课程,强调学校要以学生“修身”为重,“使服务精神,多于权利思想,克己训练,多于享乐欲望”。百年市东一以贯之的课程观、学生观、人才观等均彰显了以学生为本的教育理念，成为学校发展的浓厚文化积淀，也成为市东一百年后整装再出发的宝贵财富。当年，市东中学在全国首创金木手工科，欲使学生毕业后有工业上的基本知识和实际的技术能力，为“大上海计划”的建设、服务、管理培育了诸多人才。如今，百年市东依托杨浦区百年工业文明、百年大学文明和百年市政文明“三个百年”的区位优势，以“百年大学”的文化提升市东的品质，以“百年工业”的底蕴焕发市东的工匠精神，以“百年市政”的文明丰富市东的教学资源，培养学生拥有文化基础，有服务家城、参与社会的热情，以及规划设计、实践探索的能力，成为有责任的服务者、有智慧的实践者、有创新的改革者、有情怀的合作者，更好地发挥市东学子的智慧与才能，为未来城市的建设输出市东力量。

在“市政文化”办学特色下，学校设计了特色课程框架。第一，基础型课程渗透市政特色，重构教学内容，与市政特色直接或间接关联，以市政案例为背景进行情境创设；改进教学方法，坚持吕型伟“知行合一、两个课堂”的理念，将“课内—课外—校外”打通，将学科课程和综合实践活动课程融合，同时开展跨学科的项目学习。第二，拓展型课程突显市政特色，确定“2+4”市政特色课程群的组合。“2”，即两门精品特色短课程“人类城市进化史”“城市科技大百科”，采用全体学生选择性必修的实施形式，通过精品视频慕课、趣味学习手册、市政知识讲座等形式回顾市政的历史，展望市政的未来；“4”，即四大选修课程群，包括市政与人文课程群（城市民俗文化体验课程、城市公共艺术欣赏课程、城市旅游开发研究课程、团体心理活动课程）、市政与科技课程群（城市安全探究课程、自动驾驶探究课程、城市能源结构优化课程、城市服务机器人探究课程）、市政与工程课程群（风景园林设计课程、3D 建筑设计课程、MR 建筑设计课程、城市地下空间设计课程）、市政与管理课程群（法律科普课程、财商培养课程、创新创业课程、办公管理软件 office 国际认证课程），采取学生根据个人的兴趣和特长自主选修的实施形式。第三，研究型课程实践市政特色，由垃圾分类新风尚、未来城市书展、城市定向越野、保卫生命源流、城市素描者、创造未来城市、市东两会、就业生态大调查八门主题综合实践活动课程组成；以“市东 100，智创未来”为导向，通过校内建设研究中心，校外联合社会力量,采用项目化学习方式,每年输出100个项目成果,让学生基于校内校外的丰富资源,在学习市政知识的同时,培育"市东四力"——社会适应力、发展创新力、文化理解力和智慧领导力,使每一位市东学子都能发现、发掘、发展自身的未来城市因子,乐享未来城市,智创市政未来。

图5 学校全景

上海市杨浦高级中学

“人民教育家”于漪坚守的教育热土

岁月留痕

2019年9月29日上午，中共中央总书记、国家主席、中央军委主席习近平亲自给上海市杨浦高级中学名誉校长于漪佩戴上金色的“人民教育家”奖章。这是中华人民共和国首次颁发“人民教育家”这一国家荣誉称号，于漪作为基础教育界的唯一代表获此殊荣。消息传来，如春风拂面，杨高的师生们倍感振奋。

图1　20世纪90年代的上海市第二师范学校

上海市杨浦高级中学的前身为上海市第二师范学校，几经更名后于1984年转制恢复为上海市第二师范学校。1985年，于漪担任校长，以“一身正气，为人师表”作为全校师生的座右铭，并提出办学的三个制高点，首创了教师与教师的师徒“带教”方法，进行中、美、英“师带徒职初培训模式”比较研究，有效地促进了青年教师队伍的成长。学校培养出的学生以敬业精神和综合素质著称，还培养了万永富、胡仲威、徐鹄、胡苹、王律言、蒯峰梅、杨莉俊等特级教师、特级校长，在教育界被称为“二师现象”。

校史回眸

于漪曾饱含深情地说过：“上海市四平路999号这块土地上置办的学校就是我教师生命成长的沃土。从青春年少到耄耋老人，伴随着她的数易教育功能，伴随着她的曲折起伏、沧桑变化，深刻体悟到办学的无比艰辛，唤起奉献教育内心的深度觉醒。顺境，逆境；混乱，平静；荒芜，繁荣，不同时期，不同层面，不同角度的敲打、锤炼，一人一事一草一木都牵动我的心，使我与学校命运、教育质量休戚与共，血肉相连。”

上海市杨浦高级中学前身为上海市第二师范学校，创办于1953年，校址在胶州路601号。1954年学校搬迁至四平路999号。1960年学校转制更名为上海工农师范大学，1962年转制更名为上海市杨浦中学，1984年转制恢复为上海市第二师范学校。1997年学校转制为杨浦高级中学，是上海市11所现代化寄宿制高中之一。2004年被评为首批28所上海市实验性示范性高中之一。

图2　1997年转制为上海市杨浦高级中学

正如于漪所说，四平路999号这块教育的沃土，数易教育功能，但几代教师对党的教育事业初心不改。学校连续15次被评为上海市文明单位，获得上海市教师专业发展学校、上海市德育先进工作集体等称号。语文组被评为全国“五一”劳动奖章先进集体，图书馆被评为全国巾帼文明岗，校长办公室被评为上海市巾帼文明岗。

图3　杨浦高级中学语文组获评全国“五一”劳动奖章先进集体

历史撷英

生命与使命同行——记于漪老师

“特级”荣誉赋予特殊使命。1977年，国家恢复高等学校招生考试制度的消息传到当时的杨浦中学，学校1977届年级组教师欢欣雀跃，大家既奔走相告，又有点将信将疑。很快，教师、家长激动地认识到，这是善举、壮举，是给学校、家庭、社会带来无限希望的战略之举。这项重大决策背后体现的是决策者的胆量、魄力，以及对国家前途命运、人民追求美好生活的挚爱深情，令人敬佩。

认识指导行动。1977 届年级组 30 多位老师连续开了三天会,研究如何抓住恢复高校招生考试的机遇,做到对学生真正负责,因材施教;讨论如何根据学生实际学业水平,把 11 个班级打乱,重新编班;研究开设哪些课程,强化哪些训练,弥补哪些短板,等等。大家最后取得共识:一是放下不敢抓知识、不敢抓科学文化学习的思想包袱,明确在一个文盲、半文盲充斥的国家是不可能建成社会主义强国的。在当时这样做是需要承担风险的,于漪义无反顾地承担下了。二是开设程度不同的快、中、慢班,以使不同学业层次的学生都有所提高。由于老师们齐心协力,认真培养,高考结束后,两个快班的学生全部考入高校,其中考取复旦大学的有 9 人,仅数学系就有 2 人,其中一名以数学满分的成绩被录取。恢复高考要顶着巨大的压力,艰难困苦,玉汝于成,每前进一步都需要勇气和毅力。

1978 年,邓小平同志在全国教育工作会议上提出:“要采取适当的措施,鼓励人们终身从事教育事业,特别优秀的教师,可以定为特级教师。”根据邓小平同志的讲话,教育部、国家计划委员会制定颁发了《关于评选特级教师的暂行规定》,在全国开始了评选特级教师的工作。于漪成为上海首批语文特级教师。兴奋的同时,又让她陷入了沉思:为何机遇如此青睐她?可能是所带的年级组改变了面貌,所教的两个快班学生都考入高校,取得了很好的教学成绩;也可能是因为万人空巷看《海燕》,公开课在全国直播中获得了成功。于漪清醒地意识到:世界上没有绝对公平的事,评上的不一定是最好的,最好的也不一定能评上,其中有种种的偶然性。但既然好运降临,就不能让荣誉蒙尘,一定要让偶然性为必然性开辟道路,加倍努力,边学边干,边干边学,走一条老老实实学做特级教师的路。满怀感恩之情,于漪开启了教育教学改革的新征程,前后上了近 2000 节公开课。这些课追求立体化多功能的课堂综合效应,呈现大象无形的教学艺术境界,在当代教学流派中独树一帜,影响甚巨。

语文教改的先行者。20 世纪 60 年代初,为了提高学生课堂学习的主动性、积极性,提高教学质量,于漪尝试着将课堂教学模式从“满堂灌”向启发式转变,教学内容不再只是语文知识的传授,还要重视学生语文能力的训练与形成。尝试初见效果时,“文革”来临,学科教学受到摧残。重新登上讲台后,于漪下决心要在原有基础上继续推进。当时，学生对语文课的热情、专注、获得感，远不及对数学、物理、英语等科目，课堂上昏昏然、漠漠然等情形屡见不鲜。在于漪的学生时代，情形并不如此。老师教辛弃疾《南乡子・登京口北固亭有怀》时，悲歌慷慨，“何处望神州？满眼风光北固楼”，让少年于漪的爱国情怀油然而生。由此看来，母语教育对人基本素养形成的重要性与长效功能在基础教育阶段并未受到应有重视，未真正发挥其应有的作用。

因此，改革要从课堂教学开始，以激发兴趣与求知欲为切入口。于漪的总体设想大致是这样的：要站在育人的战略高度，跳出语文看语文。教育的本质是培养人，中国的教育应该是培养有中国心的现代文明人，语文学科教学应该教文育人，教语言文字、文学文化，为培养人的大目标服务。要适应时代发展的需要，变革思维方式，从线性思维的我讲你听转换为多维思维，使教与学、学与学的信息交流，成为网络式、辐射型教学，从根本上改变课堂中部分学生是旁观者的状态。同时，课堂教学结构应该立体化、多功能，让学生获得语文整体素养的培育。语文课堂中，不能只是教师发光，还要为每个学生提供锻炼与提升语言能力、思维品质、文化素养的用武之地，让每个学生都成为发光体。为此，除了课内精心设计，让学生学有兴趣、学有所得外，课外天地也得巧作布置，让学生不仅看到而且体验到学习与运用语言文字的广阔空间。

面对语文学科为考而教，应试教育用“柳叶刀”把整体的文章解剖成零碎的“细胞”，“文”“魂”俱失，学生在题海训练中翻腾，求学不读书，情生厌恶，语文素养下降等不争的事实，于漪去了解国外语言学改革的动向，去了解国内语言学方面解构主义的探讨，倾听世纪末语文大讨论的各种声音，结合自己教学实践中的正反面经验，提出语文学科有众多性质，但工具性与人文性的统一是其基本特征。基于这样的认识，于漪发表了《弘扬人文，改革弊端》等多篇文章，阐述自己的观点，在语文教育界内外产生了广泛而深远的影响，推动了语文学科性质的新一轮讨论，并使这场讨论最终在“人文性”上达成共识，写入了教育部颁发的《语文课程标准》。于漪参加了教育部《语文课程标准》的审定，作为其中唯一的一位中学教师，提出了许多真知灼见。21 世纪初，教育部开展了自中华人民共和国成立以来第八次课程改革。语文课改在南京启动时,于漪受到邀请,为全国与会者讲述自己的教学理念和教改实践,受到充分的肯定和热烈的欢迎。在上海二期课程改革的教材审查中,她担任专家组组长,是唯一的一位从小学一年级一直审到高中三年级的审查专家。

进入21世纪,面对立德树人的根本要求,面对培养学生核心素养的时代挑战,于漪提出,语文学科要做到“德智融合”,即要充分挖掘学科内在的育人价值,将其与知识传授和能力培养相融合,真正将立德树人落实到学科主渠道、课堂主阵地。具体到语文核心素养的培育,它是三个维度的进一步发展和融合,是体现在学生身上的综合素养的提升。因此,在语文教学中一定要以学生为本,树立整体观,摆脱以往受工具论主宰,在语文课堂上只教语言建构与运用的现象,要做到立体化施教、全方位育人。

素质教育的坚守者。1978年下半年,于漪接到全国妇联通知,在当年11月到北京,参加中国妇女代表团访问日本活动。当时,代表团共有十多名成员,从事教育工作的仅有她一人。于老师提出希望能参观一下日本的中小学,了解他们的教育教学情况。访问过程中,日本中小学教学设备的先进以及学校管理的科学有序给于漪留下深刻印象。

以教学设备的先进为例,教师在教授血液循环的内容时,教室里的大屏幕电视机就会播放事先录制好的血液循环图,演示血液在血管里怎样流动,动脉、静脉是怎么回事等,形象化的教学使学生一目了然。在专用教室里,还有其他各种各样的先进设备,比如每个学生在做当堂作业时,只要按课桌上的键钮,教师的工作台上就立刻能收到信息,做作业最快的学生是谁,用了多长时间,最慢的学生花了多少时间等,都一目了然,还能立刻统计出百分比,教师再根据这种情况或补充讲解,或个别指导。日本中小学对学生课堂学习情况的了解不只是靠察言观色,而是有客观依据的。

此外她还发现,日本中小学校的管理井然有序,计划性强,学生一学年的活动,校内校外的安排都具体明确。如在交通安全教育方面,学生从家到学校要走哪几条路,过哪些路口,乃至过什么桥,学校都细致、周到地标明。校园里一尘不染,下课时走廊里悄然无声,学生有序下楼到操场上活动。教室卫生全由中小学生自理,一年级小学生也不例外。时值初冬，清晨天空中飘着小雪，小学生还穿着短裤踢球、玩耍。凡此种种，促使于漪对教育尤其是基础教育进行了深入思考，第一次把基础教育与国民素质紧密联系在一起。有了这样开阔视野的际遇，使她认识到，既要眼睛向外，借鉴其他国家的先进经验，更要眼睛向内，植根本土，拿出民族志气、民族自尊，办好自己的教育。既要有世界视野，更要坚守中国立场。此次访问更增添了于漪奉献教育的自觉。十余年后，在1991年"于漪从教四十周年庆祝活动"中，面对11个省市300多位教育界专家同行，于漪作了题为《奉献——教师的天职》的长篇发言，引用闻一多先生诗句，"请将你的脂膏，不息地流向人间，培出慰藉的花儿，结成快乐的果子"，指出教师应该具有通体透亮的红烛精神，教师的天职在于对学生做出无私的奉献。

1985年，于漪担任上海市第二师范学校校长，开启了十年校长的历程。该校是1984年秋根据上海市培养小学师资的需要，在原杨浦中学的基础上恢复建成的。针对当时社会大环境不太理想，师范教育和小学教师的地位和待遇未得到社会充分认识和理解的现状，学校就当代师范生应有怎样的形象进行讨论，认为教师身上要有中华浩然正气。为此，学校以"一身正气，为人师表"作为办学的精神支柱，"两代师表一齐抓"，创造良好的学校小气候。于老师带领学校确立了"聚精会神抓教学"的中心目标；构建起教与学两个网络的架构，着力规范教师"教"和学生"学"的各个环节、步骤，形成有效的评价、反馈、研究机制，还根据《中等师范教学方案》建立起必修课、选修课、课外活动和教育实践等板块。学校还提出"德、智、体、美、劳"全面发展的理念，力争做到教书育人、管理育人、环境育人、制度育人。由于办学取得了丰硕成果，1991年，国家教委《关于表彰部分中等师范学校的决定》把第二师范学校列为国家教委表彰单位。1994年于漪被评为上海市中小学优秀校长，同年在中小学教师中首批享受国务院特殊津贴。

十年的校长生涯使于漪充分认识到，基础教育是本中之本。办教育，教在今天，但想到明天，就必须要站在时代的制高点上，站在战略的制高点上，站在与基础教育发达国家竞争的制高点上，努力把今日的学生培养成为未来实现中华民族复兴大业的有用人才。同时，面对当前学科主渠道、课堂主阵地存在片面追逐分数的倾向,面对急功近利追求升学率的做法,面对重智育轻德育、学科教学应有的人文性和育人价值被削弱乃至失去的现象,教育工作者更应牢固树立全面育人的大目标。

新时代教师的引领者。于漪曾说过,自己是“一辈子做教师,一辈子学做教师”。教师这个职业寄托着她一生的追求与热爱。同时于漪认为,教育必须薪火相传,一代胜过一代。一个人的精力是有限的,教师队伍一定要形成强有力的团队。因此,她把培养青年教师走向成熟、走向优秀、走向卓越,看作自己应担当的责任。

1986 年,因中小学教师流失情况严重,得到上海市委宣传部领导和上海市教卫党委领导的支持,于漪创建成立了上海市教师学研究会。于漪担任会长二十余年,努力为教师队伍建设、培养青年教师“鼓与呼”,做了大量工作,为中小学教师的学术地位争得一席之地。2009 年起担任名誉会长。

1993 年,有一家大型民办学校用 60 万年薪聘请于漪做校长,她拒绝了。她常说,仅仅考虑钱是办不好教育的,所以人不能和钱挂钩。正如印度大诗人泰戈尔讲过的,当鸟儿的翅膀系上黄金,鸟儿就飞不起来了。此外,她还有一个想法:做了几十年教师,有正反两方面的教育教学经验,如果能把这些经验传授给青年教师,也许能为他们的成长成才提供些帮助,就能惠及更多的孩子。

因此,从 20 世纪 80 年代初至今,于漪一直带教青年教师。2006 年起担任上海市教委“于漪语文名师培养基地”主持人,2008 年起担任上海市教委“于漪语文德育实训基地”主持人。本校的、外校的,区里的、市里的、外省市的,通过师带徒、基地实训等多种形式悉心培养,大家亦师亦友,互相学习,共同提高。看到这些青年教师一个个成长为特级教师、正高级教师、“万人计划”领军人才推荐对象等,并且在语文教学上不断开拓创新,取得新业绩,于漪的心中无比欢乐。结合自己的成长和带教经历,她认为名师的成长有四个关键因素:一是教师自身的内在深度觉醒,尤其当他们能够把自己所从事的平凡工作和国家命运、百姓幸福紧密联系在一起时,他们就会产生持续的动力;二是要在教学第一线摸爬滚打,并善于总结正反两方面经验,不断提升自己的理性认识;三是对学生有满腔热情和爱;四是能够做到边干边学,不断进行自我教育。

21 世纪初，白玉兰远程教育开通，于漪应邀讲第一课，并与听课教师互动，后又多次在该平台讲课。作为上海普教系统劳模协会负责人，于漪还到湖南吉首等地义务支教，为各地希望小学校长、教师授课。

同时，于漪还担任华东师范大学、首都师范大学、上海师范大学等大学的兼职教授，担当起培训国家级骨干教师的重任。教育事业需要千千万万有理想信念、有道德情操、有扎实学识、有仁爱之心的好老师，时代赋予教师立德树人的神圣使命，教师理应倾注心血与智慧，全力以赴。

先进教育思想的传播者。梁任公曾讲，人生于天地之间，各有责任。知责任者，大丈夫之始也；行责任者，大丈夫之终也。多年来，于漪始终热切关注中国教育的变化和发展，在她身上，充满着责任意识和担当精神。她自 1977 年以来先后担任上海市人大代表、人大常委、教科文卫委员会委员及副主任，42 年代表生涯，就教育经费、教师地位和待遇、学校危房简屋改造、教学图书仪器添置等问题不断建言。她与孟波同志一起提出“建议义务教育立法”的议案，经过多次调研讨论，在 1985 年通过了《上海市义务教育条例》，从此，上海的义务教育有法可依。

自 2004 年以来，于漪积极参与《上海市学生民族精神教育指导纲要（试行）》《上海市中小学生生命教育指导纲要（试行）》的制定，全面设计了上海市中小学语文课堂民族精神教育的行动计划，举办了 16 省市教师参加的“民族精神教育与语文课堂教学”大型展示活动。

2001 年，上海东方电视台拍摄的《于老师》获年度专题纪录片奖。此后，《走进他们》《一辈子的老师》《一代名师》等专题片，或以表现拳拳师爱见长，或以谈论教育问题鞭辟入里见长，在社会上产生了良好的反响。

2001 年，山东教育出版社出版了 6 卷本《于漪文集》；2018 年，上海教育出版社出版了 8 卷 21 册《于漪全集》，皆为基础教育界开山之作。这几百万字是一位钟情于党的教育事业，钟情于语文教育、基础教育的教育家为之倾注的全部心血。作为一名老教师，于漪深刻地认识到，做好先进教育思想的传播者是自己的义务和责任。在此过程中，要始终坚守中国教育的话语权，以教育自信创建自信的教育。学习外国科学的教育理论，借鉴教学方法，目的在于丰富自己。教育从来就是国家的、民族的事业，任何国家的教育，特别是基础教育，必须传承本民族的优秀文化传统，弘扬民族精神，培养为本民族、本国家、本地区建设服务的人才。

图 4　于漪荣获“人民教育家”称号

于漪曾获全国“改革先锋”称号、全国劳动模范、全国三八红旗手、全国首届教书育人楷模、上海市教育事业杰出贡献奖等荣誉。她常说，理想就在岗位上，信仰就在行动中，教师只有把个人的生命融入国家、民族发展的时代洪流中，只有把个人的生命注入学生的生命成长中，才永远年轻！

跟着于老师，一辈子学做教师

学校弘扬名誉校长于漪的教育思想，崇尚“一身正气，为人师表”的师风，培养一支“师德为魂、专业为本、名师引领，团队发展”的教师队伍。作为上海市教师专业发展学校暨见习教师规范化培训基地，学校不断提升师资队伍的师德修养和专业能力，激发教师实施规划的内驱力，并在规划实施过程中发挥各自的特长和优势。以课程建设为平台，促进教师的专业化发展，提升教师基础型课程校本化能力、拓展型课程开发实施能力、研究型课程指导管理能力。以梯队建设为抓手，搭建教师的发展平台，形成骨干教师队伍建设的梯队，分为：特级教师后备梯队、区学科带头人和骨干教师梯队、优秀青年骨干教师梯队。采取“走出去，请进来”的方法，实施多种渠道培训，为教师提供更多学习的机会。

正确的理念、良好的氛围、健全的机制，使学校拥有于漪、康士凯、陈小英、向玉青四个上海市名教师名校长培养基地，不断涌现市级名师和优秀青年教师。自1978年以来，先后有于漪、杨元光、钱沛云、曹家骜、康士凯、陈小英、崔永富、朱震国、向玉青、陈爱平、林美凤、谭轶斌、李逊芳、王伟被评为上海市特级教师、特级校长。张璇被评为全国优秀教师、全国中小学优秀班主任、上海市十佳班主任。武颂华被评为上海市十佳班主任,获得首届上海基础教育青年教师爱岗敬业教学技能竞赛一等奖。2016 至 2018 年,张文婷、洪文嘉、陈怡昉连续夺取三届上海市中小幼见习教师基本功大赛一等奖,在沪上基础教育界,形成一道亮丽的风景线。学校还拥有张璇上海市班主任工作室,林美凤杨浦区名师工作室,以及杨浦区语文、生命科学学科高地。学高为师,德高为范,抓团队,打品牌,上海市杨浦高级中学在区域内产生良好影响。

图 5　2004 年杨浦高级中学成为首批 28 所上海市实验性示范性高中之一

上海市行知中学

根植校史，“学陶师陶”，再创新路

岁月留痕

上海市行知中学，由伟大的人民教育家陶行知先生亲自创办并担任首任校长。在陶行知教育思想的传承和实践中，行知中学一直走在上海乃至全国的前列。

20世纪末，行知中学将陶行知教育思想与素质教育实践相结合，首创了“真人教育”的育人模式，为上海市课程改革提供了不少典型范例，实现了陶行知教育思想的新发展。之后，行知中学探索了课堂教学的“四动策略”“新行知高效课堂”等教学形态，在上海市探索高效课堂模式中做出了重要贡献。

新时期，为促进学生个性化发展和学分制管理，行知中学与上海市知名高校共建陶行知“生活教育”实验基地，形成多种培养学生创新实践能力的新方法。在信息化时代，行知中学进行了常态化录播、微课间、智能学习空间、云书院等信息化技术与课程改革深度融合的尝试，为上海市“互联网+教育”的发展探索一条道路。

校史回眸

1931年春，陶行知先生从日本东京来到上海，此后便一直在上海从事各种教育、社会、文化活动，酝酿新的教育改革。1932年5月，他在上海的《申报》发表了《古庙敲钟录》一文，告知外界他在上海宝山大场创建了一个新型教育组织——山海工学团，陶行知担任首届“山海工学团”理事长。1939年，第二次淞沪抗战失利以后，陶行知先生带领师生撤往内地，在重庆合川草街子凤凰山古圣寺创办了育才

图1 1939 年重庆育才学校(行知中学前身)

学校并担任首任校长,即行知中学前身。抗日战争胜利后,1945 年秋,学校迁至重庆化龙桥红岩村(原八路军驻重庆办事处)。1947 年,学校本部迁回上海宝山大场原山海工学团所在地,小学部和初中普通班留红岩村,为重庆育才学校分部。其间,陶行知先生因劳累过度在上海逝世,育才学校副校长马侣贤接任育才学校上海本部校长。

1949 年,上海解放后,上海市人民政府对育才学校非常重视,决定由上海市教育局戴伯韬局长直接指导育才学校的发展,由市教育局划拨教师工资、办公经费、人民奖学金等。1950 年,上海市人民政府将塘沽路 306 号原"少年村"校舍划拨给育才学校。1951 年 9 月,育才学校更名为上海市行知艺术学校,下设艺术部、师范部、中学部。艺术部迁往梵皇渡路 435 号,中学部仍在大场,马侣贤任校长。师范部发展为上海市艺术师范学校,后更名为上海市行知艺术师范学校(现并入上海师范大学)。1953 年,为纪念逝世的陶行知先生,经上海市人民政府批准,上海市行知艺术学校更名为上海市行知中学。

"文革"中,学校遭到巨大冲击,先后三次被更名为东方红中学、大场中学、风庆中学。

1978 年,行知中学被上海市教育局批准为全市 26 所市重点中学之一。1993 年,学校整体搬迁到新校区。新建成的行知中学地处宝山中心城区,濒临黄浦江和长江,占地 130 余亩,环境优美,设备先进,为师生的学习和工作创造了优良的条件,获评上海市花园学校。2005 年,学校被上海市教委批准为首批 28 所上海市实验性示范性高中之一。目前,学校有 29 个教学班,学生 1168 名,教职工 136 名,学校已经建设成为上海一所教学师资一流、设施设备一流、教学水平一流的市实验性示范性高中。

图 2　20 世纪 70 年代行知中学校门

在陶行知先生教育思想的精心浇灌下，一代代行知人筚路蓝缕、春华秋实，逐步形成了“以陶为师、以德立校、以人为本、以身立教”的办学理念，并以“有特色、高质量、现代化”为办学目标，注重学生文理相融、理科见长，把学生培育成既能仰望天空又能脚踏实地的、可持续发展的国家栋梁之材，学校整体办学水平不断提升，声名远播。学校师生正共同努力，以行求知、学做真人，向着上海一流、全国知名的市实验性示范性高中迈进。

历史撷英

老校长“万世师表”植根行知校史

陶行知先生是我国近代教育史上伟大的人民教育家，教育思想家和教育改革家、实践家。陶行知的崇高师德和奉献精神，堪称“万世师表”，永远是人民教师学习的楷模。

1891 年 10 月 18 日，陶行知诞生于安徽省歙县西乡王墩源（黄潭源）村，学名文濬。陶行知从小热爱祖国，他在学校座位上及寝室墙壁上均写上了“我是一个中国人，要为中国做出一些贡献来。”

1914 年，陶行知毕业于南京金陵大学（今南京大学）文学系，以文科总分第一名的成绩被举荐到美国伊利诺大学留学。他的本科毕业论文《共和精义》发表在《金陵光》学报上，其中阐述了“共和与教育”的关系：“人民贫，非教育莫与富之；人民愚，非教育莫与智之；党见非教育不除，精忠非教育不出”，由此提出了教育兴国的主张。

1915 年，陶行知认识到，“在中国要实现真正的共和政治及民主主义，除向民众实行教育普及外，没有别的办法”。因此，他获伊利诺大学政治学硕士以后，又到纽约哥伦比亚大学师范学院教育系读博士，得到杜威、孟禄、克伯屈、斯特雷耶等教授指导。

1917 年夏，陶行知怀着“要使全中国人民接受教育的宏愿”，从哥伦比亚大学返回祖国，踏上献身人民教育事业的征途，受聘担任南京高等师范（今东南大学）专任教员，先后发表《试验主义之教育方法》《试验主义新教育》《试验教育的实施》《新教育》等一系列文论。

1919 年 10 月 4 日，陶行知正式出任南京高等师范教务主任。1923 年秋，安徽公学创办于南京，故又称“南京安徽公学”（南京市第三中学前身），陶行知任校长。他提出了中学生“德性宜笃实、知识宜富实、身体宜健实”的“实”字校训和师生“共学、共事、共修养”的教育方法，是陶行知教育理论和教育思想形成并付诸实践的典范。

1927 年 3 月，陶行知抛弃高官厚禄，脱下西装革履，穿起布衣草鞋，心中怀着“四个一百万”，即“征集一百万位同志，募捐一百万元，创办一百万所学校，改造一百万个乡村”的伟大宏愿，与南京高等师范教授赵叔愚先生下乡，来到了南京北郊的劳山脚下，创办了我国第一所试验乡村师范学校“晓庄师范”。陶行知先生提出了“生活即教育，社会即学校，教学做合一”的生活教育理论，提倡教育与社会生活实践、教育与生活劳动、教育与人民大众相结合的开放教育，主张手脑并用，在劳力上劳心。1930 年 4 月，受国民党当局迫害，晓庄师范被扼杀在摇篮之中，陶行知被通缉，被迫逃往日本东京避难。

1931年春，陶行知从日本东京回到上海。1931年秋，陶行知来到了上海宝山县余庆桥二华里之内的村庄，设立教育实验区。1932年4月又创建了“山海工学团”，以山海命名，是要人们铭记山海关失守的教训。“山海工学团”创立了“即知即传人”的小先生制，普及“工以养生，学以明生，团以保生”之生活教育，将工场、学校、社会打成一片，进行军事训练、生产训练、民权训练等，开展“艺友制”，在广大农村普及教育。

1939年，陶行知提出了适应全面抗战的“全面教育”，在四川省重庆市合川县草街子凤凰山上一个古圣寺里，创办了育才学校。学校的办学宗旨是“用生活教育之原理与方法，培养难童之优秀儿童，使之成为抗战建国之人才”。陶行知一方面继续抓普及教育，“用教育来动员全国民众觉悟起来，在抗战建国纲领之下，担当这重大的工作，以提高整个民族的意识和文化水准”，另一方面，他致力于拯救被战争所贻误的青少年中的人才幼苗，为抗战建国事业输送众多人才。

育才学校是陶行知进行生活教育实践和活动的主要实体，是培养人才幼苗、进行特殊教育试验的一所蜚声中外的新型进步学校，是一座民主堡垒。在重庆的中共南方局对陶行知创办育才学校给予高度评价和亲切关怀。周恩来和邓颖超同志亲临育才学校，周恩来看到陶行知办学困难，拿出400元给陶行知用于购置体育器具。邓颖超同志把延安粗纺的毛线衣送给陶行知御寒。1945年10月，毛泽东到重庆参加国共两党谈判后，返回延安时，陶行知作为人民团体的代表到机场欢送，并合影留念。

1946年，为了民主革命的需要，生活教育总社和育才学校东迁，陶行知离开重庆来到上海。三个月期间，他在学校、工厂、机关、广场发表演讲100多次，进行反独裁、争民主、反内战、争和平的斗争。1946年7月25日清晨，陶行知先生终因劳累过度，不幸患脑溢血，与世长辞，终年55岁。毛泽东亲笔题词：“痛悼伟大的人民教育家陶行知先生千古”。

陶行知先生毕生致力于民主革命事业和人民教育事业，他“捧着一颗心来，不带半根草去”的献身精神，求真创新、开拓前进的精神，艰苦创业、抬头乐干和爱满天下的精神，以及他万世师表的高大形象受万众景仰，植根行知中学的发展史中。

陶行知教育思想形成的文化积淀

作为一位伟大的教育家、思想家,陶行知先生的一生与宝山有着极其亲密的联系,他当年创办的"山海工学团"和育才学校,经过几十年的变迁,如今已成为闻名遐迩的上海市行知中学,被列入首批上海市实验性示范性高中行列。

图 3　1993 年的行知中学

1993 年,上海市行知中学被整体搬迁到位于宝山区中心城区内的新校区。这里毗邻长江口岸,与近千米之外的淞沪抗战纪念馆和宝山国际邮轮港码头遥相对望,清凉江风不时从远方的田野上吹来,夜深人静的时候,隐约可以听得阵阵潮汐声和巨轮汽笛,环境十分疏朗优雅。

学校致力于营造陶行知教育的文化氛围,在每个教室里都张贴有陶行知先生的名言名句,在学校的宣传栏中展示陶行知先生的人生经历和趣闻轶事,让学生在陶行知教育思想的文化氛围内学习和成长。最令人神思飞扬、倍感自豪的是,在行知中学大门口的广场上,耸立着一座陶行知先生的塑像,堪称"学校之魂"。每天早上,当师生们一起走进校园,就仿佛看到,自家的老校长陶行知正亲切地关注着大家,又仿佛听到,他正孜孜不倦教导大家"千教万教教人求真,千学万学学做真人""捧着一颗心来,不带半根草去"。

图 4 陶行知塑像

时光飞逝，岁月留痕，当年陶行知先生穿着一身布衣，在宝山这块开创新文化之先的热土上辛勤耕耘，努力探索实践。先生的高尚品德和思想理念，更成为行知中学全体师生最为宝贵的财富。长期以来，在陶行知教育思想的教导和指引下，行知中学全体师生们传承创新，在现代教育教学中不断前行，取得了一系列可喜的成绩，也为宝山教育事业的发展做出了特殊的贡献。

可以这样说，作为一名伟大的教育家、思想家，陶行知先生正是在创办山海工学团，并为行知中学奠定基石的过程中，逐渐形成了他的一系列教育理念，上海市行知中学堪为先生毕生实践的结晶，而上海市行知中学也因此成为全国传承、实践陶行知教育思想和理念的不可或缺的发源地。

第二任校长马侣贤

在行知中学历史上，留下了不少先贤的足迹，也涌现了不少当代先进人物，传承创造出许多教育教学上的优秀案例。

作为陶行知先生的学生和得力助手，行知中学第二任校长马侣贤无疑是行知中学发展历程中的一位十分重要的人物，至今，行知中学的校园里，就有一座以他名字命名的“侣贤楼”。这是师生们对他最好的怀念。

马侣贤是安徽肥东马集人，9 岁时进私塾读书，1923 年考入安徽省立第六师范。1927 年 3 月,陶行知先生在南京郊区办起了晓庄师范学校。经朋友介绍,马侣贤来到晓庄,成为陶行知先生的学生。

从此,他矢志不渝地紧随陶行知先生,先后接任陶行知创办的“晓庄师范学校”校长和上海宝山“山海工学团”团长,并在 1939 年春,参加了育才学校的筹建工作。1941 年初,在育才学校几乎断绝了一切经济来源的艰难时刻,时为总务主任的马侣贤想尽一切办法,解决育才师生的温饱,得到了大家的爱戴,被大家亲切地称为“马爸爸”。陶行知对他极为赞许,把管理学校的重任全权交给了他。

1946 年 7 月 25 日,陶行知在上海逝世,马侣贤接任育才学校校长。他继承陶行知先生的遗志,坚持陶行知先生的办学方针,使育才学校成为国民党统治区中进步文化的堡垒。

中华人民共和国成立后,由重庆迁回上海的育才学校改为公办,由上海市教育局直接领导。1953 年,更名上海市行知中学。马侣贤一直担任校长至 1966 年,其间先后当选中国民主同盟上海市委常委、上海市第一届人民委员会委员、宝山县政协副主席。1974 年 4 月 10 日,马侣贤病逝,终年 67 岁。数十年来,他为贯彻陶行知的教育思想,光大陶行知的教育事业,勤勤恳恳,兢兢业业,贡献了自己的毕生精力。

知名校友李鹏

在行知中学校史中,还有一位重要人物,他就是曾担任国务院总理的李鹏。

少年李鹏,名李远芃。1932 年,李远芃的父亲李硕勋遇难之后,母亲赵君陶带着他与妹妹李远芹,奉组织之命,从上海撤退回家乡成都掩蔽,后被邓颖超带到重庆,随邓颖超住在重庆曾家岩五十号“周公馆”。不久,李远芃经邓颖超介绍,被送到在重庆北温泉养病的吴玉章家生活学习。

一天,吴玉章家来了一位客人,他就是陶行知先生。原来陶行知与年龄比他大 13 岁的共产党人吴玉章是知交,那时陶行知先生正在北温泉主持生活教育社暑期共学会,特地抽空探望吴玉章。因为有了这一次的邂逅,1939 年 9 月,11 岁的李远芃成为育才学校的第一批学生,与百来名难童学生一起生活学习,直至 1940 年 10

月离开重庆去革命圣地延安才告别了育才学校。

几十年后，成为国务院总理的李鹏回忆说："我这个人五音不全，唱歌走调，对戏剧也没有天赋，只是从小受到革命思想的熏陶，对时局比较关心，所以我在社会实践中表现得比较积极活跃。"

从当年的李远芃到后来的国务院总理李鹏，他对陶行知校长的怀念与敬仰之情，仍常常流露于言谈与笔端。

课堂教学新秀教师呈现无限魅力

作为一所由陶行知先生亲自创办的名校，多年来，行知中学始终不渝地传承、弘扬陶行知的教育思想和理念，在"学陶、师陶"这一教育领域，行知中学一直走在上海乃至全国的前列。

陶行知先生的教育名言中，有这样一段话："所谓健全人格，一是私德为立身之本，公德为服务社会国家之本；二是人生所必需之知识技能；三是强健活泼之体格；四是优美和乐之感情。"这段精辟的见解，既适合老师的自我修养，与当今我国教育方针所提出的加强学生"德智体美"全面发展的要求也是十分吻合的。多年来，行知中学师生遵循先生的教导，努力实践创新，涌现出不少模范教师和教育教学新模式、新科目、新成绩。

在模范教师中，徐雅芳或许具有相当的代表性。她执教的是历史，一名"非主课"的中青年教师，能够把课上得有声有色、风生水起，以致有学业优异的学生最终改变主意，将报考北大历史系作为第一志愿，也算一段佳话了。

徐雅芳是一名中国共产党党员，从教25年来，从普通教师到历史教研组长、高级教师、首席教师、特级教师、上海市劳动模范、全国优秀教师，她始终坚持这样一句座右铭："教学的循环并不是简单的重复，让每一次重复变得生动起来，教学才具有生命力，才能取得不断的进步。"

在执教高一年级的《拿破仑帝国的兴亡》一课时，徐雅芳老师的板书只有课题和"奥斯特里茨战役""滑铁卢战役"两个小标题，随后她讲述了拿破仑是怎样从一个出身低微的贫困家庭孩子，到成为一名威震世界的杰出军事家、政治家的非同寻常之路。

徐雅芳不用看一眼课本,就这样面对学生娓娓道来,底下鸦雀无声。殊不知为了上好这堂课,徐雅芳花了一个星期来备课。她说:“历史是一门极其丰富生动的学科,执教历史课,并非是简单的重复,而是在不断提升自身的学业修养的过程中,让学生从中汲取更加丰富的养料,其中充满乐趣。”

事实上,课堂教学改革始终是行知中学与培养“真人”相提并论的两条相互交融的主线。学校课堂教学改革先后经历了“真人教育”“四动策略”“新行知”高效课堂教学三个阶段,这其中包括“四种方式”,即“自主质疑”“交流探究”“建构反思”和“创新应用”;其特质是教师引发学生提问,给予学生课前、课中、课后的时空,引导学生去自学、思考、研讨、展示思考成果与思维轨迹,焕发学生创造力和生命活力,真正做到高效率、高质量地完成教学任务,促进学生高效发展。

学生课外团队风生水起,获得佳绩

为了实现陶行知先生“生活教育”的理念,注重培养学生的专长和特殊能力,学校在课程资源建设中,紧紧围绕“以行求知”“手脑并用”“教学做合一”等要素,开设了许多选修课、讲座并组建了各类学生兴趣团队,包括科技、人文、科学、艺术、体育、生涯等大类,各团队搞得风生水起,取得不俗成绩。

行知中学的智能机器人创新实验室社团曾两次获评“上海市中学生优秀学生社团”。该社团综合了数学、物理、机械、人工智能等多个领域的科学技术,以智能机器人设计制作为突破口,用科学的方法去寻求解决问题的途径,在不断自我超越的过程中,激发学生求知、探索科学知识的热情,培养学生的科学素养。

该团队建立了“做中学”智能机器人实践与创新综合实验室。实验室引进了开放的智能机器人平台,规划了六大功能区域:教学编程区、活动调试区、硬件改装区、实物展示区、设备存放区和信息查询区。团队的校本课程分成三个层次:进入智能机器人世界——智能机器人自主探究——智能机器人创新实践。其中,自主探究阶段课程设置了40个菜单式趣味项目,激发学生的探究兴趣,形成了基于智能机器人的基础知识框架和良好的认知模型；自主创新课程则包括项目方案设计、方案细化、硬件组装、硬件调试、软件编程、综合调试、项目改进、项目演示和项目总结。学生经过两年的实践与探究，基本上能进行自主创新项目的综合实践，从项目选定、框架构建、图纸设计、加工组装、程序开发到整体调试，都由项目团队成员协同完成。几年中，学生设计及修改的 CAD 图纸多达上百张，加工、改进的 KT 板有几箱。2006 年实验室建成以来，该团队在智能机器人的灭火、足球、篮球、搜救、铁骑神枪、舞蹈、擂台赛七个项目比赛中都获得过全国或国际一等奖，市级以上获奖人数累计达 400 多人次。2012 年学校被国家教委评为"中小学科学探究学习与创新人才培养机制研究"项目示范学校。

在实践、试验、改进、再实践的过程中，学生自主创新的综合能力和整体素质一次次提升。这些学生在高考时大多选择了理工科的相关专业，其中，很多学生通过自主招生考入了交通大学，多名学生被保送同济大学，这些学生在大二、大三已成为导师或机器人公司的技术设计人员。

创新陶行知教育思想的时代价值

行知中学是陶行知先生亲自创办的学校，学校不仅始终不渝地继承和发扬陶行知教育思想，而且围绕"新时期课程改革，如何创新陶行知教育思想的时代价值"这一课题不断进行探索。

为此，学校在加强课程资源建设中，逐步实现课程与高校"联手共建"。课程印刷成册，供学生在选修课时借阅，并不时邀请高校老师授课解读，给学生搭建更加多元化的学习平台。

其次，学校加强课程系统"物理时空"平台建设，分别与上海知名高校合作建立研究中心，双方的合作模式包括硬件建设、软件建设和项目研究三个大项。

其中，在硬件建设上，建立了 12 个研究中心，分别与复旦大学数学科学学院共建"大数据数学建模中心"，与上海交通大学工程学院共建"无人机创客中心"，与同济大学电子信息与工程学院共建"智能机器人创客中心"和"数制工坊"，与华东师范大学河口海岸科学研究院共建"河口海岸学创新实验中心"；与上海大学美术学院共建"版画创作中心"和"体质训练中心"等。

在软件建设上,学校依靠上述高校的大力支持,做好研究中心的运作和优秀学生培养工作。学校定期开设"行知讲堂",邀请院士、高校著名教授、艺术家等来校对优秀生进行指导。高校辅助学校建设相应的拓展型、研究型课程体系,为学校教师的进修、师资培养提供便利并进行相关科学研究指导。

在项目研究建设上,学校选拔优秀学生参与高校有关的科研项目,提高学生科学研究能力和创新能力,促进学生个性化发展。

值得一提的是,行知中学不仅在新时期加强学校自身创新实践陶行知教育思想,而且为了促进其在全国的发展,一直致力于开展各项展示活动,并举办陶行知先生大型纪念活动。2016 年 11 月,学校举办了"长三角地区陶行知教育思想进课程进课堂主题论坛"和"中国陶研会中学教育专委会第十六届学术年会暨陶行知先生诞辰 125 周年纪念活动"。全国陶研会专家和行知中学师生共同探讨陶行知教育思想的当代价值,为学校的发展提供了新的机遇和挑战,为全国各地学校学陶师陶做出了一份贡献。

行知中学,是陶行知先生亲手创办的一所学校;宝山,是陶行知先生的第二故乡,先生对这片土地充满了深情和期望,行知中学一代代师生将不忘初心,砥砺前行,为持续传承和发扬陶行知先生的教育思想做出不懈努力,担负起一份特别的神圣使命。

图 5 行知中学现貌

上海市青浦区实验中学

传承“青浦实验”的宝贵经验与科学精神

岁月留痕

青浦区实验中学是上海市远郊一所义务教育公办初级中学。学校自创建以来,彰显了敢于改革、勇于创新的办学特色。

图1　老青中一号楼

学校是教育功臣顾泠沅博士主持的“青浦数学教改实验小组”的实验基地。他的教育理念和数改精髓在学校得到有效传承和发展。

学校先后创立了“活动—发展”教育模式;构建了“套筒式”三类活动课程结构;开设了基础型、拓展型、探究型三类课程;确立了“爱、诚、美、志”为内核的“立德树人”主题教育系列;致力于从“教程”向“学程”转化的课堂教学改革;编制了与课堂教学相匹配的《学科学程手册》;创设了以培养学生核心素养为目的的《学分制评价实施方案》;引进了先进企业管理制度,对学生进行高速有效的人性化管理——“年级扁平化管理”。

学校长期坚持“活动—发展”教学格局下的改革实践,形成了独有的特色。学校开设的“立德树人”、体育、科技、艺术等特色课程项目获得卓著成效,学校被评为市行为规范示范学校,市体育、科技、艺术特色学校。

学校一贯注重教育教学的对外交流活动,先后应邀赴开封、西安、海口、广州、武汉等三十多个城市讲学或上观摩课;更多的城市或地区前来进行教育、教学交流活动。学校还与德国、英国、日本、美国、朝鲜、韩国、匈牙利、新西兰等十多个国家的师生展开教育教学交流活动。

校史回眸

上海市青浦区实验中学的前身为建立于1923年、至今已有96年历史的青浦县中学。1987年,青浦县中学的初中部与青浦县中学脱钩,独立建制,定名为“青浦县实验中学”。2000年1月12日,上海市政府宣布青浦撤县建区,学校更名为“青浦区实验中学”。

图2　青浦区实验中学于1987年创立,9月1日开学第一天学生在校门口值日

2011 年，青浦实验教育集团成立，重组后的实验中学分东西两个校区，合计占地 137 余亩，建筑面积 45000 余平方米。现有 72 个教学班，3200 余名学生，290 余名教职员工。2017 年，学校迎来建校的而立之年。学校秉承“为了所有学生的发展”办学理念，构建起“活动—发展”的教学模式，坚持走实验创新的改革之路，成为一所学校有特性、教改有特色、教师有特质、教研有特效、学生有特长、管理有特点、校园有特景，且在社会上享有盛誉的“家门口”的好学校。

建校三十余年来，学校先后获得国家级荣誉及称号共 17 项，如中国教育学会现代学校加盟行动计划首批加盟学校、现代教育技术实验学校等。

学校先后获得上海市市级荣誉及称号共 66 项，如上海市文明单位（2001 年至今）、上海市模范集体、上海市行为规范示范学校等。

近年来，教师先后获得国家级奖项 21 项，市级奖项 120 项；学生获国家级荣誉与奖励 47 项，市级 118 项，区级 1277 项。学生申请国家知识产权专利 28 项。

图 3　学校西校区

历史撷英

德高望重的翁志勋校长

1987年9月1日，翁志勋稳健而自信地踏进校长室，就座后翻开崭新的《校长日志》，在第一页工整地书写："1987年9月1日开学"。他是开启了青浦县实验中学校史的第一人。

第一位开创学校"活动—发展"教学模式的校长。"万物得其本者生，百事得其道者成"。学校创办伊始，便将教改着眼点放在如何调动学生的主体活动上。翁志勋带领大家认真考察、实践了国际、国内各类教学模式及其派生模式的优点，寻求德国教育家赫尔巴特、苏联教育家凯洛夫的"接受式"教学与美国教育家杜威及其学生克伯屈的"活动式"教学互相补充、合理结合的最佳教学模式。在顾泠沅博士的指导下，学校经反复探索、研究、尝试、总结，初步形成了一套以提高学生的素质为根本目标的"活动—发展"实验教学模式。

第一位开启学校"套筒式"三类活动课程的校长。"活动—发展"教学模式的核心是学生的学习主动性与意识的能动性。在教师的引领下发挥学生的学习主体作用，实践课堂师生互动、生生互动等形式。然后，再将这些课堂学习互动引向课内外联系的专题活动课；最后将这类活动引向校外的、走向社会的实践活动课。三类活动课程依次构成整体课程：内核为学科课程，外围为社会实践课程，中间为课内外结合的专题活动课程。

第一位开拓学校课程改革的校长。翁志勋曾高瞻远瞩地说过："教法研究深入到一定程度便触及教改的核心问题——课程改革。"这是"深中肯綮"的教改举措。学校教改随着"一科向多科发展；一育与多育并举"推进，翁志勋明白，育人目标不能只靠课堂上教法改革来实现。学校在"活动—发展"教学模式的实践中，充分运用三类活动课程来实现学校育人目标的同时，自1989年起，对学校课程进行前所未有的变革。学校课程注重与社会生活相关联，让学生走向社会、走向生活，让学生将已有的学科知识与能力应用于社会实践中。这是一种尝试与创新，希望"社会实践活动课程”能成为一种创生性的课程。

第一位“开门办学校”的校长。学校创办伊始，翁志勋便敞开学校大门，欢迎本地区兄弟学校教师、外区县同仁乃至外省市教师来校听课观摩、评课切磋、相互交流、共同提高；也热情邀请领导、专家前来视察、指导。学校也安排有经验的教师赴二十余个外省市上课、讲学。这种“开门办学校”的传统延续至今，只是国际国内的双向交流愈加频繁。

学校“开门办学校”之举，促进了教师的教育、教学、教研能力发展。当时先后有 32 名教师被聘为县兼职学科教研员、学科中心组成员。不少教师还参与了县级学科科研项目。学校被列为全国劳技教育综合实验联系校，并获上海市加强初中教育先进集体、上海市普通教育科研工作先进集体、上海市体育传统项目学校、上海市行为规范示范学校、上海市社会实践先进集体等荣誉称号，办学之初成绩斐然。难能可贵的是形成了学校独特的校园文化。

图 4　学校第一届教代会场景

传承精华、开拓创新、特色见长的年轻校长——刘明

新世纪的大门开启不久，刚过而立之年的青年才俊刘明就从德高望重的老校

长翁志勋手中接过青浦区实验中学校长的重任，踏上了极具挑战意味的新岗位。

时间如白驹过隙，如今，刘明担任校长已近20年。这期间，他用自己全身心的付出，带领全校师生员工把学校办出了影响、办出了声誉、办出了特色。作为青浦区实验中学教育集团的党总支书记、总校长，他于2011年被评为上海市特级教师，2015年被评为上海市特级校长，2007年获市园丁奖，2018年获得上海市“五一”劳动奖章。在他获劳动奖章的总结材料中可以看出，“办学校思想前沿”“学校管理科学”“教育改革深入”“重视师德建设”“人格力量示范”“办学成效显著”是他的突出优势。此外，在他“与时俱进，完善课程管理”思想的指导下，学校完成了四次课堂计划方案的修订，重点关注学生“个性”与“共性”融洽发展。在他主持下，学校于2004年起制定与新课程评价相匹配的《青浦区实验中学学生学分制评价实施新方案》(2018年重新修订)，从中学生成长中的核心素养培育等角度进行评价，促进学生全面而富有个性地发展。刘明曾为实验中学开展“为学而教”课堂改革探索，作了“探课堂变革之路，悟学科教学之道”专题报告，阐述了学校编写《学程手册》并进行再修订与升级的意义和价值，并作了具体指导。

刘明明白：“新时代是奋斗者的时代。”在强烈的责任心和使命感的驱动下，他带领全体教职工深化教育实验与改革，促进学校可持续发展，打造出学校的各项特色。

构建“爱、诚、美、志”德育课程，彰显“立德树人”品牌特色。刘明深知人的修身养性、德才兼备、全面发展的重要性，因此他始终重视学生的身心健康发展，2004年，他和学校德育处、学生发展处、科研处等部门一起，在德育实践中，梳理并提炼出“爱、诚、美、志”这四大核心要素，围绕这四大要素构建育人体系。根据学生年龄及身心发展各阶段特点，确立“以爱为本、以诚立性、以美修身、以志养性”的教育序目，探索“横向贯通、纵向有序递进、多途径糅合、双主体共同实施”的教育框架，架构起相对完善的校本课程：主题教育活动体系、行为规范教育框架、社会实践活动系列。这项研究与实践，从2004年开始已持续15年，由刘明挂帅，参与项目的顶层设计。该德育课程有效引导学生学会做人、学会学习、学会生活、学会自立，效果显著。2018年上海文化出版社出版《崇德尚美，涵养品性》一书，具体介绍了这项研究成果，上海市中小学德育研究协会副会长陈镇虎赞赏这个研究项目，并欣然作序。

引领、鼓励、创造条件，培养个性化教师群体。刘明认为，教师是教育的支柱，也是办学的主体，还是学校教育质量的保证。因此，打造高素质的教师队伍对于引导学生健康成长十分关键。必须着力成就每一位教师的发展，建立一支德才兼备、具有创新精神和实践能力的教师队伍，努力造就一批成功型、专家型的教师乃至教育家。刘明以如下三句口号来自勉并勉励全体教师：让教师成为学生成长与发展的人格榜样，让教师成为学生提升的引路人，让教师成为学生个性张扬的培育者。在学校的动员、激励下，教师整体水准不断提升，并积极投入教学科研活动，科研成果丰硕，获得的奖励层次不断提高。仅以 2007 年至 2016 年十年为例：教师教科研论文在国家级、市级、区级（以下同）发表 241 篇，论文获奖 67 篇，获各种荣誉与奖励 303 项；学校获荣誉与奖励 216 项。

学校计算机课程在七年级全面开展，兴趣小组成员在 2011 年、2012 年全国机器人大赛中两次获得一等奖。无人机竞赛获得全国团体一等奖，获个人等第奖多个。指导教师和学生代表受邀赴国家酒泉卫星发射中心参观。一名学生在教师指导下发明汽车超载报警装置，获上海市青少年科技创新市长奖，并获发明专利。杏窑陶艺社教师指导学生获全国少儿雕塑大赛特等奖。在刘明的倡议和支持下，陶艺社师生利用假日、课余，共同创作以中国四大古典名著为主题的陶艺作品。六年级制作瓷版画《西游记》故事，七年级制作《水浒》人物泥雕，八年级制作《三国演义》青花瓷，九年级制作《红楼梦》龙泉青瓷浅深雕。全部作品陈列在各年级教室外长廊，供全校师生和家长及其他来校人员观赏，从中感受名著的人文艺术魅力。

学校晨光摄影社的学生摄影作品，和教师作品一起入选北京人民大会堂展览，获众多国家级、市级奖项。学校晨韵艺术团民乐队、管乐队分别在上海音乐厅、上海交响乐团音乐厅公演，在家乡引起轰动效应。学校每年举办的广场音乐会已持续十多届。

学校体育特色长期保持。学校自 1995 年开始就一直是篮球、田径等市级传统特色项目学校，在足球、乒乓、赛跑、游泳等项目中，始终有拔尖学生夺得佳绩。

实验中学自2009年迁入新校址，出现“一大二多”现象：学校规模大，占地面积达70亩；各年级班级数多、学生数多。刘明大胆革新，将平时学到的企业管理体制迁移到学校管理上，创设了年级组“扁平化管理”制度。这样，管理精简，上下通达便捷，提高了管理效率，彰显了初中教学管理特色，成为一次创新举措。

学生的健康发展，需要强大的心理支撑。学校的心理健康教室始终以“学生心理健康发展”为宗旨，历经不断探索、创新、完善，至今形成学校三类教学活动课程中的一大特色。在刘明的支持下，学校又有了经培训获证书的兼职心理教师多名，每周有心理教师值班，为学生与家长进行心理咨询与疏导。

为了适应新世纪科技飞速发展的需要，让学生真正成为德智体美劳全面发展的时代的弄潮儿，刘明带领全校专家、特色教师和相关人员经过考察、咨询和协调，决定从2017年开始在学校体育、科技、艺术等方面各开设10项精品课程，设置高端项目共计34项，以满足学生多样化、多层级和多水平的个性需求。

刘明是物理特级教师，但他对文学作品，特别是古代优秀文学名著却情有独钟，更可贵的是，他深知文学作品对每一个身心正在茁壮成长的青少年学生有无可估量的重要影响。他和语文老师商量，由图书馆为各年级学生配备人手一册四大古典名著，要求学生每学年读完一册，四年读完四册。他还请语文老师精心摘编名为《博览勤诵》的包括古代诗词（语文课本之外的）和古今名言警句的小册子（共八册）。每个寒暑假，发给学生人手一本，要求学生熟读背诵，开学时进行检测，优秀者给予表扬奖励。让学生心智在名著、诗词、名言警句的熏陶和浸润中得到启迪，情趣变得高雅，道德有所净化，文学素养得到提升。

谨记顾泠沅教授勉励，不忘“青浦实验”教改初心

青浦区实验中学是顾泠沅教授领衔的“青浦实验”数学教改的实验基地，三十余年来，尽管他工作繁忙，但始终不忘对学校教改给予关心与指导。他的科研成果、科研方法、科研精神，始终是青浦区实验中学改革教育创新的不竭动力。

顾泠沅在1977—1980年的三年间深入青浦各乡镇学校，听了50名数学教师

的课，进行教学法调查。有时，为了便于总结教师的教学经验，他干脆带着铺盖住进学校的教学工具储藏室。三年的教学调查，听了几百节课，总结出了160条教学经验，为先进的数学教学经验的总结、复制、优化、推广提供了“明白”的学问和“明白”的经验。有幸的是实验中学教师在他的“耳提面命”指教下，更明白、更切实地开展融合科学精神的教学改革。

顾泠沅有一份保存了29年、计24页的学生数学能力测量卷。他在1990年、2007年和2018年针对青浦区初中二年级学生开展了大样本的能力测量。每次测试的学生数量近四千人，真实地鉴定了“青浦实验”的效果。

2018年，第三次测量表明，全体学生对教科书的领会能力比早先提升了20余个百分点，平均值超过了通常的合格水平。此时，多年来学生徘徊不前的探究与创造能力提升了11.31%。

先后三次测量共积累了84万条标准数据。顾泠沅带领团队，逐一对数据进行统计、整理、分析、研究、提炼等科学研究工作，明白、精细、客观地证明了青浦教育的优质均衡发展，为培养学生的探究与创造等能力指明了努力的方向。

学校数学教研组有不少教师是顾泠沅教授“数改”小组的重要成员，他们在顾泠沅教授的指导和带领下，含辛茹苦，潜心改革，发扬奉献精神。顾泠沅的四条教学原理（情意原理、序进原理、活动原理、反馈原理），正是在这样的教研氛围中提炼概括而成的。当年“数改”小组成员体现“数改”精神的众多著名课例，都是在顾泠沅的指点下完成的，至今依然发挥着无可估量的重要作用。

顾泠沅高屋建瓴地指出：要使教育质量获得提升，学习的自主权必须返还给学生，需要形成合理的课程与教学形态，因此，良好、适切的课程是学生可持续发展的基础与保障。2002年起，学校在顾泠沅的指导下，启动了促进教师专业发展的“行动教育”研究，它以课例为载体，通过“三关注两反思”的实践加以推进。“行动教育”提高了教师群体的实践智慧。2003年12月，全国“以校为本教研制度建设研讨会”在学校设立专场，有力地推动了“新课程教学”的实施与教师的专业成长。

图 5　学校作为全国"以校为本教研制度建设研讨会"分会场(左起:刘明、徐碧美、顾泠沅、郑少鸣)

2017 年 11 月 30 日,在学校建校 30 周年之际,青浦区教育局主办"2017 年青浦区课程教学季系列活动——初中各展示专场研讨活动",顾泠沅应邀出席。听完展示课和刘明的报告后,他无比兴奋与激动。顾泠沅对青浦实验中学活动发展的教学模式下的新发展给予充分肯定与赞赏,他认为只有这样坚持活动发展,才能真正培养人的综合素养,而实验中学正在认真踏实地做这件事。同时顾泠沅语重心长地对学校提出了以下建议:(1)要关注教育区别化、学生个别化,要因材施教,在"立脚点上"求平等,于"出头点上"谋自由,高度重视差异教育(目标分类、深度学习、挑战性学习)。(2)同时关注基础性学习、学科学习与项目学习,不仅是人文类的、数理化类的学科需要《学程手册》,两类课程也需要《学程手册》。顾泠沅最后以"教育的坚冰已经打破,道路已经开通,我们充满期待"结束点评。

经历四次课程修订

学校借助"青浦实验"的宝贵经验与科学精神,始终紧抓"课程"这一学校教育的核心,对课程先后作了四次修订,不断提升课程品质,并让学生与时俱进,实现共性与个性的和谐发展。

第一次修订:积极探索与社会生活紧密联系的课程教学计划改革方案。

学校建校初期,经过教学实践探索,形成了独具特色的“活动—发展”教学模式。这一模式主要探索教学如何有效地实现学生得到发展。

课程改革的核心是将法定的市级课程定为基础课程,学校新设活动课程。以基础课程知识作为活动课程的实践支撑。学校活动课程使之成为实现学生“充分发展”和“知识与实践”相结合的课程目标。

第二次修订:构建注重课内外结合进行学习实践活动的课程教学计划方案。

2001 年,随着上海市“第二期课程改革”的推进,学校构建了包括课堂内的基本活动、课内外相联系的专题活动、校内外相结合的综合活动的由内向外的相互补充,相互促进的“三类活动课”,形成了具有“青浦实验”特色的“套筒式”三类课程结构。将原来的活动课程开拓成拓展型课程和探究型课程,与先前的基础型课程共同构建起了学校“三类课程结构”,形成教育合力。

拓展型课程由“学科活动”“主题教育活动”“社会实践活动”三个活动模块组成,分别呈现“课内外结合”“校内外结合”“走向社会实践”的三种课程活动形态。探究型课程采用课内外、校内外结合的形式;四个年级围绕“生活”“生命”“自然”“社会”四个系列主题。

第三次修订实施:实施注重学生评价的课程教学计划方案。

从 2004 年起,学校研究、制定并实施与三类课程的学业评价改革相匹配的《学生学分制评价方案》,其目的是通过三类课程和学生思想品德相应的评定学分作为学生在校四年学习所有课程的学分,成为学生是否合格毕业、能否推优与评优的重要依据,从而逐步打破一次考试成绩决定学生升学毕业与否的旧格局。2018 年新修订版《学生学分制评价实施新方案》强化了学生核心素养的评价,以此作为支持学生成长的新目标。

第四次修订:构建关注“个性”与“共性”融洽发展的课程计划方案。

2009 年 9 月,学校迁入新校址,全力构建既为所有学生提供丰富的学习经历,又能满足所有学生自身发展需求的课程体系。学校规定,学生除必须参加限定性学科课程外,还可依据自己的个性特长、偏爱喜好,选修非限定性课程。学校共开设了非限定性课程多达五十余门。此外,学校每年举办体育节、艺术节、科技节、英语节、读书节等节日活动。学校先后建成艺术、体育、科技等方面的十多个学生社团。学校还组建 7 个科创实验室,指导 13 个高科技实验创新项目,真正实现学生“共性”与“个性”的融洽发展。

推出《学程手册》

青浦区实验中学在课程改革的进程中,为减轻学生负担,提高教学效益,将“教”的课堂转变为“学”的课堂,建设“为学而教,少教多学,鼓励挑战性学习”的新课堂,以编写《学程手册》为载体,对精准教学作了既大胆又富有智慧的攻关。

2010 年 9 月,学校领导深入各教研组、年级组充分酝酿、研讨,形成共识,在原先教师各显神通、各展其能的基础上集思广益、群策群力,尝试编写《学程手册》,并把这一系统工程作为一个全校性的重要课题来研究并实施。

《学程手册》将学生的课堂学习分为三个活动层次来推进。课前尝试体验活动,课中探究发现活动,课后拓展提升活动。三个活动环环相扣,充分激发学生的自主学习活动热情。教师的课堂教学从三个教学过程加以落实:课前做好铺垫引导,课中加深启发指导,课后强化反馈辅导,步步为营,充分发挥教师在引导学生学习过程中的作用。

《学程手册》依据课标,以单元或章节来组合编写,包括四部分。这四部分内容从学习要求明确、学习过程完整、学习知识归纳、学习评价反馈等方面组织编写,显现出单元结构化、整体性的教与学的设计优势。《学程手册》由最初的语、数、英、物、化等主要学科,逐渐扩展至涵盖 11 门基础课程。

随着研究不断深入，学校自 2017 年 9 月着手重新构思与编写《学程手册》升级版（即 2.0 版），从各方面进行突破。第一，形成结构式的知能体系，进一步把握学科教学的本质。第二，生成启发式的问题链，由点到面、由表及里，激发学生学习的好奇心与兴趣，提升思维品质。第三，设计进阶式的活动序。设计学科探索学习活动，从而让学生课前充分体验与感悟，课中自主探究路径清晰，课后拓展延伸有序，步步为营，循序渐进。第四，建立同步式的评价体系。形成过程性评价与结果性评价的有机结合，及时鼓励，激发学生的学习积极性，提升学生的学习能力与水平。

足迹

世纪风物

上海在近现代中国教育史和学校发展史上占据着重要的地位,许多开创性的改革和实践,大多来自这里。

上海的学校在开创新的学制、传播新的教育内容、探索新的教育方法等方面一次次开创先河,拥有许多中国基础教育的“最早”“第一”和“率先”。

上海市大同中学

敢为人先、立己达人的百年求索

岁月留痕

上海市大同中学是一所百年老校,具有独特的历史人文底蕴,其办学理念、办学历程、办学特色,在上海乃至中国的教育史上都有重要的价值。大同自 1912 年创办以来,经历了由学院而大学,由大学而中学的发展历程。历经艰辛坎坷,"在奋斗中求生路",百年来始终不辍,堪称奇迹。

大同大学是由民国时期杰出教育家、著名人士胡敦复、胡刚复等人创办的。创办初期,胡敦复等人对办学非常热心,取得了一定的成绩。早期的大同办学特色非常突出,较早在全国实行选科制、学分制,在 1916 年起就实行男女同校,建立起系统、连贯的培养体系。最值得一提的是,大同教师在中国学校教科书的"本国化"问题上做出了卓著贡献。作为一所私立大学,因其成绩卓著,"使大同大学在当时获得了一定的社会声誉,曾与天津的南开大学相并称"。

大同中学始终锐意进取,勇于探索,走在课改前列,开展了具有素质教育特色兼有评价功能的学分制改革,率先引进并开设了"知识论课程"、STS 课程、CIE 创新素养培育课程……并统整了拓展型、研究型课程。

校史回眸

1911 年,一批不满欧美化办学方式的清华学堂(后为清华大学)教师,包括胡敦复、朱香晚、华绾言、顾养吾、吴在渊、顾珊臣、周润初、张季源、平海澜、赵师曾及郁少华共 11 人创立"立达学社"。"立达"二字取自《论语》"己欲立而立人,己欲达而达人”。他们经过多次集会商议,毅然决定辞去各自职务,陆续南下,在上海创办一所属于自己的学校。

由胡敦复领衔成立“大同学院丛书丛刊”编辑部,成员有胡敦复、朱香晚、吴在渊、曹惠群(梁厦)、叶上之、胡宪生、胡明复、胡刚复等14人,均为学贯中西的饱学之士。大同所用的教材和参考用书,大都由他们自己编写,组成系列书系“大同学院书刊”“大同大学丛书”等。另外,大同自创建以来即搜集图书为教学参考之用,致力于创建一个为师生所用的图书馆。经过一二十年的努力,到20世纪30年代已成规模,大同图书“半系购置,半系捐助”。捐赠中文书籍最多者是郭辅庭先生。捐助西书较多者有:王鼎中、曹梁厦、胡明复、胡刚复、胡卓、周烈忠、胡敦复诸先生,皆捐数百册。约至1931年,大同大学图书馆馆藏中西文书籍合计25000册、各类中西文杂志近百种。

1928年,曹惠群接任校长后,学校在教学设备、教学人员等方面都进行了很大的扩充。大同教育历来注重全面发展,“以德学、艺事、体育种种会集为课外教育”,各类社团组织活动如火如荼地展开,如国学研究会、英文研究会、数理研究会、商学会、英语练习会、演讲练习会(女生组织)、文艺表演会(女生组织)、音乐会,各类体育会包括足球、篮球、网球、武术等,还有大同大学社会科(学)研究会等。大同革命传统历史悠久,如地下党活动、先锋社、新先锋社等组织历代传承。

图1　20世纪30年代大同校门及“维显楼”

图2　大同学院1922年(民国十一年)毕业纪念照片,第一排左起:胡明复、华绾言、吴在渊、朱香晚、章太炎、马相伯、沈籁清、嵇景修;第二排右一邢伯均、右二路福源、右三胡汉学、右六胡范若;第三排右一胡宪生

1952 年大同大学撤并后，大同附中独立成校，称私立大同中学。大同中学本是大同大学的重要组成部分，而在大同的大学部撤并后，她的独立与发展，保存了大同的品牌，维系了大同的文脉。1952 年，私立大同中学成立后任命王季娴为校长。1956 年改为公立，称上海市第五十七中学。在新的时代，大同中学以其深厚的历史底蕴、显著的办学特色，在教育领域发挥着重要的作用，受到社会各界的关注与支持。更值得骄傲的是，大同不断追求卓越，开拓教育事业，获得了与世界各地学校频繁接触的机遇，学校与许多国家与地区的中学签订合作协议，相互交流。开放的大同，发展的大同，这才是真正的“大同”。

图 3　大同校园人文十景之一：长风迎曦——院士墙

历史撷英

教育救国，捐资办学——228 块银圆的故事

1912 年 3 月，数学教育家胡敦复先生协同“立达学社”十一位同仁以 228 块银圆起步，于南市肇周路南洋里创办大同学院，旨在寻求中国的学术独立，办中国人

自己的学校。为了传播学术、培养科学之精神，创办者鞠躬尽瘁、教育救国、敢为人先、立己达人，他们的精神流传至今，成为大同发展的基石与永恒的精神财富。

胡敦复先生早年留学美国康奈尔大学，学成后，他毅然回国并于1911年的春夏之交，任职于清华学堂（后改名清华大学），担任首任教务长。清华学堂系利用庚子赔款所设，当时旨在训练拟赴国外留学青年的预备教育，但进修学生的遴选、教育常受外国主事者之蛮横干涉。有感于此，1911年，同在清华园里任教的朱香晚（教国文）、华绾言、顾养吾、吴在渊、顾珊臣、周润初、张季源、平海澜、赵师曾及郁少华在胡敦复先生的倡导与发起之下，先在北平成立“立达学社”，立达二字源自《论语》“己欲立而立人，己欲达而达人”。他们以“立达”铭志：坚持办中国人自己的教育，培养中国人自己的人才。

那时，西方列强已欺凌了这个民族整整七十年。11位立达同仁抱着“种族将日就荒落”的忧患，在1911年离开清华，到上海办学。次年，大同学院在上海老城厢外的十多间民房里诞生。创办者为学校取名“大同”，以“研究学术，明体达用”为宗旨，校训是取自《大学》“大学之道，在明明德，在亲民，在止于至善”，寄托着他们的理想。

大同是仅仅凭着十一个教书先生的信念、勇气和毅力办成的学校。创办之初，大同步履维艰。创办者人人节衣缩食，住斗室，穿敝衣，吃粗羹。学校是他们捐资办的，初创时的228块银圆是他们拿工资凑成的。没有钱发薪水，老师义务教课，靠外出兼职维持生活。学院初建，大同全体教员都不领工资，有的教员非但不拿大同工资，还把其他兼课所得拿到大同，作为大同经费之用。他们“甘以身殉”，以绵薄之力“在奋斗中求生”。

当年的创办者之一，数学教育家吴在渊，居穷巷陋室，家徒四壁，木箱当桌，食盐当菜，白日教书，夜晚译著。52年短暂的人生中，他为大同服务了25年。教学之余，吴在渊每天晚上发奋译书，25年里，他编译的教材有数十种之多。他这般刻苦不是为自己，是为天下。大同创办的年代，中国学校的教材多取之于国外。他们那一代人认识到，一个民族的教育要发展，要自主、自立，首先得有自己的教材。那时大同有“大同学院丛书丛刊编辑部”，大部分教师都参与为学生编写教材和参考书。吴在渊和校长胡敦复更是他们中的模范。在两人合编的数学课本序言中有这样的文字，“不如是，则吾国之学术，终为他国之附庸而已。”

为创建一所理想的大学，大同创业者脚踏实地，筚路蓝缕。吴在渊自幼练习武术，身体魁梧。但在大同20余年，年过五旬，就伛偻龙钟如老翁。1935年，吴在渊咯血而终，年仅52岁。他真的做到了“甘以身殉”。到这一年，参与创办大同的11个人中，竟有4人已是英年早逝。大同的创办者呕心沥血，以自己的牺牲书写了中国教育史上不能没有的篇章。他们以“不为己”，以探源之决心，“不畏难，不欲速，不蹈虚，不盗名”，在一个贫弱的年代里追求着“中国学术的自立”。

图4　近取楼与钟楼及老校徽

今天是你入党的日子

大同是一所具有光荣革命传统的学校。早在1937年，校内即已建立了中国共产党的支部，1940年后，这个支部更是成为中共上海市青委的中心支部之一。

新民主主义革命时期，大同师生始终站在反帝反封建爱国学生运动的前列，用青春和热血为新中国的成立做出了贡献，同时也为中国的建设培养了一批又一批栋梁之材。改革开放后，大同中学秉承光荣传统，在全市率先恢复了党章学习小组和学生党建工作，构建了“学习课程化、内容分层化、保障制度化”的青年党建工作体系。学生党建工作呈现“起步早、体系全、内容新、效果好”的特点，为青年学生党建做出了有益、有效的探索。

为了跟进学生党建工作，及时把握学生思想动态，做好学生政治发展的引路人，在学生毕业后，学校设立了一套独特的跟踪教育机制。一方面，对于因年龄或其他因素未能在中学期间入党的学生，党总支会及时将学员的入党申请书、思想汇报等材料整理成档案，转交给大学党组织，对优秀的积极分子写推荐意见，建议大学党组织重点培养、考察并发展。另一方面，党员老师坚持对已毕业的学生党员进行跟踪教育，入党介绍人每年都会在学生入党纪念日那天给这位学生写一封信，鼓励学生进一步坚定信仰，并对他的生活、工作情况予以关注。这一动议的形成，源自学校在新形势下对学生党建工作的积极思考。在这一理念指导下，学校教师与入党积极分子展开了延续其一生的书信长跑。

在大同长期从事学生党建工作的许克美、杨月明两位副书记都有一本珍贵的本子，里面记录着学生党员的联系方式及入党日期。在许克美的笔记本上，一页页地记录着她所引导、推荐并最终加入中国共产党的有志青年。对于这些学生，她就像介绍自己子女一样，能细数出他们何时加入中国共产党，以及参与这些学生入党审批会的故事。每逢学生入党纪念日，她都会寄去一封信，表示慰问，并了解学生的发展状况。或许一个人寄出一封信是容易的，坚持一周也是容易的，但是直至退休，始终至少与 10 名同学长期保持通信往来，这又是极为不易的。

大同党员教师已坚持与学生党员通信二十年，至今仍保留着全部往来书信。在两位党员老师的引领下，学校建立了完善的跟踪联系机制，与所有毕业的学生党员及积极分子建立了定期的联系。

改革开放后的 30 余年时间里，学校有 2000 余名学生参加了党章学习小组的学习，1000 多名学生递交了入党申请书，165 名学生在高中阶段被发展为中国共产党党员。这里走出了医德高尚的华山医院血液科副主任、曾四十多次义务献血的优秀共产党员陈勤奋，走出了党的十七大、十八大年轻代表，用 12 万字的《心语》一书激励学子前行的复旦大学学生辅导员包涵。30 余年来，学校坚持着以共产主义理想育人的不变信念，坚守着学生党建工作的不变阵地。

丹青少年

在特殊的年代里，“文革”时期的大同依然充满着昂扬的氛围。大同中学注重学生“全面发展，学有特长”，以“坚持和谐发展，全面提高素质，健康发展个性，培育时代新人”为培养目标。当时大同的学子具备好学上进、基础扎实、兴趣广泛、全面发展的特点。

1956年，张文祺老师来到大同中学任教，并于1958年创建大同美工组。张文祺对美工组坚持两点指导思想：“一是学习美术要树立为人民服务的思想，二是学习美术要理论联系实际。这两点，一是让学生明确学习的目的，二是教给学生有效的学习方法。”这一概述既体现了学以致用的思想，也体现了在用中学、手脑并用的方法。

成立初期，美工组成员采取自愿报名形式，很多学生都被这个小组深深吸引，纷纷要求参加。值得称道的是，张文祺在美术教育思想上有其独到的见解和思考，表现为：第一是在课程内容上提倡大美术的观点，第二是在教育目标上体现审美、育德和智力开发的有机结合。张文祺认为通过美术学习，学生不一定个个成为画家，但应该个个成为懂得欣赏美、能够创造美的人。

美工组的活动也异常丰富，除了校内的训练学习外，张文祺还带领学生到上海郊区等地开展室外写生，码头、车站、茶馆和文化宫都曾是学生练习作画的地方，而且张文祺还要求每位学生多画多练，每周至少画二十张速写，这为美工组的学生打下了扎实的基础。美工组还积极参加各项公益活动，例如组员在一些重大节日前为学校绘制大幅宣传画。学校演出的舞台布景、校外墙上的巨幅宣传等都是由美工组组员完成的，而且他们乐此不疲。

当时学校办学经费十分紧张，为了培养学生的兴趣，学校还是拿出了较多的经费支持小组购买图书，以提升学生艺术认知水平。“平时他们还会到学校厨房拿萝卜、白菜等实物进行写生，甚至有时还会花钱买苹果、香蕉、梨这些当时的奢侈品进行临摹，这在当时是难能可贵的”。

1965年，大同校友、全国美协主席、著名漫画家华君武来校参观，当看到美工组学生的作品时，感到非常惊喜。从美工组走出去的著名画家方世聪先生曾作诗

一首,书写了当年的意气:

我们来自大同——大同中学美工组展览前言

那是一群清苦的学生,
那是一群喜爱涂抹的顽婴,
五十年代初萌,
八十年代成荫,
今天,他们带着竟未衰减的热忱,
述说着在美术摇篮里的第一次悸动,
甜蜜、淳厚、欢欣。
他们的足迹中散发着工厂汽油
和农村泥土的芳芬,
他们的灵魂中还深藏着民族复兴的热火
与对艺术的执着和纯青,
那是多少个如火如荼的日日夜夜的凝练。
于是他们拥抱、雀跃、欢笑,
在春风拂拂中用自己尚未丰满的翅羽
向前辈及朋胞们展示,
全然顾不得初衷的羞涩和路途的泥泞,
但他们却决然地挽起了裤腿,
赤着足在北斗的照耀下,
向着更高更明确的目标前进。

洪光磊的《幻想?!》

改革开放以来,基础教育界面临着前所未有的机遇与挑战,作为一所重点中学,大同也在思考自身的变革。时任大同中学校长王孟斑提出了一个问题:“重点中学究竟重在哪里?”经全体教职员工的研讨与协商,“全面提高学生素质,发展学生个性特长”成为大同中学改革与发展的共识。

1984年,在大同中学引进新教材,大刀阔斧进行改革之际,学校高二学生洪光磊撰文《幻想?!》参加市征文比赛并获奖。文中,她把课间休息称为“放风”,在“好不容易挨到的放风时间里”,她与身边同学商量,“将来去办一所新学校”,因为当前学校的“主要功课就是背！背历史,背地理,背外语,背政治……”,此外,还得“应付上课提问、测验、考试”,最终是“应付高考”！洪光磊在文中大声疾呼:“无论如何,这种教育制度需要改革,尤其是高中！它限制学生视野,束缚学生的思维,忽视培养学生的能力,造成了越来越多的离开书本便无能为力的畸形儿,这与时代的发展极不适应！和青少年的思维发展极不适应！亟待改革!”

由此,她写下了自身对教育的幻想。她期望创办一所学校,这所学校将“取消一切不合理的教学方法”“每天上午统一上课,下午各人去追求各人的爱好”。或许“这只是幻想罢了”,只能“寄希望于未来”,但她坚信:“我们的愿望是能够实现的”。题名“幻想”之后留下的大大问号正是她的期盼。

读到这篇文章后,大同校长、教师感触颇深:实际上学生是在以自己的行动指摘传统教育的弊端。在这一契机下,王孟斑提出“全面裁军,看破红尘”的口号,并参照洪光磊的幻想开创性地提出“减少必修课,增设选修课,加强活动课”的改革举措,在三年时间里,大同中学减少语、数、英的必修课课时,新设了48节选修课以满足学生个性化的教育需求。实践证明,这项改革不但没有降低学校的教学质量,反而激发了学生的求知欲望,提高了学生学习的主体性与能动性。这项改革也获得了上海市第四届教科研成果一等奖的殊荣。

创新素养培育:CIE的引进与发展

学校以课程统整为核心,结合大同实际校情积极开展创新素养培育实验,如开设大科技课程、开展科技前沿讲座等。为了探索创新人才在高中阶段培养的途径与方法,大同借鉴先进的“云计算”概念,开展了基于“CIE创新素养培育课程(简称CIE课程)”的项目设计实验。

2010 年,上海市大同中学与丹麦 Odesherreds 寄宿学校首次开展合作,旨在将创新精神融入学科教学。按照丹麦学制,高中毕业后,学生可以不用立即进入大学,可以选择先休学一年在外进行实践锻炼。为了使考上大学但在进大学前有一年休学时间的学生有一个实践锻炼的平台,丹麦开设了许多接受这类特殊学生的学制为一年的特殊学校,其目的是为学生创新研究能力的提升提供场所。Odesherreds 寄宿学校就是这样一种学校。

Odesherreds 寄宿学校独特的培养机制引起了大同浓厚的兴趣——他们究竟是如何让学生学会创新的? 11 月 11 日,创新首日体验活动拉开了帷幕,CIE 创新素养培育项目首次走进大同中学的课堂。所谓 CIE 项目是由创造能力(Creative)、创新意识(Innovation)和创业精神(Entrepreneurship)三个英文单词首字母组合而成,通过“创造空间”“创新体验”“创业设计”三个模块,试图打破传统班级、课时和教法的局限,找出一条适合中国国情和学情的创新素养培育新途径。

大同中学高一、高二年级共有 25 名学生参与了创新体验日活动,并以 5 人为一组,随机组建成 5 支创新团队。来自丹麦的教师团队共有 7 位成员,他们来自不同高中、不同学科领域,在 CIE 项目中各司其职。七位成员中,一位是领队,负责项目的启动与结束,并对整个项目进行实时监控;一位是来自丹麦城市大学的教育学教授,她现场解说各项教学活动的目的和意义;而余下的五位成员,他们各自负责一个学生小组,承担对学生当日的表现进行观察、记录、考评并给予及时指导和建议的责任。整个活动中,学生们以设计一部环保手机为命题,开展了形式多样的讨论、策划与设计。

随着创新首日的落幕,学校对首次活动中的理念、模式与方法进行了总结提炼,并在学校的现实基础上开发了 CIE 课程,形成大同中学自己的 CIE 创新素养培育框架。作为创新素养培育课程的核心研究内容,CIE 课程群的开发和实践过程处处紧扣研究课程的内容,面向全体学生,采用比较灵活的课时周期(一般每个课程实施 10—15 个课时)实施。

为了使 CIE 课程更具创新性,学校以真实项目为导引,让学生从课程需求出发重新整理自身的知识结构。如 CIE 第二季的“我为电子狂”要求学生设计个性化的门铃;“我的电视台我做主”则让学生自己组建一个学生电视台,并编制一期校园新闻。CIE 第三季的“我建我家”题材来自于同济大学的建筑节,作为选拔参赛选手的前奏,在学校里“克隆”一次建筑节的主题(纸板房建造)。同时,为了更好地突出课程的真实性,学校提高了活动的“仿真度”,如营销团队不仅要面对真实的房子模型,还要将这个模型放到真实的城市里去,考虑真实的周边环境,并面对真实的“客户”(外校听课老师)来推销自己的“房产”。

大同中学 CIE 创新素养培育项目着力让学生掌握创新这把钥匙,并让这把钥匙打开蕴藏在学生体内的思想宝库,让学生在“求索、求新、求异、求变”的文化氛围下,寻求突破、寻求个性的发展与创新转化的舞台。

“校友砖艺术墙”诞生记

2012 年是大同百年华诞之年,在迎接大同百年校庆的日子里,一封来自美国华盛顿的校友来信,激起了大同人心中的阵阵涟漪。信中,2004 届校友杨甝提出了“校友砖艺术墙”的创意。作为广大普通校友中的一员,他始终在思考能以何种方式回报母校,于是添一块砖的理念逐渐形成。他说:“几十年后,或许大楼会翻新,校舍会重建,但校友砖将永远存在于大同校园内。大同在,砖在!每一块砖,都是学子之心,永远守护着我们的母校!就这样,时间之轮开始滚动,历经数十年风雨的洗礼,校友砖慢慢显现出了岁月的痕迹。渐渐有一天,当大同的校园被充满历史气息的复古砖块所围绕;当祖孙三代的名字被刻在同一片校园里,共同守护着母校;当来访嘉宾总能在某些褪色陈旧的砖块上,不经意间发现刻有曾经以及正活跃在各行各业的杰出人才的签名的时候,大同校友砖的终极理念,也就得以真正实现了。这一天,或许不会很快到来,但,我有信心。让我们在百年校庆之际,跨出校友砖终极理念的第一步吧!”

1984 届校友杨贵庆是同济大学教授,当他得知杨甝学弟的这一创意,欣然为校友砖绘制了第一个文化艺术景观蓝图,于是,“校友砖艺术墙”跃然纸上。接下来的几个月是极其忙碌的,“校友砖召集令”发出,校友们的申请如雪片般飞来,登记姓名，核对信息，扫描签名，每一个步骤都不能有差错。校友砖要留存百年以上，砖的材质非常重要，在比对了数十种砖材后，校方和校友砖的创意者、设计者一起赶去富阳，在校友家的砖厂找到了质地细腻、色泽典雅的砖。“校友砖艺术墙”完全由校友创意，校友设计，校友制砖，校友添砖，这简直是一个传奇的故事。校友、老师、学生，无数大同人用心、用情共同垒起了这座艺术之墙、文化之墙、精神之墙。

今天，这座“校友砖艺术墙”已经广为人知，有将近两万人来校参观、阅读这面墙上的故事，也有人问及，这面墙已经砌成，以后的校友还要申请怎么办呢？校友砖的创意者杨虓早已想好了法子：“当校友墙被刻满的时候，学校将会甄选校友砖第二个艺术表现形式的创意设计方案。每一位有创意、有才华的校友，都可以来投稿。可以是图书馆的书架，可以是校园内的景观或其他各种艺术表现形式，如此周而复始，将校友砖的生命延续下去。对于今后的大同学子而言，校友砖刻字仪式，将是对母校感情的一次延续。对他们而言，‘十八岁，我们成人了’将不再是高中阶段的最后一次回忆，因为四年后，他们还将有一场人生的约定——‘二十二岁，我们一起，用人生的第一笔工资，回母校添砖’。”这就是我们的大同“校友砖艺术墙”，是大同人共同的梦。

图 5　今日大同中学校景

上海市第八中学

从首所女校到首探男子高中

岁月留痕

上海市第八中学是一所颇具上海文化特色的历史名校。

1861 年,范约翰夫人创办清心女校,这是中国最早的五所女学校之一。

1906 年,清心女校创下了一个“中国第一”,即中国首次女子学校毕业典礼。在《上海市地方志》对清心女校的专文介绍中记载:“清光绪三十二年清心女校举行第一届毕业仪式,为我国女子学校举行毕业典礼之嚆矢。这届毕业生领文凭者有鲍翠凤等三人,后皆蜚声教育界。”“嚆矢”即为开端之义。学校为中国近现代教育史添上了浓墨重彩的一笔。

图1 学校历史建筑

校史回眸

图 2　清心校门

1918 年,清心女校添办中学,开始由 8 学级扩展为 12 学级。1927 年,张石麟先生兼任校长,中国人开始掌握学校管理大权,并正式定名为“清心女子中学”。1928 年秋起,由校友张蓉珍女士担任校长。张蓉珍悉心规划学校事务,精心办学。清心女中以“朴与诚”为校风,旨在培养学生成为新型知识女性。《上海市地方志》评价学校“办学成绩斐然,在沪享有声誉”“颇具影响”,为“沪上著名学校之一”。

1937 年,淞沪抗战爆发,沪上沦为战区,学校历经千辛万苦迁至租界复课。太平洋战争爆发后,日军进驻租界。在全校师生努力抗争下,学校未被迫停办而照常运行,校名也未作更动,直至抗战胜利复回南门校区。

1953 年 6 月,人民政府接管学校,并改名为“上海市第八女子中学”,面向工农家庭,成为上海最具影响的女子学校之一,程郁文为首任校长。1969 年起兼收男生,改称为“上海市第八中学”。1978 年,学校被定为南市区重点中学。在王季娴校长的带领下,学校全方位地进行了拨乱反正,使百年老校重焕青春。其后,在潘隐君、陈志龙、盛芙生、宋大隆、盛雅萍历任校长任内,学校工作又陆续取得一系列优异成绩:率先进行学校管理体制改革;首获“上海市文明单位”和“上海市行为规范示范校”称号;艺术教育成就尤为突出,确立了“科学求真、人文求善、艺术求美”的办学理念,实现了学校历史上市级课题零的突破……其间,于 1999 年与另一所区重点中学——上海市第十六中学合并,合并后仍以“上海市第八中学”命名。

2004 年,卢起升担任校长。学校提炼了市八精神——“民主、合作、科学、创新”,传承并开创了“智诚教育”的学校特色。这期间,成果迭出——学校连续七届荣获“上海市文明单位”称号，被评为“上海市科技教育特色示范学校”“上海市行为规范示范校”“全国现代教育技术实验学校”等；沈红旗成为学校第一位特级教师；卢起升领衔的课题成果获全国“十一五”教科研优秀成果评选特等奖、上海市第十届教科研成果一等奖；卢起升亦成为学校第一位特级校长，并荣获“全国教育系统先进工作者”等荣誉称号。

2012年3月，经上海市教委批复同意，学校开设“上海市男子高中基地实验班”，在上海市重点课题“男子高中创建的实践研究”引领下，探索适合男生特点的课程方案和教育策略，培养“浩然正气、乐学善思”的优秀学子。

历史撷英

张蓉珍精心办学创名校

自1861年创校后，在清心女校发展的早期岁月中，学校的发展步调并不快。直至张蓉珍任校长后，学校的发展走上了快车道。张蓉珍是清心校友，美国欧柏林大学教育历史学学士、哥伦比亚大学研究院教育学硕士。学成返国，立志于教育工作。1928年秋，她被清心女中校董会聘请为清心女中校长，此后一直担任校长直至1953年。人民政府接办清心女中后她担任副校长，直至1962年患病辞世。她是一位自尊、自立、自强、自信的女校长，不谋私利，把有限的生命献给了教育事业。

张蓉珍有着一颗赤诚的爱国之心。1933级校友、中南大学湘雅医学院教授朱铁蓉回忆道：“在大草坪五月份国耻日降旗时，张校长语重心长地向我们讲要雪耻，要爱国，要争气，不能受帝国主义的侵略。我们都含泪将她的教导铭记在心头——要爱国，要雪耻……”淞沪抗战后，她历经千辛万苦将学校迁至租界复课。虽处孤岛，她仍始终不渝地坚持办好学校，教育学生要爱国，不做亡国奴，用功读书，学好本领。太平洋战争爆发后，日军进驻租界。张蓉珍带领全校努力抗争，使得学校未被迫停办而照常运行，校名也未作更动，直至抗战胜利重回南门校区。

她爱校,热爱教育事业。她以校为家,终生未婚,以身许教。张蓉珍早年在其父亲逝世后,将继承所得四万元捐赠清心中学建造实验楼蟾芬堂,以纪念其父。1928 年初任清心女中校长时,学校规模不大,园地荒芜,仅有校舍三幢,她矢志要将清心女中办成出色的学校。

她组织了一个十分精干而有力的领导班子。教务主任项馥梅、训育主任邵张蓓蘅等,都是责任心强、热爱学生又有丰富的教学经验和极强管理能力的好助手。同时她聘请一些德高望重、富有一定教学水平的人士担任主课教师。校友、中国科学院院士、著名数学家胡和生教授就讲到"我的数学基础来自清心女中"。她工作繁忙,但经常深入基层。她到课堂听课,听取教师授课情况,观察学生听课及课堂纪律情况,以掌握第一手资料,作为改进学校校风、帮助提高文化教育训练的具体指导。各班同学们的姓名她大多能叫得出来。

由于校风朴实,而且教学认真,远近学子纷至沓来,校舍不敷应用。除庚午楼(今北大楼)外,学校利用捐助、义演方式集资兴建起景行厅、同门新厅、膳厅等一座座校舍。她又竭尽心力整治校园,美化、绿化环境,使学校成为沪南环境最优美的学校。

国难当头,人民处于物价飞涨的水深火热之中,她身负教学重任,又负担教职员工的生存重任。她发动、组织募捐、义卖办学,千方百计为师生员工的生活打算,为度过困难时期操尽心。

张蓉珍一心为学生。她主张妇女自立、自爱,不依靠丈夫。要求在清心女中毕业的学生能讲流利的英语。"从严""从紧"是张蓉珍的一贯教育主张。校友回忆起张校长的谆谆教诲:"因为'严是爱,松是害',你们家长信任我校,把你们送到清心来读书,将来你们毕业后要立足社会,要考上大学。既要有本领,有学问,又要品行好,要懂礼貌,要有教养,学校教你们读书,还要教你们怎样做人。我们清心就是以'管教严'而闻名的。我当校长的,对你们要管要教,否则我就对不起你们的父母。"

她既对学生严格要求,又对学生慈祥和蔼,真心关心学生,充满人情味。

她指引苏祖斐为争取考入北京协和医学院攻读。她与毕业班谈心,希望同学们尽量能考上大学,鼓励读教育系、医学系,将来当老师和医师,承诺做同学们今后踏上社会找职业时的担保人并践约不移。在严格管理下,她又充满人情味,允许1947级在毕业分离的前夜通宵联谊。

1939年时,学生陈新华家中经济困难,她代母洗衣做家务,晚上温课做作业到深夜,第二天早上因来不及吃早饭导致血糖低而在朝会课上晕厥。张蓉珍专门过问此事,并安排她在课余管理图书馆,学校供她早餐和午餐,再给一些零用钱,让她好好读书。之后,张蓉珍在朝会课上要求同学举手来调查是否吃早餐,提出不准空腹来上课,并承认自己对同学只提从严要求,却忽视同学生活情况。规定今后学校在早上和课间有面包供应,如同学适逢生理周期头晕可不必站着上朝会课,还规定在家政课要上一次生理课,使同学们懂得血糖为什么低的理由,自觉做到每天早上要吃饱。

她注重开展学生群体活动、文艺活动、社会实践活动,培养学生能力。她注意发展学生多方面的智能,开展体育、钢琴、歌唱、演剧、家政等各项活动,并重视培养学生的独力工作能力,建立学生自治会。每当暑假,她组织成立暑期义务补习学校,招收小学生为之义务补习文化。

从清心女中到市八女中,张蓉珍任职期间,学校培养了大批优秀学生。她们毕业后,在不同的岗位上成为专家学者、医师、工程师、音乐家以及各行各业的人才,蜚声海内外,其中有中国音乐家协会副主席、中国音乐家协会儿童音乐学会名誉会长瞿希贤,中国科学院院士、复旦大学数学系著名数学家胡和生,中国现代儿童营养学创始人、上海市儿童医院创办人苏祖斐,著名儿科专家、上海医科大学儿科医院院长刘湘云,中国医学科学院副院长、中国协和医科大学副校长戴玉华等。

王季娴不畏艰难得中兴

"文革"结束后,市八中学于1978年被定为区重点中学。王季娴被上级领导委派到学校担任校长。王季娴是享誉市、区,富有教育经验的老校长,她曾带领大同中学创出被评为市重点校的佳绩。但当时的市八中学形势尤为严峻,教学质量连有些普通完全中学还不如,1977年高考质量大滑坡,师生失去信心。要将这样一所学校重塑成重点中学是多么艰难。

面临这一严峻的形势,王季娴不畏艰难,大刀阔斧全方位地进行“拨乱反正”。

王季娴与学校干部群众一起制定学校管理制度,恢复教导处、总务处、团委、少先队大队部,恢复教研组、备课组,以教研组办公,确定年级组、班主任制,制定学生常规,以及教学、教育、考核等一系列制度,开展科技、体、美、劳等活动。

王季娴也着重加强对教学工作的领导、检查与督促。平时,王季娴与教导主任分工深入教研组、备课组参加备课讨论。王季娴和教导主任均有听课计划,每学期听课在 100 节左右。听课后,王季娴都会和教师进行交流,再在教研组和校级层面总结交流。她也亲自检查教师备课笔记,并开备课笔记展出会,抽查作业批改。王季娴要求教师上好 45 分钟课,精讲多练。对初中年级教学,打好学习基础,狠抓“双基”,强调教师上课“三为主”,即“学生为主体,教师为主导,训练为主线”。

王季娴也鼓励教师教改,搞教育教学科研,写教科研论文。她提倡实践各种教学法,如实验教学、情景教学、写讲练教学、启发式教学,等等。她对每个教师提倡“四个一”,即:“每学期开一堂公开课,读一本教育学著作,写一篇心得体会,研究一个课题”。

经过一段时期的努力,全体教师逐渐形成了“严谨、创新、互助、求实”的教风,教学质量明显提高。1980 年先后有四名学生在市数学、物理竞赛中获得一、二等奖;1982 年学生陈利民、褚永齐设计制作的“简易太阳能制冷装置”获全国青少年发明二等奖;高考质量均与本区老重点中学不相上下。短短三四年,在王季娴带领下,学校成为一所名副其实的有一定质量和社会声誉的区重点中学,百年老校重焕青春。

卢起升继往开来创特色

2004 年,上级教育部门委派卢起升担任上海市第八中学校长。近十年中,学校各方面工作都有了实质性的突破。

在师资队伍的建设上,卢起升坚持认为身教重于言传。他率先垂范,努力学习各种先进的教育理论和有效的教学方法,博采众长并能融会贯通。在积极引领和促进学校科学发展的过程中,他本人也有了长足的进步,获得了新加坡南洋理工大学教育管理硕士学位,完成了上海市名校长培训并结业,主持并完成了上海市市级教科研课题的结题,并在省市及以上级别刊物上发表了多篇论文,主持了上海市重点课题"创办男子高中特色学校的实践探索"的研究。他还被评为上海市特级校长,荣获2007年上海市园丁奖、2009年全国教育系统先进工作者、2012上海教育年度新闻人物。

卢起升注意为教师提供学习进修的机会,尤其鼓励年轻教师冒尖领先,他主持制定了一系列相关的政策。措施终于结出硕果:2005年,沈红旗被评为上海市特级教师,这是学校建校以来的首位特级教师。沈红旗刻苦钻研,在语文教学上有独到的见解,著作众多,还被聘为上海市普教系统第二期语文名师基地的副主持人。

2007年,卢起升将原有的校沈红旗语文教育工作室改为沈红旗研究室,成员由原来单纯的语文组教师拓展到各组室的青年教育科研骨干。在两期的研究室工作实施过程中,有10名研究室成员先后被评为高级教师,有5人曾先后独立主持区级课题,多人多次荣获长三角科研征文和黄浦区读书活动征文的一等奖或二等奖。沈红旗研究室为学校打造出了一支较为出色的科研骨干队伍。

青年沙龙的创建,则是为了在更大范围内培养青年教师。通过自愿报名、部门审批的原则,规模颇大的青年沙龙蓬勃发展,通过聆听讲座、座谈讨论、撰写论文、观赏话剧等形式丰富的活动,有效地使青年教师在教育理论、教学实践、科研能力和文化品位上都有所提升。

在教研组的建设上,各教研组良性竞争,各显特色。仅以语文组为例,组室形成一支由特级教师、区学科带头人、区级骨干教师、校级骨干教师组成的完整梯队。组内教师中,拥有高级职称与研究生学历者占了相当比例,有四人次参与了市、区的名师基地学习,组内教师学习气氛浓郁,富有朝气。历届高考成绩出色,令人放心。有四人次成为校级中层干部,担任班主任及年级部主任的比例也较高。输出教师都获得所在学校的好评,有多人担任市实验性示范性高中的语文教研组长,有人担任市实验性示范性高中的副校长,口碑颇佳。

通过几年的努力,学校已形成了思想先进、业务精良和结构合理的师资队伍。

以2008年黄浦区中青年教师教学比赛为例，学校共有7位教师参加初赛，最后有5位进入决赛（全区进入决赛的人数仅为参赛的50%），2人获得一等奖（网管和历史），2人获得二等奖（语文和生物）。

卢起升重视科研兴校，他亲自挂帅主管学校的教育科研工作，近年学校科研工作捷报频传，成绩斐然。

首先是市级课题数量增多。卢起升将学校市级课题的数量与质量推上了一个新的台阶。已有卢起升、秦一岚、沈红旗等人独立主持的多个课题结题。此外，还包括多个教育部重点课题、市级教育学会课题，至于市级专项课题、市级青年课题则更多。

其次是获奖级别实现突破。卢起升主持的课题研究成果“高中‘增效减负’教育模式的建构与操作”获得上海市第十届教育科研成果一等奖、全国“十一五”教育科研成果特等奖。

最后是捕捉热点创新课题。如拖堂现象是学校中影响师生关系的老大难问题，于是卢起升召开了多次研讨会，问计于教师和学生。最后在2010年9月，学校独创了“三段式下课铃声”——第一段是15秒的优雅音乐，然后间隔20秒，最后25秒是强节奏的音乐。“三段式下课铃声”体现了对教师劳动的尊重，同时也兼顾师生双方的感受，这一机制运行后，不仅明显减少了拖堂现象，而且使学校的教学过程更加优化。中央教育电视台、《解放日报》和《新闻晚报》等多家媒体对“三段式下课铃声”进行了专题报道，这在全国各地的学校起到了良好的辐射和示范作用。

上海市第八中学建立于1861年，是名副其实的百年老校，怎样让老校成为社会公认的名校，卢起升殚思竭虑，努力追寻答案。

让管理规范化、科学化，是名校的立校之本。卢起升组织相关人员，博采众长，对学校的各项规章制度作了全面细致的梳理，于2008年7月推出了完整的《上海八中管理手册》，让学校的各项工作都有法可依，有章可循。

2005年起，学校对办公体制进行了改革，建立了“扁平化管理、模块式运行”的行政管理系统。其核心是成立年级部，每个年级设年级部主任一位，副主任两位。

主任由行政领导兼任，统筹年级部工作；一位副主任负责班主任队伍建设和学生的思想道德教育；另一位副主任则负责本年级的教学工作。实践证明，年级部的成立不仅提高了行政管理效率，使学校教学质量得到了显著的提高，同时也为本年级内部学科之间的综合、构建学科群的综合课程提供了组织保证。

通过科学规范的管理，彰显学校的办学特色，这是名校发展的必经之路。在庆祝建校一百五十周年之际，卢起升认为提炼出学校发展的特色，才是最有意义的纪念活动。他在各个层面广泛征询意见，让校级干部反思，让研究室成员探讨，吸纳退休员工建议，组织多位专家论证，立论、研讨、否定、再立论，再研讨，再否定，从“养成教育”到“清新教育”……最终提炼为“智诚教育”。

经过深思熟虑，卢起升代表上海市第八中学向上海市教委提出了创办男生班建议。2012 年 3 月，上海市教委批复同意上海市第八中学开设首届“上海市男子高中基地实验班”，以研究男生成长规律，探索适合男生特点的课程方案和教育内容，形成体现男生特点的培养模式及方法，创设有利于男生健康成长的教育环境，培育“浩然正气、乐学善思”的优秀学子。

图 3　男生班晨跑

实施方案确立了培养男生“忠诚、责任、独立和睿智”四大品质，确定了“五位一体”的男生教育实施策略，以充分发掘男生的潜能，扬长补短促进其个性成长。

男生班成立之后，卢起升全身心地投入相关工作，并对男生班的诸多学子给予周到细致的关心照顾。他与多名学生结对，以自己的教育智慧和哲学思维影响学生。他巧妙地化解了一些男生成长中的心理危机，及时地提醒一些男生生活中的细节问题，积极地鼓励一些男生学习中的创新实践。他潜心研究男生成长的规律和教育规律，设计了科学合理的课程体系，极大地丰富了学校的课程资源。

特别篇：那些校园老建筑的前世今生

走进上海市第八中学的校园，可以看到绿树成荫，古树名木林立。令人惊叹的是，一所中学竟然同时拥有 4 棵 130 多年树龄的古树名木（图 4），由上海市政府立牌予以保护。

图 4　130 多年树龄的香樟华盖高擎

学校的物质文化资源可谓是保存完好，独具特色：建校以来总体格局与校舍建筑等基本保存，建筑也颇有特色，被认定为“市级建筑保护单位”。学校在新中国成立前为非官办学校。校舍建造、学校运行等诸多经费为自行筹募，自力更生，因此在其中融入的历史责任感、毅力、勇气以及无私奉献的精神尤为突出。虽历经世事沧桑,校园里至今还矗立有年代久远的同门厅(现东大楼南部)、庚午校舍(现北大楼)和景行厅(现西大楼)。

东大楼原为同门厅(Alumnae Hall)与同门新厅。南部的同门厅于1919年奠基,于1921年建成,为清心女校首座自己独立的校舍。建筑费为校友捐助和美国友朋资助,"众材集构",故在命名上取感谢校友(即"同门")之义。学校由此开始有计划的校园建设工程。北部的同门新厅于1937年夏开工建造,因"八一三"事变,开工伊始即告中辍,复于1948年募资奠基建造而终告成功。

南大楼原址为1923年建成的庚申学舍(Sixtieth Anniversary Building)与1933年建成的膳厅。1920年(庚申年)时因清心男校亟待扩充,并为贺60周年校庆,遂由男女两校同门及友朋捐助建造庚申学舍,1923年建成后为学校第二校舍,学校遂将原在陆家浜以北校舍完全让归男校使用,除幼稚班外,全部迁至陆家浜南校舍上课。男女两校,始完全独立。膳厅则是1932年由师生募资建造。

南二楼原址为1928年建造的健身房。时任校长张石麟先生提倡女子体育,遂在其倡导下由全校师生及家长集资建造,由20世纪著名中国建筑师、上海南京大戏院(今上海音乐厅)设计者范文照负责设计。

北大楼原名"庚午校舍"(Sage-Harkness Memorial Administration Building,图5),为贺70周年校庆于1930年(庚午年)奠基,1933年落成。落成当年,照片即被刊载于国家级建筑刊物《中国建筑》第一卷第五期。

图5 恢复历史风貌的北大楼

北大楼设计者为20世纪著名华人建筑师,1929、1931、1936届中国建筑学会会长李锦沛(Poy Gum Lee)。他拥有八仙桥青年会、宁波路广东银行大楼、上海基督教女青年会、华业公寓、南京新都大戏院等众多优秀作品,并曾负责南京中山陵、广州中山纪念堂工程。

北大楼拥有新古典主义古希腊建筑风格:正面中部有修长的贯通两层的仿科林斯柱子,彰显女校特色;中间顶部山花形式,仿波塞冬神庙做法,有教书育人学校之庄严肃穆感。

西大楼原名"景行厅"(Social Hall),1935年奠基建造。时因学生人数日增,校舍不敷应用,遂师生募资建成新宿舍。内部寄宿设备力求完善,师生交谊室之布置尤为该厅之特色。二楼美兰堂(Cogdal Memorial Chapel)庄严肃穆,以纪念高美兰校长(Miss Mary E.Cogdal)。至此学校校舍布局规模大体成型。

改革开放以来,在几任校长任内,先后于1991年在健身房原址落成南二楼,1999年在庚申学舍与膳厅原址建成启用现南大楼。

近年来,在卢起升校长的精心筹划下,学校面貌又有大改变——

2006年在保留并恢复同门厅外立面历史原貌的基础上,学校将同门厅与同门新厅重建成新的东大楼;2007年落成崭新的塑胶操场与百米跑道;2009年翻修北大楼,恢复了它的历史风貌;2010年又建成了风雨操场,被师生们昵称为"市八鸟巢"。

上海市第十中学

近代女子教育的“教育兴国”之路

岁月留痕

上海市第十中学的前身民立女中创办于1906年3月。清末,民主新潮浪涌,创办新学成为时尚。沪上开明士绅苏本炎秉承父亲之遗命,抱着“兴国利民”的宗旨,鼎力相助同辈苏本嵒五姐妹创办了当时屈指可数的女校——“民立女子中学堂”。

学校历史悠久,传统优良,办学特色鲜明。早在20世纪前期,学校就提出了“笃行勤学”的办学要求,以“民主爱国,服务社会”为宗旨,在体艺、劳作等学科上颇具特长。30年代时,学生自治会和学生地下党活动频繁,她们以社会为课堂,积极开展爱国抗日民主运动,在上海人民革命的史册上写下了光荣的篇章。

校史回眸

图1　民立女子中学校

学校最初办在老城厢西门外的源寿里。随着民主革命的推进,女子求学呼声日高。1912年苏本嵒校长呈文申请获允准,在文庙西侧的沪军营地上兴建了校舍,改名为“民立女子中学”。1934年4月校董事会改组,苏氏姐妹离校,由童行白出任校长,同年集资新建了校舍。此时,办学规范已具,社会声誉斐然。

抗战期间,民立女中在国难中办学,学校几度搬迁。先是租赁延安中路126号为临时校舍,后移至淮海中路1192号,1940年夏校舍被要回,又迁于复兴中路528号。抗战胜利后返回文庙路原址,即设为总校,兼有初、高中,所保留的复兴中路校舍则立为分校,仅设初中。

1949年8月由著名民主人士吴若安就任校长,胡文巧为党支部书记。1956年1月学校转为公办,时任市教育局副局长吴若安提议,为便于集中管理,总、分校各自分立。总校更名为“上海市第十女子中学”,分校则独立为“上海市第一女子初级中学”。1963年暑期,学校迁至永宁街25号新落成校舍(现今校址)。1969年实行男女同校,学校再次更名为“上海市第十中学”。

新中国成立后,学校在吴若安和胡文巧两位女性的带领下,全面贯彻落实党的教育方针,注重学生德智体诸方面全面发展,形成了“严谨务实”的好教风和“笃行勤学”的好学风。1960年学校办学成绩卓著,跻身于市区教育先进行列。

在长期的教学实践中,学校总结出教学“五认真”和“三课、三查、三活动”的成功经验,形成了“为人忠实、作风朴实、学习扎实、身体结实”的十六字校风。市十的“求实”精神,在民立传统的基础上凝聚着更深厚的活力,焕发出更璀璨的光热。

学校注重传承优良办学传统和坚持内涵发展、自主创新的有机结合,着力打造一支“研、训、教”一体化高素质的专业化教师队伍。目前,学校已拥有一批市、区、校三级骨干教师,约30%的教师拥有高级职称。

学校秉持“做最好的自己”的办学理念,努力构建适合学生全面发展的课程体系,夯实和拓展促进学生自主发展的校本课程,以“温馨课堂、活化教学”为目标,不断提高课堂教学的效果。多年来,学校已形成“理科见长、体艺双飞”的办学特色,其办学质量和水平居于全市普通完中的前列,已获得上海市文明单位、上海市安全文明校园、区中学生行为规范示范校、区科技教育特色学校等荣誉称号。2011年被命名为黄浦区实验性示范性高中,享有良好的社会声誉。

历史撷英

苏氏办学:民立女中走出了一条“教育兴国”之路

清末晚间,戊戌维新之浪潮,助推国人创办新学、发展教育。尤以“兴女学、废缠足”并列为维新改革的主题之一。

沪上开明士绅苏鲵老先生(字梦渔)受西学东渐和改革新思想的影响,提出“欲图兴国,非推广教育不可”之主张。临终时,他留下了“创办学校”的遗志。苏老“教育兴国”的思想对苏氏第二代影响颇大,为实践此遗愿,作为商人的苏本炎先生秉承“为民立业,教育兴国”的宗旨,先后于1903年偕同三兄弟,在上海城内创立了“民立上海中学堂”,以苏本铫为校长;于1905年出资创办了“民立幼童学校”,其妻曾泽新任校长;又鼎力助其五姐妹于1906年在南市西门外创办了“民立女子中学堂”,在当时的上海滩,由国人自己出钱、自己办学的女校实属少见。在不到四年时间里,三所都冠以“民立”的学校相继由苏氏家族创办,其办学之精神足以启示后人。

据苏氏后裔回忆,苏氏家族虽是三代经商的大户人家,但并非书香豪门之府,五个姐妹并未受过多少教育,靠的是自学求达,知书明理,善集琴棋书画之所能。姐妹们敢为时代新女性,协力同心办女学,她们的具体分工,可谓民主有加:大姐苏本农性格婉顺,操理事务;三姐苏本清持家有方,讲授家政;五妹苏本楠热爱艺术,教习音美;堂妹苏本绮才思敏捷,任教国文;四姐苏本喦行政能力强,在姐妹的公推下,出任校长,统理一切。她们只知量才录用,而不管什么论资排辈,实为民主办学之先范。

由于她们同舟共济,循方施教,使草创的女学堂很快步入正轨。到民国元年,前来求学的女子日增,原有的赁屋不敷所需,即由苏本喦校长呈文江苏省教育厅申请拨款,经几方筹资后,在文庙路新建了校舍,数年后人数增至300有余,学校规模初具,声名渐传渐远。

图 2　民立学生参加政治活动

在民主思潮的影响下，操持校政的苏氏姐妹高举民主爱国的旗帜，早在1907年间由苏本楠作为女界代表参与创立“上海女界保路会”，为争夺“保路权”，投身反帝爱国运动，并在民立女子中学堂召开了第一次女界保路大会。当日苏浙沪三地女校代表云集民立，充分显示了民立女中从创办时起就站在反帝爱国斗争前列的影响力。早期的民立以“教育兴国”为目标，要求学生“笃行勤学，学有所用”。那时，学校对学生的课余生活和社会活动并不多加干预和约束，这在当时的上海颇具社会影响。从现今保存的史料证实，早在20世纪二三十年代，学生参与社会政治活动十分频繁，如为北伐军募集军饷、纪念孙中山逝世两周年集会游行、参加“五卅”纪念活动、组织募集抗日救国基金试演等方面活动，校方均开明伸义，未加制止。苏氏姐妹还为掩护进步同学、救助困难同胞被当局说成有“赤色嫌疑”而受到责难和指控，终于1934年被勒令辞职。

从民立女中创办至20世纪二三十年代，毕业的学生政治观点明，民主意识浓，社会责任感强。正如《上海妇女志》所述，苏氏五姐妹各展所长，把该校办成了一所较具规模并有声望的学校。在五姐妹的共同操办和悉心努力下，民立女中走出了一条“教育兴国”之路。

在动荡中前行

这是一首20世纪三四十年代被成千上万民立人所传唱的校歌：“立言立行立己立人，维我民立新精神。外患日亟国难方殷，读书救国在我身。师生相敬，同学相亲，桃李春风化育成。服务社会，造福家庭，为我女界放光明”。歌词源于时任民立女中校长童行白之手。

20世纪30年代，教育部制定了“以促进学生德智体群四育之发展为宗旨”的教育方针。民立女中敢于站在教育之前列。据《民立女中1939年毕业刊》记载，《民立女中教学大纲》提出“根据三民主义，以充实人民生活，扶植社会生存，发展国民生计，延续民族生命为目的，务使民族独立，民权普遍，民生发展，以促进世界大同”的教育宗旨。当时学校的教学大纲订得很细，从教学要旨、教学方法、教学研究、教学科目到教材选择、成绩考查、课外作业指导等都有相关的要求。可见，30年代时学校之办学已日趋成熟、著称于世，并将当年苏氏姐妹所提出的“笃行勤学”作为校训来遵循。

民国时年，学校根据教育部颁布的《课程标准》，除学习必修的文化科目外，对初、高中学生都开设了公民科和公民训练，进一步拓宽了思想道德教育的内容；初中学级增开了劳作科，学习家事和其他职业技能；高中学级设有选修课，包括经济、法律、心理学、伦理学、生理学、军事救护、簿记等内容。由此看出，学校教育已与社会、家庭、生活有机结合，走出了一条学教做合一的办学之路。

30年代初学校成立了学生自治会，由学生教育自己和管理自己。据有关史料显示，自治会的建立使学生不仅笃行勤学，而且关心国计民生，热心社会活动，强化自治生活。

30年代时一些知名人士借新校舍落成之际，为学校挥笔题词，至今还保存在上海档案馆内。时任教育部长王世杰的题词是“可宏女教”；时任上海市长兼校董事会名誉会长吴铁城写下了“化洽菁莪”四个大字；时任校董事会秘书长朱学范留下了“教育均等”以勉之。一些政要和大学校长也前来赐教。可见当时的民立女中受各方人士所关注和称誉，其办学影响可谓深矣。

“十个第一”著称的民立校友

作为上海百年名校之一的市十中学迄今已有100多年的历史，其中近六成时间是女校，民立办学也有五十余载。有着“十个第一”著称的十位女中豪杰，彰显出民立办学的亮点，成为百年老校一张弥足珍贵的历史名片。

若以毕业时届为序，可追溯到20世纪前叶。当年创办民立女中的苏氏家族后裔苏祖斐女士系1916届校友，在校学习时学业名列榜首，尤以写作见长。她是近现代中国医学教育专家、中国儿科事业的先驱者，创办了中国第一所儿童医院和第一个儿童营养研究室，为国家培养了一大批儿科医疗和营养事业的专业人才，成为中国现代儿童营养学的创始人，在国内外医学界享有盛名。

30年代校友高芝兰在校读书时聪慧好学，酷爱艺术，她不仅是女排队员，也是音乐爱好者，尤其喜欢西洋音乐，还参加过歌唱比赛并获奖。中学时代的成长为其后来走上音乐之路打下了基础。她是第一位主演歌剧《茶花女》的中国演员，是新中国第一代著名女高音歌唱家和声乐艺术教育家，培养了胡晓平、孙秀苇、汪燕燕、刘斌、迟立明等一大批世界一流的歌唱家和声乐人才。

40年代，处在风雨飘摇中的民立女中仍坚守着教育这块阵地，有数位女中精英就读于这个年代。大家都熟悉的于漪老师在校时是个善于思考、很有悟性的学生，那时老师的真情教学叩击着学生的心灵，使她永志不忘。百年校庆时，她为母校题写了“春风化雨、乐育英才”八个铿锵有力的字。于漪是国内第一批特级教师，也是上海第一个被评为“全国十佳教书育人楷模”的优秀教师、当代著名的教育专家。她在语文教学和研究上形成了六大独特的教学风格和艺术造诣。

民立女中学生运动领袖、1947届校友李淑铮，学生时代爱好音乐和艺术，在姐姐的影响下追求进步，15岁读初二时就加入了中共地下党组织，两年后任学生地下党支部书记，带领学生开展爱国民主运动。新中国成立后，她成为党培养的第一代共青团女干部、中央对外联络部第一位女部长。如今虽已耄耋之年，但仍活跃在我国的外交战线上。

《新民晚报》原第一副总编周珂就读民立女中时品学兼优，组织能力出众，高二时加入了中共地下党组织，后任党支部书记，组织领导学生运动，迎接上海解放。她是新中国成立后复旦新闻系第一批大学生，毕业后成为国内第一代女记者，也是上海最资深的新闻工作者之一，曾任上海人民广播电台副台长，创立了全国广播系统第一个新闻评论节目。

1950届校友倪彬彬读高中时学习认真踏实，是校篮球队队员，后毕业于华东政法学院，是新中国第一代律师，也是上海执业时间最长的女律师之一。她长期从事司法工作，曾受上级委派参加对日本战犯的审判。她一生所奉行的准则是“认真踏实就无所惧”。

民立女中还有一位名不见经传的校友阮荷珍。她学习优秀，身体素质好，高中时当上了兵，成为新中国培养的第一批女飞行员、女机长，又是第一个独立飞上蓝天的女性。她的航空生涯富有传奇色彩，曾多次为毛主席送过重要文件，还执行过护送越南武元甲大将访华的专机任务。更为浪漫的故事是她和爱人这对“空中雄鹰”创造了中国第一对夫妻共同驾驶一架飞机执行任务的佳话。她曾受到毛主席等中央领导的检阅和接见。

著名电影表演艺术家赵丹之女赵青享有“舞蹈皇后”之美称。学生时，她钟爱舞蹈艺术，是学生会的文体股长，德智体诸方面全面发展。她感恩母校给了她一颗爱心，成为日后事业走向成功的基石。她从事舞蹈、影视事业数十年，传承和发展了中国的古典舞、民间舞，开创了中国民族舞蹈的新纪元，成为中国第一代民族舞蹈的奠基人。

1953届毕业生莫群欢在校时是班上学生的带头人，母校教师“严谨求实”的好教风影响了她的一生。她后来长期从事地质勘查事业，主持、参与了内环高架、上海商城、上海大剧院、东方明珠广播电视塔、金茂大厦、上海环球金融贸易中心等重大工程的勘查工作，突破了多项工程设计和钻探全国纪录，开创了我国深层旁压试验的新领域。她是国内第一个也是唯一一个女勘查大师，在她身上展现了中国地勘人的精神风貌。

百岁教育家吴若安与民立女中

“思无邪，行为民，今楷模，永不满”，这12字是1990年6月吴若安追悼大会悼词中对她一生的概括性评价。她一生从教，被誉为“跨世纪的著名教育家和社会活动家”，长期历任全国和上海市人民代表大会代表、上海市人大常委会副主任、上海市政协副主席、民进中央委员会副主席、民进上海市委会主委、上海市教育局副局长等重要职务。

吴若安自幼好学上进,接受民主爱国思想,胸怀“读书救国,振兴中华”之志,1911 年便踏上了教育的征途。1911 年,吴若安参与筹办上海第一所女子师范学校——“南洋女师”(后改名为“南洋女中”)。在办学过程中大力渗透爱国思想,利用课堂将爱国主义、民族气节、德行操守的种子播撒到学生心田。

吴若安是新中国成立后民立女中第一任校长,当年虽已近六十,但仍精力充沛,不负众望。长期的教育实践,使她从一个任教英语、地理的普通教师,成长为一位著名校长。她的教育思想始终贯穿着一条爱国主义的红线:铸民族精神之魂,扎爱国主义之根,教育和培养师生的爱国心,成为坚定的爱国者。

吴若安治校有方,实施的是“宽严相济、因材施教、全面发展”的办学理念。她常要求教师,要既重才,也重德,要在抓好教学质量的同时,更注重学生的思想品德教育,把立足于培养新中国的有用之才作为主要目标。在民立,教师对学生既悉心爱护,又严格要求。学校经常开展社会实践和团队活动,以工农劳动群体和英雄模范事迹教育和感染学生,从而树立为人民服务的优良品质,一些后进学生受到感化后很快就转变了。

民立女中在课余抓素质教育颇具特色。20 世纪 50 年代时学校坚持德智体美全面发展,学生的课余生活、课外活动丰富多彩,尤以体艺最显眼。在吴若安的关爱下,学校成立了体育运动队、歌咏队、舞蹈队、话剧队、乐队等文体社团,还有口琴、民乐、戏曲、朗诵等兴趣小组。她常在校篮球、排球队训练时到操场观看助威,还曾与师生一起同台参加演出,出演剧中一位劳动模范。

图 3 民立学生进行排球比赛

吴若安一身正气、德高望重、为人师表,她是师长,又毫无架子,从不倚老卖老。每天走进校门她总是先向学生问好;中午在食堂用餐,总是关切地对学生讲:“多吃点,身体好,尤其要喝汤,营养在汤里”;每当天气转冷时,总是关照学生“多穿点衣服,小心着凉”;对自己的学生总是亲切地称之为“小鬼”。

她经常教育后辈,个人生活要俭朴,对人要真诚宽厚,多关心别人,要急人之所急。这些对她自己来说也是身体力行的。有一次学生演出,缺少一件道具,她闻讯后,立即叫同学到她家去拿,以解燃眉之急;有的学生病倒了,她得悉后,自己出钱给学生买药吃;对家境优裕的学生,她经常告诫她们,做人要有志气,要养成勤俭节约的习惯,培养自己的自立生存能力。

吴若安在民立女中工作了八年,为学校日后跨入上海市重点中学行列打下了坚实的基础。1956 年她升任上海市教育局副局长,还兼任着民立女中校长。此时,她已 66 岁,分管着全市学校卫生、体育及特殊教育工作,由于她的努力和付出,荣获了市人民政府颁发的“爱国卫生”和“体育工作”两枚奖章。她一生“献身教育,为国树民”,她的爱国情怀、敬业精神、学识才智、师德风范、人格魅力激励着一代又一代民立(市十)人,直到永远。

做最好的自己

一所有着优良办学传统和深厚文化底蕴的百年老校,她的精魂是什么?她的根基在哪里?1986 届校友李峻在母校百年华诞时留下了一段发人深省的话语:“母校具有治学严谨的办学传统和积极向上的校风。这种优良的传统和校风,造成一种环境和氛围,它潜移默化地熏陶、感染和同化着这个群体中的每一个成员,这就是母校的优势和力量所在。优良传统和校风是母校的‘根’。”

学校全面贯彻党的教育方针,坚持以德立校、依法治校和教书育人的有机统一,传承了优良的教育教学传统,建立了一支精良的教师队伍。20 世纪五六十年代以来各学科都有“领军人物”,深受社会和教育界的赞誉。当时就有闻人馨、傅纪元、姚善源等学科顶尖教师调往大同中学加强重点学校的师资力量,且分别被委任党支部书记、副校长、教导主任之职。从 50 年代全国优秀教师吴致纯教学经验的推广,到 90 年代连续两届市劳模集体物理教研组的带头人张辅芝创建“物理特色学科”,并荣获上海市中学物理竞赛六连冠的佳绩,学校彰显出厚实的教学实力和人文底蕴，受到著名教育专家杨福家、张民生的高度赞扬。

市十在办学过程中实践和拓展了“教学五认真”及“三课三查三活动”的教学管理模式，保持和发扬了“严谨务实、追求卓越”的办学精神。长期来，学校践行“笃行勤学”的校训，形成了“身教言传、循循善诱、教学相长、精益求精”的教风和“为人忠实、作风朴实、学习扎实、身体结实”的校风，为学校可持续发展奠定了基础。

在课程改革和课程建设中，学校立足校情、学情和师情，已形成适合校情、具有特色、促进师生自主发展的课程体系和教学内容体系。课程构建得以优化，使基础型课程层次化，即实现“层次目标化教学”的研究与实践；拓展型课程多样化，即体现在初中拓展型课程中限定拓展和自主拓展分类更加清晰，高中“模块式”拓展课程的搭建日趋科学合理；研究型课程自主化，即在教师自主实践和探索的基础上，引导和促进学生的自主学习、自主发展。目前，学校已设置有语言文学、数学、社会科学、自然科学、技术、体育与健身、艺术、综合实践等八个学习领域，重点形成了社会、人文科学、数理科技、艺美运动、学科特长等五类校本特色课程，使学生学习更趋生活化和多样化。

一所普通完中占地面积仅 8.4 亩，却拥有 37 个教学班，容纳 1400 多名学生，能办成高质量的一流完中，并跻身于黄浦区实验性示范性高中行列，实属不易。从 20 世纪 80 年代中期到 90 年代，市十一直是市区教育系统内部管理改革的试点学校，在王春山校长的带领下，学校经历了专技职称、校长负责制、全员聘用合同制、结构工资制等一系列改革试点，进一步健全和加强了学校管理体制，形成了良性激励机制，学校焕发出新的生机和活力，为市区学校的管理改革积累了丰富的经验。

多年来，学校培养了 2 名特级教师、50 多名高级教师和一批全国、市、区级优秀教师。目前，教师队伍中有党员 50 人，占教师人数的近一半；有研究生学历者 12 人，占教师队伍的 11.2%。教师中参加市名教师培养工程 3 人，区学科带头人 4 人，区级骨干教师 5 人，校级骨干教师 9 人，先后有 17 人次参加区名师工作室学习。实践证明，普通完中完全可以坚持自主发展，努力成为“最好的自己”。值得称颂的是，早在 1959 年，胡文巧校长作为中国青年代表团中唯一的一名中等教育界的教师代表赴奥地利参加第七届世界青年联欢节盛会，并在会上作了交流发言，曾在教育界传为佳话；英语特级教师、原校长魏孟勋是区名师工作室的导师，带教了一批又一批青年教师，他曾参加过上海市高考、会考的命题；数学特级教师周齐副校长，曾参加过上海市中考的命题，退休后还继续担任数学教学的顾问。

学校不仅为社会输送了数以万计的具有优良素质的初、高中毕业生，更为国家、民族培养了诸多的贤良俊彦，凸显出市十教书育人的强势。从我国第一批少年大学生、国际科技领域精英董瑞涛博士，到中共十八大代表、全国“五一”劳动奖章获得者、上海市特级校长杨荣；从多次荣获全国、市中学生女排冠军和市中学生女篮冠军的优良体育传统，到“理科见长、体艺双飞”的办学特色；从坚持自主发展，“做最好的自己”的办学理念，到高中办学水平和质量进入全市百强之列，标志着这所百年老校名不虚传，逐渐成熟，正自信地迈向新的征程。

上海市格致中学

近代中国最早中西合办培养科技人才的新型学堂

岁月留痕

上海市格致中学前身为上海格致书院，创建于1874年，倡始者是当时的英国驻沪领事麦华陀，促成者是晚清重臣李鸿章。

书院初创时的中流砥柱徐寿、华蘅芳、傅兰雅、伟烈亚力、徐建寅、赵元益等，又都兼为中国洋务运动摇篮之一的江南制造局及其翻译馆的核心人物，他们各领学科风骚、精通机械研制、博览科技著作。书院汇聚众多精英，再辅之陈列科学仪器、举办科学展览、开展科学讲座、讨论科学知识，使书院成为近代中国最早的中西合办的系统传播自然科学知识、培养科技人才的新型学堂之一。

格致先驱取《礼记·大学》中"格物、致知、诚意、正心、修身、齐家、治国、平天下"的传统"格致"精神，兼及当时社会对自然科学统称"格致学"，将书院命名为"格致"，意在"关注新学、穷究事理、获得真知、强我中华"，从而奠定格致教育"科学、爱国"的核心价值。尤其在王韬任山长期间，对书院课程设置、考试方式与内容革故鼎新，更凸现了书院由普及科学知识进而探索科学精神的济世心态和求实轨迹，使讨论西学、时事的格致风尚走出书斋，成为启发人们思考、催生变法运动的社会活力，格致书院因此"俨然成为清末民初上海滩爱国思潮的策源地之一"。

图 1　1927 年竣工的格致公学校舍

校史回眸

格致公学时期(1915 年至 1942 年)和市立格致中学时段(1942 年至 1949 年),师生历经“五卅”血案、“九一八”事变、卢沟桥战火、汪伪逆施等中华民族劫难,更加激发了“天下兴亡,匹夫有责”的忧国情和报国志。无论是在租界内力争本土教育空间,还是刘崇本副校长启发学生持续十年结社“(徐)光启”“(王)念孙”“(顾)炎武”“(归)有光”四院,弘扬民族精神,乃至吴学谦、钟沛璋等学生薪火相传秘密建立党支部、播撒革命火种(至上海解放前夕共在学生中发展党的地下工作者共 31 名),皆为格致后学留下了宝贵的精神财富和非凡的榜样。

新中国成立后,学校继承“爱国、科学”优良传统,弘扬“格物致知,求真务实”精神,形成了“全面发展、理科见长”的办学特色,不断提升学生综合素质,为国家培养了大批优秀人才。朱镕基同志在任上海市委书记、市长期间曾来校视察，肯定“格致中学重视德育非常好”，提出“一流的城市要有一流的教育”，高度评价学校以“三流的校舍、二流的设备，培养了一流的人才。”

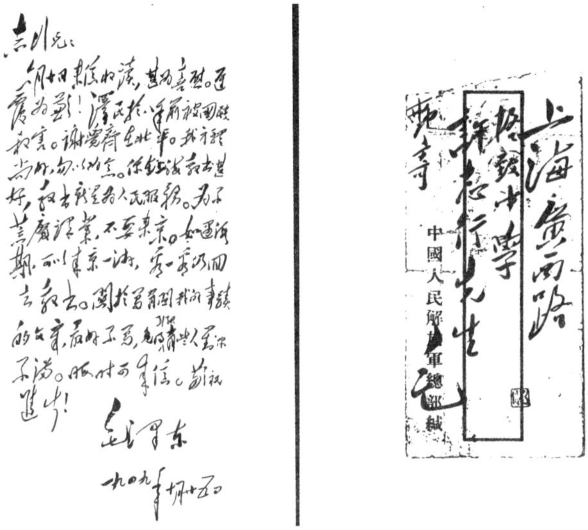

图 2　毛泽东同志致格致中学许志行老师的五封信之一

多年来，学校在“人人都成为德育工作者”；“三从严、三过细”，全面抓好学生行为规范；“第一课堂打基础，第二课堂出人才”，课内外双轨同步教学；“建设学习化学校，造就研究型教师”；“文化立校、学术兴校、管理强校”等方面均取得卓越成果。学校于 1958 年即被定为首批市重点中学，2005 年又被命名为上海市首批实验性示范性高中。

学校重视对学生思维品质、创新意识和实践能力的培养，持续保持高考质量稳步提高、国内外学科竞赛大面积获奖的良好态势。

历届校友中，吴学谦、经叔平、谢丽娟等先后步入领导岗位，杨福家、杨玉良等 12 人分别被评为中国科学院、中国工程院院士及海外院士；刘永贞等 10 名教师荣获上海市特级教师称号；高润华名誉校长曾当选第五、六、七届全国人大代表，张志敏校长系国家督学、上海市教育功臣和特级校长。

格致历经百四十载，校址不变，冠名一脉，枝繁叶茂，继往开来。

历史撷英

匹配咨询与实验为主的教学方式

新式学堂该采用什么教学方式？格致书院董事会核心成员各抒己见。按照傅兰雅最初的设想，书院可直接定名为“中国工业技术学院”。而首倡者、英国驻沪领事麦华陀看重的是立即开办阅览室，以使英租界内有一个向公众普及西学知识的专门场所。最后，由徐寿提议并坚持：“设立格致书院，欲中国士商深悉西国之事，彼此更敦和好，先在上海通商码头购地建院，以便访求新法，格致机器小样，并购买泰西新出书籍，邀同西士，讲解理法。”

于是，中西方董事达成共识：书院未必要像一般学校那样以招收学生、按部就班讲授西学基础课程为教学主体，而应以传授矿产业、机器制造业等影响大、难度高的应用科技知识为重点，开办咨询与讲座，并尽可能做实验演示。

图3　格致书院首任山长华蘅芳及其译著《地学浅释》

格致书院从1877年开始举办科学讲座，徐寿和华蘅芳经常到院，甚至常住不走，为有兴趣走进书院参观、访问和上课的学生们咨询、讲解、授课和做演示。徐寿上化学课，“主讲席，昕夕不倦”，“与诸生日夕讲解，积久而功效愈远”。华蘅芳上数学课则“循序而及”，传授规律。他尤其注重实地测量，又善用“激将法”：故意演算出错，引得全班学生着急叫喊，而取得生动活泼的效果。华蘅芳也非常重视实验，有人称赞他似英国著名科学家培根。几十年中，虽讲座时断时续，学生时少时多，但是，作为传播科学知识的一个中心机构，格致书院平常门院大开，任人进出观赏，一直强烈吸引着市民。

开创我国科普先声的《格致汇编》

格致书院为引介西方科技知识，于1876年2月9日（光绪二年正月十五日）专门创刊并发行我国最早的科学普及读物《格致汇编》，该刊每月一期（1890年后改为每季一期）。傅兰雅任主编，并亲自经营出版发行事务。徐寿、徐建寅、徐华封、华衡芳、赵元益、玛高温、李提摩太等格致书院中外董事都参与刊物的撰稿与编辑。该刊至1892年傅兰雅因赴美参观世博会而停办，其间由于傅回英国等原因，数次停刊、复刊，实际运作7年，共发行60期。

《格致汇编》开始每卷印3000册，第一卷不到一年售完。第二年起，每卷发行数日即售空。故只得将各卷重印，有的还重印两次。如此，每卷印数均在6000至9000册，销量之多，几乎是江南制造局所销每本科技译著的20倍。

《格致汇编》创刊之初，由格致书院发售，有24处代销点。至1880年底，代销点已增至70余处，遍及全国，以及新加坡、日本等。

《格致汇编》图文并茂、贴近生活、深入浅出，辟有"算学专题""互相问答""格物杂谈"三个专栏，注重科技知识的基础性、实用性和实验性，广受学界和市民欢迎，开创了在当时较为封闭、落后的中国进行科学启蒙、普及现代科学知识的先河。

1896年，梁启超在其《西学数目表》中评论《格致汇编》为"极要"。绍兴蔡元培纪念馆至今还保存着当年蔡元培阅读过的《格致汇编》刊发的单行本译著。鲁迅先生在其《南腔北调集木刻创作法序》中说："清光绪中，英人傅兰雅氏编印格致汇编，插图就已非中国刻工所能刻，精细的必须由英国运了图版来。那时我还是一个儿童，见了这些图，便震惊于它的精工活泼，当作宝贝看。"

贯穿实学精髓的《格致书院课艺》

王韬接任格致书院第二任山长后，与时俱进，"改变书院原先单纯学习自然科学知识和关门面授的做法"，改革"考课"思路："书院既以格致名，则所命之题自当课以西学为主，而旁及时事洋务"，"一切专求乎实用"。1886年起，书院举行一年四季的考课（1889年始，又增加了春、秋两季的特课），并将至1894年九年间所组

图4 中国近代思想家、格致书院第二任山长王韬及其主编的《格致书院课艺》

织的考课之内容、相关命题者、优秀考生的答卷、命题者及山长的评析等资料逐年汇集,编成十五册《格致书院课艺》。

极富创意的是,王韬自己并不命题,他只是根据现实需要设计一条"务归实用"的原则,邀请具有时代眼光、懂得或热心科学与时务的"大腕"协助这项工作,其中有:北洋大臣、直隶总督李鸿章;南洋大臣、两江总督曾国荃、沈秉成、刘坤一;上海道台邵友濂、龚照瑗、聂缉椝、刘麟祥;宁绍道台薛福成、吴引孙;登莱青道、津海关道盛宣怀;招商局总办郑观应等。

1894年孙中山来沪与王韬相见时,盛赞其办学成果,并资助《格致书院课艺》刻书经费,以推动社会进步思想的传播。1895年,康有为到上海开办强学会,也特意拜访王韬,参观格致书院,吸取办学经验。

戊戌变法时期,《格致书院课艺》被作为宣传新知识、新思想的读物多次刊行,梁启超则将之列入其编写的《西学书目表》推广。而许多格致书院考课的优秀者,如叶瀚、赵元益、瞿昂来、钟天纬等,则成为冲杀在政治改革和思想解放运动第一线的骁将。

应用科技为重的课程设计

傅兰雅在1895年拟定的《格致书院会讲西学章程》被学界认为是我国近代最早的学校课程之一,摘要如下:

一、凡聪幼文人,有志考求者,可于每礼拜六晚七点钟起到院,谈订录号,言定欲习何种西学,以便照课讲习。

二、照今所有西学书籍足资考求者,可分六学:1.矿物;2.电务;3.测绘;4.工程;

5.汽机;6.制造。各学有全课,有专课,学者可任取某学,逐次讲习。此外欲另学他者,亦可商订考求。

三、以上六学,照西法各有派定课程,译印成张,学者可按课学习。所需书籍,自购备,居恒逐细读阅,以期熟练,遇有难明之处,可按期到院询问,为之讲解。

四、每月一次,于礼拜六晚为考试之期,凡学者可如期到院面试,果觉纯熟,则给课凭(注:相当于单科合格证书),后再换新课。不熟者仍需温习前课。

五、凡习熟一学全课,或一门专业,考试中式(注:100 分中能考得 75 分以上者为中式),则发给本院课凭,指明其人已精此门学业,足为行用。

六、无论欲习何学,必照译成课程,循序而进,不得躐等(注:超越等级,跳级),不得躁进。每七日中,必自尽心习练在学之课,以便临期考试。

七、本书院所设此学举,意在倡引鼓励,并非坐馆塾师逐字课读者比。所有功课,全赖学者自行工苦,殷勤习学,本书院不过略助讲解,以便通明而已。

八、学课中遇有须演试者,拟用院内已有之器具,订期在院校法实验,或用影戏灯(注:即放幻灯)等法,显明其理,以上各事,一概不取分文。

九、如将来愿学人多,而学者已得门径,不难精求,拟另聘请专师,居院教习。如何从学,到时当另有章程。

麦新校友少年立志救中国

音乐家麦新迫于生计,15 岁就辍学了。他对自己有限的求学岁月,有一段深情的回顾:“五卅时我正十一岁,在上海一家工部局的外国式学校——格致公学读书,亲耳听到南京路上的枪声,亲眼看见罢课、罢市等情况,这给予我很大的刺激,使我第一次对帝国主义有愤恨的思想。”

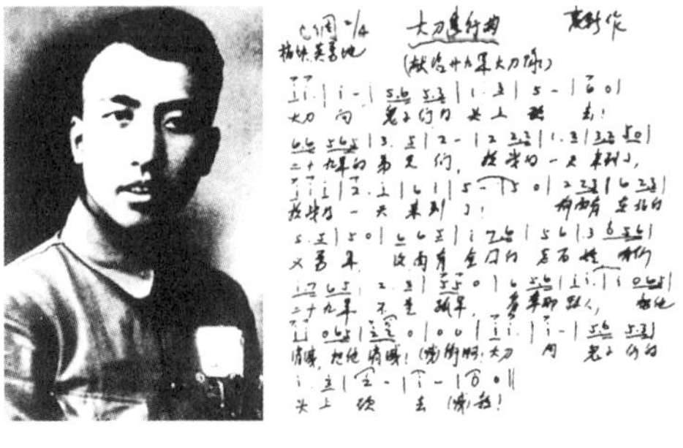

图 5　校友麦新烈士及其代表作《大刀进行曲》手稿

正是基于儿时奠定的反帝觉悟，1937 年卢沟桥交战当月，23 岁的麦新便创作了气吞山河的《大刀进行曲》，一时间长城内外、大江南北响彻这首为民族代言的时代战歌，为中国反法西斯战争史册镌刻了壮烈辉煌的篇章。其后，他又创作了《只怕不抵抗》（冼星海曲）、《牺牲已到最后关头》（孟波曲）、《向前冲》《中国妇女抗战歌》（郭沫若词）、《行军》（贺敬之词）等 62 首跳跃着时代脉动的救亡歌曲。时光流逝，歌魂永存。2004 年，全国人大原副委员长布赫为麦新纪念馆题词："少年立志救中国，谱曲作词为干戈。奔波南北唤民众，至今犹听大刀歌。"

经叔平主席回忆格致公学对他的影响

每个人都会有几次人生的转折，1931 届校友经叔平（曾任全国政协副主席，全国工商联主席）最早的一次人生转折是在 9 岁那年。那是 1927 年，父母决定送他进上海工部局下华童公学之一的格致公学。学校按照现代教育方式安排课程，开设有语文、数学、物理、化学、英语、体育等。对比私塾枯燥、沉闷的氛围和单调的学习内容，格致公学新式的教育使他感到开启了一扇新的看世界的窗口。

格致读书的那段经历对经叔平产生了相当大的影响。他无论在学习知识，还是在认知世界以及为人处世等方面，都有了很大的转变。对比旧式私塾和格致这样新式学堂的教育方式，私塾给经叔平的印象是"死读书"，而格致给他的印象是教育方法既严格又活泼。从 9 岁到 13 岁，在格致的这几年为他后来能够顺利地升入上海圣约翰高中和大学打下了坚实的基础。

吴学谦副总理的格致不了情

吴学谦副总理回忆：

1932 年上海发生"一·二八"事变（日本兵与国民党十九路军开火），世称淞沪战争。我家长想尽办法让我考入洋人所办的格致公学。此学校归英国工部局所管，学制实行从高小三年到高中，共八年一贯制。校长是从英国请来的，还请了许多英国人当教员。学校课程除了地理、历史等用中文教材以外，其他的物理、化学、数学等都是英文教材，甚至手工课也是英国人教。如果让中国老师教，他们也得讲英文。

我上高二时，学校来了位新老师叫余之介（已故），他给我们上国文课，启发我们认识社会，认识抗战，并让我们阅读左翼作家的作品，使我们对新文艺书籍和社会科学书籍产生了兴趣，从而关心国家大事，经常与几个同学共谈国家大事及自己今后的出路。

当时上海名为"孤岛"，因为它属于英法帝国主义管辖，日本人不占领租界，但人们的思想是管不住的。中国共产党所领导的抗日救亡运动通过各种形式已经在这"孤岛"上发展起来。党在学生界成立了一个外围组织"上海学生抗日救亡协会"（简称"学协"），在各校建立了"学协"小组，开始时是半公开的，到了1938年转为秘密状态。我就在那时参加了"学协"，也就是找到了革命道路。"学协"的革命火种在格致中学迅速传播开来。1939年，我参加了中国共产党。为了在上海学生中继续开展工作，扩大团结面，发展抗日力量，上海地下党领导按照中央的指示，定出"十六字方针"，即"隐蔽精干、长期埋伏、积蓄力量、以待时机"。1939年到1940年上海学生展开了轰轰烈烈的"反汪斗争"。我于1940年高中毕业。那时，格致中学已有五位中共党员，"学协"会员更多。这是在洋人所办的中学中开辟的第一个坚强的学生运动阵地。

回忆张觉非老师

张觉非老师是1943年来到格致中学的。他对学生的团体操情有独钟，根据当时中学生的身体特点，编排了几套姿势优美的团体操，下很大功夫训练学生操练。当时的市中学生运动会、1947年第五届市运动会，都是以格致的团体操为核心改编了开幕式大会操。特别是1948年在上海举办的第七届全国运动会开幕式的大会操，由格致、育才、南模、民立女中、中西女中等几十所学校的六千名男女学生参加，张觉非被委以总指挥，表演后得到了各界的好评和很高的声誉。

五位同学一起参加全国运动会

1948年5月,中华民国政府在上海江湾体育场举行“第七届全国运动会”,格致有5位同学被选进上海市代表队:孙光一、孙光二(高二)和陈允泰(高三)入选游泳队;周元雄(高一)入选田径队;黄曾秀(高三)入选拳击队。其中孙氏兄弟均进入游泳复赛,周元雄获全国400米赛跑第4名,黄曾秀更勇夺全国轻量级拳击冠军。一所中学同时能有5名学生入选市代表队参加全国运动会,且取得优异成绩,这在上海是罕见的,一时传为佳话。

从格致到清华园的成长

1950年暑假,1956届校友、原清华大学副校长杨家庆当时小学毕业,同时报考了好几所学校。发榜后父母决定舍近求远,选择离家最远的格致中学。许多亲朋都不解:“为什么让孩子跑那么远去读书?”父母的回答非常坚决:“格致这所学校好!”从此,便开始了每天一早挤公交,从徐家汇永嘉路赶到黄浦区去上学的生活。这样,一直持续了六年。

格致名师荟萃,教师不仅业务水平高超,而且师德高尚,爱岗敬业,他们对学生怀着深深的爱,善于引导和启发学生,善于激活学生潜在的积极性,引领年轻人积极向上。当杨家庆大学毕业留校任教时,常以他们为榜样,告诫自己:要当一名好老师,首先要从自我做起,爱自己的职业,爱自己的学生。

杨福家院士少时求学之路

旧的教育制度不利于学生心智的开启,当初淘气而充满了好奇心的小杨福家感受到的是受压制、不自由的学习气氛,小学及初中时期,他由于反感陈旧的教育方式而厌恶学业,不喜欢老师,就以独特的搞恶作剧的方式进行反抗,最后被勒令退学。

退学在家的杨福家整天无所事事,失去了生活的目标,家人抱着一线希望把他送到著名的格致中学。杨福家后来回忆说这是一所非常好的学校,他在那里如鱼得水，形成了自己的人生观以及对自然科学的兴趣。格致三年的高中学习生活是他人生历程的一个重大转折点，他点燃了头脑中的理想之火，有了自己人生的追求，知道了怎么样去学习、去拼搏。

杨福家进学校的第一次考试不及格，为了赶上大家，实现立志成才的理想，整整一个暑假，杨福家在一间朝北的亭子间里埋头默默地做了一千多道数学题。树立了正确的学习目的，找到了正确的学习方法，激发了杨福家的学习兴趣，大量的习题使他对数学逐渐了解，不再畏惧。杨福家也懂得了数学不仅仅教人怎样演算，还教了严密的逻辑思维，使人一辈子受益。格致中学的教学方式使杨福家的成绩一路飞升。攻下数学后，他又向他从小最头疼的英语学科进攻。在格致中学，杨福家碰到一位很好的英文老师，她用讲故事的方式让学生对英语大感兴趣。这位优秀的女教师用英语讲述《卖火柴的小女孩》，来自丹麦的英语童话故事激发了杨福家对于英语的兴趣，也帮助他在学习英语的道路上迈出了一大步，为他以后到丹麦访学打下了良好的基础。

最终，在格致中学三年的学习使杨福家成绩突飞猛进，他以优异的成绩考进了复旦大学物理系。

李家春院士难忘母校的数学启蒙

1951 年至 1957 年，1957 届校友、中国科学院院士、中国力学学会理事长李家春，在格致中学度过了六年终生难忘的中学时代。

1956 年，格致中学在全市首届中学生数学竞赛中名列前茅（在前十名优胜者中，荣获第 2、第 3、第 8 名），从而激发了许多同学钻研数学的兴趣。1957 年，李家春考取了复旦大学数学系，大学毕业后，报考了中国科学院力学研究所，毕业后先后在七机部二院 207 研究所、中国科学院力学研究所工作。

李家春于 1996 年至 2004 年期间担任中国运筹学会第五、六届理事长。这是一个全国性的一级学会，华罗庚先生任第一届理事长；老学长徐光辉（格致 1953 年毕业）任第三、四届理事长，赵玮（格致 1958 年毕业）任第五、六届副理事长。在这样一个学会的常务理事会上,竟有三位格致校友,也是一段佳话。

上海市首批特级教师之一:刘永贞

1978 年秋,上海市评选出首批 17 名特级教师,格致中学 61 岁的数学教研组组长刘永贞荣列其中。

刘永贞善于运用启发式教学,注重培养学生的分析、推理能力;从备课到测试,对教学的每个环节都十分重视,坚持在批改作业时仔细摘录学生作业中的错误,及时讲评反馈,并作为调整教学进度和改进教学的依据。由于了解学生的学习情况,她的课堂教学贴近学生实际,深得学生好评,教学效果显著。当她发现个别学生在学习中有较大困难时,就及时谈心,交流思想,鼓励他们树立信心去克服困难,同时又给予具体的辅导,使他们能很快跟上班级的步伐。

作为数学教研组组长,她也十分关心青年教师的成长。遇有重大教学活动,她与副组长黄松年总是把青年教师推在前面,鼓励大家上公开课。从课前备课到试教,她总亲临现场关心指导,还组织组内教师一起听试教,一起讨论、提意见,这不但加深了青年教师对教材的理解,促进了教学能力的提高,而且营造了教研组内团结协作、探讨教研的良好气氛。还记得孙兆桂老师初次教高中立体几何时,有些畏难情绪,当时已 62 岁的刘永贞就与他同上立体几何课,手把手地教,使之顺利完成任务。

刘永贞直到 65 岁时才从教学一线退下来。其后,学校聘请她担任顾问。她又把全部精力放在培养青年教师身上。每天,她一早到校,第一节课就进教室听课,一天要听好几节课,课后又耐心地与大家坦率地交换意见。从 20 世纪 80 年代到 90 年代,一批批青年教师在她的直接关怀下迅速成长,成为教学骨干。尤其难能可贵的是,当时数学组试点中学数学实验教材,刘永贞作为指导老师,从初中到高中,基本上每节课都听。为了更深入地理解实验教材,她还一起做书上的习题。在她的关心下,实验教材的试点工作取得了圆满成功,在培养了大批优秀学生的同时,也扶持了一大批杰出教师的成长。把毕生精力完全贡献给了格致中学的刘永贞,直到 80 高龄才依依不舍地告别数学教研组,回家休息。

薪火代代传,英才济济来

1956 年,上海市举办首届中学生数学竞赛,格致中学参赛的 3 名高二学生脱颖而出,在全市前十名优胜者中,盛沛栋获第二名,郑家式获第三名,孙曾彪获第八名。“格致中学二三八”美誉鹊起,学弟学妹们意气风发。

1984 年,格致中学高二女生李群勇夺全国数学竞赛上海赛区冠军,破了该项赛事 28 年来男生一统冠军的惯例,“我辈不作蓬蒿人”,震撼学界。

2013 年,格致中学高三学生顾超远赴哥伦比亚,勇夺第 54 届国际奥林匹克数学竞赛金牌,为中国队取得团体总分第一名立下汗马功劳。再追溯读高一、高二时,顾超同学即代表中国队获得罗马尼亚大师杯数学竞赛铜牌和全俄中学生数学奥林匹克竞赛金牌的努力过程,就更能清晰勾勒该学生的成长轨迹了。

三组记录,跨越 57 年,浓缩了格致师道的精益求精,概括了格致学子的锲而不舍。

原校长张志敏谈“格致文化”

格致文化绝不是简单的学校办学历史,也不是几位创始人和一批杰出校友的事迹,而是能够体现办学传统和办学特色的学校精神。它是一种呈现办学理想的、融理念于实践的文化现象。“格致文化”的内化体现在以下五个方面:它弘扬了中国儒家文化讲求知识分子注重个人修身养性,进而兼济天下的传统;它呼应了“五四运动”倡导的科学、民主精神和实现民族富强的理想;它体现了近代中国进步知识分子学习西方科学和先进文化,实践科学救国的务实探索;它注重科学知识、科学精神的培养,形成“格物致知、求实求是”的学习方式;它形成了“和谐发展、理科见长”的办学特色。

“格物致知”作为品牌内涵,是学校文化的核心,它决定并支撑着品牌的发展,既是办学理念的体现,又是区别于其他学校文化的根本标志。格致前辈留给我们一大笔宝贵遗产。但是,当时讲“科学”,内涵主要是指学习、掌握西方科技知识,用今天的目光审视显然有所偏颇。当代格致人继承“科学”传统,除了“学习知识”之外还应该培育“科学精神”,这种精神至少应该包含:非功利的追求真理的精神;实证原则(这是寻求真理需要的方法);人类理性的原则。这才是对“科学”传统比较全面的理解。

事实告诉我们:传统并非静止的过去,传统是历史向现实、向眼前的延伸,我们面临的是传统与现实的“冲突”,所谓现代化历程实际上是一个现代与传统不断冲突、对抗、融合、超越的过程。

因此,必须创新学校的特色文化,学校关注的热点应该是师生的全面素养和潜能发展,校长关心的应该是学校的文化创新。学校应该以一种积极进取的文化力量来推进学校的现代化建设。

传承格致文化是我们的历史责任,但创新格致文化更是我们的未来使命。“格致文化”的创新依据是什么?“格物致知”是格致学校文化的灵魂,是最宝贵的学校精神。我们在继承传统的基础上,根据当代先进教育理念,不断赋予其时代特性,努力使格致精神得到真正发扬。首先,我们对“格物致知”的内涵作了深入理解,即“观察事物、分析事物、探究事物、改造事物”。其次,我们对“爱国”的传统作了理解,即“远大理想、国际胸怀、报国之志、强国之才”;对“科学”的传统作了深入理解,即“实事求是、追求真理、实践创新”。

上海市光明中学

培养“立足上海，胸怀祖国，放眼世界”的光明学子

岁月留痕

上海市光明中学是上海市实验性示范性高中，地处黄浦区中心地带——西藏南路和淮海东路口，已逾百年的法式教学楼透出浓郁的文化底蕴。学校坚持爱国主义教育，致力于培养“立足上海，胸怀祖国，放眼世界”的光明学子，开展的“中国风·民族魂”主题教育活动闻名全国，习近平、张德江、张高丽、李源潮、汪洋、卢展工、郭声琨、胡春华、陈建国、白克明等领导曾先后给光明中学学生回信，勉励学生积极参加社会实践活动。

光明中学率先开设高考法语课程，是中法两国法文课程班项目学校（上海仅两所：上外附中和光明中学），并作为中国第一所获得“法国教育”标志认证的学校，被写入中法两国政府人文交流机制联合宣言之中。同时，学校被上海市政府港澳办确立为首批沪港澳青少年交流实习基地，被上海市教委和上海市侨办确立为华文教育基地，被世界卫生组织健康城市合作中心命名为健康促进学校。

校史回眸

上海市光明中学始名“法文书馆”，创建于1886年（清光绪十二年），是法租界公董局设立的以教授华人法语为主的一所学校，校址在公馆马路（今金陵东路63号）。同年2月26日开学，第一期招生100名，专授法文。附设夜间补习科一个班，专授法租界执勤各巡捕以初级法语。所有学生一概免去学杂费，书籍也由学校

免费发给学生。

1911 年改为“中法学堂”,学校实行法国学制。由于校舍不敷使用等原因,学校迁移至宝昌路(今淮海中路)。1913 年 5 月 15 日又落户在明体尼荫路(今西藏南路)自建的三层校舍内。1923 年在原教学楼的东翼增建了与原建筑对称的三层楼房,呈今天所看到的“山”字形内廊式平面布局。建筑外墙为清水黄砖墙,白石灰勾缝;立面以竖向线条为主,分层装饰白色腰线,庄重简洁;女儿墙有一行花饰,建筑为新艺术派与罗马风格混合的折中主义式。现在属于上海市优秀保护建筑。

“中法学堂”教学分高中、初中、高小、初小四级,高小和初小每日均上国文、法文各三课时;初中每日上国文一课时外,其余五课时的课程均以法文上课;高中学科教学与法国国内中学完全一致。学生毕业后可在法商洋行等谋职,优秀学生派赴法国深造。

图 1 中法学堂时期的打字课

1946 年学校更名为“中法中学”。1951 年学校更名为“私立光明中学”,只设高中、初中。1953 年学校改为公立,隶属邑庙区。1958 年被定为首批市重点中学。20 世纪 60 年代初,邑庙区撤销,其一分为三,光明中学所在的一部分划入黄浦区,其余两部分分别划入南市区和卢湾区。非常有趣的是,现在原黄浦、南市、卢湾三区又合并成为一个区——黄浦区。

图 2　1954 年学生文娱观摩演出大会

1978 年光明中学被定为区重点中学,1996 年招收最后一届初中,2000 年起成为高级中学。2005 年被命名为上海市实验性示范性高中。学校先后被评为上海市文明单位、上海市德育先进集体、上海市中小学行为规范示范校、中法两国政府教育合作项目中学法语教学执行单位。

著名校友有:中科院院士周秀骥、杨雄里,中国奥委会主席何振梁,上海市人民检察院检察长吴光裕,上海市人民政府副秘书长姜光裕,全国特级劳模马桂宁,中国人民解放军第 20 军 60 师参谋长蔡群帆,炮兵副司令员谢一雷,上海交通大学医学院教授邝安堃、董德长,上海天文台台长赵君亮,复旦大学教授俞吾金、钱文忠,澳门科技大学药学院院长朱依谆等。

历史撷英

投笔从戎,解放上海——徐博烈士

徐博,原名徐泽民,1921 年出生于浙江天台,幼年随家迁居上海。“七七事变”时,17 岁的徐博正在中法学堂(现光明中学)求学,年年被评为品学兼优学生。毕业后，他留在学校图书馆工作，借此机会饱览群书，追求进步。

1939 年，新四军打击日寇的消息频频传来，徐博“总是感到眼前一亮，热血上冲，心口蹦跳”（摘自徐博日记）。自此他再也不能静下心来，于是约了几个平时心意相投的同学，瞒过了父母家人，在一个细雨霏霏的夜晚离家直奔丹阳而去。

在丹阳山区正活跃着一支中国共产党领导的抗日队伍，这就是由管文蔚任司令的“江抗”部队。徐博他们几经寻觅，终于遇到了“江抗”侦察员，随后进入了新四军山区根据地。他们经过短期训练学习即被分配去做民运宣传工作。年底，徐博被调至扬中县“江抗”基层连任文化教员。

1940 年初夏，徐博奉调苏中新四军一师三旅政治部任组织干事。此后他又下到基层，任营政治指导员、教导员。在战争年代，他从一介书生进步到文武皆备，这正是他学识底厚、勤于探索所得。

1949 年 4 月 21 日午夜，徐博率第 253 团参加渡江战役。253 团是东集团编成内最东翼之第一突击团，首渡攻占江中西开沙敌桥头堡，歼敌一个加强营，有力地策应了友邻部队，迫使江阴要塞七千敌军宣布战场起义。随后，部队进军江南，最东翼之突击师直趋无锡、苏州。5 月 11 日，徐博奉命率部从苏州出发，冒雨向上海方向急进 250 里，于 13 日晨抵达月浦镇西侧，随即向月浦西街攻击，继而又配合兄弟部队从正北、东北、正西方向强攻月浦街区。战至 15 日拂晓，全部攻占街区。自 24 日起又经几天激战，直捣宝山、吴淞口，至 27 日上海全境解放。

解放上海战役结束，徐博所在的十兵团奉命直下南闽，迫击汤恩伯部。首战集美，此地为华侨领袖陈嘉庚先生之乡梓。9 月 22 日午前，团长徐博突接上级传来中共中央军委副主席周恩来电示：“集美学校系爱国华侨领袖陈嘉庚先生所创办，我军在解放集美时，要尽力妥善保护，严防破坏。宁可多流血，也要避免使用大炮”。铮铮斯言，永留青史！徐博团长以身垂范，坚决执行，以伤亡 200 多人的代价，换来集美学区的完整无损。嘉庚先生闻讯，甚感欣慰。此后，他特请毛主席撰写碑文，主席秉书“解放集美纪念碑”七个大字，永志纪念。

10 月 15 日 20 时半，解放军强渡集美海峡，进攻厦门。部队从北、西、西北英勇抢渡登滩，攀登山崖，攻占高崎要塞，红旗首插神山顶。经 37 小时激战，解放厦门全岛。

1949 年 10 月 24 日，奉兵团命令，253 团及兄弟友邻部队九千人开始渡海打响金门战役。由于情报不准、准备不足，首批登岛部队遭到 5 万余敌反扑，渡船被炸，后续部队接应不上，徐博团长率领的登岛部队孤军奋战 4 昼夜，全部壮烈牺牲。

中国奥运之父——何振梁校友

2015 年 1 月 4 日，中国奥委会名誉主席、国际奥委会委员何振梁在北京协和医院因病逝世。新华社刊发的报道说，何振梁同志毕生致力于新中国体育事业的发展和奥林匹克精神的传播。作为国际奥委会资深委员，他积极推动东西方体育文化的交流，积极促成中国举办有影响力的国际综合性运动会。他是我国奥运百年圆梦的亲历者和见证人之一，是北京两次申办夏季奥运会的陈述人，在北京成功申办并圆满举办 2008 年奥运会的过程中发挥了重要作用。何振梁同志为中国体育事业的发展做出了重要贡献，也代表中国对国际奥林匹克事业的发展做出了突出贡献。

国际奥委会主席巴赫发来悼词。悼词说："何振梁先生帮助奥林匹克大家庭更好地了解了他伟大的祖国、人民和灿烂的文化。奥林匹克运动自此失去了她最热忱的大使之一。国际奥委会将永远铭记并尊重我们亲爱的朋友和同事何振梁先生。"国际奥委会发布了公报，详细回顾了何振梁先生的生平，并称国际奥委会会旗将为他的逝世下半旗三天，以表示沉痛悼念。

何振梁于 1929 年 12 月出生在江苏无锡，祖籍浙江上虞。1938 年随全家搬到了上海的法租界。1939 年至 1946 年在中法学堂学习。1946 年进上海震旦大学理工学院电机系。1950 年毕业后到北京青年团中央国际联络部工作。1952 年作为中国体育代表团成员参加在芬兰举行的第十五届奥林匹克运动会。1954 年加入中国共产党。1955 年起从事体育工作，在国家体委负责国际联络工作。

1964 年起，何振梁历任中国体操协会副秘书长、中国乒乓球协会秘书长、中华全国体育总会秘书处主任、中华全国体育总会副秘书长、中国奥林匹克委员会副秘书长、国家体委司长、中国奥委会执委、中华全国体育总会常委等职。

何振梁在20世纪五六十年代时从事翻译工作,曾多次担任毛主席、周总理等中央领导同志的口头翻译,并参与中苏两党论战文件法文本的文字翻译工作,也曾参加莫斯科八十一国党的会议中共代表团、日内瓦会议中国政府代表团、中国访苏党政代表团、第二届亚非会议中国代表团等对外活动。

调任国家体委后,他为反对国际体育界少数人制造"两个中国"的阴谋,曾进行了长达二十余年的斗争,终于在1979年,国际奥委会恢复了中华人民共和国的合法席位。1981年,他当选为国际奥委会委员,除莫斯科奥运会外,他参加了1980年以后的历届夏季和冬季奥林匹克运动会。

1985年,何振梁当选为国际奥委会执委,进入了国际体坛的最高领导层。1989年当选为国际奥委会副主席,到1993年任满。1994年、1999年再次当选为国际奥委会执委。他在担任国际奥委会执委及副主席的四次选举中,三次以全票当选。之后,担任国际奥委会执委及文化与奥林匹克教育委员会主席。

1989年,何振梁当选为中国奥委会主席,1994年起任中国奥委会名誉主席。他是1990年北京亚运会的主要组织者之一。1993年发起组织首届东亚运动会并任东亚运动会联合会第一任主席,1995年担任东亚运动会联合会名誉主席。他是2000年奥运会北京申办委员会的常务副主席、2008年奥运会北京申办委员会顾问。1993年、2001年,他两次成为北京申奥团陈述人之一。2008年夏季奥运会申办成功后,他逐渐退出了大众的视野。

2003年10月23日,光明中学内横幅高挂、彩旗飘扬,宁谧的校园里迎来了精神矍铄、神采奕奕的何振梁先生。他借此次上海之行专程回到母校访问。虽然已年过七旬,他在学校领导的陪同下还是饶有兴致地参观了学校新建的教学和体育等各项活动设施,并耐心地向教师们询问学校的现状和发展。

随后,他在国家体育总局和市体育局领导的陪同下,出席了学校特意安排的师生座谈会。学生代表向何老献花,用法语向何老表示了问候和祝福,何老更是亲切地与在场师生一一握手、交谈。何老向大家讲述自己在光明中学(原中法学堂)求学七年的切身经历和体会,他说,当初母校教师对他的培养和教诲,为他今后的事业发展打下了扎实的文化基础,他永远怀念母校以人文关怀为特色的氛围和悠久的历史文化底蕴。同时,他勉励在座的师生,要珍惜现在来之不易的幸福生活,学好本领,时刻准备着,抓住当今全球化带来的稍纵即逝的机遇,为全民奔小康做出自己的贡献。

2006 年 10 月 3 日,在光明中学钱学则老校友的陪同下,校长穆晓炯、副书记金怡一行前往北京宣武区体育馆路拜访何振梁先生。两位校领导向何老汇报了学校的近况和 120 周年校庆筹备情况,何老非常高兴,向母校校庆表示祝贺,并深情地回忆了当初求学的时光和几次重回母校的感受。

何老特别关注学校开展的爱国主义教育和民族精神教育。他说,他一辈子的工作很大部分是和外国人打交道,他从来都是有礼有节,不崇洋,不媚外,树中国人形象,长中国人志气。这和他从小生活在十里洋场的大上海的阅历有关,也和在母校时受到国文教师的熏陶有关,虽然当时每周只有几节国文课。

学校领导向何老赠送了刻有学校校舍图案的纪念品,何老向母校回赠了采自四川攀枝花的两颗石榴,寓意学校莘莘学子天天向上。何老还欣然提笔,为母校 120 周年校庆题词:百年桃李炜烨,千秋祖国光明。

“光明”校名的由来和首任校长——赵书文教授

从建校开始,“中法学堂”就是一所私立的教会学校,校长都是法国修士,学校只招收男生。从 1946 年改名“中法中学”到中华人民共和国成立之际,校长都由中国籍修士马云祥担任,但实际权力还是掌握在教会手里。

1950 年初,上海市教育局委派中共党员吴德琛来学校担任政治教师(他也是光明中学第一位党员教师),后又陆续委派两位政治教师来校。他们团结进步教师,发动全校师生于 1951 年初开展了轰轰烈烈的学校“新生斗争”,取得了巨大的胜利。后学校以全校师生的名义上书市教育局,要求更改校名,并委派新校长来校主持工作。

当时曾有人建议用胡志明的名字来命名,将“中法中学”改名为“志明中学”

(当时越南人民正在越南劳动党领袖胡志明主席领导下进行反抗法国殖民主义者的武装斗争)。市教育局领导觉得不甚妥当,经过考虑,就改了一个字,将“志明”改为“光明”。于是1951年4月9日在“新生”大会上宣布学校命名为“私立光明中学”,并委派赵书文担任校长。

时任上海市教育局副局长杭苇为学校题写了校名。1953年6月9日,私立光明中学改为公办学校,上海市档案馆保存的档案中有《上海市教育局关于接办私立光明中学改为上海市光明中学派赵书文为代理校长的命令(1953年)》。

赵书文,生于1911年,吉林伊通人。北平师范大学地理系毕业,后留学美国哥伦比亚大学,获得地理学硕士学位。学成归国,历任南京金陵女大及复旦大学教授。1953年担任光明中学校长。

据华东师范大学档案馆资料记载:1998年9月上海教育学院并入华东师范大学,而上海教育学院初名上海市中学教师业余进修学院。1953年12月中旬,学院借西藏南路上的青年会举行了首届开学典礼。院长由市教育局副局长杭苇兼任,教务长由光明中学校长赵书文兼任。开设语文、历史、地理、数学、物理、生物六个教学班,借用光明中学教室。1956年2月,教育部发函指出进修学院应当“属于高等学校范围”。同年,赵书文升任副院长。1956年8月,校址迁至淮海中路1045号,1960年正式挂牌成立上海教育学院。

另据上海市地方志办公室资料记载:赵书文,满族。历任南京金陵女大副教授、上海复旦大学教授、上海市光明中学校长、上海教育学院教授兼副院长。1958年任上海辞书出版社编审,《辞海》编纂委员会委员,《地理文摘》主编。长期从事地理教学、普及和出版工作,著有《澳大利亚自然地理》(1983年),《大洋洲自然地理》(1987年),并主编了《简明人口学辞典》(1987年)。

由此可见,赵书文是学校更名为“光明中学”之后的首任校长,时间为1951年至1956年,1956年初调任上海教育学院,1958年又调任上海辞书出版社,直至离休。

据吴德琛老师回忆:当时对于新来的校长赵书文,青年教师们抱着一种比较复杂的心情。一方面,认为他是复旦大学教授、留洋的大知识分子、地理专家,来到中学里工作是“大材小用”，对他有着很高的期望；另一方面，认为他又不是大家私下里期盼的来自老区的革命老干部。所以一开始大家对他的信任度并不很高。

赵书文上任以后，大刀阔斧，雷厉风行。他有着东北汉子的热情豪放，待人真诚，对于青年搞的许多政治运动也很支持。当时他全家住在学校三楼，青年教师和团委的同志经常去他家汇报工作。不过，有时他也表示停课搞运动太多，对于教学影响太大，也会表达一些不同的意见。但他从谏如流，对事不对人，因此赢得了大家的赞扬。在赵书文的带领下，光明中学逐步走上良性轨道。

毕业几十年的同学相聚时，无不津津乐道当时在校受到的良好教育，对于老校长有两件事情印象特别深刻。其一是1951年底开始的抗美援朝，面对着激荡的爱国潮流和英勇献身的考验，赵书文在大会上慷慨激昂地宣布，坚决带头动员儿子参军（后来他儿子真的参了军），这一下全校群情鼎沸，高潮迭起。赵书文此举显示了他的高尚人格，全校师生也都以有这样一个深明大义、冲锋在前的好校长而自豪。其二是1952年夏季的教师思想改造运动中，赵书文在全市教师大会上进行批评和自我批评，这种实事求是的勇气，实在不是一般人所能有的。只有心底无私，才能如此坦荡。

赵书文尽管在光明中学工作时间不长，但作为一名大学教授，作为一名专家型的校长，他为光明中学成为20世纪50年代享誉沪上的名校打下了扎实的基础，为学校的发展与建设做出了重大贡献。

每逢学校重大校庆活动，赵书文都会前来参加。晚年，他身体情况不佳，大部分时间住在华东医院，但仍关心着光明中学。2006年学校120周年校庆前夕，穆晓炯校长专程到华东医院看望他。赵书文那时已95岁高龄，听和说都比较困难，时常陷于昏睡之中，但听到“光明中学”四个字，还是显示出能听清的表情，不停地说“谢谢，谢谢”。

2010年2月21日，赵书文因病逝世，享年99岁。家属遵其遗嘱，不举行任何悼念活动，只是在《文汇报》上发了讣告。这再次体现他的高风亮节！

神经生物学家和生理学家——杨雄里院士

杨雄里,1941 年 10 月 14 日出生于上海,祖籍宁波镇海。1946 年入上海钱江小学,幼时聪明,生性顽皮,学业中上,但喜欢阅读中国古典文学作品。1955 年在上海市光明中学读高中,立志从事科学研究,学业不断进步,对俄语学习情有独钟,并广泛涉猎中外文学名著。1958 年考入上海科技大学生物学系,因学校尚在筹建中,遂入上海第一医学院(现复旦大学医学院)医疗系学习医学基础课程。1960 年秋,按科大安排进入中国科学院上海生理研究所学习,并明确日后师从刘育民教授从事视觉生理研究。同年 11 月底,前往长春光学精密机械学院(现长春理工大学)应用光学系学习。在长春的两年里,杨雄里发愤学习,成绩突出,并自学英语和德语。1963 年 3 月回生理所,同年 7 月自上海科大毕业。

大学期间,杨雄里所有专业课程考核成绩均为优秀,并能流畅地阅读俄、英、德文专业书籍,打下了较坚实的医学生物学基础,在数理方面又受到了良好的训练,这两方面知识的融合对其日后开展科学研究至关重要。1963 年 9 月,杨雄里开始在刘育民教授领导的特殊感官生理研究室任研究实习员。半年内,杨雄里通读了 The Eye(四卷,H.Davson 主编)和 The Physiology of the Eye (H.Davson 著),奠定了从事视觉研究的理论基础,同时开始熟悉相关的电生理技术,练习做研究。即使在万马齐喑的那段时期,他本着“读书总会有用的”这一朴素愿望,并未放弃专业学习,坚持自学法语和日语。

“机遇垂青有准备的头脑。”1980 年 4 月,他作为首批留日进修生被选派至日本国立生理学研究所金子章道教授实验室进修。在日期间,他应用细胞内记录技术对鱼类视网膜水平细胞接收的光感受器的输入及其相互作用进行了细致分析。1982 年,杨雄里被静冈大学、日本国立生理学研究所联合授予学术博士学位。

1982 年 4 月,杨雄里回国,随即在生理所建立了自己的实验室,开始对鱼类 C 型水平细胞的特性进行分析,并与厦门大学海洋系合作开展对青蟹复眼光敏感度的昼夜节律变化的研究。1985 年 9 月,杨雄里赴美,至哈佛大学生物学实验室道林(John Dowling)教授处工作,对鲈鱼接受视锥信号的水平细胞在暗中受压抑的现象及其可能机制进行了较深入的分析。1986 年底南迁至贝勒(Baylor)医学院与吴淼鑫博士(Samuel Wu)合作,以蝾螈视网膜为标本,研究外层视网膜神经回路的信息传递和调控。1987 年末,杨雄里回国,应聘担任生理所所长,并重新组织、扩建自己的实验室。之后 20 余年,他主要在祖国的土地上耕耘,先是在生理所,后至复旦大学工作,曾担任复旦大学神经生物学研究所所长、复旦大学脑科学院院长。

杨雄里在视网膜方面的研究可以归纳成以下几个方面:一是视网膜第二级神经元接收的光感受器信号及其相互作用的分析;二是外层视网膜神经元反应特性为明、暗的调制及其可能机制;三是视网膜神经元表达的氨基酸受体和转运体的确定;四是视网膜中信号传递的调制及机制。其研究成果总结在 200 余篇学术论文中。他的研究工作得到科技部、教育部、中国科学院、国家自然科学基金委、上海市科委等基金资助。曾作为 Principal Investigator(PI)和 Co-PI 分获美国国立健康研究院和国际人类前沿科学计划组织研究基金资助。1988 年国家人事部授予杨雄里国家级有突出贡献的中青年科技专家称号,1989 年、1996 年分获中科院自然科学奖一等奖、二等奖,1991 年入选上海市十大科技精英,2001 年获何梁何利科技进步奖,2006 年获教育部自然科学奖一等奖、上海市自然科学奖一等奖。

杨雄里重视科学普及工作,经常通过科普讲座向公众普及神经科学的基本知识,介绍该学科的发展态势及对社会发展的影响。他多次回母校给光明学生作讲座,也参加了多次校庆活动。2008 年,在 1958 届校友毕业 50 周年庆祝活动上,杨雄里向母校赠送了他的著作“脑科学丛书”。

光明的新亮点和新特色——法语教学

在经济全球化的国际视野下,光明中学秉承办学历史上的法语教学传统,积极开展以法语作为第一外语和第二外语的课程教学。针对法语零起点的高中生,如何设置课程,设置什么样的课程,建立什么样的评价体系,才能最大程度上引导和帮助法语班的学生在学习语言的同时,扩展视野,拥有较强的国际竞争力,符合创新社会的需求,是学校课程的重点和关注的核心。

1986年建校100周年之际,在一批中法学堂时代的老校友的提议下,光明中学恢复了法语教学,作为第二外语开设了选修课。当时学校没有法语师资,老校友们自告奋勇来校义务教学。最著名的有中法学堂20世纪30年代的学生雷如意、金长琨等,他们坚持了十多年法语教学工作,先后获得了“法兰西教育骑士勋章”。

在选修课的基础上,1998年起,光明中学在高一年级开设了法语特色班,其第一外语仍然是英语,而把法语作为第二外语,并设必修课。法语教师是当年从华东师范大学法语系毕业的李沁,她也是改革开放之后光明中学首位专职法语教师。

同时,法国驻沪总领事馆给予学校支持,派遣了一位兼职法籍教师来校任教。法语课实行小班化教学,一个班级一分为二,一半由中国教师教学,一半由法国教师教学,每节课之后进行轮换。由此,从班级设置和课时保障两个方面使得法语班名副其实。从这个意义上讲,光明中学对于法语班的实践整整经历了20年。

随着光明中学开设法语课程,越来越多的学生希望学习法语,从每个年级只有一个法语特色班增加到两个,仍无法满足学生的需求。于是从2003年起,光明中学为每个学生都提供了学习法语的机会。除了两个法语特色班每周有4课时法语课之外,对于其余班级的学生,在高一年级开设一个学期的普及课程,每周1课时。法语教师自编教材《法语与法国文化》,让学生在课堂上学习简单的字母、问候、法语名、数字,表达年龄、职业、国籍、兴趣爱好等,最终能够用法语简单交流,会自我介绍。主要培养学生学习法语的兴趣,帮助学生了解法语及法国文化以及中西方文化的差异,拓展眼界。

无论是第二外语必修课的开设,还是自编普及型的《法语与法国文化》教材,都是在法国驻沪领事馆的指导下,由戴剑安、龚益婧两位专职法语教师与历任法籍兼职教师共同努力完成的。法国领事馆也多次将光明中学的教学模式向华东地区的中学推广。2008年法国驻沪总领事向光明中学校长颁发了“法兰西教育骑士勋章”,以资表彰。

同时,光明中学也将课程推广到黄浦区的光明初级中学、兴业中学、格致初级中学、大同初级中学、市八初级中学、光明小学,以及外区的日日学校、培佳双语学校、洋泾东校、进才北校、罗山中学等中小学,起到了资源共享和示范辐射的作用。

图 3　法国政府授予校长穆晓炯“法兰西金棕榈教育骑士勋章”

新时期,在国家提出“一带一路”倡议的大背景下,上海市教委国际交流处也希望为高中生提供更多非通用语种课程,培养更多掌握多门外语的人才。在此背景下,2012 年,光明中学在高一年级开设了以法语为第一外语的中法未来工程师实验班,并与法国鲁昂工程师大学合作,不仅为学生提供法语课程,还提供法国数学、物理的相关课程;不仅为学生提供法语高考的教学,还提供 TCF 或者 DELF 等欧洲语言水平测试的教学。使得学生不仅能在国内报考大学,还可以直接进入法国、加拿大、瑞士等法语区的大学。

图 4　法籍外教执教法语班数学课

除了戴剑安、龚益婧之外，光明中学又引进了姚容、孙丹、徐佳璐、潘诚等法语专职教师，他们在研究教材、教法和指导学生课内外学习方面倾注了大量心血，使得学生能用不到三年的时间，从零起点开始，掌握一门较难的外语。例如 2017 届高三法语班的学生，从零基础开始，通过两年半的法语学习，全部通过了欧洲语言 B1 水平的考试，有 30% 还通过了 B2 水平；其春季高考的法语平均分为 116 分，秋季高考的法语平均分为 114 分，两次均超过全市的英语平均分 20 分左右。2018 届高三法语班的春季高考法语平均分更是达到了 122 分，而 2019 届高三法语班的春季高考法语最高分为 144 分。

光明中学的法语教学得到了法国海外教育署的高度赞扬，相关官员以及法文教学督导、中文教学督导、数学教学督导等都多次来校指导。2017 年 9 月，光明中学成为中国第一所由法国政府授予的“法国教育标志”认证学校，这一成果被写入 2017 年 11 月中国国务院副总理刘延东和法国外长共同签署的《中法高级别人文交流机制第四次会议联合宣言》之中。在 2018 年 3 月 20 日“世界法语日”之际，法国总统马克龙发表了演讲，特别提到并肯定了上海光明中学的法语教学。

在广泛的国际交流中，光明中学还始终坚持“传播中华文化，树立中国形象”的理念，以让世界更好地了解中国。学校为法语班的学生以及来访的法国姐妹学校学生都开设了中华文化系列课程，如书法、国画、篆刻、京剧、舞蹈、武术、茶艺、剪纸、民俗等，还为法国学生学习汉语而开设了拼音、听力、阅读、汉字、口语等课程。这些课程内容生动、形式灵活，受到中外学生的普遍欢迎。国外师生来学校参观、学习后，较深度地了解了中国，了解了中国人，了解了中国文化。光明中学也利用这样的契机，展示学校风采，弘扬中华文化，加深双方的友谊。

2017 年，学校成为上海市侨办和上海市教委联合命名的“华文教育基地”，承担了为海外华裔青少年普及中华文化的任务。2018 年 7 月，来自法国和加拿大的 31 位华裔青少年来到光明中学参加“中国寻根之旅”夏令营活动，对于学校开设的课程和活动赞不绝口。

第一外语法语班开设至今，在社会上引起了很好的反响。不少家长和学生选择报考光明中学，一个重要的原因就在于学校能提供多语种的教学，提供多元发展

图 5　光明中学全貌

的平台。目前学校每个年级有 30%以上的学生选择法语作为第一外语。法语班的学生有的赴法留学，也有的通过高考进入国内的高校继续深造。无论哪个方向，学校都希望这些学生将来能够更好地发展，真正成为“多语种、跨文化”的复合型人才，成为中法文化交流的使者；同时也希望光明中学在国际化教育的道路上越走越宽广，越走越光明。

上海市敬业中学

上海办学历史最悠久的学校

岁月留痕

翻开上海的教育发展史，上海市敬业中学以其最悠久的办学历史闻名遐迩。沪上教育，清以降先后有书院十余所，当首者为敬业书院，其课规多为各书院之规范，可见敬业对上海早期教育之重要影响。

敬业中学以其变革发展的进程见证着近代、现代乃至当代上海教育学制、体制变革发展的历程。原上海市教育局局长杭苇说："从敬业中学的校史沿革中可以看到我国基础教育的学制变革。"

校史回眸

敬业中学位于上海中心城区，毗邻城隍庙和儒家圣地——文庙，离上海世博园区也仅咫尺之遥，是古老与现代、传统与时尚的交错融汇之地，是学校中华传统文化和现代文化的结合之地。悠久的校史，使她具有浓郁的文化气息，在这里，你既能享受儒家文化的熏陶，又能前瞻国际文化的发展。

来到敬业中学，一定要走进古色古香的校史陈列馆，感受一下这里浓郁的文化氛围。

静静地走在校史陈列馆里，犹如徜徉于教育发展的长河中。敬业中学前身为申江书院，由按察使翁藻、知县王侹创建于公元1748年（清乾隆十三年），聘凌如焕任首任院长，近代杰出教育家冯桂芬、张焕纶等都曾主持书院（学堂）工作。1770

年改称敬业书院，为上海现存最古老的一所历史名校。抗日战争时期，学校曾以南方中学、乐群中学、四维学社等名称坚持办学，抗战后恢复“敬业”校名。校址最初位于“敬一堂”，后历经迁徙达 17 次之多，1996 年迁往蓬莱路新校舍至今。在历代宗师的精心治理下，学校历久弥坚，革故鼎新，与时俱进，自书院至学堂，经小学校至完全中学，兼办师范、土木等科，1959 年被上海市教育局命名为上海市重点中学，1963 年被市教育局确定为重点办好的 13 所市重点中学之一，2005 年被评为上海市实验性示范性高中。

图 1　1794 年的敬业书院

静静地走在校史陈列馆里，你会看到一所备受历届领导关注的历史名校。“敬业”校名出自《礼记・学记》中的“三年视敬业乐群”。朱嘉解说：“敬业者，专心致志以事其业也；乐群者，乐于取益以辅其仁也。”民族英雄林则徐任江苏巡抚时，曾到上海视察，在敬业书院居住和办公，并为敬业挥毫题写了“海滨邹鲁”四字，盛赞敬业书院是一所为东海之滨培养出类拔萃人才的学府。在校史陈列馆中，还珍藏着江泽民同志为学校 240 周年校庆书写的题词：“浇灌今日祖国花朵，培养明天四化英才”。乔石同志作为校友，更为母校 260 周年校庆题词：“敬业精神放光彩”。徐匡迪、陈至立等领导都曾题词褒奖敬业是培育人才的摇篮。

静静地走在校史陈列馆里，你会深深感受到，敬业是一所人才辈出的名校。两个多世纪来，学校为中华民族的伟大复兴培养了数以万计的杰出人才。一位位从敬业走出的优秀学子，带着“敬业乐群”的深深烙印迈入社会，展示着敬业人的风采。校友墙上，你会看到许多熟悉的名字和照片：全国人大常委会委员长乔石，全国人大常委会副委员长朱学范、丁石孙，我国近现代物理学奠基人叶企孙，桥梁设计大师林元培，外交家施燕华，经济学家蒋学模，我国第一部英汉词典主编陆谷孙，央视节目主持人陈铎，复旦大学党委书记秦绍德，上海交通大学校长谢绳武，上海市教委主任张伟江……其中 10 位校友成为中国科学院和工程院院士。

走在校史陈列馆中，每一个角落、每一张照片、每一个物件，都在无声地向大家叙述着一段段闪光的回忆，一个个动人的故事……

图 2　敬业中学校门

历史撷英

爱的教育智慧，谱写闪光诗篇

2010 年初，春回大地、万物复苏的时节，在敬业中学的一间会议室里，翁曙冠校长的同事、战友、学生、后辈们济济一堂，为翁曙冠庆祝 90 寿诞，更为纪念翁校长"全面发展"的教育思想，召开了"翁曙冠教育思想研讨会"。90 高龄的翁曙冠已是满头白发，他将自己一生中 37 年的宝贵时光献给了敬业，为这所历史名校的辉煌做出了重要贡献。翁曙冠留给敬业中学的精神财富是非常珍贵的，与会的各位都深有体会。

会议开始，时任校长郑大中率先发言，谈起了翁曙冠和敬业中学深厚的历史渊源："1949 年，翁校长受军管会委托，协同陈云涛校长一起接管敬业中学，半年后任敬业校长,1982 年调上海市教育局工作,仍兼任敬业中学校长职务。翁校长领导敬业的这段时间,是敬业发展最辉煌的历史时期之一:1959 年被评为市重点中学,1963 年被命名为市十三所优先发展的重点中学之一,这段时期,学校也培养了一大批极其优秀的人才,这跟翁校长先进的教育思想是分不开的,其核心,就是'全面发展'的教育思想。"

原上海市教育局副局长、校友刘期泽深情地回忆道:"翁校长在任的时期,可以说敬业中学是人才辈出,用'群星璀璨'来形容很恰当。在校史陈列室中那一串闪光的师生的名字,其中有教师,也有学生。其中有绘画理事会副理事长徐培三,他培养了以戴敦邦、施大畏为代表的一批著名画家,这些弟子被当时的美术界戏称为'敬业派';还有上海音乐学院王慰祖教授,他培养了闵惠芬等二胡专家;有上海师大体育系系主任吴旻,上海师大数学系讲师李月波,上海师大政教系教师蔡之琦,留英伦敦的端木新民,更有水产学院副教授、上海气象学会副理事长孙西岩,历史教师、后任上海市教科所创建后第一任所长的骆泽民……那么,这样一种'群星璀璨'的局面,正是由于翁校长在教育生涯中坚持认为,学校培养人才,并不仅仅是选择尖子生、参加大赛、捧回奖杯,他始终坚持'要成才,先成人'的育人意识,翁校长的办学思想风格大气而精细,始终坚持以人才的'全面发展'为最终目标。"

孙浚贤老校长回忆道:"1956 年,翁校长发表了一篇美育教育的文章,强调积极开展课外活动。后来敬业中学组建了绘画组、朗诵队、话剧队、歌咏队、铜管乐队、游泳队。这些队员后来成为一批有名的画家、电视台著名播音员、国家一级话剧演员。翁校长深深地懂得,要建设全面发展的教育,首先要建设全面发展的教师队伍。翁校长善于发挥骨干教师的作用,又热情放手培养鼓励青年教师,组织教师学习教育学、心理学,用科学理论指导帮助老师。正所谓名师出高徒,那段时期,敬业教育质量在全市名列前茅。1952 年全国高考华东区状元、交大状元都出自敬业,所有学生全部考上大学,进入高等学府学习。"

这样一种教育思想,也经历了严峻的考验。已经七十多岁的老校长黄政民说:"60 年代初的那几年,上海乃至全国高考的竞争十分激烈。像敬业这样'重中之重'的市重点中学、排头兵,压力更重。是采取追求升学率的措施,加重课业负担,还是坚持全面发展,提高教育质量? 矛盾十分突出。于是就有了敬业历史上‘旗子’和‘路子’的大讨论。在学习讨论中,有老师认为‘全面发展是一面旗子,加班加点抓高考是一条路子’‘旗子是口头上举的,而路子是实际上做的’,认为‘贯彻全面发展,我们要吃亏的’。有的说‘领导敢不敢当众宣布,我们不要升学率?’,将全面发展与升学率尖锐地对立起来。最终,还是翁校长一锤定音,他旗帜鲜明地回答说:‘我们要全面发展,我们也要升学率。’他在教工大会上阐述了自己的观点,指出:我们要求贯彻全面发展的方针不仅与提高升学率并不矛盾,而且要求的是货真价实的升学率,我们培养的人要立足现在,着眼于未来。”

敬业老领导杨鸿莲说:“这就是最可贵的地方。翁校长始终坚持‘学校的教育质量是教出来的,学出来的,不是考出来的。’所以,应该按教学规律、科学的方法,提高教学工作的质量。’他坚持认为:德智体三者是统一的整体。既是完整的一个质量标准,也是一条基本的规律,不应人为地加以割裂。”

黄校长频频点头:“说得好! 在敬业中学,德智体各方面的教育活动始终得到全面协调的安排,生动活泼有效地开展,而教育质量声誉不减。尽管升学压力那么大,敬业的课程依然是‘副科不副’,音体美劳都得到应有的重视。学校有金工车间,在浦东塘桥有学校的小农场。学生的课外活动(大世界)丰富多彩。学生早晨锻炼,环城长跑,课间课后不大的操场上龙腾虎跃。学校的艺术团常为师生演出精彩的节目,师生的文艺活动也很活跃(一所中学的师生能排出一台像模像样的话剧大戏《年轻的一代》等)……这都是翁校长‘全面发展’的教育思想在学校教育实践活动中的生动体现。”

可以说,敬业当初的辉煌历程,大家都耳闻目见,深有感受。52届校友,留校任团委书记的蒋子诚说:“翁校长‘全面发展’的教育思想,不是一朝一夕形成的,可以说是渊源已久,从解放前就开始了。当初,不管是在抗日孤岛时期的上海,还是在大后方重庆附近的一个县城,或抗战胜利后的上海,他都大力为失学青年、青年学徒、年轻无业女子这些社会弱势群体免费办补习班。这样一种对教育事业的热爱,这样一种任劳任怨的精神,就是日后‘全面发展’教育思想的雏形,根源是‘以人为本’的‘人性论’的教育思想。当时条件非常艰苦,在这些补习班中,教员是义务上课的，教科书、电费、教室租费都是他本人向商务印书馆、中华书局等单位广泛募捐来的，补习班在艰难中维持，学校以进步思想感化他们，以社会所需的技能武装他们，使他们更好地为社会服务。翁校长大公无私的精神背后，无疑是他对‘人’的尊重。不尊重‘人’，不爱惜人才，何来动力去赤手为平民办教育？可以说，正是因为心中有这样一个大写的‘人’字，才有‘全面发展’的教育思想。”

原市教委主任、校友张伟江赞成道：“是啊，翁校长坚持‘人性论’的教育思想，他常讲，教育的对象是人，不是物，人是活生生的，是有血有肉、有思想感情的，有主观能动性的。他关爱学生，关爱老师。翁校长有一个很大的本领，能记住成百个学生的名字，学生有什么困难，无论是学习的，还是家庭的、生活的，去找他，他总千方百计帮你解决。”

时任黄浦区教育局局长王伟鸣深有感触地说：“敬业的成绩，得来并非偶然。一路走来，敬业中学的发展之路也并非一帆风顺，在翁校长任中，他经受住了非常严峻的历史考验，把对‘人才’的爱惜、对教育事业的热爱，跟教育实践结合起来，形成‘全面发展’的教育思想和教育智慧，为教育事业做出了杰出的贡献。”

春华秋实三十载　老树新枝百花开

2012年9月的一天，敬业中学校园里，彩旗飘飘，嘉宾云集，高朋满座。上海市普教科研30年纪念系列活动在这所上海历史最悠久的名校里隆重拉开了序幕。本次活动主题为“‘敬业　乐群　坚持　创新’——敬业中学教育科学讨论会30年巡礼”，由上海市教科院普教所、上海市黄浦区教育学院主办，上海市敬业中学承办。在活动现场，介绍学校三十年教育科研讨论会发展史的展板引来众多观者驻足品味。

“大家请看这边。”随着讲解员的引导，首先吸引大家的是一组泛黄的老照片，带着明显的时代印记，呈现了艺术课、游泳课、文学社、数学社活动的场景。一位参观人员随口问道：“这组照片是什么时候拍的？”

“这些都是‘文革’刚结束时拍的。”大家齐齐看向声音的来源，这是一位特殊

图 3 学校第一届教育科学讨论会上,物理教师杨昌兆发言

的来宾,他满头银发,却依旧精神奕奕,原来他是敬业中学一名普通的退休教师。他回忆道:"1978 年底,十一届三中全会胜利召开,全面拨乱反正,饱受'文革'摧残的历史名校敬业中学终于迎来了教育的春天,广大干部和教师都渴望大幅度提高教学质量,尽快弥补'文革'破坏造成的损失。于是,敬业教师积极解放思想,坚持以学生发展为本,大胆探索,坚持不懈地开展课程和教材改革。他们突破当时统一的课程设置,把制图、打字、计算机、游泳、艺术课纳入教学计划,促进学生全面发展。如率先开设了英文打字课、计算机课、游泳课、阅读课、艺术课、体育选修课等,各学科普遍开设'大世界'活动型的'第二课堂',学生参与率达 90% 以上。"

这唤起了另一位教音乐的退休老教师的回忆:"那是一个艰苦的年代,学校想开设电子琴教学,组织学生铜管乐队、学生弦乐队,可是添置音乐器材需要钱,没有经费怎么办?老师们每天在办公室出谋划策,激烈地讨论,最后决定贷款买电子琴。这笔昂贵的费用仿佛一块大石头压在每位音乐老师的肩上,但当他们看到学生们认真学琴的样子,又觉得自己所做的一切都值了。老师们牺牲了平时晚上以及周末的休息时间,自发到学校对社会上的学生进行电子琴教学,这笔收入后来分期归还贷款,老师们自己则一文不收。凭借着这样一种无私的精神,大家在很短时间内就为这门课程添置了一大批供学生及老师用的标准键'卡西欧''雅马哈'电子琴。”

“了解当时敬业发展的背景，才发现这一切是多么不易。”一位陪同的校办老师为大家娓娓道来这段历史，“1979 年，由于校舍面积小等客观原因，敬业从一所 60 年代受市教育局重点关注、优先发展的市重点中学降为区重点中学，老师们在感情上一时有些接受不了。校领导引导大家在学习十一届三中全会精神的过程中，分析学校办学的优势与劣势：作为一所典型的国人自办的历史名校，‘硬件软’，即校舍面积是短时间难以克服的困难，但是“软件硬”，即文化底蕴厚、师资力量强是办学的优势。早在 20 世纪 50 年代，全市学习上海中学‘顾巧英教学法’，我校教师就积极改革教学，著书立说，成果频现，在 1956 年首次教师职务评定时，一、二、三级骨干教师占教师总数 27% 以上，在全市领先。20 世纪五六十年代，老师们撰写的 5000 字以上独立成篇的经验总结屡屡见诸报端，社会影响重大。”他又补充道：“丰富多彩、特色分明的课改实践让老师们大展拳脚，各有作为，积累了许多成功的经验，一方面，大家都希望有一个交流心得的平台；另一方面，学校领导也希望教师们在改革中不断反思，从经验中发现规律，上升为理论。两股力量形成合力，推动了敬业中学第一届教育科学讨论会于 1982 年春应运而生，因纪念‘五四’新文化的思想解放精神，取名‘五四教科研讨论会’，成为传承优秀文化传统、开创新时期学校文化的载体。”

三十年来，敬业人斗志昂扬地投入到一场又一场教育改革的浪潮中，与时俱进地开展教育教学研究，并取得耀人的成就。正是有了这股敢为人先、创新发展的改革精神，敬业这棵百年古树，虽饱经风雨，却历久弥坚，傲然挺立，迎来教育发展一个又一个的春天。

校友是本耐读的书

从进校门的第一天开始，敬业的高中生们就开始逐渐了解自己的学校。而由学校组织的“一班一校友”“敬业（校友）讲坛”等活动，让学生们有机会深入认识一位又一位优秀的敬业校友。这不，在校史陈列馆的一角，校友叶企孙先生的雕像前，一场讨论正在热烈地展开。

图 4 学生参观校史馆

小张同学自豪地说：“你知道吗，叶企孙大师的雕像只有两座，一座在清华大学，一座就在我们学校。”其他同学眼睛里都露出惊叹的神色。小张同学继续说：“叶企孙是中国物理学家、大教育家，中国近现代物理学的奠基人。他先后培养了一大批杰出院士和两弹一星功臣。在中科院第一批 36 位数理学部委员中，钱三强、钱伟长、钱学森等 17 人都是他的弟子，华罗庚、吴有训、周培源、李政道等一批著名学者也都曾得到他的教诲和奖掖。在党中央、国务院、中央军委表彰的 23 位‘两弹一星’授勋功臣中，王淦昌、赵九章、钱学森等 9 人是他的学生，13 位‘两弹一星’功臣与叶企孙有直接、间接的师生关系。”

小李同学说：“我知道的不止叶企孙一个，我们学校还培养了钱七虎、陈星弼、林元培、阮可强、谢友柏、庄松林、沈珠江、周志炎、顾心怿等十位了不起的院士呢。”话音未落，旁边有同学按捺不住了，问大家：“你知道我们学校的教风学风是什么吗？”

另一位同学说：“当然知道，是‘严实活尖’。”

那位同学说：“在很多校友身上就体现着‘严实活尖’、勤勉奋进的钻研精神。

仅以复旦大学为例，新中国成立后至今的三代复旦优秀学子证明了我校教书育人的辉煌。他们是62届校友、复旦大学原党委书记秦绍德，79届校友陆靖，物理学博士、2008届校友邵炜彦。”

这时，只听校史陈列馆的另一个角落传来一阵惊呼，大家循声望去，原来是一排排校友的奖状和奖牌。旁边的一个同学说：“在文化艺术体育界，我们的校友有成绩骄人的体育明星和体坛健将，有享誉海内外的丹青大家，也有引以为豪的一大批独领时代风骚、奏出时代最强音的传媒巨子，他们是薛范、戴敦邦、陈铎、施大畏、张培成、戚惊萱、金志植、钱敏、谈小薇、端木晔波、王杰廉、吴德宝、周锦尉、查志华等。”

蜚声海内外的中国画大家戴敦邦教授回忆在校读书时，提到美术课上徐培三老师画了一张少先队员图，让大家临摹。戴敦邦因为家境困难，买了一张黄色的铅画纸，用了不到一节课就画完了，交给坐在讲台上的徐老师。徐老师看了以后，就在他画的穿白衬衫蓝裤子的少先队员衣服上添了一点黄色，使画面色彩反差小了，显得柔和了。戴敦邦十多年后领悟：老师是在一时没有办法讲清道理时，以实践的指导来告诉学生，使学生了解色调的运用。徐老师的指导影响他以后对色彩的感觉，每当他着色时，就想到徐老师，徐老师的指点是他一辈子受用的。

“我们采访的是65届校友、上海市劳动模范、特级教师黄静华。在黄老师身上，敬业精神就是敬教重学、争创一流的实干精神！”这时，一个清脆的声音响了过来。大家转头看去，原来是一个戴眼镜的女同学。她接着说：“黄老师从教33年，当了33年的班主任。用爱的教育燃起每个学生心中上进的火花，是她始终的追求。十几年来，黄奶奶出版了《班主任日记》和《爱的心泉》两部专著。她将自己多年的经验总结为‘班主任工作八法’。在黄浦区教育局的支持下，她还成立了名师工作室，将班主任工作经验传授给青年教师。她还‘传帮带’了一大批优秀教师，栽培后来者呢。”

风风雨雨五十年，激扬碧波展风采

上海市东方体育中心，人声鼎沸，热闹非凡。这个曾召开过2011年世锦赛的地方，正如火如荼地举行着全国中学生游泳锦标赛。看台上，作为敬业游泳队元老级教练，早已头发花白的戴明耀老师，看着敬业学子在泳池里矫健的姿态，在奖台上飒爽的风采，看着敬业中学能够成功地承办这项最重要的全国中学生游泳比赛盛事，他不禁回想游泳队这近五十年的风风雨雨，1963 年正式成立敬业中学游泳队的情形还历历在目。

戴明耀说："敬业游泳队的历史可是很长的。当时条件艰苦，游泳队面临的最大困难就是没有游泳池，只能到各家游泳池苦苦哀求或者帮游泳池做点好事，以得到他们的同情和支持，有时要步行到虹口公园边上的海乐游泳池、闸北温水池、四川路青年会游泳池，暑期里冒着酷暑走到上钢三厂游泳池训练。哪像现在，不仅有专门的训练泳池，还配备了优秀的师资队伍。"

戴明耀笑着对同学说："其实我们游泳队的长跑是很厉害的，当时我们的训练方法采用了'以水为主、水陆结合、陆为水用'，不但是水上成绩提高快，陆上的各种素质也有很大提高，尤其是耐力素质。当时我校游泳队员的长跑水平甚至超过体校专门练长跑的运动员。以前你们的学长柯兵在区田径运动会上一人独揽男子 3000 米、5000 米的冠军，学姐华慧在上海迎春长跑女子 5000 米比赛曾连获两届上海市冠军。所以说，长跑是我们游泳队的副产品。"

"在抓好游泳队的同时，我们还在全校范围内开展游泳普及活动，提高广大学生体质。1994 年学校开设了游泳课，凡敬业中学学生必须参加，由本校体育教师及敬业游泳馆救生员执教，加上学校游泳队的辅导，利用滚雪球的办法，使游泳队伍不断扩大，学会率在 90% 以上。而且在高一、高二年级体育教学中，基础型课程以田径为基础内容展开，同时根据师资力量和学生的兴趣爱好编设篮球、排球、乒乓球、田径、艺术体操、游泳等不同班级进行教学，开设了体育运动损伤与康复等 10 余门拓展型和研究型课程，空手道、跆拳道等多门社团活动。"

提到敬业游泳队，就不能不提"敬业杯"中学生游泳比赛。20 世纪 80 年代中期大家普遍反映全市中学生赛事太少（全市中学生运动会每隔四年举行一次）。从 1987 年起学校就举办一年一次的"敬业杯"中学生游泳比赛，第一届在文庙的南

图 5 1990 年,戴明耀老师带领敬业中学游泳队首次代表中国参加在比利时举行的第九届世界中学生运动会,共获得五枚金牌

市游泳池进行,参赛单位仅有 9 所学校,191 名运动员参赛。至 1990 年,第四届"敬业杯"被上海市体委列为上海市的正式比赛。凡得到前五名的运动员,以及达到二级运动员标准的学生在高考时给予加分,这样更引起了学校及家长的关注,上海的各高校也纷纷来到赛场挑选人才。第十届"敬业杯"已有 30 多所学校 400 多人参赛。到第二十届"敬业杯"时,有 56 个单位 500 余人参赛。"敬业杯"游泳比赛也更加深入人心,它代表了上海市中学生的最高水平,也是游泳运动员的一次盛大聚会。

中华职业学校

我国近现代职业教育史上第一所现代中等职业学校

岁月留痕

图1　中华职业教育社发起人之一、中华职业学校创始人黄炎培

中华职业学校是由著名爱国主义者、民主革命家、政治活动家、教育家黄炎培（1878—1965）等先贤在上海创办的中华职业教育社第一个职业教育实验基地，它不仅是我国近现代职业教育史上第一所现代意义的中等职校，而且是一所有深厚文化积淀和光荣革命历史的学校。

1918年6月15日，学校在上海陆家浜南岸（今陆家浜路918号）奠基，9月8日开学。由此，破千年封建陋习，开一代教育新风，启现代职教之源。

学校先后开设铁工、木工、珐琅、纽扣、文书、留法勤工俭学预备、机械、土木、商、会计、中等机械技术和石油机械等科（班）。

学校以"敬业乐群"为校训，以"劳工神圣""双手万能""手脑并用"为办学方针，以"职业市"实行学生自治，开设实习工场和模拟银行，实行半工半读，其设科、学制、课程、教材等成为全国职业学校的样板，形成"爱我中华、做学合一、艰苦奋斗、校风俭朴、学风踏实"等传统，成为一所在国内外颇有影响的"最富有试验性的学校"。

图 2　中华职校学生进行木工实训

校史回眸

1919 年 5 月 7 日，上海各界人民 2 万余人在上海公共体育场集会，声援“五四运动”，黄炎培主持大会，中华职校等 40 余所大中院校学生参加。

1919 年 9 月 18 日，中华职教社联合上海华法教育会在中华职校开设留法勤工俭学预备科，学员中有张闻天、华印椿等。

1922 年 9 月 3 日，中国传播马克思主义的先驱者、中国共产党的主要创始人之一李大钊应邀到校发表关于青年问题的演讲。梁启超、沈雁冰、冯玉祥、杜重远等和教育家杜威、孟禄等人也来校访问、演讲。

1923 年，学校建立了中国社会主义青年团团支部。

1925 年“五卅”惨案发生后，学校多次参加罢课和全市集会，发起成立上海各校教职员联合会和上海教职员救国同志会。

1939 年，学校建立了中共党支部，从此，职校地下党组织绵延不绝，直至 1949 年上海解放。学校是当时上海南市区学生运动的“民主堡垒”。

1937 年“八一三”后，地处华界的学校被日军炸毁，学校决定在沪、渝分设

图 3 蔡元培 1933 年为中华职业学校 15 周年题词

两校。

1945 年抗战胜利,沪渝两校浴火重生,迁回上海原址合并上课。

从建校到 20 世纪 50 年代,学校培养了机械、建筑、金融、财贸、商业、化工、石油等行业的 9000 余名人才,他们崇德尚技、德艺双馨、无私奉献、报效国家,被誉为“中华牌”。其中有:革命先烈黄仁、孙福元、邹韬奋、周宝训、江竹筠、彭立人等;中国共产党的重要领导人张闻天,广东省省长朱森林、中国驻希腊大使祝幼琬、上海常务副市长朱宗葆、上海市府副秘书长施惠群、上海市外办主任徐兆春等;新文化出版家徐伯昕,思想家、经济学家、会计学家顾准,著名电影表演艺术家秦怡、陈述,著名画家孔柏基,著名乒乓球运动员、教练傅其芳,科技出版事业家贺崇寅,著名建筑师王滨等;珠算学家华印椿,著名数学家华罗庚,建筑材料专家黄大能,中科院院士、物理学家王世绩,中科院院士、材料科学家邹世昌,工程院院士、石油矿业机械专家顾心怿,档案学开拓者、档案学家陈兆祦,民办高等职教开拓者傅正泰,中国纺织专业教育奠基人张文赓等。

1951 年,学校受国家燃料工业部石油管理总局委托,办了三届石油机械科,毕业生 370 多人,成为新中国石油工业的“黄埔军校”。

1952 年学校由轻工业部接管,先后更名为上海轻工业学校、轻工业部上海机械学校、食品工业部上海机械学校。

1986 年 9 月 6 日,学校易址复校。1995 年至 2006 年,三好医卫职校、卢湾区第二职业中学、卢湾区职业中学、卢湾区初级职业学校、卢湾区职业教育中心等先后并入。

学校以黄炎培职教思想为办学之魂、文化之基、立校之本、活力之源,努力培养“爱我中华”“双手万能”“利居众后,责在人先”的德技双馨的人才,形成了“金的人

图4　1986年9月6日，中华职业学校举行复校典礼。上海市教育局局长杭苇、中华职教社上海分社副主任庞翔勋、卢湾区副区长葛文庆等领导为中华职校校牌揭牌

格、铁的纪律”“美的形象”和“强的技能”等校本育人特色。使中华职教老字号青春焕发，日新月异，小中见大，历久弥新，成为一所具历史文化底蕴和专业品牌特色的国家级重点职业学校。

复校以来培养的学生遍布商务、旅游、餐饮、航空服务、信息技术、动漫制作、艺术设计、建筑、轨道交通等众多行业，优秀人才脱颖而出，如当代中国动画领军人物、上海今日动画影视文化有限公司总经理兼艺术总监、上海电影艺术职业学院动画学院副院长张天晓，全国劳动模范、上海市职工职业道德十佳标兵郭强，东航优秀乘务长、服务明星、电影《紧急迫降》人物原型舒晔，青年影视歌三栖演员陈龙，上海市“状元杯”中青年烹饪大赛精英张赓，全国职业院校技能大赛中职组企业网搭建与应用竞项一等奖、上海市中等职校技能标兵吕善华，上海市青少年高尔夫球锦标赛第一名周赐麟等等。

历史撷英

师生协力建华堂

中华职校创办时,校舍非常简陋。随着学校规模的扩大、学生人数的增加,原有的校舍不能满足需要。1933 年 2 月 4 日,校董会经讨论决定兴建一所三层教学大楼——中华堂,决议每位校董筹募 1000 元以上,由学校土木科主任教员、中国现代建筑师、建筑教育家柳士英设计。

图 5 中华职校学生参与施工的教学大楼中华堂

1933 年 8 月,中华堂开始施工。学校组织全体土木科学生参加建造全过程,从挖地基、扎钢筋到浇灌水泥等,风雨无阻,都由学生参与动手。在施工过程中,教师在工地结合实际讲解理论,对学生教育启发很大。黄炎培儿子、1934 届土木科毕业生黄大能回忆说:"土木科高中三年级非常重视实习,每周安排的课程总有一半是动手操作,从测绘地形到建筑施工,无不亲自参与。记得那时正建筑学校唯一的钢筋混凝土大楼'中华堂'。我爬上了屋顶,帮助结扎钢筋和浇注混凝土,这使我以后的学习紧紧地结合着实践,而且深深感到只有亲自动了手而得到的知识,才是扎扎实实的、永不忘怀的。"

1934 年 3 月 25 日,黄炎培亲手写"中华堂"三个大字。5 月 16 日,中华堂举行落成典礼,师生们齐集操场,蔡元培、黄炎培等人亲临剪彩,全校师生和各界人士欢庆学校有了雄伟的钢筋混凝土建筑。落成式当天,在"中华堂"门厅挂一块大匾,上面是黄炎培题的“劳工神圣”。

“中华堂”建成以后，三层教学大楼共增加了30余间宽敞明亮的教室，每间有50多平方米，可容纳50多名学生上课。“中华堂”内还有10多间教学办公室，至此，全校教室、教学办公室和行政办公室增加了不少，还有图书馆、理化实验室（内有各种物理化学仪器）、电气实验室（内有各种电工器材）、动力试验室（装有柴油机、蒸汽机等）、贮藏教学设备专用房（藏有经纬仪、水平仪、平板仪等各种测量仪器，90架中、英文打字机等）和职工教育馆、宿舍、食堂、校友堂等，总共有校舍房间307间。学校中央为大操场，可容纳1500多人集会和运动。学生年年有增加，至1937年，在读学生达1207人。学校成为当时有较大规模的领先全国中等职教界的新型学府。

如今，饱经风霜的“中华堂”经过加层改建后，依然静静地矗立着，红砖外墙仿佛向人们无声地诉说着沧桑的往事。

秦怡积极参加抗战救亡活动

从1931年“九一八”事变到1945年9月2日，14年抗战中，中华职校师生在党组织的领导下，开展了形式多样的抗日活动。1948年，《中华职业学校三十周年纪念刊》上登载：“抗战时本校毕业生为国宣劳者不胜枚举，而因之殉难者不乏其人。”

著名表演艺术家秦怡，原名秦德和，1933年小学毕业后进中华职校商科读书。其间，她和同学们积极参加学校组织的抗日救亡活动。

1936年11月，学校为绥远抗日将士募捐御寒衣物（背心、手套等）。棉手套很难做，秦怡就拿回家做。

1938年8月，16岁的秦怡拿着一个小包袱，悄然离开上海南市的宅院，来到十六铺码头。她当时只有一个念头，就是不做亡国奴，从上海奔赴武汉前线抗日。秦怡跟着到成都航空机械学校去报到的9个上海交通大学航空机械专业的毕业生，乘船到了武汉。幸好还有一个家住武汉的交大同学，秦怡就暂时住在他家里，后又辗转至重庆开始了她的影剧抗战生涯……

孙福元慷慨赴死留家书

抗战时期，中华职校有50多位学生不甘心亡国的命运，投笔从戎，参加江南抗日义勇军和新四军，奔赴抗日第一线。39届土木科毕业生孙福元、韩祥林是最先离校参加抗日部队的职校同学。

1937年抗日战争全面爆发，地处南市华界的学校被日军炮火破坏。当年9月，学校借租界爱多亚路（今延安中路）浦东同乡会大厦三楼作为教室，10月1日开学。孙福元在校期间，大量阅读进步书籍，在班里最先接受了马克思主义思想。1938年，他与中共外围组织“上海学生界抗日救亡协会”取得联系，上海地下党学委男中区委派俞正平（时化名为俞仁哲）以“学协”干事身份来校，和同学们一起开展救亡歌咏活动，向同学推荐进步书刊，同学们的认识大为提高。1939年9月，俞正平在职校发展党员，介绍孙福元等五位同学入了党，建立了中华职校第一个中共党支部。

1939年下半年，孙福元化名徐志清，悄悄地离开了上海，至浦东参加由中国共产党领导的抗日队伍——连柏生的南汇抗日自卫团第二大队（简称“抗卫二大”，当地民众称“连柏生部队”）担任教员，负责部队政治思想教育和民众动员工作。

1939年秋，孙福元在南汇一带农村养伤时，与其他三位同志一起被捕，被押到南汇县城。在狱中，敌人用尽酷刑，也没从他口中获得任何秘密。他还在狱中高唱革命歌曲，向伪军看守宣传抗日。敌人无奈，便用铁丝穿入他们四人的锁骨，串成一行，把他们押赴南汇县城西门外刑场。孙福元等人一路上鲜血直流，但他们仍坚强不屈，视死如归。在刑场，他们被日寇绑在柱子上，作为日军士兵练习刺杀的活靶子，一阵刺杀后，又一批日寇上前行刑，一息尚存的孙福元突然瞪大眼睛怒视日寇，发出“打倒日本帝国主义”的呼声，竟把一名上前的日本兵吓得倒退。孙福元等四位同志就此惨死在日寇的刺刀下，而孙福元此时仅19岁。

就义之前，孙福元曾写下一封家书，暗中托给一位良心未泯的伪军交给他的大姐。孙福元牺牲后,遗体当夜被战友冒险从刑场转移至南汇三灶(今浦东野生动物园所在地)掩埋,烈士们得以长眠安息。

1939年2月,上海学生界抗日救亡协会举办讲座,吸收上海部分学校的积极分子参加,孙福元的同班同学韩祥林也十分积极。1939年7月,临近毕业前,韩祥林由孙福元等同学介绍加入中国共产党,后悄悄离开家人,赴苏州阳澄湖太平桥镇抗日游击根据地,参加"江南抗日义勇军"。韩祥林参加了抗日战争、解放战争,亲历了上海解放和接管工作。1949年至1985年,先后在上海公安战线、东华大学和上海师大工作,1985离休至今,仍笔耕不辍撰写回忆录。

韩祥林先后荣获中共中央、国务院、中央军委颁发的中国人民抗日战争胜利60周年纪念章、70周年纪念章。2015年8月12日,韩祥林在《新民晚报》撰文《不屑俯首为奴　昂首为国捐躯》,深情回忆中华职校革命活动的播火者、他的人生引路人孙福元。

众学子远赴滇缅洒热血

1939年夏,滇缅铁路和滇缅公路两路路局秘密派人来中华职校沪校招聘技术人员。

学校校务主任王怀冰召开毕业班学生会议,动员学生自愿报名。沈百铭、顾昌楣、汪东一、倪敦培、盛企深、顾友竹、沈宗桂、周一志、庄庆华等18位同学抱着抗日救国的热情,报名应聘,奔赴云南,在极为艰苦的条件下参加滇缅铁路和滇缅公路的踏勘、测量和施工,为建设西南国际通道贡献青春。

土木科毕业生制图和测绘基本功扎实,工作上手快,表现出色,深得两路路局等单位的好评和信任。1940年至1941年,路局又派员到学校招聘,不但聘用土木科学生,还包括商科、机械科学生,而且名额不限,也不再考试。学校39、40、41三届赴滇同学共约40余人,他们被分配在工程队、设计科、财务科、材料科、汽车修理厂等单位。他们有的在滇缅铁路、滇缅公路工作,有的在川滇、西祥公路甚至更远的地区从事建设,还有的参加建造飞机场、工厂和防空洞。

滇缅铁路西段地处人迹罕至的原始森林，工作条件十分艰苦。毕业生赵友笙遭土匪抢劫时竟被枪杀。毕业生徐志昂在昆明机场修跑道时，因被失事飞机撞倒而身亡，年仅 21 岁。

1942 年日寇侵占缅甸时，职校毕业生钱如豹和 20 多名队员正在那里测量定线。他们翻山涉水，穿越十几个不同的少数民族地区，向着祖国的方向前进。一路上由于人地生疏、言语不通，再加上体力不支，他们只得忍痛陆续丢弃了仪器，行李、衣物都被换成了食物，最后只能靠吃野果和乞食充饥。当他们抵达怒江时，一个个衣衫褴褛，长发披散，形似野人。他们身份被证实后，依然坚持换岗工作。

艰苦创业办渝校

1937 年“八一三”淞沪抗战爆发，战火绵延，中华职校开学受到影响，遂和中华职教社商量决定，一面在上海租借浦东大厦复课，同时到后方去建立新的办学基地。1938 年职教社迁重庆，黄炎培、江问渔等和中华职校校长贾观仁一起筹建中华职校渝校。当时无地、无钱，创校万分艰难，校长沪、渝两地奔波。在运输堵塞时，设法运来机械科实训用的车床、刨床，土木科的测量仪器，商科的英文打字机，在学田湾筹建实习工场。同时积极筹备开学，7 月招生，10 月 11 日在张家花园巴蜀学校正式开学，学生 185 人，85% 为川籍学生。

1939 年春，日寇对重庆狂轰滥炸，山城沦为火海，重庆所有学校被迫停课。5 月 6 日全校冒着敌机扫射，渡船到寸滩，背负行李上山，次日商科、土木科、机械科即正式复课。

当时渝校分成两处，土木科、商科、会计训练班在黄桷坪，机械科和中等机械技术科在白沙沱。1942 年秋，土木科迁白沙沱，1943 年初，商科和会计训练班也迁去，从此渝校两处合并一起，师生全在白沙沱教学和生活。1946 年 7 月复员回沪。

渝校虽然校舍简陋，条件很差，但学生求学上进，读书不忘救国，具备较好的专业技能，涌现了一批优秀的共产党员，如江竹筠、彭立人等。很多毕业生服务工商、交通、航空等部门，成为战时民族工商企业的青年骨干。

江竹筠担任学校及附近地下党组织负责人

1940年秋,年轻的共产党员江竹筠为了找一个不显眼的职业以掩护地下工作,考入中华职校渝校会计职业训练班学习,并担任该校及附近地下党组织负责人。

江竹筠,原名江竹君,曾用名江志炜、江雪琴,1920年生于四川省自贡市大安区大山铺镇江家湾的一个农民家庭。8岁随母亲逃荒到重庆,10岁进袜厂当童工,后考入重庆南岸中学和中国公学附中。1939年加入中国共产党。

江竹筠在会计训练班学习努力,成绩名列前茅,还获得了奖学金。语文老师庞翔勋回忆说:“江竹筠那时学习刻苦,文章写得好,我印象很深。”她与同为地下党员的同学何淑富常常到老师宿舍去阅读《鲁迅全集》《共产党宣言》等书籍。江竹筠和她的党小组成员罗明进在学校开展了一系列活动,因为经验丰富,工作卓有成效,同志们都亲切地称她为“江姐”。

1941年7月,江竹筠从会计训练班结业,离开渝校,被安排到重庆慰劳总会工作,在党内担任重庆新市区区委委员,单线联系沙坪坝一些高等学校的党员和新市区的女党员。中华职校渝校会计训练班成为江竹筠人生道路的重要一站。

贾福生巧言智退日本兵

1941年12月8日太平洋战争爆发那一天,日军进入上海租界,大多数学校停课。但是,当天中华职校沪校仍照常上课,各班级自发开展抗日教育活动。46届商科班主任、国文老师翁六雄神情肃穆、步履沉重地走进教室,向同学们宣告并控诉了日军这一新的侵略罪行,讲到了祖国、民族和学校的命运,还讲到了法国作家都德的《最后一课》。台上老师声泪俱下,台下同学一片啜泣之声。数日后,局势渐趋稳定,学校于12月11日复课,直至放寒假。

日军占领租界后,要求中华职教社所办事业向日伪政权登记,远在重庆的中华职教社来电指示中华职校沪校“宁可不办,不可登记”。为此,1942年2月,学校改名为“工商学艺所”维持教学,希望躲避日伪的控制,并聘请兼职教师贾福生出任所长，一切编制规章以及教职员悉仍其旧。学生修业期满后，由中华职校渝校给予证书。

在日伪的恐怖气氛下，学校仍以各种形式向学生进行爱国教育。日伪不准学校升挂中国国旗，学校创造了“精神升旗”这一独特形式，教育师生不忘危难中的国家民族。每天上午 8 点 15 分、下午 4 点 45 分，分别摇铃作为升旗、降旗的信号。铃声一响，各班班长口呼“全体肃立”，全体师生在原位立正，凝视前方，心中默唱国歌，仿佛眼前有国旗冉冉升起。

1943 年初，日本人强制推行奴化教育，汪伪政府规定各校须设日文课作为主科，日语教师由汪伪政府指派。学校经慎重考虑，决定请曾留学日本的贾福生所长兼教日语。为了抵制日寇奴化教育，贾福生表面上教日语敷衍检查，实际上则为学生讲授《论语》等。

贾福生，原名贾丰臻，字季英，晚清秀才，中华职教社发起人，曾任江苏省第二师范学校校长，国学造诣很深。

一天，几个日本宪兵气势汹汹地来校，追问学校负责人并索要师生名册。陈穗九老师回答：“我们不是学校，是学艺所，没有名册。”日本宪兵声色俱厉，强欲索阅，纠缠不休。正喧闹时，贾福生所长来了，他当即操着一口流利的日语与之交涉，提及昔日在帝国大学读书时几个相熟的日本同学姓名。日本宪兵一听贾福生说起的同学都是当时日本军政界的名人，顿时态度大变，鞠躬而退。由此一场惊恐化险为夷，师生传为佳话。

地下斗争成堡垒

1945 年抗战胜利，沪校迁回陆家浜路原址恢复上课。1945 年 9 月，地下党学委男中区委领导鲍奕珊受命在学校重新建立党组织，一批学生积极分子先后入党，党员队伍逐渐壮大。

学校地下党非常重视运用墙报、刊物和编印的小册子介绍进步书籍，传播内地新闻，以团结同学，提高群众的思想认识。由于地下党有了群众基础，1947 年 4 月，在学校传统的学生自治组织“职业市”的领导成员选举中，地下党员和进步同学占了优势。

1946年1月13日，学校党支部率领党员和学生70余名参加在玉佛寺举行的万人公祭“一二·一”昆明死难烈士活动。会后沿着南京路游行至外滩。

1946年6月23日，上海各界民众5万余人齐集北站广场，欢送胡厥文、马叙伦等上海人民呼吁和平请愿团代表赴南京请愿，学校党支部率领100多名学生参加欢送和反内战示威游行。

1947年5月20日，反动当局在南京殴打请愿学生，制造了“五二〇”流血事件。“上海市抗暴联”决定5月23、24两日全市总罢课。5月21日，学校党支部得到罢课指示，连夜开会部署。5月22日，学校职业市（学生自治会组织）参议会开紧急会议，以压倒多数通过罢课决议。23日晨，党员集合一些同学，依次向各班级宣传“五二〇”流血事件经过，宣布响应全市总罢课决议。上午9时，钟声长鸣，各班学生纷纷离开教室，中华职校有史以来规模最大的一次罢课开始了，900多名学生上街参加“五二〇”反饥饿、反内战、反迫害游行，党员和同学还组成若干宣传队走向街头宣传。5月24日，继续响应全市总罢课，进行罢课。

1947年12月底，寒流袭击上海，上海“学联”号召各校学生开展寒衣劝募运动，党员许迪生、黄友信、施棣等按支部决定在住校生中发动，同学们纷纷响应。12月28日，在“学联”号召组织下，全市2万学生上街劝募，学校900余人请假上街劝募（当时全校1100人），是发动群众最广泛的一次。一天募捐衣物堆满半间教室，还用募得的现金购买了100担大米。同学们把寒衣和大米送到南火车站、复兴东路一带棚户区灾民手中。

1948年1月17日，全市2万多名学生齐集外滩英国驻上海总领事馆前，抗议港英当局的九龙暴行，反对国民党政府的奴才外交。党支部组织200多名学生参加示威和游行。

1948年6月5日，党支部组织200多名学生到外滩朱葆三路中华工商专科分校集合，参加反对美帝扶植日本军国主义的学生运动。

1949年年初，上级党组织委派祝幼琬负责领导中职支部。祝幼琬决定广泛团结群众，积极争取校方，组织应变护校活动，迎接解放。4月，全校学生在礼堂集会，成立以“保护学校，以备局势之变化”为宗旨的应变会。5月7日，1941年入党的43届高级商科毕业生周宝训和李白、秦鸿钧、张困斋、吕飞巡、黄秉乾、严庚初、焦伯荣、杨竹泉、郑伟（郑显芝）、朱聚生、张根思等12人被国民党反动派秘密杀害于浦东杨思镇外的戚家庙。上海解放后他们被称为“戚家庙12烈士”。

5月24日晚，解放军向市中心进军。地下党员和积极分子聚在校内，等待长夜后的黎明。

5月25日，当拂晓来临，解放军战士出现在校门口时，地下党员和积极分子与他们热烈拥抱。同学们纷纷来校报到。纠察队改编为人民保安队，戴上臂章，在南码头、老西门一带巡逻，维持社会秩序。南市区人民保安队总部设在校内。学校同学四处筹款筹粮，保证保安队的伙食供应。军史学家刘统的新著《战上海》在《上海人民欢庆解放》中写到了中华职校学生参与宣传队冒雨上街唱歌的情景。

从1939年至1949年，学校已查清姓名的党员有83人。从1945年至1949年，党外积极分子有400多人，占全校学生总数的40%。在上海南区，中华职校地下党力量相当强大。学校被誉为解放战争时期上海南市区学生运动的坚强的“民主堡垒”，是培养革命力量的红色摇篮。

上海市黄浦区卢湾二中心小学

中国人自己开办的第一所女子小学

岁月留痕

黄浦区卢湾二中心小学前身是建于110多年前的务本女校。创办人吴怀疚先生倾尽家财，建起由中国人自己开办的第一所女子小学。在那个"女子无才便是德"的年代，吴怀疚先生有着自己的想法：唯有女子教育才能挽救中国女子，唯有中国女子的素质提升才能挽救中国。吴先生为学校取名为"务本"，即君子专心致力于根本事务。"务本"，这两字出自《论语·学而篇第一》"君子务本，本立而道生"。

图1 务本女校校舍全景

吴先生提出了四项办学目标。

一是注重俭朴：吾国女学生之风气，往往偏于奢侈一途，至本校已较俭朴，惟因此而益加勉焉，是希望之一也。

二是注重教科：各地女学，有重本国文者，有重外国文者，有重其他科学者，至本校则各科并重，毫无轩轾于其间，发挥而光大之，是希望之二也。

三是注重职业：吾国女子职业，除服务于家庭及学校外，其从事于实业方面者，大都为不学无术者流，是以本校今后不但应注重家政、缝纫、烹饪及心理教育教学法、管理法各科，并应加商业常识、簿记打字等科，以备应用，是希望之三也。

图 2　家事实习室内部

四是注重体育：吾国学生身体不健全，以女子为尤甚，故本校教体操，应注重每日晨操，除讲授生理卫生外，尤应注重身体锻炼，如网球、队球、短距离竞走等，女子皆可练习，是希望之四也。

学校以“温诚勤朴”四字为校训，开创了中国妇女解放运动的先河。与很多学校不同的是，学校的学员都是女孩子，从四五岁的儿童到十六七岁的少女，学龄的跨度之大令人难以想象。而这样的情况是和学校的多学制分不开的，因为学校既有幼儿园、小学，又有中学和师范，基本贯穿了一个女孩子从学龄前幼儿到成人的教育过程。

校史回眸

有着与吴怀疚先生同样想法的近代教育家们也为学校的发展尽心尽力。《申报》创办人之一史量才先生、音乐教育家沈心工先生、一代诗宗国学大家朱大可先生、早期侦探推理小说家陆澹安先生等著名学者都曾在学校任教。"温诚勤朴"的校风、严谨的教风、专业的学风让这所在1902年创办的学校在上海滩家喻户晓。

一个多世纪风雨兼程，学校从"兴女教"开始，到抗日战争、解放战争时期教育系统的"民主堡垒"，直至"复兴"，走上加速发展之路。百余年，学校几经更名，几次迁址，无论"办女学、崇务本""单级教学法""环球教育"，还是"启发式，少而精""美育""探究性学习"等研究与实践，都蕴含着卢湾二中心的育人智慧和能力。学校曾被联合国教科文组织收入世界名校录，先后荣获全国体育传统项目先进学校、全国科技教育创新十佳学校、全国红旗大队、上海市文明单位、上海市整体改革实验小学、上海市科技特色示范校、上海市小学生女篮比赛五连冠等称号和荣誉。

图3　学校科技小组活动

今天，一所百年老校在新的发展中寻求着属于自己的道路，我们正努力打造一所现代教育的"智慧型学校"。

我们传承"启发式"教学，注重以学生为主体，培养学生科学思维方式，培养学生的自学能力和学习方法的习得，让学生获得、形成个人知识与智慧，同时倡导教师应避免学生过度学习，通过"少而精"的练习，帮助学生激发思维，积累知识，内化为自己需要的能力。

我们打造智慧型课程，充分激发学生蕴藏的独特的强势智慧，为每一个学生设计了"转识成智"阶梯式智慧型课程，一步一个脚印执着地攀登"智慧成长的阶梯”:“演算系列”使人头脑精密,“哲理系列”使人思想深刻,“风暴系列”使人想象丰富,“逻辑系列”使人讳言善变……8 大系列 54 项课程带学生走上奇妙的探险之旅,张扬学生个性,启迪学生聪慧,开启他们科学的头脑,赋予他们勇气、责任、荣誉、意志、热忱、服从、信念、合作、尊重、忠诚、主动、正直、竞争……

我们认为:我们的教育观必须实现由知识文化观向智慧文化观的转变,我们的教育应引导学生把获得的知识变成智慧,从“有知识的人”走向“有智慧的人”,把学校办成“充满智慧的学校”,而崇尚智慧正是学校“务本”的追求。

历史撷英

独立女性的摇篮

就读于务本女校的经历改变了校友们的人生轨迹,让她们树立起自己的人生志趣与奋斗方向,成为与男性平等的独立女性。其中让人敬佩的是以教育为终身事业的教育家们,她们崇尚女子在社会中的地位与作用,她们走出家门,为近代中国教育奔走。

校友俞庆棠,联合国教科文组织中国委员会委员,被称为“民众教育的保姆”,是中国民众教育创导者、社会教育先驱。1929 年前后推行识字教育运动,俞庆棠开办民众学校 140 多所,1945 年创办上海市立实验民众学校。她的一生从理论到实践大力推广民众教育,引导民众自动、自主、自办,实行活动的教育。

校友张默君,1907 年以第一名的成绩毕业于务本女学。她历访欧美各国,考察社会和妇女教育。1920 年任江苏省第一女子师范学校校长,她以“真善美”为该校校训,除注重学生之品格的修养和体格之锻炼外,鼓励学生参与校外学术研究、演讲及其他社团活动,同时也注重家事教育,成效卓著。

校友杨荫榆,原北京女子师范大学校长;校友汤国梨,国学大师章太炎夫人,原苏州市政协委员、民革苏州市委主委;校友吴若安,上海市教育局副局长……今天当人们打开务本女校的历史书,会发现,不知是机缘巧合,还是"务本精神"的召唤,学校发展的历史上深深烙下了众多教育家校友的铭印。

图 4　20 世纪 30 年代务本毕业生合影

吴若安的故事

在众多教育家校友中,有一位学生与务本女校的渊源颇深,她就是吴若安。吴若安 13 岁进务本女校小学部求学,由于成绩优良,连续跳级,毕业后进中学部继续学业。1911 年,以第一名毕业,留校任英语教员。从学生到教员,吴若安先生童年、少年、青年的成长与务本女校的发展紧密相连,而她的教育行为正是务本女校教育精神的传承。

尽管已八十多高龄,吴若安仍经常会在学校里转悠。她头发花白,温柔可爱,有着一双永远笑眯眯的眼睛。开始时,杨小霞和同学还感觉不到这位老太太的分量,直到有一天,数学老师因病请假,吴若安便主动向校方要求义务补这个空缺。

这天,数学小测验的卷子发下来后,杨小霞竟然得了满分,但她仔细看了看卷子发现，其实她做错了一道题，而且吴若安也在旁边扣了1分。

这是一道连线题，左边是“一车土、一块砖、一张纸”，右边是“1吨、2公斤、3克”。杨小霞在“一块砖”和“3克”之间画了道线。而老师也在旁边扣了1分，可是为什么是满分呢？

杨小霞再翻看了一下，发现吴若安在最后一道“一段话”中给她加了1分。

原来，为了培养学生的语言表达能力，老师们通常会要求学生们在试卷上写一段80字左右的话。这段话本来是不算分的。

杨小霞的“一段话”是这样写的：我的爸爸是个挑砖工。我希望所有的楼都能装上电梯，我希望砖头不要太重，有3克就够了，我爸爸太累了。我爸爸太辛苦了。我爱我爸爸！

吴若安用红笔在旁边加了1分，还写了一句话：爱心加1分，你得了满分，祝贺你！爱心满分，祝你永远快乐，我的孩子！

杨小霞看着卷子上的话，开心极了。

这时，吴若安出现在讲台上，说道：“孩子们，这次小测验你们做得都很不错，尤其是老师要求你们写的那段话，其中有一位同学的话给我的印象很深，你们想知道是什么话吗？”

学生们一个个凝神倾听。吴若安念道：“……我希望砖头不要太重，有3克就够了……”吴若安念完了，看着一言不发的学生们，说：“孩子们，你们知道为什么我会因为这段话给这个学生加1分吗？”

“因为爱。”有学生轻声答。

“说得对。”吴若安微笑着，“孩子们，请你们想一想，是谁给了你们生命，是谁把你们从婴儿养成了一个四年级的小伙子或小姑娘？在这十年多的时间中，是谁时刻在为你们的进步而微笑？是谁为你们的病痛而流泪？是谁为你们的晚归而担心？是谁为你们的衣食而操劳……”之后，吴若安又问：“孩子们，你们还有谁愿意上来给大家介绍一下自己的爸爸妈妈？”

学生们一个个抢着举手……

吴若安一直仔细地注视并倾听着学生。最后，她说了一句让学生们终身铭记的话："孩子们，记住，爱自己的父母才能得到真正的满分。"伟大的教师之所以伟大，在于她只是运用了那些极微小的细节，便改变了学生们生命的色彩！

吴若安的故事仅仅是"务本"教育精神中的一支小小的插曲。这支小小的插曲早已在务本女校到卢湾二中心小学这110多年的历史上被学校老师们无数次地传唱、发扬。

以美育人

人们一定记得在1979年9月，一位中国小朋友胡晓舟站到了法国巴黎的颁奖台上。她的作品《月亮上荡秋千》在联合国教科文组织举办的主题为"我笔下的21世纪"世界儿童绘画比赛中荣获一等奖。这在当时的中国可是鲜有的事，因为那时改革开放刚开始，对外的文化交流并不多，胡晓舟同学也是中国唯一一名获奖的小朋友。此画充满了中国少年儿童的天真、活泼和丰富的想象，中国的小学生用自己稚嫩的小手为祖国争得了荣誉。

直到如今，胡晓舟回想起当年得奖的情景，依然十分感谢周松生老师对他的悉心培养。无论是课内还是课外，周松生都手把手细致认真地教他，每一笔涂、描、勾、沓，周老师都倾注了全部的爱……美术高级教师周松生是漫画大师张乐平的弟子，他20世纪50年代初开始学漫画，画过儿童读物插图，编过美术电影，是中国美术家协会会员、联合国教科文组织世界美术教育研究会会员、中国美术教育研究会会员、上海漫画学会理事、上海美术教育研究会理事。周松生尤其擅长漫画，他的作品《桂林会议甲天下》曾获1982年全国漫画展佳作奖。为了培养更多的美术人才，学校还专门成立了美术兴趣小组，经常鼓励这些学生参加全国性和上海市的各类美术绘画比赛。

周松生不但培养了学生中的美术人才，也发掘了一批美术骨干教师。他教导新教师的第一件事就是：光会上课的老师无法成为好老师，一定要有自己的想法，会研究、会实践才能有所建树。

特别是进入90年代，二中心成为上海市整体改革实验小学，学校提出了"以美育为指导,在学科教学中全面渗透审美教育,培养学生德、智、体、美、劳全面发展,努力把二中心打造成美育摇篮"的办学目标,全体教师、各个学科、各个部门都为提高学生审美能力而努力。

图5 20世纪60年代校女子民乐队合影

篮球,梦开始的地方

在灿烂的阳光下,一群孩子追逐着,投篮、上篮、传切、封堵……那球儿在操场上嘭嘭作响,那是梦想的鼓点,敲响在这群孩子的心上。谁敢说他们之中没有第二个姚明?有一天,他们会在球场上纵横驰骋,成为最好的自己,做自己的明星、自己的英雄,实现那个最美的篮球梦。而这里,卢湾二中心的操场就是他们篮球之梦开始的地方……

卢湾二中心小学的篮球项目开展已有40余年,为国家培养、输送了众多的运动员以及体育骨干。2004年雅典奥运会国家女篮队员叶莉,2008年北京奥运会、2012年伦敦奥运会国家女排队员马蕴雯都是校篮球队员,上海男女篮球队、手球队都有曾经由二中心培养的运动员。

在六七十年代,孩子的课余生活与今天相比真的是挺枯燥的,那个时候能够参加篮球队是让很多人羡慕的事情。如今这些篮球队的孩子已两鬓苍苍,然而留在记忆中的那个篮球队教练——王克训老师,却是那样鲜活,音容笑貌在几十年的岁月中未曾有半点淡去。

王老师带篮球训练像军事化训练一样,不允许有任何细小的错误。他两个眼睛会发光,谁都不敢偷懒。大家为了参加校篮球队训练,学习都很用功,很珍惜学校篮球队的荣誉。当时,学校篮球队训练的条件很艰苦,篮球场是泥地,下雨不能训练,酷暑会开裂,风一刮会起泥沙,训练结束后,腿上、手上都沾着黑乎乎的泥沙,打完篮球,孩子们身上没有干净的地方。主力队员还要参加晨练,无论是春夏秋冬还是刮风下雨,每天清晨六时整,队员们必须在校门口集合,迟到的孩子会受到严厉批评,谁都不敢睡懒觉。下午放学后,队员们再进行两个小时的训练。即便是这样艰苦的训练条件,这样苛刻的训练,这样严格的教练,但孩子们从心底里认同,从心底里尊敬。所以,训练结束后,他们还要三五成群继续打球,直到天黑。大多数队员住在学校附近,常常会有大人隔着篱笆喊他们回家吃饭,大家才散伙。王老师看中的有培养前途的"尖子"队员,星期天还要再训练。当年学校篮球队员都是全能型选手,天冷的时候,每星期要去两次局门路卢湾工人体育场温水游泳池进行游泳训练,来回都得步行。放暑假的时候,每天清晨去建国西路卢湾体育场游泳池进行训练。

篮球队代表学校参加市里、区里篮球、田径、游泳比赛,都取得不俗的成绩,捧回了不少奖状,为学校赢得了不少荣誉。

孩子们的梦想守望者又何止王克训老师一个。当叶莉因为篮球特长来到卢湾二中心小学后,年幼的她面对陌生的环境,多少有些胆怯。篮球队教练许玉英老师伸出了温暖的双手,之后的几年,许玉英老师始终都陪伴在叶莉的身边,关心她、照顾她,帮助她一路成长。许多次,每当小叶莉训练结束,爸爸妈妈还没有来接,许教练就在办公室陪着她一边做作业,一边慢慢等待。在那些等待的日子里,小叶莉渐渐长大,而许教练办公室的灯光,成了小叶莉在心中难以磨灭的最初的温暖记忆。

中国女子排球队队员马蕴雯在卢湾二中心的操场上迈出了事业中的第一步。她在这人生第一站,学到了如何做好自己的事情,同时学到了如何去照顾别人,如何去融入一个集体，并在集体中最大限度地发挥自己的作用。篮球让她发现了自己的梦想，并为之全身心地投入，坚持不懈地打拼下去，走到了今天。

王洪是从二中心开始走上体育专业道路的。离开二中心后，她从事游泳训练，至今已有 40 年。她当运动员时曾经获得全国冠军，是国家队的一员，在从事教练员后为国家培养出蒋丞稷、乐靖宜等多名世界冠军。

每个孩子的心中都有一个篮球梦，每一个篮球梦都有一个开始的地方。这个梦开始的地方就在卢湾二中心的操场上，没有终结，没有终点。

小不点与大人物

1960 年至 1965 年，上海市政府把到上海机场迎送外国贵宾、代表上海儿童向贵宾献花的任务交给了上海卢湾二中心小学，卢湾二中心就此成为“上海市国宾礼仪校”。

卢湾二中心国宾团迎接的外国贵宾不胜枚举，有柬埔寨国王西哈努克及夫人、罗马尼亚总统齐奥塞斯库、印度尼西亚总统苏加诺、越南总书记胡志明等各国首脑。凡是到上海的贵宾，到机场迎送的都是二中心国宾团的“小不点”们。上海外事处领导每次到场，虽然不知道这些可爱的“小不点”的名字，但每当看见那张张熟悉的笑脸，总爱随口开玩笑，说：“又是卢湾二中心的小家伙，你们辛苦啦！”亲切话语暖人心，“小不点”们礼仪显风采、献花传真情。

每次当孩子们向外国贵宾献花，都会在机场与贵宾合影留念。《人民日报》《解放日报》和《文汇报》都会在第二天的头版头条位置把外国贵宾、国家领导人和孩子们的合影刊登出来。这是我们国家的骄傲、上海的骄傲，也是卢湾区第二中心小学的骄傲，更是“小不点”永远的骄傲。

记得 20 世纪 60 年代初，周恩来总理陪同某贵宾来上海，国宾团中的“小不点”林向健同学排在献花队伍末尾。所有外宾都接到花束了，林向健同学发现了周总理忙碌的身影，便直奔而去，他向周总理敬了少先队队礼，把最美的鲜花献给敬爱的总理。周总理微笑着摆摆手，一把握住孩子的小手，亲切地把他拉到身边和外宾一起拍照。第二天的三大报纸刊登的照片上,手捧鲜花的"小不点"依偎着周总理和所有外宾合影。"小不点"儿长大成人,睹照思人,触景生情。

务本尚智,永远的追求

"千寻之木始于苗,百川之水朝宗遥,海上首创女学校,胚胎国民此其兆,生男勿喜女勿恼,从今民我皆同胞,学界兮光昭,女界兮光昭,宏母教兮兼容并包。""海滨之俗趋奢豪,教育之界多风潮,惟我校风清且矫,浮华洗净无尘嚣,卓然不屈亦不挠,凭他天演汰与淘,人格兮高超,志趣兮坚牢,与有责焉汝曹我曹。"这首百年前的务本女校校歌律动性很强,歌曲展现出的骄傲和豪迈完全不输给任何一所男校。女子教育是社会发展的根基,如同参天大树始于小树苗,汪洋大海源于小溪流。歌曲鼓励女学生们一定要独立自信,不要被世俗眼光所淹没,这首歌催人奋进、教人自强,演绎了当时社会新型女子的社会责任。

随着时代的发展,为了秉承百年的"务本精神",近十多年,陈瑾校长提出了"务本尚智"的办学目标,通过"转识成智",旨在将知识转化为智慧,使文化积淀为人格,通过化自在之物为自我之物,将自然、社会和他人的经验转化为自我的智慧。"转识成智"一词源自佛学,讲的是通过特定的修行以领悟佛教的"真理"。借用"转识成智"这一佛学用语来谈学校的教育,是为了说明教育不只是知识的传授和积累,更重要的是运用知识和转化知识为智慧的能力。也就是说,教育必须引导人热爱知识、追求知识,因为知识是人类的精神财富。同时,更须引导人崇尚和追求智慧,因为智慧能够使知识充满活力、力量、价值、创造性、快乐和幸福。

因此,陈瑾校长带着学校领导班子提出了"智慧型课程"的研究并进行着实践,希望学生的头脑不再仅仅是填充知识的容器,更是点燃智慧的火把。智慧型课程贯穿学校的三类课程体系。基础型课程中强调教师的教学智慧,推广"启发式、少而精"的教学成果,在拓展型和探究型课程中以教师设计提供学生智慧发展的微型课程方案为抓手,启蒙学生的智慧人生。智慧型课程强调教师不仅要发现学生所拥有的知识架构、具有的各项智慧,更重要的是及时加以培养,使他们能最大限度发挥自己的潜能，迈向未来的成功之路，逐步培养学生“转识成智”的能力。

“务本”是“尚智”的基础，“尚智”是“务本”的深化。为此，学校确立了“智慧型学校”的办学理念和奋斗目标，寻找实现学校理想的载体——课程，并构想学校的课程愿景，以课程为抓手，促进学校的整体变革，努力成就每一位师生的智慧人生。学校的课程愿景是：开启学生的智慧，让课堂洋溢生命活力，使课程不断趋于合理与完善。基于以上的办学理念和课程愿景，学校努力把学生培养成为有理想学做人、有智慧会学习、有能力勤探究、有个性能发展、有情趣懂生活的新时代小学生。

陈瑾校长认为学校也是一个师生寻梦、筑梦的场所，因为我们一直秉持“教育就是一种梦想”的观点。教育可以追随教师的梦想，也可以成就学生的梦想。

梦想，是人类不断前进和超越的动力。它寄托着人们对未来的憧憬与向往，它是美妙的，也是神奇的。它能唤起个人执着追求，积极对待人生。

我们打造智慧型课程，充分激发学生蕴藏的独特的强势智慧，为每一个学生设计了“转识成智”阶梯式智慧型课程，鼓励学生一步一个脚印执着地攀登“智慧成长的阶梯”：“演算系列”使人头脑精密，“哲理系列”使人思想深刻，“风暴系列”使人想象丰富，“逻辑系列”使人讳言善变……8 大系列 54 项课程带学生走上奇妙的探险之旅，张扬学生个性，启迪学生聪慧，开启他们科学的头脑，赋予他们勇气、责任、荣誉、意志、热忱、服从、信念、合作、尊重、忠诚、主动、正直、竞争……

有梦想就有成功。

“务本尚智”，是卢湾二中心人永远的梦想，永远的追求！

上海市黄浦区梅溪小学

中国人办的第一所新式小学

岁月留痕

梅溪小学首创我国新式教育多个“第一”：一是改革了课程设置，废除了陈腐的经史之学，增加了实用的国文、舆地、格致、数学、诗歌等；二是在学生中推行军事训练，要求学生“夜巡城厢”，维护社会治安；三是组织童子军（图1，图2），首创在学校中成立学生组织；四是第一个吸收女学生进校，开创了男女同班同学的先河。1917年在梅溪小学四十周年校庆纪念会上，临时大总统冯国璋特颁“成绩卓然”匾额，江苏省省长齐耀林赠匾“学津先觉”，中国民主革命家、教育家黄炎培先生致辞云“吾国教育上海发达最早，而上海教育梅溪实开其先”。梅溪小学以教学内容新、教学方法新、组织管理新成为中国人办的第一所新式小学，是中国新教育的领头羊。

图1 首创在小学中成立童子军组织并进行军事训练

图2 童子军在训练简易救护方法

校史回眸

学校初名正蒙书院，由近代教育家张焕纶先生邀集沈成浩、徐葵德等于光绪四年（1878 年）创建，校址设在梅溪弄张宅内，是一所“改革旧式教学，培养经世人才”的新式学堂。1882 年得苏松太道台资助，填平梅溪以建校舍，得名为梅溪书院；1902 年改名官立梅溪学校；1912 年改建了校舍，改为市立初等小学，后改名上海市立梅溪小学；1946 年改称上海第四区中心国民学校；1950 年由人民政府接管，改称蓬莱区第一中心小学；1956 年改称蓬莱路第一小学；1986 年重建新校舍，恢复“梅溪小学”校名；2000 年，学校迁址到永宁街 20 号。

140 多年来，梅溪小学为国家培养了众多的杰出人才，如新文化运动倡导者胡适、中国广告鼻祖徐百益、著名主持人陈铎、复旦大学党委书记秦绍德。

图 3　1925 年梅溪小学毕业生合影

近年来，梅溪小学先后获得了上海市行为规范示范校、上海市语言文字工作示范校、上海市安全文明校、全国国际象棋传统学校等荣誉称号。百年梅溪，有着深厚的历史文化积淀，更有着开拓创新的办学理念和办学成效，在创办人张焕纶先生提出的校训“和厚、肃静、勤奋、整洁、敏捷、精熟”的指引下，更会有引领风潮的辉煌未来。

历史撷英

怀揣教育救国理想　张焕纶筹资办小学

早在施行“癸卯学制”的20多年前，在上海的老城厢，就已有这样一所施行新学制的学校，它就是中国人自己办的第一所新式学校——正蒙书院。

梅溪书院的创办人张焕纶，字经甫，号经堂，1846年出生于上海县城内梅溪弄一个书香门第，幼年随父识字读书，青年时入龙门书院求学。在龙门书院，他并不拘泥于迂腐空疏的义理、考据，而是热衷于与国计民生有关的经世之学。在学习经书之余，他对地理学、军事学都进行了深入的研究。在中国边界战事频繁的当时，这两门学科成为很多爱国志士留意考究的对象。张焕纶钻研这两门学问，其意正是为了借此“为经世之本”。

张焕纶一方面耳闻目睹了外国侵略者欺凌、掠夺中国人民的种种暴行，一方面也痛切地感受到当时中国的愚昧落后，雪耻救国与启蒙发聩两种思想同时在他心中潜滋暗长。然而，救国雪耻的力量何在？方法何在？他像当时很多志士仁人一样，在黑暗中思考求索，种种救国的方略在他心中酝酿。

他曾向两广总督张之洞建议，为对付西人的新式枪炮和边患频仍的局势，要加强防守，广求边才；他曾向即将接任驻外公使的曾纪泽提出，面对英国势力顶峰已过、俄国势力急剧扩张的形势，宜“固结英好，以弭俄患”。而特别值得一提的是，1878年张焕纶已言明，西方富强之本不在“炮械之利”，而在于先进的政治制度。由此，他明确地提出了教育救国的思想。

他向曾纪泽提出了“教者政之本，教成则政立”的思想，并满怀信心地指出“世运无盛衰，转移人才始”的规律。其实这也是他创办正蒙书院以至毕生致力于新式教育的原因所在。然而，办教育应从哪里着手？张焕纶感到启蒙必须从小开始，所以他决定从小学办起。

1878 年 12 月，张焕纶在上海县城小西门的梅溪一侧，创立了正蒙书院。除了张焕纶外，还有他在龙门书院的同学沈成浩、徐基德、范本礼、叶茂春、张焕符等，他们分别任教数学、化学、舆地、体育等课和管理校务。书院经费全由私人捐助，各位创办人或出房屋，或出钱钞，或捐助校用杂物。

书院初创时，由于缺乏经费，教员教书纯尽义务，均不取报酬。开始，社会上对书院持怀疑态度，入院就读的学生很少。经教员、校董动员，并送自己子弟入学，才有 40 来名学生。后来，由于办学成果显现，学生逐年增加，到 1882 年已有学生近百人，成为一所颇具规模的学校。这一年，苏松太道台邵友濂因钦佩张焕纶执着的办学精神，拨银 4200 多两、钱 6000 多缗，为学堂改建校舍。学校还新建了洋文书馆，并聘请了通晓西文的人员任教。这样，正蒙书院已成为一所公办的学堂了。此时，张焕纶向邵友濂建议：书院“考其地，正当县志梅溪故址”，改称梅溪书院为妥。邵友濂同意了这一建议，1882 年，正蒙书院改名为梅溪书院。1902 年，清廷令各地书院改为学校，梅溪书院又改为官立梅溪学校。民国以后，称市立梅溪小学。中华人民共和国成立后一度改为蓬莱路第一小学，1986 年又恢复为梅溪小学。

成绩卓然颁匾表彰　失而复得传承发展

梅溪小学成立之初名正蒙书院，取蒙以养正之意。旧时的书院以私塾形式授课，而正蒙书院却一改授课形式，成为我国第一个采用班级授课制的新式小学。

当时的正蒙书院办学之初就以“班”为人员单位，按年龄把学生分别编入固定的班级。同一个教学班学生的年龄大致相同，并且班级人数固定，以利于教师同时对同一年龄段的学生施教适合学生年龄特点的教学内容。

正蒙书院虽然沿用了旧式书院的名称，但教学目的、内容、方法都与旧式书院有很大的不同。张焕纶明确规定，“不授帖括，以明义理、识时务为宗旨”。学校课程设置、学生组织管理、作息制度都参照西方学校。课程有国文、舆地、经史、时务、格致、数学、歌诗等，1884 年后又增设了外语（英文、法文），还有内容丰富的体育游戏课。

教学方法也与旧式书院迥然不同，创造了自己独特的教顺教法，分为高等科各科教顺和国民科各科教顺。以当时的高等科国文科为例，阅读第一时的教学方法是：预习——整理旧观念，目的指示，默读课文，摘录生字难句，检查生字难句，质问应答；第二时的教学方法是：练习——摘要发问，发问全课大意，指名分段读，指名通读，指名分段讲，指名通讲，范读，准读；第三时的教学方法是：整理、应用——练习话法，指名背诵，分段落深究文字内容，改造文句，应用虚字，练习读法，联络比较。这些和现在语文课程的教学方法、教学环节基本相似，都注重学生对文本的体验理解，注重培养学生质疑问难的方法，更注重学生对知识的积累和运用。因之，师生关系比较融洽，不再像旧式书院里师生之间俨若猫鼠的关系。

在学校中，张焕纶要求对学生进行爱国教育和军事训练。梅溪小学是“上海最早实行军事军训的学校”，开设有“击球、投沙囊、投壶、习射、蹴鞠、超距、八段锦诸课，分日轮流演习”。中法战争爆发时，他让学生接受军训，并带领学生夜巡城厢。市民们在夜深人静之时，只要听到整齐的脚步声，便知道是梅溪的学生在夜巡。

张焕纶在学校里废帖括、讲时务、教外语、进行军训，激起了封建士大夫的强烈反对。然而，张焕纶的改革毕竟顺应了时代的潮流，最终还是得到了社会的肯定。1917 年 12 月，梅溪小学举行建校 40 周年纪念会，临时大总统冯国璋特颁匾额，上书“成绩卓然”，江苏省省长齐耀林也颁发了“学津先觉”的匾额，著名教育家黄炎培则作了“吾国教育上海发达最早，而上海教育梅溪实开其先”的题词，可见梅溪书院在当时的地位。从此“成绩卓然”这块匾额陪伴梅溪的师生走过了半个世纪。说起匾额还有一个失而复得的小插曲呢。

20 世纪 60 年代，一场文化浩劫席卷了中华大地，梅溪这块宝地也受到了伤害。在倡导学习无用论的风气中，凡是和“智育第一”“师道尊严”等有关的思想、物品、人物都会遭到严厉的打击，于是学校内的许多东西被纷纷破坏。为了保护这些历史物品，许多老师悄悄地把它们藏了起来。可这块匾额体积大，藏它成了个难题。但是突然有一天，匾额消失了，它的去向无人所知。

渐渐的,匾额从大家的记忆中抹去了。

"文革"结束了,梅溪小学又恢复了原来的热闹。学生们纷纷踏入了课堂,老师们回到课堂又拿起粉笔站在三尺讲堂上讲课。

有一天,郑姗美老师来到体育室,想把尘封了许久的体育器材搬出来。当大家抬着一个木制的篮球箱从屋子里出来时,球箱的重量和木板的厚度让她产生了疑问。老师们把球一个个拿出来,球箱的内壁上显现出字的痕迹,大家仔细一看,原来这个箱子正是用当年的那块匾额做成的,所有的老师感叹万分,感谢那位聪慧、胆大的老师。

正因为这样,匾额才在"文革"中保存了下来。宝贝失而复得,梅溪的师生们更加珍惜它。如今匾额依旧陪伴着梅溪的师生,激励着他们努力学习、工作。为此我们感谢那些为梅溪做出贡献的默默无闻的老师们。

利用矛盾罢教成功　地下党发动"总请假"

张焕纶的"雪耻救国"思想深深地影响着梅溪的教师和学生,激励着他们顺应历史潮流,参加救国爱国的社会活动和革命斗争。

1948 年 11 月,混在教育界的国民党 CC 系与三青团之间的矛盾加剧,他们都想借群众的名义来压倒对方,以维护自己所谓的"威信"。上海教育界的地下党组织,决定抓住这个有利时机,领导和发动群众,以"总请假"名义进行一次罢教斗争。

11 月中旬,三青团为了打击国民党 CC 系,以市"小教联合会"的名义召开教师代表座谈会,假装表示他们对教师的关怀与同情,企图往自己脸上贴金。梅溪小学的陆矛岗老师按照地下党的指示,利用这次会议揭露敌人,发动群众。那天,会议主持者假惺惺地说,如今物价飞涨,政府又想不到大家,想听听各位的疾苦与要求,并表示可以代表教师联合会要求政府改善教师的生活待遇。于是与会者议论纷纷,诉说小学教师的困苦,且有的人情绪比较激动。陆矛岗当即抓住这个机会,站起来发言说:"既然联合会如此关心我们教师的生活,那我们要求提高薪金,增加配给物品,以救燃眉之急。大家应该说干就干,现在就设计印发一张表格,交给与会代表带回校去，发动教师签名。如果达不到我们的要求，那么我们就向中教看齐，小教界也只得来个‘总请假’！”代表们听了陆老师的发言，热烈鼓掌表示赞同。于是陆矛岗就和大家一起起草请愿要求，并设计油印表格，分发给每一位代表。这下，会议的性质变了，三青团攻击国民党 CC 系、笼络人心的会议，变成了我们地下党发动教师进行罢教斗争的动员会。会后，代表们将表格带回学校，各校教师得到消息，都踊跃签名。

两天后，国民党 CC 系的学校掌权者，为了对抗三青团、欺骗教师，也以他们的外围组织“教师联谊会”的名义，召开全市公立小学教师代表会议，也说是关心教师，听取意见。陆矛岗第一个站起来发言：“我们公教人员目前生活十分艰苦，物价还在飞涨，实在活不下去了。政府当局应立即拿出办法来，改善我们的生活，否则我们也只能像中教一样‘总请假’了！”陆矛岗的发言，刺痛了上海市教育局局长李熙谋。他竟然怒形于色，指着陆矛岗大声问道：“你是什么学校的？叫什么名字？”陆矛岗镇定地回答：“梅溪国民小学的陆矛岗。”李熙谋记下了陆老师的姓名和校名。他的蛮横行径，激起了与会教师的强烈不满，大家纷纷站起来责问他：“为什么要问人家名字？”“是不是想报复？”李熙谋非但没能把代表们的不满情绪压下去，反而激怒了与会教师代表，最后会议通过了“总请假”的决议。全市市立小学教师“总请假”三天后，市教育局被迫答应了大家提出的部分要求。

参加“五四”集会活动　声援北京爱国学生

梅溪小学在历史上有着光荣的革命传统。1919 年 5 月 8 日，上海《申报》就刊登了关于梅溪师生参加“五四运动”集会的报道。

1919 年，“五四运动”爆发后，5 月 5 日深夜，时任上海《民国日报》总编辑兼复旦教师的邵力子接到北京发来通报学生游行示威情况的专电，立即电告复旦学生自治会主席朱仲华。

5 月 7 日下午，上海各团体、学校、商帮假西门外公共体育场召开国民大会声援北京学生，反对在《巴黎和约》上签字，到会者 2 万多人。梅溪小学的 120 名学生作为唯一的一所小学的代表，与众多的大学生、中学生一起参加了集会。整个会场群情激奋，口号震天，要求释放被捕学生，严惩卖国贼。随后出发游行。

之后各界组织劝告团，每日轮流委派团员携带抵制日货志愿书，赴各店铺劝告不进日货、不售日货。梅溪小学学生组织劝用国货会，每晚数十人上街，沿途演讲。位于小东门内的数十家店铺，经他们劝导，把所有日货收藏起来，不售日货。

在“五四运动”93年纪念日，一座“五四烽火纪念雕塑”在黄浦学校落成。“五四烽火纪念雕塑”长2.2米、宽1.7米、高4米，由黄铜制作而成。其造型由一个熊熊燃烧着的火炬与一双手臂组成，旁边还刻有当年的“五四”誓词，寓意革命火种、薪火相传。5月4日上午，梅溪小学的师生和来自黄浦区的浦光中学（青年会中学）、市十中学（民立中学）、大同中学（大同学院）、市南中学（清心男中）、市八中学（清心女中）、黄浦学校（裨文女中）、光明初级中学（明德中学）、梅溪小学（梅溪高级小学）、敬业中学、五爱高级中学（惠中中学）等900多位师生在此集会，重温爱国誓言，传承革命精神。

离乡抵沪初露才华　胡适之就读新学堂

1904年2月，14岁的胡适随三哥来到上海。这年春天，他来梅溪学堂就读。由于初来的学生以前没有学过算术和英文，因此，梅溪以学生的国文程度作为分班的标准。先生问胡适可曾开笔做过文章，一身乡下人打扮的胡适回答说“没有”。于是先生就把他编入了第五班，并发给了他三本文明书局编印的课本：《蒙学读本》《华英初阶》和《笔算数学》。第五班是学堂中最低的一个班，相当于小学一年级。

初夏的一天，教《蒙学读本》的沈先生读书时念了一段引语：“传曰，二人同心，其利断金。同心之言，其臭如兰。”接着，先生说这是《左传》上的话。没等先生讲完，胡适就拿着书走到先生桌前低声说：“这个‘传曰’的‘传’是《易经》的《系辞传》，不是《左传》。”沈先生脸红了，问他读过哪些经书。胡适回答说除了读过《易经》外，还读过《诗经》《书经》《礼记》。先生脸上露出赞赏的神色，出了个“孝悌说”的题目让胡适做做看。不多时,胡适写了 100 多字交了上去。先生看了,即将胡适领到楼下的二班。这样胡适一下子从第五班升到了第二班。

不久,二哥从武汉给胡适带来了《明治维新三十年史》《新民丛报汇编》等书。他如饥似渴地读了起来,几个同学也争相传阅,并常在一起议论维新一类的话题。一天,有位同学借来了一本邹容的《革命军》,胡适到上海不久就听到许多关于《苏报》案邹容在狱中不屈不挠的斗争事迹,因此读《革命军》时一种崇敬的心情油然而生。大家决定将书抄下来。于是,每晚在舍监查夜过后,胡适和几个同学偷偷起床,借着烛光,抄完了全书。

这期间,上海滩发生了一个宁波木匠被一名俄国水兵无故砍杀的事件。胡适说:“上海道袒护沙俄侵略者,我们写信骂袁树勋一顿如何?”这一建议立即得到众人的赞同,并决定以匿名的形式写。信发出后,解了胡适等人心中的怒气。1904 年底,因胡适等 4 人成绩优秀,学堂准备送他们去上海道衙门参加考试。胡适和另两人决定罢考。为了不让学堂知道,他们在考试前就离开了学堂,让上海道出了不大不小的洋相。第二年春天,胡适进入了上海的澄衷学堂。在那里,胡适又读了严复翻译的《天演论》和梁启超的《论中国学术思想变迁之大势》等著作,这为他后来成为新文化运动的倡导者奠定了思想基础。

1910 年,胡适赴京参加“庚款”留学考试。虽然他的理科成绩很差,但他的语文成绩却是第一名,所以顺利过关,成为一名官费留美生。一个乡村孩子,从梅溪学堂起步接受新式教育,逐步成为影响中国文化发展的大师。

百年老校继往开来　传承文化培养栋梁

在新的时代,梅溪小学注重发掘学校的光荣传统,确立了“从百年老校走向现代名校”的发展任务。学校制定了《创建一流名校的发展规划》,确立了“精优办学、精质服务、精选策略、精育新人”的办学宗旨和“对一切学生的健康成长负责,为一切学生的终身发展奠基”的办学思想,认真实施“文化立校、科研兴校、人才强校、品牌扬校”的发展方略,努力把学校办成孕育创新人才的沃土、培养可靠建设者

图4 梅溪小学正门

和接班人的摇篮、学生追求的学习乐园和人心向往的一流名校。

为了实现这一目标，学校将教师队伍建设作为工作的重点，开展了“学师德规范，树身边榜样，赛岗位奉献，颂红烛精神”的活动，以典型榜样激发教师的事业心和责任感。为了促进教师的专业发展，学校先后推出了青年教师培训带教方案和以科研促教研、加快教师专业发展的计划，引导教师从职业型向事业型、应试型向育人型、经验型向科研型转化，形成了师德、学历、能力三位一体，教研、科研、师训一体化的校本研修模式，培养了一批区级、校级骨干教师。梅溪现有教职员工57名，其中区骨干教师、校骨干教师、校特色教师共10名，占了17%，这些骨干教师各有自身特色，且所教学科涵盖了学校80%的学科种类，有语文、数学、英语、自然、音乐、美术、劳动技术等。每个骨干教师能让自己的教学长于其他教师并在专业发展上起引领作用。同时，这些骨干教师还专注于开发校本课程，把学校的百年校史和德育、学科教学、社会实践相结合，开发出具学校特色、有教师特长、受学生喜欢的校本课程。目前比较成熟的有“走进传统节庆”德育校本课程、“走进百年梅溪”校史校本课程，正在开发中的有“生活中的数学”“趣味数学”“茶艺”“文学社”“七彩ABC”“软陶”“建筑模型”“阅读天地”等课程，这些课程的开发，为学生学习选择开拓了途径，为办学生喜欢的学校寻找到了新的突破口。

图5 梅溪小学教学楼全景

上海市南洋中学

沪上最早的民办新式中学

岁月留痕

南洋中学前身,是清光绪二十二年(1896年)由王维泰(柳生)创办于上海大东门王氏宗祠内的“王氏育材书塾”。1900年由王柳生之侄王植善(培孙)接办,改名王氏育材学堂,1904年正式改校名为私立南洋中学,为沪上最早之民办新式中学。学校坚持“独立、自主、自治”办学方针,重金聘请著名学者、大学教授、中学教学专家如丁文江、李登辉、马君武、邵力子、胡敦复、胡明复、王季梅等来校执教;自订章程、学制和课程,自编教材,旨在“维新图强、培育人才”。

图1　20世纪20年代南洋中学外景

校史回眸

图2 南洋中学校门

1907年在日晖港龙华路购地建校舍,1909年迁入现址(中山南二路225号)。抗日战争时期,南洋中学拒向敌伪政府登记,学校借北京路盐业大楼设高中部及初中一部,另在汶林路(宛平路)52号“岐庐”设初中二部,坚持教学。抗战胜利,1946年高中部迁回龙华路校址复校,初中一、二部于1951年左右迁回本部。

学校素有爱国传统,“五四运动”时,南洋中学参加了学生联合会发起的所有示威、集会活动。济南“五三”惨案后,师生组织反日委员会外出演讲,宣传抵制日货。抗日战争时期,不少学生投笔从戎,参加抗战。解放战争时期,学生中有中共地下党员36人,参加党的外围组织新民主主义青年联合会的有120人,他们为迎接上海解放和维护学校财产做了大量工作。

1949年新中国诞生,南洋中学作为十四所重点接收的中学之一,受到政府的重视。1950年私立沪新中学高中部分班级并入,1956年改为公立,1959年被列为重点中学,1985年恢复为区重点中学,2005年被评为上海市实验性示范性高中。学校秉承“知行并进、为己造福、为家争光、为国桢干、为天下肇和平”的办学思想,崇尚“俭朴、好学、自主、求实”的校风。

南中校友会成立于1911年,校友遍布海内外。著名校友有外交家顾维钧、文学泰斗巴金、国际摄影大师郎静山、“五四”新文化运动的倡导者钱玄同,以及周仁、钱崇澍、饶毓泰等二十几位两院院士或外国科学院院士,足坛元老张邦纶也曾在南洋中学(育材书塾)就读。

改革开放后,学校不断提升教育教学管理质量,在科教兴国的背景下,学校坚持以科技教育为办学特色,以节能环保为教育导向,以新能源开发为教育内容,创设可触可感的校园科技环境,引导师生见物识理、以物学理、制物证理。学校成立名师科技创新工作室,培养学生的创新精神和实践能力。学校师生在上海市、全国以及国际科技创新竞赛上屡获殊荣。此外,学校的心理健康教育和足球运动特色一直享誉沪上。

历史撷英

铮铮铁骨铸就师魂——爱国教育家王培孙

结交志士探强国路。王培孙是南洋中学的老校长,他从1900年到1952年,共担任了52年南洋中学校长,是南洋中学的奠基人。王培孙原名王植善,字培孙,祖籍山西,1871年出生于嘉定县南翔镇。清末废除科举以后,1897年,他投考盛宣怀创办的南洋公学,被录取为师范生。清末时期的王培孙,曾是一位思想激进的青年,他结交有志之士,共探强国之路。此时正值"戊戌变法"之际,王培孙与友人在上海福州路合办开明书店,出版、翻译日文政治、哲学书籍。后来,王培孙还参加了孙中山领导的同盟会和革命文学团体南社。

倾力改革兴教救国。王培孙接办育材书塾以后,于1901年将校名改为育材学堂,又于1904年再次改校名为南洋中学。首先,他着手于学制和课程设置的改革,将中学四年制改为五年制,同时设立南洋中学预科。1909年,他迁校址至日晖港畔,营造校舍,先后建成教学楼、理化实验室、校友厅图书馆楼、科学馆(图3)、实习工场、学生宿舍、足球场、篮球场、网球场和小花园等。他重金聘请著名学者来校任教,倡导自立、自强、俭朴、求实的学风,南洋中学以设施完备、师资精良、人才辈出而冠于沪上。王培孙也被公认为是教育界杰出人物,与天津南开大学校长张伯苓齐名,称之为"南王北张"。

图 3 建于 1930 年的学校科学馆

存长者态视生如子。王培孙早年丧妻，他以学校为家，视学生如子女，关心呵护，谆谆教导，一生培育、帮助了无数的学生。他每天在校园到处巡视，对每一个学生及其家庭情况了如指掌。学生碰到什么问题，他都会给予帮助。如清寒子弟求学者，给予学费减免、全免，甚至免费供膳宿。学生毕业后有什么困难，如毕业后找不到职业，甚至婚姻有问题时，王培孙也乐于帮助解决。老校友们对王校长的形象终生难忘。

拒汪宣言贫贱不移。抗日战争全面爆发后，敌伪统治上海期间，南洋中学校舍被敌伪所占，学校暂借北京路盐业大楼和汶林路“岐庐”两处设分部坚持办学。这时，王培孙住在大同坊寓所，他虽然不到学校办公，但他通过和两个分部主任的联络时时关心、指导着学校办学。汪伪要他领衔教育界发表一个拥汪宣言，王培孙严词拒绝，坚持南洋中学不向敌伪教育局登记，不挂南洋中学校牌，拒不参加汪伪的军训和童子军活动，拒领敌伪的“补助费”。他自己虽体弱多病，但他宁可以芋艿薯黍充饥，不食敌伪的“配给米”。他还自编国文课教材，选用了黄宗羲的《原君》、文天祥的《过零丁洋》、陆游的《示儿》及《诗经》中的《无衣》等诗文，以培养学生爱国主义思想。

抗战胜利后，1946 年，南洋中学高中分部也在日晖港原址复校了，王培孙继续管理着南洋中学。1952 年 11 月 17 日，王培孙因病重逝世，享年八十二岁。在逝世前，他留下遗嘱：将自己一生搜集的珍贵藏书共计 76700 多册捐给人民政府。

文明梦　中国梦——清华庚款留美生中的南中学子

南洋中学是当时著名的新式学堂，在三批庚款留美生中（现在只有前两批留美生的名单），南中学子都占有一定比例。如：

第一批（1909 年）中，南中学子共 4 人——吴玉麟、邢契莘、朱维杰、杨永言。

第二批（1910 年）中，南中学子共 10 人——杨锡仁、谭颂瀛、钱崇澍、吴家羔、王裕震、柯成楙、周开基、庄俊、周仁、张宝华。

根据以上统计材料，南洋中学在当时的教育水平和在教育界的地位是显而易见的。

图 4　学生在科学馆内做实验

早期留美学生的学习目的都很明确，就是要改变祖国的贫弱状态。这两批南洋留美生学成后，都回到祖国，用学来的知识和先进技术在各个领域、各项事业上辛勤工作,有的还为我国的科技、文化等事业做出开创性的贡献,成为著名的学者和科学家。

杨锡仁,第二批清华庚款留美生中的“状元”,中国纺织业的元老,学成回国后致力于实业救国,在天津、上海等地开办工厂、开设洋行,参与“抵羊”(“抵洋”的意思)牌毛线品牌的创立工作,并担任中国纺织建设公司的董事和国民政府经济部纺织事业治理委员会委员,成为当时工商界的知名人士。

邢契莘,造船工程师,学成回国后,历任大沽造船所工程师、东北造船所所长,国民政府航空委员会机械处处长、青岛市工务局局长,交通部塘沽新港工程局局长,水利部珠江水利工程总局局长、广州港工程局局长等。一生从事工程设计,修道路,架桥梁,造机场,筑塘沽新港,颇有建树。

钱崇澍,植物学家,回国后从事植物学教学与研究,在国内第一个选择了在植物分类工作中难度较大的兰科、荨麻科、豆科、毛茛科等植物进行系统的研究。他在植物分类学、植物生理学及植物生态学和地植物学领域做出了贡献,为我国近代植物学的建立奠定了基础。20世纪50年代被选为中科院学部委员。

庄俊,建筑学家,1914年于美国伊利诺伊大学建筑工程系毕业后回国,于1925年在上海创办庄俊建筑师事务所。他以西洋古典建筑为设计风格,曾设计了清华大学大礼堂、图书馆等建筑,以及上海、汉口、哈尔滨、青岛的多所银行建筑。他还发起组织了中国第一个建筑师学会,被誉为“建筑泰斗”。

周仁,冶金学家和陶瓷学家,我国最早进行特殊钢和合金铸铁研究和生产者之一,中科院院士。他在我国率先研制成功球墨铸铁,组织引导并参与了含氟铁矿石的高炉冶炼研究,取得了创造性成果。他也是我国古陶瓷科学研究工作的带头人。他还是一位教育家,献身教育工作,培养了大批科技人才。

留取丹心照汗青——南洋中学四烈士

南洋中学是一所有着革命传统的历史名校,南洋中学的师生们素来具有强烈的爱国主义精神和优秀的革命传统,从建校起,全校师生就积极参加上海历史上历次反帝、反封建的革命运动,甚至还有四位校友在斗争中献出了自己宝贵的生命。

朱少屏:第一届校友,杰出的民主革命家、社会活动家。早年留学日本,在日本加入孙中山领导的同盟会。回到上海后办学、办报,从事反清革命活动。辛亥革命胜利,上海光复后,担任沪军都督府总务科科长。1912 年中华民国临时政府成立,任总统府秘书。1916 年,朱少屏受邀担任寰球中国学生会总干事,任职长达 20 年,指导、帮助了大量青年学子出洋留学。1940 年 1 月,受命出任中国驻菲律宾马尼拉总领事馆领事。1942 年 1 月 2 日,马尼拉沦陷,日本占领军悍然逮捕了朱少屏等八名中国外交官,逼迫他们和占领当局合作,但他们对利诱而不降,受严刑而不屈,保持了民族气节。同年 4 月 17 日下午,他们于马尼拉东郊壮烈殉国。新中国成立后,中华人民共和国政府追认朱少屏为革命烈士。

俞昌准:第二十二届校友。1923 年考入南洋中学高中学习。1925 年经恽代英介绍加入中国共青团,1926 年春转为中共党员。同年 6 月被派到芜湖工作,创办《沙漠周刊》,宣传革命真理,组织和领导工人罢工,先后担任中共安徽南陵特支宣传委员、中共芜湖特支委员和共青团芜湖特委宣传部长。"八七会议"后,他赴南芜边区谢家坝一带农村发动群众,组织农会,进行抗租抗捐斗争。1928 年 1 月,他担任新成立的南芜边区苏维埃政府主席,领导谢家坝农民武装暴动。起义失败后,他转移到安庆,在大中学生中进行组织、宣传活动。不幸于 11 月 22 日被捕,12 月 6 日被军阀陈调元杀害,年仅 20 岁。

钱立华:女,第三十七届校友。她读书时就开始追求真理,接受进步思想。1939 年她参加了中共上海地下组织领导的上海市学生协会,积极从事学生运动,宣传抗日。1940 年夏,从事民运工作,同年参加中国共产党。1941 年春,她被调到苏州、宜兴等地,以教师等身份为掩护,从事秘密工作。1942 年调任中共武南县委妇女部长。是年 6 月 4 日,她正在宜兴、武进交界处参加县委会议,受日伪军数千人包围,在撤退的战斗中不幸中弹牺牲,年仅 21 岁。

严赓初:第四十届校友。1943 年曾赴解放区,回沪后进入中国新闻专科学校读书,1945 年加入中国共产党。1947 年起从事学联机关报《学生报》的印刷发行工作，他以极端负责的精神，投入这项重要工作。在白色恐怖的环境下，他不顾生命危险，千方百计地做好每一期《学生报》的印刷发行工作，使《学生报》这一党领导上海学生运动的有力武器，在指导学生运动方面起到了重要作用。1948 年 10 月 26 日，严赓初不幸被捕，在上海解放前夕的 1949 年 5 月 7 日，严赓初和另外十一位同志被敌人秘密杀害在浦东戚家庙，献出了他 25 岁的宝贵生命。

照相小班培养出了摄影大师——郎静山的“南洋缘”

1904 年，14 岁的郎静山随父亲来到上海，进入南洋中学预科读书。预科主任叫李静澜，擅长书法、绘画，是清末民初时上海著名的美术教育家。

郎静山初来南洋中学预科读书时，家中负担不起他的学费，他寄宿在学校里，白天上课，晚上帮学校和师长做一些整理图书、文稿校对的工作，以半工半读的形式完成着学业。南洋中学的新式教育使郎静山一生受用无穷。

在预科时，郎静山最喜欢图画手工课，他的图画成绩也在同学中出类拔萃，因此受到图画老师李静澜的特别的赏识。李静澜擅长书画，更善于启发引导，他在课余时间组织学生搞了一个“照相小班”，郎静山和几位同学参加进来。李静澜借来了一架老式的柯达相机，一面向这些刚接触到摄影的学生们传授摄影的基本知识，一面手把手地教他们怎样取景，怎样拍摄，怎样兑调显影、定影药水并在暗房中一步步将照片洗出来。看着自己拍摄的影像从白纸上显示出来，郎静山被完全迷住了，摄影艺术深深地在他的心中埋下了种子。

郎静山在南洋中学预科学习了一年多时间，然后回淮阴，在江北小学读完高小，又回南洋中学本部读中学。这时的南洋中学已经迁址日晖港畔，这里校园宽阔，校景优美，如诗如画的环境给郎静山无穷的灵感，他不断地练习、不断创作摄影作品，还不时地拿着自己的习作找李静澜，向李老师请教并探讨。李静澜对这位热爱摄影、谦虚好学的学生非常欣赏，给予他热情的指点帮助。

郎静山在南洋中学没有读到毕业（应该是读到 1912 年左右），就走上工作岗位，先后任职于《申报》和《时报》，成为中国最早的新闻摄影记者之一。后来，郎静山发起成立我国早期较有影响的摄影团体“中华摄影学社”（简称“华社”）。他自1921年起参加国际沙龙活动，作品千余次入选，数百次获奖，先后被英国皇家摄影学会、美国摄影学会接纳为高级会士，并被十余个国家和地区的摄影组织聘为荣誉会员，是被公认的世界十大著名摄影家之一。他和培育他的母校南洋中学，和启蒙老师李静澜，一直保持着联系。在20世纪20至30年代间，他还多次担任南洋中学学生摄影小组的指导。

1993年秋，阔别母校八十多年、103岁高龄的世界摄影大师郎静山又回到了母校南洋中学。他在当年曾读过书的教育楼——红楼的回廊上一面漫步，一面向陪同的南洋中学领导、记者等讲述着他当年在这里读书时的情景和他敬爱的启蒙老师李静澜，并挥毫题下“南洋中学，日新又新”，表达了对母校的祝愿。

中学物理教坛的瑰宝，创新特色教育的典范——“南洋一宝”奚天敬

今天，当你漫步在南洋中学的校园中，看见学生在草地上与白鸽一起散步，或看看大型太阳能钟与自己手表对对时间，或对着声控音乐水车拍几下手掌令其欢快地旋转时，你不禁会问：是谁最先想到设计这样一个融科技、绿化于一体的校园科技综合环境呢？他就是被人们尊称为“南洋一宝”的物理特级教师——奚天敬。

奚天敬的“活化物理教学”风格独特，他动手自制教具与实验器材，其中“高灵敏激光静电计”和“微机多功能物理实验图式仪”双双被评为全国教师创新教具一等奖。

有一次，奚天敬研究“外光电效应”实验，发现课本上介绍的方法怎么也达不到令人满意的实验效果，于是奚天敬又一头扎进了家庭实验室，一次次的改进，一次次的失败，直至半夜。突然，奚天敬的眼前一片漆黑，什么也看不见了。学校立即派车送他到医院。据诊断，这是由于双眼受到实验用紫外线光源过多刺激造成的暂时性失明，如果再拖延一下，可能会终身失明。从医院回来，奚天敬仍然坚持

研究。两年后,他的研究成果,用普通紫外线的灯管照射锌板就可获得满意实验效果的“高灵敏静电仪”出现在中学的实验室中,其灵敏度是普通验电器的三十倍,解决了静电实验最关键问题。

奚天敬还将教学活动搬到课外,他的有些课是在公安博物馆里完成的,有些课是让学生带着笔记本到浙江柯岩公园去完成的。2002 年奚天敬带领学生在上海东方绿舟建立了第一个中学科技活动基地:南洋中学新能源考察基地。

自 1980 年以来,奚天敬发明创作的自制教具获国家级、市级一、二等奖共 50 多项,曾连续 8 次获全国教师发明创造一等奖。学生都称呼奚天敬为“课堂魔术师”。2000 年起,学校成立了奚天敬创新工作室,工作室立足南洋,面向全区、全市,已逐渐成为科技教育的培训基地、自制教具的研发中心、创新教育的示范基地。近几年,工作室研发的创新实验教具获 30 多项国家级、市级大奖。

时任中国教育学会会长顾明远等有关专家在视察学校后,对校园科技教育也连声说“大开眼界”。他在《人民教育》发表的《也谈特色学校》一文中提到南洋中学“学校小小的校园中到处都是科技,有声控的水车,有采集雨水用于灌溉草坪花木的装置……这样的学校,不失为特色学校;这样的学校,才能孕育出创新人才”。

2011 年,奚天敬虽已年满七十周岁,但在南洋中学工作五十年,对学校有着深厚的感情,被特聘为创新实验室顾问。奚天敬依旧参加每一届上海市青少年科技创新大赛的辅导员科教作品比赛,这两年都获得了由上海市科普教育发展基金会设立的“赛复优秀科技教师奖”,2013 年奚天敬还获得“全国十佳优秀科技辅导员”称号。

藏万卷诗书　育莘莘学子——校友厅图书馆楼

在南洋中学校园西隅,有一幢被称为“白宫”的欧式建筑,这就是原南洋中学的校友厅图书馆楼(图 5)。2010 年 11 月,这座建筑被徐汇区人民政府定为区级文物保护单位。

南洋中学校友厅图书馆大楼的建造缘起于1915年的南洋中学校友会年会。1916年7月，校友会职员会再议校友厅建筑事，推定朱少屏、庄俊、王元懋为筹备建筑主任。1918年，南洋中学校友会出版的《南洋杂志》第一期上，刊登了由校友会代理书记胡寄尘署名的《校友厅筹捐启》，第一批认捐的已有朱少屏、秦汾、钱崇澍、邢契莘等六十多人。1925年9月11日，王培孙校长与校友会建筑委员会代表商定，校友厅图书馆的建筑费预计25000元，由王培孙募15000元，校友会承担10000元。并由第七届校友，资深建筑师金丹怡担任设计、绘图及工程委员。工程于是年冬开工。1926年6月，南洋中学校友厅图书馆落成（校友厅图书馆楼落成后，学校曾将捐款建楼的校友、社会人士姓名镌刻石碑，镶嵌在大楼门廊右侧的墙壁上，此碑于“文革”中被砸毁）。

图5　南洋中学图书馆楼

南洋中学校友厅图书馆楼是一幢希腊爱奥尼克柱式的古典复兴式建筑。它坐南面北，整幢建筑呈“T”形，占地共1086平方米。在北立面的中央，由三角形山墙和四根高大的希腊爱奥尼克式柱子组成的门廊高高站立在三层台阶上，整个建筑的风格以简洁为主，但也恰到好处地用了一些装饰，如山墙内侧的花瓣纹饰，爱奥尼克柱头上流畅优美的卷涡纹饰，门楣上方三组典型法国“洛可可”式的花穗浮雕和楼梯的花饰铸铜扶栏，更显出这幢古典复兴式建筑的典雅、高贵。在北立面的后面为楼的主体，砖木结构，坡顶，共两层。校友厅图书馆楼是老南洋中学的标志性建筑，也是上海南部沿黄浦江地区唯一一座由中国人设计建造的仿欧洲古典风格的老建筑，在当时全市的中学校舍建筑中更是独一无二的。

在校友厅图书馆楼大门的上方,当年悬挂有一块匾,上面为学校的美术教师、书法家李澄(静澜)所书"以文会友"四个大字。正是这"文""友"二字,包括了校友厅图书馆楼的全部文化内涵。

在当时一楼是校友厅,为当年南洋中学和南洋中学校友会聚会的场所。1927年10月,校友厅图书馆楼落成后一年,在这里召开了南洋中学建校三十周年纪念会及校友厅图书馆落成典礼。此后,每逢建校纪念会、应届毕业生毕业典礼及其他庆祝活动,都在这里举行。

在校友厅里,南洋中学还每周请中外名流来校演讲,"以补助学校教育之不逮",仅从1928年3至5月的记录,可见当时演讲活动之频繁,内容之丰富:

3月5日,刘仁航先生讲《吃饭问题》

3月22日,杨卫玉先生讲《青年择业问题》

3月29日,李静涵先生讲《保险事业》

4月19日,曹仲渊先生讲《无线电事业》

4月22日,胡适之博士讲《中国的几个基本问题》

5月3日,(德国)魏申博士讲《教育革命》

5月17日,秦树臻先生讲《上海市政》

……

曾来南洋演讲的名人还有马相伯、章太炎、马君武、杨杏佛以及著名的佛教大师太虚法师,等等。

校友厅图书馆在上海素享盛名,据校史记载:早在1912年,南洋中学就在理化室旁辟余屋数间为藏书之所,收藏四部要典及参考图籍,后经王培孙十载搜罗,加以王氏先人之旧藏,得约四千余种,于1919年请陈乃乾先生编成《南洋中学藏书目》。校友厅图书馆楼竣工后,图书馆迁入其中,藏书量不断增加。当时的南洋中学图书馆收藏的古籍分为:哲学、历史、政典、方志、文物、记述、技术、文学、丛书、佛典等共十部,每部再分诸类、诸属。而其中尤以方志的收藏闻名遐迩。王培孙收集方志花了几十年时间，所收集的方志分为畿辅志、府志、州志、厅志、县志、镇志、载记舆图等类，另外还有山川类、古迹类、居处类。当时，南洋中学图书馆收藏的古籍约 76700 多册，加上外文书籍，藏书量共逾十万册，规模已不亚于当时一般的大学图书馆。

1937 年，抗战全面爆发，南洋中学停课，图书馆所藏古籍运往租界法藏寺保存。1946 年抗战胜利复校后，图书馆又逐步恢复。1952 年，王培孙病危，嘱将藏书中最为精品的 76700 多册捐献给上海市人民政府文化局，拨交顾廷龙先生为馆长的合众图书馆保存，合众图书馆后改称上海历史文献图书馆，现并入上海图书馆。

校友厅图书馆不仅是一幢优秀建筑，它还见证了南洋中学的悠久历史，凝聚了南中校友对母校的深深情结。以后，这里将建成一座南洋中学校史陈列馆，陈列丰富的史料、实物，以弘扬南洋中学的优秀传统，培育一代代的南中学子。

上海市南洋模范中学

百年薪火相传,“以立模范”之教

岁月留痕

1896年(清光绪二十二年),大理寺正卿盛宣怀上奏朝廷,由他督办的招商局、电报局盈余项下每年拨白银10万两,在上海举办南洋公学,造就洋务人才,以求富国强民。盛宣怀的奏请得到光绪的允准,并被委派为南洋公学督办。于是,盛宣怀当即派员在徐家汇北部(今华山路以西地块)选择校址,着手购地造房,筹划设立“四院”;一为师范院;二为外院(后称下院),即附属小学;三为中院,即二等学堂(相当于中学);四为上院,即头等学堂(相当于大学)。

南洋公学外院,有人认为它是近代中国创办最早的一所公立小学校,也有人认为它是南洋附小的前身,南洋模范中学的创办日可以从1897年外院的创办日算起。但可惜的是外院在当时仅仅作为师范院的教学实习基地,两年以后外院就停办了,它与以后的南洋附小并没有连贯性;所以,后来南洋模范中学的老校长、新领导和校友会共同确定1901年南洋附小的创立为南洋模范中学的创始,不将南洋公学外院的两年列入校史。

百年来南模人才辈出,3万多名学生的足迹遍布祖国各地和海内外,他们在各行各业为祖国、为社会做出了卓越的贡献,其中有53位成为中国科学院、中国工程院院士,有邹韬奋、王选这样的“双百人物”,有两弹功臣,有驻外使节,有体育明星,有著名演员,有陆海空三军将领,还有国家领导人和部长,等等。

图1　20世纪八九十年代南模校门

校史回眸

1897年(清光绪二十三年)春,公学的校舍尚未建成,为着手培养上院和中院的教师,学校决定租赁民房,先开办师范院。据3月7日《申报》的消息,南洋公学师范生第一次入学考试,报名者70名,实到应考者65名,考试地点借六马路格致书院,由盛宣怀亲自监考。经过严格考试,分4次录取30名为师范生,给予“白据”,准予试业2个月后确定去留和层格。同年秋天,公学开设外院,招收8至18岁的学生,分大、中、小三个班,每班又分正、次两部分。学生全部寄宿学堂,在大班学习一年后,合格者可升入中院。外院的师资主要由师范生轮流任教。1898年春,又开设中院。经过两年半的试行,外院招收的学生逐次递升中院,公学就此决定停办外院。

外院停办以后,由于当时上海新式小学堂很少,南洋公学的中院又感到生源匮乏,影响公学的质量,于是又提出重新设立附属小学,可以改称为“下院”,招收高小学生。

1900年(清光绪二十六年),何梅生先生正式提出建议:"在本校创办高等小学一所,以立模范。并于苏省南北分设同等之小学八所将以开通内地之风气,而并为他省之先导。"何先生提出的附小要"作为模范",既赋予南洋附小办学的目标和传统精神,也成为1927年学校更名为"南洋模范"的传统因素。

学校先召集师范生议论何先生的这一建议,后经过公学商议,决定立即筹办附属高等小学。何梅生先生呈文盛宣怀,将师范生分为蓝、绿、黄、紫、红五个层格,对所有取得试业"白据"的师范生重新考核。按照公学规定,师范生中执红格凭据者,准予充当教习。南洋公学附属小学定于1901年(清光绪二十七年)2月1日,正式开学。

南洋公学附属小学(下院)的第一任堂长陈懋治(诵平),于1897年与沈叔逵、林康侯等一起考入南洋公学师范院。按照师范院的规定,陈懋治通过考核,得到红格凭据,并担任学长。1900年陈懋治因"志趣尤异,学识兼懋"获得"超拔",被任命为附小堂长,奉命筹办小学,规划一切。

附小办学经费困难,教员们生活清苦。在陈先生的主持下,附小办学严谨,对学生要求严格。据当年的学生回忆,每天早晨6点钟,大钟发第一声时,全体学生在上院前面的大路上集合,沈叔逵先生发出"立正"口令,开始做早操。不论寒暑,做操时不准戴手套,纪律严明,训练有序。教员们并且自编教材,教学有方。1903年,附小第一期毕业共15人,从此薪火相传,学校跻身江南名校之列。

1907年元月,小学迁入新校舍,称为"南院"。新建的南院有南北两排2层楼房,南楼有5大间,北楼有7大间,南北楼之间相距20米,在东端用桥式有顶的长廊连接南楼和北楼。在距离北楼西端7米多的地方,又建造小楼5间、平屋1大间,用桥式无顶的阔廊与北楼连接。这样,全舍上下两层都可以通行。当时南楼的2层作为教室,底层为客厅和办公室。北楼的2层作为学生卧室,底层为教职员卧室和账房、膳厅。小楼的2层为校工卧室,底层为盥洗室、浴室和茶水房;平房则为厨房。校舍的东面和南面有大小两片空地,作为学生活动的操场。至此,精心构建的南院初具规模。

1907年9月,唐文治担任南洋公学校长,附小师生举行游艺会欢迎唐校长。唐文治综合附小的办学成绩，优加奖励，特别拨出专款，为小学添建礼堂。于是，在1908年春，在南楼的西南隅建造礼堂，雨天兼作操场；1911年，小学又建造大门和门房2间。南院自此完成了校舍的构建。从南洋公学保留的经费账目来看，用于购买地皮、建筑校舍耗银近20万两，用于购买仪器设备、化学试验用品、图书等耗银1万余两。经过将近10年的苦心经营，附小终于建成为一所颇有规模的新式小学堂，南模自此传承百年，生生不息。

历史撷英

“艺体楼”的建成

在南模中学百年来的发展中，逐渐形成了具有南模特色的传统项目，这就是篮球和交响乐。在1923年南模中学就有了自己的篮球队，并且还在当年取得了“上海市锦标奖”。百年来有很多知名的篮球教练带领过南模的篮球队，比如赵润秋、李祖极，有很多知名的校友在篮球上取得了很好的成绩，比如国家男篮队长张大维、姚明等。南模的篮球队近四十年来获得了几十个冠军，有全国的，有地区的，并蝉联上海市高中男子篮球联赛冠军。1992年南模中学开始推进学生艺术教育，组建了学生交响乐团，由著名指挥曹鹏老师担任首席指挥，自建团至今每个星期天从不间断训练，每个暑假、寒假都统一集训，是上海市乃至全国素质教育的一张名片。

南模中学的篮球与交响乐发展迅速，但是学校的硬件却跟不上这两个特色项目的发展，学校没有专业的训练、演奏厅，原来学校的篮球场就是露天的水泥地，篮筐都是铁链子的，篮板也很破旧，在这样的环境里练球，同学们很辛苦，而且一到刮风下雨就无法开展比赛。

随着国家改革开放后经济实力的不断增长，对教育的投入越来越多，1999年南模中学的“艺体楼”竣工了。这栋楼由上海现代建筑设计院总建筑师、1957届校友邢同和主设计，占地1200平方米，建筑面积4800平方米。这栋新建的艺体楼给学生创造了更好的提升体育、艺术修养的条件。艺体楼建成后,学校每年都要举办多场篮球赛和交响音乐会,如许忠钢琴音乐会、十多个国家的学生交响乐团的交流演出、NBA 球星的访问比赛、上海中学生篮球联赛等。硬件跟上去了,学校的特色项目就能得到更大的发展,最终受益的还是南模的学子。

学校的发展不仅是面积的扩大、校舍的增多,从最初的功能单一的教室,到后来配备多媒体设备的多功能教室,再到现在的各种专业实验室、专用教室,学校的教学形式、教学硬件不断丰富。硬件的变化实际上说明中国教育发展的背后是国家国力的提升。

交响乐团维也纳夺冠

奥地利维也纳第三十五届世界青少年音乐节比赛于 2006 年 7 月初举行,南洋模范中学交响乐团有幸参加了这次音乐盛会。从 3 月底报名到 7 月初参赛并获得管弦乐组金奖第一名,在此期间,每一个同学都有了一段难忘的、不平凡的经历。

图 2　学生交响乐团合影

管弦乐组比赛的规定曲目是贝多芬的 F 大调《第八交响曲》第一乐章和勃拉姆斯的《学院节庆序曲》,这两首乐曲的难度都超出乐团平时的实际演奏能力,要拿出上乘的演奏质量,困难确实不小。另外,在规定的四十分钟的比赛中还要演奏自选曲目,当然,自选曲目的确定也很有学问。

4月初,南模交响乐团的几位管理教师在艺术总监、首席指挥曹鹏老师的主持下开了准备会议,经过仔细分析研究,决定把穆索尔斯基的《荒山之夜》和《打虎上山》《百鸟朝凤》三首定为参赛的自选曲目。比赛实践证明,这些曲目在这次比赛中能够恰到好处地展示出乐团的优势。这些曲目的确定既是大家集体智慧的体现,更是曹鹏集几十年乐团指挥经验,高屋建瓴、运筹帷幄的结果。

时间紧、任务急,尽快排练出高质量的演奏作品是当务之急,但此时交响乐团却碰到了前所未有的困难。乐团这次出访的人员中有一半是高三、初三年级的同学,他们即将面临6月7、8、9日三天的高考和6月17、18日两天的中考。升学考试,对同学、对家长来说都是头等大事,再加上全校各年级的期末考试要到6月23日才结束,新配器的曲目还要试奏、修改,两首比赛指定曲目尚未合成,而6月30日就要离沪赴奥地利。既要保证同学们备考,又不能眼看着去音乐圣地维也纳的比赛败阵而归,这会大大伤害同学们多年来对音乐的付出,乐团的领队、学校党总支副书记潘旭炜和曹鹏焦急万分。为此,大家想方设法,采取游击战的战术,以分散小声部为主、集中大声部为辅进行排练,狠抓薄弱声部,猛攻困难片断,个别辅导和陪练相结合,考试负担轻的多练,负担重的少练,特殊情况甚至可以免练。曹鹏又写出了乐曲内容的分析及乐曲演奏的详细注意事项分发给全体乐队队员,这样既增强了同学们对乐曲的理解,又可以减少排练时间。曹鹏还经常把乐谱带回家去改配器、改弓法、调整声部……采取了以上一系列措施,既抓大局又抓细节,保证做到大合练时快而有效。曹鹏深有感触地说:“在这关键的阶段中,学校的潘老师、周老师等和我配合得甚是默契。”这种配合也为曹鹏运用他的智慧,从容地驾驭整个排练过程创造了条件。

著名音乐家郑德仁先生为乐团编配了总谱,著名演奏家陈嘉敏、张志海为乐团多次指导。还有十几年如一日辅导乐队各声部的指导老师,他们付出了辛勤的劳动,为乐团提高演奏质量起到了重要作用。6月30日,交响乐团全体师生登上了去维也纳的班机。抵奥后,旅奥提琴制作大师宋翰先生为乐团借来了低音提琴和打击乐器,帮助乐团借到了排练场地维也纳中文教育中心。7月1日,南模交响乐团在维也纳中文教育中心举行了参赛前的最后一次排演练习，这对第二天比赛的成功起了很重要的作用。

7月2日，比赛在维也纳市政中心音乐厅隆重举行。下午1时许比赛开始了，在四十分钟的演奏中，全体演奏员在曹鹏激情而又细腻的指挥下，全身心地投入到音乐表现中去。《学院节庆序曲》等五首乐曲一气呵成。当演奏完最后一个音符时，音乐厅里响起了热烈的掌声，观众们纷纷起立鼓掌欢呼。令人意外的是，评委们竟然也全体起立，热烈鼓掌，有的还向曹鹏示意、致敬。这种壮观的场面在国内外比赛场上是很少见的。比赛当天评委虽然没有当场亮分，但是曹鹏说："今天大家演奏得出色、出神，尤其令我感动的是，今天人人都投入音乐，人人都尽情歌唱，这是我最满意的一次演出，我已经给大家打了最高分。"成功的演奏使大家久久沉浸在兴奋和激动之中。

7月4日是比赛的闭幕式演出和发奖仪式，乐团演出的曲目被安排在全场压台的位置。中国驻奥地利大使馆贾参赞兴奋地说，按照惯例，这是最高分的位置，你们肯定是金奖啦！在演奏了唢呐与乐队《百鸟朝凤》之后，应观众要求加演了一首弦乐合奏《春天》。这首以快速多变的技巧为特征的曲目再次征服了全场观众。

最后激动人心的时刻到了，当主持人宣布南模交响乐团获得了管弦乐组金奖第一名时，全场再一次响起了长时间的掌声。南模交响乐团不仅获得了金奖第一名，而且还是中国三支参赛队中成绩最好的一支队伍。此时，大家在赛场上欢呼雀跃，并激动地展开随身携带的五星红旗，大家围着五星红旗拍下了那激动人心的一刻。乐团的同学们在随后下发的评委评分表上惊喜地看到：有一位评委给出了满分100分，评委会主席给了99分，有一位评委在10分为满分的小项目中两次打出了11分。这样的高分在类似的音乐节比赛中是很少见的。

第四课堂

南洋模范中学的历任老校长和教师对于校园环境建设都是非常重视的，因而有"四个课堂"的说法。第一课堂就是在教室里，老师传道授业解惑；第二课堂是放学后，各种兴趣小组和社团；第三课堂是社会和家庭教育；第四课堂就是整个学校的硬件环境，南模的师生认为校园内的绿化，包括一砖一瓦、一土一木都是有育人作用的，所以这叫第四课堂。

南模中学的校园是一个充满教育意义的特色地域。自 1937 年抗战全面爆发，从交大搬迁至天平路，租赁私家花园至今，百年来校舍规模不断发展，有中西合璧的教学楼，也有简朴的平房教室、八角亭、小桥流水，营造成一种文化，在办学发展的历史中，蕴含着独具特色的办学精神，这种氛围，极富魅力地熏陶、培育着学生的人格。

图 3　红楼

在南模中学的天平路校区内可以看到几幢洋溢着时代气息的建筑，为校园营造出青春气息。浏览十几处校园景点，又如同阅读一篇篇美文，一代代名师、一则则故事、一串串佳话、一行行数据、一幅幅画面，又会展现在眼前，令后来者们不禁从心底涌现仰慕和崇敬。这是一所百年名校，一百多年来，她将数万名师生凝聚在一个校训目标下，在曲折的办学过程中升华为学校凝聚力、奋斗力，并且注入了一种崇高的人格力量，长期以来这种力量内化为南模校园精神。

由于办学规模不断扩大,几经改造,校貌有了很大的变化。但在考虑总体布局时,始终保留了经典的、有南模特色的建筑,例如以两位老校长沈叔逵、沈同一名字命名的叔逵楼、同一楼和八角亭(康乐亭)。1950 年 4 月,毛泽东主席应高一学生请求,为学生壁报题词"青锋"。2001 年 8 月,江泽民主席寄语南模学生做"求知的模范。生活的模范,爱国的模范,进取的模范"。一所学校如何面对自己的历史文化、传统? 在现代办学和发展中,既应把校园的历史环境教育功能突显出来,又应把这一切教育因素纳入学生的直觉和视觉中及感兴趣的范围内,使教育阵地进一步扩展,因此学校建造了"青锋"石和"四个模范"铭牌。

图 4 1976 年毛主席逝世,同学们向"青锋"宣誓

南模校园的每一个历史的角落、每一处景观都在诉说自己的故事,以及它们所寄托的审美情趣,如"智慧源泉""紫藤书香""五育并进""地球母亲"等等,学生正是通过这些环境的启发,逐渐影响和形成自己的观念,培育良好习惯,陶冶健康情趣。

南模发展新征程

源于百年历史的积淀，得益于学校多年坚持创设宽松环境、注重个性发展的传统，历届校长已经为南模的发展打下了良好的基础。今日南模以“二期课改”为抓手，夯实国家课程，打造校本课程，进一步推进新课程体系的建设，进一步提炼和完善了拓展课、研究型课程的运行机制，增设双语教研组，成立科研信息中心，加强数字化校园和校园网建设。新建多媒体教育与网络实验室，开辟特色项目专用实验室。学校成功举办了多项教学比赛和体育比赛。学校的运动会、科技节、艺术节、戏剧节……也从不同侧面展示了南模学子的风采与活力。学校逐步构建起体现学生德育特色的主体性新体系，教科研工作也为构建“学习型、温馨型、数字化、国际化”校园起到了积极的引领作用。

学校连续22年被评为上海市文明单位，2009年3月学校又被光荣授予全国精神文明建设工作先进单位称号。2011年学校被授予第三批全国文明单位称号，2017年顺利通过全国文明单位复审。

2009年，南洋模范初级中学搬入天平路校区，2013年南模初高中进入了一体化管理阶段，实施“一套班子，多个校区，统一管理”的运行机制，南模高中优秀的人力管理资源、教师资源及特色资源不断向初中辐射，使得南模初中的办学水平得到了整体提升。

2008年学校成立境外部，设有加拿大BC省海外高中课程和对外汉语课程。2015年，经上级行政部门批准正式转制成立上海民办南洋模范中学，同年9月，搬入天钥桥路校区。民办南模中学以教学质量打造世界品牌课程、以人文关怀营造和谐成长环境、以中西融合促进学生全面发展、以国际视野开创学生高远人生。初中课程的办学质量反映出“南模”品牌所要求的高度，总体风格上与“南模”的历史文化一脉相承。

2015年9月，南模教育集团正式成立，集团以南洋模范中学作为核心学校，成员学校包含西南模范中学、南洋模范初级中学、民办南模中学。通过核心引领、抱团发展，提升教育集团内各伙伴校办学品位与质量，做大做强知名品牌，承担推进区域教育均衡与提升区域教育质量的责任。历史悠久的百年南模，正焕发出勃勃生机，为国家和社会做出新的贡献。

素质教育呼唤文化回归，这是一项极其艰巨和光荣的任务，同时也是历史名校必须正视和完成的任务。可以理解，真正意义上的素质教育实际上就是一个文化过程，既有校园文化又有民族文化，教育一旦失去文化，所剩的就是知识的移位和应试的准备，正是在这个意义上，我们呼唤文化的回归，呼唤校园文化、民族文化的回归、传承、发扬、强化。

图 5　零陵路新校区大门

上海市徐汇中学

开创中国近代教育史上多个第一

岁月留痕

作为“西学东渐第一校”，上海市徐汇中学开创过中国近代教育史上许多个第一：第一个开设数理化课程；最早运用电化教学；最早拥有物理、化学、生物等实验室和语音室；第一个开设法语、英语、拉丁语课程；第一个设置音、体、美课程；第一个对学生进行油画训练；第一个编撰多学科的校本教材《汇学课本》；第一个组建学生西洋乐队，曾在四川路演奏《晨曲》；第一个拥有学校自己的足球场，学校足球队曾 8∶1 大胜英国海军“伦敦号”足球队……曾被誉为“中国各种学堂之标准”。

校史回眸

上海市徐汇中学现为公办完全中学、徐汇区实验性示范性高中。创办于 1850 年，始名徐汇公学（图 1）。

图 1　公学诞生（1850 年）

近 170 年来，学校培养了 54000 多名毕业生，人才辈出，校友遍及世界各地。代表人物有著名教育家、“爱国老人”马相伯，地质学泰斗翁文灏院士，“近代雕塑之父”张充仁，原卫生部长陈敏章，中科院副院长严义埙，世界著名原子物理学家、法国科学院院士周知行，中国科学院院士周兴铭,中国工程院院士汪应洛、魏敦山、褚君浩、潘健生,翻译家傅雷,戏剧家洪深,现代作家叶辛,等等。

学校先后被评为全国艺术特色学校、上海市文明单位、上海市行为规范示范校、上海交通大学国家生命科学与技术人才实训基地校、同济大学交通运输学院教学实验中心实训基地等。目前学校正在争创工程素养培育特色高中。

为了激励学生学习,徐汇中学校友程正平设立了“知行奖励金”;校友任九皋设立了“任魏维拉夫人奖学金”,重金资助被北大、清华、复旦、交大录取的优秀高中毕业生。从 2007 年起,每年有 1—3 名高三毕业生可以在任九皋的资助下就读新加坡南洋理工大学;还设立了以徐汇中学首位华人校长、教育家马相伯命名的“马相伯奖学金”。学校已成为“学生有特长,教师有特色,教学有质量,办学有成就,社会有声誉”的品牌学校。

学校地处徐家汇中心地段,拥有设施完备的生命科学创新实验中心、工程科学实验创新中心,拥有享有盛誉的音乐、美术、桥牌特色课程专用教室。学校是“徐家汇源”4A 文化景区第一站。

历史撷英

老建筑:崇思楼看汇学前世今生

建筑是凝固的历史,崇思楼是徐汇中学校园中唯一一栋留存至今的徐汇公学时代的老建筑,也是历经百年沧桑的上海市优秀保护建筑,更是“徐家汇源”风景区一道亮丽的人文景观。

崇思楼是 1915 年开始酝酿建造的校舍。当时由比利时神父、建筑师第斯尼(中文姓为叶氏)设计草图并任督工,是具欧洲古典风格的西洋建筑。1917 年 1 月 8 日安置第一块基石,曾任上海县知事沈宝昌出席奠基礼,亲自铲土以示奠基之礼。1918 年 6 月 20 日落成,时称“新校舍”。沪上名流云集落成仪式,淞沪护军使卢永祥及其他中法人士共同出席了典礼。1992 年,该建筑被重新命名为“崇思楼”。

图 2　百年崇思楼

崇思楼落成之初,四个楼层的分配和使用情况具体如下:一二层为学校行政机关、校长办公室、大礼堂、理化实验室、生物标本陈列室、图书馆等;三四层则是音乐室和初中生的寝室。其中,二楼的理化实验室原来设于老校舍(即今尚学楼原址),当时物理、化学仪器与药品均混置一室,规模简陋,设备不齐。其后随着仪器数量的增多,原址已不敷应用,才迁至新校舍二楼,其规模与此前已不可同日而语,共分为化学教室、物理教室、化学实验室和物理实验室,拥有抽气机、静电发电机、煤气制造器,还有声、光、化、电、气、力学等多种实验仪器,秩序井然,有条不紊。这在上海中等学校中已属规模较大,仪器药品完备,为一般普通学校所少有。

2009 年对于徐汇中学有着非凡的意义。其一,党中央在全国推进“校安工程”,要把中小学校舍建成最具抗震能力的建筑,学校成为上海率先推进的单位;其二,为了迎接世博会,区政府致力打造徐家汇的文化亮点,提出“走出徐家汇,来到徐家汇”,作为受益学校,徐汇中学被列为“徐家汇源”景观建设第一站;其三,在学校将迎来建校 160 周年庆典之际,汇学被称为“西学东渐第一校”。

从 2009 年 6 月底搭脚手架,到 2010 年 1 月底拆脚手架,修缮一新的崇思楼英姿初露。2010 年 2 月进入内部装潢阶段,到 6 月交付使用,历时一年。

如果说百年崇思楼用“静态”留存了汇学校园最珍贵的历史片段，至今仍时刻散发着不可磨灭的深厚文化底蕴，那么，曾活跃在汇学校园的老校长、老校友们便是“动态”的风景，他们或许身处不同时代，拥有不同身份，但无一不用自己的人格魅力诠释出“感恩、善良、责任、大气”的汇学精神，演绎着一个个独具汇学人风采的教育故事。

在重新规划崇思楼的功能布局时，校方本着“还崇思楼予师生，让修缮后的老楼，服务于学校的特色教育、师生的多彩发展、校园的文化建设，成为培养学生个性发展的天地”的设计理念，确定了今日崇思楼的多彩教学格局。

近年来，崇思楼日渐成为汇学学子多彩发展的摇篮、汇学教师错位发展的园地、汇学特色教育的基地，被上海市教委原副主任李骏修称赞为“看得见的素质教育”。

2011 年，崇思楼修缮项目荣获“全国十大文物维修工程”奖项，这是徐汇区在文物修缮保护项目上的重大突破，也是上海市文物维修工程首次获得的全国性奖项。

老校长：马相伯用汇学叫醒中国

徐汇中学已经走过了近 170 个春秋。徐家汇学校正门的左侧，有一幅沧桑的书卷，印着遒劲的“汇学”两字。“汇学”告诉世人：徐汇中学开启了我国近代中西教育交汇的先河。“汇者，聚也”，学习需要积累，教育也需要积累；“汇”又谐音“慧”，其意旨为智慧地学，学出智慧；“汇”还谐音“会”，表明学习的目的在于学会学习。所以“汇学”也是学校办学理念的表述，有“古今传承，中西汇通”之意。

受徐光启引进《几何原本》传播先进科学知识的启发，徐汇首开数、理、化教学，设置音、体、美课程；承他自撰《农政全书》追求民族自强的影响，学校崇尚中西文并重，倡导德智体俱进。百多年来，“科学”“强国”一直是徐汇中学秉持的办学传统，徐汇中学因造就了以马相伯(图 3)为代表的一大批社会精英、民族脊梁而蜚声海内外。

马相伯祖籍江苏丹阳,生于第一次鸦片战争爆发的1840年。他是徐汇中学的首届毕业生,在校期间刻苦攻读法文、拉丁文、希腊文、哲学、神学、数理和天文等学科。他后来担任徐汇校长职务时也兼职教务,讲授经史子集;同时继续研究哲学、数理及天文,并译《数理大全》等书百卷。他的博学,是汇学的人格化。

图3 马相伯像

1905年,推崇教育救国的马相伯在上海创办了复旦大学,此后为国家培养了大批英才。马相伯的学生中有蔡元培、于右任、邵力子等民国时代的教育家和杰出人物,这些时代精英也致力于教育救国,使得汇学的理念发扬光大至海内外。

百岁老人马相伯的一生贯穿了一部中国近代史,是忧患和爱国的一生。“九一八”事变时,马相伯已届91高龄。他深感国难深重,为救亡呼号奔走,发表《为日祸告国人书》,主张“立息内争,共御外侮”。他亲自挥毫作榜书、对联义卖,共得10万元,全部支援抗日义勇军。他先后发起组织江苏国难会、中国国难救济会和全国各界救国会等爱国救亡团体,被公认为救国领袖、爱国老人。

1939年,全国各界祝贺他百岁诞辰,中共中央特致贺电,称他为“国家之光,人类之瑞”。他在病重时仍捐资抗日,忧国忧时之情更深。他说:“只会叫,叫了一百年,还没有把中国叫醒!”他于1939年11月4日溘然长逝。噩耗传出,举国哀悼。

今天的中国,早已醒来!今天的徐汇中学里,伫立着相伯老人的铜像。每年的清明和国庆,后世的学子都在此祭奠他的英灵,向他述说着盛世情怀,告诉他:如今每天叫醒学生勤奋汇学的不是闹钟,而是中国梦的时代理想!

好老师:难民之父饶家驹神父

饶家驹是法国人,1913年来到上海传教,在徐家汇学习中文,同时担任徐汇公学监学，教授法文和化学。是年，值校庆的一天，他见学生在操场捣火袭筒，预备放烟火庆祝，因学生气力不加，便上前亲自捣塞，不料用力过度，筒里药炸，他的右手遂被炸毁，从此人称“独臂神父”。饶家驹身材高大，相貌英俊，擅长体育锻炼而体格健壮，颇具男子汉气质。学生回忆，他平易近人，是名出色的教师。在语言方面，法语是他的母语，英文和拉丁语也非常流利，并且能够操一口漂亮的普通话，会说上海话，以及流利的日语。

这位出色的汇学老师，有着博大的悲天悯人的情怀，在当年兵荒马乱、动荡不安的上海，参与了很多慈善救济工作，最突出的就是创建了南市难民区。饶家驹不仅有爱心、胆识，更有智慧，他奔走游说各方支持，正式建立南市难民区。1938 年前后的三年间，南市难民区至少庇护了 30 万中国难民，非常了不起。为拓宽经费来源，这个独臂神父多方募集钱款，使得难民区的维持有了保障。

上海饶家驹安全区的出现，为中国其他地方的难民保护活动提供了范例。拉贝等正是看到了饶家驹在“八一三”以后在上海救助难民的义举，才萌动了建立一个国际安全区的念头，并且拜托饶家驹神父与日本方面联系，饶家驹成为拉贝等跟日本联系的纽带。虽然最后日军拒绝设立南京国际安全区，但是饶家驹还是引发、推动了南京安全区的建立。南市难民区也成为此后汉口、广州乃至法国、德国等地区设置安全区的效仿样板。饶家驹首创的保护平民安全区模式，直接促成了战后《日内瓦条约》修订，条例加入了战时平民保护相关条款。

“二战”期间，上海是接纳逃难的犹太人的“挪亚方舟”，位于虹口区提篮桥的“无国籍难民限定居住区”曾经接纳了近 3 万名犹太难民，使得他们中的大多数人能够活着走过“战争的幽谷”，许多犹太后人感念至今。南市难民区是外侨为上海民众提供的“避风港”，饶家驹由此被称为“难民之父”“中国之友”“上海辛德勒”。这两个难民区同在上海，是那个血色年代中人道主义的光辉典范，据闻目前两个难民区的联合申遗工作正在进行中，令人期待。

饶家驹非常热爱中国，曾深情地说：我在中国时间很久了，以中国为第二故乡。在上海的最后时刻，他把自己的中文名字饶家驹改名为饶家华。“二战”结束后饶家驹又赴德国救济难民，终因劳累过度而逝世。

老校友:魏敦山用汇学建设中国

马相伯元勋毕业100年后,正值新中国的黎明,徐汇中学又走出了一位传奇式校友,那就是1951年第101届毕业生、后来的著名建筑设计大师魏敦山院士。

魏敦山于2010年9月作为校友代表应邀为徐汇中学校史作序。他在序言中饱含深情地回忆道:“61年前,我在徐汇中学高中部求学,学校生活紧张而丰富。”他特别强调,“每天下午课余时间我必须离开教室进入操场,跑步、踢球和体操健身。”直到现在,魏院士还认为,正是因为在徐汇中学求学时所长期坚持的体育锻炼习惯,才造就了他至今坚强的意志和健康的身体;因为建筑设计是个体力活,经常要往返工地。或许是汇学体育酿就的奇缘,他的很多杰出作品都是标志性体育场馆。他在20世纪70年代设计了上海体育馆(又称万人体育馆),在80年代设计了上海游泳馆,在90年代设计了上海体育场(又称八万人体育场)以及如今作为申花足球队主场的虹口体育场。

魏敦山从小热爱传统艺术。他就读于徐汇中学期间,在校园里结识了不少爱好滑稽艺术的朋友,如张锡庆、钱祖恩等人,大家一起组建了汇星业余滑稽剧社。课余,这批朋友上电台演唱,还排演滑稽戏《妈妈不要哭》。钱祖恩邀请胞姐、电影明星欧阳沙菲任艺术指导,以扩大剧社影响。后来,不少成员索性投师从艺,张锡庆和钱祖恩拜姚慕双、周柏春为师,易名张双勤、钱双恩。魏敦山曾经拜小刘春山为师,在艺术修养上颇具汇学风范。后来魏敦山以优异成绩毕业于同济大学,成为一名建筑大师。他的设计具有艺术品位,直接惠及各种建筑。

鉴于魏敦山在国家建设中的功勋,1994年他被建设部授予“中国工程勘察设计大师”称号,2000年12月荣获首届“梁思成建筑奖”,2001年当选为中国工程院院士。得益于开放的中国,魏敦山的作品逐渐产生国际影响,如在国外主持设计的大型援建工程埃及开罗国际会议中心建成后,获得所在国国家领导人及有关技术专家好评,荣获埃及总统穆巴拉克亲自颁发的埃及“一级军事勋章”的嘉奖。他在中国以及国际社会的设计成就,也被收录于英国出版的《世界建筑史》。

魏敦山现任上海建筑设计(集团)有限公司资深总建筑师。这位从业半个多世纪、主持和参加过100多项国内外大型建筑设计的上海建筑专业学科带头人,始终情寄汇学母校。每年 11 月校庆那天，汇学校园里总能看到魏敦山校友的身影。而 2015 年 3 月 2 日，正值新学期开学，魏敦山院士特地回到母校，关切地询问汇学发展近况，刘晓艳校长向他详细介绍了学校近期所获得的成就以及新一年的发展规划。魏院士欣喜地表示：汇学的发展蒸蒸日上，无论何时，只要母校有需要，他一定积极地为母校的建设出谋划策，表达对母校的感恩之情。

新征程：从多彩发展到工程素养

徐汇中学曾被誉为"西学东渐第一校"，是近代上海的一所著名学校。从徐汇公学到徐汇中学，大致可以分为三个阶段，即：徐汇公学时期（1850—1932），私立徐汇中学时期（1932—1953），公立徐汇中学时期（1953 年至今）。前两个阶段，学校是沪上最好的学校之一；在后一阶段的"文革"时期，学校发展曾遭到重创。

20 世纪 90 年代中后期，汪劲松校长提出了"多彩教育"的办学理念，率先进行科技、艺术、体育等特色办学，注重培养和引进优秀师资，管理上注重精神激励，全体师生以务实的态度和不断进取的精神，一步步提升教育教学水平，使学校得到长足发展，并于 2005 年被评为区实验性示范性高中。

图 4　今日之徐汇中学

2006 年，庄小凤校长坚持"稳定中求发展，继承中求创新"的原则，实践"多彩发展教育"的理念，通过前瞻性的"让文化开花，让特色升华；文化挖潜底蕴丰厚，特色课程创先争优"，不断探寻学校发展的新的增长点。学校创建了生命科学创新实验中心；深入挖掘校史，完成了《西学东渐第一校——从徐汇公学到徐汇中学》校史书、汇学文化长廊和汇学校史博物馆等三大工程；成功举办了 160 周年校庆纪念活动。校庆之际，时任中共中央政治局委员、国务委员刘延东来信祝贺。

2011 年起，刘晓艳校长带领的管理团队本着坚持实践"多彩发展教育"的理念，通过对学校历史积淀的现实性思考，弘扬学校传统文化，体现时代元素，进一步形成具有鲜明徐汇中学特色的学校文化。以育人为根本，以校本管理文化建设为基础，推进阶段性目标的实施，以发展项目为抓手，以实施策略和有力的保障措施为支撑，确保学校发展目标的实现。

近年来，曾宪一校长坚持“崇尚科学，多彩发展”的办学传统，争创上海市工程素养培育科学特色高中，致力于培养有科学素养、艺术修养、人文涵养、文化教养的高情商爱国者。学校建有“生命科学、工程科学创新实验中心”“新科学新技术课程群”，主要课程有：微生物工程、环境工程、基因工程、生物安全、生物信息、轨交调度、空气净化器制作、多彩的功能膜、太阳能发电、大数据、计算机程序控制、地理信息技术在城市管理中的应用、天文台、高铁驾驶、波音 787 驾驶等。结构化、多样化的理工课程，有力地促进了学生“工程思维、创新意识、实践能力、合作精神”的培养，构建了“荟学+会学+慧学=汇学”的人才培养模式，为百年老校的新发展增强了动力和羽翼。

工程素养培育课程多样化，学生才能根据个人特质发展兴趣乃至志趣；开设与大学衔接课程，有助于学生的职业生涯规划；开设实验课程和自主研究课程，有利于实现工程类科技人才的早期培养，把学校办成科学家和工程师的摇篮，为未来解决“钱学森之问”奠定学识、学力基础。

学校工程素养培育特色办学的效用发挥主要体现在：工程素养课程让科技班成为名副其实的科技班（科创班），工程素养课程群成为校本课程的开发源，工程素养类实验室成为学生的工程学习场，工程素养课程成为研究型教师培养的平台，工程素养类实验室成为科技创新的孵化器，工程素养成为科普宣传和实践的主要内容。

通过转化提升了学校办学品质和品牌辐射：由特长到特色——由特长项目向特色学校转化：以工程素养为核心内容的科技特色项目是学校的亮点之一。由局部到全面——由面向科技精英向面向全员科普转化：由少数师生创新或竞赛为主的精英培育模式向全体师生全面参与的普及教育转化。由表面到内在——由“兴趣”驱动向培养“志趣”转化：变兴趣引发到志趣引领。由形式到内容——由活动项目向特色课程转化：以前都是单打一的科技活动，现在逐步发展为课程群。由单项到多项——由单体项目向多元课程群转化：以前是以生命科学为主，现在向动车、飞机模拟驾驶的应用性研究，3D 打印设计制造，大数据，新能源，机器人，气象观测等涉及 16 个工程科学领域多方面拓展。由个人到群体——由个体名师向优秀团队转化：成立工程素养教研组。

今后，学校将继续完善工程素养培育创新实验室群建设，本着“探究性与创新性、时代性与特色性并重”“高端 · 前瞻 · 实用”的建设原则，采用“普及、提高和创新并行，校内外合作”的建设方式，丰富工程素养培育课程群建设。家长志愿者还开设了“无人机航拍”课程，还准备建设“月球车”“人工智能创新试验室”“影像创新实验室”“魔术创新实验室”等其他类创新实验室群。多方合力，把创新教育进行到底！

图 5　徐汇中学校园全景

学校也将继续加大力度，开发工程素养培育与人文艺术体育相互渗透、相融相长的课程群建设；继续突出科普教育，充分开发和利用校内外科技教育资源，充分利用科技图书馆，并和语文、英文阅读课结合起来，对除毕业班外的全校每个班级每周开设一节科普课；继续让学生走进高校和大院大所大厂，走进美术馆、体育馆、名人故居特色建筑群等，让学生在人文情怀中领略工程魅力。

从多彩发展到工程素养，汇学创新教育的精彩故事仍在续写。

上海市徐汇区建襄小学

三位家庭妇女创建的民办小学

岁月留痕

建襄小学创办于1958年,是吴佩芳等三位家庭妇女创建的一所民办小学。学校首任校长吴佩芳,历任校长有:戴舜琴、刘红仙、齐小云、吴德明。学校始终坚持“教好每一个学生”的办学思想,努力实践“扎实基础,和谐发展”的办学宗旨,逐步形成了“文明守纪,勤奋向上”的校风,“慈爱律己,严谨创新”的教风,“生动活泼,全面发展”的学风。学校名誉校长吴佩芳为全国劳模,以她为原型的现代沪剧《鸡毛飞上天》、故事片《春催桃李》享誉全国。

校史回眸

建襄小学总校在岳阳路255号,分校在永嘉路420号。原址襄阳南路。1960年,民办襄五小学并入。“文革”中被迫停办。1978年复校,改公立,迁现址(原岳阳路小学校址)。同年,民办建西、永嘉、永康等小学并入。1999年永嘉路第二小学并入建襄小学,永嘉路420号(原永嘉路第二小学校址)成为建襄小学分校。目前学校有两个校区,占地总面积5415平方米。有30个教学班,1千余名学生,在编教职工86人,其中中学高级教师4名。

学校历来重视教学常规管理,在不断总结经验的基础上,目前学校教学常规管理可以概括为“三二三三一”。学校基本确立了以爱国主义情感教育为学校德育工作的核心,确立了“革命传统教育”与“人文传统教育”为学校德育的两项重点内

图 1 建襄小学旧校舍(20 世纪 50 年代)

容,将坚持“优良传统教育与时代精神教育相结合;认知教育与实践体验相结合;突出重点与有机渗透相结合”作为德育的三大实施原则。努力塑造“乐于奉献、精于教学、勤于反思、善于合作”的建襄教师形象,努力培养建襄的学生成为“知礼仪、会学习、勤动手、乐运动”的健康文明人。学校毕业生李劲是上海市第一届儿童计算机大赛的获奖选手,他与当时提议建立赛事的邓小平合影,成为落实“计算机要从娃娃抓起”指导思想的真实写照;毕业生邵亦波是国内最大的拍卖网站——易趣网的创始人。

学校目前为上海市教育系统文明单位、上海市行为规范示范校、上海市安全文明校园、上海市素质教育实验校、徐汇区科技特色校、徐汇区艺术特色校、徐汇区体育特色校。

历史撷英

鸡毛飞上天

1960 年 3 月 7 日,沪剧《鸡毛飞上天》在上海首演。该剧讲述了 1958 年,上海某里弄以林佩芬为代表的家庭妇女,在中共组织的鼓励和群众帮助下,白手起家,克服种种困难,创建了民办小学。林佩芬深入细致地教育顽童孙虎荣,她的满腔热情和忘我工作,终使顽童转变,获得人们的敬佩。剧中主人公原型就是民办建襄小学校长吴佩芳。

家庭妇女来带头，八方支援办学校。1958 年 9 月，适龄儿童入学高峰矛盾突出。当时吴佩芳担任永嘉街道文教主任。“砰……”又一粒石子从窗外飞了进来，落在办公桌上，差一点打中正在写材料的吴佩芳额头。她连忙放下手中的笔，探出身子朝外张望。窗下，5 个年龄参差不齐的“小鬼头”还在朝着梧桐树上的鸟窝叽叽喳喳呢！“你们怎么不上学去？”听到问声，孩子们才注意到窗口的人。“到哪里去上学呀？”最大的那个孩子笑嘻嘻地反问，满脸的不在乎。“学校都满了，报不上名。”还是女孩乖巧，回答了问题。是呀，吴佩芳不是不知道，新社会，劳动人民家庭的孩子终于可以去学堂读书，无奈僧多粥少，好多孩子只能留在家中。

此时，党提出了“公办、民办同时并举”，在“两条腿走路”方针的指引下，吴佩芳找到了殷祖懿、江镜蓉两个姐妹商量自办学校。想法大胆，实干不易，由于是民办，故办学资金、设备等均为自筹：三人分别从家中拿出了自己的存款共计 100 元，作为办学资金；有关的办公用品，诸如桌、椅、橱等，甚至清洁用具畚箕、扫帚等都是从各人家中拿来的。创办人的决心和热情感动了周围的居民，一位民警为学校送来一幅毛主席挂像，学校从南昌补习学校廉价购来一批被淘汰的破旧课桌椅，一位退休老工人义务为学校修理改造这批桌椅；当地居委会取得房管部门的同意，腾出了襄阳南路 582 号底层汽车间作为学校的教室，面积仅 $28m^2$，教师的办公则是安排在楼梯的拐角上。就这样，“建襄小学”的牌子算是挂了起来。

图 2　1958 年，时任永嘉街道文教主任吴佩芳同志发起，与殷祖懿、江镜蓉等共同创办了民办建襄小学

质疑声中把学开，呕心沥血为教学。由于办学条件简陋，当地许多适龄儿童的家长都不愿将孩子送到学校。“一个教室，几张破桌椅，就这样的条件也能算学校？”“三个家庭妇女，她们会上课吗？”“这个学堂能办成，除非鸡毛也能飞上天！”在一片质疑声中，三位老师便挨家挨户地上门动员。“国强妈，让孩子来学校吧，总好过在弄堂里野，闯祸吧！”“小芬和小芳两姐妹可以一起来上学呀。”……就这样，建襄开班时，第一批学生有76人，分为两个班，上、下午轮流上课。可是第一堂课，因为没有经验，教具准备不足，课堂上一片乱哄哄，吴佩芳满头是汗，草草收场。

夜已经很深了，三个人还是凑在一起，又翻书又写又讨论，识字卡片、算术卡片做了一摞摞。一个人讲，两个人听，小小的斗室又成了微型教室。三个人一有空闲就去旁边的公办学校，站在教室外面仔细聆听正规的教师是如何上课的，再一字一句跟着学。她们的虚心刻苦感动了校长，校长破例让她们进教室听课，还不时地给予指导。

就这样，课堂秩序基本稳定了。可要让一群野惯了的孩子彻底静下心来读书写字，岂是容易之事？没几天，感到新鲜劲儿过了的孩子们有的就开始逃学了。吴佩芳走街串巷地找，再去家访，苦口婆心地教育……“呸……我不要上学了。读书没劲！”顽劣的吴海法头一歪，一口口水吐在了吴老师的鞋子上，两手插在衣兜里，右脚还抖呀抖。吴老师强忍心头火，拉起小吴的手，两人面对面坐在了凳子上。“来，吃颗糖，吴老师给你讲讲我的故事吧！”没有学过教育学、心理学的吴佩芳无师自通地实践了苏霍姆林斯基的教育方法。一次次的谈心，一次次的家访，一次次的鼓励，“野孩子”的心被渐渐收拢到课堂上，感受到学习文化知识的重要性。看到孩子们一天天地变化，看到学校教学井然有序，地区里更多的孩子被吸引来了。

图3　学校举办家校联欢会（20世纪50年代）

佩芳同志获接见,鸡毛一飞冲上天。党和政府对建襄人顶着困难上,俯首甘为孺子牛的精神予以了高度的赞扬。协昌厂让出了襄阳南路584号一幢宿舍楼作为建襄校舍的扩充。至此,学校已拥有一幢教学楼,教师一跃扩展至18人,所开的课程也在原先语文、数学的基础上,增设了音乐、体育、图画等,至此建襄已成为永嘉地区一所颇有影响的学校。建襄被誉为民办小学的一面红旗,报刊和电台连续一个月宣传了建襄的事迹。人民沪剧团根据吴佩芳同志帮助吴海法的先进事迹赶排了现代沪剧《鸡毛飞上天》,由著名沪剧演员丁是娥担任主演。海燕电影制片厂也依此题材,拍摄了故事片《春催桃李》,新闻片《民办小学的一面红旗》。建襄负责人吴佩芳老师被评为全国"三八"红旗手、全国优秀儿童教育工作者,并被选为上海市人民代表。1960年吴佩芳同志上北京出席了全国文教群英会,受到刘少奇主席和周恩来总理的亲切接见。1988年9月建校三十周年的庆祝大会上,学校被市政府命名为上海市实验性小学,吴佩芳同志被市政府任命为建襄小学名誉校长。"鸡毛飞上天"被人们传为佳话。

图4 学校教研活动(20世纪60年代)

"计算机普及要从娃娃抓起!"

多年以后,在孙云晓的报告文学《关键在于理解力》中,回忆了20世纪80年代一个初春的令人难忘的场景。

那是一个2月,天气还很寒冷,而邓小平却兴致勃勃地来到了上海,走进上海市展览馆,参观10年科技成果展览。在两个孩子前面,他停住了脚步。

两个孩子正坐在电脑前,专注而兴奋地摆弄着自己设计制作的"下棋游戏"。

"你做得真好,几岁了呀?"邓爷爷亲切地问其中的一个男孩。

“我十三岁了。”

一个十三岁的半大孩子，居然自己设计出了计算机程序。邓爷爷略有些惊异，随后感慨着，一边亲昵地用手摸摸男孩的头，一边对周围的人说：“计算机普及要从娃娃抓起。”

此时，幸运的男孩顿时成了全场摄像机、照相机的焦点。无数张照片，将那一刻永远定格下来。在无数的闪光灯和摄影镜头面前，在身边小伙伴们羡慕的眼光中，男孩根本不曾想到，邓爷爷的这句话对计算机教学的普及起到了多大的推动作用，这句话又使多少的少年儿童跨进了电脑科学的神圣殿堂。他高高兴兴地回答了邓爷爷的几个问题后，又对着电脑，继续摆弄起自己设计的游戏了。

后来，有人告诉他，邓爷爷原本只安排看一分钟，可结果在他的身边驻足了六分钟……

他的名字，叫李劲。那年，他就读于上海市徐汇区建襄小学。

的确，机遇非常重要。李劲入小学时是在 1978 年，正赶上了中国教育转入正常轨道的良好机遇。1982 年，上海选定了每区两所小学，进行小学生学习计算机的试验，而建襄小学正是徐汇区选定的两所小学之一。当时，李劲正在建襄小学读五年级，而且数学成绩优异，就被选拔出来参加计算机的学习。正是这一机遇，使李劲的命运变得不再一般——1983 年 1 月，上海举行了第一次少年儿童计算机程序设计比赛，李劲荣获第一。也正由于这个原因，他被选入中国福利会少年宫参加活动，并得到为邓爷爷做计算机操作演示的机会。

十年之后，有人面对已经进入清华园的李劲时，问了一个有趣的问题：“假如，你五年级时不在建襄小学，失去了当时接触计算机的机会，你会如何发展呢？”

李劲想了片刻，说道：“很难预测，不过发展道路肯定会大变，至少不会来清华。”他感慨道：“机遇非常重要，抓住机遇是一种本领。”

其实，抓住机遇的，何止是李劲。

自从被徐汇区选定为两所计算机教学试验学校之一，建襄小学的计算机教学与发展之路就由此迈开大步。

如今，在网络上搜索“建襄小学”几个字，可以看到许多与“计算机”密切相关的信息和荣誉。例如：

2002 年 9 月,学校建立了“建襄信息网站”,两年以后推出第二版“建襄信息网站”。

学校荣获第四届上海市中小学电脑设计与制作成果展优秀组织奖。

学校特色网站“走进数字校园”获首届“汇师杯”教学邀请赛一等奖。

学校的课题“信息技术探究性教学模块的实践研究”获徐汇区第八届教育科学研究成果三等奖。

学校被命名为徐汇区第一批信息化实验学校。

学校将 Blog 成功地应用到教育教学和管理中,使 32 个教学班都建立了班级网站,学科教师建立了学科网站,另建立了专题知识网站和学校管理网站。

学校还自主开发了基于 PHP+MYSQL+Win2KServer 技术的建襄信息平台下的“校本知识管理”互动平台。

……

如今,在不到 20 年的时间里,计算机在上海迅猛普及发展,邓小平那句“计算机普及要从娃娃抓起”已经得到了完全实现。而建襄,起步得早,所迈的每一步也是如此坚实有力。

现在,无论是学校的管理、教师的教育教学和科研工作、学生的学习,都离不开计算机的运用。

学校不但在所有的教室里配备了多媒体设备,在校内设置了大型电子显示屏,配备了视频安保监控设施以外,还实现了图书馆数字化管理和学生学籍、成绩的网络化管理。现在,建襄小学的新闻网站已更新至第五版,目前正致力于“拓展性课程网上选课报名系统”的研发。

教师的信息素养也得到了极大的提升。教师人手一台电脑,在查阅、积累资料的同时,教师已能全员参与多媒体课件的自主制作和运用。校内的教学互动、区际的网络教研,教师也积极参加。

至于学生,在计算机课的基础上,一部分学生投入到计算机兴趣小组的活动中,进一步发展了自己的特长,在比赛中一次次为校争得荣誉。

计算机,赋予了建襄小学更多的活力与特色;建襄小学,曾经推动了计算机普及教学在上海的发展,今后,也将一如既往地在计算机教学和发展的领域中阔步向前。

一建一襄树人才——记刘洁华老师的成长历程

在建襄小学，几乎每一年都有年轻的面孔加入这个大家庭，几乎每一年都有不少教师在个人专业化发展的道路上取得了新的进展与突破，实现了个人理想与人生价值。无论何时走进建襄校园，你总能感受到它的温暖，它的进取，它的团结。“鸡毛飞上天”这一核心理念，从建襄创办至今，不仅培养出一代代的优秀学子、社会栋梁，更是吸引着无数教师怀着憧憬热情加入，孜孜不倦投身教育事业。建者，立也；襄者，助也。建襄也正是做到了“建”与“襄”的和谐统一，一位位优秀教师在这块沃土中脱颖而出——刘洁华老师就是其中之一。

师徒带教——成长路上的指明灯。建襄有着一套既传统、规范，又成熟、有效的带教机制，从办校之初一直沿用至今，并且不断适应着时代的发展，拓展着新思路、新理念。在有经验的老教师带教下，年轻教师快速成长。1997 年 7 月，刚从师范毕业的刘洁华老师满怀憧憬地踏上了教师岗位。在这个改革开放突飞猛进的时代，建襄也顺应潮流，革新思路，大胆起用新人。学校安排她担任一个高年级班的班主任、语文老师，并特意聘请了谢庆娣教导作为刘老师的带教导师，在工作中言传身教，提携这位新人迅速进入状态。虽然工作很忙碌，但她充满了热情，事事都严格要求自己，尽职尽责。可她毕竟经验尚浅，无论在班主任工作还是在语文教学上都遇到了不少困难。迷茫、忧虑、挫折，一次次打击着刘老师的信心。谢教导常常主动找刘老师谈心，帮她疏导情绪，减轻压力，还特意安排大量的时间开展师徒互相听课、评课，耐心细致地引导刘老师解决了一个个教学、带班中遇到的困难。刘洁华虚心请教，用心学习；谢教导悉心指导，倾囊相授。在师徒二人的共同努力下，刘洁华逐步消除了焦虑情绪，不仅很快适应了学校的教育教学工作和节奏，而且在短短五年的职初期内，教育、教学水平不断提高。在工作的第五年，刘洁华便以出色的表现，担负起备课组长的工作。

提供平台——成长路上的鹅卵石。为了促进教师成长，建襄倡导“学习型学校”的理念，营造了一种浓厚的学习氛围。这种学习不仅仅是单纯的书本知识学习，也不仅仅是个人的自我充电，而是一种创造性的、开放性的团体学习，它意味着真诚的反思与不懈的探寻，意味着思想的自由流动与对陈规陋习的不断挑战。

互联网的接入，拓宽了老师们的视野；馆藏丰富的图书馆保障了老师的读书需求；校本培训、专家讲座、主题研讨、听课评课、名师带动，更为教师专业成长提供了平台。

学校的良好氛围，激励着每一位在校教师积极向上的热情。刘洁华牢牢抓住了这一次次学习成长的机会，不断充实自己，掌握更多专业知识。同时，学校也为她创造了一个个“走出去”的机会，让她通过各种交流学习，吸取更多的先进理念。在学校的支持和鼓励下，她积极参加各级各类教学活动，提高自己的个人素养，使自己具备把先进教育理念转化为教育行为的能力。她勤于钻研，重视教育教学理论的学习，并与教学实践相结合，在学习活动中与其他老师经常保持交流、研讨，取他人之长，促使自己不断提升。建襄为刘洁华创造了一个良性的成长空间，她在市、区级教学交流中进行公开课的展示；在区教研活动中进行讲座交流；撰写的数篇论文和案例发表在市、区级刊物上；指导学生在区、市乃至全国的各类竞赛中多次获奖；连续两届被评为徐汇区中青年骨干教师，并被聘为徐汇区小学语文学科中心组成员；她还曾获得徐汇区“园丁奖”，三次获得徐汇区“育人奖”，并且荣获“上海市园丁奖”“上海市优秀班主任”等荣誉称号……在“走出去”的同时，刘洁华又为学校带回来很多新的教学思路，促进了学校师资力量的建设。

及时勉励——成长路上的加油站。建襄时时关注着每一位教师的成长，不吝赞美、及时勉励、适时褒奖，推动着每一位教师迈步向前，同时又通过严格的考核制度，教育大家“不积跬步无以至千里，不积小流无以成江海”。刘洁华在 16 年的工作中，不断地积累，通过担任备课组长、年级组长、语文学科教研组长到现在的教学教导，一步一个脚印、一步一个挑战地成长起来。

2008 年，年轻的刘洁华接任校语文教研组长的工作。建襄小学的语文教研组是一个庞大的团队，由全校 30 位语文老师组成，其中有不少资历深厚、业务素质优秀的语文教师，而且大多数语文教师也都担任着班主任的工作，平时事务繁忙。当初接任这项工作的时候，刘老师不但担任着一个班的班主任和语文教学工作，同时还身兼年级组长、备课组长，工作已经非常繁重。要带好这样一个团队，协调好各种关系，开展好各项工作，刘洁华倍感压力，心里也没底。她有过顾虑，也曾想过退缩，但就在她迷茫困惑的时候，校领导及时找她谈心，给予她鼓励；同事们的支持和认同,给予她信心。在这样团结和谐的氛围中,她感受到了温暖和信任,于是,刘洁华抛开杂念,坚定信心,一心投入到语文教研组长的工作中……渐渐地,刘洁华成熟起来了。在学校领导的关心支持、信任肯定,同事们的通力协作、默契配合下,2013年3月,刘洁华带领的团队获得了"徐汇区优秀教研组"的光荣称号。这不仅是每位语文教师的荣誉,更是全体建襄的骄傲。

2013年9月,新的学期又开始了。刘洁华被提拔担任学校的教学教导,她又面临新的挑战……但是,领导的鼓励、同事们的支持,再一次让刘洁华将压力转化为动力,不断激发自己的潜能,去胜任每一个角色。

刘洁华的成长历程只是建襄小学师资队伍建设的一个缩影,从她的身上,我们看到了这所有着55年历史的学校的治学之道。建襄就是这样一所学校,她以人为本,为每一位老师提供优质的资源,让大家不断地汲取养分,提升自我;建襄就是这样一所学校,她关爱每一位教师,为大家创造了一个很好的工作平台,让大家能在工作中尽情发挥;建襄更是这样一所学校,给予教师一次又一次的机会,让大家获得一次又一次的成功!

鸡毛飞上天。建襄小学,建襄的学生,建襄的教师,都将一如既往地迎来一个又一个的辉煌!

图5 建襄小学新校舍

上海市第三女子中学

女子教育的摇篮

岁月留痕

上海市第三女子中学是沪上颇具历史渊源和文化底蕴的著名女中,宋氏三姐妹都曾在此就读。学校前身是1881年美国基督教圣公会创办的圣玛利亚女中和1892年基督教南方监理公会创办的中西女中,1952年两校由上海市人民政府接管,合并命名为"上海市第三女子中学"。市三女中校舍被列为上海百佳建筑文物,菁菁校园精巧典雅、美轮美奂,一群群清纯可爱、朝气蓬勃的女孩就在这优美的环境中度过她们的花季岁月。

在过去的一个多世纪里,学校培养了一大批杰出的女性。包括中国科学技术部部长朱丽兰,中国科学院院士黄量,中国工程院院士陈亚珠、闻玉梅,还有各年代的科学家代表黄淑桢、应佚伦、庄晓莹等。学校被誉为"女子人才的摇篮"。

作为上海市首批实验性示范性高中,学校以"国内一流,国际知名,特色鲜明的女子高中"的办学目标和以"独立、能干、关爱、优雅"为特征的学生培养目标,形成了较为鲜明的办学特色。学校通过广泛的国际交流、一流的英语教学、出色的艺术教育、多元的课程设置,培养言行优雅、学识博雅、情志高雅的女生。

图1 今日之市三女中

校史回眸

位于江苏路155号的市三女中是由圣玛利亚女中和中西女中于1952年7月合并建立的。

圣玛利亚女中原校名为圣玛利亚女书院,1881年(清光绪七年)由圣约翰书院创办人施约瑟(Samnel lsaac Joseph Schereschewsky)将美国圣公会创办的文纪、裨文两所女校合并迁入圣约翰书院内,取校名圣玛利亚女书院,由华人黄素娥任校长。1920年(民国9年),在白利南路(今长宁路)购地建新校舍,1923年迁入新址。

中西女中原校名为中西女塾。1892年(清光绪十八年)由基督教美国监理会传教士林乐知(Young John Allen)受卫理公会委托创办,校址在上海西藏中路汉口路,首任校长为海淑德(Lanra Haygood)。后由中外人士捐款和学生义演募捐,购忆定盘路(今江苏路)占地89亩的经家花园建校,于1917年(民国6年)迁入。1929年(民国18年),中西女塾向国民政府立案,聘请杨锡珍为首任华人校长。翌年,校名改为中西女子中学。1936年(民国25年)12月,薛正被聘为第二任华人校长。

图2　1917—1933年中西女中的教学楼

1952年两校合并成为市三女中。“文化大革命”期间,学校更名为上海市第三中学,男女生兼收。1977年,东海中学并入。1981年,恢复女子中学建制,被列为上海市首批重点中学之一,面向全市招收新生。

在几代人的努力下,历经百余年的曲折发展,学校始终强调以清晰的办学思想来指导实践,形成了适合女性发展的管理理念。早期,学校十分注重涵养性情、改善品质的教育;20世纪50年代,学校重视学生社会价值观的实践教育;20世纪80年代,学校注重女子成才的探索,对女生实施“自尊、自信、自立、自强”的教育;20世纪90年代初,学校提出了针对女生身心特点,发挥女生个性特长的办学思路,提出了“国际化、信息化、有特色的一流女子中学”的办学目标。

新的世纪,进入第二个百年发展期,学校提出了“国内一流、国际知名、特色鲜明的女子高中”的办学目标和以“独立、能干、关爱、优雅”为特征的学生培养目标,学校课程结构得到了统整和优化。通过必修课程整合、拓展课程延伸、阶段课程补充,增加了女子教育的元素,突出了女校教育的特点,国家课程逐步走向校本化,教师的课程意识和能力有了较大提升。2018年,核心课题“教育剧场课程的开发与实施”荣获上海市教学成果(基础教育)一等奖、基础教育国家级教学成果奖二等奖的优异成绩。高考综合改革各项举措在学校平稳落地,课堂教学改革日渐深入,学生的学习方式有所转变,自主、合作、探究的学习方式在课堂中得到更多呈现。

学校努力探索女子成长成才规律,营造女子成才氛围,启迪女子成才意识,挖掘女子内在潜能,发挥女子个性特长,为造就德才兼备、秀外慧中的现代化开放型杰出女子人才奠定基础。

历史撷英

闪光片段:薛正立志从事女子教育

薛正是1952年市三女中成立后的首任校长,1932年7月,薛正来到中西女中任教务主任,她走进这个美丽的校园时是这样说的:

“怎样才能为国做贡献呢?我选择了教育。这个选择也许违背我父亲的初衷。父亲原本想让我学医的,因为看到国人缺医少药死去,十分可惜。可我认为:医生治病,救的人有限;当教师育人,发挥的作用更大些。父亲对我学教育有些失望。为此我给父亲写信说:‘一个人能力再大也是有限的,毕其一生对国家的贡献也是微乎其微的,而通过教育可以培养出成千上万有用的人,他们的能力加起来对国家的贡献就大了。’”

“在圣玛利亚女校八年的生活给我留下了深刻的印象,在女校,女孩子们获得了自由发展的天地,她们的天性获得了解放,她们的智慧获得了开发。我怀念在圣玛利亚女校的那段生活。”

Step Singing

Step Singing是圣玛利亚女中的一项传统音乐活动,是毕业骊歌汇唱。

“情谊常在,团结一致;教我读书,导我游戏;赐我矩范,示我规模;锻我心智,练我体魄;忠诚仁爱,服务人群。”母校教诲永不忘。

每次 Step Singing 首先唱校歌，唱完英文唱中文，激情澎湃。

然后每个年级依次唱骊歌，颂扬母校培育，感恩母校老师。高三年级向老师、学妹们依依惜别，将象征着责任的校训盾牌交到高二年级学妹的手中。

投身“五四”新文化运动

1919 年的“五四运动”揭开了新民主主义革命的序幕。接受了民主和科学新思想的圣玛利亚女校和中西女中的学生积极投入“五四运动”。薛正和圣玛利亚女校的学生一起在学校里制作网球帽，写标语，做标语旗，又走上街头，宣传废除不平等的“巴黎和约”，高呼“还我青岛”“取消 21 条”“外争主权，内除国贼”等口号。在全国人民的反对下，中国代表终于拒绝签字。“五四运动”取得了重大胜利。

中西女中的毕业话剧演出

20 世纪初西方的话剧传入中国，从 1924 年开始，中西女中每年举办一次毕业话剧演出。从英国莎士比亚戏剧《第十二夜》《威尼斯商人》，到《孔雀胆》《清宫怨》，中西女中的毕业班话剧演出名闻上海滩。

图 3　1937 年 4 月中西师生联合音乐会

中西女中曾经演过的戏剧片段之目录：

演出年份	剧目	演出年份	剧目
1924年	美女与野兽	1937年	雪花公主
1925年	在苏珊的权杖下	1938年	威尼斯商人
1925年	女王失去了尊严	1939年	爱情真谛(The Romancers)
1926年	轻歌剧The Singing Highwayman	1940年	傲慢与偏见
1927年	Evangeline	1941年	韩沙与葛莱特之轶事
1928年	莎士比亚“第十二夜”	1942年	西施
1929年	金屋子	1943年	He and She
1930年	莎士比亚“仲夏夜之梦”	1944年	清宫怨
1931年	Quality Street	1945年	人鼠之间
1932年	能屈能伸	1946年	圣安东尼之锦缎、孔雀胆
1933年	岳飞	1947年	弦外之音、棠棣之花
1934年	the Spectator	1948年	西施
1936年	苏武本事		

1932年“一·二八”救护伤员

抗日的烽火在祖国的大地上燃烧，日寇的铁蹄践踏到我们的故乡。1932年，“一·二八”淞沪抗战爆发，上海市民群情激奋支援抗战。圣玛利亚女校和中西女中的同学们也投入了救护伤兵的红十字工作。她们中有圣玛利亚1932届龚普生、1933届龚澎，中西女中1932届俞志英等人。她们后来奔赴延安、奔赴抗日根据地，为抗日救国和新中国的外事工作做出重要贡献。

中西女中校园被日寇强占，搬出前抢救图书

1941年12月8日太平洋战争爆发，日军占领上海租界，上海全面沦陷。1943年暑假，日本军队要占领中西女中的校园用作医院，薛正校长几经交涉无果。最后

撤离的时刻到了，同学们得到消息，纷纷从家里赶到学校，在图书馆，有包扎书的，有借书的。图书馆主任江梅鹃说，大家尽量多借点书回去，以后再还给学校。今天是最后一天了，下午我们就要全部撤离了。傍晚时分，一辆满载着书籍的卡车在师生们的护送下缓缓地开到校门口，被日本兵拦下检查。此时下起了雨，薛正从身上脱下雨衣，盖到了书上，一下子几十件雨衣一齐盖上了卡车，将书盖得严严实实。日本兵挥挥手放行。此时被雨淋得浑身湿透的师生回头望着渐行渐远的校门，泪水和着雨水一齐流下。

抗战胜利，回到母校

抗战胜利，圣玛利亚女校和中西女中都回到了原来的校园。

在整修一新的校园里，举行了隆重的校园音乐会、五月舞蹈会、毕业典礼。她们唱起校歌：

扬子江滨兮歇甫傍，有女校兮世界光。
春风和蔼兮读书堂，教人处世立身方。
幼而学长为众所望，邦之英俊国之祥。
积中发外兮端且庄，凭将学识整纪纲。
更愿身心健与康，驰誉中西翰墨场。
智圆行方柔而刚，转移风俗兮趋纯良。
精神永兮岁月长，勤勤恳恳名显扬。
中西女校兮百世芳，吾校万寿永无疆！

迎接上海解放

解放战争的形势迅猛发展，隆隆的炮声已隐约耳闻。1949 年 5 月中西女中的三位学生地下党员瞿明明、罗明凤、汪绍兰，在上级党组织的指示下，组织了中西女中迎接上海解放的工作。大草地上，救护包扎队的学生在训练救护，宣传队的学生在练习扭秧歌，物品保管组的同学在做小红花和写标语。

1952年7月5日上海市第三女子中学成立

新中国成立后,迎来了教育大发展,1952年7月5日,圣玛利亚女校和中西女中合并成立上海市第三女子中学。两校师生在校门口会合,挂上了新校牌,在大礼堂里举行上海市第三女子中学成立大会。会上,两校学生合唱《没有共产党就没有新中国》与《歌唱祖国》。

图4 1952年市三女中第一届毕业生合影

向科学进军

第一个五年计划吹响了向科学进军的号角,市三女中的同学们满怀着建设新中国的热情,在选择大学专业时纷纷把国家的需要放在第一位,力争为改变祖国一穷二白的面貌贡献力量。她们中有病原微生物学专业闻玉梅、免疫学专业林云璐、石油专业李再婷、地理专业许嘉琳、海洋石油勘探专业顾小芸、化学专业朱丽兰、生物医学工程专业陈亚珠、电器工程专业陈陈、光学专业王兰娟、医学遗传专业黄淑帧。她们选择专业时,想到的是祖国的需要,人民的需要。如今她们都在各自的领域里做出了杰出的成就。

人才与创新:应佚伦启示录

2016年3月25日晚,应佚伦在巴黎领取了联合国教科文组织颁发的2015年度“世界最具潜力女科学家奖”,光环,落在了这位只有29岁的年轻女博士后身上。面对光环,应佚伦却十分平静,回国后除了接受几次媒体采访,她的生活基本还是实验室和家两点一线。别人眼中的实验室枯燥无味,于她而言,却是乐在其中。在未知领域走出属于自己的路,能给她带来他人无法体会的愉悦和满足。用现在很多人的教育价值取向来评判,应佚伦不属于“学霸”,接受的不是“牛娃”式的精英教育。但事实告诉我们,她成为我们国家所急需的高水平人才,她的研究已经走在了世界DNA测序技术领域的前沿。是什么样的教育造就了应佚伦?

应佚伦在市三女中的学习过程中,学校开设的各类兴趣课、拓展课、探究课和社团活动让她找到了兴趣所在,老师的引导让她能更高效、开放地学习,家庭的支持和鼓励让她能专注于自己的研究。在描述市三女中时她说:“那是最自由最开心的三年,再选一次我还进市三。”即便离开已有些时间,说起高中,应佚伦眼睛亮了,语调上扬,用“真的太好了”形容市三印象,回忆泛出的温柔从眉梢暖到心头。“好”并不是指学业的春风得意,在市三应佚伦学科成绩不算顶尖,大概处于中上水准。“不管成绩如何,老师都不会用期望值催促你完成什么,你不会受到干涉,不会有成为负担的题量,不会无处可去无事可做,因为市三的氛围是让学生按自己的步调学习生活。”文静雅致的校园仿佛有股魔力,静止了时间,远离喧嚣和学业等第带来的焦虑,女孩们自由单纯地成长,发展兴趣和素养。

市三课外活动、兴趣小组众多,排球、足球、茶艺、健美操,应佚伦都参加过。学校还建有设施完备的生物、化学实验室,定期向学生开放,学生可自由出入使用。“里面的设备有些比我在大学本科实验中接触的还好。”在那里,她第一次在显微镜下看到了组织切片,亲手操作了多个实验,对于科学的兴趣愈加浓厚。“市三的所有实验都让学生自己操作”,即便是通常由教师示范完成的书本演示实验也交给了学生——根据图示、说明完成整套流程,观察实验结果。如此,学生不仅记住了概念公式,通过实践还理解了其中缘由。高中三年应佚伦未参加竞赛,没补过课,也从未纠结过成绩，但每一天都过得充实，把大量时间花在了实验室和个人自修上。

创新课程的诞生

2010年，上海市第三女子中学借鉴中国香港以及新加坡、澳大利亚、美国等友好学校的戏剧课程经验，并根据现代人才需要设计开发了“教育剧场”创新课程。

市三的“教育剧场”课程，不同于以往注重戏剧表演技巧训练的“戏剧课程”，其“教育”二字不仅是指戏剧表现、知识的传授，更强调通过“剧场”这一安全的教育情境促进学生人格发展和有效学习。对于“教育剧场”课程，徐永初校长谈道：希望女孩亲近艺术，但这不是唯一目的，而是借由剧场教育的体验式学习，看到别人、看到自己、看到社会、看到世界，这种真切的“看到”对未来发展至关重要。

“教育剧场”课程最大的特点是突破单一学科的课程限制，体现出综合性、体验性、跨学科性等特点，有助于培养学生的综合素养：执教教师根据女生特点开展课堂教学活动，运用戏剧元素指导学生进行知识迁移，帮助学生更加了解自我、他人和社会；提升自信，更敢于表达与表现自我；提升团队合作意识与能力；激发深层思考与创新，学会换位思考与批判性思维。在“教育剧场”刚起步时，时任上海市教育学会会长张民生就曾断言：“我非常看好市三女中的‘教育剧场’课程，它是一所高中难能可贵的创新，这门课程正在释放着‘人类社会实验室’的强大功能。”

“教育剧场”在高一进行，第一学期，带领学生参与戏剧活动，建立默契，学习戏剧元素和剧场语言，学习构建戏剧的基本方法。第二学期，引导学生尝试“过程戏剧”故事工作坊，在外聘专业导演的支持下，根据教师的启发或自身所见所想原创戏剧片段。高二以社团形式让学生继续深入，每学年还要完成一部年度大戏。

在课程开发实施过程中，学校强调科研伴行。学校申报了“‘教育剧场’课程的开发与实施”作为市级实验项目和市级课题，着重分析创新课程开发所需要的学校文化背景及教材编写、团队发展等条件，对创新课程开发的若干要素有比较深入的分析。课程实施后对学生在知识、能力、个性情感等方面进行研究，分析课程对学生综合素养培育所起的作用。

一届届学生的理解能力提升、表达力增强，由原创故事情景引发了思维力和创造力的突破。进一步而言，“教育剧场”培养了学生对自我关系、自我价值、人的本质的深度认知力，使其学到与人高效合作的诸多方法，这些能力会在未来的社会生活中发挥作用，培养学生成为人格独立、关爱社会、气质优雅，富有国际视野和多元文化理解力，科学精神和生活情趣兼备的现代知识女性。“教育剧场”是市三雅育的一个写照。它是一门必修课程，是一门跨学科课程，是一门虽不高考但着眼学生综合素养和未来发展的课程。这既是市三学生喜欢有温度、有人情味的“教育剧场”的原因，也是市三愿意拿出课时去尝试不考试、不加分的“教育剧场”的原因。

如今，九年过去了，教师的全情投入，学生的痴迷喜爱，校长的坚定不移，政府的大力支持，使“教育剧场”呈现出了愈加旺盛的生命力。它不仅成为市三女中创新课程的代表，也引领了学校对如何培养未来人才的核心能力、如何整合资源进行跨学科学习、怎样让合作式学习成为常态等深层次问题的思考。“教育剧场”的效应已超越了一门课程的范畴。

图 5　教育剧场音乐剧《悲惨世界》

创新课堂教学

如果把学校比做一个剧场,每位师生都有自己的角色,每个人都有自己的舞台。从剧场内走出的合作学习改变了课堂表现形式,或是更深层地将剧场中情境创设、角色代入的体验式学习迁入教学理念更迭,以一种自然的态势生长。“教育剧场”合作学习、情景体验的特征也成为市三改变学生学习方式的切入口。

合作学习绝不仅是拼桌子小组讨论五分钟那么轻松,这在剧场内尤其明显。每次“教育剧场”都会把全班随机分成若干小组,教师分配任务,学生在新的小组里与同学进行合作,每个小组开始自己演绎,每个成员轮流成为舞台的主角,教师成为观众。如何激发思想交锋,如何让每个人讨论,如何让讨论激烈而规范,如何能让讨论尽兴而又完成教学任务,怎样才能体现师生平等、生生平等,如何把握正能量和负能量的交锋,“教育剧场”都会面对。

即便是在看似与戏剧关系并不密切的理科,受剧场合作模式启发,物理教师将原本大块的降落伞教学分成了四个子主题任务,以自愿分配原则由班内四个研究小组分头完成。组员在组长带领下,从准备材料到验证假设、从采集数据到成果展示,利用智能终端的网络平台,将实验信息实时发布到微博,既帮助自己小组记录实验进度,也为其他小组提供了信息和方法的借鉴。比起以往教师在课堂上预留时间给学生独自做实验,降落伞合作实验因为采用了智能终端、研究型学习的形式,极大地节约了课堂时间。学生在交流和沟通过程中,分享各种学习资料和知识,每个学生都对自己的小组负有义务和责任,并在小组中发挥作用,共同完成课题研究。

数学教师孙佳琰在“正方体的截面”一课中也尝试了小组合作。每组学生都提出了探究的问题,还自己找到了答案,甚至进行了论证,很多平时在课上不主动发言的同学也叙述了自己的探究历程。“作为一名教师,面对今天变化的学生,如何更好地成为学生在学科上的领路人?”孙佳琰认为,唯有不断思考,打开固有的教学模式,才能培养学生可持续发展能力。

“教育剧场”倡导的另一个是情景体验,目的是让学生以不同角度认知社会的多元性。放在学科中，就是以脱离原先背诵与强记的模式去理解学习。

化学学科的问题通常源于生活，源于自然，源于某一现象的问题，“石灰石成就了桂林的石笋、石林与钟乳石”“霓虹灯中的稀有气体点亮了五光十色的都市生活”，当教学视角和生活、和大自然结合，课堂就不再枯燥乏味，而是把所要学习的零碎的知识与化学理论、化学思想转变成一个个探究世界相互联系的不同侧面的过程。

英语组老师认为，“教育剧场”的情景是社会大情景，英语的情景教学可以借鉴拓展。教研组开设了英语的新课程文化之旅，教师引领学生踏入世界舞台、文化圣殿，逐步形成市三女中英语教学中独特的“文化之旅”校本课程与教材。它与“科技之旅”“阅读工坊”“英语 Drama”都成为学校精品校本课程。

化学教学的“生活之趣”体验的是化学之美，物理组的“物理和美”体验的是生活，英语体验的是“文化浸润”。体验学科知识固然重要，以剧场视角设计课堂学科场景，可以赋予更有意义的学科体验。

志同道合者自组团队，建立研讨制度，探索团队培训的新方法，保证教师团队的发展后劲。无论静默抑或迸发，这个师生共同演绎的创新教学定格的每一个瞬间，是自身的发展史，是师生的成长剧，也是市三的教育探索路。

上海市复旦中学

传承复旦文化的“根”与“源”

岁月留痕

复旦中学前身为复旦公学,与复旦大学同根同源,1905 年由近代爱国教育家马相伯创建。创办之际即设大学预科和中学科,暂借吴淞提督行辕衙署为临时校舍。

复旦中学是复旦历史之“根”与“源”,是复旦文化发祥地之一,它孕育了复旦悠久、深厚和独特的文化精神。在复旦这部文化历史大书上,出现过一批影响复旦乃至中国近现代史的伟人和名士,发生过留在中国近代史上的重大事件,造就了众多人文、科技领域内的大师和俊彦。

图 1　1923 年,从广州回沪的复旦首席校董孙中山先生应复旦学生之邀,在《复旦年刊》上题词

复旦首席校董孙中山先生为复旦题词“天下为公”“努力前程”(图 1)。著名校董有孙科、王宠惠、唐绍仪、张謇、萨镇冰等。创校先贤严复、李登辉、于右任、邵力子、胡汉民、叶楚伧、陈望道等,曾兼任中学部老师;陈寅恪、竺可桢、罗家伦、胡绳、金冲及等,曾在复旦中学就读。十二位复旦英烈,无悔韶华照丹心。十五位院士,星汉灿烂,若出其里。数以万计的有用人才和儒雅公民,走出复旦门。1919 年“五四运动”发轫于北大,声援在复旦。复旦校园“五四”第一声钟声,从复旦校门走出第一支学生演讲队伍。“复旦”

校名寄托着复旦人之梦，沿用至今，在中国教育史上，有其独特的丰富内涵。复旦中学在上海乃至中国近代教育史上享有重要和特殊的地位，它造就了复旦历史名校之“名”。

校史回眸

1909年，复旦公学中学科改为中学部。1912年，南京临时政府指拨徐家汇李鸿章祠堂为永久校舍。1917年复旦公学升格为大学，中学部改称私立复旦大学附属中学。1922年大学部迁址江湾，附中仍留原址。1956年学校改制公立，更名为上海市复旦中学。现校名，由新中国上海市第一任市长陈毅所题(图2)。

图2　按原来李公祠大门重建的新校门，中西合璧，气势轩昂。新中国上海市第一任市长陈毅题写的校名，镌刻于门楼之上

复旦在特定的年代里应运而生，在百余年风云变幻中，筚路蓝缕，负重前行。“复旦”之路，是中国近现代教育史的缩影之一，也是中国近代教育思想的集中体现。立校始,马相伯(图3)先生就提出“崇尚科学,注重文艺,不谈教理”的教育宗旨,强调科学和人文并重,坚持“完人”培养的教育本色,都具有鲜明的前瞻意识。校歌中传唱的“学术独立,思想自由”,表达了个性化教育与成长的追求。校训“博学而笃志,切问而近思”,则包蕴了治学品德、精神、途径和方法,而“团结、服务、牺牲”的复旦精神成了复旦师生立人之本和风骨。直至今日,这些教育思想在众多复旦教育家、教育者的千锤百炼之下,不断注入时代元素,不断完善并融入了“复旦”的血脉。

图3 坐落于复旦文化、复旦精神的发源地——复旦公学、复旦大学原址,今复旦中学校园内的马相伯校长半身铜像

在发展的新阶段,复旦中学在传承百年优良传统的基础上,坚定“文化立校,自强育人”的办学思想,大力推进“高中学生创新素养培育项目”“文化主题轴综合课程建设”“文化导引、道德践行、德行培养”的学子养成工程、“复旦博思学子讲堂”践行项目等,积极打造“文理相融,人文见长”的学校特色。这是复旦教育坚持传承和不断发展的印证。

旧邦新命。从历史名校到现代名校,从知名学校到特色学校,复旦中学一路走来,生生不息。

历史撷英

马相伯:一老南天身是史

1900年,一个异常寒冷的冬天。徐家汇天主教堂凄厉的钟声,沉重地敲打着隐居在徐家汇土山湾的马相伯的心扉。30年壮游,8万里奔波,他扪心自问:欧美之强盛,中国之孱弱,原因何在? 回想游历欧美,参观培养了数以万计杰出人才的现代学校,他豁然开朗:“自强之道,以作育人才为本,求才之道,尤以设立学堂为先。”马相伯决心创办一所中国尚未有过的新式学校,为造就人才振兴中国的学校。

这一年8月,马相伯毅然拿出位于松江、青浦的家产良田3000亩,捐献给天主教江南司教收管,作为优秀青年就学之资。教会接受了捐赠,却并不办学。办学的万里之行,还是马相伯自己迈出了第一步。

1907年,马相伯又将父亲积蓄的现洋4万元以及英租界中的地基8处(时值银10万余两),悉数捐出,筹建新校舍。孙女马玉章幼年丧父,马相伯对她有着特殊的感情,但玉章小时想问爷爷要两个毫子也并不容易。在相伯之子亡故时,门生故旧知道恩师为兴学已耗尽家财,筹集了6万元交相伯为玉章母女安排生活,其时上海启明女中恰好经济拮据,马相伯便扫数移赠,分文不留。在他晚年退隐时,在上海竟无寸土,只得寓居土山湾孤儿院之中。后来半身瘫痪,起居不便,还是蔡元培等筹款,修建了一座电梯,供其上下楼之用。

马相伯一百岁时,日寇大肆深入我国土,他的学生于右任等,请留居在桂林的马老移居昆明休养。一路上,每逢车停歇宿,马老总要问左右:“现在何方?”终因病重,滞留谅山。

马老出生的1840年,英国战舰正隆隆向中国驶来。百年来,马老目睹了近代中国的沧桑巨变,见证了民族的屈辱与奋举,期盼着民族的复兴和强盛。“伲是只老狗,叫了一百年,也没把中国叫醒!”这发蒙振聩的一句话,时时震撼着一个伟大民族的心,是马老内心痛苦和不屈的呐喊。

今天,落成不久的复旦中学马相伯纪念馆,成了上海市十大校园文化景观之一,因为它以独特的视角,全景式展示了一位中国近代史之伟人,一位宗教家、政治家、教育家,复旦之父马相伯传奇和光辉的一生及与之关联的重要人物和史实。

复旦才子鸿鹄志,一笔写出"五四"潮

1914 年,罗家伦入复旦公学就读。中学时代,他最崇拜梁启超。罗家伦不只学业优异,还担任《复旦》杂志编辑,开始运用文字发表自己的理念,他的处女作《廿世纪中国之新学生》一文,发表于《复旦》杂志第三、四期上。他因国学基础深厚,竞诗美文,才思敏捷,被同学们誉为"孔夫子"。1917 年,北京大学文科招生委员会主事胡适在批阅考生作文时,被一篇文章深深吸引,一气读了两遍,大叫妙文,给了满分,随即优先录取。此文的作者便是当时复旦公学有名的才子罗家伦。

1919 年 5 月 4 日上午 10 点,罗家伦刚从城外到北大新潮社,准备去天安门游行,同学狄福鼎推门进来,说:"今天运动不能没有宣言,北京八校同学推我们北大起稿,你来执笔吧!"罗家伦见时间紧迫,也不推辞,就站至一张长桌边,匆匆起草,15 分钟写成《北京学界全体宣言》。他回忆此事时,说:"像面临紧急事件,心情万分紧张,但注意力非常集中,虽然社里人来人往,很是嘈杂,我却好像完全没有留意,写成后也没修改。"宣言写成,立即交北大教员李辛白办的老百姓印刷所,原计划印五万份,结果到下午一点才印了两万份,马上去街头散发。

这份宣言是"五四"那天唯一的印刷品。它言辞铮铮:"现在日本在万园和会上要求并吞青岛,管理山东一切权利,就要成功了!……中国的领土破坏,中国就亡了!所以我们的学界今天排队游行,到各公使馆去,要求各国出来维持公理。务望全国工商各界,一律起来,设法开国民大会,外争主权,内除国贼,中国存亡就在此举了!今与全国同胞立两个信条道:中国的土地可以征服不可以断送,中国的人们可以杀戮不可以低头!国亡了,同胞起来呀!"是年 5 月 26 日,罗家伦用"毅"的笔名在《每周评论》第 23 期上发表题为《五四运动的精神》文章,是他最早提出"五四运动"这个名词(据胡适《纪念"五四"》)。

“五四”刚过两天，复旦早期学子、国文教师、校董，时任《民国日报》主编的邵力子先生夹着当日的《民国日报》，脸色凝重地走进复旦校园，敲响校钟（图4），集合学生，他打开报纸，一字一顿地念读来自北京的消息。钟下，复旦有志青年热血涌动，立即全体停课，外出联络各大、中学校。又过了两天，在复旦附中第四教室（李公祠荷花厅），召开了成立上海学生联合会预备会议。在这里孕育了一批复旦乃至上海的学生领袖。由复旦大、中学生组成的上海第一支“五四”演讲团，跨出校门，散播爱国火种。一时，复旦成了上海响应“五四运动”的策源地（图5）。

图4　上海“五四第一钟”——1919年5月6日，邵力子先生敲响校钟，集合同学，声援北京“五四运动”

图5　“五四运动”时上海第一支学生演讲团走出复旦门

1919年，让历史记住了罗家伦和他的复旦同门。

大师从这儿走出

在一本发黄的1908年复旦公学名册上，赫然登录着两个令人仰视的名字：陈寅恪、竺可桢。时两人由丁班升丙班。（注：复旦公学学生编为7个班，即分甲、乙、丙、丁、戊、己、庚班。前3班为高等科，即大学预科，后4班为中学部，形成了复旦大学和复旦中学的雏形）

据陈寅恪自填《本人简历》载：“1905年秋起，1909年秋止，在上海吴淞复旦公学读书。证明人，竺可桢，在复旦同班同学。”一个学校，一个班级，日后出现了两位大师，岂不是复旦的传奇？

1925 年，清华大学成立“清华国学研究院”。国学院的四大导师是当时大名鼎鼎的王国维、梁启超、赵元任、陈寅恪。复旦公学的就读证明是陈寅恪唯一的学历证明。离开复旦后，他辗转游学德国、瑞士、法国、美国。既无大部头著作，又无博士学位，只因梁启超一句“我的著作加到一起，也没有陈先生三百字有价值”，陈寅恪接到了国学院导师的聘书，归国时年 36 岁。陈寅恪幽默博学。他曾送给学生们一副对联，称他们是“南海圣人再传弟子，大清皇帝同学少年”。因为梁启超是南海圣人康有为的弟子，王国维是溥仪的读书顾问。

1927 年夏天，王国维投昆明湖而死。第二年，清华园矗立起一座纪念碑。陈寅恪把他对志同道合的挚友以及学术和文化的情感、信念，都融于他撰写的 300 字碑文里。在日后峥嵘岁月中，他始终坚守着碑文里的十个字：“独立之精神，自由之思想”。这就是复旦校歌所传唱的“学术独立，思想自由”之复旦人所追求的学术精神。

复旦立校始，开现代教育风气之先，如把“崇尚科学”作为办学理念之一。为了探求未知的大千世界，竺可桢孤身一人来到上海，入复旦求学。他如鱼游河海，在高明的老师引领下，畅游于前所未闻的智慧海洋。在这期间，竺可桢多次写下了这样的誓言：“吾将一生学好科学，吾要以科学来唤醒民族，振兴中华……”他专心致志，奋发读书。夏日防蚊，穿上竹布长衫，或用高木桶盛满清水，把双腿泡在里面；冬天严寒，就在土布衫外勒上一根布袋。苦学善读，博览群书，为竺可桢成就学问打下了厚实的基础。

竺可桢离开复旦后，凭借优异成绩，被选拔为 1910 年第二期“庚子赔款”赴美留学的 70 名公费生之一。1918 年秋，竺可桢获哈佛大学博士学位归国。

在出任浙江大学校长期间，工作千头万绪，又值抗战多事之秋，但竺可桢仍坚持学术研究。为探究二十八星宿起源这个重大科学史问题，仅 3 个月，他阅读了近百部中外古籍近著，涉及天文气象、古诗词、算学、甲骨文、梵文等。1956 年，竺可桢作为中国科学家的代表，在意大利佛罗伦萨的国际科学史大会上宣读《二十八宿的起源》，引来全场长时间的热烈掌声。

有时人们不经意发现,时任中国科学院副院长的竺可桢外衣的左侧口袋颜色会不一样。原来年复一年地抽出、装进钢笔式温度计测每天的温度,口袋容易破损,于是他请缝衣师傅做外套时,必多做一只口袋,破了以后更换。经 23 年的观察分析,"北京春季物候现象变化曲线图"绘制成功,也为编制自然历提供了科学依据。

照相机、高度表、气温表和罗盘,是竺可桢随身带的"四宝"。70 岁高龄的他,换上耐磨的网球鞋,参加南水北调考察队,上登海拔 4000 多米的阿坝高原,下探险峻的雅砻江峡谷,收集第一手资料。直到临终前一天,竺可桢在病床上用颤抖的手写下:"这天气温最高零下一度,最低零下七度,东风一至二级,晴转多云。"此时他已不能亲自到室外观察温度,而是依照气象局的报告记录的,所以特注上"局报"两字。

锦句文章传马列　笔落波澜惊史海

胡绳和金冲及都曾在私立复旦大学附属中学就读,后都成为著名的近代史学家,都获得被国外学术机构评选为外籍院士的殊荣,又都出任过中共中央文献研究室副主任、主任等职,是研究中国共产党党史的权威。

胡绳本名项志逖,在苏州读初中时,他发起组织了"百合文艺社",创办了《百合杂志》,并在这上面发表了《从"文学无用论"说到"第三种人"》一文,第一次使用胡绳这个笔名。"胡绳"原是一种香草,引自屈原《离骚》中的"矫菌桂以纫蕙兮,索胡绳以纚纚。"

一次英文课上,胡绳专注地看着马克思的《哲学的贫困》,老师发现后抽出书来,一看吃了一惊,胡绳低着头,等着挨训,想不到老师没责备,没声张,把书还给了他。这位老师就是教育名师吕叔湘。

有信仰,更有行动。胡绳,一个爱国青年,上中学时已开始从事进步活动。"九一八"事变爆发,消息传到苏州,胡绳义愤填膺,参加罢课、请愿。古城内外凡有救亡活动的地方,时常有他瘦弱却又坚强的身影。他是学校演讲宣传队成员,多次在胥门老茶馆等公共聚集场所宣传抗日救亡,敏锐的洞察力、令人耳目一新的观点,点燃了成百成千听讲者内心抗日救国的烈焰。为逃避反动当局的追捕,胡绳终止学业,告别家乡,只身来到上海,此时只有 15 岁。

20 世纪 30 年代,上海革命思潮活跃,成了中国革命的摇篮。胡绳入读质量上乘并被誉为"革命的学校"的复旦附中。在这期间,他更广泛地学习马克思主义的著作,接触文化界进步青年,开阔了对革命的认识。两年后,胡绳高中毕业,考上北京大学哲学系。自此,北大校园里经常可以读到署名"胡绳"的振聋发聩的文章。这引起了北大中共地下党组织的注意。地下党派杨帆约胡绳到东单一家餐馆吃饭,原以为胡绳是位独立撰稿的老先生,见了面才知道,他是个刚刚踏进北大校门的青年。

金冲及考入复旦附中,正值李剑农编著的《最近三十年中国政治史》颇为流行,他用好不容易积攒的零用钱买来,津津有味地读起来,回想此事连自己还纳闷,小孩子读这样的书居然不觉沉重,而最终把历史研究当作终身事业,金冲及也没想到。

1947 年 5 月,京、津、沪、宁、苏、杭等地进步学生发动"反饥饿,反内战"游行,遭到反动当局的血腥镇压。金冲及向经常来复旦中学的交通大学进步学生了解"五二〇惨案"真相,并加入了罢课、游行等活动。

1948 年 1 月 29 日,金冲及和其他复旦学生参加"支持同济大学抗议校方大批开除同学而进京请愿"活动。军警马队冲进四平路上密集的学生人群,用马刀乱砍。同学们退回同济大礼堂举行抗议集合,军警冲入会场强行搜捕。被驱出的学生们在严冬寒冷的广场上,被分成一堆一堆坐着,面对周围军警一圈雪亮的刺刀。深夜,金冲及和同学们被武装押送回校时,行列中哼起悲愤低沉的《跌倒算什么》。

因"同济事件",金冲及被校方记大过一次。过了三四个月,他秘密参加了梦寐以求的中共地下党组织。这年 8 月下旬,他被国民党政府特种刑事法庭传讯和通缉,被迫离校。可谓:凌云志向寄平生,锦句文章传马列,文生烟云盖学渊,笔落波澜惊史海。

明月出沧海　青天养片云

2005 年 5 月 20 日,校门口拉出了"热烈庆祝复旦中学建校 100 周年"横幅。

这一天是从这里走向四面八方的校友、教职员工的返校日。

晚会在几代复旦人火炬传递中开始,它象征着创校先辈的理想和信念,复旦传统和精神将代代传承。校友、著名电视节目主持人曹可凡和复旦中学学生共同主持晚会。

“……为革命救国之准备者,请归我!”校友、著名配音演员童自荣携著名演员曹蕾等激情朗诵《百年复旦百年灿烂》,马相伯先生气吞山河的呐喊和宣言久久震荡在他曾经留下履痕的地方,令人感怀于筚路蓝缕,开启山林的百年风雨历程。

不知何时,一面比半个篮球场大的蓝色校旗出现在台上,会场顿时沸腾。那校旗好似蓝色海洋的滚滚波涛,那蓝,蓝得宽广,蓝得深邃——这就是复旦人的胸怀和眼光。

而今迈步从头越,复旦新的百年征程开始了。

我们共创明天

复旦中学的创立已有百余年,在这一百多年里,无数学生从四面八方来到复旦,又从复旦走向各处。凡受过复旦教育的,没有不受到复旦精神熏陶的。这种精神力量的作用,对于复旦学子一生事业之关系,异常重大。

2004年,门泊舟经历了人生中的重大转折——转学。家乡那所一个年级不到七百人的学校,当时每年已能向北大、清华输送七八十名学生。生存其中的压力和痛苦也可想而知。

来到复旦中学的第一个学期,门泊舟曾经非常不适应。学校不但开设各种素质教育课程,同时也组织各种文艺竞赛、运动会、社区义务服务和校际交流活动。在老师的引导和母亲的鼓励下,这种新的学习方式不多久就给了门泊舟惊喜。她对写作的兴趣,让她第一次站在全国性作文大赛的领奖台上;对文言文和古诗词的广泛接触,让她在古诗词大赛中崭露头角;有机会关心时事政治,让她进入时政大赛的赛场,也为其他学科的学习提供了不少素材;上海英语教育的先天优势,又使她在英语竞赛中找到自信……如今的门泊舟已经收到了美国大学的博士录取通知书,即将赴美深造,但她依然保持当初读高中时的那份冷静与执着,“博学而笃志,切问而近思”是她案边的座右铭。

张晓晔同学并不是班级里学习成绩数一数二的学生，但学校里宽松的环境让她亦能有机会投身于兴趣小组的活动和团委、学生会的工作中，并从中获益良多。在张晓晔珍藏的材料中，有一张人民大会堂的请柬，那是 2000 年 10 月被授予中国少年科学院院士荣誉称号的入场券。当时，1998 年的特大洪水后，环保的概念广受关注。在学校的众多兴趣小组中，张晓晔选择了由史地组和生物组的老师担任指导老师的环保兴趣小组。在指导老师的带领下，她跟着学长一起做实验、做调研。后来张晓晔又参与了针对苏州河治理问题的研究，一篇《利用潮流改善水质》的文章参加了“我爱苏州河——苏州河的今天和明天”上海市青少年科学论坛，并获得了优秀论文二等奖。她还与兴趣小组的同学们参加了多功能环保箱的设计与制作，并在校园内试点使用。也许只是在生活中做了一点点改变，但是，总有一天，世界会因此而不同。张晓晔这样希望，也如此坚信。

上海市省吾中学

中共地下党创办的教育阵地

岁月留痕

图1 学校师生进行反美游行

上海市省吾中学建立于1945年抗日战争胜利后。1945年春，圣约翰大学教育系的党组织鉴于1944年和1945年的教育系同学先后毕业，陆续走上社会，而当时又存在着毕业就是失业的社会压力的情势下，建议以教育系的几个地下党员为核心，团结同学，创办一所中学，作为革命人才培养的阵地。这一建议获得了中共上海市委学委的同意，认为建立这一教育阵地，有利于培养解放上海和建设新中国的革命人才。省吾中学以光荣革命历史对学生进行革命传统教育，使学校成为一座“民主堡垒”。

校史回眸

由圣约翰大学教育系党总支委员夏孟英领导，蔡怡曾和李蕊珍二人实际负责学校的筹建工作，同时联系教育系的党员陈秀煐、孟繁俊（助教、教育系原有的实验中学校长），形成核心，团结一批进步同学着手工作。鉴于当时仍在日寇统治下，解决校舍和立案比较困难，同学唐馥珍积极通过她的父亲（时任交通银行行长），设法在交通银行所办的中华商业专科学校下附设了此校。到1945年8月抗战胜利后，商专停办，于是另组校董会，请约大教授沈有乾和教育家陈鹤琴先后担任董事长，由第一任校长祝铨寿提出“省吾中学”校名，校董会讨论后决定采用。学校于1945年9月15日正式开学。校址先是借商专的茂名北路315号，一年后借北京西路970号三楼，1947年5月由校董会筹款购买了长宁支路111号花园洋房作校舍。

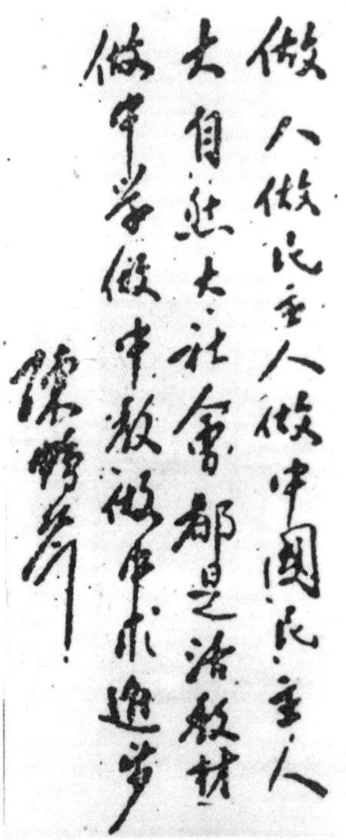

图2　陈鹤琴题词

建校初期，省吾中学的教师主要是约大教育系1944届、1945届本科毕业生，其中部分党员和进步校友担任教务、训育主任、导师和文科教学工作，形成了一支坚强的师资队伍。在省吾中学工作的李蕊珍的党组织关系转到了学委所属的社会青年区委，由曹宝珍领导，此后，季勤先来校任教，她的组织关系转到了教师工作委员会。学委所属的社会区委已陆续并入党的其他各委，以适应革命形势发展的需要。省吾中学中建立起来的学生党支部仍属学委所辖的中学区委。

1956年省吾中学成为公立学校。1958年9月因学校规模的扩大搬迁至武定西路1251弄20号校址。1998年至2008年学校为转制高中，2008年转制高中结束历史使命，学校迁至长宁支路315弄2号，为公办省吾初级中学，保留完中建制。

1989年，学校被团市委等单位命名为“上海市爱国主义教育基地”，1995年被长宁区人民政府命名为“青少年教育基地”。

近年来，省吾中学努力实践陈鹤琴的“活教育”思想，师生投身新课程改革，创建了陈鹤琴教育思想实验基地，成为上海市行为规范示范学校、上海市老科技工作者协会科技普及基地学校、长宁区教育学院学科发展基地。学校的育人目标是：培养学生成为受中国优秀传统文化熏陶的，具有健全身体、创造能力、服务精神、合作态度和世界眼光的优秀“省吾人”。学校注重学生的全面发展，努力培养学生的学习兴趣。为了提高学生的综合素养，学校成立了合唱团、越剧团、校园戏剧团、篮球队和民族打击乐团，使学生得到综合能力的锻炼和培养，促进学生健康全面成长。

历史撷英

陈鹤琴先生与省吾中学

陈鹤琴先生是中国著名的教育家,他的“活教育”思想包括了“做人,做中国人,做现代中国人”“大自然,大社会都是活教材”“做中学,做中教,做中求进步”。“活教育”思想成为省吾中学建校以来的教育指导思想。陈鹤琴提出“活教育”的教育目标,即“做人,做中国人,做现代中国人”。怎样才算是达到了这个目标呢?陈鹤琴说:“今天的中国人应具有这样五个条件:第一是健全的身体;第二要有创造的能力;第三是服务的精神;第四是要有合作的态度;第五是要有世界的眼光。”至于做世界人呢,主要的条件便是“爱国家、爱人类、爱真理”。

省吾中学的十二位创办人之一陈秀煐,是陈鹤琴的女儿。创办初始,陈秀煐就对她的父亲说了这件事,还把同学李蕊珍带到家里和父亲见面。陈鹤琴很支持女儿和她的同学们的努力,并对她们给予了很多指导和帮助,以后又亲自担任了第二任校董会董事长和第二任校长(图3)。

图3　部分省吾创办人与陈鹤琴校长合影

1946年至1947年，陈鹤琴任省吾中学校长时亲自制订了“服务创造”的校训和校旗、校徽。“服务”与“创造”是陈鹤琴创立的“活教育”理论的一个组成部分，是“活教育”培养目标的具体体现，也是适应当时时代需要而提出的。校徽和校旗是以陈鹤琴“活教育”的“五指活动”为图案，下半部为青莲色，上半部为白色，中指左右分写省吾二字，是一位省吾的学生领悟了陈鹤琴的“活教育”思想后设计的。

陈鹤琴担任校长期间，学校购入长宁支路新校舍，在购置课桌椅时，他为学生身体健康考虑，亲自设计课桌椅的尺寸。他亲自主持学校的开学典礼，也经常参加每周一上午的全体师生例会。他深入浅出而又生动的讲话，深受师生的欢迎，给予师生深刻的印象。

省吾中学从办学初始就遵照陈鹤琴“活教育”思想，要求学生全面发展，既会动脑又会动手，学生积极参加社会实践活动，到联义山庄参加农业劳动，自己设计、缝制衣服，制作手工艺品，参加义卖助学活动等。

进入21世纪，省吾中学秉承陈鹤琴“活教育”思想，通过开设多样的课程培养学生综合素养，为学生全面发展和个性特长的发挥创设了很多机会。学校成为陈鹤琴教育思想实践基地，开设“五指活动”课程，提供给学生更多的动手机会，以培育时代新人。

普教专家吕型伟与省吾中学

2007年，普教专家吕型伟出版了共四卷本的《吕型伟教育文集》，这是他集一生的教育工作经验，深刻思考的结晶。他曾担任过小学教师，中学教师，校长，上海市教育局副局长，华东师范大学、上海师范大学兼职教授等工作。大学毕业后他任教的第一所学校就是由中共地下党创办的上海市省吾中学。

1946年他从浙江大学师范学院毕业后，即到省吾中学来当教师。他在这所中共地下党创办的学校里工作得非常舒心，于1949年4月加入中国共产党。在学校里他担任教务主任，任教语文学科。在教学中，他常常将鲁迅、茅盾、郭沫若等进步作家的作品介绍给学生。当时的学生地下党支部书记范敬业说：“上语文课就讲鲁迅的作品。记得有一次吕型伟老师要我们写一篇关于鲁迅杂文《聪明人和傻子和奴才》的读后感。我在读后感中说应该学习傻子那种不怨天,不尤人,不怕死,敢于挺身而出,冲破黑暗,给人们以光明的精神……说老实话,直到现在我都不知道自己对鲁迅那篇作品的含意是否理解正确了,而当时吕老师却在全班同学面前表扬了我,并由他自己进一步发挥了我的感想。我知道吕老师并非为了专门表扬某一学生,而是借题发挥,鼓励同学们勇于去做一个革命的'傻子'罢了!为了启发同学们勇于参加革命,我们的老师真是用心良苦啊!有这样的老师作指导,同学们能不奋发学习吗?"

另一位学生姚解生也回忆说:"吕型伟老师教语文,他选讲了一篇老八股文。八股确实讨厌极了,起承转合一股一股地都定出格式来,非要把人们的脑子箍死不可。吕老师引证鲁迅的话说'八股原是蠢笨的产物',然后话锋一转说,我们写文章要根据事实科学分析,不能套框子。吕老师讲课的妙处在于不朝起承转合打棍子,他说,起承转合是逻辑思维,全在于针对实际情况灵活运用。后来我看了些唐诗名篇,就见到许多好诗起承转合齐全,也有的诗变了,例如'白日依山尽,黄河入海流',两句并立,只能都算做起,它没有承,只是起转合。吕老师批判八股的同时,把好的文化传统和进步的新思想结合起来,传授给我们。吕老师是拿老八股做反面教材,他是讲鲁迅反对老八股的革命道理。他把起、承、转、合巧妙地做了马克思主义的分析批判,无情地鞭挞,打在老秀才、老翰林阴沉木做的脑袋瓜上,启发我这个青年的心灵。"

除了教学,吕型伟还接受了党的任务,办《中学时代》半月刊。为了在国民党反动派黑暗统治中站稳脚跟,又要能团结启发一大批中间学生,吕型伟使出了浑身解数。没有一分资金,没有一张纸,吕型伟拿出当年白手起家创办山村小学的精神,与几个党员教师和进步学生组成采编班子,又通过各种关系取得国民党的出版许可证,再找到国民党内部的一些进步人士,既弄到了白纸,又打通了印刷渠道,《中学时代》终于在1947年春面世,每期发行5000份,成为中学生的好朋友。只是后来按捺不住淮海战役胜利的喜悦不慎露了锋芒,上海解放前夕被国民党勒令和《世界知识》《时代》等进步刊物一起停刊。

1949 年上海解放后的第三天,吕型伟即参加了接管工作,他和段力佩一起去接管一所反动势力很强的市东中学,从此离开了省吾中学。

省吾爱国主义教育基地和名誉校长季勤先

上海市省吾中学于 1989 年 10 月 14 日被团市委等单位命名为"上海市爱国主义教育基地",是全市被命名的 38 个单位之一。1995 年 6 月 30 日又被长宁区人民政府命名为"青少年教育基地"。

图 4　季勤先名誉校长向青少年讲革命传统

建立青少年教育基地的设想早在 1972 年就已经在省吾中学老校长季勤先的脑海里出现了。季勤先 1942 年入党,1946 年由党组织安排到省吾中学工作,1950 年任省吾中学联合党支部书记和副校长,1954 年后调任其他学校和区教育局担任领导工作,1985 年由长宁区政府命名为省吾中学名誉校长(图 4)。

那时她因甲状腺癌两次手术,在术后休养期间想到了如何保存住省吾中学光荣历史的问题。1972 年 5 月在去北京看望曾在省吾工作、学习过的师生时,她向大家提出了这个问题,希望大家写稿,出版回忆录。回到上海,就收到了学生写来的回忆文章。

但是事情并非总是那么一帆风顺,那时社会生活还未恢复正常,怕"株连"的顾虑尚未消除,许多校友互不往来已经多年,校友的通讯地址大多不详。经过艰苦的联系和宣传工作,她又于 1975 年亲赴重庆,召集当年参加南下工作的校友开座谈会,动员写稿,征集照片资料。1978 年上海校友恢复活动后,征集文稿和资料的工作才全面启动。

经过了十二年的资料征集、稿件修改,于 1984 年 5 月上海解放 35 周年和陈仲信烈士牺牲35周年之际,出版了第一本文集《陈仲信周维民烈士纪念册》。1988年5月又出版了记载省吾创办经过和师生参加上海人民革命运动史实的回忆录《熔炉》。在获悉唐林宝烈士的消息后,于1991年5月又重新征集了校友对三位烈士的回忆,出版了三位烈士的纪念册《奉献》。

1984年她发动校友捐资,在校园里建立了第一座烈士纪念碑,以后又对烈士纪念碑重新设计改建,成为今天的代表着少先队员、共青团员、南下干部、志愿军、老师和早期校友等形象的七人浮雕纪念碑,请时任中共中央政治局委员、国务院副总理钱其琛题写了“省吾之光”四个大字,作为碑名(图5)。

图5 钱其琛题词的“省吾之光”纪念碑

为了使校史资源发挥更加形象的宣传作用,她又开始投入校史展览馆的编辑工作。为了赶在1989年5月27日上海解放四十周年之际展出,她不顾自己体弱多病,又已年逾古稀,和学校的几位老师一起,夜以继日地工作。暑假里也不休息,以菜包子、开水当午饭,赶做资料照片的编辑工作,好让做后续排版美工工作的老师能及时地上版面。如今的校史馆已几经修订补充,而基础都是在那时打下的。

历史进入了21世纪，年届耄耋之年的季勤先名誉校长，为了更好地弘扬省吾人的革命精神，又忙着编写《省吾人》丛书，并于2004年和2005年先后出版了《省吾人》（一）和（二）。她还于2000年在建校55周年之际，联系了长宁区"关心下一代协会"影视部，来校拍摄校史纪录片《熔炉》。虽然她在省吾中学工作的时间只有八年半，但是她的生命已与这所学校融为一体，那是一代年轻人追求真理与进步的时代，省吾中学寄托着她们当年的青春和理想。这是一位为了共产主义的理想奋斗一生的老共产党员，她的精神难能可贵。

省吾中学十二位创始人的故事

比起一些老学校来，省吾中学办学的历史并不长，创办于1945年9月15日。然而为了这一天的到来，12位创办人付出了艰苦的努力。

早在1945年春，抗战胜利之前，中共上海圣约翰大学学生地下党总支就根据党的城市工作的指示精神决定创办一所中学，一为满足积蓄力量、培养人才、开展斗争的需要而建立一个革命阵地。二也为解决这两年教育系学生毕业后的出路问题。工作由圣约翰大学党总支委员夏孟英负责。她是圣约翰大学教育系1944届毕业生，那时正留校担任助教。夏孟英与圣约翰大学教育系同学、地下党员蔡怡曾、李蕊珍商量，组成三人领导小组，由蔡怡曾、李蕊珍两人再去联系教育系其他党员陈秀燠、邢浄和孟繁俊形成核心，又团结了1944、1945届部分进步校友和同学唐馥珍、唐月娟、吴新智、蔡小谢、郑淑瑛、吴励理等，作为发起人，着手进行一系列的筹备工作。

为了解决办学经费、学校校舍和设备等问题，十二位发起人分头去动员家长、社会知名人士，争取到约大教育系主任傅统先，教授沈有乾、陈选善、孙王国秀和进步教育家陈鹤琴等人的支持，还取得唐馥珍、吴新智、吴励理的父亲等工商界人士的帮助。通过唐馥珍父亲的关系，学校初始作为中华商业专科学校的附中，从而解决了办学所需校舍、设备等问题，并避免了办理立案手续的麻烦。当时未设校长，由商专主任兼管。为掌握学校行政领导权，特别是对学生的管理权，党组织设法安排了李蕊珍任训育主任,唐馥珍任教务主任。抗战胜利,商专停办。党组织决定学校还要继续办下去,指示要筹备成立校董会,校董会先后由沈有乾、陈鹤琴担任董事长。校董会为学校定名为省吾中学,先后聘请祝铨寿、陈鹤琴、沈立人担任校长,并任命吴新智为校董会秘书(后经校务委员会推定为校务主任),以后又为学校解决了立案问题,使省吾中学在白色恐怖中的上海成为一座培养革命人才的红色堡垒。

十二位创始人中的领导人夏孟英 1946 年去解放区,中华人民共和国成立后在中华全国总工会国际部工作。蔡怡曾后任上海地下党学委女中区委书记,1948 年被捕,在狱中受尽酷刑,坚贞不屈,后经党组织营救出狱,即北撤到解放区。1949 年随军南下回沪,负责市青委少年儿童工作。李蕊珍一直担任省吾中学的训育主任,于 1948 年冬遵照党组织的安排撤离上海。陈秀煐、邢淬、孟繁俊这三位共产党员在团结进步同学和校友,联系上层爱国民主人士方面为省吾创办做出重要贡献。唐馥珍动员自己的父亲帮助解决校舍和经费等问题,为省吾创办做出重要贡献,是省吾第一任教务主任,1947 年冬离开省吾中学。唐月娟也是一位共产党员,1949 年 5 月上海解放后,离开省吾,参加接管工作。吴新智是省吾第一任校务主任,1948 年离开省吾赴美国留学。蔡小谢、郑淑瑛、吴励理三位老师一直在省吾中学任教,直至上海解放后因工作调动而离开。

省吾中学艺术教育硕果累累

艺术在培养中学生自信心、锻炼学生能力、增强学生团队合作意识等方面发挥着非常重要的作用。为了培养学生综合能力,让学生提高艺术修养,陶冶情操,学校重视艺术教育,在实施国家课程基础上,挖掘资源,开发“越剧排演”“民族打击乐排演”“校园戏剧”等校本课程,同时,积极为学生搭设锻炼展示的舞台,经过多年的积极努力,学生在学校艺术学习园地中成绩斐然。学校多次被评为长宁区学校艺术教育先进集体。

1992 年 7 月学校成立越剧兴趣小组,同年 10 月与上海市越剧院挂钩。从

1993年开始,每年招收一个越剧特色班。学校外聘上海越剧院的专业指导老师辅导学生。从1993年至今先后已有一千多名学生参加越剧团排演。作为长宁区重点艺术团,十多年来参加市、区、校、街道等各类演出近一百场。1994年创作的剧目《请给她们一点爱》获区表演二等奖,同年应邀参加国际少儿艺术节的演出,与加拿大、波兰、泰国、印度、南非等国的小朋友同台演出并联欢;1996年学校创编的剧目《木兰新歌》在上海市第二届学生艺术节上分别荣获创作和演出一等奖;2000年6月,学校创编的课本剧《孔子拜师》在市、区学生戏剧节上再获创作和表演一等奖,越剧小戏《忠魂曲》《琴心》分别获二等奖、三等奖;2002—2003年间学校越剧团多次在黄浦区工人俱乐部、少年宫、广电大厦(青少年才艺大赛越剧专场)等地表演《桑园访妻》《金玉良缘》《西湖山水》《洞房》《穆桂英挂帅》等剧目;2004年学校编排的越剧小品《考》获上海市学生艺术节戏剧专场创作及表演二等奖;2009年6月,学校创编的越剧《岳母刺字》获全国第三届中小学生艺术展演上海市长宁区戏曲专场二等奖,该剧还获得2010年世博剧坛长宁区少儿戏剧系列活动戏曲(小戏)专场比赛二等奖。越剧团还应邀参加了上海电视台《百姓戏台》栏目的演出。

在十多年的越剧排演活动实践中,培养了不少越剧人才。1995年3月吴群同学考取了上海市戏曲学校越剧班(老生),同年7月王喆同学考取了上海市戏曲学校越剧班(花旦),10多位同学分别考取了市戏曲学校影视班、越剧班和浙江绍兴戏曲学校越剧班,有的还成为"小百花"的荣誉团员。

为了在全校师生中普及越剧艺术,学校自2002年起,在每年的"迎新才艺"大展示活动中专设越剧戏曲专场;2003年9月起在每周三的中午利用校园网向全校师生定期、定时介绍和推广越剧艺术,使民族戏曲走近每位学生;学校还将越剧艺术引入教学课堂,在音乐课上进行"越剧情、民族声"主题教育,把越剧戏歌作为补充教材,对学生进行教唱。

2008年7月,在越剧艺术特色的基础上,学校开发了新的艺术特色课程——"民族打击乐"课程。学生在上海民族乐团指导老师的辅导下学习,从零基础到多次参加上海市、长宁区、街道和学校的演出。学生的作品《欢天喜地》《龙腾虎跃》《牛斗虎》《秦王点兵》深受大家的喜爱。2009年9月《欢天喜地》参加上海市特色小乐队展演获得经典演绎奖,同年 12 月获得上海市美年达百校风采擂台赛一等奖。

2010 年 7 月,民族打击乐团的同学们登上了世博园区的舞台,参加了世界名校大展演,用铿锵鼓声释放青春激情,演绎民族风情,展示省吾风采。2012 年 6 月,《龙腾虎跃》获长宁区“彩虹飞扬”学生艺术展演活动表演类作品一等奖。

2010 年 7 月,学校又开发了“校园戏剧”课程,喜爱表演的同学在老师的辅导下,不仅提高了表演能力,而且增强了合作意识,收获了自信和快乐！根据校史创编的《踏着英雄的足迹》获得“激扬青春,梦想中国”上海市中小学生“龙华魂”暑期课本剧会演中学组优秀组织奖,长宁区“彩虹飞扬”学生艺术展演活动表演类作品戏剧一等奖;《别踩疼了雪》获得上海市一等奖、新加坡华文朗诵一等奖。同学们经常代表学校在街道、区、市演出和比赛,为学校赢得了很多荣誉。

艺术教育是省吾中学教育百花园地中盛开的鲜艳花朵,同学们在艺术学习中提高能力,锤炼品格,培养自信,展示才华。学校将为同学们的成长、成才提供更多的学习机会,搭设更广更多展示的舞台。愿省吾中学艺术之声余音绕梁,艺术之花经久不衰！

上海市盲童学校

上海唯一一所教育培养视力障碍学生的学校

岁月留痕

图1　1912年11月,上海盲童学堂租赁北四川路176号民居作为校舍

上海市盲童学校是上海唯一一所教育培养视力障碍儿童和青少年的学校。美籍英国人傅兰雅于1912年创办上海盲童学堂(校),命其儿子傅步兰任校长。学校逐步发展,初具规模。它所奉行的盲人教育思想与实践为中国特殊教育的发展提供了可资借鉴的历史经验。

学校现为教育部首批运用现代教育技术实验学校、上海市素质教育实验校和特殊教育示范校。2012年,学校被中央电教馆命名为全国"百所数字校园示范校建设项目学校",是全国唯一获此称号的特殊教育学校。

校史回眸

1952年,人民政府接办学校,正式定名为"上海市盲童学校"。学校原属上海县教育局领导,1984年属地划归长宁区,受上海市教委、长宁区教育局双重领导。

1957年,学校创办盲文印刷所,向全国盲校供应盲文初中教材和课外读物。

1983年接受联合国儿童基金会合作项目，改名为“盲文印刷厂”，为全国盲校印制中、小学盲文教材。该厂至今仍是全国盲校中唯一的一家。

学校在长期教育教学实践中全面探索盲教育的途径和方法，勤于实践，勇于创新。

1959年，学校创办新中国成立后国内第一所对盲童进行正规、系统教育的幼儿园。20世纪50年代至60年代中期，学校开创了符合盲童认知特点的直观教学方法，制作了大量实用有效的直观教具；提出针对盲童不同视力状况施以不同方式的教育，开始对有残余视力的学生进行汉字教学的实验。首创了对学生实行教育、教学、教养的一套方法。诸多成果在全国具有领先和示范作用。

1974年，学校开办首届推拿班。1986年，学校开设高中推拿专业班，学制3年。1992年，学校开办推拿职业中专班，学制4年。

在国内尚无先例的情况下，学校于1979年率先开始试行低视力教学。1983年招收低视力班。1991年市、区教育局批准成立“上海市低视力学校”。1993年，开设“视功能训练室”。1994年，学校课题组编著的《低视力康复训练图谱》正式出版。1989年，学校开设启智班，根据学生特点设置课程，对多重残疾学生进行有针对性的教育。这两项工作的成功开创了国内盲与低视力分类教学和多重残疾儿童教育的先河，取得的经验在全国盲校得以推广。

1998年，经上海市教委批准，学校开设盲人高中教育，这是全国第二所盲高中。2004年，完成“盲高中课程设计研究”。2002—2012年，有63位学生通过高考分别进入华东师范大学、上海师范大学、上海第二工业大学的英语、日语、法律、心理、社会工作等专业，和普通大学生一起学习。

学校从2010年开始大力开展医教结合工作，实现对盲童教育、教学、康复相结合。2012年，上海市教委正式批准在学校建立“上海市视障教育指导中心”，面向全市对义务教育阶段随班就读的视障学生开展巡回指导工作。

目前，学校已形成2年幼儿教育、6年小学教育、3年初中教育、4年高中教育及4年职业中专教育的盲教育体系。

图 2　学校校门

历史撷英

盲童教育改革的倡导者

李牧子，1918 年生。历任上海市盲童学校校长、上海市盲人中学党支部书记兼校长，全国特殊教育研究会副理事长。1979 年离休。1981 年，总结从事盲童教育近 30 年的经验，编撰了《盲童教育概论》，这是中华人民共和国成立以来关于盲童教育的第一本专门性著作，另还写有《浅析盲童教学的特点》《试论盲缺陷补偿教育》等论文。1983 年被评为全国先进少年儿童工作者。

1952 年 6 月 25 日，上海市人民政府教育局接办学校，定名为“上海市盲童学校”，委李牧子为学校校长。李牧子到校后，首先明确了学校对盲童教育的宗旨，即培养盲童具有革命思想、系统的文化知识、劳动技能以及健康身心，成为热爱祖国、建设社会的人。他一再强调，要培养盲童成为残而不废的劳动者。面对当时的学校状况，李牧子决定采取措施进行整顿。

调整校舍布局。原有校舍房屋分散，多是家庭式小间，不适合学校使用，更不适合盲童学习及生活，学校对此进行了调整。校内人行道年久失修，路面狭窄，盲童走路容易碰撞，学校进行了翻修，还在路口铺设标记，便于盲童识别。

撤销工艺部。工艺部原是学校一部分，由于不适应学校的教育，接办后即撤销工艺部。

提高教工政治思想水平。学校从团结、教育、改造出发，加强师生员工的政治学习。通过学习，大部分教工的政治思想觉悟有了提高，树立了专业思想，积极性也得到了发挥。大家钻研业务，遵守劳动纪律，提高了工作效率。从1953年开始，全体教职工集中办公（过去教员及管理员均在各人寝室工作）。

提高教师业务水平。接办初期，明眼教师不能掌握盲文，教学发生困难，不能纠正学生错字，学生的作业还需请人翻读。1953年5月，学校组织全体教师学习新盲文，通过学习，一般教师基本掌握了新盲文，会看会写。学校还带领教师到校外听课。

调整课堂教学。从1952学年第二学期开始，试行盲童学校的教学计划。1953学年第一学期开始，提出教学为压倒一切的学校中心任务，要求认真进行课堂教学，执行全面备课。经过一学期的努力，初步改变了过去教学上的混乱状况，建立了正规的教学秩序。与此同时，学校整顿学习纪律，向全体学生逐条讲解学生守则，各班进行教育，学生会通过壁报进行宣传。通过宣传教育，建立了课堂常规，保证了课堂纪律的执行和教学任务的完成。

准备教科书。由于学校当时没有盲文印刷设备，课本及课外读物严重缺乏，直接影响了课堂教学的进行和盲童阅读能力的提高。接办后，学校立即试行自制图书，准备建立盲文图书馆。学校于1953年初的寒假成立了寒假工作委员会，组织留校学生（当时主要是无家可归的，占70%）及教师进行假期工作，手抄课本及课外读物，明眼教师报书，盲人师生抄书及装订。经过日积月累，手抄图书达600余本。

制作直观教具。很多盲生自幼失明，对外界事物的形象知道得很少，生活常识缺乏，对物体没有正确概念，以耳代目，认知容易发生偏差。为了充实教学内容，提高教学质量,丰富盲生知识,使他们对物体有正确的概念,教师利用实物及模型进行直观教学,通过触摸使他们了解物体形象。从 1953 年第四季度开始,学校与模型社、雕刻社、美术社等接洽,做了全国分省活动地图、学校立体模型,及国徽模型、音乐符号模型等。

自人民政府接办到 20 世纪 50 年代后期,在李牧子的领导下,学校逐步建立起比较完整的盲教育体系。

幼儿教育:1959 年 3 月,学校创办了新中国成立后我国第一所对盲童进行正规、系统教育的幼儿园,招收 6—7 岁盲童,进行两年的学前教育。

初等教育(包括速成教育):主要指全日制小学,学制六年。接办初期,学校招收 9—14 岁盲童入学。20 世纪六七十年代,招收 8—12 岁的盲童入学。1956 年,根据当时我国教育事业的发展,增招 15—18 岁超龄青年入学,通过四年学习,掌握小学文化知识,共招收了两届。

中等教育(包括专业教育):主要是初中教育和专业教育,学制三年。

在李牧子领导下,学校逐步形成了教育、教学、教养相结合的盲教育特色。由教导处直接领导教育、教学、教养各项工作,通过学生团支部、少先队、学生会、班主任、教养员分头执行,共同完成任务。李牧子带头,从领导到教师都住在学校里,和盲童生活在一起。教育、教学、教养相结合这一做法,后来被全国许多盲校效仿。

创办幼儿园

1959 年 3 月,19 岁的邱梅瑛老师来到盲校,开始选址造园。园里的每一件物品都由邱梅瑛亲手挑选置办,大到建材小到桌椅,无一不亲力亲为。当时的上海市第一百货商店六楼专门卖学前教育用品,她在那里选购了能够拼起来的八人桌,拆分、合并都能使用。硬件准备完毕,就可以开始招生了,那时候的幼儿园只有一个班级,配备一名教师和一位生活老师,班级限额 15 名幼儿,后来减少到 10 至 12 名,实行寄宿制,招收 4 周岁以上的盲孩子。有些住在郊区的孩子不符合入学条件,邱梅瑛就亲自上门解释原委,当时的交通情况不比现在,招生工作的辛苦程度也可想而知,邱梅瑛的认真尽责体现在每一件小事上。

由于从普教转至特教,邱梅瑛必须学习盲教育的知识,当时学校委派了从英国留学回来的阎诗贞老师教授盲文。一学期后,新增了一名教师,幼儿园师资不断增强。多年后,问起令人印象最深的孩子,邱梅瑛突然激动了起来,有两个孩子令她印象尤为深刻,其中一个名叫纪萦晶,冰雪聪明,任何知识只需稍加点拨就能掌握,人也十分乖巧,可惜眼睛里长了肿瘤,只念了一年学前班,癌症便转移了,现在这个可爱的孩子已经不在了;另一个孩子名叫曾凯,是个智力视力双重残疾的孩子,6岁入园时还要妈妈抱着走,喜欢怪叫,容易受到惊吓,不睡午觉,吃饭需要喂。邱梅瑛说,针对曾凯的情况,她和母亲配合,一起慢慢提高其能力。曾凯的音乐能力很强,报纸上登着曾凯学琴的消息,被中国钢琴家孔祥东的母亲无意间发现,遂将他招收到孔祥东门下习琴。曾凯后来考出了钢琴演奏级,时常会给邱梅瑛老师打电话。1960年,邱梅瑛获得了文教群英会颁发的上海市先进儿童工作者称号,1993年获评上海市特教先进。她曾发表论文《盲幼儿触摸觉发展的途径与方法》《盲幼儿的社会适应能力》,切实地总结教学经验,造福后人。

珍惜学生宝贵的残余视力

1956年,沈云裳从第一师范学校毕业,踏进了上海盲校的大门。在长期的教育教学中,沈云裳发现:有相当一部分盲生有残余视力。怎样帮助学生用好这部分仅有的视力?她苦苦思索着。为此,她找眼科医生询问,试图找到可行之路;翻阅专业书籍,寻找答案……经过很长一段时间的准备,1979年,她根据视障学生不同视力状况,指导有关教师对混合班中部分低视生开始汉字教学探索。没有适合低视生的教材,她与同事们一起自己手写再复印。每堂课教学几个生字,低视生最长用眼时间是多少,这些探索耗费了沈云裳大量心血。她的心中始终牵挂着这些学生,担心一个不慎就会影响学生宝贵的残余视力。三年的试验期里,沈云裳没有睡过一个好觉,时时刻刻记挂着低视力教学改革的每一步。当这一工作取得初步成功后,她大胆地提出全盲、低视分班分类教学这种新形式,以“保护低视生视力”为前提,“探求教学最佳途径”为中心课题,进行了有目的、有步骤的实践和研究。她亲自改编小学第1—5册语文教材,新编第一册识字教材及第二册教材中集中识字的内容,以适合低视力学生使用。十年教学改革,学校在教学形式、内容、方法以及保护视力的措施等方面均找到了科学有效的规律。1989年,国家教委在学校召开全国视障教育分类教学现场会。沈云裳代表学校作了分类教学的经验介绍,得到了国家教委及兄弟学校的充分肯定。会后,国内部分盲校也开始尝试盲、低视力分类教学。1991年,在上级领导的关心和支持下,学校在全国率先建立了“低视力学校”,正式开始向上海市招收低视力学生。

图3　1979年起,学校以混合班形式在语文课中单项进行,开始尝试盲和低视的分类教学。1983年起,低视生单独编班。1985年,正式对外招收低视班。从此学校正式形成了盲和低视明确分类的格局

1989年,针对视障儿童中的多重残疾学生的实际情况,沈云裳又一次敢为人先,在盲校开设了“启智班”,对多重残疾学生进行分类教学。她与老师们共同研究,编制评估工具,设计课程,编写教材,亲自上课……经过一年的实践,该班的三分之一学生能跟普通班学生一起就读。至此,学校开始实行盲、低视、启智三种类型的教学模式。学校多重残疾教育在沈云裳打下的扎实基础上,不断得到发展,至今已开设二十多年,形成了较为完善、科学的课程体系和较为完整的校本课程。

巧制教具,带领盲生进入几何王国

许全珍是数学教师,她一直在思索如何让盲童在掌握基本的加减乘除以外,理解平面几何的概念,让学生建立起空间想象能力和抽象思维,让盲童摸到“整只大象”。

长期的教学实践表明,盲生以感性认识为基础。许全珍抓住盲生的认知特点,在课前花费了大量精力,巧妙地制作了一整套平面几何教具。她用一把带切口的三角尺、一块可塑性油泥画图板和几枚图钉,讲解线段、射线、直线;将量角器每10度锉出一个切口,每45度加上一个凸点,用来让盲生准确感觉度量角度;圆规装铅芯处改成尖针,结合可塑性油泥画图板,让盲生学会了等分角度、绘制平行线……

初入几何王国的盲生,对几何图形的认识还是在“盲人摸象”的阶段。在掌握了点、线、面、角度、三角形等基本的几何概念之后,让盲生从感性认识上升到理性认识,是一个非常难以跨越的门槛。几何图形的感知与理解对几何概念的形成关系密切,既要利用感知因素,促成对空间形成的概括,又要克服感知因素的消极影响,以达到对图形本质的理解,这是形成正确几何概念的关键。

许全珍在教学中善于观察和总结,不断改进自己的教学方法,找到适合盲生的教学方法。许全珍每讲一个新概念、新图形,首先给盲生展示标准图形,然后再变换位置、形状和大小,从多种角度让盲生加深印象,他们就能很快地识别图形特征,进而从具体的图形中建立起抽象的概念。

许全珍的一个全盲学生小章毕业后,分配到工厂工作。他一次见到许全珍老师时高兴地提到:“我到工厂工作,摸到的机器都是由几何图形组成的,感到机器不那么陌生,上机器时也不害怕了。由于学了几何的推理论证后,我感到自己每次发言,能根据要求,有的放矢讲清问题的要点了。”这正是知识带给学生的变化。

让新时代的盲孩子有更高的发展

杨美英于1959年从师范学校毕业后到盲校工作,1978年任副校长,1982年任校长，直至退休。杨美英认为，新时代的盲孩子不能只停留在成为“残而不废的劳动者”，应该有更高的追求、更好的发展。学校可以办高中推拿班，这既可以为学生上大学深造作准备，也能从总体上提高盲人群体的文化水平。有了这个设想，学校从1986年开始办高中职业推拿班，1992年办推拿职业中专班，学生的文化层次不断提升。杨美英和老师们一起到中医学院、推拿学校取经，亲自去请专业老师，写教学计划，招聘新教师。盲孩子学成后，通过了市卫生局的考核，获得了证书，有的还考进长春大学特教部的音乐、按摩专业继续深造。几位后来有机会到国外学习的盲孩子也得益于此。

图4 学校于20世纪80年代中期开设计算机课程

杨美英提倡学生一专多能。从1985年开始，学校就开设课外活动，之后学科不断增加，如中学设音乐、英语、电脑等选修课(图4)，学生可以根据自己的特长选修一样。她提出，每个学生要收获一张毕业文凭和多张证书，多一张证书、多一项本领，走上社会就多一次机会。

在杨美英任职期间，学校开始低视力教学试验并取得成功，开始探索多重残疾教育且成立了启智班。这些后来都成为国际合作项目，相关工作不断发展。1985年学校恢复幼儿园，1992年办成两年制，拟定了教学目标和课程设置。学校形成幼儿园2年、小学6年、初中3年、职业中专4年的办学体系，为学生成才打下了基础。

改革开放以后，政府、外事部门希望学校对外进行宣传，扩大影响。学校把外宾接待工作放在重要的地位。杨美英觉得，接待外宾是加强宣传的好机会，要让外宾知道，不是只有外国人重视特殊教育，中国同样是重视特殊教育的，我们这所学校就是对外的一个窗口。杨美英在接待联合国儿童基金会代表团时，争取到一个项目，对方出资50万美元，为学校的盲文印刷所更新、添置设备等。设备到位、新厂房建成后，国家教育部和上海市教委正式批准成立“盲文印刷厂”。该项目的落实，改善了工人的生产条件，减轻了劳动强度，提高了工作效率。杨美英通过接待德国的克里斯多夫盲人使团，先后争取到他们赠予的价值3万马克的学具，包括视功能训练的一些设备，还包括触摸觉训练的一些器具以及作图（几何、代数）的工具，这些都是学校缺少而又十分需要的。

杨美英积极为教师出国深造创造条件。争取到外方资助后，教师徐洪妹赴美国学习了半年，这是学校第一位去国外学习的教师。她还为学生出国学习牵线搭桥，学生朱闽、杜琼等就是在她帮助下得以成行。

从面无表情到笑容满面

一次，日本学生代表来校和盲生们进行联欢，在活动时大家又唱又跳热闹得很，但是看一看盲生们，赵桂芬老师有些困惑了：怎么他们一个个面露怪色或者呆若木鸡，竟没有笑容呢？细问之下才知道，参加联欢活动，学生们十分快乐，只是他们并不知道自己脸上的表情看起来是不开心的。赵桂芬这才领悟，是啊，许多全盲的学生从没见过别人的笑容，更不知道嘴角向下的时候是哀伤。一定要想办法弥补他们的缺陷，教会他们正确的面部表情。经过仔细的考量，赵桂芬想到通过泥塑来引导学生们认识面部表情。赵桂芬从未接触过泥塑，为了上好泥塑课，她放弃了自己的休息时间，从虹桥骑着自行车赶到淮海路，坚持每星期两次的泥塑学习，风雨无阻。凭借着勤奋与刻苦，她的泥塑技艺突飞猛进。她大量搜集各种相关资料，对着镜子，自己当模特，把喜、怒、哀、乐四种表情做成小泥塑给学生当范品，她还为此自编了一句顺口溜"要人笑，眉开眼弯嘴上翘"。在课上，她不仅用泥塑范品指导学生认识，还让学生触摸自己的脸，感受各个表情之间肌肉的变化。这一课程内容效果非常好，盲生们不仅学会了制作泥塑的头像，还学会了内外表达一致。许多盲学生开心地跟赵老师说："我知道什么是难过了，我也知道什么是面无表情了，最重要的是，我学会笑了！"这一番话语让赵桂芬特别欣慰，那是多么大的肯定啊！

许多盲人学生向赵桂芬抱怨，毕业之后吃饭特别困难，一旦家里没有人在，常常是有一顿没一顿的，想要动手烧些吃的，不是切菜切伤了手指，就是一不小心倒洒了半罐盐,还时常把一半的菜“分享”给了地板。为了解决学生们面临的实际问题,赵桂芬决定开设新的手工课程——烹调课。她带着组里的老师去厂里,挑选适合学生用的煤炉、锅子、铲子等烹调用具,然后刻苦钻研,研究出一套适合盲人烹饪的方法,不仅能做出美味佳肴,还保证了烹饪时候的安全,切实解决了盲人生活上的一大困难。

开创视障教育实施多重障碍教育的先河

赵玉洁老师1956年从师范学校毕业后到上海市盲童学校工作,长期担任小学语文教师、班主任等职务,还担任过中学团支部书记、大队辅导员等工作。1994年,到了退休年龄的赵玉洁,坚持留校,帮助青年教师一起成立“启智班”,从事多重障碍的教科研工作,开创了中国视障教育实施多重障碍教育的先河。

赵玉洁是一个很会思考、勇于探索创新的人。当时国内的盲教育还处于起步阶段,没有现成的盲教学方法和教具。赵玉洁就苦心钻研,根据盲孩子的认知特点,自编了许多帮助盲童迅速学会盲文的儿歌,许多毕业了几十年的学生至今还记得这些朗朗上口的儿歌。刚入学的孩子还不具备精细的手指触觉,学习摸读和书写盲文存在困难,赵玉洁首创了盲文显形板,把六点子放大,让盲生利用它习得盲文前技能;赵玉洁自制的“盲文六点子教具”,获得1990年上海市中小学自制教具展评会三等奖,国家教委第三届全国自制教具评选三等奖。赵玉洁还参与编写《全国盲童学校小学语文教材(全套)》(任教材编写组组长)、《南京特殊师范学校语文教材教法》和《双拼盲文教材》。

由于感性知识的贫乏,视障学生难以建立准确完整的表象,在理解一些事物的性质上存在困难,影响了他们对语言的理解力。赵玉洁十分重视运用直观教学法,使学生对各种事物产生了准确的感性认识。

第一,在大自然中的实物教学。赵玉洁经常带学生外出参观、访问、游玩,以丰富学生的知识面,充实他们的生活。为了让学生对大海有一定的感性认识,赵玉洁带学生到海边,听海浪的声音,赤脚踩在海滩上,体验脚底踩在沙子上的感觉,嗅一嗅海边空气中潮湿的味道。多数从来没有看过海的学生,一下子对大海有了了解。

第二,教具的使用和自制教具。上海市盲童学校有大量的教具,赵玉洁每次备新课,都先去教具室寻找相关的教具,课前带学生触摸、感知教具,达到帮助学生理解课文的目的。比如在教《大熊猫》一课前,赵玉洁先带学生参观动物园,建立对大熊猫的感性认识。然后借来了学校教具室的各种动物标本,拔了一些真实的竹子。接着让学生在操场做了一个小型的动物园的模型场景。赵玉洁带着学生把"动物园"一角布置成竹林,把会动的大熊猫的毛绒玩具放置在竹林中,再把其他的动物标本安放于"动物园"的各个角落。

第三,充分发挥盲童其他健全感官的功能,如触摸觉、嗅觉、味觉、听觉、运动觉等,重视运用动作直观的实验方法。比如,在讲到《乌鸦喝水》这一课时,赵玉洁边讲解乌鸦喝水的方法,边用实物直观演示:把小石子一个一个地放入只有半瓶水的瓶子中,瓶子里的水怎样慢慢升高,让学生一边听教师讲解,一边触摸瓶子里的水的变化,再一边理解课文。

赵玉洁和普校的教师一样,同样也是一个桃李满天下的老师。她教过的学生有的获得了残奥会冠军,有的考上了华东师范大学,有的开办了自己的按摩诊所,有的找到了力所能及的工作……学生们都顺利地走入社会,体验到了成功的喜悦,变得开朗自信,他们用自己学到的一技之长,服务社会,报答社会。

上海市回民中学

上海唯一一所寄宿制民族完全中学

岁月留痕

回民中学前身是1945年由回族人沙善余创办的上海私立敦化初级中学,校名出自《中庸》"大德敦化",寄意"敦厚化育"。附设于南市青莲街222号私立敦化小学内,招收家境贫寒的回族学生。当时设备简陋,经费匮乏。上海解放前夕,学校仅3个班级,130余名学生,其中回族子弟仅30人。

1952年,政府拨款建楼增设高中,改名上海私立敦化中学。1956年转公立,改名为上海市回民中学,并沿用至今。1957年,在沪太路1000号征地57亩,兴建新校舍,成为全上海唯一一所寄宿制民族完全中学。

图1　20世纪50年代上海市回民中学校门(搬迁至沪太路后)

为了加强学校的管理，提升学校的办学品质，上海市教委高度重视学校的班子建设。1992年，调任奉贤县教育局局长王智强担任学校校长，调任卢湾区教育局党委副书记边根华担任书记。在教育局领导与中学基层干部的任职选择中，两人都义无反顾地选择了后者。王智强校长始终秉持着努力“把回民中学办成少数民族的人才摇篮”的教育理想，身先士卒，殚精竭虑，谋划西藏班的发展。边根华书记有着三年的援藏经历，曾担任上海市第八批援藏教师的队长，与藏族人民结下了深情厚谊。考虑到西藏班的孩子年龄普遍偏小，十二三岁小学刚毕业就离开家乡，来到相距几千公里的上海开始新生活，远离亲人，远离熟悉的环境，又处在青春发育的特殊时期，因此学校班子率领全校教职员工制定了严格的值日表，保证全天24小时、全年365天不间断地照顾、呵护学生的学习和生活，“24365”也成了学校这段办学史的独特印迹。

积70年民族教育之经验，学校形成了“创造适合各民族师生和谐发展的现代教育”的办学理念，努力培养上海地区各民族学生。为培养少数民族干部和少数民族地区建设者，加强民族团结，推动国家发展，发挥了极其重要的作用。新中国成立以来，已有8000余名回族及其他少数民族学生在校毕业，先后有回、藏、满、蒙古、侗、朝鲜、畲、水、傣、苗、白、壮、彝、锡伯、纳西、撒拉、土家、维吾尔、高山、布依、鄂温克、傈僳、汉23个不同民族的学生在校学习。冯之浚、徐绍史、达式常、庞延斌、火恩杰、金长荣、方宗伟、柳海光、韩长梅等皆是不同时期涌现的著名校友。

校史回眸

1979年，学校恢复招收少数民族学生，同时招收少量汉族学生。

1985年，学校被确定为享受市重点中学待遇的完全中学。同年起，接受国务院和国家教委下达的任务，开设西藏班，为西藏培养各民族学生。

1998年起，藏族学生迁至共康中学。学校圆满完成党和政府交付的“智力援藏”的政治任务。

历任校长和书记包括沙善余、金幼云、马仲德、田民、边根华、王智强、乐霆。

目前,学校共有回、藏、满、苗、汉等17个不同民族的学生共1100余人,共34个教学班,其中高中18个班,初中16个班。全校共125名教职工,中高级职称占88%以上。

1984年,学校被评为上海市民族团结先进集体。

1988年,国务院授予学校“全国民族团结进步先进集体”称号。

2003年起,学校连续6次被评为“上海市文明单位”

2007年,学校被命名为“上海市实验性示范性高中”。

2012年,学校被评为全国特色学校。

历史撷英

远足总从艰苦始

沙善余(1879—1968),中国现代穆斯林学者,教育新闻工作者。名庆,以字行。回族。世代信奉伊斯兰教。祖先系阿拉伯人,明末来华,在北京任钦天监。汉文与英文造诣俱深。他毕生爱国,积极参加反帝反封建革命。秉性耿直,淡名利,办实事,为兴办回民文化教育事业而不遗余力。

图2 第一任校长、知名学者沙善余(回族,前排左七)与教职员工合影

1909年，上海回民有识之士深感旧的经堂式教育已经不能适应时代的需要，遂整顿扩充了原福佑路清真寺开办的务本小学，改名为清真务本两等小学，并推选了6位校董，以沙善余为首。清真务本两等小学之成立，开上海回民新式学校教育之先河。1918年，因校舍不敷应用，迁至小桃园清真寺，改名为清真回民学校。

为了给家境清寒的回族少年儿童提供读书机会，沙善余借中国回教学会之力，于1929年筹资十余万元，在南市青莲街福田庵旧址购地建楼。1931年，私立敦化小学创办，时为九位校董之一的沙善余担任校长。由于沙善余治学严谨，教学质量高，学校曾获当时市教育局和社会局的传令嘉奖"本市最优良之私立小学"。时人亦称学校在全国清真小学中"办理最为完善"。此时，敦化小学已是上海地区一所具有相当规模的回族小学，改变了上海回民文化落后的状况，使众多的回族和其他民族的少年儿童受到了新文化的教育。

1945年抗战胜利后，为了满足回族家长迫切希望子女接受中等教育的愿望，学校成立了初中部，创建了上海市私立敦化初级中学。沙善余仍任校长。由于国民党统治下的上海通货膨胀严重，民不聊生，广大回族人民更受煎熬，无力送子女接受中等教育，加之学校经费非常紧张，设备十分简陋，到上海解放前夕，全校只设3个班级，学生130余人，其中回族学生仅30人。

千里之行，始于足下。那是一种何等艰难的事业开端啊！就是这样一所筚路蓝缕中走来的学校，后来竟然成了上海市民族教育的一个窗口。

上海解放后，市政府确定学校为少数民族中学，全力扶植：增派干部教师，拨发全部经费，扩大减免额，设立人民助学金、生活补助费等。学校人数迅速增加，1951年增至7个班。1952年，政府拨款在敦化小学对面购地建造教室8间，增办高中，改名为上海市私立敦化中学。1955年学校发展为初中11个班，高中4个班；学生800余名，其中少数民族学生650多名，占学生总数78%。1956年，学校改名为上海市回民中学，并沿用至今。

举足难前谋宏图

上海解放之后，学校面临着三大问题：一是经费；二是师资；三是校舍。

当时,学校还称敦化初级中小学。初中部附设在原先的回民小学内,十分拮据,初中部教工的工资大部分靠小学部的收入支付,学校内部多有怨言。有人提出要停办初中部。当时的邑庙区及上海市教育局了解相关情况之后,一方面进一步明确了党的民族教育政策,另一方面从经济上给予“民族教育专款”补助。此后,设立人民奖学金,对于家庭困难的少数民族学生,全部减免学杂费,由市教育局如数拨款。后来,政府又进一步减免了书籍费、医药费,并为困难的学生补发棉衣费。1956 年,上海市教育局向学校增派了一批优秀教师,包括:朱正谊、李昭民、刘景琛、汤石根、金明华、蒋君履、徐安仁、钟明允、夏乡、马克南等。

当时,多数回族学生家庭贫困,居住条件十分艰苦。白天在学校学习,放学回家根本无法写作业。一些在浙江路湖北路一带马路边卖牛羊肉的回族家长,晚上收摊以后才能让孩子在案板上睡觉。金陵路上摆熟食摊的人家,晚上还要营业,孩子就坐在摊位的小板凳上复习功课。回族学生家庭居住条件艰苦已成为制约回族学生发展进步的主要原因。于是,选择新校址成了当务之急。蓬莱区的第三师范、黄浦区的一所小学,都在考察之列。可是,这两所学校占地面积太小,没有操场,教室也不多,对于一所政府重点扶持的新校而言,显得太过寒碜了。

基于此,学校多方呼吁:要办一所少数民族寄宿制的学校,让更多的少数民族子弟能够安安心心地做作业。市教育局非常重视学校的呼声,几次专门开会研究。一次,市教育局又召开专门会议讨论此事,由副局长汪亚民主持,学校派出回族教师代表田民参加。参加会议的既有市教育局相关科室的负责人,也有考虑拟让回民中学选择迁入学校的相关负责人。通过热烈的讨论与商议,汪亚民拍板:将拟建的上海第五师范的校址——沪太路 1000 号土地,连同设计图纸一并交付回民中学,由回民中学根据民族办学的实际情况修建新校区。

喜讯传来,回民中学的师生员工欣喜若狂,如同过年过节。大家都翘首以待,盼望着早日搬迁到新学校。

立足新校大发展

1957 年 10 月,经过一年时间的建设与装修,回民中学从简陋逼仄的南市青莲街旧址迁至环境优美的沪太路1000号新址。全体回中师生兴高采烈。新学校里，教室宽敞，窗户明亮，宿舍整洁，食堂干净，剧场气派，操场平坦，实在是一个花园式的学园，一个家园式的乐园。大家学在其中，也乐在其中。

新校原为农田。校园及操场四周全用竹篱笆相隔，一条弯弯的小河自东向西穿越校园。这条不长的小河和河上一座红色的小木桥是师生休憩漫步的胜地。但由于长期未加以疏浚，加之建校时不少建筑垃圾流入河中，河水并不清澈，不时泛起污浊的气泡。为了美化校园，学校决定发动师生，自力更生，疏通河道。

回民中学是寄宿学校，学生上课至周六上午。这场小河挖泥的战斗就自周六下午打响。

当时，回民中学高中部每个年级各两个班，共有男女学生200余名，他们是挖泥的主力军。初中的小同学不在动员之列，但也有不少自告奋勇，坚持参加“战斗”。

可是，那时挖泥没有任何专门的工具。最常见的“武器”是每个学生日用的搪瓷脸盆。一盆盆垃圾、一锹锹污泥从河底挖起，“战斗”似乎很快就结束了。同学们光着脚冲向宿舍的盥洗室，用已经破损的脸盆盛满凉水从头到脚冲洗污泥和汗水（当时学校没有淋浴设备）。盥洗室里不时传出阵阵的打闹和欢笑声。回到寝室，同学们远望着落日余晖中的小红木桥和河旁迎风摇曳的小树，似乎感到校园更加美丽了。

捷足健步图跨越

1978年，回中恢复招收少数民族学生，回族父老对回中寄予了无限的期望。

为了重振民族教育的雄风，各级领导直接过问，离校的民族干部和骨干教师纷纷回归。他们驾轻就熟，理顺关系，制订规章，培养师资，狠抓教学，逐步改变了学校的面貌。在邓小平关于教育要“三个面向”的指引下，新班子决心让回中立足闸北，走出上海，面向全国，打造自己的品牌。为了走向全国、加强交流、相互学习，学校与北京回民学校联合发起成立全国部分回民中学协作体。在组建过程中，校长田民以他独特的人格魅力，获得了各地回民中学的信任和爱戴，成为协作体的领军人物和知名校长。当时,要拍摄一部介绍协作体成员校的电视纪录片,学校语文组的李昭民老师撰写了解说词。纪录片在全国各地播放后,大大提高了学校的知名度。

为了提升师资水平,学校还采取了引进外校优质教学资源的措施。如请市优秀青年语文教师钱汉东来校上公开示范课,请市教委教研室教研员步根海每周定期来校听课评课,提高我校青年语文教师的水平,还请多名资深教授和特级教师到校听课。当时,获得上海市教学评比一等奖的就有章斌、郝宇曦等。回中从复苏中发展,从上海市走向全国,教育教学质量稳步提高。1989 年,初三学生合格率达到 100%。1990 年,高一、高二年级在区统一命题考核中,平均成绩在区完中里名列前茅,部分学科的成绩达到区重点中学的水平。

手足情深民族心

1985 年,学校开始招收藏族学生。每年到藏历新年这几天,市、区各级领导都会来向藏族师生祝贺藏历新年。江泽民、朱镕基、吴邦国、曾庆红、黄菊、陈铁迪、叶公琦、龚学平、谢丽娟、谢希德、周慕尧等领导都曾前来拜年、接见学生或参加毕业典礼。来校看望学生的其他领导还有:司马义·艾买提、卓加丹增、泽仁桑珠、图道多吉、孔繁森等。除此之外,西藏自治区有关厅、局、委和上海市有关区、局、委领导也多次前来慰问。

除了过节,每逢学生过生日,学校均送蛋糕。至于学生伙食,不仅要严格符合各民族饮食习惯,也要尽可能满足学生的口味,不断翻新,以保证其健康成长。

“兄弟民族情万般”,这是《新民晚报》1989 年 3 月 1 日头版头条新闻标题。文中报道了学校各族师生几百人为曹汉(回族)同学募捐的事情。曹汉同学在初一(4)班就读,双腿瘫痪,家境十分困难。出于民族情、同窗爱,同学们得知后,主动发起了帮助曹汉同学渡过难关的募捐活动。当时,全校共有 606 名学生,其中 577 人参加了募捐活动。西藏班同学还给曹汉写了一封封热情洋溢的慰问信,鼓励他战胜病魔,早日康复。全体师生的这一举动,带来强烈社会反响,市、区教育局,市民委等有关领导专程到医院看望。社会人士也不断捐款,谱写了一曲把情和爱洒向民族学生的感人篇章。

另有一事也永载回中史册。1987 年的一天,西藏学生普布扎西在动物园游玩时,看见一位汉族小孩被大象鼻子卷住。普布扎西奋不顾身,箭步冲上前去把孩子夺回。在场的游客被他的这一举动惊呆了,纷纷称赞,那个孩子的家长也一再表示感谢。可普布扎西只对他们笑笑,默默地离开了现场。此事在社会上被传为佳话,学校得知后嘉奖了他,号召大家向他学习。

由于各级领导的关心,学校全体教职员工的日夜操劳、辛勤耕耘、无私奉献,藏族学生德、智、体全面发展,各方面都取得优异成绩,每年均有 98% 左右的毕业生升入各级学校。

1988 年,学校获国务院命名的"全国民族团结进步先进集体"光荣称号。

1993 年,学校获"全国各族青年团结进步先进集体"称号。

1998 年,西藏班全部搬迁至共康中学,上海市回民中学步入了一段跨越式发展的黄金时期。2007 年,学校被评为上海市实验性示范性高中。2011 年,被评为全国特色高中。

和谐教育

走进回中校园,扑面而来的就是一派新风。四季常青的硕大草坪,气派非凡,透露出一种大气。挺拔的银杏,秀丽的盆景,雅致的假山,清澈的潭水和穿梭的小鱼,亭榭屹立的英语角和阿语角,宽敞明亮的室内体育场馆,鲜明的伊斯兰风格建筑,别致的阿拉伯风格室内装饰,一流的现代化教学设施,着装整洁、充满活力的师生,一切都让人体会到民族学校的和谐氛围。

不错的,就是和谐! 步入校园,最具视觉冲击力的便是大草坪,在寸土寸金的上海,一所中学竟然有如此空阔怡人的草坪。最具心灵冲击力的便是和谐碑,那是硕大草坪上的一块巨石,上书两个大字——和谐,字是颜体,田民校长亲笔题写,方正、圆厚、庄重、古朴,自有一种文化的穿透力。

这就是回民中学的理念碑。说起这块理念碑,就不能不从上海市特级校长、全国五一劳动奖章获得者乐霆说起。乐霆是维吾尔族人，1980 年起在回民中学任教，一干就是整整 34 年。34 年中，他不断超越自我，先后完成专科、本科和研究生班进修，一步一个台阶，踏实而有力。1985 年，任副书记；1987 年，任副校长；1998 年，任校长。他扎根于回民中学这片沃土，也耕耘着民族教育这片沃土。

图 3　校长乐霆（维吾尔族）和各族学生在一起

凭着对民族教育事业的满腔热情，凭着踏实勤勉的作风，凭着勇于实践和敢于探索的精神，乐霆在回民中学这盘大棋局上落子如风。自担任校长开始，他便实践酝酿已久的教育思想，那就是“和谐教育”。

各美其美之后，还须美美与共，才能形成强大的向心力和战斗力。作为一名维吾尔族校长，他始终把握着民族教育的本质，牢牢地抓住民族特色教育这一主线，不断创新，锐意改革。在教育教学策略上，推出联考、教师跨年级授课、创办全国“民教杯”、发展台球特色等措施，充分展示各民族师生之“美”，真正让各种“美”汇聚成一种“美美与共”的和谐文化。

学校致力于创造适合各民族师生和谐发展的现代教育。“和谐”二字与现代的办学理念相适宜，已经深入全体回中人的内心，而和谐理念碑也时时提醒着回中人不忘和谐追求，激励着回中人在民族教育的园地里绽放更加绚烂的民族之花。

上海市久隆模范中学

全国第一所免费学校

岁月留痕

“2001 年 9 月 3 日，是一个值得写入上海乃至中国教育史的日子。由人大代表提议，上海市委副书记、市长徐匡迪倡导，市教委与闸北区联合兴建，社会各界资助的全国第一所免费学校——上海市久隆模范中学正式揭匾开学了!”——摘自《从这里走向希望——全国首家免费学校新学年见闻》，2001 年 9 月 5 日《新民晚报》。

徐匡迪市长为学校题写校名并题词“让每个学生都成为模范公民”。学校是上海市教委和闸北区人民政府共同投资兴建的公办区属重点完全中学，是本市唯一一所免费学校，只招收具有本市常住户口的低收入或有特殊经济困难家庭的品学兼优的适龄青少年，在校学生除享受市教委规定的待遇外，还享受免除学杂费、书簿费、校服费、午餐费及活动费，对部分路远学生还提供公交补助。对优秀学生提供“自强奖”“德勤奖”“华洪奖”“叔蘋奖”“小绵羊电器奖”“高伟绅奖”“云隆奖”等多项奖学金。

图 1　久隆模范中学校门

校史回眸

学校的创办和发展，始终得到了党和政府及社会各界的关心、支持和帮助。学校坚持以“让每个学生都成为模范公民”为教育理念，努力培养一支“师德高尚、业务精湛、率先垂范、乐于奉献”的模范教师队伍，坚持团结协作，积极推进“以情优教”；引导学生确立“今天做模范学生，明天是模范公民”的学习目标，开展“自强与勤俭”教育和“爱心回报”社会实践活动，让每个学生树起自强、自尊、自立的人格脊梁。截至2013年，社会各界对学校捐赠累计达4000余万元、美元14.0973万元，社会方方面面对家庭特别困难学生的捐助、结对也持续不断。

办学至今，学校荣获“全国教育系统先进集体”“上海市文明单位”等荣誉称号；学校还拥有“全国小公民道德实验基地校”“上海市中小学行为规范示范校”等数十项市级以上称号。学校积极推进二期课改，聚焦课堂教学，探索课堂教学规律，追求教学效益最大化，教育质量保持了高位稳定，建校以来，初、高中各年级教学质量一直名列全区前茅。学生个性健康发展，在全国、市、区各类竞赛、评比中屡屡获奖，每年都有高中学生获上海市科技创新大奖，多名学生获“上海市明日科技之星”称号。久隆模范中学已经成为上海声誉较高的学校之一。

走进校园，沐浴在和煦阳光下的“滴水之恩，涌泉相报”石碑显得分外清新、耀眼。这里，是一片人文自然和谐、人心积极向上的教育沃土；这里，是一个生命活力彰显、充满生机和幸福的理想乐园。

追求与向往，总让人坚信：在这一片沃土上，在这一个乐园里，师生应该是富有激情和诗意、召唤和启示的；在这一片沃土上，在这一个乐园里，师生应该是身心愉悦的，应该是内心充实的，更应该是富有成就感的。这里的学生，总能经历“勤学、勤思、勤问、勤俭、勤劳”的进取心路；这里的教师，总能恪守“师德高尚、业务精湛、率先垂范、乐于奉献”的职业信条；这里的管理，总能遵循“今天是模范学生，明天是模范公民”的办学理念；这里的文化，总能成就让每一位学生成为“做人的模范、做事的模范、学习的模范”的久隆情怀与梦想。

图 2　学校庆祝中国共产党成立 90 周年主题集会

历史撷英

爱心，在此时延续

2001 年 2 月，徐匡迪市长和部分人大代表在市人代会上提出了开办一所免费学校的想法。经研究，上海市教育委员会和闸北区人民政府决定共同出资 1200 万元兴办久隆模范中学。

2001 年 8 月 20 日的那个炎炎夏日，为了迎接 9 月初的首次开学，徐匡迪亲赴久隆视察，那是他第一次走进久隆的校园。“教育是社会发展的基础工程，免费学校的创办体现了社会对弱势群体的进一步关注，是社会发展到一定程度的必然，也是社会文明的一种标志，这是一桩利国利民的好事。”从此，徐匡迪与久隆模范中学之间，便生长出一条再也剪不断的纽带。漫漫十余年，久隆所走过的每一段旅程，都饱含着徐匡迪的关注目光；而久隆发展中的每一道光辉，也时刻牵动着这位领导的爱与深情。

“让每个学生都成为模范公民,为上海现代化建设做出贡献”,徐匡迪对久隆的题词凝聚了他对久隆师生的希冀。在 2002 年 7 月 23 日给久隆模范中学的信上,徐匡迪这样写道:“久隆模范中学在明确办学方针的基础上,已初步形成了自己的办学风格,今后发展的关键环节是教书育人和进一步提高教学质量,造就‘素质全面、人格健全、基础扎实、乐于奉献’的学生,真正把社会的关爱化作学校发展不竭的动力,将清贫子弟培养成未来社会的栋梁之材!”简简单单的 16 个大字,为久隆模范中学培养模范公民指明了一条康庄大道。

2001 年 9 月 3 日,当首批共 358 名家境贫困、品学兼优的学生信心满怀地进入久隆校园时,教育便向这样一批特殊而又优秀的孩子开启了一扇通往知识殿堂、创造美好人生的理想之门。

沿着一条近乎 80 度的木梯摸索而上,来到 2 楼,这里就是任静学生的家——一间不到 10 平方米的陋室,里面放着一些老式家具,有简朴的床、书桌,破旧的电视机和冰箱,还有很多书。

任静生活在一个单亲家庭,两岁时父亲病逝,五岁时妈妈从橡胶厂下岗,家庭从此陷入困境。她们的生活大部分靠政府救济度日,任静的母亲通过帮邻里打扫卫生,挣点小费补贴家用,母女俩有时候几天吃不到荤菜。

2001 年 3 月份,她从报纸上看到上海将开办免费学校的报道,就到居委会开了证明。起初任静不敢去考试,她有点胆小,考上后,母女俩高兴得好几晚睡不着。

艰苦的生活让任静拥有了一种与年龄不相称的成熟。家里买不起书,每逢周末,母女俩就摆渡到对面的浦东第一图书馆,一看就是 4 个小时。任静住在杨浦区,而学校在闸北区,从家到学校有一个小时的路程,她每天早上五点半就起床,六点乘公交车到学校。为了节约,除非妈妈同意,她从来不肯坐空调车。任静考上免费学校,这让妈妈感到十分欣慰。以前每个学期近千元的学杂费、餐费、校服费对她来说是一笔不小的开支。

9 月 3 日,任静和妈妈 7 点就赶到学校参加开学典礼,看到学校条件这么好,任静的妈妈笑着说:“真想回到童年也去上学”。

十多年来,久隆始终坚持面向全市家境贫困、品学兼优的学生,学校为这些学生倾尽所能提供最为优质的教育。建校之初,通过全市和外省市调配,学校引进了30余名教师,为学校教育教学的良性发展奠定了基础。得力于政府与社会各界的关心与支持,学生在校期间享受“五免”政策,免去学杂费、书簿费、活动费、午餐费、校服费等费用。学校还设立了“自强奖励基金”“复星尊师奖”“新梅奖教金”“德勤奖学金”“华洪奖学金”“红色之旅社会考察专项经费”“叔蘋奖学金”“科技新苗奖”“云隆奖”“小绵羊电器奖”等多项奖学金、奖教金,对学生勤奋努力进行鼓励,对教师潜心教学进行激励。

建校伊始,久隆人就在爱心浸润中走过了从约束到自觉,再到追求的发展历程。爱心让久隆凝聚成一个大家庭、一块大磁石、一个大熔炉,温暖着、吸引着、锻炼着每一位久隆人。

走进久隆的孩子是幸福的,这种幸福源自于关爱,源自于尊重,源自于每一位久隆人的自强不息。久隆创办至今已有1300余名学生考入大学,实现了徐匡迪同志当年提议创办久隆的“让知识改变命运”的期望,一部分已经踏入社会的久隆人正在以不同的形式将久隆的“感恩、爱心”精神撒向四面八方,这一精神正为社会不断注入一股又一股正能量。

2013年2月21日下午,一对中年夫妇来到久隆模范中学朱建平校长的办公室,将一个装有2500元的信封递交给朱建平校长,然后激动地和校长谈起了他们的儿子——2008届高三毕业生张谨豪。

张谨豪从预备年级起便在久隆就学,直到高中毕业。中学时期的他踏实努力,勤奋自强,在老师、同学眼中他是个正直、充满爱心的人。他高考考入上海师范大学建工学院,在大学求学期间,他不仅专业学习出色,于2011年获“全国高校工程项目管理沙盘模拟大赛”一等奖,更在课余生活中将久隆精神不断发扬,由他一手创建的“师大建工淞南阳光之家爱心学校”屡次被新闻媒体报道,他也是这个爱心学校的首任校长。由于张谨豪被派遣出国,他委托他的父母代为捐赠2500元——毕业入职中建集团第一个月的工资,并希望学弟学妹们能努力学习,在久隆的平台上自强自立,改变自己的命运。

据不完全统计,建校至今,有700余人次向学校助学基金捐款,款项来源主要是在校学生和已在大学就读的久隆毕业生所获的奖学金与稿费等，总计人民币151265.2元；而725名已经踏上社会的毕业于2008年的久隆第一届高三毕业生，在完成大学学业后，有78人次向学校助学基金捐款，款项来源主要是他们第一个月的工资、结婚礼金等，总计90216元人民币。

责任，在这里生根

追根溯源，教育需研究与探索的是学生成长与发展中的问题。久隆的校园里生活着这样一群优秀而又独特的孩子：与普通学生相比，因家庭背景不同，这些孩子普遍有着较为独特的心理——情感度低、相对自卑、缺乏自信，加之家庭教育力量薄弱，有些孩子明显出现学习动力不足的情况。让这些"不健康"的优秀孩子尽快走出心理阴霾，成为学校领导和教师共同的责任。

怀着这一责任，学校确立了在课堂教学中注重德育渗透，坚持"以情优教"的教育理念。以情优教，就是通过建立良好的师生关系，改变学生的学习态度，提升学生的学习情感，优化教学效果，促进学生素质的全面发展；以情优教，就是用情促学，用情感的力量感化、教育学生，培养"模范学生"。这里的"情"，与"模范学生"的情感内涵接轨，并通过"富有情感"的教育内容，以及"赋予情感"的教育手段，实现对学生成长的教育和对学生发展的引领。

在久隆，对于学生，教师既是师长，更是亲人，他们平等地对待每一个学生，走入学生的生活，关心学生的身心，体察学生的家庭，读懂学生的喜怒哀乐。许多困难学生被老师"认领""结对"，常年得到照顾关心；对学科学习困难较多的学生，许多教师利用课余时间为他们辅导答疑，无私奉献；一些教师放弃休息天在家为学生"开小灶"，分文不取……

教师们的爱滋润着每位学生的心田，让学生在爱中体会"责任"的分量，逐步学会了自信、自立、自强地生活与学习。

2013年2月28日16时5分，45岁的王红梅老师永远地离开了她挚爱的学生、挚爱的讲台和挚爱的校园。她用生命化成的师爱，在定格中流传……

班上的学生，无论学习成绩如何，王红梅始终呵护有加。她说自己只想做好一名眼尖心细的园丁，关注每一个学生的不同需求，给予他们适合的养分，让每一朵花儿都缤纷绽放。学生在学业上碰到困难了，都喜欢到王老师那里寻求帮助。“你看，这次化学不是有很大进步吗？只要上课上心、作业用心就好了！加油啊！……”学生从王老师这里获得的，是包容，是尊重，是坚持下去的恒心和信心。

王红梅经常说：“谁都有无助的时候，发现学生有异常，我必须帮助他走出来。”

学生小林是孤儿，从小被寄养在亲戚家中。父母之爱的缺失使她养成了时而脆弱忧郁、时而任性暴躁的性格，经常有一些过激的举动，给其他老师和同学带来了极大的困扰。找到问题的症结，王红梅有意时常把小林带在自己身边，教她如何与他人相处。看她饿了，王红梅会给她留些点心；天热了，王红梅会提前在她的茶杯里给她晾好白开水；下雨天她的鞋袜淋湿了，王红梅会把她脱下的湿袜子拿到空调下烤干……对于小林，王红梅坚持身教重于言教。她说：“孩子无辜，过早遭遇人生的大坎坷，内心渴望被爱、被重视。我要做的，无非是在这个关键的节点上伸出手来撑孩子一把，让她感觉到自己并不孤独，这个世界上还有很多人会关心她、爱护她。”

2012 年 2 月，王红梅被查出肠癌晚期。6 月，在学生参加高考的前夕，术后尚在化疗的王红梅从医院赶到她的班级，为那群即将奔赴“战场”的学生加油打气。当年那场高考，她的三班，全部考进大学。学生们回忆，当天看到的王老师，人已经很瘦，整个教室连呼吸声都静默了。那一天，大家都哭了……

在久隆，师爱已化作一份责任，在这份责任里，有给予学生如母亲般点滴入心的温暖，有对每一个学生作为最珍贵的生命个体的尊重，有在学生遭遇人生困惑时的指点迷津，给予他们勇气、自信和力量；在久隆，“生活督导员”“心理咨询员”“家庭调解员”是每个久隆教师必须胜任的工作角色，每个久隆教师都在竭尽全力，把对学生的关爱和希望延伸到学生家庭、社区；在久隆，教师们始终牢记一句话：“在久隆你可以不是最优秀的老师，但你一定是最富有爱心的老师”。久隆的教师们不管做什么工作，总是百分之百地投入；不管工作中碰到什么困难，总是百分之百地完成任务；不管工作有什么要求，总是努力做到百分之百的完美。他们说：我们的责任就是善施教化，无须高歌，在乎细节，用情、用爱和学生生活在一起。

希望，在久隆启航

“模范教育”的终极目标是通过“模范学生”的培养，造就未来的“模范公民”。在久隆，“模范学生”指向了三个“模范”的思想意识和行为自觉——“做人的模范”“做事的模范”“学习的模范”。“做人的模范”，即努力成为有自信心、爱心、责任心的人；“做事的模范”，即努力成为自理、自律、自强的人；“学习的模范”，即努力成为主动学习、主动实践、主动探究的人。为此，久隆在过往的十余年中，不断探索模范教育课程的“理想模型”，力求在这一模型中，建构起聚焦“模范教育”的基础型课程、拓展型课程、研究型或探究型课程的三位一体的“模范教育”校本课程框架，将让学生学会学习、学会做事、学会做人的培养目标融入课程目标中，贯穿于学校教育的全过程，浸润学生全方位的成长。在这一框架下，久隆学子架起了一座座通向梦想的、属于自己的彩虹桥……

“励志宣讲”让久隆学子走向自强

久隆的励志宣讲团成立于 2005 年 6 月，是由久隆学生自发组建，在学校领导、社会各界的关心下慢慢成长起来的。宣讲团的成员由初、高中在读学生和毕业生志愿者组成，他们都有相近的生活背景——家庭贫困，都拥有相同的财富——自强。志愿者们用演讲、交流等方式讲述自己在家庭困难面前的顽强故事，给人以精神上的激励，一个个真实的故事感动并影响着一批又一批的同龄人。宣讲团以宣讲自强故事为主，其足迹已遍布十多个学校、社区和街道。央视《东方时空》栏目，《新闻晚报》《新闻晨报》《新民晚报》《解放日报》《至爱》等多家媒体都对他们的活动做了追踪报道，在社会上引起热烈反响。宣讲团用自己的故事让人们相信“自强不息，厚德载物”，只有自强才能背负贫困家庭翻身的重任，只有厚德载物才知回报社会、奉献社会。

贫穷和挫折不仅是个人财富，更可以拿来和同龄人分享。国庆期间，当更多人沉浸在假期的休闲中,久隆模范中学励志团的7名同学深入社区,用自己成长中的痛和快乐、失败和经验激励周围的同龄人,为初秋播撒希望与收获。

“光盘行动”让久隆学子感受自豪

久隆的“光盘行动”是建校12年以来,学校“崇俭”治校的一道风景线。学生们深知,学校向学生提供的免费午餐来自社会各界好心人的捐赠,因此每位学生吃多少取多少,绝不浪费一粒粮食。进入久隆食堂,“静”“净”二字高悬大堂,时刻彰显“崇俭”文化。十二年来,全校师生从“光盘”做起,崇尚“节俭”文化,被兄弟学校口口相传,推崇备至。更有学校特地组织师生来校拍摄、参观久隆的“光盘”午餐,将久隆食堂作为节俭教育的校外课堂。不仅如此,作为一所受到全社会关注的特殊学校,党和政府各级领导、社会各界、兄弟学校经常会来校视察、参观,用餐一定也是和学生同一食堂排队领餐,而且也会接到提醒:请用净盘中餐。由“光盘”引领的久隆“崇俭”文化培养了一届又一届优秀的模范学生,而他们也将这种文化带入了高校、社会,甚至走出了国门,将“光盘”的文化涟漪不断扩大。

2007届高三毕业生司南曾作为华东师大外派交流生赴美学习交流,在一次与美国交流学校师生聚餐的时候,司南很自然地将餐盘中所有的食物吃光,但这一“光盘”行为却引起了美国师生的不解,他们问司南:“是什么原因让你把洋葱之类这么难吃的配菜都吃光了?难道你真的这么饿吗?”司南回答:“这是我在母校久隆模范中学养成的一个好习惯,在那里我们的师生用餐都是全吃完的,不浪费是最基本的素质。”简单的理由换来全体美国师生的鼓掌和敬佩的大拇指。崇俭不仅是中华民族的优良传统,也是世界共同的价值观。

“红色之旅”让久隆学子迈向自信

久隆的“红色之旅”夏令营创办于2007年,历年来得到上海市教育发展基金会的大力资助。几年来,共有近200名优秀学生干部、三好学生、“自强奖学金”获奖学生、入党积极分子等参与活动,足迹踏遍了井冈山、西安、延安、西柏坡、南京、茅山和大别山等红色革命圣地。每一次活动，全体成员在出发前，通过阅读有关书籍或上网浏览，学习、了解此行目的地的革命斗争历史；考察活动中，按照“用心观察、用心思考、用心讲话、用心作文章”的要求，每天写好“红色之旅”活动日记；活动结束后，完成以该地区革命精神为主题的考察报告，将研究性学习与德育主题活动结合在一起。“红色之旅”夏令营活动为家境贫寒、品学兼优的学生提供了了解社会、了解国家的机会，为帮助学生摆脱不良情绪、立志成才搭建了平台，为增强学生的民族自豪感、自尊心和凝聚力创造了条件。学生深刻感受到“读万卷书，行万里路”的道理，深切体会到要珍惜来之不易的优良环境，衣食起居、与人相处，都是对他们的考验和锻炼。

图 3 久隆学子“西柏坡—北京”红色之旅

“社区服务”让久隆学子学会自律

久隆的“社区服务”是学生十多年来一直坚持的校外服务活动。校外服务活动从组织策划开始就由学校统一规划，安排在每周五下午的第三、四节课，进行课程化管理。各班有固定的校外服务点、校外服务时间及人数。学生自主管理，班主任从旁辅助，学生制定好各班校外服务计划。各班针对服务点的特点和学生特点，提供针对性和个性化的服务活动。为了展现久隆学生风貌，学生还开展“请进来，走出去”的活动，在主题班会中邀请校外社区服务点——“阳光之家”的学员共同参与。在寒暑假、大年初一，为敬老院老人送去精心准备的礼物与节目。

暑假的活动让颖婷与周奶奶成了忘年之交。尽管假期“四个一”已经结束，但每隔一个周五，无论刮风下雨还是严寒酷暑，颖婷都会准时去看周奶奶。

就这样，一年飞也似地过去了。居委会阿姨说，从颖婷去探望周奶奶开始，周奶奶的笑容比以往更多、更灿烂了。周奶奶会心地笑了，颖婷觉得自己最大的收获是学会了如何去付出爱，学会了如何去关爱他人和社会，学会了在平凡的生活中寻找人生不平凡的意义和奉献爱的幸福。

“久隆梦”是一个教育成就自我，也成就他人的美好愿景，它在现实与理想的交织中，孕育与延续了珍爱，孕育与演绎了责任，孕育与创造了希望。

对于久隆的教育工作者而言，教育似乎是一个矛盾体：一方面，在思想中、意识里，它是一种理想，勾勒着美好的向往与愿景；而另一方面，在实践中、现实里，它又是一种客观，充斥着复杂的问题与阻碍。于是，当理想与客观相互撞击时，我们总是情不自禁地叩问自己的心灵，并在寻求理想与客观完美和谐统一中，寻找着理想与客观的关联点。在这样的寻找中，久隆的教育工作者再度认识到：“模范教育”必须植根于爱的土壤，必须倚靠将责任内化于心的教师，必须架构起一个集办学理念、课程模型、教学行为、评价机制于一身的“模范教育”体系。

于是，“模范教育”的探索与实践，成为“久隆人”成就“久隆梦”的翅膀，对于久隆的教育工作者而言，“模范教育”是一种永恒的、不懈的追求……

上海市民立中学

中国最早的近代私立新式学校

岁月留痕

上海市民立中学建校已有110多年,曾经是中国最早的私立近代新式学校。

1903年(清光绪二十九年),上海闽商领袖苏本炎,与兄本立,弟本铫、本浩,奉父遗命,在南市城北安仁里旧居创办民立中学,本炎为经理,本铫任校长,课程参酌欧美制度编订,专收男生。因办学卓有成效,1906年光绪皇帝传旨嘉奖。两江总督规定每年拨款,苏松太道台和上海知县拨地,资助民立在南市大南门建造校舍。1909年迁入,数十年来以"治学严谨,讲求实用,注重书法,尤以英文见长"著称于沪,毕业生除进大学外,多数能考进海关、银行、邮局工作。全国人大原副委员长朱学范曾任校董会秘书长。

深厚的历史文化积淀,孕育了民立男儿的爱国情怀。"左联"烈士殷夫,原中共特科三科科长夏采曦,抗日烈士范一夔、李思勤等九位青年英烈永垂青史。抗战中,中共地下党支部团结师生共渡艰难;李昌被推选为全国救亡学生运动领袖;董显光、黄景根、刘大江等分别为向世界宣传中国抗战,指挥海军重创日舰"出云号",参加远征军转战缅甸,献出了满腔热血。1983年殷夫烈士纪念碑在校园建成,30年来学校爱国主义教育形成传统特色,先后被命名为市、区青少年爱国主义教育基地。

校史回眸

1937年"八一三"事变爆发,校舍毁于日军炮火。同年9月暂迁沪西地丰路。

1940年2月迁入威海路412号(图1)。2004年9月迁至威海路681号今址。1956年改为公办,更名为“上海市第六十一中学”。1959年确立为静安区重点中学。1964年游泳被列为重点体育项目。1985年9月恢复“民立中学”校名,确立“勤学笃行”为新校训。1993年瑞金中学并入。2003年爱国中学并入(“爱国”保留校名,迁往他址)。

图1 威海路412号校门(1940—2004)

百十年来,民立为国家培养了数以万计的学子。原中顾委委员、中纪委书记李昌,中科院院士黄文熙、叶培大、吴建屏、徐秉汉、陶瑞宝,地质学家毕庆昌,作家周瘦鹃,出版家赵家璧,著名实业家邵逸夫,电影《柳堡的故事》编剧胡石言,话剧表演艺术家、“陈毅市长”的扮演者魏启明,原中国游泳队总教练陈运鹏,油画家陈丹青,奥运游泳冠军乐靖宜,亚洲“游泳王子”沈坚强,上海SMG著名节目主持人张培,象棋全国冠军、特级大师谢靖,“声动亚洲”六强选手郭一凡等都曾在这里求学……

图2 威海路412号教学楼

30多年来，一年一度的“殷夫文艺节”“民立体育节”“科技节”“人文节”，使校园四季色彩斑斓。坚持50多年的课余游泳训练，为学校赢得了“国家体育传统项目（游泳）学校”殊荣。2013年上海市教委、上海市体育局共同举办了上海市“民立杯”中小学游泳锦标赛。

2005年，民立中学作为上海首批“二期课改”实验基地、上海市中小学行为规范示范校、全国青少年体育工作先进单位、上海市文明单位、静安区实验性示范性高中、静安区英语名学科学校，秉承“勤学笃行”校训，融合时代元素，确立了“勤学以致博，笃行而达雅”之“博雅教育”办学思想，精心打造博雅课程体系，毕业生的优良率、升学率一直稳定地保持在区重点中学的较高水平。面向未来，民立人将发扬百年名校“爱国，为民，求实”的优良传统，与时俱进，再创新的辉煌。

历史撷英

苏氏一家，中国近现代教育的先行者

“光绪廿八年，中国开始办新教育，我们的民立，在新教育发轫的翌年呱呱坠地了。比民立早的学校，原也不少，但它们多数在王公大臣和碧眼胡儿手里；拿中国人民自己的钱，由中国人民自己办学校，教育中国人，我们民立要算站在最前线。这是教育史上值得注意的一页……”（摘自1933年《民立中学三十周年纪念刊——发刊词》）

创办中国最早的近代新式学堂。1903年（光绪二十九年）冬，卓有远见的爱国闽商领袖苏本炎，与兄本立，弟本铫、本浩，秉承父亲苏梦渔“救国办学”之遗命，组织校董会，筹资在南市城北安仁里旧居创办民立中学，在上海翻开了由中国老百姓创办近代新式学校的第一页。

1904年1月，校董会推苏本炎为经理，苏本铫任校长，英文校名为“SHANGHAI HIGH SCHOOL”，中文校名定为“民立上海中学堂”，课程设置参酌欧美制度编订，

初设正科二级(后改为四级)、预科三年,专收男生,是年2月开学,招收学生60余人。安仁里故居,原属苏代昆仲的叔父苏稼秋,因一时校舍难觅,兄弟四人与叔父商议各自迁徙,又在宅边空地另筑二楼四间为课堂。1927年因上海龙门书院改名为"江苏省立上海中学",为区别官办"上中"和教会学校,学校更名为"上海民立中学",意为国人办学。

1905年(光绪三十一年)4月,清末著名外交家、商约事务大臣吕海寰到上海视察民间办学,参观了民立上海中学堂、南洋中学堂、三林中学堂、强恕学堂及文明小学堂等五校,认为办学"卓有成效",奏请清廷立案嘉奖。上海学政唐景崧也特赠民立中学"教术修明"匾额。同年9月,清政府宣布废除科举制。

1906年(清光绪三十二年)4月,光绪皇帝传旨嘉奖民立上海中学堂等五校创办人,以示清政府对新教育的支持。当四方学子闻讯纷至沓来,民立中学的办学资金和场地都无法满足。是年"清两江总督端方拨款补助规定每年洋两千四百元"。1907年(光绪三十三年),"清苏松太道瑞澂、上海知县李超琼拨城内山川坛地(荒废的祭祀之地)七亩七厘为校基"。由政府给私立学校拨款补助教育,拨地新建校舍,民立中学在当时的社会影响可见一斑。

1909年(宣统元年),位于南市大南门民立街的民立中学新舍落成,全校迁入,规模扩充,修订章程,加高程度,以考入大学正科为目标,民立的发展进入新时期。

苏本炎倾家办学,堪称典范。苏家祖籍福建永定,清道光年间曾祖举家迁沪,是颇具声望的闽商领袖、上海望族。又因关心时政,乐善好施,兴学办校,声名远越商界。学校开办最初五年,每年须斥资六千元,由民立中学校董曾铸(字少卿)与苏本炎合力资助。曾铸是上海总商会会长,也是苏本炎的岳父,上海著名爱国商界领袖,曾发起和领导全国抵制美货和苏浙铁路"保路"运动,但在1908年5月积劳成疾病逝,年仅六十。曾铸先生逝世后,民立中学的经济重担落在了校主兼经理苏本炎的肩上。

苏本炎(字筠尚,1871—1919),上海商会副会长,社会活动家,精通法律。从小聪颖,13岁那年就到洋行街的一家海味行学业,深得业者曾铸器重,后以爱女相配,结为翁婿,最终两人均成为上海商界的领袖人物。苏本炎于1903年、1905年、

1906年相继创办民立中学、民立幼童学校与民立女中,为三所学校捐资总计约20万两银子,一生经商所得,几乎全部用于教育,爱国心切,殷殷可鉴。清廷和民国政府曾予嘉奖。1919年11月23日,苏本炎因患肺炎病逝,终年48岁。1931年民立中学为他在校园里树立了纪念碑,1937年“八一三”事变中,碑与校舍一起毁于日军炮火。

苏本铫校长(字颖杰,1874—1948),18岁考取秀才,同年又考入圣约翰大学研修英文五年。大学毕业后,曾任上海英国皇家律师处翻译,“每观西人以中国国势衰弱,又藉不平等条约之势力欺侮华人,心殊不安”。后在山西大学堂任翻译期间,又浏览了《十九世纪欧洲各国进化史》《天演论》,翻译了《俄国近代史》《英国殖民史》,深感“教育不普及,国不足以生存”,因此而立之年出任校长。把民立中学办成中国第一流的学校,为贫弱的国家培养优秀的救国人才,聊尽国民一分子天职,成为他的终生夙愿。

他在任校长四十余年,建立起一套比较完整的管理制度,逐渐形成“治教严谨,讲求实用,重视书法,尤以英文见长”的办学特色。他立“诚谨”为校训,重视师资质量,灵活使用教材,注重中西书法。国学大师吴梅、柳亚子夫人的老师孙经笙曾在民立任教。后来成为著名作家的周瘦鹃曾留校任教初中英文。高中英文聘请外籍教师,以便学生学习会话。当时因中文教科书缺乏,民立中学除国文、中国历史以外,其他课程均采用英文原版教材。苏本铫还亲自为初中学生编写国文和英文读本。学校还规定学生从初一起,每天必须完成《灵飞经》毛笔小楷和英文习字各一页;升入初二,每人每周必交英文作文一篇,不及格者一律重写,书写马虎者中午被召去校长室,由校长亲自谈话训诫,学生戏称为“吃大菜”。

私立学校学费昂贵,民立为优秀的贫寒子弟设立免费额。从1915年起,民立优秀毕业生可直接升入圣约翰大学,以后又可向英国剑桥大学推荐报考。1926年起高中增设商科。民立毕业生除了升入大学外,多数能考进海关、银行、邮局工作。早在1918年(民国7年)经江苏省教学会调查,民立中学“毕业生服务于中外机关,为全省第一”。

20世纪30年代,民立中学发展成为上海最著名的私立中学之一,与浦东中学、澄衷中学并称为上海私立中学的“三鼎足”，也曾有“北有南开（中学），南有民立”一说。1933 年三十周年校庆时，孙科、宋子文、蔡元培、柳亚子等三十多位社会名流题词致贺。民立为国家培养了大批急需的技术人才、精英人才，同时也为无数学生今后的人生发展，插上了一双翅膀。然而，抗战全面爆发，时局动荡，学校被毁，几经搬迁，苏本铫心力交瘁。1945 年抗战胜利，10 月份校董会批准苏本铫告老辞职。1948 年，苏本铫因中风病逝，终年 74 岁。

苏祖斐，捐资设立奖励基金。1990 年教师节，民立中学创始人苏本炎（筠尚）先生之女，时年 92 岁高龄的上海市儿童医院名誉院长苏祖斐教授，将售出私房所得 6 万元，分别捐赠给上海儿童医院、上海儿童营养研究中心和民立中学。在民立设立“苏筠尚奖励基金”，以发扬祖辈、父辈重教尊师的传统，并祝愿民立中学欣欣向荣，越办越好。

110 多年过去了，当我们寻根溯源，回望历史，不由得向民立中学的创办人、中国近现代教育的先行者苏氏一家深深致敬，感谢他们在中国教育史上写下不容忽略的一页，感谢他们为民立中学的发展奠定了“爱国、为民、求实”的基础。

李昌校友回母校

1997 年 4 月 26 日，一个细雨绵绵的春日，正在上海开会的原中央顾问委员会委员、中央纪律检查委员会书记李昌校友，特意抽出一个上午的时间，回到阔别 66 年的母校。

李昌清瘦儒雅，精神矍铄，和蔼亲切。落座后，他满怀深情地回忆起自己于 1929—1931 年在民立中学初中求学的经历。他说，母校严谨的学习风气，老师的诲人不倦，尤其是校长和英文老师的严格要求，至今记忆深刻。他说自己是在民立打下了良好的文化知识基础，也是在民立校园里阅读进步书刊，受到爱国主义和进步思想的启迪，走上了革命的道路。

曾担任团中央书记处书记和哈尔滨工业大学校长的李昌，对青少年的成长非常关心。他听了民立中学原校长、时任静安区教育局局长徐承博关于民立中学长期以来坚持贯彻德智体美劳全面发展的教育方针，注重学生个性发展和综合素质的提高，教育教学质量始终保持在区重点中学的较高水平，办学成果得到社会广泛认可的情况介绍，非常高兴。临别前，李昌兴致勃勃地挥毫题词，表达他对母校的殷切期望："发展素质教育，培养学生身体好，智能好，品德好，立志为人民和社会主义祖国服务。"

2006 年，为了丰富校史馆藏，学校从一位收藏家那里买到一本 1931 年 4 月 1 日出版的《民立学生》第一卷，编辑及出版者为上海民立中学校学生自治会，当时印数 2000 册。翻开一看，惊喜地发现，其中有 1931 年民立初、高中学生演讲比赛的报道，并且登载了获得第一名的学生的演讲稿，而初中组第一名竟是雷骏随，也就是李昌的原名，他演讲稿的标题是"我们的使命"。

16 岁的初中学生，还有些稚嫩，但是谁能料想，这个来自湖南永顺的土家族孩子，在"九一八"事变后投身抗日救亡运动，1935 年考入清华大学后，成为"一二·九"抗日救亡民主运动的全国学生领袖，从此开始革命生涯。新中国成立后，被派往哈尔滨工业大学担任校长兼党委书记；"文革"后担任中国科学院党组书记、中共十一届中央委员；1979 年，首倡精神文明建设；1982 年中共十二大以后，当选为中央顾问委员会委员、中央纪律检查委员会书记；离休后还一直在为边远地区人民的脱贫到处奔走。

李昌校友，一位久经考验的革命家，一位党的青年、科教和纪检干部，无私无畏，襟怀坦荡，一生都在为实现少年时代的理想——改造世界，建设一个民主和科学的中国而奋斗！

物理名师李世珊：院士之师的教学秘籍

李世珊老师，是民立中学最受尊敬的老前辈了。他在民立教了 30 多年物理，桃李满天下。在这个百花园里，有国色天香的"牡丹"，引人注目——中科院院士、大学校长、全国十大发明家；还有更多绚烂小花，点缀着菁菁校园。在他们的回忆文章里，对自己的恩师都有着感人至深的描写。

1955届校友,中科院院士、复旦大学物理系教授陶瑞宝说:李老师的一句话,决定了我的专业人生。读高中时,我最喜爱的学科是数学和物理,最为崇拜的是李世珊老师。李老师当时那么年轻、英气勃勃。他思路清晰,推演简明,普通话中稍稍带了一些有趣的宁波乡音,再加上那特有的微笑,极深地留在我的脑海之中。高考时,我对报数学专业还是物理专业拿不定主意,向李老师求教。他告诉我,读数学主要是学数学,而读物理也要学很多数学。我那时就渴望能学得越多越好,因此就选择了复旦物理系作为我的第一志愿。李老师简单的一句话就这样决定了我一生的专业取向。五十八年后的今天,我要感谢李老师的启示和培育,使我终于选择在理论物理这个极具诱惑和挑战的领域度过我的全部人生。

1957届校友,上海电视大学校长、建桥学院院长黄清云说:用"精妙绝伦"来形容李世珊老师的讲课一点不为过。虽然有时测验全班会有一半左右学生不及格,但大家还是公认李老师课上得好。后来上大学,选择物理专业,就与李老师培养起我对物理的兴趣有着很大关系。

1965届校友,俄罗斯科学院外籍院士、上海交通大学环境科学与工程学院院长、全国十大发明家蔡伟民说:我曾是物理课代表,自从听了李世珊老师的讲课,我每天早晨5:00—7:00的"理科学习时间",都很少遇到不懂的内容了,因此物理作业本我也交得最少,是我班被李老师笑着指着鼻子批评"侬,惬意读书"的一个。那年高考,考完物理走出考场,李老师脸上挂着一如既往的淡淡的微笑在等着我们。把考试大概情况与李老师一说,他淡淡地说"应该都对了"。在他淡淡的微笑中,我们看到了他的自信与对我们的信任。当年我们班物理高考得满分的也不止我一人。

在民立110周年校庆前夕,我们特访了李世珊老师。当话题展开,无须寒暄客套,李老师便开门见山直奔主题:"你们是要问我教了三十几年物理,有些什么心得体会吧。我总结了三条:一是中学物理是打基础的,难题到大学里去解决;二是允许学生不喜欢物理;三是对学生一定要多鼓励,才能提高他们的学习积极性。"88岁的李老师慈眉善目,但说话还是那样爽直,思路清晰,言简意赅,时不时冒出宁波口音,使人感到特别亲切随和。他随即举了几个例子,也都实在而有趣。

“帮助学生打好基础，对学生多鼓励多表扬”，这是教师的职责，许多老师都是这样兢兢业业地工作着。但李世珊为什么留给学生的印象那么深刻，在他的学生里能冒出不少学习尖子，他的教学秘籍又是什么呢？

李世珊于20世纪40年代毕业于上海航空学院（后并入上海交通大学），1953年来到民立中学任教。除了物理、数学造诣颇深，他的中文和英文功底也很了得，一手俊逸的行楷，无论是钢笔字还是板书，非一般文科教师可及。他为人正直谦逊，儒雅宽厚，在民立中学工作30多年，“文革”后入党，最高的职务也就是物理教研组长，但哪怕是一本教案、一份教学计划、一张试卷，都文思严谨，书写工整，一丝不苟，对青年教师的指导更是毫无保留，尽心尽力，青年教师也都特别愿意跟着他学。当然他还有着宁波人特有的高嗓门，喜欢聊天，走到哪里，哪里就有爽朗的笑声。所以，学生们从他那里学到的不仅仅是知识，还有人文情怀、人格魅力……

鲍威尔先生与民立中学

2004年2月25日，新学期伊始的一个春日，民立中学还沉浸在刚刚过去的“1903—2003百年华诞”喜庆气氛里。上午，一封由美国驻上海领事馆转寄的来自美国华盛顿哥伦比亚特区的信，送到了陈宇卿校长的办公桌上。打开一看，原来是美国国务卿鲍威尔先生亲笔签名的致民立中学百年校庆的贺信。

鲍威尔先生在信中写道：“陈校长，非常感谢您送给我的礼物。贵校的建筑模型很可爱，VCD纪念光盘资料很丰富，你们想得真周到。这些礼物，又使我回想起访问贵校的那次愉快经历。在民立中学一百周年校庆的时候，我衷心祝愿您和贵校师生节日愉快，取得更大的进步。”

贺信虽然来迟，但洋溢着真诚的热情，表达了鲍威尔先生对民立中学的美好祝福。那是2001年的金秋十月，举世瞩目的第九次APEC会议在上海举行。10月21日是会议的最后一天，中午，参加会议的鲍威尔先生步出宾馆到街头散步，途经威海路时，与民立中学不期而遇。当时深深吸引鲍威尔先生目光的，是民立中学的标志性建筑——高大的、独具20世纪二三十年代海派建筑风格的门楼，和正对着校门、具有欧洲后现代建筑风格的古堡式大楼。当鲍威尔先生听陪同的中方官员介绍说这是一所中学时,他更来了兴趣。在征得学校值班室的陈惠琴老师的同意后,鲍威尔先生一行走进了民立中学校园。

走进校门,高大的门楼两边是宣传橱窗,张贴着学生自己创作的喜迎 APEC 会议在上海召开的宣传画。门口墙上还有一块大黑板,是全校各班学生日常行为规范的评比统计表格。鲍威尔先生看得很仔细,并且他不用翻译就知道这是学校对学生的要求。他说,因为自己上中学的时候,他的母校也是这样做的,他称赞这里的教育工作做得很细致。

中午,阳光灿烂,客人们在校园里漫步。欧洲古堡样式的校舍东大楼(图 3),始建于 20 世纪 20 年代,这年暑假刚刚重新整修完毕,高大的雕花廊柱、红色的塔楼和白色的门窗线条,在满墙郁郁葱葱的爬山虎的映衬下,勾勒出浓浓的欧洲后现代建筑风格,古典而高雅。

图 3　威海路 412 号东大楼

这幢欧洲城堡式的花园住宅,原主人是邱倍山、邱渭卿兄弟俩,相传其祖辈是山东微山湖上的渔家。19 世纪末,为生活逼迫南下谋生,来到上海,经人介绍到德商“德和号”颜料商行打工。适逢第一次世界大战爆发,德国人无心继续在中国的贸易,便把库存的颜料低价卖给了邱氏兄弟。不久,受战争影响,海上运输中断,而上海的印染厂早已“吃”惯德国颜料,求货如渴。这样一来,邱氏兄弟靠手里的进口颜料,一夜之间身价百倍,成了大富翁,跻身于上海滩四大颜料商之列,于是出资建造了这幢豪华的花园住宅(大楼原来有两幢,西大楼在20世纪80年代末被拆,建了教学大楼,图4)。

图4　20世纪80年代,威海路412号东、西大楼

原位于南市大南门的民立中学,因校舍在1937年“八一三”事变中被日军飞机炸毁,暂迁地丰路,后因校园不敷使用,于1939年租下了这幢建筑,1949年2月迁入开学。1956年私立学校改为公办,民立更名为“上海市第六十一中学”。1985年9月,恢复“民立中学”校名。1993年上海市人民政府将这幢建筑列入第三批近代优秀建筑保护名单。

东大楼,被行家们称为艺术品,可谓民立中学的“镇校之宝”。鲍威尔先生在大楼前流连,看得出他尤为喜欢。当时,鲍威尔先生并不清楚民立中学有着近百年的悠久历史,但他敏锐地感觉到校园里蕴藏着深厚的历史文化背景,所以他由衷地称赞:这是一所老学校,一所好学校。

客人们在校园里逗留了大约 20 分钟。临走,身材高大的鲍威尔先生非常友好地和陈惠琴握手道别,并表示感谢。陈惠琴感到非常荣幸,热情地欢迎他们下次再来。遗憾的是,鲍威尔先生一行来得太突然,学校没有机会拍下这些珍贵的镜头。2003 年 11 月 23 日,民立中学举行了隆重的建校百年庆典,学校委托在美国工作的校友向鲍威尔先生赠送了一份百年校庆纪念品。当鲍威尔先生收到这份纪念品时,展现在他眼前的,是民立中学历经百年的优良办学传统、杰出的校友群体和美好的发展前景。"哦,看来我的判断很准确,这真是一所好学校!"于是他拿起笔,开始写信:"陈校长,非常感谢您送给我的礼物……"

2004 年 9 月,民立中学根据静安区政府的规划,迁入威海路 681 号新校园(图 5),校舍面积扩大,教育设施完备,校园精致典雅。但是,告别古朴的老校门,告别心中的"常春藤"——满墙爬山虎的老校舍,成为老民立人心里长久的遗憾。在陪伴了民立中学 64 年的威海路 412 号老校舍里,留下了多少令人难忘的校园故事……

图 5　威海路 681 号校园

同济大学附属七一中学

“创”字引航促进学校发展

岁月留痕

同济大学附属七一中学的前身是由浸礼会万应远博士和汤傑卿牧师于1905年共同创办的私立崇德女校。1927年,徐松石接任校长。1953年由崇德女中、进德女中和晏摩氏女中合并为上海市第七女中,朱慧如任校长。1958年学校改名为七一中学,1978年被列为静安区重点中学。

七一保持、继承长期办学中形成的优良校风,形成了“学生勤奋好学,教师严谨治学,学校勇于教改”的学风、教风和校风,毕业生普遍受到高校、社会的欢迎,学校成为一所具有良好社会声誉和优秀办学传统的名校。

校史回眸

2005年学校由同济大学托管,改名为同济大学附属七一中学。学校坚持以学生发展为本,以人文精神养育为主线,贯彻全面发展的教育方针;在教育改革过程中坚持“开发潜能、健全人格、和谐发展”的办学理念,以教育科研引领开展富有七一特色的“对中学生探究性学习的研究”和“创意教育背景下校本课程的开发与建设”,构建和谐、高雅的七一校园人文环境,促进了学校“人文养育、探究实践、开放合作、和谐发展”办学特色的逐步形成,在科技教育、艺术教育、体育健身、探究性学习和创意教育上已初步形成特色,在教育、教学、科研、科技等方面取得了一系列有影响的成果。

学校从“学会做人、学会生活、学会学习”着手,通过“自尊、自信、自立、自强”的教育,全面提高学生思想道德、文化素养和科学探究能力。学校以“有赤诚之心报国之志的中国人,有高雅气质高尚道德的文明人,有创新精神自强不息的现代人”为培养目标,培养出了无数“勤奋、上进、朴素、求真”的七一人,成为静安区精品教育的一个亮点。

历史撷英

七一中学“小白宫”

同济大学附属七一中学有一栋典雅的红色屋顶三层西式建筑,这是同济大学附属七一中学的标志性建筑——方圆楼,又称“小白宫”(图1)。方圆楼由两幢楼(大楼、小楼)组合。两幢楼都是红瓦屋顶标准欧式砖木结构的建筑。小楼上下两层共四小间,设施简陋,当时用于教师的宿舍。大楼是主楼,有三层,并伴有三个露台,俯视大楼呈“¬ ”形状,站在新大楼四楼遥视大楼,屋面呈现为“山”字形。主楼当时有教室6间、办公室3间、图书馆1间、一个大礼堂、其他9间,是学校教学与办公的主要场所。

图1 “小白宫”方圆楼

1927年，徐松石被聘为崇德女中校长，他通过教会在美国发起筹款，将崇德女校中学部迁到新建的东体育会路校舍。但新校舍在1937年的“八一三”事变中毁于日军炮火。徐松石排除万难再度向国内外校友及社会各界人士筹款。他十分珍惜这来之不易的募款，请了好友对教学用楼进行设计，建造校舍。由于教师许多来自美国，建筑师熟悉西方建筑，徐松石也从美国留学归来，熟悉美国教育，所以西摩路校舍建成了“小白宫”的模样。主楼内所有的门窗、壁橱都是木质，图案别致，讲究造型的雕刻。门窗上的玻璃全都是小块的优质彩色玻璃，可以说每一件都是一个艺术品。三个露台有造型优美的栏杆和壮实的罗马立柱，外墙墙面有沟缝，形成长方形条块形状。墙上每扇窗户下均有水泥色的雕刻图案，白色水泥条线成为大楼的分层装饰，错落有致。整个大楼显示了英国式的高贵、典雅的风格。静安区和教育局的历任领导都非常重视这幢建筑的保护和维修工作。几十年后，它成为上海陕西北路历史文化名街上的文化景点。

基于学校教学环境的不断改造和教学大楼的合理规划，老大楼的功能在逐步改变，已从教学和办公的混合使用，转变为办公、接待、会议等功能，减少了大楼的人流量。学校也注意加强平时的养护与管理，注重屋面排水与下水管道的畅通，加强对老楼的用电管理与消防工作，保持各室平时通风透气，加强对老楼室内外的养护工作，使七一中学的老楼更加老当益壮，焕发出老楼当年的魅力。

徐松石创造性地办女校

在崇德女中发展史上不得不提的是徐松石校长。徐松石，广东人，曾留学美国，获得教育学硕士学位，是著名的历史学家和宗教学家。从美国归来后，辞去沪江大学校刊《天籁》主笔一职，1927年受崇德女中校董会之聘担任校长。他任校长后在校整整工作了25年，带着全家老小住在学校里，是一位以校为家、对中国女子教育和崇德女校发展做出重大贡献的老校长。

徐松石办学严谨，对校风和学风抓得很紧，而且身先士卒，深入教学第一线。值得一提的是徐松石很重视国文课。凡高三班的国文课他必亲自任教。对于书法，他要求每一个学生从初一至高三，每周交大楷六张、小楷十八行，从不间断。写得好的文章和书法，经老师评阅后在门口走道的橱窗内登出，当时叫“贴堂”，这样既鼓励了作者，又给全体学生作了示范。这种对祖国文化的重视，特别是在青少年时期就培养他们对祖国文化基础规范化地练习和运用，使学生得益匪浅。

崇德女中是教会学校，对英语课也很重视。英语分“文学”和“语法”两门，各自分教师上课。到了高中读外国地理时，则用的是英文课本。徐松石喜欢聘请大学毕业后的校友回校担任教师，学校有一批骨干都是原来的毕业生，她们对学校感情特别深，对整个学校环境也比较适应，有利于提高教学质量。

徐松石不仅是一个有创造意识、开明的办学者，还是一个爱国的办学者。他十分注重对学生自治自理能力的培养。他在校内倡导学生自治会、进德会等学生组织，开展学生的文娱、体育、自我服务和自我教育等活动。这既提高了学生的社会活动能力，客观上也有利于当时地下党领导的学生运动的开展。在每天的全校课间集会上，他经常让学生组织与自己一起轮流主持，并邀请著名学者和进步人士来校给学生做报告，如复旦大学校长林汉达，进步人士郭沫若、许广平，著名宗教人士丁光训、李储文，以及进步演员石挥、丹尼等，不仅丰富了学生的生活，还开阔了学生的视野，培养了学生的活动能力和爱国情操。

徐松石担任崇德女中校长 25 年，其创造的学校管理模式和女子学校的教学方式是七一中学宝贵的财富，“创”字引航，徐松石是一个好舵手，他创造的好校风好学风为七一之后的发展打下了扎实的基础。

吴孟明勇于改革创新路

1949 年上海解放后，市政府为调整教育事业，于 1953 年将崇德、进德、晏摩氏(分校)三所女中合并为公办的市七女中，朱慧如任校长。三校合并，强强联手，坚强的领导、优秀的教师队伍，有力地促进了学校发展。1958 年，学校又改名为七一中学，男女兼收。这样，学校的历史又翻开了新的一页。1960 年，《解放日报》《文汇报》都以显著版面长篇报道七一中学的先进办学经验，盛赞“弄堂里飞出了金凤凰”。从此，金凤凰在蓝天翱翔，学校屡创办学新局面，进入了创造创新发展的快速通道。

进入20世纪80年代，吴孟明任校长。吴孟明毕业于上海交通大学，在七一中学任职近40年。他出身于一个知识分子家庭，祖母是陈独秀的胞姐。他从小就听说有陈独秀这样一位学识渊博的长辈，很是仰慕。在他11岁那年，他一家人跟随祖母到武汉与陈独秀会合，后又搬到重庆。因时局不稳，物价飞涨，一家人又随陈独秀搬到江津，仍住在陈独秀家附近。陈独秀平时虽不苟言笑，但对小辈甚是爱怜，因此少年吴孟明经常到他住处玩耍。有一次，一个温文尔雅的中年人来探望陈独秀，他对陈独秀非常敬重、谦恭。来人走后，才知道他就是老舍。陈独秀拒收蒋介石汇来的巨款显示出的浩然正气也给少年吴孟明留下深刻的印象。这一切对吴孟明日后的事业和形成的秉性都有决定性的影响。

吴孟明是一位优秀的物理教师，不仅很早就被评为特级教师，而且是上海市物理教材编写组组长，领导上海物理教学界精英一起完成了教材编写任务。担任七一中学校长期间，他既重视教改，又不忘基础工作，既抓理科，也不放松文科。他进行的教学改革，创新意识强，成效显著。学校教学质量提高明显，毕业生高考成绩达到当时重点中学的水平。

20世纪80年代，吴孟明实施按志趣编班的教改实验。这确实富有创新，在当时全市乃至全国还没有一所学校做过这一教改探索。

·2· 1984年11月14日 星期三

从多出人才早出人才着眼搞教改

七一中学按新生志趣分班

在高中增设外语、实验技能和计算机软件等课程

本报讯 静安区七一中学这学期从高一年级开始，适当减少原有文化知识的课时，增加有关课程设置，按学生的志趣分班进行培养。

进行这项教学改革的目的是发展学生已经初露的潜在能力，以适应多出人才、快出人才的需要。这所学校在高一新生入学前，调查分析了他们的学习兴趣、能力和愿望，然后按他们不同志趣分成四个班，在不增加负担的情况下，各班分别增设有关外语、实验技能和计算机软件等方面的课程。外语班的同学，英语的基础都比较好，在高一年级就为他们增设《口语与听力》课，并进行英文打字的技能训练；高二时开设《英文选读》和《英文翻译》，进一步培养阅读能力，增加词汇量和中、英文互译的能力；到高三再设置《英文写作基础》课，练习用英文写日记、书信和短文。理化实验班则是由理化成绩较好、对实验感兴趣并具有一定动手能力的学生组成。这个班高一开设《理化课外实验》，通过物理实验和化学实验，增强动手能力，高二时开设《实验误差理论》课，从实验的理论方面给予适当的提高，并继续做一定数量的课外实验；高三再进行简单的《实验毕业设计》等，进一步提高实验方面的能力和素质。对爱好数学、有志于学习计算机、数学成绩优秀的学生，又组成另一个班。高一从计算机的BASIC语言学起，并进行上机训练，学校创造条件建立了娃娃机房和苹果机房，让他们逐步提高，同时在上海电子计算机厂的支持和协助下，学校还和静安区科协在校内联合建立了IBM—PC机房，以培养和满足拔尖学生做程序设计这方面课题的需要。高一年级的其余几个班也都开设一年电脑这门公共必修课，四个班都要接受一年的英文打字训练，有意识地使某些过去作为课外活动的内容，逐渐向课程内渗透，并使学生在高中毕业前普遍都能学会电脑的应用和具有英文打字等能力。

为了搞好这项教学改革，他们对培养方向、课程设置、师资培训、实验准备、人员调配以及对新生的了解等方面，都做了大量工作。校长亲自领导了这一改革试验，并由一位副教导主任协助工作，其他行政领导也分别联系一个班。新开设的课程，学校要求老师认真进行准备，对学生的能力培养和学习进展，进行分卡跟踪记录，做出阶段小结。

从这学期开学至今的情况来看，师生对这一改革的积极性很高。理化实验班的同学认真做各种实验；学生进打字机房开始练指法，到计算机房中上机，更是兴致勃勃。同学们表示要充分运用学校创造的有利条件，努力学习，使自己早日成才。

图2 1984年11月14日《解放日报》上《从多出人才早出人才着眼搞教改，七一中学按新生志趣分班》的报道

按志趣编班即根据学生的志趣，分成外语、计算机、理化实验、综合等四个班。它的目的很明确，即为了多出人才、早出人才。这项改革有一个完整的配套措施。如学生根据志趣报名，通过考试择优编班。在高中不同阶段、不同年级、不同班级要压缩一些不同课程的课时，同时又相应增添一些课程和设备。如外语班要提高口语、听说读写能力，为此增加了外语课时并专门建造了两个先进的语音室；计算机班要增加上机时间，因而专门建造了三个先进的计算机房，这些在当时的中学里是很先进的设备。同时对原有的理化生实验室进行彻底改造。在当时要完成这些配套设备，其工作难度、工作量是难以用言语形容的，这里既有经费困难，更有战线长、技术难度大等难题，但在吴孟明亲自挂帅、亲自动手下，依靠集体力量硬是把这些困难在短时间内都克服了。有些学生家长在这段时间的休息日常发现吴孟明坐在学校传达室，喝着白开水，啃着小面包，那是他放弃休息，指导工人建造语音室和计算机房。有的家长还发现吴孟明卷起裤脚管坐在黄鱼车上和后勤组员工一起搬运机房桌椅。

图3　吴孟明在指导学生做实验

吴孟明喜欢在校园里、走廊中、传达室、图书馆与师生聊天，以观察了解师生们的各种反映和需求。当他看到学生背着沉甸甸的书包被压得伸不直腰时，他就想一定要减轻学生的负担。他以创新的精神创办了全市闻名的“不背书包的星期六”校园活动。这就是他为了减轻学生沉重的学业负担，同时通过活动来拓展学生视野的新举措。

吴孟明是上海市政协委员，社交面广，认识的社会名人多。同时他又发动老师、家长一齐行动，于是请到了包括李源潮、乔奇、谭冰若、程乃珊、任溶溶、周柏春、陈述等要人名家，到校开设“快乐的星期六”名人讲座，受到广大家长、学生的热烈欢迎，效果十分好。有的同学通过这一活动，培养了兴趣，有的还确立了自己的志趣,如有一个学生听了著名材料学家陈念贻对计算机入门的讲座后,经本人坚持努力,在中学阶段两次荣获杨振宁科技奖,这在当时可是破天荒的喜事。

经过几年的努力,按志趣编班等教改收到了可喜的效果。跟踪调查证实学校教育教学质量有明显提高,学生动手能力大大增强,高考成绩也进入了全市先进行列,高校对七一学生的质量普遍反映较好。

周筠塑造“创意教育”智慧校园

百年名校,薪火传承,2006年,校长接力棒传到周筠的手中。周筠校长年富力强,勇于创新。他曾先后赴澳大利亚、加拿大、新西兰、新加坡等国接受学位和进行业务培训,对国外教育思想、教育理论有很好的研究,对国际教育发展动向也很了解,是一位能很好地与国内外先进教育理念接轨的校长。学校早在建立新一轮发展规划之时,就明确提出了要建设“创意教育”品牌的学校建设发展目标。2010年9月,学校的“创意教育背景下中学校本课程开发与实施的研究”被立项为市级规划课题。此后,学校坚持树立大课程意识,从国家课程校本化和校本课程特色化两个方面,在基础型、拓展型和研究型课程中积极渗透创意教学理念,并着力构建创意教育背景下的校本课程,着眼于学生学会学习,激励学生自主学习、主动探究和实践体验,使教师教学方法和学生的学习方式得以改善。

创意的力量是无穷的。如今,学校已有405项创意设计及作品申报或获得了国家专利,这不仅体现了七一师生践行创意教育理念、实现课堂教学增值的成果,也彰显了学生的个性发展。韵律操、学生发明、外语戏剧、废品服装秀……这是在同济大学附属七一中学大礼堂举行的一场别开生面的校本课程交流活动,其中突显出了创意教育的巨大魅力。在展示现场,同学们尽情表达了对日常生活的创新感悟和对未来世界的探究欲望,新意迭出。

高中同学结合自己平时所学知识,展示创意设想;初中的同学们也争先恐后地加入了创意梦想的队伍。在探究型课程“奇思妙想我能行”中,七年级的环保黑板擦、八年级的多功能玻璃幕墙,从课堂到生活,同学们把创意点子变成了成品,给观众带来耳目一新的感觉。

鞋,每个人都要穿,该如何确定合适与否?在挑选时,更多的人注重的是款式、材质。而学生鞋应当如何优选呢?同济大学附属七一中学的学生小沈,发现现在中小学生大多有了统一的校服,但运动鞋并没有统一的款式。而同学们一天的运动量非常大,鞋子是否合适对同学们的生长发育有很大的影响。于是,她将鞋作为研究的对象,运用学到的知识,进行了运动鞋优选的探究。通过对不同运动鞋进行一些测试,测量不同的运动鞋在不同介质上(操场、马路)的摩擦系数,开展比较,从中提出运动鞋优选的依据,为同学和家长们提供参考。在实验中,经历了实验方法的改进、实验仪器的选用和更新、对不同的实验对象(男鞋、女鞋、国外品牌、国内品牌)的数据分析,掌握了第一手资料,并撰写了论文《运动鞋的优选》。2009 年,小沈同学在七一中学初中毕业后获美国 Tilton School 全额奖学金赴美留学。2013 年 3 月,她收到了美国麻省理工学院的录取通知书,并在第一时间回到母校把喜讯告诉了师长,以表达对母校的感激之情。

除了发明和想象,七一中学的师生还将创意的触角伸向了最为熟悉的基础课堂。他们张开想象的翅膀,用编情景剧的方式来学习外语。英语戏剧《荆轲刺秦王》《泰坦尼克号》选段配音、德语剧《八只小羊与狼》赢得了赞誉。尤其是《八只小羊与狼》,同学们在古老的德语童话故事中融入了中国动画片《喜羊羊与灰太狼》的元素。

王深蓝是同济大学附属七一中学的一位初中学生。对于身材矮小的小王同学而言,过马路是一件非常头痛的事。由于家和学校均在闹市区,每天上学、放学要经过好几个人流汹涌的大路口。绿灯亮起,如开闸泄洪,两股人流互相冲撞交织,左突右闪,但依旧经常被撞到,等绿灯转红,小王时常还滞留在斑马线上,而身边时常是些过街不便的老人、孩子。

“能不能改变这种情况?”当时只有六年级的小王和父亲谈了自己的想法,他开始到路口观察。放学后,小王经常在路口一站就是一个小时,不久后他发现自己遇到的问题源于行人过街时的无序,由此形成无数冲突点,影响过街效率,不仅造成红灯时行人滞留路口,也对路口右转车辆通行造成影响,增加人车冲突的概率,存在一定安全隐患。

如何才能解决这个问题？一次坐地铁的过程，使小王受到启发。“地铁通道人流量更大，但很少有冲突点，因为大家分道行走。”小王觉得这种方法可以移植到人行斑马线上。回家后，小王写了一个简单的方案，设计了一种新型人行斑马线，借鉴地铁通道的左右分道，减少人流冲突。在家长和老师的指导下，措辞稚嫩的方案逐渐变成一篇严谨、科学，有调查数据和学术资料支撑的论文。凭借这一成果，小王向国家知识产权局成功申请专利，并获得了全市青少年科技比赛的二等奖。

不久后的一天，小王通过微博私信上海杨浦交警支队“毛遂自荐”：我是一名初中生，我有一个专利方案可以解决大人流过街时的对冲问题，我愿意免费把这个方案提供给交警叔叔。原本只想碰碰运气，不料杨浦交警微博很快发来回信，对他的方案大为称赞，更表示这一解决方案有非常高的可操作性。在杨浦交警支队六中队的警营开放日活动上，交警特意将小王的创意试验加入活动环节。在采取有序分道过街后，斑马线的通行效率提高近 1/4。小王说，到现在都有做梦的感觉，眼看着自己的设想变成现实，感觉非常奇妙。

在课堂之外，师生们对生活处处有思考。“记忆里的上海味道”“让废品产生新的魅力”等都是他们所思考的主题。两年来学校以实施创意教育、彰显学生个性为工作思路，丰富学校课程文化内涵，完善校本课程体系，推动教育教学改革，促进“人文养育、探究实践、开放合作、和谐发展”办学特色的形成。

创意教育，让创意成为校园常态

学校坐落在上海市中心，校园面积不大，却专门辟出了一个很大的“创意坊”，用来展示、交流师生的创意方案与成果。每天中午时分，“创意坊”里总是挤满了学生，大家或收看国外科技节目，或阅读创意书籍，或几人一组玩益智玩具，充实地度过午饭后的时光。“奇思妙想我能行”的专辑是校刊《飞》之中人气最高的部分，由学生自行策划写作，展示学生自己的最新创意故事和发明设计。测距盲人拐杖、下水道发电装置、新型电源插头、风幕式脱排油烟机、静电吸尘拖鞋……厚厚的《学生专利成果集》记录下学生们所有的创意成果。鼓励创意的氛围如此浓郁,无异于给学生们插上了创意的翅膀。可以说,这间两层楼的工作坊,已经成为如今七一学生的"创意嘉年华",创意教育使七一师生的创意成为常态,使七一校园更显智慧。

图4 创意教育丰富多彩的校本课程

创意教育在学校,最初是以陈维莉校长所倡导的探究性学习为先导的。创意虽然根据各人理解有不同定义,但普遍认同的一点是无法通过既定的标准人为拔高,教师要做的是根据课程特点参与到学生想象的过程中,提供自由的环境,而不是对学生的创意划分高低,评判收获。

在每周的探究型课中,学生根据学期初的选课走班。美术组设计节日徽标,用废旧的报纸、包装纸、一次性桌布、缎带、零头布等制作成各国服装;物理组通过魔术和游戏,取代传统实验;政治组收集社会热点问题,设计、统计、分析调查问卷,展开辩论,寻找解决方法……

在七一中学,创意与学科紧密结合。学校每学期开设71门自主拓展课程,多伦多大学的ESL课程、德语课程和创意设计课程相继进入中学课堂,"奇思妙想我能行"和"异想天开创奇迹"等课程成为特色课程。12年来,对探究性学习和创意教育的研究,为课程开发注入活水。中午时间热闹非凡,趣园的"英语角"、司令台上的"达人秀"、操场上的篮球赛、大礼堂的"天天演"、创意坊的"创意发布会"、演播室的"外语戏剧"等等,学生每天都在"过节"。有了创意教育这个"添加剂",七一中学的师生们成长得更为自由和快乐。

"我们坚信,人无全才,人人有才,因材施教,人尽其才,创意一定能让学生头脑更睿智,创意也一定能让七一校园更智慧。"周筠校长和周伟平书记说道,这也是同济大学附属七一中学师生的心声。

上海市聋哑青年技术学校

中国聋教史上诸多第一的开创者

岁月留痕

图1　1956届毕业生周芹，中国第一位聋人研究生，中央工艺美术学院毕业

作为上海市唯一一所对聋人进行高中阶段教育的特殊教育学校，上海市聋哑青年技术学校在办学过程中开创了中国聋教育史上的诸多第一：最早对聋人实施正规、系统的中等职业教育；培养的毕业生后成为国内第一位聋人研究生（图1）；举办国内第一届聋校师资培训班；创作、表演中国大陆第一首手语歌《我的中国心》；出版国内第一本手语研究专著《聋人手语概论》；第一个赴美国举办聋生美术作品巡回展；第一个发展聋生党员；第一个创办聋人工艺美术综合高中班；第一个在聋人中职校开设心理健康教育课；编写国内第一本聋高中英语校本教材；培养出第一个获世界聋人奥运会冠军的中学生；最早联合国内近20所特教学校开展课题研究；第一个编制聋人综合高中课程方案和各学科课程标准；出版国内第一本聋校职业生涯教育教材《自信走向社会——中职聋生职业发展指南》；出版国内第一本汉语成语手语书《汉语成语手势图解》；培养的毕业生后成为西藏自治区第一位聋人本科大学生……在国内尚未办全日制聋人大学（班）之前，曾一度被誉为“中国聋人的最高学府”。

校史回眸

上海市聋哑青年技术学校是上海市教委直属单位，其前身是著名教育家陈鹤琴先生于1947年3月创办的上海特殊儿童辅导院，新中国成立后先后易名为上海市聋哑儿童学校、上海市第一聋哑学校。

1952年11月，为了解决聋生的升学和就业问题，学校在闸北区柳营路465号办了一个初中文化补习班，次年改为“技术班”，首开美术、木工两科。

1956年，首届技术班学生全部就业，在教育部有关领导的建议下，学校正式挂牌为上海市聋哑青年技术学校。

1967年，学校从原闸北区柳营路465号搬迁到老沪闵路800号（现地处徐汇区），但学校的党政关系仍隶属于闸北区（现在的静安区）。

1970年初，学校停办。1973年夏，学校恢复招生。

1996年，为了完善上海大中小学衔接的聋人教育体系，满足聋生升学的需求，学校创办了聋人工艺美术综合高中班。

经国家教育部民族教育司协调，受上海市教委委托，自2010年秋季起，学校每年要接收4—5名西藏聋生来校就读。

2017年，根据上海市教委的指示，学校在继续招收听力残疾学生的基础上，扩大招生对象，正式招收智力残疾、自闭症、脑瘫等残疾学生来校接受职业教育——为此新增校名“上海市鹤琴职业教育学校”。

长期以来，学校本着“以人为本，育残成才”的办学理念，努力把残疾学生培养成“思想道德高尚、文化基础扎实、专业技能熟练、社会适应良好”的人，使他们踏上社会后能自食其力，过上有尊严的生活。

建校七十余年来，学校为社会培养输送了2300多名聋人专业技术人才和熟练劳动者。不少毕业生在全国与国际残疾人职业技能竞赛中摘金夺银，设计的产品曾荣获国家级、部级、市级奖状，许多毕业生被评为劳动模范、先进工作者、工程师、工艺师等。自2000年有首届聋人综合高中毕业生以来，至今已有400多名学生分

图 2　在校就读期间，任春霞同学于 2001 年世界聋人奥运会上勇夺女子铅球 4kg 级冠军

别考入上海应用技术大学、北京联合大学特教学院、天津理工大学聋人工学院、南京特教学院等高校，还有近 20 位学生远赴美国、加拿大、韩国、奥地利等国留学深造。

学校曾先后荣获全国文教系统先进单位、全国残疾人体育先进单位、上海市文明单位等称号。

图 3　1960 年，学校被评为上海市和全国文教系统先进单位，校长刘佩琪(前排右五)出席在北京召开的全国文教群英大会归来后与全体教职工合影

近些年来,在招生基本实行“零拒绝”录取的情况下,毕业生的就业率(含升学在内)每年仍保持在97%以上。

历史撷英

探索聋中职教:开创全国聋中等职业教育先河

上海解放时,除了公立的上海特殊儿童辅导院(1951年改名为上海市聋哑儿童学校)外,还有五所私立的聋校,当时全市所有聋校的在校生总数为200人左右。上海市教育局为解决聋校学生毕业后面临的升学和劳动就业困难,于1952年11月在上海市聋哑儿童学校开办“初中文化程度补习班”,并将“上海市聋哑儿童学校”更名为“上海市第一聋哑学校”。

1952年3月,陈鹤琴先生辞去上海市第一聋哑学校校长职务,赴南京师范学院任职。为了加强学校的领导力量,1953年5月,上海市教育局调派第一师范附属小学的刘佩琪来校担任校长。在上海市教育局的指导下,刘佩琪在调查研究的基础上,于1953年秋将学校原先办的“初中文化程度补习班”改为“技术班”,学制三年,分设实用美术、木工两科,有电影动画、印染图案和儿童玩具制作三个专业,旨在通过职业技术教育,让聋生掌握一技之长,为他们的劳动就业创造条件。

三年后,“技术班”交出了令人满意的答卷。电影动画专业的学生全部进入上海美术电影制片厂工作——其中谢洪宾同学成为动画片《半夜鸡叫》人物造型的设计师;印染图案专业的学生由华东纺织管理局安排在印染厂等单位工作——其中周芹同学由于成绩优秀,被中央工艺美术学院破格录取为研究生,成为我国第一位聋人研究生;木工专业的学生大都被分配到闸北区的几个家具厂工作。在首届“技术班”学生毕业典礼上,当刘佩琪报告所有毕业生都被妥善安排了工作时,与会家长都感动得热泪盈眶,掌声经久不息。

1956年春夏之间,教育部特教处负责同志来上海视察,高度肯定了“技术班”的办学,认为这是解决聋哑青年劳动就业问题的好方法。在听取相关同志的汇报后，教育部盲哑教育处正式向上海市教育局建议：把“技术班”升格为“上海市聋哑青年技术学校”，并且在全国范围内招生。1956 年夏，上海市教育局发文将“上海市第一聋哑学校”改名为“上海市聋哑青年技术学校”，刘佩琪任校长，戴目任副校长，并于秋季开始面向全国招生。至此，国内第一所对聋人实施正规、系统的中等职业教育的学校诞生了，标志着中国的聋教育开始向高级中等教育发展。

由于办学成效卓著，1960 年春，学校被评为上海市和全国文教系统先进单位，校长刘佩琪代表学校赴北京出席了全国文教“群英会”，在人民大会堂湖南厅受到周恩来总理、陈毅副总理等国家领导人的亲切接见。

1956 年至 1986 年，学校共有毕业生七百多人，基本上都安排了工作。从工作的部门类别来看，有文化、教育、工矿企业、社会福利事业等。从行业类别来看，有电影制片、广告装潢、印染、织造、工艺美术、印刷、电子元件、服装、钟表、造纸、乐器、食品、机械、铸造模型、木器家具、搪瓷、体育器材、文教用品等。从地区来说，除上海市外，还包括江苏、浙江、山东、河南、河北、陕西、四川、贵州、云南、福建、江西、湖南、湖北、吉林、新疆、天津和北京等省市。1991 年 11 月，国务院发布政府白皮书《中国的人权状况》，其中“残疾人”一节中提到“上海市聋哑青年技术学校设有木工、金工、美术专业，毕业学生遍布 16 个省、自治区、直辖市，许多人被评为助理工程师、工程师”，对学校的职业教育给予高度评价。

图 4　美国前总统杰米·卡特偕夫人参观聋青技校在美国举办的学生美术作品展

图 5　美国前总统杰米·卡特偕夫人参观聋青技校在美国举办的学生美术作品展并发表热情洋溢的讲话

培育聋中职生:戴目校长深耕聋教育近七十载

在上海市聋哑青年技术学校校长岗位上任职时间最长的要数戴目校长。戴目幼年因病致聋,青年时立志投身于“造福桑梓同病”的聋教育。他 16 岁从聋校毕业后,先后在上海、杭州、无锡、武进等地聋校任教和办学。1945 年 8 月,戴目偕友人渡江北上,参加新四军。上海解放后,戴目随解放军入城。1950 年,他到上海市教育局初教处负责盲、聋哑学校的视导工作。1955 年,他又被组织任命为上海市第一聋哑学校(1956 年更名为聋青技校)的副校长。1973 年,他担任聋青技校校长,直至 1994 年离休。1986 年,上海市政府任命普教系统 13 位著名校长为名誉校长,戴目也是其中之一。戴目曾担任中国残疾人联合会副主席、中国聋人协会主席。他还被评为全国残疾人自强模范,享受国务院特殊津贴。可以说,戴目把自己的一生都贡献给了残疾人事业,他先后从事聋教育工作近七十年,其中六十余载都奉献给了聋青技校。

在聋青技校初创时期，戴目虽然担任副校长，但是身为聋人，他对聋人的身心特点和实际需要感同身受；多年的聋教育实践，又为他积累了丰富的经验，因此在专业建设、课程设置、师资队伍培养以及学制年限等问题上，他都能提出自己的真知灼见。

戴目重视职业教育在解决聋人就业和生计问题上的作用，他认为要让聋生毕业后胜任本职工作，专业训练自不可少，但加强思想政治教育，培养聋生的自强意识显得更为重要。因为对聋人而言，只有自强起来，才能克服自卑，对生活、学习、事业树立信心，才能有执着的追求，才能做到残而有为，事业有成，才能争取平等参与社会，达到自尊、自立。正因为戴目重视对聋生开展自强教育，因此许多毕业生成为身残志坚、德才兼备、为社会创造财富的佼佼者。有不少毕业生包括上海籍学生当时都能响应党和政府的号召，毅然奔赴内地支援国家建设。

1994 年 5 月，戴目离休。但离休不离岗的戴目以“不教一日闲过”的精神，对聋人手语、中国早期聋教育等进行深入、科学的研究。他每天晨思夕读，伏案写作，历经两年多的辛勤劳作，于 1996 年 8 月编撰出版了《多国手语拾掇》。该书收集了中国、美国、日本和国际通用手语 500 个常用词语的手语图集，有助于推进各国聋人之间的友好交往。1999 年 12 月，戴目和宋鹏程一起编撰出版了《梦圆忆当年》一书。该书以翔实的资料为后人展现了中国早期聋校所走过的荆棘丛生的崎岖道路，为系统地研究中国早期聋教育作了可贵的探索，积累了弥足珍贵的资料。2002 年 3 月，戴目又推出了他的新作《中国手语浅谈》。该书对中国聋人手语的性质、产生及其发展，构“词”和表述的特点，手语的规范化以及手语在聋校教学中的地位和作用等问题都作了明确的阐述。而后，戴目和闻大敏一起收集了 100 个自强不息、奋发成才的聋人的事迹——其中不少聋人英才都是聋青技校的毕业生，于 2003 年 1 月编撰出版了《百年沧桑话聋人》一书。而后经过数年的不懈努力，戴目于 2011 年 10 月又主编出版了厚达 900 余页、收入条目 6300 余个的《现代汉语常用词手势图解》。该书对引导广大聋教育工作者与手语爱好者正确而规范地使用手语，解决手语中的“一形多词”（即一个手势用来表达若干个意思相同或相近的词语）与“一词多形”（即同一个词，因其含义不同，对应的手势也就不一样）等问题，具有很强的指导作用。2012 年 4 月，戴目又主编出版了《汉语成语手势图解》。这是一部有助于聋人学习、使用汉语成语与成语手语的工具书，开创了我国汉语成语手语研究方面的先河，对帮助聋人更好地理解汉语成语、更准确与规范地用手语表达汉语成语，具有非常重要的指导作用。此后戴目还进行了有关唐诗宋词手语表达方面的研究。

创办综合高中：为聋生铺设升学与就业双通道

1996 年，聋青技校率先在国内创办了全日制聋人工艺美术综合高中班。这一聋人综合高中班的创办，既是上海完善特殊教育体系的需要，也是为了逐步满足聋生升学深造的需求。

在 20 世纪 90 年代，越来越多的聋哑青年不再满足于仅接受高中阶段的教育，他们渴望能像同龄健听人一样上大学。而上海所有的全日制普通高等院校中没有一所可以招收聋人的。因为按照当时的高考招生政策，全日制普通高等院校原则上只能招收普通高中班的毕业生，像聋青技校职业高中、中专毕业的聋生是不允许报考全日制普通高等院校的。为此，上海市教委决定从 1996 年秋季起，在聋青技校试办高中班，以进一步完善聋教育体系，促进上海特殊教育的改革与发展。

校长虞国平等领导在接受上海市教委交办的任务后，带领骨干教师一道，在查阅国内外有关资料、借鉴南京等地聋高中办学经验的基础上，确定创办聋人工艺美术综合高中班，学制四年，并初步明确了培养目标："以一定的文化科学知识为基础，掌握一技之长的职业技术教育为特色，以全面育人、发展个性特长与社会适应能力为主要任务，为聋生今后不论是升学还是就业的进一步培养发展打下基础。"1996 年 9 月，在择优录取的基础上，首届聋人工艺美术综合高中班正式开班。

在总结一年办班实践的基础上，1997 年 12 月 30 日，上海市教委印发了《上海市聋哑青年技术学校高中阶段教育课程试行方案》（试行草案）。该方案对上海聋人综合高中班的课程模式与课程设置作了明确要求："高中课程模式定性为二二分段，高三分流。为使高中阶段的升学预备教育和就业预备教育的双重任务得到落实，高一、高二年级注重共同的基础教育和职业技术教育，切合学校与学生的实际，使必修课(文化类)和选修课、活动课、职业技术课(专业理论、技能实践)形成合力的结构。”“在考核评估学生学习情况的基础上，高三、高四年级实行分流教育，分别有侧重地打好升学预备教育或就业预备教育的不同基础。”

在总结和调研两年聋人综合高中班教学实践的基础上，在市教研室的指导下，学校组织骨干教师编制了《上海市全日制聋人高级中学课程标准(试行草案)》。1998 年 8 月，上海市课程教材改革委员会办公室予以印发。

2000 年 6 月，首届 32 名聋人工艺美术综合高中班学生顺利毕业，都获得了“普通高中毕业证书”和“美术中专毕业证书”，其中选择升学的 24 名毕业生分别考入上海应用技术学院等高校继续深造。选择就业的学生，经过双向选择、竞争上岗，分别进入上海琉璃工房艺术品有限公司、浪华信息技术有限公司、静安希尔顿宾馆、上海杰开森艺术壁画有限公司等知名企业工作。首届聋人综合高中班的徐萌同学与第二届的韩奕嵘同学于 1999 年联合举办了个人画展，袁敏同学于 2000 年 4 月在朱屺瞻艺术馆举办了个人画展。

嗣后，在综合高中班的办学实践过程中，学校根据聋生的实际情况和社会发展的需求，对一些课程进行了适当调整，如加强了对学生的青春期教育、心理健康教育和职业生涯教育，在美术专业课程中开设 Photoshop 和 3DSMAX 电脑绘画课等。在市教研室的指导下，在总结十几年来聋人综合高中教育经验的基础上，学校编制了《上海市聋人高级中学课程方案(试行)》，上海市教委于 2007 年 8 月予以印发。随后，学校组织骨干教师和上海市教委教研室相关教研员一起，依据该课程方案，编制了语文、数学、英语、政治、社会、科学、体育与健身、信息技术、美术共 9 门学科的课程标准，经过相关机构鉴定和审核，上海市教委于 2009 年 10 月正式颁发了各学科课程标准。这一做法当时在国内聋教育界尚属首例，深受国内同类特教学校的欢迎与好评。

2017 年，上海聋人综合高中班办学的实践研究获得了上海市级教学成果一等奖。

开展联合研究:聚焦聋中职生职业能力的培养

2002 年 6 月,由校长沈幼生领衔的课题组申报的“中等职业技术学校聋生职业能力培养的研究”被教育部基教司立项为全国“十五”特殊教育研究课题。

为了切实开展好课题研究,课题组邀请华东师范大学特殊教育系副教授昝飞博士和谭和平博士加盟,参与并指导课题的研究。

为了提高课题研究的普遍性,在自愿的基础上,课题组联合了全国近 20 所特教学校一起开展研究。这些学校有城市的,有农村的;有经济发达地区的,有边远穷困地区的;有承担职业教育任务的高中学校,也有实施劳动技术教育的九年制义务教育学校。

在进行课题研究的三年中,课题组共召集了三次大型会议。第一次开题会于 2003 年 4 月在浙江宁波召开,由宁波市聋哑学校承办。参加会议的有参与课题研究的特教学校的校长和主要研究人员约 50 人。在宁波会议上,确立了以聋生职业能力培养研究为主题的课题研究模式,讨论了“职业能力”这一概念的内涵和外延。在此基础上,各校确定了研究方向和课题题目。宁波会议的召开是一个良好的开端,为课题研究的顺利开展奠定了基础。

第二次是中期成果评估交流会,于 2004 年 5 月在山东济南召开,由济南市特教中心承办。与会的 80 多名代表除实验学校外,还邀请了国内各特教学校同仁参加。教育部基教司特教处领导周德茂、中央教科所陈云英教授、北师大顾定倩教授等莅会指导并讲话。会上,各实验学校就课题开展情况作了汇报交流,还研究确定了下一阶段的课题方向。济南会议的成功召开得到与会代表的广泛好评。

第三次课题结题会暨全国聋校职业教育研讨会于 2005 年 6 月在湖南浏阳召开,由浏阳市特教学校承办。参加会议的有包括实验学校在内的 50 多所特教学校的近 100 名代表。在会上,各实验学校交流了他们所承担的课题研究成果。这些成果经过三年的研究可谓水到渠成、瓜熟蒂落。在各实验学校一致赞同下,课题组把部分研究成果结集成《聋生职业能力培养的实践与探索》一书,于 2005 年 12 月由上海科学普及出版社出版。该课题结题后被教育部基教司评定为优秀级课题。

这一联合国内其他特教学校开展课题研究的做法,在国内特教界具有开创性。在一起开展课题研究的三年中,参与学校的领导和研究人员集思广益,同心协力,按照课题组的要求,因地制宜地开展研究。通过课题研究不仅出经验、出成果,而且出人才,达到了总结新鲜经验、提高科研水平、推动和促进特殊职业教育发展的效果。

支援西藏特教:让格桑花绽放聋青技校园

为了援助西藏特殊教育,经国家教育部民族教育司协调,受西藏和上海两地教育行政部门的委托,自 2010 年 9 月起学校每年要接收 4—5 名西藏聋哑初中毕业生来校就读。虽然人数不多,但西藏聋生除每年暑期回家一次外,一年 365 天基本有 320 天都吃住在学校,教育和管理任务的繁重由此可想而知。当接到这一任务时,学校二话没说,毅然挑起了对西藏聋生教育和管理的重任。

民族教育无小事,民族特殊教育更是如此。由于西藏聋生平时(包括双休日与节假日)都吃住在学校。为了合理安排好他们的学习与生活,学校就西藏聋生的饮食、生活费管理、外出购物、双休日活动、节假日安排等听取了相关教工的意见,而后制定了《西藏学生日常教育教学管理工作注意事项》《西藏学生双休日活动安排》等规章,实行人文加规范的管理。

在规范管理的同时,学校对西藏聋生予以贴心的关爱。以饮食为例:周一至周五,西藏聋生与上海聋生吃同样的伙食;双休日,学校食堂师傅则单独为他们烹制西藏口味的菜肴。藏历新年,学校会专门采购与烹制过年的食品,让他们在上海也能充分体验藏历新年的年味。节假日,学校领导与教师会主动放弃休息,组织他们走出校园,走向社会,上海博物馆、上海美术馆、外滩、共青森林公园、上海科技馆、上海植物园、上海野生动物园、上海世博园区等,都留下了他们游览和探寻的足迹。

对于生病的西藏聋生,学校还会给予特别的关爱。阿吉身患眼疾,右眼视力渐进式下降,几近失明,急需手术。学校领导想方设法联系上海五官科医院的眼科专家为她治疗。阿吉住院期间,家人不在身边,与别人交流又不方便,学校又安排会手语的老师轮流前去陪护。出院后，为她送上可口的营养餐，使她的眼疾得到了及时的治疗与康复。

来沪就读的西藏聋生大都淳朴可爱、热情好学。要想毕业时与上海聋生一样顺利考上大学，对于文化基础薄弱、美术专业零基础的西藏聋生而言，无疑是一大挑战。为了帮他们实现上大学的梦，自高一年级起，学校就组织学习成绩优异的上海聋生与西藏聋生一对一结对，辅导西藏聋生功课；同时，还安排语文、数学、英语、美术等学科的教师在双休日轮流来校为西藏聋生补课。

对毕业后拟直接就业、想进一步提高自身专业技能或多学几门技艺的西藏聋生，学校则安排校内点心烹饪、计算机应用等专业教师利用双休日时间专门来校为他们"开小灶"，或利用寒暑假带他们到社会上对口的单位去拜师学艺。

对于手语能力弱、识汉字较少的个别西藏聋生，学校还组织相关教师对他们实施个别化教育。

弹指一挥间，一晃 9 年过去了。这些来自雪域高原的西藏聋生，在党和政府的关怀下，在老师们的精心培育下，犹如一朵朵美丽的格桑花，在聋青技校校园里茁壮成长、灿烂绽放！进校时连正确削素描铅笔都不会的阿吉和旺丹措姆顺利考上了艺术设计专业，圆了大学梦；华迪米成为西藏自治区首位聋人本科大学生；索朗次仁、旦增晋美在 2011 年天津举办的全国职业院校学生技能展洽会上制作的软陶工艺品《龙盘》荣获全国一等奖，受到教育部鲁昕副部长的赞赏。在全校教工的关爱培育下，至今已有六届共 30 位西藏聋生毕业，其中 15 位分别考上了上海应用技术大学和南京特教学院等高校，其余选择就业的聋生回藏后也找到了理想的工作。

回顾以往，聋青技校在中国聋教育史上留下了一串串珍贵的足迹；展望未来，聋青技校将不辱使命，肩负起对听力残疾、智力残疾、自闭症、脑瘫等残疾学生进行职业教育的重任，续写新的辉煌。

上海市晋元高级中学

爱国主义精神的薪火相传

岁月留痕

上海晋元高级中学前身是华童公学，创办于1904年，曾易名为模范中学、陕北中学，为纪念爱国将领谢晋元将军而命名为晋元中学。近110年的校史，是一部爱国主义教育的生动教材，与谢晋元将军反抗外侮、保卫中华的爱国精神是一脉相承的。

百年晋元历经民主革命、抗日战争、解放战争、新中国成立、十年“文革”、改革开放……曾六迁校址，六易其名。翻开晋元的历史，我们可以发现西学东渐之风在中国现代教育发展中的轨迹；可以感受民族危难之际晋元学子彰显的爱国精神；可以目睹历届学子为祖国创造的荣耀；更可以看到爱国主义在晋元学子中薪火相传，熠熠生辉！

图1　晋元高级中学校园新貌

校史回眸

华童公学(Public School for Chinese)创建于1904年,是上海公共租界工部局开办最早的华人子弟学校。华童公学师资力量颇为雄厚,胡适、李怀霜、余槐青、胡先骕、郑逸梅等名人曾在华童任教,西籍教员也有七八人。华童公学的绝大多数学生是爱国的,他们曾用种种方式反抗帝国主义的歧视、压迫和奴化教育,表现出民族自尊心。他们在"五四运动"和"五卅运动"中,发起罢课,走上街头,积极投身于反帝斗争的洪流中。

1938年,"八一三"淞沪抗战一周年时,华童公学的学生们声援、慰问谢晋元与其部下,谱写了爱国主义的壮烈篇章。1943年7月,华童公学被汪伪上海市教育局接管,同年8月易名为"上海市立模范中学"。1945年8月14日,日本宣布无条件投降。为纪念抗日爱国将领谢晋元烈士,学校于同年9月易名为"上海市立晋元中学"。

1945年8月14日,学校成立了中共地下支部,并且在上海地下党的领导下成立了"力行同学互助团"。最初学校只有1名共产党员,至上海解放前夕,晋元中学的中共党员已发展到25名。他们领导发动反美反蒋的爱国学生运动,成为推翻国民党反动统治的一个重要战线。

1949年4月,市立晋元中学中共地下党员胡宗南、黄国楷等参加"上海人民宣传队",组织一部分同学保护学校、迎接解放。5月27日上海解放,5月28日学校学生和宣传队以无比兴奋的心情走上街头,和全市人民一起热烈欢庆上海解放。1949年12月1日,学校正式建立新民主主义青年团,学生中有115人入团,占学生总数(1724人)的17%。1950至1951年,学校师生以满腔热血投入到抗美援朝的伟大斗争中去,在不到两年的时间,就有100多位同学参军参干。

1956年,学校易名为"陕北中学",积极进行教学实验与探索,努力提高教学质量。1960年,陕北中学被上海市政府定为重点中学,培养了一大批高质量的优秀人才。"文革"后,学校被定为区重点中学。1984年,学校恢复了"晋元中学"的校名,经上海市政府批准于校园塑立谢晋元铜像,在改革开放春风的沐浴下,学校呈现勃勃生机。

1999 年,学校被上海市政府确定为上海市首批十一所现代化寄宿制高中之一,提出了“学会选择、主动学习、卓越发展”的办学理念,紧紧围绕这一办学理念逐渐形成并不断优化了“套餐式课程、走班制运作、学分制管理”教育模式,探索出一条教育改革的成功之路,办学质量得到显著提升。2005 年,学校成为首批上海市实验性示范性高中。

历史撷英

华童学生投身于反帝斗争

从 1904 年创办时起,到 1943 年太平洋战争爆发,将近四十年间,华童公学历任校长都是英国人,如李淇(1904—1906),李文史东(1906—1907),康普(1907—1932),罗白(1932—1943)。20 世纪 30 年代,中国人民的反帝斗争日益发展,为了缓和矛盾,工部局在校内让一个中国人任副校长,但同时又增添了一个外国人任副校长。学生把康普、罗白和当时英籍教务长马孚铎三人的名字连在一起,称为“江北萝卜卖勿脱”,以示对帝国主义的蔑视。

工部局在华童公学采取的学制、课程设置、教材与当时中国政府规定的不同,以突出其西方色彩。如修业年限为八年,分预科和正科,预科两年(相当于高小五、六年级),正科六年(相当于初中、高中)。课程设置,分中文部和英文部,将英文放在首要地位。除了国文课用中文教材之外,其他课程如数学、物理、化学、历史、地理等教材均用英文,学生做作业甚至课堂上回答教师提问都规定要用英文。教材内容方面,中文部读的是“四书”和《古文观止》《东莱博议》《左传》《唐诗三百首》《秋水轩尺牍》等,英文教材由英国人编写,其中不乏美化殖民主义统治、歌颂帝国主义侵略、宣扬西方物质文明、贬低歪曲中国人民的内容。

1919 年,中国爆发了伟大的“五四运动”。爱国运动的汹涌浪涛激荡着长期受到帝国主义歧视、压迫的华童学生,沉寂的华童校园也开始动荡了,把学生限制在课堂和书本上的校规再也压制不了学校学生。华童学生积极投入“五四运动”和“五卅运动”中,发起罢课,走上街头,积极投身于反帝斗争的洪流中。

1919年6月5日,全市性的“三罢”斗争开始了。据上海公共租界工部局警务处档案记载,1919年6月7日,华童公学罢课学生联络了工部局所办的另外三所学校(育才公学、格致公学、聂中丞公学)的罢课学生,联合致函工部局,发出罢课申明。申明中说:“我们必须牺牲所有的时间和金钱来挽救我们的国家,我们要贡献自己的一切为有益于我们的国家……假使我们——中国的基石,不去完成对他们有利的工作的话,这是耻辱,对我们永远是耻辱,我们决定一致停学而去做一个真正的中国国民所应该做的事。”华童学生的罢课坚持到六月下旬。

1925年5月30日,爆发了震惊中外的“五卅惨案”。6月1日清晨,华童学生推举正科六班(毕业班)蓝文俊为临时学生会主持人,召集全校学生宣布罢课。蓝文俊代表临时学生会向群情激昂、热血沸腾的同学发表了讲演,并宣布全体罢课。散会后,同学们拥出校门,回家等候学生会通知,毕业班同学分头出发,去联络育才、格致、聂中丞三校同学,以使四公学团结一致响应罢课。

华童学生罢课后在上海学联领导下,积极参加反帝活动,分发传单,张贴标语,街头宣讲,示威游行,并在校园内外发动募捐,支援接济罢工工人。据1925年6月22日《申报》载《上海学生联合会募捐十七日报告》中记载:“华童公学代募洋一〇九一元,小洋五百八十四角,铜圆二十七枚。”

图2 华童公学三十周年教工合影

慰问“孤军营”

1937年，“八一三”淞沪抗战爆发。日寇对市区狂轰滥炸，华童校舍遭到炮火的袭击，教学楼严重损坏，学校被迫关闭。后来，商借四川路青年会上课半年之久。1938年，学校迁到戈登路（现江宁路）马白路（现新会路）口。

“八一三”抗战持续了两个多月，蒋介石下令全军撤退。88师524团副团长谢晋元率领八百壮士，掩护退却，坚守在闸北四行仓库。他们抱着与阵地共存亡的决心，以数百战士、弹丸之地，抗拒日军数万人，毙敌二百余人，一时名驰中外，振奋了全国人民的抗日斗志。八百壮士同日寇对峙四昼夜，奉命退入租界，竟被租界当局解除武装，拘禁于沪西胶州路一块数十亩的空地上，被人称为“孤军营”。

当时，华童公学是沪西地区唯一一所市立中学，且离孤军营较近，华童学生又对谢晋元和八百壮士抗击外侮的爱国精神十分敬佩，因此常有学校学生到孤军营慰问、联欢，双方结下了深厚的情谊。“八一三”一周年时，为了抗议租界当局阻挠在孤军营内升国旗，谢晋元率领部下绝食，我校学生亦前往孤军营声援、慰问，并勉以“为国珍重，停止绝食”。1939年，学校高中毕业生马仲尉还主动到孤军营为谢晋元做英语翻译。1941年4月24日谢晋元遇害，上海各界民众三十万人前往吊唁，素衣白马，途为之塞。学校学生的吊唁队伍，以军乐队为导，引人注目。

1943年7月，华童公学被汪伪上海市教育局接管，同年8月易名为“上海市立模范中学”，取消了英帝统治时期的殖民教育，而代之以日本式的奴化式教育。对日本侵略者的奴化教育和法西斯手段，学生不断进行抵制和英勇斗争。1945年8月14日，日本宣布无条件投降。为纪念抗日爱国将领谢晋元烈士，学校于同年9月易名为“上海市立晋元中学”。之后又易校名，直到1984年，学校再次恢复了“晋元中学”的校名。

以民族英雄、抗日将领谢晋元将军英名命名，是我校独特而又宝贵的教育资源。长期以来，学校一直重视纪念谢晋元将军的活动，例如：邀请谢晋元将军之子谢继民先生到校作国旗下讲话；清明节前夕组织各班学生创作纪念谢晋元将军的诗词；清明节组织学生前往将军墓区祭奠谢晋元将军的英灵；在谢晋元将军的铜像前镌刻记述将军生平业绩的碑文；将校内的谢晋元铜像列为“红色学堂”资源，组织区内学生暑期瞻仰；召开纪念谢晋元将军100周年诞辰大型座谈会等。通过一系列的活动，学生增加了对谢晋元将军的了解，也增强了学习谢晋元将军、立志报效祖国的责任感。

图3　学校每年清明节组织学生前往谢晋元将军墓祭奠

学生"力行团"

1945年5月，市立模范高三学生黄克欧在校外加入了地下党组织，与雷士德工学院的地下党员张永年同受上海地下党市立中学区委的王光华同志领导，并由二人组成学校地下党支部，在学校播下革命种子。从此，学校的学生运动在党的领导下进入了一个新的阶段。

为了更广泛地联系、团结同学，扩大党的影响，1945年暑期后，市立晋元学生在地下党领导下，公开发起组织"力行同学互助团"，黄克欧任主席，郭丰敬任文书。

市立晋元成为市立中学中一所地下党力量较强、工作开展得较活跃的学校。尽管校内也有三青团势力，斗争激烈，但由于地下党员们牢记党的教导，"勤学，勤业，勤交朋友"，团结了广大同学，掌握了学生运动的领导权。

学校地下党员通过学生自治会和"力行团"等组织积极开展工作，除组织乐队、歌咏、跳集体舞、演话剧、办讲座、打球、踢球等集体活动广泛联系学生外，还通过郊游、交朋友、谈形势、读书报等活动揭露国民党的黑暗统治。“力行团”成立以后，在地下党领导下，市立晋元学生参加了多次重大政治性活动。

1945年5月到1946年5月，学校从只有1名中共党员开始，发展到11名党员，成立了市立晋元中学党支部，至上海解放前夕，学校的中共党员已发展到25名。他们领导发动反美反蒋的爱国学生运动，成为推翻国民党反动统治的一个重要战线。

从2004年开始，郭丰敬等地下党老同志更是经常来学校，与党员教师座谈，与学生党校学员交心，给学生们作报告。特别是郭丰敬老人，坚持为我校每一届学生党校学员上党课，用行动教育了学生什么叫爱党爱国。

图4 2004年7月，地下党老同志回晋元母校(左起：陈隆培、黄克欧、黄禾、殷原良、郭丰敬、许铁如)

桥梁强国梦

校友项海帆是1951届市立晋元中学的毕业生，现任同济大学土木工程学院教授、顾问院长，1995年当选为中国工程院院士。项海帆院士是我国著名的桥梁及结构工程专家，是我国大跨桥梁抗风研究的开拓者及我国风工程学科的主要学术带头人。他曾这样写道:“我能为中国的桥梁事业做出一点贡献,首先要感谢晋元中学老师们对我的培养,他们授予我扎实的基础知识和自学能力,更重要的是教导我要做一个德智体全面发展的、对社会有用的人。”现在,已实现桥梁强国梦的项海帆院士把目光投射到了晋元在校学子们身上,在他的推动下,2010 年 11 月,学校与同济大学土木工程学院合作建立结构创新实验室,让在校学生与大学教授对话,畅谈科学精神与人生理想。

图 5　2010 年 11 月,在校友项海帆院士推动下,晋元与同济大学土木工程学院合作建立结构创新实验室

一百多年的历史,晋元培养了大批政治、经济、科技、文化、体育诸方面的杰出人才,其中有:中共中央政治局委员丁关根,上海市副市长张承宗,书法篆刻艺术家邓散木,文学研究家唐弢,散文家余秋雨,中国科学院院士蒋锡夔,中国工程院院士翁史烈、何友声、项海帆、韩大匡,中国足球国家队教练方纫秋,上海市百老德育讲师团团长戚泉木等,产生了巨大的社会影响。校友们回忆里的一个又一个小故事,逐渐拼凑出晋元长达百多年的历史。

“当时,就要初中毕业了,我回顾自己的初中生涯,觉得浪费了不少光阴,主要是认为学习‘中国语法’‘应用文’等科目太浪费时间。所以‘中国文学史’这门功课交了一张白卷,引起大家一片惊讶。现在想想还挺后悔的,有时候写东西吃力时，就会埋怨自己当初为什么不好好学。更重要的是，现在的我已经深深懂得：单纯学理，就很难突破研究的瓶颈，只有文理兼长，才能达到融会贯通的至高境界。”蒋锡夔，1941 届华童公学毕业生，中国科学院院士，1952 年获美国华盛顿大学有机化学博士学位，1955 年回国后先后在北京化学所和上海有机所从事科研工作。

“1945 年，抗日胜利了，大家兴高采烈，可是国民党的统治却令人大失所望。晋元是上海最早发展地下共产党员的中学之一。当时比我班高半年的 48 届秋季班的同学成立了‘力行团’，他们班的进步力量最强，地下党员也最多。我所在的 49 届春季班，大家选我当班长，我们成立了‘精勤级会’，出版《精勤级报》。我们还曾自发参加全市的助学活动，这些活动虽然都是无偿的、志愿的，但它让我得到的锻炼和对社会的了解却是无价的。”何友声，1948 届市立晋元中学毕业生，中国工程院院士，曾任上海交通大学党委书记。

翁史烈，1949 届市立晋元中学毕业生，中国工程院院士，原上海交通大学校长。他回忆道：“我的英语老师叫张光复，他讲一口流利的英语，也很注意培养学生的英语交际能力，使我得益匪浅。在晋元打下的良好的英语基础，对我后来出国访问、接待外宾都很有帮助。”

百年树人，英才辈出，一代代学子，让晋元倍感骄傲。晋元校友是母校爱国精神的象征，他们的事迹和风范深深激励和感染着晋元后人。饮水思源，近年来学校积极创设机会让在校学生与老校友们对话交流。熠熠生辉的百年校史是由晋元人的爱国情怀和科学精神写就的！

OM 世界夺冠

2007 年 5 月，在美国密歇根大学举行的第 28 届世界头脑奥林匹克决赛中，代表我国参赛的晋元 OM 队在风格表演和即兴题项目中均获得第一，以三项总分第一的骄人成绩夺得了“小盒子里的大结构”赛高中组冠军。在 6 个月的蓄积力量、8 分钟的精彩比赛、5000 秒的忐忑不安后，晋元 OM 队站上了世界之巅！

晋元 OM 队的成功基于晋元“选择教育”理念的教育改革。晋元已形成由“基础型”“拓展型”“研究型”和“生活经验型”课程组成的套餐式课程体系，这是培养学生创新素养的载体和依托。在学校推进“选择教育”的过程中，晋元人深切体会到：创新素养是卓越发展的核心，没有创新意识和能力就不会有卓越发展。面对时代发展的要求，晋元必然加大教育改革的力度，进一步聚焦学生创新素养的培育。这既是学校对于学生终身发展义不容辞的教育责任，也是学校深化“选择教育”的办学内涵，推进自身持续发展的内在需要。为此，晋元向上海市教育学会申报、立项了“高中创新课程开发的实践研究”课题，期望以课题研究为抓手，全面推进学校的创新素养培育，努力促进学生创新素养的发展。

课程开发与实施以来，参与创新课程学习的学生的创新意识和创新能力，特别是想象与设计能力、动手实践能力都有明显提升。从参与创新学习与实践活动的兴趣发展来看，学校通过加强与同济大学的合作，将创新课程拓宽到土木、材料、海洋、环境、航力五大领域，开发了领域更广、内容更宽、形式更活，理论学习、实验探究和课题研究相结合的“晋元—同济合作培养学生创新素养”的课程体系。并通过每两周同济教授进晋元、每周学生进同济、同济教授指导、本校老师辅导的实施推进，更好满足了学生多元选择的需求。在这个过程中，部分学生脱颖而出，其中28名优秀学生向同济大学土木、材料、海洋、环境、航力五大学院申请立项了课题研究，并得到同济大学专家组的高度评价和肯定。

从学生创新学习与实践的成果来看，自2011年9月起，晋元学生分别在第一、二届全国中学生结构设计创新大赛，第八届上海未来工程师大赛，2012上海市暨长三角地区青少年生物和环境科学小论文评选，第十届全国中小学信息技术创新与实践活动决赛，第27、28届英特尔上海市青少年科技创新大赛决赛，头脑奥林匹克第26届上海赛区、第34届中国赛区及世界总决赛等竞赛和活动中，获得多项团体和个人奖，多名学生的创新作品或论文获得了国家专利，数名学生荣获上海市明日科技之星等称号。

志愿加入中华骨髓库

2010年8月31日，校长王丽萍等一行5人冒着高温来到校友郑钦文同学家，亲切慰问了不日将捐献造血干细胞的郑同学。晋元2007届毕业生郑钦文于同年9

月 4 日住进上海市第一人民医院，实施造血干细胞采集。郑钦文捐献的造血干细胞，移植给了北京一身患急性非淋巴细胞性白血病的 30 岁女性患者，使她濒临枯萎的生命之花重新绽放。

郑钦文还给大家讲了一段小插曲，当红十字会血液中心的工作人员问起他是什么时候、怎样加入中华骨髓库的，他随口说到“是高中时”，工作人员随即肯定地说“你肯定是晋元中学的”。事实上，晋元高级中学是全上海市唯一一所连续 10 年开展“志愿加入中华骨髓库”活动的高中。

在学生发出倡议、积极加入的同时，学校也积极推动开展“志愿加入中华骨髓库”造血干细胞捐献活动。晋元从高一年级起，在团日活动、研究性课程、学生党校活动中，有意识地介绍相关内容，组织学生进行调查、研讨，使学生志愿加入中华骨髓库有了坚实的思想基础。最博大的爱，是用自己生命的元素为即将坠入黑暗的生命燃起希望！最动人的爱，是在生命成熟之际选择勇敢与奉献来诠释生命的意义！最震撼的爱，是在一座校园里，这样的担当延续十余年，数以千计！

学校自 2004 年起，在原有以爱国主义为主线，围绕磨砺青春和成才报国的十八岁成人仪式的基础上又融入了“志愿加入中华骨髓库”活动。上海市红十字会血液中心在仪式现场为年满十八周岁的青年志愿者进行血样采集。“将生命融入神圣的中华骨髓库，用青春火花燃起重生希望”，自 2004 年 28 位高三学子发出首倡之后，越来越多的晋元学子积极自愿投身这项活动，将此作为极具意义的成人纪念和青春印迹。从 2004 年至 2019 年 16 年中，学校共有 3743 名师生志愿加入中华骨髓库，其中含西藏学生 183 人，教师 26 人，志愿者队伍像滚雪球一样壮大起来。在庞大的志愿者队伍中，有 9 位青年志愿者先后成功捐献，他们是我校 2007 届郑钦文、2008 届李栢宇、2004 届谭玮麟、2013 届毛润烨、2013 届苏子奕、2015 届王昊、2015 届刘辉、2016 届田野和瞿森。这些优秀青年志愿者的事迹又激励着晋元学子，一代又一代像星星之火一样传承。每当参加捐献的年满十八周岁的青年志愿者刚刚戴上成人帽，就卷起衣袖接受血样采集时，全场都会为之动容，人生价值和生命意义在这一刻震撼着每一个心灵。

每届成人仪式，都有学校盛情邀请的嘉宾到会。著名特级教师于漪，知名校友、中国工程院院士项海帆，全国见义勇为积极分子杨明辉，全国十大杰出青年金晶先后走进校园，真诚地为学生送上青春的祝福，热情赞扬他们的义举。普陀区委、区政府和区教育局的领导也多次出席仪式，为这批勇敢的志愿者喝彩。十八岁成人仪式及志愿加入中华骨髓库已成为晋元众多学子的期待与约定。

自2003年开始，晋元师生开始了持续10年“重走长征路”红色之旅系列考察活动和“光荣的新四军”寻访活动。10年来，总计15次的活动中，1000多名晋元师生寻访革命遗迹，行程数万里，在祖国大地上、在革命先烈和前辈们曾经战斗过的地方留下身影和足迹。活动开展以来，同学们写下上千篇内容翔实、思想深刻的考察报告，学校也多次举行红色之旅考察活动报告会，红色之旅的成果成为全体学生共同的精神财富。

近年来，晋元积极推进学生党校学员居委会挂职锻炼活动。2008年起，晋元全面推行社区学习手册，要求高二年级全体学生以社区学习手册为抓手，履行社区报到、社区实践、社区鉴定制，在社区学习、服务中不断提高自身素养。2012年，学校西藏班高二学生在拉萨市和日喀则市发起成立了志愿服务队，将志愿服务拓展到了距离四千公里之遥、海拔四千米之上的雪域高原。

晋元承担的上海市教委试点项目——“易班网”建设，是我们在信息时代的德育创新。每当学校有爱国主义教育活动前夕，都在“易班网”上发布相关信息，使得师生有机会作相对深入的了解。许多学生更在浏览之后积极发帖，使红色学堂的教育作用显著提升。

上海市北虹高级中学

跨越百年的艺术教育

岁月留痕

北虹高级中学是一所具有深厚历史文化底蕴的百年老校。学校前身是由法国天主耶稣会帕修欧神父(Rev. Father. Bassuiau)于1874年(清同治十三年)主办的圣芳济学堂,后增设华人部,招收中国学生,其中有些是洋务派官员子弟。随着规模不断扩大,学校由原来的初级学堂发展为规模完全的圣芳济学院(St. Francis Xavier's College)。1882年(光绪八年),教会当局于虹口南浔路圣心堂对面购地建造新校舍,1884年(光绪十年)新校舍落成,学院由法租界迁至虹口南浔路现址(即今日北虹高级中学所在地)。学校主建筑为四层法式洋房一幢,前后大、小操场各一,四楼屋顶装置清廷苏松太道台所赠巨钟一架,计刻报时。

校史回眸

1923年,华人部由学院本部分出,称圣芳济学院分校。1939年,分校迁入福煦路(今延安中路),改名圣芳济中学。1944年,圣芳济学院于本部北楼另设华人部,定名为圣芳济中学分校,而以福煦路圣芳济中学为总校。1951年,上海市教育局接管圣芳济中学总校和分校,任命陈新为校长,吴铎为分校主任。随后又分别改名时代中学南校(福煦路)和北校(南浔路)。圣芳济学院(西人部)旋亦停办,校舍由北校接管。1953年8月,经市教育局批准,时代中学改为公立,并决定南校、北校分别建制;南校袭用时代中学校名,北校改名北虹中学,首任校长为郑凤章。

1978年,北虹中学被列为虹口区重点中学。1984年,全国人大常委会原副委员长、校友朱学范为母校题写校名。1997 年因高中扩招,停止初中招生。北虹中学始终走在课改前沿,1991 年被选为上海市首轮课程教材改革研究基地,1998 年被确定为上海市第二轮课程改革科研基地。2003 年 5 月,学校改名为北虹高级中学。

作为一所有 130 多年历史的名校,学校办学卓具特色。当年圣芳济学院因收费昂贵,早期入学的中国学生,大多是家境比较富裕的官宦子弟。圣芳济学院所设课程有英语、法语、拉丁语、数学、汉语、音乐等,高级班还设有哲学、希腊语等课程。圣芳济学院对学生的教育与管理非常严格,对所延聘的教师要求更非比寻常。当年众多学子无不以能进圣芳济学院深造为荣。

北虹的艺术、航模更是突显亮点。圣芳济师生在半个多世纪前精心设计制作的航模,也曾深深地影响了新生的一代,造就了如戚德星、姚振中、周学勤这些曾破航空、航海模型世界纪录的运动健将,他们多次参加全国比赛并荣膺冠、亚军,所制船模曾由国家体委赠送联邦德国和比利时,世界航模协会主席弗兰克先生对北虹的航模传统也盛赞不已。校铜管乐队、合唱队多次荣获上海市比赛一、二等奖,在学校艺术氛围的熏陶下,涌现出一批艺术人才。

从圣芳济学院到北虹高级中学,学校培养了大批优秀学生,校友遍布世界各地,例如:国家邮政局前局长刘立清;在母校以原班主任和语文老师名义设立"刘季来教育奖励基金""吴祖刚奖学金"的香港著名实业家崔伯强;设立了"陶氏奖学金基金"的美国陶氏化学公司太平洋地区经理施利华;近年来回母校探望的美籍教授傅白龙、艾洛松,香港著名实业家何鸿章;广州军区装备技术部吴学盛少将;全国劳动模范、特级教师孙幼丽等。他们以自己的努力、事业的成功为校史增光,成为全体北虹人的骄傲。

历史撷英

学校在 1937 年前名为圣芳济学院(全称为圣·芳济·沙勿略学院),自 1874 年起历时 63 载,办学成绩斐然,从一个两间教室四个学童的教会附属机构发展成为名流辈出的沪上一流学校,为以后 60 多年的发展打下了坚实的基础。

圣芳济的生源与规模

圣芳济学院于1874年9月21日正式开学。当日由双亲陪同来公馆马路(今金陵东路)校舍报道的共有四名小学生。他们是来自丹麦的6岁半的汉尼·迪拓、来自爱尔兰的6岁半的保尔·奥布林·退格、来自美国的8岁的铿纳德·魁亚以及来自德国的10岁的弗里茨·詹基。这四个小学生加上校长S.J.特厄第神父就是当时圣芳济学院的全班人马。

图1 当年圣芳济学生上课情景

此后,随着欧洲人蜂拥东来,圣芳济的学生数与日俱增,至1879年已有90名,但都是外籍学生。1880年起,学院开始招收中国籍学生。1884年9月圣芳济学院正式迁址于南浔路圣心堂的正对面(即今北虹高级中学所在地),其时在校学生已达196人,其中外籍学生168人,中国籍学生28人。

其后中国籍学生逐年增多,学院又另辟中国部。至1893年,中国籍学生已达286名。1898年在校学生达到420名,1918年增至740名。到1934年校庆60周年时,学生已增至1350人,教师也增至51人,一时成为沪上规模宏大、精英荟萃的知名学校。

上海道台与圣芳济的大钟

1887年4月20日,一位中年清朝官员在八名随员的陪同下来到圣芳济学院,他就是当时清政府在上海的最高行政长官上海道道台(正式官名为分巡苏松太兵备道道员)邵友濂。

邵友濂来校之前,就曾于1884年校庆十周年之际赠送给学院一口大时钟,安设于学院教学楼顶层。当时圣芳济学院高达四层的教学楼已经成为附近地区的地标性建筑(图2),因此这口大时钟自然也成了虹口万众瞩目的焦点。

图2　1884年建立的法式教学楼——钟楼

邵友濂其后曾担任台湾巡抚和湖南巡抚。1899年他在上海闲居期间曾再次来校访问,并不顾年事已高登上四楼楼顶观瞻这口大时钟(图3)。见到时钟上镌刻的赠送时间和自己的名字时,不禁生发出许多感慨。

图3　圣芳济学院的大钟和火车模型

圣芳济的教学质量与办学声誉

由于圣芳济学院办学严谨,教学成绩斐然,声誉鹊起,引起社会的瞩目。1893年,在当时租界的最高行政机关工部局的一次例会中,一位年轻的法学家米历斯(Millis)起立演说,热情赞扬圣芳济学院神父们的学识和人品,竭力推崇学院的教学成绩,并提议工部局予以经济上的资助奖励。奥地利总领事冯·哈斯当即表示赞同,最后工部局以44票赞成22票反对通过米历斯的资助提案。当年暑假,在沪的外国领事悉数到校参加资助仪式,共资助白银1500两以供学校教学之用。这在圣芳济的发展历史上是不能不提及的一件盛事。

社会精英的摇篮

圣芳济学院建立之初,就一直坚持精英教育的理念与模式,所开设的课程与当时欧洲贵族学校的课程几乎完全一样,包括英语、法语、拉丁语、数学、哲学、希腊文等。国文课程本为选修,1927 年后也成为必修课程。此外,学院的音乐与戏剧教育尤为突出,本校毕业生的音乐与艺术素养在当时上海的学校中可谓首屈一指。

学院的毕业生大部分进入海关、银行、邮局、巡捕房以及其他大商行等当时被称为“金饭碗”的行业工作,也有不少去报考香港大学的,总是百分之一百录取。1927 年开设国文课程后,有更多的中国籍学生如愿地考进中国内地的大学。

1905 年,圣芳济学院首次派遣四名学生(F.J.奥尔梅达、H.李克、A.德·恩卡纳柯、I.狄逊)去参加剑桥大学的公开考试,四人中竟有三人通过,这在当时沪上的知名学校中是绝无仅有的好成绩。当负责修士在学校静候室向学生宣布通过考试者的名单时,在校学生无不喜出望外、欢呼雀跃。学校当即宣布全校放假一天,以示庆贺。此后每年圣芳济学院都会派遣学生去参加剑桥以及其他外国知名大学的考试,而通过率和所获成绩也是逐年提高。这也成了当年许多外籍人士和中国籍上层人士争相将子女送来圣芳济就读的主要原因之一。

60 周年校庆盛况

图 4　校友宋子文先生为校庆六十周年题词

1934 年 11 月 8 日,圣芳济学院在南浔路校区隆重举行建院 60 周年庆典大会。各界来宾与校友、参观者络绎不绝、纷至沓来。其中为校庆赠送匾额、题词赞颂者有国民政府主席林森,国民党元老、国民政府监察院院长于右任,国民政府行政院副院长、校友兼校董宋子文(图 4),上海市市长兼淞沪警备司令吴铁城,铁道部部长颜德庆,复旦大学创始人、教育界耆宿马相伯,上海公共租界纳税华人会主席、商界大亨虞洽卿等。上海市市长吴铁城等还亲临会场致辞，盛赞圣芳济学院的教学质量与创办60年来的教育成果。

在盛大庆典上，北虹学子演奏了由钢琴、胡琴、扬琴合奏的著名粤曲《昭君怨》，表演了滑稽名剧《意外祸福》，赢得来宾的一致好评。亲历者云，虽职业剧团上演，亦无出其右者。20世纪20年代末享誉上海滩的著名喜剧艺术家、中国话剧运动的先驱之一朱穰丞便是毕业于北虹的前身圣芳济学院。

艺苑撷彩

说到北虹高级中学，就不能不说到艺术教育。因为艺术与北虹是彼此无法剥离的。阅读北虹（前身为圣芳济学院）的百年校史，不免令人有如此赞叹：艺术教育是北虹的血，是北虹的魂。

据20世纪30年代的《圣芳济学院六十年来之节略》一文记载，北虹自1874年建校伊始，便于艺术教育格外用力。原因不详，或许以西人角度来看，艺术是人兽畛域分界之判断依据，抑或艺术令人更接近美与真谛。然其结果令北虹声名大噪。

据刘海生亲自翻译的《圣芳济六十周年英文校史资料》手稿记录，1879年2月24日，北虹学子借用法工部局会议厅，演出话剧，剧目为《美国之基督信徒》，全剧共分三出，还辅以音乐。当时恭请上海士绅莅临指教，反响热烈。翌日各报竞相登载，详记当日经过情形；数日后各报竭力赞许，不遗余力。限于时代技术原因，如此空前之盛况，只能令如今的北虹师生心向往之，在想象中去寻找了。

当时的表演究竟精彩在何处？北虹的学子究竟展现了什么？不少疑问已成了不解的难题。但当时的表演“辅以音乐”，却是白纸黑字记录在文的。或许有人还不清楚，音乐才是圣芳济学院最优之技术，其名誉之隆重，时当首屈一指。据《圣芳济学院六十年来之节略》一文记载，当英国 Conaught 公爵来沪时，当地士绅开会公宴之际，特请圣芳济音乐队奏技助兴。

浸润于优美的艺术氛围之中，流连于唯美的艺术感觉之间，陶冶于纯美的艺术教化之内……或许正是艺术产生了别样的效力，当时的北虹学子考取西方著名大学的比例在亚洲可谓高得惊人。甚至当时的日本驻沪领事觉得，与其让日本学生跋山涉水、千里迢迢远赴欧美求学，不如来中国上海的圣芳济学院深造。

一切的荣誉，鹊起的声名，不能说都是艺术的作用，但美育确实成为学校教育的重中之重，戏剧与音乐成为北虹的两条腿，承载着北虹大踏步地向前而去。

新中国成立后，北虹回到了人民的怀抱。北虹的艺术教育终于能够更好地为人民服务。艺术等来了新春，艺术不再是权贵手中的玩物，而是人民领略美、触摸美的阶梯，是人民从旧社会向新时代过渡的竹筏，是人民理解主义真理的桥梁。北虹的艺术教育又进入了一个崭新的阶段。北虹的教师以更大的热忱投身于艺术教育。

朱学玉老师，20 世纪七八十年代执教于北虹，本身学美术出身，任教科目亦是美术，但对于戏剧以及戏剧教育造诣颇深。在 80 年代，他指导的学生多次获得上海市少儿戏剧比赛一等奖、少儿舞蹈大赛一等奖，成功缝合了北虹艺术教育因为“文革”而留下的裂缝，也为之后的艺术教育开展奠定了基础。或许这就是北虹自 20 世纪 80 年代起就成为上海戏剧学院重点联系学校的关键原因。

音乐的重新起步稍晚于戏剧，但一旦发轫便可谓出手不凡。校合唱队自 80 年代后期起闻名虹口区，甚至上海市。在吴佩文老师的精心调教之下，北虹的合唱队多次获得上海市布谷鸟学生音乐节合唱比赛一等奖。一些后来成为影视明星的学生也是受到了北虹艺术氛围的熏陶，从而逐步走上了演艺之路。著名影视演员马伊琍在她的回忆文章《我的艺术启蒙》里说，她最难忘的就是跟着吴佩文老师在每周二或周四的下午学跳四小天鹅舞。成绩优异的马伊琍当时本想考别的大学，是在吴佩文老师的一再坚持下，才报考了上海戏剧学院。上海“金话筒”陈蓉、《孽债》中的“小美霞”董蓉蓉、红遍大江南北的“甄嬛”孙俪均曾就学于北虹。

北虹的管弦乐队又将北虹的音乐教育推向了另一座高峰。学校乐队于 20 世纪 90 年代中，在与别校的各项角逐中胜出，多次获得上海市校园文化百花奖器乐比赛一等奖。管弦乐队成为北虹艺术花苑之中又一朵美丽娇艳的艺术之花。

如今的北虹在艺术教育领域不仅有对于过往的圣芳济的继承，更有自身的创新与别出心裁。而这样的改变是由美术教师左建华带来的。他是国家一级美术师、国务院国宾礼特供推荐艺术家，职务和头衔很多，作品被中国国家博物馆收藏，并多次被送到欧美、日本、新加坡等国家和地区展出。更难能可贵的是左建华不仅自己致力于国画创作,还培养了许多北虹的国画苗子,每年指导获奖的学生多达二三十人。他以默默的耕耘,在所有他所教过的北虹学子心里埋下了国画的种子。中华文化的神髓就在这浓墨重彩、疏影横斜间传递给了学生。美术是北虹艺术花苑里迟开的花朵,却也是最夺目芬芳的一朵。

北虹的艺术教育在一代又一代艺术教育者的努力下延续了下来,在这一百多年里为国家和社会培养了许多优秀的艺术工作者,如著名作家周玉明、著名电影导演郑洞天、著名影视演员钟静文、著名词作家贾立夫等。

图 5　21 世纪的北虹教学楼

北虹人都很清楚,曾经的一切都已成为陈迹,但他们会循着曾经的足迹继续走下去,“将美的真谛传递到未来”是北虹艺术教育的核心理念。天长地久有时尽,美的教育无尽时。2013 年 5 月 25 日,由北虹师生自编自导自演的经典话剧《雷雨》赢得与会嘉宾一致好评,5 月 29 日的《新民晚报》予以报道。2013 年 9 月 25 日,北虹成为上海戏剧学院戏剧教育入校园的五所试点学校之一。艺术的足迹,北虹在继续;艺术的花朵,北虹永不谢。

航模往事

那是一个除夕之夜,家家都是亲人团聚,而在北虹中学的航模制作室里却是另有一番热闹景象。几个小脑袋凑在一块,桌上铺满木片、胶水、大头针、铜丝,日光灯下一架直升机模型就要诞生了。1960 年,在航模创纪录比赛中,这架橡筋直升模型飞机以直线距离 2383.2 米的成绩创造了新的世界纪录。模型飞机的主创人员戚德星也因此获得了我国体育运动最高奖章——体育运动荣誉奖章。

那是一个春天的晚上,一个初一年级的同学在台灯下翻看姐姐的教科书,全神贯注,边琢磨边画。图纸上烟囱的位置一换再换,涂改了很多次。他在画一个缩小船模的图纸,这次终于完成了,他开心地笑了。这个叫周学勤的同学,此后成为上海市队的航模教练,在 1963 年打破一项航海模型全国纪录,1978 年在全国比赛中荣获一项冠军,在 1982 年荣获上海市体育运动二等荣誉奖章。

那是一个夏天,在上海青年宫的一个展览上,一艘外观逼真的小"长征号"客轮模型前人头攒动,大家争相观赏。这艘仅有 33.4 厘米长的小模型,制作非常精细,有大小近百个零件。那是北虹中学初中二年级学生王志勇的第五个作品。不记得有多少个白天和夜晚,王志勇手捏一把小钳子,制作那些细小的零件——舷梯、锚链。

那是 1979 年 9 月的秋天,在第四届全运会上,一个年轻人制作的舰船模型在航海模型无线电操纵花样绕标的比赛中,经过连续三天、三轮的激烈角逐,最终凭着稳定的发挥、丰富的经验和先进的船模,获得了冠军。这个叫朱勤国的年轻人,就是北虹毕业留校的航模活动指导老师。

又是一个秋天的下午,又是一次收获的喜悦,北虹从小小的南浔路走向全国,又从中国走向了世界。那是 1980 年秋天的一个下午,一场蒙蒙细雨,使北虹中学校园显得分外洁净和美丽。世界航海模型运动协会主席莫里斯·弗兰克来到学校参观访问,他说:"去年,我收到你们赠送的一条非常漂亮的小船,这条小船是你们学校学生自己做的。这条船在欧洲出了名,曾在十几个国家的展览会上展出过。这条船制作工艺精细,我向你们的教师表示祝贺。你们培养了许多年轻的运动员。另外,我特别要提的是,这条船不仅在展览会上为观众欣赏,连我们国家——比利时国王也参观了这条船。他要我转达他的谢意。"

航模制作活动是北虹中学的一项传统的体育项目。这项活动从 20 世纪 50 年代开展以来,历时几十年而不衰。船模小组制作的船模,在全国、全市的海模比赛中多次获奖,多次获得第一名。校船模小组这个集体,多次被评为市、区的科技活动先进集体。几十年来,北虹中学为国家培养了数以百计的船模活动骨干和船舶制造专业人才,给祖国的运动和航海事业增添了生力军。北虹的航海模型活动闻名全市、全国,《新民晚报》曾以"北虹中学有个造船厂"为题报道了北虹中学开展航模活动的盛况和成绩。《体育报》英文版、《中国体育》杂志也先后作了深度报道。

饮水思源

一百多年里,从这里走出过共和国的将军,走出过政界要员,更有许多成功的商人和著名演员、主持人……她的学子遍布海内外,每一个在这所校园里成长起来的人,都没有忘记母校的教导和培养,他们用一片感恩之心回馈着这座经历了百年沧桑的母校。崔伯强就是其中的佼佼者。

崔伯强是1963年高中毕业的北虹中学校友。他刚进北虹读书时,因有海外关系不能加入共青团,是班主任吕凤翔顶住当时的极"左"思潮的压力,把崔伯强破格推荐给校团委,并推荐其担任初中少先队的辅导员,鼓励他"要挺起胸膛做人,要有气节,做人做事都要留有余地"……那时候,在学校图书馆里有一个名叫刘祖修的老师,他早年毕业于复旦大学,20世纪20年代曾是香港有名的音乐家。刘祖修发现经常来图书馆看书的崔伯强喜欢音乐,就热心地指导他,还利用业余时间教他吹小号、拉小提琴,讲授乐理知识。1963年,崔伯强高中毕业了,他品学兼优,高考成绩也上了录取分数线,可就是因为有海外关系没有被大学录取。班主任刘季来闻讯后,特地找到了崔伯强,开导他说:"别灰心,你知道什么是生活吗?生是为了活,活是为了生!不管怎样,你都要愉快地活着,只要活着,就会有机会!"

铭记着母校老师的教诲,经过几十年商海的拼搏,他成功了,但他没有忘记母校。1987年,他个人出资并以他当年所在高三(2)班的名义向母校捐赠,以改善母校的办学条件。1989年9月18日,在母校举行115周年校庆及当年班主任刘季来老师将满花甲之时,他提出以三万三千元人民币在母校建立用刘季来先生名字命名的奖教金。“三三不尽,绵绵之情也”,他想以此来报答母校与刘老师对自己的培育之恩。“我是中国人,虽然在国外上了大学,但至今仍不忘中国人的传统:尊师。”正是怀着这样一颗感恩之心,他没有在声名显赫之后忘记母校,忘记那些给予他谆谆教诲的老师。是北虹的老师在他懵懂之时启发了他,在他彷徨之时指引了他,在他失败之时激励了他,是母校的教育为他日后的成功奠定了坚实的基础。他以自己中学班主任的名字设立专项基金,正是为了勉励那些在教育岗位上无怨无悔、默默付出的教师们。

1993年,崔伯强举办“刘季来先生从教三十五周年庆祝活动”,将分散在海内外的全班校友重新召集到母校,请当年的班主任刘季来老师再为大家上一堂课。刘季来望着自己当年的学生,感慨万千,热泪盈眶,旁听的来宾也无不为之动容。时任上海市市长朱镕基的办公室特地来电表示祝贺。那天,刘季来非常感动:“数十年的教师生涯,虽然平凡而又辛苦,但我至今无悔!在我人生进入晚年的时候,学生们还这样关心我,爱护我,我感到很幸福,做老师确实是做出味道来了!”

2007年,时值崔伯强当年语文老师吴祖刚百年寿辰,吴老师博大精深的学识,有教无类、诲人不倦的敬业乐业精神让崔伯强念念不忘,为了报答老师当年的教诲,他特地赶回上海为老师祝寿,他说:“40年前,我有幸成为北虹的学生,在北虹度过我求知欲最旺盛的青春岁月,少年时,我受到很多老师的教导,他们学富五车,在传道、授业、解惑上使我明白了很多很多的道理,一辈子享用不尽,我忘不了这段学业,忘不了我的老师,忘不了我的母校。”同时,他也对沿海地区精英教育与世界的脱轨表示了担忧,为了激励母校的学子,更为了报答无尽师恩,他斥资十万,用吴祖刚老师名义设立了“吴祖刚奖学金”,以激励莘莘学子奋发向上。

两项基金设立多年,每逢颁奖,崔伯强或致电,或致函,或亲临,始终关注母校的发展,他总说:“一切都将老去,唯有教育常青”。

崔伯强的尊师重教受到了社会广泛的好评。虹口区人民政府特授予他“尊师楷模”称号以示褒奖。《解放日报》曾以“感人的刘季来奖教金”为题,发表署名文章说:“‘刘季来奖教金’的设立,是中华民族尊师重教传统美德所产生的具体效应。”

“常怀感恩心,莫忘掘井人”,他这样说,也这样做了。

上海市澄衷高级中学

名师辈出的百年高中

岁月留痕

1899 年,清末著名企业家叶澄衷以“兴天下之利莫大于兴学”的慧眼和气魄,在上海虹口购地 30 亩,捐银 10 万两,独资创办澄衷蒙学堂。筹建过程中,叶澄衷长子叶贻鉴捐银 10 万两,次子叶贻钊等又捐银 10 万两。1900 年初澄衷破土兴建,1900 年底落成,1901 年 4 月 16 日开学。

一百多年来,澄衷各个阶段有各种办学特色。在澄衷创办之初,根据胡适在澄衷就读时写的百篇日记显示,澄衷校园以学生社团为特色,多数学生在自行组织的社团活动中得到自主发展。1912 年,曹慕管担任校长后,澄衷形成了“体育、演讲、阅读”的特色,难能可贵的是,这些特色延续了几十年。根据校史记载,从 1914 年起,在章程里规定了每学期六次请社会名流来澄衷演讲,至 1937 年,来校演讲者达 150 多人次,其中有章太炎、蔡元培、胡适、竺可桢、马寅初、陶行知、黄炎培、林语堂、李公朴、陈鹤琴等中国近现代史上杰出的人物。

图 1　蒙学堂与钟楼

校史回眸

图 2　蒙学堂门楼

一百多年来，澄衷先后使用了六个校名：1900 年，定名为“澄衷蒙学堂”（由于开办之初，实际办学就不仅是小学，兼有中学、商科、师范等，故又称“澄衷学堂”，图 2）。1912 年，根据辛亥革命后新政权规定，改名为“私立澄衷初高两等小学校”，兼办小学和初中。1930 年，根据当时教育主管部门要求，改为“私立澄衷中学校”“私立澄衷小学校”（实际是两块牌子，一套管理班子）。1956 年，在社会主义改造中，澄衷改为公办，校名改为“上海市第五十八中学”，兼办初中和高中。1985 年，经上海市人民政府批准，恢复校名为“上海市澄衷中学”，兼办初中和高中。2003 年，根据上海市人民政府决定，高中、初中脱钩，不再招收初中，改名为“上海市澄衷高级中学”。

澄衷在 100 多年的历史中，虽然几易校名，也经历过多次拆并，但校址却始终未变；具体门牌号虽然有所变动，但坐落在叶澄衷购置的这个地块（四周为唐山路、公平路、东余杭路、丹徒路）上却始终没有变化。这在上海的百年老校里并不多见（1937 年至 1946 年期间，由于日军野蛮侵占澄衷校园，学校暂时迁往上海北京东路通易大楼办学）。

澄衷现任校长是潘红星（2014 年至今，以下校长任期只注明任期起始年份），之前 20 任校长是：刘树屏（1901 年）、蔡元培（1901 年）、章一山（1903 年）、白作霖（1905 年）、蒋元庆（1907 年）、谢观（1908 年）、曹慕管（1912 年）、葛祖兰（1927 年）、励乃骥（1932 年）、陈彬和（1932 年）、吴友孝（1934 年）、王震（1942 年）、董思林（1955 年）、骆令瞻（1976 年）、应锡侯（1982 年）、夏慧玲（1984 年）、王秀珍（1985

年)、周勤荣(1994年)、田志强(2001年)、唐群(2006年)。在历任校长中,在中国现代教育史上影响最大的是蔡元培,他在澄衷学堂任职虽然只有半年(初任教务主任,其间代理校长一个月),但他对澄衷的关心持续数十年,1937年还为澄衷建校37周年校庆纪念刊题写封面。

叶澄衷关于创办澄衷蒙学堂的书面遗嘱上有"延聘名师"的要求。一百多年来,澄衷的师资队伍中不乏中国近现代史上的著名人物,其中有刘树屏(晚清进士)、蔡元培(晚清进士,中国著名教育家)、章一山(晚清进士,太史)、白毓昆(著名地理学家、辛亥革命烈士)、杨天骥(书法大家)、杨荫杭(著名司法工作者)、杨敏曾(晚清举人,历史学家)、余天遂(江南文豪)、蒋瑞藻(中国小说史研究先驱)、丰子恺(漫画家、散文家、翻译家、音乐教育家、美术家)、钱君匋(金石书画家)、王怀琪(体育教育家)、陈虞荪(著名新闻工作者)等。

一百多年来,澄衷涌现了一大批优秀学子。其中学术成就最高的有胡适(现代著名学者、诗人、历史学家、文学家、哲学家)、竺可桢(现代著名气象学家、地理学家、教育家,长期担任中国科学院副院长)、张慰慈(中国政治学研究先驱)、陈占祥(世界著名建筑规划师)、於崇文(地球化学动力学家,中国科学院院士)、陆道培(血液病专家,中国工程院院士)等。在中国艺术史上闻名的有袁牧之(电影艺术家)、陆俨少(著名画家)、吴一峰(著名画家)、顾振乐(著名书画家)。在实业上闻名的有李达三(香港著名实业家)。1949年以来,澄衷又涌现了一批为社会做出杰出贡献的学子,如陈昌福(上海社会主义学院副院长)、张定海(上海交通大学副校长)、顾树棠(上海复旦大学副校长)、尹后庆(上海市教育委员会副主任)、陈仁德(中将)、戚世权(少将)、单霞丽(中国女子象棋冠军)、孙甘露(著名作家)等。

20世纪50年代,澄衷以篮球和船模为特色。澄衷的篮球水平在上海有"西有南模(南洋模范中学),东有澄衷"之称,一时称雄上海。周恩来总理曾参观澄衷的船模作品。20世纪八九十年代,澄衷的航模特色得到发展,优秀的航模学生得到了国际大奖。20世纪90年代起,澄衷以手球为特色,一度在上海大有名气。

图3　今日之澄衷中学

历史撷英

叶澄衷创办澄衷蒙学堂

叶澄衷是浙江镇海人,幼时家境贫寒,8岁时父亲去世,家中兄弟姐妹5人,全靠母亲一手操劳,勉强度日。叶澄衷9岁时上过半年私塾,后因交不起学费而中途辍学。11岁时在家乡油坊当学徒,辛苦劳作,因不堪老板娘的辱骂,愤而离职。14岁时到上海谋生,先后在成衣铺、杂货店当学徒。三年之后,又辞去店职,用自己仅有的一点积蓄买下一只旧舢板船,独自驾着小舢板,往来于黄浦江上,向外国轮船上的海员兜售蔬菜、食品及船用五金。

在他17岁那年,一位英国洋行经理,匆忙之中不慎将公文包遗失在他的小舢板上,包中有生意票据和大量现金。叶澄衷停下了生意,在原地静静地等待了大半天,最后将公文包还给了那个洋人,并谢绝了他的酬谢。洋行经理大为感动,便主动提出:任何时候,我都愿为你提供帮助。后来就是因为得到这位英国洋行经理的资助,叶澄衷顺利地创立了第一家中国人经营的进口五金的商号——顺记洋杂货店。之后,他乘势而为,以诚信的商业信誉和精明的商业眼光,在全国开设18家顺记分号,并将经营范围扩充到航运、地产、金融、工业等诸多行业。在上海这个广阔的经济舞台上,他纵横捭阖,创造了巨额的经济财富,成为名闻遐迩的商界巨擘,被称为宁波帮的先驱。

19世纪末,叶澄衷受教育救国的社会思潮的影响,看到"中国之积弱由于积贫,积贫由于无知,无知由于不学,兴天下之利,莫大于兴学",在这个思想的支配下,叶澄衷决心独立捐款创办澄衷蒙学堂。

1899年是叶澄衷生命中最后的一年。这年初,他的身体渐感不适,让他寝食难安的是,还有许多想做而未做的事,尤其是创办澄衷蒙学堂的未了之愿,他担心自己一旦撒手西去,便会留下永久的遗憾。年初,叶澄衷便约请叶氏企业的多名经理、亲信聚谈,提出创办一所学堂的设想,征询大家对办学的意见。临终前18天,1899年10月19日,他给以樊棻为首的7名怀德堂董事留下了一封信:

迳启者:成忠半生艰苦,自惭学问未深,每思造就人才,必须有人提倡,久欲在沪虹口设立学堂,延聘名师,专以教授中国经书为作人之根本,俾无力从师者皆得就学焉。其大略章程曾经商议,兹亟思举办,以竟初志,特即划出基地一方,在新记滨之后,土名张家湾。英册第二千五百二十五号道契,计地十九亩六厘;又英册第二千二百二十七号道契,计地七分八厘八毫;又水潭计五亩六毫,并拨规银十万两,统交怀德堂董事诸君子,悉心筹办,建造学堂房屋,订定一切章程,务求妥洽,克垂久远。庶几从此学习之人,学有进益,大则可望成才,小亦得以谋业,此固鄙怀所深望者矣!伏念诸君子皆相交有年,久深投契,必能曲体此悰,实心任事,善全其后,并望切勿推诿,尤所至祷。至所建之堂,即名为澄衷学堂,以表鄙人之所自勉者,期人之共勉之意耳!

这封信周密地交代了办学目的、教育内容、组织形式、学校名称等,筹划捐款、捐地,并委托怀德堂诸位董事负责筹建学堂。

怀德堂的董事们都是跟随叶澄衷多年的部下、挚友,向来仰慕叶澄衷的为人,他们深为叶澄衷的智识和高义所感佩,决心全力筹办学堂,不负叶澄衷之重托。于是，董事们紧锣密鼓地开始了学堂的筹建工作。

为了尽快完成叶澄衷未竟的事业，怀德堂的董事们加紧筹办澄衷蒙学堂。后来，其长子叶贻鉴又捐银 10 万两，终于建成罗马式楼房共计 42 间，作为教室、宿舍；2 层楼房 26 间，用做膳厅；还有小养正里平屋 15 间；并设置了印书局、风雨操场。学校定名为澄衷蒙学堂，于 1901 年 4 月 16 日开学。

澄衷蒙学堂落成时，在大礼堂两侧悬挂着根据叶澄衷遗言撰成的一副楹联：

余以幼孤，旅寓申江，自伤老大无成，有类夜行思秉烛；

今为童蒙，特开讲舍，所望髫年志学，一般努力惜分阴。

澄衷建校百余年以来，培养的学生已近五万，遍布海内外，涌现了一大批社会精英，其中以胡适、竺可桢为最杰出代表。如今，叶澄衷全身铜像屹立于校园中，叶澄衷身着长袍马褂，手持书卷，神情谦和诚朴，注视着前方，守护并荫庇着古朴、幽雅的澄衷校园（图 4）。

图 4　叶澄衷铜像

《澄衷蒙学堂字课图说》

澄衷蒙学堂创办于 1900 年，1901 年开学。当时学校没有国家和地方编制的教材，校长刘树屏和教务长蔡元培决定自己编印教材，在学堂内设置编纂室和印书局。学堂开办之初就编印了涉及语文、数学、外语、地理、历史等的 20 多种教材，而其中以《澄衷蒙学堂字课图说》最为著名。

《澄衷蒙学堂字课图说》由校长刘树屏编著。刘树屏 33 岁考中进士，后为翰林院编修、检讨。《澄衷蒙学堂字课图说》全书四卷八册，凡 402 页。收字 3292 个，配图近 800 幅。全书宣纸、黑口、线装，精美剔透，免费发放给澄衷学堂的所有学生（澄衷学堂开办之初几年里是义学，一切学业费用全由学堂承担）。

作为教材名称，"字课图说"四字，恰当妥帖。"字课"，规定了这是识字教材；"图说"，则不仅指配图，而是以图解说文字。它不是一般的看图识字，而是要对每一个字进行精当的解说。对于"字课"，《澄衷学堂章程》有明确的教学要求："凡教认字，学生重在将字义譬解明晰。每日有一定字数，学生以能识、能讲、能默写为上；仅能识、能讲者次之；仅能识者为下。"

澄衷蒙学堂 1901 年农历二月开学，同年农历六月，《澄衷蒙学堂字课图说》即问世。它的面世，立即引起轰动。《清史稿》作了如下记载，澄衷学堂"制《字课图说》、修身、舆地诸书，诸校用之，以为善本"。一部蒙学教材而进入史稿，当为罕例。一部好教材迅速流布全国，出生在浙江乌镇的茅盾晚年回忆说，他的母亲就是选用《澄衷蒙学堂字课图说》作为他的发蒙教材。

1912 年起，商务印书馆开始系统地出版教材，《澄衷蒙学堂字课图说》渐渐退出了课堂。澄衷学堂的编纂室完成了历史任务，1916 年，澄衷印书局也宣布停办，里面还藏有大量的资料；1937 年日军轰炸上海的时候，印书局被炸毁，所有的资料竟然全部化为灰烬！

这套教科书虽然退出了课堂，但是它的历史价值依然存在，尤其是它在中国教材史和文化史上的价值。

1912 年，谢观应商务印书馆的邀请，主编《中国医学大辞典》，此前，他是澄衷学堂第六任校长，离任的时候他带走了两套《字课图说》，一套送给了商务印书馆，一套珍藏了起来。一次他在上海遇到了胡适。胡适 1905 年起在澄衷就读，当然对《字课图说》留有深刻的印象。他对谢观说："中国自有学校以来，第一部教科书，就是《澄衷蒙学堂字课图说》，这一部读本在中国教育史上，有着历史性的价值。"胡适探问谢观还有没有这套教科书，谢观就把自己珍藏的一套送给了胡适。

图5 校名碑

民国时期,出版界还在不断地印制这套书,我们知道的就有顺成书局、鸿宝斋书局、大成书局、上海编译印书局等印行的多种版本。此后,这套书渐渐淡出了人们的视野。

突然,当代的文化人又一次把眼光聚焦到这套书所蕴含的丰富历史和文化价值。2013 年到 2015 年,北京的新星出版社、山东的青岛出版社、杭州的西泠书画社、上海的辞书出版社等出版单位群起印行这套书。相隔一个世纪,人们继续讨论着它的文化价值。

发现《澄衷学堂章程》

2010 年之前,多年在澄衷高级中学工作的领导和教师似乎浑然不知自己所在的学校开创之初有一份《澄衷学堂章程》。2009 年夏,为筹备学校 110 周年校庆,学校在搜集整理校史资料时,偶然从一个网站上发现学校早年有一个《澄衷学堂章程》的信息,于是迅即与这个网站联系。这个网站居然以奇货可居的姿态,答应复印一份而索价千元。经过与这个网站多次联系交涉,学校终于得到了这份章程的复印件。

这份章程封面正中毛笔书写直排六字:澄衷学堂章程。下端从右到左用铅字宋体印有 12 字:上海虹口澄衷学堂印书处刊。封二整版居中以长方形线框圈出 12 字:光绪壬寅孟冬月第三次排印。目录页上列有 17 项,分别是:澄衷学堂记、重定学制、总约、门禁、账房、监起居、教习、师范生、学生、课斋、预备室、编撰室、管图书、膳厅、游息、休假、仪节;并有附录 6 则,分别是:学堂图、放钟时刻表、约束丁役橱夫、功过格、取阅图书阅报观仪器、行礼图。章程全文一万余字。

这是一份很有价值的资料,它对研究澄衷高级中学校史,对研究晚清基础教育的历史,甚至对研究晚清基础教育规章制度对当代基础教育的借鉴意义,都有着不同的价值。

我们推断,《澄衷学堂章程》(含第一、第二、第三次排印稿)酝酿、起草和形成,当在1901年4月至1902年10月间,这期间校长和代理校长是刘树屏和蔡元培,教务主任是蔡元培和章梫。由此,我们认为,这份章程既是叶澄衷嘱托的产物,也是这三位教育家教育智慧和教育管理经验的产物,因此是非常值得重视和解读的。

"总约"共八条。第一条:"堂中章程,一分(份)悬于大众易见之地,通堂诸色人等即按照办理。"这就把这份章程置于学堂至高的地位,明确写出"通堂诸色人等"即一切在这所学堂工作、学习、生活的人,包括校长、教师、学生、职工以及校董等,都必须根据这个章程约束自己,并把条文所规定的内容作为自己行事的准则。

"教习"共十九条,是这份章程中条文最多的部分。就其内容看,多数是对教师教学行为规范的要求,如"教习到斋讲授时,立而不坐""凡教认字,学生重在将字义譬解明晰""凡教读书,学生重在将书理讲说透彻""凡教写字,学生宜察其执笔端正否,笔画先后不误否"等。特别高妙的是第三条:"训蒙以开发性灵为第一义。教者了然于口,听者自了然于心;即或秉质不齐,亦宜循循善诱,不必过事束缚,以窒性灵。"从中我们可以看到这个章程制订者的教育境界。这一条至少有三层意思。第一,教育的本义是"开发性灵",教育行为中绝不能"窒性灵";若无视学生客观存在的秉质差异而过分束缚了学生,就违背了教育的本义。第二,要学生"了然于心",教师必先"了然于口"。教师"了然于口"是学生能够"了然于心"的必要条件。第三,对秉质不高的学生,特别要循循善诱。

2013年,学校又从虹口档案馆发现了澄衷中学1926年、1929年、1930年的办学章程,每个章程都有一万字以上,非常完整地规定了办学大局和细节。

2015年,由虹口区教育局组织编写、文汇出版社出版了《百年澄衷学校章程资料及研究》一书,在收录了上述四个章程之外,还收录了澄衷1935年、2006年、2012年的学校章程,并发表了四篇研究文章。

上海市复兴高级中学

复兴中华、求真创新的精神传承

岁月留痕

上海复兴高级中学的办学历史源远流长，学校前身是始建于1886年的“麦瑟尼克”学校。1907年，工部局用汉璧礼的捐款在现今的四川北路2066号兴建了西童公学。1946年2月，由赵鼎新、黄丹艭、杨荣祥等人在该址创办了上海市复兴中学，校名取“旦复旦兮，兴我中华”之意，由赵鼎新任校长。

复兴中学创办伊始，黄丹艭等一批名师带来了一整套的教学传统和管理方法，为复兴奠定了坚实的基础，使得学校在创办初期就以管理严格、学生好学著称，赢得了良好的社会声誉。

图1　复兴中学初中第一届学生毕业合影

一路风雨兼程,学校始终致力于创建满足学生充分发展需求的教育,并以“聚天下之英,开沪上之新,臻卓越之境”为办学目标,着力培养“文理并重、德业兼修的领导者”,形成了以“求真”为核心的复兴精神,薪火相传,代代不息。

复兴的成就是一代代复兴教师辛勤耕耘的结果,更是一代代复兴学子不懈奋斗的结果。学校自1986年起每年都在高三学生中进行“优秀复兴人”评选,这一称号是每一位复兴学子追求的目标。2005年起开设的“复兴校友论坛”延续至今,成为复兴精神世代传承的最好纽带。

图2　复兴高级中学新貌

校史回眸

1947年,中共地下党支部建立。上海解放前夕,师生同心协力护校,做出了杰出贡献。抗美援朝期间,学生踊跃参军报国,被上海市政府授予“复兴光荣”的锦旗。

1951年,学校更名为“上海市复兴中学”,并于1954年被定为上海市重点中学。1960年,复兴中学成为全市唯一一所教改试点学校,并把党政领导划归复旦大学管理。

1962 年暑假，学校教师总结经验教训进行教材修改，于 1962 年下半学年采用复兴教师自编教材。1963 年，苏步青主编的数学课本在复兴中学以讲义形式试用。1963 年，复旦大学派外语教师曹又霖助力复兴。外语评分口试笔试并重，理化增加实践考试，语文课提倡学生参与讨论。如此，学生学得扎实灵活，高考成绩、录取率逐年上升，到 1965 年，毕业班除部分学生因家庭出身原因外，其余均被高校录取。

1978 年，学校被重新确定为上海市重点中学。

20 世纪 80 年代，学校坚持“不拘一格育人才”的办学方针。90 年代，学校进行“分层分类，因材施教”的教改试验，成效显著，毕业生的高考成绩和录取率连年进入上海市前十位。此外，学校还与多所外国学校合作，结成友校。

1998 年 9 月，复兴中学高中部移址江湾镇车站南路 28 号，定名为“上海市复兴高级中学”。

复兴重视学生的学业与特长共同发展，排球已逐渐成为复兴的体育特色项目。1998 年复兴率先设置活动课程板块，多样化的社团已成为学生展现自我、进行自我锻造、实行自主管理的舞台。

2005 年，复兴跻身 28 所“上海市实验性示范性高中”。次年，复兴教育集团成立，实现教育资源优化重整和教育效益的最大化。2010 年，学校成为“上海市普通高中学生创新素养培育实验项目”首批实验学校。

图 3　复兴高级中学校区落成仪式

历史撷英

复兴漫漫教改路

20世纪50年代,全国掀起了学习苏联教育经验的浪潮。在初步建立新中国社会主义中小学教育制度的探索时期,复兴中学贯彻"以教学为压倒一切的中心任务"这一指导思想,开始了跨度达十余年的教学改革。在积极变革中,复兴"务实与探索"的性格逐渐养成,前辈们走过的漫漫教改路,也为复兴在新时代不惧挑战、追求卓越奠定了基础。复兴的第一轮教学改革,前后可大致分为两个阶段:

试验准备阶段:1953年—1959年。1953年,为响应"一五计划"的实行,学校开始贯彻以教学为压倒一切的中心任务指导思想。学校规模迅速扩大,教师水平参差不齐,复兴采取老教师带新教师的办法完成了教师队伍的建设,培育出不少优秀教师。1954年,全市掀起学习苏联先进教学经验热潮,复兴在继承既有传统的同时,吸收了苏联办学经验的有用内容,培养出了一批优秀学生。1956年起,学校实施综合技术教学,每周一次组织学生到工厂参加劳动,锻炼动手能力。"大跃进"和人民公社化运动时期,全校停课,教学受到严重破坏的同时,原来的苏联教学模式也被打破了。1959年,复旦大学组织了一批教师来学校调研,为开展教改提出了不少宝贵意见。复兴提出"透彻理解、牢固掌握、举一反三、熟练运用"的16方针作为提高教学质量的奋斗目标;各学科在教学内容和方法上大胆探索,进行改革尝试,以弥补"大跃进"造成的损失。

全面推进阶段:1960年—1966年。1960年8月,复兴中学党政领导关系被划归复旦大学,业务由上海市教育局直接指导,并作为试点学校推行五年制教育教学改革。9月,复兴中学成为全市唯一一所开展既缩短学习年限又控制学时、坚持劳动,并且提高程度的试点并坚持下来的学校,以落实对中学教育提出的"四个适当":适当缩短年限、适当控制学时、适当增加劳动、适当提高程度。全面推进教改时期又可细分为三个阶段:

第一阶段(1960 年—1962 年 7 月)，按照 1960 年上海市统编改革教材进行教学，聘请复旦数理化教师来校示范兼课，学校老师到复旦大学听课。但是由于这套教材受 1958 年“大跃进”影响，存在盲目冒进、脱离实际的情况，以致 1962 年高考质量下降，家长反响强烈。是年高考结束后，复旦大学派教师来校调查研究、分析情况，市教育局副局长黄丹牓也带队组织一批老教师对比高考试题，寻找差距，分析学生质量。两个调查组分别向学校提出继续进行教改的意见和建议。

第二阶段(1962 年 9 月—1964 年春)，继续坚持原定的五年制教学改革试验。各教研组发动教师集体研究、探讨教材，教师边教边听取学生反馈后修改教材，以适应学生实际，到 1962 年下半学年起完全停用由上海市突击编写的教材，取而代之的是复兴教师的自编教材，增加了联系生产实际的内容。

第三阶段(1964 年春—1966 年)，继续进行教改试验，进一步调整教材与教学方式。初中数学使用由姚晶等负责编写的上海市五年制正规教材；高中数学从 1965 年起试用由周承漠、张富根负责编写的油印教材。理、化强化了实验，培养学生动手能力。外语考试增加了口试。除了教材改革，课堂教学方式也更加注重效率，精讲多练。1965 年，复兴中学培养的第一批五年制中学生顺利毕业。1966 年“文革”爆发后，复兴的教改中断。

复兴中学试行的五年制教育教学改革虽遇到不少挫折，但全校领导和教师通力合作，齐心奋战，克服重重困境而成果斐然，学校成为上海市唯一一所既缩短学制、又提高程度的试点中学。

姚晶：教改浪潮中的先锋斗士

在复兴校史中，众多优秀校领导和教师为学校的辉煌与复兴做出了不朽的功绩，姚晶校长就是其中之一。作为 20 世纪下半叶上海教育界精英翘楚，姚晶在推行复兴的教育改革上厥功至伟，同时，他也身体力行，将教改的理念、方法贯彻到课堂教学中，成为学生心中的好老师。

自姚晶任校长那年起，复兴中学开始全面推行教育改革试验。当时为了适应

图 4　姚晶校长与师生探讨教学问题

日新月异的时代发展步伐，大量现代内容被增加到数理化课程中，而教师知识结构偏弱，难以适应新的教学要求。为此，姚晶专门从复旦大学请了一批名师来指导备课、示范教学，同时派本校教师到复旦大学听课和进修。于是在较短的时间里，教师队伍完成了脱胎换骨式的“升级”。同时教材也要与时俱进。早在 1959 年姚晶就在自己的讲义基础上与张哲夫等合编了《解析几何》中学教材，堪称国内首创。后他又与苏步青等人共同编写了新的五年制中学数学课本，这套教材涉及知识面的深度、广度和难度是统编教材无法比拟的，但又非常切合学生的实际。许多试点学校对此纷纷感到水土不服，最后只有复兴坚持了下来。姚晶不满足于数学教材改革的成功，又致力于研究课程内容的改革，促使每个学科都编出能反映自己特色的新教材。有了新教材、新的师资力量，姚晶还进行了教学方式和理念的改革。他进教室听各门学科的课，了解课堂学习情况，鼓励教师因材施教，根据学生的特点展开教学；倡导减负增效，调动学生的学习积极性和主动性；鼓励师生互动，学生参与讨论，养成自学和钻研的习惯。许多经历了这一时期学习的学生进入大学深造后，都对大学的学习感到游刃有余。

“文革”结束后，复兴中学百废待兴。姚晶回到任上，为“复兴”殚精竭虑，操劳奔走,在研究教育改革课题上提出不少独到见解。退休后他更是离岗不离教,始终关爱教育,心系复兴。

姚晶十分注重学生的学习方法,要求学生课前做好预习、学会自学。这个习惯帮助许多后来出国留学的学生顺利地度过了磨合期。许多曾听过姚晶数学课的学生都对他的课堂印象深刻。1965 届校友何锐枢回忆说:"老师根据教学原则,精讲多练。精心组织教材、挑选例题和安排练习。每堂课只讲二十分钟左右,然后我们在有效的练习中,在老师面批的过程中,达到对知识点的理解和运用,对重点难点的巩固和掌握。"这打破了传统的授课方式,大大提高了课堂效率。1967 届校友黄红曾因自己作业比在普通中学读书的邻居少而担心成绩跟不上,姚晶的一番话则让她的担忧烟消云散:"学习要少而精!我要你们做 100 道题,我自己先做了至少 150 道,甚至 200 道题来去掉那些机械重复的题。题目的难度有递进,这样你们就能循序渐进地学习,不但学知识而且学思路。有空闲时间很好,可多看参考书,做课外题,发挥各自爱好。"姚晶不搞题海战术,讲究少而精,既减轻了学生的学习负担,又提高了他们的学习热情。此外,他还鼓励学生找到学习的捷径,课后留思考题让学生自主钻研、独立思考。"姚校长说学习要会找规律,代数的难点在变形,几何的难点在添辅助线,规律就是解题的方向。"校友黄红回忆说。

姚晶曾提出"透彻理解、牢固掌握、举一反三、熟练运用"的十六字方针,作为衡量师生教和学的质量标尺,使复兴培育出一大批优秀学子,扎根于全国乃至世界各个角落。

在席卷全国上下的教改浪潮中,不少学校因困难重重而败下阵来,而姚晶凭借远见卓识和不屈不挠的勇气,带领复兴劈波斩浪,以大胆的教改实践和独特的教学理念促成了复兴的辉煌和复兴,为复兴打造了良好的教学传统和声誉。他的教育思想如"提倡讨论、自学和实践"等至今仍具有生命力和时代精神。

彭文怡:书写传奇的复兴校长

"莫憾此生无所事,留得正气亦风流。"这是彭文怡于 1983 年 4 月在为"右派"

落实改正奔走途中所写七律《过榆关——赠塞外诸友》的尾句,也是2003年彭文怡逝世后,灵堂中遗像两侧挽联的用语,贴切地概括了他的一生。

彭文怡,四川人。1950年从上海复兴中学考入清华大学电机系。1951年7月,他投笔从戎参加了中国人民解放军。离开清华校园时,他以诗明志:“烽火狼烟漫国疆,志士岂能藏书厢。投笔从戎出清华,习文练武赴沙场。今日痛饮送别酒,不扫顽敌不还乡。他日整顿乾坤事,再与诸君论诗章。”(《别清华》1951年)彭文怡先到西安空军第二航空预科总队,后在长春第二航校,因天资聪慧、学习出色而留校任教。由于他业务出众,追求进步,1955年就加入了中国共产党。

1957年“反右”开始了。彭文怡因敢于直言被打成右派,于1958年4月被发配到吉林梨树农场进行劳动改造。面对“点灯用油,推磨用牛”的农场,彭文怡说服农场领导,购买了发电设备,和几个学习机电的“老右”们对梨树农场进行改头换面,于是“点灯不用油,推磨不用牛,吹火用风机,盖房用电锯”的时代来临了,彭文怡以出色的能力和光明磊落的人品获得了全场职工的尊重,1959年,他成为农场第一批“摘帽”的右派分子,被评为先进分子和红旗手。

不久后,彭文怡被调到四平农电局,终于有了大展宏图的阵地。但“文革”击碎了这场美梦,彭文怡受到严重的迫害和摧残。1970年5月,被关进监狱两年多。粉碎“四人帮”后,才得以平反。

“右派”问题平反后,他的母校——复兴中学向他招手。昔日同学、时任复兴中学教师姚晶非常熟悉他的学识和为人,对他说:“彭文怡,你回母校吧!”

到校后,他一头扎进了学生教育事业,先任副校长,后接任校长,被埋没了二十年的才华终于迸发出夺目的光彩。

他在校长任上致力于改革,先后推出了十四项重大改革措施,使办学质量稳步提高。从1983年到1991年,复兴中学历届高中毕业生升学率都在96%以上。实践出真知,彭文怡在多次教育研讨会上做了精彩的报告,如《关于学校管理的几个问题》《七年改革的回顾与思考》等都曾引起巨大反响。

20世纪80年代初,教育部门是个清水衙门,“文革”欠账多,上级拨款杯水车薪,教师待遇低,好教师纷纷外出兼课,导致教学质量走低,把彭文怡急得团团转。

他冷静思考后对校领导提议:“咱们这是捧着金饭碗挨饿!复兴中学坐落在上海的黄金地段,学校周围都是繁华街道,我们把一面围墙拆了,改成半间的铺面房出租,钱不是就来了嘛!”于是同仁们一咬牙把墙拆了出租铺面,经费就流水似的进来了。有了钱,校长的腰杆也就硬起来了,课时费、奖金准时发放。但接着是宣布纪律,禁止老师外出兼课“打野食”,违者立即开除!这一招收住了教师们的心,增强了学校的向心力。有了钱,学校的风雨操场建起来了,体育教育可以风雨无阻了;图书馆的书籍更新快了,学生们从课外阅读中得到的知识面更宽了;还可以添置新的教学设备……国家教委主任李铁映在一次讲话中提到了上海复兴中学破墙开店搞得很好,肯定了复兴中学勤工俭学的经验。

彭文怡晚年把全部的聪明才智献给了教育事业,他睿智、敬业、勇于改革实践,为创建一流的复兴中学做出了杰出的贡献。校史教材《复兴人》这样评价从 1977 年到 1998 年的复兴:“这个时期是复兴中学勇于改革、奠定现代学校基础的关键期。”就是这个时期,彭文怡任校长 8 年(1985—1993 年)。

彭文怡用铮铮风骨书写了他传奇的一生,而复兴,则是他最浓墨重彩的一笔。在教育改革的奋战中,不觉老之将至。他在题为“花甲”的诗中写道:“十年磨一剑,留在此山中。寒光照四野,锐气飞九重。刻意追干莫,无心效霓虹。飘飘云游去,悠悠任西东。”

高峰:超龄服役的排球教练

复兴高级中学不仅以优秀的教学水平和浓厚的学习氛围享誉上海,亦以排球项目见称于沪上。复兴的排球项目自 20 世纪 50 年代即声名鹊起,数十年来培养了众多杰出运动员,这辉煌成就的背后离不开一批优秀排球教练的努力。说到复兴,不得不提排球;说到排球,一定会想到高峰(图 5)。高峰老师深耕排球教学与理论研究近五十载,长期执掌复兴高级中学排球项目教鞭,系现今上海市体育特级教师中唯一专长排球者。自执教以来,他为复兴的排球事业呕心沥血,培养出了大量优秀的排球人才,将复兴的排球招牌越打越响,可谓复兴排球项目发展史上的中流砥柱。

图5 高峰老师向市、区领导介绍复兴排球教学

1972年初,高峰由上海进修学院调入复兴中学。从那时起,高峰便与复兴排球结下了不解之缘。

复兴中学排球文化底蕴深厚,但经历了“文革”重创之后,基础被大大削弱。来到复兴之后,高峰对排球项目的发展现状与艰苦条件有着清醒认识。他一方面利用早、中、晚三个时段加强常规训练,努力提升队员的身体素质与作战技巧;另一方面通过家访沟通队员学习情况,任劳任怨地充当学校与家庭之间的桥梁。这样双管齐下,既解决了学生家庭方面的后顾之忧,使之可以专心训练;又让他们得到了专业的指导,进步飞快。为了全身心投入排球的教学训练,高峰忍痛与相恋八年的女友分手,在恢复高考后又放弃了升学继续深造的机会,甚至辞去兼职体育教研员的职务。功夫不负有心人,高峰的隐忍和牺牲也赢得了大家的尊敬和喜爱。一位排球队员突发高烧却坚持比赛,令他倍感欣慰;姚晶校长在酷暑天随队出征,与团队同吃同住,更让他感动不已。20世纪80年代中后期,在高峰的指导和带领下,复兴排球队终于走上正轨。

20世纪90年代以来,高峰逐渐成为复兴排球教师的中坚力量,复兴的排球也迎来了新时代的春天。复兴男排、女排先后二十余次获市赛冠军,在强队如林的上海市中学生排球界脱颖而出。在彭文怡、杨墨秋校长的引荐下，高峰带领复兴排球队参加了世界中学生排球赛，并以出色表现斩获亚军，使复兴的金字招牌——排球项目由享誉沪上到闻名国外。

岁月匆匆，一转眼高峰已是声名远扬、桃李满园的体育特级教师，在本该功成身退的年纪，他欣然接受学校安排，继续留在复兴执教排球。此时，他一面继续培养有突出才能的运动员，储备人才，以免出现青黄不接的局面；一面倾力培育三代十余位优秀教练员，以保证复兴排球教练队伍后继有人。时至今日，高峰已是古稀之龄，超龄工作达十年之久，却不改初衷，为复兴的排球事业奋斗不息。

方家驹：优秀传承的校友世家

一家两代五人都曾求学于上海市复兴中学，可谓“复兴世家”了。

1953年，方家驹二哥从宁波来到上海投亲，考入复兴高中部，1956年毕业后考进北京大学数学力学系首届计算数学专业，在北大研究生毕业后分配到一所国家级研究所工作，后升任副总工程师，享受国务院特殊津贴。

方家驹生在农村，1950年来到上海。1954年考进复兴，1960年高中毕业考入复旦大学数学专业，1965年毕业后留校。先后在三个系和五个部处任职共42年，后被学校评为高等教育研究员。复兴的六年学习生活，让方家驹这个没有上过幼儿园，只上过两年农村小学和四年低水平私立小学，在现时应归入已经“输在起跑线”的学生，进了令人羡慕的复旦大学和全国著名的数学系，改变了人生道路。

方家驹妹妹初中没有考进复兴，经过三年努力，1959年如愿进入复兴高中部。1962年毕业后考进北京化工学院。毕业后在化工行业工作期间被评聘为高级工程师。

方家驹的独生女儿和女婿从初中到高中七年都是在复兴度过的，1995年高中毕业，分别保送复旦大学和北京大学计算机软件专业。本科毕业后又一起在美国获得博士学位，分别进入微软和谷歌工作。

方家驹一家两代人命运的改变都与复兴有着密不可分的关系。在复兴的求学经历对他们后来的深造和工作起了至关重要的作用。复兴不仅激发了他们的学习潜力，培养了自学的能力，也在道德素养和社会实践能力方面深深地影响了他们。在方家驹看来，如果没有复兴的栽培，一家两代人未必能有后来的成就。

方家驹认为，中学教育能够帮助学生考上大学，只是完成了一部分任务。帮助学生建立正确的学习方法和良好的学习习惯是能影响他们一辈子的，让学生树立自立自爱和责任心更是对德育教育的检验。复兴在这方面有许多成功的实践。

名校的关键是名师名课。名师在传授知识的同时，以人格魅力和丰富学识启发学生独立思考，注重提高学生的学习能力。20 世纪五六十年代的复兴名师荟萃。姚晶校长外号“三角大王”。这门课公式多，函数性质和图像也比较复杂，理解和记忆都有难度。姚晶用一个单位圆来讲授，非常直观，学生听了理解快、记得住。赖云林老师的立体几何课，板演的立体几何图立体感极强，让全班同学佩服不已。教历史的宗震益老师，上课只带点名簿，课堂上旁征博引、纵横捭阖，流畅生动的讲解深深吸引着全体学生。

20 世纪八九十年代，方家驹的女儿和女婿同时入选由彭文怡校长创办的理科班，为了让学生能以大学的方法来解题，彭文怡亲自在理科班讲解微积分。虽然在高中开设微积分和高等代数并不是对每个学生都适合，但两任校长致力于学生长远发展的大格局，鼓励学生独立思考、自主钻研，让学生养成良好的学习习惯，对学生后来的学习生涯都产生了积极的影响。

除了在学习上激发学生的兴趣和自主学习能力外，复兴还着力培养学生的工作能力和服务精神，大部分同学都会担任学生干部或从事社团工作。方家驹在初中担任了两年副班长，高中三年是团支书。在为同学服务的过程中，学生增长了才干，提高了能力。虽然减少了学习和休息的时间，但感受是得大于失。在复兴参与学生工作的经历，帮助学生形成了自立、自强、自爱的人品。

以求真为校训，认真学习，踏实做人，是复兴教给方家驹一家人一辈子的信念。在复兴求学的经历，如江河对山川的塑造，潜移默化地影响了一家两代人；如深入泥地的根系，润物细无声般地培育了一家两代人。感恩复兴！

上海市继光高级中学

坚持传播进步思想的百年名校

岁月留痕

上海市继光高级中学原名麦伦书院,是英国教会伦敦会于1898年在上海创办的一所学校。20世纪30年代初,爱国进步教育家、社会活动家沈体兰先生到校主持工作。为了适应时代的要求,沈体兰校长本着“科学、民主、进步”的指导思想,以培养“有爱国精神与爱国能力之公民”为宗旨,实施教育教学的根本性变革,并将著名教育家蔡元培先生亲笔题写的“忠、信、勤、勇”四个大字作为校训。至此,麦伦在沈体兰校长的带领下,在全体师生的共同努力下,变身为民主革命的教育基地。当时学校全力抵制来自各方的种种压力和干扰,成为新中国成立之后沪上历时最久的进步学校之一。

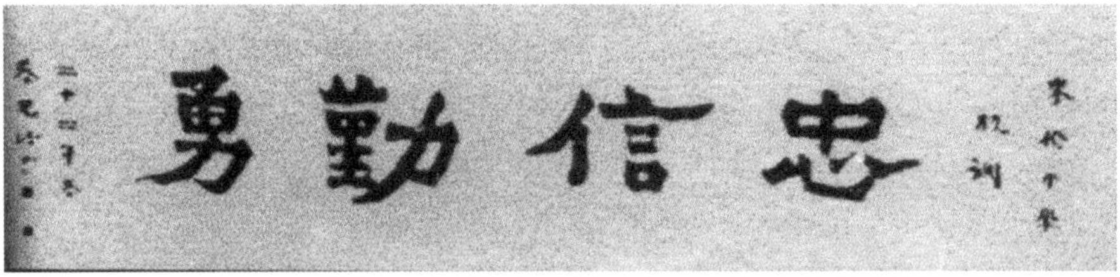

图1　蔡元培先生题写的校训“忠信勤勇”

校史回眸

1953年在麦伦65周年校庆集会上,上海市教育局中教处处长、校友邱汉生老师郑重宣布：为纪念特级英雄黄继光，继承麦伦光荣传统，私立麦伦中学更名为市立继光中学。号称“民主堡垒”的麦伦中学就此进入了新的发展阶段。

六十年风雨历程，历任校长励精图治，麦伦传统代代相传。“忠、信、勤、勇”的校训，“团结，勤奋，进取，求实”的校风，“勤思，多问，实践，创新”的学风，都默化在继光教师兢兢业业、孜孜以求的身影里，都沉淀在继光学子经年累月、艰苦卓绝的奋斗中。

如今的继光已是繁花似锦、硕果满园。2011 年，作为上海市文明单位、上海市一期和二期课改基地、爱国主义教育基地、科技教育特色学校的继光高级中学，又迎来了新一轮五年发展的大好契机。

图 2　1998 年学校百年校庆，曾任教麦伦的赵朴初先生题写“继承先贤志业，光大五爱精神”12 字藏头对联，揭示了从“麦伦”到“继光”校名变化的深刻寓意。

历史撷英

体兰馆的由来

沈体兰于 1930 年发表了一篇英文著作《中国教育之改造》，立刻受到中外教育人士的重视，当时英国教会伦敦会的麦伦中学英籍顾问白约翰对此文颇为赞赏。这时，麦伦首任华人校长夏晋麟先生受施肇基公使的邀请，将远赴瑞士，要辞去麦伦校长之职，于是他们共同推荐沈体兰担任学校教务主任，不久由校董会决定沈体兰继任校长。

沈体兰在麦伦中学任校长有二十年之久。他决心把麦伦办成一个爱国、民主、

图 3　进步教育家、麦伦中学校长沈体兰

进步的教育基地。没有几年，学校发生深刻变化，声誉日隆，成为上海为数不多的进步学校之一。

麦伦的科学实验室是一座木房。理、化、生三科的标本陈列、仪器存放及实验都在此房，三科合用，课桌设备不敷应用，更因年久失修，已破败不堪，如果不另建新房，很难持久使用。高中部分的教室因学生生源的扩大也已不够使用。而且，麦伦又办了补校、民校、义校，一间教室从早到晚，各类学生川流不息，几乎没有空闲的时间。

沈校长认为，为了麦伦长久发展，必须筹建一座科学馆，这已是刻不容缓的事情。要建科学馆，钱从什么地方来？于是，他与校董会及学校创办人多次磋商，终于得到允许动用各项基金储备金两万多元的承诺，但与建馆费用还差一万多元。

沈校长与校董王志仁先生商量，决定开展一个向全校师生和社会各界募捐的运动，并议定了一个募捐大纲。学校设募捐总队，下设许多小队：校董四个小队、校友四个小队、教职员四个小队、学生四个小队，各尽其力。

于是在酷暑中，大家四处奔走募捐。

学生陈芝祥(陈明)是募捐总队的总参谋，也是学校“未名剧社”的负责人。他带领剧社成员，带着募捐的目标到社会上去演出。他邀请了一些左翼剧人，借青年会礼堂联合演出话剧《出走后的娜拉》，歌剧《扬子江暴风雨》。他和同学干学伟、田海南(田汉之子)在剧中扮演码头工人群众。虽然募得不多，但麦伦为筹建科学馆的募捐活动在社会上引起很大反响。

沈体兰校长在兴建科学馆的募捐中是出力最多的。他毅然变卖祖产，所得三千二百元全部捐献出来。他的慷慨行为为募捐运动造就了巨大声势，学校很快就超额完成了募捐任务。

这次募捐运动历时半年,师生与社会各界共计两千多人捐款,共募得一万两千七百余元。在当时国民经济困竭、各业相继凋零之际,有如此成绩,出乎大家意料。

科学馆从1936年6月1日动工,同年10月15日完工,新建起一座三层钢筋混凝土大楼,里面设有一间可容百二十人的大讲堂,还有理、化、生实验室和仪器室,十间宽敞明亮的教室,两间教师休息室……校董会鉴于沈校长捐资兴学的义举,决定把那间大讲堂以沈校长父亲沈根黄的名字,命名为“根黄堂”。

加上四年前建成的体育馆,此时,麦伦中学无论师资、校舍、设备,均居上海中学界一流水平。

1937年“八一三”淞沪抗战,日军轰炸上海,麦伦校舍几乎全毁,而科学馆仍巍然屹立,仅被炸出一个洞。

1951年,沈体兰被任命为华东教育部副部长,辞去了麦伦校长职务。校董会为表彰他对麦伦的贡献,把科学馆命名为“体兰馆”,并请中央教育部马叙伦部长题了“体兰馆”三字,盛丕华副市长又题了词,刻成石碑奠基于楼侧。题词为:“沈校长体兰将外国教会办的旧麦伦一手改造成为进步的革命的新麦伦,他对民主教育的贡献是有着全国性进步意义的。教会学校从帝国主义掌握归中国人民自办,以麦伦为最先;宗教与教育分离的原则在麦伦实现得最早;十八年中,在反动统治下,一贯地传播进步思想,提倡爱国运动,培养革命青年,麦伦始终站在前哨。”

体兰馆的这一题词,正是沈体兰校长掌校二十年的写照。

两幅领袖像的诞生

1949年5月27日,上海解放了。人们敲着欢庆的锣鼓,扭着胜利的秧歌,唱着幸福的歌谣,行进在广阔大道上。

只见八个学生,肩上扛着两幅巨大的画像,从麦伦中学走出来,后边还有一大批欢庆上海解放庆祝游行的学生,他们个个意气风发,情绪昂扬,边走边喊着“庆祝上海解放,欢迎解放军”的口号。

仔细一看，原来是毛主席和朱总司令的两幅油画像。毛主席身穿深蓝色中山装，头戴八角军帽，面露笑容，目光炯炯，朱总司令穿新四军军装，戴军帽，英姿威武，凝视前方。整个画像高达2米，宽1.5米。

1949年4月上旬，麦伦中学地下党支部书记陈一心接到区委张显重的指示：上海即将解放，要让上海的人们在解放的当天就能够看到毛主席和朱总司令的画像。画像要高、要大。

陈一心接到这个任务后，又高兴又兴奋。但是问题来了，找谁去画？那么大的画像，又要在什么地方画？最后确定把这一任务交给许福闳。许福闳是麦伦中学高二学生，中共地下党员，曾多次完成上级交给的任务，胆大心细，临危不乱。他的父亲是国民党的少将参议，对国民党当局的统治早有不满，住在泰兴路的一幢绿色的两层别墅里。

确定了人选，事不迟疑。陈一心马上找了许福闳谈话，交代了任务。

说干就干。先做画架，画架做好了，就放在卧室的一面墙上，墙上装上布帘，盖住画布，连房门也装上布帘。一切安排妥当。

按照规定的联络暗号，小许手拿一卷报纸，来到北四川路国立戏剧专科学校（现虹口实验中学）对面的一幢新式里弄房子前，按照定下的暗号敲门。出来的是一个30来岁、中等身材、面孔黝黑、目光深邃的男子。两人根据暗语接上头以后，中年男子进去拎了一个黑色的小画箱，并招呼了一个20来岁的年轻人（说是助手）一起走。

从此这两人一直住在小许家，吃在卧室、住在卧室、工作在卧室。生活、饮食由小许的母亲照料，根据纪律，他人都不准和画家接触。小许也从不进画室，偶尔见到，也不打招呼。大约过了半月左右，一个晚上，小许只见画家提着箱子，两人一前一后，毫无声息地离开了。不见画家回来，小许进卧室一看，布帘依旧遮着画架。轻轻地掀开一角，画已经完成了。

画是完成了，怎么运到学校里去，这又是一个难题。

大约过了10天左右，上海郊区响起了隆隆的炮声，沪西地区先解放。党组织为了对付反动当局在逃走之前的血腥镇压，除了部分护校的同志住校，其他同志除了白天上课,晚上都分散在外。为了等待最安全的时机搬运画像,戚国娫同学就住在小许家里。等待上级搬运的指示。

好不容易盼到了全上海的解放,盼到了上级搬画像的命令。27 日上午,在小许妈妈的帮助下,用一辆三轮车把画像运到学校。小许和戚国娫手扶领袖画像,心情无比激动与自豪。

第二天,小许和小戚等八人扛着两幅领袖像,雄赳赳、气昂昂走在游行队伍的最前列……

继光命名六十年

1953 年,市政府决定将上海所有的教会学校收归国有,麦伦中学也在接收之列。

1953 年 5 月 5 日,在体兰馆前的草坪上,举行麦伦建校 65 周年的集会,在会上,市教育局邱汉生处长向全体师生郑重宣布:为了纪念特级英雄黄继光,继承麦伦光荣传统,私立麦伦中学更名为市立继光中学。已经任职华东教育部副部长的老校长沈体兰也出席了校庆集会,并向大家讲了话。他说教会办的麦伦中学从此纳入了人民教育的全局规划之中,不仅开创了大好发展前景,而且学费将大大降低。老校长的一席话博得了台下阵阵欢呼声。

改名后的继光校园内充满了欢声笑语,学生幼小的心灵中滋润着社会主义的雨露,充满了对新中国的爱。学生更鞭策自己要发奋学习,继承学校光荣革命传统和重视科学民主的精神,要向黄继光那样,为了祖国、为了人民,敢于奉献自己。

1954 年春,共青团市委邀请志愿军归国报告团和黄继光生前所在连的万福来连长到上海,全市掀起了向英雄黄继光学习的高潮。继光中学又走在最前列,以少先队为主的学习活动轰轰烈烈地在校园里开展。学校大队委员胡启迪代表学校全体少先队员在复兴中学欢迎报告团,介绍学校开展学习英雄活动的情况。学校学生会主席张鹤飞代表学校出席在文化广场的报告会,并代表上海青年学生为万福来连长戴上光荣花。

黄继光的奉献精神从此注入了继光人的血脉。学生在建设新中国的热潮中刻苦学习，立志把青春奉献给祖国。

为了弘扬黄继光的爱国精神，学校将体兰馆前的一块草坪改建成黄继光广场。在广场内一座黄继光塑像拔地而起，底座是紫色的花岗岩，上面镌刻着“特级英雄黄继光”七个闪闪发光的镏金大字，那是邓小平的手迹。底座上面是黄继光舍身堵碉堡枪眼的英勇身姿。1996 年，广场建成，谢丽娟副市长亲临揭幕，并谆谆教导学生要继承英雄的精神。从此，这个广场成了爱国主义教育基地。黄继光生前所在连队的战友也经常访问学校，并在此拍照留念。

图 4　1996 年 5 月，学校举行特级英雄黄继光雕像落成典礼暨虹口区爱国主义教育基地揭牌仪式

2003 年，学校迎来建校 105 周年暨继光命名 50 周年的纪念，吴美高校长带队一行四人拜访了黄继光生前部队，受到部队从师部到连队的热情接待。他们先去湖北孝感干休所看望了老连长万福来。而后又去武汉干休所拜访了当年指挥上甘岭战役的 45 师师长崔建功少将。当他们提出为校庆题词的请求时，已经 89 岁高龄的老师长用颤抖的手写下了“发扬继光精神”六个字。

当年校庆，黄继光生前所在部队派出三位同志来上海参加学校校庆，并向学校赠送了一座黄继光铜塑像和一个降落伞包。

把课堂还给学生——继光高中试点课时改革

高三课时减少了。继光高级中学高三(3)班女生林玮每天的作息时间表看上去比绝大多数高一、高二年级的同学还要轻松,早上不迟于7:45进校即可;午饭后从12:30至13:10是午休时间,可以自由出入学校图书馆,也可以在教室里收看电视节目、放松身心;每天安排7节课,杜绝了各种名目的加课、补课,下午最后两节课改成自修,每个学生都可以在这个时间段找老师答疑解惑,理顺每天所学的知识;16:25准时放学,没有拖堂、留校。

继光高级中学上学期就在试点课程改革,试点的第一步选择的正是高三年级。校领导班子经过慎重研究,发现学生课业负担过重是普遍现象,而老师们的误区则是越认真负责越要加班加点,以致纷纷增加课时、增加作业量,学生被动应付作业,学习兴趣始终无法提升,甚至出现厌学情绪。

要"让学生感到幸福、让老师感到幸福",金晓文校长的大胆决定就是"砍"课时,高三年级的课时量被精简到每天7节,最后两节课安排自修,教师"待命"答疑,让学生充分消化吸收每天所学的知识。

课时改革的结果是,高三生们感到"轻松"了。林玮觉得每天下午自修课的形式最贴心,有了老师的答疑,学习上遇到的问题和困难就不会积压起来,能够及时消化掉。林玮的数学比较薄弱,课堂上即使遇到难点和疑问,也不方便直接提,而在自修课上都可以找老师解答。"有时候,部分同学问的问题是一样的,老师就会把我们召集起来,把大家掌握得不好的地方重点讲解一遍。"一个学期下来,林玮发现自己的数学在进步中,成绩也有了提高。

有了学习的主动性,学习就成了件"幸福"的事。高三(3)班的同学们自发组成了学习小组,每天各门学科每人各自出一道题,第二天利用自修课的时间相互交流解题,学习的氛围在高三(3)班尤其浓厚。

上学期末高三年级一模考分数揭晓,继光高级中学高三年级成绩与上届持平,个别科目成绩名列虹口前列,这让学校领导班子松了口气。这至少能够证明,减少课时的做法不会影响学生的课业成绩,重要的是,继光学子在迎考精神面貌、学习兴趣等诸方面都有了显著的改善。教导主任孙光政的目标是:让同学们真正拥有学习的能力。下一步,学校将着手完善和规范课程方案,使其最大程度地适应学生的需求。

高三课时改革的同时,学校高一、高二年级在"让学生感到幸福、让老师感到幸福"理念引领下,也在尝试教学方法上的改变。

我的课堂我做主。2013 年 6 月 8 日,《青年报》第 3 版刊登了学校高一学生用微电影记录高考场景的报道。来自高一年级的冯蕾、许怡青、鲍海珍三位同学赶在高考第一天在继光考区外用摄像机拍下了高三学生最重要的人生经历——高考。

这项拍摄微电影的作业是由三位学生的拓展课指导教师王昱恺、黄政虹和郭颖华布置的,老师们希望他们拍摄一部关于高中三年生活的微电影。在努力拍摄三周后,他们留下了 20 多个包括"图书馆偶遇、停车棚交流、为琐事发生口角、为梦想而奋斗"等内容的片段,这次又选择了高考这个人生的重要时刻。他们说准备把所有内容进行剪辑,积极参加学校举行的拓展课的展示与评奖活动。

金晓文校长的话很有意义:"学习是一种能力的培养,这种能力应该能向多方面辐射,让我们受用一生。不要让学生被课业负担牵着鼻子走,要把课堂还给学生,因为学生才是课堂的真正主人。"

在化学的天地里书写传奇——记我校培养出的青年特级教师陈寅

26 岁破格晋升为一级教师,30 岁成为高级教师,35 岁获评特级教师,一个个看似"不可能完成的任务",上海市继光高级中学教师陈寅都做到了。

做扎根大地的"土专家"。2009 年年底,上海市虹口区教育局推出首批名师工作室,陈寅作为其中最年轻的导师,主持化学名师工作室。许多高中教师慕名参加,还吸引了不少初中教师。通常每个工作室招收 5 至 6 名学员,陈寅化学名师工作室却破例招收了 8 名学员。

说起成为名师之后的身份定位,陈寅更乐意把自己当成一名“土专家”。一方面,他在化学教学与研究领域有专长;另一方面,这些成果都来自一线的实践,就像从泥土里自然生长出来的那样,有着扎实的根基。作为工作室主持人,陈寅带领学员从特定项目入手,对教材、学生、教学过程进行分析,摸索教学规律,提升教学质量,带动他们成为教学骨干力量。

“如果学生不能掌握某些知识点,那未必是他们头脑愚笨或学习偷懒,实际很可能是老师的教法出了问题。”这种从一线教学中发现问题、总结规律的做法,正是陈寅进行教学研究活动的一贯思路。

教师要兼具不同的视角。2007 年 8 月,陈寅作为全国优秀教师代表受党中央、国务院邀请,到北戴河休假。陈寅感触最深的,是中央对教育的高度重视。他说:“人们常常议论教育中存在这样那样的问题,实际上中央非常清楚,并一直在花力气加以改进。”陈寅从心底感到,中学教育承担着全社会的期望,不仅关乎学生个人的成长和家庭的幸福,而且对国家未来创新人才培养发挥着至关重要的作用。

北戴河归来后,陈寅对未来的目标更加明确,迈出的步子也更坚定了。他在教学实践中发现,学生进入高中以后,学习化学往往觉得很吃力。陈寅与工作室的学员们共同发起对初高中化学教材中的断档状况进行研究,把那些学生应该知道而实际还没有学过的知识点梳理出来,编写了一本包含两周学时的辅导教材,从 2011 年起在 4 所中学高一年级试用。陈寅还率课题组收集反馈意见,对教材加以完善,并推出参考教案,向更多的学校拓展,帮助高中新生实现化学学习的“软着陆”。

关爱学生,更尊重学生。除了在上海市继光高级中学担任科研室主任,陈寅还是上海市第十三届人大代表,上海市中学化学学科教学研究中心组成员,全国“五一”劳动奖章获得者……面对鲜花和掌声,他始终保持着清醒头脑,坚定为人师表的目标,心向学生,在育人的沃土里执着耕耘。

在十几年的教学实践中,陈寅对育人的理解也在不断发生着变化。他希望尽己所能把知识传授给学生,培养他们的兴趣特长,引领那些在化学领域有天分的学生进一步深造，最终学有所成，同时让学生受到做人道理的熏陶。

作为一所百年老校，继光人需要传承并弘扬悠久的办学历史、良好的德育教育基础、稳定的教育质量，追求“育德于无声、育人于无痕”的教育境界；继光人需要借助扎实的科研基础、丰富的教育教学经验，责无旁贷地推进“科研探索、教育改革”；继光也需要依靠富有激情和才华的教师团队，打造属于继光的特色课程。

图5　继光高级中学全景

上海市吴淞中学

我国最早接受、实施国外“道尔顿制”的学校

岁月留痕

上海市吴淞中学，位于宝山区泰和路99号，学校占地66亩，建筑面积46348平方米。高中教学班30个，在校学生1200人，教职工157人。现任校长张哲人，历任校长（负责人）：张邦杰、王敬芳、舒新城、黄鼎、朱复、程宽正、金克浩、郑逸欣、程宽正、王一知、朱凤豪、高志冲、夏咸鼎、陆雷、郑龙喜、徐惠民。

学校地处长江与黄浦江交汇的吴淞口畔。吴淞中学的前身是中国公学中学班，在我国最早接受、实施国外的“道尔顿制”教学模式，学校打破学年制，采用学科制，不限学时，单科结业。又因各科设备不同，一律废除班级教室制而代以学科教室制。

图1 1936年的校门

校史回眸

吴淞中学的前身是中国公学中学班。中国公学，1906年3月4日成立，有两个高等预科班、1个理化班、5个中学班，校址在北四川路横滨桥北，正干事为张邦杰。1909年学校迁入吴淞。1922年5月成立中国公学附设吴淞中学，舒新城为主任。1924年6月开始，江苏省教育会会长兼宝山县教育董事会主席袁希涛、宝山县教育局局长袁俶畲多次主持会商，筹设初中。1924年7月15日，江苏省宝山县立初级中学在宝山城内第一小学西舍成立，黄鼎为校长，10月25日开学。1925年9月，迁到吴淞镇公共体育场西首新校址。1928年9月，以中国公学附设吴淞中学、宝山县立初级中学为基础，成立"上海特别市立吴淞初级中学"。1937年11月，日本侵略者占领上海，学校迁到重庆路，改名为"上海市私立和衷中学"。1942年初，校名更改为"上海市私立五伦中学"。1945年8月，恢复"上海市吴淞中学"原名，迁回原址办学，扩为含有初中、高中的完全中学。1964年，吴淞中学和市内17所重点中学一起被列为教改试点学校。1977年，被定为区重点中学。1998年，初中部独立，校名为"上海市和衷中学"，吴淞中学仅设高中部。2007年7月19日，学校被批准为上海市实验性示范性高中。

学校是上海市花园单位，已经连续十届获得上海市文明单位称号。2004年，成为首批全国科学教育实验基地学校。2008年12月，成为联合国教科文组织中国可持续发展教育（ESD）项目示范学校。2011年8月，参加第26届全国青少年科技创新大赛，获得全国十佳科技教育创新学校荣誉。

办学思想："健全人格，主动发展"。发展策略："以人为本，科研兴校，持续发展，追求卓越"。学校校训："坚苦卓绝"。师德准则："以学生为重，以学校为重，以事业为重"。学校校歌："江海之旁，城镇之乡，黉宇峨峨，多士跄跄，几经变乱，终焉允臧，永矢勿懈，为吾校之光；江海之旁，城镇之乡，东西文化，往来相将，精勤敦笃，舍短取长，镕冶一炉，为学术之光；江海之旁，城镇之乡，报国男儿，千古流芳，碧血犹存，仇耻敢忘，努力奋斗，为民族之光"。

历史撷英

留日学生风潮　创建中国公学

在中国近代教育史上,学校林林总总,数量众多,然而却有这样一所特色鲜明的学校,她诞生在中国留日学生救亡图存的风潮中。

1905年11月,日本政府文部省颁布了《关于招收清国人之公私立学校的规则》,触发在日留学生集体罢课,强烈要求修改规则,删除歧视中国留学生的条款。

1905年12月21日《申报》记载,20日归国人数尚仅231人。而至12月25日,则达2000余人。12月26日成立了留日学生总会,主要为中国同盟会成员,正干事刘棣英;12月31日,拟定自治规则;1906年1月10日,召开了第一次各省代表会议,举定总会职员;1月18日,各省代表第三次全体代表会召开,经决议,定校名为中国公学,并起草了学校章程。至1906年3月4日,中国公学举行开校礼,依靠社会各界捐助,学校至此遂成立,正干事张邦杰租借北四川路横滨桥北首的民房为校址。设普通预科班两个,理化专修班一个,普通中学班五个。中国公学开学时,有学生共260余人,来自13省。学校实施普通话授课,在上海属首创,民办学校此种规模,史无前例。

图2　中国公学的主楼

要塞商埠自主 吴淞中学面世

1907年开始,中国公学决计要有自己的校舍,选址在吴淞,靠近炮台湾,征地百余亩,于1908年向大清银行贷银十万两。1909年迁入。中国公学为何选择在吴淞?吴淞位于黄浦江汇入长江的关口,是守护上海的最后门户。中国公学以留日同盟会成员为骨干,以教育救亡为立校宗旨,当然要选择吴淞。

中国公学初期时设立的是一种民主政治的体制,设有干事、评议部等职。经精简改制后,干事张邦杰、王敬芳和黄兆祥三人分任教务、斋务和庶务干事,协力维持校务,还要到处奔走,募捐集资。王敬芳以其出众的口才极力争取官款之援助。张邦杰为公学筹款,在京度岁,借妥大清银行银十万两。张邦杰于1909年秋天因监工,积劳成疾,病死上海,就葬在中国公学校园内。此后王敬芳接任校长。同盟会的初创人孙中山、黄兴等都担任过学校的董事,宋教仁曾担任学校董事长。国民政府曾计划每年拨给学校三百万元作为办学基金,由于袁世凯控制着民国政府,拨款成了空话,中国公学几乎停顿。王敬芳从河南焦作煤矿中每年拿出两万元赞助中国公学,学校复办。1917年,北洋政府自从段祺瑞上台后,各地分治,军阀混战,使得经费无望,学校停办。梁启超一直关注中国公学,曾担任董事长。1919年学校恢复招生,王敬芳任校长。1921年,张东荪来校任校长。

1921年7月开始,舒新城担任中国公学中学部主任。舒新城,1893年生于湖南溆浦,1917年毕业于湖南高等师范学校,1930年兼任中华书局编辑所所长、总编、图书馆馆长,并创办《新中华》月刊。1937年主编出版《辞海》,著有《中国教育指南》《近代中国留学史》《教育通论》等教育论著近50种,并主编《辞海》(修订本)与《中华百科辞典》《中国教育辞典》。新中国成立后当选为上海市及全国人大代表,政协上海市委员会副主席。1959年夏成立辞海编辑委员会,舒新城任主任委员。舒新城主持中学部后,聘用了大批德才兼备的教师。国文教师有叶圣陶、沈仲九、孙良工、朱自清等,数学教师有陶载良、刘熏宇、周为群等,历史教师有周予同、常乃德,生物教师有陈兼善,图画教师有丰子恺。

1921年上半年,第七届全国教育会联合会在广东召开,公布了教育新学制系统决议草案。根据草案,中国公学要办成大学,中学部必须剥离另办。在 1922 年 5 月份,成立了中国公学附设吴淞中学,由舒新城负责,并在《申报》上刊发了招生广告。后开办了初中 6 个班,没有组建高中教学班,按照初中三年,高中三年的新学制办学。中国公学又在炮台湾购地百数十亩,以便建筑大学部及研究院校舍。准备一俟新校舍落成,现有之大学部商科即行迁入,同时添设文理法政等数科,并创办研究院,聘请海内外著名学者充任教授,以备大学毕业生得进而研究高深之学问。原有之旧校舍则留供学校附属吴淞中学之用。

引进国外文化　“道尔顿制”风靡

1922 年的《中等教育》第二卷第一期中介绍了当时的吴淞中学。

吴淞中学沿袭了中国公学的学校文化:与列强共竞生存,以谋造救时之才;男女同校;普通话教学;课程设置国际化;部分学科采用英文原版教材。必修课有国文、英文、数学、社会常识、科学常识、艺术六科。社会常识包括历史、地理、伦理等,科学常识包括生理卫生、动物、植物、矿物、物理、化学等科;初级中学之第三年加添选科有世界语、心理、伦理、生物、社会、经济、地质、矿物、簿记、世界地理、世界史等科。组建了数理化研究会、美术研究会、维美文艺研究会、自然科学研究会、英文研究会、世界语研究会等学生社团。

由于入校学生的知识基础参差不齐,年龄范围较大,1921 年秋,舒新城应聘主持中学部校务后,在学校进行了一系列改革,学校打破学年制,采用学科制,不限学时,单科结业。又因各科设备不同,一律废除班级教室制而代以学科教室制。从 1922 年 9 月开始在国文、社会常识、数学学科,试行针对每个学生制订各自的学习计划,教师单独指导,接受国外的“道尔顿制”教学模式,这在我国是首次。《申报》1923 年 1 月 19 日刊登的吴淞中学招生广告中提到:各科教授均用“道尔顿制”。

“道尔顿制”是由美国教育家柏克赫斯特女士(1887—1973)于 1920 年创立的一种教学制度,因其创始于美国马萨诸塞州道尔顿中学而得名,又称“道尔顿实验室计划”。道尔顿制废除班级授课制和年级制,特别注重个别教学。它倡导一种自由活动的精神，允许学生在教师的指导下，按照自己的需要决定学习的内容和进度，自由地支配时间，希冀通过协调教与学的矛盾，促使学生的个性和群性和谐自由地发展。因此，道尔顿制刚一出现，就受到美国教育界的关注，并很快被介绍到世界各地，受到许多国家教育界的追捧。

道尔顿制被介绍到中国来，率先在上海登陆。1921 年 8 月，在上海出版的发行量很大的教育刊物《教育杂志》，在第 13 卷第 8 期登载了短讯《道尔顿制案》。不久，也在上海出版的《中华教育界》第 12 卷第 1 期发表了余家菊的文章《道尔顿制之实况》。紧接着，《教育杂志》第 14 卷第 6 期又刊登了鲍德征的文章《道尔顿制实验室计划》。舒新城力排众议，率先在中国公学中学部试验道尔顿制（图 3）。舒新城在《教育杂志》《中华教育界》《教育与人生》《京报》等报纸杂志上，发表了大量介绍和研究道尔顿制的文章，后来还出版了《道尔顿制概观》《道尔顿制研究集》《道尔顿制讨论集》《道尔顿制浅说》《道尔顿制概要》《个别作业与道尔顿制》等多部在当时颇有影响的著作。其中《教育杂志》第 14 卷第 11 期“道尔顿制号”除一二短文外，概系中国公学附设吴淞中学教职员所作。到学校参观者络绎不绝。据不完全统计，从 1922 年至 1925 年，国人撰写有关道尔顿制的文章 150 篇，出版各类著作 17 种。后来也有南京、北京、福建等地的 100 余所学校试行了道尔顿制。

图 3　1922 年实施道尔顿制后学生在自学

我国首本《诗》刊　青年才俊孕育

我国首本《诗》刊在1921年1月创刊,《诗》刊的三位创办者都很年轻,就是在中国公学附设吴淞中学执教的刘延陵、叶圣陶、朱自清。

刘延陵在《诗》刊一卷一号上发表短诗《水手》:"月在天上,/船在海上,/他两只手捧住面孔,/躲在摆舵的黑暗地方。/他怕见月儿眨眼,/海儿掀浪,/引他看水天接处的故乡。/但他却想到了,/石榴花开得鲜明的井旁,/那人儿正架竹子,/晒她的青布衣裳。"这首短诗登出后,立即轰动了国内文学界,并传诵一时。20世纪30年代的中学国文课本里,几乎都选用了这首诗作为课文。

到1923年5月因资金不足停刊,近一年半时间中,《诗》出刊两卷共七期。它是我国现代文学史上第一本诗刊,意义非同一般。"五四"是新诗的开创期,是中国诗体大解放的年代,又是诗体百花齐放的年代。《诗》作为我国新文学史上第一个专门刊载诗歌的刊物,无论对新诗理论的讨论倡导、对外国诗歌及理论的译介,还是对新诗诗体的试验等都做出了贡献。

西学东渐窗口　市立吴淞中学

1928年成立的上海特别市立吴淞中学,在1935年便获得上海市初中毕业会考第一名,难道吴淞有先进的社会基础、浓厚的文化底蕴?

在吴淞,一个地域不大的地方,从1907年开始,有八所高校在此办学,有国立、省立、私立,它们凝聚着共同的意志:教育救亡。

中国公学:创办于1906年,该校后来发展成驰名的综合性大学。蒋翊武从1905年秋至1907年初,在中国公学学习和开展反清革命活动,后成为武昌起义的主倡者和中华民国开国元勋。熊克武,1905年末和1906年在中国公学参与筹建及学习,中华民国成立时被任命为蜀军总司令,1950年被任命为西南军政委员会副主席,曾任全国人大第一届、第二届、第三届常委,民革中央第三届和第四届副主席。胡适,1906年暑期至1909年10月在中国公学读书,后获得哥伦比亚大学哲学博士学位及35个国外荣誉博士学位。1928年4月30日至1930年7月,胡适担任中国公学校长兼文理学院院长,学校迈入在校学生达1300人的鼎盛时期。复旦公学:1905年由著名爱国教育家马相伯、严复、熊季廉等人创办的震旦公学,后因校舍被法国教会霸占,1907年从徐家汇迁到吴淞,借用吴淞提镇行辕为校舍,更名为复旦公学,发展为综合性大学,后在邯郸路建复旦大学。吴淞商船专科学校:是我国最早的一所航海高等学府,创办于1909年,1911年迁于炮台湾地区,现塘后路东侧。1953年3月整建制北迁大连,组建成立大连海运学院,今为大连海事大学。江苏省立水产学校:是在张謇、黄炎培、蔡元培等人鼎力相助下,于1912年发起创立的,又称吴淞水产学校,地境为塘后路西,水产路一带,后更名为上海水产大学、上海海洋大学。现在吴淞仍有水产路。同济医工专门学校:建于1907年,1917年迁到地境为现在的同济路以西、水产路以南的位置,占地150亩,规模宏大,尤以医科闻名全国,1927年更名为国立同济大学,现在吴淞仍有同济路。国立政治大学:创办于1923年,以吴淞商埠局旧址为校舍,原名国立自治学院,闻一多为教导主任,1925年更名为国立政治大学,1927年停办。国立第四中山大学医学院:由公共卫生学家颜福庆于1927年创办,学制七年,是中国历史上唯一的国立医学院,1928年5月改名为国立中央大学医学院,1932年独立为国立上海医学院,后更名为上海医科大学。国立劳动大学:创办于1927年5月,校舍在钢铁纺织工业区旁的吴淞乡泗塘村,1931年停办。

1923年初,中国公学附设吴淞中学,以陈筑山为学长,在《申报》1923年7月4日刊发广告,招高中理科新生40人。1923年9月,在校初中生开始升入高中或职业专业,开始办高中班。1926年7月1日,中学部仅招高中生。1927年1月3日,仅招大学预科生。

《申报》1924年6月2日报道:宝山县教育局局长袁俶畬及董事袁观澜等,认本邑有筹设初中之必要,而吴淞各界以吴淞县立高小尚付缺如,且户口日增,又接连各大学故愿助校地及建筑费若干,助教育局之不及,闻教育局尚在考虑,一时尚难决定云。《申报》1924年7月15日报道:江苏省宝山县立初级中学,本校刻已成立,校址在宝山城内第一高等小学校西舍。10月25日开学,招收初中一年级新生30余名,黄鼎(铸新)为校长。1925年9月,迁到吴淞镇火车站对面公共体育场西首新校址开学。

1928年6月,原归属江苏省的吴淞划归为上海特别市。以中国公学附设吴淞中学、江苏省宝山县立初级中学为基础,成立上海特别市立吴淞中学。1928年9月6日《申报》给予报道。1928年朱复(恢伯)为校长。1929年,程宽正接任校长。1935年3月1日《申报》记载:吴淞中学获上海市初中毕业会考第一名;会试得奖名单中排在前面的是吴淞中学的学生吴博等9人。

在这肥沃土壤中育出的吴淞中学,必定非同凡响。

两遭淞沪抗战　辗转挣扎屹立

抗战时期,吴淞是上海的水路大门,修筑着炮台,驻扎着军队。身处交火的前线,注定了吴淞中学的前程坎坷崎岖。

1932年,吴淞中学在战事中除一所宿舍外其余校产全部被毁,校方借敬业中学上课。是年5月迁回原址,重建教室6间和女生宿舍、图书馆等。体育教师盛桂秋获得1934年全运会女子摔跤第3名。一批名师后来成了高校教授,如复旦大学的朱复,西南联合大学的褚士荃,华东师范大学的应义律,上海师范大学的童中一、吴绍烈等。

1937年8月13日,淞沪抗战爆发。"一·二八"战后重建的吴淞中学校舍再遭全部毁灭,10月借市区重庆路新寰中学校舍上课一学期。1937年11月,市立中学处境困难,吴淞中学改名"上海市私立和衷中学"以资掩护——取困难当前、和衷共济、坚持办学之意。郑通和为董事长,校长仍为程宽正。1938年2月从新寰中学迁到成都北路大华小学开学。1940年,汪伪当局认为程宽正在上海教育界颇有声望,将其列为拉拢对象,派人邀其参加"和平"行列,许以高官厚禄。程宽正不畏威吓,严词拒绝,后冒着生命危险择机逃离,辗转至重庆,并在报刊发表《从祸水中跃登彼岸》,以明"汉贼不两立"的心迹,揭露汪伪政府的丑恶与卑鄙伎俩。此后金克浩代理校长。1941年底,和衷中学停办。1942年初,原和衷中学部分教职员工集议,为不使学生失学,改校名为"上海市私立五伦中学",接管和衷中学全部校产及在校学生，继续开学上课，推郑逸欣、马兆奎、孙睿曾3人主持校政，郑逸欣总其成。

1945年8月，恢复上海市吴淞中学原名，暑期学校迁回吴淞开学。自1940年6月至1946年4月，程宽正担任教育部督学。抗战胜利后，他被任命为上海市教育局督学处处长。1946年秋季，程宽正再回学校继任校长；吴淞中学增设高中部，招收高中一年级新生。经校方努力，吴淞中学校河以南，原属同济大学的地块并入吴淞中学。1949年初，许多同学在上海市学生联合会的组织下，秘密成立人民宣传队，参加护厂护校，迎接上海解放。5月借市区格致中学上课，上海解放后迁回原址。1949年，王一知接任校长，她于1922年8月经刘少奇介绍入党，从1928年起至全国解放，主要做地下工作，1949年参加了第一次全国妇女代表大会。

桃李遍布天下　致力创新教育

1950年9月，朱凤豪接任校长。1964年，吴淞中学和市内17所重点中学一起被列为教改试点学校。“文革”期间，吴淞中学同样经历了动荡。1978年，高志冲接任校长。1977年，吴淞中学被评为区重点中学。1981年，夏咸鼎接任校长。1985年，陆雷接任校长。1995年，学校获评上海市十佳校园。1996年，郑龙喜接任校长兼书记。1998年，吴淞中学高、初中分离，初中部独立，挂牌为“上海市和衷中学”。1998年，徐惠民接任校长兼书记。2007年7月19日，上海市教委批准学校为上海市实验性示范性高中。2012年底，张哲人接任校长兼书记。

吴淞中学以教学质量传誉华东。1935年，学校获上海市初中毕业会考第一名后，黄炎培、傅东华等著名人士均送其子女报考，报名数是录取数的10倍。1955年有8名学生考入北京大学和清华大学。朱凤豪校长以高超的数学才识和突出的学校业绩，获评为上海市特级校长，并于1960年出席全国文教群英会，受到毛泽东主席的接见。学校从1949年至1965年一直为上海市重点中学。在世纪之交的30年中，历年的大学本科升学率更是持续保持在接近100%的水平，2005年有4名学生考入北京大学和清华大学。

学校历来尊重个性发展，倡导创新教育。1922年就成立了9个学生研究会；

1932年至1937年期间,教员马映晖教学生搞木刻,后来他把自己及学生的作品汇编成册,定为《中华木刻集》,此举受到鲁迅的赞助,并为这本木刻集亲笔题签。1946至1949年间,学校有学生课外活动组织近10个,其中以文艺社、国乐组、口琴组比较出色。1978年,学校电子车间生产的电子集成块、发光二极管行销全国。学校园艺组先后成功培育出灵芝、香菇、木耳、天麻、猴头等十多个品种,校制药厂生产的灵芝糖浆饮誉沪上。1979年,学校遥控火箭组制作的遥控三级火箭已能升空2500米,他们进京作汇报表演,邓颖超等首长和专家观看了表演。20世纪以来,学校已举办4次全国青少年竞赛和展示活动:2001年第三届全国青少年建筑模型竞赛;2004年全国青少年奥林匹克建筑模型竞赛;2009年中国可持续发展教育示范学校典型经验现场会;2012年全国中学生桥牌锦标赛。学生的科研创新成绩突出:2002年4月,获国际青少年科学研究者大会特等奖;2004年5月,获第55届英特尔国际科学与工程大奖赛(ISEF)英特尔杰出成就奖等7个奖项;2005年10月,三位学生的名字被美国麻省理工学院林肯实验室用来命名小行星;2005年、2008年、2011年,3次获美国MU Alpha Theta Award数学奖;2008年9月,参加第20届欧盟青年科学家交流活动,获得QUIZ奖;2012年11月,参加美国高中数学建模联赛,获Meritorious奖;参加全国“明天小小科学家”比赛,有11名学生获奖;参加全国英特尔创新大赛,有12名学生获奖。

图4　2004年吴淞中学学生在国际ISEF比赛中获7个奖项

毕业生中出现众多杰出人才。姜士雄，1931 入学，1941 年任中共上海印刷工委书记，1942 年被日寇杀害，葬在龙华烈士陵园。许在廉，1931 届学生，曾担任煤炭工业部副部长、党组副书记。徐沛身，后改名徐智，1938 届学生，曾经担任南京市委第二书记、代市长以及人大常委会主任。陈为松，1948 届学生，少将军衔，曾任中纪委委员、中央军委纪委副书记、总政纪律检查部部长。杨裕生，1949 届学生，中国工程院院士，核试验技术、分析化学专家。王思敬，1953 届学生，中国工程院院士，工程地质、环境地质与岩石力学专家。王威琪，1956 届学生，中国工程院院士，复旦大学首席教授、博士生导师，中国生物医学工程学会理事。张利兴，1959 届学生，少将军衔，曾任中国核试验基地研究所研究员，博士生导师。朱凤蓉，1959 届学生，少将军衔，曾任中国核试验基地研究所研究员，博士生导师。

图 5　学校科学楼

上海市嘉定区普通小学

有着独特文化符号的百年老校

岁月留痕

百年风雨，岁月沧桑。1901 年 4 月，嘉定的一处家塾诞生了一所令人期待的学校，时称“普通学社”。这就是普通小学的前身。其创始人黄世荣（文惠）先生当时创办“普通学社”的初衷，是“要吸收普通人民子弟入学，让他们在平凡的岗位上，做出不平凡的成绩”，遂以“普通”冠为校名，并以育人为己任，提出了校训——“勤诚”。

一百年前，黄世荣先生开创“嘐学先河”，关注“普通子弟”，他的“十分用心”，使得嘉定普通百姓受益匪浅。一百年来，普小人沿袭学校传统，秉承“勤诚”百年校训，并由此创立、践行“智慧育人”的办学理念，形成了“成智慧之师、育智慧之生、办智慧之校”的办学目标，一脉相承。

回顾一百多年的办学历程，我们不难看出普小的创办者以及后继者为“吸收普通人民子弟入学”所倾注的感情与心血，也逐渐领会到“勤诚”校训所蕴含的深刻含义。特别是到了今天，“百年普通”所映射出的办学智慧，仍然在影响着一代又一代普小人，“勤诚”文化得以一以贯之。

一百多年来，学校沿袭普通小学的办学传统，传承“勤诚”校训文化，倡导以“传承勤诚文化、崇尚绿色科技”为特征的“尚教育”办学理念，开展“五尚并举、多元发展”教育实践，用快乐课程（FUN 课程）架构学生在校的全部学习生活，在嘉定百姓心目中享有“普通小学不普通”的美誉。

校史回眸

1901 年,黄文惠先生在嘉定创设“普通学社”,社址设在嘉定镇西门外大街。

1904 年,学校改称“普通学堂”,校址从西门外迁入城内张马弄。

图 1　一九厦(1920 年建)

图 2　二五厦(1926 年建)

1919 年,学校购地六亩余,兴建校舍,扩充办学,成为七年制的完全小学。

抗战期间,校舍被毁,学校停办。

抗战胜利后,1947 年,黄世荣先生次子黄允之的后辈黄曰骧等发起复校活动。

1948 年,新建楼房两幢竣工,前楼取名“胜利楼”(又名“文惠楼”),以纪念抗日战争胜利,后楼取名“蕴初厦”,感谢天厨味精厂总经理吴蕴初对桑梓教育事业的关心与扶助。

1956 年,由县人民政府接收,改为公立,定名“嘉定县普通小学”。

1960 年,学校改称“城厢镇中心小学”。

1969 年,校名改为“工农兵小学”。

1978 年秋,县教育局将学校定为县重点小学。

1980 年,全县撤销重点小学,学校被命名为“嘉定县实验小学”。

1988 年秋,学校恢复原校名——“嘉定县普通小学”。

1990 年 9 月,沙霞路小学划入本校,实行“两校一体化”。

1994 年,学校迁入爱国实业家邵逸夫先生捐资 200 万港币,市、县政府投资 2000 万人民币建成的新校舍。新校舍位于嘉定区塔城路 278 号,占地 21125 平方米,建筑面积10139平方米,设施堪称一流。

2008年8月,原民办汇龙学校划入本校,地址在金沙路458号,占地10003平方米,建筑面积3871平方米。

学校现有44个教学班,1911名学生,121名教职工。

学校先后获得全国教育系统先进集体、全国示范家长学校、全国雏鹰大队、上海市文明单位、上海市文明校园等20多项市级及以上荣誉称号。

在加强国家课程执行力、确保国家课程有效实施的基础上,学校优化基础型课程,细化拓展型课程,精化探究型课程,挖掘校本课程资源,构建凸现办学理念的课程文化,构建"技能—才艺课程""交往—表演课程""运动—游戏课程""文学—艺术课程""学科—拓展课程"五大课程板块,每年开设校本课程70多门、家长微型课程100多门。学校办有研究教育改革的《普通学报》、展示教工风采的《普小人》、反映校园生活的《花儿朵朵》等三种刊物。

历史撷英

校友周礼忠回忆百年名校普通小学

我1931年进普通小学就读,1937年毕业。入学两个月,"九一八"事变,东北沦陷。毕业后一星期,卢沟桥事变,平津失守。又一个月后,"八一三"淞沪战起,全面抗日战争爆发。我是普通小学全面抗日战争爆发前的最后一届毕业生。1937年冬嘉定沦陷,普通小学校址成了日本侵略军的驻地。1945年抗战胜利后,国民党倒行逆施、接收变劫收、通货膨胀、内战爆发、民不聊生。因而我就读的六年,可称之为普通小学前五十年的黄金时代。

普通小学校园很大,我就读时全校六个年级学生总人数仅有200多人。走进用青砖、红砖两种砖块砌成图案立柱的校门,右侧是一花园,园中央矗立普通小学建校三十周年纪念碑,纪念碑南北两面碑文分别用楷书、篆书写成。纪念碑下面的一面大石碑上铭刻有建校缘起、经过、经费赞助人以及校董姓名等。以纪念碑为中心由南向北一条中轴线，依次是旗杆、大草坪、教学南楼、小足球场、篮球场；篮球场东侧是教学北楼。南北教学楼中部有门，门外都有一个大平台，经由五六级台阶上下。大草坪是学生早操和体育课的场地。草坪绿草茵茵，柔软如毡，摸爬打滚，不脏不痛，更是孩子们课余嬉戏玩耍的乐园。

图3　学校足球队

南楼东西两侧是两条用碎石铺筑成的主干道路，道路两侧种植高约一米的冬青树，形成围栏，树下种植丝带草。东道路的左侧由南向北，依次是学生园艺区、图书馆、饭堂、阴雨操场、礼堂。北楼侧门沿篮球场边到礼堂、阴雨操场、饭堂、图书馆，建有阴雨走廊，雨天可不用雨具通往南楼。西道路的右侧也是学生园艺区。南北教学楼都是两层楼，每层五个教室。南楼居中的一间是教员室。左右四个教室供低、中年级用。二楼五个教室包括历史地理、动植矿物、生理卫生、物理化学教室。这些教室里放置有挂图、标本、教具模型、实验仪器设备等。另一个教室当时是美术老师沈逸千先生的画室。北楼二楼东侧两个教室为高年级教室，一间为教员室。西侧两间为教员和寄宿学生宿舍。楼下是学校教具制作工场。当时主要制作由本校凌君平先生创意设计的弹簧珠教学用大算盘。弹簧珠算盘未发明前，用的是夹毛珠算盘，大多是日本货，用久后夹毛脱落，算盘珠就不能有效固定。弹簧珠算盘一出现,商务印书馆很快为凌君平先生申请专利,并负责总经销,成为当时抵制日货运动中的一段佳话。

普通小学的校歌歌词我至今还能背诵。“红色勇敢黄公平,诚实色青青,在此校旗下普通精神放光明:体育使我长强健,德育是精神,知育给我以力量,普通精神放光明,普通精神放光明。”入学后老师教我们唱这首校歌,并说:“校长黄允之先生希望每一个普通学生都要牢记校歌,因为这是求学也是做人的根本。”

那时正是日本帝国主义侵略中国的年代,学校礼堂和教室的墙壁上都贴有大幅中国地图。在红色秋海棠叶似的地图上方,东三省已经涂成了深蓝色,标上“牢记国殇,国土沦亡”八个大字。年复一年,每逢纪念周,时事课老师常常沉痛地告诉我们:日本帝国主义的魔掌已从东北伸向外蒙、内蒙、华北。深蓝色的箭头在大地图上越插越多。小学三四年级还没有地理课,老师们把中国地理的一些内容放在常识课上来教,从三年级开始,每两周一次的课外作业就是画地图,全国的、分省的都画。三四年级使用蜡笔、彩色笔画。五六年级则用水彩笔画了,要求地图上的河流、山脉、公路、铁路、城市集镇、地名都要标记准确、字体端正。老师教我们用方格放大法,把地图本上的地图准确放大。普通小学五年级地理课考试就有一道默画中国分省地图的试题。把热爱祖国,从了解祖国的山河、城市、物产、交通、人文、历史做起,点点滴滴在小朋友的心中深深地扎下了根。

学校在教学上除重视国语、算术等主课外,对美育的培养也很注重。美术老师沈逸千先生 1935 年来校任教前曾在内蒙、河北、山东等地旅行写生多年,来校后一边教学一边创作。暑假里,沈老师把每个教室的一面墙壁,以大海、丛山、森林、草原为题材画成大幅油画,让孩子们见识这些在嘉定看不到的景色。教课闲暇,沈老师画了许多国画,在嘉定民众教育馆展出。他带我们去布置展场,我记得有一幅草原牧马图,马群在草原放牧,千姿百态。画上题字是“塞上产好马,不让倭人骑”。

自然、生理卫生、历史、地理等课程教课中利用挂图、实物标本、模型,形象直观,效果很好。结合课程,老师和学生一起制作了青蛙内脏剥制标本、草鱼骨骼剖制标本。我至今还清晰记得,中高年级每班都有一块园艺区,每个园艺区都有气象仪器和百叶箱,每三小时定时记录一次暗阴、雨量、风向、温度、湿度数据,培养学生动手能力和坚持长期观测、记录的工作习惯等等。劳作课上嘉定著名的竹刻、黄草编、小木工、黏土雕塑等,五六年级时男孩子们都学做过。女孩子们则另外有女老师教她们刺绣、抽纱、编织、绢花等。不少劳作课作业还做得相当精致,学校专门陈列展览。

1935年,锡沪公路通车,为纪念嘉定抗清民族英雄侯峒曾、黄淳耀命名的侯黄桥落成。不久,嘉丰纱厂建成。这是当年嘉定规模最大、设备最新的工厂,老师们领我们去参观,让我们见到了大机器生产,从原料棉花、开包、梳理、纺纱、织布、印染、打包、发运的全过程。老师们也带我们参观胡厥文先生办的合作五金厂。东门外的嘉定县农业试验场,老师也带我们去参观过。试验饲养意大利的有名品种“来克航”白鸡、白毛外国种猪(当时江南一带的土猪都是黑毛)。一人高的水蜜桃树上每个桃子都用纸袋套起。试验场陈列室里有许多棉花纤维标本,老师说,嘉定是棉七稻三的县,改良棉花品种非常重要。洁净的鸡舍猪舍,比通常人的住所还要干净,印象深刻。

学校教书育人,目的是服务社会。普通小学每星期六下午安排社会服务活动课。老师们把全校当作小社会,把为社会服务作为教学功能的各个环节一一列出,排列成表,注明应办事项,非常具体。中高年级学生各五人,共十人组成一组,在老师指导下活动。如:编绘学生园地,每周一期,要求图文并茂;布置礼堂,每个纪念周总有一个新的题目;整理图书馆,为新书编目登记,修整破烂的旧书;整理各专业教室,清洁卫生,制标本,编写说明标签等;为低年级整修园艺区;中高年级园艺区,气象仪器、百叶箱清洁维护;纪念碑园地周围的整修和清洁……诸如此类拟订有二十来个项目。我至今还记得,看守校门的老大爷带着我们,给校门大铁门吱吱作响的铁链加油,以及把锈迹斑斑的校门油漆一新,在孩子们眼中是完成了一件可观的成就,心里说不出有多么愉快和欢乐。

普通小学和许多可尊敬的老师们:凌君平、陈熏三、王君燮、陆秀冬、沈逸千等都是我童年时代最好的老师,终生难忘。

普通小学曾创制弹簧大算盘

在“文革”之前，珠算是小学四年级以上单独设置的一门学科，每周两课时。

文具商店出售供课堂教学用的绝大多数是毛算盘，每档用细长竹条傍以两根铅丝相绞，并均匀密布地夹着长约2厘米的硬猪毛，铅丝上下两端与竹条紧紧扎住。这种毛算盘经不起在教学时算珠反复上下拨动，不仅猪毛容易脱落，铅丝两端也容易与竹条分离，很不耐用，而且很难修复。

水康华回忆，自己于1934年夏中师毕业后，应聘赴南京私立新民小学任教，担任三年级级任兼教五年级珠算。该校所备供教学珠算用的大算盘是弹簧算盘，质量极好。校长潘平之，乃潘指行先生的胞弟，对家乡的教育情况非常熟悉。据他介绍，弹簧算盘系普通小学生产。当时普通小学劳作科教师为凌君平先生，他鉴于市场上供应的毛算盘不耐用，潜心钻研，一再实验，最后决定在每颗算珠内装上一个小弹簧，将算珠与档木顶住。这样，每颗算珠都必须选用优质的木料。为了尽量减少在算珠上下拨动时弹簧与档木间的磨损，于是选用横断面为正方形的刨光红木为档。同时，四周的框架和隔开上珠与下珠所用条横梁的木料，也相应地选用优质木料。这样一来，制作一个弹簧大算盘所需的人工和材料成本比毛算盘就大大增加。由于弹簧算盘的质量极好，上海商务印书馆愿意在文具部经销，经反复核算后，每个定价为10元，折合当时的上等大米200多斤。

1937年，在日本侵略者的铁蹄下，普通小学的校舍、设备损失极重，不得已停办了好多年，弹簧算盘当然也停止生产了。

随着形势的发展和为减轻小学生的学习负担，珠算不再单独设科，而且学习内容大大减少，现在只在四五年级中编了一个单元的内容。况且便于携带的计算器正逐渐替代着算盘的作用，因此，普通小学创制的弹簧算盘没有必要恢复生产了，但这段史实，仍值得记载，留存备查。更重要的是普通小学和凌君平先生这种锐意改革、自制教具的精神，在提倡教学手段现代化的今天还是值得发扬的。

勤诚：一所百年老校的文化情怀

找寻学校文化之“根”——诠释“勤诚”校训，领悟百年普小的深刻内涵。当你信步走进普小校园，穿过"百年普通"林荫大道，印刻在"勤诚楼"上的"勤诚"两字便迎面而来，使人不由得产生"景仰"之情。"勤诚"，一百年前就有了明确的释义：随时随地十分用心，衣服器用在在清洁，为己为人处处出力；发言答语均无虚伪，研究学术精益求精，有过则改均不讳饰。面对着校训，读一遍，很普通；读两遍，很不同；再诵读一次，则终身受用。

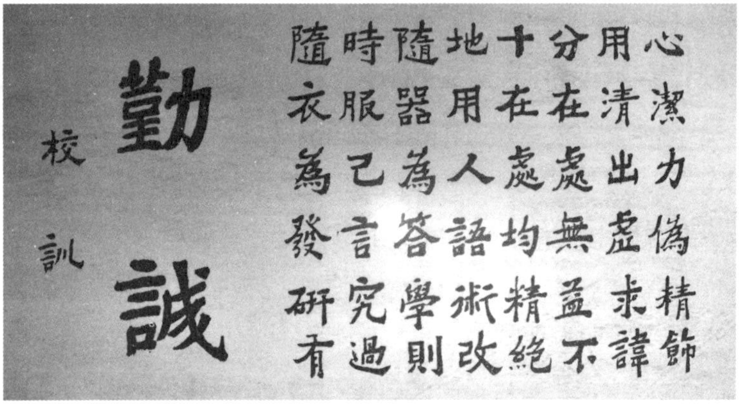

图 4 "勤诚"校训

出于对"勤诚"校训的兴趣，让我们把视线转向 1926 年的"嘉定私立普通学校"25 周年庆，当时的"本校教育方针"就已经指明：一、拿个人作单位；二、适合现在的环境；三、预备将来的应用。这便是最好的印证与诠释。

今天，普小人将"勤诚"刻在了校园最醒目的地方，表明了自己对教育的实实在在的理解与行动。每天，迎着朝阳，校训给普小孩子们的启迪是无声而有力的；每周，升旗仪式，在"勤诚"校训的映衬下，国旗、校旗先后冉冉升起，校训给莘莘学子的感召是生动而具象的；每月，活动总结，"勤诚"校训则深藏在师生们的心底，引领着普小人一齐走向新的站点。其实，"勤诚"校训是刻在了所有普小人的心里。

挖掘学校文化之"魂"——演绎"勤诚"校训，传承百年育人文化。经过百年洗礼，"勤诚"校训对普小的影响深刻且深远，至今仍散发着无穷的魅力。学校积极挖掘"百年普通"的传统内涵，逐步形成了以"勤诚"为核心的学校文化价值取向。

以"智慧育人"为标志，构筑"勤诚"之"境"。普小人所崇尚的"智慧育人"，是

“勤诚”校训在新的历史时期下的一种新发展，也是普小办学到今天的一种必然，她真实地体现了“勤诚”校训的“十分用心”与“精益求精”。综观校园全貌，其一草一木、一山一水、一楼一房、一墙一廊，无不折射出“智慧育人”与“勤诚”校训的一脉相承与交相辉映。

“百年普通”绿荫走廊，是学生走向智慧的星光大道；象征“智慧育人”理念的“汇智楼”“运智楼”与“求智楼”，形成了象征智慧运作的系列；由校标图案构成的“五彩广场”以及露天游泳池旁的“主题栏杆”，一起体现了“五育并举”的思想；参天古银杏、古朴古钟，见证了“百年普通”的不平凡历程；静谧优雅的荷花池，洗涤着师生的心灵。还有“论语”文化墙、“知识海洋”雕塑、奥运冠军墙、诺贝尔得主长廊等，每个楼层、角角落落、细节之处，一切皆与“勤诚”息息相关。

以“教师誓词”为抓手，打造“勤诚”之“师”。2006 年 9 月，普小教师们围绕“勤诚”校训，根据自己对教师职业的理解，从初撰教师誓词到反复研讨修正，最终形成了普通小学的“教师誓词”：我选择了教师职业，就决心把自己最真、最善、最美的一面献给教育事业！用亲切、微笑的形象去面对学生，用柔和、真诚的语言去引导学生，用期待、发展的眼光去赏识学生，用务实、进取的行为去感染学生，用博大、无私的胸怀去关爱学生，做一名快乐的学习者、勤诚的工作者、智慧的教育者。“教师誓词”是对“勤诚”校训的一种现实的演绎。这种演绎，反映了每位普小教师的心路历程，也凝练了普小教师对教育的“真”理解。

“勤诚”校训中有这样一条——“研究学术精益求精”，这是教育先辈对普小教师的学术要求和准则。“研究学术”需要博览群书，“精益求精”更需要阅读提升。因此，每年寒暑假，学校会按照教师的专业特点推荐优秀书目，为教师购买优秀图书充实“阅读书吧”，开展“我最喜爱的一本书”征文等，通过评选“十佳书香教师”，积极营造一种“书香”氛围，使“勤诚”校训字字句句融入教师心中。

沿承学校文化之“粹”——践行“勤诚”校训，凸显百年文化精华。浏览“百年普通”大事记，我们会惊喜地发现，一百年前的“普通学社”，就已倡导智育、体育、美育与科技的“四育平均进”方针，并开设了 13 门课程（包括英文课），以培养可工可商的人才。当时的教育,就已经有了“给学生平等的教育,满足每个学生的需求,促进其个性发展”的意图,以更好地培育“勤诚”的品质。

正是基于以上的办学传统,直至今日,普小人一直在坚守“智慧育人”理念下的“五育并举”,致力于构建“智慧课程文化”。

早在1999年,学校就提出普通小学学生必须“五个会”的课程目标:会一口流利的英语、会一种乐器、会打乒乓、会游泳、会电脑,开设“校园实践活动”课程,且列入课表,受到家长、社会的广泛赞誉。

现在,学校编制了《构建智慧课程,引领学生走进智慧大课堂》课程方案,初步形成了两个维度、三个层次的课程结构,即“我会才艺,我快乐”“我会运动,我健康”“我会动手,我创造”“我会学习,我智慧”“我会探究,我成长”等五大课程板块、60多门校本课程,实现了课程的校本化、系列化、多元化和品牌化发展。2011年9月起,每周三下午开展的“智学慧动,秀我精彩”快乐半日活动,继续为学生提供系统的、多样的课程,促进学生的智慧学习与智慧活动。

如学校建立“网上选课系统”,让全校学生通过网络自主选择喜欢的课程,实现“全员选课”。又如,每个年级的校本课程,以走班授课的形式开展,既满足学生的主观意愿,又促进各年级、各班级师生间的交流互动,实现“人人走班”。

第三,挖掘校本课程资源,开发“探究活动基地”,开展“值勤中队一周社会实践活动”,开设“家长微型课程”,让每个学生享受到优质区域文化的熏陶。

另外,学校积极倡导“多一把尺子,多一批人才;多一项活动,多一个舞台;多一门课程,多一个平台”的评价理念,实施校本课程的多元评价,如采用学分评价制——《智慧课程学分卡》,摘星评价制——《智慧摘星卡》,做到课课有评价、天天有小结、周周有反馈、月月有评选、年年有表彰。

同时,学校设计了丰富多彩的校园主题节,如三月精彩语文节,传承经典;四月创意科技节,启迪心智;五月缤纷艺术节,陶冶情操;十月阳光体育节,强身健体;十一月智趣数学节,开拓思维;十二月趣味英语节,走向世界。通过校园主题节活动,让所有学生的个性都得到张扬,每一个学生都能全面和谐地发展,每年的“普小百名小能人”也应运而生。这就是“勤诚”文化精粹之所在。

学校文化，是深烙在师生内心深处的东西。它像血脉一样，构成了人之存在的灵、校之存在的魂。它总是以某种方式，留存于曾经在普小学习、生活过的每一个人的情感深处，可能是学校花园里的那棵古银杏，可能是静卧在陈列室一角的百年古钟，也可能是教学楼上那古朴的“勤诚”校训，以及曾经收藏的一枚枚“智慧”奖章……

普通小学，一所有着独特的文化符号的百年老校，在“教化嘉定”的土地上诞生，并在这里生生不息。

上海市浦东中学

底蕴深厚的上海首所现代完中

岁月留痕

清光绪年间，上海滩一代营造业宗师杨斯盛先生，感于国家危难和幼年失学之苦，毅然毁家兴学，教育救国，独自捐银三十余万两（家产十分之九），1904 年创办广明小学，1906 年创办广明师范讲习所；1907 年于浦东六里桥创办私立上海浦东中学、附属高等小学、附属第一初等小学，又于蔡路镇和合庆镇创办第二附属小学和第三附属小学；延聘清末举人黄炎培为首任校长，于 1907 年 3 月 8 日（清光绪三十三年正月二十四）正式开学，同年 3 月 21 日（二月初八），杨斯盛先生颁布“勤朴”校训。因中学发展迅速，校董会后将附属高等小学迁至沪南多稼路，更名为斯盛小学，后创建斯盛中学；此外，开办了浦东中学夜校，免费福泽乡里。

图 1　浦东中学校全景（摘自 1908 年浦东中学校杂志）

杨斯盛先生毁家兴学、广施公益的义举，为当时政要名流所称道，胡适撰文称颂其为“中华第一伟人”。1937 年 8 月 13 日，浦东中学惨遭日机炸毁。同年 10 月迁址浦西杜美路（现东湖路）复学。1951 年 7 月，迁回原址浦东六里桥复校。1955 年私立曙光中学并入浦东中学，由私立改为公立。2005年8月新南中学并入浦东中学。

秉持“重理不轻文”的办学方略，学校充分借鉴欧、美、日等发达国家的课程体系，设置中西合璧的课程，为上海滩最早的现代意义上的完全中学之一。

校史回眸

民国时期历任校长中有数学家秦景阳、顾珊臣，心理学家沈苇斋，教育家朱叔源、姜伯韩、李湘勖等饱学之士，薪火相传，秉承杨斯盛遗嘱，勤勉办学。曾因设施先进（理科实验设施与西方接轨）、师资精萃（大多是具有国学功力，留学归国的师长）、教学灵验（力施“因材施教”“不拘一格”的育人方略）、课程多元（根据学生需求，相继设立升学班、普通班、职业班和特别班）、校风淳正（以“勤朴”校训、“克己互助”校箴等为立身树德之基）而闻名遐迩，在20世纪二三十年代享有“北南开，南浦东”之盛誉。

浦东中学是我国唯一培养过国共两党领导人的中学，在诸多领域都有大师级校友，殷夫、胡也频等一批先烈也先后就读浦东中学。著名教育家吕型伟称其为“中国近代教育的一座宝库”。

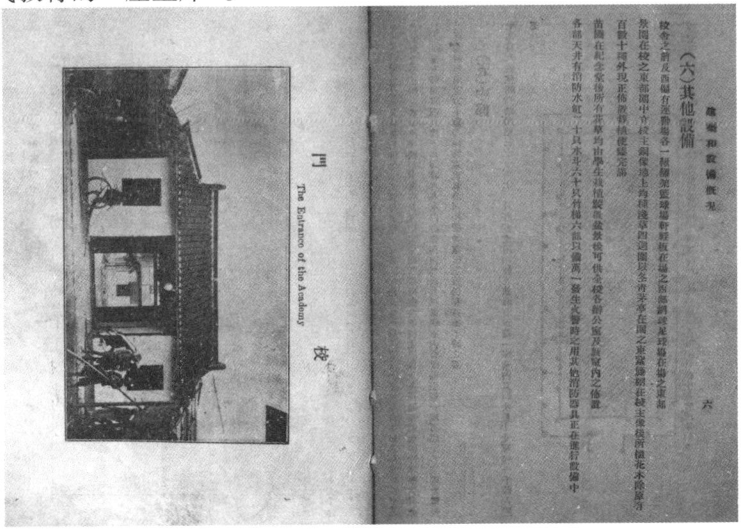

图2　1926年建校二十周年纪念刊（校门）

历史撷英

黄炎培(著名教育家、民主人士,曾任全国人大常委会副委员长、政务院副总理):我别无纪念,写一篇《杨斯盛先生言行记》

杨斯盛先生早在请我们办学,一九〇四年,招我和伯初就宅创办一广明小学。一九〇五年,杨先生更兴奋,提出大计划,在浦东六里桥,大兴浦东小学,而办一中学作为中心。那时老师很感难请,同时就宅办一年毕业的广明师范讲习所。

一九〇七年浦东中学开办了。就浦东六里桥购地四十亩,特建校舍,嘱我设计草图,由校主杨先生以专家资格亲自督工,中间大礼堂容千人以上座位,东西各建匡字形的两层楼,楼上下各容十几个教室,两个匡字形向大礼堂对抱着。一边是小学,容量较小,一边是中学,容量很大。后边是两座饭堂。再后是两座雨中操场。礼堂前是很大的运动场,设置了各种运动器械。校舍以北是杨先生的别墅,花木满庭,下临白莲泾,清幽绝俗。我和伯初是直接接受杨先生委托的,各科教师,由我严格选聘,校医中有西医还有中医。大家感于杨先生热诚兴学,被聘的个个尽自己最大的努力。每周定期,我和伯初,广明师范毕业生孙肖康、王则行各肩小黑板,分向附近各村落,召集男女老幼,从识字讲到国家情况,国民责任,教得六里桥一带人都兴奋起来。

杨先生得暇即来校,和师生谈笑为乐。开学那天,杨先生亲向全体学生提出修养三点:“勤”“朴”“诚”。把一个新兴的中学,办得如火如荼,各地考察教育的,争来参观。一天,江苏提学使毛庆藩来了,巡视全校,详细视察,满意而去。

一九〇八年,杨先生病中语我:“我早知我校基金不够,还想天假余年,学校还应大扩充。我死,你将向哪里募款呢?现在我勉力凑捐基金十二万两。只望我死后,支撑这校的稍减艰苦。黄先生!你就和各位董事勉力罢!”第二天杨先生长逝。弥留时自言自语:“学校里黑板还要改良。”

浦东中小学教室用黑板,和一般学校一样,都是黑漆木板加框。教师用粉笔在黑板上写字,学生不很看得清楚。杨先生提出新法,用玻璃板经过用力地磨,使得不会耀光，学生看板上教师所写的字清楚得多。浦东中小学教室气象一新，为他校所没有。

杨先生留给遗属，仅得维持生活。在学校落成以后，官府不止一次要求写报告，上详请奖，杨先生始终不同意。杨先生真是毁家兴学，一切为了教育，为了学生，而一丝一毫不是为了个人立名。我别无纪念，写一篇《杨斯盛先生言行记》，送报馆和有关各县修志局，以全校公意在校旁建立一座杨斯盛先生铜像。

张闻天（20 世纪 10 年代校友，曾担任中共中央总书记）：去做“人生的解释者，人生意义的找求者”

1914 年，张闻天以优异成绩考入上海私立浦东中学。使张闻天感到高兴的是学校内有一个很大的图书馆，里面有很多的藏书和报纸。除上课外，只要一有空，张闻天就泡在图书馆里。他仔细阅读了由中国同盟会创办的《民报》，了解了辛亥革命的全过程，对孙中山产生了深深的敬意。他的兴趣十分广泛，文学、历史和人物传记，古今中外各方面的书籍他都爱看。

学习期间，张闻天时常腋下夹着厚厚的一本书，他戴上了眼镜，很快成了全校出名的“书迷”。然而，他更关心国家大事，立志报国。不知有多少个月白风清之夜，在学校图书馆闭门之后，张闻天常常和几个同学一起，走出校门，漫步来到黄浦江边，他们迎着徐徐的晚风，眼望着停泊在江中的一艘艘挂着“米字旗”“星条旗”“太阳旗”的外轮，怒骂清政府的无能，谴责袁世凯以卑鄙手段窃夺革命成果。他们又以美好的想象讨论着中国应该如何摆脱贫困、落后和苦难，憧憬着祖国的未来。

在浦东中学，张闻天先后历时三年。随着年龄和知识的与日俱增，他坚定地选择了自己投身革命的志向，去做“人生的解释者，人生意义的找求者”。

钱昌照（20 世纪 10 年代校友，著名经济学家，全国政协副主席）：中学的环境、风气、训练对于一个人德智体的全面发展，有决定性影响

1912 年暑假后，我与钱昌祚等十三位堂兄弟考入浦东中学。校长朱叔源是同盟会会员,留日归来,很有革命精神,坚决反对北洋军阀。他对我很好,介绍我认识黄炎培、沈恩孚、朱少屏、吴稚晖、钮永建等,我得到他们的帮助不少。

印象最深的是,朱校长鼓励学生参加田径赛。他常对学生说:要革命,要报国,首先要把身体锻炼好。由于他的教导和鼓励,我对各项运动都发生兴趣,积极参加。1917 年在扬州开江苏省运动会,浦东中学得到学校冠军,我得个人第一。

朱校长为人和蔼可亲,我常到他家里去请教,这对我的思想极有帮助。他把国家的未来希望寄托在孙中山先生身上,常给我们讲一些孙先生领导革命的故事。那时我对革命的印象是模糊的,但对孙先生的学问与革命事业已有认识。

浦东中学的伙食费每月是 3 元,比南洋中学、澄衷中学都差。学生穿着比较朴素,冬天棉衣外罩蓝布大褂,夏天白布衬衫短裤。

直到现在,我依然感觉到,中学的环境、风气、训练对于一个人德智体的发展,有决定性的影响。

罗尔纲(20 世纪 20 年代校友,著名史学家):学校多年来养成"勤朴"这种好风气

一九二四年初冬,我从家乡广西贵县到了上海。那时我读旧学制只读了三年多,还差一个多学期没有毕业,我写信给在浦东中学读书的贵县中学陈培仁。一见面,他说浦东中学高中设有一个特别科,如去补习,就可以考大学。第二年春天开学时,陈培仁给我办好入学手续,接我入校。

在浦东中学学习英文,用的是《林肯传》原本,老师并不是逐字逐句讲解,而是同教国文的老师一样读下去,边读边讲文章的含义和修辞,一章书只教两三个小时。这就必须先查明字义和文法,否则上课就会茫然,下课后必须复习,然后才能领会老师的讲述。因此上一小时英语,必须预习、复习四个小时。我每天只有咬紧牙根去赶,每夜十时熄灯后,就点蜡烛赶到午夜十二时才睡。特别科住的是北楼,都是广东、广西、四川等内地、边区的学生,整座宿舍,白天鸦雀无声地学习,深夜在烛光下苦读。学校高中班、初中班熄灯后是不准点蜡烛夜读的,特别科学生的特殊情况除外。

浦东中学选择六里桥为校址，地处农村，以“勤朴”为校训，同学们勤奋好学，朴实无华，就是星期天也同样用功，除了买书籍衣物外，是不去上海市区的。学校多年来养成了这一种好风气，这不但在当时十里洋场是十分独特的，就是在我以前学校说来也是少有的。我们只有每天午饭后的沿村散步，享受江南农村无边美好的春色，算是一天苦读的调节。

浦东中学给我的教育，影响最大的是英语老师在讲述《林肯传》时，说林肯的父亲是当时开荒的先驱者中很有本事的人，别人都过很好的生活，只有他因为有了一个放下事来的坏习惯，弄得一事无成，家庭挨饥受寒，潦倒终生，所以放下事的人是永不会成功的。这一个故事，这一句格言深刻地教育了我，使我时刻记着，今天要做事，就是不吃饭不睡觉也必定做完，断不留到明天；预定要做的事情，不管多大的困难，一定要把它完成，除死方休。生平没有一件过期还未完成的工作，没有一件说过不做的工作，都与当年老师教《林肯传》时给我的教育有关。

王淦昌（20 世纪 20 年代校友，“两弹一星”元勋）：浦东中学是哺育我的地方，对之有深厚的感情

1920 年秋，王淦昌跟随在浦东中学任教的远房表兄崔雁冰来到浦东中学，校主杨斯盛这种无私奉献的精神，深深地影响着这些年轻人一生的思想和行为。

学校师资力量很雄厚，在教学上因材施教，处处为学生着想，为社会着想，如除普通中学外，还开设职业班，根据社会需要设置课程；升学班和特别班则可以根据个人情况选修功课，因此浦东中学的毕业生升学率很高，有的班级甚至百分之百地考取了各著名大学，如交通大学、同济大学、清华大学等。革命家闻一多，科学家钱昌照，教育家王艮仲、董纯才、夏坚白，史学家罗尔纲、范文澜，会计学家潘序伦，文学家胡也频、殷夫，还有蒋经国、蒋纬国等都曾是浦东中学的学生。也有不少学生毕业后参加了革命，有的为革命献出了年轻的生命。在培养人才方面，浦东中学是很有声誉的，当时有“北南开，南浦东”之美称。

学校重视体育，历次参加全省中学生运动会都名列魁首。虽然王淦昌身体一直瘦弱，但在学校重视体育的环境中也得到了锻炼，身体逐渐强健起来。这归功于浦东中学体育之风所打下的良好基础。

周培（号瀚澜）先生的数学课最使王淦昌入神。周培曾在国外教学，他致力于振兴中华民族的科学文化事业，他吸收了国外先进教学方法，讲课灵活而不面面俱到，他因材施教，鼓励自学，提供学生多做练习的机会。在他的倡导下，浦东中学历届都有数学自学小组。王淦昌所在班八个爱好数学的同学也自动形成了一个数学自学小组。周培经常出些课本外的数学题给他们做，有一次他出了道几何题，王淦昌经过好几天的冥思苦想终于想出来了，特别高兴，立即去找老师说出解这道题的方法，老师赞赏地拍着他的肩膀说："凡事只要有锲而不舍的精神，再大的难题都能解决。"王淦昌回忆说："这句话在我的脑子里打下了深深的印记，几十年来都未曾忘记，遇到困难时想起老师这句话，我就迸发出新的力量去战胜它。"

王淦昌在浦东中学求学的四年（1920—1924），概括起来就是一个"苦"字，学习刻苦，生活困苦。这个"苦"字，很有效地把年轻的王淦昌锻炼得在生活上精打细算，严于律己；在思想上吃苦耐劳，艰苦奋斗；在待人上同情心强，乐于助人；在性格上坦率开朗，纯正质朴。这些特点在王淦昌成年后表现得更为突出。

他饱含深情地说："浦东中学是哺育我的地方，对之有深厚的感情。虽时隔六十多年，童年受教育的情况，仍历历在目，几位老师如周培（翰澜）、沈履、崔雁冰、顾宝珊……对同学们谆谆教诲的印象，似乎仍在我的脑海里徘徊。因此我觉得中学时代在人生是一个十分重要的时代。中学老师若能引导学生使他们德、智、体三方面都得到发展，实属最为有效。我深切希望母校老师们，能使学生们受到最好的教育，在全国中学中，成为典范，则幸甚。"

蒋经国（20世纪20年代校友，原国民党主席）：他如饥似渴学着、看着……

1923年秋，蒋介石委托戴季陶找到浦东中学校长朱叔源，把蒋经国和蒋纬国送至浦东中学求学。学校图书馆里报纸杂志应有尽有，他如饥似渴地学着、看着，觉得大脑一天天充实起来。蒋经国受进步思想的影响,多次参加学生运动。1925年,上海发生"五卅惨案",帝国主义者向示威学生开枪,浦东中学全校师生一起参加了示威游行。每逢示威游行,或者进行抵制洋货运动,蒋经国都被推为领队。

王翰(20世纪20年代校友,原监察部常务副部长兼党组副书记):在刻苦学习的同时,他们仍然关心时事政治,忧国忧民

1925年秋,王翰转学至浦东中学读初中,食宿在校。次年以优异成绩升入高中。

高中课程很多,学习很紧张。清晨破晓,王翰经常和许秀岑、万迪鹤等同学凑在一起读国文,念英文。课堂上他全神贯注地听老师讲课,课后他大部分时间泡在图书馆里。唯有晚饭后,当穿着一身老蓝布褂裤、圆口布鞋沿村散步时,他才感到有点轻松。熄灯后,王翰还经常借着如豆的烛光,悄无声息地看书,有时竟看到如痴如醉的地步,许多同学都为之感动。一个冬夜,许秀岑在他宿舍里过宿,看到他学习一夜未睡,便写了一首小诗赠送给他:"冷兮兮,夜读莫忘体。冬夜寒袭多添衣,劝君多注意,催弟莫眠迟。"从一个侧面反映了同窗挚友的深厚情谊,同时也真实记录了他废寝忘食汲取知识的情景。

在坚持刻苦学习的同时,他仍然比较关心时事政治、忧国忧民。

王艮仲(20世纪20年代校友,教育家、全国政协原常委):勤、朴、诚三字校训,我将终身奉为守则

我深切怀念着母校浦东中学,因为我在那里受到的教育影响着我一生。首先,进入母校适值"五四运动"兴起,我在母校同学帮助下第一次参加了反帝反封建的斗争,并从某些同学手里第一次阅读到苏联共产党(布尔什维克)的书刊,我在政治上受到启蒙教育。第二,在我踏入母校的第一天,即在校园里看到,巍巍耸立着母校创建人杨斯盛先生的铜像。杨斯盛毁家兴学的精神影响着我一生立身处世之道。第三,母校礼堂里高悬着勤、朴、诚三字校训,至今在我脑门里闪闪发光,我将终生奉为守则。

董纯才（20世纪20年代校友，教育家、原教育部党组书记兼副部长、中国教育学会会长）：她在“五四运动”前后是很负盛名的

浦东中学是我的母校，她在“五四运动”前后是很负盛名的，教学水平很高。“浦东”曾经受了“五四运动”的洗礼，具有反帝反封建精神。我就是1920年慕名到“浦东”求学的，作为一个老校友，我很可惜她一度曾被日寇所毁，幸庆上海解放后她又得到新生。

周明镇（20世纪30年代校友，中国科学院院士，我国古哺乳动物学奠基人）：校风好，学生思想活泼，选课很多，学生各方面全面发展

我对浦东中学了解得较多，也有一些特别的关系和感情，因为：一、浦东中学是我的母校，而且是我觉得我上过的三个中学中“最好的”，或是我最喜欢的一个。二、我是南汇浦东人，浦东中学曾是故乡的“代表中学”。三、我的父亲周培（字翰澜）曾是浦东中学数学、物理教师，还担任过教务长。

我在浦东中学当学生的时间很短，但感情较深……教师、设备、学校环境好，德、智、体平均发展，重理科而不轻视文科，各种学科（包括音、体、美）都重视。校风好，学生思想活泼，很自由。选课很多，学生各方面全面发展……

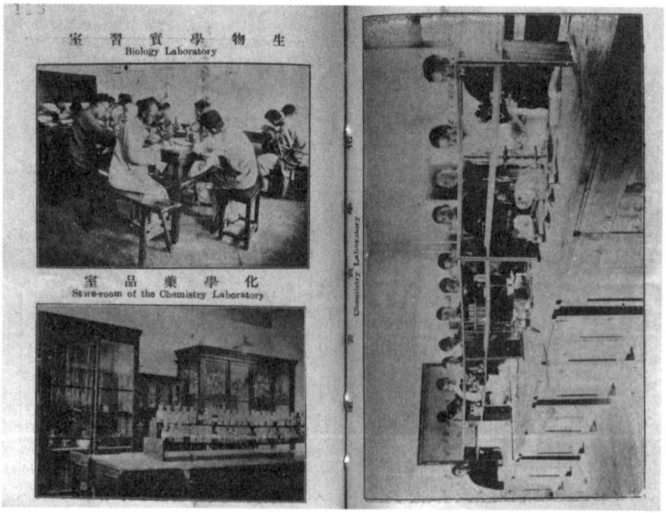

图3　1926年建校二十周年纪念刊（生物实验室、化学实验室）

梁泽森(20世纪20年代校友,曾任南宁市政协委员):余仰慕浦校之名,并景仰杨公斯盛之为人

余仰慕浦校之名,并景仰杨公斯盛之为人。“五卅惨案”期间,浦校表现不错,能随同全国人民投入反帝斗争,更让余钦佩。

当国民革命军北伐,将到达上海的前夕,余与徐白(即殷夫)等到镇上及各工厂张贴标语,欢迎北伐军。北伐军到达上海后,又组织庞大的学生队伍,每人背一个竹筒,手执红绿色三角旗标语到黄浦滩、南京路、四川路一带去向往来行人劝捐慰劳北伐军。在黄浦滩的劝捐中,忽然被巡捕强行带走,余与磨金铭同学遭巡捕房关押。后得徐白等同学到先施公司三楼向学生总会报告,请求向巡捕房交涉,寻求援助,始得释放。

黄志尚(王士良)(20世纪30年代校友,北京军事医学科学研究院研究员):浦中在国内外有很高的声誉

在校时,学习黄炎培所著《杨斯盛传》,了解到杨校主力排干扰兴办浦东中学之不易。同学们景仰杨校主,常去墓前徘徊,墓上“静听书声”四字使后人深切感到老一代人振兴中学期待之深。浦中以其优良学风及水平成为当时上海四个著名中学之一,在国内外有很高声誉,华侨、四川、广东等青年来学习的比当地人多。

我于上海十九路军抗日战争后进入浦中,同学中爱国爱民奋发有为的情绪很高涨,思想十分活跃。可能受上海地下党以及进步力量的影响,对国民党上海市教育局潘公展的控制企图一直有抵制,学潮屡起,进步同学做了很多工作,如经常组织同学到上海工厂参观,引导同学接触并了解工人。过“五一”节时,我曾看到有贴出的江西苏区的报道及其领导人十分清晰的照片。有一次在大礼堂群众性集会上,一位袁老师明确指出“闭门读书,不能救国”的话语,给我十分深刻的启迪。同室有一位同学晚上不盖被,我问他为什么,他说:“锻炼身体,准备去艰苦的地方。”

93

圖書館書庫
Store-room of the School Library

圖書館閱覽室
Reading-room of the School Library

圖書館概況 二〇

三 如應借之圖書而本館尚未備者均可介紹
四 欲介紹圖書者須詳細填明本館介紹卡投入介紹箱如用雜紙或填式不明者一概無效
五 介紹之圖書須經該學門圖書委員之審核後再行議置
六 經圖書委員認可之圖書如該學門經費不敷時亦得緩購
七 經圖書委員認為非必要之圖書或因該學門經費不敷而緩購之圖書介紹者不得強本館添購
八 介紹之圖書如二星期後不見添置可向本館詢問緣由

校役借書規則

一 本館為補助校役求學起見添置淺近書籍多種以供本校校役借閱
二 每日下午三時至五時為借書時間例假及休息日不在此例
三 每次借書以二冊為限前借書籍未經繳還時不得再借
四 借書時須照章詳填取書單交出納處收存
五 借書限一星期繳還如逾期不繳須得罰金或停止借貸權
六 借出之書如值館中需用時經本館通知應即繳還

图 4　1926 年建校二十周年纪念刊(图书馆书库和阅览室)

徐传烈(20 世纪 20 年代青年教师):那时浦东中学以数理化出名,国文底子也好,确是名不虚传

1927 年 6 月,有位老师介绍我到浦东中学当物理助教,教初中物理及主持物理实验室。

浦东中学的环境实在好,校园里辟出一亩多地,种花栽树,中间供校主杨斯盛先生的铜像,碑文是黄炎培先生所撰。教学楼楼下是教室,楼上是物理、化学实验室及生物标本室,对面一座大图书馆,宽敞明亮,藏书极富,是教师学生补充知识的好地方,阅览室里陈列着各种杂志、刊物,各党各派刊物同时开架。

教师大致分新旧两派,老派教师中服布鞋,新派教师西装革履,老派、新派之间,课余各有爱好,不相往来。国文教师功力深厚,对经史子集,对答如流。数理化教师非但教科书能正背、倒背,而且对有关教学资料也熟门熟路。学生都住校,学习时间安排紧凑,师生之间感情也融洽,我常见下课后学生跑上教师寝室,问难求解，教师也诲人不倦，所以那时浦东中学以数理化出名，国文底子也好，确是名不虚传。

为了丰富学生的课余生活，学校里买了台电影放映机，每星期六、星期日，租来影片自己放映，归物理室管，我权充放映员，放映时，连附近老百姓都可以来看，所以礼堂里连窗户内外都爬满了人。

浦东中学全部是男生，但我在校三个学期，没有听说出过桃色新闻，足见教师训导有方和学生洁身自好。

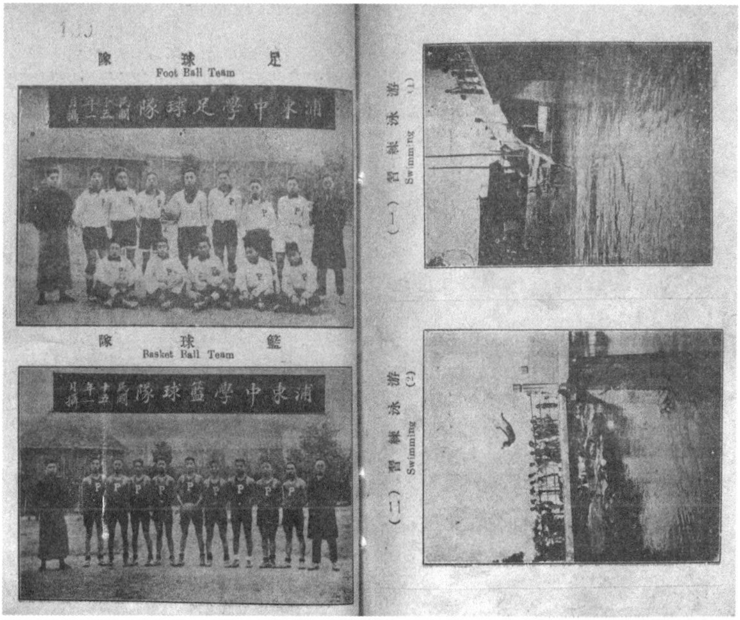

图 5　1926 年建校二十周年纪念刊(体育活动)

刘长征(20 世纪 30 年代校友)：浦东中学南京请愿，真是群情激昂，震撼南京

到南京向国民党政府请愿出兵抗日，我校参加的同学约数百人，编为两个中队，我列入第一中队。我校参加的人数最多，队伍最整齐，到达北火车站，站方百般推诿不给车，群情激愤，口号惊震站内站外。一直坚持到晚上八时许才登上火车，

次日上午十点多钟才到达下关车站。当时南京气候寒冷，北风凛冽，雨雪袭人，道路泥泞，而且饿了一天一夜，在此情况下，我仍斗志高昂，忘了饥饿与疲劳，从下关进城，沿途高呼口号，旁观的市民也有和我们一齐呼口号，真是群情激昂，震撼南京。

第三天上午七时许，我们被带到中央军校大礼堂，蒋介石在上午九点多钟到来，要求我们马上回学校上课，我们被要求到军校操场集合，当时就有人提出要上街游行示威，我们学校同学也呼着要上街游行示威。

我校在抗日救国活动中除了操练学生军、为东北抗日义勇军募捐、抗日宣传及南京请愿以外，还成立了抗日话剧团，剧团名称是“铁血剧团”，取意是对日作战。是根据当时流行的抗日战歌《铁血歌》而取名。当时编演了《铁血》剧本，主要内容是以“九一八”事变为背景，在家破人亡的惨遇下，大家纷纷参加抗日救国义勇军与日寇拼杀，最后在《铁血》歌声中落幕。我校一系列的事实说明抗日救国活动开展得较好，对社会和全校师生的影响也较大。

上海市浦东新区观澜小学

“教育救国、学用结合”的百年兴学之路

岁月留痕

上海市浦东新区观澜小学位于川沙镇东首，毗邻川沙古城墙，是一所在当地颇具盛名的百年老校。

观澜小学始创于1834年，初为书院，当时的创办者何仕祁为学校定下了办学为改善地方风气服务，为读书人谋生服务，为强国服务的基调。

1903年，主张“教育救国、学用结合”的中国著名教育家黄炎培先生把观澜书院改成“川沙小学堂”，开办了“新学”，他强调教育要并重德、智，而归本于忠爱，教学要手脑并用，提倡“活用知识技能于实地”的“实用教育”。在黄先生及其同仁的一系列改革推动下，学校办学成绩斐然，名扬苏沪。

校史回眸

中华人民共和国成立后，学校以“城厢”冠名，全面贯彻党和国家“德智体美劳全面发展”的教育方针，为学生创建了丰富、实用的学习模式，于1961年被列为上海市重点小学。“文革”期间，学校甘冒受批“智育第一”的风险，于1969年起在高年级开设了英语课，并形成听说领先、读写跟上、创设情景、寓教于乐的小学英语教学方法。1973年，学校成立小杂技团并开展活动，日文版和英文版《人民中国》画报均作介绍。著名舞蹈演员、影视演员周洁就是当年小杂技团的伞技小演员。

20世纪80年代起，学校进入办学的又一个黄金期，特级教师乔永洁领衔的

“练习—发现—开拓”数学教学法及以培养锻炼学生自我管理能力为重的少先队活动在全国都产生了影响。学校夯实了“诚、勇、勤、朴、实、新”的校风。1991年,学校被列为中国名校,简况刊载于《中国名校》(小学卷)一书。

图1　20世纪80年代学校文艺会演

2001年,学校成为浦东新区第一批素质教育实验试点学校,“优化资源,革新管理,为学生生命发展奠定宽厚基础”成为学校“十五”“十一五”建设的重点。同年5月,学校挂牌为浦东新区武术学校,成为体教结合探索试验点。2004年,学校于170周年建校庆祝活动上恢复初始名“观澜”。之后,始终坚持文化立校方针,继承“真”“实”传统,积极实施现代教育改革,做到教学内容“符合学生实际”“融合生活资源”“体现学以致用”;教学过程“关注品行陶冶”“突出实践运用”“强化主动学习”;教学评价关注“立于实际”“注重实用”“讲究实效”。“真”“实”的文化传承被学校师生赋以更丰富的时代意义,广受赞誉。

校园内古树名木茂盛,各时期校史景点遍布校园,彰显独有的文化气息。学校拥有美术室、音乐室、书法室、电子阅览室、自然实验室、科技活动室、心理辅导中心、演播中心、室内体育馆等专用教室,并不断更新办学设施。学校图书馆现有藏书47647册,是上海市示范图书馆。

至2013年，学校在编在岗教职工115名，104名教师中有中学高级教师8人，小学高级教师59人；区学科带头人2人，区骨干教师12人，涉及9门学科。学校现有5个年级、42个教学班，有学生1887人。在“文化立校，为孩子生命发展奠定宽厚基础”的办学理念指导下，在全体教师不懈努力推进的教育教学改革中，全体学生向着“品行端正、人格健全、基础扎实、思维活跃、发展协调、特长初露”的目标前行，体育、科技、艺术等特色区内闻名，武术项目更是在市内处于领先水平。

历史撷英

观澜之初生——“风俗之厚，端由士始”

1832年（道光十二年），元和县令何士祁擢任川沙同知，发现川沙地区不设学，民风不厚，深感忧虑。经两年筹划，于1834年（道光十四年），捐赠俸银一千两，在当地乡绅沈光珣、丁尔光等人捐助的学田上创建了观澜书院，由此开了川沙教育的先河。

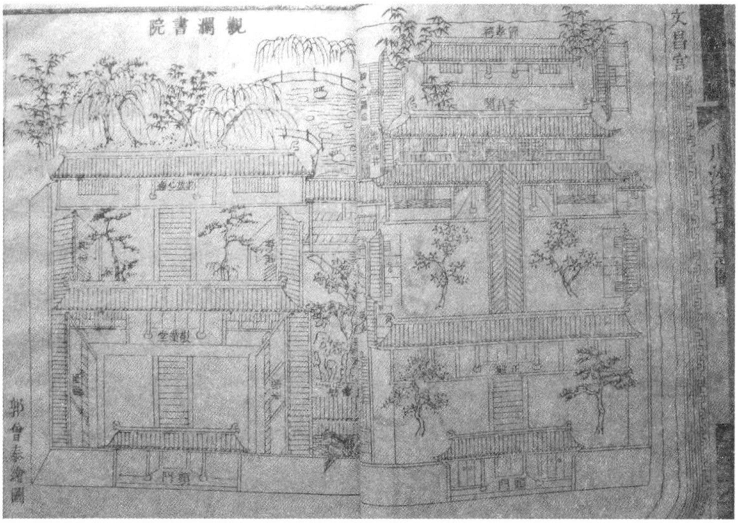

图2　县志上的观澜书院图

在何士祁撰写的《新建观澜书院记》中，他阐述了为书院取名“观澜”的用意：“……江以南地大物博，人材如林，匹诸于水，喻观海矣。澜是湍急之水，水有源须清，源清而澜始大。未有源之不清而其流不至溃涸者；未有源之既清而大波小波不自然贯于脉络者。观澜之名由此而得。”在《新建观澜书院记》中，何士祁还明确提出了创办书院的宗旨：为地方计，求“风俗之厚”；为国家计，将“鼎俎弃之实，榱栌木之材”；为读书者计，则借此以谋“致身之阶”。

为了达成办学的宗旨，何士祁在书院中设置了儒官、山长、塾师三种职务。儒官由川沙厅委派或聘请资深名流学者担任，除在开学、朔日率生童向孔圣行谒圣礼之外，还定期讲学。山长负责行谒圣礼后向生童训话。塾师负责日常的教课。授课的内容是儒家经籍和诗赋，后增设小课，以经史命题，兼及掌故辞章。书院每个月由儒官出一二道题给生童作文章，如果诗文作得好，有奖金，称为“膏火”。如果特别好，由地方官再加奖，称为“花红”。

何士祁相当重视对生童人品的培育，善于营造屋室文化氛围。他对书院的布置、对房舍的题名都进行了反复推敲。如书院讲堂，何仕祁把它命名为“敬业堂”，劝诫生童踏实求学。讲堂的后五楹，取名“求放心斋”，让生童保持心胸的开阔。书院的东侧厢房命名“戒欺”，直示生童行事光明磊落；西侧的厢房命名“持志”，告诫学生贵在持之以恒。书院内有船形屋室叫“丽泽舫”，有古井长廊叫“井渫廊”。后来书院又建造了两楹、三楹，叫“留晖”“重晚晴轩”……寓意丰富深刻的屋室名称，对当时求学生童的品性产生了重大的影响。

为了进一步实现其“厚民风”“育栋梁”的教育主张，何士祁还创办了义学（今川沙镇西市街 124 号），设立恤孩局，免费为贫苦人家的孩子实施启蒙教育。以上种种举措，令川沙地区民情振奋，学风日成。1849 年（道光二十九年）秋闱，书院生童祝椿年考中举人，为科名寥落的川沙鼓舞了士气。何士祁亲赠诗句：天上文章牛斗焕，壁间丝竹管弦新。

何士祁创办观澜书院，厚实民风，造福了一方百姓，也以自身的精思、勤业、务实为书院子弟树立了先范，奠定了观澜办学的根基。

目前，学校尚保留“敬业堂”“井渫廊”及“留晖”“持志”“戒欺”等历史景物或景名。“敬业堂”是学校最早的讲堂。1903年学校改为川沙小学堂后，作为礼堂集会用。解放后，学生骤增，改为教室用。1987年，学校改扩建校舍，照原样搬迁至古城墙畔。2010年，政府修缮古城墙，又将“敬业堂”移位，从南北向改为东西向。“敬业堂”原匾额早已遗失，现匾额由上海文化名人苏局仙老人于20世纪80年代时题写。“井渫廊”题刻为何仕祁亲笔。“井渫”一词源自《易·井》：“井渫不食，为我心恻。”据《川沙抚民厅志》记载，何仕祁在任时，适遇两度年祲，经赈灾抚民，渡过难关；并疏挖诸河，以御水旱。其治绩显著，百姓称颂。何士祁见书院新挖井而生情，忧心百姓疾苦，特提名“井渫”。原长廊已在“文革”中被毁，廊名砖刻是时任学校总务主任沈庆之老师随机应变，用泥涂糊掩盖而保存下来。“留晖”“持志”“戒欺”等景名则是学校为纪念历史，勉励学子而重新赋予新建景物的。

观澜之变革——“教育救国，学用结合”

在强烈的教育救国思想驱使下，川沙人黄炎培同张志鹤先生一起多次上书清廷，竭力提倡“新学”，废止“旧学”，终于在1903年获准改“观澜书院”为“川沙小学堂”，走新学之路。1905年根据清政府《奏定学堂章程》规定，改名为川沙两等小学堂。1917年，陆培亮继任校长。学校增设女子部。为便于学生升学、就业，高级班分设文、商两科。令人称道的是，学校的数学教学重培养动手能力。学生在沪道（相当专区）和省级理科实验比赛中，多次名列前茅，江苏省教育厅曾颁令嘉奖。1923年，12名毕业生投考江苏第二师范（今上海中学前身），被录取10人，学校遂名闻苏沪。

观澜小学新学阶段的发展是历经曲折的，但同时也是成效斐然的，音乐家黄自，革命者王剑三、林钧等都是该时期学校优秀毕业生的代表。学校办学之所以能取得如此成果，与其新学开创者黄炎培先生的锐意革新、率先垂范密不可分。

黄炎培先生终其一生都在实践着自己留给后人的四句箴言：理必求真、事必求是、言必守信、行必踏实。“川沙小学堂”是其实践“实用”教育理想的“最初的一叶”。

1903年“川沙小学堂”初立，黄炎培出任“总理”并亲自任教，提出了“并重德育、智育，而归本于忠爱”的办学口号，并着力改革课堂，针对时弊提出了“学用结合”的策略，大力削减读经课，增加实用学科，如文学、历史、地理、美术、格致（理科）、图画、唱歌、手工、英文、体育、课外活动等，意图让学生“强身健体”“动手动脑”，适应社会变革的需求。当时学堂不能招收女生，黄炎培就在自己的老宅“内史第”里办起了开群女校。不久，黄炎培因反清言行被捕，最终被迫流亡日本，直至1905年再回故土。之后，他虽走向了更广阔的“实用”教育天地，但也一直心系川沙，心系他初创的“小学堂”。

1910年，川沙教育会成立，会址就设在本校。黄炎培为首任会长，以本校为办公基地领导川沙教育界，对境内学生举办儿童暑假讲习会，为少年儿童演讲德育故事，为乡村教师兴办教学图书馆，咨询作答教育教学中的问题，还带领师生下乡宣传，以此“教育大众”，达到推动社会发展的目的。

1918年，学校举行建校85周年（改制15周年）纪念会。学校成立校董会，黄炎培被推为首任校董。黄炎培作“教育的效能与社会的进步”等专题演讲，翌日视察校办农场。

1923年，川沙蔡路人赵增涛（字文照）为学校捐建的纪念改制20周年的西式房落成，黄炎培亲题“涛园”“文照堂”匾额。“文照堂”成为川沙地区第一座西式讲堂，后成为学校所创办的附设幼稚园，创川沙县幼儿教育之始。20世纪80年代起，它又成为学校举行重大对外教育活动的场所，接待过来自全国各地的教育同仁以及海外来宾，被人们亲切地称为“玻璃房”。

图3　文照堂前的黄炎培铜像

1926年,黄炎培回乡参加本校校董会。

1932年,黄炎培与新场蒙难的张志鹤、顾冰一、张尚思三难友作“寻梦之游”,回川沙参加在本校文照堂召开的钦仰会,会上作《卅年前事实及此行感想》报告。

1933年,黄炎培在北京撰《川沙公立小学校史最初的一叶》,回顾与本校以及川沙公立小学教育的关系渊源,又偕江问渔回川沙参加纪念会,作《我即川沙,川沙即我,人人如此存心》演讲。同年,学校筹建“寻梦楼”以纪念黄炎培先生建校功绩及纪念学校改制30周年,后因资金困难作罢。

1934年,黄炎培回川沙主纂《川沙县志》,宿本校“文照堂”,校阅访稿,日课一诗,共6首。

在与观澜大半生的牵系中,黄炎培为学校留下了“诚、勇、勤、朴”的校训,这成为支持观澜发展的不息火种,助学校艰难度过了日寇侵占期以及抗战胜利后的国统混乱期。

观澜之腾飞——“全面发展,文化立校”

1949年5月川沙解放,人民政府接管学校,自此,学校进入了稳定发展期。粉碎“四人帮”后,学校更进入黄金发展期。经过20世纪八九十年代的“德育领先,教学为主,全面发展;着眼智能,培养个性,向科学实验要质量”的扎实探索,跨入21世纪的学校已经形成了德育、智育、体育、美育、科技教育等全方位发展的办学特色。学校是全国雏鹰大队、红十字工作达标单位,是上海市群众体育、艺术教育、科技教育、教育科研等先进集体,是上海市安全文明校园、行为规范示范学校,是中国创造教育、上海愉快教育、上海创建学习型家庭等实验基地……

数不胜数的荣誉之下,是学校发展进入“高原区”之后的困顿。观澜该如何冲破发展的瓶颈,实现自我的再超越?

观澜新学以来的第24任校长徐安鸿在辗转思考之后,联同第20任校长施承祖、第22任校长施柏林、第23任校长卫玉芳做了探讨,觉得还是要从观澜的历史文化中挖掘不朽的动力,走“文化立校”的道路。

于是，“文化立校，为孩子生命发展奠定宽厚基础”成了观澜 2011 年至 2015 年发展的理念基石。

观澜“文化立校”的“集结号”于 2012 年 3 月 27 日嘹亮吹响。当日，学校举办了“品味观澜人文，弘扬真・实文化”活动。在活动上，校长徐安鸿阐明了“文化立校”之于观澜的必要性和重要性，首发了学校耗时 6 年编辑的《观澜人文》。这部收录了百万字及近百幅历史档案照片的巨著，反映了观澜 178 年办学的历史里程，是观澜文化的“物质载体”。学校还在活动上汇报了 2011 年全校开展的学习黄炎培“实用”教育思想的工作，展示观澜人深入“学史”的决心与行动。

观澜“文化立校”的“冲锋舟”是 2012 年立项的浦东新区重点课题“‘实用教育’在学校课程改革中的发展性运用研究”。借助该课题研究，观澜倾力打造“实用”课堂。教师们创生现有课程内容，努力保证每一课的教学内容融入来自师生生活的资源，适应儿童的年龄实际、性情实际、境遇实际，为知识与技能能运用到实地提供更多可能。

图 4 浦东新区观澜小学校门

2013 年，徐安鸿退休，观澜迎来了新学以来第 25 任校长——金维萍。本是观澜“女儿”的她，在外校正职岗位上历练一轮后，又回到观澜，接掌观澜“文化立校”

之舵。了解学校办学现状、参与了《观澜人文》编辑的她接过前辈手中的旗帜，带领全体观澜人续绘文化建设宏伟画卷！

观澜之青松——“衣带渐宽终不倦，只愿良材满人间”

1925年3月25日，川沙施湾镇的一户农舍中，一个小男孩降生了。在父母的养育下，男孩逐渐长大，也进入了学堂读书，可惜家境贫寒的他读完小学就失学务农了。尽管如此，他并没有停下学习的脚步。劳动之余，他总千方百计找书读。就是这样一个仅小学学历的人，之后成为上海市数学特级教师、全国优秀教师。他，就是乔永洁。

凭着自己的勤学与钻研，乔永洁在23岁时到震西小学教书，开始了他的教师生涯。后几经辗转，于1956年来到当时的城厢小学（现观澜小学）扎下根来，潜心研究他深深热爱着的数学教学工作，一干就是三十多年。

20世纪70年代末、80年代初，题海战、疲劳战盛行，学生负担过重。面对这样的状况，年过半百的乔老师陷入了深深的思考。他开始摸索研究改进课堂教学，采用课始五分钟进行基础知识训练，精心安排，有计划地重现学过的知识内容，在重复中巩固、在巩固中提高。对新授知识，舍弃了以教师讲解为主的方法，强调观察与思维的作用，培养学生吸收知识和运用知识的能力。他还改革传统的练习方法，设计出“练习—发现—开拓”的教学方法，使练习发挥多功能的作用，促使学生的知识、智力、能力获得同步发展。

临近退休的乔永洁常说：“老牛明知夕阳短，不用扬鞭自奋蹄。”他一天要当两天用，把晚上、节假日都用在总结经验、设计教学上，终于写成了数十万字的文章。1984年至1985年，他在各报纸杂志上发表的文章就有四十篇左右。其中，《早期孕伏，促进智能发展》实验报告发表于《上海教育科研》，该成果获县教育科研成果一等奖，市科研成果三等奖；《培养学生发散型思维的能力》获县一等奖，市鼓励奖；《备课札记一组》获县一等奖。

这段时间，乔永洁和另外三位教师一起出版了《小学数学课堂实录选编》。又为吉林妇女儿童出版社编写了一册《当堂练》,把一学期每一课时的练习层次都安排好。刚定稿,他又着手写十一二册的备课辅导录音稿,把每一课时的教学过程、方法都设计好,录成磁带后向全国发行。

因为乔永洁对数学教学的研究有独到之处。1984 年上海市教育科学研究所聘请他为兼职研究员。上海市师资培训中心、上海市师资培训基地都聘请他担任一部分教学任务。安亭师范、杭州师范等五个单位,都邀请他为师范毕业生上示范课、作讲座。他还曾在华东师范大学教育系为三年级学生讲过课。两年中,乔永洁不顾年迈,不辞辛劳,先后到本市除崇明外的所有区、县,以及江、浙地区等省学校,上公开课六十多堂,作讲座上百次,听众达数万人次,对这些地方的教学改革产生了一定的影响。

长期工作消耗心神,加剧了乔老师的哮喘病情。1991 年寒冬的一天,66 岁的乔永洁给市区的老师讲完课,拖着疲惫的身躯在车站候车,瑟瑟寒风中,他的哮喘病又一次发作,倒在了马路边……在路人的帮助下,他才勉强从昏迷中苏醒。回到川沙后,乔永洁住院了。学校的领导、老师、学生一批一批地去看他,他总是强忍病痛,微笑以对,直道"只缘余恩未报尽,努力争取活几年"。即使到生命的最后一刻,他满心挂念的还是学校的发展。

像乔永洁这样专注于教育事业,"衣带渐宽终不倦,只愿良材满人间"的观澜教师还有许多。20 世纪 80 年代至今,学校获全国教育荣誉称号的有 9 人,获市级荣誉称号的有 18 人,获区县级荣誉称号者更是不胜枚举。正是有了这样甘于奉献、勤于钻研、精于协作、勇于创新的教师团队,才成就了观澜"真"与"实"的教育成就。

观澜之繁花——"明天做国家的主人"

1984 年 7 月 31 日,对年仅 12 岁的张炼红来说,是终生难忘的。

这天上午,胡耀邦等中央领导同志在北戴河接见了出席首届"中国少年先锋队队员和辅导员代表会议"的部分代表。时任团中央书记处书记李源潮向领导介绍到上海市红领巾理事会副主席张炼红时，张炼红落落大方地站起来，不用稿子，用五分钟时间汇报了上海市理事会的情况。胡耀邦等领导听了她的汇报，频频点头，热烈鼓掌。张炼红作为此次少代会会议执行小主席，还成功地主持了天安门上的升旗仪式和北京军区八一联欢等大型活动。在闭幕式上，张炼红向中央领导同志献红领巾时，王兆国高兴地向郝建秀介绍说："这是上海的小朋友。"郝建秀笑着说："我知道，这孩子向总书记汇报时，不用稿子，讲得最好，有创造性。"

这位被领导人赞为"创造型小主人"，又被媒体评价为"不卑不亢，落落大方"的小姑娘出生于川沙农村，四年级时转入川沙县城厢镇小学（观澜小学前身）学习。刚进入学校时，她学习刻苦勤奋，但对待新学习环境"怯生生"的。是城厢的老师鼓励她、培养她，使她逐步成为一个出色的学生干部。

学校丰富多彩、层出不穷的少先队活动，给张炼红提供了实践的舞台。在担任大队长的日子里，她和委员们在辅导员的指点下自己拟定计划、筹备组织活动以及评比总结。而大操场上的集会、广播台的节目和大大小小的墙报，都成了她们展现创造性与责任感的自由天地。

学校为张炼红巩固了"诚、勤、朴"的美德，又培植了"勇、实、新"的品质。这帮助张炼红从乡镇走向都市，成为上海市红领巾理事会第一任副主席、《我们一百万报》主编、上海市红领巾队长学校副校长……

张炼红对这所给予了她人生发展力量的学校充满了感情。1987 年，已就读华师大二附中的张炼红在给她就读城厢校时的班主任丁穆昌老师的信中这样写道：

……在城厢校的三年生活，永远是一个美好的回忆。母校老师的三年教诲，常常如在耳畔，使我拥有了一片暖意和勇气。在二附中的三年中，我得到了新的关怀——老师们偏爱我的勤奋和尽职，在这一点上，我真的感到，是您的教学的严谨、育人的尽心尽力影响了我。……我一直保持着您教给我的听课、作业、预复习的习惯，并一步步地改进、提高。我十分庆幸曾是您的学生，真的！……老师，我会成为您满意的学生的，相信吧！请转达我对母校老师们的衷心问候，谢谢！……

难忘学校美好生活、感恩老师尽心培养的不仅是张炼红。观澜"诚、勇、勤、朴、实、新"的校风，为孕育各行各业的人才奠定了基础。

180多年的办学历程，让观澜花圃繁花似锦。他们中有革命者，如林钧（上海工人第三次武装起义领导人，后任上海特别市临时市政府秘书长，1944年牺牲）；有音乐家，如黄自（中国20世纪知名文化人士、音乐家、音乐教育家）；有舞蹈和影视演员，如周洁（国家一级舞蹈演员，中国当代舞蹈界的杰出代表，获电影“百花奖”，电视“金鹰奖”“飞天奖”）；有科学研究者，如顾氏四杰（航天航空领域的顾昌耀、农业土壤领域的顾新运、计算物理领域的顾昌鑫、无线电子领域的顾新吾）、严纯华（主攻稀土分离和功能材料化学研究与应用，中国科学院化学部院士，发展中国家科学院院士）；更有扎根在各个普通岗位，兢兢业业、勤勤恳恳工作，为祖国的繁荣昌盛做出自己那份贡献的“平凡人”……

无论是“英杰”还是“凡人”，昔日的观澜“繁花”，成了“中国的主人”。当他们在自己的岗位上付出并收获时，又有多少人生成了如此的感慨：“如果说我成年后还是取得了些许成绩的话，母校从小让我们养成的勤奋、求实的校风，一丝不苟的治学态度功不可没。”（摘自上海市特级教师、上海市教育功臣、校友叶佩玉来信。叶佩玉是第53届“英特尔国际科学与工程大赛”的“英特尔杰出教学奖”全球5位获奖教师之一；国际天文联合会、美国麻省理工学院林肯实验室用她的名字命名了一颗小行星“Yepeiyu”，编号为“12881”）

上海市松江二中

“云间书院”的百年跨越

岁月留痕

在有着“上海之根”之称的松江，挺立着一所享誉沪上的百年名校——上海市松江二中。学校秉持松江女中江学珠校长提出的“百年树人、五育兼进、健全品格、张扬个性”办学理念，发展至今。新中国成立后，1963 年学校被列为上海市 13 所“首批要办好的学校”之一。学校朱献成、孙承谟、乔友超等领导大力贯彻党的教育方针，倡导“勤奋学习、艰苦朴素、尊师守纪、团结友爱”的优良校风，学校呈现崭新面貌。改革开放后，学校金杏兴、胡仲威、乔世伟、朱佩华等领导继承发扬“二中传统”和“二中精神”，提出“基础扎实、后劲充沛、自主发展”的办学主张。

悠久的历史传统积淀、不断涌动着的红色基因、与时俱进改革创新的意识已然成为学校发展的“三驾马车”，时刻驱动着松江二中不断向前发展。松江二中是上海市“一期课改”“二期课改”基地学校，也是上海市高中学生创新素养培育实验项目学校，还是上海市提升中小学（幼儿园）课程领导力行动研究项目第一轮和第二轮参与学校，并连续十九次被评为上海市文明单位。

校史回眸

1753 年（乾隆十八年），松江知府朱霖、蔡长沄率众捐建书院，沿用明正德年间“云间书院”之名，此为上海市松江二中的发祥之端。学校在“云间书院”原址发展至今已 266 年。1904 年（乾隆三十年），松江贤达将“云间书院”更名为“松江府中学堂”，距今115年。1927年，学校先后更名为“江苏省立松江中学”“江苏省立松江女子中学”。松江女中曾两次（1937、1948）被民国教育部指定为全国优良中学。

1959年，松江县划归上海市管辖，学校正式更名为“上海市松江县第二中学”（图1），简称“松江二中”，当年即入选上海市首批重点中学。1998年松江撤县建区，学校始以“上海市松江二中”为名，仍为上海市重点中学。2004年6月，学校被评为首批上海市实验性示范性高中。

图1　松江县第二中学

建校115年来，学校为国家、社会培育了无数优秀人才。代表人物有：1917届校友，原民革中央副主席、原上海市副市长、著名公路工程专家赵祖康；1922届校友，著名文学家、翻译家、教育家施蛰存；1923届校友，著名作家、翻译家朱雯；1924届校友，中国科学院院士，著名地质学家、矿床学家、地质教育家袁见齐；1931届校友，中国工程院院士，我国军事电子科技事业创建人之一孙俊人；1935届校友，著名现代中国画画家、原上海中国画院院长程十发；1935届校友，著名音乐家、原上海音乐学院院长桑桐；1935届校友，著名会计学家，我国社会主义会计制度奠基人之一杨纪琬；1935届校友，原中国致公党中央常务副主席，著名社会学家杨纪珂；1935届校友，著名美籍电子科学家、博士、高级研究员张可南；1937届校友，中国科学院院士,著名药物学家嵇汝运;1942 届校友,著名俄罗斯文学翻译家草婴;1953 届校友,中国工程院院士,上海建工集团董事、副总裁叶可明;1957 届校友,中国科学院院士,气候学家符淙斌;1967 届校友,原中共中央党校副校长李君如;1972 届校友,刺绣艺术家、顾绣代表性传承人钱月芳;1974 届校友,党的十七大代表张玉华;1976 届校友,全国劳模沈谦;1977 届校友,全国劳模、上海市党代会代表于宁;1980 届校友,上海工程技术大学校长夏建国;1982 届校友,上海市人民政府秘书长、办公厅主任汤志平;1982 届校友,“长征 5 号”火箭指挥长樊洪湍;1986 届校友,全国政协委员王美华;1991 届校友,全国“五一”劳动奖章获得者黄文飞;1999 届校友,复旦大学教师陈果;2007 届校友,上海新闻综合频道晚新闻主播王兆阳等。在这些优秀校友的身上,正映衬着学校“基础扎实、后劲充沛、自主发展”的育人目标所结出的硕果。

除了培育上述各行各业的精英、翘楚之外,松江二中还是松江第一名共产党员、“五卅”运动上海学联总指挥、中国共产党早期的革命家侯绍裘烈士的母校。1917 届校友侯绍裘烈士在上海工人第三次武装起义中被反动派在南京杀害,新中国成立后被追认为烈士,松江县人民政府立碑纪念,陆定一为之撰写碑文。1987 年,建半身汉白玉雕像于松江二中校园,时时为师生、校友所瞻仰。

历史撷英

校园建筑　成就云间神韵

松江二中的校门有一个遐迩皆闻的名号:云间第一楼(图 2)。相传这是三国时周郎的点将台,史载初建于宋代,元、明、清时为华亭府、松江府的府署门楼,乾隆年间为云间书院入门,后为松江府中学堂之标志性建筑。20 世纪 30 年代初,县长金庆章募款重修此楼,立横额“云间第一楼”,又竖《重修云间第一楼记》石碑。旧时松江城内房屋以两层居多,而此楼高而特出,堪称松江城中第一高楼,松江古称

"云间",故称之为"云间第一楼"。

图 2 云间第一楼旧貌

"云间第一楼"门楼的建筑风格取自我国传统的双重檐歇山顶式,楼面阔五间,全部用柱子撑起,楼阁高耸空中,面阔 24.8 米,进深 10.10 米,高约 16 米,颇为壮观。楼下中间为大门过道,门阔 5.1 米。古楼清水砖墙,翘角飞逸,古色古香,与宋代张择端绘制的《清明上河图》中的楼阁式建筑相仿。"云间第一楼"在抗战期间被日军破坏,仅存残架,后又毁于 1951 年台风,仅剩楼的残砖碎瓦和台基。为迎接 21 世纪的到来,于 20 世纪末按旧制于原址重建,并在 2007 年入选上海市十大校园美景。

树人院(图 3)是松江二中的另一标志性建筑,绿荫环抱中的树人院古朴而静谧。树人院始建于 1934 年,以其宽敞明亮的教室、阅览室、教师办公室等完整的设施配备成为当时省松女中主要的教学活动场所。建造树人院的资金除了拨款之外,还有广大师生和社会各界人士的捐助以及众多知名书画家捐字捐画所筹资金。正是在众人的热心捐助和多方努力之下,树人院才得以建成。它的建筑面积有 1286.28 平方米,使用面积达 873.06 平方米。作为一所教育设施,树人院的建造倾注着一方百姓对教育的支持,所以在落成之后,校方将凡捐助者姓名、金额一一刻于石碑上,并将石碑竖立楼前。老校友钱锦华就多次谈及此事,此石碑为树人院增添了一抹浓厚的人文气息，伴随其走过以后的风风雨雨。匾额题字出于陆维钊老师之手，他根据校歌中“百年树人”的含义，书就了“树人院”三个大字。不幸的是，抗战期间松江陷落，日寇占此楼作为指挥部，毁其匾额、砸碎此石碑。匾额尚留有照片，而碑上姓氏则无从可考了。树人院是二中历届学子学习生活的地方，电影《青春万岁》曾在此取景。

图3　树人院

除云间第一楼、树人院之外，不得不提的是集成堂。集成堂，取义一为“集腋成裘”之意；取义二为“集大成”之意。1927年，初建省女中时，需款颇巨，学校一面向上申请，一面通过各种渠道募捐筹款，向社会名流祈赠书画，通过义卖汇集款项，如同“集腋成裘”。集成堂原址在树人院北，“文革”时期，学校大搞“深挖洞，广积粮”，此堂倒塌。今在东部重建集成堂，已是三层楼房，其气势非昔日可比了。学校请老学长程十发题写了匾额，并另以一石刻作简介，特别说明“学生多有集贤能、智慧之大成，而建树明显者，故仍以集成名之”。

省松女中把学校的“礼堂”名之曰“集成堂”，即便从活动状况而言也是“名实相符”的。其时“集成堂”是举行各项活动最多、使用频率最高的场所。恳亲会在这里召开，学生的作品展、成绩汇报在这里举办，丰子恺的艺术演讲在这里举行，陆维钊、王福泉的国乐都在这里展演；集成堂的小舞台，举办过很多次学生演唱会，上演过话剧、演讲比赛、诗词朗诵等。此外，省松女中还有计划地邀请各界人士及专家教授来校讲演、作学术报告，一般每月一次，就在“集成堂”举行。每次讲演，全校师生都出席聆听，由学生两人作记录，整理后在校刊发表。讲演内容广泛，据校刊所载，举例如下：程稚秋先生讲《各国的女子状况》、江向渔先生讲《考察日本职业教育后的感想》、郑晓沧先生讲《富有建设精神的女子》、张耀翔先生讲《发明家的心理》、陈鹤琴先生讲《女子的责任和权利》、刘蘅静女士讲《女学生的责任问题》、潘仰尧先生讲《女子职业指导》。

校园建筑与校园生活有着一种诗意的连接。上述这些建筑，连同古朴大气之五一楼、五四楼和六一楼，书香幽韵之红楼，同心耕耘之一德院，声播晨空之水塔钟楼，永记师恩之思源楼；连同那“玉骨冰肌未肯枯”的银杏树，那波光艳影的小花园，连接着二中的历史文脉，勾勒出历史与现代交织的光影画卷。假如有人想以简单的话语来描述松江二中校园建筑的内在气质，那么“风雨不倒，历久弥坚；人本为怀，云间神韵”这十六个字恐怕是最为准确的。

图4 松江二中校园

如斯师者，铸就云间风骨

江学珠校长先后担任江苏省立松江女子中学和台北第一女子中学等校校长，办学成绩卓著，在她的努力下，松江女中曾两次(1937、1948)被民国教育部指定为全国优良中学。

1927年秋,江学珠年仅26岁,就被委任为松江女中的首任校长。当时松江为乡下小镇,镇上的优秀女生都到上海市区求学。彼时学校条件极差,既无校舍设备,又缺少师资、生源,初创时仅招生60余人,优秀学生更是寥寥无几。面对办学困境,江学珠毫不气馁,穷且益坚,响亮地提出:“得天下英才而教之算不得一乐,得天下庸才而教之使其成为英才,这才是大乐!”她精心筹划,利用自己的人脉资源,建立阵容强大的师资队伍,邀请了丰子恺、郎静山、陆维钊、王季思、徐震堮和沈兹九等名家来省松女中执教。丰子恺为现代画家、美术教育家;郎静山为中国最早摄影记者,创立“集锦摄影法”,1930年在省松女中开设摄影课,开创我国摄影教育先河;陆维钊、王季思、徐震堮在当时有“浙江三才子”的美誉;沈慈九为中国妇女解放运动的宣传教育家和活动家,人们尊其为“女界文化战士”。诸名家皆为一时之选。另一方面,着手制订校训、校歌,提振精神,鼓舞士气。她亲自制定了“公、忠、勇、智”四字校训,根据校训,拟订学生修养标准,具体分为十大德目:博爱、忠诚、理智、义勇、勤俭、秩序、整洁、礼貌、果断、和乐,各德目又分拟细目,共112条,印成小册,名为《健全的我》。学校将校训精神渗透到日常教育教学中,分周实施,逐条落实,与学生操行考核相结合。校歌的歌词“天赋人权,百年树人,原来平等,努力前程”“五育兼进,社会中坚”“振我女界,巩我国基”等句铿锵有力,唱响了学校的教育理想和办学追求。

江学珠从严治校,学校纪律严明。例如:规定学生在校一律穿校服,剪齐耳短发;寝室被褥单一律白色,叠被时被里必须折在外面;每天早上,蚊帐须一律向上挂起;路上遇见老师须鞠躬行礼;吃饭时碗筷不可碰撞,咀嚼不可出声,公筷、母匙必须要用。省督学考察后认为:“学生崇尚礼貌,谨守秩序,足见平日训导认真。”学校注重爱国主义教育,从1934年开始,全校师生开展“救国储金”活动:一是每人每天储铜圆三枚,作为救国储金;二是规定每月十八日为素食日,以节省之款作为救国储金。学校强制使用国货,在校门口放置一大玻璃橱柜,对经过校门口的师生例行检查,如发现有使用非国货物品者,没收并陈列于玻璃橱柜内。在教学方面,学校主张“得到充实之学问而能自由运用,故特反对好高骛远不求实学,或死守书本不能运用之教法。课外欲增进其常识，则各路有布置，每周有出品，皆所以补课内之不及”。

江学珠献身教育事业，一生未嫁，视学生为子女。在松江女中，她平时住校，虽工作繁忙，仍兼任高三级任导师，与学生共同生活。她平时很少露出笑容，但是以最大的爱心在办教育。江学珠公私分明，清正廉洁，她的侄女申请去美国留学，希望把69分的成绩改成70分，她秉公无私，予以拒绝。

江学珠提出了“百年树人、五育兼进、健全品格、张扬个性”的办学思想后，1929年，而立之年的丰子恺来到女中担任艺术科教师。正是在这里，丰子恺为初、高中学生执教美术，任教时间虽不长，却留下了不少宝贵的美育教学理念。当年的学生平葆华在回忆文章中写道：“教师中给我印象很深的有丰子恺先生，他是常住学校中的，冬天穿一件很厚的丝棉袍子，戴一副眼镜，每星期给全校学生上一次美术讲座。”

丰子恺在当时就鲜明地提出，学习图画不是为了谋职业、求声名，而是一种历久弥新的人生追求，感受图画的趣味、人生的幸福、生命的意义。丰子恺在《为什么大家要学图画》一文中直言：“不喜欢图画的人心中往往这样想：‘我将来并不想做画家，并不要靠图画吃饭，不会图画打什么紧？图画课不上也不妨。’又有人这样想：‘学了图画有什么用处呢？做官不用图画，做校长不用图画，做父亲也何尝要图画？’然而诸君想错了。假如照诸君所说，中学校里的图画课是为了欲教学生做画家而设，将来诸君长大起来，我们中国的四万万人全体是画家了！世间哪会有这样的事？故可知学图画绝不是想做画家。”

谈及新中国成立后的校史，绝不可不提及乔友超的名字。乔友超，松江二中数学特级教师，松江二中数学教研组组长、副教导，曾任松江县副县长。1957年被评为松江县优秀教师，1960年被评为上海市文教战线先进工作者，同年出席全国文教战线群英会，受到周恩来、朱德、陈毅等党中央领导的接见。两次获得上海市劳动模范称号，担任上海市数学学会理事、上海市中学数学教学研究会理事，曾任上海市第四、五、七、八、九届人大代表。

1957年起，乔友超担任了25年的松江二中数学教研组组长，同组老师对他的评价是“处处以身作则,事事举轻若重”。乔友超以教研组为单位组织教学,做了大量的工作,把教研组建设成落实教学工作、开展教学研究以及提高教师思想觉悟和业务水平的重要基地。那时从松江到上海市区去学习,条件艰苦,交通也十分不便,乔友超依然把提高教师教学水平放在很重要的位置,并且非常重视人才的培养。正是因此,当时的松江二中涌现出很多有着丰富教学经验的优秀教师,并形成了从教研组长、副组长到备课组长的核心精英教学团队。初一到高三,六个备课组统一备课,统一听课,公开教学。这一系列举措终于使松江二中的数学教学进入了鼎盛时期。1959 年、1960 年两届高考,松江二中数学在上海市高居榜首。当时《文汇报》发表专文报道松江二中的数学教学成果,乔友超也因此赴京出席全国文教战线群英会。

乔友超在长期教学实践中总结出的“四备课”经验也在上海全市范围内进行了推广。所谓“四备课”就是“粗备—细备—精备—复备”,目的是精益求精,追求完美。正如他自己做过的一个精妙而恰如其分的比喻:“备课好比写剧本,上课好比演戏。剧本剧本,一剧之本:有了好剧本,才能演好戏。”备好课是提高教学质量的重要保证之一,而这“四备课”也正体现了乔友超严谨扎实的教风和勇于探索的精神。1979 年,乔友超在上海市教育局召开的数学教师大会上做了经验介绍,被《上海教育》全文刊载,次年,“四备课”经验被辑入《上海市中小学教育工作经验选编》。

1982 年,乔友超被推选为副县长,分管文教事业。他服从组织安排,在任四年,为松江教育的发展和人才的培养做了很多工作,为群众办了很多实事,但他放不下他的三尺讲台,依然把自己的组织关系留在二中,从未享受过副县长待遇,换届时又主动要求回到松江二中工作。

求真务实,勤于钻研,淡泊名利,醉心育人。正是这些前赴后继的耕耘者,才铸出了二中师者不朽的风骨。

杰出校友,滋养云间情怀

施蛰存,1905 年出生于杭州,七岁时随父母迁居松江。从松江县立第一高等小学毕业,升入江苏省立第三中学(即今松江二中)。中学毕业后考入杭州之江大学,翌年与戴望舒一同进入上海大学学习,后又转入大同大学,再后又改入震旦大学专修法文。因此,施蛰存曾自谓是“四个大学的肄业生”。1927 年“四一二反革命政变”后,归隐松江,任松江联合中学(后分出为松江县立中学,即今松江二中)语文教师。

早在中学时代,施蛰存就在《申报》副刊《自由谈》《半月》等报刊上发表作品;十八岁时就刊印了第一部短篇小说集《江干集》,这部处女作的出版标志着他从此走上文学创作的道路。20 世纪 30 年代,施蛰存辟心理分析小说的蹊径,成为中国最早运用现代主义手法进行文学创作的新锐作家,被海内外学术界誉为“中国现代派小说的先驱者”。曾创办并主编《新文艺》《现代》《文艺风景》等五种刊物。施蛰存虽然未在国外生活过,却精通英语和法语,翻译成就相当惊人。在创作、翻译和编辑的同时,施蛰存还在多所大学执教,从 1952 年起便一直在华东师范大学任教授。

施蛰存曾在松江二中求学,又在此地当过教员,对母校感情很深。他曾说他确实感到当年在这所中学里读书四年对自己以后的生活、行为和事业都很有影响。他是大学者、大文豪,以现代派的姿态扬名,又以传承传统文化立身,显示出一贯“求真求实”的思想者风貌,终身践行着守住书桌、勤恳治学的学人品格。

草婴在九十岁高龄那年向母校松江二中赠送了自己用二十年心血翻译的《托尔斯泰小说全集》,其中包括了《战争与和平》等全部十二部作品。这位杰出的翻译家从 1941 年起开始使用“草婴”这个笔名。他说:“草是渺小的,很容易被人践踏,也很容易被火烧掉。尽管我是很普通、很渺小的人,但我很坚强,不会屈服于任何压力。我很喜欢这个笔名。”在艰苦岁月里学习俄语本就不是件轻松的事,几十年如一日辛勤耕耘只为“做好一件事”——翻译托尔斯泰的作品。

张可南是松江籍人,国际著名电子专家,中国科学院名誉教授。他 1918 年出生,1947 年公费留美,1948 年在密执安大学获硕士学位,后又在美国微波技术第一流的大学——布鲁克林工业学院获博士学位,任美国无线电公司高级研究员,从事微波、激光、集成电路、显像管等科学技术研究和开发工作。先后发表 80 余篇学术论文,拥有美国专利51项,其中有多项专利直接取得较好经济效益,应用于国民经济各部门,如1964年RCA公司为美航天局研究一颗通信卫星,就采用了张可南的一项微波管专利。曾三次获得RCA电子器件方面杰出成就奖,获美国华裔工程师协会杰出成就奖,1983年被上海交大聘为名誉教授,受到时任上海市市长汪道涵的接见。1987年又被李铁映聘为我国电子工业部高级顾问,后在交大讲学研究,曾研究出超薄型显像管。2001年期间,张可南与松江区永丰街道高新技术园区一家企业合作研制新型平面螺旋式回扫变压器,历时10个月,终于取得成功,这一创新的结构质量轻、成本低、用途广,使显像管电视机大大"减肥"。2000年,张可南夫妇与其子张乃彬(美国芝加哥医学研究院院长、首席内科专家)来松江区中心医院考察和商谈事务。张可南动情地说:"松江有句老话叫十鹿九回头,我就是一只回头鹿,为家乡人民做点事,是我的一个夙愿。"

继往开来,谱写云间新曲

近年来,松江二中从学校实际出发,以锐意创新、勇于转型、追求特色多样的姿态,逐渐形成了"对标一流、追求卓越"的崭新发展思路,取得了丰硕的成果。

目前学校150名专任教师中,有正高级教师3人,特级教师8人,高级教师70人;上海市双名工程基地主持人1人,上海市中青年骨干发展团队培训4人,参与上海市高考学业水平等级考命题8人,参与上海市高中新教材编写2人,全国劳模1人,获全国"五一"劳动奖章1人,全国优秀教师3人,全国优秀班主任1人,上海市劳模7人,上海市优秀园丁17人,上海市"三八"红旗手4人,上海市新长征突击手6人。

学校着眼学生创新素养的培育,依据三类环境(Environment)问题(自然环境、人文环境和社会环境)作为创新素养培育课程的载体,开发出从科学(Science)和艺术(Art)两大视角入手,以培养学生社会(Society)责任感为导向的基于创新素养培育的"E-SA-S课程"。2018年10月24日,《上海科技报》以"高科技园区为松江二中开出科创课题,学子组团直面前沿科技挑战"为题,报道学校"E-SA-S课程"的

“G60 科创走廊项目”学习。学校在上海市教委批准下实施“创新素养培育实验项目”，机器人 DIY 实验室、生活中的化学创意实验室、数字天象馆等实验室的成果被收入上海市《创新实验室里的时代脉动——高中创新实验室撷英》。

自 2016 年起，学校生物学科竞赛成绩在上海市连年名列前茅，2018 年入选上海市代表队参加全国决赛 4 人，荣获金牌 1 枚、铜牌 3 枚，金牌得主、当时为高一年级的崔逸丰同学在赛场与清华大学现场签约，获 2020 年保送生资格。学校在青少年科创大赛中也屡创佳绩，在 34 届市青少年科技创新大赛中，共 46 个课题参赛，最终产生上海市一等奖 3 项、二等奖 10 项和三等奖 17 项，使生物又一次成为松江二中的名片。

学校致力于打造“云”系列社团，形成二中特色品牌，现有“云声”合唱团、“云影”戏剧社、“云云”辩论社、“云帆”读书社等。“云声”合唱团在 2018 年 11 月荣获“春华秋实影领秀”声乐组金奖；于 2019 年 4 月 30 日作为上海市唯一一所高中参加了“上海青少年纪念五四运动 100 周年主题歌会”，唱出了二中学子的爱国心声。

办学水平稳步提高、教师队伍充满活力、学生素养不断提升，二中人在新时代锐意进取，正谱写着高亢嘹亮的云间教育新曲。

图 5　松江二中校园

上海市松江区泗泾小学

"蒙以养正"的世纪传承

岁月留痕

20世纪这一百年,是中国文化教育新旧争斗、交替、革新的重要时期。中国报业巨子史量才,是一个谈报论教不可忽视的重要人物。

图1　养正小学(1904年)

1903年6月,养正小学(图1)创办开学,有四个年级、学生117人。该校为松江地区创办最早、校训校纪最完备的新式学堂。校长史量才,是年22岁。自学校创办,史量才始终将其作为一件有益开发民智的大事,从课程设置(学校课程设修身、国文、算术、历史、舆地、体操、唱歌、图画等)到教师延聘,乃至校训校规的制定,赋予种种的努力。养正小学校训十二条如下:学生力能自为之事当律己自为;学会洒扫应对等之作法;凡级班长值日长值日生应称职其事,使服习种种作业;养成遵守时刻之习惯;养成奋勉学习之习惯;养成清洁之习惯;学会敬礼之作法,见别向师长敬礼;养成爱校爱班之美德;养成遵守校规校纪之习惯;养成诚实之美德;养成平等互尊之美德;养成协同一致之风。

史量才于松江率先创办养正小学的功绩永载史册,其拟订的校训校规对今人的办学,启迪甚深。

校史回眸

松江区泗泾小学，地处松江区秀丽的水乡集镇——泗泾。学校的前身是县立第四高等小学堂和乡立第一初等小学堂，于 1904 年（光绪三十年）同期创办。1923 年两校合并，定名松江县立第四小学校，分初、高等两部，9 个班，学生 360 余人，教职员工 12 人。

1945 年，学校更名泗南北镇中心国民学校，1947 年改名泗泾镇中心国民小学。同年，邻校私立会波初级中学校舍划入。松江解放后，学校更名泗泾镇中心小学，下设辅导区，辖卖花桥、九里村等 18 所国民学校，并附设初中补习班。1953 年初，1903 年（光绪二十九年）由马相伯、史量才创办的私立养正小学并入。1954 年，学校更名泗泾镇第一中心小学（图 2），与泗泾镇第二中心小学（原东市街小学）分立两个中心辅导区。1957 年撤区并乡以后，学校更名泗泾镇小学，原辖村校均归入泗联公社中心校（原泗泾镇第二中心小学）辅导区。“文革”期间，工宣队进驻学校，学校领导体制改为“革委会”。

图 2　泗泾小学（1954 年）

1978 年 5 月，学校被定为县重点小学，更名松江县泗泾小学。1998 年改名松江区泗泾小学,校址在泗泾镇文化弄 30 号。2003 年整体搬迁至新校址:泗泾镇赵非泾路 75 弄 50 号。

1978 年恢复考试制度以来,学校经历了"从稳定中求提高,向管理要质量""从改革中求提高,向科研要质量""创设智力发展环境""优化静态和动态环境,促进五育和谐发展""优化环境,发展个性,培育现代人"等几个阶段,学校面貌日新。

图 3 泗泾小学(1994 年)

泗泾小学在长期的办学过程中,形成了优化静态和动态环境,促进五育和谐发展的特色。1982—2001 年,学校先后八届被命名为上海市文明单位、上海市农口系统文明单位,两次被评为上海市小学教育先进单位。1990 年,学校办学经验被编入《上海名校办学特色》一书,1992 年被编入《中国名校》。1981—2001 年,全校教职员工有 20 人被评为全国或市个人先进工作者。蒋顺茂被评为全国"五讲四美为人师表"优秀教师、全国优秀教育工作者,吴横宇被评为上海市优秀教育工作者,陆长杰被评为全国体育先进工作者。

近年来,泗泾小学秉承"蒙以养正,磨炼成才"的校训,始终坚持全面、科学的教育质量观、人才观,逐步打造磨炼教育的学校品牌,重视教育科研,在学校发展、教师成长和学生培养方面都取得了可喜的成绩。泗泾小学多次被评为上海市文明单位等,还获得了松江区教育科研先进集体等荣誉称号。2008 年以来,泗泾小学在区级考核中年年被评定为 A 级,教学质量在区内名列前茅,泗泾小学的语文、体育、科技等学科在市、区级层面上都形成了一定的影响力。包心怡校长入选长三角第一期名校长研修班,获上海市五一巾帼奖;先后有 10 多位教师被评为松江区学科(德育)名师。

图 4　今日之泗泾小学

历史撷英

春华秋实,人才辈出——百年泗小的校友们

百年泗泾小学,有着深厚的历史文化底蕴,培养了一批又一批的国家栋梁,校友的足迹遍及全国各地。养正小学,蒙以养正,百年岁月,春华秋实,人才辈出。其中陆盛年、闻宥、马荫良、张联芳、唐子韡等尤令人瞩目。

陆盛年出生于 1899 年,养正早期校友,后考入北京大学,深研国学。书法诗文得沙孟海以“香光遗韵”赞。抗战胜利后，曾回故里任泗泾镇镇长。重乡帮文献，拓译汪熙名刻《重修普渡桥记》《小武当记》。小楷法赵孟頫，榜书具苏东坡风格，泗泾商店招牌以出其手为荣。

闻宥出生于1901年，养正校友，历任广州中山大学、青岛大学、燕京大学、山东大学、四川大学、云南大学、西南民族学院等中文教授，被聘为法国远东博古学院通讯院士、联邦德国德意志东方文学会会员、土耳其国际东方研究学会会员。著作有国内首创的《古铜鼓图录》《古铜鼓考》，受国内外学者好评。其对羌语、彝文研究亦于国内外领先。论著丰富，著作等身。

马荫良出生于1906年，泗泾扶风马氏后裔，原名马骅，字一民。少时就读于养正小学，后考入省立松江中学（今松江二中），毕业于上海同济大学。史量才惜才，提携其任秘书，协助史量才革新《申报》，助其创办《申报月刊》《申报年鉴》《申报》流通图书馆和《申报》新闻函授学校。《申报·自由谈》刊七宝名士杨非柳《赵公元帅》及宋庆龄、鲁迅等文，成左联阵地。1934年（民国二十三年），史量才被国民党暗杀后，接任《申报》代总经理。新中国成立后，曾参与创办《上海人民报》，担任《申报》整理委员、《新闻日报》管理委员、华东新闻学院教授、上海新闻图书馆馆长、上海图书馆副馆长。1958年后，先后担任中国人民解放军外语学院教授、上海科技大学教授、上海新闻学会理事，也曾任上海市第一届人民代表大会代表、上海市政协委员等职。

张联芳出生于1905年，出身泗泾天主教堂张家，曾与史量才侄史剑光同学于养正小学，相契友善。史量才赞其敏而好学，怜其才，荐于《申报》充誊录校对，故练得一手好字，并随史学诗。后助编《法律大辞典》。终因书法诗词楹联成就卓著，被吸收为上海文史馆馆员，先后聘为春申诗社名誉社长、上海华兴诗画社名誉社长、上海百乐书画社监察顾问、淄博王连宝艺术研究院名誉院长、会友书画社丹青艺韵培训工程顾问、纽约四海诗社基本会员、世界书画家协会江苏分会名誉主席、中国国际交流出版社顾问编委、中国韩新书画家联盟艺术顾问、泰国全球汉诗诗友顾问等。

唐子韡出生于1917年，泗泾打铁桥唐家人，养正小学毕业，考入省立松江中学

（今松江二中），后考入上海水产学院。抗战胜利后，任松江县文化视察员。后承邀任广东省立水产技术专科学校制造专业系主任，新中国成立之初黄学祥校长旅居香港，托唐子鞾代理校长数年。唐子鞾精机械，善文，工书法。

秦兆贤出生于1898年，随父时礼入养正读书，尤善算术。为上海宝大祥账房。曾出资助学，修缮学生早晚必经的夏家东木桥等。

养正小学的培养不仅着重于文学，有些校友在美学上亦是大放异彩，这得益于养正小学的启蒙。胡旭光出生于1901年，十四岁养正毕业，后于莘庄木业当学徒，得业师资助考入上海美专，成为舞美影视专家。创机关布景，巧妙运用灯光、烟花、美工和衬幕等手段的交织，成功设计了孙悟空一个跟头能翻十万八千里等场面。担任《武训传》《宋景诗》《林冲》《林则徐》等著名电影的舞美设计，为《三国演义》《水浒传》《红楼梦》三部巨制绘制人物插图。

沈菊泉出生于1903年，养正校友。在苏州画院时，得费新我、朱欣生好评。擅长裱艺，揭裱、挖补无一不能。“文革”前，曾受邀往南京，对江苏省博物馆考古挖掘到的交子（我国最早的宋代纸币）进行修理。因其被挤压成块，不少专家束手无策，沈菊泉以明矾适温漂洗法，加以其精湛揭裱技艺，使文物揭下，复原如初，赢得同行和博物馆专家一致好评。

濮孟九出生于1898年，家住史明德堂隔壁。养正毕业，曾留学德国，于安徽财政厅长任上，资助安徽大学艺术系的创建。

除上述名家外，在泗泾小学培育下，作家、教师、教授、高级工程师、农艺师等人才辈出。陈品龙，1937届校友，大连市钢厂技改设计室工程师。赵碧云，1948届毕业生，山西电力建设总公司高级工程师。须辑，1948届毕业生，上海长江化工厂高级工程师。沈蕴新，1950届毕业生，曾任青浦县人大常委会主任，在九十年校庆时，不忘表达启蒙情。花心诚，1950届毕业生，江苏省建湖县农业局高级农艺师。谢肇新，1953届毕业生，甘肃兰州化工公司研究院党委宣传科科长，高级政工师。高飞，1954届毕业生，冶金部鞍山黑色冶金矿山设计研究院高级工程师。徐镇南，1955届毕业生，苏州大学副教授，经济学硕士，在他心目中母校就是光辉的摇篮。郁雨君，1969年出生，1982届毕业生，现当代文学专业硕士、著名儿童文学作家，已经出版小说、散文集14部,在多家报刊发表小说、散文、文学论文等,共计200余万字……

不变的是四季轮回,永恒的是执着追求,传承的是育人情结,无悔的是神圣奉献。泗泾小学承载着历史的辉煌,肩负着未来的开拓。从泗泾小学走出来的人才,遍布社会各行各业。泗泾小学无愧于“蒙以养正,圣功也”。

辉煌的体育课外活动——百年泗小“磨炼教育”的缩影

百年泗小,其体育课外活动也辉煌百年。

民国初年至抗日战争全面爆发之前,是泗泾小学教育发展的一个高峰期,体育在这二十多年中也有了飞速的发展。1915年泗泾小学的视察评估资料里保留了三年级学生的拳术表演和哑铃体操表演的摄影,队伍规整有序,学生的动作整齐划一、规范到位,展现了当时泗泾小学体育教学的风采。1917年,泗泾乡县立第四高等小学参加沪海道办的“上、松、金、青、奉、南、川七县公立高等小学联合运动会”,在排操练和拳术两项运动中获甲等奖状2张和金质奖章2枚(《松江教育志》,上海辞书出版社)。以上史实直接反映了当时泗泾小学在体育课外活动方面取得的成绩。1918年,松江开始检查高小学生的体格,泗泾小学检查的项目有身长、体重、握力、视力、肺量等,这体现了学校对学生健康和身体素质的重视。1937年抗日战争全面爆发之前,泗泾小学已建立起每日坚持做早操的制度。抗日战争全面爆发后,学校高级部遭到日本飞机的轰炸,校舍荡然无存,虽然在1940年4月参加了“县举行第一届中、小学联合运动会”(《松江教育志》,上海辞书出版社),但总体而言,其间学校的教学秩序受到了严重的冲击,场地失修,设备简陋,体育课放任自流,体育课外活动几乎完全荒废。

中华人民共和国成立后,泗泾小学体育课外活动虽走过曲折的道路,但取得了历史上从来未有的巨大成就。

泗泾小学继承了注重体育的优良传统,于1952年举办星期学校,广泛开展文体活动,“在全县小学生运动会上,曾获得良好成绩,男子跳高、女子跳远等田径项目,名列前三名”(魏一樵主编《中国名校》(小学卷),辽宁大学出版社)。1958年“大跃进”,全国开展教育大革命,与松江其他学校一样,泗泾小学的教育教学也“跃进式”发展,学校里出现劳动和社会活动过多的现象,打乱了正常的教学秩序。虽然1959年以后有所恢复,但似乎是仅仅保证课程的有序开展,在体育领域,没有留下任何有关比赛、竞技及活动的记录。1966年“文化大革命”开始后,体育课改为军体课,学校正常的体育制度被破坏,体育器材严重损坏。在这样的历史背景下,特别是“文化大革命”初期,泗泾小学体育课外活动各方面的发展根本无从谈起。

20世纪70年代起,泗泾小学体育的“停滞不前”有了很大的改观。学校对体育工作非常重视,严格贯彻强身健体、德智体全面发展的教育理念,“体育运动与学生的身体素质均有很大的进步,除身长外,其余身体素质均超过市的水平”(魏一樵主编《中国名校》(小学卷),辽宁大学出版社)。1971年6月泗泾小学举办田径运动会,晚上举行了火炬长跑,由此拉开了举办校田径运动会的序幕。以后学校每年都举办校田径运动会,并组织冬季长跑活动。此外,学校还组建了学校运动队。这说明泗泾小学的体育课外活动有了质的飞跃,具备了持续性和发展性。1974年10月,学校组织高年级师生野营拉练,步行到天马,由当地驻军负责军训。之后几年,学校还组织师生去佘山、辰山等地进行学军、学农活动。所谓的学军、学农,其实质都是通过训练、劳动,锻炼学生的身体,磨炼学生的意志,进而提高学生的整体素质。

此外,在竞技活动方面,学校也收获颇丰。1974年,泗泾小学被命名为上海市乒乓传统项目学校,在1980年前,校乒乓球队蝉联了12届松江县男女团体冠军。1977—1978年间,体育工作组连续三年被评为县先进集体。

改革开放之后,学校倡导体脑结合、全面成长,坚持二课、四操、二活动,经常开展群众性体育活动和小型多样的体育比赛,先后20次获上海市体育锻炼达标先进学校称号。1979年学校被评为国家体育锻炼标准先进学校,为上海市少体校输送了大量的运动员。1980年和1982年,学校在上海市小学基层“新长征杯”乒乓球比赛(郊县组)中分别获男子团体第4名和女子团体第2名。1981年和1982年,校田径队分别获上海市“层层破纪录”百米团体赛小学女子组冠军和男子组冠军。1982—2000 年间,学校获上海市体育先进集体 3 次。1981—1985 年,泗泾小学在全市中、小学“健康杯”评比活动中被评为“健康杯”优胜学校。截至 1980 年,泗泾小学 12 年蝉联全县小学男、女乒乓球冠军,被列为上海市体育传统乒乓球、田径项目重点学校。1980 年以后,泗泾小学获得上海市百米团体赛小学男子组第一名,市女子 200 米第一名和 400 名第一名,4×100 米女子接力赛第三名和男子接力赛第二名(魏一樵主编《中国名校》(小学卷),辽宁大学出版社)。1995 年获评上海市体育传统项目学校(田径),获得上海市第七届小学生运动会郊县组足球比赛第三名。

1987 年开始,学校进行“磨炼教育”的实验,提出“学会做人、完善人格,全面提高学生各项素质”总目标,进行“学会生存、学会学习、学会生活、学会交往”四个板块内容的操作实施,学校被确定为区磨炼教育实验学校。磨炼教育的载体之一为课外活动“三日营”(图 5),即通过组织毕业班学生集体外出宿营训练,锻炼他们的身体,磨炼他们的意志,使他们在远离亲人照顾的情况下,能自立自强、互帮互助,提高生存和交往的能力。

图 5 “三日营”活动已坚持近 30 年

“三日营”活动不仅注重学生身体素质的发展,也注重与德育、智育相结合,促进学生的全面发展。每一届“三日营”都有不同的主题,把体能锻炼、意志磨炼与思想教育结合起来:有爱国教育的主题,如“寻找烈士足迹”“知国情、练双手、建家园”“雏鹰爱国旗”“祖国妈妈,我爱你”;有增长知识、磨炼意志的主题,如“寻足迹、炼意志、献爱心”“磨意志、长知识、练身体”“磨意志、练本领、学科学、长知识”“雏鹰展翅,创新添辉”“我是小小长跑手,面对困难不低头”;也有主人翁意识教育的主题,如“练就勤巧手,争当小主人”“我是世纪小主人”“体验自主生活,做合格公民”“感受五彩世界,体验多姿生活”……

从20世纪90年代中期开始,泗泾小学体育工作一度出现了大滑坡,特别是在2002年松江区中小学生田径运动会上,学校男子团体总分仅仅为2分,跌入了历史的最低谷。9月,学校召开了研讨会,全面客观地分析了原因。统一思想后,学校以“磨炼教育”课题研究为突破口,面对困难没有退缩,不到一年,就在2003年区中小学生运动会上勇夺小学组团体总分第一。如今,在区教育质量督导中,体育已连续四年位列全区小学组第一,体育课外活动形式也日益丰富多彩。比如,泗小实行了“快乐晨间”活动,同学们把“快乐晨间”亲切地称为“我们自己的节日”。泗小每年举行“铸德杯”体育节,要求做到班班有团队,人人有项目。可以说,“铸德杯”体育节已成为泗小学生校园生活中一道必不可少的“体育文化大餐”。泗小学生在快乐的节日文化中磨炼成长。

泗小体育课外活动还重在让学生在科学竞技文化中磨炼成长。“阳光伙伴”活动旨在呼吁全社会关注未成年人的素质教育,让孩子们学会合作、坚强、信任。2007年初,学校成为松江区第一家开展“阳光伙伴”的学校,学校以此作为“磨炼教育”的创新品牌项目;4月14日,在上海市“阳光伙伴”决赛中学校代表队跑出了10秒32的优异成绩;5月7日,在松江区首届“阳光伙伴”比赛中学校获得冠军。

近年来,泗小体育课外活动又开发了新的生长点——击剑,成绩显著。击剑运动是一项智者的运动,对青少年身心的健康发展有很大的帮助。学校规划把击剑作为学校重点建设的校本特色课程。在平时的训练过程中,注重技术训练与思想教育相结合、分层训练与实战比赛相结合、田径基础训练与击剑训练相结合,循序渐进,稳打稳扎。目前泗泾小学已连续三年取得区击剑比赛金牌和奖牌数第一,在2009年首届上海市学生运动会上取得1金5银3铜的佳绩,先后为市二三线队伍输送了12名运动员。泗泾小学击剑运动员在各类比赛中表现出“训练有素,坚忍不拔”的泗小风格,得到了大家的广泛认同,选送的队员品学兼优,得到了普遍肯定,有6人先后获2007、2008、2009年市级比赛团体冠军或个人冠军。这些成绩固然可喜,但泗小人有更大的追求——让更多的学生投入到阳光体育运动中去,让他们从中得到锻炼,获得快乐,才是学校最终的目标。

一分耕耘,一分收获。目前,学校形成了领导重视、教师支持、教练敬业、家长配合、学生参与的良好体育氛围,学校体育课外活动出现了前所未有的繁荣景象。同时,体育也促进了学校素质教育的蓬勃开展,提升了学校的教学质量和知名度。“路漫漫其修远兮”,泗小将继承和发扬体育精神,创建“有思想、有文化、有人才、有质量、有品牌”的“五有”市级和谐校园,为基础教育添砖加瓦。

上海市松江区中山小学

领20世纪小学语文教改的风气之先

岁月留痕

1802年(嘉庆七年),松江知府康基田、教授陆梓在华亭县治东南唐宋忠康祠的景贤坊内建景贤书院,“为文童肄业之所”。此为中山小学之前身。鸦片战争后,西方资本主义进一步入侵,国家贫穷落后。教育家和实业家主张“教育救国”“教育强国”,兴新学。1902年(光绪二十八年),松江知府余九穀、华亭知县林丙修、娄县知县屈泰清详准“景贤书院议改为华、娄两县小学堂”。翌年七月十二日开学,校名改为华娄官立高等小学堂,学制三年。此为松江境内第一所新制高等小学。作为新制学校,中山小学校史由此始。中共早期重要干部、革命先驱侯绍裘烈士早年曾就读于此。

从20世纪50年代起至21世纪初,中山小学从未停止过语文教学改革的探索实践,并取得了一定的实践效果,一年级语文教改成功经验走向全国,学校还成立了上海地区第一个小学生文学社。

图1 华东师范大学教改工作组与中山小学老师合影

校史回眸

1912年1月,学校改名为华亭县立高小学校,1914年又改名为松江县立第一高等小学,时称“一高”。贯彻“注重德育教育,以实利教育和军国民教育辅之,更以美感教育完成其道德”。废止读经课,加强手工课,兵式操。校训为“恭、俭、勤、慎”,教学质量居全松江之冠。我国公路泰斗赵祖康、著名出版家赵家璧、文坛巨匠施蛰存、著名矿业专家倪桐材、著名电机专家寿俊良、《水浒新传》作者褚同庆、松江现代教育界人士沈联璧以及画家于廉元等早年均为“一高”学生,国民党左派朱季恂则是“一高”教员。1937年8月,日本侵略军的飞机轰炸松江城,校舍被毁,仅剩一幢教学楼,也为日伪县政府占用,学校遂停办。1939年1月,在普照寺南复校,改名普照寺小学。1942年,学校又被日军占用,迫迁普照寺路南段的圣公会,条件极为艰苦,直至抗战胜利。1949年春校名为松江县中山镇第一中心国民学校。

1949年5月13日松江解放,5月16日学校即由军管会派员接管。1951年改名松江县中山镇第一中心小学校。根据市郊小学特点,开展“五爱”教育,初建社会主义“新中山”。1958年被定为县重点小学,1959年被定为上海市重点小学。“文革”期间,学校改名为雷锋小学。1978年,与县政府置换土地房屋,学校迁至通波塘东新校舍。1981年定名松江县中山小学。1985年取消重点初中考试后,努力贯彻“两全”——“全面贯彻教育方针,面向全体学生”,学校进入素质教育实践,面向全体,为课外拓展活动最活跃之时期。1993年7月,与松江县松汇小学“撤二建一”,校名沿用中山小学。学校以“科研兴校”为发展目标,“骨干教师自我培养”取得显著成绩,1997年起开展“大语文”教育,构建起“一基两翼”教育框架。2002年6月,与松江区永丰小学“重组”,在永丰小学原校址“协办”新建择校招生的改制学校——松江区中山永丰实验学校(2007年又恢复公办),并与之成立中山小学教育集团。

中山小学110年的历史,是“以德立教、科研兴校”的历史。学校始终坚持爱国主旋律,以弘扬传统美德为重点,无论是教育内容还是教育方法,乃至师资培养,都坚持以"科研兴教"谋求学校发展与育人的质量。

历史撷英

爱国之歌,从"教育救国"一路唱响

"一高"时期的"教育救国"。中山小学的前身华娄官立高等小学堂是松江知府与华亭县、娄县两县知县亲自商定开办的,民国初期又作为松江县立第一高等小学,因此,无论是办学条件、师资,还是教育思想、教育质量,在当时是最好的,"教育救国"的思想也是最强烈的:办好学校、改革教育、教好学生就是"救国",就是"强国",就是"爱国"。这可以从几个方面来体现:

一是师资。"一高"老校友、《水浒新传》作者褚同庆回忆说:"'一高'的师资水平,是全县小学中最高的。校长钱鲁詹在松江教育界颇有声望,每周晨会,向同学讲话,偌大一个操场,竟鸦雀无声。他教我们书法,在黑板上用粉笔写擘窠大字,每个字有一米多见方,分析字形结构,使我得益匪浅。国文教师王佐才,为清末秀才,博学,思想进步,讲解清楚,特别是朗读课文,极低徊咏叹之妙,我的国文根底,就是在这时打下的。算学和地理教师陈夷白,教学认真、诲人孜孜不倦,解析四则难题,务使全班学生都能懂得,学期考试,无一人不及格。历史教师宋纫韦(后任校长),讲解课文,更是旁征博引。上他的课,使人乐而忘倦。他有强烈的爱国思想,讲到近代列强欺负我国割地赔款时,慷慨激昂,义形于色,使学生为之动容,油然而生爱国之心。体育教师翟华斌,教我们队列操、徒手操、器械操(哑铃操、棍棒操、枪操),也教我们打'谭腿'和'八段锦'……"从老校友的话中可以看出,当年的校长和教师都怀着一个"救国梦",或者叫作"强国梦"!

其二,好几位耄耋之年的老校友,都能背出当年的"校训"和"校歌"。"校训"是"恭、俭、勤、慎"四字,高悬在学校的穿堂之上。育人的理念严谨朴实,字字千

斤。而校歌中除了“恭俭勤慎奉为标”一句强调校训之外,另有一句“科学戒皮毛”,更是发人深思!它告诉世人,也告诉后来者,学校要培养具有真才实学的人才,必须脚踏实地,力戒浮躁与形式主义。

其三,“一高”组织学生参加反帝反封建的斗争。据《申报》记载,1919 年 5 月 9 日,为纪念“国耻日”(1915 年 5 月 9 日袁世凯同意签订“二十一条”卖国条约),与省三中等校学生一起举白旗游行,并“茹素一日”。5 月 27 日至 28 日又组织“学生救国会”和“童子军救会”,赴岳庙等地演讲,并组织游行,沿途分送传单,宣传爱国思想,继续声援北京学生“五四”爱国运动。

另据《民国日报》1921 年 4 月 3 日载文,“一高”于(三月)二十八日上午举行第四次成绩展览会,“内以书法手工两种为最”“来宾甚多”,学生将自己手工制作的鲜果标价出售,“所得之资,悉充北方赈捐”。这一义举,既培养了学生制作手工的技能,又培养了学生爱国爱民的感情。

其四,“一高”时期的杰出学子后成为国家栋梁和时代精英的特别多,他们的事迹也特别感人。如侯绍裘烈士,他是松江的第一个共产党员,是中共早期的重要干部,既是革命家,又是教育家。为了接办景贤女中,他和老师、同学变卖家产;学校办起来了,他和老师朱季恂(国民党左派),不拿工资,其他 11 位老师只拿一半工资。侯绍裘发展了一批共青团员和共产党员,也使景贤女中成为培养革命人才的摇篮。1927 年 4 月 10 日,他在南京郊外召开干部会议应对蒋介石反革命叛变时,被反动武装秘密逮捕。蒋介石企图以“江苏政府主席”的职位对侯绍裘诱降,侯绍裘严词拒绝。三天后,侯绍裘被敌人残忍杀害。侯绍裘殉难时,年仅 31 岁。1913 年侯绍裘在“一高”毕业时,是全校两名最优秀的毕业生之一(甲等)。正是“一高”和后来的“省三中”(今松江二中),为他的革命人生奠定了基础。

新中国成立后,松江县委、县政府为烈士建立陵园,由陆定一书写纪念碑碑文。从 20 世纪 60 年代开始,每年清明节中山小学总要请侯绍裘烈士亲属向师生介绍侯绍裘英勇事迹,或者全校远足去烈士陵园扫墓,在墓前介绍烈士事迹已成为中山小学进行爱国主义教育的传统。

另一名著名校友是赵祖康。他自幼爱听英雄的故事。他在“一高”读书时,擅

图 2 1949 年 10 月 7 号,师生参加松江县庆祝新中国成立大会

长作文,曾获全县作文金质奖章。进入中学后,曾在桌上贴字条“勤于读书,爱国爱民”以自勉。在就读交通大学土木工程专业时,将“致力工程,为民服务”作为终身奋斗目标。曾写下“开边须筑路,救国仗书生”的豪迈诗句。进入南洋大学的第二年,即投身“五四”爱国学生运动,奔走呼号,主编刊物,宣传爱国反帝思想。20 世纪 30 年代,他目睹我国公路的落后情况(全国公路仅 2 万公里,且互不连通,质量差,多为晴通雨阻,桥梁多为木质临时式的,过大江大河多为人工摆渡……),引进先进技术,健全交通管理制度,培训人才,并在施工实践中进行科学试验。在他的努力推动下,至 1937 年抗战全面爆发前夕,全国公路增加了 8 万多公里。抗战全面爆发后,他组织力量,奔赴前方抢修公路,又加紧策划我国大西北、大西南国际补给线的修筑,奋不顾身地奔波在蜀道天险之间和黄土高原之上,为抗日战争做出了贡献。他积劳成疾,却乐观地写下了“久愿风尘殉祖国,宁甘药饵送余生”的诗句。1949 年 5 月,上海解放前夕,在国民党策划破坏、局势极度混乱中,他曾担任七天上海市代理市长,对维持社会治安、保护国家和人民的财产做出了贡献,得到了陈毅市长的赞扬。上海解放后,曾任上海市副市长、市人大常委会副主任。

1993 年 9 月,93 岁的赵祖康为少年时代的母校中山小学 90 周年校庆写下了“桃李满天下”的题词,该题词即被制成铜字,镶嵌在校大门的上方(图 3),二十多年来一直激励着中山小学的师生，为祖国的明天而教书育人，为祖国的明天勤奋学习，诚信有为地做人。

图 3　赵祖康 1993 年给母校的题词

“一高”时期的著名学子还有文坛巨匠施蛰存；《新水浒传》作者褚同庆；中国出版界元老，翻译家、作家赵家璧；中国著名矿业专家倪桐材；中国著名电机专家，1959 年主持设计我国第一台双水内冷发电机，使我国电机制造达到国际先进水平的寿俊良；著名学者，编辑《朱自清全集》的北京大学教授浦江清等。

抗日小英烈夏秋生。1938 年冬，因学校停办而辍学在家的五年级学生夏秋生，怀着对日本侵略者的无比仇恨，用石块在方塔墙上写下了“打倒日本帝国主义”八个大字。后被日军查出。日本兵如临大敌，把夏秋生拖到方塔脚下，用手枪和刺刀对准他的胸膛，要他说出是谁叫他干的，他怒目而视，一言不发，最后被日军用刺刀刺死，时年 12 岁。

1995 年 9 月，纪念抗日战争胜利 50 周年，松江县人民政府立夏秋生铜像于松江区中山小学校园内。铜像由著名女雕塑家卢琪辉创作，著名画家方增先题字。夏秋生铜像已成为松江区少年儿童爱国主义教育基地。除了每年清明节各班学生前来祭扫外，每天清晨，都有轮值学生打扫卫生，多年来从未间断。少先队的入队仪式也总是在夏秋生雕像前进行。学校还将夏秋生英雄事迹写成了朗诵诗《方塔下的小英雄》，多次搬上舞台，在区、市均获演出奖和创作奖。

贾韵笙一家与中山小学。贾韵笙，1910年生于松江张泽，1923年进入省三中（松江二中）读书，1925年秋，转入侯绍裘创办的松江初级中学，进一步接受革命思想，并参加了共青团。在侯绍裘等人的领导下，开办平民学校，教农民识字，反对军阀政府的卖国行为，1926年转到上海大学附中，加入中国共产党，和著名烈士吴志喜等7人组成中共松江第一个党支部。1926年冬，被党组织派往中央军事学校武汉分校学习，听过毛泽东等党的领导人的报告，还参加过保卫武汉的战斗。他的8个子女都在中山小学读书，最多时有四个孩子同时在校读书。贾韵笙一直没有透露自己的特殊身份，但他的心中一直装着孩子们读书成长的学校。

贾韵笙除了参加松江地区地下革命活动，还以进步思想影响着学校的青年教师。1948年底至1949年，国民党反动派统治已风雨飘摇。这个时候，贾韵笙家住进了几个中山小学的青年教师和其他人士，其中有青年教师樊玉明、顾静娴等，他们利用晚上在贾家的小阁楼上举行秘密读书会，刻蜡纸、印传单，还出去散发张贴，反对国民党黑暗统治，迎接解放。贾韵笙读高中的大女儿贾瑛也参加了进来。1949年5月13日，松江解放。不久，樊玉明参加了中国人民解放军第三野战军，后加入中国人民志愿军赴朝作战，贾瑛也参了军。而贾韵笙却因患肺癌病故，未能看到松江解放，故至死未透露其真实身份。

贾韵笙病故后，家中断了经济来源，生活十分困难。学校免除了孩子们的全部学杂费，还让他们在学校搭伙，帮助孩子们走出了困境。1955年前后，孩子们的母亲听说学校扩建校舍缺少砖头，就伸出援手，将自家田园里的围墙拆去，送给学校。孩子们都很努力，也都很优秀。8个子女中，除一子英年病逝外，7个子女继承父亲的遗志，在祖国的四面八方都有了自己的事业，以不同的职业方式报效祖国，并告慰将自己的一生献给祖国解放事业的共产党员父亲。而当年那个青年教师樊玉明，从朝鲜回国后，转业回到了家乡浙江常山继续执教，1984年离休后与诗、书、画结缘，成了浙江诗词学会和中华诗词学会的会员。如今，年届九十高龄，还在辅导家乡的青少年学诗、学书、学画。

拳拳爱国心。王秀珠老师是归国华侨，无论退休前还是退休后，她都怀着一颗拳拳爱国之心，为学校、为社会，全心全力做着“分外事”。

21世纪初，她经人介绍去松江东部开发区辅导日商家属学汉语。在辅导学习汉语的同时，她不失时机地向他们讲日本侵略中国的历史。日商家属说，他们日本的教科书里没有写这段历史，于是她就带那个日商家属到中山小学校园参观夏秋生铜像，再到松江二中参观，告诉那个家属，日军侵占松江后，二中只剩下一座“树人院”。那家属看后才相信，发动那场战争的日本人有罪，并说一定要让日本少年知道。过了几天，她就组织了10多个日本青少年特地来到中山小学参观，在夏秋生雕像前默哀（这一镜头正好被松江摄影家吴四一先生拍了下来）。他们表示，不要战争要和平，中日人民要世世代代友好下去。

语文教改，几代中山人的梦

1959年，低年级语文教改经验走向全国。1959年秋至1960年上半年，在当时“教学大革命”的形势下，一年级语文组的马锦澂和同组的潘水池等一起，大胆创新，大胆实践，并在华东师大教改工作组的帮助下，创造出了“大量识字、大量阅读、提前写作”的低年级语文教改经验，得到了上海市委和市教育局的肯定，市委书记杨西光曾来校听马老师的语文课，市教育局局长孙兰和教学处处长吕型伟也经常来校调研指导。1960年，一年级语文组被评为全国文教先进集体，学校被评为上海市先进单位。6月1日，潘水池老师赴北京参加全国文教群英会，受到党和国家领导人刘少奇、周恩来、彭真的接见。大会期间，学校教改资料送教育部展览，温小云老师担任讲解员。同日，《人民日报》《文汇报》刊载了中山小学经验；《新民晚报》发表了学生应兰芳的作文《我们要做毛主席的好孩子》并附照片。《小朋友》《儿童时代》《中国少年报》也都刊载了学生作文。王静美校长代表学校出席上海市文教群英会。因当时辽宁黑山城关小学有集中识字经验，而上海的中山小学有分散识字经验，故当时有“北有黑山，南有中山”之赞誉。

中山小学的语文教改经验《破除迷信，大胆改革一年级语文教学》被编入全国文教群英会专辑《文教战线红旗飘》。

该经验的具体做法是：①通过大量阅读和其他各种方式，千方百计地使学生增加识字量，丰富词汇；②丰富儿童生活，联系生产实践，发展想象、思维能力，使学生有话可说，有情可抒；③从儿童智力发展的实际出发，由述到作，由易到难，加强对作文的具体指导。

这次经验，五十多年来一直影响着中山小学的语文教改。

一生献给语文教改——唐鸿玉识字教学的“两把钥匙”（图4）。唐鸿玉原是上海实验小学老师。1949年毕业于新陆师范。1950年走上了新中国的教育岗位，不久分配到上海实验小学工作，并成为一名骨干教师。1960年，上海市委要实验小学支援松江中山小学，唐鸿玉欣然离开了繁华的市区，来到松江工作，成为一名“乡村女教师”，直到1987年退休。在长达37年的教学生涯中，她始终致力于小学低年级识字教学的改革实践，创造了“两把钥匙”的教学方法——利用课文插图，打开兴趣之门，调动学生积极性；利用课文内容，打开生字宝盒，自然地出示生字，将生字教学与词、句教学结合起来，做到“字不离词，词不离句”——改变了过去孤立进行生字教学的方法。她上了数不清的公开课，其中不少课堂实录被编入有关书籍。1977年唐鸿玉被评为上海市教育先进个人，1980年被评为上海市“三八”红旗手，1986年又获上海市“文汇”园丁奖。

图4　唐鸿玉老师在上低年级识字教学课

"文学熏陶,童话起步,系列训练"——唐剑锋与小鹿文学社。1985 年 6 月,刚满 5 年教龄、爱好文学的青年教师唐剑锋,怀着对传统语文教学,特别是传统作文教学进行改革的愿望,提出了创建小学生文学社的设想,得到了曾同为中山语文教师的作家王勉的支持,并为之起名"小鹿文学社"。这是上海地区第一个小学生文学社。在学校领导和老师的关心支持下,在唐剑锋的精心辅导下,文学社显示了强大生命力,一批"小作家"开始崭露头角,1991 年出版第一本学生优秀作文选《晨鹿》,之后又相继出版多本。唐剑锋的作文指导书《教你怎样写好作文》等也陆续出版。小鹿文学社成了中山小学作文教学的一个品牌。唐剑锋总结的经验是"文学熏陶,童话起步,系列训练"。

1987 年唐剑锋被评为上海市新长征突击手,在 20 世纪 90 年代得市教科研三等奖,被评为区学科名师。

"一基两翼""三步四段""六个结合"——朱学清校长引领"大语文"。1997 年起,朱学清校长在审视国内语文教学现状及本校校情的基础上,在全校开展"大语文"教育研究实践。在语文教育专家的指导帮助下,在全体语文老师乃至全体老师的共同努力下,发挥团队力量,历经数年研究,构建了"一基两翼""三段四步""六个结合"的"大语文"教育体系。该课题获上海市教科研三等奖,学校课题组被评为上海市第五届教育科研先进集体。语文教研组被评为上海市优秀教研组,"大语文"教育研究课题组被评为上海市劳模先进集体,朱学清等主编的《"大语文"教育研究》《"大语文"学习》《"大语文"教育读本》《"大语文"教育研究经验》在《文汇报》等多家媒体刊载。

在"大语文"的影响下,许多语文骨干教师积极进行语文教改,创造性地进行"小改小革",收到了一定的效果,成为"大语文"的有机部分。

开掘利用校园人文资源的传统

利用校名"景贤"育人。1802 年(嘉庆七年)在景贤坊内建景贤书院(今学校总部操场东)。1992 年 5 月,命名新大楼中的五角厅为景贤厅,匾额由校友、书法家林晓明书题。2013 年 7 月,中山小学在唐经幢与夏秋生塑像之间的花坛里立“景贤碑”,花岗石材质,碑高 2.57 米,上书“景贤”二字,由教师、书法家顾俊峰书题。“景”:佩服、敬慕;“贤”:有道德的,也指有道德、有才能的。“景贤”:敬慕有高尚道德的,也指景仰有高尚道德和有才能的人。以“景贤”为校名,以“景贤”为校训,意为以德立校、以德立教、以德立身、以德树人,教书育人,德才兼备。

利用校园文物开展爱国爱校教育的经验。美丽的教科书,千年唐经幢。唐陀罗尼经幢(简称“唐经幢”)建于唐大中十三年(公元 859 年),为青石制作,高 9.3 米,由 21 级石雕组成,1962 年公布为市级保护文物,1988 年公布为国家级保护文物,是上海地区现存最古老的地面建筑。

唐经幢气势雄伟,造型华美,浮雕生动形象,具有很高的艺术价值和文物价值。1962 年修复以来,一直成为学生爱国爱校爱家乡的校本教材。校园整体也逐步形成了以唐经幢为中心景点的古色古香的人文校园。

学生经常以唐经幢为背景,拍摄毕业照和各种留影。教师结合教学,引导学生组织摄影、写生、写作,还向学生讲述唐经幢的美丽传说。

宣传校友中的感恩故事。送生玫瑰,校留余香——九十离休干部张锡荣感恩当年。1936 年,在观音桥小学读五年级的学生张锡荣因交不起学费辍学在家,后经人介绍进杨家桥小学复学,学校免除其学费,使其完成学业。后张锡荣参加华阳桥地区地下党。上海解放后,担任县财政部门干部。2013 年 7 月,年届九十的离休干部张锡荣,为报答当年学校给予的“减免”之恩,向学校捐资十万元,希望学校越办越好。

良师益友何新霞,学生心中永远的爱。1960 年 6 月,上海市教育局调黄浦区一中心教师、市教材编写组的何新霞和市实验小学的唐鸿玉来校任教,担任市五年制试点班的工作。何新霞是在大学时就入党的年轻党员,业务能力强,待人热情诚恳,很快成为青年教师的知心朋友;她爱护关心学生无微不至,如同对待自己的孩子,也很快成为学生的良师益友,到 1964 年学生毕业,师生结下了深厚的情谊。1965 年何新霞调北京教育部参加教材编写,“文革”中曾受压迫,后几经周折,调至南通市教育局,不久患上了不治之症,1992 年 3 月去世。何新霞在上海化疗期间,病榻前总有学生的身影;得知老师病逝,学生连夜赶赴南通;根据何新霞遗愿,墓地由学生选址在天马山;每年清明总有学生前去扫墓,一名当年的“皮孩子”,言必称恩师,每年清明、教师节、冬至三次都要前去祭扫,18 年来从未间断。

图 5 1990 年 64 届(1)班学生陪护患病的何新霞老师回母校

何新霞老师以其教育之大爱师恩,赢得了全班同学刻骨铭心的爱,学生也以尊师之大爱深情,回报恩师,其中的故事,感人肺腑,催人泪下。

上海市奉贤区南桥小学

百年传承“文道统一,德才见长”

岁月留痕

清嘉庆九年(1804年),在松江府的督促下,知县艾荣松率多位绅士捐款集资创建了奉贤县第一所书院——南桥小学的前身文游书院。

光绪三十年(1904年),西学东进,西方先进思想和文化以及科学技术一起传入中国,书院教育已经远远不能满足中国社会的需要,不能适应新知识时代的发展。1904年,开明乡绅朱家驹把文游书院改名为文游学堂,自任第一任校长。

两百多年沧桑岁月,两百多年风雨历程,在这峥嵘岁月中,一代代人为南桥小学,为教育事业倾注了毕生的心血,正因为有了他们才使南桥小学在丰厚的底蕴中不断传承,不断创新,成为南上海的一片教育沃土。

校史回眸

1914年,文游学堂更名为奉贤县县立第二高等小学。1936年(民国二十五年),由时任县教育局长王鸿文牵头,将求吾初级小学和养正初级小学并入南桥女校,合称南桥小学。

抗日战争时期,南桥小学校舍被日寇侵占,汪伪政府设学校于南桥西街,定名为南桥模范小学(图1)。

1945年奉贤解放,学校由政府接管,再次更名为南桥中心小学,担负南桥区内各乡校的辅导工作。

图 1　南桥模范小学学生毕业照片

近 20 年来，在全面推进素质教育的实践进程中，本着“在继承中求发展，在改革中创特色”的指导思想，南桥小学始终把握学校文化根基，不断履行历史文化传播和创新的使命，努力传承“文道统一，德才见长”的传统文化，倾心尽力践行“敦品重学，文博雅美”的办学理念，全力勾画学校愿景；在“和谐发展”办学模式的研究基础上，通过多年的实践形成了五大方面的特色：“四位一体，全员参与”的德育活动模式；“低负高效，分层递进”的课堂教学形式；“个性张扬，多元发展”的艺术教育特色；“纵横贯穿，自主创新”的科技教育理念；“崇尚自然，统整渗透”的环保教育思路。学生和教师在学校教育教学中获得智慧与道德的同步成长与全面和谐的发展。

历史撷英

朱家驹——致力家乡教育的开创者

朱家驹(1857—1942)，字昂若，奉贤泰日人。

1879年（光绪五年），他以乡试第十四名中举人，曾经五次考进士，但都未被录用。1890年（光绪十六年），他被知县聘为肇文、文游两书院讲席。朱家驹常常把自己担任讲席所得的酬金贴补给出身贫寒的学生，博得了书院同仁的交口称赞。

1891年（光绪十七年），江南乡试，监试刘式通请朱家驹帮忙批阅。推荐上来的总共有18房考卷，朱家驹都详细批阅，江南的读书人对他的点评无不佩服。

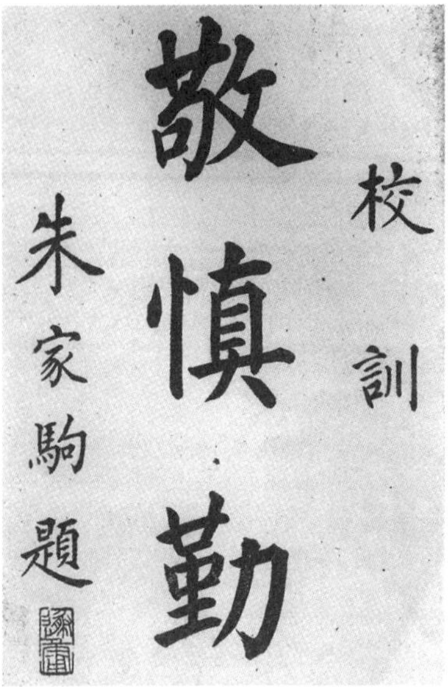

图2 “敬、慎、勤”校训

1901年（光绪二十七年），朱家驹被大家推举为自治会会长兼学务公所总董。1904年（光绪三十年）后，他将肇文、文游两书院改为学堂，并创设开泰等乡镇小学40多所。学务公所改为劝学所后，朱家驹为解决学校办学经费的不足，除想办法筹集外，也常用自己每一年所得的薪水贴补各小学办学经费。朱家驹在掌管文游学堂和后来的奉贤“二高”（今南桥小学）期间，治学很严，并提出了“敬、慎、勤”的校训（图2），希望书院的孩子“恭敬有礼、博学慎思、慎独自律、勤思创新”。校训为文游文化奠定了良好的基础，成为南桥小学一笔厚重的历史文化财富。

光绪末，知县朱庚旦贪污受贿，朱家驹与兄长朱家骅上告官府，结果，知县被查明撤职，没收的钱款全部充作办学经费，让当地百姓拍手称快。

金坛冯蒿庵总纂《江苏通志》时，朱家驹任分纂之职。1920年，朱家驹应县知事赖葆枕聘修县志，制订志例数十条。

他工诗词，善书法，浑朴得古意。晚年曾入武进苔岑社、上海鸣社、常熟虞社等诗社，“与四方名流闺秀唱和，邮筒往反无虚日”。著述甚丰，尤其是诗，每年积稿必盈寸，所有诗文，均记日记中，约有200余册。诗集有《闻妙香斋诗存》（现存区档案馆）、《稀龄唱和集》《重游泮水唱和集》及手迹《遯庐近墨》。吴昌硕评价其书法“名重艺林，求者踵接”。

曹祖忞——弘扬文游精神的传承者

曹祖忞(1915—1994),男,字瑞棣,这是一位清瘦矮小的老人,脸上的皱纹记录了他终身劳碌的印痕。他在南桥小学发展史上,留下了不可磨灭的篇章。

曹父晋梅先生也曾是南桥小学的老校长。在他年幼的时候,就立下了继承父志,当一名乡村教师的志愿。1931 年,他才 16 岁,就成为奉贤县乡村师范的首届毕业生,从此走上教育岗位,开始了一生传奇、艰苦、曲折的人生道路。

曹祖忞担任南桥小学校长之时,正是中华民族处于危亡之际。曹祖忞四处奔走,将原南桥小学(抗战时为日寇占用)加以修缮扩建,筹建成新的南桥小学,后为南桥中心小学。

1946—1949 年,南桥小学由于曹祖忞励精图治,认真办学,严格管理,教学秩序迅速恢复,教学质量明显提高。他善于发现人才,使用人才。只要他知道哪里有好教师,他就会千方百计地把他请进来。学校需要英语教师,他就路远迢迢到上海去请。那时交通不便,去一次上海得花上一整天时间,一次又一次,终于把理想中的教师请来。学校的军号队需要指导教师,他又千方百计去找军队的司号长来帮助。由于聘用高质师资,学校教学成绩斐然,称誉于奉贤各乡各地。家长纷纷将子女送来南桥就读,为此曹祖忞办理寄宿制(男女兼收)。当时学生来自钱桥、青村、柘林、新寺、胡桥、庄行等各乡,寄宿制致力于严格管理,有专职教师辅导,伙食丰富,讲究营养,上夜自修,定时作息,晨起早操,生活学习规律,所订制度全面,有益于青少年健康成长。

曹祖忞主持南桥小学工作后期,正是解放战争时期。国民党反动派节节败退,加强了对革命者的残酷镇压。为了开展地下斗争,不少解放区的地下工作者奉命向国民党统治区转移,一些革命者以教师的身份,来到南桥小学工作。在曹祖忞的掩护下,不少地下工作者如期完成任务。受他掩护的有汤英、林成雄、王雅琴等同志。林成雄同志在上海解放后担任了奉贤县第一任副县长。

在极“左”政治风暴中,曹祖忞曾遭受不公正的待遇,身心健康受到极大的摧残,但恢复名誉后,仍不辞辛劳为奉贤县修编县志,为奉贤人民留下了一笔宝贵的财富。

由于历史的原因，曹祖晟晚年生活清苦，又身患疾病，1994 年 1 月走完了他人生的道路。悠悠岁月，哲人已逝，但曹祖晟作为一个教育工作者，他的人格和道德，一直留在奉贤人民的心中。

高宗达——育人四十载，编著五百万

高宗达，男，1933 年 5 月 31 日出生于江苏江阴一个城市贫民家庭。1950 年 2 月到奉贤当学徒，后经奉贤县文教科考核，以优异成绩录用为小学教师。1988 年 4 月被评为中学高级教师，1989 年 7 月参加中国民主同盟会。1992 年获县政府荣誉称号和上海市园丁奖。高宗达“育人四十载，编著五百万”的事迹在《解放日报》《上海郊区报》《联合时报》及奉贤当地电台、上海人民广播电台和上海电视台作过多次报道。个人事迹曾被编入《上海普通教育系统高级专家名录》《中国当代语文名师传略》。其个人档案成为奉贤区档案馆收藏的第一位名人档案。

高宗达从教 40 余年，他在教学工作中善于通过语文教学、少先队活动对学生进行政治思想教育，曾系统地指导学生阅读陶承的《我的一家》和吴运铎的《把一切献给党》等革命故事，并指导学生跟吴运铎通信，以英雄事迹教育学生。为了加强德育工作，在学校创办了班主任工作研究会，试行班主任工作考核；编印校报《希望报》，加强了学校、家庭、社会三结合教育。

他努力进行教学改革，在校内做了一系列尝试：废除毕业班的特殊待遇，促进学生全面发展；取消了全校学生的期终考试，加强平时考查；试行了部分优等生免试，以利于发展智力、培养能力，注重全面发展。自 1989 年起，在校内进行一项“汉字标音识字，读写早期起步”的教学实验，该实验为期两年，第一年就初见成效，实验班识字量是普通班的 3.6 倍。此项实验成果获奉贤县教育科研三等奖。

他积极开展小学作文教学研究工作，并做出了重大贡献，在全国产生了良好影响。1985 年，在我国有关专家及全国各地多位小学语文教师、教研员的支持下，他创办了一个民间学术研究团体——儿童作文研究社，为小学作文教学的横向联系打开了通道。同年,他还创办了一个小学作文辅导刊物《儿童作文园地》,这是当时上海地区独一无二的小学生作文刊物,由明天出版社出版,全国发行,每期发行10万册。1986年,他与安徽省小学语文教学研究会合作创办了《小学作文教学》双月刊,填补了全国小学作文教学杂志的空白。

他还用了整整10年时间,完成了一项为全国小学语文界瞩目的《小学作文系统工程》的科学研究,包括一本教学理论著作《小学作文教学论》(1989年由广西师范大学出版社出版,1991年被上海市小学语文教学研究会评为学会成立十年来的优秀论著)、两套小学作文教材《小学作文教程》(全套六册,1986—1988年安徽省教育出版社出版)和《小学生作文系列训练》(全套六册,1987—1989年由天津教育出版社出版)、一本小学作文教学指导书《小学作文指导与训练》(1990年由广西师范大学出版社出版)、一套发表语文教师教学经验和论文的《小学作文教学丛书》(共出版16辑,1988—1990年广西师范大学出版社出版)、一套发表小学生习作的园地《儿童作文园地》(共出版18期,1985—1990年由明天出版社和广西师范大学出版社出版)。整个工程主要论著84万字,编稿250万字,得到全国各地教师和小语专家的普遍赞誉。该成果于1991年10月获上海市教育科研成果三等奖。

他还利用业余时间编辑、出版《儿童趣事》《中华儿童作文选》《儿童作文日历》和《我爱长江,我爱家乡》等儿童课外读物,为少年儿童提供了健康向上的精神食粮,收到了良好的社会效益。高宗达撰写的教学论文发表在《小学语文教学》《小学作文教学》等国家级教育刊物上,并多次被编入上海市语文学会年会论文集。他编写的电脑软件《成语与歇后语》和《儿童作文电脑软件》在1996年入选香港九洋国际出版社出版的《中华优秀软件集萃》。

1993年6月,高宗达在南桥小学副校长岗位上退休。他还坚持从事散文、随笔、杂文的写作,10多年来,已在全国大小报刊上发表了大量作品,编辑成《静静的冬夜》(散文随笔杂文选),于2010年2月印刷成书。他为南桥小学编写校本教材4册,约30万字。

张大维——教育改革浪潮的领头羊

张大维，女，1982 年毕业于华东师范大学中文系，1993—2011 年任南桥小学校长兼支部副书记，上海市特级校长。在小学教育岗位上工作了二十九个春秋的她为教育事业奉献终身，坚持“和谐发展”思想，努力实践“以人为本，和谐发展”的办学理念。

图 3　张大维和学生在一起

1997 年，她确立了“和谐发展”办学实践中以学生“自主管理、自主教育、自主活动”为核心的德育思想，探索以“体验、实践”为特征的德育方法。她开展了以《小学生行为规范》为基础，“十个道德好习惯”为主要内容的争做合格小公民活动，把小公民道德建设活动抓深抓实，并积极开展了以“班集体自主管理”“人口、环境和可持续发展”为主题的系列教育活动。从 1999 学年起，张大维提出了“把班级还给学生，使班级成为培养学生创新精神、实践能力提高的基地”的指导思想，提出了增设班级岗位、建立小干部轮换制、丰富班级评价这三种做法，提高学生讲道德、明是非、辨善恶、知荣耻的客观分析能力。

她努力创建道德文化，注重美德结合，拓展育人时空。学校从孩子的兴趣爱好出发，组建了各类校园文化社团，充分发挥课堂空间所没有的育人功能。探究型课程的推进，大大增强了学校教育实践性，也促进了德育方法的创新。她结合校史和EPD环境教育项目，每学期开展“小博士工程”，引导学生进行综合实践活动，从中增强学生的探究和创新意识，学习科学研究的方法，发展综合运用知识的能力和人际交往的能力。

张大维始终把学校“三风”（管风、校风、学风）作为铸造学校精神的重要工作来落实。她倡导教师与学生的和谐：强调教师的情感和自身人格在教学过程中的作用；提倡师生之间真诚积极的情感交流；充分尊重学生的主体地位；创设和谐民主、充满活力和凝聚力的人文环境；营造和谐浓郁的文化环境。落实好学校“科普、读书、体育、艺术”四大传统活动，抓好四块教育阵地。注重德育流程管理，建立科学的育人机制。确立“全员、全程、全方位”思想；加强德育工作全过程管理；构建以学校为中心，家庭、社会三结合的全方位德育教育网络。

她尤其注重加强少先队建设，充分发挥少先队教育阵地的作用，开发学生的潜能，开展培养学生创新精神和实践能力的各类活动，培养其独立个性，鼓励学生创造和自我表现，使之成为具有可持续发展潜能的南桥小学育人特色之路。学校以“快乐创建”为主线，以大队为中心，以各中队为重点，以小队为块，条块结合，开展各类充满创新和快乐的队活动。

张大维勇于开拓，积极进取，多年来，她在省、市、区级报刊共发表教育论文20篇，参与编写专著4本，教育科研成果获区一等奖、二等奖。目前，她还兼任奉贤区德育学科评委，上海市人事局高级教师专家成员，上海市小学教育管理专业委员会、心理健康教育委员会理事等职务，先后获得上海市德育工作先进个人、上海市教育科研先进个人、奉贤区名导师、奉贤区名校长、奉贤区艺术教育十佳工作者等荣誉称号。

孙骊——现代学校管理的创新者

孙骊，女，2011年任南桥小学校长兼支部副书记至今，区骨干校长。之前，曾

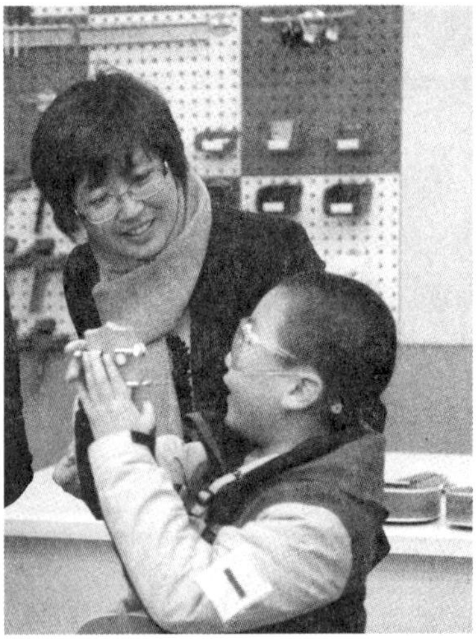

图4 孙骊和学生在一起

多年担任校级副职工作。

作为南桥小学现任校长，她大力挖掘学校丰厚的文化底蕴，对南小百年文化重新梳理，明确了“敦品重学，文博雅美”的办学理念、“敬、慎、勤”校训、“让学校师生在愉悦和谐氛围中享受艺雅校园生活”的办学宗旨。力求传承和发扬百年传统，融入现代品质概念，实现特色鲜明的高品质现代化学校创建，形成贤德品行与艺趣雅致融为一体，具有“文化氛围浓郁、道德品行高尚、艺术涵养深厚、专业发展全面”的办学特色。以勇于创新的精神不断拓展着传承的深度：

一是完善德育工作机制。坚持走和美德育特色。“和美”即“愉悦和谐、艺趣雅致、品德高尚”。“和美德育”的基本目标就是以“贤文化”为主题，将“敬贤知贤学贤”特色与德育结合起来，形成特色德育活动，打造“和美德育”品牌。学校在成立以校长、书记为首的学校德育工作领导小组基础上，还成立了五个工作小组：常规德育工作组立足学校德育基础；学科德育工作组挖掘各学科教学德育功能；家长学校管理工作组定期组织家庭教育活动；家长委员会管理工作组监督学校工作并为教育教学出谋划策；后勤服务工作组为学校的德育工作保驾护航。同时，学校还先后制订了班主任工作条例、星级班评比标准等多项德育工作规范与考核制度，以确保德育工作有序有质开展。

二是完善家校沟通机制。以市级家校互动项目开展为契机，继续完善家校沟通机制。学校建立家校“五日”沟通机制：膳食品尝日，监督学生午餐质量；社会实践日，体验学生基地活动；咨询互动日，保持家校教育一致；课堂深入日，直面教育教学现状；家长沙龙日，提高家庭教育能力。同时，积极落实家访工作制度，利用多种途径充分发挥家长对学校教育教学工作的监督、评价作用。

三是重整课程，彰显艺术人文特色。学校在课程与教学管理中做到“严谨、实效、创新”，始终坚持“抓细、抓实、抓有效指导”，成立三大管理中心（课程研发中心、常规质检中心、导师指导中心），注重过程管理，深入第一线，做到职责明确，分工到位，层层落实。学校还关注学生个性发展，坚持艺术人文特长的培养，树立了“让每一个孩子都是一棵树”的课程理念，明确了“课程即根系、课程即能量交换、课程即旁逸斜出”的概念转化，为学生的个性发展提供多元的课程载体。近年来，学校着力以“基于‘醇美教育’理念的学校学习空间设计与课程互动的实践研究”项目为抓手，以课程为载体，顶层设计不同的学习空间，努力变革教与学的方式，还给孩子自由成长的空间。如古色古香的龙墙，薪火相承的校史馆，沉淀着学校的文化底蕴；科技与人文相结合的众多创新实验室，丰富着各类 STEAM 课程，全面拓宽了学生的综合素质发展路径等。

图 5　南桥小学两百年碑文

百年风雨阳光路，十几代人奋斗不了情。如今，南桥小学提出了“以醇至醇，以美育美”的教育哲学，希望能传承传统文化的醇厚之美、体现学生成长的纯真之美、展示课堂互动的醇香之美，致力于让学生德与智同步成长，致力于让学生享受艺雅校园生活，致力于让每一位学生努力向上，生长为一棵健康之树，无愧于历史，无愧于时代，无愧于未来的壮美篇章！

上海市金山区廊下小学

精神文化内涵丰厚的百年乡镇小学

岁月留痕

百年廊小，非凡春秋。一个多世纪之前，何静渊、朱志贤先生开宗明义提出了“开启智慧，服务社会”的办学精神。始建于1904年的廊下小学，历经百余年的前赴后继和励精图治，浸沉、感染了浓郁的乡土气息与多彩的民俗文化，也积淀形成了优良的办学传统和独特的人文精神。

百年沧桑，百年文化，百年传承，站在新的历史起点上，我们提出“开启智慧，润泽生命”的办学理念。“开启智慧，服务社会”与“开启智慧，润泽生命”，一脉相承。虽然时间跨度长达一个多世纪，但是核心理念依然不变，前者是后者的历史基础，后者是前者的时代发展。

校史回眸

1904年（清光绪三十年），何静渊先生创办开智初等小学，校舍设在廊下斗姥阁。

1913年，朱志贤先生出任校长，独捐巨资，扩大校舍，3年后增设景阳高等小学。

1916年，学校改名为景阳高小开智国民学校。

图 1　1917 年 5 月 20 日学校全体师生合影

1927 年,校名改为金山县县立第七小学,5 年后又改为县立廊下中心校。

1937 年,廊下陷于日寇之手,学校停办。同年,日寇焚毁所有校舍。

1940 年,重新复校,借廊下旧警察所房屋教学。

1945 年,抗战胜利,国民政府在原校址重建校舍,校名改为金山县廊下乡中心国民学校。

1949 年 5 月金山解放,人民政府接管廊下乡中心国民学校,从此,学校建设与发展翻开了崭新的篇章。

图 2　1950 年 7 月 15 日廊下中心校辅导区全体教师合影

2004年10月18日，学校隆重举行主题为“站在新百年的起点上”的百年庆典，廊小开始了更高目标的校园文化建设和素质教育推进。

学校注重内涵发展，坚持智慧办学、特色立校，形成了一系列能体现稳定性、独特性和示范性，具有较高知名度的特色和亮点。三步曲实践课校本研修模式是学校的特色，英语教学是学校的特色，而校园文化更是学校最有成效、最有影响的特色。风韵独特的“打莲湘、拍手歌、双十景、学鲜军”则是学校校园文化特色中的四张亮丽名片，不断发展、创新、提升，取得了令人瞩目的成效，先后荣获两个上海市教育系统校园文化十佳优秀项目奖、一个上海市中小学十佳德育优秀项目奖、一个上海市“学雷锋，我践行”优秀项目二等奖。

学校校园文化建设还得到学校创始人后裔、全国著名雕塑家何鄂女士和她的胞弟、高级工艺美术师何顾继德先生的关心、支持，两人为学校校园文化建设做出了特殊贡献。2013年6月《上海教育》刊登了6000多字的《廊下小学：新优质的乡土样本》的报道，社会反响热烈。

学校先后荣获全国中小学思想道德建设实践创新活动先进单位、上海市教育系统文明单位、上海市校园文化环境建设示范校、上海市行为规范示范校等诸多荣誉称号。2013年，学校“以文化人，以智育人”校园文化视频报告被上海市教委评选为暑期校长培训重点推荐视频。

新百年以来，学校在“开启智慧，润泽生命”办学核心理念的引领下，坚持“以教师的发展促进学生和学校的发展”办学策略，牢固树立“每个学生在老师的心目中都是好学生，每个老师在学生的心目中都是好老师”的育人意识，着力建设一支师德高、学业精的智慧型教师队伍，倾心培养一批快乐生活、健康向上、能歌善舞的“开心果”和全面发展、兴趣广泛、敢于提问的“智多星”，全力打造一所风气正、有特色的具有浓厚百年文化气息的新农村素质教育实验校。

历史撷英

创校先辈——永不忘

2013年8月18日，学校在桃李园北墙边正中面南安放了一座由学校创始人后裔、全国著名雕塑家何鄂女士创作的何(何静渊)、朱(朱志贤)两先生铜像。

图 3　何、朱两先生铜像

1904 年,金山县教育先驱何静渊先生在廊下镇斗姥阁上创办开智初等小学。

开智初等小学 7 月上旬招生开学,初期开设三个学级,共招收 23 名学生,利用一间房屋做教室,一至三年级为三复式教学。学校内还设有女塾,是全县第一所女子学校。早在 1903 年,何先生在勇敢村的五区头何氏宗祠里开办金山县最早的乡村学堂——育英公学,招收学生 63 人,为金山县创办的两所公学之一。1908 年正月,何先生又在新建光彭家沼赁舍开办南四启发学校,招收学生 11 人。

为了开启学生的智慧,何先生在非常艰难的条件下,苦口婆心、循循善诱地引导启发学生。他广泛阅读报纸杂志,普遍征求大家意见,想方设法扩大学校编制,提高办学效果。由于操劳过度,以至积劳成疾,于 1911 年过世,未能完成他的夙愿。

同时期,廊下"西墙门"大宅里出了个朱志贤先生。朱志贤,1882 年生,上海复旦学院毕业,家世富而好义,是一位支持辛亥革命、热心公益事业的教育家、实业家。

1913年，市议会举荐朱志贤先生担任开智小学校长。朱先生接任开智小学校长后，出巨资在斗姥阁北面建造数间新校舍，不以方隅为限，广收学生，共招收学生33人，开设四个学级，一、二、三、四年级均为复式，教师从原来的2名增加到4名。几年后，学校规模和影响在金山与平湖都首屈一指，教育部嘉奖了朱先生，授予他三等金质奖章。朱先生一直认为办学就是为了报效社会，他曾经对他的朋友说：人在年富力强的时候，正是应当为社会服务效劳的时候。1916年，朱先生又增设了景阳高等小学。1917年，他又极力筹办中学，并曾计划增设工厂、商店，作为高小毕业学生实习职业的场所。可是计划刚定，朱先生却因病离世，宏愿未了。南社创始人之一高天梅写了挽联，南社后期主任姚光写了《吊朱志贤从表兄》一文，当时赴追悼会者有数千人。学校至今保存着1917年追悼会举行时的两张珍贵老照片。

何、朱两先生的办学精神和“开启智慧”“报效社会”的办学理念在社会上引起很大反响。1934年，由朱家发起，各界捐助，时任校长蒋斐君经手建造了“何朱两先生纪念堂”。1937年10月，学校包括纪念堂在内的校舍被日寇付之一炬，纪念堂只剩下一块纪念碑碑额和一块刻有“何朱两先生纪念堂”八个字的石碑。2004年，学校在1935年的《金山县鉴》上找到了何、朱两先生纪念碑碑文，并将全文刻在一块铜牌上，连同遗留下来的碑额和石碑一起存放在当年纪念堂的遗址上。

2013年，学校为了永远纪念两位创始人何静渊和朱志贤，建造了何、朱两先生铜像，还在桃李园建造了静渊亭和志贤门。现在学校的校训“文渊德厚　志远行近”中就含有两位先辈名字中的“渊”“志”两字，学校培养目标“开心果、智多星”中就有创始校“开智初等小学”中的“开”“智”两字。这是对先哲的追思和感恩，是对历史的铭记和传承，是对未来的自信和期盼。

文化积淀——双十景

虽说沪上“百年学校”不少，但像廊小这样能在原地“坚守”的却不多。走进廊小校园的人，都会有一种感觉：这实在是一所有故事的学校。2004年学校举行百年庆典，建造了十大人文景点；2013年，学校请创始人后裔、高级工艺美术师何顾继德先生对校园重新规划设计，又新建了新十大人文景点。新旧二十个人文景点自然地分布在学校五园三区——桃李园、松梅园、莲湘园、童趣园、稚乐园和运动区、表演区、休闲区。“双十景”成就了美丽漂亮的校园环境，蕴含着学校深厚的文化积淀，充满了浓厚的文化气息，且每一个景点都有一个故事。

还未进校园，就会看到学校的西大门。学校的西大门非常简朴，但含义深刻。大门右侧由一根圆柱与三面梯形墙面组成。那根圆柱形似一支笔，又象征一根栋梁；三面梯形墙面恰似三本书，又象征万卷书，其寓意唐代大诗人杜甫的“读书破万卷，下笔如有神”。

如今，学校南侧依然有一排陈旧的老房子，开窗的房顶、低矮的屋檐、残破的砖壁，还有风一吹会发出“丝丝”响的木窗，与新校舍形成强烈反差。曾有人向校长朱保良提议砌一堵围墙或种一排冬青树遮挡起来。可朱保良却非常钟情这幢老房子，因为它有“故事”。这幢老房子是廊下镇20世纪30年代的警察所，1937年，廊小校舍被日寇全部烧毁，小朋友没有地方读书，当年有识之士借用这幢老房子做校舍，断断续续办学5年。在这幢老房子的旁边还有当年校舍烧毁后残留的三块柱石，而且在学校1917年的老照片上清晰可见这三块柱石。2006年，学校在老房子边种了桃树、李树等果树。现在，你来到这个景点，看到老房子，就会想到学校百年沧桑，历史悠久；看到石柱，就会联想到日本侵略者凶恶残暴；看到桃树李树，便会想到百年育人，桃李满天下，硕果累累。

在校园曲径蜿蜒处，无论是2004年建造的“开智石”“老房子”“西大门”“百年校庆纪念碑”“勇敢的鲜军雕像”“何朱两先生纪念堂遗址”“书香苑”“思源石”“书山有路”“围墙画廊”，还是2013年新建的“静渊亭”“志贤门”“何、朱两先生铜像”“1917年老照片石刻画”“村校边门”“能歌善舞雕塑”“校训石”“思乡泉”“欢乐大舞台”“牡丹石”新十大人文景点，有的经历了百年风雨，有的还是近几年的新作，但都蕴含丰富深刻的教育意义。

“牡丹石”是“双十景”中最新的一个景点。据专家考证，牡丹石的形成是在15亿年前的地壳运动中，由晶体状的火山熔石随其他岩浆流动混合而成，世界上独一无二，只有中国洛阳有极少的储量，且是不可再生的天然资源。河南省人民政府赠

图4 “能歌善舞”雕塑

送给中央人民政府的一块牡丹石就存放在中南海紫光阁,可见牡丹石之珍贵。这珍贵的牡丹石是新廊下人——上海发力电子箱柜有限公司杨文辉总经理捐赠的。现在,学生看到这块牡丹石,既能了解牡丹石的一些知识,也会知道新廊下人建设廊下的热情,更能感受到爱的教育,从小树立起长大后也要把爱洒向社会、回报母校的美好志向。

廊小“双十景”就是20个生动朴实的校园故事,把学校装点成一个美丽、赏心悦目的大花园。它将历史与文化、生态与建筑融合在一起,散发出独特的江南园林魅力,点点滴滴,潜移默化,长年累月滋润着廊小师生们的精神世界。

2006年,学校被评为上海市花园单位;2012年,“百年廊小十大人文景点”荣获上海市教育系统校园文化十佳优秀项目奖;2013年,学校荣获上海市校园文化环境建设示范校。

民间舞蹈——打莲湘

2009年6月1日,中央电视台少儿频道播放了第五届全国儿童艺术展演暨

“六一”文艺晚会，其中有一个节目《莲湘娃娃》，就是由廊小20多位农村娃娃精彩呈现的；在2013年4月举行的“美丽中国梦，校园民族风”——上海市普教系统“一校一品”民族文化展示活动中，廊小的《莲湘乐》从入围的233个项目中脱颖而出，跻身于12个优秀项目之列，并于6月1日在上海教育电视台展播。

打莲湘是廊下镇一种富有特色的民间舞蹈，它通俗易懂，人人可学。廊下镇是金山莲湘的发源地，是中国莲湘文化之乡。莲湘历史悠久，相传已有300多年，在廊下有史可考的已有100多年。莲湘融民俗、舞蹈、音乐、娱乐和健身于一体，闪烁出民族、民俗特色，具有独特的艺术价值，它是中华民族的艺术奇葩。目前，廊下莲湘已列入上海市非物质文化遗产名录。

每天早上大课间，学校全体学生在“廊下有个打莲湘，历史悠久名气响……”的莲湘之歌的伴奏下，一起齐刷刷打莲湘，场面热烈，声势浩大，成为学校一道独特的艺术风景线。廊小从20世纪80年代便开始在学校开展莲湘活动。2006年5月，廊小推出了校本教材《廊下民间艺术——打莲湘》，设置了莲湘课程，把莲湘列入课表，在体锻课中给每个班级开设一节莲湘体锻课。目前，学校已形成了“天天有莲湘操、周周有莲湘课、月月有莲湘赛、年年有莲湘节、人人有莲湘棒、班班有莲湘队”的特色活动，平时更将打莲湘与少先队争章活动、体艺教育、家庭活动、社区实践、雏鹰假日活动相结合，突显“莲湘健身、莲湘娱乐、莲湘怡情、莲湘益智、莲湘育德、莲湘育人”的多重功效。

近年来，廊小的打莲湘相继获得全国金奖、全国一等奖、上海市小学生表演舞二等奖，连续三届荣获金山区艺术节小学生舞蹈比赛一等奖，还在上海旅游节开幕式、上海世博会、上海国际艺术节、上海教工运动会开幕式上汇报演出，并在中央电视台、上海电视台、上海教育电视台播放。

2009年，学校“打莲湘”荣获上海市艺术教育特色项目；2011年，学校“打莲湘”荣获上海市教育系统校园文化十佳优秀项目奖。

童心闪烁——拍手歌

运用民间传统的童谣——拍手歌对学生进行内容丰富、形式活泼的思想品德教育，是廊小远近闻名而卓有成效的校园文化优秀品牌。

2005年3月的一天，学校操场树荫下几位小朋友正在玩唱童谣：“三、三、三，我们都是木头人，不许讲话，不许动！……”小朋友们那高兴劲儿、那愉悦的神情引起了正在操场值班的校长朱保良的注意。朱保良也与小朋友一起拍唱起来，小朋友们越唱越开心、越唱越有劲。于是朱保良产生了灵感：我们能否把学校对学生的教育内容渗透到小朋友喜欢的童谣中，让学生在玩唱中学知识、学道理、学做人呢？朱保良想起了自己小时候曾唱过的拍手歌，结合学校正在开展的安全教育，当夜写了拍手歌《安全旋律》。

第二天，朱保良就请教导处把拍手歌印发给全体小朋友，结果小朋友在拍拍唱唱中一会儿就把拍手歌背出来了。实践证明，童谣的魅力是无穷的，老师普遍反映学校这次利用拍手歌对学生进行安全教育的效果明显好于简单的说教。

从此，廊小与拍手歌结下了不解之缘，短短三个月，朱保良就创作了30多首拍手歌，并正式出版了校本教材《我爱廊小拍手歌》。

2012年，由左翼建作曲、朱保良作词的主题为“学知识”的拍手歌校歌《上课乐》诞生。学校还把《上课乐》排成舞蹈，全体学生利用大课间天天在操场上一起跳集体舞，边唱边舞，气氛热烈，场面感人。如今，由朱保良创作的拍手歌已经增加到60多首，成为学校最受小学生欢迎的校本课程。

图5　教育家吕型伟为学校“拍手歌”题词

拍手歌得到了专家的认可和众多媒体的关注。教育家吕型伟看到学校的拍手歌后连声称赞“好！好！是一种好方法”，并欣然题词“我爱廊小拍手歌”。儿童文学家张秋生对学校的拍手歌进行了三次精心修改指导，儿童画家陆汝浩还为每首拍手歌和每篇导语配了插图，使诗稿更趋完美，寓意更显深刻。少先队儿童教育专家、全国少先队工作学会名誉副会长段镇评价学校的拍手歌“具有生命活力和发展前途，很有教育意义，可能成为基础德育的一朵新花”。《文汇报》《东方文明》《东方教育时报》《中国教育报》《上海教育》等报刊纷纷介绍学校开展拍手歌教育活动的经验做法。

拍手歌先后荣获金山区童谣创作一等奖、全国第五届小公民道德建设一等奖、首届上海市未成年人思想道德建设工作创新案例奖。

2011 年，学校“拍手歌”荣获上海市中小学十佳德育优秀项目奖。

榜样引领——学鲜军

学校的小花园里安放着一座精美的雕像，花岗石的底座上镌刻着五个红色大字：勇敢的鲜军。这座雕像是学校创始人后裔、全国著名雕塑家何鄂女士于学校百年校庆时赠送学校的。

鲜军是谁？鲜军姓张，1975 年出生于廊下镇勇敢村的一个农民家庭，20 世纪 80 年代就读于廊下小学。1996 年中专毕业后，成为廊下建筑工程公司的一名员工。1997 年 8 月 1 日下午 2 时左右，他在金山石化城戚家墩海滩边为抢救 3 名落水儿童而光荣牺牲。当年被上海市有关部门分别授予“见义勇为好职工”“上海市新长征突击手”“革命烈士”等荣誉称号，同时被上海市委追认为中共党员。

鲜军曾在学校里学习生活整整六年，很多事迹还历历在目，学校里还有鲜军遗物，学生感到鲜军可敬可亲；鲜军既有舍己救人的壮举，更有普通平凡的事迹，学生感到人人可以学鲜军，人人可以做鲜军。

鲜军和雷锋有惊人的相似。鲜军虽然不是军人，但名字中有“军”字，出生的村庄叫勇敢村；鲜军和雷锋都是 12 月份出生，8 月份牺牲，牺牲时都仅有 22 岁；鲜军和雷锋身上表现出来的最核心的精神都是:助人为乐、无私奉献。所以学鲜军就是学雷锋,践行鲜军精神就是践行雷锋精神。

英雄就在身边,英雄应永远活在我们心中。学校在第一时间发掘整理了鲜军在校、在家的事迹材料,并编辑出版了校本教材《闪光的年华》。从此,少先队大队部的建队日活动中,我们经常能看到鲜军母亲——蒋妈妈的身影,听到曾教过鲜军的三位班主任老师娓娓诉说的故事。平凡的鲜军的事迹深深吸引着少先队员们,队员们亲昵地围着蒋妈妈或三位老师,向往着做鲜军一样的好孩子、好学生。

2011 年,为了让学生快乐地记住鲜军精神,朱保良校长特地写了拍手歌《学鲜军》,深受小朋友喜欢。

2012 年,学校请陈念祖和左翼建联袂创作了主题为"学做人"的校歌《做鲜军式的好少年》,在每周升旗仪式上学生齐唱校歌,每次学鲜军活动时也要高歌一曲,让学生在抒情而激越的歌曲声中得到一次又一次的洗礼。

多年来,学校持续开展鲜军式好少年评比活动。每个班级每月评出 5 位鲜军式好少年,其中 3 位要求综合表现优秀,1 位要求某一方面表现优秀,1 位要求某一方面进步明显。在每月第一周升旗仪式上隆重表彰,由班主任老师亲手给获奖学生佩戴"鲜军式好少年"标志。2012 年开始,学校每年要挑选最典型的 20 个故事汇编成《鲜军式好少年优秀事迹集》。"做鲜军式好少年"成了学校全体学生的光荣和追求。

学鲜军活动不仅成为学校德育教育的品牌,也成为金山区"学雷锋"有影响力的品牌。2012 年 3 月,廊小被金山区文明建设委员会办公室确立为金山区唯一的学雷锋教育基地。《中国教育报》以及中国文明网、上海文明网、上海教育网相继报道了学校十几年来持之以恒而又扎实有效的学鲜军活动。

2012 年,学校"学鲜军"荣获上海市"学雷锋　我践行"优秀项目二等奖。

像鲜军这样于平凡处彰显瑰丽的校友在廊小历史长河里密如繁星,革命先辈何穆、马本初,残奥会冠军姚芳等杰出校友和平凡又乐于奉献的无数普通校友都是学校的荣耀和学生的学习榜样。

艺术殿堂——何鄂馆

2013 年,学校建立“何鄂雕塑馆”,共展出何鄂 80 多件雕塑作品照片和 20 件雕塑作品实物。

何鄂教授,出身廊下,是中国当代享有盛名的雕塑家,身兼中国雕塑业界多个要职,传世名作甚丰,其代表作“黄河母亲”更是享誉中外,名垂史册,成为华夏民族生生不息的象征。

一个大名鼎鼎的雕塑家怎么会俯身把雕塑馆建在一所乡镇小学?

这是廊小在百年纪念盛典时何鄂与何姓家族廊小创始人静渊前辈相识、相认的真实故事,称得上是奇缘。

这一段不可思议的经历至今令何老师难以忘怀:2004 年何鄂应学校邀请从兰州前往金山廊下参加百年庆典,之前出身廊下的何先生已将创作的鲜军铜像赠予廊小。10 月 18 日庆典开始前约半小时,校长朱保良陪着何鄂与其爱人张玄英参观了百年廊小的遗存石碑,碑头上清晰地写着“金山何朱两先生纪念碑”。张玄英指着石碑随口说了一句:“说不定这和我们何家有关系的。”不料这一句话却引起了朱保良极大的兴致与奇想,当大家在嘉宾休息室坐定后,朱保良马上打电话给 1937 年曾任廊小校长的已近九十高龄的何修伦,何校长肯定地说出何鄂父亲何修垚是他的堂兄,何静渊先生即是何家上推四代的先辈。

后来,何鄂又得知廊小历任校长中还有四位是他的先辈,从此何先生与百年廊小心心相印、息息相关。家乡的关心和朱保良的热情一次次地牵动了何鄂的思乡情结,激起他内心用艺术回报家乡的热望,他真诚希望在有生之年,在家乡百年廊小建造何鄂雕塑馆。朱保良把何鄂的夙愿向区教育局作了汇报,局领导班子讨论后当即表示支持,经费全部由教育局出资。如今,何鄂把一生中最有影响、最有价值的作品,在故乡土地上,在其先辈创办的百年廊小永久集中展示,回报于故乡热土,让众多父老乡亲和孩子们分享他用毕生心血创作的艺术成果。

2013 年 10 月,朱保良再次把多年来的一个想法告诉何鄂:聘请何先生担任廊下小学名誉校长。之前何老师因为忙于创作,迟迟没有答应。现在,何鄂雕塑馆的建立,让这件事水到渠成。何老师非常爽快地答应了,愿意担任廊小名誉校长,为家乡的教育、为先辈创办的学校再作一点贡献。

中国人民大学教授程方平博士参观学校后曾说:“一所成功的学校不在她有多少豪华的建筑和耀人眼目的条件设备,而在其是否拥有丰富的精神文化内涵和全体师生对学校教育教学理念的认同。对一所乡镇小学来说,在经济条件方面可能与城市的学校无法相比,但在精神和文化方面,不仅不会逊色,还可能有更多创新和改革的探索空间。关键是教育者能否有这样的理念、胆识和智慧,有没有用心去培育我们的事业。”

上海市金山区张堰小学

“尚德明理”引领百年发展

岁月留痕

“秦望山下，莘莘学子；张泾河畔，菁菁校园。欢歌笑语，书声朗朗；尚德明理，文明花儿开。”张堰小学承载着张堰古镇的千年文明，走过了百年创业的历程。

张堰小学历史上精英荟萃。学校开办之初，创办人之一的杨雷声提出了“尚德明理”的校训。一百多年来，张堰小学诞生了许多名人，如南社创始人之一高天梅、南社诗人高吹万、南社后期主任姚石子、中共金山县支部创立者李一谔、蜚声海内外的现代画家白蕉、以名字命名月球环形山的现代天文学家高平子……他们都曾为张堰小学的建设和发展贡献力量。

图1 金山区张堰小学全景

校史回眸

1898年(清光绪二十四年),杨雷声、汪忠寿发起创办私立张堰留溪初级小学堂,它是张堰小学的前身。学校初设两个班,学生41人。1905年学校改为公立。1913年增设高级部,改为县立第二高等小学。1928年扩建校舍,分东西两部,西部为总部,并建立中心辅导网,管理6所初级小学。1937年11月,日军侵占张堰,校舍被毁,学校停办。1938年学校复校。1949年,校名定为张堰中心小学。1960年,学校被定为金山县重点小学。1998年,在镇康乐小区南首建成新校舍并启用,同时,撤并12所村校,2003年新建一幢综合教学楼。2001年起学校开始探索围棋教学,以围棋作为传承和发展学校文化的载体,进行了全覆盖普及教育,形成了鲜明的办学特色。

图2　围棋国家队领队、华学明七段现场指导学生

曾任校长的张光泉提出了“构建充满生命活力的校园,创造适合学生发展的教育”的核心理念,努力让学生充分享受愉快的童年生活,通过学校教育为学生的终身幸福发展奠基;尽力为教师搭建理想的平台,帮助教师充分享受教师职业的内在尊严和幸福,实现生命的价值。营造人文环境,开发学生智力,陶冶学生情操,张堰小学正在创办“新优质”学校,以围棋特色课程为引领,开发适应学生发展的多元课程。学校已有五门课程方案被收录到金山区课程资源网,“活力张小”的美好愿景正在逐步实现。

张堰小学历经沧海桑田,然而学校文化一脉相承。一百多年前,学校的创始者追赶时代的潮流,追求强国之梦,毅然抛弃旧传统、割断旧束缚,艰难创业。一百多年来,后继者备尝艰辛,怀抱着一个个希望,实践着一个个理想,推动张堰小学从弱小到壮大,从稚嫩到成熟。如今,“创学生体验成功的快乐驿站,建教师感受幸福的温馨家园”已成为张堰小学全体员工的共同目标。百年来,张堰小学毕业的学生分赴祖国的天南地北,在文化、艺术、科技、医学等领域施展才华,报效祖国。

图 3　1949 年学校全体教职员工留影

历史撷英

张堰小学初创时期

1898 年,在中国的历史上,发生了以学习西方,提倡科学文化,改革政治、教育制度，发展农、工、商业等为主要内容的戊戌变法，史称百日维新运动。就在这一年，废科举、办新学，张堰镇的开明人士拉开了金山县兴办新学的序幕，由杨雷声、汪钟寿发起，在张堰镇北河沿的武圣庙、同善堂创立私立留溪初级小学堂。1905年，钱世德里在镇北设立钱氏义庄初等小学堂。1908年，钱铭勣、高天梅、何锡琛、姚石子等借文帝庙、济婴局办起私立钦明女子小学堂，这是张堰镇女子上学的开始。1910年，张伯侃、姚石子等在东岳庙办起尚公初级学堂。至此张堰地区有新式小学堂7所，学生200多人。这些学校由校董会推选校董管理，校董都是由地方上有名望的人士担任。

1912年，留溪、钦明、尚公三所位于镇上的学校分别更名为市立留溪初高等学校、市立钦明女子学校、市立尚公初高等学校。1936年，钦明、尚公两校合为公明小学。至此，张堰镇东部钦明镇、西部留溪镇各有一所小学。1937年时，两所学校共有8个班级，459名学生。1937年11月，日军侵占张堰，留溪小学校舍被毁，学校停办。1938年，借原钦明女校旧址复校。1944年，留溪、钦明两校合为张堰中心国民小学。

清末办学，以“忠君、尊孔、尚文、尚武、尚实”为教育宗旨。辛亥革命胜利的消息传到张堰，各校师生首先响应，纷纷到学校操场上剪辫子，剪下的辫子堆成小山。在老师的带领下，学生们走上街头劝说男子剪辫子，妇女放小脚，到处呈现新气象。1911年后，废除“忠君、尊孔”，以“爱国、尚武、崇实，法孔孟、重自治，戒贪争、戒躁进”为宗旨。建童子军组织，对儿童进行军事训练，以智、仁、勇为真义。1919年，在“五四运动”影响下，各校响应上海学联号召，张堰二高率先投入到这股浪潮中，开展打倒帝国主义、打倒军阀的爱国主义教育。学校罢课、商店罢市、工人罢工，师生上街游行、张贴标语和演讲，宣传抵制日货。1925年，各校联合集会游行，抗议帝国主义制造“五卅”惨案。1927年，进行国民革命教育，各校师生集会，欢迎北伐军到张堰。中共浦南支部以国民党县党部名义，召开欢迎大会，同时在秦山举行庆祝北伐军革命胜利的活动。各校师生集队前往秦山参加庆祝活动。

1937年日军侵占张堰后，强制推行殖民地奴化教育，受到各校广大师生抵制。上课时，为应付日伪检查，准备两本教材，在殖民教材的下面藏着自己国家的教材。

杨乃藩:回忆七十年前张堰的小学

台北市浦东同乡会原理事长杨乃藩回忆幼年时,张堰镇有三所小学:钦明、尚公、留溪。

钦明原是女子初级小学。因为在专制时代,女孩子是闺阁千金,只能深藏于闺阁之内,“妾发初覆额,折花门前剧”,也只是在自家门口玩玩。要读书识字,只能由父母或亲人在家中教学。所以祝英台要上学、花木兰要从军,都得女扮男装。民国成立,“五四运动”继起,男女平等成为最时髦的口号。要男女平等,首先就得让女孩子进学校读书。

钦明女校大概就是呼应这一时代潮流而设的。也算是开风气之先了。

女校尽管设立,但是家长们的“女子无才便是德”的思想还是很普遍,所以学生不多,开不起班来,只得改为男女兼收。学校也改名为钦明初级小学。

钦明小学距我家约二百公尺。校舍是利用文昌阁和其后面的广场,在广场上建一排平房做教室。镇上的文风,的确相当鼎盛。钦明小学大门前,就是尚书浜。尚书相当于今日的部长。张堰镇上出过一位部长级人物,当然是“书中自有千钟粟”了。高先生是民国初年的国会议员,和镇上的姚石子先生,距镇二华里秦山头的高吹万先生都是民国初年革命团体的健将。但是他的卓越成就是诗人,与柳亚子、叶楚伧等都是以诗文会友。

钦明小学的东边是张堰图书馆。馆址原来是姚家祠堂,捐出来供公众利用,由石子先生家的账房于醉剑先生负责馆务,是镇上的知识分子聚会之所。钦明小学的西邻是何宪纯先生的住所兼诊所。何老先生是镇上有名的中医,经常坐了蓝布轿子,到镇上或乡间去出诊。他的公子何海涛是我小学同学。另一名公子则是鼎鼎大名的文学艺术家白蕉。他诗书画三绝,画墨兰栩栩如生,篆刻也古意盎然。他比我大七岁,于1969年逝于上海,享年62岁。他在上海与第一流文艺界交往,可说是真的文昌星下凡。

我在钦明读毕初小四年后,就转学到留溪小学高小部。留溪的校舍很陈旧,记得校长是莫古如先生,是镇上的耆宿。教师有方冲之、曹中孚诸先生。他们和先父都是师范毕业生,彼此都是好朋友。和我同班的还有两名侨生,来自南洋,一名叫杨柳风,还有一名名字忘了,他俩身体都很壮,是镇上何济生药店的亲戚。我们在五、六年级,都读英文。老师是交通大学毕业的张望良先生。在课余,方冲之先生还教我们读《论语》《孟子》,教我们练毛笔字,临柳公权的《玄秘塔碑》。我们还开过一次同学会,男生演话剧"张文祥刺马",女生表演"葡萄仙子"舞蹈,十分有趣。当时还遇到一件大事,就是孙中山先生在北京逝世。上国语课的时候,老师教我们背《总理遗嘱》,我至今还可熟背。还看到一本中山先生逝世特刊,第一页就是当时总统黎元洪题的"急公好义"四个字。

土匪绑架张堰学生

1929 年农历三月初三,以张兆华为首的太湖匪海州帮 200 余人洗劫张堰镇,绑架人质 30 多人,其中有张堰二高师生 20 多人。此事件成为当时轰动上海的新闻,《申报》作了连载。

三月初三晚,当时我正给寄宿生上夜课,忽闻枪声大作,从镇北而起,由远及近,当即意识到盗匪兵乱的大祸迫在眉睫。为了避免流弹危险,同事们不敢带领学生冒险出走,于是将 20 多名学生集中到教师办公室,自认为学校是清水衙门,强盗大兵不会来临。不料,这帮不速之客破门而入,直闯教师办公室,将我和校长王石初、教师林明鉴及全部学生一并掳走,押到张泾河畔,时近半夜。我们被逼上船,离开了张堰镇。

船队一路北行,每逗留一处,必先放步哨,起船时,互相呼喊拔篙开船。倘若发现远处可疑船只,即打信号弹一发,对方还枪两响,即是同伙,不然,即刻开枪战斗,流弹横飞。

阳澄湖上,大小岛屿,环抱连接,面积之广,仿佛太湖。岛上杂草、芦苇丛生,湖道纵横交错,曲折深幽,阴森莫测,满目凄凉。在这些日子里,我们时时担惊受恐,生命处于流弹威胁之中,死神随时都可能降临。

最后一次围剿,除水警外,官方出动了大批陆军,并动用了空军力量。那天,我们的船队在阳澄湖"莲花兜"沿岛停泊着。午前,飞机开始盘旋侦察,不一会儿,枪声密集,顿时响成一片,枪弹不时击中船身,湖水穿过弹孔,哗哗涌进船舱。经过两个多小时激战,土匪举枪投降。至此,从被掳到脱险,船上漂泊生涯,屈指算来已有半个多月了。

下午,所有人被一齐押到巴城区公所,途中有土匪和我们混在一起。审讯时,法官把张堰第二高小学生叫到法庭前,利用天真诚实的学生再次指认作证,是土匪者当即戴上脚镣手铐。同时,司令部兵士又请学生赴医院去辨认正在医治的伤员。一名屁股上中弹受伤的名叫高子安的伤员,学生们一见就指认他就是匪首张兆华,据说他在围剿中受伤后躲入山洞,是被当地农民抬出来的。之后,上海《时报》登载:海州绑匪首张兆华枪决于苏州。(详见《张堰镇志》,《金山文史资料·第六期》,张兆嬴)

张小被炸蒙难记

1949 年 10 月 28 日(农历九月初七),是一个使我终身难以忘却的日子。那天,我校设在杨爷庙内的四年级四个班遭到国民党反动派飞机的轰炸,五位活泼可爱的女同学不幸惨死,20 多位同学受到不同程度的伤害,我也是其中之一。

1949 年 5 月,金山解放了。10 月 1 日,中华人民共和国成立了。但那时候,全国还有一些国土尚待解放,当时,离我县较近的舟山群岛仍在蒋军的控制之下。蒋家王朝为了做垂死挣扎,他们利用暂时的海空优势,频频出动飞机进行骚扰。上海、闵行、平湖等地多次遭到蒋机轰炸,我们张堰上空也常有蒋机光顾,人们忧心忡忡。不幸的事情终于发生了,10 月 28 日,那是一个秋高气爽的日子,吃过午饭我和往常一样,早早来到学校,看到很多同学都在操场上玩耍。我和黄火生、张铁军等同学也玩起了三人骑白马的游戏。当我们玩得正欢的时候,突然传来飞机的轰鸣声,旋即,学校姚、沈等老师急呼同学疏散隐蔽。我们边跑边注视上空,但见两架蒋机在我镇上空盘旋,我跑到教室内北窗口往外看,黄火生同学不愿进教室,站在北窗口外面。当我们再次抬头看上空时,只见一架蒋机正飞在我们教室上空。两人正想交谈时,只觉耳边“嗡”的一声,我就什么也不知道了。原来是敌机向我校投了炸弹,教室被炸塌了。后据大人说,当时杨爷庙上空浓烟滚滚,校园内一片哭声,同学们呼爹唤娘,家长们拿着锄头等工具边挖边呼喊自己孩子的名字,真是惨不忍睹。

解放军战士及时赶来了。他们荷枪实弹,守护现场,并帮助家长在瓦砾中翻找学生,将受伤学生背到卫生室包扎。当我醒来时,想动一下,但已是身不由己。此刻的我,仰面朝天,被炸塌下的杨爷庙大殿的北屋梁架压着,鼻腔、口腔塞满了泥屑,喊不出声来,心想今天要完了。黄火生同学由于站在教室外面,所以他只被压住了半个身子,凌其祥老师的长子凌耀斌同学看见了,将黄火生救了出来。黄被救后,告诉凌里面还有一人。于是,凌用手指扒开瓦砾,使我的脸露出来。然而,沉重的屋架使他无能为力。后来,三位部队战士奋力撬开了部分屋架,将我拔了出来。当时,我的鞋子、袜子全留在屋架下,衣裤被拉破,头部、腿部鲜血淋漓,胸部疼痛,人已无法动弹。一个战士立即将我背了起来,送到了湿香庵驻地。部队卫生员给我清洗鼻子、口腔,包扎好了头部,正要处理腿伤时,被叫去投入转移枪支弹药的工作,我只好躺在里边休息。当天晚上,我全身浮肿,由于缺医少药,只能用些膏药之类的药品疗伤。经过一段时间后,被瓦砾等砸开的十多处伤口总算愈合了,但下额至今尚有伤痕,并留下了经常头痛、下肢不太灵活等后遗症。那天同时被炸的还有街上同昌、源隆等商店。在遭轰炸后的半个多月里,镇上的大部分居民早出晚归,向农村疏散,学校也暂停上课。

遇难的郑雅华同学,当时和我坐同一课桌,被炸时,她正坐在自己的课桌上认真复习功课,就被活活压死在炸塌的房子下面。

约在被炸后一个月,学校组织复学。老师还作了一首《安息吧!死难的同学》的挽歌。我们用一周时间唱这首歌曲,并悬挂死难同学的遗像。

为了防止蒋机再次轰炸,便于疏散学生,让家长放心送自己的孩子入学,1950年,学校曾在现东风大街40号、42号等处办学。同时东部学校着手扩容整修,拆除了学校西边的弄堂墙,将东边的育婴堂等处并入学校。

杨爷庙大殿被炸后,山门又经火烧,后面新建的两间简易教室虽未被炸毁,但也已千疮百孔,无修复价值,所以后来就重点发展东校,即现镇社区学校。(讲述者杨雪华,1986年8月至1988年1月任张堰中心小学校长)

崔暗生:张堰中心小学重视全辅导区的乡校工作

我于1953年8月起在张堰中心小学辅导区宋家坟小学任教。这是一所单复式小学,设一个班级,有一至四个年级,四十几个学生,当时称单级独教。像这类学校,辅导区还有好几所,如乌船、百家等。

张堰中心小学对全辅导区的乡校十分重视,有一套比较齐全的规章制度,尤其对我们这几所单班校最为关心,因为这些学校的学生均来自农村的贫困家庭,学生学习态度懒散,如果学生成绩赶不上则会拖整个辅导区的后腿。中心校抓两头,带中间,分类型组织教研组,每周活动半天,研究教学,千方百计地让乡校的教育质量能赶上中心校。八年中,尤其是1958年以后,中心校领导经常突访,每个学期总要来几次。有时是听随堂课,有时是巡回视导,总之对学校常规制度、教学秩序、环境卫生、教师的备课上课、学生的学习态度、师生关系等都会作全方位了解。

那时,我刚二十出头,虽有了三年教龄,但对单复教学还是缺乏经验,我就虚心向其他老师请教,每项工作按照中心校的要求去做,慢慢地适应了教学环境,建立了正常的教学秩序,也逐步积累了一些教学经验。

我在宋家坟小学的四复式教学是艰苦的。那时,一天到晚是没有休息时间的,星期天也不例外。备四个年级的课,光语文、算术就有八本书,备了一个年级再备一个年级,真是忙得不可开交;布置作业,课前要写好小黑板;另外还有美术课,预先设计好范画,唱歌课,预先要写好歌词歌谱。最累的是上课,一堂课45分钟,一个年级新授,其他三个年级做作业或自学。一天下来,真是筋疲力尽,有时喉咙都会哑掉。年级多作业也就多,白天没时间就留到晚上批改,而且再晚也一定要批改好,否则第二天无法展开新的教学工作。除了上课、批改作业外,还要对因病因事缺席的学生及成绩跟不上的同学补课;对缺课较多的学生及时进行家访,以防止他们辍学。

由于我工作出色,得到上级领导的肯定,1960 年我被评为县先进教育工作者,出席了市群英会,工资也得到了调整,用现在的话来说,我在精神文明和物质文明两个方面都取得了丰收。

1961 年 1 月 8 日,我告别了宋家坟小学,根据中心校的安排,到辅导区六港小学任教。八年,在人的一生中是短暂的,但宋家坟小学的八年对我这个耄耋老人来说仍然是我人生旅途中最宝贵的八年,虽然环境这么艰苦,任务那么艰巨,却使我的各种能力都得到了锻炼。

八年的青春年华,我没让一个学生辍学;八年的青春年华,我让每个学生合格地升入五年级。我值了。(讲述者崔暗生,曾任建农小学校长)

胡忠芳:在西校的日子里

我的小学生涯,其中初级阶段中的三年,是在本校的西校就读的。西校位于镇西张泾河东岸,隔河与上海电器厂相对。当时这儿办了八九个班,有十多位老师,约有三百多学生。这里的学习生活是令人难忘的。

一年级时,我记得最清楚的是黄育德老师给我们上的第一堂美术课。那次黄老师教我们画一座桥。他先给我们讲了桥的由来,记得说是大树倒下来正好架在小河的两岸,人们藉此沟通了两岸交往,于是形成了桥。往后,桥工们仿造了各式各样的桥。由于故事讲得生动形象,故事的内容情节激励着我们,工人的行为情操陶冶了我们。

图 4 翰墨飘香、陶冶情操

20 世纪 80 年代,我到张堰小学工作,有一次教研活动时,我对黄育德老师谈起了当年我们学画桥的事,不仅忆起了那意趣盎然的往事,更是渲染了全场切磋教学的氛围,大家感慨良久。黄老师现已退休多年了。

读三年级时,我来到了西校。上四

年级时,由于谈老师身体欠佳,我们的班主任换成了顾永春老师,他兼上我们班的体育课,一直教到我们四年级初小毕业。

那时学校设备差,逢到下雨天,只能在教室里上体育课。顾老师就给我们讲一些体育知识,示范一些体育动作。由于这类知识的感性认识少,技能动作内容单调,同学们听着都觉得烦躁,教学效果就较差。顾老师有时只得给我们讲些革命故事来稳定课堂情绪。一学年中,他讲了好多故事,给我印象最深的是《古庙里的枪声》。(讲述者胡忠芳,2000 年 8 月至 2007 年 6 月任张堰中心小学校长)

周黛园:我与围棋

我不懂围棋,但我与围棋结缘已有 20 多年了。

1992 年,我担任张堰小学的班主任,学校的一位围棋爱好者要我帮助组织班里一些学生学围棋。我知道围棋是我们传统文化的瑰宝,能益智养性,因此我二话没说,一口答应。我找学生谈话,鼓励他们认真学棋;我找家长沟通,争取家长对孩子学棋的支持。就这样,我开始接触起围棋来了。

2001 年,学校把围棋列为开展素质教育的一项特色活动,那时我已担任学校的教导主任。在校领导的支持下,我们把围棋教学纳入了 1—3 年级的课程,组织力量自编了围棋教材。我与学校师训组一起因势利导,组织围棋师资的校本培训。

2002 年 12 月,经国家体育总局批准,张堰镇青少年围棋俱乐部正式成立了,我被聘为俱乐部副秘书长。

此后,学校围棋教学和俱乐部围棋活动的许多组织工作都交由我具体负责,例如:组织夏令营,制订计划,安排日程,联系上课老师,安排车辆、餐饮,编写信息报道等,头绪繁多。我依靠着领导和老师们的支持,不厌其烦,把这些工作一一落到实处,保证了各类围棋培训活动的正常进行。

2006 年学校被列为全国中小学棋类教学实验基地,我在校领导的支持下开始把科研引进学校的围棋教学活动中。我想方设法,认真做好课题研究人员的联系、研究方案的讨论、课题报告的起草乃至研究经费的筹措等工作。当看到围棋研究课题因此而得以顺利开展,我心里充满了自豪感。2007 年 4 月,在上海嘉定举办的全国中小学棋文化教学研讨会上,我代表学校作了主题为“围棋的普及与提高”专题发言,受到与会者的赞誉。2008 年,学校被国家体育总局围棋总课题组评为先进实验基地。

2006 年起,我和老师们一起,把学生、家长和老师在开展围棋教学活动中的心得体会先后汇编成《张堰围棋》《棋在金山》《国手故里》;同时,我收集整理了张堰地区五所学校以“一条龙”的形式开展围棋活动的经验材料,请区教师进修学院电教组拍摄了反映张堰地区学生围棋活动蓬勃发展的电视专题片《棋乐融融春满园》,由金山电视台在全区播映。

2011 年 5 月,全国中小学棋类教学研讨活动暨 2011 金山区素质教育论坛在张堰小学隆重举行。开幕式上为一代围棋大师顾水如(金山籍)铜像揭牌,我通过各种途径,联系到顾水如外孙女邹娟娟赶来参加揭牌仪式并代表家属致答谢词。

图 5　2011 年 5 月“全国中小学棋类教学与学生综合素质培养研讨会暨上海市金山区素质教育论坛”在学校举行

二十多年来,我与围棋结下了不解之缘:峥嵘岁月里,我和小棋手们一起去上海,去浙江杭州,去湖南永州,去江苏南京,先后参加了小应氏杯比赛、全国幼儿棋类交流比赛、全国中小学棋类教学成果汇展、苏浙沪少儿围棋邀请赛等大小赛事 20 多项;我直接参与了张堰地区前后 25 届百人围棋邀请赛的组织策划。我十分高兴地看到,在各级领导和社会热心人士的共同关心下,张堰学生如春雨滋润下的幼苗,正在阳光下茁壮成长,围棋这朵奇葩在我们张堰这块热土上正在含苞怒放!

上海市崇明中学

祖国第三大岛上的百年名校

岁月留痕

上海市崇明中学创建于1915年，是祖国第三大岛上最悠久的学府之一，现为上海市实验性示范性高中和现代化寄宿制高级中学。

一百余年艰辛砥砺，含英咀华，铸就辉煌。学校形成了“务实创新、追求卓越”的校风，“敬业、爱生、严谨、探究”的教风，“诚实、勤奋、求索、进取”的学风，培养了数以万计的优秀人才。学校秉承著名数学家苏步青题写的“志存高远、自强不息”的校训（图1），坚持正确办学方向，形成了“自主发展”的办学特色，高起点、高质量、高水平地创建现代新型学校，不断加大国际教育合作交流力度，目前已与澳大利亚、韩国、新加坡、美国等多所学校达成合作意向。

图1　校训石

校史回眸

回顾这所百年名校的办学历史，儒学署（图 2）—旧试院—城桥镇北门路（图 3）—鼓浪屿路 801 号（图 4），这是她的地址变迁；旧制中学—崇明县立初级中学—上海市第三中学—崇明县立中学—苏北崇明中学—江苏省崇明中学—上海市崇明中学，这是她的办学旅程；崇明县立初级中学—上海市重点中学—上海市实验性示范性高中—全国文明单位，这是她的建树丰碑。

图 2　学宫校区

图 3　北门路校区

图 4　鼓浪屿路校区

学校占地面积 265 亩，绿化面积 5 万多平方米，建筑面积 7.1 万多平方米。学校教学设备先进，生活设施齐全，建筑雄伟壮观，设有天象馆、校园电视台、广播站、多功能报告厅、电子阅览室、心理咨询中心、模拟驾驶室、学生语音室、人文互动实验室和理化生等 30 余个标准化实验室。图书馆现有藏书 20 多万册，杂志近 800 种，报纸 160 种。校园文化氛围浓烈，生态气息浓厚。

学校现有专职教师 182 名，其中特级教师 8 名、特级校长（书记）2 名、正高级教师 2 名、高级教师 85 名；有 2 名教师担任上海市名师基地主持人，4 名教师担任上海市名师培养基地专家组成员，有 5 个区级名师工作室。近三年有 8 名教师在上海市学科教学竞赛中获得一等奖。每年有6—7名教师被选派赴美国、英国进修学习,并常年聘请外籍教师在校任教。除此以外,学校经常邀请上海各大高校著名教授和科研院所专家学者来校为学生作讲座,使学生走近名家,拓展视野,培养科学素养、增厚人文底蕴。

学校现有38个教学班、1300多名学生。学校在注重培养学生基础性学力的同时,高度关注学生的发展性学力的提升和个性特长的培养。在校学生每年有200多人次获市级以上各类竞赛奖项。近年来,学校先后被评为全国精神文明建设先进单位、全国教育科研先进集体、上海市文明单位、中国创造教育基地、联合国教科文组织EPD项目实验学校等。

历史撷英

瀛洲名校 由来有自——第一任校长曹炳麟的故事

清同治十二年(1873年)十月二十三日,曹炳麟周岁"抓周",竹尺不抓,铜钱不抓,偏偏抓住《易经》一书不放。从此,曹家"书簏翻身"的梦想落在他身上。

他担宗族之冀,却无承天之祚。1883年初,父亲黯然离世,临终前叮嘱他:"唯诗书之泽足以长子孙,毋宁穷困焉。"接着,祖父、叔父接踵而逝,留下清一色的孤儿寡母。1898年春上,青黄不接之际,妻子典衣果腹。此后,曹炳麟放下读书人的架子,挥耒扶锄躬耕不倦。又设帐授徒,做一些传道、授业、解惑的实际事务。

曹炳麟教学,循序渐进,严格有度。对于七八岁的孩子,开头注意力不集中,单凭硬性的指令往往无济于事,他就教短浅的《三字经》,先示范背诵,读得抑扬顿挫,令学生跃跃欲试。等其自我体会,再讲述其中的掌故和道理。他讲《百家姓》时,会从学生的姓氏讲起,然后逐渐扩大,使学生追根溯源,引发对宗脉血亲的亲切感,进而主动关注华夏姓氏的整体结构。当学生有了一定的识字、写字基础,就教《幼学琼林》《声律启蒙》等。到孩子十一二岁时,就开讲四书。

作为过来人,曹炳麟深知历代经典博大精深,需要锲而不舍地研读。教不严,师之惰。如果学生学习徘徊不前,他便心急如焚,苦口婆心教育外,还会当着家长的面,毫不留情地批评。曾有一个家长深明"养不教,父之过",拿起戒尺狠打儿子,直至孩子手掌发肿求饶不止,曹炳麟不但不劝解,还正言厉色地说:"决不饶恕,决不饶恕!"

曹炳麟对学生的积极影响,不仅在于言传,更在于身教,他的行为举止堪为表率。看书吟诵,正襟危坐,目不斜视;研墨蘸笔,郑重其事,一丝不苟。凡是要求学生做到的,他一定以身垂范。

庚子年"秋闱",因为八国联军作乱,延期至1902年补行,他参加乡试中举,名列高魁。抱着"中学为体,西学为用"的见解,酝酿私人集资办学,他与王清治等人拿出个人全部积蓄,四处筹款,办起"崇实公学",开崇明岛"新学"之先河。1905年,参加吏部选试,获一等第一,赴任安徽,领知县候补职。在皖数年,身体力行办实事:曾独创"岁入岁出表",深受百姓爱戴;曾去宣城办案,使得积年悬案大白天下。

他身处乱世,一直在思考怎样报国家、利民生。

图5 首任校长曹炳麟

辛亥革命后,教育更新,崇明却无一所中学。崇明学子欲求深造,就要背井离乡到岛外,花费不菲,贫寒学子往往止步于此。本着"开启民智,造福桑梓"之旨,曹炳麟与严师孟等人请立中学。1915年,崇明县立中学校(即后来的崇明中学)成立,曹炳麟为校长(图5)。虽是公立中学,很多校办费用却要学校自行筹措。尽管如此,学校的一切工作都围绕着为学生服务展开。曹炳麟根据办学理念和治校精神,制定校训,亲自用大字题写,贴在校园内:忠恕。

忠惟尽心,恕则推己。吾道无他,一贯而已。小子识之,圣贤可至。

存心居中谓之"忠",所谓"忠惟尽心",就是要求师生正直不偏,忠诚无私,尽心竭力做好本分的事。如己之心谓之“恕”，所谓“恕则推己”，就是要求师生设身处地，推己及人，互相体贴理解。懂得此理，即可达到圣贤的境界。

曹炳麟担任校长十二年，前后入学者达 1500 余人，尤其值得一提的是，有 270 多位家境贫困生顺利完成学业后，或进入高等学府深造，或服务于社会大展宏图。这是“志存高远，自强不息”的崇明中学精神之写照，是“忠恕”思想浇灌下的“自主教育”之发端。

万里挑一“杨特级”——化学特级教师杨卫国的故事

2018 年 3 月下旬，一条消息在崇明中学微信群迅速“刷屏”，并扩展到崇明全区乃至上海市的教育人群中。原来，在教育部公布的第三批 195 名国家“万人计划”教学名师中，上海教师有 8 名入选，而基础教育学段占有 3 席，——崇明中学的化学特级教师杨卫国位列其中！

入选“万人计划”，说万里挑一毫不为过。怎样的资本、怎样的业绩、怎样的魅力，让我们的“杨特级”跻身其列？

先看学生眼中的“老杨”。学生们说，听老杨的课是一种享受。龙飞凤舞的板书，精彩独到的譬喻，条理分明的讲授，让每一堂课都宛如一次令人兴奋的冒险，给哪怕是最昏暗的高三学习也添上一抹明丽的色彩。他会在讲到同分异构体时，模仿芭蕾舞《天鹅湖》的动作来做比方，让大家忍俊不禁。讲到“煤”，他会描述他所见到的蒸馏塔；讲“铝”，他会播放一段铝热反应焊接铁轨的视频。他还会将学生易错的题型归纳起来，在课堂上细细道来……而且，他的板书那么清楚，让学生做笔记也随之有条不紊起来，课后深究也有了依据。老杨说话慢悠悠的，不过从来不多一句废话，再多的内容都能赶在下课铃响之前讲完。

老杨总是再三推辞学生提出上他家补课的事情。但是，他又总是定好周末的某一个时间，抱着那本厚厚的备课笔记提前等在教室，为学生讲些关于竞赛的知识，抑或是作一些课堂知识的补充。

“杨特级”不仅是一个脚踏实地、受学生欢迎的教师，而且是一个仰望星空、对学生发展有益的教师。更重要的是他对育人的重视。一名学生这样回忆："我唯一一次被老杨叫出教室谈话竟然是这样的内容——'有时候，不是你多用心、做多少作业，成绩就能上去的……你，以后不要那么用心了！'老杨侧着头微微含笑，这么跟我说道，语重心长。'……思想负担太重，就会影响发挥。不要顾虑太多，知道吗？'关切的语气，柔和的目光，落在我的心田仿佛是吹拂起春风，我在春风里舒服地伸了一个懒腰……"老杨就是这样，让人如沐春风。2010届学生永远记得，高中阶段的最后一节化学课上，老杨清了清嗓子，正色道："不要以为汉奸在战争年代才有，和平年代也可能存在。以后，你们在大学学了更多的知识，要出国深造，千万不要忘记……你是中国的！"老杨又是这样，让人油然而生敬意。

"杨特级"带教的"徒弟"李俊说，"杨特级"是一个有情有梦的人！

确实，作为"文革"后的首届大学生，杨卫国有着自己的教育情、教师梦。从工作开始追求的内容精准、讲课清晰、学生理解的好课标准，到后来关注学生对教学过程的参与，再到后来寻求理论指导、投身教育教学实践研究，从一名普通的化学教师发展为上海市特级教师、正高级教师乃至大学特聘教授，他始终没有停止自己前行的步伐。

全国中小学教材学科审查组成员、全国模范教师、全国优秀教师、上海市劳动模范、上海市园丁奖、上海市双名工程化学名师基地主持人、华东师范大学现代远程教育研究中心兼职研究员、华东师范大学基础教育特聘教授等等，这一系列头衔是他数十年教坛耕耘的荣光。

可是，"杨特级"是个低调的人，光环、头衔、荣誉，包括这一次被刷屏的"万人计划"入选，他都淡然处之。他一如既往，丝毫不引人注目地行走在崇中校园，幅度很大地甩动手臂，身体微微后仰着，嘴角常带笑容，遇到人便扬起手臂，亲切地打个招呼："上哪儿去呀？"然后，他便继续重复着自己早已习惯的办公室到教室的"两点一线"生活……

他是新疆班孩子们的"吉爸爸"——新疆部主任吉群瑛的故事

在上海市崇明中学，有一道亮丽的校园风景线，那就是崇明中学新疆部。新疆部的主任就是学生尊称为“吉爸爸”的吉群瑛老师。他是 2017 年 12 月份“中国好人”候选人,是“敬业奉献”的典型。

吉老师每天早上七点多进校,晚上十点离校,几乎全天候跟学生待在一起。“爱、严、细”三字诀,已经成为他的言行习惯,用其他老师的话来说:学生敬畏他,又十分地爱他、依赖他。急学生之所急,想学生之所想,他与学生心连心。他循循善诱的思想工作艺术,激发学生内在动能,充满智慧与幽默的每一次讲话,无不真切地诠释了亲人所具有的“亲切”。

在他的办公桌上总放着一包纸巾,随时准备为坐在他办公桌前的新疆孩子擦去思乡的泪、委屈的泪或者伤心的泪。这位“吉爸爸”能从学生的一言一行,哪怕是一颦一笑之间捕捉到需要帮助的信息。他的手机全天候开机,哪怕是深夜里,所以突发状况他都能第一时间得知,在学生需要他的时候及时出现。

凡听过吉老师课的学生们常这么评价:教学方法很特别,很有意思。“有意思”表象背后是他时常保持的一种德育意识。课堂上为了给学生详细讲解一个问题,有时从一个主题拓展开去,古今中外无不涉及。而这种广博的知识涉及,不知不觉对学生起到文化熏陶、开阔眼界、扩展胸襟的作用。吉老师的课堂教学更是一种德育课堂,他看似不经意的一个小笑话、一则故事、一组数据,无不在无声地滋润着学生的心田。这中间体现了他为人师的睿智。星期五晚上吉主任主持的“周末恳谈”是孩子们最向往的:家事、国事、天下事,宿舍、食堂、教室,个人、班级、新疆部,情感困惑、同学间矛盾乃至家庭纠纷,他都娓娓道来,让学生特别有收获、有感悟。作为新疆部主任,他以个人魅力与管理机智,团结带领新疆部师生共同努力,构建起新疆部特色鲜明的“家文化”“学生自主管理体系”等。

他先后十多次进疆,大漠深处,帕米尔高原上下,全疆地州及主要县市,他都走了个遍。一次在高原上因风寒高烧近 40 度,但他仍然坚持带队完成家访任务。随着民族教育政治理论的提升与思想感情日益接近,他常常自豪地称自己是“老新疆”,言行举止上自觉或不自觉地就站在学生的一边。

吉爸爸赢得了孩子们的喜爱,也获得了家长的一致认可,他是教育战线的德育楷模。

行走有界心无疆——崇明百里行的故事

1993年6月，崇明中学校园里的5名学生走到了一起，他们拥有的是不甘寂寞的青春和意气风发的梦想——在暑假里，到自己的家乡崇明四处走一走，看一看。没有什么豪言壮语，但他们有着自己的问题——一个连自己的家乡是什么样也不知道的人，谈什么祖国，谈什么未来？没有固定成员，没有固定经费，参加百里行的学生更愿意把自发、自愿、自主、自理的考察活动称作“心灵的跋涉”。他们没有停止过自己的脚步，这一走，就走了25年；从第一年仅有的5个人，发展到现在每年都有近300人志愿参与。

每一位崇中学子的愿望清单上都有这样一栏，高中阶段至少参加一次“崇明百里行”。许多崇中校友都因为崇明百里行而对学校产生了更深的感情。2010届毕业生小汤同学开玩笑说：“就是因为崇明百里行活动，爸爸让我一定要报考崇中。”原来在小汤读初中的时候，当年崇明百里行团长和几位同学正好到小汤爸爸的单位去募集活动资金。学生们向汤爸爸介绍了崇明百里行活动，汤爸爸非常赞赏这种在实践中学习的方式，也鼓励小汤高中阶段积极参加百里行活动。小汤进入崇明中学后先后担任过百里行副团长和团长一职，前后策划了多次考察活动。他觉得百里行活动的策划提高了自己的综合能力，为他通过自主招生考试进入复旦大学增添了亮色。百里行项目化的运作模式还对现在的工作方式产生了积极的影响。

每年“百里行”考察团联合学校植物组织培养社、地震测报小组、摄影社、无线电测向社、崇中学记团等社团加入，利用自身知识和优势开展活动。如在考察生态农业种植时，植物组织培养社成员利用其丰富的植物培养知识进行调查研究等。这些社团将自己的研究或调查与考察活动有效整合，大大丰富了活动的意义。在活动的最后阶段，组委会不仅让学生总结并完善考察成果，交流心得体会，而且邀请政府相关部门、社会人员及兄弟学校教师等，对成果进行评价鉴定，扩大成果的社会影响。同时，为下一届百里行项目的设计、实施等提出建议和意见。

“崇明百里行”让学生浸润于崇明真实生态中的学习，是一种融通生活的学习，在多因多果、动态变化的真实情境中，去开展学以致用的探究学习、合作学习。

培养“人文达人”的沃土——语文“三大赛事”崇中表现溯源

2011年,《文汇报》一篇题为《获奖专业户:为何总见“崇中人”身影》的报道提到,崇明中学在语文“三大赛事”中几乎年年有一等奖,且获奖人数保持高排名位次的成绩。

在2017年的上海市高中语文学科三大竞赛(古诗文阅读竞赛、作文竞赛、现代文阅读竞赛)中,崇明中学共有17位同学获奖,其中王顾卿同学获高三作文竞赛一等奖,刘昊阳同学获高二古诗文竞赛一等奖第一名。获奖人数和等第再次遥遥领先于同类学校。

崇中已经名副其实地成为培养“人文达人”的沃土!

“崇明中学积淀着百年名校的丰厚历史文化意蕴,校园中充满着丰富的人文熏陶因素。我最为得意的是崇中语文老师的教学,他们不仅教课文,更重要的是指导我们阅读。在崇中的三年时间里,我们在老师的指导下,每年读10本书,三年一共30本书;从文学经典,到史学、哲学、美学、社会学等,我们饱览古今中外优秀的文明成果,这些成为我学会读书,学会认识和思考的最基本的精神底色。”2013年上海市中学生作文竞赛一等奖获得者袁裕琪同学如是说。

走进崇中,满眼所见,莫不感到厚重的文化熏陶。每一面墙上的宣传画,每一个校园小品,每一尊名人塑像……为校园营造了浓厚的文化氛围,引领学子们争取成为优秀中华传统文化的传承者和与世界文明对话的理解者与创造者。

走进崇中的语文课堂,常会看到“回归经典,放眼世界”的课前3分钟。我们看到语文老师正带领着学生进行着古诗词经典篇目的吟诵;我们看到师生进行着经典名著或经典美文的阅读分享;我们看到学生正在对一周热点文化现象发表激情演说……崇中语文老师认为:语文教学不仅是教、学课本,语文学习的外延必须延伸到古今中外文明的广度上,必须着力在学生厚积薄发的阅读深度上。为此,十多年以来,语文组老师致力于语文校本课程和教材的建设与开发,编著并公开出版了《古诗词200首》《高中文言对读》《如何让说理更有效》《用哲学思辨让作文更有深度》等著作,开设了《趣话汉字》《古诗文阅读拓展》《演讲与辩论》《台湾散文精读》

《新诗选讲》等校本拓展课程,形成了阅读与写作两级层面上比较完整成熟的校本教材与校本课程体系。每年,崇中都会举办读书节、艺术节、辩论会等人文系列活动;每月,崇中各班都会开展"创新论坛"活动,同学们围绕近期文化与社会热点展开谈论,激扬文字,"家事国事天下事,事事关心"。完备的课程体系,为学生人文素养的精进提供了广阔而丰润的土壤。

"作为现代人,不仅要有德性和智力、体力,还要有情趣。学校开展人文教育,提供人文素养的熏陶和实践,目的还是让学生成为既有理想追求,又有生活情趣的懂得生活、创造幸福的人。"崇明中学校长吴卫国教授如是说。

瀛洲追梦者,"一鸣"惊世界——参与引力波重大科学发现校友胡一鸣的故事

当了17年崇明中学校长的董耀棠,唯独对一个学生印象最深。"他成绩不是最最拔尖的,却是我见过的最执着的学生。"

这名学生叫胡一鸣,崇明中学2007届毕业生,德国马克斯-普朗克引力物理研究所、清华大学博士后,LIGO科学合作组织成员。2016年2月,LIGO负责人、加州理工学院教授David Reitze宣布,LIGO发现了引力波。胡一鸣参与了这项重大科学发现,并用通俗易懂的语言向中国的天文爱好者和普通大众介绍了捕获引力波的前前后后。

胡一鸣从小就是一个喜欢仰望星空的孩子,对绚丽的星河充满了好奇。高中时,胡一鸣写出了一个让他的老师都看不懂的《大口径望远镜极轴镜的改造》创新方案,获得去北京参赛的资格。当时的校长董耀棠兴奋异常:"崇明的孩子能有机会参加这样的比赛实在是太难得了。"他当即批示给予经费支持。陪同胡一鸣去北京参赛的张诗履老师回忆说:"与其他参赛者相比,胡一鸣缺乏系统的培训和专业器材的操作经验,他如同一名'游击队员',要去与'正规军'进行作战。但他自始至终都信心满满,毫无怯意。"胡一鸣最终获得比赛第七名,而只有前6名才有资格代表中国参加国际天文奥林匹克竞赛。原本胡一鸣无缘国家队,但前6名中有一

人因出国而放弃国家队资格,他得以替补入选,并在国际大赛上获得铜牌。机会总是留给有准备的人。

胡一鸣第一次引起学校轰动,是在高考填志愿时,他“任性”地只填了一所学校一个专业:南京大学天文系。而在此之前,他实际上已经获得了上海交通大学的预录取资格,可胡一鸣转头就将交大预录取的表格放在一边,他的理由简单而又充分:“交大没有我喜欢的专业。”老师们劝他至少应该填个保底学校,这样不至于无学可上。“没有关系,今年考不上我就明年再考,明年不行就后年再来。”胡一鸣回答得十分干脆。

董耀棠也从老师们口中得知了胡一鸣的高考志愿,他理解和欣赏这个孩子的勇气和决心,决定亲自为他写一封推荐信。他的校长生涯里一共只写过两封推荐信,一封是向复旦大学推荐一个在中学阶段就发表了数十篇作品的文学才女,另一封就是为了胡一鸣。在推荐信中,董耀棠首先介绍了胡一鸣的各项情况,然后以一个教育工作者的身份深情地写道:素质教育就是要造就这样一批特长明显、志向高远、素质优良的人才,这远比培养纯粹为解决谋生手段的人,要有意义得多。因此,不把胡一鸣推荐给你们,我会内疚一辈子,对他个人的发展内疚,对国家的人才培养内疚。

董耀棠至今仍不敢确定南大校方有没有收到过这封推荐信,更不能确定推荐信究竟起到了何种作用。但事情的最终结果是:胡一鸣的高考成绩排在报考该专业考生中的第二名,原本计划在沪只招收一人的校方为胡一鸣增设了一个名额。

高中班主任赵海兵说:“胡一鸣是我迄今为止教过的最特别的学生,也是执行力最强和意志力最坚定的那一个。”也许正因如此,胡一鸣才放射出自己的“引力波”吧……

上海市崇明区实验小学

“诚朴敬爱”的悠久传统

岁月留痕

清光绪二十九年(1903 年),崇明人王清治(图 1)接受了革新思想的影响,为实现造就人才的志向,与同里好友合力创办了崇明的“洋学堂”——崇实公学。王清治亲自撰写了一副崇实学堂联:“经史舆算及西文沟通学派致用为先世界焕然新须扫尽千余年考据辞章之旧思想;英美德法与日本社会风潮应时而起吾曹抗不让各养成一圈点合群爱国之真精神”,以表明要顺应时代发展而进行教育的办学思想。首批招生 70 多名,年龄不等,专修国文、英语、算术,那年秋季恰逢乡试,学生蔡日璋金榜题名中了举人,从而使崇实公学声名鹊起……

图 1　学校创始人王清治像

在新中国成立前漫长的46年中，学校历经沧桑，多次易名，分分合合，但在礼堂的中央始终高悬着“诚朴敬爱”的校训（图2），学校汇聚了各学科优秀的教员，严谨治学，校舍整齐，操场宽大，是当时全县高等小学中设备最完善的一所学校，崇明人以考进这所学校读书为荣。

图2 校训导引学生成长

校史回眸

新中国成立后，该校又与多所学校合并，1951年改名为崇明县实验小学，列为县重点小学。1959年，学校被命名为上海市重点小学（图3）。从此实验小学在新的时代书写了一系列灿烂篇章。

20世纪50年代，仇锦堂老师在自然学科教学中大胆创新，自制教具、自编教本，在江苏南通专区引起了轰动；六七十年代，宋如兰老师开展“政文结合”的研究和集中识字的实验，上海各地教师前来学习取经；80年代，顾裕芳等老师进行了三算教学的研究，经过系列训练的学生珠心算能力几乎可以和计算器媲美，使观者无不惊叹速度之快，正确率之高，许多外校老师纷纷前来观摩学习；80年代后期，袁秀英校长注重教育科研，在全市率先成立了科研室，开展艺术教学实验研究，创办

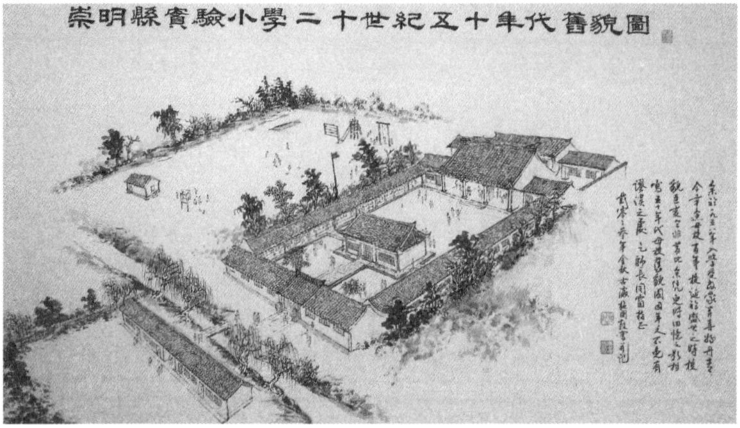

图3　20世纪50年代校园图

了“音乐班、美术班”，承担了市级课题的研究，艺术教育之花得以盛开。学生连续几年在上海市、全国中小学生歌咏比赛中获一等奖，舞蹈、书画等获得的市级、全国级奖项更是数不胜数。为此《文汇报》教育版专文做了具体介绍，上海电视台也拍摄了《海岛新蕾——崇明县实验小学艺术教育巡礼》专题片进行播放。随后在上海东方电视台举办的“五星奖合成大擂台”比赛中，学校代表队五战五胜，登上擂主宝座。因而崇明县实验小学的艺术教育在整个上海乃至长江三角洲地区引起了轰动，一批批教育同行络绎不绝前来学习。

图4　三算课上课场景

2000年以后,近6年多的时间里,学校对语文、数学、思想品德等学科相继进行了“新基础教学”,在华东师范大学叶澜教授的亲临指导下,学校努力实现把课堂还给学生,让课堂充满活力;把创造还给老师,让教育充满智慧。通过新基础教学的教育实践,学生的求知能力和教师的教育能力都得到前所未有的提高,涌现了一批县、市级的教育新秀骨干。2002年5月,全国新基础教学第六届共同体活动在崇明举行,学校接待了来自全国各地的新基础教学实验的老师,精湛的教学技巧,出彩的教学效果,以及理论联系实际的教学经验汇报,赢得了与会者的一致好评!

学校积极贯彻党的教育方针,注重学生德、智、体、美、劳全面发展,学校的自然科技教育成绩赫然,车船、航模、无线电比赛,已经多次荣获县级、市级乃至全国的一等奖;从1979年至今,学校一直被评为崇明县中小学科技活动先进学校、上海市科技教育特色学校。最近学校自然科技教育又创新路,将阅读引进自然科技教学,老师引导学生根据学习的内容,阅读有关科技读物,组团探究未知……为此学校拨出专款,购买了上百册各类的科技读物。

学校的少先队活动也搞得丰富多彩,“小小广交会”“小小科研队”“鸟叫声声”均获全国“创造杯”奖,学校少先队先后十多次受团中央、团市委表扬,连续几年被评为全国红旗大队,上海市雏鹰大队……

历史撷英

仇锦堂校长:自然学科教学的先导

1950年,在当时的桥镇小学(1952年改名为崇明县实验小学)有一名刚满二十岁的自然学科教师——仇锦堂。

1950年五六月间,江苏省南通地区(当时崇明县属江苏省,1958年划归上海市)教育专员邹维新老师特来崇明县桥镇小学驻校调研,为期15天,专听仇锦堂老师的自然课教学。仇锦堂的自然课和自制教具教学方法,让学生大大提高了学习自然的兴趣,同时还教给学生有关的生产知识与技能,为当时的教育与生产劳动相结合做了有益的尝试。邹维新专员对此十分重视,并给予高度评价,认为他的教育思想与陶行知的“行知”教育思想相一致,之后便组织南通专区各县文教部长和各小学校长,专程来校听课与参观学习。随后,仇锦堂制作的一百多种自制教具也在南通专区展出,受到了领导、老师与学生的一致好评,并在南通地区予以大力推广使用。由于教学方法创新,自制教具教学效果显著,仇锦堂被评为南通地区的劳模教师,同时也是全区最年轻的劳模教师之一。

1951 年,年轻的仇锦堂被提拔为学校教导主任,同年被评为江苏省省级劳动模范。据当时劳模资料记载:仇锦堂,担任高级自然教学教师,讲述科学家改造自然的故事,去启发儿童研究科学的志趣。运用课余时间及劳作时间同儿童一起采集标本,自制教具。下半年就自制教具 109 件……其中像电动机、细菌模型、白细胞模型、避雷针装置模型等,均是在花钱不多的原则下,克服种种困难制造成功的。

1952 年,仇锦堂升任实验小学副校长,同年,被评为苏北地区优秀教师。1954 年,年轻的仇锦堂光荣地当选为江苏省人民代表,出席了 8 月 5 日至 11 日,在南京市人民大会堂召开的江苏省第一届人民代表大会第一次会议。在出席代表 481 人中,仅有 20 人担任小学教师工作,仇锦堂便是全省的二十分之一。此时他仅 25 岁,真可谓年轻有为,风华正茂。

1952 年至 1955 年间,仇锦堂参与编写的十六册《小学自然教材参考资料》与其自主研发的自然实验教具一并在上海和全国各小学推广使用。1952 年仇锦堂被聘为《江苏教育》编辑后,经常在省、市级刊物上发表文章,先后共发表 200 余篇,可惜大多在“文革”期间被损毁,现在能找到的仅有《一堂自然课》《我这样教自然“发动机和电动机”课》《我对目前自然教学中贯彻基本生产技术教育的意见》《如何制作交直流发电机》等少数文章。其中《如何制作交直流发电机》一文于 1953 年 4 月在《人民教育》杂志上发表后,共收到 400 余封感谢信,这些信件交由出版社一并回复答谢。

仇锦堂在实验小学工作期间,为崇明县小学自然学科的发展奠定了良好的基础。他的创新理念与实践为当时的小学自然课注入了新的活力,让枯燥乏味的自然课变得生动有趣,让学生在探索中学习和实践。即使在现在看来,仇锦堂的这种教育理念也是非常具有前瞻性的。仇锦堂为学校各科教师,尤其是自然学科教师树立了一个创造性理论与实践相结合的好榜样。

狂欢、泪奔,只为那小小篮球

十多年前,结合“树根立魂”民族精神教育活动,为培养学生的团队合作意识和吃苦耐劳的拼搏精神,激发学生的集体荣誉感,学校德育室与体育组共同策划了一场融篮球小报创编、中外篮球明星故事讲演、篮球赛小记者团组建采访、篮球规则礼仪学习、“我与篮球”征文等活动于一体的篮球系列活动与比赛。那一年春夏季的中午时分,实验小学的操场上生机勃勃,春意盎然!练球、赛球、看球、评球成了同学们关注的热点和积极参与的中心活动,也成为校园里最酷最炫的运动风。历时一个多月,每天中午举行的40多场高年级男、女篮球赛,更是全校同学最兴奋、最激动的活动。

那第一场始发于整合理念的篮球赛,多年来似星星之火,点燃了全校孩子渴望接近篮球、玩转篮球的激情。看着孩子们课间、午间追逐嬉戏,奔赴操场,有规则、无规则地拍打、投射篮球的快乐情形,一个想法应运而生:把篮球列入学校体育课程,分段教会所有孩子玩篮球,并在玩篮球的过程中增长才干、焕发精神。常言道:思路决定出路,态度决定高度。于是,篮球成为学校体育运动的特色品牌项目。在学校领导的支持下,体育组老师开始了篮球校本课程的开发,并安排进学生的体育课堂。考虑到学生的年龄特点,为了让学生循序渐进地掌握篮球技巧,体育教研组决定按学生年级高低进行分项训练:一年级一分钟拍球训练与比赛;二、三年级左右手往返运球训练与接力赛;四年级定点投篮训练与比赛,五年级以班为单位开展男子队、女子队篮球比赛。一石激起千层浪,从此以后,每当看到孩子们手捧篮球、面露喜悦、浑身是劲的样子时,每当看见大小不一、颜色各异的篮球在场地的各个角落似乱非乱地滚动或在空中翻飞时,学校的每一位老师都会驻足欣赏,会心微笑。篮球,已成为闲暇时实小师生共同爱恋、共同参与的活动项目。学校为此还在窄小的校园里安装了四个小篮球架，购置了一百多个新篮球，以满足低年级学生及练球同学的心愿。小小一个篮球，拴住的是全校学生的心，牵动的是全校同学的情。

袁秀英校长：点亮教育之光

1987年，袁秀英老师被评为全国优秀教育工作者，她的头上又增添了一道光环。带着无数的光环，带着从教30多年的经验，也带着强烈的事业心和高度的责任感，在同一年，她成为上海市崇明县实验小学校长。

随着改革开放的潮流，袁秀英也苦苦思考作为学校的领导者该如何进行教育改革。人们经常性地看到袁秀英与小朋友们在一起，听孩子上课，看孩子玩耍。有一次，袁秀英无意间发现有些孩子学习成绩平平，却各有特长，有些热爱画画，画得很有想象力，有些喜欢唱歌，歌声嘹亮优美。突然一个想法就冒了出来，袁秀英兴奋地说："不如加强艺术的教育，让每个孩子的个性和能力得到充分发展。"如何有效地实施艺术教育呢？为此她翻阅了无数的书籍，一个想法浮现在袁秀英的脑海之中，她想，何不在学校成立一个教育科研室，借助科研的力量加大艺术教育研究呢？这个大胆的想法冲破了层层阻力，就这样，全市中小学第一个教育科研室在崇明实验小学诞生了。科研室的成立让袁秀英高兴不已，她一鼓作气，带领全校教师以科研为抓手，开设了音乐、美术实验班。于是，在音乐、美术课上人们经常看到袁秀英和老师们切磋交流，"班班有歌声"的舞台上、学生创作书画的现场总能见到袁秀英与老师们愉悦地分享。1989年，一个又一个喜讯传入实验小学的校园，12位学生在全国儿童画比赛中获奖，甚至还有2名学生在国际比赛中得奖呢！更让人高兴的是学生合唱队多次在市"班班有歌声"等比赛中频频夺魁，并代表上海市参加全国比赛。这些荣誉称号拓宽了实验小学的艺术教育之路，也让更多的学生看到了自己的个性和能力。

如果说艺术教育所取得的荣誉让人兴奋的话，那学校体育学科的成绩却让袁秀英高兴不起来。原因很简单，实验小学本是县传统体育学校，可体育成绩却一再下滑，县领导决定取消实验小学传统体育学校这一称号了，这怎么能不让人着急呢？于是，袁秀英立刻把体育教师召集起来，发动他们献计献策。学校不仅增加了体育课教学项目，还在课程安排上给予更多的时间，经过一段时间的努力之后，让人欣喜的是学校的体育比赛成绩从原来的县第十三名跃为县第一名。

这些成绩抹去了袁秀英工作的疲劳，给实验小学注入了新的血液和力量。1988年，实验小学被评为崇明县文明单位，1989年被评为上海市办学先进单位，1990年被评为上海市教育科研先进单位。所有的这些成绩和荣誉都离不开袁秀英呕心沥血的付出。在短短几年里，实验小学有了这么惊人的变化，这引来了大家的关注。上海电视台、《文汇报》《上海教育》等媒体先后对实验小学实施艺术教育实践的成功经验作了专题报道。

宋如兰老师：桃李不言，下自成蹊

"哈哈哈……"循着开怀的笑声，走进崇明县实验小学一间普普通通的教室。眼前的场景不禁让人疑惑，教室里坐着的为何不是懵懂的少年，而是一群五六十岁的中年人？而被他们簇拥着的那位踔厉风发的老人又是谁？

"这是我们的语文老师宋老师，今天我们像一个久别家人的游子，回家了！回到曾经的教室，坐回到三四十年前的座位，踏实与温暖，真的就是家的感觉！"

原来那老人是宋如兰，实验小学的老领导、老教师，而讲台下坐着的那些中年人，则是让宋如兰印象最为深刻的"文革"时期的那届学生。几十年后的今天，他们再次相聚，只为见见在那个年代，在他们的心灵上种下希望和爱的语文老师，问一声：宋老师，您现在是否一切安好？

记忆的闸门被打开，往昔岁月里，年轻、充满活力、目光满含爱意的宋老师仿佛又回到大家的面前。"我那时真是调皮，今天逃逃课，明天打打架。""是呀，你，花了我多少休息时间，为了改变你，我想了多少办法。你只要有一点起色，表扬声从不落下。""对，宋老师，那是你的心里装满着我们，你为我们的点滴进步而快乐，为我们在最美好的年龄却失去学习的机会而忧伤、烦恼。"

“那时我真着急,在你们应该学习的年纪却不能好好学,只能读读语录、社论,怎么办?”

那段特殊时期,为了不耽误孩子们的学习乃至将来的发展,宋如兰偷偷在课堂上教拼音、教生字,让孩子们掌握了自学的工具,引导学生通过不断阅读来提高语言能力;不能布置家庭作业,宋如兰就让学生观察回家路上周围的事物,第二天回到教室说一说、写一写,路上的所见所闻开拓着学生的视野,丰富着学生的生活,启迪着孩子们的思想。在那段日子里,宋如兰撑起了一把智慧之伞,正因为在伞下播撒知识的种子,后来才会在合适的季节发芽、开花、结果。

在宋如兰的话语中,重复最多的一句话就是“我就只想着一件事,我的学生”。

就因为这句话,宋如兰才会在20世纪80年代同事忙着开班赚钱,为名所累的时候,活得轻松、简单。“我的业余时间都用来思考怎样提高课堂的效率,怎样让学生焕发活力,做学习的主人。”

图5 宋如兰老师上课场景

通过不断学习,不断更新自己的教学理念,丰富自己的教学手段,扬弃自己。宋如兰在语文教学中采用的集中识字教学就是最好的证明。集中识字利用了汉字自身的规律,重视一组字当中形、义、音的联系。这种教学方式能够化难为易,也能够增强学生对汉字的科学认识,培养学生归纳演绎的思维能力,有利于他们今后独立识字。可是,这个方法有时难免枯燥。于是,她利用各种机会向同行、非同行请教。“当时,为了提高学习效率,为了更好地得到科学理论的支持,我还请教过一个有经验的医生,询问关于人的大脑的记忆问题。”“那时没有现成的教材,要整合教材进行教学,休息日哪里还有时间去挣外快。只是想着如何让学生学得有兴趣,如何更好地让学生进行自主学习,提高学习效果,于是在课堂中加入游戏,没想到一切豁然开朗。”

宋如兰虽然已经是85岁的高龄了,可是一谈起教学,似乎总有说不完的话,谈起自己的教学,思路和记忆是如此清晰。她不时念出当时编的小诗,不时发出由衷的笑声,感染着大家。“是不是觉得我还是个孩子,他们都说我是老小孩。”说完,宋如兰又不由自主地笑起来。

这种以学生为本,充满创造力、富有前瞻性的教育理念为宋如兰带来了一张张获奖证书和一次次的表彰,但全国模范班主任、上海市劳模等荣誉头衔并不是宋如兰所关心的。她微笑着,淡淡地说:“我就只想着一件事,我的学生。”

“小小广交会”,精彩大舞台

在搞创造活动时,许多学生小干部经常聚在一起,议论纷纷。有的说:“我们要从小能自主。”也有的说:“荷兰少年自办餐厅,英国少年自办娃娃公司,咱们中国少年为什么不能尝试一下,我们也要从小学会经济管理。”崇明县实验小学大队部抓住机会,顺势而为,经过大家反复磋商,终于设计出了“小小广交会”这一新颖的大队活动(编者按:中国春秋季出口商品交易会每年都在广州召开,人们简称为“广交会”)。

在“噼噼啪啪”的鞭炮声中,“小小广交会”正式开张了。“总经理”郑重地宣布开幕,他说:“我们应该从小培养经济眼光,增强服务技能。现在当小实业家,将来当大实业家。今天做小主人,明天担起建设‘四化’的重任。”

“小小广交会”下设七部(科技信息交流部、人才交流部、物品交流部、失物招领部、安全保卫部、智力玩具部、宣传部）、一处（公证处）、四十六店（超级市场、小卖部、小餐厅、为您留影等）。小小广交会部长、处长由总经理在全校招聘，各店小经理由少先队员推荐。共有243位八到十三岁的同学分别担任经理、部长、处长、营业员、公证员。《小能人报》记者、摄影师深入各部，出版《小小广交会》专刊，组织小百花广播节目，及时报道活动情况和商品信息。

在超级市场里，货架上摆满了书籍、科技小制作等。队员们在这里自由选购，自行付款，电子计算器正确地记录下一串串数字。人虽多，但秩序井然，钱款分毫不差。

全校最热闹的地方要数“工”字走廊，二十五个中队在这里摆出三十六个摊位。叫卖声、录音机播放的音乐声交杂在一起，组成了一支美妙动听的交响曲。各中队设计的商品广告也排列成有趣的图案。在五十多块广告牌中，有一块特别引人注目，上写“图书大减价！大拍卖！欢迎选购”。这里挤得身子都站不稳，可是只有买主，卖主到哪里去了？一打听才知原委，原来有位同学多给了一角钱，卖主小陈离开书摊，放下生意，满学校去找这个同学。一会儿小陈回来了，看他那得意劲儿，就知道他已经找到了钱的主人。

在物品交流会里，更有一番情趣。孩子们把玩腻的玩具、书籍、科技制作等拿到这里调换。在信息交换栏前，一张粉红色的纸条特别引人注目，上面工工整整地写着：“本人有一架喷火机枪，价值四元左右，欲调换价值相当的自控玩具，如有诚意，请到三号公证处洽谈。”一会儿，果然来了一个同学，揭了纸条来到三号公证处。小声交谈了几句，两人携手拉钩，拍板成交。他们双双来到公证处，请公证人员公证，登记入册，各自捧着换来的玩具，欣然而归。

公证处是最使少先队员感到新奇又陌生的地方，处长王伟是学校闻名的皮大王，今天掌管着全校文明友好交换的大权，他手不停脚不停，嘴里还一个劲地喊个不停。原定的一百张登记表一会儿就填完了，又拿来了三百张才勉强维持住局面。这里登记交换的人数达236人次，而皮大王通过这次活动，受到教育，改正了缺点，正向先进行列靠拢。

人才交流部是最忙的地方，两个部长忙得汗都出来了。一项项协议正在签订。

一年级的小弟弟在这里招聘到了知心的小辅导员,四年级组请到了能说会笑的相声辅导员。这时小美术家陈薇急匆匆赶来,上气不接下气地对部长说:“这怎么得了啊,现在学校有三分之二的中队要聘请我担任美术指导员,我又不好扫他们的兴,而全部答应,我又分不开身,要知道我不是孙悟空,没有三头六臂呀。”部长仔细想了想,又翻了翻合同书,以商量的口吻说:“是不是这样,我把合同上的辅导时间都改一下,集中在星期三下午这半天时间里,你就进行集体辅导吧!”陈薇皱起的眉头舒展开了,她愉快地答应一声,又钻进了人海之中。据人才交流部统计,共收到人才预订单、推荐单五十多份,被推荐的各种人才294人次,大部分被录用。

科技信息交流部前人山人海,不时传来一阵阵赞叹声,这里正进行智力玩具大展。一些同学把家里的玩具拿到学校,有电动的、机械动力的,还有益智玩具。这些玩具都具有一定的科技性,主持人边讲原理边演示,讲得深入浅出,同学们听得津津有味,既长了知识又开了眼界,学到了书本上学不到的东西。最有趣的是,两位小发明家正在进行“专利权”转让仪式,他们各自交换了图纸和样品。看他们那股认真劲,真像两个科学家在讨论学术问题呢!

大会结束时,通过民主选举产生最佳小经理、服务员、公证员,并向他们颁发了奖品和奖状。“小小广交会”闭幕了,但一幕幕难忘的瞬间、一段段特别的经历深深地留在了每一个少先队员的脑海中。

SHANGHAIJIAOYUCONGSHU
上海教育丛书

《上海教育丛书》编委会 主编

足迹

——上海教育故事

下

上海教育出版社

图书在版编目（CIP）数据

足迹：上海教育故事 /《上海教育丛书》编委会主编.
— 上海:上海教育出版社, 2019.11
ISBN 978-7-5444-9612-4

Ⅰ. ①足… Ⅱ. ①上… Ⅲ. ①地方教育－教育史－研究－上海 Ⅳ. ①G527.51

中国版本图书馆CIP数据核字(2019)第254107号

责任编辑 隋淑光 严 岷 林 翘
封面设计 陆 弦

足迹——上海教育故事
《上海教育丛书》编委会 主编

出版发行 上海教育出版社有限公司
官 网 www.seph.com.cn
地 址 上海市永福路123号
邮 编 200031
印 刷 启东市人民印刷有限公司
开 本 700×1000 1/16 印张 74.75 插页 6
字 数 1130 千字
版 次 2019年11月第1版
印 次 2019年11月第1次印刷
书 号 ISBN 978-7-5444-9612-4/G·7924
定 价 198.00 元（全二册）

如发现质量问题，读者可向本社调换 电话：021-64377165

《上海教育丛书》编委会

前　言

建设一流城市，需要一流教育。办好教育，最根本的是要建设好教师队伍和学校管理干部队伍。

在长期的教育实践中，上海市涌现了一大批长期耕耘在教育第一线呕心沥血、努力探索，积累了丰富经验的优秀教师；涌现了一批领导学校卓有成效，有思想、有作为的优秀教育管理工作者。广大优秀教育工作者教育教学和管理工作的经验，凝聚着他们辛勤劳动的心血乃至毕生精力。为了帮助他们在立业、立德的基础上立言，确立他们的学术地位，使他们的经验能成为社会的共同财富，1994年上海市领导决定，委托教育部门负责整理这些经验。为此，上海市教育局、上海市中小学幼儿教师奖励基金会组织成立《上海教育丛书》编辑委员会，并由吕型伟同志任主编，自当年起出版《上海教育丛书》（以下称《丛书》）。1995年上海市教育委员会成立后，要求继续做好《丛书》的编辑出版工作。2008年初，经上海市教育委员会领导同意，调整和充实了《丛书》编委会，并确定夏秀蓉同志任执行主编，协助主编工作。2014年底，经上海市教育委员会领导同意，调整和充实了《丛书》编委会，确定尹后庆同志担任主编。至2019年10月，先后共编辑出版《丛书》128册。《丛书》的内容涵盖了基础教育和中等职业教育的各个方面，包含有较高理论水平和学术价值的著作，涉及中小学教育、学前教育、师范教育、职业教育、校外教育和特殊教育，以及学校的领导管理与团队工作，还有弘扬祖国优秀文化、促进国际教育交流等方面的著作，体现了上海市中小学教育改革与发展的轨迹，体现了上海市中小学教育办学的水平与质量，体现了优秀教师和教育工作者的先进教育思想与丰富的实践经验。《丛书》出版后，受到广大教师、教育工作者及社会的欢迎。

为进一步搞好《丛书》的出版、宣传和推广工作，对今后继续出版的《丛书》，我们将结合上海教育进入优质均衡、转型发展新时期的特点，更加注重反映教育改革前沿的生动实践，更加注重典型性、实用性和可读性。希望《丛书》反映的教育思想、理念和观点能起到抛砖引玉的作用，引发大家的思考、议论和争鸣；更希望在超前理念、先进思想的统领下创造出的扎实行动和鲜活经验，能引领当前的教育教学改革工作，使《丛书》成为记录上海教育改革历程和成果的历史篇章，成为广大教师和教育工作者的良师益友。限于我们的认识和水平，《丛书》会有疏漏和不尽如人意之处，诚恳地希望广大读者提出宝贵意见，帮助我们共同把《丛书》编好。

《上海教育丛书》编委会

2019 年 10 月

序

教育是国家发展、民族振兴的奠基石。回望中华人民共和国成立70年来上海教育走过的道路,完全能从这句话中得到印证。

抗战时期我在革命根据地参加了教育工作。中华人民共和国成立以后,长期在上海教育战线的不同岗位工作,亲眼见证了新中国教育的重生、改革开放后教育的崛起以及新世纪教育现代化的奋进。可以说,上海教育(主要是指基础教育)这70年的发展历史始终体现了在党的领导下上海广大教育工作者积极进取、奋发有为的创业精神,勇立潮头、勇攀新高的创新品质和育人为本、科学发展的专业涵养。从某种程度上说,上海教育的发展历程也就是中国教育现代化历程的缩影。

当然,上海教育的发展历史还应该追溯到近代。作为一座近代史上的新兴城市,上海在近代中国教育史和学校发展史上却占有主导地位。近代中国教育开创性的改革和实践,大多数来自于上海。中国人创办的第一所近代新式小学,中国人创办的第一所中学,中国近代史上最早系统传授西方自然科学知识的学校,中国第一所特殊教育学校,最早成立的专门教研机构,全国职业教育的发源地……上海拥有许多中国基础教育的"最早""第一"和"率先"。

新中国成立后,在党和人民政府的大力推动下,上海教育的规模迅速扩大,普及程度不断提高。20世纪50年代以来,上海的基础教育为构建社会主义教育体系,为培养坚持社会主义方向、德智体全面发展的优秀人才发挥着重要的奠基作用,在教育改革中也提供了许多影响全局的重要经验,为社会主义事业培养了一大批栋梁之材,他们在中国的政治、经济、科技、文化等各个领域内承担着或承担过重任。

改革开放后,上海进入了快速发展的时代。上海始终把"办好每一所学校、教好每一个学生、成就每一位教师"作为重要发展目标,希望为每一个孩子,包括残疾儿童、超常儿童等有特殊需要的儿童,扣好人生第一粒扣子,播下终身可持续发展的种子。同时，面向21世纪，上海基础教育的改革呈现出超前布局、整体联动的态势，在全国继续产生着先导和引领作用。改革开放以来，几乎每隔十年，上海就有一些学校或者改革项目在全国产生广泛影响，这些学校以厚实的传统积淀和前瞻的改革实践成了教育改革的先行者、教育思想的策源地、教育探索的试验田。

在上海基础教育领域，先有陶行知、陈鹤琴、段力佩、吕型伟等老一辈教育家，后有“人民教育家”于漪以及唐盛昌、顾泠沅、仇忠海、刘京海、倪谷音、郭宗莉、张志敏、卞松泉、封莉容等教育名家，还有一大批优秀的校长和教师共同见证并推动着上海教育的发展进程。

这些学校、校长和教师就是上海教育历史发展的中流砥柱。他们在历史的风雨沧桑中积淀着、变革着、创造着、发展着，在学校的课程教学、管理制度、队伍建设等领域取得了许多突破，他们的实践丰富了上海教育发展的辉煌历史。

今年是中华人民共和国成立70周年，站在历史的交汇点上，研究和剖析这些在上海教育发展史上留下过重要足迹、产生过重要影响的学校，重新感受那些推动教育改革发展的人和事，审视他们的发展过程和精神价值，无疑对迈向新时代的上海和中国具有重要的价值和深远的影响。

教育是任何时代进步的基础，也应该是任何时代的先行者。而经验告诉我们，教育发展的强大动力之一往往来自于一所所学校，一位位校长、教师的初心坚守，创新求索，砥砺奋进。率先迈向现代化的上海教育需要一代代教育工作者和一所所学校的长期坚守和接力创造。

希望循着这些足迹，能给今天承担重任的校长和教师们，了解上海基础教育学校的历史传统提供一些线索和导引，从中汲取一些养料和智慧，能够从这些故事中获得启迪和力量。因为当我们面对新时代新任务的时候，我们一定需要沿着历史的足迹继续前行，一定要继承和开拓，才能成为新时代改革的风向标、发展的排头兵，才能共同推动新时代的上海教育再铸辉煌。

原上海市教育局局长

姚庄行

目　录

（上）

群英荟萃

华东师范大学附属卢湾辅读实验学校:“提灯女神”何金娣耕耘的特教新天地 ...4

上海市上海中学:创新引领,迈向世界一流 ...15

上海市育才中学:段力佩推动学校教改“三次飞跃” ...28

上海市闸北第八中学:从“成功教育”到“委托管理”的创新之路 ...41

上海市第一师范学校附属小学:“愉快教育”从这里走向全国 ...54

上海市静安区闸北第一中心小学:陈鹤琴创办的一所“童心”学校 ...66

华东师大一附中:传承廖世承“研究型”学校文化 ...78

上海市市东实验学校(上海市市东中学):吕型伟教育理想的实践基地 ...91

上海市杨浦高级中学:“人民教育家”于漪坚守的教育热土 …102
上海市行知中学:根植校史,“学陶师陶”,再创新路 …113
上海市青浦区实验中学:传承“青浦实验”的宝贵经验与科学精神 …125

世纪风物

上海市大同中学:敢为人先、立己达人的百年求索 …140
上海市第八中学:从首所女校到首探男子高中 …152
上海市第十中学:近代女子教育的“教育兴国”之路 …164
上海市格致中学:近代中国最早中西合办培养科技人才的新型学堂 …175
上海市光明中学:培养“立足上海,胸怀祖国,放眼世界”的光明学子 …189
上海市敬业中学:上海办学历史最悠久的学校 …204
中华职业学校:我国近现代职业教育史上第一所现代中等职业学校 …216
上海市黄浦区卢湾二中心小学:中国人自己开办的第一所女子小学 …229
上海市黄浦区梅溪小学:中国人办的第一所新式小学 …241
上海市南洋中学:沪上最早的民办新式中学 …251
上海市南洋模范中学:百年薪火相传,“以立模范”之教 …264
上海市徐汇中学:开创中国近代教育史上多个第一 …275
上海市徐汇区建襄小学:三位家庭妇女创建的民办小学 …285
上海市第三女子中学:女子教育的摇篮 …295
上海市复旦中学:传承复旦文化的“根”与“源” …308
上海市省吾中学:中共地下党创办的教育阵地 …319

上海市盲童学校：上海唯一一所教育培养视力障碍学生的学校 …330
上海市回民中学：上海唯一一所寄宿制民族完全中学 …342
上海市久隆模范中学：全国第一所免费学校 …351
上海市民立中学：中国最早的近代私立新式学校 …362
同济大学附属七一中学："创"字引航促进学校发展 …374
上海市聋哑青年技术学校：中国聋教史上诸多第一的开创者 …384
上海市晋元高级中学：爱国主义精神的薪火相传 …396
上海市北虹高级中学：跨越百年的艺术教育 …408
上海市澄衷高级中学：名师辈出的百年高中 …419
上海市复兴高级中学：复兴中华、求真创新的精神传承 …428
上海市继光高级中学：坚持传播进步思想的百年名校 …440
上海市吴淞中学：我国最早接受、实施国外"道尔顿制"的学校 …451
上海市嘉定区普通小学：有着独特文化符号的百年老校 …463
上海市浦东中学：底蕴深厚的上海首所现代完中 …474
上海市浦东新区观澜小学："教育救国、学用结合"的百年兴学之路 …487
上海市松江二中："云间书院"的百年跨越 …499
上海市松江区泗泾小学："蒙以养正"的世纪传承 …511
上海市松江区中山小学：领20世纪小学语文教改的风气之先 …522
上海市奉贤区南桥小学：百年传承"文道统一，德才见长" …534
上海市金山区廊下小学：精神文化内涵丰厚的百年乡镇小学 …544
上海市金山区张堰小学："尚德明理"引领百年发展 …557
上海市崇明中学：祖国第三大岛上的百年名校 …569
上海市崇明区实验小学："诚朴敬爱"的悠久传统 …580

(下)

时代弄潮

上海外国语大学附属大境中学:从体育兴校到现代化优质高中 ...4

上海市向明中学:从创造教育品牌发展到“创造文化” ...17

上海市实验小学:从贫民学校到“上海小学之优” ...28

上海市第四聋校:上海历史最悠久的听障学生教育学校 ...39

上海市徐汇区向阳小学:“兴趣教育”让孩子快乐成长 ...50

上海市长宁区江苏路第五小学:以“和谐教育”引领学校发展 ...63

上海市静安区教育学院附属学校:一所追求“轻负担、高质量”的学校 ...74

上海市静安区和田路小学:三十多年坚持创造教育 ...86

上海市虹口区第三中心小学:率先开启“少先队自动化”改革 ...97

上海市辛灵中学:“一个都不放弃,人人都能成功” ...107

上海市杨浦区控江二村小学:少年科学院小院士的摇篮 ...119

上海市嘉定区第二中学:融合人文的科技教育 ...129

华东师范大学第二附属中学:以卓越教育创新高中学段育人模式 ...138

上海市建平中学:“规范+选择,合格+特长”的育人追求 ...150

上海市实验学校:中小学十年一贯学制成为现实 ...160

上海市浦东新区育华(集团)学校:从工读学校到形成多元化办学新格局 ...172

上海市七宝中学:率先开展研究性学习的求索之路 ...184

人文芳华

上海市尚文中学:初中课程教材改革的尝试者 …198

上海市第五十四中学:以文化立校的公办完中 …207

上海师范大学附属中学:从美育实践到“发展教育”推动学生终身成长 …218

上海市世界外国语小学:“让学生走向世界,让世界走进学校” …230

上海市延安中学:促进全面发展的教改探索 …242

上海市市北中学:“勤、恕、勇”文化的百年传承 …253

上海市市西中学:好学力行的守正创新路 …264

上海市静安区第一中心小学:传承陈鹤琴先生“活教育”思想 …274

上海市曹杨二中:文理相通、人文引领 …286

上海市江宁学校:爱是最好的教育 …297

上海财经大学附属北郊高级中学:探索财经拔尖创新人才培养模式 …308

上海外国语大学附属外国语学校:培养外语外交人才的摇篮 …319

上海市虹口区曲阳第四小学:上海中小学第一所心理健康教育示范校 …331

复旦大学附属中学:将“育人”写在教育的旗帜上 …343

上海交通大学附属中学:思源致远,创生卓越 …355

上海市控江中学:自主、创新,托起“控江梦” …367

上海市同济中学:“同修仁德、济世养生”的百年坚守 …378

上海市杨浦区打虎山路第一小学:办老百姓家门口的好学校 …387

上海市嘉定区第一中学:办一所安静而丰富的学校 …398

上海市高桥中学:市郊学校民主管理的先行者 ...410

上海市进才中学:上海第一所高规格现代化寄宿制高中 ...421

上海市唐镇中学:百年老校的求索之路 ...433

上海市浦东新区第二中心小学:“全面发展　生动发展”的百年征程 ...444

上海市浦东新区梅园小学:传承百年的艺术教育探索 ...456

上海市浦东新区周浦小学:百年小学堂的教育追求 ...466

上海市闵行区七宝镇明强小学:自强不息、勇于超越的世纪求索 ...476

协和教育集团:“中西融合”的民办教育之探 ...488

上海市松江一中:根植传统的“四自教育” ...500

上海市青浦高级中学:在坚守与创新中“磨炼” ...513

上海市朱家角中学:水乡名校,惠泽代代学子 ...525

上海市青浦区实验小学:上海郊县第一所承担学制改革教育实验任务的小学 ...536

上海市奉贤中学:以“质量管理”享誉社会 ...547

上海市金山中学:培养具有时代精神的新型农村高中生 ...558

后记 ...569

足迹

时代弄潮

敢为天下先是上海教育的气质与气魄。作为全国基础教育的高地,上海勇当教育改革的排头兵和先行者。

一大批中小学校更是身先士卒,勇蹚“深水区”、勇闯“无人区”,坚持立德树人、坚持全面发展、坚持改革创新,推出了一项项在上海乃至全国形成重大影响的学校改革,不忘初心,不负使命。

上海外国语大学附属大境中学

从体育兴校到现代化优质高中

岁月留痕

学校创办于1962年，1979年被命名为市重点中学，2000年起与上海外国语大学合作办学。上海外国语大学附属大境中学传承“爱国荣校，艰苦奋斗，自强不息，勇争一流”的大境精神，着力建设现代化精品、特色、优质的一流实验性示范性高中。

大境建校初期办学条件十分简陋，体育场地非常局促，但学校因地制宜，知难而上，艰苦奋斗，积极开展群众性体育活动，取得了突出成绩，被誉为“‘螺蛳壳’里龙腾虎跃”。学校获得了全国群众体育先进集体、《国家体育锻炼标准》先进单位、全国体育传统项目先进学校、上海市群众体育十佳示范单位、全国贯彻《学校体育工作条例》优秀学校等荣誉称号。

图1 大境中学旧址（1962年）

校史回眸

学校2002年起作为上海市“二期课改”基地学校，开始投入课改的整体试点工作。学校在优化课程、课堂、教学评价等方面取得实效，外语特色突显，教育质量名列前茅，并多次向全市开展“推进课改、聚焦课堂”的展示交流活动。2004年上半年，学校经上海市实验性示范性高中总结性评审通过，位列首批28所实验性示范性高中名单。

为了实现办学目标，学校坚持立德树人、深化改革，积极开展以“自主、责任”为特色的德育工作，建设以“选择、开放”为特征的校本课程，深化以“自主、探究”为主要学习方式的课堂教学，探索“多元、过程”的发展性评价，努力培养和造就一大批“外语见长、和谐发展”的高素质、高学养大境学子。

学校积极构建以“学习素养”为核心的学校课程体系：构建“人文修养、科学素养、艺术涵养、外语学养”四大系列模块学习的拓展型课程，构建以“合作学习、课题研究”为主要方式的研究型课程，在基础型课程教学中开展“主动学习、探究生成”以提高学生学习素养的教学实施，构建加强学生“体验学习、综合实践”的学养德育课程，积极开展“学养”课程建设和课堂教学实践，创新有效培养学生学习素养的课程构建、教学方法、管理机制及其评价方式等，探索促进师生学习素养提升的有效途径。

学校与上海外国语大学合作办学十多年后，2012年黄浦区政府与上外签订新的战略合作协议，促进上外与大境中学在教师培训、课程建设、外语尖子培养等方面全方位深度合作。上外著名教授团队直接在大境开设人文课程、英语口译课程和大学德语课程。西班牙教育文化体育部、德国驻沪领事馆和美国国际教育发展中心参与创建的西班牙语课程、歌德课堂和中美课程是国际课程。学校已建成全国外国语教育实验基地，是国家重点课题“中国基础英语素质教育”实验基地。外语学科实施小班化教学，建设以沉浸式、快乐型、开放性为特征的IEO教学方式。有十多位有相当教学经验的外籍教师先后来校执教，形成了浓厚的外语教学的氛围。学校与美国、加拿大、澳大利亚、德国、西班牙、丹麦、日本、韩国等国多所优秀名校建立广泛的教师、学生和课程教学交流。

学校重视学生的特长发展，在体育、艺术、科技等特色教育方面成果丰硕。学校被命名为上海市射击二线高水平运动队、上海市体育传统项目学校；校合唱团连续四届获世界合唱比赛银牌，2007 年 9 月合唱团成立十周年之际在上海音乐厅举行专场合唱音乐会；学校现有发明专利四百多个，学生的发明获“英特尔”上海市青少年创新大赛一等奖、市长奖入围奖、飞利浦杯实用新型专利一等奖等。

学校荣获上海市文明单位、上海市科技特色示范学校、上海市绿色学校、上海市花园单位、上海市中学生日常行为规范示范校等荣誉称号。学校被确立为全国现代教育技术实验学校、上海市高水平体育二线运动队基地、上海市“二期课改”实验基地、上海市创造教育实验基地等。

图 2　学校新貌

历史撷英

体育兴校:“螺蛳壳”里龙腾虎跃

学校创办于1962年,是一所全日制完全中学,属民办公助性质。当时正值“严重困难”时期,为了办好学校,不断提高教育质量,学校提出并一直坚持“艰苦奋斗、勤俭办学、因材施教、实事求是”的办学思想。在艰苦条件面前,学校提出“学校小,我们的志气不能小;条件差,全面贯彻教育方针不能差;力量弱,只要大家的积极性调动起来就不弱,众人拾柴火焰高”的办学口号。

学校创办之初,校址设在河南南路246号,由一幢破旧的三层石库门房屋改造而成,占地面积仅440平方米,建筑面积628平方米,无操场,仅有一个50平方米的天井,条件十分艰苦,因面积狭小而被称为“螺蛳壳”。因河南南路246号与大境路交界,故命名为“大境中学”,全称为“上海市南市区民办大境中学”。

为了办好学校,不断提高教育教学质量,大境人把好教育“方向盘”。德、智、体“三育”并抓,并以体育促他育,“体育兴校”成为民办大境中学的发展之举。

学校克服场地小、条件差的困难,因地制宜,因陋就简,土法上马,自制器材,利用仅有的50平方米的天井和学校附近的马路、广场开展多姿多彩、卓有成效的群众体育活动,创造了奇迹。没有操场,只有天井,这五十平方米的天井给一个老人打太极拳,活动腿脚也不算宽裕。没有地方、没有器材,怎么办?学校用绳子靠墙竖起几根毛竹用作爬杆;用拆房子剩下的横梁做成单杠;用绳子绑住砖块来代替哑铃;人人学游泳,全体练习俯卧撑。更特别的是学生从早上4点多出发,从学校跑到万体馆,再折返回学校。后来成为体育特级教师的裘琴琴老师与一批特长学生组成长跑队,在早晨绕着黄浦区练习长跑,使体育活动在普遍性、群众性得到落实的基础上增加了对尖子生的培养,在1978、1979两年连续夺得上海市“迎春”长跑中学生男子团体冠军。《解放日报》发表了通讯报道《“力量来自强烈的事业心”——记大境中学体育教师裘琴琴》。1972年以后,学校年年被评为上海市实施体锻标准先进学校；1973 年获得上海市体育先进单位的光荣称号；1974 年以后连续六年被评为上海市群众体育先进单位；1975 年被评为全国体育先进单位。

图 3　同学们在天井和走廊里开展体育活动

在调查研究、总结经验过程中，体教系统、报纸杂志多次报道学校办学的先进事迹和办学经验。1973 年 12 月，《文汇报》刊登连续报道《“螺蛳壳”里龙腾虎跃》和文章《路线是根本，领导是关键》。1973 年 12 月，市体委在同济大学大会堂联合召开“学校体育工作经验交流会”，在会上学校以“充分发动群众，因地制宜、因陋就简，积极开展群众性体育活动”为题进行经验交流；1975 年 3 月，《体育报》刊登文章《思想路线搞对头　“螺蛳壳”里天地大》，介绍学校发动群众、创造条件开展体育活动的经验；1978 年 9 月，《文汇报》刊登《“全面贯彻党的教育方针，培养合格的接班人”——大境中学抓了体育促智育》，并附有短评《体育锻炼不可少》；1978 年 11 月，《光明日报》刊登通讯报道《大境中学实践证明：“三育”能够一起抓，也应该一起抓》；1978 年 12 月，《文汇报》刊登文章《既提高教学质量，又减轻学生负担》，介绍学校改进教学方法取得较好效果的经验。1979 年 1 月，《体育报》发表《比翼齐飞》一文，报道学校抓好体育卫生促进教学的经验，《中国青年报》发表文章《千方百计挖潜力　因陋就简搞体育》，报道大境中学学生每日锻炼一小时的情况；1979 年 8 月，《上海教育》七月号刊登文章《大境中学——因地制宜搞好体育卫生工作》。

命名重点——慧眼识英雄，大境起飞跃

1978 年下半年，国家体委主任荣高棠来学校视察工作，当他看到如此简陋、狭小的学校，不仅在群体工作方面创造了奇迹，教育教学质量及其他工作都生机勃勃、成绩斐然，不禁赞叹万分，并建议市政府要好好总结推广经验。

经过多方检验评估，大境中学的办学经验得到了社会公认。1979 年 10 月 20 日，市教卫办在文化广场举行“上海市大境中学教育经验报告会”。会上，南市区区委书记、上海华东师大教育教学科研所普教研究室、上海师院教科研室以及学生家长代表等从不同角度介绍了大境中学的教育经验，学校体育教师裘琴琴同志受校党支部委托向大会表了决心。各区、县负责同志以及全市各中小学领导和教师代表等近万人参加了会议，市委书记夏征农，市革委会副主任杨恺，教卫办、教育局、团市委的负责同志都出席会议。杨恺同志在大会上讲了话，并郑重宣布：经市教卫办和教育局研究决定，大境中学为市、区双重领导的重点中学。即日起，“上海市南市区民办大境中学”校名更改为“上海市大境中学”。

大境中学办学经验进一步在社会上传播。1979 年 10 月 20 日，文汇报刊载《大境中学学生德智体全面发展》一文，并发表了评论员文章《大境在挑战》；同日，解放日报发表通讯报道《大境中学——一所全面发展的好学校》；1979 年 10 月 21 日、22 日、26 日，《文汇报》连续刊登文章《大境中学办学经验调查》；1979 年 10 月、11 月，《上海教育》第十期、第十一期出了专辑，全面介绍大境中学的办学经验。

1979 年 12 月 25 日，上海市大境中学被评为全国先进单位；1979 年 12 月 28 日，校长戴仁德作为特邀代表赴京出席国务院表彰全国先进单位、全国劳动模范授奖大会，代表大境中学接受国务院嘉奖，受到了党和国家领导人的亲切接见，并出席国宴。

雄鹰展翅——自强不息，兼容并蓄

1980 年 4 月，大境中学荣获上海市人民政府颁发的“上海市 1979 年先进教育

单位”奖状；1980 年 4 月 10 日，《人民日报》发表评论员文章《坚持德智体全面发展》，并刊登署名文章《“螺蛳壳里出雄鹰”——大境中学积极开展体育活动》；1980 年 5 月 13 日至 15 日，中央人民广播电台体育节目连续三天播放来校采访的录音报道。至此，大境的社会效应不断升温。

大境人以“艰苦奋斗、自强不息、俭朴生活、勇争第一”的革命精神接受新的挑战。1986 年，学校高考升学率达到 97.5%；1989 年 1 月，学校被评为“上海市 1988 年度加强初中教育先进单位”。大境中学经过 17 年艰苦卓绝的奋斗，逐步开创稳步、全面发展的新天地。

在原来的基础上，大境中学的体育工作开展得更加有声有色，社会效应更为广泛。从 1980 年开始，学校每年都荣获“上海市国家体锻标准达标先进学校”；1989 年 10 月，学校被评为“全国施行体锻标准达标先进学校”；1993 年 2 月，学校体育特级教师裘琴琴荣获“全国千名优秀教师”称号；1995 年 5 月 4 日，市体委授予大境中学“上海市群众体育先进单位”称号；1996 年 9 月 17 日，《文汇报》发表专题报道《二十二年“红旗”不倒》，记载上海市大境中学群体活动情况；1996 年 9 月 20 日，《解放日报》登载署名文章《大境中学重视体育教育，促进学生素质全面提高》；1997 年 6 月，学校被评为上海市中学生体育工作先进单位，六省一市群体工作先进集体和代表来我校视察。

还值得一提的是，1996 年 10 月 23 日，市体委、市教委举办的“上海市第九届中小学体育耕耘奖表彰大会”在大境隆重召开，国家体委主任伍绍祖、上海市副市长龚学平等领导参加会议。学校被授予 1996 年度上海市中小学体育耕耘奖，校长陆钟荣代表大境中学在大会上作了专题交流并领奖。

“义务门诊导航人生”：点亮学生前程的“灯塔”

早在 2000 年 2 月 11 日，文汇报在第一版就刊登文章《“义务门诊”温暖学子心》，介绍了大境中学教师课余挂牌为学生解疑的新事，引起社会热烈反响。

大境的办学脚步不断延伸。坚持多年后，大境的“义务门诊”又被赋予了时代新内涵，从“义务门诊”的挂牌到“个别化引领制”的完善，再到“学生人生导航行动”的推出，从教师的义举发展为文明创建品牌项目，让人看到的是大境办学的“人本化”提升、教育目标的“科学化”、做人教育的“高尚化”。

从“着眼面前”到“前瞻未来”。2000 年，因为要着力减轻学生过重的课业负担，学校就从贴近学生的实际需求开始做起，在下班后教师挂牌服务，为学生解难释惑。这项被媒体广为介绍传播的举措称为“义务门诊”，它以教师实实在在的师爱温暖了学子的心灵。“义务门诊”创始人是物理教师周建云，他当时执教高三年级物理，周老师和学生约定，每周二、四下午 4:00 至 6:00 在固定教室为学生提供咨询答疑，开设一个“门诊”，这样学生能带着学习上的问题前来“咨询”，此举深受学生欢迎。为此，学校将周老师的“义务门诊”在全体教师中进行推广，每天下午 4:15 开始，各个教师在指导的地点等候学生。“义务门诊”在实践中不断创新，并逐步形成一项具有学校特色的制度。

图 4　周建云老师在义务门诊

2007 年的“人生导航行动”，按照学生“最近发展区”原理，根据学生发展的主体性、差异性和持续性原则，关注每个学生在自己原有基础上的提高，激发学生自身潜能，培养学生多种能力，努力使大境的学生人人有价值。《导航师工作手册》中记录了每个教师的导航过程，包括及时记载学生基本情况、发展方向、引领内容和工作成效。

从“问题解疑”到“全面引领”。“义务门诊”也许解决的是个别学生的学习问题，而“人生导航行动”则是引领学生的未来。在“人生导航行动”中，教师指导的内容比“义务门诊”和“个别引领”充实得多，具体表现在思想引导、健康向导、学业辅导和生活指导。

每位任课教师一般导航2—4个学生，由学生自愿报名，教师选择，双向定位。他们可以是老师的“得意门生”，也可以是需要帮助的普通学生。“导航行动”可在校内进行，也可以在平时交流与家访活动中开展。“导航”的原则是“按需导航，注重过程，师生互动，全面协调”。

从“单向指教”到“科学导航”。如果说，“义务门诊”着重于对某个问题的释疑，那么“人生导航行动”，则是教师全方位的育人。“导航师”把教育学生看作是一项日常工作，同时也是一个研究的课题，对于所引导的过程与效果进行分析，并在《导航师工作手册》上做好记载。一学期后，撰写小故事或个案分析材料，以交流会和调研会等形式，定期开展研讨，并进行导航个案评比和“知心导航师”评选，促进理论与实践上的交流与完善，不断提高“导航师”的“导航”水平。

“学习素养”：擦亮学生学力的“利器”

大境通过构建“学习素养”为核心的课程，旨在推动学校课程内涵、功能、结构、管理、教学、评价等实践研究，为学生学会学习、终身发展打下坚实的基础。

大胆突破：从“学习”走向“学养”。大境一直保持着比较高的升学率，毕业生中不乏考进全国一流大学的学生。然而，仅仅通过“学习”搭设通往一流高校的阶梯，尽管有社会需求的合理成分，但学生可持续发展的问题并没有得到应有的重视。

另外，学校在长期调研中也发现，成绩好的学生，几乎都有一个共同的特点，就是会学习,学习能力特别强。在大境,对这种状况给出了一个科学的说法,叫作“学习素养”。“学习素养”,是指学生为完成学习任务,在学习过程中所修习到的涵养因素,这种涵养因素是关于学习诸因素的函数,也是在先天生理基础上经后天培养形成,有助于持续学习的、内在稳定的基本品质。

引导学生从“学习”走向“学养”,大境认为这是一个重要的突破。构建以学生“学习素养”为核心的学校课程,可以让学生更好地学会学习;有效转变学生学习方式,让学生终身可持续发展。

合理架构:从“单一”走向“优化”。大境的“学习素养”不是完全另起炉灶,而是借助现有的课程结构,在合理组合与优化上做文章。

大境的以“学习素养”为核心的学校课程框架的基本思路是:构建“人文修养、科学素养、艺术涵养、外语学养”四大系列模块学习的拓展课程,构建以“合作学习、课题研究”为主要方式的研究型课程,在基础型课程教学中开展“主动学习、探究生成”以提高学生学习素养的教学实施,构建加强学生“体验学习、综合实践”的“学养”德育课程,积极开展“学养”课程建设和课堂教学实践,创新有效培养学生学习素养的课程构建、教学方法、管理机制及其评价方式等,探索促进教师学习素养提升的有效途径。

其中的“学养”拓展型课程构建起了“人文修养(人文情怀、历史广角、文学香茗、社会视点)、科学素养(科学知识、思维方法、实验技术、科学应用)、艺术涵养(美学艺术、科学艺术、人文艺术、体育艺术)、外语学养(文史经典、影视品赏、听说应用、读写技能)”4个系列16个子模块的校本“学养”拓展课程,开设了80多门“学养”拓展型课程,供学生选择学习,能更好地满足学生差异性的要求。

有效实施:从“一般”走向“灵活”。“学养”课程教学强调师生互动,改变以教师为核心的权威型教学方式,努力使学生成为学习的主体、认识的主体、发展的主体,大境通过“活化知识、激活思维、活力探究、灵活方法”的四“活”教学策略开展教学实践。

“学习素养”的提出与实践,让大境找到了高中生现在和未来可持续发展的思路和途径,也让高中生领悟了从“现在成功”走向“未来成就”的能力和路径。

外语“学养”课程：开阔学生视野的“平台”

为了实施“一流、名牌”的教育发展战略，经上海市教委、南市区政府批准，学校自 2000 年 2 月起与上海外国语大学合作办学，并改名为“上海外国语大学附属大境中学”。依托上海外国语大学外语办学优势，学校积极开展中学外语潜能开发实验，以培养“外语见长、和谐发展”的“大境界、高学养、有特长”的大境学子为宗旨，创建外语特色鲜明的现代化精品、优质高中。

学校已建成全国外国语教育实验基地。学校与英国、美国、德国、澳大利亚等多国互派师生访问考察、讲学修学，建立课程教学合作关系；在外语学科实施小班化教学，建设以沉浸式、快乐型、开放型为特征的教学方式，特别致力于建设开放型、广覆盖的校本外语“学养”课程。主要包括，激兴趣——建设以“IEO”理念引领的教学方式；重实践——坚持以“用”为中心的学习方式；有选择——开设基础学科中的英语“组合式”课程；积底蕴——“读文学、读原著”的外语阅读课程；促特长——精心开设的英语、德语大学课程；拓视野——不断丰富完善的外语“学养”系列课程。

打开学生思维的“黑箱”——引进 IMMEX 课程

经过学情分析，学校认为提升本校学生“学习素养”主要集中在学习意识、学习技能、学习方法、学习品质四个方面。而在如何指导学生掌握一定的学习方法过程中遇到了瓶颈，学生的思维方法究竟是怎样的？如何开展对学生学习过程的评价？有没有一种技术可以用来还原学生的思维过程，以便教师能够更直观地了解学生的思维态势，从而转换评价视角、改进评价方法、丰富评价功能，改变原先评价只重学习成绩、只看学习结果的弊端呢？

决策者的姿态，更是研究者的态度。2009 年末，时任校长姚晓红赴美参加上海市教委“影子校长”培训，被 Ronald Stevens 教授研发的 IMMEX 先进技术和理念所吸引，这项技术正是姚晓红苦苦寻觅的良方。IMMEX 即(Interactive Multimedia Exercises)的缩写，简称“多媒体互动测训”平台。Interactive 强调互动、交互，记录学生解决问题的过程，教师通过数据解读学生的思维；Multimedia 是多媒体的意思，通过创立一个激励学习的软件环境，借助于先进的教育技术手段，将学生隐含在脑海中的解决问题的思维过程通过直观的手段展现出来；Exercises 是通过数学模型进行有效的量化评估，强调的是问题集的演练及操作。因此，IMMEX 平台的三个关键词是：交互、多媒体、问题集。

姚晓红下定决心要引进 IMMEX 项目，她查阅了大量关于 IMMEX 的文献资料以及与思维有关的理论书籍，学习人工智能神经网络聚类等科学统计方法，并对数万条实验数据进行具体分析和分类比较，从中寻找数据、图表背后所蕴含的意义，通过数据挖掘、数据解读、数据建模等途径科学建构思维过程和思维策略的评价内涵和框架。她认为，评价的设计是研究的重点和难点。在熟悉了 IMMEX 工具的使用和功能后，她发现美国母题要能够和大境中学学生的学习实际相符合，必须要进一步积极研发 IMMEX 国内问题集，即 IMMEX-China，体现交互性。姚晓红以自己所任教的化学学科为重点，先试点，然后以点带面推进 IMMEX 在大境的校本化、学科化研究，这成为大家努力的方向。

图 5 学校引进 IMMEX 课程

IMMEX课程的开设得到了广泛认可。无论是实验数据还是学生自我感受都支持这样的结论：IMMEX能帮助优化思维策略，提高信息筛选能力和解决问题能力。实验班学生在思维过程的敏捷性和思维策略的可行性方面均优于其他班级。2012年5月，上海市教委举办了“上海市提升中小学（幼儿园）课程领导力行动研究项目”大境中学“基于IMMEX优化学生思维的教学与评价研究”展示研讨活动。本次活动汇聚了来自美国的专家以及IMMEX中方项目组成员，还有来自市、区的专家和兄弟学校同行200多人，姚晓红在会上作了专题发言。2012年以来，“IMMEX思维课程”在上海市教委举办的暑期校长培训中做录像交流，并参加了教育部主办的首届全国中小学信息技术教学应用展演、上海市教委主办的首届上海市中学校本课程展示活动等。学校研究团队公开发表的与IMMEX思维课程相关的论文有10多篇，获市、区级以上科研成果4项。《文汇报》对大境中学的IMMEX研究作了报道。

上海市向明中学

从创造教育品牌发展到“创造文化”

岁月留痕

向明中学是沪上百年名校，上海市重点中学，入选首批上海市实验性示范性高级中学。学校地处上海市商业经济文化中心城区，与淮海路商业街毗邻，享有得天独厚的经济、人文资源环境。近百年的向明历史，体现了向明人推动传统文化与现代文明的有机交融。早在1984年，学校就首创在中学生中命名“小小专家”，表彰“小发明、小创造、小制作”的“三小能人”。每年近百项学生发明申请专利，每年近百项创新成果获奖，从创造教育品牌发展到创造文化，展现了学校发展的更高层次。

图1　向明中学校园

校史回眸

向明中学的前身是震旦学院，于 1902 年由我国著名爱国教育家马相伯先生筹建。1952 年 9 月 25 日，上海市教育局将震旦附中改名为向明中学。

震旦预科 1902年 → 震旦附中高中部（1931年）
震旦附中初中部（1933年）
震旦附中女生部（1938年）（即震旦女子文理学院附属中学）
→ 震旦附中（1951年）→ 向明中学（1952年）
晓光中学（1939年）→ 成智中学（1942年）→ 私立晓光中学（1945年）→ 1958年并入 向明中学

图 2　震旦女子文理学院附中校舍全景

图 3　震旦大学附中校舍

1959 年学校被确立为上海市重点中学。2005 年上海市教委确立向明中学为首批上海市实验性示范性高中。学校占地面积 43.1 亩，建筑面积 31046 平方米。班级 27 个，学生 1484 人；教职工 137 人，其中高级教师 49 人，特级教师 3 人。学校曾获得全国文明单位、全国创造教育先进实验基地、国际生态学校等数十项国家级荣誉称号。

学校以篮球、游泳、乒乓为传统体育项目，女子篮球队是全国后备人才培养基地，曾获得全国竞赛冠军，为省、市及部队输送专业运动员百余人。向明中学的校园里走出了不少国家的栋梁之材，如叶铭汉、王振义、童志鹏、戎嘉余、戚正武、陈祖煜等中国科学院和工程院两院院士，中国出席联合国大会副代表章含之，中国人民解放军中将麇振玉、少将胡斐佩，著名京剧表演艺术家梅葆玖等。向明中学的毕业生走向大学，走向社会，具有“多元”“丰富”“精彩”的特点，其中包括第三十四届国

图4　向明中学(卢湾校区西部)创新协会楼

际中学生数学奥林匹克竞赛金奖获得者冯炯,在校期间发现并命名世界昆虫新种"中华螽斯"的黄文华,第一位获得创造发明专利的学生、小小创造发明家朱灵敏,长江小小科学家称号获得者郑道林,首批中国少年科学院小院士、小小信息学家吴雯婷,《创智赢家》第二季全国总冠军张书嘉,著名电视节目主持人林海,泳坛名将庄泳、蒋丞稷等。

图5　向明中学(浦江校区)

2009年9月，向明中学在闵行区浦江镇设立寄宿制的浦江校区。目前浦江校区占地近60亩，现代化实验楼、网球场、桌球房等高标准办学设施齐全。浦江校区延续向明创造教育办学特色，助推闵行教育再发展。学校除开设基础型课程外，还开设一批拓展型校本课程，开设英、法、日、韩多国外语，与美、法、德、澳等国兄弟学校建立友好关系，互相交流访问。

历史撷英

百年沧桑，桃李芬芳。向明中学从震旦衍生，也已走过了67个春秋。当年的同学少年回首往事，感慨万千：难忘母校，难忘师长，难忘当年的岁月。

师恩难忘

曾任中国科学院高能物理研究所所长的叶铭汉回忆，他是1937年夏进入震旦大学附中学习的。他在小学里成绩较差，为中等偏下。震旦附中的老师教书都十分认真，学生上课秩序很好。在这良好的环境中，他的学习逐渐有所进步，初一的成绩大约为中等偏上，初二时学习成绩有了飞跃，因为相当偶然的一件事促进了他的学习积极性。国文老师张鹤群先生有一次布置作业，要求大家对某篇讲日本帝国主义在济南屠杀我国老百姓的文章做读书笔记。老师在课堂上作了详细分析，给了大家提示。

那时候生物课和化学课老师在上课时，每讲到一个专题，往往先在黑板上把那一课的主要内容以表格的形式写在黑板上，让学生抄下来，以便学生记忆。例如讲到水，表格里列出水的性质，如分子式、相对分子质量、用途等，分别用一、二、三、四等为序号列出，简明扼要，便于记忆。考试前，大家就背这种表。

叶铭汉灵机一动，为什么不按照列表的方法来写心得呢？于是他先对文章分段评述，用一、二、三、四等分别标出各个段落，在每一段落内用1、2、3、4等表示各个重点，最后对全文写一段总结评述，写的时候，分别排列整齐。这实际上就是把老师的分析分别列出,做成了表格。没有想到,这样简单的重新组合排列,居然得到了老师的赞赏。老师在课堂上对他写的心得大加表扬,说他不但分析清楚,而且段落明显、排列醒目。这一表扬大大提高了他学习的自觉性和兴趣,从此以后他上课更专心了,学习成绩也有了全面提高。

忆晓光岁月

电子信息工程专家、1997 年当选为中国工程院院士的童志鹏回忆,1939 年夏,他考入上海晓光中学。这所新办学校号称由“教育部特准立案”,对于处于沦陷国土的学生来说,是颇有振奋人心之意的。晓光中学集中了几位高素质的老师,如教数学的朱老师、教语文的施老师、教英文的杜老师。他们循循善诱、严格要求,促进学生刻苦学习、锐意进取。在老师的指引下,童志鹏醉心于求解数学难题,沉醉于古文辞章,还广泛阅读外文报刊,颇得老师赞扬。他立志深入文化殿堂,自觉自愿地在自学上下功夫,这一习惯令他终身受益。

当时,上海的英租界、法租界保留租界特殊身份,被称为“孤岛”。但是,“孤岛”不孤,社会上各种力量都在活动,共产党也通过地下学生组织展开斗争。在这个大潮下,童志鹏也参加了进步学生运动,学习进步书刊,如《西行漫记》《大众哲学》,以及鲁迅、巴金、茅盾、普希金、托尔斯泰、高尔基等的名著。这让他打开了心扉,拓宽了视野,感受到未来的曙光,并由此走上了一条正确的道路。

向明的生活是一种财富

震旦附中 1942 届毕业生、向明中学教师李家庠记得,当年在读中学的时候,以及在向明教书的时候,学校的学生有着非常强的社会意识:排演话剧、办读书会、读革命书籍、参加义务劳动、下里弄等,很注重在实践中提高自己的能力。向明与震旦是一脉相承的,既要求学生全面发展,培养综合能力,同时注重传授研究方法。

向明 1967 届校友、向明中学教师王峨以是 1964 年进校的。那时向明场地很小,也没有塑胶跑道。当时他上课的教室就在“七间头”,那儿有个游泳池,虽然很小，但是同学们都感到非常高兴。大家对向明有着很深的眷恋，每次向明组织老校友聚会，他所在班级到场的同学人数几乎都是最多的，并且每次总不忘请来班主任陈日升、数学老师张佩云和俄语老师干组瑛。

三小活动——创造教育品牌的初步确立

早在1980年年初，向明人就提出了“坚持全面发展，发挥个性特长，培养创造才能，造就四有人才”的办学思想。粉碎“四人帮”后，向明恢复了正常的教学秩序，当时的向明人一心一意办好学校。随着邓小平提出教育的“三个面向”，向明人开始了解和熟悉国外先进的教育理念。

早在1984年，学校就首创在中学生中命名“小小专家”，表彰“小发明、小创造、小制作”的“三小能人”。这项活动深受学生、家长的欢迎，被称为向明中学的“小诺贝尔奖”。各高校对学校的命名活动也颇感兴趣。被命名为“小小专家”的学生进大学后绝大部分都有出色表现。为此，学校曾被评为全国青少年科技活动先进集体、全国教育改革金钥匙奖、全国德育先进学校等。由于学校培养数学拔尖人才有成效，曾获中国数学会授予的锦旗，上书“培养数学英才，为祖国争光”。

在发现和培养学生成才的教育实践中，学校始终坚持“因材施教，因势利导，发展个性，培养才能”的教育原则，在组织学生开展各种课外兴趣活动中，形成了纵向层次化和横向多样化的网络。

设立初高中一贯制的实验班

1993年开始，学校每年在初、高中分别招生，组建初中英才教育实验班和高中创造教育理科班，并逐年扩大，用3至5年时间使创造教育成为学校一大特色。初中的实验班，学制为七年一贯制，招生办法是学校单独命题、单独招生，通过综合能力测试，适当参考考生的智商标准，挑选80位学生，组成两个实验班，并与区教科研室一起，共同进行“初中实验班学生潜能开发的实践与探索”课题研究。实验班课程设置以统编教材为基础,自编教材作补充,大小课结合,文理科渗透,压缩必修课程,增强选修课程和活动课程。教学方法上注重创造性思维训练,提倡多思考、多提问、多动手。高中理科班招生办法是在录取新生中选拔一个班学生。在课程设置上,压缩必修课程,增强文科选择课程和创造性思维训练课。理科班学生加强文科学习,目的是拓宽阅读面,培养和谐的个性和完善的知识结构,在教学中提倡精讲多练,着重训练学生如何掌握学习的技巧技能。

从“向明之春”艺术节走出的林海

转眼间,林海走出高中校园已经整整二十二年了。二十二年间,林海从电台的节目主持人到音乐频道的综艺节目主持人,再到中国知名综艺节目《正大综艺》的主持人,踏上央视的舞台,然后在北京、上海两地继续自己的主持职业生涯,走过了一段精彩纷呈、甘苦自知的岁月。以下是林海的自述。

1988年,我高一。已经记不起怎么接手的校广播站的工作,只记得当时的校广播站主要任务就是每周四的上午课前有一次25分钟的播音,播音的内容也无外乎念老师事先为我们准备的稿子。我这个人从小就不安分,念稿子的枯燥很快让我从最初的兴奋转为厌倦。怎么办呢?于是,悄悄地“踩界”开始了。起初,在几条校园新闻之间,我会插播一些音乐,名为“调节播音节奏”,甚至自己选择一些散文,和着那些优美的旋律来朗读。这种改变很快受到了同学们的喜爱,老师也没有对我提出任何意见。于是,“踩界”的脚步就又大了些,我开始选择配合新闻主题播放一些流行歌曲。渐渐地,我播放歌曲的范围越来越大,时间也越来越长。奇怪的是,老师们还是没有半点动静。

直到有一天,一个同学不知从哪里弄到小虎队的《青苹果乐园》,他问我敢不敢在广播里播。打赌也罢,新鲜也好,我还真的就播了。要知道,那可是当时最流行、时髦的音乐啊!一下子同学中就轰动了。老师也终于找我谈话了。但是,出乎我意料的是,老师并没有批评我,而是建议我周四上午的那次播音还是应该以校园新闻为主。但只要我愿意,每天两节课后的大休息可以播出流行歌曲,甚至提醒我可以让同学来点播并提供更多的音乐。从此以后,两节课后的大休息是我和同学们盼望的时光。

只要是"向明人"就一定知道"向明之春"。这是学校每年都要举行的艺术节。它让我们这些苦读的莘莘学子,每年都有一段时间可以到艺术的天空里呼吸新鲜的空气。展览、讲座、文艺会演,都是学生热衷的项目。当然,给我最大锻炼的还是每年一度的文艺会演。现在想来,那时的舞台,无论是灯光、置景还是音响,用简陋二字来形容是并不为过的。可是,这样的简朴并不影响我们把自己全身心地交予这个舞台,而且还是以当时颇为前卫的方式。我们的表演令同学们疯狂尖叫,而老师们也给我们鼓励的眼神。这就是向明的老师,抑或说是向明教学氛围的特别之处。尽管向明也有着升学率的压力,可是,鼓励学生个性化地发展,是向明众多的老师从未放弃的追求。

至于我第一次在电视上露面,也还是在向明中学。高二那年的暑假里,当时上海电视台的《诗与画》栏目举办了一个"全市中学生唐诗宋词知识竞赛",我成为向明代表队的一员。我们利用半个暑假的机会集中培训,那段时间反复看了好几遍《唐诗三百首》。功夫不负有心人,我们杀入了决赛,并最终夺冠。那天,向明的代表队里,坐着两个未来的主持人,一个是负责唐诗的我,还有一个是负责宋词的王津元。

回头望望,其实,我现在所从事的工作,所有的起点都在这里——向明中学,我亲爱的母校。感谢老师的宽容和母校一直以来循循善诱的教学传统,以及鼓励学生个性发展的校园文化。

工作着,并快乐着;奉献着,并收获着

向明的校园,闹中取静。青春的笑脸,无处不在。其中,有一个娇小的身影融入学生中,她的一举一动和周围的场景是如此的和谐,因为她曾经是这里培养出来的学生。她就是 1994 年毕业的向明校友,现在是向明中学的班主任和英语教师——丁凛。

她曾两次荣获上海市劳动模范称号，获得上海市十大教书育人楷模提名奖，上海市十佳班主任，上海市“三八”红旗手，上海市新长征突击手，卢湾区十佳杰出青年，卢湾区园丁奖等荣誉。她也是黄浦区颇有名气的英语骨干教师，黄浦区英语学科带头人，上海市中青年教师教学大奖赛高中英语一等奖获得者。丁凛内心深处情系向明，曾经在向明中学就读六年的她夜以继日地进行《百年向明画册》的翻译工作。那一刻她很自豪，她是向明人。

她热爱教育，热爱学生，对工作极其执着，受到学校领导、同事、学生和家长的高度评价。她的英语教学深受专家的赞许和学生的欢迎，多次获得由向明中学所有学生评出的“我心目中的好老师”称号。她培养的学生多次获得各种奖项，如上海市“上外杯”高中英语竞赛一等奖，上海市英语作文大赛特等奖，上海市高中英语辩论赛季军等。丁凛当了 18 年教师，也担任了 18 年班主任工作。她对每一个学生关心备至，做到百分之百的家访，用朴实的爱谱写了感人的篇章。她所带班级多次荣获上海市先进集体、区先进集体和上海市金爱心集体。班主任、英语教学、备课组长、教科研员、竞赛教练员、命题组成员，每一项工作她都做得很投入，也很出色。这种对工作的责任感和使命感，这种作为向明人的归属感和自豪感，得益于百年向明的教育。

作为班主任，丁凛从一入职就确定了自己“爱字在心，平字为基，恒字当头，新字出招”的班主任基本原则。而这些，一时做到容易，持之以恒的“爱”才是可贵的。在丁凛身上，人们看到，选择教育就是选择了高尚。

文化兴校——从创造品牌到创造文化

从创造教育品牌发展到创造文化，是学校发展的更高层次。为什么要提出创造文化？校长芮仁杰说：“因为阻碍科学创造的因素很多，但根子还是在文化层面上。中国要进入创新型国家行列，就得在文化层面上反思。文化的目标就是一种审美情感、精神境界和价值取向，其核心要求是追求一种精神，铸就一个魂，向明之魂。”

从向明近三十年的学校发展理念来看，20 世纪 90 年代学校提出“以学生可持续发展为本，让每个学生在创造实践中成长”理念，强调的是“人”，以人为本的发展；21 世纪初，学校提出“创造，让课堂充满活力，让师生充满激情”理念，强调的是“情”，为此，学校专门开展课堂教学再设计，目的是让教师和学生充满激情，快乐健康地成长；近年来，学校又提出“学会创造，追求梦想”理念，内涵是要求学生“思想活跃、勇于挑战、宽容失败、梦想成真”，强调的是“魂”，一种学校的教育之魂、学生的理想之魂和教师的师魂，追求的是一种精神境界、审美情感、回归到理想的价值取向，以此构筑起向明人的精神世界。

向明人的学校精神和文化内涵，即“三独”（独思、独创、独立）、宽容、责任心。其中有责任心是前提，没有责任心其他都是零；宽容是基础，宽厚地对待自己和他人，营造宽容失败、包涵和理解错误、激励鞭策大家的宽松的精神氛围；“三独”是核心，要求每个向明人善于独立思考，有独特的思想、独创的观念，成为一个有独立个性的有作为的大写的人。这也与向明的校训“明理向上”的内涵相契合。潜移默化地熏陶，久而久之就能形成向明人的一种精神、一种文化，也可以说是一种创造文化。

体验创造，迈向未来创新领域；感悟创造，创造永远没有止境；共同创造，终身学习其乐无穷。这是一种教学相长，是一种对校园生活的真实写照，是无时无刻不在我们身边发生的、再普通不过的一个片段。

学生的发展成长，离不开各种平台和机遇。筑巢育才、时空平衡，在机制创新中，学校不断探索着学生成功之路。学校在各种学生社团、协会的基础上，创立震旦书院，组织书院课程（科学与艺术，机器人控制与建模，创造发明，创意设计，数学应用与建模，数码影像编辑，纳米技术，环境与微生物，茶道与民俗文化，音乐原创与鉴赏，科学，数字电路与单片机，现代物理，现代生化医学），同时配置 10 多个特色实验室（广告美术创意实验室，现代应用化学实验室，纳米技术实验室，数字电路与单片机实验室，环境与微生物实验室，现代生化医学实验室，茶道与民俗文化实验室，音乐原创实验室，无线电技术实验室，心理与生命健康实验室），设立 10 个专题阅览室和研究室（教育信息研究室，创造与心理教育研究室，中外文学阅览室，哲学社会科学阅览室,自然科学阅览室,中外名人传记阅览室,外文资料阅览室,数码音响资料阅览室,上海风情阅览室,古籍资料阅览室)。新建创意实践体验馆,使学生的阅读、论坛、探究和教师的讲座、教研形成一体,发挥教育综合效能,使每个学生在书院里寻找自身发展的空间。

创造,是一条可以无限延伸的路,我们的努力就在这条轨迹上,不断走出新的足迹。

上海市实验小学

从贫民学校到"上海小学之优"

岁月留痕

"从前辟土筑山房,万竹箫箫长,后来就地建校舍,万竹基础创,擘划经营年复年,万竹声名扬,现在精神更焕发,万竹愈恢张……"这首出自著名文学家赵元任先生之手的校歌传唱至今,激励着一代又一代实小师生。

图1 学校老建筑

1911年,上海市立万竹小学建校;1919年,学校以"编制严密,学事发达,形式与精神俱备",被国民政府教育部评为全国11家优良小学之一,后又被誉为"上海小学之最优";1949年,在党和政府直接领导下,数易校名,最后更名为"上海市实验小学",以"实验示范,优质课堂,精良师资"享誉上海,成为教育部在上海唯一一所重点小学;1976年,"文革"之后,学校被上海市教育局列为"重点小学";1990年,在全面实施素质教育、深入推进课程改革中,以"尊重生命,开放教育"为办学理念,成为上海市素质教育实验校……

一百多年来,上海市实验小学从贫民学校到"上海小学之最优"的名校;从旧时代的名校,到新中国的实验性学校;从传统名校,到上海市素质教育实验学校。

学校办学,始终把"学校,儿童幸福的起点"作为基本办学理念。

校史回眸

首任校长李廷翰将强烈的社会责任和推进社会的宏伟志向,化作教育救国的具体实践,提出了“规划贫儿一生”“养成健智之国民,培养国家之元气”的培养目标,通过“修身课”,培养儿童的“涵养”“德性”,引导儿童在实践体验中形成对社会、道德等的基本观点、态度、方法,教育“收事半功倍之效”,书写了“万竹传奇”。

中华人民共和国成立后,学校提出了“学校是可爱的,老师是可亲的,学习是快乐的,同学是友爱的”办学目标。在极具专业水平的学校行政班子带领下,以实验者的勇气,在“学制改革”“学科创新”“共产主义思想启蒙教育”等各个领域中,率先开展了具有引领价值的“实验”探索,为全市乃至全国提供了经验。

新时期,在素质教育核心理念下,学校从“尊重生命”的要义出发,以科研为载体,启程“开放教育”办学模式探索,形成了“公平育人、自主选择、充分发展”的基本办学策略,逐步完善并建立学校、家庭、社会共同参与下的开放式办学范式,在“办学策略”“开放教学”等研究中,理论成果取得突破性进展,实践成果令人信服,实现了基于“实验”的新发展。

教师植根课堂教学,在传承“细、实、活、深、严”的教学风格中,探索开放课堂的基本范式。探索教学过程的开放,根据儿童认知与年龄特点,学校提出了“看着学生的眼睛上课”“想着孩子的喜爱设计教学”等新视角,在促进教学的生成性中提高课堂效益;探索教学内容的开放,研发了“小眼睛看大世界”系列讲座课程 120 多讲,开设了跨学科综合主题活动,建立了“跑班”套餐课程,在提高课程选择性中,让学生经历丰富的课程体验,启发兴趣,扎实基础,培育能力。

学校聚焦队伍建设,提出了“以爱心为核心,以专业为重点,以学术为亮点”的师资队伍建设目标,以名誉校长袁瑢为代表的几代教师建构起学校“师资精良、课堂优质”的办学特色。学校名师辈出,培养了特级教师 3 名,特级校长 1 名,先后有 7 名教师列入全国、上海市的名师培养对象,现有中学高级教师 14 名。

“发展与艰辛同行,荣耀与奋斗相随”,上海市实验小学这所百年名校在新一轮的教育竞争中将以开放的心态，坚定行进在创建一流、开放的现代化学校的征程上，谱就“实验长辉煌”的世纪新华章。

历史撷英

学校，幸福的起点

1911年2月，地理学者李廷翰和他刚从日本女中毕业的妹妹李廷慧，受上海市政厅委托，在万竹山房这六亩七分地的废墟上，筹建上海第一所市立小学——上海市立万竹小学。

一位好校长，一所好学校。上海市立万竹小学的首任校长李廷翰先生，有智慧，有气度，有专业才华。从教育专业角度而言，他是一名地理学家，也是一位优秀的自然学科教师；从校长职业素养来看，他熟知教育规律，专于学校管理，是一位能在繁杂现象中选择正确方向，又能把正确的选择落实为具体教育行为的成功校长。他是一位教育家型的好校长，他的成功不仅在于把一所贫民学校办成一所适应各类儿童的好学校，更在于他的办学理想、管理经验已化作学校文化，经久地影响着学校的百年发展。

李廷翰认为“小学校实之为国家之基础”，“养成健智之国民，培养国家之元气”是办学的目标，学校要“规划贫儿一生”，成为儿童一生“幸福的起点”。由此学校承载着社会的重托、教育家的理想、千万儿童与家庭的希望，展开了实践旅程。

学校教学内容设置的原则。李廷翰认为各门学科各有所长，“不必夸张其价值谓高处于诸课之上，其后也不必因其他课之勃兴而置其于不问”，教学内容要“因学生需要开设”。当时开设八种科目十一种课程。课程设计中，各科分布按国家规定，教材使用上“课本与讲义并用”，如一到三年级常识课本是教员自编的，数学等学科选用多套教材，英语学科在别的学校不曾开设，而在万竹的课程中，作为高年级选修课却早已有之。贫儿需要训育，对儿童的身心之发育要养护，国民道德要训练，因此开设了修身科；生活所必需之知识技能要教授，因而开设了手工科、簿记科等课程。为了适合顽劣、闲散贫儿的学习，对身边发生的琐事进行辨析；传授生活中的科学道理；根据交往需要教授书信的写作技能；配置各类运动器具进行锻炼运动，以适应城市生活和各类体力劳动；还教会学生"合于处世"的基本心态，做到有教无类。对课程设置的时间规定为："每日授课时数5小时或4小时，内15分钟游戏，45分钟教授"；对于学科测验有月标准化测试、学期期终测验等多种形式，并对实施方式均有明确规定。初创时期的万竹小学，专家参观之后作出评说："万竹小学以狭小之校舍，容数百儿童，以二十余教员，成数千国民，而反能收圆满之效果，此万竹小学异于寻常小学者。"

学校好教师培养研究。李廷翰校长认为"小学校之良否全是小学教师之学力"。学校要有一支高水平的教师队伍，坚持教师来源最优。初创时期，学校就按"两好两坚持"的标准招聘教师，"两好"就是录取好师范学校的毕业生，选择成熟好教师加盟学校；"两坚持"就是坚持爱心第一，坚持教学研究，以提高教师整体水平。教师对学生的态度是评价教师的标准，学校认为"怒，教师之大忌也。善怒者，无教师之资格，况言训育乎？譬如草木，遇雨露则欣欣向荣，遭霜雪则生机戕尽矣。"学校当时就以师资雄厚而著称，成为人们向往的学校。

教学方法与课堂质量的关系研究。教学须字字求贫儿适用，学校提出"教师要有研究之心"，有"设计教学法之精神"，要求教师有"自觉求知识与学习经验的进步之心"。学校创设"引起其研究之心"的氛围。为了促进研究，学校有"横""纵"式研究制度，所谓"横的研究"，就是采用相近年级分组研究，分成低级组、中级组、高级组，具体研究相关学科教学种种问题；所谓"纵的研究"，就是分科研究，如国语、自然、算术等十几科，主要研究教学法的统一、改进与教材的编订等。教学方法上，整体采用"设计教学法精神"，低年级采用"混合大单元的设计"，中高年级以"分科设计"为主，同时采用"自学辅导制"，以促进不同程度学生的有效学习。

上海小学之最优

已有700多年历史的老城厢，位于上海城的东南，这里是上海城的起源地，从元、明、清一直到民国初年的600多年间,它始终是上海的政治、经济、文化中心,也是上海人口最稠密的地区。上海市立万竹小学,就是此中的一颗明珠。

1991年,学校建校80年。在不足10亩地的校园中,高朋满座,校友接踵而至,个个都在寻找着昔日曾经的故事。

周培源来了!一个出生于书香之家的孩子,父亲想让儿子日后从事实业工作,就把他送到了这里接受正规教育,在这里,他在教师的热情激励中成长。这个阶段的学习经历,让他终身受益,后成为著名的物理学家。为感谢母校,在学校80年校庆之际,他捐款设立了周培源奖学金。他希望小学友们也能像他一样成功!

陈述来了!他一直认定是万竹小学让他受到了很好的教育,特别是课余参加话剧小组的演出,让一个出生上海的男孩学会说话中不带地方口音,为以后登上银幕,成为杰出电影艺术表演家,起了奠基的作用。

她们来了!是万竹小学圆了女孩子读书梦。初创时期,校长就大胆实行男女同校,为女孩学习提供条件。谁说女孩不如男,只要受了教育,男女真的是平等的。几十年后的相会,昔日曾在万竹学习的女同学故事,自然是重要的话题。

张碧珍,一位娇弱的上海小姐,小学就读于万竹小学,23岁就秘密加入中国共产党,传播共产主义,并全身心地投入抗日战争,1941年因公殉职,被誉为"战地黄花"。

汤蒂茵,中国民族工业的杰出代表,仅有小学文化程度,但以其吃苦耐劳与顽强成为"金星金笔厂"的创办人,人称女企业家"金笔汤",曾受到毛主席的接见。

施燕华,新中国外交史上第17位女大使,祖籍浙江镇海,1939年生于上海,在上海度过自己整个少女时代,小学就读于万竹小学,以后两度供职中国常驻联合国代表团,历任随员、三等秘书、参赞等职,足迹遍及亚非、欧美、大洋洲数十国。

他们也来了!

钱龙韬来了!曾经的万竹小学生,曾入选世界百大经济人物。回想起当时在万竹小学学习的情景,特别令他记忆犹新的是课程中的"商业学",这里的小学生是可以学到珠算的,这在当时上海是不多的。

几位白发苍苍的老人聚在一起,兴奋地说着笑着,仔细一听,原来他们都是当时学校小小篮球队的。几十年后,他们依然自豪,因为万竹的学生不仅学习是最好的,他们的球队还是全市最强的。

远渡重洋的校友们回来了,在今天修缮一新的图书馆前驻足。80 年前,这里就成立了万竹小学图书馆。万竹是上海最早设立图书馆的小学,万竹的图书馆也是全国最早的小学图书馆之一。

蒋经国、蒋纬国,托朋友们从大洋彼岸送来了礼物,一对青花瓷瓶。

这时,长廊里走来一位长者,面带微笑,雍容大度。老师来了!这些曾经的学生,自发地向他敬礼。

在他们的记忆中,这里的老师大都毕业于"龙门师范"和"务本女塾",水平很高,大多有着良好的家庭背景。学校当时就以师资雄厚而著称,成为人们向往的学校。

超越"围墙",开放教育

传统的封闭式学校教育,难以适应开放年代对高素质创新人才的需要。于是,学校有了这样一个大胆的设想:超越"围城",走向开放。1999 年,学校向上级科研部门提交了"小学开放教育的实践与研究"课题,之后明确提出了"尊重生命,开放教育"办学理念,把开放教育的内涵界定为"教育信息空间和沟通上的多元化,教育功能上的终身化,教育思维方法上的多样化,教育技术手段上的弹性化,教育评价上的个性化和师生关系上的民主化"。

开放的管理,超越了职务管理的"围墙",体现民主化特点,教师、学生、家长成为学校的共同体,共同对人生、家庭、社会负责。学校开放教育指导委员会集社会、行政、专家、家长、学生等代表于一体,共同研究、推进学校工作,由此实现了管理过程公开化、管理举措透明化。开放的管理借助于现代教育技术,以校园网为平台,实现多向信息的自由、即时交互。少代会、教代会、家委会、面向社会的校长博客,让学生、教师、家长和社会都成为制度管理的参与者。

开放的课堂,师生关系超越了"师道尊严""课本至上"的围墙。课堂建立亦师亦友的民主关系,这是微笑之外的相互支持、相互促进。班级也不再是固定不变的了,“双轨制”班级管理方式,既保留了原来的行政班,也有辅以兴趣划分的“流动班级”,班级成了兴趣聚集、情感重组的场所。学习方式也在静悄悄地变化,在“动起来”的班级里,学生走进超市去体验数学知识,走进公园寻找秋天树叶的变化;在阳光灿烂的学校花园里,学生们边做游戏,边念着英语儿歌……在开放的课堂里,学生成为主人。

开放的评价,超越分数的“围墙”,形成了以人为本的育人观。反对分数的唯一化,丰富评价的综合性、激励性。教师渐渐明确了全面教育质量的内涵及提高教育质量的有效方式,形成了通过优质高效的课堂实现“减负增效”理想目标的共识。学校的低年级学科综合活动,高年级免试学生挑战营,电视台的“我型我秀”节目,创办12年的“十佳小龙人”评选活动等,面向全体,重在参与,尊重差异,个性发展成了评价关注的要点,档案式评价个性化记录学生成长信息,让学生感受成长快乐。“开放式评语”是师生双方情感的互动,鼓励学生参与到师生互评、生生互评的活动中,评价的多元造就了个性化的学生。

开放的课程,超越书本的“围墙”,立足学校文化的传承、时代发展的气息、学生个性的发展,承担起整合学习资源、重组完整知识的使命。“我是快乐的小学生”学习准备期课程、“快乐333”半日活动课程、“小眼睛看大世界”讲座课程等课程的推出,诉说着学生生命成长的喜悦。

图2 超越“围墙”,开放教育

教坛楷模袁瑢老师

在上海市实验小学这片沃土上,有一位名师的身影始终未曾离开,她就是语文特级教师袁瑢。她是小学教师中的杰出人物,用自己的力量树起了小学教育的一面旗帜。1950 年至 1985 年,历任上海实验小学教师、副校长、校长,任全国小学语文教学研究会副理事长、上海市小学语文教学研究会会长、全国妇联执委会常委,是第一届全国人大代表、第五届全国政协委员。她三次被评为全国"三八"红旗手,两次被评为上海市劳动模范,1985 年获中国福利会妇幼事业第一届樟树奖。

上海市实验小学现任校长杨荣感慨地说:"要把最好的留给学生和教师,这是袁老师给我的'金钥匙'。"

作为一任校长,袁瑢凝聚了实小一贯以来尊重学生、服务学生的办学思想,形成了民主办学、优质办学的特色,这也成为后来历任校长不懈追求的目标。

袁瑢的学识修养、教学艺术、人格魅力,不仅影响了一代又一代的学生,还引领着一代又一代的青年教师,她对教育事业的忠诚和不断创新、追求卓越的精神,感染、激励着一代代实小人。对于自己,袁瑢总是要求很低。三十多年,学校的校长室从未搬动过,袁瑢就在这陋室里勤学苦思、培根固基、运筹帷幄,创造出了众多让同行心悦诚服的教育改革经验。

作为一代名师,袁瑢忠实而创新地传承了实小的教风,又集大成地彰显了实小的教风,促成了"细实活深严"的教学风格。

为让学生更好地学习,她潜心于语文教学的改革。1960 年,袁瑢开始了"提高识字效率,加快识字步伐"的实验,先集中、后分散,加快识字速度,通过生字与熟字相结合的方式,有效突破了小学生认字的难点。通过识字教学同写字、阅读教学与语言发展相结合,提高了语文学习的效率。

粉碎"四人帮"之后,袁瑢又进行了"加强基础,培养能力,发展智力"的研究。她概括出了"只有贯彻文道统一,充分调动学生与教师积极性,才能通过教好来实现学好的最终目的"的理论。

通过多年的语文教学,袁瑢形成了"细实活深严"的教学风格:所谓细,就是既备课，又备人，教学过程组织严密；所谓实，就是教学目的要明确、具体，落到实处，讲课实在，讲究实效，使学生学有所得，学得扎实；所谓深，就是对教材钻得深，挖得深，浅者深之，不使学生浅尝辄止；所谓活，就是教学中重视启发引导，把教师的积极性落实到学生的主动性和积极性上，促使学生内因起作用，努力做到实中寓活，生动活泼；所谓严，就是对学生的语文基本功和良好的学习习惯要严格训练，严格要求。要面向全体学生，备课要从全局出发，落实“细”“实”“深”；课堂教学从全局出发，落实“活”；语文学习习惯培养从全局出发，落实“严”。

“学校是可爱的，老师是可亲的，学习是快乐的，同学是友爱的。”这是袁瑢一直奉行的教育格言，也是她不懈追求的目标。

作为一名老教师，袁瑢始终感激实小沃土对她的滋养。年近九十时，她依然听课备课、指导青年教师。袁瑢老师将所有积淀，毫无保留地传递给了今天的教师。

时时处处皆教育

在校史册中有这样一张珍贵的照片，画面中记录了周恩来总理兴致勃勃地观看实小学生气象作品的珍贵瞬间。

气象小组由特级教师林有禹一手创办而成。小组成立不久，一块普通却又不寻常的小黑板以“天气预报”布告栏形式出现在学校周边的居民区，在新闻媒介不很先进的当时引起了不小的轰动。当学生第一次看到自己不以为然的监测成果竟然能引起周边居民如此强烈的反响，成就感、满足感挂满了他们稚嫩的笑脸，这种价值认同激发了学生的自信心和求知欲。气象观测是一项严肃的科学任务，教师以这样的方式润物细无声地将严谨的科学态度渗透进学生的兴趣培养中，培养了学生吃苦耐劳、实事求是的科学实践探究能力。

在上海市实验小学，教师始终将“育人”放在第一位，他们创造机会、呵护兴趣、挖掘潜能。

课程，为成长而设置

学校创办初期是一所贫民学校，学校便根据贫儿的实际情况开设了修身科、国文科、算术科、体操科、唱歌科、手工科、国画科、簿记科共八种科目十一种课程，课程的设置更从德、智、体、美、劳五方面为这群来自社会最底层的孩子的全面发展作了最有效和切实的规划。这不单是为了满足贫民孩子眼前的学习，更着眼于为他们今后成才立业打下基础。贫儿顽劣，言行粗俗，学校就把教学大纲中本作为选修科目的修身科列入了重点课程。教师在兼顾课本教学的同时利用偶发事件对学生进行道德教育。因为有了直观的体验和生动的实践指导，修身不再是贫儿们不可逾越的鸿沟，他们变得更加自信、有礼了。

进入新世纪，学校秉承“开放教育”的理念，肩负起素质教育“实验创新”的使命。学校为一年级学生的学习准备期专门设计了一张没有语、数、外课程的课程表，一周课程以丰富多彩的游戏与活动满足了学生的心理需求，架起了师生间心灵沟通的桥梁，让学生渐渐喜欢上小学生活，在身体、心理、行为、思想等多方面做好了入学的准备，实现了从幼儿园到小学的自然过渡。学校创造性地设计了“快乐333”半日活动，全面落实素质教育，丰富学生成长经历，提升校园生活品质。学校坚持将半日活动的活动内容置于“好玩”前提下，让学生“玩好”，既体现活动满足学生现时快乐的需要，又从学生情感培养、能力形成等方面，为其终身成长奠基，让学生在“好玩”中享受童年快乐，在“玩好”中积聚成长力量。

舞台，为成长而搭建

学校坚持为有梦想的孩子搭建实现梦想的阶梯。学校的“红果果弦乐队”是上海市平均年龄最小的一支弦乐队。上海音乐厅、东方艺术中心、南京路上“天天演”活动……到处活跃着弦乐队的身影。孩子们还受到著名指挥家曹鹏的邀请，同上海城市交响乐团携手演奏。一届又一届的学生从这里走入大同、南模，进入大学，还有的成为上海交通大学乐团、万芳交响乐团的首席，一名学生还有幸师从著名小提琴家俞丽拿。

实小是一片天空，能容纳所有梦想的放飞。舞蹈俱乐部将“舞蹈精灵”们带入上海市学生艺术节舞蹈专场，参加比赛和展演；电脑俱乐部中孕育了“电脑高手”，多次获得上海市“六一杯”小学生计算机竞赛 Logo 程序设计第一名;还有绘画社、书法社、游泳社、英语社、小记者班……每个孩子都能找到属于自己的舞台,让兴趣得以激发,特长得以发挥。

实践,为成长而延伸

学校开放教育的实践,让学生萌发了社会的眼光,主动担当社会责任已在他们幼小的心灵中滋生。

小苗同学在上海火车站竖起了“公交换乘导向图”,为广大乘客提供方便,他的故事被编入《品德与社会》教材;为了消除白血病患儿的孤独感,小周同学发起并建立的首个“白血病患儿爱心音乐小屋”在上海儿童医院诞生,它受到了社会的广泛关注;学生利用假日小队活动自发组建了“蓝精灵”环保俱乐部,在学校所属的淮海居委会,与地区的小伙伴共同学习环保知识,还义务向小区居民宣传环保小常识,深受社区好评;学生自发组建了大境阁义务宣讲队,小小宣讲队员讲述上海老城厢中最古老的一段城墙的变迁,为传承黄浦文化默默奉献;还有交通安全小卫士,小小图书管理员,绿色环保小达人,辅导小能人,运动小牛人……开放教育的实施,实践舞台的扩大,让学生在社会大学堂里历练、成长。

时时是育人之时,处处是育人之地。实小教师聚焦育人,以“十年树木,百年树人”为己任,锁定“开放的眼光、乐观的心态、自主学习的能力”的育人目标,把“培养”两字想得更长远、考虑得更全面。

上海市第四聋校

上海历史最悠久的听障学生教育学校

岁月留痕

上海市第四聋校，于1937年10月由中华聋哑协会发起创办，校名为“中华聋哑协会附设战时聋哑学校”。1938年学校改名为“中华聋哑协会附属聋哑学校”。1956年学校由上海市教育局接管，改为公立，校名改为“上海市第四聋哑学校”。1994年更名为“上海市第四聋校”。1998年，在上海市教委对全市19所聋校设点布局调整中，学校成为“集学前教育、九年义务教育、多重残疾教育”为一体的上海市中心城区聋校。学校是目前上海历史最悠久的听障学生教育学校。

如今学校拥有一流的康复教育专业人才和设备，整合医教科研，优化语言教育，关注学生发展，聚焦潜能开发，实现多元技术优势互补，提供优良学习环境和人本化服务，助推听障学生健康成长。

图1　第四聋校皋兰路校舍

校史回眸

几乎每个四聋人都说过这样一句话："第四聋校，是聋校，不是聋哑学校。"聋而不哑，是四聋人对学生的基本认识。对听障学生进行教育，尤其是语言教育，让他们能走向社会与人沟通，是四聋建校的初衷。

让听障学生用什么语言、进行怎么样的表达？选择什么样的教学方法让他们学会表达？1937年建校至今，一代又一代的四聋人为寻找答案，孜孜不倦，探索实践。

20世纪50年代中期，学校开始致力于听障学生口语教学的实验与探索，历经五十余年，四聋人开拓进取，在补偿听觉缺陷、发展语言能力、提高教育教学质量方面，积累了丰富的经验，形成了以特级教师季佩玉、顾爱玉为代表的终身献身于听障学生教育事业的优秀教师队伍，并以优质的语言教育闻名全国。2006年，学校被评为上海市示范性特殊教育学校。

承继传统，融合现代。学校以"补偿—发展"教育为理念，构建了以"康复、学科、活动、技艺"四大板块为核心的学校课程体系。基于区域内听障学生的需求，学校拓展办学功能，创建上海第四听障教育指导中心，依托专业技术能力，提供菜单式教育与康复服务，为听障学生融入普通教育提供精准的教育支持。

历史撷英

语言教育，立校之本

老校长季佩玉每次回忆起1955年刚踏进学校的场景，都会用"彷徨"来形容：学校绝大部分教师有听力障碍，师生都是用手势进行交流沟通，男的都称为爸爸，女的都是妈妈。当然每个老师都有一个专属手势，季校长也拥有了一个手势，学生每次看到他都会打出一个平顶发型的手势来称呼他。走进课堂，看到的也都是手势，学生作业中的语言错误比比皆是。无声的手势，甚至连手语都算不上，他们的沟通范围依然狭小，该用怎样的方法打破屏障、走向社会？

图 2　上海市劳动模范、上海市特级教师季佩玉和老师们在一起

1956 年，国家教育部在北京召开“全国聋哑学校口语教学实验工作汇报会”，讨论制定口语教学班的教学计划，秋季开始在全国聋校推行口语教学。会上，两节口语教学实践班的公开课让季佩玉茅塞顿开：不会说话只是听力缺失附带的缺陷，通过正确方法教会听障儿童掌握有声语言，从不会说话到会说话，不是理想而是事实。

从这年开始，上海市第四聋校全力以赴地投入了口语教学改革的实践和研究之中，数十年来，不断实践，反复探索，走过弯路，但从未放弃。

最初实践口语教学时，大家把口语教学理解得太简单了，认为口语教学就是教师用口语讲课，学生用口语表达，从而摈弃了其他的教学手段和沟通方法，教师忙着教学生学发音、学说话，发音和正音占用了大部分教学时间和课后个别辅导时间。然而语言除了语音，还有词汇和句子，聋校教育除了语文还有其他学科，对口语教学的误读使教学活动中的师生双方倍感艰难。

1963年，季佩玉校长在中国聋哑教育师资讲习所召开的座谈会上发言，介绍了四聋在实践中对口语教学的再认识，提出：听障学生学习有声语言，形成和发展语言文字能力是最根本的目的，学生有声语言发展程度与口语教学相互依存；口语不是唯一的教学手段，必须采用适合学生认知特点、符合学科要求的多种教学手段与方法；口语教学的内涵体现在听障学生教育的方方面面，是一整套听障学生教育教学体系……

从此以后，四聋语言教育进入了健康发展时期，在实践中反复研究、充实口语教学，获得了丰富的实践经验。

1989年是四聋语言教育丰收年。季佩玉的《对聋幼儿语言教育的探索》总结了"扬长促短，说认互动；依文学语，以语导文；因人而异，多种渠道；视听相辅，读写并举"的聋校语言教育"32字"途径和方法。顾爱玉的《聋校语言教学的自然性、整体性和交际性》提出努力创造条件，让学生的语言形成尽可能回归到自然的途径上去，以达到语言能力和认识能力的同步提高；各学科相互渗透，相互配合，统一提高听障儿童思想认识和发展语言这两个总前提；通过交际途径，让学生在实际运用中获得运用语言的能力。

图3 全国劳动模范、全国优秀特教工作者、上海市特级校长、上海市特级教师顾爱玉和老师们在一起

这些经验总结都是四聋语言教育的宝贵财富和实践准则，教师们以此为据，积极实践，总结了一系列教学观念："学词识字是听障学生学句的基础""听障学生具有句子能力，才真正开始形成语言文字能力""句群教学是提高听障学生语文能力的关键""语言形式和语言内容相结合的教学原则""突破朗读训练难点，培养学生正确地、有表情地、流畅地朗读能力""阅读教学从读入手，组织教学全过程，在理解的基础上多读熟读，熟练地背诵、默写，重视积累，指导运用""作文教学与阅读教学相结合，从内容入手，进行思维加工，正确运用积累的语句篇章，遣词用句谋篇，正确表达思想""教师和学生的教学语言形式，以口语为主导，凭借课文，合理使用手指语、手势语和板书作辅助语言手段"……

语言教育是第四聋校的根基，是教育特色，是学校教育文脉的点与线。今天，当你走进四聋，这个校园不再寂寂无声，这里的学生会热情地和你打招呼，即使口齿未必清晰，语言未必流畅，但他们的眼神中流露出沟通交往的渴望，他们会运用各种方法，用口语、用手语、用书面语和你交流。这是第四聋校数十年践行语言教育的成果，是几代四聋人不改初心、不懈探索找到的答案。

珍惜听障儿童的每一个可能

1987 年 9 月 1 日，四聋首次试办的两年制听障幼儿班开学了。

让听障幼儿进入幼儿园接受教育，进行听力语言训练，这件现在看来天经地义的事情，在 1987 年却是一件不能为人所理解的创举。当时的四聋作为一所九年义务教育学校，以口语教学蜚声全国，试行非义务教育段的学前教育，不仅超出学校的办学范畴，更重要的是当时全国也没有几个专门为听障幼儿开设的学前班，没有系统的听障幼儿学前教育课程，缺乏相关的实践经验。

四聋为什么还要坚持开设两年制听障幼儿班？老校长季佩玉和顾爱玉回忆往事，都说道：当时的听障教育一直仅在初等教育阶段，教育质量也难以提高。我们的学生明明智力没有问题，我们的语言教育也获得了认可，为什么我们的学生和正常孩子相比，在每个方面都慢一拍？仔细想来，或许是因为听障教育学制没有延伸到学前教育，听障幼童要到七足岁以后才能入学。七岁前是儿童认知、语言发展的关键期，而听障幼童由于听力问题不仅无法从正常听觉渠道学习语言，还因为缺乏适合的教育安置，失去了学习语言的最佳时期。所以我们一定要在听障儿童的幼儿期就进行语言教学，帮助他们形成语言能力，这是促进他们身心健康发展极为重要的一环，也能为他们有效接受九年义务教育打下基础。

幼儿班开班了，但缺乏相应的教育要求和内容，两位老校长想尽办法将上海县聋校教师、聋哑教材语文编写人员沈翠英老师借来学校担任幼儿班班主任。三人组成课题小组，用两年的时间探索、实践、研究、修改，制定了《两年制听障幼儿教育纲要（实验用）》。两年制的幼儿班，不仅把握住了语言形成的关键期，还通过一系列的课程设置，让听障幼童在德、智、体、美诸方面得到发展，为进入九年义务教育阶段的学习打下了坚实的基础。

1992 年秋，四聋幼儿班的成员们迈出了勇敢的一步，和卢湾区复三幼儿园合作进行"一体化教育"的研究，将听障幼儿班设于普通幼儿园中，打破听障幼儿与健听幼儿之间的隔离教育状态，在保持自身语言教育优势的同时，关注幼儿身心各方面的全面发展，为他们提供正常的语言环境和社会模式，让听障幼儿在和健听幼儿的游戏活动中健康成长。

无论是学前班的开设还是"一体化教育"的研究，在当时而言都是创新性的实践，在很多人眼中都是自讨苦吃的行为，可它却牢牢把握住了听障幼儿发展的关键期，珍惜这些孩子每一个发展的可能。

四聋是一所九年一贯制的义务教育聋校，面向的却不仅仅是 7 至 16 岁的听障在校学生。1994 年，学校开设生活教育班，让有着听力障碍的多重残疾学生走进了校园，为这些伴随着智障、脑瘫、视障问题的学生设计并施行个别化教育，甚至根据他们的学习情况延长学习年限，这是四聋对"零拒绝教育"的承诺。2012 年，四聋正式成立上海第四听障教育指导中心，服务于在普通学校就读的听障学生，无论这些孩子是否申请随班就读。利用聋校的专业优势，解决孩子因为听障引发的问题，适应普通学校的生活，这是四聋对于"融合教育"的守护。

只要能力所及，每一个有着听力障碍的孩子都是四聋的学生，无关年龄，无关区域，只要有一丝可能，都要珍惜，皆需把握，竭尽所能，使他们得到发展。

基于“补偿—发展”教育观的聋校课程系列研究

课程建设是一所学校教育观的体现。早年四聋专心于口语教学、教材、教法的探索，在课程设置上执行国家和地方课程标准。1978 年学校开始执行《上海市十年制聋哑学校教学计划试行草案（讨论稿）》，1993 年后执行国家教育委员会颁布的《全日制聋校课程计划（试行）》，按照“学科类”和“活动类”开设课程。

20 世纪 90 年代后期，以素质教育为核心的课程改革在上海开展，彼时的听障教育还是以补偿缺陷为主，制约着听障学生个性的发展。面对聋校课程改革滞后于普通中小学校的现状，校长顾爱玉坐不住了，她深感要让学生得到“最充分的发展”，就应从改变教育观出发，执行全国课标的同时还要尊重上海的特点，尊重听障学生的学习需要，对四聋本校的课程设置进行审视、反思、探究，甚至改革。

2000 年，四聋提出了“补偿—发展”教育观，即“以听障学生的发展为本，从发展中获得补偿，在补偿中促进发展”的特殊教育观。在顾爱玉的带领下，全校教师以“对听障学生进行‘补偿与发展’教育的研究与实践”为课题开展系列研究，构建了开放性的聋校管理体系，开发适应听障学生学习的校本课程，建立学科课程、活动课程、技艺课程三个板块协调发展的听障教育课程体系，探索促进听障学生个性发展的“主体参与型”与“学科综合型”教学模式。立足于“补偿—发展”教育观的课程探索，让听障学生拥有充分学习的机会和最大的发展空间，促进他们主动地、充分地、可持续地发展。

2004 年，校长代秀琴在前期研究的基础上，带领学校教师开展“医教科研结合，优化听障学生学习策略的研究”，以“补偿—发展”教育为指导，以课程为基石，以语言为入口，以策略为手段，以学生的全面发展为目标，将学校的语言教育优势融于三大课程之中，将现代技术带入学校的课程实践之中，引入医学康复概念，深入探究学生语言学习轨迹，开展切合听障学生身心发展特点和规律的教育。

2010 年，学校进入新一轮发展规划时期，随着医学康复技术和现代教育技术的发展，教育理念和课程体系的更新，学生产生了更多个性化的需求。在校长金育萍的带领下，学校开启“基于‘补偿—发展’教育的聋校课程发展研究”，传承学校办学经验，以“补偿—发展”教育思想为引领，以研究学生学习为重点，再构学校课程体系，增设康复课程，完善学科课程，重建活动课程，改进技艺课程。

时代变迁，不变的是四聋的历史文脉，是四聋人追求优质教育、培训优秀教师、营造优良环境、打造上海中心城区现代聋校的决心。基于“补偿—发展”教育观对聋校课程开展的系列研究，体现了四聋人对学校文脉的传承和对时代召唤的呼应。即使不同的历史阶段有着不同的研究重点，四聋人秉持“补偿—发展”教育观，从未间断对课程的探索，正是这种坚持，使学校教育在补偿学生身心障碍、激发学习兴趣、发展实践能力、形成个性特长上狠下功夫，使得学生的综合素质得以提升。

慧育在四聋

学校一贯以学生的发展为核心，注重开放型的教育管理。学校向社会开放，向大自然开放，让学生到大自然、大社会的实际环境中亲身体验感知，使他们对身边事物的理解和认识不断得到增强，建立和完善各种表象，帮助他们运用各种感官主动参与学习活动，从而有效地获取知识，提高解决问题的能力。在“基于‘补偿—发展’教育的聋校课程发展研究”中，四聋重建了学校课程结构，在原有的学科、活动、技艺三大课程板块的基础上，增设康复课程。校长金育萍基于现有的四大课程，提出了“四融慧育”这一聋校教育实施模式。

“四融慧育”的内涵为：融通医教、融合学科、融会生活、融达未来，凝聚教师智慧，培育现代学生。

融通医教，将医学康复和教育康复结合起来，不仅在于理念，更在于课程设计与实施。通过融通医教，化解学生的障碍状况，预防潜在的障碍风险，促进学生的整体发展。在课程中通过科学评估，实施个性化的教育康复活动。

融合学科，教师注重基础知识教学，以某一知识点为基点引导听障学生走进生活、观察生活、拓展知识，连接相关知识点。学生在活动中潜移默化地学会学习，激活思维。

融会生活，以参与社会生活为导向，提供各种真实的生活经历和体验，在活动中学习，在活动中运用，让学生学会做人，增进与他人、与社会的交往。

融达未来，着眼于学生未来生活所需，将生活与劳动技能的学习与艺术相结合，引导学生积极探索自我与外部世界，保持好奇心，激发创新意识，培养自我达成的自信心，形成动手解决问题的能力。

实践中，学校在技术上引进 FM、Roger 等听力设备，为学生创设最佳的聆听环境，从生理上最大限度地利用学生"听"的能力。增设个别化听觉语言课程、感统课程，利用专业技术手段开发听说潜能，让学生在关键的发展阶段习得口语，拥有多元交流的可能性。教学中，学校从"单一学科"知识学习与"跨学科"知识学习两个方面进行了积极的探索，强调个性化学习，盘活"单一学科"知识，围绕主题，综合应用"跨学科"知识，融会贯通。为了让听障学生更好地突破人际交往过程中面临的障碍，学校不仅在校内组织一些重要的活动，让学生学习人际交往，不断积累自己的经验，也组织高年级学生走出学校，在教师的带领下，参与社会生活，学习与不同的人打交道，在提升交往技巧的同时也提升交往的自信心。学校还有针对性地开发与设计活动，激发学生对未来的憧憬，鼓励他们积极面向未来，让学生始终保持一颗好奇心，为他们埋下一颗梦想的种子。

四聋的历届毕业生是一个珍贵的资源库，他们的成长历程就是现在孩子的学习资源。学校积极探索开发并实施了"学长课程"，通过"学长"现身说法，为学生树立学习的榜样。他们中，有利用自己的美术特长自主创业的陈学长；有坚定职业理想、刻苦钻研并多次在国际职业技能比赛中获得大奖的吴学长、陈学长和杜学长；有倾心舞台表演，通过肢体语言表述丰富的情感，努力考入英国爱丁堡大学，并以自己独特的个性站上戏剧表演舞台的李学长；有虽然无法听到声音，但仍然挚爱文学，留学新加坡，独立撰写并出版了自传体小说《铿锵玫瑰》的盛学长……

学生在学长们的经历中获得激励。学长们的成长有自己的努力，亦是四聋教育的外在体现。"四融慧育"让学校在崇善向上的精气神中唤醒学生潜在能力，为未来发展储备强大的续航能力，无论走到哪里，"阳光、自信、可爱"都是四聋学子的代名词。

图 4　走进自然和社会，在活动中学语言

教育+医学，开启听障教育的新时代

这几年，学校在进行课程研究和语言教育的同时，还忙着“把先进的听力技术引进来，把成熟的医教经验送出去”。

相信任何人听说一个人有了听力问题，第一反应都是能不能医好？是的，如果医学能够治疗所有的听力问题，让每个人都能获得健康的听力，自主发展语言，那该多好。然而，现实却是医学的介入不能让所有的孩子获得健康听力，听障教育有其存在意义。

说到医学介入，四聋走过弯路，也有过失望。学校也经历过针灸治疗听力障碍的历史，然而效果却不尽如人意。后来，学校一度放弃过医学手段，专心发展语言教学，开设专门的语言训练课。渐渐地学生的发音清晰了，学生的语言能力提高了，但老师们的心里对医学手段仍有着一丝期盼。都说医者父母心，其实教者亦存父母心，大家都相信如果听障学生能多听到一丝、多听清一分，对他们的成长和发展都大有益处。

1987 年学校五十周年校庆，国际友人送来了 50 台助听器，戴上助听器的学生经过专业训练，逐步感知声音的律动，他们的表达更加清晰流畅，他们的眼神变得更为灵动。四聋人仿佛找到了医学与教育的结合点，开启了医教结合的探索之路。

在这之后，四聋陆续引进了一批集体语训设备、听力检测和助听器验配维护设备、耳模制作设备，培训了助听器验配师和耳模制作师，为全校学生建立听力档案，关注在校学生听力状态的变化，保证其助听辅具的正常工作。同时，学校培训了一批听力语言训练师，为处于语言发展关键期的学前至三年级学生开设个别训练课，充分发挥助听辅具的作用，开发学生的听能，促进学生的语言发展。学校还开设了认知训练课、感统课等一系列康复课程，在教育中融于医学康复的理念，让在校学生身心得以全面发展。

教育与医学的结合，让通过康复考试的听障儿童越来越多，他们进入普通学校随班就读，四聋接到的家长和普通学校教师的咨询也随之增多，学校的职能悄悄发生了变化。2012 年，在上海市教委和黄浦区教育局的领导下，上海第四听障教育指导中心正式挂牌成立，依托第四聋校向服务区内的听障学生家庭及学校输出专业听力技术和听障教育经验，秉承“以生为本、医教结合、专业服务、合力同行”的理念，以听能管理为核心开展专业评估，通过教育、康复、保健多方整合，为随班就读的听障学生进行个性化指导，为家长和教师开设专题讲座，以平等合作的姿态，提供专业精准的服务。

图 5　上海第四听障教育指导中心拓展学校职能，为听障孩子融入社会提供支持

医学的介入，让听障教育变得更为强大，离实现“让每一位听障学生健康全面发展”的教育梦想更进了一步。

上海市徐汇区向阳小学

“兴趣教育”让孩子快乐成长

岁月留痕

上海市徐汇区向阳小学原名私立位育小学,始创于1932年。当时上海教育界和实业界的穆藕初、黄延芳、黄炎培、江问渔、杨卫玉等有识之士“欲图国强唯信教育”,培养治世人才,走一条教育强国的道路。学校由此诞生。

图1　学校1932年的教学楼

学校自创办起就明确提出教育的目标:“尊重儿童个性,满足生活需求,锻炼健康体格,激发爱国思想,助长创造精神,培养治事才能,提高作业兴趣,指导休闲活动。”

穆藕初等认为,办学“规模不求宏大,而关于科学之设备,不能不全;课程不务其多,而教学之法,必求圆满;训练管理,不能不严,而儿童身心发育,定须十分注意”。当时的学校就十分重视师资队伍建设，对选择教师十分审慎，要求教师有“纯正的思想、丰富的同情、德业的修养、强健的身体、慈祥的态度、耐劳的习惯、教育的技能、专业的志愿”。

迈向新世纪，学校在校长洪雨露的带领下，大力推进素质教育，并形成了以“快乐唱歌、快乐游戏、快乐运动、快乐创造、快乐学习”为主要内容的校园文化，产生广泛影响。

图2 学校初创时期全体教工合影

向阳小学历史悠久、传统优良。校友、国务院副总理邹家华为学校题词：“面向四化建设，培养一代新人。”国家教委副主任柳斌视察学校后题词：“深化教学改革，让孩子们生动活泼地走向未来。”学校一贯重视素质教育，一贯重视师资队伍建设，一贯重视加强学校管理，形成鲜明的办学特色。

校史回眸

1932年，学校初创时有幼稚园班一个，初小班两个。淞沪抗战后上海为日军占领,日本侵略者当时在全市学校强行推广日本编写的教材,但学校董事会坚决不予采用,而是自编教材开展教育教学。

图 3　学生正在做广播操(1932 年)

1943 年 6 月,校董会根据办学的实际情况,顺应学生、家长和社会的需求,利用学校中空余的校舍筹办中学,学校更名为“位育中小学”,形成了由幼稚园到小学再到中学的格局。1944 年学校聘请著名教育家陶行知先生的弟子李楚才先生担任校长。

1959 年,学校接受了上海市教育局交办的五年一贯制的试点任务。当时试点工作困难重重,一无教材,二无经验,但学校领导团结教师迎着困难上,利用暑假,自编完成语、算第一册教材,以后几册教材是边教边编。1960 年,传来辽宁黑山“集中识字”的经验,试点班又进行“集中识字”试验,自编教材,在学生拼音过关后组织学生大量识字,大量阅读,大量写作。经过实验,学生阅读、写作能力确实比普通班有所提高,低年级学生能看懂三四年级学生看的课外读物。1963 年,第一届五年制学生毕业,他们入中学后,中学也认为五年制学生知识面广,学得扎实。由于全校师生员工的努力,学校于 1960 年被确定为市重点小学,同年被评为全市、全国先进单位,特级教师平慧玉代表学校出席了在北京召开的全国文教群英会。

1963 年 5 月，中央教育部召开小学学制研讨会，时任校长孙加男赴北京出席会议并作汇报。1964 年，学校支部书记吴美真出席了中宣部在北京召开的教育思想研讨会。

1978 年，党的十一届三中全会后，向阳小学进入新的发展时期。学校面向全体学生，全面贯彻教育方针。在教师的教育思想上，坚持倡导“爱”的教育，不拖堂，不留晚，严禁体罚或变相体罚学生；在德育工作上，坚持寓教育于丰富多彩的活动中，有计划、有步骤地对学生进行爱国主义教育、集体主义教育、劳动教育等；在各科教学上，努力提高课堂四十分钟的质量，活跃教研活动，加强备课，重视补缺补差等；在管理上，坚持建立必要的规章制度，加强教工政治与业务学习，领导深入教育教学第一线，严格管理，严格治校。

从 1979 年起，学校教学合格率达到 99.9%，留级率仅 0.1%。1980 年，学校在全市介绍“双比活动的经验与做法”。1982 年，学校向全市进行少先队“十分钟队会”汇报展示，上海电影制片厂以向阳小学“自动化小队建设”为素材拍摄了彩色故事影片《闪光的彩球》。1985 年，学校被评为上海市文明单位，至今保持了“十八连冠”。1986 年，学校在全市介绍“全面贯彻方针，扎扎实实提高教育质量”的体会；开展“三星队员制”实验活动，被共青团上海市委授予“发奋争先第一奖”，之后进一步发展“雏鹰争章”教育活动。1988 年，学校在区率先取得了毕业会考的命题权；提出了科研课题“兴趣教育的实践探索”，荣获上海市教育科研成果二等奖。1990 年，被市教育局列为上海市课程教材改革实验学校。1993 年，副校长王小平和吴瑞莲受区教育局委托创办一所民办公助学校，即为如今的世界外国语小学。1999 年 9 月学校被评为全国文明单位。

2000 年，学校被评为上海市第一批素质教育实验学校。2003 年，学校自然教研组被评为上海市劳动模范集体。2004 年，校长洪雨露代表学校两次向市委、市政府主要领导汇报学校开展素质教育的经验和做法。2005 年起，学校承担上海市教委名师名校长培养工程，成为市级小学名校长培养基地、市级骨干教

图 4　被评为上海市文明单位时，副校长王小平，青年教师谢静璐、范建军揭牌

师德育实训基地，时任校长洪雨露担任主持人，示范引领辐射，培养教育骨干人才。其中，名校长基地共开展了 3 期，历时 11 年，指导带教的学员中涌现出 21 名特级校长、1 名特级教师、1 名上海市骨干教师德育实训基地主持人；德育实训基地开展至今持续 5 期，学员中涌现出全国优秀辅导员 15 人、上海市优秀辅导员 21 人，有 5 人成为上海市少先队辅导员带头人工作室主持人。2007 年，上海市学校体育工作会议在校召开，学校向全市介绍“数十年如一日坚持开展学生体育活动”的经验做法，时任校长洪雨露与学生一起踢球的场景成为一道靓丽的风景，“足球校长”之名由此传开。2012 年，上海市副市长沈晓明、市政府副秘书长翁铁慧来校参加开学典礼，对学校的理念和办学实绩给予充分肯定。2013 年，学校被世界卫生组织评为健康促进单位，实现徐汇区零的突破。2015 年，学校被评为首批全国校园足球特色学校。2016 年，学校被评为全国少先队工作先进单位。2018 年，国家教育部体卫艺司王登峰司长来校调研，对学校素质教育的办学实践给予高度评价。

图 5　2012 年 9 月,上海市副市长沈晓明、市政府副秘书长翁铁慧视察学校,校长洪雨露陪同参观

历史撷英

“兴趣教育”铸就办学品牌

何谓兴趣教育?通俗地讲就是教师有兴趣地教,学生有兴趣地学。通过富有情感的思想教育、生动活泼的课堂教学、丰富多彩的课外活动、优美良好的教育环境培养学生对学习、生活、劳动、活动等各方面兴趣,提高他们的素质。简言之,兴趣教育的宗旨就是“培养兴趣、激发动机、发展个性、提高素质”,兴趣教育的原则是“抓住兴趣性、调动主体性、顾及差异性、实现整体性”。

富有情感的思想教育——突出一个兴趣。向阳小学寓思想教育于丰富多彩、生动活泼、十分有趣的活动中。学校将有兴趣的思想教育分解为:童趣——用儿童的眼光看世界,开展创造性的、儿童喜闻乐见的教育活动;情趣——晓之以理,动之以情,不断激起儿童情感的共鸣和心灵的共振;风趣——在幽默、诙谐、轻松、愉快的气氛中,使儿童受到教育;野趣——开展户外、野外的教育活动,让儿童经风雨、见世面,领略大自然的美;志趣——着眼于儿童的未来,不仅使儿童受到某种教育,而且得到启示,以利于从小培养儿童的远大志向。

强调自我教育。学校发挥学生的教育主体作用,即学生自己对自己的教育和学生之间的互相教育。自我教育主要包括三个层次:由儿童个人要求、督促而发挥的个人自我教育作用;少先队大、中、小队集体,各级队委会、队长和队员间的互相教育作用;在丰富多彩、生动活泼、十分有趣的实践活动中的自我教育作用。学校将自我教育的内容分为自我认识、自我要求、自我克制、自我批评和自我调节几个方面。

此外,学校富有情感的思想教育形成了学校、家庭和社会“多方结合教育”,家长、学生自我“民主评定激励”的操作模式。在“民主评定激励”环节,根据事先提出的要求,学校组织学生进行自我小结评定和相互评定。在每学期末,还发动学生家长参与对学生思想品德的总体评定。对学生取得的成绩和进步,则采用多种形式加以肯定和激励:口头表扬,命名升旗手,上光荣榜,记入荣誉册,奖励参加某项活动,等等,命名为“向阳好少年”“向阳好儿童”是学校对学生的最高奖励。

生动活泼的课堂教学——根据不同年龄学生的兴趣特点,向阳小学提倡低年级“在做做玩玩中学”,中年级“在比比练练中学”,高年级“在质疑问难中学”。引导学生积极、主动、生动活泼地学习,不仅“学会”,而且“会学”“爱学”。

教师在备课时不仅吃透教材,而且熟悉学生情况。在此基础上,他们既有意识地挖掘出教材中有利于激发学生认知兴趣的内容,又预想到学生在课堂上可能会产生的心理反应,然后通过一切可行的方法和手段,尤其是多媒体、计算机网络等现代化教学手段,调动学生的各种感官,让学生以最佳应激状态参与到教学活动中,以唤起兴趣、发展兴趣和维持兴趣,取得课堂教学的最佳效果。

教学中,教师除了有意识地将现代化教学手段作为一堂课的有机组成部分外,还经常为学生设计一些可以自己动手操作的投影片,让学生更真切地置身于由声、光、电等组成的与课文内容密切吻合的知识世界之中。教师还在实践中创造了许多既生动活泼又符合小学生身心发展特点的,能使学生积极参与教学的方法,如竞赛法、游戏法、表演法、实验法等。

丰富多彩的课外活动——激发广泛兴趣的“大世界”活动。学校利用双休日开展“周末大世界”活动。在这一时段里，有电影、电视、电子游戏机、图书、棋类、球类、自娱自乐宫、游戏等二十多个项目对学生开放；有体育大世界、艺术大世界、少先队大世界和各学科大世界。丰富多彩的“大世界”活动满足了学生爱玩的天性，同时又使学生在无拘无束的玩乐中逐步形成了广泛的兴趣，还给予学生自主选择的权利，使他们成为“大世界”活动的小主人。

开设不同兴趣内容的校本活动课。一、二年级的活动课完全按照教学班的形式进行。开设的科目有：古诗阅读、兴趣英语、兴趣科技、兴趣技艺、课外阅读、兴趣数学等。三年级的活动课根据学生的兴趣爱好特点，采取了教学班与分流形式相结合的方法，部分科目允许学生自由选择。开设的科目有：兴趣阅读、兴趣数学、兴趣技艺、计算机等。四、五年级的活动课全部以教学班形式进行。设置科目有：兴趣阅读、兴趣数学、兴趣外语、计算机等。

发展中心兴趣的活动小组。兴趣活动小组是为个性特长明显的学生设立的。兴趣活动小组完全打破了教学班的形式，不分年级，每周活动一至两次。学校共有四大类近三十个兴趣小组，其中有知识类的英语口语、数学竞赛；有文艺类的素描、国画、合唱、舞蹈；有体育类的田径、篮球、小足球；有娱乐类的磁盘画、插花、吹塑、摄影等。

优美良好的教育环境。教育环境主要包括硬环境和软环境，其中硬环境指学校的教学设施和狭义的物质环境；软环境指学校中的各种人际关系以及由此形成的氛围。

在这一领域，学校主要致力于两方面：

第一，创建具有儿童化、趣味化与时代化氛围的硬环境。

第二，优化以人际交往为核心的软环境。

优化软环境，着重点在于协调学校中的各种人际关系，以一种融洽的心理环境助推兴趣教育的开展。

领导和教师关系。校领导采用刚柔相济的管理原则处理和教职员工的关系，既有对教师严格的考评制度,又充分相信、依靠广大教师,政治上信任尊重,业务上放手使用,生活上关心照顾。

教师和教师关系。学校合理组合各教研组。每年教师节组织青年教师拜师活动,订立师徒合同,老带新,形成一种共同探讨、互敬互助的师师关系。

教师和学生关系。教师在教育过程中建立起师生互相合作、彼此信任、互尊互爱的宽松和谐的交往情境,以利于师生间形成民主平等的人际交往关系,这是现代教育理论有关师生关系的基本观点。

学生与学生关系。着力于班集体的建设,培养学生的集体荣誉感,在教学中恰当引进竞争机制,使学生人人向上、个个争先,始终保持浓厚的学习兴趣;同时提倡合作学习,经常让学生以小组为单位参与教学活动。

教师和家长关系。教育社会化和社会教育化是近几年教育的发展趋势。为求得家庭、学校、社会教育的同步化,形成一个教育网络,学校定期召开家长会,向家长汇报学校教育情况,并听取家长对学校工作的意见。举办家庭教育讲座,帮助家长总结教子经验;成立家长委员会,鼓励家长支持和参与学校的兴趣教育,为办好学校出力。

近十多年来,向阳小学积极开展兴趣教育的探索研究,成果显著。在教学质量上,学生成绩合格率为100%,优秀率也达到了一流水平。学生的学习负担大大减轻,学生自主学习的能力和发展意识大大增强。学校一、二年级学生无回家作业;三至五年级学生回家作业量完全依照市、区教育行政部门的规定执行;学校各年级全部取消期中考试。

学校的一项调查显示,学生人人读课外书,46%的学生不仅能广泛阅读各类书籍,而且能深入钻研一些问题。85%的学生能积极参加课外活动,其中25%的学生已经取得一定的成绩。所有的学生都有自己的兴趣爱好。学校66%的学生经常看报、听广播,了解新闻、时事,其中约25%的学生主动看报,关心国家大事,并能对重大问题发表自己的看法。

广大家长和社会各方反映,向阳小学的学生基础知识、基本技能扎实,兴趣爱好广泛,思维活跃,想象力丰富,动手能力较强。徐汇区宛平剧场的工作人员曾感慨地说，向阳小学的学生纪律最好，最有教养。

向阳小学兴趣教育探索研究，一是减轻了学生学习负担；二是提高了教育质量；三是转变了教师观念；四是改善了教育环境。兴趣教育探索研究获得了上海市教育科研成果二等奖，区教育科研成果一等奖。

“五个快乐”缔造幸福童年

向阳小学87年的办学历程，积淀具有代表性的经验和做法，经过汇聚升华，铸就了向阳教育的品牌。在校长洪雨露的带领下全面推进素质教育，逐步形成了以“快乐唱歌、快乐游戏、快乐运动、快乐创造、快乐学习”为主要内容的“五个快乐”校园文化氛围。

快乐唱歌。每天下午1点至1点10分，向阳小学校园里都会回荡起悠扬的歌声，这是“音乐频道”节目正在直播。学校鼓励队员们唱好听的歌、唱鼓舞人心的歌、唱有教育意义的歌。队员们自发选定了四首必唱歌曲：《义勇军进行曲》《红领巾之歌》《中国少年先锋队队歌》和《向阳小学校歌》。学校每天都安排不同的音乐活动。周一、周二在音乐老师的带领下，学唱新歌、好歌；周三“音乐欣赏”节目为队员带来古今中外的优秀曲目；周四，队员以中队为单位，进行独唱、小组唱、合唱等表演；周五，队员通过“音乐歌台”为小伙伴和老师送上祝福。

每学期，“音乐频道”都会选出10首优秀儿童歌曲，组织动员队员在升旗仪式上、晨会课上、重大庆祝活动中、大型集会中演唱。学校的“音乐频道”列入课表，成为特色校本课程的一部分。

快乐游戏。早在20世纪80年代初，向阳小学就在全体学生中推广各种游戏活动，到90年代末形成了游戏活动的序列，每年都举行“向阳游戏节”。向阳的孩子爱玩、要玩，也会玩，人人都是设计游戏的精英，也是玩游戏的高手。每到课间，操场上就成了一个小型的“表演秀”。短短的课间十分钟，充分展现出向阳小学所提倡的“全面发展、个性发展”的教育理念。

快乐运动。篮球场上踢足球，这可是件新鲜事，但在向阳小学却已有20多年的历史。20多年来，学校广泛发动队员在篮球场上踢“三人制”小足球。这项活动吸引了大批热爱运动的学生。如今，学校里每个班级都有小足球队，每个学期都举行各种形式的足球对抗赛。每年学校还主办“上海市向阳杯三人制小足球邀请赛”，至今已开展十六届，全市200所学校、数千名学生参加过比赛。

学校做到体育课、体锻活动课、足球课等课程专时专用。每天早晨、中午各安排一次广播操以及一套自编素质操，使孩子们在得到锻炼的同时，也培养了节奏感和协调性。“到操场上去，到大自然中去，到阳光下去”，在这一口号的推动下，学校将体育运动、体育锻炼与主题教育活动相结合，开展了“我要有一个好身体”“我运动、我健康、我快乐”等主题活动。

当“阳光体育运动”在全国各校推广时，向阳小学已率先十年实现了让孩子“每天锻炼一小时”的目标；当“四课两操两活动”被明确列入课表时，向阳小学已经推进了好几年。

快乐创造。多年来，向阳小学十分重视引导学生动手动脑学创造，为创建学校的科技特色配备资源、创设条件、营造氛围。从1978年开始，学校每年都举办不同主题和内容的“向阳科技节”，从“迎接科学的春天”到“废旧玩具总动员”，再到“上月球春秋游”，富有特色的科技活动深深地吸引着孩子们。

科技节活动还与其他学科活动相融合，如以语文学科为载体，开展“探索宇宙”作文写作与评选；以数学学科为载体，组织编写“探索宇宙”数学题；以体育学科为载体，开展“为登月做准备——身体素质人人练”活动；以美术学科为载体，开展“登月计划”科幻画创作等。

向阳的孩子特别喜欢科技，学校涌现出了一大批“科技小明星”，不少队员在国家级、市级科技创新大赛中获得大奖。学校连续六年被命名为“上海市科技教育特色示范标兵校”。

快乐学习。学校逐步改变了传统的评价方式，相关的做法对全市推进等第制评价形成了一定影响。早在21世纪初，学校的期末考试就采用主题活动的方式来进行：一年级是“我要升二年级了”，二年级是“我爱闯关活动”，三年级是“献给十岁生日的礼物”，四年级是“时刻准备着”；五年级是“争做合格毕业生”。考试前一个星期布置考试题目,让学生自己研究、独立完成,考试当天只是相互交流,共同提高。

学校考试的评价手段也由分数改为星级评定,不仅看学生的作业练习情况,还要对他思考问题、参与讨论、动手操作、态度责任等方面予以评价。“轻负担,高质量,有特色”的教学体系,让原本枯燥的学习变得有趣,还给孩子们一个快乐的童年。

“快乐成长”铺就健康人生

向阳小学的校名,预示着学校的办学永远向着阳光,孩子们沐浴在阳光下茁壮成长。让每一个学生快乐成长,这是每一个向阳人对教育的庄严承诺,也是对老百姓期待的兑现。成长,是学校教育的“基调”;快乐,是学校教育的“旋律”,快乐成长,就是学校科学发展的“主线”,就是学生全面发展的“主戏”。

向阳小学以“兴趣教育”和“五个快乐”为基础,进一步实践探索,从小学阶段孩子的心理发展特点出发,进一步寻找激发学生学习兴趣的方法,2005 年立项全国少工委重点科研课题“少年儿童玩的实践研究”,研究成果《玩的教育》于 2012 年由上海教育出版社出版。中国少年先锋队工作学会副会长、上海市社科院研究员段镇说,向阳小学“研究玩,是对儿童教育理论与少先队学科化建设的突破性创新,首创了一种儿童教育儿童化、儿童教育人性化和儿童教育科学化的‘玩育’思想”。“玩的教育”立足于学校办学教育的各个方面,一方面全面总结并推广了广大中小学教师与辅导员同少先队员一起多年来创造的玩育活动及玩育经验,另一方面以“兴趣教育”为基础,引导和组织全校师生继续深化“五个快乐”,形成向阳小学课堂教学“门门好玩”,德育实践“事事会玩”,家庭学校社区“处处可玩”的“玩的教育”特色教育办学。

学校推崇和实践的“兴趣教育”,推进“五个快乐”,研究“玩的教育”,其出发点,就是遵循教育规律和人的成长规律,从适应时代要求着眼,从满足学生内心需求入手,追求健康的最大值,提升生活的好品质,实现教育的最优化。87 年的办学历史表明,学校要成就每一个学生,就一定要研究学生特点,把握学生的脉搏,提供最合适的教育;就一定要传播健康的观念,体现成长的幸福,感受快乐的滋味。学校要办出特色、成为品牌,就一定要研究教育的规律,找到人和谐发展的钥匙;就一定要掌握科学的艺术,摸索教育与人和谐的途径。而在向阳小学,“快乐成长”就是以学生为本的办学特色。

学生快乐成长,对向阳小学而言,是“第一位”的,没有什么比学生健康更重要,没有什么比学生成长更迫切,没有什么比学生快乐更有利。教育,就是要给学生以成长的满足和快乐的获得。

让快乐成长成为学生幸福的“主旋律”,在这条路上,向阳小学收获昨天,立足今天,展望明天。

快乐成长:永远的向阳;向阳的永远:成长快乐。这不是凑巧的文字游戏,而是向阳人的一贯追求。

上海市长宁区江苏路第五小学

以“和谐教育”引领学校发展

岁月留痕

岁月如歌,江苏路第五小学的发展之路上,诸多江五学子的深情厚谊温润着它的成长。其中李德庆先生之善举,至今仍被称道,他创立的“李德庆纪念基金”不仅为学校开展计算机活动提供了物质基础,更是勉励着每一代江五人不懈地追求卓越。当然,也离不开优异的学子为学校增光添彩。20 世纪 80 年代中期,学校丛霖同学为邓小平、王震等国家领导人进行计算机操作表演,得到了在场领导的一致好评。就在那时邓小平指出:计算机的普及要从娃娃抓起。

学校的变迁发展,受益于无数江五人辛勤付出而贡献的累累硕果。学校实施整体改革,强调要创新,要注重学生的发展。全体师生致力于“和谐教育”的探索,学校在稳步发展中主旨脉络始终清晰。学校开展“创建和谐师生关系的实践研究”,不知不觉中让“蹲下来和孩子说话”成为江五的教育名言。

2014 年,学校开展的“和谐教育理念下小学生综合素养培育的长效机制建设研究”的实践探索,更是对“和谐教育”的继承和创新。学校课程则依托其完备的“紫藤学园”体系,让孩子们高效学习、快乐成长。每年一度的 Magic Night 欢庆盛典,更是把“学园制”评价发挥到了极致。新时代,江五又逢一校三址、集团化办学的新局面,学校积极探索、实践办学新模式,在区域里助推了教育的优质与均衡发展。

校史回眸

江苏路第五小学是一所历史名校,由美国教会于 1922 年创建。它最初是“中西女塾”（现上海市第三女子中学）的附属小学，名为“中西第一小学”，简称“小中西”。

1933 年秋季，学校自筹基金于江苏路 213 号建造校舍平房，后日军侵占校舍，学校被迫迁至地丰路 1 号。抗战胜利后，于 1945 年 10 月又迁回原址（江苏路 213 号）。学校招收的学生基本为富商等殷实家庭的子女，往返学校多以汽车接送。教师对学生关爱有加，实施着好似“寸步不离学生”的保姆式教育。那时的学校规模不大，学生共 300 余人，约 30 人一个班。课程有特色，班主任承担所有课程，没有课本，只能自编教材，学科上偏重音乐学科的教学。思想教育则带有宗教色彩，每周六下午教师和学生都要参加做礼拜，接受基督教的宣传。其教学方法采用美国杜威实用主义教育方法，即“生活即教育”。

图 1　1941 年学校六年级学生合影

1951 年，人民政府派员接管后，学校更名为“上海市私立为群小学”。1952 年，又改名为“上海市静安区江苏路小学”。至此学校开始按照国家统一的教学计划、教材、作息时间进行上课。1953 年秋，学校从课程设置到教材教法全面学习苏联，课堂教学上采用组织教学、复习提问、教授知识、巩固知识、布置作业五个环节和五级记分制。

1956年,因学校所在地划归长宁区管辖,随即更名为"上海市长宁区江苏路第五小学",简称"江五小学"。1958年8月,学校班级数发展到37个,学生总人数达1800多人。

从20世纪80年代初,学校开始走科研兴校之路,提出了"和谐教育"的办学理念。实施了整体改革,改革强调要创新、要注重学生的发展。

20世纪90年代中期,学校在传承与发展中提出核心思想:"校高则立、校特则兴、校谐则美"。全体师生致力于"小学生和谐教育"的探索。

1998年底开始,学校重点开展"创建和谐师生关系的实践研究"课题研究。2003年至2007年,又进一步将研究的重点聚焦于课堂教学,努力探索"对话式课堂教学"。2009年至2013年,又对"基于生态课堂的交互性教学过程的策略研究"这一课题开展研究。2019年,"和谐教育理念下小学生综合素养培育的长效机制建设研究"这一三年课题正式结题。

2007年,长宁区教育学院附属小学与学校进行校际合作,后于2010年并入江五,成为江苏路第五小学华阳校区。2014年长宁路校区创生,自此江五开启了一校三址的办学新模式,迎来了新的机遇与挑战。

历史撷英

"和谐教育"起步于20世纪80年代初

1983年10月,江苏路第五小学设立"李德庆纪念基金"。李德庆先生是拥护中国共产党、热爱祖国的电力专家。其遗孀美籍华人胡瑞芝女士根据李德庆先生的遗愿,主动提出将28万元人民币存款的利息献给教育事业。经市教卫办批准,将这笔基金作为江五小学开展少年儿童课外科技活动的经费和品学兼优、学有特长学生的奖学金。当年就购置了一套电脑设备(主机、彩色显示器、起动器及磁盘等),为学校开展计算机活动提供了物质基础。后来五年级学生丛霖为国家领导人邓小平、王震等同志在上海展览馆作电子计算机技术操作表演,受到好评。

自1983年至1990年,共有1840人次获得了李德庆奖学金,平均每年有262人次获奖。该奖项的设立激发了学生学习的积极性,学生在科技活动等各类比赛中获得了好成绩,基金充分发挥了育才作用。

从20世纪80年代初开始,学校逐步营造起良好的社会声誉,积累了丰富的办学经验,造就了优秀的教师群体和不断发展的办学成绩。学校开始走科研兴校之路,提出了“和谐教育”的办学理念。实施整体改革,改革强调要创新,要注重学生的发展。学校针对学科单项教育质量提高难以形成整体教育影响力的状况,提出了以“三特”(办学有特色、教学有特点、学生有特长)、“二性”(实验性、示范性)、“四园”(求知的学园、活动的乐园、生活的花园、温馨的家园)为整体改革思路,全面提升学生综合素质,取得了令人瞩目的成绩,学生个性特长得到了培养和发展。同时,学校初步形成了“和谐教育”的办学思想。

20世纪90年代中期,学校在传承与发展中又提出了学校发展的核心思想:即“校高则立、校特则兴、校谐则美”。全体师生致力于“小学生和谐教育”的探索,坚持在教学实践中渗透“和谐教育”思想,注重对学生进行素质教育,使学生在良好的育人氛围中生动活泼地学习,完善健康的个性。

1998年底开始,学校重点开展“创建和谐师生关系的实践研究”课题研究。探究了和谐师生关系的基本特征,以及有利于师生关系和谐发展的重要因素,形成了强化、促进师生关系的操作方法。至此,“蹲下来和孩子对话”成为学校教师的座右铭。2003年至2007年,学校又进一步将研究的重点聚焦于课堂教学,努力探索“对话式课堂教学”。“对话式课堂教学”体现的是民主、平等、自由、开放、沟通、合作的教学形态,彰显优秀教学的本质。在课堂教学中建立起一种人格平等的关系,尊重学生的价值,在与学生的平等对话交流中给予学生智慧、情感的启迪,最终达到学生自主和自由发展。

2009年,“基于生态课堂的交互性教学过程的策略研究”课题启动,其研究目的为在建构生态课堂中,把学生的权利落实到位,把学生应该享有的权利还给学生。强调在课堂中以下五项权利必须归属学生:自由表达与展示的权利;充分质疑和争辩的权利;出错的权利;自主选择学习方式的权利;评价权利。生态课堂也呼唤教师主导角色真正回归。从“教师”转变成“导师”,从“前台”转到“后台”,从“主讲”转变到“善喻”,从关注学习转变到关注成长,从关注预设转变到关注生成。

图 2　学校生态课堂建设

学校通过对和谐师生关系的构建、对和谐教学环境的营造以及和谐学校的全面建设等,树立起全面发展的教育质量观、整体优化的教育生态观、和谐匹配的教育过程观以及民主匹配的师生观,使学校成为学生全面成长的摇篮、教师专业化发展的基地、社区文化交流的中心。

而今开始的“和谐教育理念下小学生综合素养培育的长效机制建设研究”,则是学校开始全面建设和谐学校文化的象征。从校园环境、校园精神文化、校园课外活动等多个层面落实和充实和谐教育理念,以和谐教育促进每一个学生的和谐发展。

“紫藤”文化溢满校园

研究过程中,学校把一批批见证江五成长的“老江五人”请回校园,与他们一同回忆往昔岁月,畅谈江五的昨天与今天。大家根据学校的历史积淀,寻找着能统领“江五文化”的精神符号。后来发现,无论是江五小学退休的老教师,还是已毕业多年的学生,每每谈起学校,他们都会提起学校的一棵紫藤树。紫藤的花、紫藤的叶、紫藤的果实、紫藤的香气,这棵陪伴了江五一代又一代人的老树,深深地镌刻在每个江五人的心中,令人无法忘怀。它不仅承载着学校共识与记忆,也成为学校精神的象征。甚至学校搬迁之后,新校园里也栽下了一棵棵新紫藤树。每当一串串淡雅高贵的紫藤花从藤架上垂下,学生们便三五成群地在紫藤架下,或是嬉戏,或是散步,或是驻足观花,紫藤长廊记录了他们美好的童年时光。紫藤也成了江五人的一种情结,于是,学校抓住这一契机,开设了以“紫藤”命名的各类课程。如今学校拥有了学校课程——紫藤课程群,少先队活动课程“在紫藤树下成长”,课程评价“紫藤魔法勋章”,以及教师培训课程“我心中的紫藤”等。学校希望每一个走进江五的人,都能感受到紫藤树下那扑面而来的教育香气,视线掠过校园的每一处都能感受到她灵动的温润,以及江五人对“和”“美”文化的传承。

江五小学的课程目标是为了促进学生“全面、健康、可持续”发展,所以,学校的课程理念就是:为了每个学生更好地学习创设更适合的和谐教育;尊重个性、全面发展、关注全体、和谐融合;更有效、更快乐、可选择。通过“紫藤学园”校本课程的开发和实施,教师和学生都得到了很好的发展,学生更喜欢学校、更喜欢他们的课程。

它有着独特的架构体系,以“每月一节”为主线,开展丰富多彩的活动,最大程度满足学生的活动愿望,让学生获得最佳体验。每个学生在五年的学习生涯中将有机会参加各种类型的活动。例如,四月是学校的职业体验节,它让学生了解身边熟悉的人物的工作状态,感受社会上不同职业都在服务他人、贡献社会的过程中实现了各自的价值。在体验角色的过程中,培养学生的职业成就感,在他们心中埋下“服务社会,快乐自己”的美好的种子。

活动过程及内容:

一年级:军人职业初识。参观军营,感受军人的训练有素来自于平日的刻苦,他们为保一方平安付出了很多。

二年级:了解医护职业。听家长志愿者介绍医护人员一天的辛苦工作,感受到医生职业的崇高和辛苦,懂得怎样的行为才是配合医生、理解医生。

三年级:了解社会职业。通过拍摄、观看校工在校园一天工作的情况,了解校园的优美环境是校工一天辛勤付出的结果,大家应该对他们表示尊敬和感谢。

四年级:了解校长工作。通过拍摄、采访、观看视频等不同形式,了解校长一天的工作,感受到要管理好一个学校,不仅要有一颗热爱学校的真心,还需要管理学校的能力,需要付出很多的心思。

五年级:了解父母角色不易。收集自己成长的故事、视频、照片,采访父母,了解在成长中父母的辛苦付出,懂得自己向前走的每一步都有父母的关注。

学校课程以活动为主线,贯穿于学生的五年学习生涯。创新的组织形式、独特的活动设计、丰富的活动内容,深受孩子们的喜爱。进入江苏路第五小学学习的孩子,会被随机地分配到四个学园,即“花穗学园”“翠叶学园”“藤蔓学园”和“豆荚学园”。学校打破了年级制、班级制,形成了学园制,各学园的孩子在各级各类活动中展开竞争,形成你争我赶的局面,力争为自己的学园争得荣誉。

学校在研读课程标准的基础上,提出了融环境、循规范、有兴趣、能合作、乐体验的五个适应性评价目标,形成了“学园制评价”。“学园制评价”采取全学科推进,每个学科都制定了细化的月、周、课时评价细则。学校采用“紫藤勋章”来统合不同学科教师多样化的、结合学科特点的评价方式,形成了一种学校与学科教师个体相结合的群体内评价方式。

“学园制评价”不仅指向学生的成长,也显露出教师的学科教学技能和教师培养学生学科情感的素养与能力。学校和教师本人可以通过数据了解每一个学期在学科教学中给了学生多少正向的鼓励,鼓励的对象是集中于某几个人还是指向全体学生,鼓励的方式是单一还是多元等。这也像一面镜子,教师可以从中对自己的教学进行诊断和反思,获得改进的启示。

每个月学校都展开争夺“紫藤勋章”的活动,学校每月委派专人负责统计,每月公布各学园争章数额,每学年获胜的学园都将有机会参加一次由家委会和学校组织的“Magic Night”活动。2014 年“花穗学园”获胜,这一学园的孩子们获得了参加第一届“Magic Night”活动的权利——世博园区墨西哥馆游园会。2015 年学校

图 3　结合了学校育人理念的装置艺术“奔跑”,入围第二十届中国上海国际艺术节“慧画无限”学生公共美术活动

和家委会联手,借上海市电影博物馆场地,带领获胜学园的孩子们参加第二届“Magic Night”活动——博物馆之夜。2016 年的第三届“Magic Night”活动——魔法之夜,以虚拟人物哈利·波特为主题,将学校华阳校区布置成一座魔法城堡。2017 年在上海迪士尼乐园中,江五的孩子们开展了第四届“Magic Night”活动,游玩寻宝,探险集章。2018 年第五届“Magic Night”活动在上海各大高校的校园内开展,交大、复旦、同济、华政等校园里都涌现了江五孩子的身影。在那一天里,大学生引着小学生一同乐享青春的快乐,畅想美丽的未来。这一特别的奖励机制有效地激励了学生积极向上、勇于进取的精神。

“一校三址”走向优质均衡

进入 21 世纪后,在国家促进义务教育均衡发展的大政方针引领下,在上海促进优质均衡发展、推进学区化集团化办学的政策指导下,江苏路第五小学开展了“三个校区”的办学探索实践。学校先后合并了四所学校,到目前为止已有三个校区,从“一校一址”壮大为“一校三址”:2010 年,原长宁区教育学院附属小学整体并入江苏路第五小学,成为学校华阳路校区;2014 年,长宁路新校区投入使用。

做强、做大优质资源,使之惠及更多的家庭与学生的同时,又如何保障学校在集团化的发展中优质教育资源不被稀释? 这对学校的办学提出了较高层次的要求和挑战。在江五多年办学积淀的基础上,学校结合长宁区中长期规划和“十三五”规划对于“活力教育”的愿景,以及全市学区化、集团化办学的综合改革的要求,对学校的课程实施形态与相应的支持保障体系作了一些局部性、实验性的探索。随着江五小学在发展过程中规模不断扩大，学校把立德树人和培育学生核心素养的新要求，把上海城市发展战略对人才培养的新期待等，融合到办学的顶层设计中。六年的办学历程中，学校继续“深耕和谐教育，力求发展好每一个”，以此回应家长、社会对江五从优秀走向卓越的那份真切期待，以及面对新学校、新环境、新要求带来的新挑战。

曾有一度，部分孩子入学江五，其家长却只向往“历史口碑”更好的昭化校区，对于华阳路和长宁路校区，则不置可否，意欲回绝。华阳路校区每年两百多名地段生，流失得只剩下二十几个，百姓们通过以往口口相传的“经验”让不信任始终延续。更替新校名，遗留旧印象，还真有点“貌合神离”。外界的重重质疑，其实也反映着社会对优质资源的诉求。

面对这一难题，学校在依法规范的前提下充分挖掘江五和谐教育理念中“和而不同”的学校哲学，从自主办学上寻求破解之道。

1. 规范为先：愿景、理念、价值“规定求同”

从文化层面先行，实现学校文化的全渗透。在三校区间建立共同的愿景系统、理念系统、价值系统，实现原来不同学校的整合从物理层面结合走向实质性融合。三个校区的顶层设计围绕一个办学理念，确立一个育人目标，贯彻统一课程方案，三校区间一以贯之执行。

在办学思想、办学理念、育人目标的顶层设计指引下，学校确立的课程理念通过专业化、国际化、信息化的手段，打造了个性化、可充分选择的课程体系，追求有效与快乐的课程实施效果。

2. 自主为要：方法、路径、载体“鼓励存异”

虽然学校的课程理念、学习领域、内容模块是统一方案，但在执行中，除基于课程标准统一执行国家规定的基础型课程外，拓展型、探究型课程则充分考虑各校区的物理空间、原有资源、现实状况等，在课程实施的方法、路径、载体上鼓励存异，倡导以“走校区、在线学习”等多样化方式执行学校统一的课程方案。

在课程内容上，学校通过人与自我、人与社群、人与工具三个核心指向，构建了身心健康、人文素养、科学探索、艺术审美、生活体验五大学习领域。学校继承创新又与时俱进,集三校区自有优势,共享互补的同时,力求“有差异,无差距”。

(1) 紫藤学园课程群(国家课程——基础型课程)

学校以“紫藤学院”课程中的教与学和特色评价,来实现国家课程的校本化实施,保证开足、开齐规定的所有课程和课时,严格按照课程标准的要求实施教育教学,着力于学生“文化基础、自主发展、社会参与”核心素养的培养。

(2) 紫藤学苑课程群(校本课程——拓展型课程)

“紫藤学苑”课程群是学校的校本课程,其中包括区域要求学校开发的课程、学校特色课程、学生社会实践活动课程、社团活动课程和主题教育等。它既是国家课程的有益补充,又是满足学生兴趣和学校特色发展的需要。

(3) 紫藤学院课程群(校本课程——探究型课程)

学校“紫藤学院”课程的研发,旨在培养学生项目化学习的能力,培养学生创新和探究的意识。

在执行上,基础型课程基于课程标准统一执行,拓展型、探究型课程则以“走校区、在线学习”等多样化方式执行。如:为了贯彻学生核心素养,打破传统的学科学习的壁垒,学校开发了基于三类课程统整的“紫藤树下”主题课程。其中的烘焙课,通过校区间走动,降低了办学成本,在共享中做到优质均衡。基于“泛在学习”理念的“一线 MOOC”网络课程则是学校打造的自主在线学习平台。它打破了校区间的物理围墙,解决了优质教师资源、优质课程资源共享的问题。在更大程度上为学生提供了一种面向未来的优质学习方式……

如今,学校教工子女遍布三个校区;老百姓也不再纠结校区间的优劣;近几年数据更是显示,华阳路和长宁路校区以往大规模非正常流失的地段生基本都留了下来。

“物换星移塑就了精彩,今非昔比创造了神奇”。三个校区,从原来的水平不一,短时间内就达成了优质均衡。家长们选择江五,不再为校区而纠结。

图4 足球课程

图5 小菜园前学生正在学习校本课程

2017年7月1日，长宁区江五教育集团正式成立，集团内学校包括：江苏路第五小学、安顺路小学和长宁路小学。江五教育集团成立后，集团内的学校在师资共通、课程共享、群团共建等领域进行全面的交流与合作。江五通过共享、融合、创生等方式，将优质的教学、评价、管理经验和方法在集团内部辐射，在保障和发挥各校原有办学特色的同时，全方位促进集团整体教育质量的持续提升，促进集团内部的优质、均衡发展。如，把江五的骨干教师、学科组长派到集团校进行带班教学，传播江五优秀的教学理念与经验；把集团校内的青年教师带到江五，在浸润中助其成长；各学科教研一齐参与，在真实大教研中辐射品牌校的优质文化……

在紧密型的陪伴中，在优质资源引领辐射中，集团校的教育教学有了一定的提高。江五小学从一个好，带动了一片好，辐射开的不仅是江五的名声，更是江五和谐教育的学校文化与教育理念。

回首百年江五路，江五总在曲折中呈现着辉煌。在母校的滋养和鼓励下，江五人在学业上、事业上获得进步，收获人生的美满。追忆一个世纪的追梦人，一批批学子曾用精彩镌刻江五历史的丰碑。展望下一个时代的卓越，每一个江五人必将用更坚强的信念去塑造！

上海市静安区教育学院附属学校

一所追求“轻负担、高质量”的学校

岁月留痕

从一所薄弱学校一跃而为“上海新的优质教育资源”，上海市静安区教育学院附属学校（简称静教院附校）创造了“轻负担、高质量”的办学奇迹：上海第一所“一年级不上数学课”的学校，提出了“什么年龄段学什么更加合适”的重大教育问题；上海首批进行“游游”课程和“做中学”课程的试点学校；影响教育界的后“茶馆式”教学荣获首届国家级教学成果一等奖；学校“轻负担、高质量”的改革创新经验与成效曾经连续三天在《解放日报》头版头条进行报道；每周一次全校性的文艺演出；学校保障每个学生每天一小时体育锻炼时间；学校开设了100多门校本课程供学生自由选择；学校每学年对学生进行“全样本”生活质量调查……学校被领导专家誉为“素质教育的典型”，成为上海市民心仪的学校。

图1　学校初中教学楼

校史回眸

上海市静安区教育学院附属学校是一所九年一贯制公办学校。全校共有 45 个教学班,1476 名学生,165 名教职员工。1994 年,静安区采取“兼并”“挂钩”等办法,加快改变薄弱初中面貌,与教育学院联办,将原先“学生自卑低头,家长无奈摇头”的薄弱学校海防中学改为静安区教育学院附属中学。1996 年 3 月,江宁路第三小学并入学校,学校成为九年一贯制,更名为上海市静安区教育学院附属学校。1999 年 9 月,学校由静安区教育学院承办,转为公办转制学校。2006 年 3 月,学校由公办转制学校恢复为公办九年一贯制学校。2008 年 9 月,学校不再由静安区教育学院承办,独立为公办九年一贯制学校。

学校秉持“遵循学生的认知规律,让学生成为健康的自然人;遵循学生的发展规律,让学生成为适合未来的社会人”的办学理念,致力于培养刻苦学习、快乐体验,讲诚信、明责任、懂互惠,具有自我教育力的学生团队。

"All the News That's Fit to Print"
The New York Times
Late Edition
VOL. CLX . . . No. 55,270 NEW YORK, THURSDAY, DECEMBER 30, 2010 $2.00
Shanghai Schools' Approach Pushes Students to Top of Tests
Renowned for teaching rote learning, some educators hope for more.
By DAVID BARBOZA

图 2 美国《纽约时报》的报道

学校以减轻学生过重课业负担、提高教育教学质量为方向,以深入开展教育科学研究为途径,以深化课程教学改革为突破口,全面关注学生的健全人格塑造与生活质量提升。学校在科研、教学、德育等方面取得优异成绩,几乎囊括了这些领域全国、市、区的最高奖项,学校荣获全国教育系统先进集体、全国未成年人思想道德先进集体、上海市文明单位等荣誉称号。“后‘茶馆式’教学——走向‘轻负担、高质量’的实践研究”荣获教育部首届全国基础教育课程改革教学成果一等奖,国家级教学成果一等奖,并在国内外产生广泛、深刻的影响,美国《纽约时报》、日本《读卖新闻》、欧洲电视台、新加坡《联合早报》等都有大篇幅报道。受新加坡国家教育部邀请,学校教师多次对新加坡教师进行培训,《中国教育报》《人民教育》及上海各主流媒体都有相关报道。学校由上海市教委命名成立上海市后“茶馆式”教学研究所,“后‘茶馆式’教学”成为上海市教委教师培训课程。闵行区由政府主导,区域推进后“茶馆式”教学。至今,有几十所中小学校主动要求与学校深度合作,共同研究。学校开展了教育部重点课题“后‘茶馆式’教学的发展研究”,此项课题荣获优秀等级。学校的“德育课程的‘双主体’实施”荣获上海市市级教学成果一等奖,研究成果得到团中央、团市委、市教委等领导专家的高度赞誉;“学校课程整体改革研究”荣获上海市教委教科研一等奖。

图 3　2013 年 11 月 17 日,上海市教委巡视员尹后庆(左)和静安区区长潘敏(右)为上海市后“茶馆式”教学研究所揭牌

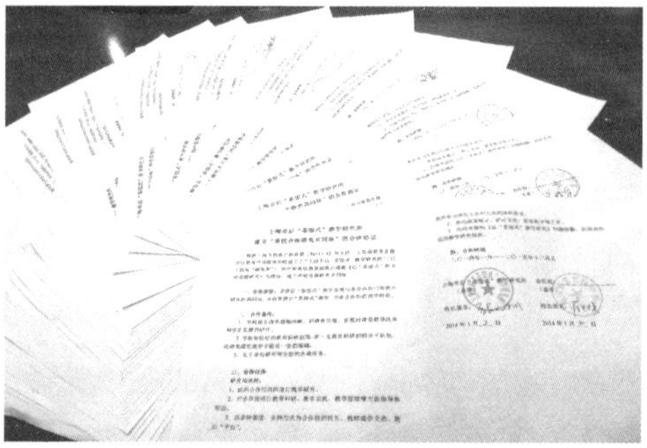

图 4　与上海市后“茶馆式”教学研究所签约的研究共同体学校达 50 余所

历史撷英

关注学生发展:课程教学改革让学校从弱到强

静教院附校建校 20 多年,以关注学生发展为主线,坚持进行课程和教学改革的探索和实践,着重攻坚并解决了三个教育问题。

第一个问题:学些什么——学生在什么年龄阶段学些什么是合适的?

1998 年,上海市“二期课改”刚启动,还在进行学科行动纲领制定、课程标准和教材编写。校长张人利和学校管理团队的思考是:既然课改理念是“以学生发展为本”,那么,学校就应该审视当前各年级开设的学科是否符合这个年龄阶段学生的需求。“一期课改”时,把原初中的有理数加减法下放到小学,原本 26 课时就能完成的内容,到了小学往往 56 课时还不够。有的内容尚能学会,只是花费的时间增加,有的内容即便多花时间也还是学不会。由此可见:同一学生,学习同一学科内容,要达到同一目标,在不同的年龄阶段所花费的时间是不一样的。小学一年级学生语言模仿能力强、形象思维强,逻辑推理能力弱、抽象思维弱,应该加强语言教学,淡化数学教学。而且,一年级学生手的握力不够,多书写不符合这一年龄阶段的特点,即使语言学习,强化的也应该是听说。

于是,一个大胆的课程改革设想诞生了:学校在一年级开设英语教学,但只是听说,不要求书写;语文学习扩大识字量,但一部分词汇也不要求书写;数学,每周只上一节活动课,给学生一些形感、数感,培养学生学习数学的一些兴趣,二年级开始系统学习数学。

由此,静教院附校成为上海第一所“一年级不学数学”的学校。

这项改革引起了高层的关注,国务委员陈至立批示,要求中央教科所派专员赴静教院附校进行实地调研。之后,两位中央教科所专家到学校深度了解情况,与教师、学生和家长访谈,进入课堂听课,并且写出了调研报告,其结论是:这个学校提出了一个重大的教育问题,即什么年龄段学什么更加合适。

上海市“二期课改”开始提倡研究性学习。那么,这种教学方式,小学阶段的学生是否能适用?开设怎样的课程对小学生才适用?在上海市教委的帮助下,学校首批进行“游游”活动课程和“做中学”课程的试点。结果表明不但能上,而且深受小学生的喜欢。为了迎接教育部副部长韦钰和法国教育代表团(其中包括诺贝尔物理奖获得者)对“做中学”课堂的观课、评课,上海市教育督导室领导带领专家团队与教师一起备课。

在“游游”“做中学”课程探索的同时,学校还开设了符合学生年龄特征的课程。如“明星闪亮 30 分”“英语长廊”“思辨厅”等。这些课程的开设让学生印象深刻,甚至毕业多年之后回校,学生表示最值得回忆的是“明星闪亮 30 分”等校本课程。

学校认为：任何一门基础型课程都需要校本化实施，德育课程实施应该有更高的校本化程度。学校遵循国家课程标准，依据学生实际需要，在总课时不变的情况下，调整内容前后顺序和用时多少，甚至可以删减、增设。这样，德育课就从教材的照本宣科转变为智慧的主题设计，从划一的教育资源转变为各自不同的"资源包"。

德育课程的深入研究和实践，积极推动了学校的德育课程建设，收到了成效。经上海市教委批准，学校成为上海市德育骨干教师实训基地，静教院附校的德育课程改革成果对外产生了积极的影响。

2004 年 7 月 8 日至 10 日，《解放日报》连续三天在头版头条以"轻负担照样高质量"为题报道了静教院附校教育改革与创新的经验与成效，引起了中央领导的关注。时任中共中央政治局委员、书记处书记、宣传部部长刘云山曾对附校"轻负担，高质量"的有效教育报告批示："这是一篇很有说服力的报道，可以打消人们很多减负的疑虑。要多总结这方面的经验，多报道这方面的典型。"《解放日报》《新民晚报》《光明日报》《中国教育报》以及中国广播网、人民网等媒体陆续作了报道。

这时，人们似乎已经忘了静教院附校原来还是所薄弱学校。

第二个问题：怎么学会——怎样学习才能使学生真正学会？

过去，教师常常说："这些学生真笨，一模一样讲了三遍还听不懂。"是学生笨，还是教学本身有问题？

教学，既有学科研究，又有对人的研究。校长张人利和学校管理团队以对学生的研究为视角，归纳了日常课堂教学的弊端：(1)教师总体讲得太多，常常把自己的讲解作为学生学习的唯一途径。(2)暴露学生学习中的问题不够，没有关注学生是怎么想的。(3)许多教师不明白自己每个教学行为的价值取向究竟何在，常常带有盲目性。(4)教师没有正视学生间的差异，除了布置大量练习和补课之外，缺少其他办法。

为了克服这些弊端，学校在传承 20 世纪 80 年代上海教育家段力佩先生提出的"读读、议议、练练、讲讲"的"茶馆式"教学基础上，提出了三方面发展：

(1)教学方式更加完善——从"书中学"一种方式，到"书中学""做中学"两种方式并举。(2)教学方法更加灵活——从"读读"开始，到"读、议、听、练"等多种方法选择。(3)教学手段更加现代——教学手段的创设,从“讲台”之上延伸到“讲台”之下。

由此,后“茶馆式”教学雏形开始建立。

刚提出后“茶馆式”教学时,老师们并没有接受。于是,学校从一门学科、一堂课开始。由一位教师上两节内容相同的物理课,两个班学生学业基础相仿,都没有预习的要求。第一节按他原来的方式、方法上,基本上是以教师认为的学科体系为线索进行讲解。第二节改变了课堂教学的逻辑结构,以后“茶馆式”教学的基本要求进行教学。课后,由其他教师命题,对学生进行测评。结果显示:第一个班成绩不如第二个班。

这一结果不但震撼了这位授课教师,而且激发了物理组全体教师探索的兴趣,开始了物理学科的研究实践。半年之后,效果突显,不但学生学业成绩提高了,而且学生学习兴趣增加,师生关系改善,补课、辅导减少。学校把这种研究方法应用于其他教研组,且从中学推广到小学,同时,配以报告、座谈和研讨等其他途径,使后“茶馆式”教学在校内各学科、各年级中开展。

教师在具体的教学实践中,产生了大量的教学实践案例,学校又从典型案例中提炼出后“茶馆式”教学的操作体系,包括教学基本特征:学生自己能学会的教师不讲(教学论的阐释),关注“相异构想”的发现与解决(认识论的阐释);教学方式:组织方式为独立学习和合作学习,认知方式为“书中学”和“做中学”;教学策略:课堂教学与教学评价融一体策略,学生先解疑、教师后解疑等 8 项策略;教学手段:“脚手架”创设——具有后“茶馆式”教学特征的特定手段,信息技术应用——具有后“茶馆式”特征的特定应用;教学方法:进行了分学段、学科和课型的多种方法探索。

后“茶馆式”教学的推进,大大提高了教学效能,使广大教师不但有对学科的研究,更有对学生的研究,研究怎样才能使学生真正学会。

第三个问题:如何会学——如何提高学生完整学力,让学生从学会到会学?

近年来,让静教院附校教师高兴的不仅是学校优异的学业成绩,更是各级高中学校普遍反映附校的学生会学习。这与学校推进的后“茶馆式”教学密切相关。

然而,这些学生的“会学习”如果只表现在对文本知识、间接知识的会学上,是远远不够的。学生应不但会学文本,会获得间接知识,而且会从实践中自己获得直接知识;不但会学结论,而且会通过自己探索、研究获得结论;不但会学单一学科,而且会进行跨学科学习;不但会学习系统的知识体系,而且会应用知识分析问题、解决问题;不但会在教室里学习,而且会在校外其他场馆学习。这样,基础型课程的课堂教学改革——后“茶馆式”教学就显现出不足。

于是,学校对部分课程进行了统整,把劳动技术、信息科技和社会纳入课程统整范围。另外,把部分拓展型、探究型课(即校本课程)的课时加入,增加了学生学习的时间。校本课程的功能不但在于增加学生的选择性,而且可以增加学生的自我教育、自主发展和教学方式转变的全面性。这样,静教院附校诞生了一门全新的统整课程——TRIP(Theme, Research, Interdecipline, Practice)课程,突出主题学习、探究性学习、跨学科学习和实践性学习。这门课程既有选择性,又有限定性。

这次课程统整不是几门课程简单的叠加,而是以主题为载体进行有机整合。TRIP 课程由多项主题构成,每一项主题从课程背景、课程目标、课程内容、课程实施和课程评价 5 个方面进行课程设计,又从内容分析、学情分析、教学目标、教学过程和教学反思 5 个方面作具体教学设计,不断完善课程统整的进程,把原来基础课程中的知识、技能体系融入主题学习和项目学习之中。

TRIP 课程的开设,全面转变了教学方式,提升了学生的关键能力,包括认知能力、合作能力、创新能力和职业能力,使学生更加全面、更加深入地学会学习。

学校全面转变教学方式的课程统整的改革受到上海市教委教研室的关注,2018 年 4 月在静教院附校召开了现场会。《解放日报》在对 TRIP 课程进行报道时,给 TRIP 课程起了一个中文名:趣普课程。

探索教育规律:张人利校长创造上海基础教育的奇迹

说到静教院附校,人们自然会想到校长张人利。

张人利,上海市特级校长。他从教近四十年,历任中学物理教研组长、年级组长、副教导、教导、副校长，静安区教育学院副院长、院长。他创造性地提出“按最佳发展期设课，创最近发展期施教”的课程改革理念，围绕“提高教育效能”这条主线，倡导“轻负担、高质量”，对教育改革中的热点难点问题进行了富有价值的探索和实践，为上海市基础教育做出了显著的贡献。

他曾经荣获全国“五一”劳动奖章，享受国务院特殊津贴，获得上海市劳动模范等荣誉。他曾经担任上海市区县教育学院院长理事会会长，上海市教师专业发展领导小组成员，全国区县教师进修学校专业委员会副会长，全国中小学整体改革委员会副主任，上海市第十一届、十二届人大代表，主持、参与上海市、国家教育部多项教育科研项目。他还是教育部中小学校长培训中心兼职教授、华东师范大学课程与教学研究所兼职研究员，是上海市、教育部、长三角各类名校长培养基地和上海市德育骨干教师实训基地主持人，教育部“国培计划”首批专家。

张人利锐意创新，潜心探索，被业内人士誉为课程改革的领跑者。

关于课程设置，他创造性地提出“按最佳发展期设课”，对学校课程设置进行了改革，将课程设置作两个“重心”移位，即把形象思维较强的课往下移，如小学一年级加强语言学习。开设牛津英语课，以口语为主。小学语文课时设置低年级多、高年级少等。把逻辑思维较强的课往上移，如减少小学低年级数学课时数，小学一年级不开设数学课等。事实证明：一年级不学数学，学生的数学学习能力丝毫没有削弱，相反在后续学习中展现出了更大的发展空间。

关于课堂教学，他创造性地提出“创最近发展区施教”。张人利认为：教师要以“知识、能力”“过程、方法”“情感、态度与价值观”三个维度为目标，追求学生“最近发展区”区域的最大化，提高学生“最近发展区”区域的质量。应以教师的实践智慧，来面对学生动态的发展体系，要“创最近发展区施教”。基于以上认识，张人利对课堂教学进行了系列改革。

他对学校德育课程进行了改革，认为德育课程应该遵循国家德育课程标准，但不拘泥于教材的完整，不拘泥于教材的前后顺序，应以学生的基础、学生的经历来设计主题。中共中央、国务院办公厅关于进一步加强未成年人思想道德建设联合督察组听了学校关于基础型德育课程改革的汇报后，给予了充分肯定。

他还将中法合作“做中学”儿童科学教育改革项目引入静教院附校，至今，“做中学”这门课程正在静安区全面推广与实施，其成功经验得到了法国科学教育代表团和教育部原副部长韦钰的充分肯定和赞赏。

多年来，张人利始终致力于让学校形成一种宽松、和谐、可持续发展的“绿色生态环境”。张人利认为：“基础教育是面向未来的事业。这就要求我们不但要关注学生的今天，更要关注学生的将来；不但要关注学生的学业成绩，更要关注学生取得学业成绩的过程与方法，以及和学业成绩有关的其他方面，如道德、心理、健康、艺术等等；不但要关注学生知识的掌握，更要关注学生的创新精神与实践能力的培养。”

于是，他从生态学的角度提出了“绿色升学率”。他认为：要办好人民满意的教育，在升学率这个问题上，不该回避，也不能回避。但是，追求升学率有三个原则：不以增加学生过重课业负担为代价；不以损害学生心理健康为代价；也不应该以牺牲学生其他方面的发展为代价。虽然学校场地小、人数多，张人利提出每天保障学生一小时体育锻炼、每周开展一次全校性的文艺演出等举措。学校有一百余门校本课程供学生选择，初三毕业生同样参加学校所有大型活动。他还提出不为学生订教辅材料，也不提倡学生买教辅材料。作为现代学校自我监控的一部分，他在2004年提出了要关注学生生活质量，每学年对学生进行“全样本”生活质量调查。数年的结论显示：绝大部分学生喜欢学校生活，感到负担不重。初三毕业班每年考试合格率100%，且学生平均总分、市重点高中达线率、市区重点高中达线率均取得了优异成绩。

张人利作为一位教育规律的探索者，善于从纷繁复杂的案例与事件中，提出自己独到的见解与富有智慧的思考。他在审视国际教学改革方向，分析上海、全国优秀教学实践经验的基础上，提出了后“茶馆式”教学。后“茶馆式”教学颠覆了课堂教学设计的逻辑结构，从学科体系为线索变成了以学生的学习为线索。他引领的后“茶馆式”教学实施后，在学生生源条件不变的情况下，学业成绩不断提高。而且学生睡眠时间增多，学生艺术、体育活动增多；学生作业量减少，学生补课人数减少；学生自信心增强；师生关系和谐，学生更喜欢学校。2014年，张人利引领下的

“后‘茶馆式’教学——走向‘轻负担、高质量’的实践研究”获国家级教学成果一等奖,为此,他到北京接受习近平总书记的接见。张人利主持的6项课题分别获得国家级教学成果一等奖,教育部优秀奖,上海市市级教学成果特等奖、一等奖,上海市教育科研成果一等奖。张人利出版专著《后“茶馆式”教学》等3部,在教育核心刊物发表教育论文100余篇。

图5 2011年6月,张人利(左)陪同原日本教育学会会长佐藤学(中)和上海市教委教研室主任徐淀芳(右)参加后“茶馆式”教学观摩活动

张人利用自己特有的思维、特有的情怀、特有的智慧全身心地投入教育之中,创造了上海基础教育的奇迹。原上海市副市长翁铁慧曾批示:“张人利校长带领静教院附校进行的教学改革,卓有成效,且完全符合上海教育改革的理念和路径。请市教委把静教院附校的实践经验作为基础教育课程改革的实践方式之一进行总结推广。同时,对张人利校长的实干精神予以发扬。上海教育综合改革太需要更多这样的实干家。”正如张人利自己所说:“我要用自己的生命改变自己脚下的这方土地,照亮孩子们多姿多彩的人生。”

引领学生成长:陈美老师领衔学校优秀教师团队

静教院附校的课程与教学改革,促进了教师队伍的成长。从20年前的全校只有2名中学高级教师，到今天已形成由特级教师、区学科带头人、20余名中学高级教师领衔的优秀教师团队，其中全国和上海市教学大奖赛一等奖获得者就有12名之多，还有全国模范教师、全国先进教师、上海市十佳班主任、上海市园丁奖获得者。2019年荣获全国模范教师荣誉的陈美就是学校优秀教师团队中的杰出代表。

作为一名语文特级教师，陈美深知自己从事的是传播知识、思想、真理的工作，是塑造灵魂、生命、人格的工作。她常说："孩子们是天使，和他们在一起，我就生活在天堂。"她常年执教初三毕业班，以春风化雨般的爱温暖学生。一个真诚的微笑，一记有力的击掌，一个贴心的拥抱，或者一首励志的小诗，进步时的赠书等，为一届届学生定格了校园生活中美好的记忆。

陈美主张"以文化人"，让孩子们沐浴在传统文化的春风里。她说："爱语文，每天都是好日子。"初三有些忙碌、萧瑟，然而陈美要以文学的名义，让孩子们的心灵飞翔，把挫败的"失意"改写为人生的"诗意"。她的课不仅传授知识考点，更有家国情怀、理想信念和文化传承。她追求课堂的"丰厚、涵咏、情趣、诗意"，让孩子们在涵咏中体验，在丰厚中提升。近几年，陈美上过的各级各类公开课不下200节，听她的课是一种享受，如沐春风。

作为教研组长，陈美是课题的主要研究人员。她带头上探索课，撰写案例，提炼归纳后"茶馆式"教学的策略和方法。她开展校本研修，聚焦文本解读、问题设计等，引领并分享实践智慧，推动课堂教学的转型，变教师讲解学科结构为帮助学生自行建构学科体系。

陈美是区首批学科实训基地主持人。2010年起，基地吸纳了7批共91位骨干教师。她深入课堂，针对文本的深度解读、教学内容的确定、学习活动的设计等方面，与基地的成员研究教学方式的改进，探讨个别化教学的策略。2011年，陈美开设并主讲市级共享课程"初中语文后'茶馆式'教学"，吸引了全市100多位骨干教师参与培训。

陈美潜心问道，笔耕不辍，出版了专著《我的爱弥儿》《构建灵动的语文课堂教学》《我们可以这样作文》等，发表论文30多篇。她还是《新民晚报》副刊"夜光杯"的特约撰稿人，发表了散文3万多字。

展望崭新校舍：打造一个面向未来、独具上海特色的名校文化地标

2018年，在静安区委、区政府和区教育局的支持下，静教院附校新校区在市中心（江宁路海防路口）动工建设。新建校舍的建筑是拥有教育理念的，即以学生学习为中心。在新校舍的规划蓝图中，学校秉承“以学生学习为中心”的设计理念，东西方建筑交融，打造与教学方式转变相匹配的硬件环境：一个400多平方米的未来交互式体育馆，一个悬浮式空中足球场，两个1600多平方米的篮球馆，一幢艺术楼，400平方米的AI科创空间，6个专用实验室，5个综合实验室，6个信息技术教室，6间心理活动室，还有红领巾议事厅和电视台等。新校舍鼓励学生勇于探索、大胆尝试、创新创造，进而激发学生好奇心、想象力和创新思维，提升创新能力。

与新校舍相匹配，学校以后“茶馆式”教学的深入研究为载体，进一步改进课堂教学方式和学习方式，变革课堂教学组织形式，创新教学手段，改革学生评价方式；提高课堂教学质量，合理设计学生作业内容与时间，提高作业的有效性，切实减轻学生课业负担；营造绿色的教育生态，引导学生勤议善问、学会学习，提升学生的认知能力，让学生养成终身学习的意识。在新中考背景下，学校将深入开展TRIP（趣普）课程的实践探索，以主题（Theme）、探究（Research）、跨学科（Interdiscipline）、实践（Practice）四种学习方式命名课程。它统整了信息科技、劳技和道德与法治、社会等基础型课程，又融合了“做中学”、人文等拓展型课程，实现了四方面转变：变纯学科体系学习为既有学科体系学习又有主题学习，变接受性学习为探究性学习，变文本学习为实践学习，变单一学科学习为跨学科学习。TRIP课程引导学生独立思考、动手实践和解决实际问题，体验精益求精的职业精神；学会自我管理，提升与他人合作的能力。学校还将开展指向学生关键能力的融入少先队雏鹰奖章的综合实践活动课程评价的研究与探索。

展望美好愿景，未来新校区将被打造成丰富、开放、自然的高品质校园，成为上海独具特色的名校文化地标。

上海市静安区和田路小学

三十多年坚持创造教育

岁月留痕

和田路小学前身为宋公园路国民学校，创办于1946年，1952年更名为和田路小学。自20世纪80年代起进行创造教育研究，立足于学生创造力发展。学校以“发展教育的个性，构筑创造的乐园”为办学宗旨，建设和谐、进取、创新的创造教育文化，确立以创造为核心的观念体系：让创造成为一种乐趣；让创造成为一种习惯；让创造成为一种理想。

学校创造教育研究历经了科技教育活动、整体改革实践、课程教育改革、课堂教学改革等研究阶段，“五小活动”“和田创造十二技法”“发明一定有方法”“虚拟创造平台”等成为和田创造教育发展进程中的重要标志。近年，学校以问题引导进行课堂教学研究，以问题促进学生的创造思维的逐步发展。在创造教育特色课程方面，虚拟创造、创造剧场、创造实践、创造技法等主要课程，已进一步序列化、系统化，校本特色教育课程群彰显创造教育特色，对学生创造力培养起到积极作用。学校已逐渐形成课内课外一体、校内校外一体、理念实践一体的整体推进创造教育的新格局。

校史回眸

在30余年的办学过程中，学校一直秉承创新办学的理念，取得了丰硕的成果。学校近年被评为上海市素质教育实验校、上海市行为规范示范校、上海市科技特色示范校，学校目前还是中陶会先进基地校，中创会先进实验校，联合国教科文组织环境、人口、可持续发展项目学校，全国青少年科技普及指导实验校，全国百所数字校园示范校等。在学校发展的进程中，取得了一系列实践创新成果。

2004 年 4 月 14 日，由中国创造学会创造教育专业委员会、上海市教委基教处、闸北区教育局联合主办召开了全国小学创造教育研究与发展研讨会，梳理了创造教育 20 年的发展历程和办学经验。

2012 年 5 月 8 日，由上海市教育委员会，上海市闸北区人民政府、上海市教育学会联合主办的“教育即发现，发现即创造”全国创造教育研讨会在学校召开。会上展示了学校创造教育 30 余年的办学成果，证明学校成为上海小学特色办学的新典范，同时也标志着和田路小学的创造教育进入新的历史阶段。

在和田路小学创造教育的研究与实践中，始终得到各级领导、专家的关心与扶持，时任国务院副总理李岚清、教育部部长陈至立、中国陶行知研究会会长方明、上海市市长徐匡迪、上海市政协副主席蒋以任等领导多次到校视察，对学生创造教育活动及所获得的成果予以高度评价。

2012 年 12 月，学校获得上海市教育科学研究院第四届学校科研成果二等奖，2013 年获得上海市首届基础教育教学成果一等奖，2014 年获得中华人民共和国教育部国家级教学成果奖二等奖。

图 1　2006 年学校 60 周年校庆校友重聚

历史撷英

创造一定有方法

什么是创造？创造力能培养吗？创造是否有方法？这些问题是无数专家学者为之争论不休的话题，上海市闸北区和田路小学发展创造教育30余年，在这里，或许会找到一部分答案。30余年来，一代代的和田人在实践中探索创造力培养的方式，用自己的热情和智慧诠释创造教育的内涵。

曾经，这里被誉为“小小发明家的摇篮”。时代背景造就了鼎盛时期的和田路小学，时逢20世纪80年代，正是全国科技活动如火如荼的时期，在这样的时代背景中，和田路小学也积极投身于科技教育的热潮中，重视对学生科学素质的培养。学校成立了9个校级科技队，有168名学生（约占全校学生总数的四分之一）参加这些科技队活动。全校17个班，要求班班有科技小组，周周有科技活动，月月有科技展示，年年参加科技比赛。学校形成了浓厚的科技氛围，正是在这样的氛围中，和田的师生开始了他们的“创造之旅”。

1985年3月26日，学校四年级学生徐琛的“四用防触电插座”在日本举行的第三届世界青少年发明创造展览会上荣获展览会最佳作品奖，徐琛远赴日本领奖，载誉而归，这是当时我国青少年第一次在国际上获得创造发明金牌。这位清秀的女孩在时隔20年后回到母校参加活动时回忆起当时的情景还是那样激动不已：“从没有想过那样的场景，那是我一生里最值得纪念的一天！”自此之后，全国第一届青少年创造发明二等奖、全国第三届青少年创造发明一等奖、全国亿利达发明三等奖、上海市青少年创造发明一等奖、上海市小发明比赛一等奖……各类发明奖项源源不断地涌来，大量的小发明、小创作应运而生，和田学生的创造火种在这个时期蓬勃蔓延。几年来学生制作科技作品6300余件，其中164件作品在全国或上海市科技比赛中获奖，7件小发明被工厂采用投入生产，这样的成绩，即便是现在看来，也称得上耀目辉煌。

图 2　1985 年，徐琛获世界青少年创造发明最佳作品奖

在和田路小学校园里最显眼的地方有个“星光广场”，这可是全体和田学生心目中的“圣地”，因为这里记载了从建校初到现在所有具有代表性的学生作品，“四用防触电插座”“发电秋千架”“多功能篮球架”“凸肋型不沾刀”“易取式牛奶箱”……这些经典发明和它们的作者都被以铭牌的方式记录在广场的中央。“这是我的发明作品，酷吧！”“我也想有个作品被永远放在这里！”“这个作品的作者我认识，他还申请到了发明专利呢！”“哇！这里真像好莱坞的‘星光大道’，能把作品陈列在这里感觉好厉害！”我们的学生如此爱这个记载最高荣誉的地方，因为它成就的是和田学生的“爱迪生”梦想！

也许，和田的创造教育正是始于这个时代背景下的一个个小发明倡议，从“五小活动”开始，从一个个“小发明家”的诞生，和田学生的创造火种也在此蓬勃蔓延……

“百度百科”中有词条“和田十二法”，又叫“和田创新法则”（和田创新十二法）。它是对奥斯本稽核问题表法的一种继承，又是一种大胆的创新。比如其中的“联一联”“定一定”等，就是一种新发展。同时，这些技法更通俗易懂，简便易行，便于推广。“和田十二技法”就是我们对教育技术的又一大贡献。

在教给学生一些创造技法知识的同时,教师们逐渐发现学生对现有资源中这些从国外文献资料中借鉴来的知识难以理解和掌握,主要是因为这些知识的语言没有“本土化”“儿童化”,老师在讲授时也没能很好地进行转化,创造技法知识的传授效果不佳。虽然很多同学有发明创造的强烈愿望,但由于工具性知识的缺乏,常常感觉无从下手。针对这一问题,学校组织教师进行创造技法的“本土化”“儿童化”研究,致力于用儿童化的语言将儿童可能运用到的各种创造技法表达出来,使儿童一看就懂,一学就会。学校一方面总结多年来学生实践活动和创造发明的经验,另一方面邀请专家指导,于 1984 年总结出了“和田创造十二技法”。“和田创造十二技法”把“分解组合法”儿童化为“加一加”“减一减”,把“移植法”儿童化为“搬一搬”,把“逆向思维法”儿童化为“反一反”等。“和田创造十二技法”以其特有的儿童化特点在众多技法之中占据一席之地,并迅速风靡全国,并曾在由 34 个国家参加的国际会议上交流。

“和田创造十二技法”诞生之后,学校根据每个技法的特点设计或寻找案例,编印了创造技法训练的校本教材《跟老师学发明》,创造技法课程的学习成为学生的任务之一被写进了学生课表,每周一节。同时在学校的课外科技活动中也渗透进十二技法,教师设计大量动手动脑的课内外实践活动,精心安排活动的先后顺序,使学生在训练的过程中经历“发现问题—研究问题—解决问题—检验成果”的探索和研究过程。技法进入课堂也标志着创造教育正式走进课程探索的阶段。

在和田,从 2003 年起就开始借助信息技术手段,搭建起虚拟创造平台,让孩子们的想法可以自由交流分享。2009 年,学校率先引进了第一台 3D 打印机,借助 Skatch-up 软件,孩子们开始新的创造。从整体外观的创新设计,到以解决问题出发的部件性设计,从模仿性设计到独创性设计,孩子们的想象力、创造力、技术的运用力都远远超乎老师们的想象。虚拟创造,是孩子们进行自我创造的工具和技术,是展望新时代的创造性思维培养方法。“虚拟创造”课程从 2003 年的一个设想,到如今初具规模,课程框架逐步完善,课程资源逐步积累,已经成为和田的品牌课程。

从“十二技法”进课堂到“虚拟创造”助推创新思维,再到如今学校已形成创造思维课程、创造剧场课程、创造发明课程、创意实验课程、创意制作课程、虚拟创造实践课程等 7 大类课程覆盖和田全体学生,真正意义上做到了让创造无时不在。

活力和田,和田魔力

在和田,创造是无处不在的,每个人都可以有自己的创造。孩子们的创造,在成人看来或许稚嫩,可它就是孩子们自己的创造。我们要做的就是给他们舞台,给他们掌声,给他们支持。我们也的确是这么做的。走进和田的校园,处处感受到充满活力的氛围,渗透在一草一木、一砖一墙之间。

走进学校,在中央教学楼的旁边是一幢三层建筑,"创造学院"四个字说明了它的功能。这是个特别的创造活动场所,从一楼到三楼的各层楼都充满了创意元素,漫步走过,如同走进创造的乐园。从创造学院的走廊向下望去,就可以看到绿树掩映下的陶行知雕像和"星光广场",星光广场上展示的是往年学生优秀的小发明、小创造作品。除此之外,学校还有很多优秀的学生艺术创新作品,这些作品就被展示在教学楼各层的走廊墙上。一楼走廊墙上展示 12 幅创意作品,是根据学生的创意以及作品的雏形,请专家加工之后完成的。二楼走廊墙上展示学生优秀的获奖科幻画作品。相比之下,三楼的走廊墙上就简洁了许多,没有什么展示物,银色的铝合金浮雕"创造之路"镶嵌在浅黄色的墙上,走廊墙两端的大字似乎蕴含了这面墙对创造的期望,一面写着"创造之路从这里开始",另一面写着"小创的幸福生活"。

图 3　展示和介绍小发明作品的"星光广场"

2011年，当这些作品被展示出来之后，学校举办了一场“我为美景取美名”的活动，意在通过为这些作品取名字的活动，激发学生的想象力，增强学生的艺术欣赏力。一楼的12幅作品、三楼的走廊，再加上操场上两个刚设计的LOGO，共15个“美景”，学生积极发挥想象力，表达出心目中对这些作品的感受，学校共收集到445条不同创意的美名，最后经过全体师生广泛地讨论和投票选举，筛选出15个美景的美名，15个学生的名字被镌刻在学校的墙面。

同样是2011年，学校向全体学生征集对“创造”的定义，最后评选出来的“创造词条”包括：“如果我是一棵小树苗，那么创造就是肥料，让我们更好地成长”“创造就是你说的和做的都是从来没有过的”“创造就是每一天的改变”“创造就是持久的坚持和瞬间的突破”。

在和田，有一项常规性的活动——“创造专利认定”。新奇的想法、独特的提问、用多种方法解题的答卷、能自圆其说的观点表达、才艺表演、发明创造作品、创意DIY作品等都能得到和田专利认定，获得证明，并在和田的创意TED活动中向全校师生展示。学习、才艺、运动、生活、创意五大专利类别，让每个孩子都能参与，都能创造。

创造专利申请和鉴定已经成为众多特色活动中最受孩子们欢迎的活动。创造专利除了有鉴定证书，还有可能被“小创商店”收购，专利拥有者可以获得校内“创造明星”的荣誉称号，享有兑换他人创意作品、“小创纪念品”的机会，还享有参加假期特色“小创游历”活动的优先权。在和田路小学，获取专利再也不是发明家的特权。为鼓励学生的创造热情，学校建立了一套完整的专利认证制度，每学期安排两次集中专利认证申报。每个在“创意”“学业”“生活”“运动”“才艺”五个方面有创新想法的孩子都可以获得由学校“专利署”颁发的“和田路小学创造发明专利鉴定书”。

不要以为只有小发明才能获得专利，学校将创意的种子播撒到各个方面。除了“创意”“运动”外，“学业”专利是和田路小学“专利署”的特色，第一位获得该专利的学生王少禹虽然已经毕业，但他的“一题多解”法至今仍然让老师们津津乐道。在数学老师的鼓励下，王少禹将自己这些年学习数学过程中一题多解的主要经验梳理了一番，认真填写了申请表格，递交给学校认证委员会鉴定，从而成为学校获得“学业专利证书”的第一人。在他之后，“英语单词记忆专利”“语文阅读小报设计专利”“漂亮汉字书写专利”等各种有意思的专利纷纷涌现出来，仅仅一学期，就有40多项学习好方法获得专利。

学校每周四中午12:20至13:00都会举行TED发布会。在发布会上，学生轮流上台发布自己的创新作品，并接受台下同学的提问和质疑。TED每次发布一个年级学生的创意作品，参加的人员除了本年级的学生外，其他年级有兴趣的学生也可以参加。这样的活动有时也会在下午放学后举行，这时也会有很多来接学生的家长参加。TED发布会的主题是“我行吗？你可以，我也可以，大家都可以”。TED发布会不仅创造了让学生公开展示自己作品的机会，也提供给学生们交流创意和碰撞思维的契机，学生们可以在这里互相启发，互相激励，互相学习。

TED是个“舶来品”，我们只是借鉴了它的形式。发布会的目的，当然不是为了某项惊世骇俗的作品的问世，我们更看重在这个交流的舞台上，孩子们在锻炼中的成长。如今的发布会已经成为学校的一项常规活动，感兴趣的学生也越来越多。舞台，应该由自己做主！

图4 面向全区学生开放的“创造学院”

原闸北区的小学生几乎都知道，在和田路小学有一所神奇的“创造学院”，每学期，大家都翘首以盼老师在周二下午带他们去那里活动。我们的创造学院，被大家亲切地称为“和田魔法学院”，每一位来学院活动的同学都能感受到它磁石一般的吸引力。在这里，既可以感受到浸润于艺术氛围的惬意：陶艺、民俗、折纸、创意制作在一楼静静等待着倾心于艺术的孩子；也可以徜徉于科学世界：未来城市、创意DIY、能源实验、机器人总动员是二楼的品牌项目；最后，所有的学生几乎都会被三楼的数字体验区吸引：互动体验、虚拟创造、数字设计，总有一款适合你！

作为一个面向全区小学生开放，旨在促进学生创造力发展的多功能、现代化学习场所，创造学院为学生开设了一定的创造能力训练课程与实践体验活动，承担了区域内全体小学生创造力开发与训练的任务；通过艺术、科技、数字化体验这三个方面，使每个学生的创造力都能得到发展；创造学院将建设成闸北区小学生创造力培训与评价的权威机构，为闸北优质教育资源的发展提供保障；同时，还将建立创新型教师培训机制，向全区教师提供创造教育实践培训课程，建设一支创新型师资队伍。

在上海市教育信息博览会上，和田路小学的智慧少年的形象代言人“小创”带着孩子们的创新作品走上了新闻发布会的现场。“小创”是由和田路小学师生共同创造的，外形酷似灯管的它寓意着“点亮创新火花”。在和田，“小创”是每一位同学的化身，也是大家都想成为的那个小朋友，在“小创”身上，有我们对学生的培养目标：勤学、善问、有冒险精神、敢于质疑、勇于探索。最值得一提的是，孩子们自己赋予了“小创”9个创造习惯，即“多看看不同的做法、多学学创造的榜样、多说说自己的发现、多玩玩新鲜的活动、多做做勇敢的尝试、多试试新奇的创意、多找找相关的信息、多想想解决的方法、多改改设想的方案”，这是小创的“人生格言”。和田的师生还为小创编写了一套原创漫画，叫《小创的幸福》。

“我要设计一个圆形的教室，这样就不会被罚站在墙角了。”“一顶帽子看上去像什么？像一个飞碟，还像一条蛇吞吃了一头大象！”“小创”的故事源自学生日常学习和生活中的各种“奇思妙想”和“搞笑事”。学校鼓励孩子们通过“小创”的故事，说出平时各种奇思妙想的怪念头，总有意想不到、与众不同的想法和行为是漫画中“小创”最显著的品质。

在这样一个创造气氛无处不在的学校，才能更好地实现“让创造成为习惯、让创造成为乐趣、让创造成为理想”的办学目标。正如学校的课程目标中描述的那样，“守护并发展每一位学生的独特思维”，这是我们对创造教育的全新诠释。我们不再执着于培养了几个发明家，也不再追求得了几个一等奖和金奖，我们努力重塑的是对创造最素朴的理解，我们关注每一位学生的成长和发展，让每一位学生感受创造的快乐，展现自我个性！

一群让创造成为理想的追梦人

从20世纪80年代初至今，办一所创造教育学校，是和田几代教育工作者的梦想，一群教育理想追求者，成就了和田的传统与特色。“让创造成为理想”，和田人矢志不渝，共同演绎创造的故事。

孔德容老校长是和田创造教育的创始人，坚信“创造性培养应从孩子抓起”。孔德容白手起家，带领着一批有梦想的教师在那个时代开辟出一条通向精彩的创造之路。从那时起，和田的创造理想一直未曾改变，时至今日，我们依旧走在创造教育的路上，孔德容功不可没。金礼福校长，带领和田教师研究创造教育课堂教学，探讨创造性学习方式，创办上海市小学创造教育研究所，将“和田十二技法”永载中国教育史册，让和田的创造教育走出闸北，走向全国。张军瑾校长，接过创造教育的旗帜，从瓶颈中寻找突破，十年架构创造教育课程，引领创造教育向持续发展。一个普通小学，三位优秀校长，以及包括他们三位在内的历任校长，执着于创造教育的研究探索，为创新中国的梦想前赴后继。30年的创造教育之路，和田的创新引路人，点燃起和田30年的创新之火。

创造教育的特色是创造型教师。夏钟曾是默默无闻、半路出家的普通教师，一个偶然的机遇，让他成了“不动手也能让学生得金奖”的金牌教师。和田的创新教师团队，从来就不是与生俱来的天赋异禀者，和田的教师文化更看重后天的努力和追求。从门卫岗位中挖掘出的“纸艺特色教师”、从打印室走出来的“陶艺指导教师”……这些教师的成功背后也体现着学校教帅对创造教育办学理念的认同和执着追求。现在，和田的老师们喜欢在学校加班的融洽气氛，为一个精彩的开放活动、一节有趣的课，大家可以倾注无限的热情，有无穷的探究精神；和田老师喜欢争论问题，有趣的教工学习、互动的教师培训、生动的教学演绎，智慧在碰撞中闪光；和田老师乐于多元发展，乐于做有童心童趣的老师、能动手动脑的老师、会发现启迪的老师。与学生共成长，与学生共创造，和田教师团队守护了30年的追梦之路。

“从前，在电视上看到别的小朋友获奖，感觉离自己很遥远，现在居然发生在我身上，现在我觉得自己真的是个世界冠军了！”——2013年5月25日下午，由上海市和田路小学四、五年级邹琪、李道尤、乔倪霖、陶檀雯、吴佳莹、张珏6名学生组成的“无懈可击”代表队，代表中国赛区参加了在美国田纳西州举行的2012—2013年DI创新思维全球总决赛。在倪哲宇老师和郑莛老师的带领下，经过两天激烈的角逐，6名学生个个倾注全力，克服重重困难，发挥自己的潜能，表现出色，最终荣获2012—2013年度DI创新大赛小学组结构类题型一等奖的优异成绩。这是赛后接受媒体采访时，队长陶檀雯对着镜头说的一段话。他们原本都是普通的孩子，有几个甚至是作为第二梯队替补的队员，他们获得这个国际金奖带给我们最大的惊喜是：创造从此不再是少数优秀孩子的私人专属，每一位和田的孩子，都能成为独一无二的创造者，这也是几代和田人矢志不渝的追求。

任何一种学校文化的形成和发展都是一个动态的过程，是一个时间和经验累积的过程，它在继承和变革中不断发展。而30年的和田创造教育发展历史已逐渐形成了别具特色的学校文化，研究这种文化形态，总结这些文化现象，通过这些活生生的行为分析文化的基本因子，联结历史与当下，是当下和田人的使命。创造教育应该有更值得期待的未来！

“不管外界如何评价和总结我们现在取得的成绩，有一点是始终值得我们骄傲的，就是无论何时，我们都从未放弃过坚持创造教育的理想！”这是张军瑾校长对内对外说的最坚定的话。未来，我们将一如既往承继创造教育的传统，用我们的智慧和信心，打造属于和田的创新梦想。

我们，用创造放飞自己的和田梦！

上海市虹口区第三中心小学

率先开启“少先队自动化”改革

岁月留痕

创办于1919年的上海市虹口区第三中心小学,是一所具有丰富历史积淀和深厚文化底蕴的百年老校。

它是教育改革的沃土,在全国率先开启了“少先队自动化”改革,在全国第一个开设“小学思想品德课”;与上海市学生艺术团舞蹈团合作办成第一个以学校为基地的学生艺术团,打造了以舞蹈教育为领衔的闻名全国的艺术教育特色;率先在全市实行“推迟半小时上学”试点,为全市小学作息制度的改革奠定基础……

它是教师成长的摇篮,几十年来先后涌现出全国优秀教师朱云宋,全国优秀少年儿童工作者胡陛洪,超级教师陈瑞兰(当时还没有评特级教师之举),全国第一位思想品德学科特级教师、全国模范班主任毛蓓蕾,全国优秀少先队辅导员沈功玲,颇具知名度的特级教师顾家漳、徐佩玖、吴慧娟、胡蕴琪、王莉韵,特级校长盛裴,全国劳动模范李莉、上海市劳动模范林佩燕,以及人才济济的后起之秀……可谓名师荟萃,教坛生辉。

图1 上海市虹口区第三中心小学校园

校史回眸

上海市虹口区第三中心小学位于山阴路103号，与鲁迅、郭沫若等文学巨匠的故居相邻，是一所历史悠久、具有优秀传统的名校。学校原身为日本人于1919年开办的上海第一高等女子学校和日本商业学校，1945年抗战胜利后在此办施高塔路小学，后更名为第十七区中心国民学校，中华人民共和国成立后改名北四川北路中心小学，1956年改名为虹口区第三中心小学，沿用至今。

一个世纪的艰苦创业和奋斗，学校不断发展，师生人数日益扩大。1994年在山阴路103号原址重建教学大楼，成为山阴校区。1998年5月撤销虹口区四达路小学建制，原四达路小学并入学校成为四达校区（后于2012年改建为胡蕴琪舞蹈学校），原洞庭中学校舍划归学校成为吉祥校区。

学校于1959年被定为上海市重点小学，1981年被定为上海市实验性学校。1992年《中国名校》（小学卷）出版，虹口区第三中心小学成为上海市入选的9所小学之一。学校先后被评为全国师德建设实践与创新基地、全国艺术教育特色校、全国中华优秀文化艺术传承学校、全国中小学舞蹈教育传统校、全国优秀少先队大队、上海市素质教育示范校、上海市“立德树人”体育教育教学研究基地实验学校、上海市体育传统校、上海市围棋传统学校、上海市行为规范示范校、上海市少先队示范校、上海市城市学校少年宫、上海市安全文明校园……

作为一所窗口学校，三中心不断扩大对外交流合作，国内外访问交流不计其数。1981年瑞典国王首次访华，全国人大常委会副委员长习仲勋于9月22日陪同国王和王后来到三中心小学参观。同年学校与南斯拉夫萨格勒布雅布考瓦茨小学建立友好关系，两校小学生开展互动交流，1985年萨格勒布市议会主席在访问学校时，表示要把两市友好关系、两国人民友谊的发展寄托在青少年身上，使之代代相传。学校还与日本大阪府吹田市东山田小学结成友好学校。1988年8月为纪念上海和横滨友好城市缔结十五周年，中日两国小学生在学校的教学楼走廊上共同绘制了一幅长达35米的彩色壁画。2010年1月1日学校舞蹈团组成了世博花车轮滑方阵，赴美参加了帕萨迪纳第121届玫瑰花车巡游，同学们被称为“世博小精灵”……

长期以来，学校坚持传承老一辈三中心人的大爱精神，探索以少先队教育、艺术教育领衔的素质教育模式，形成了“多元特色、创新发展”的办学风格，确立了“求真、求实、求新”的校风，“严、实、活、乐、新”的教风，“勤奋、踏实、好学、向上”的学风，并在不断创新改革中走在前列。

随着课程改革走向纵深，教育转型发展的呼唤又对学校提出了更高的要求。学校开展了“幸福课堂　有效学习”探索实践，“轮流日记”“走班课程”等减负增效的好举措争相出台；多元课程的构建，把舞蹈、管乐、合唱、围棋、游泳、排球、精武操、书法、青花瓷、机器人、德育行走等引入其中，从“天天有活动”到“周周有演、赛”再到“月月都有节”，让全体学生都能找到展示自己的成功舞台。

多年来学校教育质量和办学特色显著，办学实绩得到了政府和社会各界的认可和广泛赞誉。学校传统项目排球和围棋多次获得市、区大奖，舞蹈团更是蜚声海内外，多次受邀访问欧美国家。

历史撷英

一代代三中心人的执着探索

1949年5月上海解放，市军管会接管学校。冯其舜(原南市邑庙区地下党区委书记，从事教育界地下党工作)担任首任校长后，即探索办学之路，曾在中华书局所编的杂志上发表《接管后如何办学》一文。其时，学校教职工大多就读师范专业，富有教学经验。1953年接任校长兼支部书记的金淳，毕业于苏州女子师范学校，她承前启后，狠抓班子和师资队伍建设，培养和提升青年教师，先后选拔优秀师范生来校，同时陆续调入骨干教师，用其所长。一支富有朝气的中青年骨干队伍逐渐形成，分布在高、中、低各年级段和各学科中，教研组健全。

三中心小学以党的教育方针为指引，在探索中起步。

1953 年起学习苏联凯洛夫教育学，课堂教学曾一度推行“五个教学环节”，成绩评定改用“五级记分法”。语文课采用“谈话法”，改变“注入式”教学，探索“启发式”教学，提高学生的阅读和自学能力。

1959 年学校总结教学经验，撰写了《语文教学质量综合报告》，阐述词汇教学应遵循“字不离词、词不离句”原则，根据字词特点释义；阅读教学要发挥语言文字因素，进行思想教育；要加强朗读默读训练和课外阅读指导等问题。该文以《提高小学阅读教学质量的体会》为题，发表于 1959 年 8 月的《上海教育》。

当时学校就已经组建了许多学生社团，如田径、足球、合唱、民乐、船模、科技组等，学生课外生活丰富多彩。学校参加区小学生运动会获男女团体冠军，合唱队、民乐队演奏的歌曲被电台灌制唱片发行，船模组参加上海和全国比赛屡屡获奖。

1964 年学校学习育才中学经验，围绕“紧扣教材、边讲边练、新旧联系、因材施教”开展教学实践。徐佩玖尝试在数学教学中，按程度把学生分成三组，实行“因材施教”（后来称“分层递进”），取得优异成绩，积累了成功经验，于 1978 年被首批评为上海市特级教师。

1966 年“文革”开始，三中心人在艰难岁月里，坚守信念，保持传统，忠于职守。

1971 年 5 月至 1972 年 6 月，虹口区成立体育运动学校，第一届的教学点设立在三中心小学。1975 年学校作为区低年级语文中心教研组重要成员，即开始“汉语拼音基本式”教学试验，进行拼音、识字教学的一系列研究，抵制极“左”思潮，取得良好效果。

率先启动“少先队自动化”改革

1977 年粉碎“四人帮”后，学校迎来了教育改革新的春天。

1978 年 9 月，刚恢复少先队的学校队组织贯彻全国科学大会精神，请来科学家陈念贻讲述航天科学家们将火箭送上天的故事，点燃了孩子们的美丽梦想。之后一个中队的黑板报上出现了孩子们创作的向往现代化的诗与画，被前来学校蹲点的少先队工作者段镇看到。他立即请学校领导深入到队员中去了解大家的真切意愿与心理，期望队组织因势利导，因需而动。由此“火箭啊，前进！”活动在全队发起，“人人争当宇航员，队队争创火箭中队”，大队《火箭报》捷报频传。

正当此时，四(1)中队辅导员生病了，无力作辅导。可该中队的两个小队却依靠自己的力量，将争创活动组织得有声有色，被前去调研的大队辅导员沈功玲与大队委们发现。在四年级组小队长工作经验交流会上，经民主评议，一致赞同用体现“火箭飞上天　全靠自动化”的精神，命名这两个小队为“自动化小队”。榜样示范效应出现，“自己的活动自己搞、自己的事情自己管、自己的同伴自己帮、自己的进步自己争”的奇迹层出不穷，“自动化友爱小队”“自动化争气小队”“自动化爱科学中队”……一个个被命名。

“少先队的自动化”在全国首创了一种由队员当家做主进行自我教育与民主管理的新形式。在各级领导与专家的悉心指导下，学校系统做了总结，编辑出版了《小学生自我教育》一书，使经验得到及时传播，学校逐渐形成了教师精心合理辅导与少先队员自主自动创造相结合的办学特色。

1979 年春，团中央书记处书记胡德华与少年部部长张均发等领导到学校作考察指导。同年 10 月，少先队全国第六次工作会议对此又作了专门的宣传交流，《辅导员》《光明日报》《中国少年报》等报刊也分别作了专门的采访与报道。沈功玲先后被评为上海市劳动模范、全国优秀辅导员标兵等，获得上海市儿童少年工作“白玉兰奖”，被团中央、全国少工委授予“少先队工作突出贡献奖”等。

1980 年起，学校率先开设思想品德课，成立由市、区领导、专家及教师组成的研究小组，选派大队辅导员沈功玲主持日常的教学实验工作，全国优秀班主任毛蓓

图 2　少先队四自教育

蕾于低年级率先开展试点，继而推及整个四年级组，一起制定德育计划、编写年级教案、开展听课评课等教研活动，由此开始了“走德育科学化”的十年探索之路。此项实验成果得到国家教育部的肯定。沈功玲撰写的实践报告——《让学生主动活泼地学——思想品德课教学研究》得到了中宣部副部长王惠德的肯定，并亲自将经验推荐到《光明日报》《人民教育》予以报道。思想品德课教学中的《雷锋叔叔爱劳动》《社会主义祖国好》等课文被许多报刊转载，有的还被译成英、法、德、日、西班牙文刊于《北京周报》与《中国妇女》（英文版）等报刊上。

图 3　毛蓓蕾

图 4　沈功玲

1981年，市教育局局长杭苇和副局长吕型伟、刘元璋到三中心视察。其后，市督导室、教科所，上海师大、四师、六师和区教师进修学院专家教授云集三中心进行指导，学校教科研工作蓬勃开展。

1981年学校与复兴中学开始进行“中小学衔接”的实验，《数学》试用北京景山学校教材，学生五年级毕业升入复兴中学。1985年上海师大在三中心设立实验部，研究开发少年儿童智力。部分学生学习4年，提前直升上师大一附中。

德育科研课题“小学生师生互爱关系研究”被列入市级重点课题，由毛蓓蕾、吴惠娟和青年教师组成课题组，开展实践研究。

语文学科以“加强基础、培养能力、发展智力”为目标，顾家漳进行“培养学生发现问题和提出问题的能力”“听说训练”的系列研究与实践；林佩燕进行“课堂素描”的系列实验；施菊珍参加“加强口语，注重实用”课题研究……研究历经数年，都取得了丰硕成果。以上诸多科研实验，2014年出版的《岁月留痕》一书中均有记载。

与此同时，学校在特色教育上也逐渐以排球、围棋著名。排球队在1989年荣获上海市“育苗杯”排球赛第一名，全国“振兴中华杯”排球赛第二名。围棋在全国、全市比赛中曾荣获三连冠。

谱写全面推进素质教育新篇章

进入20世纪90年代，中国的改革开放进入了新的历史时期。二中心被确认为“上海市整体改革实验学校”列入《中国名校》一书，成为上海市9所小学名校之一。三中心全体师生又共同谱写起“改革兴校、全面推进素质教育”的新篇章。

学校开展讨论，不断提炼，确立了“求真、求实、求新”的校风（后由著名数学家苏步青在1996年为学校题写），“严、实、活、乐、新”的教风，以及“勤奋、踏实、好学、向上”的学风。师生共同设计的校旗在校园迎风飘扬，校歌在校园内时刻传唱。

学校开始实施以减轻学生过重课业负担、提高教学效益、培养学生全面素质为目标的综合教改探索。经过实践后，学校建立了必要的素质教育评价体系，并在素质教育的核心问题——课程建设上进行了大力改革,确立了必修课和活动课在学校教育工作中的重要地位,同时积极把艺术教育、科技活动、体育活动以及健康教育列入课改实践,逐步形成了三中心小学“德、智、体、美、劳”五育并举、协调一致的教育内容新格局。学生艺术团的铜管乐队、舞蹈队,体育俱乐部的围棋队、排球队,科技小发明俱乐部以及红领巾俱乐部纷纷成立并蓬勃发展,使学校呈现出生动、活泼的新气象。

1995年三中心与市学生艺术团舞蹈团合作办成上海市第一个以学校为基地的学生艺术团,在特级教师胡蕴琪的指导下,着力建设以舞蹈为主要项目的艺术教育特色。学校大胆开创艺术教育新的办学模式,培养“全面+特长”的学生,在课堂基础训练中创出特色,在舞台实践中创建名牌。历经多年,学校艺术教育立足上海、辐射全国、走向世界,舞蹈团成为优秀艺术团队,创编优秀舞蹈作品260多个,获全国、上海市金奖90多个,培养的学生中谭元元、于航、傅姝等蜚声海内外。

2000年学校在上海大剧院隆重举行八十年校庆,著名文化学者、散文家余秋雨为学校题词“春风桃李八十载”,国家教育部副总督学郭振有题词“示素质教育之范”庆贺。新老校友济济一堂,畅叙心曲,同庆辉煌,共谋发展。

课改深入推进与名师辈出

新世纪伊始,随着课程改革走向纵深,呼唤教育的转型发展,学校又在酝酿新的变革。

2007年2月,学校进行每日作息时间的改革,率先在全市实行“推迟半小时上学”试点,将每天的上学时间由原先的7:50推迟到8:20,这一举动在上海尚属首次。与此同时,学校构建了“天天有活动(上午7:30、下午3:30),周周有演赛(艺术周周演、体育周周赛),月月都有节(一年七个主题活动节)”的拓展课程,把舞蹈、管乐、合唱、排球、围棋、游泳、精武操、青花瓷、机器人、德育行走等引入课堂,进一步丰富学生的学习,发展学校的个性。经过一年实践,改革得到社会认可,校长盛裴在上海市教育工作会议上进行了介绍,之后市教委将学校经验在全市予以推广。

2010 年,在学校艺术教育蓬勃发展的态势下,三中心参与了国家教育部推进的“儿童歌舞剧进校园”试点工作。2011 年教育部在全国推广的“第一套全国中小学校园集体舞”的 7 支舞蹈中,小学组的“好朋友”“阳光校园”就是由三中心师生共同创编的。2012 年 10 月学校接受了国家教育部体卫艺司王登峰、万丽君等领导视察。

图 5 师生创编的校园集体舞,作为全国集体舞示范

2013 年,学校在课程改革上继续迈出一大步,教师带着自己的优质课在全年级内“跑班教学”,让全体学生共享教育公平,这一改革得到了学生和家长的好评。同年 3 月,国家教育部均衡化督导组来学校督查义务教育均衡发展工作,对学校工作予以认可。

2014 年学校开展市级德育课题研究,在实践中创新教育载体,将精武武术引进校园,对学生进行中华民族优秀传统文化教育,在增强学生体质、提升学生品质的同时,实践社会主义核心价值观教育。2016 起学校开发了德育新课程——“行走上海”,带领学生每月走出校园开展社会实践。从探访“苏州河的前世今生”,了解“电视台的幕前幕后”,行走军营“致敬国旗”,到揭秘“铅笔梦工厂”,体验“小神农的草药课”,学做“理财小当家”……作为少先队“自动化”的发源地,学校在组织队员进行“行走”系列活动的过程中,充分展现了“自动化”特色,为“行走”增添生命活力。

2007年起学校首批参与上海市郊区农村义务教育委托管理工作,到2013年,连续三轮托管工作取得了显著成效,在不断“输血到造血”的过程中,被托管的两所农村薄弱小学均在办学上取得了突破,学校两次在全市教育工作会议上进行经验交流。

时光匆匆流逝,近20年来,在以特级教师毛蓓蕾、顾家漳、吴惠娟等为代表的老教师指导下,学校通过“师徒结对”方式进行“传、帮、带”,促进三中心的青年教师迅速成长。王莉韵在毛蓓蕾指导下,长期开展小学品德与社会体验式教学研究,研究成果获得全国奖项,王老师于2009年被评为特级教师。李莉则在班主任的岗位上,从“良好素养养成、温馨集体建设、高效指导家庭教育”等方面探索开展德育工作的经验,于2004年被评为全国先进工作者。2009年12月,市教委德育处命名李莉为上海市首批班主任带头人,成立了班主任工作室,李老师和同伴们行走在提升专业化发展的道路上,积极探索着班主任工作新智慧。

回眸过去,向往未来,虹口区第三中心小学正在不断续写过往的成绩,为上海的教育史册添写辉煌的一页。

上海市辛灵中学

“一个都不放弃，人人都能成功”

岁月留痕

图1　学校校门(2008年)

“以教师辛勤之付出，激发学生灵气之迸发”，上海市辛灵中学秉承“一个都不放弃，人人都能成功”的办学理念，倡导“诚信、友善、明理、自律”的育人目标，在保持转化学生和中考合格率两项高位稳定的基础上，聚焦学校转型，不断丰富教育内涵发展，被上海电视台、东方电视台、中央电视台和《解放日报》《文汇报》《上海教育》《法制报》《青年报》《新民晚报》《中学生知识报》《劳动报》《中学教育》《支部生活》等报刊先后多次宣传报道。谢小双校长被评为全国教书育人楷模。学校吸引了在上海召开的“青少年轻微犯罪国际研讨会”国内外代表专门来校参观考察，来自美国、英国、法国、日本、瑞典、荷兰、意大利等国的专家、学者、教育工作者和国际友人等组成十多个代表团在学校对话座谈，对学校的办学思想、办学模式、办学经验和办学成果给予充分肯定和赞扬。学校拥有全国德育先进工作者、全国教书育人楷模和多名上海市教育战线先进工作者。学校还连续多年被评为杨浦区文明单位、上海市青少年保护工作先进学校、上海市安全文明单位、上海市依法治校标准校、全国工读先进学校等。

校史回眸

上海市辛灵中学(杨浦区工读学校)是一所以托管教育为主要形式的寄宿制专门学校,以初中阶段沾有不良行为的学生为主体教育对象。学校创建于1961年初,当时为杨浦区工读学校(在“文革”中停办,改为地区“劳动集训班”)。

党的十一届三中全会以后,根据当时教育的需要,经上级批准,于1978年底在海州路268号复办了杨浦区第一工读学校,于1979年又在爱国路106号创建了杨浦区第二工读学校。1984年4月,杨浦区第一工读学校、第二工读学校合并为上海市杨浦区工读学校。学校在解放思想、实事求是、改革创新思想指导下,根据当时青少年学生违法和轻微犯罪现状的现实需要,对学校的管理体制和办学模式进行了初步的改革探索。于1994年在海州路268号校址上创建了以招收寄宿制托管生为主的上海市辛灵中学,在爱国路106号校址上创建了以招收男女工读生为主的“工读生教育部”,形成了“一套班子,两所校址,两块牌子”即“一校二部”的办学格局,形成了有效而符合现时需要的预防控制和教育矫治双重教育功能的办学模式。学校采用柔性的准军事化管理模式,着力为学生打造美丽的校园环境、良好的育人氛围、洁净的生活空间,努力将学校办成学生喜欢、家长满意、社会放心的“家门口的好学校”。

图2　校园环境(2008年)

在整个办学过程中,学校多年来一直受到各级领导的关心和指导:国家教委何东昌主任,中央教科所卓青君所长先后率团来校视察并题词;共青团第一书记韩英和团市委汪明章书记专程来校看望校"为民服务队"师生,并一起进行环卫劳动;国家教委汪明达副主任率领省市教育厅局长来校视察并题词;上海市人大常委会胡正昌副主任、谈家祯副主任,上海市人民政府谢丽娟副市长来校看望师生并指导学校工作;上海市人民检察院吴光裕检察长和杨浦区领导多次来校指导。

图 3 学校教学楼

历史撷英

创新求变,主动作为,更新办学理念

20 世纪 80 年代初的杨浦区工读学校,不仅校园面积小,而且校舍条件差;不仅教育经费困难,而且教育教学设备差;不仅教师年龄老化,而且教师结构复杂;不仅在校学生多,而且教育矫治难度大,学校各项工作艰巨而繁重。要全面提高教育教学管理质量,全面提高办学水平,加强校党政领导班子建设尤为关键。从 1980 年

下半年开始,学校加强校党政领导班子建设,牢固树立服务的思想:一是要怀着真心真情为学生服务,在服务中对工读学生进行教育、矫治和转化工作。二要怀着真心真情为教工服务,在服务中团结带领全校教工勤奋工作。三是要怀着真心真情为学生家长服务,在服务中与家长形成教育合力,同心协力对学生进行教育。四是要怀着真心真情为各普通中小学服务,在向普通学校学习中,形成校校融合的教育合力,开展对接性教育,在服务中形成多方位、同向性的教育格局。根据杨浦工读学校校情和工读学校教育的特殊性,学校坚持和切实发扬"六种办学"精神:一是坚持事业第一,工作第一,他人第一,育人第一,团结协作,爱岗敬业,不计个人得失的奉献精神;二是坚持面向全体,真情爱生、教书育人、为人师表、一身正气,言传身教、知难而进、诲人不倦,决不放弃任何一个困难学生的师德精神;三是坚持真挚的爱心感化人,坚定的信心矫治人,不移的决心转化人,高度的耐心塑造人,持久的恒心熏陶人,深入的细心巧育人,践行顽强育人的坚毅精神;四是坚持严字当头、爱在其中、分析心理、掌握规律、内化于心、外化于行、循序渐进的科学育人精神;五是坚持校舍困难、动手自建,设备缺少、动手自制,经费困难、办厂改善,践行勤俭办校的艰苦创业精神;六是坚持解放思想、实事求是、调查研究、分析现状、结合校情、拟订方案、逐步实施的开拓创新精神。

随着时代的变迁,工读学校的社会角色也在逐步改变,新世纪的杨浦区工读学校逐步褪去了过去的形象与性质,学校更多地以"上海市辛灵中学"的名称出现,其办学理念从"更正与教化未成年人"过渡到"保护未成年人和保护社会"。2008年,谢小双校长引导全体教师转变认识,把学校办学理念明确为"不放弃每一名来到辛灵的学生,对他们进行'精雕细刻',争取人人能够成功"。

李学忠同志从教35年,自1980年到杨浦区工读学校当校长,至2000年退休,曾三次被评为上海市劳动模范,获全国德育先进工作者、全国优秀教师、上海市优秀党员、杨浦区教育系统"十佳"好校长等称号。

他一贯坚持党的教育方针,忠诚党的教育事业,锐意进取,勇于实践,对20世纪80年代工读学校"三叉(差)戟"(校舍差、生源差、师资差)的现状进行大刀阔斧的整顿,从整顿校容校貌、优化育人环境,到实行"开放式"教育,将学生带出校门,走向社会，再到创立周末和寒暑假放假制度，进一步强化了对学生自尊、自重、自律的教育。在他的用心和努力下，工读教育事业开启了新局面。

平日里的李学忠时刻牢记党的宗旨，严于律己，廉洁奉公。他常说："为自己少索取，对社会多奉献。"他一身正气，两袖清风，求真务实，为群众排忧解难，把党的温暖送到群众的心坎上。他恪守教师职业准则，爱校如家，爱生如子，任劳任怨，点燃了学生心灵的希望之火。他甘愿献出自己毕生的心力，把爱奉献于特殊教育事业，在他身上折射出一个优秀党员干部的光辉形象。

在历任校长和全体教师的共同努力下，学校得以长足良性发展。学校始终坚持"坚定一个信念，关注两个主题，发扬三种精神，转变四个观念，倡导五同作风"，将心比心、以心交心、以心育心，以情感人、以情动人、以情育人，带领学生参与营造温馨的校园文化，以无声的教育创建育人氛围，让学生在耳濡目染、潜移默化中习得为人处世之道，同时，实实在在地保护未成年学生的健康成长，让学生在辛灵中学体验到从未有过的尊重与信心。

图 4 谢小双向国外教育考察团介绍学校情况

沿袭育人精髓，开拓育人思路

学校始终本着"为了挽救孩子，宁愿自讨苦吃，对任何一个教育转化难度再大、思想反复再多的学生只有坚定信心，决不推卸放弃”的教育思想。从 20 世纪 80 年代中期开始，学校主动接收那些应接受九年义务教育而因罪情重被判刑缓期执行的学生来校学习，既使其不失去接受九年义务教育的权利，又有利于社会稳定。对判缓刑的学生，组建学校领导、班级教师和家长“三结合”帮教小组，进行个性化专门帮教；邀请爷爷和奶奶、外公和外婆、父亲和母亲来校与老师一起，结合孩子成长史，进行联合帮教；请原校政教老师和班主任老师一起来校进行关心式帮教。学校先后对 5 名判缓刑学生的教育挽救、矫治、转化均取得成功，受到上级领导和司法部门的充分肯定和赞扬，受到家长和亲友的深情感激。

工读教育是一项特殊教育事业，在教育中也应体现出慈善因素。学校克服种种困难，于 20 世纪 90 年代初开始，主动接收近似孤儿的特殊男女少年来校接受学习教育。不仅接收当时震动上海新闻界，拐骗 5 岁男孩的年仅 12 岁的徐姑娘来校学习，而后又先后接收了 4 名年仅十一二岁，流浪于社会、近似孤儿的男女少儿来校学习。老师以长辈的深厚感情，给以亲切的关怀和耐心细致的温情教育，取得了教育的成功，受到社会各方的一致好评和赞扬，上海《新民晚报》等报刊作了报导。工读教育既要有利于社会稳定，还要通过法制教育，让学生在自身提高遵纪守法观念的同时，主动配合执法机关，发挥打击违法犯罪和维护社会治安的功能。自 90 年代初以来，学校学生向公安部门提供了二十多条案件线索，协助公安机关破获了十多起经济和刑事案件，逮捕了犯罪分子，受到了公检机关的高度肯定和赞扬。

新世纪的工读学校所面对的学生性质已然完全变了样，谢小双校长上任后，提出育人先育德，这继承了旧工读时代的教育精髓，同时也是学校转轨精品教育的出发点和办学理念核心。辛灵学生在来校之前，由于种种原因都有自由散漫的恶习，因此，学校在每学年初期都会进行为期两周的行规训练，由专业的军人为学生示范，带领学生操练，让学生在规范生活习惯的同时，锻炼自身意志。而在准军事化管理的基础上，学校又增添了柔性的举措，特别设立每天早晨 15 分钟的内务整理活动，并将内务整理、生活自理、文明礼仪、学习习惯、文明用餐、文明休息、课堂规范等编成拓展型校本课程，帮助学生培养自理、自立、自强的生活习惯，增强学生的责任感和自信心。

此外,学校通过鼓励与赏识,让学生克服自卑心理,发掘自尊、寻找自信。学校定期开展各种主题教育活动,如在以“我进步了”为主题的活动中,学生认真剖析自我,在给妈妈(爸爸)的信中,真诚地表达了对过去那些无知行为的忏悔,流露出对亲情的眷恋。学校还经常组织学生到敬老院、孤老家庭为老人服务、打扫卫生,使学生懂得尊老敬老,传承优良传统;组织参与社区活动,让学生逐渐懂得自己身上的那份社会责任感……所有的活动都继承了学校的育人宗旨,帮助学生树立正确的世界观、人生观和价值观,改变、影响每一个学生。

因材施教,从适合学生到让学生喜欢的教学方法

杨浦区工读学校由1978年底复办时期的半工半读到1980年开始恢复全日制上课,以普校的教学大纲、学科教材为依据,开全了文化课程,积极开展教师的教学探索和学生学习兴趣的培养工作,努力提高教学效果。

组建教学班级,进行复式教学。由于学校实施个别招生,在同一个年级学生人数少、无法形成独立教学班时,先进行混合编班管理,上课时进行复式教学,确保各年级学生均能按时学到本年级应学的文化课知识。

组织各科教师,探索有效教学工作。一是在向教师发放本校汇编的《杨浦工读教学基本要求》和《关于激发学生学习动力几个途径》等书面材料的同时,组织教师重点分析研究厌学心理的表征,明确厌学的主要心理原因,形成对厌学心理的矫治等,并结合各自教学实践相互学习。二是根据五个教学环节,夯实教学基础。教师针对学生的学习心理、学习基础、学习方法、掌握文化课知识点的情况和个性差异,有的放矢、有针对性地备课。上课时根据学习困难学生的基础知识、求知欲望、个性特点、学科内容、知识点的教学要求等设计讲课方法。对作业细批,面批作业是提高学生学习成绩的好方法。对学生的知识进行差异性个别辅导,是因材施教、调动学生学习积极性、提高学习效果的有效途径。采取科学的考试方法,使考试成绩成为激励学生、使学生获取成功的体验、调动学生积极性的有效过程。三是推行

“层次教学、分类指导”教学实践课程。在课堂教学实践中，实施教学目标的层次性、课堂教学的层次性、补缺辅导的层次性、作业练习的层次性、考试成绩的层次性和成功激励的层次性。在实施过程中，努力实践“备课分层设计，讲课分层进行，练习分层指导，考试分层要求，自比分层激励”的五步分层教学工作，使不同层次学生各有所得、学有进步，取得提高各层次学生综合素养的教学效果。

加强学生学习兴趣培养，努力提高学生学习效果。根据学生实际，学校主要从学习奖励和有效学习方法辅导两个方面，培养学生学习兴趣，激发学生学习动力。一是树立榜样性学习教育。学校邀请通过刻苦努力学习科学文化知识，离校后在工作岗位取得明显成绩的校友，回校向师生作学习动力、学习方法、学习经验的汇报交流。二是建立学生学习层次性奖励制度。根据每学期各科学习总成绩，按一、二、三等奖给学生以奖励；设立“学习成绩进步奖”，根据每个学生学习成绩提高的幅度，按一、二、三等奖给予奖励；对练习作业的质量给予奖励，有利于提高学生作业练习的质量；按班级和学校两个层面，召开学生学习经验和有效学习方法交流会，让学生相互学习、共同提高。三是开展有效学习方法指导活动。针对学生学习实际，先后向学生印发《学生听课的八项注意》《学生十二种有害学习心理》《常用六种复习方法》《学习记忆十二诀》和《掌握课堂学习方法，提高课堂听课效果》等有关学习方法的材料，教师进行讲解指导，让学生掌握科学学习方法，帮助学生提高学习效果。在各科教师长期艰辛探索努力下，学校教学成绩逐步取得显著提高。

新世纪的工读学校依然采取柔性的准军事化管理，减少未成年学生在社会上制造事端的机会，阻断他们的不良社会交往；在教育教学板块上尝试将《弟子规》等中华优秀传统文化中适合当今学生的精髓编入校本德育教材；将基础教育教材根据学生的接受程度进行校本化处理，形成系列校本教材，让那些在普通学校不适应学校生活、厌学逃学的学生，在辛灵就读之后发生可喜变化，提高了学生的综合素质，带动了学科成绩的提升。

由于学校主要面对的学生逐渐变成了成长困难学生，因此，学校始终以“为了每一个学生的终身发展”为核心理念，坚持以成长困难学生特点为出发点，坚持

“一个都不放弃”的育人理念，在教学实践中，通过教研组、备课组的研讨活动，以及同伴合作互动、专家专业引领等途径加快专业发展步伐；开展课程改革，逐步提高国家课程校本化实施的能力。针对学生的特殊情况，教师加强对基础学科教学的研究，探索适合学生学习发展的模式，以心育人，形成基础学科教学校本化研讨氛围，以“五对一”的形式开展教学。学校自2008年以来，学生中考合格率保持高位稳定。

2008年，学校根据学生的特殊情况，提出加强学科内部纵向管理和学科之间整合的横向管理，建立定期教学质量测评制度。以“辛灵中学有效教学96字标准”和“辛灵中学有效学习96字标准”为依据，狠抓教学常规，注重课后辅导。同时建立以学科大组管理为线索有机结合的管理体系，形成管理特色。2014年，学校研究探索出适合学校教育教学实际的教学“六环节”，即上课、备课、作业、辅导、评价、团队创作。加大教学“六环节”改进的力度，特别是规范备课和作业，并把分项考核纳入教师的绩效考核中。同时，更科学地针对学校学生的特征进行教学质量分析，关注初一、初二年级，初一、初二、初三年级每次考试后均进行质量分析；鼓励年级组创新质量分析的方法，重数据、重学情，少讲困难讲策略，面对现实，面对每一个孩子的不同分析、不同教学；通过有效的分析，做到对症下药，使每个孩子都有不同程度的提高。

学校根据实际班级人数的特点，在部分学科和中青年教师中进行“小班分组合作学习”教学试点。教导处结合“小班分组合作学习模式的初探”主题，研究课堂有效教学的方法，提出对特殊学生课堂教育教学“10分钟现象”的教学反思。2013年以来，随着“谢小双校长先进事迹报告会”在全市范围宣讲，学校团队将针对“10分钟现象”的课堂教育新方式与成果向全市教育工作者作了展示与汇报，对学生课堂教育的方式方法提出了新思路。

2015年，学校进一步提升校长的课程领导力和全体教师的课程执行力。教导处根据校情和学情，打造针对学校学生特点的“创智课堂”，并开展了“创智课堂”系列活动，引导教师聚焦课堂，提升课堂有效性，向40分钟要质量。

此外，学校以学生为本，以校本课程开发为抓手，总结历年来成长困难学生教育教学经验，初步探索了具有学校特点的素质教育措施，创建适合学生特点的素质教育实践模式，开创学生动手实践坊，开展剪纸刻花、动漫绘画、人工智能机器人、航模、围棋、趣味烘焙、竹笛、花样跳绳等拓展课程，激发学生的创造力，增强学生的综合素养，带动学科教学质量的提升，形成浓郁的学习氛围，取得较好的教育效果。此外，学校力求将校园文化作为隐性课程，以无声的育人氛围、育人环境加强对成长困难学生的有效教育，为创建知识杨浦、为杨浦基础教育的均衡发展做出贡献。

注重校外教育，预控防范于未然

工读学校除了具有普通学校的基本教育功能外，还应主动走出校门，切实参与社区教育，承担对有不良行为的青少年进行早期预控、矫治转化、权义保护、家教服务等多种功能。为此，学校在师资紧缺的情况下，采取专职和兼职相结合的办法，落实参与社区教育的力量，多渠道、多方式、多方法、多方位、多内容参与社区教育和综合治理。

送教上门参与普通中小学的教育。自 1981 年开始，学校对普通中小学生，通过班会课、校会课等渠道，进行法制教育、思想品德教育、社会公德与传统美德教育、有效学习方法辅导等专题教育。参与学校家长会或家长学校，向家长作“适用科学家教方法、提高家庭教育效果”等专题讲座，进一步提高家长对子女教育的实效性。利用普通中小学教工政治学习时间，向教工作“加强师德建设，提高育人功能”“成长困难学生心理分析与教育转化对策”和“厌学心理分析与有效教学方法”等专题交流汇报，促进相互学习。深入普通中小学校，在学校统一安排下，和成长困难学生进行结对帮教，通过家庭访问上门帮教。主动协助学校政教部门处理、解决各种偶发事件，深受学校和家长的欢迎。

充分利用学校食宿、生活设施条件，举办夏令营活动。利用学校的生活设施和教育设施的有利条件，学校和团区委、青保办联合举办夏令营活动。根据青少年的身心特点，针对青少年的思想实际，通过专题讲课、对话座谈、现身说法、参观访问和文体活动等形式进行教育。活动很受青少年的欢迎,并取得了明显的教育效果。

加强离校学生的跟踪教育,进一步巩固教育成果。学校从 20 世纪 80 年代初,就以校外专职教师为主,兼职教师协助,开展形式多样的跟踪教育。一是根据离校学生的去向,组建“校外跟踪教育网络”,开展全覆盖式的教育。二是对需要重点关心帮教的学生,建立由教师、家长和学生组成的“校外结对关心小组”,进行联合式的关心教育。三是根据实际需要,由原班主任教师邀请离校学生回校举行返校座谈见面活动,面对面进行鼓励性教育。四是通过电话和书信等形式进行关心教育。五是奖励性教育。对离校学生,如在某些方面做出先进事迹,由学校邀请该学生和家长回校,学校召开全校师生员工大会,进行表彰奖励,既使学生和家长受到鼓励,又为在校同学作了榜样教育,取得了显著的巩固性教育效果。

为进一步拓展教育功能,2008 年在辛灵中学成立了“杨浦区青少年教育指导中心”,开展对成长困难学生的有效教育,促进青少年健康成长。

与此同时,学校将心理课程纳入日常课表,每周定期为班级学生开展团体辅导。心理教师更是开放中午时间满足学生的个人心理辅导需求,倾听学生心声,有针对性地帮助学生解决困扰。学校购置先进的现代心理测试仪器、身心反馈系统等设备,并设立心理咨询室、箱庭(沙盘)制作室、团体活动室、激情宣泄室、情绪放松室,这一切都展现了学校对学生心理健康辅导的重视。学校还特地在焕然一新的指导中心布置了普法宣传专栏,让学生在课余也能接受法制宣传教育。

在全体工作人员和社会各方的共同努力下,杨浦区青少年教育指导中心根据教育案例编印出《问题学生教育方法》作为参考材料,邮发给有关学校和社区,并且以口头或者书面等不同形式,对校外预控生进行有目的、有针对性的帮教;依据对校外预控生的掌握情况,对刑教人员未成年子女的教育情况作了排摸,提出了“关于重视做好服刑劳教人员未成年子女教育关爱工作的建议”;考虑到成长困难学生成长环境的影响问题,学校与上海市心理咨询行业协会联手,合作开展杨浦区青少年心理关护项目活动,把心理关护的实质渗透进家庭,促进学生的健康成长。

杨浦区青少年教育指导中心在辛灵中学揭牌至今，和上海市心理行业协会、杨浦区检察院未成年人检察科等单位合作，在杨浦区青少年教育指导中心下设立了“杨浦区未成年人社会观护基地”“杨浦区‘青苹果课堂’禁毒教育基地”“上海市心理援助基地”，使“中心”形成了具有特色的“一个中心、三个基地、四个站、一个分中心”，定期为学生开设法制教育讲座，开展禁毒教育活动，实施“心理援助计划”，使杨浦区青少年教育指导中心的工作更为充实，让学生在各种游戏中体验成功、体验收获。

上海市杨浦区控江二村小学

少年科学院小院士的摇篮

岁月留痕

六十年历程而知天命，六十年辉煌犹可歌泣。早在20世纪50年代初，首任校长金三伟和书记时令风带领第一师范、幼儿师范、苏州师范应届生和本地招聘的教师，白手起家，筹备创建了控江二村小学，它成为杨浦区两万户工人新村地区的中心小学。

图1　20世纪50年代的校舍

图2　鸟瞰校园

对于控二，有很多种说法：它有蓝色的纯朴、绿色的清洁、粉色的梦想，甚至有橙色的亮丽。多色调是一种文化上的宽容，是一种平和心态的表现，它唯有在秩序稳定、人心安定时才会显露。控二是平和的，控二是平淡的。平淡中求实，踏实中求新，这是控二人“团结、严谨、进取、创新”校风的最好诠释。

从2000年以来，学校每年有少年科学院小院士诞生，出现“院士摇篮”和“科普鳌头”两个现象。学校成为上海市至今唯一一所有12位中国或上海少年科学院小院士诞生的学校。学校多次蝉联上海市科技教育特色示范校，是中国少年科学院科普教育基地。

校史回眸

教育发展，教师为本；教师素质，师德为本；师德核心，学生为本。六十年的办学历程，学校党支部始终抓住了教师职业道德建设。控二的首任校长回忆：建校初期，学校就提出了为工人阶级服务，为工人阶级子弟服务，曾经还写了《如何对待学生拖鼻涕》的经验思考文章，要求教师爱学生。20 世纪八九十年代，几任领导都提倡“热爱学生，尊敬家长，严谨治学”，把落实全国教育工作会议精神浓缩在这十二个字上。21 世纪，控二小学正在书写教育的新篇章，继任校长认为：为学生服务、为家长着想、为学校争光是控二办学的宗旨，师生关系是学校的本质面貌。这一理念被写入学校新三年的发展规划，一任一任领导，一棒一棒接力，围绕的就是一个永恒的话题——为学生服务。“学会做人、学会求知、学会创造”是控二立校之本，也是教师的立身之本。

控二曾经出了很多名人。周中樑是学校科技特色教育的领头羊。还有学校的老校长、全国模范教师杨文瑛，上海市劳动模范王慎，他们爱校如家，控二的一草一木、一砖一石，都倾注了他们的心血。

控二也出了不少新秀。有这么一位教师，她参加工作不久，就投入了“一期课改”，从一年级的新生带到了五年级毕业，“五年一贯”，实践着她的志向。她带的学生好学多问、性格开朗，有时还会抖些小机灵。一个孩子毕业时，含着热泪说：“要离别了，真有点舍不得，祝您永远年轻快乐！如果时光能倒流，让我重新回到小学时代，亲爱的顾老师，我多想再次聆听您的教诲。感谢您，顾老师！”她就是杨浦区“我最喜爱的教师”金奖获得者顾昕老师。

沈沁教师，一米七二的个子，每次与学生交流，她都弯下了身子，学生从不知她发火是啥样。她曾被誉为“开课专业户”，现在又成了新教材的“领头羊”。她勇于尝试,最高纪录是一学期中向市、区作3次公开教学。一次,她的“心灵体操课”公开教学,听课专家和学者无不为之动情,泪流满面。她是共产党员,市中青年教师语文教学竞赛一等奖,市优秀辅导员,区第二届师德标兵提名奖获得者,区三八红旗手,区园丁奖,区优秀班主任,但获得这么多奖的她从不张扬。

还有上海市十佳班主任获得者王律言老师,上海市优秀教育工作者李宝凤老师,以及一大批在市、区教学评比获奖的老师,这些都源于学校几代校长师德建设的人文化管理。师德无小事,事事有教育,教师无小节,处处皆楷模。

历史撷英

给孩子一片天空

黄熠老师从事大队辅导员工作的十几年中,每一次成功都带给她喜悦,每一次失败都带给她收获;每一次学习都令她心智成熟,每一次历练都促进她人格完善。这些都令她深深感悟到:辅导员的工作给了她更广阔的发展空间,辅导员工作虽然不像教学工作那样立竿见影,但是它能影响孩子的健康成长,乃至其一生的发展。

她让孩子自己寻找岗位、设计活动、开展活动。虽然孩子们想法还不全面,操作也存在这样或那样的问题,但她始终给孩子们更大的空间、更多的信任、更好的鼓励、更巧妙的帮助。在放手让孩子们做队组织的主人后,惊喜不断地发生着……“我们男孩为什么比赛机会那么少,我们男孩为什么不能有自己节日?”“你想成为小小大力神吗?你想成为小小诸葛亮吗?你想成为小小运动家吗?你想成为小小电脑家吗?快来参加我们的SUPER BOY大比拼吧!”男孩聚在一起设计自己的节日。在孩子们设计的海报中有这样一句话让她特别感动:“请班主任老师公开、公平、公正地选出班级最优秀的选手,给我们每个男孩子一个参与自己节日的机会。”男孩自己动手设计海报,聘请男教师当评委,自己布置赛场,自己参加比赛……黄老师看到男孩们变得更聪明、更自信、更快乐、更勇敢了,有一种发现自己、珍惜自己、自己做自己主人的勇气。

学校成立“创造活动俱乐部”，现在有组员30多人，每周集中活动2课时。这是一个以学生为主体的社团组织，是热爱发明活动的学生的乐园。学校在每班设置一名“创造委员”，负责自己班级的各项创新活动，创造委员佩戴由学生自己设计的标志；每月评选一位学生为“创造之星”，张榜宣传表扬。创造俱乐部开展经常性的科技活动，形成了每学期“四个一”制度，即一次科技教育活动、一次科技讲座、一次观摩（或参观）、一次科研课题研究会。近几年，学校先后组织了“探究生物世界的奥秘”“创造，让校园更美丽！”等主题性科技节活动，学生参与率100%。学校组织学生赴东方绿舟开展科学探索活动，赴野生动物园参加保护野生动物活动等。学校每年都有许多学生在全国、上海市、杨浦区各项青少年科技竞赛活动中获奖。

创造俱乐部是孩子们的创新天地，每月创造委员自己评选出创新活动排行榜，校园方便地图、新型学习袋、值勤好方法等创新创造应运而生。随着各大城市都在提倡成为节能型城市，创造俱乐部的孩子们又在忙着“节能总动员”了，如节约广告纸、节约铅笔、节约橡皮等，她发现孩子们不只关注自己身边，他们的目光看得更远了。

队员们给大队部起了一个可爱的名字——“多哆之家”。第一个“多”是因为“多哆之家”里有许许多多的愿望，有许许多多的梦想，有许许多多的“多哆小精灵”。第二个“哆”是队员们希望大队部能像“哆拉A梦”那样为大家实现各自的梦想。在少代会上队员们进行了“红领巾助你实现心愿”活动，学生们说得最多的就是希望能当一回升旗手。国旗部的大队长们开动脑筋，想出了“圆梦行动”：两个“小手印”可观摩一次升旗仪式，三个“小手印”可做一回护旗手，五个“小手印”可做一天升旗手，十个“小手印”可请班主任优先考虑做升旗手。国旗部的“圆梦行动”正在进行中，其他大队长们也在设计着自己部门的“圆梦行动”，相信会有更多的孩子在“多哆之家”通过努力实现自己的梦想。

控二小学小院士诞生记

李嗣源同学是位二胡爱好者，他发现：许多二胡初学者都是年龄偏低的幼儿，由于手腕力气比较小,理解能力又较弱,所以在初学二胡时往往运弓姿势不正确。于是他想发明一个“二胡手腕矫正器”帮助二胡初学者在练习时及时地纠正不正确的拉弓手势。

“二胡手腕矫正器”外形有点像个大手表,用尼龙搭扣缚紧在练习者手腕上。当初学二胡者戴上矫正器后,手腕向左转动到一定角度时,会点亮一个红色的发光二极管;手腕转动到另一端,就会点亮另一个绿色发光二极管。这样不断地发出不同颜色的光,告诉指导老师初学者拉弓是否正确,也可以提示自己及时纠正拉弓手势。

李嗣源的小发明作品“二胡手腕矫正器”在2009年第24届上海市青少年科技创新大赛中获得一等奖。2009年12月李嗣源同学荣获第七届上海少年科学院小院士称号。2010年6月,李嗣源同学又荣获第四届上海市青少年科技创新市长奖,受到韩正市长的接见。

沈焕超是个热心环保的学生。有一次,学校传达室叔叔向他参加的三模兴趣组要废电池,并说:“你们丢掉的废电池,我可以用来听半导体收音机呢!”原来学生在赛车模型车速慢了后,就把电池丢掉了,而这些电池是可以继续使用的。沈焕超设计、发明了一个“检测废电池剩余电量装置”,把它放在废电池收集盒旁,大家在丢废电池前可以先检测一下电量,把还能利用的电池挑出来,让这些“假冒”废电池继续发挥作用。

沈焕超同学对小发明活动深有体会:“通过从第一代到第二代检测废电池剩余电量装置的研制活动,我最大的体会是发明没有止境!应该不断听取建议、实践检验,才能使小发明作品更加科学和实用。我现在制作的这个检测装置肯定还不完善,随着我的成长,我会设计、制作出更好的废电池检测装置。”

在2010年第25届上海市青少年科技创新大赛中,“检测废电池剩余电量装置”获二等奖,2011年8月获第七届中国青少年科技创新奖。2010年11月,沈涣超被评为中国少年科学院小院士。

倪诗旸同学发现:现在“有车一族”越来越多。但人们往往会把轿车的后备厢塞得满满的,后备厢成了储藏箱。这样增加了车辆的重量,行驶时多损耗了汽油,不利于节能环保。

她想设计一个小轿车后备厢超重提示器,当汽车后备厢内载重量达到一定值时,提示器会发出语音提示和灯光闪烁,提醒车主及时清理后备厢中不常用的物品。

有了设想,还需要进一步实践。她开始动手制作模型,在一辆玩具小汽车后备厢里制作了一个超重提示器:后备厢底面有一大块平板,平板下有自制的计重器,当模拟后备厢里放置的东西超过设定的重量时,车旁的提示器就会灯光闪烁,同时发出语音提示声。

小汽车后备厢载重多少算超重呢?她通过调查得知:后备厢除了放置千斤顶、灭火器、警示标志等必备物品外,载重量一般在30 kg以内较好,超过30 kg为超重。

2011年11月,倪诗旸同学参加中国少年科学院“小院士”课题研究成果展示交流活动,当选为中国少年科学院小院士。

李怡佳同学的小发明是“带日期指示的塑料袋密封器”。食物暴露在空气中容易发生霉变,为预防食物霉变,可以将食物储存在密封的容器里。怎样做个简便实用的储存容器呢?

李怡佳同学设想用塑料瓶自制一个“食品袋密封器”。密封器上面还应该有旋转的日期指示环,储存食品时调节日期指示环。这样再取出时,食物于何日储存一目了然。

李怡佳同学开始了动手制作。她先找了一个废塑料瓶,剪掉塑料瓶身,留下瓶口和瓶盖。再从塑料瓶上剪下一根塑料条,弯成圆环,制作成日期指示环,套入瓶口。然后找一根空心塑料管,侧面用剪刀剖开一条缝,把空心塑料管包在瓶口四周,用胶水粘住,制成圆口环。最后用电脑打印月份和日期纸环,剪下并粘上。一个“带日期指示的塑料袋密封器”制作完成了。

2013年11月,李怡佳同学被上海市少工委和上海少年科学院评为上海少年科学院小院士。

烛光里的辉煌　平凡中的震撼——记控江二村小学特级教师周中樑

说起周中樑，所有认识他或听闻过他的人都会不由自主地竖起大拇指，那无数奖状更像是一块块丰碑，记录着一段段感人的事迹。面对全国模范教师、全国青少年优秀科技辅导员；上海市劳动模范、上海市优秀教育工作者、上海市园丁奖；杨浦区教育系统师德标兵，杨浦区第四、第五批专业技术拔尖人才等接踵而至的荣誉，周中樑只是淡淡地一笑："我只是一名平凡的人民教师罢了。"

在控江二村小学工作的40年里，周中樑长期从事学校的科技教育工作，指导学生开展航海模型、创造发明、生物环保、头脑奥林匹克、机器人制作、三模等项目科技活动。多年的辛勤工作，为他在市、区科技教育界赢得了极高的声誉，每当他的学生在各类科技竞赛中取得优异成绩时，每当发现并培养了科技好苗子时，他总是无比兴奋，他认为"这就是作为教师的骄傲"。

图3　周中樑指导学生开展科技活动

他的学生王博闻提出想开展环保课题研究——监测冬天教室里空气是否清新，周中樑积极支持并鼓励他，并不辞辛劳地陪他奔走调研，一份一份地记录，一点一点地计算。在周老师的指导下，王博闻所撰写的论文《一种监测教室里空气是否清新的实验装置》获得了上海市青少年科技创新大赛一等奖。2013年11月，王博闻同学被上海市少工委和上海少年科学院评为上海少年科学院小院士。此时，周中櫟欣慰地笑了。

刘奕麟是一个聪明的孩子，从小喜欢拆、装东西，因为这没少挨父母的责备。但周中櫟却从他身上看到了一种难能可贵的质疑精神和创造力，于是鼓励他进行科学研究。刘奕麟爱活动，尤其爱上体育课，可每次激烈运动后，就满头大汗，内衣湿透，因此经常感冒。于是他想：如果有一件会吸汗水的内衣，在上体育课时穿上，能随时把汗水吸干，那该多好啊！周中櫟积极地帮助他寻找资料、开拓思路、寻找突破口，每天放学后，在周老师那小小的办公室里总能听到两个讨论的声音，总能看到在灯光下两个忙碌的身影。当小发明终于完成时，周中櫟又一次欣慰地笑了。2012 年 11 月，刘奕麟同学带着他的发明作品“防感冒的小背心”参加中国少年科学院“小院士”课题研究活动，获得一等奖，他也被评为中国少年科学院小院士。

周中櫟总结多年的教学经验，提出了在学校创设有传统特色的“小小造船师”拓展型课程的建议。建议得到了积极采纳，从而使素质教育的精神真正落到了实处。学生通过学习丰富了科学知识，更在学习中感受了快乐，提高了创新精神和实践能力。2012 年 12 月，周中櫟创设的“小小造船师”课程在第一届“真爱梦想杯”全国校本课程设计大赛中获得一等奖。

周中櫟经常说，要培养学生的创造力，教师首先要有创造力，而教师的创造力来源于自己平时的刻苦钻研和勇于实践。于是，他阅读了不少关于创造教育的书籍，积极开展创造教育的研究，在学校的科技楼里总能看到他在那里默默学习。他还被评为上海市振兴中华读书活动先进个人。他注意学习和实践相结合，经常把研究的数据和经验整理成一篇篇有价值的教育论文。2012 年 12 月，他撰写的论文《给学生插上创造的翅膀》发表在《现代教育》杂志上。他撰写的多篇论文在上海市青少年科普教育论文评比中获奖。他先后在《动手做》《上海青少年科技报》《小学科技》等青少年报刊上发表科技制作、科学实验文章 100 余篇。这一篇篇文章，诉说了一名工作了 40 年的老教师与时俱进地不断思考与探索，并勇于超越自己的心路历程。

周中櫟作为控二小学的一位先进人物，当之无愧地成为学校青年教师学习的榜样。名师出高徒，周中樑带教的几名青年教师在市、区教学评比和科技竞赛中屡次获奖。看到了如此优秀的接班人，周中樑再一次欣慰地笑了。

自信，令男孩更出色

班主任是孩子们的人生导师。在控二小学，说到班主任，大家都会想到学校德研组的领头人、全国优秀教师、上海市十佳班主任标兵王律言老师。王律言有着严谨的工作作风、踏实的工作态度和火一样的工作热情。“让每个孩子自信、快乐地成长”是她努力的目标。每一次带起始年级，班里男生的表现总会牵动王律言的心。实际生活中，男孩更需要老师的关注与指导。在不断地实践反思中，王律言逐步摸索出了培养男孩的新方法：激发自信，用期待激励男孩出色成长！

对待班里的男孩子，王律言会多一分耐心。刚入校的一年级小朋友对小学的生活比较陌生，太多事情要学着自己去做，而最先接触的就是“整理”。孩子要自己整理课桌、整理生活柜、整理午餐用具、整理书包，学习整理能够训练孩子做事有条理，也是培养良好学习习惯的基础。班里男孩小彭是外公外婆的心头肉，样样事情大人包办，自理能力有多弱可想而知。每天午餐后，他的桌上和地下一片狼藉。一般遇到这样的情况，有的老师会直接自己动手帮孩子清理，免得他越弄越糟；有的老师会请旁边能干的女孩子帮忙清理。王律言的耐心指导是将一些整理的步骤和要求编成朗朗上口的顺口溜，每天陪着小彭一边念一边慢慢整理。没有一声催促，没有一声批评，有的是：“今天比昨天好！”“啊！这个办法用得好！”“相信明天会更熟练！”……王律言不断启发小彭自己总结整理的好方法，指导他总结整理过程中需要改进的地方。在王律言的耐心指导下，小彭通过努力获得了“整理奖章”。

培养孩子的责任心需要有实实在在的载体。在王律言的班级里，孩子们都有为大家服务的小岗位，做好岗位工作有机会获得新的岗位，因此班里的孩子少则有一个岗位，多则有三四个。小小一间教室，哪来那么多工作岗位？只要有心就能引导孩子找到。班里男孩小立，调皮好动，在一般老师看来，他连管住自己都难，更不要说为大家服务了。但王律言不这么认为。小立协调性好，参加了学校体育舞蹈兴趣班;他还爱动脑筋,对电脑操作很感兴趣。于是,在王律言的启发下,放健身操视频并带领全班跳操就是小立的工作。小立对这项工作可积极了,每天认真完成。有小朋友跳得动作不到位,小立还认真地教他们。那认真负责的模样让老师打心眼里喜欢。学广播操对一年级新生来说是一件困难事,尤其是对协调性不太好的男生,要记住动作、方向并做熟练,实在是一项艰巨的任务。认真的小立学会主动找活了,由负责课间操扩展到广播操,在课间和体锻课上指导小朋友一遍遍做,成了老师的好帮手。

男孩精力充沛,天性活泼、好动,自控能力较弱。尤其是小学阶段的男孩,对于班级、学校的纪律他们都熟悉,也很渴望得到老师、家长的认可和赞扬,但有时就是管不住自己,犯这样或那样的错误,行规考核每次都落后于女孩子。班里男生嘉嘉,调皮捣蛋爱捉弄人,班级行规分、小组评比分,因为他的缘故不知道被扣了多少回。每天被老师提醒、批评,对他而言更是家常便饭。在组建小队时,小朋友一度都不让他参加,生怕他拖累了自己小队的进步。学校运动会即将召开,王律言积极鼓励嘉嘉参加男子50米比赛,并告诉他:“只要尽力就是好样的!”嘉嘉一路过关斩将,杀入决赛。这一天,男子50米决赛牵动了全班小朋友的心,大家屏息注视着嘉嘉,发令枪一响,全班小朋友吹哨的吹哨,挥小旗的挥小旗,铆足劲为他加油!嘉嘉最终获得了铜牌!当他回到班级场地时,全班同学一阵欢呼,就像迎接凯旋的将军那样。嘉嘉被同学们的热情打动了,不由落下了热泪。集体的荣誉需要大家来维护,今天班级的这份荣誉是总是犯错的嘉嘉得来的,嘉嘉百感交集,在增添了自信的同时,对集体荣誉有了更深刻的认识。

在王律言的班里,各类活动、比赛获奖的学生中男孩多;班干部中男女生比例相当;日常活动中围在她身边的也多数是男孩……老师们都说,王老师偏爱男生,每每说到这里,王律言总笑着说:“机会对男生、女生都是公平的,只是我班的男生更看重我的期待罢了!”看似一份简单的期待,就是这样一种目光,激励着男孩子们不断增强自信,健康快乐地成长!

上海市嘉定区第二中学

融合人文的科技教育

岁月留痕

上海市嘉定区第二中学坐落于有着1500年历史文化的南翔古镇，凭藉钟灵毓秀、卧薪尝胆的吴越文化之内涵，秉承“教化嘉定兴庠重教”之民风，凝练了“文化立校，格物修身”的办学理念和“厚道做人，踏实做事”的核心价值取向。

在悠久的办学历史过程中，学校涌现出终身矢志教育的上海市劳动模范、特级教师张昌革；提出“语文导读法”教学理念，在全国产生影响的全国教育系统劳动模范、特级教师钱梦龙；十二年如一日传授公民道德修身课，身体力行地诠释着“立德树人”教育真谛的上海教育年度新闻人物、特级教师、特级校长周凤林。

校史回眸

图1　嘉定二中20世纪五六十年代风貌

1921年，李氏家族李仲斌老先生创办义学，于南翔镇东北李家祠堂内设立李氏小学，免费招收周边穷苦老百姓的孩子读书，是为学校办学的发源。后因抗战等原因，学校于1943年停办。

1949年9月1日，怀少教育院初中部主任张昌革和部分教师在中共南翔市委的支持下，在李氏小学遗址创办南翔义务职业学校。

此后，随着时代发展变迁，学校几经调整，几易其名，历经嬗变发展至今：1964年被命名为上海市第二批市重点中学，1978年成为县重点中学，1987年改称嘉定区重点中学，1988年发展成为单一高级中学，2009年成为嘉定区实验性示范性高中。

在国家及上海新一轮教育综合改革背景下，学校积极探索改革发展之道，坚定特色办学之路，形成了鲜明的“融合人文的科技教育”办学特色，2019年学校被上海市教委命名为上海市特色普通高中。回顾学校的特色办学历程，大致经历了以下三个阶段：

一是以掌握职业技能为要求，满足就业需求的劳动技术教育。20世纪50年代，学校始终坚持“以学生未来发展为本”的教育思想，注重培养学生艰苦创业精神和动手实践能力，积极开展劳动技术教育。1982年起学校开设劳动技术课，规定学生毕业时应掌握无线电、计算器、制图、英文打字等基本技能。在当时，这种落实教育与生产劳动相结合的探索受到人们的赞誉。1984年，学校开办缝纫、化工等职业班，让学生在学习文化知识的同时，掌握一两门职业技能。与此同时，“语文导读法”教学理念在学校全面实施，倡导学生自主深入地接触优秀的文学作品，教学生学会做人，不仅把学生培养成有知识和技能的人，而且把学生培养成有文化的人，这一理念在全国产生较大影响。劳动技术教育和“语文导读法”体现了学校在培养学生技术素养的同时，也注重学生人文素养的办学思想，是“融合人文的科技教育”特色的初期尝试，取得了广为社会认可的成效。

二是以“勿离手”实验教改为标志，开展动手实践能力培养。20世纪90年代起，学校积极投身课程改革，1991年、1998年先后成为上海市“一期课改”和“二期课改”实验校。20世纪末，学校确立了“文化立校”的办学思想，以科技教育和学生自主实验探究为主攻方向，坚持“从生活走向物理，从物理走向社会”的理念。从2002年开始，学校以物理实验教学改革为切入点，开展“勿离手”高中实验教学改革，科技教育的特色效果得以初步凸显。与此同时，学校着眼于厚实学生人文底蕴，先后开展了语文自主阅读实验、英语“试比拼”口语教改实验、多元艺体教学改革等实验。这些改革实验推动学校“融合人文的科技教育”向纵深发展,对培养全面发展的人产生了积极的影响。

三是以“HEMST课程”为载体,形成融合人文的科技教育特色。2007年起,学校提出了“文化立校,格物修身”的办学理念,清晰了特色办学方向,明确了创建思路。随着“勿离手”实验教学改革的不断深入,一批具有鲜明特色的校本课程应运而生,如“勿离手”创客课程、OM课程、公民道德修身课程、科学史类课程、文化史类课程、机器人课程、D&T课程、无人机课程等。在这些课程的不断发展和完善中形成了学校特色课程体系,即“HEMST课程”。2012年学校述作楼落成,一批课程基地和创新实验室的建设使学校的特色办学实力得以提升,中国古代历史文化教育课程基地、森林生态文化教育课程基地、科技教育课程基地、地理创新实验室和科学长廊等,使学校融合人文的科技教育办学特色更加鲜明。

历史撷英

张昌革:矢志不渝办教育,无私忘我育英才

张昌革出身于教师家庭,祖父和父亲都以教书为业。1947年7月,张昌革从上海圣约翰大学农学院本科毕业,放弃上海洋行的工作,任教于江苏省立黄渡乡村师范学校。1948年9月,张昌革受黄渡乡村师范委派,担任私立南翔怀少教育院初中部主任。1949年,张昌革邀集有志于职业教育的青年教师兴办义学,创办了私立南翔义务职业学校,担任校长近40年。退休后,张昌革一直担任学校的名誉校长。

图2　张昌革

张昌革是一位鞠躬尽瘁的好校长,他把自己的生命与教育事业紧密相连,用他整个的生命去拥抱他心中最神圣的事业。1949 年他年仅 22 岁,创办义学时没有办学经费,他典卖了新婚妻子的陪嫁首饰;没有办学条件,他点起油灯把家变成同事们的办公室。从此,学校改变了一批又一批学生的命运,为国家培养和输送了大批建设者和栋梁之材。1995 年,已经是 68 岁的他,从无到有,白手起家,筹办了民办槎溪高级中学,又一次圆了很多孩子的高中梦、大学梦。

张昌革是一位勇于改革的好校长。为了学校的发展,他高瞻远瞩,改革创新。他眼里看到的,心中思考的,不仅是教育的现在,更是教育的未来。早在 20 世纪七八十年代,张昌革率先实行体育课男女分班上课,并在全市推广,嘉定二中在 1982 年就被列为上海市体育项目传统学校。他还首创职业班,其中最早的外贸班在嘉定外向型经济发展的前夕,为外向型经济发展提供了人才准备。另外在教学改革上,张昌革探索创新了"分层次教学法",并取得了显著的成效。

张昌革是一位唯才是举的好校长,有一种以教育为己任的教育家的气度和胸怀。他是智者,是伯乐,总能够及时发现教师群中的"千里马",提倡"语文导学法"的语文特级教师钱梦龙就是其中之一。在 1986 年举行的上海市中青年教师教学大奖赛中,嘉定二中 9 位参赛教师在县级评比中全部获得一等奖,其中 6 位教师还在市评比中荣获优秀奖。

张昌革是一位爱生如子的校长。他热爱学生,潜心育人,用真挚的情怀关心学生。他身体力行,强调身教重于言教,以高尚的人格塑造学生的人格,以高尚的情操陶冶学生的情操。在他眼里,每一个学生都像自己的孩子,为国家培养有魂、有根的栋梁之材,是他孜孜以求的理想。他是影响学生一生的良师益友,他是学生人生道路上的灯塔。

张昌革的一生,是有着无悔追求的一生。用他自己的话说,"回顾一生,尽管历尽艰难曲折,走过坎坷不平的道路,但使我欣慰的是,自己虽非才学出众,却先后从无到有办起了两所学校,并在两所学校办学的初期不取分文。无悔的选择,无尽的探索,无穷的乐趣,无私的奉献,这就是我对一生教育事业最主要的感受。"

钱梦龙:眼中有学生,心中有未来

图3 钱梦龙

钱梦龙,全国教育系统劳动模范,自1952年起在嘉定二中担任语文教师,1980年被评为上海市首批特级教师,曾兼任语文教育艺术研究会会长、教育部中小学教材审定委员会学科审查委员、人民教育出版社中学语文教材特约编审,长期从事语文教学,成绩显著,著有《语文导读法探索》《导读的艺术》《和青年教师谈语文教学》等。

钱梦龙虽人生经历坎坷曲折,然而对语文教学本质规律探索的脚步却从未停歇,他穷日、累月、经年乃至毕生坚持对教育规律的尊重、把握和独立思考。他教导学生大兴自学之风,引导教师转变教风,进而影响校风。他最终将自己的语文阅读教学的思考凝练为"以学生为主体,以教师为主导,以训练为主线"的"语文导读法"。"语文导读法"拓展了学生创造思维的空间,让学生们学会多思、善思和深思。这一方法在全国产生较大影响,"南钱(钱梦龙)北魏(魏书生)"的声名响彻至今。

作为嘉定二中教师的杰出代表,钱梦龙不仅教导老师们上好课,更示范老师们做好人,体现了嘉定二中"厚道做人,踏实做事"的核心价值取向,"教师者,不失其赤子之心者也"。岁月的磨砺,沉淀下《愚公移山》《死海不死》和《故乡》这一堂堂经典的课例,其背后是坚守、智慧、包容,以及对教育规律的尊重、把握和独立思考。这已然成为杰出教师成长的原色,更是嘉定二中教育改革的底色,成为教师的共同追求。

周凤林:以职责担当诠释师者使命

周凤林,上海市嘉定二中党总支书记、校长,上海市德育管理实训基地主持人、上海市高中教育管理专业委员会副主任兼秘书长、上海市德育协会理事、“国培计划”特聘专家、上海市教研室专家库专家、上海市嘉定区(第二、三、四、五届)学术技术带头人、上海市嘉定区第一批高层次创新创业和急需紧缺人才、上海市嘉定区名校长工作室主持人。

图 4　周凤林给学生上公民道德修身课

周凤林 1974 年中学毕业,之后“上山下乡”成为“知识青年”,其间做过山村学校知青代课教师。45 年的工作经历,他始终将“厚道做人,踏实做事”作为为人处世的座右铭,严于律己,兢兢业业,勤奋务实。39 年的教育生涯,他把最动听的语言给了学生,把最热情的关怀给了青年教师,把最真诚的思虑给了每一所他工作过的学校。

他心系学生,教学生学会做人。作为一名教育工作者,他始终把“立德树人”放在办学的首位,把“学会做人”作为育人的本位,积极思考学校德育的顶层设计,并进行学校育人途径与载体的改革探索。

早在 2007 年,他便组织学校精干力量申报立项区重点课题“高中公民道德修身课程的实践与研究”。是年,由他主编并主讲的“公民道德修身课程”成为嘉定二中高一年级必修课。自课程开设日起,这十多年间他坚持每周 5 节课,雷打不动。直至今日他仍站在一线课堂讲授道德修身课程,身体力行地诠释着“立德树人”的真谛。

如今,校本教材《公民道德修身课程》已被中宣部、中央文明办、新闻出版总署等十部委联合推介为“百种优秀思想道德读物”。他也因“专注不止、严谨不渝、言传身教、诲人无极”的精神而获上海市园丁奖、2017 上海教育年度新闻人物、2018“感动嘉定”年度人物、嘉定区教书育人模范、嘉定区教育系统首届十佳教改之星等称号。

在学校德育顶层设计的理论思考上,他也是硕果累累,先后编著并出版了学校德育顶层设计系列书籍:《注入价值的品质德育——学校德育顶层设计的实践与思考》《学校德育顶层设计 18 问》《学校德育顶层设计论》。

他革故鼎新,为学校发展引航。作为一名学校管理者,他具有前瞻性的眼光。多年来,在他的引领下,学校“融合人文的科技教育”办学特色逐渐清晰并不断凸显;学校的“HEMST 课程”在实践探索中逐渐形成体系,走向成熟;“高中体育专项化”教学改革逐年推开,教改项目逐渐向外辐射,得到同行和社会的认同;科技教育、森林生态文化教育、中国古代历史文化教育等一批创新教育实验室的建设使学校的特色办学实力得以提升。

40 年教书育人的实践,周凤林将对教育的感动与热爱升华为不渝的信仰。他将“当一名学生喜欢的授业之师”作为人生坐标,将“做一名学生爱戴的传道之师”作为毕生追求,将“把校园办成师生成长的家园和乐园”作为终身目标。他以忘我的工作态度和出色的工作智慧坚守着学校教育这一方净土,这就是一名教育工作者对教育事业最长情的告白。

融合人文的科技教育:厚实人文底蕴,提升科技素养

“融合人文的科技教育”是嘉定二中特色办学的定位,其内涵是:立德树人,格

物修身，厚实人文底蕴，提升科技素养，实现求是、求知、求善的价值追求，培养全面发展的人的教育。"融合人文的科技教育"不是人文教育与科技教育的简单叠加，而是在培养学生人文素养作为立身之本的基础上提升学生的科技素养，实现人文素养和科技素养的共生互通。

在特色课程建设上，学校构建了融合人文（Humanities）、工程（Engineering）、数学（Mathematics）、科学（Science）和技术（Technology）五大素养的"HEMST 课程"。课程坚持普适性与普惠性原则，既面向全体学生，又关注学生个性差异，已形成五大类课程群：人文课程群，重点突出"人格力"，强化学生理想信念、家国情怀、责任担当和文化自信教育；数学和科学课程群，重点突出"思维力"，强化学生创新思维培养；工程和技术课程群，重点突出"实践力"，强化学生动手实践能力培养。

为保证"HEMST 课程"体系有效落地，嘉定二中成立特色发展中心，整体统筹特色课程建设实施、特色资源整合运用、特色教师培养成长等事宜。通过"学科间渗透""长短课时拓展课""创新实验室设课""校内外课程结合"等多维实施方式，使"HEMST 课程"与基础型课程有机结合、与拓展型课程广泛整合、与研究型课程深度融合、与社团活动有机统合。

在特色课程开发方面，学校通过选拔不同学科背景的优秀教师组成跨学科教研组，定期开展学科碰撞与交流活动，逐渐整合成"生命·生态·生活""人文·科技·创新"系列课程，其内容基于校内三大主题教育课程基地和现实生活情境，设置 PBL 项目学习任务，充分体现了"融合人文的科技教育"、不做"半个人的教育"的课程优势，不仅丰富了"HEMST 课程"体系的内容，也为教师自身发展、实施跨学科教学创造了条件。

在特色资源整合运用方面，嘉定二中立足"科技嘉定"区域优势，与多家科研院所、事业单位及高校签订教育合作协议，设立学生研究性学习课程基地。目前，中科院上海硅酸盐研究所、上海应用物理研究所、上海技术物理研究所、上海光学精密机械研究所、上海微系统与信息技术研究所、中国电科五十一所以及上海工程技术大学汽车学院均已为嘉定二中学生"定制"了多套不同主题的"研究性学习指南"，帮助学生进入专业机构开展课题研究，形成"科技，让生活更美好"的直观感受。

在“融合人文的科技教育”办学特色的持续推进过程中，嘉定二中各项教育教学成果逐渐向外辐射，得到同行和社会的认可，仅2018年就接待了来自全国各地的参观访问团队64批3176人次，多次举办和承办市级特色办学展示活动，在上海市“课改30年”成果报告会、全国中小学品质课程研讨会、中韩道德论坛等活动上做成果交流。“融合人文的科技教育”使学生的人文科技素养不断提升，仅2018年，学生在各个学科领域累计652人次获得区级以上奖项，其中在工程、科学、技术类比赛及研究学习中的表现尤为优异。学校教师在特色课程开发和特色教育研究上也取得累累硕果。

嘉定二中被命名为上海市特色普通高中，标志着学校踏上了一个新平台，圆了几代二中人的梦想。在这个平台上，有机遇，更有挑战。全体二中人将坚守“厚道做人，踏实做事”的核心价值取向，以“捧着一颗心来”的赤诚守望教育的星空，实现高位平台的再发展。

图5 嘉定二中现貌

华东师范大学第二附属中学

以卓越教育创新高中学段育人模式

岁月留痕

华东师范大学第二附属中学于1958年由华东师范大学创立，是华东师范大学的教育实验基地和教育实习基地。二附中始终走在中国基础教育改革的前列，尤其是20世纪70年代末至90年代，学校在全市率先对普通中等教育的教材和教法进行大刀阔斧的改革，通过自编和引进教材、创新授课形式、开办特色实验班、举办各类竞赛等多种途径，进行了一系列有益的探索和实践，取得了丰硕的成果。

育人为本，德育为先，是学校一贯坚持的办学指导思想。学校以“追求卓越，发展潜能，奠基终身”为核心理念，以创新高中学段育人模式为目标，努力将国家层面的素质教育战略要求转化为学校生动具体的办学实践。自20世纪90年代后期开始，二附中以课程改革为抓手，统整基础型、拓展型课程和研究型三类课程及课外活动，探索形成了“N个百分百”的育人模式，为每一个学生的终身发展奠基。

学校贯彻“教师第一”的理念，围绕建设世界一流高中的奋斗目标，致力于建设一支与之相适应的一流的创新型、专家型教师队伍，引领学校“卓越教育”持续发展。1999年，二附中在全国首创“首席教师”制。近20年来，先后有16位教师被聘任为学校的首席教师。首席教师以及首席教师引领的二附中教师团队在学校改革发展进程中，发挥了关键的作用，助推了一大批青年教师茁壮成长。

校史回眸

华东师大二附中于1958年创办，同时成立的还有华东师范大学工农预科，实行两块牌子一套班子管理。学校创建时,校址位于金沙江路 155 号,办学条件简陋。毛仲磐作为创校校长,团结带领全校师生员工艰苦创业、勤俭办学,短短五年时间就把一所年轻的无名学校带到上海基础教育的第一方阵,成为上海市重点中学。

图 1　学校首任校长毛仲磐与生物组老师一起研讨

1978 年,华东师大二附中被国务院批准为教育部直属重点中学。1979 年 6 月,国家教育部和联合国开发计划署签署关于合作加强华东师大二附中的项目协议,提出通过合作推进改善办学条件、加强师资队伍建设等项目,“把华东师大二附中办成中国普通中学的示范中心和全国中等教育研究的实验基地”。在这一过程中,华东师大二附中枣阳路 896 号新校园于 1984 年 9 月建成,办学条件得到了极大改善。

图 2　1984 年高考结束后,学校三位高考全市第一名学生与校领导合影

20 世纪 80 年代,二附中开始在语文、英语等基础学科进行教学改革,自编教材、创新教法,积累了在“精”字上下功夫、在“点”字上做文章、在“能力”上找出路的教改经验。90 年代,二附中被确定为首批上海市课程教材整体改革试点学校,全面推行课程教材整体改革,取得了一系列丰硕成果:1979 年,应志强同学夺得上海理工类高考榜首;1980 年,薛雷平同学再夺上海理工类高考状元,且全市理工类考生前 10 名中,二附中学生占了 6 名;1984 年,3 位学生囊括全市理工类、文史类和外语类第一名,同时包揽了上海文史类高考前 6 名,创造了轰动上海的“二附中奇迹”。1985 年和 1987 年,国家教委先后对全国十五省市英语、语文和数学教学进行抽样调查,二附中学生初、高中英语水平居全国之首,语文、数学均名列全市第一。

1991 年,任宇翔、王泰然、江琪同学在国际中学生奥林匹克竞赛中连夺 3 枚金牌,震动全国。同年,上海市教委批准二附中开办“上海理科班”。1994 年,教育部又批准二附中作为全国四所部属重点中学之一,试办高中理科班(全国理科班),招收在全国数学和物理竞赛中有突出表现的应届初中毕业生,进行教改试验。而后的十多年间,来自全国各地的众多理科尖子生经过二附中的培养,在上海、全国乃至国际大赛中不断摘金夺银,所获奖别和奖项数在上海雄居第一,在全国位居前列,“金牌学校”由此得名。

1999 年,华东师大二附中经上海市教委批准设立国际部,招收六至十二年级外籍和港澳台学生,现有学生 400 多名,分别来自 20 多个国家和地区。

2002 年 9 月,在华东师大和浦东新区政府的大力支持下,华东师大二附中整体东迁至浦东张江。2005 年,二附中被评为上海市首批实验性示范性高中。学校坚持“立德树人”的核心指导思想,逐步形成了“追求卓越、崇尚创新”的文化精神和“卓越教育”的办学特色,构建了“N 个百分百”的育人模式。为满足学生的多元发展需要,学校还开办多个实验班,涵盖基础科学、科技创新、人文综合、国际课程等各个方面。2013 年,二附中“卓越学院”暑期营正式开营。2018 年,上海首个“钱学森班”——华东师大二附中“钱学森学院”揭牌。学校还与复旦大学联合实施“复旦华二博学计划”等,积极探索大中学联动培养拔尖创新人才。

图 3　著名教育家叶澜教授为校训石揭幕

2012年,学校开设了华东师大二附中紫竹校区,实行“一校两区”的管理模式。学校还先后承办了华二初级中学、华二浦东实验学校、二附中紫竹双语学校、华二宝山实验学校、二附中前滩学校,此外还与海南和乐东黎族自治县政府联办了乐东黄流中学。二附中“卓越教育”的理论和实践不断得到成功复制和推广。

历史撷英

先行先试教育教学改革　确立“优秀+特长”的培养目标

华东师大二附中建校60多年来,坚持教改,锐意进取,不断创新,一直走在中国基础教育改革的前列。作为华东师范大学教育教学改革的实验基地,由华东师大著名教育专家、学者发起或领衔的基础教育教学改革,很多都在二附中先行先试。

1978年,华东师大二附中经国务院批准为教育部直属的重点中学,办学经费由国家教委直接拨给,学校的改革、发展、腾飞掀开了历史性的一页。趁着改革的春风起步,伴随着办学条件的改善、生源质量的提高,二附中逐步树立起以质量立校、以科研兴校、以改革创新发展学校的办学理念,以培养高素质的优秀人才为办学目标,以提高教学质量作为教改的根本目的。学校凭借着附属于华东师大的优势,和教师队伍的学历层次比较高、业务功底比较扎实以及择优录取的优秀学生等有利条件,与华东师大科研人员合作,在全市率先开展了“整体规划,专题突破”的教改计划。

改革的目的要求,是贯彻全面发展的教育方针,坚持加强基础、培养能力、发展智力,关注学生思想品德和身体素质的提高。要在改革中促使学生既发挥个性特长又全面发展,促使教师的教学水平持续提高,促使学校的管理机制不断优化。改革的切入口和突破口是学科教学改革,从基础学科入手,由单项改革转入综合改革。

在语文学科改革中,确定了"革新内容,改造体系,打好基础,培养能力"的目标。学校自编初中语文教材六册,建立以"读写"为重点的综合训练体系。与当时的统编教材相比,这套教材课文篇数多,每册都有四十多篇,内容加深,增加了一定数量的古文,选材兼具典范性、思想性、艺术性、知识性和趣味性。教学方法采取"多读多写,读写结合,记诵积累,温故知新,从难从严,发展能力"的做法。在英语学科改革中率先引进《新概念英语》教材,并和国家教材结合使用,采用"视、听、说领先,读写及时跟上"的教法,使学生听、说、读、写的能力得到全面提高,因此形成了外语教学的特色。数学采用的是教育部委托北京师范大学编写的《中学数学实验教材》。这套教材注重抽象概念,有利于培养学生逻辑思维能力;注重加强知识的应用,有利于提高学生运算技能。学校指派两位热心教学改革的教师执教,聘请了长期从事中学数学教学、有丰富教学经验的退休教师担任指导,在上海市教育局教研室数学教研员的参与下,成立了数学教学实验小组,从初一开始,在两个班级进行实验。教学过程中,教师充分发挥教材的优势,着重启发学生理解和思考所学内容,使学生从"学会数学"逐步转变为"会学数学",从而提高逻辑思维能力。通过物理教学改革实验,探索在初中物理教学中培养学生能力的途径和方法,以统编教材为基础,对中学物理知识结构作出必要的补充和变动,并在教学方法上相应作了一些改革,着重培养学生的观察能力、实验能力、自学能力和记忆能力。

在对语文、外语、数学、物理这四门学科进行教学改革的基础上,教师在各年级、各学科的课堂教学中均高度重视学生对基本概念、基础知识的学习和对基本技能的训练。二附中在提高课堂教学质量、全面打好学生基础方面主要有三个做法:在"精"字上下功夫,就是要求教师精心备课、精讲精练、精选例题,精留作业;在"点"字上做文章,就是要求教师抓住难点、突出重点、落实知识点;在"能力"上找出路,就是要培养学生的自学能力、动手能力和逻辑思维能力。

学校亦将体育和德育列为教改的重要内容。二附中的体育改革,改变单纯为身体素质而安排课程训练的传统思维,建立课内加强、课外延伸的体育健身的新思路,坚持面向全体学生,努力抓好"三课、两操、两活动",保证学生平均每天一小时的体育活动时间,不断加强体育的三类课程建设,在认真抓好基础型课程的同时,不断开发拓展型课程和研究型课程，不断提高学生参与体育活动的兴趣。在德育方面，学校始终贯彻“教书育人，育人为本、德育为先”的指导思想；坚持“立德树人”这一基础教育的根本任务，在课程设置、课堂教学、课外活动、学校环境以及后勤服务等各方面体现对学生的教育性。

在潜心教改的过程中，学校也欣喜地获得了外部支持。1979 年 6 月，中国政府和联合国开发计划署签署关于《加强示范中学理科教学的援助协定》，提出“把华东师大二附中办成中国普通中学的示范中心和全国中等教育研究的实验基地”。这也是改革开放后上海接受多边援助的第一个项目。为此，联合国开发计划署援助 22 万美元，中国政府投入 434 万人民币，主要用于扩充加强教师队伍、聘请专家来校讲学、组织团队出国考察、选派人员出国进修、合作建设新校园等；同时，二附中还成为联合国教科文组织“亚洲教育革新为发展服务联系中心（APEID）”成员单位。

20 世纪 90 年代，二附中又被确定为首批上海市课程教材整体改革试点学校，全面推行课程教材整体改革，建立“三个板块”课程结构，确立“优秀+特长”的培养目标，坚持“科技教育与人文教育相结合、学科课程与活动课程相结合、统一要求与个性特长相结合”的办学策略。1991 年至 1997 年，上海市启动了中小学课程教材改革整体试点（又称“一期课改”），二附中当仁不让地作为首批试点学校积极参与其中。1991 年，上海市教委批准二附中开办上海理科班。1994 年，教育部批准二附中作为全国四所部属重点中学之一，试办高中理科班（全国理科班），招收在全国数学和物理竞赛中有突出表现的应届初中毕业生，进行教改试验。理科班集中了在全国理科竞赛有突出表现的应届初中毕业生，给予特殊的政策，免予高考、会考，不设竞赛指标，放手进行教改试验，从而探索对理科学习成绩优异的学生进行教育培养的规律，研究高中与大学教育衔接的有关问题，深化普通高中教育教学改革，为国家培养德、智、体全面发展和在理科方面具有突出特长的优秀高中毕业生。

构建“N 个百分百”育人模式　为学生的终身发展奠基

自 20 世纪 90 年代后期开始，二附中以课程改革为抓手，统整基础型、拓展型和研究型三类课程及课外活动，探索实践了“N个百分百”的育人模式。

二附中育人的核心理念是：发现与发展每一位学生的潜能。具体来说包括以下几个方面：一是德育引领，促进学生全面发展。将德育与学科教学相结合，与学校生活相结合，与当代社会生活相结合，营造和谐的育人环境和氛围，培育学生的理想信念、公民素质和健全人格，促进学生德智体美劳全面发展。二是建设多元化课程体系，为创新人才培养奠基。以国家课程的校本化为基础，以大文化类系列课程、STS类课程、学生社团活动课程、荣誉课程、德育课程等学校课程为载体，着力培育学生的创新精神和实践能力，为高层次创新人才培养奠基。三是倡导创新文化，培育学生追求卓越的品质。建设“追求卓越，崇尚创新”的校园文化，帮助学生树立远大的理想和目标，培养学生百折不挠、积极进取、勇攀高峰、敢为天下先的创新精神和追求卓越的个性品质。四是赋予学生发展“特权”，促进潜能开发和个性成长。赋予每个学生适合自身成长需求和个性发展需要的自主权，激发学生主动发展、多元发展的智慧和能力，促进学生潜能的开发和个性成长。

基于这一核心理念，二附中在落实《基础教育课程改革纲要》《普通高中课程方案（实验）》《上海市普通中小学课程方案（试行稿）》所要求的基础教育培养目标的基础上，依据学校作为实验性示范性高中的具体特点和教育教学实际，提出了“培养全面发展的卓越人才”的育人目标。二附中要培养的学生，应具备国际视野中的爱国主义情怀，“追求卓越，崇尚创新”的人生信念，民主与法制意识，基础性、发展性和创造性相统一的智能结构，竞争基础上的合作精神，富有激情而有持续稳定的心理品质等。“N个百分百”育人模式由以下板块组成。

- 百分百的学生在校期间做100课时志愿者

在三年期间，学校全体学生必须自主选择利用社会实践、社区活动实践和节假日等，做100课时的志愿者。主要通过两种形式实施：一是以班级为单位，形成由班级同学轮流组队的志愿者服务队，在三学年共五个寒暑假期内，每人每假期完成20课时志愿服务。二是学生通过自愿报名参加集中招募学生志愿者的社会公益团队或组织，作为学校的志愿者代表进行定期的志愿者服务活动。

● 百分百的学生参与“小课题研究”

2000年起，随着二附中“小课题研究”项目的日趋成熟，学校将其纳入“N个百分百”的要求，即要求全体学生根据自身特点和发展需求参加小课题研究课程。学生以个人为单位，或以研究小组、兴趣小组形式等申请选题，从校内或校外（包括高等院校）自主选聘指导教师，利用课余时间制定研究方案，开展调查研究，撰写课题报告，并进行汇报和答辩。

● 百分百的学生选修校本综合课程

二附中的校本课程是学校课程体系的重要组成部分，共有五大类，即大文化类课程、STS类课程、荣誉课程、社团活动类课程、德育课程。截至目前，学校“课程超市”提供的校本课程超过500门，已有50多位教师出版了课程教材或专著。学校还率先推出“大学先修课程”，探索高中和大学人才教育互相衔接的内容、载体和方法，同时邀请复旦、交大等高校教授前来授课，以满足学生个性化和多样化的发展需求。

● 百分百的学生参加社团活动

二附中倡导学生组建团队、开展社团活动，并通过多年的摸索形成了一套较为成熟的运作机制。目前学校共有学科类、科技类、文化类、艺术类、体育类、综合类等社团共47个，在校学生100%参加社团活动。学生能够根据自己的兴趣爱好和能力特质，形成自我发展的目标，培养领导能力、团队精神，丰富精神生活，促进身心和谐发展。

● 百分百的学生在校做100个实验

学校为学生创设实验条件，要求学生动手参与并自主设计实验，基本实施方式是“必做+选做”，其中有92个必做实验，包括13个物理实验、17个化学实验、28个生物实验、15个劳动技术实验、6个天文地理实验、5个心理实验、4个数学实验和4个信息实验。此外，每位学生必须在各科教师推荐的100个自选实验中选择完成10个。

● 百分百的学生学会游泳和太极

学生的健康成长是学校一切工作的出发点和落脚点，“五育并进，健康第一”不仅是体现在体育锻炼的任务中，更是贯穿教育教学实践的育人理念。学校把游泳和太极作为学生的必修课，利用学校兴建的室内游泳池和体育馆，实行游泳和太极训练，依据不同年级、不同学生的不同基础，实施不同的教学计划。

- 百分百的学生参加“晨晖讲坛”

“晨晖讲坛”以学校所在的晨晖路命名，定期聘请来自高校、科研院所，以及社会各界的专家学者来学校开设讲座，围绕“科学、社会、文化、人生”的主题，带来最前沿的社会发展和科技进步动态，帮助学生增长见识、开阔视野、活跃思想、激发情感，引导学生思考社会与人生、感悟科学与文化。2006 年至今，“晨晖讲坛”已累计举办近 300 期。

- 百分百的学生课外精读推荐名著

在中学阶段，阅读是学生获取知识和经验的主渠道。在现有教材和课堂补充篇目的基础上，二附中各教研组联合推出一份书单，内容涵盖人文、数理、科技、商业等各方面，引导学生通过阅读名著，与智者相遇、与经典对话，不断开拓精神边界，补充生活阅历，进而培养他们的阅读习惯和思辨能力。

“N 个百分百”育人模式是以发现和发展人的潜能、培育全面发展的卓越人才为宗旨的素质教育模式。在实施过程中，按照育人目标和培养要求，学校形成了一套完整的评价和保障体系。依据“百分百活动”的不同要求，开展符合学生发展要求的适性评价，包括自我评价、实验操作评价、代表作评价、活动记录评价、家长评价与社会评价等。如今“N 个百分百”育人模式已成为华东师大二附中鲜明的育人特色。

凝练德育无痕之“汤论”　为国培育德才兼备的创新人才

“全员德育”“德育为先”一直是二附中教育的重中之重。进入 21 世纪，时任校长何晓文先后领衔“理科德育研究”“德育课程化研究”“学科德育研究”“教师育德能力研究”“德育管理研究”等专项研究，提出了颇有影响的“汤论”，即思想道德教育犹如青年学生成长必不可少的“盐”，但直接喂是不行的，只有把教育教学活动熬成营养丰富而又美味可口的“汤”，才能更好地被青年学生接受。

二附中日常德育建立了系统的载体，高一实施“行为规范与爱的教育”，高二实施“责任、自主、诚心的教育”，高三实施“理想、健康、人格教育”。学校要求每一位教师充分挖掘学科课程与教学内容本身的人文价值与道德价值，把德育思想融入学科教学的各环节，挖掘学科德育内涵，开发学科德育功能。

所谓“学科德育”，广义地说，是指学科课程教师在学校中从事的一切有助于学生品德、人格发展的教育。狭义地说，是基于学科课程本身的德育。学科课程教育的内容、过程、方式、活动、要求等本身就存在着品德、人格的形成、发展的要素：学生接受学科课程教育就能同步地获得品德、人格的发展，教师组织学科课程教育活动也就是在实施品德、人格的养成教育。

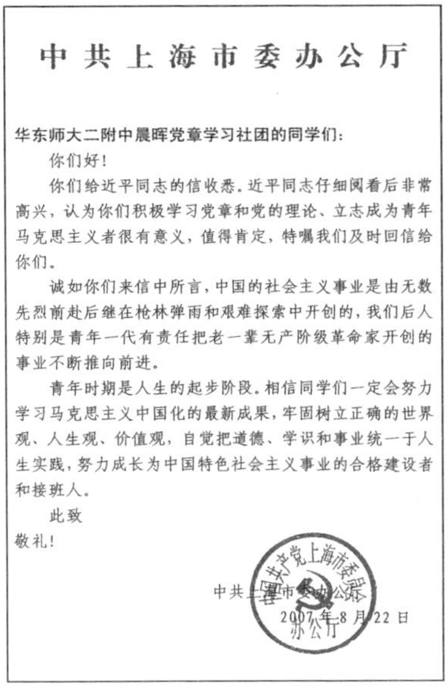
中共上海市委办公厅

华东师大二附中晨晖党章学习社团的同学们：

你们好！

你们给近平同志的信收悉。近平同志仔细阅看后非常高兴，认为你们积极学习党章和党的理论、立志成为青年马克思主义者很有意义，值得肯定，特嘱我们及时回信给你们。

诚如你们来信中所言，中国的社会主义事业是由无数先烈前赴后继在枪林弹雨和艰难探索中开创的，我们后人特别是青年一代有责任把老一辈无产阶级革命家开创的事业不断推向前进。

青年时期是人生的起步阶段。相信同学们一定会努力学习马克思主义中国化的最新成果，牢固树立正确的世界观、人生观、价值观，自觉把道德、学识和事业统一于人生实践，努力成长为中国特色社会主义事业的合格建设者和接班人。

此致

敬礼！

中共上海市委办公厅

2007年8月22日

图4 时任上海市委书记习近平同志委托市委办公厅给学校晨晖党章学习社团的回信

与此同时，学校努力为培养德才兼备的创新拔尖人才奠基，为培养青年马克思主义者育苗。2006届10班的班主任胡立敏老师是位老党员，怀着忧虑和责任意识，他率先着手班级党建工作的探索，把班里在政治上要求上进的学生召集起来，成立“晨晖”党章学习小组。这个班级最终发展、培养了4名中共预备党员，成立了二附中首个建在班级里的高中生党支部。胡立敏的这一“创举”得到了学校的重视，原先设在班级的“晨晖”党章学习小组，而后发展成为面向全校的“晨晖”党章学习社团，2018年5月，在“晨晖社”的基础上又成立了“晨晖学院”。这是华师大二附中以追求实现中华民族伟大复兴“中国梦”为宗旨的学生组织，成员以高二、高三优秀学生为主，每届30人左右。“晨晖社”明确提出引领学生思考“一辈子怎样做人”，形成“脚踏实地、敢于摸天”的晨晖精神，开展深度社会考察并撰写课题报告。“晨晖社”的实践探索，体现了学校为国家发展和民族复兴培育“卓越人才”的责任担当和深化实施，是富有校本特色和时代特征的教育实践，极大优化了学校的育人生态。仅东迁浦东以来，学校已经举办了 27 期青年学生党校，参加学习学生达 3000 多人，先后有近 150 名学生光荣加入了党组织。

首创“首席教师”制度　打造专家型教师引领队伍建设

华东师大二附中拥有一支优秀的教师队伍。如何推动这支队伍持续地进行专业发展，如何引领优秀教师形成更高层次的专业追求，是学校前进道路上必须面对的一个课题。2000 年 9 月，在校长何晓文的倡议和推动下，二附中在全国首创“首席教师”制度，让一批专家型教师脱颖而出，给学校教研组建设带来活力。

“首席教师”制是受乐队“首席演奏”、高校“首席教授”、国家科技项目“首席科学家”的启发设计的。“首席”与“学科带头人”不同的是，“首席”要起“定音”的作用，这就使得教育教学改革更容易组织起“集团作战”，能够整合不同教师的优势和特长。学校最初的规划是造就一批占全校教师总数 10% 的各学科带头人，他们应具有创新的意识，勇于创新实践，通晓世界主要国家教学改革与发展的趋势，了解相关学科发展动向，并能指导学校的教改，成为执掌各门学科的“将帅”。

图 5　2008 年 9 月，学校举办首席教师教学思想研讨会

二附中建立“首席教师”制度是十分慎重的。首席教师不是一种固定不变的职称或职务，也不同于岗位不甚明确的“学科带头人”，而是责、权、利相统一的有一定聘期的流动岗位。学校对首席教师的政治思想与师德、学科理论水平与教学效果、教育教学科研和学科领导能力等方面都有明确的要求。首席教师应该是师德楷模，是全校师德的表率和育人模范；首席教师应该是教育专家，在本学科教育教学领域里具有在市内外有影响的显著成绩和特色；首席教师还应该是科研能手，在教育教学改革中勇于开拓、大胆创新，有重要的科研成果。同时，“首席教师”制度赋予了他们在本学科改革和发展中相应的组织指导责任及权力。

首席教师的评选有一套严格的评审程序，经历个人自由申报、教研组推荐、校务会议评议、华东师大专家团评审的程序，经过公开、公平、公正的竞争而产生。

“首席教师”制度实施以来，已经经历三轮，先后有16位教师被聘任为学校的“首席教师”。在这个优秀的群体中，有辅导学生八夺国际中学生奥林匹克物理竞赛金牌的物理教师，有著书二十多部的地理教师，有担任全国理科试验班班主任的化学教师，有像磁场一样吸引学生的语文教师，有让课堂充溢生命的英语教师，有学者型的历史教师，有指导学生在科创竞赛中获奖并得到小行星命名资格的科技教师，有获得上海市班主任带头人称号的班主任老师等。这些教师是学校教师队伍的标杆和旗帜，他们引领着学校卓越教育的发展。

学校特别重视领军教师在专业方向上的引领作用，在保障首席教师享受全校最高待遇的同时，要求首席教师打开课堂带教青年教师。学校在首轮首席教师聘任中就规定，首席教师的教育教学全程、全方位向全校公开，这一规定至今没有任何改变。“首席教师”制度的创设既促进了一批中青年教师的成长，也为二附中引进国内外知名教师奠定了制度基础。

华东师大二附中在“首席教师制”基础上，还建立了“骨干教师制”和“优秀青年教师培养制”等系列教师培养制度，为处于不同发展阶段的教师建立个人发展阶梯，引领每一位教师在专业上不断追求提升和发展。

目前，学校教师队伍呈现出由占教师总数10%的特级教师为带头人，由占教师总数40%的各学科骨干教师为中坚，由广大优秀青年教师为基础的金字塔梯队结构。学校还通过价值导向、榜样示范，形成发展有空间、晋升有机会的良好氛围，最大限度地激发和调动全体教师专业发展的主动性和积极性，让学校成为他们实现自身价值、享受职业幸福的广阔舞台。

上海市建平中学

“规范+选择,合格+特长”的育人追求

岁月留痕

上海市建平中学始建于1944年,历经几代建平教职员工筚路蓝缕,不断开拓,逐渐成为一所声播海外、饮誉沪上的著名学校。20世纪70年代建平中学被评为上海市重点中学,2003年首批被授予上海市实验性示范性高中称号。

2010年8月至今,学校以创新文化驱动办学。近年来学校在职业生涯体验、智慧课堂建设、学生创新素养培养、国际教育合作方面成绩斐然,继续推动课堂教学改革。2012年成为“世界名高中联盟”(WISA)成员单位;2012年荣获上海市“五一”劳动奖状;2014年学校获评全国教育系统先进集体,团委被评为全国“五四”红旗团委。学校与美国、日本、德国、法国、英国、瑞典、丹麦、芬兰等国家的数十所著名高中结为友好学校,以先进的教育思想、科学的教育模式得到了社会各界的肯定。

图1　建平中学校园一景

校史回眸

初创时期(1944 年至 1954 年):原市立洋泾小学校长宋家玉、黄振寰等,目睹时艰,感到兴学有责,于 1944 年 3 月倡议筹办私立中小学。1944 年 9 月,正式创办私立洋泾中小学。1954 年正式更名为建平中学。

奠基时期(1954 年至 1966 年):正式定名后,建平中学以崭新的姿态屹立在浦江之畔,学校的教学条件和生活环境逐步得到改善。在校领导和所有师生的不懈努力下,教学质量迅速提高。

“文革”时期(1966 年至 1976 年):“文革”给正在迈进的学校带来了混乱和破坏。期间学校进行纪律整顿,开展纪律教育,同时狠抓广播操,提高学生的组织纪律性,学校的精神面貌得以改变。

复苏时期(1976 年至 1985 年):“文革”结束,王向毅同志主持学校工作,建平中学进入复苏发展时期。1978 年,经市教育局批准,建平中学成为首批上海市重点中学,为后期的改革发展打下了坚实的基础。

改革发展时期(1985 年至 2003 年):1985 年,校长冯恩洪带领全体建平人,不断开拓富有建平特色的教育观念和办学道路。1987 年建平中学提出了“合格+特长”的育人目标,1993 年又明确提出“规范+选择”的办学思想。以“合格+特长”的育人目标为指导,建平中学努力从教育观念的转轨入手,不断由外围向核心逼近,形成了隐性课程、选修课程、必修课程、活动课程相结合的课程模式。

学校文化建设时期(2003 年至 2010 年):迈入 21 世纪,建平中学的发展揭开了新的一页,确立了自主精神、共生意识、科学态度、人文情怀、领袖气质五项育人目标。继续探索独具个性的德育模式,以“活动德育”为特征,长江行、南京行、国庆通宵晚会等传统项目不断与时俱进,充分彰显着独特的文化个性。

图 2　师生风采：科学小院士、明日科技之星层出不穷

图 3　建平中学的广播体操（摄于 20 世纪 70 年代）

历史撷英

广播体操与“复兴之路”

20 世纪 70 年代，历经动荡的社会已经厌倦了争斗，整个社会陷入一种迷茫与惫懈之中。对于经历了停办才刚恢复几年的建平中学来说，要做的事情还有很多。

这时候，川沙县将建平中学发展的重担放到了校长王向毅的肩上。作为一名老知识分子、老党员，他只有一个念头，那就是：学校应该有一个学校的样子。

在王向毅看来，书声琅琅，窗明几净，教师循循善诱，学生孜孜好学，这是他心目中的学校的样子。但是他面对的却是这样一副“烂摊子”：教学秩序混乱，学生精神状态萎靡，老师也如惊弓之鸟。

要抓教学，先要抓好教学秩序。他决定从整肃广播操纪律入手。一来广播操是最贴近学生的活动之一，二来早在 1952 年，毛泽东同志就提出了“发展体育运动，增强人民体质”的口号。王向毅的想法得到了全校师生的积极响应。

王向毅提出做广播操要有三个一条线：横看、纵看、斜看都要一条线。提出要求容易，做起来就不容易了。人心涣散，哪能那么容易就整饬一新呢？而且，早已成为惊弓之鸟的老师不能管、不敢管。怎么办？大家的眼光都聚集在了王向毅的身上。王向毅镇定自若，他对大家说：毛主席不是教导我们要走群众路线吗？让我们也来打一场做广播体操的“人民战争”！于是，他带领老师们走访学生家长，利用宣传栏营造声势，在班级之间进行评比，同时组织丰富多彩的学生体育运动，如拔河、跳绳等，让那些充满青春活力的学生得到施展自己能力的机会。

渐渐地，学生对做广播操开始重视起来，甚至有些学生把做广播操当作一天中最重要的事情。王向毅也投入极大的热情来管理广播操，每天他都站在主席台上审视台下的同学们。

“王卫东，往前面一点！”

“张晓兰，你看看你的左面！”

多年之后，许多校友回忆起这一幕都啧啧称奇，王校长居然能够叫出全校同学的名字，真是神了！

一个农村中学，居然能够将广播操做到这样的水平，这在当时引起了轰动。先是周边的学校前来学习取经，到后来上海很多学校都到建平来参观学习。大家都想看看，这样一所田埂边上的学校，是怎样创造“广播操奇迹”的！

一来二去，建平中学大搞群众性体育运动的声誉在全国范围内传开了，中央新闻电影制片厂闻讯，也赶来建平拍摄新闻片。当时，中国电影院有这样的规矩：在播放正式影片之前，先播放“新闻片”以传递中央的声音。建平中学的名声就借助于那个特殊时代的特殊渠道，传遍了大江南北。

然而，这并不是王向毅所追求的最终目标。“学校要有个学校的样子”，不是仅仅停留在广播操和体育活动方面，而是要有一个有规矩、有秩序的教学环境。学校借助整顿广播操的契机，将班级的纪律评比从广播操延伸到课堂教学，“制定规矩”“执行规矩”“班级评比”“流动红旗”一度成为建平中学的“热词”。建平学子的集体荣誉感越来越强，学生的自觉性大大提高，学校各方面的秩序都得到了根本的改变。

1978 年，上海市教育局决定重新评选一批“市重点中学”，用来带动上海全市教育的发展。当领导和专家觉得在重点中学的分布上，位于上海东南的川沙地区应该有一所引领当地教育发展的学校的时候，都不约而同地想到了这所被中央新闻电影制片厂关注过的农村学校。于是建平中学第一次进入了上海名校的行列，虽然基础薄弱，但这是举足轻重的第一步，从此建平中学开始了不断发展、不断攀升的新征程。

金陵长江做课堂

在世纪之交，德育课程如何深入、如何升华，是当时许多德育工作者关注的问题。就在这时，一封高二同学的联名信摆到了建平校长冯恩洪的办公桌上：

"来建平一年多了，可校园生活还是颇多新鲜感。我们总也忘不了高一时候的'南京行'。我们乘着客船到了六朝古都。那栖霞胜境、钟山流岚、秦淮夕照、玄武涟漪……让我们了饱览山川之美；而那大屠杀遇难同胞纪念馆、雨花台烈士陵园，让我们接受了爱国主义教育。三天时间一晃而过，真希望学校能再组织一些这样的活动，尤其是让我们和同学一起出游，更觉得有意义……"

这封信在建平师生中间引发了强烈的反响。

首先，它折射出建平中学特色德育课程"南京行"的成功也是建平育人目标"规范+选择，合格+特长"的成功。

选择中的规范，增添漫游"秦淮"的情怀。

建平学子在文化课题中领略古城南京，从衣食住行中的文化，到旧居城墙中的历史，有对过去的思考，也有对南京未来城市建设的思考。

这些充满学生个性与才华而又严谨的学术成果，是与课题前期的指导、过程中教师的引领和最后公正开放的评比分不开的。

这正反映了"选择"中有"规范"。学生自主选择课题，制定特色的研究方案，展示个性化的成果。但每个课题又有一定的量化指标与学术规范，每个课题小组的活动也在规范中进行，保障了每位同学在南京的安全。

规范中的选择，加深面向未来的思考

"最有价值的不是你的表情有多沉痛，不是你为残酷历史流了多少泪，而是你

记住了什么，反思了什么。中国尚未完全发展，可人心却高枕无忧了，任何人都会说勿忘国耻，可你的心遵从了吗？无须多轰轰烈烈，先让你的灵魂站立起来，我们脚下踩的是先辈的教训，是未来的希望，无知和茫然早该摒弃。”

这是一位学生写在南京行之后的文字，既没有被仇恨蒙蔽，也没有对痛苦麻木。何以能有这样深刻的思考？这也与南京行“规范”中的“选择”有关。除了在大屠杀遇难同胞纪念馆、雨花台烈士陵园完成既定的集体悼念仪式，每个班级还需要开设主题班会，唱主角的当然是学生。他们或演讲，或表演，或朗诵，或思考，呈现出各种个性化的自我教育。

其次，它也引发了建平教师进一步的思考：怎样丰富这样的课程，更多地满足学生的需求？这一思索又促成了“长江行”。

校长冯恩洪说了这样一番话：“饱览名山大川之俊秀，采撷天地造化之灵气，可以提升人的审美情趣，净化灵魂。过去，同学们只在地图上认识祖国的广袤，只在电视里欣赏山川的秀美，若是可以实地游历，感受肯定大不一样。何不趁此机会，组织一个长江夏令营，既带学生览山川，又去奉节看望贫困山区的师生，一举两得，多好！”

冯恩洪的话既点明了活动的意义——情境化的人文教育，又点燃了全体建平老师的激情。到了2000年7月8日下午，在十六铺码头，四百多名建平师生齐刷刷地伫立广场，“建平中学长江夏令营”终于开营了！

在夏令营里，各科老师可谓“八仙过海，各显神通”。

地理老师利用船上的广播室，开展“每日一讲”活动，系统介绍沿途的景点。历史老师配合着穿插了许多历史掌故，大家都听得津津有味。

语文老师则收集了历代文人吟咏长江的诗作，举办了五场吟诵比赛。一些平时自认为“背功”很差的学生在此时此境吟诵，不仅感受深刻，也能更容

图4　建平中学师生长江行

易地记住。他们说:“朱熹曾讲读书有三到,谓心到、眼到、口到。教室里的‘三到’能与这长江夏令营中的‘三到’相提并论吗?”

参加建平希望小学的落成典礼,又将这份人文情怀落到了实处。村民的质朴和孩子们渴望的眼神,都让学生们真切地感到“远方的远方,都与我有关”,从而建立起更大的格局……活动很好地贯彻了建平另一个育人理念——促进人的社会化和个性化的和谐发展。

建平中学是当时申城组织学生沿江溯流而上的第一所学校,而其中所贯彻的办学精神——以课外学生活动为抓手进行学校建设,充分发挥学生在活动中的主导性,以及学校的育人目标和理念,成为很多学校争相模仿的范式。

课本上的留白——建平模块教学探索之路

2003年8月,校长冯恩洪光荣退休,常务副校长程红兵担任校长。从这一年起,建平中学进入了“学校文化建设时期”这一新阶段。建平又一次站在新世纪基础教育改革的最前沿,从文化层面审视和思考课程问题,创建了以突显开放性、选择性、综合性为文化特征的八大领域的学校课程。

课程建设的重点是微观层面的模块课程:每一科目由若干个模块构成;模块之间既相互独立,又反映了学科内在的逻辑联系;每个模块都是德育与教学的综合体;每个模块都对教师教学行为和学生学习方式提出了要求和建议。

模块教学正体现了建平中学的课程理念:课程主体是教师和学生,他们是课程的开发者、知识的建构者;在师生平等、合作学习的过程中,教师有效地指导、热情地鼓励,学生积极地探究、自主地建构。

在建平模块教学的建设过程中,语文组是第一个设计并实践模块教学的教研组。

2004年8月底,常熟虞山旁的一家宾馆里,建平骨干教师们在新校长程红兵的带领下,于开学前探讨新学期的新方向、新做法。在说到现在的孩子学习太单调枯燥、作业太多、眼界太窄的问题时,程红兵说:“我们建平要做他人之未做事,为了学生终身可持续发展,就算少上几节课又如何?”于是语文组“快乐星期三”活动诞生了,模块教学初见雏形。

2004 年 9 月开学,郑朝晖老师在全体教师大会上作了“关于模块课程和课程模块化教学”的报告。在语文组组长张强老师和副组长徐俭老师的竭力推动下,经过近 1 个月的酝酿,首轮建平语文模块教学计划形成了:

活动从新高一做起,分三个模块——当代散文专题《文化苦旅》选读;现代文化名人专题《鲁迅读本》选读;新闻学习与写作专题导读。三组教师分别带着自己的模块,有序地轮流进入每个班级进行教学。一轮教学告一段落,为及时了解学生的意见和建议,老师们还设计了调查问卷。

2005 年 9 月起,高二语文张强组继续探究新思路、新想法,在一边编写第一版《建平语文》教材的同时,一边让曾经全程参与首次模块教学的张广录老师带着全组的思考和成果进入新的高一备课组。

新高一备课组继续“摸着石头过河”,边按计划教学,边研究学生的需求,又增加了“诸子百家”“戏剧”“先锋小说”等模块,同时修改完善第二版《建平语文》教材。

2006 年 11 月,在郑朝晖、王国刚、徐俭等老师的积极谋划下,备课组首创“学生自主合作学习模块”系列,模块教学改革有了质的飞跃:

在每学期的期中考试之后专设一模块。高一上的“自然情怀”要求学生小组合作自编教材,最终形成文本(部分优秀作品至今收藏在建平图书馆);高一下的“人文修养”要求学生小组以 PPT 形式交流学习心得;高二上的“科学教育”要求学生以电子杂志形式交流汇报;高二下的“社会文化”则要求学生以“头脑风暴”形式全面展现每个人的学习心得……

建平的这次课程改革真正改变了学生的学习方式。学生们真正动起来了——动心、动脑、动手。学生们课余讨论的话题常常是“我最喜欢的课文”“我的推荐理由”……学生们说:天哪,我这一个星期看的课外作品比整个初中还要多!

模块教学受欢迎的原因,大概正如程红兵所说的那样:其一是经典性,课程的“大师系列”精选文学史上著名的大家作品,保证了教材内容的质量。其二是自主性，教材中有大量“留白”，留给学生作旁批、点评，或剪贴自己喜欢的作品，总结模块学习后的体验……

迄今为止，每个教研组都已经全面、科学、有序地推进模块教学。模块教学建设赢得了学生的喜爱，也赢得了社会和媒体的青睐。《中国青年报》《文汇报》《解放日报》《新闻晚报》等报纸，《上海教育科研》《语文学习》等期刊，都对建平模块课程建设作了多维度的介绍和评价。课本上的“留白”，也正等待着一届又一届的学生填满。模块教学，我们的路还很长……

以梦为马，职体起航

学生生涯规划及职业体验，旨在培养学生在学习基础学业的同时，通过体验不同的职业形态，不断认识自己的潜能与志趣，再根据目标发展的要求，不断明确自我发展所需的能力与努力方向，为在学习、生活中少走弯路、迅速成长打下坚实的基础。建平率先在全国基础教育领域高中学段开设这门综合实践活动课程，实实在在地帮助、指导高中生进行人生规划，引导学生知己、知彼、定位、行动，提前与未来相遇，收获充实美好的人生。

“若干年后，当人们谈及建平中学，我们听到的就不只是‘南京行’与‘930’国庆通宵这一系列传统活动，更会是你们正在如火如荼进行着的职业生涯体验活动！”话音刚落，掌声雷动。这正是时任建平中学校长杨振峰在上海浦东新区张江高科技园区 TATA 信息技术中国股份有限公司和十几位建平高二学子侃侃而谈时留下的话语。雷鸣般的掌声中流露出的是建平人的自信执着，更是一份开拓创新。2012 年 11 月，建平中学首次推出高中生职业生涯体验活动，受到了社会各界的热烈反响，也得到了学生和家长们的一致认可，这更坚定了学校建立学生在职业选择上“择我所爱，爱我所择”的培养理念。

2014 年 11 月 27 日下午 1 时，在张江高科园区的一幢大楼里，频频闪现十几个穿着建平校服的学生忙碌的身影。当年级组长杨术林老师陪同校长杨振峰一起踏入 TATA 信息技术中国股份有限公司大门的那一刻，他们被眼前的建平学子深深地感动了。他们自信,他们沉着,他们有想法,他们正青春。十几个孩子像是见了亲人一般围了过来,七嘴八舌地向他们的校长和老师汇报自己这一周多来的所见所闻所思所想。他们的热情感染着在场的每一位 TATA 员工,也感动着前去看望他们的老师们。

"这一周,你们做了点什么呀? 和在学校上课是不是大有不同呀?"杨振峰的提问引起了学生们的共鸣。

"太不同了,我没有想到原来企业里上班是这样的,每天忙得连喝水的时间都快没有了,每天看似工作不多,但原来点点滴滴的琐事已经快撑满了我的一整天!"小吴同学首先感叹道。她的感叹引来了周围同伴的频频点头。看来,我们的孩子真的在这里成长了不少,他们开始慢慢明白社会这所大学究竟是什么样的了。

"我一直都很喜欢英语,我也希望今后可以进入一家外企工作。有了这一周多的职业体验,我终于发现,原来工作后的英语和平时课堂上的英语完全不同,它更专业,也要求更高。刚来的第一天,我们几个原来在班里英语数一数二的同学几乎都不知道怎么开口说话,可是渐渐地,我们已经可以开始在大家面前用英语汇报一天的工作了。这个体验让我明白,知识的学习是踏入社会、踏入工作岗位的基础,唯有肯学、愿学、好学,才能成就不一样的工作人才!"小王同学的一番话说得真切而又值得人深思,学生们若有所思地点着头。在他们依旧稚嫩的眼神中,似乎有过迷茫和无措,但更多的是自信和坚定。在家里他们是父母的心肝宝贝,在学校里他们除了学习似乎什么都不用操心,如今"步入职场",他们曾担心自己坚持不了,可事实证明,他们在这里学到了许多在课堂上学不到的知识。

人生之路要自己去走,只有自己才能做出选择,只有自己才能给出诠释。生涯要规划,更要经营;起点是自己,终点也是自己。无可替代,永不言弃;以梦为马,不负韶华。

上海市实验学校

中小学十年一贯学制成为现实

岁月留痕

上海市实验学校作为一所肩负特殊使命的学校，已走过了三十多年的发展历程。在这三十多年的时间里，学校以教育实验发挥示范和指导的效应为己任，一直孜孜不倦地从事实验，进行着探索性实践和研究性教学：中小学十年一贯；打造“懂实验、乐学习、善教学、会研究、敢创新”的教师队伍；“保证学生和谐与独特发展”的课程结构；开发学生潜力的教学策略。

上海市实验学校的每一项实验成果都大力推动我国中小学教育的发展，并勾勒出了教育整体改革实验的雏形。从这个意义上说，上海市实验学校是一个真正的展示、试验和检验教育思想的“实验室”，进行着名副其实的教育实验工作。

图 1　上海市实验学校校园

校史回眸

上海市实验学校的前身是上海师范大学教育科学研究所“中小学教育体系整体改革实验班”,1986 年学校由上海市人民政府发文成立,次年落成。学校现有三个校区,中学部位于浦东新区东明路 300 号,占地面积 110 亩,建筑面积 43000 平方米,小学部位于南码头路 1316 弄 1 号,国际部位于徐汇区田林十三村 1 号。

“尊重个性差异,挖掘智慧潜能”是上海市实验学校始终秉承的教育理念。在建校以来的三十多年里,学校坚持走在中小学教育创新的前列,探索出了很多先进的教学模式,培养了大量优质人才。学校自 2002 年起连续多年高考升学率 100%,一本率在 80% 以上。2015 年高考一本率为 92.6%。学校现为上海市实验性示范性高中。

1987 年 5 月 10 日,学校举行了落成典礼,实验班有了自己的校舍,成为一所真正意义上的实验学校。1993 年,学校第一本阐述实验改革发展的专著《走向未来的学校——中小学教育模式探讨》由人民教育出版社出版,并作为国内当时有影响力和典型意义的中小学教育实验研究入选“教育实验丛书”,该书汇集了学校在 20 世纪 80 年代至 90 年代初实施教育改革的理论思考和实践探索,反映了学校在教育研究和改革方面走在了全国的前列。1995 年,上海市教委和上海师范大学组织评审组,对实验学校的办学成果进行了鉴定,一致建议由市教委加强领导,并给予学校在校舍、人力、科研等方面的有力支持。同年,上海市教委将学校定位为直属学校,学校进入了新的发展阶段。

2007 年,学校搬迁至周家渡地区。同年,上海市教委与上海师范大学共同把学校命名为上海市第一所“教师专业发展学校”。2008 年 12 月,受上海市教委的委托,上海市教育评估院专家组对学校“创建上海市实验性示范性高中”进行为期两天的总结性评审。最终学校通过专家评审,成功创建市实验性示范性高中。2010 年,上海市高中生创新素养培育项目启动。上海市实验学校以“实验弹性学制,创设特需课程”为主题,与全市 22 所学校一起参与创新素养培育项目。2014

年4月,上海市教委对公办学校国际部进行第一次全方位、高标准的考查,并明确了学校国际部的办学性质、招生范围、办学规模、收费标准等。这是学校国际部规范办学的一个更高的平台,也是国际部办学不断成熟发展的标志。同年11月,《上海市教育综合改革方案(2014—2020年)》获国家批准,方案提出支持并推动上海中学、上海市实验学校开展实验,有效识别和发现在发明创造、科学研究、语言、表演、运动、领导力等领域有突出潜能的超常学生,探索拔尖创新人才早期识别机制。

历史撷英

老领导:舒文让漂泊的实验班“居有定所”

舒文,1916年生于浙江青田,曾任中共皖江区委宣传部、华东野战军纵队宣传部副部长。中华人民共和国成立后曾任教育卫生工作部副部长,上海市科委副主任、主任,上海市教卫办副主任、高教局局长,上海市第八届人大常委会副主任。一提起舒文,上海市实验学校的师生们都亲切地称呼他为“舒老”,他所说的“学生应该用更短的时间把人类积累的基础知识学到手”至今仍被学校的很多老师视为是基础教育改革实践的至理名言。

国以才立,政以才治,业以才兴。实践也多次证明,人才是推动改革创新的动力,改革创新又能激发人才的活力。

1981年是高考恢复后的第五个年头,经历了多年的人才断层,当时国内各个领域的人才极为缺乏。为了满足社会各领域对人才的迫切需求,党中央发出了“早出人才、快出人才、出好人才”的号召。在此背景下,上海师范大学教科所接办了原由卢湾区办了三年的一个少年理科班,将该班调整为学校教育整体改革实验班。时任上海市教卫办副主任舒文对实验方向提出了明确的意见,并对具体组织予以政策支持。

舒文一直高度关注实验学校的创办和发展,在他亲自协调和直接关心下,一个

图 2 舒文在第一届实验班课堂听课

原本漂泊的实验班终于发展成为一所学校,有了固定的校舍。校舍落成后,在舒文的邀请下,时任上海市市长江泽民等领导参加了学校的落成典礼。

直到退休后,舒文仍对实验学校的发展念念不忘,并以学校名誉校长和理事长的身份为学校的发展积极谋划。2004 年 12 月 12 日,学校举行了新校区开工典礼,当时已 88 岁的舒文出席了典礼并坚持到现场观看打下第一根桩。后来他看到实验学校的人就会问:"学校造得怎么样? 建成了,坐着轮椅我也要去看一看。"

2008 年,为实验学校创建和发展付出巨大心血的舒文老人去世了。也就在那年,学校通过了创建上海市实验性示范性高中。在广人实验学校师生的心里,舒文不仅是一个时刻关爱学校成长的老前辈,更是一个慈爱的亲人,他让实验学校在上海大地上生了根、发了芽。

改革先锋:尹后庆为学校发展铺平新道路

老领导舒文让上海市实验学校结束了漂泊,有了属于自己的校舍,在让学校焕发出熠熠光彩的同时,也为学校勇敢担起上海基础教育改革实验的光荣使命奠定了基础。如果说是舒文让上海市实验学校拥有了新生命,那上海基础教育改革的先锋派尹后庆则清除了学校发展过程中遇到的障碍，将学校推向了更加光明宽阔的快速改革发展之路。

尹后庆，1953年生，曾任浦东新区社发局局长，上海市教委副主任、巡视员，现为国家督学、上海教育学会会长。时任浦东新区社发局局长的尹后庆既有对宏观趋势的前瞻判断，又能对微观现象精准捕捉与剔透洞悉。1997年，实验学校从浦西搬迁到浦东新区，并与示范学校合并，虽然在短期内解决了校舍问题，但没有从根本上解决学校未来发展的需要。2002年，上海市教委、浦东新区为了更好地支持学校的发展，决定用土地置换的形式，将学校搬迁至周家渡地区。新校区有110亩地，原居住有近百户居民，在动迁时遇到很大的阻力。为了解决这个问题，尹后庆将动迁列入浦东新区2005年十大重要工程，协调各个相关部门，破解了“钉子户”等各种难题，为新校区建设铺平了道路。

尹后庆特别注重制度创新，并积极倡导在“做局”中做事，他深知改革既需要变革思想，还要创新实践，需要勇于砍下老旧的腐枝，使其长出蓬勃的新芽。在去除陈旧思想的过程中不能一刀切，要实事求是，区别对待。这就需要改革者具备客观评价事物的能力以及长远的大局意识。尹后庆在其著作《见证变革——站在上海基础教育转折点上》中写道：“教育的管理方式和权利运作不能采取头痛医头、脚痛医脚的办法，而是要用改革来解决改革过程中未发生的问题。”这句话一方面反映了他对彻底改革的坚定信念，另一方面也进一步折射出他的改革思想是具有很强的前瞻性的，出发点是为了通过改革的方式来解决改革过程中未发生的问题。

任上海市教委副主任后，尹后庆分管基础教育，参与了“深化课程改革”“聚焦学校变革”等重大项目。尤其是从2010年起，学校参加上海市高中创新素养培育项目，力求通过课程让每一个学生都能发现自己个性才能发展的独特领域和生长点，于是“特需课程”作为一种以研究、表达、行动、设计为核心的创新课程诞生了。学校课程变革的近五年，尹后庆多次对课程的界定、设计、发展提出专业的建议，并反复强调，课程创新必须遵循“以人为本”的原则，关注对学生精神世界的关怀，尊重学生的差异，发挥学生的主体性，促进学生的全面发展。

尹后庆长期从事基础教育的领导工作，不仅从宏观上引领上海基础教育的变革，又在微观上把关注点下移到学校和课堂，实验学校就是他连续十多年跟踪、研究、发现、指导的学校。他借助这一实验样本，将一些有价值的实验项目向全市推荐，学校也因此不断有新的进步。

两位友人：毕生关注学校发展

实验学校在发展的关键阶段还得到了两位友人的资助和帮助，他们给予学校资金方面的支持，资助学校筹建，为学校购置教学设备，在学校设立奖学金，毕生都在关心学校的建设和发展。他们就是林三渔和佐藤良和先生。

林三渔先生生于浙江莆田一个贫苦农民家庭，从小因家境贫寒无法上学，17岁背井离乡，东渡日本谋生，在异乡七十多年中做过苦力，开过小饭铺，靠着节衣缩食、克勤克俭勉强维持生活。直到新中国成立，他的事业得到发展，也为自己的祖国自豪。他担任日本东京华侨总会理事、浙江同乡会副会长，积极维护华侨正当权益，团结广大侨胞，促进祖国统一工作。

从1961年起，林三渔先后回国41次，每次回国都想方设法筹集资金支援祖国建设。他资助的项目有公路、桥梁、凉亭、水电站、华侨大厦、学校礼堂等。据莆田县人民政府初步统计，仅在青田一地，林先生捐助的项目就达17个之多。他不但关心家乡建设，还逐步到上海、北京等地捐资助学。

1985年，林先生得知上海整体教育改革实验取得初步成绩，并将筹建一所实验学校，他专程从东京赶到上海，实地察看了学校的筹建情况。1986年1月，林先生在东京写信给上海市人大常委会，表示愿意资助上海市实验学校。市教育局决定将他捐赠的钱款用于建造“三渔楼”教学楼和购置语音教

图3　林三渔先生(右三)出席学校落成典礼

学设备、计算机和其他电子教学设备与教学仪器，同时设立“林三渔奖教奖学金”。

1987年5月，年逾九十的林老先生兴致勃勃地专程从东京赶来参加学校落成典礼。可惜的是，翌年，林老先生溘然长逝。如今林三渔先生半身塑像安放在三渔楼门厅正中，他用亲切的目光注视着一届又一届实验学子健康成长，实验人也会永远缅怀这位爱国华侨。

佐藤良和先生是日本追手门学院大学教授，他与上海市实验学校的渊源始于20世纪80年代末。作为研究教育的专家，佐藤良和于20世纪80年代末知道了上海市实验学校教育实验的丰硕成果，对此产生了浓厚的兴趣，几乎每年都来实验学校调研，并著书立说，将实验学校的教改经验介绍给日本教育界。他还在学校设立了“佐藤奖学金”，鼓励在科技方面有突出表现的学生。

1997年5月，佐藤先生在参加了实验学校10周年校庆后，表示因年事已高，今后不再出访。14年过去了，佐藤先生依然惦念着实验学校的发展，一直怀着重访故地的心愿。2011年2月22日，他终于以85岁的高龄重访实验学校。在上海师范大学领导的陪同下，学校相关人员带领访问团一行参观了学校学生自主研究中心、艺术中心、心理室、综合楼文化墙等。在参观过程中，佐藤先生详细询问了学校的办学理念、课程设置、学生与教师情况等，并对学校近几年来的发展赞叹不已。

佐藤先生来到初中部，与学生切磋书法技艺。书艺精湛的佐藤先生挥毫泼墨，为实验学校留下了珍贵的题词“清气满堂”。初中部的小书法家们也向佐藤先生赠送了他们的书法作品。他还到田林校区故地重游，对田林校区的一草一木记忆犹新。在田林国际部，佐藤先生参加了升旗仪式，并向全体师生发表讲话。之后他走进教室听课，并亲切会见了国际部的日本籍学生。国际部主任陈慧老师向佐藤先生赠送了由国际部学生绘制的兔子画作，佐藤先生欣喜地说，他属兔子。佐藤先生表示，他要把已经中断了的“佐藤奖学金”延续起来，在有生之年，每年来实验学校颁奖。佐藤先生回国后第二年，追守门学院大学校长来访，带来了佐藤先生去世的消息。回忆起佐藤先生最后一次到实验学校的情景，他好几次都动情哽咽。佐藤先生把回实验学校看看作为晚年的心愿,他实现了。

林三渔先生对上海市实验学校发展的帮助主要体现在资金、教学设备、基础设施的援助上;佐藤良和先生对学校的帮助更注重于教育理念共享、文化交流、奖学金支持方面。两位友人从物质和精神两个层面为学校发展提供的援助,促进了学校发展的步伐和教学理念的升级。

四任校长:接力传承改革创新使命

上海市实验学校建校三十年来总共经历了四任校长。第一任校长是恽昭世,第二任校长是张民选,第三任校长是李西亭,第四任校长是现任校长徐红。

图 4　实验学校四任校长合照

恽昭世校长在任时间是 1987 年至 1998 年。作为学校创始人之一,她怀着对教育改革的一腔热情,全身心投入到教育改革的热潮中。她一面主持上海师范大学教科所的工作,一面深入基础教育第一线,将教育理论研究与教育实验结合在一起,希望能够办一所"面向未来的学校"。她在大量的调查研究和数据分析的基础上,对这所面向未来的学校进行整体改革的设计:纵向上具有中小学全过程的特点,横向上又具有全方位的特点,要研究中小学在课程、教材、教法、考试、管理等诸多方面的内容。这项研究周期长、因素多、难度和复杂度高，带有超前性，恽昭世以学者的胆略和执着，克服重重困难，用了整整16年时间，将一个全新的学校独树一帜地呈现在世人面前。学校承担国家“七五”“八五”重点科研项目的子课题“中小学教育整体改革实验与研究”“面向21世纪中小学教育模式研究与实验”，成果获全国首届教育科研成果一等奖。

恽昭世始终将办学实验与科学研究融为一体，白天领导一个研究所、一个学校，晚上著书立说，她先后出版专著《走向未来的学校》（获全国人文社会科学优秀成果著作类二等奖）、《开发潜能、尊重个性》（该书列入1998年“上海教育丛书”）、《教育实验与学生发展》等，为学校的发展奠定了坚实的实验基础。

她在《开发潜能、尊重个性》一书的后记中写道：“我觉得我是幸运的，因为社会的发展给了我一个深入实际、运用教育理论思考和解决基础教育中存在问题的机会，使我能够结合实际学习、探索和运用。”

现在，恽昭世虽然已经退休，但仍是学校的精神导师，她密切关注学校的后续发展，充分信任后任校长的工作，鼓励大家继往开来、不断创新。在实验的校史上，一批又一批实验人心中都会流传一个传奇的故事：实验的诞生和孕育实验诞生的创始人恽昭世。

张民选校长的在任时间是1998年至2003年。张民选在担任上海师范大学教育科学学院院长期间，同时兼任上海市实验学校校长。担任校长期间，张民选提出了“办学前瞻创新，实验精致领先，教师专业发展，学生展能成志”的办学思想。2002年，上海市教委与上海师范大学共同命名和授牌上海市实验学校为“教师专业发展学校”，这是上海市第一所“教师专业发展学校”。

为了将学校建设成为“教师专业发展学校”，张民选做了大量工作。在理论方面，他通过对国内外文选比较研究，对教师专业发展的内涵进行界定，提出了教师专业成长途径和方法的设计，为教师专业发展与学校的建设和发展奠定了全面的理论基础。他指导学校根据教师专业发展各个阶段的特点开展研究、实践，并总结经验。今天,上海市实验学校在各方面取得了一些成绩,特别在教师专业发展方面做得有声有色,得到社会较高评价和赞誉,这些和张民选当年担任校长时打下的基础以及始终如一的关心是分不开的。

张民选具有丰富的国际教育经验,先后数次受教育部委托参加国际会议和国际合作。他利用所了解和掌握的当今国内外教育发展动态,开拓学校领导班子的教育视野,帮助学校提升教育改革和创新的高度。他是学校发展和前进的同路人。

李西亭校长的在任时间是2003年至2008年。

1997年,李西亭到浦东校区主持工作。他注意工作方式方法,积极和原六师的干部、教师和职工进行交流,强调"强强联合,平稳过渡,顺利转型,办好办了"。原六师的校级领导、中层干部全部留用,一线教师在完成师范生教育后,根据本人意愿和学科特长安排在中学部工作。1999年暑假,六师送走最后一届毕业生,圆满完成了她的历史使命。与此同时,上海市实验学校中学部用短短三年时间已经在浦东新区形成了很好的品牌效应。

在任期间,李西亭坚持"开发儿童智慧潜能,发展学生积极个性"的教育实验理想,通过"教师专业发展"途径,达到"学生展能成志"的目标。在前任校长关于建设教师专业发展学校的理论研究基础上,他和他的管理团队一起进行实践探索,学校承担的市级重点课题"创建教师专业发展学校"的成果获得上海市第九届教育科研一等奖。

2004至2008年期间,实验学校先后与浦东新区、闵行区、南汇区以及徐汇区四个区签约,委托管理五所学校。李西亭选派了有丰富教学经历、有深厚实验情结的中层干部,让他们在校长管理岗位上进行历练,拓展自己的抱负。这些托管学校在较短的时间里,因地制宜,因校制宜,较好地达到了委托管理的预期目标,成为该地区同类学校中的佼佼者,成为老百姓喜欢的学校。

现任校长徐红是上海市实验学校的第四任校长,出生于1960年,1990年调入实验学校,已在学校工作了将近30年。她从一线教师、班主任做起,历任教研组长、教导处副主任、校长助理、副校长,于2008年起担任校长。

徐红的专业成长经历与她幸运地身处优厚的教育环境有关。自来到实验学校,她就近距离地感受舒文、吕型伟的教育情怀与教育思想,能直接受到张民生和尹后庆两位领导教育智慧的影响,当然更重要的是得到前三任校长的厚爱与提携。恽昭世让她理解了教育实验的意义和价值,张民选为她构建了教师专业发展的宏图,李西亭帮助她打下了扎实的教育管理的基础。在这样的背景下,依靠自己的努力,她顺利地在2002年被评为上海市语文特级教师,2008年被评为上海市特级校长,2014年起享受国务院特殊津贴。

在语文教学方面,早在1995年起,她就开始了语文单元模块教学的研究与探索,该成果获全国教育实验成果一等奖。1998年编写《时文阅读》并在教学中使用至今。2013年出版了《上海名师课堂 中学语文拓展选修 徐红卷》。连续十年承担浦东新区语文学科基地工作,培养了上百名中青年语文教师。

在任副校长、校长期间,徐红协助和主持学校的教师专业发展工作,取得了丰硕经验与成果,与团队共同完成的专著《教师专业发展学校的理论与实践研究》获上海市教科研成果一等奖,主编的《新教师百问》成为学校培训教师的专用教材;申报市重点规划课题"基于课堂观察的教师测评系统",经过三年与高校的合作研究顺利结题,该项研究在教师专业个性化培训与信息技术整合上有较大突破。

随着教育经历的不断丰富,徐红既博采众长,又逐渐形成自己的教育思想与风格,提出了"护长容短"的教育理念,并出版了专著《护长容短——我的教育随笔》,得到教育界和家长、学生的广泛认同。她根据十年一贯制学校的特点与上海市教育改革的趋向,在课程上大胆突破,构建了核心课程、学养课程与特需课程为一体的课程框架,成果《探索潜能开发、深化教学整体改革》于2014年获全国基础教育改革研究成果二等奖、上海市教学成果(基础教育)一等奖。2018年徐红荣获上海市教育功臣称号。

徐红目前是上海市名校长后备基地副主持人。作为上实教育集团的总校长,承担了七所学校的委托管理,集团的各所学校办学质量均在所属区名列前茅。

徐红的目标宗旨是让实验学校这所在学制、教材、课程、实验研究上都独树一帜的学校拥有更广泛的社会影响力和辐射价值。她带领实验团队深入研究课程内涵,引入多元课程资源,完善课程结构;积极推进教师专业发展,搭建各种平台,为各类各层教师提供学习和展示机会;着力提升实验研究的学术含量,在实证、跟踪方面加大力度,在学生学习兴趣、学生个性观察、毕业生跟踪、教师课堂观察等领域做了大量的实验探索,并申报多项市、区课题,取得了多项成果奖,学校的办学质量和社会的美誉度逐年提升。

上海市浦东新区育华(集团)学校

从工读学校到形成多元化办学新格局

岁月留痕

上海浦东新区育华(集团)学校是全国工读教育的中坚力量。四十年来,伴随着时代发展和社会需求的变化,学校历经艰苦创业、艰难探索、改革攻坚的办学过程,历任学校领导和教师在这块特殊教育的园地上默默耕耘、无私奉献、不畏艰难、开拓进取,在行为问题青少年的心理、行为矫治方面积累了丰富的实践经验,并取得了令人瞩目的成绩,教育、挽救了一批又一批行为不良的青少年学生,使他们走上了健康成长的道路,为预防、控制青少年学生违法犯罪及维护浦东新区的社会治安做出了特殊贡献。现如今,学校"一校多部"模式得到了充分发展,实现了工读学校办学由单一向综合、多元转变,形成了集工读教育、托管教育、育华职业教育、法制教育和心理咨询、德育社会实践实习基地于一体的多元化集团办学格局。

校史回眸

上海市浦东新区育华(集团)学校前身系川沙县工读学校,创办于 1979 年 9 月。从 1979 年建校以来,育华始终以不变的工读精神——为了每一个暂时落后的孩子的终生发展——而不懈努力,坚守办学初心,砥砺前行。

1986 至 1987 年,在校长高妙根的带领下,全校上下解放思想,大胆创新,正式启动"开放、民主办学"的改革模式,对彼时传统工读学校的办学理念和功能进行了重新定位。1993 年,学校增办"浦东新区育英学校",提出"工读学校的职能要向前延伸,要成为青少年犯罪体系中预防、预控、矫治的中心”,并积极着手拓展工读学校的功能,创办托管部。1994 年,学校增办职业教育培训部,为工读毕业生的就业“助跑”。1997 年,学校提出构建浦东新区青少年教育保护中心的设想,并被上海市教委授予上海市工读教育系统示范学校和涉外窗口学校。1998 年,在浦东新区教育行政部门的大力支持下,育华(集团)学校“一校多部”格局正式形成。2000 年,成立了浦东新区法制教育中心,并开设托管高中部,在全区形成了以学区为单元的问题青少年帮教网络,社区青少年教育保护中心的格局得以补充完成。

图 1　20 世纪 80 年代学校校舍

图 2　20 世纪 90 年代学校校舍

多年来,育华(集团)学校先后荣获全国未成年人保护先进集体、全国青少年犯罪研究先进集体、全国工读教育科研先进学校、上海市文明单位等称号。在四十年的办学过程中,学校以“六心”师德的教育理念和“二十八字”办学方针为指导,完善了疏导问题学生心理、矫治问题学生不良行为的教育模式,并推进引导家长科学教育孩子“三管齐下”的教育教学手段,建立了教师专业发展的培养体系。

历史撷英

破釜沉舟,三十年坚持与守望的工读教育领路人

2008 年,对于上海市育华(集团)学校校长高妙根来说,意义非同寻常。就在

这个秋天,上海市委书记俞正声和市长韩正亲手将代表着上海教育工作者最高荣誉的“上海市教育功臣”奖牌授给这位与“问题学生”打了30年交道的校长。高妙根说:“这份荣誉饱含着政府和社会对构建和谐教育体系的肯定与期待,它属于上海工读教育的群体。”

在工读系统这个特殊的教育园地里,高妙根辛勤耕耘了30多个春秋。一谈到学生,他的眼中就会闪动着异样的光辉。这些曾经被当作“垃圾”的学生,在浦东新区育华(集团)学校却被视为珍宝。

从在全国率先提出“淡化工读色彩,强化教育意识”的办学理念,到重新审视工读教育的办学模式,开创了集工读教育、托管教育、职业教育、法制教育和心理咨询、德育社会实践为一体的多元化办学新格局,高妙根深信,挽救一个行为偏差的孩子,其社会价值并不逊于培养一个资优生。

今天的浦东新区工读学校面貌已焕然一新,成为集团化学校,而谁能想到,多年前,这里还是个谁听了都会退避三舍的“第二少管所”。

“那时这里和全国所有的工读学校一样:学校被高墙、铁丝网包围着,围墙外有公安人员把门和巡逻,校内设有为不服管教的学生准备的禁闭室,校园里随处可见‘悔过自新’和‘重新做人’的标语,学校里到处是层层铁门。”这个当时在上海掌管钥匙最多的校长心中涌动着强烈的不安,“钥匙要打开的不是铁窗,而是那些蒙昧的心灵”!

图3 学生晨练(20世纪80年代)

1986年,高妙根做出了惊人之举。拆除高墙,扯掉铁网,废除禁闭室,撤下刺眼的标语,换掉站岗的公安,在全国率先提出“淡化工读色彩,强化教育意识”的办学理念,在全国引起一片震动。而伴随着他的改革,上海教育决策者的目光开始投向工读教育中一些更深层次的“不和谐”,经过反复调研,上海市教育行政部门明确了工读学校的职能是“接收”普通学校行为不良或严重行为不良的学生，而不是“招收”，一字之差带来的是一场思想大解放。随后，上海的工读学校率先取消了招生计划，只要学生有需要随时可以来，学成后也不贴任何“标签”，可返回原校继续就读。

高妙根自1983年起担任党支部书记、校长，从第一天上班直至退休，始终在工读教育这个特殊园地里辛勤耕耘。他以破釜沉舟的勇气，锐意进取，改革创新，抓住时代发展的契机，着眼于维护社会稳定的需要和学生成长的多样性趋势，将工读学校的办学功能由单一性向综合性拓展，形成了工读教育、托管教育、职业教育、校外协教、心理咨询服务、劳技实习、少年军校、特教师资培训等多部一体的工读多元办学新格局，把一所普通又特殊的学校打造成上海市示范性工读学校和全国先进工读学校。

众志成城，从未改变的工读办学宗旨

学校始终坚持把“在家做个好孩子，在校做个好学生，在社会做个好公民”作为学校的总体育人目标，使学生心理、行为得到有效调适，努力培养学生成为身体健康、人格健全、遵纪守法、文化合格、劳动态度与能力良好、有一技之长并自食其力的合格公民和劳动者。

基于办学宗旨，学校各部门根据学生实际情况，制定具有部门学生特点的育人目标。工读托管部：守法、踏实、求知、谦逊；中职部：人格健全、文化合格、热爱劳动、专技突出；高中部：有理想、勤学习、善处事、会生活。

几十年来，学校始终恪守学校办学宗旨，服务于校内外各类存在问题行为的青少年，制定了“不看过去看发展，不靠惩罚重激励，不是亲人似亲人，不为钱财为人才”的二十八字方针。学校在学生寝室配备了空调、储物柜、毛巾架、独立卫生间等必要的硬件设施，为学生创设了温馨、惬意的家庭式的亲情氛围。学校设有传统十八项常规竞赛，对学生的队列、行进、用膳、就寝、内务等制订了一系列准军事化的管理条例、办法及细则，班级有班规，有奖扣分制度，有一日讲评制度，小至看演出时的坐姿礼仪，大至走出校门队伍集合的速度……学校坚持进行日评、周小结、月表彰。在月度表彰中，三分之一的学生曾获得学校给予的各种荣誉；在班级月结主题班会中，超过三分之二的学生得到表扬奖励。同时，学校大力渲染营造表彰氛围，为优秀学生颁发奖状、拍彩照并在宣传栏中展出，在平时学生的品学评价中，强化评价的激励色彩。

针对学生学习特点，学校在文化课教学上采取了降低难度、减缓坡度、以新带旧、补缺补差的适应性教学。教师在学习评价中不以分数高低为标准，强调纵向比较的进步，测验、练习让学生获得成功的体验。学校还建立了奖学金制度，为学习上取得明显进步的学生颁发奖学金，调查结果显示学生进校后学业进步率达 90% 以上。

学校在四十年的实践中，把“让每一个家长确信自己的孩子都存在发展潜能；让每一个教师确信所有的孩子都可以被成功转化；让每一个孩子确信通过自己不懈的努力一定能够成才”的教育理念印刻在每一个育华人的脑海中，并不断付诸实践，培养了一批又一批敢于担当、勇于负责的育华学子。

图 4　学生 18 岁成人仪式

立足长远，坚定不移的职业教育办学之路

1985 年 11 月，当时还名为工读学校的育华就当时川沙县的经济发展趋势和人才需求的实际，在学生中开设了电焊、缝纫、木工、园艺等四个班。1994 年与新陆

职校及区青少年保护教育办公室联合办了汽车修理专业中职班。1995 年扩招文秘班。1997 年与上海振华外经贸职校联合办学模式初步形成,合办外贸班。1999 年至 2006 年,经上海市教委与浦东新区社发局批准,学校开始自主招生,择“差”录取——即招收无法正常完成初中学业,年龄又偏大的问题青少年学生,先后开设烹饪、汽修、园艺、物业管理、宾馆服务、中西点心、电子商务等专业。2007 年起,学校与上海振华外经贸职校联合招生,增设航空物流、电子商务、休闲体育等专业,生源进一步扩大。

2016 年 8 月,上海市教委正式批准在育华增设“上海市外经职业技术学校育华办学点”,正式启动打通特殊学生中职教育通道的职业教育新模式。学校职教部目前开设四个专业,分别是中式烹饪、中式面点、高星饭店运营与管理和电商物流。在教师的指导下,各专业学生考证初级通过率达 100%,中高级通过率超 95%,并且在“星光杯”等市级专业技能比赛中屡获佳绩。

同时,学校职教部不断挖掘学生成才道路,于 2010 年开设三校生高考复习班,学生大专升学率逐年提高,8 年来为高校输送了近 300 名专业技术过硬、文化素质良好的三校生。2017 年,职教部与开放大学联合办班,为在校生提供大专院校课程学习,开辟了职校学生进一步提升的新道路。

面对日趋严峻的劳动就业形势,学校积极梳理、整合已有资源,去企业实地走访、考察了解,进行资质认定,始终与 50—60 家企业保持良好的合作关系,以确保学生实习能够安全有序地进行。由于学生的出色表现,不少企业与学校的合作关系已长达十年,校企达成合作共赢的良好状态。目前已经形成了包括喜来登大酒店、豫园万丽大酒店、电讯盈科等近四十多家著名企业所组成的学生推荐网络,实习生推荐率达 100%,成功率达到 95% 以上,实习留用率约 85%。

育华(集团)学校职教部经过 20 多年的探索,累计招收中职学生 3000 余名。现已拥有 40 余名教师,13 个班级,在校学生总计 450 名,成为学校工作中的主力军。育华职业教育始终秉承“让每一个孩子都能成才”的宗旨,为在校学生提供专业技术培训,力争将每一个学生培养成具有高素质、高技能的合格劳动者,为学生将来踏上社会和工作岗位夯实基础。这些学生以出色的专业技能、踏实的劳动态度、不怕吃苦的精神、良好的礼仪,获得了用人单位的一致好评。通过学校的教育,那些原本令原学校教师和家长头痛不已的孩子如今活跃在金茂大厦、国际会议中心、浦东干部学院、东方艺术中心和各高星级酒店的工作岗位上。

图5 中职部学生技能大比武

拓展功能,战略于未来的法制教育服务

上海市浦东新区教育局法制教育中心是育华(集团)学校探索特殊教育的扩展和延伸的成果,由原浦东新区社发局挂牌命名,为浦东新区未成年人违法犯罪的预防控制及青少年的普法教育提供全方位服务。

法制中心的基本任务:一是为新区180余所中学的学生提供法制宣传教育、行为规范教育服务;二是协助各校开展对不良行为问题学生的教育、矫治服务;三是为浦东新区未成年人违法犯罪的预防控制服务。

法制中心每两年会更新制作一批当下青少年突出的法律热点问题展板,送至各学校和社区进行巡展,发挥教育功能。十年来,根据形势变化,中心制作更新了两期展板,进行了两轮巡展,总计辐射学校300余所,获得了普校师生的一致认可;收到9300多篇主题为“法制在我心中,青春与法同行”学生征文,评出区级优秀征文5861篇，先后评选了56所学校为法制宣传版面巡展优秀组织奖单位。

针对未成年学生法制意识淡薄、交友不慎、逃课逃夜等不良行为以及缺乏安全防范意识和自我保护能力的特征，法制中心通过积极联系和协调，正式组建成立了“浦东新区青少年法制教育报告团”，聘请了富有法制教育经验的公、检、司、法、妇联、团委、青保办等部门的人员作为报告团成员，对学生开展法制教育报告、讲座。近十年来报告团累计为浦东新区803所学校作法制报告，听讲学生80000余人。

根据未成年人的生理、心理、性格等特点，法制中心组织成立了由学校教师和育华学生一起参与的“师生法制宣传演讲队”，演讲内容多来自曾经在工读部就读学生中典型的、有教育意义的案例：胸怀大志的好学生由于法制意识淡薄、交友不慎，参与团伙抢劫；迷恋游戏却无钱上网的学生，从小偷小摸发展到偷窃数万元而被判刑；恶少横行，拳头下的悲剧；毒品的危害，等等。近十年来，师生法制演讲团为198所学校作过专场演讲，听讲学生19800余人，获得了普校的高度评价。

法制教育中心在承担对在校有行为问题学生的教育之余，还需担负起普通中学问题学生的帮教工作，此类学生称之为“校外预控生”。在对预控生进行帮教的过程中，需立卡跟踪，定期谈话，记录转变过程，最后作出评定。此外，对普校开设主题为“关爱青春，与法同行”一日考察实践活动，受到了欢迎和好评。十年来，共有138所学校、共计4035人次来校参加考察活动。

据统计表明，2013年上海市未成年人的违法犯罪率为万分之二，并在后五年间连续下降超8%，浦东新区的未成年人违法犯罪率仅为万分之0.65。法制教育中心的工作也得到了各级部门的肯定和被服务学校的一致好评，先后荣获全国未成年人保护工作先进集体、国家级校外教育特色奖、上海市青少年保护工作先进集体、上海市未成年人保护先进集体等荣誉。

植根于爱，矢志不渝的育华教师群

育华（集团）的老师是一个特殊的教师群。除了日常教学，他们更多的是承担对特殊群体的教育任务。针对生源的实际情况，学校鼓励老师实行“偏爱”政策，不看他们的过去,给予其人格上的尊重和无微不至的体贴关怀。教师与学生同学习、共生活,在严格的制度约束下,有班级自主发展的规划设计,有温馨可人的教室育人环境,有积极向善的班级文化,有激励成功的班级主题活动。学校倡导“教师人人是学生心理健康教育工作者”理念,制定“三级帮教”制度。每学期帮教 2 名班中的“特殊”学生,时时关注,定期谈心,及时疏导心理问题,随时解决生活学习困惑,并定期就学生遇到的典型、特殊问题进行研讨和课题研究。注重个案研究,建立特殊学生档案,全面追踪辅导。十年来全体教师每年参加各项与心理相关的培训,参与率都达到 100%,形成了一套符合学生心理发展的个案研究体系,并投入大量物力和财力建设学校 3 号楼,成立独立的心理咨询中心,将设施配备齐全,为学生创设安静舒适的心理辅导环境。

学校延续了工读教育部分传统,采取半军事化管理模式,所有工读严管部、职教初三、高中学生均需住校,每晚配备教师(非宿管人员)值班管理。从一日三餐到课内外活动,从早自习到熄灯就寝,学校所有教师和学生同吃同住同活动,保证了每个学生都能得到老师认真细心的指导和看护。半夜急病送诊、教师亲自下厨、每日放学护送……师生之间结下了深厚友谊。和学生谈心、上门家访等形式,不但解决了学生的思想问题,同时也化解了不少家庭矛盾,把思想教育工作从校内延伸到了校外。坚持实施每天的早晚讲评制度、值班管理制度等,育华的老师们形成了“善于育人、勇于担当、乐于奉献”的良好师德,看班值班、教育教学的各类补台工作,配合默契,工作氛围进取、向善。

学校各部师资雄厚,经验丰富。职教部门 18 位双师型教师中,半数拥有高级职业技能证书。18 名高中编制教师中,高级教师有 6 位,具有研究生学历的教师有两位。从 2009 年以来,学校常年保持专科上线率 100%,本科上线率 50% 以上的骄人成绩。学校东校区(实习学校)在上海市教委组织进行的高中农村社会实践基地评估中,两度荣膺第一名。浦东新区教育局统一下发的《农村社会实践指导手册(二版)》课程内容全部由东校区组织一线教师编写,并获得了上海市教委校外联和全市同行的高度认同。

自 2014 年 9 月育华(集团)学校被评为上海市见习教师培训基地学校后,学校不断摸索创新,创立了"规范+特色"的培训机制。在导师建设上,利用中国工读教育学会、高妙根名师工作室及本校资源,建立了导师团队,每年遴选优秀教师充实导师团队,确保见习教师培训的效果。同时不断利用各种途径对导师进行培训、优化,促进队伍水准提升。在培训实施上,利用"月课表"的方式细化,保证见习培训工作有序、规范执行;借助浸润式文化熏陶及各种活动提高师德,借助"外力"提升学科水平,如学校借助华夏西校、五三中学等校师资力量,提升学科水平,形成"1+1>2"的效果;借助校本培训特色课程,如"值班管理""班主任手册""心理疏导"等,提升教育特殊学生能力。在培训效果上,学校每年的区考核都达到优秀。依据学校实际,为见习教师建立与培训相衔接的"1+3"培养模式;为职教教师开展"精一会二选三"培训,促进教师专业发展;鼓励班主任参与每年的相关培训。"量体裁衣"式的继续教育培训使得工读教师的教育教学理念紧跟时代步伐。学校进一步落实考核机制,通过学生座谈会、家长访谈测评、教师互评、行政巡视、"一票否决制"等形式开展多样的评价,在月度、学期、年度考核及各类评优中予以体现,多元的评价机制为学校持续发展提供了强有力的保障。

"爱心、信心、耐心、恒心、尽心、细心"的"六心"师德要则是育华教师的精神引领。育华教师里有老工读校的教师,有参与职教办学全过程的教师,更有新一代的青年教师,无论在哪个校区和部门,育华教师的职业成就感更多的是源于每一个学生能够顺利融入社会,成为社会建设者。

上下求索,砥砺奋进的育华新征程

育华(集团)学校在一代又一代人的艰苦奋斗中,从仅有的工读严管部,发展到由托管、初中、高中、职校、法制中心、东校区(实习学校)组成的育华(集团)学校,所走的每一步,都是对特殊学生群体教育模式的摸索与总结,是对以往传统工读学校社会功能的不断发展和延伸。现在的育华(集团)学校中,工读托管部仍继承着旧传统,接收各校不适应普通学校教育教学的学生;职教部作为衔接平台,既为学校工读托管学生服务,也向所有有行为问题的学生开放;法制中心承担着校内外乃至整个浦东新区的法制教育普及工作；东校区(实习学校)除了负责学校的军训、学农，更被分配了全区高二学生学农实践的任务。育华的四十年是平凡的四十年，也是波澜起伏的四十年，它见证了新中国的迅猛发展，更肩负起了维护一方和平稳定的责任。

2009 年之后的十年间，育华(集团)学校经历了新旧领导的交替，在高妙根校长退休之后，卫宝弟校长接过接力棒，带领全校师生再次出发。面对日益变化的教育环境，学校确立了“全面传承、转型发展、多元转变”的办学思路。尽管遭遇不少困难，但是在全体育华人的努力下，学校有了新发展。

学校东校区(实习学校，高中社会实践基地)进入集团学校管理体制以来，在上级部门的支持下，硬件设施明显提升，先后进行了数轮改扩建，床位从 250 个增至 850 个，餐厅餐位数从 250 人增至 600 人，浴室从 40 人/批增至 200 人/批，新建标准篮球场 9 个、塑胶跑道 1 条(300 米)。2012 年起，根据浦东新区教育局的统一部署，浦东新区高二学生将统一到东校区参加农村社会实践活动，由此，占上海市约五分之一的浦东新区高二学生(近万人)的农村社会实践活动全部由东校区(实习学校)承担，每批 5 天，统一安排时间，春夏秋冬四季不断，开启了全新的征程。

为深入贯彻落实《关于进一步深化预防青少年违法犯罪工作的意见》(中办发〔2016〕26 号)和《关于进一步深化上海市预防青少年违法犯罪工作的实施意见》(沪委办发〔2017〕22 号)，推动专门学校教育的科学发展和内涵提升，进一步发挥专门学校在预防青少年违法犯罪工作体系中的作用，“上海市专门学校教育研究与评估中心”在育华(集团)学校筹划建立。上海市专门学校教育研究与评估中心定位为本市开展专门学校教育研究与评估工作的专业服务机构，负责开展专门学校教育研究和预防未成年学生违法犯罪研究；研究开发对问题学生的教育评估工具，对全市需要送专门学校教育的行为不良未成年学生进行入学评估和教育转化效果评估。建立后，育华(集团)学校的集团化办学格局将进一步扩大，将开展专门学校办学实践和办学成效评估并指导专门学校专业发展。

成立“育华教学点”后，学校职业教育的发展得到了浦东新区教育局大力扶持。通过专项资金的形式，学校的教师专业培训、学生下企业实训等方面得到了经费保障。2019 年起，学校专业实训楼将启动改建和扩建，建立全新的烹饪实训中心、中西点心操作中心、酒店服务实训中心、咖啡茶艺调酒实训中心、电子商务专业专用实训中心，实操训练条件将得到全面改善。职教部为学校发展蓝图又添上浓墨重彩的一笔。

“让原本游离在辍学边缘的学生，重拾自信，正常地回归社会，成为社会的有用人才；让原本充满忧虑的家庭，重获希望，看到孩子感受亲情的渴望，成为家庭幸福的曙光。”朴素的语言，概括了学校的定位和存在价值，这就是育华人四十年来的追求，也是育华人不断汲取力量的源泉。

上海市七宝中学

率先开展研究性学习的求索之路

岁月留痕

图1　学校首任校长沈维祯

1947年，上海绅士李启贤、柴子飞等十余人发起，在七宝镇创办了一所农业中等职业教育性质的学校，经当时的市教育局批准，命名为上海市立七宝农业职业学校，聘请柴子飞为校长。同年9月，七宝镇诞生了由沈维桢先生担任校长的南洋模范中学七宝分校。后几经易名，至1956年8月两校合并，成立了新的七宝中学，由此揭开了七宝中学发展的崭新篇章。

1961年，学校被确立为上海市重点中学。1978年，学校恢复市重点中学。1987年，学校改为高级中学。1995年，闵行区政府投资2亿元，易地重建七宝中学新校舍。1996年，校长仇忠海提出了“全面发展，人文见长”的办学理念，把“培养具有较强专业知识和较高文化品位的全面发展的学生”作为育人目标。1998年，学校在全国率先开展研究性学习的实践探索，以“文艺与人生、人与自然、上海的今天和明天、走向社会”为内容开展的“开放性主题活动课程”，被教育部推荐为全国研究性学习四大模式之一。

图 2 20 世纪 90 年代初七宝中学校门

校史回眸

1997 年，学校搬迁至闵行区农南路 22 号新校址，成为上海市首批 11 所现代化寄宿制高中之一。

2000 年，学校成为首批承办全国新疆内高班学校之一。

2002 年，学校申请的全国教育科学“十五”规划课题“运用人文教育提升中学德育有效性的实践探索”得以立项。学校通过开展感恩教育、心理健康教育、学生自主管理实践、人文校园文化建设等，构建了富有人文特色的学校德育体系，形成了“将道德融入文化浓汤，将德育置于人文沃土”的人文德育特色。

2005 年，学校被上海市教委命名为首批上海市实验性示范性高中，同年成立“七宝中学教育集团”，集团现有核心学校 14 所，学生逾万人。

2006 年至 2010 年间，学校提出“创新型”校园建设，先后建立了 19 个科技创新实验室，并在此基础上成立“学生科学研究院”“学子人文书院”。

2007 年，学校提出“平民本色，精英气质”这一新的育人目标，用“爱生活、会实

图 3　2010 年 3 月学校学子人文书院开馆仪式

践、有爱心、能自强”和“爱读书、会思考、有才情、敢担当”分别来概括这一目标内涵。

2010 年，学校成为“上海市高中生创新素养培育”项目实验校，构建了创新素养培育的“金字塔”模式，其相关成果在首届上海市基础教育教学成果评选中获得特等奖。

图 4　2013 年 1 月学校创新素养培育项目市级展示

2014年,为积极应对新高考改革方案的实施,学校正式启动“高中生生涯发展导航系统的设计与实践研究”项目,并实施“全员成长导师制”,助力学生生涯发展。

2015年伊始,学校在对发展历史及今后特色内涵发展方向的理性思考基础上,正式提出了创建“研究型高中”的办学目标。

学校先后获得全国体育传统项目特色学校、国家级语言文字示范校、全国首批中小学心理健康教育特色校、全国文明单位等110项市级以上荣誉称号。

目前,学校全体师生正在为把学校建设成为一所具有深厚人文底蕴、浓厚研究氛围、鲜明创新特色,引领国内高中发展,达到国际水准的一流研究型高中目标而努力奋斗!

历史撷英

星火红土情

在七宝中学的西北角,于绿树蜂花簇拥之中矗立着一块重达20吨的巨石,上书“观妙”二字,在其背面则镌刻有这样一段文字:

安徽金寨关庙中心校于大别山遴选三石,一留置关庙,特镌仇忠海校长所书“爱心石”三字。两石赠七宝中学,贺七中六十华诞,志长期相助谢忱之谊。

此石,形如笑口常开、大度宽容的弥勒佛。名“观妙”,既为关庙之谐音,又意指“笑观校中妙处”,由普陀山方丈道生手书。

是为记。

二〇一〇年春

这段简短的文字凝固了七宝中学的师生们自1995年以来与革命老区安徽省金寨县的关庙中心校结下的两地情谊。

安徽省金寨县是全国著名的“将军县”。革命战争时期,无数生长于这片土地的革命志士为国家的解放事业“抛头颅,洒热血”;社会主义建设时期,为根治淮海,这里的人民再次选择“舍小家,保大家”,淹没良田,异地再建。然而,自新中国成立后已数十年,贫困仍是这个地区最大的问题。为以教育入手开展扶贫帮困,安徽省金寨县的关庙中心校和江西省井冈山市的新城镇小学成为七宝中学的爱心教育基地。

七宝中学副校长张龙富和教导主任陈星明率七宝中学一批师生首次赴金寨县关庙乡助学考察。之后,1997 年上半年,七宝中学正式与关庙乡共签“手拉手,献爱心”活动方案,并于 1997 年和 2000 年分派学校部分党政工作人员赴关庙乡,为革命老区人民和面临辍学的贫困学生送去热忱的关爱。此后,七宝中学每隔两年都会组队赴金寨县关庙乡助学考察,资助贫困学生,慰问全乡中小学教师。在此期间,校长仇忠海曾于 2005 年 10 月赴关庙中心校,在为庆祝由七宝中学捐助的改水改厕工程竣工的剪彩仪式上,再次代表学校捐资 10 万元用于改善关庙中心校女生宿舍,并承诺今后每两年向关庙中心校资助 5 万—10 万元用于改善办学条件。

学校 20 年来坚持不懈为这些贫困地区捐款捐物,为此还专门成立了爱心教育办公室和爱心帮困基金理事会,由专人负责爱心活动的策划、组织,负责对基金的筹集、使用、管理和审核。爱心基金的来源分两部分:一是每学期各班团总支组织的团员青年的自愿捐款,二是来自于社会各界热心人士的捐助。学生在纷纷捐出自己的零用钱、压岁钱后,甚至还奉献了他们利用双休日和寒暑假外出打工所得的劳动报酬;学校也积极组织学生走访这些需要资助的学生家庭,让他们切身体验贫困地区学子所处的艰苦的生活与学习环境,也让他们在爱心奉献中学会承担责任与感恩社会。

把“教师节”过成“爱生节”

听说过教师节,但听说过“爱生节”吗?听说过校园文化节、艺术节、体育节,但听说过“班主任节”吗?七宝中学不仅创造了这两大节日,而且还把“教师节”过成了“爱生节”。对此,上海教育新闻网曾于 2010 年教师节前夕以“七宝中学变

‘教师节’为‘爱生节’,坚持11年为特殊学生送温暖”为题,专门对学校这个长期以来关注特殊学生、关爱每一个学生健康成长的著名节日进行了报道:

在教师节里,老师居然给学生送礼,这听来着实新奇。然而这对于在七宝中学工作的老师们却一点也不奇怪。原来,早在1999年,七宝中学就已经将一年一度的“教师节”过成“爱生节”,在这一天,学校里的教师要送礼物给学生。

提到这个极富创意的改变,还得从一场青年教师集体婚礼说起。1998年教师节前夕,学校给12对青年教师办集体婚礼。12对享受到学校大家庭温暖的新人为了报答学校,主动与12名困难学生结对,资助他们完成三年高中学业。

受此启发,1999年教师节前夕,仇忠海校长提议将一年一度的“教师节”过成“爱生节”,用爱生的行动来回馈社会对教师的尊重,让每一个学生都能在洋溢着人文情怀的校园里幸福地成长。于是,在1999年教师节那天,七宝中学的老师们拿着学校发放的50元礼金和自己精心准备的礼物,到学生家“走亲戚”。

让仇忠海校长记忆犹新的是,1999年教师节那天正好是周末,全校老师一共走访了248名学生。后来有很多家长给他打来电话,说自己知道老师要来家访,特别准备了蛋糕和鲜花,没想到老师满面春风而来,还带了礼物和鲜花,甚至自备了鞋套和饮用水,这让全家人非常感动。

有一则趣闻在七宝中学教师中流传甚广。有一年的“爱生节”,天气炎热,一位老师照常拎着礼物去学生家里家访,在学校门口叫了一辆出租车。上车后,司机见老师拎着礼物,好奇地问老师去干什么,当听说老师是为学生送去“爱生节”的礼物时,司机非常感动,因为他真正理解了什么是崇高师德。司机二话没说,免费送这位老师去学生家。

2000年“爱生节”首次确定了节日主题——“让每个七中学子都能健康成长”。它的外延也发生了变化,家访对象从经济困难学生或是艺术、体育特长生,扩展到对五类特殊学生(经济困难、特殊家庭、学习困难、心理障碍、行为偏差)进行家访。每位结对教师都会在学生家里家访至少半天,深入了解学生的家庭情况和成长经历,了解学生的兴趣、特长、习惯,与学生进行深入交流,帮助其立足现实、规划未来;与家长一起制定扶助孩子健康成长的规划。

爱生的种子早已在七宝中学每一位教师的心中生根发芽，也早已成为他们的文化自觉。从七宝中学教师心中流淌出来的爱，让我们一次又一次捕捉到了“师爱”的本质。

魅力狂欢节

每年三月末的周五，暖人的春风轻抚着鹅黄的柳叶，七宝中学的校园里一片欢乐的景象：迎风飘动的彩旗，铺天盖地的海报，五彩缤纷的气球，憨厚可爱的人偶。喧闹声充溢着这里的各个角落，身着风采各异的服装、手持各种道具而又满面笑容的师生们在这里狂欢：充满青春活力的健身操表演，“秀出自我”才艺展示大赛，充满激情的 QBA 班级篮球决赛，传递爱心的“跳蚤市场”，齐声加油震天响的拔河比赛，竞争激烈的棋王争霸赛，展示班级个性的盛装游园活动，颇具浪漫和神秘气息的假面化装舞会，充满民族风情的篝火晚会……缤纷多彩的活动让人乐在其中。

如果没有人提醒，你可能会感觉自己是置身于具有异国风情的他乡。其实，这是上海市七宝中学的师生们在过一年一度的“狂欢节”。

2013 年 3 月 29 日，又到了一年一度的七宝中学狂欢节。瞧，开幕式的舞台上正上演一系列精彩节目：有老师的相声小品，有学生的演唱舞蹈，还有师生联合出演的精彩舞台剧。同学们都看得津津有味，还不时报以热烈的掌声。最后一个出场的节目却突然让台下的同学们兴奋起来：伴随着台上的“江南 style 现场版”骑马舞，全体师生惊叫连连，笑声、掌声、欢呼声、喝彩声，一时齐发，场面极度沸腾。那这到底是哪位偶像人物的出场，引得这么多的“粉丝”为之痴迷？

你可能无法想象，这位偶像人物就是七宝中学校长仇忠海。这次他的出场再一次给大家带来惊喜。只见海哥（大家对仇忠海的昵称）头戴礼帽，身着长衫，迈着绅士的步调缓步出场，演唱起大家耳熟能详的《中华民谣》：“朝花夕拾杯中酒，寂寞的人在风雨后，醉人的笑容你有没有，大雁飞过菊花插满头……”正当大家都还沉浸在他的美妙歌声中时，他竟又在五秒内变身成活力四射的“鸟叔”——与伴舞的老师们共舞了一曲热情如火的七中版《江南 style》。海哥的惊艳变装将本届狂欢节开幕式的气氛再一次推向了高潮。

学校的狂欢节自2005年设立以来已经开展了13届,每年一次的狂欢节,都成为师生校园文化生活中难忘的记忆。狂欢节中校长、教师与学生在狂欢中的倾情互动、个性魅力的展示、艺术才华的呈现,让人感受到七中师生们的激情和才情。

从2005年开始,七宝中学制度化地建设学校八大主题文化节——体育节、狂欢节、感恩节、爱生节、读书节、班主任节、科技节、艺术节,充分演绎感恩教育、生命教育、民族精神教育、爱国主义教育的内涵,使七中学子的精神境界、道德素养、文化素质和综合能力等得到了大幅度提升。

图5 1998年10月学校开放性主题活动课程项目论证

沉重的棉花

2005年,在复旦大学的一个大会场里,由上海爱的教育研究会、香港乐施会、复旦大学经济学院、上海教育学会高中专业委员会联合主办的“促进世界公平贸易沪港青年论坛”上,七宝中学一个研究性学习小组发表了《“沉重的棉花”——棉花不公平贸易调查报告》。这份报告在论坛上发表后被评为一等奖。香港乐施会总干事陈有先生对这篇报告特别赞赏。12月,课题组张晏诚同学赴香港,在和世贸组织第六次部长会议同时举行的“公平贸易世界青年交流会”上宣读这份报告，并和香港地区，以及其他国家、地区的青年一起向世贸组织各国部长和代表递交《呼吁书》，倡议让贸易发挥应有作用，缩小世界贫富差距。

《沉重的棉花》是学校研究性课题小组一项社会实践的调查研究报告，该课题小组由3位指导老师和8位学生组成。2005年暑假，课题小组远赴河南、新疆实地调查棉花的“贸易不公平”问题。他们顶着烈日、冒着酷暑，走访省、区农业厅、棉林公司等机构，了解情况，索取资料，并深入农村和棉农近距离接触。他们白天观察、体验棉农生活状况和棉花种植与销售的实际情况，晚上整理资料、记录行程、写下感想，凌晨二三点钟才睡下，早上八点起床，又开始一天的忙碌。他们的足迹遍及喀什、巴楚、岳普湖、南阳、新乡、扶沟等县市的乡镇。他们感怀于棉农艰难的生存状况，以及由于世界不公平贸易导致中国棉花生产的窘境和棉农的贫穷，根据掌握的生产、加工成本以及收购价格等第一手资料，调查研究，奋笔疾书，形成了《沉重的棉花——棉花不公平贸易调查报告》。该报告从我国棉花生产规模、国际贸易中竞争对手的不公平竞争（如美国政府对棉花种植者的巨额补贴等），以及加入世贸组织后我国棉花进口配额增加等方面，对我国棉农面临的困境展开分析，并在此基础上，对国际棉花贸易中建立公平的自由竞争环境提出了针对性的建议。在调查中，指导老师刘志青因连日奔波突发心脏病，不幸去世。

课题组成员虽仅有十余人，“沉重的棉花”却在几个月时间里成了全校师生热议的话题，八个新疆班的学生和祖籍在河南的学生（当时学校有很多来自外省市的学生）都收到了课题组精心设计的问卷，然后带着问卷在暑假返回家乡时展开详细调查。课题小组还利用校会课向全校师生汇报研究成果。

这次课题研究，让同学们对处于弱势群体的棉农的生存处境有了深刻的认识，不仅增加了他们对国情的了解，更激发了他们作为一个中国公民所应具有的社会责任感和历史使命感，懂得要用自己的责任担当来感恩社会。

七宝中学自1998年在全国率先开展研究性学习以来，非常注重研究学习中学生的过程体验，让他们在研究中学习创新，在实践中认知社会与国情，以增加学生敢于担当和奉献的责任感和使命感。《沉重的棉花》的形成过程是七中培养学生敢为人先、勇于实践、敢于担当的精英气质的一个缩影。

用有机废水点亮生活

中国是一个能源消费大国,但是在能源消费结构中,清洁能源和可再生能源的占比都很低。作为世界第一人口大国,生产、生活产生的有机废水数量惊人,如何变废为宝,利用废水中的有机物发电,为中国这个能源消费大国提供清洁能源、可再生能源,这是七宝中学2012届毕业生周楠的理想。

周楠同学在拓展型课程学习中了解到,生物质是植物通过光合作用生成的有机物,包括植物、动物排泄物,垃圾及有机废水等,是生物质能的载体,是唯一一种可储存和可运输的可再生能源。从化学的角度上看,生物质的组成是碳氢化合物,它与常规的矿物能源如石油、煤等是同类(煤和石油都是生物质经过长期变化而生成的),所以它的特性和利用方式与矿物燃料有很大的相似性,可以充分利用已经发展起来的常规能源技术开发利用生物质能,这也是开发利用生物质能的优势之一。

生物质能是仅次于煤炭、石油、天然气的第四大能源。在世界能源消耗中,生物质能占总能耗的14%,但在发展中国家占40%以上。我国生物质能资源相当丰富,如果采用现代技术开发利用包括生物质能在内的可再生能源资源,对于建立持续发展的能源系统,促进社会经济的发展和生态环境的改善具有重大意义。

通过对这些基础理论知识的学习,周楠同学着手研究废水有机物电池的制作。他查阅了大量资料,多次向教师和相关专家请教,并认真阅读了这方面的专业书籍。有了一定的知识储备后,周楠同学有了一些底气,似乎看到了新能源电池点亮了生活。他异常兴奋,开始着手设计废水有机物电池制作的实验方案。通过几个星期的反复论证,技术路线基本清晰了。在实验过程中,他不辞辛苦,从废水处理厂、化工厂排污口和沟渠中提取有机废水样本,设计多组实验材料,进行科学比对,对实验数据的可靠性等关键步骤进行反复论证,在一次次修正错误中逼近真相真理,最终得出了具有说服力的实验结果。他的"太阳光催化的废水有机物电池的设计与实现”项目最终得到了各级赛事专家、评委的一致认可和好评，在上海市科技创新大赛中获得一等奖。2011 年 5 月 9 日，在美国休斯敦举行的有 70 个国家和地区参加的“国际可持续发展项目奥林匹克大赛”中，该项目获得大赛银牌。

目前，有越来越多的七宝中学的学生喜欢上了课题研究，这些课题涉及自然科学、工程技术和人文社科等诸多领域。课题研究提升了学生的研究与创新能力，促进了他们对社会的认知，激发了他们的社会责任感与使命感。2002 年至今，师生申请发明专利总数达 467 项；获全国和上海市级层面的科技大赛奖共 1079 项；获全国“明天小小科学家”“上海市明日科技之星”等共 93 人；上海市青少年科技创新大赛一等奖数自 2014 年至今实现五连冠。

唱支山歌给党听

2009 年 10 月 1 日，七宝中学新疆班举行了庆祝中华人民共和国成立 60 周年大型演唱会——唱支山歌给党听。演唱会的主要组织者、七宝中学学生会文艺部部长古孜丽努尔深情地演绎了演唱会的主题歌——《唱支山歌给党听》，歌曲唱出了新疆各族人民对中国共产党的热爱。古孜丽努尔不仅用优美的歌声唱出了新疆各族人民的心声，而且用实际行动向党交上了一份合格的答卷。

2009 年 7 月 5 日，在新疆乌鲁木齐发生了一起境内外三股势力相互勾结并策划实施的严重暴力犯罪事件，造成 1700 多人受伤，197 人死亡，受损房屋 719 户，被砸烧车辆 1325 辆，成为新疆自新中国成立以来造成人员伤亡最多、财产损失最严重、社会影响最恶劣的一次暴力犯罪事件。“世维会”制造并实施的这一起恐怖暴力活动，目的就是要在新疆制造民族对立、社会动荡，破坏改革开放，尤其是近十年来新疆政治稳定、经济发展、社会安宁的大好局面，最终达到分裂祖国的企图。

事件发生时，七宝中学的古孜丽努尔和她的同学刚刚放暑假回到家乡。她即刻响应自治区政府号召，志愿担任了博州地区学生政治宣讲团团长，走街串巷不辞辛劳，在博乐市达勒特镇、乌图布拉格镇、贝林哈日莫墩乡等十几个乡镇进行了为期 14 天的政治宣讲活动，告诉人们“七五”事件的真相，揭露三股势力的险恶用心，宣传党的民族宗教政策，宣传民族团结的意义。

宣讲期间她遇到了许多困难，如乡村道路崎岖遥远、天气干燥炎热、群众分散难以集中、宣讲现场设备简陋等，这些困难自己咬咬牙还能克服，但是遇到那些不信任、不理解的人，不仅工作难做，还会有很大危险。有一次，在途经某多民族聚居区时，她和同伴们轻轻地敲开了一户人家的门，想要动员这家人去宣讲现场。门开了，只见里面好几个汉族面孔的成年人蜷缩在屋内，也许是受到“七五”事件的可怕后果的影响，他们一看见维吾尔族模样的人就十分紧张，还不由自主地拿起防身的工具站起来。汉族同胞的愤慨超出了大家之前的预料，面对这样的情形，古孜丽努尔一边告诫宣讲团成员要保持冷静和克制，千万不能激动，更不能激化矛盾，让现场失控；一边用流利的汉语向群众说明来意，并出示政府有关部门开具的证明，使冲动的汉族同胞理智地冷静下来。在经历了惊心动魄的紧张时刻后，古孜丽努尔更明确了政治宣讲的意义，更坚定了克服一切困难把党的固边富民的好政策送到千家万户、提高各民族人民政治觉悟的信念。她用事实来唤醒大家辨是非、护团结、共御敌，讲到动情处，她还结合自己在上海生活与学习的切身经历与体验，现身说法，真情演绎民族团结的重要意义。

像古孜丽努尔这样的七宝中学新疆班学生所具有的政治敏锐性、政治鉴别力，坚定的政治立场、炽热的爱国情怀，关键时刻敢于挺身而出、勇于担当责任的政治思想素质和人生态度，得益于学校正确的教育价值观的引领和人文文化氛围的熏陶。

足迹

人文芳华

上海的文化素以“海派”著称，教育也体现着显著的海派特色——海纳百川、吐故纳新、追求卓越。

学校的发展百花齐放、各具特色、各显其能，不同类型的学校在教育现代化的进程中找寻着自己的坐标，因校制宜、守正创新，在课程建设、教育教学、师资培养、校园文化、学校管理、评价体系等各方面进行着卓有成效的探索，如一朵朵飞舞奔腾的浪花，汇聚起上海教育发展的大潮。

上海市尚文中学

初中课程教材改革的尝试者

岁月留痕

尚文中学作为新中国成立后建立起来的公办初级中学，在教育改革中一直走在市、区初中的前列。她有音乐艺术特长，曾为13个国家的总统、首相等国外元首演出节目；她有美术特长，曾培育出七位大学美术教授，尚文师生的19幅艺术作品也被选入上海市一期课改的初中教材。早在1985年，她就开始面向全体学生开辟了第二课堂。作为上海的一期、二期初中课程教材整体改革的试点校，学校有多名教师参加新教材的编写、审议，以及课改方案的建议、修改工作。多次面向全市举行新教材的公开教学展示课，最多的一次共展示了52节公开课，有700多位教师听课。受教育部校长培训中心委托，学校接待了多批兄弟省市的校长，介绍课改的试验情况和经验。学校还积极参与现代学校制度建设和“两纲”教育的试点工作，并在全市大会上作经验介绍，当时被誉为“初中课程教材改革的领头羊”。

校史回眸

尚文中学是1955年、1956年先后由南华、龙门、大经三所私立初中合并成的公办初中。校址先后从尚文路、中华路、江阴街迁至现在的花衣街（近中山南路南外滩）。1995年至2001年先后与民立街小学、东江阴街小学合并，建成九年一贯制的尚文学校。2001年与小学脱钩，志强中学、建光中学先后并入尚文中学。尚文中学的首任校长是参加过“一二・九”爱国运动，上海解放前就从事教育和教学管理工作的朱鹤龄。

图 1　尚文中学旧校舍校门

图 2　特级校长管彦丰(左)

尚文中学 60 多年的办学历史中培养出了李醉、武志国、陈忠华等十多位大学教授、特级教师和以数学、物理竞赛一等奖考入北大、清华的张雁等一大批校友。

在 20 世纪 80 年代,原尚文中学教师魏犹辉捐资设立了“春晖奖学金”。2019 年,尚文中学 1983 届校友成立“尚友汇”基金。加上黄浦区劳模爱心学校每年举办助学送温暖活动,为家境困难学生的学业有成,搭建了成功的平台。

尚文中学先后被评为上海市文明单位,上海市行为规范示范校,上海市科普特色校(首批),创造教育、活动课程实践基地,上海市教师发展专业化学校暨见习教师规范化培训基地,艺术教育特色学校,上海市一期、二期课程教材整体改革基地校,上海市素质教育实验校(首批)。

尚文中学努力加强教师队伍建设,学校先后涌现了黄静华、毛懿飞、毛裕介、阮昌荣、何世逵、梅守真等全国和省市级劳动模范,以及黄静华、梅守真、张瑶、管彦丰(图 2)等特级教师、特级校长。教师中曾有 60 多人次获全国单项先进。

历史撷英

开拓、传承、创新

作为新办学校的开拓、创新者,首任校长朱鹤龄不唯成分论、不拘一格吸收和培育优秀教师，造就了一个优秀教师群体，提出了“勤奋、踏实、学有所长”的校风，进行了教育改革的探索，使学校教育质量在区内初中领先。朱鹤龄校长在全国教育行政干部学习班中受到毛泽东、朱德、邓小平等中央领导的亲切接见。

结束十年动乱，拨乱反正后，继任尚文中学校长的毛懿飞（图3），大胆领导教育改革，努力提高课堂教育质量；取消全班性补课，开设面向全体学生的第二课堂，克服困难开设了二十多个第二课堂专用教室，培养了全面发展、学有所长的学生。使学校教育质量超过了区内部分重点初中，市教育局领导吕型伟充分肯定了尚文中学教育改革的成功经验，并在全市教育系统推广。《文汇报》对毛懿飞和尚文中学的教育改革进行了整版的报道。毛懿飞十分重视教师队伍建设和德育经验的总结，黄静华、阮昌荣、何世逵等一大批优秀教师就是这样培育和涌现出来的。她倡导全体班主任都要记“班主任日记”，像课堂教育一样进行教育反思，这些成功经验写入了上海教育丛书《从第二课堂走来》《班主任日记》，并正式出版发行。退休后的毛懿飞校长又联系其他劳模创办了区劳模爱心学校，义务为家境困难的学生辅导，为他们搭建攀登成功的阶梯，这样的工作已经坚持了近二十年。

图3　尚文老校长毛懿飞

在第一期课程教材改革初期，继承尚文中学教育改革的成功经验，学校提出了“改革不停步，年年有进步”，即继承和学习尚文教育改革的成功经验，在新形势下进行充实、改革、完善，其策略是“改革不停步、迈小步，年年有进步，积小胜为大胜”。一部分教育骨干先行改革试点，取得成功经验后再总结推广。十多年来学校分别进行“九年一贯制学校教育研究”“初中分层教学模式与策略研究”“全方位、多渠道、大面积提高教育质量研究”“初中活动课程教育研究”“初中学校德育整体框架研究”“以课堂教学为主渠道的民族精神研究”“初中学分制改革与评价研究”。许多研究项目的成果在全市校长培训和现场会上作了经验介绍。

敬业、爱生、奉献

于漪老师曾经说过：“教育质量说到底就是教师质量。”作为对口入学生源质量一般的普通公办初级中学，为什么能培养出一批又一批出类拔萃的初中毕业生，其源头就在于此。

黄静华老师就是尚文优秀教师群体的杰出代表。黄静华从 1970 年入职就担任班主任工作，直到退休，在班主任这个岗位干了 40 年，她还担任市德育骨干教师实训基地导师和市、区班主任名师工作室导师长达十五年以上。期间，虽然不少市示范性高中希望招揽她，区里也考虑过要她担任教育局的行政干部，但她都谢绝了。她表示自己热爱班主任工作，要在班主任工作岗位上干一辈子。

热爱学生是教育工作对每一个教师的要求，喜欢优秀学生是广大教师的本能，除此之外黄静华还关心、偏爱困难学生，以此来补救困难学生以前因家庭教育不足等原因造成的问题。她以“假如是我的孩子，假如我是孩子”的换位思考，开展班主任工作。她曾把父母远在外地的孩子领回家，关爱备至，当时尚在小学读书的儿子对母亲产生了误解。她关心因为父母离异而性格倔强、成绩下降的学生，发挥该学生的语文特长，让他担任语文课代表，悉心指导，结果该学生不仅改正了以往的缺点，而且相继获得上海、全国和沪、港、澳、新四地作文竞赛的一等奖，之后考取了中山大学。黄静华尊重学生，她循循善诱，创造条件让因一念之差拿别人东西的学

图 4　黄静华(右起第三位)获"全国师德标兵"称号

生自觉改正错误,不再重犯。黄静华对小学从不做作业的学生进行耐心细致的帮助,经过长达一年的不懈努力,使该生改正了缺点,逐步养成好习惯。黄静华营造良好的班风,建设温馨班级,让每一个学生都能发挥自己的长处,在班级中找到自己的定位,体会班级的温暖。她让成绩较差的学生发挥其艺术、体育或科技特长,从而树立信心,迁移到其他方面,促进了学生的全面发展。黄静华接任的班级,无论以前的基础如何,不到半年,全体学生的行为举止、文明礼貌、各科的学业成绩,均有显著的变化和提高。黄静华十分重视学生的社会实践与公益服务,双休日为社区敬老院服务坚持了十多年,让作为独生子女的学生形成了尊老敬老的自觉意识。

黄静华的班主任工作卓有成效。她始终坚持自觉学习德育和心理学理论。每次主题班会都精心设计教案,每次社会实践都事先调查,事后小结。每次家长会、学生谈话、问题处理、成败得失,在她的班主任日记里都有小结和反思。区教育局德育室对此及时收集总结,先后出版了《爱的心泉——黄静华班主任工作日记》《心泉入海——黄静华教育思想扫描》,为黄静华班主任经验和教育思想发扬作了宣传、示范作用。黄静华还参加了中宣部、教育部组织的劳模报告团,在人民大会堂和全国各地多次进行巡回演讲。作为上海市和黄浦区的德育名师培养基地和班主任名师培养基地的主持人，在担任市班主任工作专业委员会主任的十几年里，她先后培养了全市几百名德育和班主任工作的学科带头人。黄静华的工作得到了社会的充分肯定和赞誉，受到了江泽民、胡锦涛、黄菊等中央领导的亲切接见。

尚文中学能以活动课程特色为突破口，促进学校课程教材改革全面深化，原因就在于学校有一大批敬业爱岗的优秀教师，其代表人物是张平、何世逵、阮昌荣……

张平是尚文中学创办时期的老教师。他曾说过，美术特长的培养靠一节美术课、两节兴趣课是远远不够的，因此只要学生有兴趣，美术专用教室就随时向学生开放。每天中午、放学后都可以看到他在指导学生进行美术习作。寒暑假、节假日他都带着学生外出写生，不计报酬地指导学生。在他的指导下，李醉、武志国等一大批学生成为上海大学、上海师范大学、上海交通大学的美术教授与美术工作者。不少同学在全市、全国乃至纽约“世界儿童创作大赛”中获金奖。曹昕宇、武毅恒创作了展望新世纪上海的《上海畅想曲》，以及反映中国和世界人文和自然景观的《中国畅想曲》《世界畅想曲》，为此受到了陈至立同志的亲切接见。张平坚持教育创新，把“美术构成设计”引入初中美术活动课程，其“黑白构成”“立体构成”“色彩构成”“人工肌理”引导学生创作出大量的优秀作品，被编入一期课改的初中美术教材。他独立编写的《美术构成设计》由上海人民美术出版社正式出版。

何世逵是由物理老师转任车模、船模、航模的活动课程教师。他刻苦钻研，动脑动手为学生示范操作，并编写了《少年航海模型制作》。课余、双休日，劳技专用教室都向学生开放。何老师参加专题培训并带领学生参加全国比赛，十多年来一直获得全国航模比赛的团体前三名。报名参加他开设的兴趣小组的学生大都是成绩较差的顽皮男孩。他运用物理原理，指导学生改进制作、改善操作，变“要我学”为“我要学”。这些学生不但在比赛中取得了优异成绩，文化学习成绩也大幅提高。同时，何世逵积极协助学校筹建“尚文杯”区航海模型比赛，指导兄弟学校活动课教师，为该项目在区内的普及与推广做出了贡献。

上海市劳模阮昌荣是体育学科带头人，作为教导主任兼体育教研组长，除了带领全组努力提高“三课、两操、两活动”外，他还根据每位教师的不同体育专业背景和学校体育场地设施条件，创设项目众多的选项体育锻炼活动，培养学生自锻能力，形成体育特长。在上海市第九届中学生运动会上，学校取得了89个奖项的优异成绩。阮昌荣还与少体校相互支持，协调体育锻炼和文化学习，使体育班学生获得双丰收，文化成绩大大超过区和学校平均水平。同时，阮昌荣参与了上海一期、二期课改初中《体育与健身》教材的编写工作。

设备设施是促进学生全面发展的物质条件，学校精心设计、创设学生充分发展的学习环境，组建二十多个活动课程的专用教室，光音乐、美术专用教室就有6个，按声乐、民乐、铜管乐、素描、国画、水彩分别布置。图书馆藏书8万多册，阅览室面积达520平方米，是上海市中小学中较先进的图书馆。室内体育场、实验室、机房、录播教室、探究课教室、心理教室、劳技课教室都做到一室两用，为高峰时30多种、80多个学生社团举行活动提供了充分保障。

路漫、求索、创新

尚文发展的历史上，校长、教师换了一批又一批，而传承、开拓、创新的精神始终没有变。

朱晓薇校长以远见卓识为尚文深化课程改革创造条件，紧紧抓住课程建设这一核心工作，着眼于学生、教师、学校三位一体的可持续发展，致力于通过课程改革来培育学生综合素养的实践探索，努力实现“学生健康快乐成长，奠定人生发展基础”的办学目标，整体提升学校的文化品位、育人品质和特色课程品牌。

谢慧芳校长在传承和创新的道路上继续前行，围绕新一轮学校发展目标，对学校课程品质进行调研分析，努力探寻适合学生发展需求的课程，体现学校的课程价值。通过对学校社会实践课程群的构建和实施，引导教师展开课程设计、案例分析、实践完善等活动，不断完善学校课程结构，不断提升学校的课程品质。

自2009年开始，尚文中学先后参加了上海市中小学课程领导力项目第一轮、第二轮的研究，以项目研究为引领，努力解决学校发展中的重点、难点问题。围绕

图5　2018年5月,谢慧芳参加主题为“内化·提炼·辐射——我们的课程领导故事”上海市课程领导力项目研究总结展示

“社会教育基地资源有效利用的研究”“基于学生发展需求分析的学校课程计划完善的实证研究”等项目,通过对学校课程设置及实施的实证调研和分析,传承学校原有的社会教育基地实践活动、生活价值教育活动及主题体验实践活动的经验,对学校社会实践课程进行了顶层设计,将各类主题实践活动统整为一个目标多维化、内容系列化、资源社会化的课程体系,实现社会实践课程与学校课程的有效衔接,为培育学生核心素养提供新的途径和思路。

围绕“基于课程标准的课堂教学自我诊断与改进研究”项目,通过研究促进教师重新研读课程标准,完成对学科课程标准实施的校本化分解;通过课堂教学的观察、诊断、改进实践,研制出基于课程标准的课堂教学观察—自我诊断—改进工具,并依据工具对课堂教学进行重构,有效促进教师教学行为的改变,促进教师专业化发展,丰富校本研修的形式,形成以“基于课程标准的课堂教学观察—自我诊断—改进”为载体的校本研修机制。

学校坚持“以人为本,德育为先”的理念,通过深化行为规范养成教育,切实提高学生责任担当和实践创新能力;通过丰富多彩的校园文化活动,全面助力学生核心素养的培育。党支部副书记边守青根据联合国教科文组织提出的“生活价值”

和北京师范大学的“生活价值教育”专著进行了“初中学生生活价值教育的实践研究”，该课题的成果形成了专著和校本学材，不仅促进了本校学生思想品德的提高，还为兄弟学校德育工作提供了借鉴，市级的报纸还对此进行过专题报道，获得了广泛好评。

多年来学校紧抓师资队伍的建设，涌现出以正高级教师、特级教师梅守真为代表的一批优秀教师，梅老师先后参加了上教版初中《生命科学》成套教材的审查、《上海市中学生命科学课程标准》的修订、上海市初中《生命科学》教材的评价及修订、学科单元教学指南的编写、学业考试的命题及审题等多项工作，先后获得上海市先进工作者、上海市“四有”好教师（教书育人楷模）提名、长三角地区学科专家等荣誉称号。学校还先后培养出一批区学科带头人、骨干教师和优秀班主任。年轻的李蓓青老师在上海市中青年教师教学评比中荣获一等奖，并担任上海市第四期双名工程“种子计划（黄浦）”初中英语组的领衔人。

学校始终坚持“以学生发展为本”的理念，坚持以德育为核心，以创新精神与能力的培养为重点，以敢为人先的精神克服种种困难，以“改革不停步，年年有进步”为学校发展的理想追求。

在全面深化教育改革的背景下，学校正对过去的历史进行总结、反思，对新形势下学校发展路径进行酝酿、探讨与构思，以引领尚文中学的长远发展。

上海市第五十四中学

以文化立校的公办完中

岁月留痕

图 1　五十四中学校门

上海市第五十四中学创办于1955年，是上海市政府兴办的第一批公办完全中学之一。一直以来，五十四中学始终坚守党的教育方针指向，以办好人民满意的教育、培养合格的社会主义建设者为宗旨，不断实践着教育改革，为国家培养了大量的中坚力量。学校地处康平路，特殊的地理位置，让五十四中学在办学中有着传承红色革命基因、秉承艰苦奋斗传统的作风，从一无所有开始，师生共建校园，教学质量在开办的短短数年间就崭露头角；学校坚持对学生的理想信念教育，学生中涌现出许多时代先锋和英烈楷模；学校体育人才辈出，为国争光，至今保持着上海市中学生男篮运动的优势地位；学校打造文学艺术教育氛围，培养了知名文艺主持人，不断提高校民乐团的知名度，成为首批学生戏剧、戏曲联盟校之一……作为一所六十余年历史的学校，五十四中学是千百所新中国成立后建立的公办学校的缩影，她的发展凝聚着国家对教育的投入，她的进步体现着社会发展的要求，在峥嵘岁月中，永远紧跟时代脉搏跳动，发出教育的最强音。

校史回眸

图 2　1955 年学校创办初期宛平南路校址

1955 年 7 月 17 日，上海市教育局宣布第五十四中学成立，这是在新中国实施的第一个五年计划（1953—1957）建设的高潮中，市政府兴办的第一批公办完全中学之一。丁曙任首任校长，上海市市长陈毅签发任命书，校址设于谨记路（现宛平南路）266 弄 41 号，与启明女中（今上海市第四中学）毗邻。初建时有初、高中各 6 个班，教职员工 30 人，学生约 600 人。学校建有三层砖木结构教学大楼一幢，操场面积 2100 余平方米，另有小花园一座。当时校舍简陋，课桌椅都是由师生从别处搬来，大家合力克服困难，顺利开学。

1956 年 9 月，学校迁至环境幽静的康平路 34 号，占地 1.05 万平方米。随着办学规模的不断扩大，如今，五十四中学属于完中建制，初、高中共 7 个年级、34 个班级（初中 16 个班级，高中 18 个班级），学生 1200 人左右。2016 年，学校复兴校区启用，办学条件更加优化。校园环境高雅，红墙绿树，花香书声，处处彰显独有的人文气息。

学校是国家级规范汉字书写教育特色校、上海市文明单位、上海市体育传统特色校（篮球、武术），校民乐团是上海音乐学院校外实习基地。

在 60 多年的办学历史中，学校不断完善和发展教育理念，逐渐形成了“弘爱求实，人人发展”的办学理念。2006 年，学校被评为徐汇区实验性示范性高中，由此“办有质量、有特色的区实验性示范性学校”成为学校的办学目标。学校始终致力于学生终身发展，扎实人生发展之基。学校为国家培养了一批批杰出人才，他们在各自岗位上为母校赢得了无数的荣誉，有的投身科技，潜心研究；有的心系百姓，敬业奉献；有的为人师表，立德树人；有的悬壶济世，杏林春暖；有的为国争光，拼搏赛场……

最近三年,学校提出"一体双翼创出新格局,一场两域促进新发展"近中期学校愿景,以校园文化建设为抓手,切实规划好康平路校区和复兴路校区的整体布局,以课程建设和教师发展两个领域作为重点,创建"师生和谐发展,艺体特色显现"的校园文化场。

篮球和民乐是学校办学两大特色。校民乐队被命名为"徐汇区学生艺术团上海市第五十四民乐分团",屡获佳绩;学校初、高中篮球队在各级比赛中为市、区、校获得多枚金牌。同时,学校不断弘扬传承民族文化,让学生走进高雅艺术,荣获第四届全国中小学生艺术展演全国二等奖、上海市一等奖。

图 3　师生在校门前合影

学校毗邻上海图书馆、宋庆龄故居、巴金故居、钱学森图书馆等校外资源,这些校外资源为学生课余学习及活动创设了有利的条件。

历史撷英

传承以爱育人理念,播撒理想信念的种子

创办于 1955 年的五十四中学,开办之初就踏上了以爱谱写育人篇章的征程。长期以来,学校以办学起点高、生源质量好、教风严谨、学风良好、成果显著,赢得了社会声誉。弘扬爱心,关爱学生义不容辞;爱生如子,俯首甘为孺子牛;殚智竭虑,让每个学生都有发展天地——学校创办之初的这些朴素思想,在六十多年的办学历程中渐成风气,形成传统。

左和金老师是频频出现在老校友回忆录中的一位受人尊敬的好老师。左老师

曾就读西南联大，后赴美国深造。新中国成立，受感召被邀返国，本可以赴交通大学任教授，可他执着认为“中国的教育事业要从基础抓起”，请缨到中学任教。以他的资历、水平，任校长、教导主任都不为过，可是他执意“要从青少年抓起”，仅答应任初中数学教研组长。他给每届学生上的第一堂课总是这样开头：“你们将来都要成为祖国的建设者！……初中阶段的知识在今后工作中是最为实用的，也是今后更高层次学习的基础。只有认真、认真、再认真，一丝不苟地对待每一件事、每一门功课、每一道题，将来才能担当重任，成为国家的栋梁。”“文革”后第一次高考前，他为参加高考的学生补习了高中三年的课程。他带领学生学工、学农，参加实践，参加劳动；更难能可贵的是，左老师退而不休，给徐汇区教师进修学院日夜赶写教学经验，培养年轻教师，继续发挥余热……综观左老师教学生涯，人们看到了一位爱国知识分子的赤诚之心，一位老五十四中人给学生付出的爱的教育。

美国科学院院士袁钧瑛校友曾回忆：“在我自己的成长道路上，就受惠于很多人的帮助。中学时期陆载阳老师就是其中一个。”1977 年，她从上海五十四中学毕业后分到上海一家纺织机械厂当工人，陆载阳认定她要上大学，不仅提前 4 个月告诉她国家要恢复高考，而且从贴着封条的学校图书馆为她“偷”出数理化教科书。全凭自学，她 4 个月里做了教科书上所有的习题，成为 1977 年高考上海理科状元。这样的小故事，在五十四中的校园里很多很多。

五十四中的老师天然有种使命感，坚定地为培养社会主义建设合格人才而奋斗，不仅传授知识与技能，更是以大爱培养学生对祖国、对人民的爱。在这种爱的教育下，有为了国家财产和人民生命安全，在上海文化广场发生特大火灾时牺牲的范晓阳、辛荣芳烈士，他们牺牲时年仅十七八岁，将自己年轻的生命定格在历史的丰碑上；也有像 1958 届校友侯惠民院士那样的专家学者，将自己的聪明才智贡献给祖国的建设事业；也有 20 世纪 80 年代末，在时代飞速发展、经济腾飞中，关注中学生德育工作的王榕、汪怿……

如果我们为优秀的校友喝彩、鼓掌，深思他们的成长经历，我们不难发现，五十四中学从她诞生的第一天开始，就始终牢记公办学校的社会担当。教育是爱的事业。学校以爱育人，以德立人，最终凝集为“弘爱求实，人人发展”的办学理念，构建了“师德高尚、师能出色、奉献进取、团结合作”的教师发展目标，“仁爱之心，报国之志；品行高雅，多元发展；体质健康，人格健全；价值正确，积极进取”的学生发展目标。

发掘德育因子，拓展德育实践活动新途径

一直以来，五十四中学着力打通学校、家庭、社会“三结合”教育的“最后一公里”，不断创新未成年人德育实践活动新途径。学校通过建立学生家庭档案、家校联系制度，密切教师与家长的联系；成立家长学校，引导家庭参与学校的行为规范教育，定期召开家长研讨会，帮助家长提高育人意识和水平，使学校教育与家庭教育同步进行。学校依托社区和校外教育基地，以校外公益劳动和社会实践为载体，构成以学生主动参与、自我教育为目的的操作体系。其中最主要的就是以社团活动和德育主题活动实践为抓手，为学生可持续发展提供“广阔时空”，在社团活动以及社会实践中赋予德育目标渗透的价值。“爱心服务，情暖社会”志愿者活动结合“一团一品”开展，已成为学校特色的社会实践活动。在教师的指导下，学生走出教室，参与社区和社会服务活动，获得直接经验，发展实践能力，增强社会责任感。目前学校定点的服务点有十多个，如宋庆龄故居、徐汇艺术馆等。其中已延续8年的宋庆龄班，就是通过接力的方式，以感受伟人风范、传递志愿精神为活动主旨，教育学生不忘责任和使命，在志愿服务中传承红色基因、发扬志愿精神，激发学生在服务中成长的意识，让学生有效地为社会服务，体现自身价值，陶冶情操，也为学校赢得良好的社会声誉。

学校所处的天平社区只有2.69平方公里，却有着深厚的历史文化积淀。陈毅、宋庆龄、马歇尔、陶行知等100多位历史名人，众多当代文化名人、两院院士都曾居住或仍居住于此，人文资源极其丰富。2014年，五十四中学在上海社会科学院的指导下，参与到天平街道全国首个社区公共德育圈的创建之中。当时300多名学生分成54个小组，利用暑假，事先通过网站寻踪、图书导引、居委访谈掌握大量历史、文化资源，再以五十四中学为圆心，寻访步行30分钟路程内的所有名人故

居、红色教育基地，访问名人名家、劳模标兵。通过300多位学生的走访记录，一张“天平社区30分钟德育资源地图”逐渐成形，这是第一份真正意义上的德育资源地图。地图上标绘了场馆、人物、岗位实践活动等德育资源的位置，学生还绘制了红色文化建筑和历史风貌建筑两条参观线路，共24个推荐景点。这份包含了社区内所有红色资源、人文资源的地图现已推广至区内二十多所中小学和幼儿园。这个以学生为主体的德育主题实践活动不仅助推天平社区打造未成年人社区活动共建、共享、共育的德育新模式，使其示范效应和辐射效应不断扩大，更是引导学生厚植家国情怀，树立报国志向，培养“红色基因”。

学校精心设计各类社会实践，丰富学生社团，以学生乐于接受和喜欢的方式，培养合作、沟通意识与能力，让学生懂得尊重、自律，懂得文明、礼仪，懂得遵纪、守则……从而对学生正确的世界观、人生观和价值观的形成实现真正意义上的内化，在每项实践体验活动的全过程中，将德育因子融入社会主义核心价值观的德育教育中。

推进文化立校，追求多元发展的办学特色

文化，是教育的内涵，也是育人的乳汁。用文化的方式铸就有灵魂的教育，用文化的内涵成就有思想的育人，一直是文化立校的主旨。五十四中学处在人文气息浓厚的天湖学区，学校坚持和深化“弘爱求实，人人发展”的办学理念，以校园文化场的建设为核心，建构学校核心价值；以课程实施为抓手，提高学生的科学素养与人文修养，促进学生多元发展，逐渐形成独特的学校发展之路。

提出文化立校，其精神支柱在于丰厚办学内涵，在于办学理念内涵化。五十四中学在六十多年的办学历程中，不断探索实践，归纳提炼出“弘爱求实，人人发展”的办学理念，“弘爱”“求实”就是结合学校面临挑战所需要的自强不息、责任拼搏精神，体现合作共享的团队建设；“人人发展”更要追求“绿色”发展、“健康”发展、“协调”发展、“多元”发展、“全面”发展和“全体”发展。可以说，文化立校是学校优质办学的追求，是办学思想的集中表现。近年来，学校依据多元智能理论，以学

生多元需求为基础，积极创设促进学生多元发展的教育环境，促进学生个性的充分发展。

文化立校的强大磁场首先体现在丰富多样的校园文化载体中，既有体育节、艺术节、阅读节等主题文化活动，也有社团、篮球、民乐、啦啦操等特色项目。这些活动和项目为学生提供了展现自我的舞台，促进他们全面而有个性地发展，最终达到提高综合素质的目的。多年来，内容丰富、形式多样的学生主题文化活动一直是学生展示的广阔的平台，也是五十四中学体育、美育、智育教育教学系列活动中的亮点。在这个平台上，学生尽情展示特长、彰显个性、表达情感、促进互动，进一步培养兴趣爱好，培养团队精神和集体荣誉感，全面提升素养。

图 4　艺术节演出

而特色项目文化建设，更是培育学生多元发展的重要方式。学校从特色项目出发，做强做优特色项目，让学校浸润特色文化，让特色充分发挥育人功能，为培育学生多元发展提供保障。五十四中的特色项目在体育与艺术方面，学校的篮球，是上海市体育传统项目，学校初、高中篮球队是区学生篮球重点团队之一，曾参加市、区各项比赛并屡获佳绩。20 世纪 60 年代，学校就组建校篮球队，获市联赛冠军，直到现在，学校初中男篮依旧连续多年赢得上海市学生联盟赛、市运会等重大比赛的前几名。组建20年的学校民乐团也是徐汇区艺术特色团队之一，在市、区各项艺术比赛和展演活动中多次获奖，具有一定的知名度。学校以篮球、民乐等特色项目作为载体，引导学生健身强体；培养学生团队精神、集体主义、组织观念；提升学生审美及艺术欣赏能力；促进全体学生人文精神的发展。校园中处处渗透篮球文化。校体育节传统项目投篮接力（高中）、不定点投篮（初中）都大受学生欢迎，结合篮球传统特色的篮球操比赛也获得学生喜爱。每年举行的“南模——五十四杯”中学生篮球比赛吸引着区内众多学校学生的参与。校艺术节中的“班班有歌声”比赛，各班学生全员参加的唐诗、宋词演唱和吟诵，昆歌演唱，民乐表演等活动，广泛传播了传统文化。

同时，校园社团文化也助推学生多元发展。学生社团是校园文化的主力军，也是开展校园文化工作的重要阵地。近年来，学生社团蓬勃发展，目前有动漫、AVI、红领巾广播、话剧、朗诵、音乐制作、民乐、合唱、篮球、文学社、心理社等多个体育、艺术、科技类社团。学校为社团配备指导教师，学生利用活动课开展社团活动，参与率高。AVI社为学校艺术节、体育节、科技节拍摄了多部视频；篮球社组织了校内班级篮球比赛；辩论社获得了上海市中学生辩论赛冠军，代表上海中学生参加“东吴杯”第四届全国中学生辩论赛；朗诵社《我宣誓》获得全国第四届中小学生艺术展演二等奖。学生在社团活动中得到了多方面的锻炼，包括领导能力、团队协作能力、独立思考能力。学校的团队项目文化更侧重促进学生自主发展。在团队项目活动中，学校设计的项目内容充分体现出丰富、多元，有针对性和时效性的特点，内容形式多样，深受师生好评。更为重要的是在项目活动的实施过程中，学生的自主能力得到了培养。如，“大手牵小手”互助志愿行：在新生入学时，“学生军训管理委员会”志愿为预初、高一年级新生服务；在龙华烈士陵园，“志愿讲解员”志愿为本校学生作讲解。这些活动，让学生在为他人开展服务中，感受到互助、关爱的快乐。

在学校德育教育中，主题教育文化的价值在于丰富学生的成长经历。学校以民族精神为核心，结合“爱”的教育的“弘爱”；以生命教育为核心，结合心理教育的“怡情”；以行为规范养成教育为主线，结合仪式教育的“尚礼”。三者结合，融合学校安全、心理健康、国防教育等内容，从学生的身心需求出发整体设计，有计划、有目的、有步骤开展丰富多彩的寓教于乐的主题教育活动，旨在塑造学生美好的心灵，促进学生的人格完善，为学生的终身发展夯实基础。学校坚持开展规范的仪式教育，并尝试在不同时期及不同阶段充实内容、更新形式，充分赋予仪式更多的教育内涵，提升学生的品格养成。学校开展了升旗仪式、十四岁青春仪式、十八岁成人仪式、学生志愿者授旗仪式、团员入团宣誓仪式等，通过仪式教育，让学生在活动中感受神圣、庄严与尊重，进一步促进学生的品格养成。再如，学校围绕高中学生步入成年面临的诸多严肃的人生课题，邀请老干部、科研人员、教授学者、大学生等为学生作报告或与学生座谈，引导学生不断形成积极向上、敢于担当、追求真理、奉献社会、回报祖国的人生目标。

校园文化是学校的灵魂，独特的学校文化是特色学校的标志。学校特色体现的是学校独特的整体风貌，表现为凝聚在学校每一个成员身上的一种精神品质。文化立校的多元实效，形成了五十四中学独特的学校文化。育人是教育的生命和灵魂，是教育的本质要求和价值诉求。由弘爱求实、文明高雅的育人文化构建的学校特色发展，对每一位五十四人都犹如春风化雨，润物无声。

整合学科资源，打造特色校本课程

课程是创建学校特色、提高教师专业化水平、提升学校管理的主要平台，彰显了学校的文化底蕴。从 2007 年开始，五十四中学跨越学科，以多学科整合的方式开展各项活动，打造特色校本课程，促进学生的多元发展和素质的全面提高。

学校结合社会热点、人文历史等内容，先后组织进行了“奥运”“嫦娥奔月”“新中国成立 60 年 · 改革 30 年”“世博”“环境 · 气候”“海洋”和“纪念甲午战争 120 周年”以及“铭记历史，自强不息”等多个主题的校本课程系列活动。如，从 2011 学年开始，学校结合“海洋”主题进行了为期三年的校本课程，打破了以往每年甚至每一学期更换一个主题的情况，将校本课程与“可持续发展”相结合，以“海洋”为主题推出丰富多彩的校本课程。为此，学校充分挖掘多种元素，不仅组织全校师生赴上海影城观看电影《海洋》（这是一部以海洋环保为主题的纪实片），还在观看电影的基础上，要求各教研组围绕“海洋”这一主题，以体现各自学科特点的教学形式和内容开展多学科主题讲座和大讨论。

每一次课程活动都包含主题讲座这一形式，这也是最受全校师生欢迎的形式。学校至今已开设近30个讲座，专家、校长和教师都为学生开设了讲座。

除了每期必有的讲座之外，学校还结合学科性质，设计分学科、分学段的各分层主题活动，如理科学科都可进行的知识竞赛；语文、政治学科的辩论、演讲、征文比赛；英语学科的创意视频拼单词、课本剧；计算机学科的动画制作；物理、化学、生物学科的实验；艺术学科的明信片设计、环保T恤设计等。

作为校本课程，大多是“墙内开花墙内香”。学校与华东师范大学紧密联系，不仅邀请了专家到校进行讲座，还请专家到校对学生进行实验研究，在此基础上，还多次组织学生到大学实验室进行实地考察的学习研究。学生通过专家引领、自主研习，多形式展开同伴交流学习，拓宽了视野，增强了研究分析能力，促进自身不断发展。学校与光启基地、激光研究所等部门合作，都可视为拓展延伸，可促进学生多元发展，也是学校在实践综合素质评价中不断丰富的课程资源。

图5 STEM+课程

STEM教育就是科学、技术、工程、数学的教育，但它的教学并不是简单地将科学与工程组合起来，而是把学生学习到的零碎的知识与机械过程转变成一个与探究世界相互联系的不同侧面的过程。2016年起，学校依托上海史坦默国际科学教育研究中心（STEM+研究中心），开展STEM教育实践研究，成为区域内首批实验校。学校在高一年级开设STEM+实验班，每周安排两课时教学，由四位教师组成教学团队，整体设计和推进STEM+课程。在教学中，学生使用技术搜集、分析数据，并设计、测试和改进解决方案，然后与其同伴交流研究成果。一个STEM+课题，可能涉及物理、化学、生物、环境等知识，多角度、多学科的学习情境对学生的设计能力和问题解决能力提出考验,也会给现有的学科分类的课程设置和教学带来变革。学校经过四年实践和积累,开展了基于解决问题的学习过程研究,形成了完整的 STEM+校本课程,聚焦学生探究性学习能力培养,极大地促进了学生全面发展。

学校还引进了戏剧表演课程,大力开发新的校本课程,接轨时代热点,积极准备创设 AI 课程,同时把社团、活动和社会实践引入课程领域,让课程更丰富、更多元、更有效,从而为学生多元发展提供更优的内容、更宽的渠道、更好的学习效果。

如今,五十四中学正在一个新的历史平台上,"一场、两域、三促进"的近中期办学目标着眼于学校的长期发展和学生素质的全面提升,五十四中学的学子将在一个"多元发展,特色显现"的校园文化环境中健康成长和全面发展。"一场",学校将在传统校园文化积淀的基础上进一步构建和谐发展、互助友爱、积极进取、特色显现的校园文化场。"两域",学校将在教师发展领域和课程建设领域,努力创设教师发展平台;丰富学生的课程资源,在新课改背景下提升学校的育人水平。"三促进"则是在上述基础上促进学校的发展、促进教师的发展、促进学生的发展。

五十四中学的诞生、发展,既是新中国教育发展的见证和缩影,也是校园文化的写照,我们将从中得到前行的启示和发展的动力。五十四中学将在新的教育改革的浪潮中,以文为范,以史为鉴,砥砺前行。

上海师范大学附属中学

从美育实践到“发展教育”推动学生终身成长

岁月留痕

上海师范大学附属中学是一所有着深厚教育改革传统的学校。在60多年的办学历程中始终走在教育改革的前列。20世纪80年代初学校曾在国内率先开展美育实践，大力提倡和开展了“德美一体”的教育科研，形成了在全国较有影响力的美育系列课程；90年代中期，学校以学生发展为本，结合上海市“二期课改”，开展了“激活课堂”的教学改革实践，打响了推进素质教育的攻坚战，成为上海市课程改革示范学校；进入21世纪，上海师大附中把办学思想定格在“让每一位师生都得到充分和谐的发展”，跨出教育改革的新步伐；近10年来，学校以整体搬迁为契机，不断拓展升级“发展教育”的时间和空间，带领师生开始一场以“面向国际化、信息化、关注学生终身成长”为特色的未来教育探索和实践……

校史回眸

图1　上海师大附中老校园(桂林路)

上海师范大学附属中学创建于1958年，是上海市教育委员会和上海师范大学双重领导的实验性示范性高中。原址位于徐汇区桂林路120号。2015年9月，学校整体搬迁至浦东三林新校址。

上海师大附中是一所具有创新与探索传统的学校。改革开放以来,几任校长一直致力于各项教育改革,带领全校教师积极探索合乎自身条件的特色化发展之路。早在1980年,校长张世定就提出并实施了以"德美一体,各育生发""基础全面扎实、个性特色鲜明"等为内容的美育实验方案,形成"一体两翼,优化素质"的办学范式。

1990年,校长潘光博提出了"探索标准化教学与个性化教学双轨协进的教学格局",以人本规律、教育规律、美的规律为基石,努力把学校办成"面向21世纪的横丰纵高的T型结构的精美学校"。

1999年,在创建实验性示范性学校的活动中,校长张正之提出了"发展教育——让每一个师生都得到充分和谐发展"的办学思想。"发展教育"将学生和教师的发展作为思考一切教育问题的出发点,让学生在德育上有体验的空间和时间,在课程上有选择的空间和时间,在学习上有拓展与探究的空间和时间,从而使学生真正拥有自主发展与创新的空间和时间。

2009年始,在严格遵循党和国家的教育方针与政策、全面深化以课程改革为核心的教育改革的基础上,校长严一平提出将培养学生的"健全人格+现代素养"作为学校改革与发展的重点,将上海师大附中的办学目标定位在"建设国际化、信息化、有特色的现代大学附中"。

让每一个学生都得到全面协调发展,是上海师大附中60余年办学历史上相承相续的核心追求,并逐渐凝练、发展成附中人"注重人文、强调民主,重视创新,追求卓越"的思想共识和学校文化特征。

在60余年的教育实践中,学校获得了丰硕的办学成果。学校已成为全国心理教育示范学校、全国中小学外语教研工作示范学校、全国青少年科技活动先进集体、生涯教育示范校,并先后被国家和上海市评为教育部教育学硕士(专业学位)实习基地、上海市首批

图2 校庆50周年座谈会上老校长合影

实验性示范性高级中学、上海市科研先进单位、上海市科技教育特色学校、上海市艺术教育特色学校、上海市教师发展示范校、上海市文明单位、上海市安全文明学校、上海市平安单位、上海市中小学行为规范示范校。

近年来，在未来学校、创新思维课程、生涯教育等方面，上海师大附中取得了令人瞩目的成就，为国家培养了大批优秀人才，为上海教育提供了很多宝贵经验，享有较高的社会声誉。

历史撷英

张世定：上海教育引以为豪的财富，领美育风气之先

张世定，上海市劳动模范，上海师范大学附属中学名誉校长。他提出了“终身责任、整体培育”的教学理念，在实践中积极探索“多规律办学”，并形成了“一体两翼，优化素质”的办学模式。尤其令人称颂的是他带领学校率先开展美育实践，在全国教育界产生了广泛影响。

“通过美，让人获得自己的本质力量。”1958 年学校刚创办时的张世定是年轻的团委书记，1986 年年过半百的他成为校长，1995 年成为上海市教委特批的上海师大附中终身名誉校长。这位“元老校长”干的事情，可以浓缩成两个字：美育。“爱美之心，人皆有之”，这句话，耳熟能详。而张世定“创造”了下一句：“懂美之心，需教而有之。”在上海师大附中《关于美育的研究与实践》十年实验报告中，张世定写道：“美育能以它拥有的形象性与情感性给人脑以感性世界的统一整体性反映与刺激，使内在精神世界与外在物质世界产生完形效应，美育可以完善人的心灵建构……美育，能唤起青少年对美好事物的兴趣，可以促进人的全面发展。”

今天很多老附中人都还记得，张世定校长的脑子里总是有些有趣又不乏浪漫的念头。秋天到了，“莎士比亚戏剧节”开始了，学生们做道具、背台词、欣赏世界名曲与名作。校园里建了全市中学第一个溜冰场、网球场，请来了专业教练。教学楼每一层的转角摆放钢琴，课间传来阵阵自由的琴声。建标准天文台，鼓励师生仰

望星空。张世定甚至还在工作笔记上写下一个计划，希望附中学生不分男女普及“十会”：游泳、骑车、网球、桥牌、围棋、摄影、交往，还有针线、洗衣、做饭。有一年，上海美术馆举办“罗丹艺术展”，张世定带着全校学生去欣赏。当时票价贵、路途远，有人问，这些孩子看得懂吗？张世定答道：“至少会在他们幼小的心田上，播下一颗美的种子。”……这样的校园生活，在20世纪80年代的上海，很有冲击力。《文汇报》总编在上海师大附中驻扎了一个星期，写下了附中美育见闻，刊登在《文汇报》的头版头条。自此，全国几百家单位“闻风而动”，几千人次上门取经。而在这些令人怀念的美好校园生活背后，是张世定构建的系列化、制度化、课程化、深层化的“四化”美育体系。在张世定倡导下开设的“景观文化课”更是被一届届传承下来，成为上海师大附中最具特色的课程明信片。

张世定倡导“TX—O”办学理念，即学生应该向字母“T”这样，“横向丰满、纵向攀高”，也就是说不能仅仅满足于学好几门课，而应该张开双臂，尽可能拥抱更广博的世界。“X”是多样化的个性形象表达，表示教育应该关注每个学生的个性特长，学校办学应该“无围墙”，把课堂延伸到广阔的大自然、火热的社会生活。“O”则是要让学生拥有完满的人生。而最让人佩服的是，张世定虽然几乎不懂英语，但也“敢”带着学生去澳大利亚游学，和住家家庭打成一片，用自己的实际行动鼓励孩子们闯荡世界。在20多年前，这也算是件新鲜事儿。

让学校有“人情味”。南浦大桥建成后第一次通车，张世定就组织全体教师登桥观光；内环线通车了、地铁建成了，他都是第一时间带大家去走一圈；最有意思的是每周五给教师发放几十元的“潇洒费”，鼓励大家周末用这笔当时看来还不少的奖金尽情和家人欢乐团聚。浓厚的人文底蕴让校园变得更有温度。

图3　歌声朗朗

潘光博:以学生发展为本,激活课堂,积极推进素质教育

1995年潘光博任校长,继续引领附中的教师探索教改,积极推进素质教育。他组织开展“以学生发展为本,激活课堂,积极推进素质教育”的课堂教学研究,总结提炼了课堂教学的5个“激活”教改经验,撬动了上海师大附中独特风格的课堂改革探索与实施。学校因此被评为上海市“课改”示范校和“二期课改”实验基地。

从1997年开始,校内掀起了一次又一次学习国内外教育理论的热潮,潘光博组织全体教师学习新三论,即耗散结构论、突变论和协同论的基本思想,探索运用新三论来改革教学方法。不少教师在总结中认为,“开放、协变”的做法有助于搞活课堂,学生知识学得牢固,能力显著提高。但在实施课改方案的过程中,新的观念与老的传统,理念与现实,不可避免地产生强烈的冲突。面对有形的、无形的“应试教育”的压力之网,两种观念激烈碰撞的时刻,潘光博提出了要有摆脱旧观念的勇气和决心,坚决主张“五不五反对”,即:不把读书作为唯一任务,反对唯智论;不把加班加点灌输式教学作为提高质量的手段,反对唯灌论;不以分数为衡量学生水平的唯一标准,反对唯分论;不以考试作为号召学生认真学习的唯一动力,反对唯考论;不以升学率高低作为衡量教师实绩的唯一标准,反对唯率论。

王珏同学自幼喜爱国画,在全国、全市比赛中得过奖,学习成绩也很好。对她怎样培养呢?家长非常希望不拘一格培养她。学校做出决定,她部分学科免修,部分学科免考,不对她施加任何分数上的压力,并开辟专用画室让她学画、学书法,让她去图书馆博览古今中外名著,《左传》《唐宋词鉴赏》,以及契诃夫、泰戈尔、托尔斯泰、柏拉图、雨果、鲁迅、余秋雨的书她都读过,总数达28种之多。她全面发展,音乐上能吹奏萨克斯;美术、书法上,可以办全市个人展。有人说她的文化素养要超过高三学生,是典型的素质型学生。

在如何改革课堂教学、优化教学过程,使教学素质化的探索中,潘光博组织教师以“激活课堂”为课题,进行了大量的研究课尝试,经过归纳小结,提出了课堂教学的5个“激活”。即:(1)引入含活势:带着问题、带着兴趣;(2)形式求活泼:方法多样化、手段现代化;(3)气氛要活跃:情意共鸣沟通、信息反馈畅通;(4)探索有活

力:思维有深广度、见解有创新度;(5)结尾留活意:留着激情、留着悬念。核心就是课堂教学的气氛要活跃。良好的师生关系、良好的协作意识,才能营造活跃的课堂气氛,实现情意共鸣沟通、信息反馈畅通。在这样一种探索问题的最佳情境下,学生思维活跃流畅,向广度与深度发展,探索活动形成热点与高潮,知能逐步形成有序结构,独创性思维涌动,课堂教学能获得最佳效益。为了达到这样的境界,就应特别提倡学生在课堂上敢疑、敢问,对学生的提问教师要尊重、鼓励,平等交流。潘光博特别举了一个例子。有一名学生在语文选修课上学到有关园林的内容,他联想到附近桂林公园立的标牌上写着建成年代是1934年,为了黄金荣60寿辰而建。他又从资料中发现黄金荣60岁应是1927年,于是在课堂上提出质疑,得到了老师的热情鼓励。课后他到上海师范大学图书馆查资料,又请教数名教授,多方考证,提出了纠正标牌上年份的见解,并写成了论文。这样的课,学生敢于发现问题、提出问题,课堂的气氛无疑是活跃的。现在在上海师大附中,一直明确要求教师应做到:在课的进行过程中,学生可以打断老师的讲课而发问,在课的最后必须留出三五分钟的时间让学生突发奇想、畅发疑问、引发讨论,并鼓励学生在课外独立地搜集资料、研究问题,写成有创见的小论文。“激活课堂”成为上海师大附中的传统教学特色,延续至今。

张正之:创设时间与空间,让“每一个师生都得到充分和谐的发展”

1999年,张正之担任上海师大附中校长。多年的教育管理经历使张正之开始思考作为一位校长最重要的价值追求是什么。时逢实验性示范性高中的评审工作,使得张正之在思考一所学校的办学思想的同时,也必须反思自己的教育理念。在这个思索的过程中,一个概念逐渐明晰起来。教育是面向人的事业,教育是培养人的事业,张正之发现真正的教育就是对人的尊重和关注;尊重人、理解人、发展人、完善人,应该是一个校长最重要的使命。

那一年,他提出了“发展教育”的办学思想,其内涵就是,学校存在的价值就在于“让每一位师生都能得到充分和谐的发展”。至此,上海师大附中对教育的理解与追求呈现出了清晰的脉络，对教育个性化的追求也越来越自主、自觉与自信。“发展教育”的提出，不仅是对学校办学历史与传统的厘清与继承，也是对社会发展与文化进步的创造性呼应，显示出学校主动迎接挑战的积极姿态和实践智慧。

为此，上海师大附中采取了多种措施，千方百计为每个学生提供充分发展的空间和时间。学校提出一切教育活动以学生发展为中心，创设以学生为主体的德育环境。在继承深化“德美一体”传统的基础上，建立了以景观课为核心的社会实践活动体系，还自编了一系列景观课教材。如每年秋季组织学生赴苏州、无锡、南京、杭州等地，实地上自然景观课，通过考察了解历史、民情和国情，激发学生的爱国热情和社会责任感；与上海博物馆、中共一大会址纪念馆、孙中山故居、中国共产党代表团驻沪办事处纪念馆（周公馆）等处共同开设人文景观课，提高学生鉴赏能力，让他们了解中国革命的艰辛历程；借助上海师范大学和漕河泾新兴微电子开发区的资源开设科技景观课，请有关专家和科技人员为学生介绍高科技发展状况，带领学生参观先进的生产流水线，培养学生的科技精神以及学习科技文化知识的热情。此外，还重视开展校园环境景观课，为学生营造文明礼仪、群体规范、整洁宁静的学习环境，以各种多姿多彩的文化、艺术、体育及学生社团活动丰富学生的学习生活。

张正之尤其关注学生创新精神培养的问题。2001 年开始，上海师大附中的新生进校后，每人都拿到一本学校制订的《上海师大附属中学学生发展指南》。学生首先对自己在德、智、体、美诸方面的发展水平进行评价和诊断，并根据《指南》的要求，自己设计、确定高中三年学习发展的目标。为了保证学生有更多时间发展个性，学校合理安排教学课程，并在每周辟出三个下午供学生自选课程学习。每个学生根据《指南》的要求，挑选自己有兴趣的、适合自身发展的课程。经过建设，学校的自选课程包括技术领域、体艺领域、自然科学领域、人文科学领域、教育心理领域、综合学习和实践领域、探究性课程、研究性课程等 8 个大类共 70 多门课程。

社会发展为源、学生发展为本的“发展教育”符合学生发展的规律，取得了可喜成绩。学生的探究能力、创新思维和动手能力都得到很大发展。学生黎音亮用数学建模方式对计算机的上网时间、费用进行研究，他的论文《上网资费模型研究》在上海市“杜邦杯”中学生数学知识应用竞赛中荣获最佳论文奖；学生蒋妍婷利用太阳光谱分析仪器对紫外线进行测定，论文《用太阳紫外线测定防晒护肤品的防晒性能》在上海市“英特尔杯”科技论文比赛中荣获一等奖，学生沈冬威的论文《太阳黑子与紫外线辐射强度的关系》在比赛中荣获三等奖。

“只有教师得到发展，学生的发展才有保证。”张正之一直非常重视教师的培养，通过不懈的努力，造就了一支数量充足、年龄结构和职称结构合理、师德水平高、具有先进的教育理念和强烈的敬业精神、专业知识厚实、能力全面、富有创新精神的“发展型”教师队伍，为学校的长足发展奠定了坚实的基础。为此，他主导制定了《上海师大附中教职工进修制度》《上海师大附中教职工考核实施办法》等文件，将教师进修制度、进修任务、教职工参与教育教学科研要求等内容写入学校规章制度，纳入教职工年终考核体系，将教师进修与培训作为学校的头等大事来抓。

图 4 著名历史学家苏智良教授和学生一起探讨中日关系

张正之善于借助高校与社会的力量开展教师培训。学校与上海师范大学基础教育中心联合举行了以“聚焦课堂、推进课改”为主题的课程改革整体推进展示活动。来自上海师范大学等高校的知名学者孙逊、苏智良、顾大僖、王大根等教授走进课堂，与教师们一起探讨课堂教学，这一举措受到媒体的广泛关注。在“二期课改”培训中，学校与上海师范大学的各系所尤其是教育科学学院密切合作，改变以往那种“你讲我听”的单调模式，不仅聘请有关专家、学者到校开设讲座、指导教学，而且邀请他们走进课堂亲身实践，或者示范上课，或者共同探索，这些改革举措取得了很好的效果。黎家厚教授是国内知名的计算机辅助教学专家，他走进教室观摩，走进机房手把手地教学生，收到了很好的效果。上海市“二期课改”高中历史教材主编苏智良教授是著名的中日关系和“慰安妇”问题研究专家。学校请他走进历史课堂，与学生交流，与教师合作，在交流与合作中达到教师培训的目的。苏智良教授还参与了高一年级主题为“中学生眼里的中日关系”的班会，与学生们一起探讨了中日关系的过去、现在与未来，引导学生正确地认识和理解历史，明确青年应担负的历史责任。

严一平：“发展教育”空间拓展升级　尊重每个学生的个性和梦想

在现任校长严一平的眼里，“今天的学校不仅应该关注学生高中三年后的学业成绩和高校录取，更应关注十年、十五年后的学生在干什么……”秉承上海师大附中“让每一个师生得到充分和谐的发展”办学理念，这位对教育有着深刻理解和独特追求的实干派校长，带领师生开始了一场面向未来、关注学生终身成长的教育探索和实践：构建着眼于“健全人格+现代素养”培养的校本课程、建设“博雅书院”与“格致书院”、规划五大课程实践中心、建设重构学习空间的未来教室、建成上海师范大学未来教育研究院、成立上海师大附中教育集团……这位不忘初心的教育行者凝心聚力，让“发展教育”空间拓展升级，为学生的未来创造最优化的教育价值。

以人为本的课程建设，培育现代素养。严一平认为，教育改革进入深层次以后，无论是课程建设还是评价，最终的落脚点是培养什么样的人，学校的育人目标应该从深层次的角度思考未来的社会需求，来设置课程。这种以学生未来发展为本的课程价值追求，在严一平的教育实践中一以贯之。早在2000年上海师大附中制定“争创实验性示范性学校”规划之时，严一平就大胆提出以改革学生评价入手，提高德育实效性，并在实践基础上总结出“中学生成长包”这一评价载体，实践中升级的“中学生立体形象设计”不但丰富了以往单以主题教育和学术成绩所搭建的平台性评价，更成为标榜性的评价标准，其中满满的照片和学生自己、家长以及同学留下的话语，记载的是学生在上海师大附中留下的青春烙印。同时，严一平对“德美一体，以美辅德”的学校课程建设深入思考挖掘，将学校的社会考察活动提升为“景观文化课”。“景观文化课”已成为上海师大附中的传统特色研究性学习课程。“在景观中沉醉，在文化中沉思”，这门课程以景观为载体，以文化为基础，以德育为核心，成为上海师大附中学生印象最深刻、影响最深远的课程之一。

在“发展教育”的办学思想引领下，在高效完成国家课程的同时，注重拓展型和研究型课程建设，以现代素养为导向，建设着眼于未来发展的校本课程。目前，学校已经构建了100多门拓展型和研究型校本课程，着力培养学生的批判性思维能力、科学创新能力、社会实践能力和民族文化认同感，涵盖人文、科学、艺术、体育和技术等各个领域，为学生提供了丰富多彩的生活和广阔自主的发展空间。

学校率先探索了“书院制”特色课程，建设“博雅书院”和“格致书院”。博雅书院——依托中国教师发展基金会“十二五”规划重点课题“中学生批判性思维培养与语文思辨读写教学实践研究”建立。格致书院——以大学联动AP课程实验室、创新创客实验室、创新思维实验室为平台，通过开展机器人技术、自动化控制、建筑设计、分子生物学、组织培养、纳米材料等课程学习，培养学生的科学创新人格和创新思维能力，为高校输送优秀的理工科人才。

构建未来学校，尊重个性梦想。严一平认为：“基础教育发展到今天，需要我们重新思考教育的内涵。我们要尊重学生的爱好特长，让每个学生的特长在校园中得到充分和谐的发展，通过现代化信息手段，让学生的个性得到保护。”

地理课上，学生凑在一个特别的AR沙盘前堆出大小、高低不同的沙丘，投影开启，一圈圈等高线通过不同颜色清晰地表示出来，抽象的概念瞬间转化成可视化图像，一目了然。生物课上，老师正在讲解染色体在遗传学上的特点，教室内的四块显示屏逐一揭示遗传路径，让一些接受新知识较慢的学生可以前后联系，厘清知识脉络。政治课上，围绕“小陈讼亲”的案例，四块显示屏给予各个小组空间，从不同视角亮出观点，互相启发，补充完善，通过“同屏异构”激发学生的思维碰撞。依托高校资源，上海师大附中正着力打造信息现代化环境下的课堂教学新模式，充分兼顾学生的思维差异，鼓励并创设条件增加课堂的互动和交流，让学生大胆表达，大胆质疑。与此同时，实时的数据分析系统也帮助教师及时了解课堂教学效果、学生掌握程度、习题准确率高低等情况，使得教师的教学方式和评价方式不断得到优化。

整整一幢4号楼，成为学生的筑梦空间。“畅言互动”英语人机对话实训教室，智能创客教室，以及机器人、无人机、动漫3D、陶艺、天文、金融、剑桥化学、分子生物及生物组培、中草药园等创新实验室……在上海市教育委员会教育技术装备中心的支持下,根据“基于学生发展需求的高信息环境下的学科专用教室建设研究”合作协议,上海师大附中新建十余间专用学科教室,满足学生不同兴趣。“科技走廊”上,混沌摆、十字磨、蛇形摆等好玩的实验装置一字排开,丰富了学生的课余时光。就连楼梯下的空间也被充分利用起来,用玻璃隔成了小巧精致的社团会议室。那是源自同学们向校方提出的申请:“能否拥有我们的专属议事空间?”

高度开放与灵活的学习生态、重构学生学习空间,构建了处处能学、时时可学的新学习场景。在全新的剑桥化学实验室,学生得到的是全新体验——一边是实验台,一边是课桌椅,实验过程则由摄像头记录,用于回放和分析。需要使用哪些实验器材,如何完成实验,全靠学生独立或者小组合作商讨完成。这样的教学方式,融合了国际教育的先进理念,大大激发了学生的学习兴趣和探究精神。在金融创新实验室,学生可以了解债券、期货、股票、基金、银行理财产品等的基本概念和操作方法等金融理财知识,形成积极健康的理财观和消费观,培养良好的财富判断能力。走出教室,热爱运动的学生,梦想同样得到尊重。上海师大附中足球队代表浦东新区校园足球联盟,在上海市民运动会上夺得 U17 组别冠军。如今,每周二、四、五、日下午,在前申花球员吴伟超和西班牙瓦伦西亚足球俱乐部的外籍教练带领下,上海师大附中足球队两个小时的训练雷打不动。作为上海市、区级校园足球联盟联赛的举办地,每年赛季来临,这个校园总会被足球的热情点燃。让足球项目负责人邹宏斌感慨的是,不少热爱踢球的孩子,做事效率更高,耐挫力和拼搏精神更强,在学业上也同样表现出色。在市民运动会足球项目中荣获“最佳射手”称号并入选全国足球校园足球联盟最佳阵容的李天诚,曾在中考中获得近 600 分的高分。

辐射优质资源,传播实验示范。2018 年,上海师大附中(闵行)教育集团举行成立揭牌仪式。由严一平担任董事长,以上海师大附中为核心校,与师大附中闵行分校、上海上师初级中学、上海师大三附小、上海师大三附中、上海师大康城实验学校、上海师大闵行实验幼儿园、浦江一中、浦江一小、世博小学共 9 所中小幼学校共同组成的办学联合体将进一步发挥上海师大附中实验性示范性高中的教育优质资源，积极辐射培养创新人才的新模式，开发幼儿园、小学、初中到高中各学段共享共通、高效衔接的学校课程体系，探索建立跨年龄、跨学段的学生培养路径，整合各个集团学校的优势资源，促进教育集团内涵发展，为真正办好人民满意的教育创造条件。

图 5　上海师大附中教学大楼

上海市世界外国语小学

“让学生走向世界，让世界走进学校”

岁月留痕

上海市世界外国语小学创办于1993年，学校属于民办非企业单位，实行董事会领导下的校长负责制，是上海市事业类社会公益一类文明单位，也是国际文凭组织小学课程授权学校。学校有两个校区、三个学部。世外小学现有在编在岗教职工190人，其中外籍教师28人，平均年龄35岁，教师全部为本科及以上学历，有超过一半的教师曾在区、市、全国乃至世界上获得过教育教学大奖。教师队伍稳定、专业、友爱，有很强的责任感和创新力。

学校秉承“让学生走向世界，让世界走进学校”的办学理念，集教育研究成果之精华，走教育与科研结合之路，取中外教育经验之长，融中西方文化之优，承世界学校之特色，扬师生个性之特长，育走向世界之中国人。近年来，学校不断探索民办学校的办学机制与体制，进一步扩大办学优势，教育教学特色日趋明显。学校先后获得全国五一劳动奖状、全国特色学校、全国优秀英语教研示范组、上海市文明单位等荣誉称号。

校史回眸

1993年上海市世界外国语小学由王小平担任校长，选址桂林东街239弄35号，以民办公助的体制开办，在短短几年内形成英语教学特色，并在社会上特别是徐汇区内享有一定的办学声誉。

图 1　世外小学东校老校区

2001 年,学校开办双语部,招收境外学生,由于桂林东街校区较小,无法容纳数量激增的教学班,故新增桂林西街 101 弄 56 号校区作为境内部校区。

2005 年,学校由公立转制学校转为民办学校,隶属均瑶集团旗下。王均金担任董事长,王小平担任常务副董事长,钱佩红担任校长兼党支部书记。

2006 年,张悦颖接任世外小学校长,同时兼任党支部书记,担起了民办世外小学发展、创新的重任。

2007 年,学校被国际文凭组织正式授权。世外小学开设融合部,及时了解国际教育前沿的信息,在国家课程的标准和框架下,更多地融合国内外教育的优势来发展学校。

2012 年,学校形成了指向学生全球胜任力的梦想培养目标,构建起了相应的梦想课程体系。学校不仅在人文艺术课程板块,还在其他板块特别是科学技术课程板块进行特色构建。

2013 年,世外小学托管康健外国语实验小学并开办了杭州上海世界外国语小学。学校稳步发展,成为上海市一所老百姓所向往的民办学校。

2014 年,世外小学被授予"全国五一劳动奖状"的最高荣誉。在转成民办的十个年头里，世外小学发展不停步，创新无止境，社会影响力日渐扩大。

2015 年，世外教育集团成立。世外小学负责旗下所有直属小学的课程设计及教师培训。

2016 年，学校受邀翻译、编著了 STEM 相关书籍，世外小学的科学技术课程在国内开始享有广泛的影响力，并在全球受邀进行经验分享。

2018 年，世外小学举办建校 25 年活动，更明确了“为谁培养人”“培养什么人”与“国际化特色”之间的关系，更增添了以教育推动“中华民族伟大复兴”的使命感。

2019 年，由教育部颁发的“张悦颖校长工作室”挂牌。至此，世外小学在发展自己的同时更多地影响、帮助全国各地各种类型的学校发展，作为民办学校，承担起了更多的社会责任。

历史撷英

这里没有轰轰烈烈的壮举，这里没有惊天动地的业绩，这里只有无怨无悔的奉献，这里只有脚踏实地的耕耘。

这里，有一位创始者述说创校的艰辛；这里，有一项校长奖发现和展示学生；这里，有一张授权书呈现中西交融的育人理念；这里，有一所康外小学诠释民办学校的社会责任；这里，有一张奖状展示追梦人圆梦的历程……

七十六把钥匙——世外小学创始人的故事

上海市世界外国语小学常务副董事长王小平女士（图 2），一位充满理想、激情澎湃的教育改革家，矢志不渝、坚忍不拔的创业实干家。20 多年来，她怀揣着教育梦想，呕心沥血、风雨兼程，用她的坚韧、刻苦和对教育事业的满腔热爱，演绎着精彩的追梦历程。

有理想就有梦。王小平校长做了一辈子的“教育梦”，直到 1993 年 57 岁时，遇到教育改革的大好时光，创办世界外国语小学，她的“教育梦”又有了新的发展。

图 2 王小平和孩子们在一起

1993 年，王小平已超龄“服役”，从 19 岁走上教师岗位，这时已经从事了 38 年教育工作，当过高安路一小、东二小学、向阳小学这些徐汇区名牌小学的校长，教学质量、管理方式得到各方认可，收获良好口碑，原可急流勇退，安享晚年。然而，那年暑假前夕，当时的徐汇区教育局领导找到了王小平，希望她能再度出山，利用民办公助体制办一所与众不同的学校。作为“上海市劳动模范”“全国巾帼标兵”，王小平消除顾虑，下定决心，开启一次新的梦想——创办上海市世界外国语小学。

碰到了好机会，教育局给了好多优惠政策，能选择学生，能收取学费，课程开设也给予了一些自主权。能做自己喜欢的事固然值得高兴，但是面对机遇敢不敢接受，能不能抓住？王小平满怀希望来到新学校，可是眼前的情景把她吓了一跳：空关了两年的新村配套校舍，教室里什么都没有，草比人高，连个歇脚的地方也没有，苍蝇、蚊子到处飞，咬得身上一块块疙瘩。周围没有人家，没有商店，更糟糕的是，校舍只有 11.28 亩地，教室小得不得了，一个礼堂连一个年级的学生也坐不下。9 月 1 日要开学，添设备、装饰校园、买家具、修操场、招聘教师、招收学生，两个多月来得及吗？面对现实是选择退缩，还是选择迎难而上？最后在王小平的鼓励下，大家决定迎难而上，正如俗话“开弓没有回头箭”，人必须有勇气迎难而上，迎接挑战。

说干就干，7 月初刚放暑假，王小平就带领老师们一头扎进这块没开垦的土地。先前，局党委跟王小平有约定，要确保 9 月 1 日如期开学，可是教室里什么都没有，墙面上两年前刷的涂料已经剥落，操场上杂草丛生，草比人高，更不用说球场跑道了，大热天也得穿高筒套鞋。说好是“民办公助”，区教育局按照新办一所普通小学的经费额度,拨了43万,确保课桌椅及墙面粉刷等需求,其他办学经费必须自筹,手上的76把空房间的钥匙,就算是王小平白手起家的唯一本钱了。然而,就是靠76把钥匙这唯一的本钱,王小平硬是带领她的团队,不怕困难,艰苦创业,奇迹般地把一所白手起家的民办公助普通小学办成一所人气旺盛并有外语特色的学校——上海市世界外国语小学。

从76把钥匙起家,以8位老师、4个教学班开始创业,从草比人高的荒芜中崛起……王小平带领她的团队,唱响了"带领孩子走向世界"的战歌。

"奇思妙想校长奖"——发现和展示自己的平台

2014年7月,上海电视台《超级家长会》栏目播放了一档专辑——"世外小学奇思妙想校长奖"。张悦颖校长带领当年获奖的三位学生:爱好机器人编程的廖梓乐,喜欢观察天气的司耘哲以及爱画沙画的杨咏怡同学参加了节目的录制。"奇思妙想校长奖"是由校长出资提供的学生奖学金,旨在鼓励学生于各个领域进行跨学科的探究实践并形成自己的主张和见解。此奖项评选在四、五年级中展开。学生于暑期中完成实践探究报告,于九月参加评选。每年评选一次,每次有二十名学生可获奖。张悦颖认为:以传统的学业考试中的成绩来划分"优等生"和"后进生",鲜有人论及杰出人才的卓越习性特质和大爱无私的品质。其实每个孩子都有出彩的智能和资本。我们的教育应适合每个孩子的发展,而不是让孩子去适应教育的模式,所以要创造更多的机会和舞台,让每个孩子有更多的可能去挖掘潜能,促进天资的发展。"奇思妙想校长奖"就给学生提供了区别传统学业评价的机会。世外的"奇思妙想校长奖"从2013年开设至今,已经鼓励了很多的学生,让每个学生都能在某一方面进行持续的研究。

张悦颖是2006年世外小学转制成民办体制后担任校长的,迄今为止已经在世外工作了13个年头。她是一位敏锐、有爱且极具创新能力的校长。民办世外能够不断地生长与发展,享有更好的社会声誉,张悦颖功不可没。张悦颖认为,一所好的学校就应该是"无论孩子的身份背景如何,都能通过学校个性化的学习系统挖掘

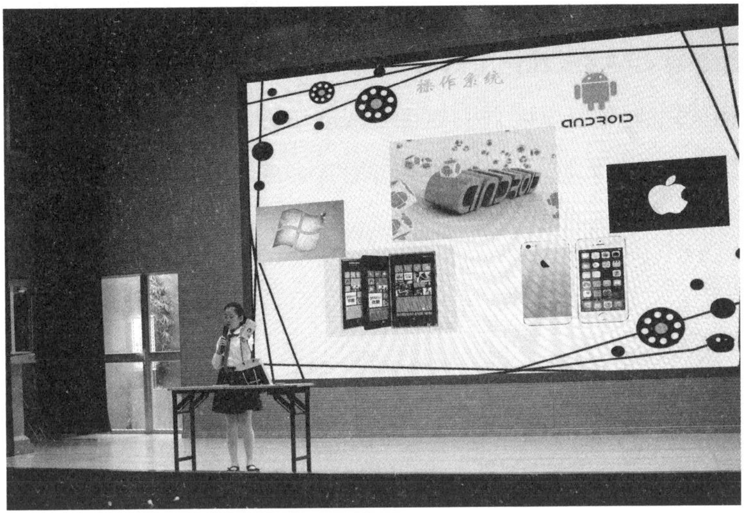

图 3　学生在“奇思妙想校长奖”现场发表演说

潜能,达到最优”。她认为,这套个性化的学习系统对学生而言,意味着每一天清晰的学习之路;对学校而言,意味着专业精神以及教师可以根据学生的不同学习需求提供灵活多变的教学策略;对管理者而言,意味着通过组织和运行为每一位学生提供学习的幸福感。所以,她以课程为切入口,围绕着顶层设计,力求为课程内容、课程模式、教学策略、教学组织形式以及评价方法提供更多的丰富性,努力打造一个理想的、个性化的学习系统,形成属于中国的,能够站在国际教育前沿的学校学习和文化系统。就其中的评价系统而言,学校就体现了极其丰富的评价维度,除“奇思妙想校长奖”外,学校还有其他各种各样的评价奖励。比如“世外奖学金”,用来表彰德智体美劳全面发展的学生;“世外康晋奖”用来表彰各类单项获奖的学生;“最大进步奖”用来表彰按照计划达成目标,进步显著的学生;除此以外的校园歌手大赛、戏剧节展演、演奏会等用来鼓励对音乐有兴趣的孩子;运动会、游戏节、球类联赛、攀岩取毕业证书、自制 PVC 筏接力赛等项目用来鼓励学生在运动方面的表现;“奇思妙想校长奖”“定格动画”等比赛用来鼓励学生在科学技术方面的创新;学校的“秀空间”是提供给喜欢绘画的学生,进行为期两周的个人艺术展的平台。学校还有“最美执勤员”“叠衣小能手”“阅读之星”“美食之星”等各种各样的奖项评选。甚至在一学期能够持续养护一盆花的学生也能获得“护花使者”的称号。学校还鼓励老师多关注学生的品质,只要发现孩子平时的一个善行值得称赞,就可以给他写封邀请函,邀请学生与自己共进午餐,比如捡起地上纸屑的孩子,帮助学弟学妹解决困难的孩子,只要在品格上有一点闪光点,就可以得到邀请,这个活动的口号叫作“老师爱你,与成绩无关”。

图4 张悦颖和所支教的金山石化一小的孩子们在一起

丰富的课程,多元的评价,让每个孩子都有清晰的个性化的学习之路,并且能在学校这样的文化和生态环境中被鼓励、被发现,获得幸福感,产生愉悦体验。让每一个人都能挖掘潜能,达到最优,适应未来社会的挑战。

国际文凭授权——中外教育的交融

2007年12月19日,世外小学PYP部这一国际文凭组织下的小学阶段项目,经过三年探索,终于通过了IB总部的授权访问,提前一年完成了认证,正式成为世界上第一所华人创办的PYP学校。这是上海第一家,中国第一家!这份国际文凭的授权,是世外小学创新发展的又一个新的里程碑。

世外小学一路探索研究国际教育并开设融合部,正是为了及时了解国际教育的前沿信息，在国家课程的标准和框架下，更多地融合中西方教育的优势来发展学校，“取中外教育经验之长”，努力寻求中国传统文化底蕴与西方先进教育理念间的平衡点。世外小学，从一所外语特色校逐渐发展为一所探索中外教育交流与融合的品牌学校。

融中西方文化之优，学校首要的是深耕中国传统文化。学校创新节日文化，在中国传统节日期间营造浓厚的节日气氛，精心设计相应的主题教育活动，制定递进的德育主题与目标，通过分年级分序列的活动落实，突显实效。比如二十四节气吟诗、作画、赛诗、书法、做美食，品味文化盛宴；重阳节我为爷爷奶奶（外公外婆）送支歌、送温暖、送欢笑、送健康、送祝福，传播“孝”文化；迎新节日感谢大自然赠予情、小伙伴帮助情、父母养育恩、老师教导恩、生活美好情，贯穿“感恩”主线；元宵习俗里撕窗花、猜灯谜、义卖灯笼捐善款、包汤圆、写春联，弘扬正能量。

融中西方文化之优，学校吸收西方节日好的形式，弘扬中华文化精神。在西方重要节日时，学校因势利导，巧妙设计符合中国特色的文化活动。将西方的“万圣节”改造成“英雄节”，通过角色扮演、主题班会、英雄故事写作等环节，传播英雄文化，塑造榜样力量：巧妙设计，“魔鬼聚集”变身“英雄巡游”；寓教于乐，人文学科落实教育主题；尊重规律，精准布局教育教学内容。“英雄节”活动引发学生、家长以及社会的共鸣与支持，收获良好的教育效果。通过“洋节”文化的教育创新，构建青少年文化教育的新载体。

境外部将“圣诞活动”改造为中西文化的交流大会，设计“我们眼中的世界”系列活动：2016 年的“科技点亮生活”帮助学生了解人类的科技进步史，更激发“科技点亮生活”的深切体验；“我们行走在‘一带一路上’”，帮助学生树立“人类命运共同体”的意识；“诗与远方”师生诵诗文，养诗心，育诗情。中外师生深耕中华文化，放眼世界文明。

让世界走进学校，最终是为了让学生走向世界，怀揣民族情怀，具备国际视野，拥有在国际舞台上与世界精英同台竞技的本领与自信，成为具有全球胜任力的中国人。

2018 年第 39 届世界头脑奥林匹克（OM）决赛在美国当地时间 5 月 26 日举行，

世外小学参赛队代表中国赴美参加头脑奥林匹克总决赛，表演题“星际大本营”获得世界第三的成绩，这对于母语非英语国家的学校来说难度超乎想象，实现了世外在此项目类别上的突破。

2019 年 5 月 7 日，在“2019 校园创业大亨”比赛中，学生创业小组“梦之队”过五关斩六将，获得中国赛区特等奖，受到英国安德鲁王子及彼得·琼斯爵士的接见，在英国白金汉宫参加全球颁奖典礼，代表中国队与英国等代表团一行被授予国际校园商业挑战赛国际大奖的荣誉。

图 5　世外学子“校园创业大亨”活动走出校门，来到英伦

模拟联合国大会上，世外小学的“小外交官们”表现优异，受邀前往联合国金色大厅，就“残疾人权益”“消除贫困”“环境保护”“文物归还”等世界问题向全世界作主旨演讲，表达外交主张。2017 年，世外一名小学生代表中国首次站上国际舞台，发出中国声音；2018 年、2019 年分别有两名学生代表中国发表主张，让世界听到中国的声音，从而实现在模拟联合国大会上连续两年、一校两生发言的历史性突破。国家展板融汇了学生们的奇思妙想和巧手匠心，受到外国代表盛赞：“这是我们见到的最美的国家展板，欣赏你们的精心准备。”美国媒体记者纷纷前往采访、拍摄。在外交晚会上，学生们改编的“鼓舞”《观潮》把中国古典舞与墨西哥热舞进行混搭，在世界的舞台上展现中国人的文化，述说中国的主张，亮出中国的自信。

康健外国语实验小学——民办学校的社会责任

“滴答”,徐汇区康健外国语小学(以下简称“康外小学”)的邮箱收到一封邮件,是深圳市的一位老师发来的,里面这样写道:我校一直致力于探索面向未来的校本课程。今年,我们有幸拜读了贵校张校长新出版的《跨学科的项目化学习“4+1”课程实践手册》,该书提到的六大主题、30 个单元、360 多个项目,如此系统、全面、贴近儿童生活、面向未来人生的课程架构,让我们深为折服。我们非常希望能获得更完整的《实施指南》,以便能让我校的孩子更早地接受如此卓越的课程教育……邮件中提到的这本书是康外小学于 2018 年底受出版社邀请编著的学校课程的实践手册,半年不到的时间里,这本书多次脱销,已经加印了三次。康外小学也因此接到诸多访问交流的请求,这所建校才六年的学校也成为上海市新优质学校中的一张亮丽名片。

康外小学到底是一所怎样的学校呢?原来康外小学是由民办世外托管的一所公办学校。为了满足康健地区对于优质教育的迫切需求,缓解日益突显的适龄儿童入学矛盾,2013 年,世外小学接受徐汇区教育局的委托,开办并管理康健外国语实验小学。由世外小学校长张悦颖兼任校长,副校长沈燕泓任常务校长。

在世外优秀教育基质引领和辐射下,康外小学既有放眼未来、面向学生的顶层定位,又持续不断地为理念落地进行课程变革。学校将“遇见世界,预见未来”确立为办学理念,将构建和实施兼具学生知识学习和能力培养的“4+1”课程作为优先发展项目,继而引发学校管理调整、课堂样态重塑、学习实践优化、教师专业发展等连锁变化。几年下来,凭借办学特色和教学质量,康外小学实现“高开高走”的托管目标。2015 年学校成为上海市新优质校。2017 年,学校研究课题获得上海市基础教育教学成果一等奖。2018 年底,学校出版专著《跨学科的项目化学习——“4+1”课程实践手册》。2018 年,“4+1”课程相关成果被上海市教委、上海市教委教研室遴选为上海课改 30 年区校实践成果之一。2019 年 1 月,学校主办“跨学科设计驱动学校课程结构变革暨上海市新优质学校课程专题活动”。康外令人瞩目的办学成效获得家长、同行和社会的高度认可。

康外小学是世外小学承担社会责任、反馈社会的一项重要举措。学校毫无保留地用积累几十年的办学经验和资源量身定制了一所公办学校，为的是让更多的孩子享受优质的教育资源，为徐汇教育高位均衡的目标助力。康外小学的承办和托管只是世外小学承担社会责任的开端，之后，世外小学在张悦颖的带领下，从2015 年起，又开展了为期三年的对金山区石化一小的支援工作，“点石成金”规划的制定和落实，帮助这所边远城乡学校取得了巨大进步，发生了明显的改变。石化一小在短短三年中也成为老百姓心目中的好学校。接着，世外小学又承担起对奉贤、宝山等地多所公办学校的部分托管工作，另外，也承担来自全国各地慕名而来的各类学校的交流与培训工作。

全国五一劳动奖状——教师专业发展的路径

2014 年 5 月 1 日劳动节，校长张悦颖代表全体世外教职员工，赴上海电视台参加五一表彰节目的录制。她受到时任上海市市长韩正的接见，捧回了“全国五一劳动奖状”，世外小学获得了创校以来至高无上的荣耀。

自创办以来，学校一直紧扣时代发展的脉搏和教育发展的趋势，走创新驱动、课题引领与转型发展之路，学校的科研工作也是别有特色。学校刚创办时，就针对学校的办学定位与目标，1994 年度确立了上海市教育科学研究重点课题“带领孩子走向世界——培养 21 世纪国际型人才的基础素质”，引领学校教育全方位发展。2004 年为促进学校英语教育教学发展，确立全国教育科学研究重点课题“基于‘结构—功能’互补的英语教学模式研究”，对英语教学的指导思想、目标、课程与教材、教学与评价等进行深入研究，为学校的特色品牌的树立起到了至关重要的作用。为夯实教师队伍的素质，2006 年学校又确立了“个别化的教师专业发展路径与方法”课题，为打造一支素质过硬、德才兼备的教师队伍起到重要作用。2007 年，世外小学融合部被国际文凭组织正式授权，如何把 PYP 的理念与中国国情、学校学生的实际情况相结合？2008 年，学校确立了上海市教育科学研究市级项目“PYP 与本土化行动的实践研究”，旨在探索一条达成国际文凭组织小学项目的国际化与本土化统一的有效路径。鉴于世外小学独树一帜办起境内部、双语部、融合部三个部的办学现状，如何使教育国际化探索走向深入，为一个孩子提供适合其发展的时间、空间与路径？2011 年，学校又确立了市级课题“让世界走进学校 让学生走向世界——世外小学教育国际化探索”。在家庭注重养育，学校关注学科教育的时代，如何开展学校的礼仪教育？2013 年学校确立了教育部重点课题“中西文化交融背景下的小学生礼仪教育研究”。在培育学生核心素养的背景下，如何以教育戏剧课程为切入口，提升学生的综合能力？2015 年学校确立了市级课题“小学语文‘教育性戏剧’课程开发与实施研究”。学校也出版著作多本，有《“带领孩子走向世界”——21 世纪国际型人才基础素质探索》《走向个别化的教师专业发展研究》《岁月如歌》《创新发展二十年》《小学 STEM 教育实践路径与方法》《跨学科的项目化学习——“4+1”课程实践手册》等。

对于教师专业发展，学校思考的是“只有教师的专业发展才有学校的长久发展，只有教师的专业发展才有学生的长远发展”。学校探索了“一纵一横一交叉”的校本培训模式，丰富教师专业发展的路径与方法。“一横”即教研组活动，学校重视教研组（备课组）建设，加强教学流程管理，强调集体备课，就教学中遇到的问题开展教学方法、教学策略的研究，提高教师处理教材、把握教材的能力，使教师的专业能力伴随日常的教学活动而提高。“一纵”即分不同阶段的四类教师开展岗前培训、带教、拜师等有针对性的培养策略。“一交叉”即不分学科和年龄，教师在任务驱动下，通过对项目的实施，在探讨、研究的过程中提高才干。世外小学课程研发中心的设立，正是基于学校发展和学生发展的需求。学校制定课程研发清单，教师根据学科与专长申请，校长室和专家顾问团把关、指导、审批，全过程跟踪关注项目的研究，最终所有项目在全校进行展示和汇报。

如今，追梦者的梦想还在继续。追梦者的路上，有阳光、有朝霞相伴，更有满腔的挚爱洒下一路精彩，一路芬芳！

上海市延安中学

促进全面发展的教改探索

岁月留痕

上海市延安中学创建于1946年10月,初名上海市立真如中学,1960年被定为上海市重点中学,1979年邓小平同志为学校题写了校名,1998年迁至现址,成为现代化寄宿制高中,是上海市首批实验性示范性高中。

图1　上海市延安中学原校门实景

学校拥有一支师德高尚、勇于进取、结构合理、开拓创新,能参与国际竞争、适应素质教育需要的现代寄宿制实验性示范性高中发展性教师队伍,现有教师150多名,其中高级教师近60名,在职特级教师8名,退休特级教师7名。

由于延安中学在教育、教学、管理和科研等方面的突出成绩,2005年学校获得全国精神文明建设工作先进单位称号,2008年获得全国文明单位称号,2011年再获全国文明单位称号,同时还被国家环保部和国际环境教育基金会评为"国际生态学校"。

校史回眸

学校占地近 10 万平方米,建筑面积 5 万平方米,绿化面积近 40%,是上海中心城区规模最大、设施最新的现代化寄宿制高级中学之一。

学校继承"老老实实办学,呕心沥血育人"的办学传统,以社会主义核心价值体系为统领,突出培养中华传统文化和现代文明相结合的高素质延安人。在"高质量、创特色、争一流"办学目标的激励下,积极构建校本课程体系,以突显课程的基础性、选择性和开放性,体现"数学特色,科技见长,人文相济,和谐发展"的课程特色,打造具有"轻负担、高效益、多类别、分层次、个性化"的课程体系和教学模式。

学校先后十二次蝉联上海市文明单位,并荣获全国消防安全教育示范学校、全国模范职工之家、上海市科技教育示范学校、上海市艺术教育示范学校、联合国 EPD 项目实验学校、全国青少年科技创新 2049 计划实验校、中国创造学会创造教育专业委员会实验基地、全国十佳科技教育创新学校、全国科技体育传统校等称号。

上海市延安中学壮观的校园里,那直指蓝天的笔形钟楼如巨笔挺立,挥毫于晴空,书写着延安教育的春秋;如宝塔矗立山巅,放射着延安精神的光华。在这一片热土上,一批优秀教师,耕耘着未来的希望,创造着延安的辉煌。

图 2　上海市延安中学全景

历史撷英

践行“敬业、奉献、科学、协作”精神的数学组

延安中学数学组集中拥有四位数学特级教师，仅一个学科集中拥有四位特级教师，且每一位都是延安中学自己培养的，这在国内的学校中都是不多见的。

延安中学数学组是“全国五一劳动奖状”获得者，已连续八次荣获“上海市劳动模范集体”称号，能取得这样的成绩，是与数学组的特级教师在其中发挥着作用分不开的。

那么，特级教师是如何带动全组奋发向上的？他们是如何靠人格魅力激励青年教师敬业求实的？他们又是如何指导学生去攀登一个个科学高峰的？

在他们的执教生涯中，学子们深切感受到他们的人格魅力。他们豁达的为人、渊博的学识，他们在几十年教学生涯中所形成的教育思想、教学特色是数学组和学校最为宝贵的财富。

吴承鄗：对待难题要“争”个透彻，“吵”个明白。

提到特级教师吴承鄗，延安中学无人不知，就是那个精神特好、嗓门儿特响、做事特认真的老头儿，数学组里响当当的特级教师。吴承鄗工作认真负责，那可是出了名的。对数学教学上的每个“疑难杂症”，他非得“争”个透彻，“吵”个明白，并且老少无欺，问题面前一律平等。有时候，几个人碰上了难题，大老远看见他逮住就问，原本准备下班的他会立刻放下包认真解答，绝不含糊。隔上几天，就在大家都快忘记这道题的时候，吴承鄗会背着手，手指上挂着个水杯，走到你桌前，大着嗓门说：“上次那道题我回去后躺在床上闭着眼睛想了很久，总算想清楚了，应该这样做更好！”瞧，吴承鄗就是这样一位爱思考、肯钻研的老师。

吴承鄗每次备课都毫无保留地将自己的教案全部拿出，复印给同备课组的老师。看他的教案，虽然简洁明了，但由浅入深的例题和整堂课的教学设计都给缺少经验的青年教师提供了一个学习的好机会。

吴承鄮在数学问题上爱“斤斤计较”,可逢着荣誉、钱财,他却从没认真过。校外有优厚的待遇等着他退休跳槽,他不肯,晃着两袖清风继续留在工作了一辈子的延安中学。

邹宗孟:克服困难越多的人越有本事。

特级教师邹宗孟有一句话给大家的印象很深:“我这个人命很硬,我要么不做,做了一定要出成绩,做事情力量要大,过程固然很重要,但结果对我来说更为重要。”这句话是他工作态度、生活态度的真实写照。在别人看来平时活得很潇洒的邹宗孟,真正干起事情来,那可不是一般人比得上的。邹宗孟可以在书桌前一坐就是几个小时,可以废寝忘食,为了一道题目,邹宗孟可以想几天几夜,直至找到满意的解法。用邹宗孟的话讲,这些解法是有“专利”的。

邹宗孟认为,克服困难越多的人越有本事。数学教师自然是精于计算的,可是在邹宗孟身上看不到他的这种职业“精明”。正像校长对他的评价:全力以赴,一心扑在尖子生的培养上,从不计报酬,与社会上“一切向钱看”的思潮相比,显出人民教师两袖清风、一身正气的本色。

工作之余,邹宗孟是个乐天派,他的生活相当充实,活得十分潇洒。邹宗孟的兴趣爱好十分广泛,种花、养鱼、欣赏音乐、收藏艺术品等都是他的最爱。他经常请年轻人到他家里去喝茶、喝咖啡、听音乐,聊聊工作,谈谈生活,在谈笑中他为大家指点迷津、分忧解难,在音乐声中他和大家一起分享快乐。邹宗孟对年轻人成长的关心、忘我的工作热情和对学生的热爱,都体现了他对事业的执着追求。

张雄:粗心当且仅当生活,严谨当且仅当教学。

特级教师张雄是一个既粗心又严谨的人。有时学校开会,他让女儿在办公室等他,等到晚上 6 点,同事们都会关心一下孩子是否饿了,可他却一点都没想到,此时,他就像一个粗心的大老爷们。可对学生,他绝对细心,尤其是对周末卷,他不允许教师在出题、打印题的过程中有任何失误。每次周末卷在发给学生以前,他都会把题目的答案做好,交给每个任课老师。其实他并不是为了减轻其他老师的负担,而是为了把教师出题的失误率降到最低。生活中的他不拘小节,印象最深的是他的一件紫色大棉袄,紫色早已变成了灰色,组里的人把它叫作“民工服”。然而穿着“民工服”上课的他却能写一手漂亮整洁的板书,不免让人觉得有些滑稽。不知为什么,他的生活中总是有那么多强烈的反差。对教学中的每一次新课引入、每一次提问,他无不反复推敲,精心设计。在教学中他注重每一个细节,而在生活中他却不拘小节,真的很难想象是什么造就了这种绝对的粗犷和严谨被同一个人发挥到淋漓尽致。这就是他的奇特魅力之一:粗心当且仅当生活,严谨当且仅当教学。

数学组办公室旁边的语文组和外语组老师时常背地里说他不讲社会公德,进行“噪音干扰”,与吴承鄗老师讨论数学题就像是在吵架。可很奇怪,学生们就是喜欢他,甚至崇拜他,同事们也都尊重他。

郭雄:面对学生是我生命中最为充实的时刻。

特级教师郭雄个子不高,架一副眼镜,波澜不惊的面庞始终保持着一个老师特有的气质。他的口头禅总是周期性地变化,而那些精辟之语也总是很快化作学生和老师们嘴边呼之欲出的字句。在他严肃的外表下,有着令老师们、学生们喜爱的亲切、随和、幽默、热心等人格魅力。

学生眼中的郭雄:“郭老师不仅是在学习上,而且在其他各方面都对我们有着很严格的要求。小到行为规范,大到为人处世。他曾经说过,看一个班级的常规如何,只要看这个班级的废纸篓。这让我明白什么是‘见微知著’‘事无巨细’。”

郭雄说:“在讲台上,面对学生是我生命中最为充实的时刻。”课堂是郭雄生命的根。

延安中学被誉为上海市数学特色学校,要列数成绩的话,可以称得上珠玑纷呈:美国数学竞赛上海市团体第二名;美国初中数学竞赛上海市团体冠军;首届达尼丁—上海数学友谊通讯赛团体总分第一,捧回“最佳数学学校”奖杯;第四届华罗庚杯赛(中学组)一二等奖占全市同类总数的50%,参加全国决赛为上海夺得唯一一块金牌;世界数学奥林匹克竞赛夺得金牌;2001年上海市高中数学竞赛获团体冠军。

多年来,数学组一直重视特级教师、骨干教师与普通教师间的带教合作,在总结特级教师经验的过程中,让全体教师领略精英的风采。数学组重视老中青三代教师跨年级的资源共享合作,重视加强不同教育风格教师间的沟通以增进教学经验的互补,积极营造和谐向上的工作氛围,不断培育教师团队的合作精神与协作能力。数学组既敢于给年轻教师压担子,又鼓励中青年教师充分开放自我,充分挖掘自身潜力、展示才能、脱颖而出,加快教师专业化成长的步伐,积极践行“敬业、奉献、科学、协作”的优良组风。

图3 延安中学数学竞赛庆功大会现场

创业征程中扬鞭跃马、砥砺前行的科技特色教育

中小学教育作为基础教育,目的是着眼于学生的全面发展。但全面发展不等于平均发展,学生因其个性差异,总有其独特的一面,因材施教尤显重要。如何在基础教育阶段发挥学生的特长,这是延安中学的教师团队一直在探索的问题。夏伟明就是其中一个,他用自己数十年如一日的身体力行与垂范,做出了精彩的回答。

夏伟明是高个子、瘦身材,声音洪亮,态度和蔼。自20世纪60年代华东师大地理系本科毕业后,一直担任地理教学工作,曾担任延安中学地理教研组组长、校工会主席,是长宁区地理学科带头人,长宁区第三届、第四届拔尖人才,市地理学会、环境科学学会会员。30多年来,他把全部的精力投入教育事业,把全部学识传授给学生。一大批青少年天文、地理、环境科学爱好者,因他的指导而获得成果、荣誉,学校也因他而添彩。1987年以来,夏伟明30多次被评为市、区先进,以及科技园丁和优秀辅导员。

在夏伟明的教学生涯中,创造的“第一”“首次”无数,除了扎实的专业功底外,更靠的是敢走自己的路,敢为天下先。夏伟明于1985年调入延安中学时,时任校长陈昌富对他说过四个要:要培养学生全面发展,学生有特长;要发展学生兴趣、个性;要组织学生在竞赛中提高;要力争第一。四个“要”如四道军令,催促着夏伟明扬鞭跃马踏上了创业的征程。

1986 年，夏伟明创建了校天文小组与环保小组，与地理教学并列。从此以后，夏伟明驾驭着三驾马车奔驰。这一年，夏伟明第一次组织学生先后参加市环境科学知识竞赛、环境噪声知识竞赛，旗开得胜：获 2 个个人一等奖，2 个二等奖，16 个三等奖，团体荣获环境教育先进单位。几年后，延安中学在天文、环保各类竞赛中屡屡获奖。当延安中学被授予“上海市环境教育特色学校”“上海市绿色学校”称号时，人们第一个钦佩的是夏伟明。

在所创“第一”之中，有一项格外引人注目。1991 年，上海市政府投入大量资金实施“黄浦江上游引水工程”，并实施苏州河的治理。黄浦江下游、苏州河污染严重，夏伟明心里沉甸甸的，有一种责任感驱动着他，要让学生了解污染、参与治理，因此他组织学生对“黄浦江不同区域水环境分析及污染治理方案”这一课题进行探索。除完成长达几万字的论文和校本课程外，夏伟明还带领学生向有关部门递交建议信，并将建议信交给韩正市长。学校两次得到韩正市长的肯定，获得了中国环保项目的最高奖——福特汽车环境教育项目一等奖。此后，这项享誉全市的“黄浦江水环境科学考察活动”延续至今，影响着每一届“延安人”。

图 4　喜欢与学生一起追星的夏伟明

夏伟明指导的天文小组活动同样战果不凡。延安中学的天文台，是夏伟明的第二工作室。在这里，他和一群“小天文迷”观测天象，探索宇宙的奥秘。为了观察得更清楚，他领着天文小组带仪器去郊区观测，通常是晚上 11 点以后出发，清晨三四点回校。学生已经习惯“夜猫子逮星星”的活动，他们果真逮到了好多次。

夏伟明讲课生动形象、深入浅出，数十年来他形成了培养学生“动脑、动手、实践、创新”的教学方式。他善于把握知识点，通过清晰生动的讲解和演示，让学生动手实践，培养学生的思考和创新能力。

多年来,他不断改进课堂教学模式,充分运用多媒体等教学手段,使地理教学更形象生动。1986 年至 1996 年实行地理会考制度期间,夏伟明所教班级的学生会考成绩一直名列全市 26 所重点中学前茅,合格率 100% ,A、B 率达 98% 。

夏伟明始终把教育科研作为提高自己教育水平的助推器,1997 年他总结自己 20 多年的地理教学经验,撰写了论文《地理教学中环境教育问题的探索》,阐述了地理环境教育在学校“素质教育”和形成办学特色等方面的重要作用,该论文被收录在《面向 21 世纪地理学科素质教育研讨会论文集》中。1989 年他写的《地理学科加强环境教育的探索》获区教育科研二等奖,1992 年论文《学校普及环境教育与环境教育普及课的尝试》获得区第二届科技教育论文二等奖,1993 年论文《中学生科技论文中关键词辅导和中学生认知结构的改善》获区第三届科技教育论文二等奖。

步入 21 世纪以后,上海市延安中学的科技教育迎来了新一轮的大发展。朱守晨、蔡文学两位老师接过了老一辈“延安人”的科技教育特色,传承着延安精神之中宝贵的“创业品格”,在科技教育领域再创辉煌。

“人最大的快乐不在于物质享受,而在于以自己的辛勤工作造福社会,为社会所承认。扪心自问,才觉得没有虚度此生。”被学生誉为创新导师的上海市延安中学科技总辅导员、劳技学科特级教师朱守晨如是说。

正是靠“韧”劲学习、靠“闯”劲实践、靠“恒”劲积累的实践品质,截至 2013 年,朱守晨所指导的学生研究性课题,在国内外各类科技竞赛中共获得 449 项奖励。其中,2010—2012 年连续三届共计 3 名学生荣获“全国明天小小科学家奖励活动”一等奖(创全国纪录);2010—2013 年共获“全国青少年科技创新大赛”一等奖 4 人、二等奖 3 人。

“只想不干,一事无成;只干不想,事倍功半;既想又干,事半功倍。”这是全国物理教学实验创新能手、上海十大教育新闻人物、上海市延安中学物理高级教师蔡文学的座右铭。

2010 年起,蔡文学开始在学生创新能力培养上下功夫。自力更生、“创”字当头,短短几年,就陆续开发出“科普智慧墙”“DIY 四小实验工具包”“名画与科技”

“物理大视野”等门类齐全的创新培育资源体系。

由蔡文学首创的“科普智慧墙”，共涉及数学、物理学、地理学、天文学、心理学、化学等多学科的知识，共计100余项精彩科学实验，并在全国范围内进行普及推广。

关注学生健康成长，践行教学改革之路的体育组

20世纪八九十年代，结合学校市级篮球和田径两个传统项目的发展，学校编写了校本教材。20世纪90年代，学校以“数学为龙头，科技、体育为两翼”的办学方针，成为全国群众体育先进集体。2000年开始实施体育选项教学改革，体育组荣获上海市文明班组称号。2012年12月，学校成为上海市首批高中体育专项化教学改革试点校，成为专项化教改标兵。

体育传统项目的开展，推动体育教学改革。在延安中学篮球队发展历程中记载着刘太森、丁武一、曹建民、孟小宴、黄李明、林建萍、何承建、胡雄庆、薛小安、孙洁岚等教师的名字。校男子篮球队于20世纪50年代建立，1956年获得上海市篮球比赛第二名，1976年参加市级比赛获得唯一的“先进球队”称号，1977年市体委命名延安中学为篮球传统项目学校。校女子篮球队于1961年组建，多次获得市级比赛第一名。

20世纪60年代学校建立田径队。1990年获得上海市体育传统项目称号。90年代初，学校代表上海市参加全国“长江杯”中学生田径比赛，荣获团体第二名。2000年后获得上海市中学生运动会男女团体冠军，150多人进入复旦大学等国内重点大学。担任田径队训练的老师有许礼生、陆启孙、杨可夫、龚裕兰、魏美怡、许向军、吴峙烈、高原、刘杰、王文东、杨伟、李欣、刘身强、沈桦等。

根据学校篮球和田径传统项目的发展，曹建民和黄李明等老师从1985年开始结合上海市“一期课改”体育与保健学科改革精神，确定了以身体素质发展为根本，以田径为基础，以篮球为特色的校本教材。高一重视身体素质发展，教学内容以篮球为主，田径为基础，辅助教学垫上运动和跳箱；高二以田径为主，篮球和田径教学相结合，辅助教学垫上运动；高三以身体素质发展为主，辅助教学单杠和双杠。

1987 年,林建萍老师在教学比赛中获得上海市教学评优一等奖。

20 世纪 90 年代,洪怡森老师在初一年级针对男生引体向上差的状况,在教学中加强力量锻炼。每节课结束前 5 分钟进行专门的力量训练,课后组建“孙悟空”锻炼小组,一年后男生引体向上平均 25 次,最多的可以完成 50 次。

延安的许多学生不仅文化成绩优秀,体育运动水平也出色,曾获得世界奥林匹克数学竞赛团体和个人两块金牌的瞿建华同学,学习成绩优异,还代表学校参加区级篮球比赛。

传统项目促进其他运动项目积极开展。20 世纪 80 年代洪怡森老师组建排球队,参加上海市排球比赛获得第二名;2005 年羽毛球队成为市二线运动队;2009 年高原老师带领乒乓球队获得“学生阳光体育大联赛”中小学乒乓球总决赛高中组一等奖;2014 年方麟老师带领羽毛球队获得上海市男子团体第一名。

黄华老师从 1999 年组建校健美操队。十多年来,健美操队每周三次、每次一个半小时的训练让学生形成了严谨的训练态度和严格的训练纪律。学校 4 次参加全国青少年校园青春健身操大赛,获得 8 项冠军,有 120 名学生先后考入了美国斯坦福大学、北京大学等国内外重点大学。

杨可夫老师从 2005 年带领桥牌队起,已 10 次带队参加全国中学生桥牌锦标赛,学校 6 次获得高中组团体第一名,80 余人进入北京大学等国内重点大学。

在 20 世纪八九十年代教学改革的基础上,1999 年 2 月曹建民老师组织在高一第二学期进行合班分层教学改革,3—4 个班集中根据体能分成 4 个班进行教学。2000 学年,根据学校整体推行的“分类教学、分层推进”的教学改革方案,体育组在高二年级实施了体育选项教学改革,开设篮球、足球、排球、乒乓球、羽毛球、健美操共六个项目。每课次有四个班,七位教师上课,每班学生人数控制在 30 人以内,羽毛球、乒乓球等班控制在 25 人以内,2005 学年又将选项教学扩大至高三年级。

通过十几年的选项教学改革,学校树立了“以选项学习为依据,专项编班为阵地,提升能力为目标”的指导思想,创设以兴趣发展为抓手、项目学习为载体、健身意识为目标、终身发展为导向的全员积极健身的校园文化环境。2006 年 5 月,刘身强老师参加市“二期课改”示范课高中“挺身式跳远”录像课拍摄,荣获第二届全国中小学体育课评比二等奖。2006 年 10 月 19 日举行了延安中学六十周年校庆系列活动“聚焦课堂”全市体育教学研讨会，有 8 位老师向全市进行了教学展示，近百人观摩，市、区专家给予高度好评。

体育专项化教学改革，培养了学生自主健身的习惯和能力。2012 年 11 月《上海市学校体育教学改革实施方案(2012—2015)》(草稿)中提出高中体育“专项化”要求。2012 年 11 月 30 日上海市教育委员会下发《关于开展“高中体育专项化”教学改革试点工作的通知》，确定 17 所高中为本市“高中体育专项化”教学改革试点单位，延安中学成为试点单位之一。

2014 年 6 月，体育组对高二年级全部 395 名学生进行有关“专项化教学”的调查。认为非常喜欢和喜欢体育专项化教学的人数占 75.2%；学生认为参加体育专项化后与以前体育课教学比较变化明显的前三点依次是：关注运动技能(73.4%)、关注体育兴趣(45.8%)、教学内容更丰富(41.0%)；认为体育专项化教学对学生主动参加课外体育锻炼非常有影响和有影响的人数占 39.5%。这说明专项化教学获得大部分学生的认可，学生对体育专项化教学目的和任务明确，专项化促进了学生积极参加体育锻炼。

图 5 “健康、团结、爱岗、奉献”的体育组

延安中学的体育工作始终获得历任学校领导的大力支持，体育组全体教师继承“健康、团结、爱岗、奉献”的格言，抓住高中体育专项化教学改革和体育中心建设契机，继续努力做好以下工作：不断完善专项校本教材的编制；每学期对学生体质健康数据进行分析，对部分体育困难生进行教学干预，提高学生体质健康水平；抓好早操质量，体现延安学子良好精神面貌；继续保持各运动队的训练和比赛工作，培养更多文化和运动成绩双优秀的学生；推进学生体育社团建设，丰富学生课外体育锻炼。

上海市市北中学

“勤、恕、勇”文化的百年传承

岁月留痕

上海市市北中学是一所百年老校，创办于1915年。创办人唐乃康胸怀反帝爱国和教育救国的抱负，自筹资金在界路（今天目东路）庆长里创办上海市北公学（小学部）。一所学校的灵魂是文化，正如一个民族、一个国家一样。市北中学一直探索并逐步形成了一种和谐、活泼、宽松、登攀与谦逊、温馨的文化氛围。创办人唐乃康确立了最早的校训“勤、恕、勇”，孙中山的题词为“作育人才”，蔡元培的题词为“诲人不倦”，林森为学校的题词为“诵一新”“泽绵菁”等，这是市北文化传统的内涵积淀。

图1　创建初期的市北公学校门

校史回眸

1921年,市北学生增至500余人。1924年增设高中部,学生增至千余人。1929年将校名改为上海市北中学暨附属小学。1932年“一·二八”日军入侵上海,市北中学校舍全部被毁。唐乃康举债在外区租屋复校,学生人数增至700余人,后又迁至新闸路。1933年在永兴路原校址重建校舍。1937年,学校因负债甚多,将全部校产上交给上海市教育局,改为公立。1939—1940年,徐则骧接任校长。1941年12月,太平洋战争爆发,学校停办。1945—1946年,1946—1949年,吕思勉、陈保泰先后担任校长。

中华人民共和国成立以后,学校在党的领导下不断健康发展。1954年,市北中学被确定为上海市首批重点中学,2005年被首批命名为上海市实验性示范性高中。现有教职工142人,其中特级教师5人,高级教师58人,国家级、市级、区级名师和骨干教师30多人。33个班级,学生1000余人。学校以“创造适合学生的教育”为办学理念,把引导学生“登上巨人的肩膀”作为奋斗目标,通过创造“学友文化”,促进学生自我可持续发展。

近年来,学校大力弘扬近百年的办学传统,遵循“在继承的基础上追求发展,在发展的过程中光大传统”的基本思路,进一步深化“创造适合学生的教育”的办学思想,在原有基础上进一步研究和树立“因材施教,全面育人”的教育观,学校工作又上新的台阶,先后获得新的荣誉,如上海市教育系统先进集体、全国模范职工之家、全国学校艺术教育先进单位、中国创造教育实验基地学校、上海市安全文明校园、上海市体教结合先进单位等,被市教委认定为上海市教师专业发展基地学校、上海市高中学生创新素养培育实验项目基地学校,参与市教委教研室校长课程领导力课题研究,各项目工作都取得了重要成果。

纵观市北中学百年历史,可以说这是一部艰苦创校、教育救国的历史,一部校友自强、献身中华的历史,一部铸造师魂、“作育人才”的历史。让我们从那一个个教书育人的故事中,去追寻市北人的足迹吧。

历史撷英

艰苦创校,教育救国

图 2　市北中学创办人唐乃康

唐乃康创立市北,可以说是一条教育救国、剜心秉烛的历程。唐乃康,字伯耆,1888年生于湖州商家。1912年随陈英士到上海,担任沪军都督府秘书。1913年参加"二次革命",任沪军讨袁军总司令部秘书兼军需科长。讨袁失败后,他立即将军事救国的理想转变为反帝爱国和教育救国,于是他四处奔波集资,于1915年8月15日,在界路庆长里创办了市北公学(小学部),并自任校长。第二年,唐乃康邀请了社会名流李登辉、杜月笙、钱心之、王一亭等组织校董会,以此让学校走得更远。走得更远的市北,不能只靠经济和关系去维系,更要靠学校的内涵。于是,唐乃康在学校创立5年之际,即1920年,请孙中山先生为学校题词——"作育人才",又请北大原校长蔡元培题词——"诲人不倦"。据此,唐乃康将其教育主张明确地概括为"适应时势之潮流,而不为潮流所激荡"的适应时代而又独立发展的精神。

为实现此办学精神,他主持制定了学校章程、校训和各种规章,并确立、开设适应此精神的课程。当时校训为"勤、恕、勇"三字,唐乃康解释为:"勤以立身,立身须革命化、平民化;恕以爱人,爱人须国体化、纪律化;勇以治事,治事须科学化、艺术化。"这校训,表达了"树人为本,育德铸魂"的教育理念,为市北百年基业的发展奠定了内涵根底。

从1915年办校,到1937年学校负债累累,被迫上缴校产,改为公立,唐乃康被

图3　唐乃康先生撰写的校训

迫卸任校长，22年的校长生涯，就是一部唐乃康“勤、恕、勇”的教育奋斗史、人格历练史。倾全家、携朋友之力办教育，校舍毁于1932年“一·二八”日寇的炮火，而1933年又奇迹般地重建，即使债台高筑，也要重建并扩建校舍等，就是一个大写的“勇”字。一边为学校经费四处张罗，不仅让学校获得“四行储蓄会”的贷款，而且以自己名义为学校借贷10多万元，一边还要管理好学校教书育人之繁多的校务……这些不正书写了一个“勤”的传奇？建校经费本就紧张，但为了满足市民需要，学校由小学部，逐渐扩建到初中部、高中部；校舍本来不大，但为了孩子们的全面发展，学校又租借工部局的一块空地开辟成操场，还为路远需要住宿的同学建了男女宿舍。尽管债主逼债，但是为了体恤“一·二八”受难市民，学校于1934年特设纪念国难免费生20名——这更是一个大写的“恕”，大写的“爱”！市北一代师祖唐乃康的教育史话，带来了办学的卓著成效，市北从此蜚声上海。唐乃康也与当时创办湖州旅馆公学和南洋女子师范学校的凌铭之齐名，“路南凌铭之，路北唐伯耆”——历史铭记至今。

振兴中华，校友自强

市北中学百年来，培养的国家栋梁和知名人物为数不少。比如中央政治局委员、全国政法委书记孟建柱，财政部部长项怀诚，交通部部长钱永康，驻联合国代表秦华孙，上海市社会科学院常务副院长左学金，上海市委常委、市委秘书长尹弘等，还有我国著名声学家、中科院院士魏荣爵，语文教学专家、上海市首批特级教师沈蘅仲，著名历史学家葛剑雄，中日问题专家吴寄南，中国著名探险家王龙祥，还有女子垒球世界冠军陶桦、男子沙滩排球亚运会冠军李桦等各界英杰。

校友魏荣爵博士，我国著名声学家、中科院院士，在南京大学创建中国第一个

图 4　校友魏荣爵院士

声学专业。他是 20 世纪 30 年代初来市北公学就读的，之前所在的教会学校一律用英文教学，让这个出生于湖南邵阳、北京师大附小毕业、随父迁来上海的孩子很不适应，不久就转考市北就读。也许是他父亲体内流的革命与爱国之血液激荡过他，也许是市北救亡图存的爱国教育教化了他——这些，不仅让他的成绩总是名列前茅，而且为他日后留学美国又毅然归国的行动埋下了伏笔。1951 年，他响应周恩来总理向海外学者发出的归国参加祖国建设的号召，婉言谢绝了芝加哥大学和伊利诺伊大学导师的多次挽留，放弃了海外的研究条件和优厚待遇，与夫人陈其恭（原南京大学气象系教授）一起带着尚在襁褓中的女儿，冲破重重阻挠回到祖国，到南京大学担任教授，从事教学和科研工作至今。如今，在他培养的优秀学生中仅中科院院士已不下十位。

校友葛剑雄，先后担任复旦大学历史地理研究所所长和图书馆馆长，一位知名历史文化学者，多次向政府献策，并勇敢面对社会乱象，各界声望颇高。他在 2000 年 10 月 8 日母校八十五周年校庆时写下了一篇《永远的母校》。下面是其中的片段：

从我 5 岁入学到现在，50 年间没有离开过学校……很难说哪一阶段最重要，因为它们都是我人生中不可或缺的一环……但对我一生影响最大的还是市北中学这5年。在此期间我经历了人生的第一次重大考验。1962年5月,正在高二下学期时,我在体检中查出患了活动性肺结核……我之所以没有失去信心,能由悲观转为达观,由消极转为积极,靠的是老师和同学们的帮助鼓励……在此(市北)期间我确定自己的努力方向,学会了自学……进高中后才懂得了要有所侧重,这倒不是哪位老师专门教的,而是在那样一个环境里潜移默化的结果。我们班组中多数同学都有自己的兴趣和追求,都在学好课程的同时发展自己的专长。我最感激的是历史、语文、英语等学科老师和班主任给我的一些特殊照顾,他们并不要求我得100分或5分,而是给我自学提供方便,帮我借书,允许我使用教师阅览室,使我在那时就读了一部分《二十四史》《资治通鉴》等名著。我高中实际只上了两年半……但在1978年首批招收研究生时还能以全系最高分被复旦大学历史系录取,应该归功于母校给我打下的基础和自学习惯……这几年母校旧貌变新颜,留下的老师更少,更已物新人新了。但每当我看到市北中学这个名字,想到我在市北度过的五年,记起当年的老师同学,心中的母校丝毫没有改变。市北,我永远的母校!

校友吴寄南,1947年8月生于上海,原66届高三(1)班学生。1973年2月至1982年3月在共青团上海市委员会工作,先后担任团市委委员、政宣组副组长、调研组组长和简报组组长等职。1982年调入上海国际问题研究院。1989年至1990年赴日本国综合研究开发机构任客座研究员;1994年至1995年在东京大学国际关系研究室任客座研究员。现任上海国际问题研究院咨询委员会副主任、亚太研究中心研究员和硕士生导师,享受国务院颁发的政府特殊贡献专家津贴。兼任上海市日本学会会长、上海市日本研究交流协会副会长、中华日本学会常务理事、中国人民外交学会理事等。他累计访日近70次,为中日发展与友谊做出了贡献。

王龙祥是市北中学20世纪70年代毕业的校友,我国著名的探险勇士,探险家。王龙祥在8年内4次单骑摩托重走中国革命历史之路。王龙祥已成为完成重走中国革命历史之路的"中华第一人",堪称中外探险史上的壮举。2012年10月17日至11月29日,王龙祥带着对抗美援朝英雄的崇敬与敬仰,为缅怀那些炮火连天的岁月,历经1个多月的风雨兼程,途经国内10个省市和朝鲜多个地区,行程1

万多公里,寻访了80多位健在的抗美援朝将士或他们的后代,完成了他多年来的夙愿——重走抗美援朝路。一本详细记载探险勇士王龙祥2012年年底单骑摩托车"重走抗美援朝路"的书籍——《国家荣誉》的首发式在长征中学隆重举行。2013年,重返市北母校的王龙祥一踏进校门,不禁今昔对比,直叹风雨历程中环境变化之大。互动谈话中,王龙祥从2004年"重走长征路"、2005年"重走抗战路"、2009年"重走解放路",再到后来2012年的"重走抗美援朝路",一一向同学们作了介绍。将近两个小时的互动过程,现场气氛热烈,掌声不断。

铸造师魂,"作育人才"

如果说历代校友群星闪烁,那么,是培养这些市北骄子的历代教师,尤其是当代市北教师,一面继承市北优秀的育人传统,实践中山先生题词"作育人才",一面又结合新时代的特点,全面贯彻教育方针,创造适合学生的教育,引领学生争相登上"巨人的肩膀",取得了骄人的成果。首批实验性示范性高中,市北中学当之无愧。

齐珊云,市北中学音乐教师,上海市音乐特级教师,市北中学合唱团常任指挥,兼任上海女企业家合唱团常任指挥。任教之余,齐珊云组建了市北中学合唱团,并使合唱团成长为国内一流的中学艺术团。从1993年合唱团获上海市首届重点高中合唱比赛第一名起,每年几乎均获各类国际国内大赛一等奖;其中,2010年上海市北中学合唱团在第六届世界合唱比赛(世界音乐顶级大赛)中获得爵士组比赛金奖和民谣组银奖。市北学子亲切称她为"齐妈妈"。

2010年,第六届世界合唱比赛在中国绍兴开展,齐珊云同时任参赛的上海市市北中学合唱团和上海女企业家合唱团这两个团的指挥,压力如泰山般重。齐珊云打起十二分精神,没日没夜给合唱团排练。最后,比赛结果公布了,由齐老师执棒的两支队伍,获得了一个金奖、两个银奖、一个铜奖……

潘为国是在市北中学工作30多年的老教师,20世纪90年代被评为地理特级教师。年近60,虽未担任班主任,但他在教学中创造了育人的新招。下面是他和学生的一次“造假”案例。大考之后，一男生拿着已经发到手的试卷找到潘为国，怯怯地说：“老师，这次考试能不能再给我两分，让我及格……”想到这个学生以前散漫的纪律，平时测验也没及格，潘为国多少有些生气，说：“凭什么让我给你及格啊？”学生说：“老师，我已经很努力了，这次要是考不及格，父母……”“那对其他同学公平吗？……”潘为国让他先离开办公室。之后，潘为国拿出成绩单查阅，发现他前两次的测验成绩分别是 45 和 52 分，这次相对来说确实是进步了。想着刚才和他说的话，潘为国想，自己是否做得有些过分？这样做会不会给他带来心理上的阴影，从而影响他学习的积极性？换位思考，这样做很容易使学生走向极端。于是，潘为国找到了他，心平气和地问他：“如果老师这次让你及格了，以后你能保证学好吗？”在得到他的保证后，潘为国让他更正两处错别字，并将因此扣除的分返还给了他，这样刚好及格。同时潘为国单独就他的试卷，与他面对面进行了长达一节课的个别讲评。以后，他听课更认真，学习更用功，成绩稳步提高，最终会考分数为 89 分。潘为国的徒弟曾就此事问潘为国。潘为国说，教师要教书育人，关爱学生，首先要懂得尊重学生的人格，哪怕学生曾不尊重你，你也要主动做学生的良师益友。分数，不只是检测的手段，更应拿它作为促进学生良性发展的法宝。

金荣生，市北中学数学特级教师，校长助理。他信奉市北首任校长唐乃康的名言：“教诲学子，首在保其天真。”他对学生的培养体现了真心、求真的育人特点。陈波宇是他最得意的学生之一，他关于维尔斯特拉斯函数的数学论文，在全球 582 个参赛队中脱颖而出，获得第三届丘成桐中学数学奖金奖。这非凡的金奖背后，流传了一段金荣生求真的故事。高一家访中，金荣生发现陈波宇喜欢数学，沉迷于《几何原本》等数学经典著作。上课时，金荣生便引导学生大胆质疑，尤其引导陈波宇与他争论。不仅如此，金荣生还善于在班级创设一种求真探美的学术氛围。陈波宇对数学持久的热爱，也得益于他在一个热爱数学的班级。同时，金荣生带领学生创办了一本属于他们自己的求真杂志《简单》。他鼓励学生将数学学习中的感悟以小论文的形式记录下来，发表在《简单》杂志上。同学们自己写稿、审稿、编辑、排版，自得其乐。杂志中的数学小论文、数学小说、数学游戏攻略等等，虽然简单，但都是学生自己最真实的想法与水平，也是一种求真的创新实践。

张森，任教市北物理，上海市物理特级教师。他奉行陶行知先生的一句话："捧着一颗心来，不带半根草去。""有大爱，有思想，有方法"这九个字是对张森班主任工作和课程教学工作的最好诠释与注解。学生戴某，在刚入高中时，上课无精打采，与同学交流少，学习有较大困难。张森及时与他交谈沟通，了解到他离学校远，在路上时间长，晚睡早起，以致白天精神不振，烦恼无比。张森克服了腿脚的不便，长途奔波去他家家访。家长十分感动，向老师道出了"家丑"：原来戴同学的父亲专制粗暴，轻则严加训斥，重则棍棒相加，最严重时戴同学被体罚致骨折，而戴同学的母亲又过分溺爱、姑息孩子，父母在教育上意见差异巨大。张森首先及时提醒戴同学的母亲，该批评的时候就得毫不留情，千万不能因为一时的心软而溺爱孩子；当然，发现他有优点或进步时，也要予以真挚的赞赏和表扬。其次，张森与戴同学的父亲通电话，互换了家庭教育的观点，让他们夫妇统一思想共同教育孩子，提醒他对子女的爱要"严而有度、严而有方、严而有理、严而有情"，对子女的教育要"晓之以理、动之以情、树之以信、导之以行"。张森又与戴同学进行推心置腹的交流，终于使他认识了自己的问题。张森还给戴同学调整了座位，让他与一个品学兼优的同学同桌，以便随时获得帮助和熏陶。在后续的教育中，张森每周至少一次与戴同学的家长沟通，及时做好协调工作。经过近一年的努力，终于使戴同学精神面貌改善，学习成绩提高。

校园文化建设

市北中学历任校长，尤其是语文特级教师、市北中学名誉校长方仁工与生物特级教师、特级校长沈黎明，一直注重校园文化建设。为了市北教育整体适合学生，他们提出了创造适合学生的教育，引导学生"登上巨人肩膀"的办学理念，逐步形成了一个较为完整的"五四三一"工程。校长的接力棒传到了语文特级教师、特级校长陈军手中，他把传统精神与时代特点融为一体，提出了"文化立校"的思想。近 8 年来，学校大力创建以"学友"为核心的"学友文化"。什么是"学友文化"？陈军认为，所谓"学友文化"，是以促进不同主体的学习、发展与进步为目标，以人格平等、相互尊重为前提,以情感双向认同和愿景共同驱动为核心,浸润于学校一切人际交互中的教育文化形态。

市北“学友文化”建设,主要体现在创建了五支新的团队:“35 岁学友团”“学友课堂”“学校文化研发中心”“创新人才培养中心”“学术委员会”。

建设“35 岁学友团”,旨在建设一支以 35 岁青年教师为先锋的“学友文化”战斗堡垒;创建“学友课堂”,引入传统师生以外的学生家长、历届校友、各界名流的代表等以学友身份与校内师生同构一个学友团队,旨在拓展“学友文化”的外延与内涵;创建“学校文化研发中心”,旨在强化学校对学校文化的研究与发展,真正达成“文化立校”“以文化人”的办学深度与品牌;创建“创新人才培养中心”,旨在优化个性化人才队伍的培养,真正实现创新人才包括竞赛苗子的茁壮成长;“学术委员会”的构建,推选德高望重的各科各类非学校领导干部的老教师组成专家智囊团,目的在于让它为学校领导的工作决策和年轻教师的专业培养建言献策。以下是这几个团队建设及其运行轨迹的点滴故事。

被评为上海市“工人先锋号”的“35 岁学友团”,其活动运作丰富多彩,紧扣青年教师成长的方方面面。他们每月听一次讲座,开展一次论坛,每期完成一项“作业”,写一篇论文;每人搞一个研究课题,每期开一堂公开课,参加至少一项青年教师基本功比赛等。此团队由书记助理吴志峰任班长,经常开展别开生面的教育教学活动:同课异构校内外教学交流,作业批改个性展示,备课说课风采展示,志愿服务风尚评比,我为学校献一计,等等。陈军经常为他们讲课,如“文史哲经典阅读”“《论语》的教育启示”“优秀青年教师的精神成长”等。因而,这支团队在学校的教育教学与文化建设中起到了实验田与立标杆的双重作用。该团队的青年教师,一大批成了市、区名师。

被确立为市级研究课题的“学友课堂文化”,由办公室副主任舒适牵头,与学生处、教学处和各年级组长、班主任,以及各班家长代表、学友代表、各界代表共同组织“学友文化”活动。两年来,学校邀请各类家长近 100 人,校友数十人,各界代表数十人,包括复旦大学国际问题研究院常务副院长、复旦大学美国研究中心主任沈丁立教授,中国著名探险家王龙祥等,利用“学友课堂”学习时间开展亲切、有效、有趣的多层面对话，让学生学到了传统课堂学不到的知识与能力。春风化雨，润物无声，学生在“学友课堂”上不断拔节吐穗。学校还组织师生开展各年级、各班级的“学友文化”的交流，利用升旗仪式请学生交流学习体会。交流活动收到了意想不到的效果，“学友”之光辉映校园，学生的心灵之花、智慧之花与创造之花都在尽情绽放。

东方卫视、《文汇报》相继报道的市北中学“水云间词社”，在上海市市民文化节上大显身手。这与学校创建“学校文化研发中心”密不可分。学校请中学语文国家级骨干教师、闸北区学科带头人陈世东担任文化研发中心主任。自创建文化研发中心开始，社团文化便如火如荼。学校为社团提供了合适的活动时间、地点、社团导师，制定并落实了一系列制度，大大激发了社团导师与社员自我发展、个性培养的潜能，提升了活动品质，收到了良好效益。开展“歌唱母亲河”国际中学生征文活动，极大地辐射了校园文化的影响力。两年来，社团获得区、市、全国各类大赛奖项共300多人次，其中获一等奖100多人次。学校汉字研究社，以“汉字研究”作为子课题参加了教育部重点课题“传统文化教育实践”研究，获得全国研究先进奖。

“创新人才培养中心”，由数学特级教师、校长助理金荣生兼任主任。该中心依托落户在市北的中国奥数培训基地，组成了由学校数、理、化、生、劳、计算机等自然学科个性特长培养的教师为核心团队。他们在选才、育才、推才的过程中形成了较系统的有效运行模式。他们利用业余时间创立了“我爱数学”“物理创新实验社”“化学创新实验社”等兴趣小组或社团，还创办了《简单》《悟理》等杂志，以此来满足这些特长生的个性培养，从而调动了学生探究的兴趣与潜能，培养了夺得丘成桐数学奖金奖的陈波宇、获得物理实验方面专利的张林彬、获得全市“科技之星”明日之星的顾子瞻等一大批创新人才。这，不能不归功于创新人才培养中心的创建与良性运转，同时也是学校创新“学友文化”的成功实践。

市北中学正以昂扬的斗志与创新的精神，迎接百年校庆，同时也为学校第二个一百年发展进行新的奠基。

上海市市西中学

好学力行的守正创新路

岁月留痕

图 1　市西中学前身之一尤来旬学校

市西中学是在 1946 年 9 月创办的。学校前身有两个:一是 1869 年(清同治九年)邦妮夫人在虹口密勒路(现峨嵋路 365 号)为欧亚混血儿童开设的“尤来旬学校”;二是 1886 年(清光绪十二年)共济会创办的“上海公学”,地址在北京路清远里。此后,这两条支脉经拆分、合并、搬迁,最后在愚园路汇聚。1946 年国民政府市教育局授命留美硕士赵传家创建“上海市立市西中学”。1950 年 3 月 31 日,上海市人民政府市长陈毅发布委任令,委任赵传家为上海市立市西中学校长,1951 年学校改名为上海市市西中学。1953 年成为上海市首批 10 所重点中学之一。

70 多年的办学历史中,市西始终坚守、引领、创造着海派教育的精神;鼓励学生好学力行、学以致用、实干兴邦;在高中教育改革的高地上进行着率先之探,一次次创造着课程改革、体育美育、学生综合实践、创新素养培育的鲜活经验,坚持“让学生成为更好的自己”。

图 2　1918 年的市西中学

校史回眸

学校占地面积 40000 m^2，建筑面积 58228 m^2。历任校长为赵传家、陈孟昭、孙志文、杨安澜、顾正卿，现任校长董君武。学校引孔子“好学近乎知，力行近乎仁”之述，立“好学力行”的校训，并贯以始终。学校先后成为长三角、上海市名校长培养基地，上海市生物、物理名师培养基地，上海市生命教育实验基地和静安区物理实训基地，其数学、物理、生物组是静安区名学科。特级校长董君武是上海市劳动模范；学校拥有 3 位上海市特级教师，4 位静安区名师，11 位静安区学科带头人，49 位高级教师。

1991 年起学校先行上海市课程教材整体改革，1998 年被上海市教委命名为上海市“二期课改”实验基地。学校实施“人格加学力的主体教育”，形成“绿色的春风艺术节，红色的夏雨科技节，金色的秋海体育节，蓝色的冬浪历史节”校园四大文化节日，形成自研式综合活动课程。

2005 年学校成为上海市首批实验性示范性高中。学校将“三格引领”（国格、品格、性格）、“三课联动”（课程、课堂、课题）、“三名并举”（名师、名学科、名校）、“三维拓展”（视野、领域、资源）作为学校推进优质教育发展的强大动力。

学校现有 OM 头脑奥林匹克、机器人制作、篮球队、管乐队、合唱团等五十余个学生社团和协会，曾获 WRO 世界机器人奥林匹克赛世界冠军，以及其他国际、国家和市级奖项数百项。

学校与世界各地具有较高知名度和教育水平的高中建立了友好学校关系，与英国、澳大利亚、德国等十几个国家与地区开展了交流活动和合作项目。2013 年，与美国佛得谷高中（VVS）合作创办了上海市第一家公办学校的 IB-DP 国际课程实验班。

历史撷英

赵传家的故事

大凡首任，对一个集体文化的形成具有开创的意义。赵传家先生是市西中学的首任校长，他是抱定为教育献身的理想主义者。“好学力行”不仅彰显了他毕生所追求的教育愿景，更是他毕生为之实践的人生信条。

在市西中学近百年办学的光辉历史上，赵传家是当之无愧的创始者。

旅居欧洲的49届校友关愚谦到花甲之年还念念不忘老校长的教导。

校长就是从美国科罗拉多大学留学归来的赵先生。有一天下午放学后，我和几个足球迷在办公楼前踢球，一脚劲射，坏了，球像离弦的箭，直飞二楼校长办公室，随着“哐啷”一声，玻璃窗顿时从二楼散落下来。同学们一看闯了祸，一哄而散。我本来也想跑，但一想，查出来，不是罪加一等吗？再说，球还没拿。

果不其然，赵先生气冲冲跑出大楼。

“球是谁踢进来的？”我诺诺地说：“是我。”

“是你，就你一个人在这里玩球？”“不，还有好几个。”

“他们都到哪里去了？都是谁？”我说：“他们都跑了，这窗户是我踢破的，与他们无关。”

赵校长抚摸着我的头又问我：“那你为什么不跑啊？”“一人做事一人当，我情愿受罚。”

我跟着赵校长进了办公室，他递给我一把扫帚，说：“现在罚你把办公室的碎玻璃扫干净。”

我接过扫帚，边扫边想：“扫碎玻璃是理所当然的，这怎么叫处罚啊！”

扫完以后，赵校长笑着从抽屉里拿出一包糖给我，说：“奖励你没有说谎，敢于承认错误，做人最要紧的就是诚实。”

当年赵先生的一个举动、一句话，让我看到了他慈祥诚恳的气象，让我心里一阵舒服，我想这大概就是古人所说的春风化雨吧。

据关先生说，毕业四十年后，他和妻子一起回到了上海，专程拜访赵传家先生。

他那时已经80多岁了。所住的老房子的楼梯过道有些阴暗，听到有脚步声，赵先生就用上海话问：“啥人啊？”我边上楼梯边回答：“是我，您过去的老学生。”我推开门进去，屋子有些逼仄，四周全是书。

“我的老学生，哪一期的？”“是1949年前的，您最调皮的学生。”

“最调皮的？关愚谦，是不是你？”

四十年不见，赵校长竟然一下子就叫出了我的名字，就连踢碎玻璃的事，他也记得很清楚。老校长摸着我也早已花白的头发，像是对待当年的小学生一样，说：“愚谦，我听说，你在德国，做了教授。作为校长，我高兴啊！”

当时我想，赵先生虽然是校长之尊，但仍然是一介寒儒，书生本色。他的桃李不只遍布全国，也遍布全世界。他却清楚地记得当年的一个普通学生，并且关注到他后来的生活和发展。这是一种很高的教育家的精神境界。

这样的小事在一些人看来也许无足轻重，甚至有人会不屑一顾，而恰恰是这样的场景体现出教育者的情怀：不臆猜、不武断，宽严有度、处事得当。这才是教育家的胸怀。我想，当年的这些小同学，他们是幸福的，他们享受过“春风化雨”，也曾被赵先生引到精神境界的大门口。如今，他们在各行各业取得丰硕成果，建立卓越功勋，如果他们有足够的自觉，他们一定会感恩老师，感恩母校。

图3　1946年时的传家楼

践行“好学力行”的市西骄子

市西学子的身上都体现着“好学力行”的精神，以下在市西近30多年的学生中撷取两名优秀学生中的佼佼者，以飨读者。

“流”往美国的“天才生”李昱文。那是1986年，学校向上海某名牌大学推荐了黄薇和李昱文两名免试应届学生，但因李昱文的学习分数记录比黄薇低了几分而落选了。

童年时代的李昱文，受家庭的影响，从小就对工程技术，尤其是电子技术产生了浓厚的兴趣。从小学到高中，除了专注学业外，他从不放过任何一个参加学校、市区少科站或大学组织的电子科技、计算机硬软件学习的机会,就像海绵吸水一样不断汲取着电子专业所要具备的一切知识,为将来的专业学习奠定了厚实的基础。

李昱文思想活跃、学有创见,是我国应邀参加美国瑞奥尔克海军上将基金会物理训练班的五名中学生之一。在美国学习的两个月中,他以惊人的毅力,抱定"一定要把奖拿回来,为国争光"的信念,克服了语言上的困难,在一系列的学习、智力竞赛、撰写论文、实验操作活动中取得了优异成绩,远远超过了美国各州选拔出来的五十名中学生,被誉为"中国大陆来的天才中学生"。回国后,美国哈佛大学、普林斯顿大学等四所著名常春藤大学都发信给他,并邀请其免试入学。后来,美国哈佛大学再次来函邀请他免试入学,并决定给他一万七千美元的奖学金。最终,李昱文踏上了美国求学之路。

联合国儿童大会上的女孩,金泠彦。金泠彦清纯、有才学,是智慧如阳光一样耀眼的女孩。她 17 岁就代表中国在联合国儿童问题特别会议上发表演讲:"我希望中的城市,是一个能使我们免受饥饿、疾病和各种痛苦的避风港,是一个充满安全感的大家庭。在那里,每一个儿童都能拥有一个幸福美好的童年。"

她,知青的女儿,远离父母寄居在亲戚家。在并不宽敞的空间里,刻苦磨炼自己,取得优异成绩:TOFFL 考了 600 多分;荣获叔蘋奖学金"优秀学生奖",全国高中物理竞赛上海市一等奖,数学、英语竞赛也屡屡获奖,高中三年获得了近十个奖项。她就是这样一位优秀的市西女孩。

2001 年 4 月在北京,她和来自全国各地的 60 多个孩子参加了首届中国儿童论坛,崭露头角;2001 年暑假,作为中国代表,她参加了在老挝举行的亚太地区儿童与青年论坛,对个别代表对香港问题的错误说法,她挺身而出予以严肃更正,维护了祖国的尊严,初露锋芒。

2002 年 5 月,金泠彦作为唯一的中国代表参加在纽约举行的联合国儿童问题特别会议。她敏感地发现会议对发展中国家和地区代表的安排有疏漏,及时与会议组织方进行沟通,为发展中国家和地区的代表争取了权益。会议期间,她根据自己的兴趣和实际,选择了"尊重并促进儿童的参与和合作"论题,并阐述观点:"儿童参与精神被调动起来,我们就能更加了解自己的生活环境,更好地成长和保护自己。我们所做的就是把全世界儿童的心声带到联大,反映在最终决议里。”她还参加了主题为“儿童友好城市”的座谈会,由于高超的组织能力和出色的表达能力,被组员们推选为小组代表在全体会议上作了5分钟的精彩发言:“儿童心目中的友好城市虽然不够全面,有时候甚至很偏激,但有一点我们比大人强,那就是我们的内心感觉更敏锐。大人们要想更好地保护儿童,就必须倾听这种来自儿童内心的声音。”

2002年,她被保送入复旦大学理科基地班(生物系),毕业后留学美国加州大学伯克利分校,攻读硕士和博士。

2008年北京奥运火炬在旧金山传递,CNN、NBC在报道游行活动时,一直把镜头对准“藏独”分子,当时的她与华人留学生们便一拥而上,让五星红旗占满对方的采访镜头。

2010年,金泠彦荣获2009年度国家优秀自费留学生奖学金。2010年5月26日,中国驻旧金山总领事馆颁发2009年度国家优秀自费留学生奖学金,22名来自斯坦福大学,加州大学伯克利分校、戴维斯分校和圣塔克鲁兹分校,华盛顿大学,内华达大学和俄勒冈州立大学的博士生获得荣誉,并各得5000美元奖金。加州大学伯克利分校机械工程专业的张汉申和细胞与分子生物学专业的金泠彦创造了第一个夫妻同时获奖的纪录。

难忘师恩　温暖一生

青春年少时能够遇到一位好老师,是一种难得的幸福。

1957年的暑假,俞祥棣初中毕业了。可这个暑假,她却一点也高兴不起来。因为家境不好,父亲希望她暑假后就参加工作以减轻家里的负担。俞祥棣虽有万般不情愿,但想到自己辛劳持家的父母,想到自己窘迫的家境和自己对家庭的责任,最终决定放弃学业,没有报考任何学校,整个暑假她再没有摸过书。就在俞祥棣对继续学业彻底死心时,一天,她的班主任徐文波与另一位老师杨文娟突然出现在她家里。原来,徐文波实在不忍心看着自己班上这样一个读书的好苗子就这样中断学业,更不愿看到喜欢读书又勤奋刻苦的俞祥棣因为家境的原因而不能实现自己求学的愿望。于是,她决定上门劝说俞祥棣的父母让俞祥棣报考师范院校,这样,既可减轻家庭的经济压力,又能让俞祥棣继续学业。幸而俞祥棣抓住了师范院校最后报名时间,通过选拔考试进入了第一师范读书。在俞祥棣要去第一师范报到的前几天,徐文波老师把俞祥棣叫到她的办公室。俞祥棣永远都记得那一天,徐文波老师从她的办公桌抽屉里拿出一个用绳子系好的纸包,静静打开,那是一块色泽鲜亮的白底小红花的衬衫布料,她把它塞到俞祥棣的手中,微笑着说道:“祥棣,老师知道你一定会被录取的,你一直是一个懂事好学的好孩子,用这块布做件短袖衬衫,穿上它去上师范!”以后很多年,俞祥棣都穿着这件白底小红花的短袖衬衫。再后来,衣服最终是不能穿了。但这白底小红花的衬衫却一辈子印在了她的脑海中,融入她的血液中,与徐文波老师的那一段师生情缘更是成为俞祥棣一生中最温暖的记忆。

20 世纪 60 年代初期,市西初中的学生刘培超因为路远寄住在离学校较近的伯母家。那时正是三年困难时期,家境不好又加之寄住亲戚家,正在长身体的刘培超常常饥肠辘辘。幸运的是在他身边有那么一位老师,一直像父母一样关心照顾他。他就是刘培超的班主任——教美术的杨永年老师。杨永年常常让刘培超去他家里做作业,碰到家里烧好吃的就留刘培超吃晚饭,大块大块的带鱼、香喷喷的红烧肉,老师家平时也吃不了几次,每次都先往刘培超的碗中夹。有时刘培超在操场碰到杨永年老师,杨老师还偷偷往他裤袋里塞上一把饭票。还有一次,杨永年老师突然塞给刘培超 10 元钱,说:“刘培超,你喜欢科技,帮我装个矿石收音机。”刘培超心里纳闷,老师家不是有一台电子管收音机,还装什么矿石收音机呢?杨老师似乎看出了刘培超的疑惑,说:“我为了晚上一个人听,不打扰别人。”刘培超拿着杨老师的钱,买来材料,架上天线,调试声音。终于,矿石收音机装好了。刘培超马上将收音机给杨老师送去,没想到,杨老师满脸笑意地说:“这个收音机送给你啦!”这时刘培超才醒悟过来,原来杨老师需要一个矿石收音机是假,有心资助他发展兴趣爱好是真。许多年以后,每每想起这一幕幕,刘培超心头总会热热的。现在,尽管刘培超早已远离上海,久居他乡,但在市西度过的中学时光和杨永年老师给予他的真诚关爱都成为他关于家乡上海最珍贵的回忆，成为他与上海情感上最牢固的纽带。儿孙绕膝的刘培超给小辈们讲起自己在家乡上海的往事时，最常提及的就是自己与杨老师之间的师生情。

时光荏苒，一晃几十年过去了，市西这座百年老校，迎来送往一批批学子。这样温暖人心的师生故事早已成为那些亲历其事的学子一生的记忆，如今，这些故事也将成为市西共同的记忆，永远流淌在一代代市西师生的心田。相信这样的师生故事也会成为市西校园永远的故事。

让生命之花绽放——市西中学生物名师程元英老师的故事

2010 年 12 月 16 日，上海气温陡降，一场大雪不期而至，将申城装扮得银妆素裹。19 时 35 分，57 岁的程元英，上海市名校长名教师培养工程中学生物名师基地主持人、市西中学特级教师，静悄悄地离开了这个她无限热爱和眷恋的世界。

程元英 1992 年调任至市西中学担任生物教师。时任校长杨安澜提出要以“生物特色教学”作为学校课程改革的突破口。接受了这一任务以后，程元英在既没有现成的教材，也没有可借鉴的教学方法的情况下，大量翻阅国内外生物教学改革的资料，四处请教专家和同行，最终确定实施以“自研式学习”为基本方向的综合活动课课程。她将科学研究的方法引入课堂，启发学生自己想、自己做、自己研究，这实质上就是后来所提倡的研究性学习。例如，程元英带领全班学生进行人类指甲生长情况的研究，全班学生个个都涂起了手指甲、脚趾甲，有的学生还发动家长一起涂。学生定期测量指甲生长情况，认真做好记录，程元英跟学生一起分析数据，解释现象。后来，学生根据研究撰写的论文《人类指甲生长情况的调查报告》获得了上海市第二届生物百项活动专题项目一等奖，程元英总结实践经验撰写的《试谈初中综合活动课的理论和实践》也获得了全国生物教学论文一等奖。

1995 年，程元英又接到了新的任务——构建高中的综合活动课程，她着手开发了两门研究型课程：现代生物学和环境保护。这两门课的开发是在没有任何经验可供借鉴的基础上进行的，全靠程元英根据自己广泛阅读的大量有关现代生命科学、环境科学的书刊资料，根据中学生的实际需求，从中精心挑选出新颖、适切的内容来编写教材，实施教学。当时，六年级有个叫周树敏的孩子是年级里的“知名人物”。他从小喜欢昆虫，特别喜欢蝴蝶，甚至到了迷恋的程度，常丢了学业去捉蝴蝶，学习成绩一直很落后，让任课老师们头疼不已。程元英敏锐地意识到这个学生在生物学科上有很强的可塑性，于是，主动找到周树敏，教他了解蝴蝶、研究蝴蝶，找机会带他到华东师大与生物学教授面谈，推荐他参加市、区组织的生物夏令营活动。慢慢地，周树敏逐渐找回了自信心，刻苦学习各科知识。进入高中后，程元英辅导周树敏参加生物学知识竞赛，周树敏 1999 年获得了上海市一等奖。2000 年周树敏考入华东师大生物系，2004 年直升武汉大学，在病毒学方面硕博连读。周树敏深有感触地说：“程老师改变了我的人生轨迹。”

程元英指导学生参加生物课外活动，获得全国与市级以上奖项 130 多项，发表论文 20 多篇。她本人也获得多项荣誉：1994 年全国《生物学通报》奖励基金一等奖，1999 年静安区生物学科带头人，2002 年被评为上海市特级教师并获上海市青少年科普促进奖提名奖，2004 年被评为静安区中教名家，被评为 2007—2009 年度上海市劳动模范……

“思维广场”的随笔风波

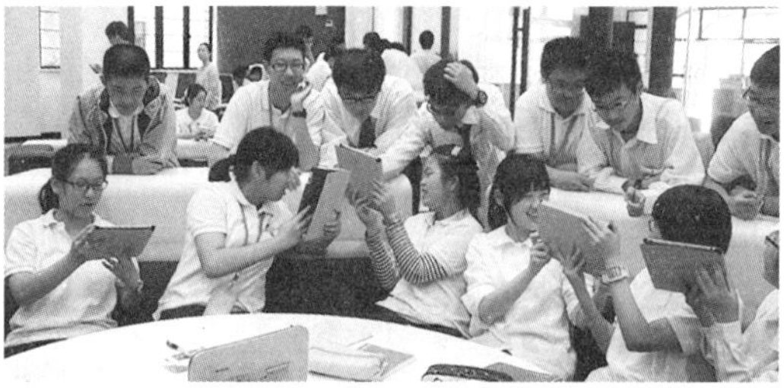

图 4　思维广场学习

2012 年 2 月，市西中学迎来了一位新校长——董君武。他突破传统课堂，在市西中学创建了崭新的学习空间——思维广场。

这是一个具有多元功能的开放式学习空间，它突破传统课堂的模式，鼓励学生自主学习、多元选择、独立思考、合作共进；让学生身处其中能够充分地自主学习、主动探究、合作互动。然而这一改革创举，学生们一开始却并不领情。

高一的张书豪同学专门写了一篇题为“关于思维广场的思考”的随笔，提出了自己的批评与质疑。其中他这样写道：“‘思维广场’的用途无非就是看书、写作业、上网之类。有位朋友曾和我说，他觉得思维广场里面如此昂贵的设施就是一种浪费，如果把这些钱用来维护教室、聘请一些更好的老师来授课，比起造这样一个广场更实用。”

这篇随笔在第一时间就通过语文老师传递到了董君武的手中。出乎所有人的意料，董君武看完这篇随笔后，脸上异常平静。三天后，张书豪同学也收到了一篇随笔，洋洋四张纸，书写一丝不苟。原来董君武是想通过笔谈来交心啊。在随笔中，校长恳切地重申了思维广场创设的初衷，对于目前的问题他也没有避而不谈，而是提出了实际的措施，对于张书豪能够独立思考和大胆质疑给予了高度的赞扬。没有严厉的批评，没有尖锐的辩驳，有的只是一份校长对普通学生的尊重，一位智者与年轻人的一场平等对话。这场“风波”就如同没有发生过一般悄然地过去了，然而董君武在学生心目中蔼然智者的形象更加高大了。后来有老师在偶然间又问起此事，董君武淡然一笑，说：“来而不往非礼也！”

“随笔风波”过去了，而“思维广场”的教学改革步伐正越来越稳健地步步前行。学校在个性化教育方面不断进行新探索，开设了许多以选择性、自主性为特征的校本化课程。除“思维广场”外，学校还开设“微型讲座”，它以时间短、切口小、视野宽为特色，每学期 100 多场，为学生提供前沿的知识、睿智的思想；学校还有“阳光体锻”，它以自主选择的方式，让每一个市西学生乐享“生命的阳光”。

图 5　市西中学全景图

上海市静安区第一中心小学

传承陈鹤琴先生“活教育”思想

岁月留痕

上海市静安区第一中心小学由中国当代著名教育家、儿童心理学家、儿童教育专家陈鹤琴先生于1930年创办。由他提出的“做人，做中国人，做现代中国人”的教育思想，成为几代一中心师生不懈努力、为之奋斗的目标。学校秉承陈鹤琴先生的“活教育”思想，以“现代小公民，创新小能手”为培养目标，形成了鲜明的办学特色，取得了丰硕的成果，得到了社会的充分肯定。1954年，学校被上海市教育局确定为上海市重点小学。

校史回眸

据《陈鹤琴生平年表》记载：“1928年夏，在收回教育主权的声浪中，陈鹤琴应聘赴上海主持公共租界工部局华人教育，为中国儿童办学。10月，华人教育处正式成立，任处长。”“1930年9月1日，陈鹤琴创办工部局西区小学，调张祖培为校长（1932年西区小学建校舍改称新闸路小学）。”

陈鹤琴针对当时教育界“教死书”“读死书”的状况，提出“活教育”主张，并在课程与教材改革中取得诸多成果。

陈鹤琴还亲自主持设计了工部局西区小学（现静安区第一中心小学）。学校除了设置普通教室外，还设置特殊教室，如美工室、木工场、音乐室、球场、游戏场和自然室等。而且为预防学生近视，专门设计了一种成45度斜角的看书板提供给学生使用。

陈鹤琴非常重视师资队伍建设,学校第一任校长张祖培曾是上海市教育局专员,历任的12位校长中有的是革命志士,有的是文学家,有的是全国劳动模范、享受国务院特殊津贴,有的是拔尖人才、名校长。

张祖培——学校开办的第一任校长(20世纪30年代)。张祖培生于1903年,籍贯南京。在上海圣约翰大学就读两年,因参加学生运动被迫离校,后参与创办上海光华大学,并于光华大学毕业。毕业后任上海市教育局专员,1928年起任工部局北区小学校长。1930年起任工部局西区小学校长至1944年。在担任工部局西区小学校长期间,张祖培积极推行陈鹤琴的"活教育"实验工作,支持教师的各项爱国、民主活动。

陈畹箴——打造学校优秀教师队伍的校长(20世纪70年代)。陈畹箴生于1920年3月,浙江上虞人。新中国成立前,她先后在上海女子中学附小、上海市立荆州路小学、上海市立大西路小学、上海女子师范附小任教。1954年2月起,陈畹箴担任静安区第一中心小学(上海市重点小学)校长,直到离休。她注重教师队伍的建设,注重发挥教师的特长,注意积极培养青年教师。学校培养出一批不同年级、不同学科以及班主任工作、少先队工作的特色教师,还为全区输送了近十名校一级干部。

顾惠檪-——引领学校走向辉煌的特级校长(20世纪90年代)。顾惠檪,中学高级教师,原上海市人大代表,上海市特级校长,静安区名校长,上海教育学会小学教育管理专业委员会会长,曾获全国教育系统劳动模范、全国教育系统先进工作者、上海市教育科研先进工作者等多项荣誉,并享受国务院特殊津贴。在他的带领下,学校落实"创新小能手、现代小公民"的培养目标,在"走向现代学校教育的实践研究"中,打造"轻负担、高质量,促进学生全面发展"的办学品牌。

张敏——新时代赋予"活教育"生命力的特级校长(现今)。张敏,中学高级教师,上海市特级校长,曾获全国巾帼建功标兵、上海市三八红旗手、静安区拔尖人才、静安区领军人才、静安区名校长、静安区先进工作者等称号。张敏创造性地提出了"五指课程+"的"+课程"理念,创设了"小公民学院"的学校系统课程,举办了四场提升学生文化底蕴及学科综合素养的"小公民全学科活动"。在上海市教科院普通教育研究所出版的《有思想的行动者》一书中，她被选定为全市19位具有研究型教师特质的教师之一。她主持或参与了5项市级科研课题及5项区级科研课题的研究，主编教育书籍《生成性教学有效性的实践研究》，撰写个人专著《学校德育的个性化设计——现代小公民教育》《以美育德——小公民的实践探索》等，近几年在全国各地做学术讲座40多场，并且带教了全国、上海市30多位校长。

多年来在领导的关心指导下，在历届校长和全体教职员工的共同努力下，学校荣获上海市素质教育实验学校、上海市课改研究基地、全国现代教育技术实验学校、全国少先队学会实践研究基地、华东师范大学普教研究基地、上海市中小学校长培训基地等。学校连续多年被评为上海市文明单位，全国语言文字先进集体，上海市德育、艺术、体育工作先进集体，上海市教育科研先进集体等。

学校创办近90年，陈鹤琴"活教育"思想深入人心，学校有浓郁的文化积淀；围绕实现"轻负担、高质量"的办学思路，开展了一系列专题研究，并形成相应的课程改革研究成果；师资队伍结构优化，获得市、区表彰的教师占教师总数的80%；学校所有教研组均为市、区先进集体，其中语文、数学、体育学科分别荣获静安区名学科和优秀教研组。2018年学校获得国家级基础教育教学成果二等奖、上海市一等奖。

历史撷英

光辉岁月下镌刻的革命足迹

"五卅运动"后，在反帝浪潮中，上海工部局内的华人董事请陈鹤琴主持华人教育工作。爱国、民主、进步的教育家陈鹤琴经过长期斗争，不但争取到在租界中办中国人自己的学校，而且还争得在工部局学校升中国国旗的权利。同时他吸收了许多思想进步、学术优秀的教师。在他的支持和保护下，当时工部局西区小学的革命活动非常活跃，而且不断涌现出一批又一批的优秀地下党员。

教师帅昌书,1931 年至 1935 年间在学校任教,并从事中共地下活动,创立"左翼教育工作者联合会""中国左翼文化总同盟",任该组织的组织、宣传、总务、党团书记等职,还担任"全国救国会"党团书记。他是静安区教育系统第一位中共地下党员。新中国成立后,他曾先后担任党中央宣传部秘书长,中央人事部局长、党支部书记,中央人民政府中央直属机关党委委员,中央人民政府文委直属机关党委副书记,高等教育部党组成员、部长助理等职。

教师潘星南,任教时编辑了中国历史故事《长江》《运河》《隋炀帝开运河》,担任中共地下党工部局系统西区小学联合支部书记。1945 年 8 月 13 日夜,他被侵华日军抓走,遭受严刑拷打,始终坚贞不屈,日军投降后获释,1946 年被派往台湾从事革命工作,1951 年被叛徒出卖被捕,1951 年 10 月 7 日在台北马场町刑场被杀害。

教师王志成,1932 年 9 月任学校教务主任,1944 年至 1945 年 9 月任校长。1945 年 8 月 13 日遭日本宪兵司令部逮捕,遭受酷刑,坚贞不屈,新中国成立后曾担任上海第一师范学校代理副校长。

教师马精武、李震同积极参与地下党各项领导活动。新中国成立后李震同在教育部任职。教师陈南如负责地下党工作,成立了"上海市维护教师权利联合会"(简称"护权会"),1947 年 9 月被捕。她的革命事迹收录于由中共上海市委党史资料征集委员会主编的《上海市静安区教育系统革命斗争史料》一书。

凝练且底蕴深厚的校舍文化

每一位走进静安一中心校园的来访者都能感受到浸润于学校浓厚的文化氛围之中,品味到悠久的历史文化积淀。一中心是这喧嚣都市中一方饱蕴儒雅之美、书卷之气的"静"土。

1930 年,陈鹤琴根据教育原理和儿童特点亲自主持设计了校舍。校舍虽已历八十余载,且每年都维护或整修,但大楼结构与外貌依旧保持原样。每当一批批老校友驻足于此,回忆着童年,无不流下激动的泪水。

中西合璧的建筑风格。学校至今保持着教学楼通道中的圆拱门。该设计使得教学大楼显得明亮宽敞,并且增加了建筑的牢固程度。肋拱穹窿,是哥特式建筑的典型内部结构,1930 年建造的静安一中心教学大楼的走廊里拥有同样类似连续重复排列的肋拱样式。恐怕这和陈鹤琴早年在国外学习的经验有关,经他设计的建筑隐约传达出一些西方的审美元素。

这些连续的肋拱符合审美心理规律,从视觉上增加了建筑内部的纵深感和高度感。

实用美观的安全设施。教学楼的所有楼梯转弯处至今保留着直径约 1.2 米的圆洞。该洞有利于楼道采光,能使光线进入楼梯内,让楼梯亮起来。它同时具有审美的功能,能使大块的墙面变得轻盈,线条变得流畅。而且它还能让处于楼梯转弯处的教师和学生彼此看见对方,从而减少校园内的事故隐患。

这样的设计也有中国园林“借景”的意味。由此可见,陈鹤琴的细节设计让校舍充满审美文化。

“一切为了儿童”的设计。一中心的教学大楼是一件大大的立体艺术作品。它的美还体现在多样统一的美学思路中。教学大楼在任何一个视角下都能呈现出不同的视觉效果。2014 年暑假,学校对校舍的外立面全部进行了改造,改造后的建筑由青、橙、白三色构成。用于整个校舍建筑下部的青色石砖寓意静安一中心小学是 1930 年民国时期创建的,呈现的是学校的底蕴和厚重;用于校舍建筑中部的橙色小砖寓意静安一中心小学与时俱进,呈现的是师生的阳光、朝气与活力。整个建筑典雅中又不失现代气息,大气中尽显高贵。建筑墙体为中空,保温性好,可确保孩子们在冬暖夏凉的建筑内惬意地学习。

早在 1930 年,学校就有三层大楼 20 个教室,全部左面采光,宽敞明亮。校舍内有水汀(暖气)、沙滤水(饮水器)等新式设备,设有换气通道以保持空气清新。每个教室内有活动黑板,可以上下拉动,使学生视线不受阻挡。低年级教室四周有“黑板墙”,孩子们可以用来展示成绩,也可即兴涂鸦。整个教学大楼设有完整的换气系统和供暖系统,而且每层楼都有衣帽间,安装了沙滤水。沙滤水高低不一,以方便不同身高的学生饮水。因为注重孩子的个体差异,所以课桌椅的规格也是依照孩子身高配套特置,就连低年级孩子用的厕所与中高年级的都不一样。校内还设有医务室,常用的药物、医疗设备齐备。为体现陈鹤琴"做中教、做中学、做中求进步"的办学思想,学校还设有木工场(刨、锯、锤等一应俱全)、美工室(配置图画架)、自然室(生物、矿物标本,人体模型,大小地球仪,理化实验仪器等设备齐全)等特殊教室。学校有铺满草坪的大操场,还有游戏场,内设六面游戏平台(犹如现在的多功能游乐设施)、秋千、荡木、荡船、猴子架等。而且根据儿童兴趣爱好和身心发展需要设计制作了许多运动器具。为预防学生近视,还专门设计了一种成45度斜角的看书板提供给学生使用。

图1　学生体验"炊事员"的生活

校友吴贻弓是中国文学艺术联合会副主席、文艺一级导演。1983年他拍摄的电影《城南旧事》获得了1983年第三届中国电影金鸡奖最佳导演奖、第二届菲律宾马尼拉国际电影节最佳故事片金鹰奖和1984年第十四届南斯拉夫贝尔格莱德国际儿童电影节最佳影片思想奖。在第15届上海电影节上,吴贻弓获得了华语电影终身成就奖。而这部著名电影的许多场景就是在静安区第一中心小学的大礼堂里拍摄的。片中的主题曲《送别》几乎成为每一届一中心学生在大礼堂的毕业典礼上必唱的歌曲。因此,学校大礼堂至今保留着当时的结构和当年的样子。

学做现代小公民的目标培养

陈鹤琴提出“学做人，做中国人，做现代中国人”，提出“大自然、大社会都是活教材”。于是在20世纪90年代，学校提出了“现代小公民，创新小能手”的学生培养目标，开设了注重学生实践创新、综合探究的校本课程。为了让校本课程与公民素养、创新精神的养育紧密相连，1996年，在一中心校园内诞生了一幢孩子们的活动楼，取名为“小公民楼”（图2）。

图2　社会生活的实习场——现代小公民楼

小公民楼是一个真实度很高的模拟社会，不仅在名称上，更在具体活动中力求体现真实性。队员能在楼内进行真正的医院救护、银行储兑、餐厅烹饪、超市买卖、新闻采集制作……通过一系列真实的活动，队员们在潜移默化中了解社会的构成，学会了社会交往的本领。作为社会缩影的小公民楼也有相应的机构与之对应：医疗领域对应实验医院；金融领域对应实验银行；服务领域对应实验超市、实验餐厅和图书中介公司；文化艺术领域对应展览中心、图书城等；大众传媒领域对应红领巾新闻中心；科技领域对应电子制作、模型制作；体育领域对应棋训室、健身房。

从2000年起，小公民楼在保持原有模拟的社会特点之外，着重加强了数字化、创新实践的改造，创造性地提出了“未来公民素养实习场和体验时空”的设计思想,将小公民楼改造为数字化的小社会。“身心健康”下设健康中心、心灵小站(心理辅导)、竹林棋社、体能测试中心;“关爱生命”下设生命探索实验室;“大众传媒”下设青青报社、红领巾电视台;“文化艺术”包括展示墙、展示走廊、陶陶乐俱乐部(陶艺制作)、图书城、红领巾网吧、图艺社;“数字化生活”包括小公民楼网站、数字化生活体验区、小剧场;“创造实践”包括科学创新实验室(3 间)、头脑奥林匹克工作室(2 间)、机器人工作室、DIY 电脑网络工作室。

小公民楼作为学校开展校本课程教学的主阵地,让学生在体验社会化的公民生活经历中,在实践创新、综合探究中,逐步朝着高素质社会人的标准而努力发展。

图 3　学生在人民大会堂向胡锦涛爷爷介绍学校的小公民楼

2004 年,学校在改善课程实施条件、充实课程实施资源的思想指导下,以“机器人工作室”“创新实验室”“生命探索工作室”“OM 工作室”“文科实验室”“外语阅览室和视听中心”等教室作为校本课程的专用教室,并组建了由 64 位家长组成的讲师团,为校本课程的实施提供了丰富的教育资源。通过课程理念与课程实践的不断磨合,学校的校本课程建设逐渐进入了优化阶段,小公民的培养目标也得到进一步的落实。

为了进一步落实“现代小公民,创新小能手”的培养目标,2009 年学校校本课程体系更注重人的发展,注重人与自然的和谐,注重对世界及多元文化的理解。为此,在已有的科技教育校本课程的基础上,进一步拓展提升为科学人文素养的培养。在已有的文科综合课程的基础上,把学科教学、少先队活动、迎世博活动等都统整到人文素养培养的大框架内,最终形成科学素养与人文素养培养和谐融合的校本课程群的新体系。

2014 年,小公民楼各体验馆进行了全新的改造。硬件建设上,成为学生日常体验和创新的实验室,把小公民楼真正打造成体现数字化教学特点和提供动手实践的“新型课堂”，打造成培育公民精神的“实践基地”。软件建设上，在“现代小公民学院”里，刚柔相济，建设有滋有味的课程；动静相宜，创造有情有趣的课堂；内外相融，开展有声有色的活动。关注国家课程与校本课程的契合，关注课堂教学与课外活动的联动，关注教育目标与教育过程的互动。如今的静安一中心建立起了全面的、科学的、动态的、生成的学生评价体系，以“现代小公民学院”学员护照作为评价的载体，包含课程与活动、必修与选修、校内与校外、志愿者积分等。一中心的学生经过五年的学习，能够在学生护照上体现出学校对学生的全面培养，又体现了学生个性发展的成长足迹。“现代小公民学院”使各学科的分科活动，整合成为现代小公民素养培育下的全学科活动，以“中国的小公民—民族的小公民—世界的小公民—现代的小公民—未来的小公民”为主线，贯穿五年，通过每年一个主题的活动，实现学生对公民文化的全面接触，找到课程教学与德育活动的平衡点。

对应“五指课程+”，发动全校教师、学生、家长参与设计现代小公民素养“十个一”体验活动序列。一年级主题是安全小卫士、合作小拍档；二年级主题是健康小专家、生活小主人；三年级主题是创意小达人、热心小火箭；四年级主题是环保小先锋、自律小标兵；五年级主题是民主小代表、网络小能手。十项体验活动贯穿于各学科教学和学科德育、必修课和选修课、课内学习和课外小公民社团、校内少先队活动、午间俱乐部、全学科活动和校外社会实践活动，以及家长微课程等。

静安区第一中心小学的“小公民教育”在20世纪90年代初就蜚声全国。以社会角色体验活动为主要实施途径，以小公民素养培育为根本任务的“小公民教育”，在20多年的探索与实践中，为学生的人格完善和全面发展打下了坚实的基础，成为学校颇具影响力的素质教育品牌。

赋予时代光彩的教育思想

1952年，上海市教育局制定了《上海市小学生守则》并确定在我校试点；1954年取得经验后向全市推广。守则的贯彻使学校形成了尊师守纪、文明礼貌的好校风。

1954年学校被上海市教育局确定为上海市重点小学。在1958年第一届全国人民代表大会第五次会议批准的汉语拼音方案公布前,静安区第一中心小学已在1956年接受了方案草案的试行任务。1957年,上海市推广普通话工作委员会提出在语文课上统一使用普通话。静安区第一中心小学就提出了规范“四用语”:即上课、开会、广播、生活中都讲普通话。在推广普通话、抓好语言文字工作中,学校教师重视汉语拼音教学,创造了易学易记、形象生动、富有成效的教学方法,学生的听说读写能力也增强了,都能讲一口流利的标准普通话。学生走在路上,都还在讲普通话。路人一听便知道这是一中心的学生。在“能者为师,细水长流,以干带学,以学促干”中,学校积累了丰富的经验,种类繁多、精彩纷呈的活动让学校洋溢着学习语言文字的热情。

1962年,学校在小学四年级开展英语教学试点工作,执教老师是黄凤琳。1963年,静安区有条件的学校也开设了英语课。1972年,学校接受上海市教育局在低年级进行英语教学的试点任务。

20世纪80年代初,学校以“小学低年级与幼儿园的衔接教育”为研究课题,从“三个喜欢”着手(即:安排学生喜欢的教学内容,倡导学生喜欢的教学氛围,设计学生喜欢的教学形式),开展低幼衔接的研究。

20世纪80年代中,学校开展了“改革现行教学体系,开辟第二教学渠道”的课题研究,提出“少、精、活”的教学策略。

20世纪80年代末,学校进行了“知能融合教学的实践研究”,实践“四个求”的教学策略(即:教学内容——以少求多,教学要求——以低求高,教学进度——以慢求快,教学效果——以实求活)。

20世纪90年代中,学校以“小学素质教育运行机制的探索与研究”为龙头课题,致力于“学与教统一”的研究。

2000年至2003年,学校以市级课题“走向现代学校教育的实践研究”为学校龙头课题,研究“学与用的统一”。

2003年至2007年,学校以国家级课题“校本研修制度的专业引领研究”为学校龙头课题,广泛开展“打造新课程、创设新课堂”的研究。

2007年至2013年,学校发展了“轻负担、高质量”的新实践,总结了“轻负担、高质量”的新经验,确立了市级课题“新课堂有效学习策略的研究”。课题特指在新课堂中师生遵循“教”和“学”的客观规律,立足课堂研究,提升学习效能,从实践角度寻找课堂有效学习的策略、措施、方法及评价体系,关注每个学生的发展。

2013 年至今,学校以国家级课题子课题“校本课程的完善中促进小公民素养个性化养成的实践研究”为龙头,全员参与课程的开发,将原先的健康活动、社会活动、科学活动、艺术活动、语文活动,做了一定的修正和完善,形成了一中心以“五指课程+”为基本内容的课程结构。“五指”分别指:健康课程、社会课程、科学课程、艺术课程、阅读课程。“手掌”部分则是随着未来教育的发展将会不断增设和调整的“+课程”和“课程+”,五个“手指”和“手掌”共同构成了具有整体功能的“手”。从无到有,从有到优,目前共开发了 56 门校本课程,并强化国际理解课程(重英语应用与多元文化理解的课程),重拾人文综合课程(重汉语应用与多维思辨的课程),尝试现代技术课程(重信息化应用与电子产品普及的课程),着力打造一中心的经典校本课程。与此同时,将上海市教委规定的刚性课程——基础型课程与学校自主开发的柔性课程——拓展型课程、探究型课程,按“五指课程+”进行了分类和梳理,逐步形成和完善了一中心的课程架构。

2013 学年,静安一中心梳理、归纳、确立了现代小公民“六会”共生(会健体——养成健康运动习惯;会生存——培养自理自护能力;会发现——具有科学探索精神;会欣赏——培育艺术人文修养;会表达——提升阅读思考水平;会合作——形成协作互助意识)、“六要”并举(要好奇——对世界充满兴趣;要梦想——对未来充满向往;要合群——对集体充满热爱;要感恩——对师长充满感情;要关爱——对他人充满爱心;要自信——对自己充满信心)的育人目标。

2014 学年,学校又提出将静安一中心打造成“现代小公民学院”。为此,酝酿和设计了“构建‘现代小公民学院’,培养小学生个性化素养的实践研究”这一在传承基础上产生又极富时代特征和生命力的全新项目,旨在培养学生成为全面发展又个性鲜明的现代小公民,并形成与“现代小公民学院”相配套的硬件系统、课程体系、学生活动与评价方式。

图 4　由苏步青题写的校名

静安区第一中心小学弘扬“四爱四高”的教师精神，以“爱事业要爱得纯，爱学校要爱得深，爱学生要爱得真，爱同事要爱得诚。高规格地搞好每一次活动，高质量地上好每一堂课，高标准地教好每一个学生，高品质地完成每一项任务”为行动口号，通过教研组、年级组、项目组，引导教师将专业发展变为自我需要，倡导智慧地教，在教中建成就；虚心地学，在学中知不足；敬业地做，在做中寻快乐。将建设具有“高尚的师德修养，锐意的进取动力，刻苦的敬业精神，扎实的专业知识，娴熟的教育技艺，理性的思辨能力”的教师队伍作为根本任务，作为全校教师的共同追求，作为推进学校教育教学的有力抓手。

上海市曹杨二中

文理相通、人文引领

岁月留痕

图1　1954年曹杨二中建校时的校门

学校创建于1954年中国第一个工人新村——曹杨新村，传承劳模精神，重视思想政治教育是学校的特色。1979年学校被认定为上海市重点中学，实现了第一次飞跃。1989年江泽民同志为学校题词“勤奋进取，求实创新”，这成为激励二中人的学校精神。2005年学校被评为上海市首批实验性示范性高中，实现了第二次飞跃。2008年校长王洋不断弘扬“文理相通、人文引领”的办学理念，着力提升以教育质量为标志的硬实力、以内涵特色为标志的软实力，力求“对得起学生今天，也对得起学生明天”，将“博雅君子”作为学生培养目标，“助工薪子弟登国际舞台”，努力办好“普陀人民满意的教育”。学校的办学成果得到了社会、上海市政府、教育部的充分认可，完成了第三次飞跃。自2014年以来，以高考综合改革为契机，学校大胆推进发展转型，开启第四次创业。2015年成立了曹杨二中教育集团，成为普陀区集团化在全市的试点单位。2017年9月，在市领导和同济大学的大力支持下，成功孵化了同济大学附属上海市科技高中，为卓越城市建设培养具有责任担当、创新意识的未来“卓越工程师”。2018年学校获得全国首批文明校园称号。学校争取在5—8年内进入上海第一方阵的行列。

校史回眸

从建校之初的一所工农子弟学校成长为市实验性示范性高中，从首任校长姚幼钧到现任校长王洋（图 2），二中人栉风沐雨、薪火相传、筚路蓝缕，将学校的发展与伟大时代的脉动，神奇而光荣地联系在一起。

图 2　2018 年，现任校长王洋（中左）、首任校长姚幼钧（中右）与学生代表合影于北京

春华秋实，耕耘不辍，六十五年来，学校为国家输送了一批又一批合格的建设者和接班人，其中不乏著名的学者和专家。校友代表有中国科学院副院长江绵恒，北京时间时频基准实验室首席专家王正明，中科院上海有机化学研究所著名科学家计国桢院士，足球运动员成耀东、李晓，编剧秦雯，主持人、歌手袁成杰，电影演员戴娇倩，等等。

学校先后被评选为上海市文明单位、全国文明校园、上海市普教系统先进基层党组织、上海市德育先进集体、上海市中小学日常行为规范示范学校、上海市金爱心集体、上海市科技教育特色学校、上海市头脑奥林匹克活动特色学校、上海市二线运动队学校、上海市田径传统学校、全国中学生社会实践先进集体、全国创建绿色学校活动先进集体等。

学校把"立德树人"作为最关键的顶层设计，依靠扎实的党建工作、依靠课程化的社会实践、依靠高考综合改革，推进学校变革。2016 年 2 月，王洋校长在联合国教科文组织总部（UNESCO 巴黎）介绍了学校"一轴两翼"的培养模式（以立德树人的社会实践活动为轴，以博雅教育和国际理工教育为两翼）。"'多维有序'社会实践活动课程建设"课题研究获得首届全国基础教育教学成果评比上海市特等奖和国家二等奖。受上海市教委委托成立上海市中小学社会实践活动课程研究所，开展进一步的有关研究。2018 年第 20 期《人民教育》发表《发达城市学生更要坚持“学农”》,参与国务院制定劳动教育相关文件。学校新高考变革措施、“综合素质评价”体系建设与实施也受到“中央深改”小组、国家教育咨询委员会的高度关注,得到了教育部领导的充分肯定。中央电视台新闻联播和CCTV10多次进行专题报道。近年来学校向国内外著名大学(清华、北大、亚琛工大、以色列理工学院、米兰理工、复旦、交大等)输送优秀人才的力度不断加大。学校在成立博雅文理综合实验班、厚植理科班的基础上,又创设了德语理工班、意大利语理工班、荷兰语理工班、希伯来语理工实验班等,现在进入德国大学学生人数和质量长期处于全国第一,在意大利、以色列理工方向上更是独树一帜。学校顺应国家战略,密切国际交流,成为“一带一路”建设的样板校。

历史撷英

好校长:砺我心志、求吾德馨

在建设普陀教育强区的历程中,地处普陀中心地块的曹杨二中沐浴春风、频出佳绩、硕果累累。

在这样一所蒸蒸日上的学校里,王洋作为意气昂扬、稳健睿智的“领头雁”,正带领二中师生不断弘扬“勤奋进取、求实创新”学校精神,明晰“文理相通、人文引领”教育思想,着力打造大众化优质教育品牌,创建特色鲜明的现代教育园区。

王洋把“深化转型、卓越发展”作为学校发展的主题词,把“助工薪子弟登精英舞台”作为学校发展的努力方向,把“办最对得起学生的学校”作为对学生、家长、社会的庄严承诺。他倡导德育要遵行传统文化中的“君子之德”,他主张办学要实现超越功利的“凌云之志”。曹杨二中正在力争成为引领上海乃至中国基础教育方向的卓越标杆。

王洋几次提起他认为的好校长标准:“不听课的校长不是好校长”。平时只要一有空，他就会拿着听课记录走进课堂去，他要求校领导和中层干部必须每周坚持巡课、听课。他说："不站在教育的第一线，你就没有发言权！"所以对于学校队伍了如指掌；对于骨干教师他如数家珍；当然对于不成钢的"铁"他更琢磨研究、引导激励。

2019年的教师节的升旗仪式别开生面，内容是让学生说说你认为最有魅力的教师。有一个男生上台，先卖了个关子，让大家猜说的是谁："人家老师西装革履或休闲随意，他却白衫布鞋、朴素无华；其他老师上课踩着铃声进门，他却没打铃就老早站在教室门前；一般老师上课总讲几个闲语笑话，活跃一下气氛，他的课堂却鸦雀无声、严谨踏实。可是后排的男生都渴望被他摸着头，据说可以沾上几分灵气；几个聪明孩子总盼望他再布置几道难题，听闻自主招生派得上用场……"这时，全校师生都暗自微笑，因为谁都明白男生说的是王洋校长。他的话引发大家思考：什么是教师的魅力？对这一问题或许仁者见仁、智者见智，但是"传道、授业、解惑"的千古定律没变。王洋朴素节俭的美德、守时重诺的诚信、严谨慈祥的师风，总给人蔼然仁者、如沐春风的惬意。

王洋是"全年无休"的校长！只要你有事，双休日到学校也能找到他！门卫保安说，他们都害怕校长拿着一叠炊饼进校门，那十有八九说明今天晚上校长要加班写东西了，保安想睡个安稳觉恐怕就要泡汤了。王洋说："也不是不想吃好的，只是图个方便，省时省事，不耽误工作。当初读研究生时，跟着导师做一整天实验养成的习惯，饿了塞几口，不耽误做实验。"

王洋总是感慨："学校成功就是要办出特色，依靠独特定位，助推学生成长。"所以他把学校定位于"独一无二"和"最对得起学生"两个鲜明特色上。

他对于学校办学的认识是清晰的，从而准确提出三次飞跃的论断。他对于二中的发展历史是明了的，虽然学校办学成绩有了提高、生源结构发生了变化，但是学校办大众化优质教育的初衷没有变化。学校的办学目的仍然在于帮助工薪子弟超越自身潜力，登精英舞台、登国际舞台。

几次在谈到学校的发展时，他总是说："国际化的步子还要胆子更大一些，但思考要更现实一些，工作要更细致一些。"平日里王洋外出跑得最多的是几所著名的大学。加强与一流高校的合作，集中力量办好“高端、亲民”的国际课程成了他最近的工作重心。

随着同济理工实验基地的建立，DSD语言课程实施的一次次成功，二中的德语教育教学在上海乃至全国赢得了响亮的知名度；随着华师大教育硕士实践基地、上海外国语研究生实践基地的建立，二中与高校联动共赢的局面被打开；随着复旦大学博雅杯征文中，二中学子取得骄人成绩，二中在人文素养培养上的独特优势逐步确立；随着同济大学—曹杨二中现代自行车创意实验室的建立，二中学子理工类、工程类创新素养在全市赢得了瞩目！

他对于二中的德育品牌的传统认识得特别清晰，在多次与老书记赵国章，老校长林则福、王志刚的交流中，王洋反复提到社会实践的优秀传统不会丢、不能丢。坚持南京生存训练20周年、拓宽学农新渠道——赴全国贫穷县的社会考察、重走大师路——开弦弓村的社会考察、博雅类人文社会实践每年开展……这些彰显了二中独特人文气息的“君子之道”：以民族精神为魂，推进立德树人建设；以群众路线为本，提升社会实践品质；以行为自律为纲，强化文明规范的礼仪之道。

在谈到运用信息技术辅助教学改革上，王洋的主张特别实在并具有科学性：信息技术和“大数据”是为反思性学习服务的；电子书包在教学中的运用是为了提高效率，不是为了搞花架子；大数据的实证性研究是辅助，是为教学提供参考的……所以教师和学生都要懂得一个道理，不迷信技术，电子产品只是工具，数据背后的分析才是硬道理。

王洋总是感慨地说：“2008年我主持二中工作的时候，是上海市实验性示范性学校中最年轻的校长。感谢党组织的信任、感谢领导的器重。我时时刻刻都在想，有许多领导、同行、下属看着我……要时时警醒自己、严格要求自己！”

王洋特别注重制度立校。他在学习邓小平理论的过程中，特别佩服邓小平同志的一句话——“制度问题不解决，思想作风问题也解决不了”。他常说一句话：“不让老实人吃亏，更不能让老实人吃暗亏！”所以在他担任校长之后，积极推进二线岗位竞聘，完善学校各项规章制度。在规章制定的过程中广开言路、纳谏倾听，但在制度形成之后则坚持“原则不动摇、标准不走样、程序不变通”，依法保障教师各项权益。他相信校务工作越公开就会越卓越，越细致就会越扎实。例如高三毕业生的复旦、交大、同济等高校的直推工作，采用领导、中层干部、教师、学生共同组成讨论小组，投票决定的遴选方式，并将会议记录、选票放进档案，做到随时备查。连参与的学生都感慨："平时的学习成绩、干部工作、社会实践、品行操守都进入了评价体系，这充分体现了公正合理。"

又如，有刚被提拔的中层干部对于每周的"周记制度"感到不太习惯——每周四要撰写一周工作向校长反馈概况，"我做的工作，大家都看到了，校长你也知道，再写一遍有必要吗"？可是几周记下来，特别是一个学期结束了要写总结的时候，才明白记录自己的工作历程多么有价值！这其中，自己做了什么，做错了什么，还需做什么，一目了然。对于反思工作得失、总结经验教训、规划工作方案，都起到不可估量的作用。周四、周五王洋都会连夜批示意见，通过校内邮箱反馈，然后在行政会议上解决反馈的问题，这样使得每位中层干部的工作内容具体化、明晰化，了解分内的工作，又明确其他部门在做什么，协调统整，共同做好学校工作。就算再忙，每周一次的校级班子的校务会总是不会落下的。遇到重大决策甚至会开两次。涉及奖教金的人选、疗休养的费用使用、退伍军人的人事问题、年度考核的环节事项、职称系列调整、应对紧急突发事件等工作，他总是让每位校级干部畅所欲言，做到既民主又集中。

一位校长能做到务实为民、廉洁奉公的关键在于具有崇高的教育理想和办最好教育的信仰。王洋经常教育身边同志说："要多看书，才能让自己变得理性睿智、让自己变得高尚优雅。"他在填写个人信息有关兴趣爱好一栏时，总爱写上"读书"两个字。

好教师：俊伟的师德，娟秀的情怀

走近王伟娟老师，亲切随和，最是一低头的温柔，如沐春风。

走近王伟娟老师，仿佛翻启一本情趣盎然、香氛四溢的好书，扉页上的三个字，朴实无华，却蕴藉深厚，浓得化不开。细品书名，情由感性飞升理性，我便悟出了

图 3　王伟娟老师和学生在一起

"好书"引人入胜的两种别样况味。

一读"大气"。

"好书"中有一种沉潜静穆、渊博不拘的美。书名中嵌一"伟"字暗喻。

王伟娟教书育人三十五载，孜孜以求，屡屡探索，不限于人，不囿于己，竭力在杏坛写照出个人的鲜明风格，也带动了一支优秀协作、敬业进取的团队，深受学子的爱戴推崇。无论是自律抑或律他，王伟娟一直执行高标准、严要求，这足见她在业务追求上的一个"伟"字，一种高度。

具体到教法，她可绝不是锤锤打打的教书匠，而是位极富审美情趣与鉴赏眼光的园艺师，懂得巧设布局，匠心安排，给出最合理与最美的，唯一目的是：待到光鲜雨润，驻足倾听每一朵鲜花蓬勃盛放的声音。因此，对于不同的学生，她一方面谨遵"有教无类"，倾心相授，但另一方面又"因材施教"，辩证变通，充分考虑到学生的共性、个性。尤其值得夸赞的是王老师卓越的作文教学法，凭借这些"宝典"，她为学校培养了一大批写作尖子，锻造了一支学识不菲、素养精湛的骨干小作者群，还神话般"拯救"了一些"差生"，使他们钻研语文的兴趣达到空前浓烈，有的甚至在创作路上愈行愈宽，灵光烁烁，并带动了整体良性的学习。师德上的"俊伟"也体现在这里。当她遇到敏感自卑的"问题生"时，总会伸出援手巧妙相帮，引用王伟娟文章中的话说是给他们做一次次的"心理按摩"，让他们"去惊宁惧"，在被重视、被关爱、被安抚下进步。

作为特级教师兼学科领导，王伟娟身先士卒，总是以最精彩的履践激励老师们多读书，勤动脑，擅长思辨，雅爱创新，争做"学者型教授型的教师""以科研促教育"。一个经验优渥、业绩等身的名教师还有这样不懈的追求和踏实的努力，这才是最具有大家风范之举。

二读"细腻"。

汪洋恣肆固然好,但内秀婉约、玲珑精细也不失为“好书”的标准。一个“娟”字,尽得风流。

作为一名成熟的女教师,王伟娟身上荡漾着一股优娴贞静之趣,活泼知性之美。这种隽逸散淡的气质,娟秀美好,似其文其课其举手投足。

做王伟娟的学生是种幸运,听王伟娟的课是份享受,尤其是那堂近代诗人朱湘的《采莲曲》,更是上得情韵饱满,唯美内秀,在没有一丝矫情和张扬中,让香港宝觉女子中学的学生大享了一顿美的盛宴。读《新民晚报》上的报道就可见一斑。“曹杨二中的王伟娟老师在香港宝觉女子中学执教现代诗人朱湘的《采莲曲》时,有一个精彩的环节。她让学生观赏了一段录像——千姿百态、娇艳欲滴的荷花,这是从中央电视台《浅说荷花》中剪录而来的,同时又响起了流水般极富韵味的古筝曲《出水莲》,此时诗句化作一种诗情,伴着画面流进学生的心田。上完课,同学们把王老师团团围住,争着让她签名……”相信那些共游“美的历程”的学生,此后人生中一定还会有这“四十五分钟”,烙印在他们脑海的永远是一位女教师优雅的仪容举止、精美的讲解评点及清新悦耳又回味无限的《采莲曲》。细读王伟娟那节课的教学设计,严密生动,匠心不凡,几乎每一点都渗透了她别致的理念、灵秀的内质,散发着一股细腻幽静的美,美得逼人心魄。

“云山苍苍,江水泱泱,先生之风,山高水长”——这是范仲淹对严子陵的盛赞。虽然王伟娟老师不像严子陵般经纬天地,但她身上已然成就了一派风骨,那便是——俊伟的师德,娟秀的情怀,两者结合,宛若天然,馨香无瑕。

好校友:寻找院士校友郑厚植

学校培养了大量思想先进、政治过硬的社会主义普通劳动者,始终坚持着办大众化的优质教育理念。近年来,特别是在通过上海市实验性示范性学校的评审后,社会声誉与日俱增的同时,学校也感叹——办学历史上成为科学技术领域杰出人才的校友稀缺。

在与江绵恒校友的交流、沟通中,学校得知中科院院士、物理学家,中国科学院半导体研究所所长、研究员郑厚植曾是二中20世纪五六十年代的高中毕业生。他希望在编写新教育志的过程中，把这位知名校友写进去。所以校方开始翻阅档案资料，最终在案卷号（1959，1J，8—9号）的学生名册档案中找到了郑厚植的名字。他于1950年7月进入上海市师大附属学校学习，1957年其父亲郑勉在华东师范大学（中山北路3671弄）担任生物系主任，郑厚植也就近入曹杨二中高中学习。1961年考取清华大学无线电电子学系。1965年大学毕业。曾任中国科学院半导体研究所研究员，半导体超晶格国家重点实验室学术委员会主任，国家"973"计划IT前沿中的量子结构、量子器件及其集成技术项目首席科学家。后担任中国科学院半导体研究所所长。在半导体低维物理的系统研究中取得多项重要成果：揭示了量子霍尔效应的尺寸效应、量子霍尔电势分布特性，提出和研究了用分裂栅实现准一维电子气的办法和特性。在空穴多体作用诱导的磁阻现象、各类共振隧穿现象、量子霍尔区的磁阻现象及扩散系数、朗道态密度测量和低维激子光谱等方面做出许多有价值的成果。曾获中国科学院自然科学奖一等奖等。

从档案资料中详细取证之后，学校正式联系郑厚植先生。校长王洋几次入京拜访，郑厚植热情会见了王洋，听取了学校发展状况汇报，对于德语理工实验班非常感兴趣。他对于学校现在的办学理念、办学成绩非常关心，并在2014年学校60周年校庆之际，用视频给母校全体师生带来了衷心的祝福。他特别感谢母校对于一个当时调皮捣蛋、整日里充满胡思乱想的孩子的包容和理解，认为正是母校领导、老师的教育引导，才使他在科学研究的道路上取得了成功。

社会实践：依靠师生智慧，探寻"二中路径"

在建校60周年的日子里，校友朱雪冬送来一首七律表达对母校的深厚情谊。学校领导在与之交流的过程中，谈到了学校如何开展南京生存训练，组织贵州、甘肃国家级贫困县的学农考察，如何和普陀中心医院开展学生职场体验活动，得到上海电视台等媒体的高度关注。朱雪冬一下子来了兴致，他提到早在50年前的20世纪60年代，曹杨二中的社会实践活动就沪上知名：《新民晚报》曾用一整版的篇幅报道二中师生下乡参与社会实践的内容，在当时引发了热议和关注。这使得学校德育品牌社会实践的光辉历史，又往前追溯了这么久。

有高二学生家长写信给校长王洋。信上说，上学期他的孩子在经历了甘肃国家级贫困县的九天学农后，像是变了一个人，变得更质朴，更勤奋，更能关心父母亲了。他要感谢学校的大胆创新、精心安排，让孩子长大了、成熟了……但是到了下半学期，就没有这样好的社会实践活动，学生在多门会考的压力下，情绪又变得紧张、焦虑。他代表广大家长希望二中能再组织一些有益于身心的社会实践活动。

在接到家长的来信后，学校非常重视，立即组织力量展开调查研究。在新近刚推出的二中公众微信平台上，学校邀请毕业校友和在校学生共同来参与调查。在向 1996 年至 2009 年期间走上工作岗位的 556 名校友发放的问卷中，就有 60.5% 的校友认为社会实践活动对于自己的综合素质影响最大，整整高出"学科学习"20 个百分点。高一的学生更是对刚结束的南京生存训练记忆犹新、津津乐道。客观的数据不得不让教育者思考：什么才是对孩子终身受益的社会实践路径。

其实社会实践的综合效益不言自喻，集思广益、凝心聚力才是走好"最后一公里"的关键。尊重家长、学生的实际需求，让更多家长、学生、老师共同参与社会实践活动设计就是一条成功路径。

所以这次社会实践的设计主体不再是教育管理者，而是实践的参与者。结合"中华传统文化"教育，高二年级部设计了以"德润青春志 · 弘扬中华情 · 行筑中国梦"为主题的"命题作文"。活动可以班级为单位，自行设计方案，这充分发挥了师生的自主性与积极性。短暂的一天时间中，曹杨二中的学子深入上海各大文化重地，在实践活动中筑造美丽的青春梦想。在这次应家长需求，自主设计的社会实践外，二中三年的社会实践活动课程"路径"是相当稳定的：高一"新生入学教育和军政训练""江村社会调查（重走大师路——告诉你一个真实的中国）""大众汽车公司与大众工业学校学工（现代工程技术考察与精工技术课程）""南京生存训练"。高二"社区服务""红色（文化）苦旅""博雅西部行（甘肃、贵州'三农'考察）"。高三"绍兴励志""职业体验""走进人大""南湖成人仪式"。

其中南京生存训练活动已经坚持了 25 年，江村社会调查、博雅西部行是近年

图4 1994年首届南京生存训练，学生在雨花台烈士陵园合影

来开发的新形态。面对学生的人生规划学校又成立学生生涯指导办公室，积极开拓职业体验型的社会实践新模式。学校还为每项重大社会实践活动编制了三类共计25本课程手册，从课程目标、组织指导、活动规范、应急预案等方面提供了像操作说明书一样针对性很强的建议。

长期探寻社会实践的特色路径为二中赢得了广泛的赞誉。2004年和2013年，上海市教委在曹杨二中两次召开中学社会实践活动现场会。2010年上海市四部委联合以《关于进一步落实中小学生社会实践工作的若干意见》（沪教委德2010〔2号〕）文件形式将学校的成果推广至全市中小学。2014年，上海市教委委托曹杨二中成立上海市中小学社会实践活动课程研究所，独立开展相关研究。

“读万卷书，行万里路”让社会实践活动“体验于行、内省于心、感悟于情”，才能使之可持续发展。

上海市江宁学校

爱是最好的教育

岁月留痕

翻开八十多年的历史，江宁学校办学成绩斐然：先后涌现了5位全国劳模、2位全国优秀教师、2位全国优秀班主任、2位特级校长（教师）、6位区学科带头人、9个区高级指导教师等优秀教师群体；学校曾先后培养出了男排国手任琦、国际象棋世界冠军居文君、全国环保小天使这样学有所长的优秀学生，也培养出了世界机器人大赛金奖获得者、全国计算机动漫创作一等奖获得者、小学连跳两级并被高中保送到复旦大学等一批优秀毕业生，以及像智斗歹徒的周凌峰一样全面发展、个性健康的学生。

学校获评首批上海市文明校园、首批上海市教师专业发展示范校、首批上海市新优质学校；"明辉教师教育基地"获评全国青年文明号；学校是全国心理健康特色校、全国足球特色校，先后荣获市级以上荣誉30多项。

校史回眸

上海市江宁学校是公办九年一贯制学校。前身为江宁路小学，创建于1933年。学校先后由原生活小学、金行小学、新会民校、澳门路二小合并而成。学校于1994年9月转为公办转制学校。1999年7月升格为九年一贯制学校。学校于2000年8月迁入总部校址（西康路1518弄1号）。2007年4月学校退回公办体制。

学校目前共三个校区，除总部（三至六年级）以外，另有明山校区（一、二年级）、石泉校区（七至九年级）。

江宁学校历史上有两次质的飞跃。1986年学校开始对教学工作进行“流程管理”改革，并延伸到行政管理、德育等工作中，办学成效显著，跻身于上海市优质学校行列。1995年召开“流程管理”全国现场会，1997年出版《学校流程管理》一书。20世纪90年代中期开展了少先队工作研究，1998年召开“雏鹰争章”全国现场会并出版《雏鹰争章》一书。作为普陀区学校内部管理改革试点单位，率先进行办学体制改革。2002年由上海市教科院主办的研究性课堂教学多元模式研讨会在江宁学校召开。2005江宁学校承担了“十五”国家课题“基于现代信息技术环境下学与教的理论与实践研究”的二级课题“信息技术与课程整合的理论与实践研究”，同年出版了《信息技术与语文教学整合的理论与实践研究》一书。

进入“十二五”，上海市教委推出了“新优质学校”项目，作为项目校的江宁学校，直面转型发展的要求，提出了办学新目标：“适应学生差异、促进每一个学生发展”；明确了办学新任务：办“质量优、负担轻、特色明”的家门口好学校；提出了“不一定第一，但绝对唯一”的办学理念。

学校的课程由“一”变“三”，即在原来一类“基础型课程”的基础上，增加了按照不同学段特点设置的“限定性拓展课程”和“限定性探究课程”两类主干课程；辅“两翼”，即“选择性拓展课”和“选择性探究课”，满足学生的多元兴趣发展需求，让学生在自主选择中实现个性化发展；重“对接”，增强了九年一贯学校课程的承接性；破“围墙”，实现了各个领域的课程内容的有机统合；重建构，通过对构成教学组织形式的时间、空间、人员、程序、学习内容等要素的重组和优化设计，改变教与学的结构和方式。

学校的课程改革经验两次荣获上海市基础教育教学改革成果二等奖和上海市第11届教育科研成果一等奖，为学校课程持续优化和形成特色奠定了良好基础。学校也真正成为老百姓家门口的“好学校”。

历史撷英

“市领导要来和我们一起过教师节了！”

1988年9月10日，时任中央政治局委员、上海市委书记江泽民在上海市教委、普陀区教育局领导的陪同下，来到江宁学校与全体教师共度教师节。江泽民同志首先与每位教师亲切握手，祝老师们“节日快乐”；接见了三十年教龄的老师，感谢他们的辛勤耕耘，祝贺他们“桃李满天下”。他欣然为学校题词“务实创新　健康向上”。最后与全体教师合影留念。

三十多年来，江泽民同志的题词已成为激发学校不断开拓发展的不竭动力，学校坚持内涵发展，全面提高办学质量。而要办好学校，首要任务是抓好教师队伍建设。

学校本着“教师是学校发展的第一资源”的思想，将促进教师专业化发展的工作列入学校规划的重点项目，先后制订了《江宁学校教师专业发展五年规划》《江宁学校校本研修三年规划》《江宁学校教师队伍建设工作计划》《江宁学校校本研修方案》等，将学校发展与教师发展紧密相连、同步推进。

学校始终坚持“一切服务于教师的未来发展”的宗旨，形成了“真问题　真研究　真发展”的工作思路，始终坚持研、学、训一体，将推进教育改革的关键问题的解决和教师实现专业发展目标有机结合，营造起“团队共营、合作共享”的研修文化，以课程实践、名师带教、项目实践、课题引领为载体，不断提升教师教育教学实践与反思能力。学校更进一步发挥特级教师、工作室领衔人等市、区校骨干教师的示范与引领；建立与完善骨干教师遴选和培养机制，创造条件促进骨干教师依次提升和发展。

近年来，学校师资队伍的综合素养显著提升。学校教师队伍结构日趋合理，进入普陀区第四轮教师专业发展指导团队、实践团队22人，各类被带教学员9人，其中各类指导团队共深入12个基地校指导学科建设，带教41名教师。进入第五轮指导、实践团队为29人，其中各类指导团队共深入12个基地校指导学科建设，带教50名教师，学校共计28名教师参加市、区级名师工作室培训。不少青年教师脱颖而出,在教学评比中获得等第奖。职初教师承担在市、区平台的展示课任务,屡获好评。在全国、市、区教师专业能力评优活动中,我校多名教师获一、二等奖。

学校作为上海市教师专业发展校暨市级见习教师培养基地,自 2012 学年至 2016 学年先后安排了 64 名教师担任全区 99 名见习教师的带教指导教师。2015 年 1 月,学校初中语文教研组代表全市初中基地校在上海实验学校进行了市级校本研修展示,受到与会专家、同行好评。学校与教育部中学校长培训中心、华东师大国际交流中心等机构建立了长期、稳定的合作关系;与英国、美国、德国等国家的学校达成合作意向。

近年来,江宁学校参与了上海市教委城乡委托管理项目,先后接受委托管理嘉定区苏民学校和嘉定区金鹤小学,学校被评为上海市委托管理先进集体。

“爱是最好的教育!”

在江宁学校八十多年的办学过程中,曾经涌现出许许多多的优秀教师:20 世纪五六十年代的苏向贞、汪蕴贞老师,70 年代的顾家宁老师,80 年代的范庆沩、黎露萍老师都曾被评为市级以上劳动模范、全国优秀教师……90 年代后又涌现了全国优秀教师叶丽娣,全国优秀班主任、全国优秀教师管英姿,上海市劳模杨明辉,上海市“五一”劳动奖章获得者、特级教师张豪,特级校长吴庆琳。在他们身上都具备热爱学生、无私奉献的崇高师德。

图 1　顾家宁(中)与教研组同志研讨

为了传承这些优秀教师的高尚师德和良好风范，江宁学校于2008年创建了“明辉教师教育基地”。学校从“师之魂、师之道、师之艺、师之志”等方面诠释了新时期师德的内涵，着力建设学习型、专业型、公益型教师群体发展平台和精神家园。

图2　郑丽华在获“园丁奖”时与学生合影

“明辉教师教育基地”所用的素材都来自于江宁，在这里，既可以看到江宁老教师手书的已经泛黄的教育札记，感受到他们对教育事业的执着，对工作的兢兢业业；更有新时代的教师用心、用智慧细心呵护孩子的快乐成长的点点滴滴。面对这些有着显著差异的孩子，老师们坚信，他们虽然不是处在同一条起跑线上，但每个人都应有自己的跑道，同样可以跑出自己的精彩。也止因为这样的教育理念，在与孩子的相处中，老师们认为：“如果每位老师在处理班级里琐琐碎碎的小事时，能多站在孩子的立场考虑问题，能探究一下他们这么做的原因，那么教育的效果一定会更好。”他们关注教育中细节的力量，给予每个孩子完美成长的空间，因为他们深信：“孩子们犯的每一次错误、每一个过失，其实都是教育资源。我们要继续努力探索，用心演绎一个个美丽的‘错误故事’，愿每一位学生都拥有洒满阳光的绿色校园！”几十年来，江宁学校的教师们始终抱着一个坚定的信念：学生的利益高于一切。他们身体力行着“爱是最好的教育”。

明辉基地与学校教工团积极联动,成立“明辉志愿服务创新工作室”,本着“自愿参加、讲求实效、持之以恒”的原则,以倡导互助友爱的社会风气,推动社会全面进步,促进团员青年教师辐射和模范作用为宗旨,通过爱心晚托班、交通志愿、义工服务等丰富多样的志愿活动弘扬志愿服务精神,推进志愿服务阵地化、活动经常化、管理制度化,努力凝练一个具有广泛影响和社会动员力的志愿服务品牌。至今,爱心晚托班服务学生达6051人次,得到了教育部原副部长刘利民的充分肯定。老师们走出校园,服务社会:爱心义卖、慰问患病儿童、慰问交警、担任河道护卫队和上海马拉松的志愿者。

“明辉教师教育基地”的创建为江宁青年教师群体成长成才、长足发展提供了广阔的舞台,开辟了广阔的领域。在创建工作中,青年们全身心投入,开拓进取,与时俱进,由稚嫩逐步走向成熟。至今已有9人获国家级荣誉和奖项、39人获市级荣誉、6名老师成为市名师工作室成员、7人成为区骨干教师。2019年明辉基地也获全国青年文明号荣誉称号。

“为什么不是鱼跃救球?”

20个世纪,江宁学校还在老校舍办学,操场不足200平方米,全是水泥地。在其他学校砍体育课时备战升学考试的时候,江宁学校却依然坚持改革,开展三种课型的“小场地、大运动量”的研究,将体育课增加到每天一节,并将排球项目纳入课程。

学校场地小,球员们经常会把球打飞到马路上,有时甚至砸到边上的西瓜摊,教练和小队员们说:如果西瓜砸坏了,就买回来大家吃。过一会,就看到球和西瓜被一起送回来了。天太热,石头台阶和地面的温度高到可以把鸡蛋煮熟,聪明的小队员们去店里买康尼尔雪冰(当时一种流行的冰块食品),放在上面。一堂训练课下来,正好都化成水,喝得美滋滋……

在如此艰苦的环境下训练,排球队却连续取得了“上海市小学生排球锦标赛冠军”“上海市育苗杯排球联赛冠军”“奥星宝中宝全国小学生排球比赛亚军”等佳绩。学校排球队参加全国小学生排球比赛总决赛时,袁伟民也在现场观看。他发现所有学生都是单腿跪下救球,而不是鱼跃救球,感到不解。比赛休息时,体育老师将孩子身上的伤和学校的操场情况向袁伟民作了汇报,原来老师们不忍心孩子在水泥地上跌出满身的伤,于是将动作做了改变。袁伟民很感动,说以后到上海一定会到江宁学校去看看。

图 3 排球队训练

比起运动会上的金牌,江宁学校更看重每一个学生的健康成长。学校努力平衡好运动队成绩与文化课学习的关系。学校排球队从选材及制度两方面着手来解决这个问题:从 1990 年开始,学校开始参照美国学校运动队的选才方法。在选运动员时,既充分考虑运动机能,更注意从品学兼优学生和学生干部中选择运动员。例如,1991 届运动员高闻捷曾是班级中队主席,1991 年被学校评为学习标兵,同年被评为普陀区优秀队员、上海市十佳好少年,他是排球队两次夺冠的主力队员。在 6 年的时间内,每届运动队至少有一名大队委员、二三名中小队干部,大中小队干部占运动员人数的 45%。除了在选材上把好第一道关,在制度上,学校也根据当时的特点,制定了颇具特色的"红黄牌制"。当运动员第一次出现了 3 门主课平均分低于 80 分时,出示"黄牌"警告;低于 70 分时,出示"红牌"停止训练。本着对于排球运动的热爱,大部分同学为了不停训,纷纷在文化课学习上投入了很大的热情。

数据显示,当时的队员们在6年的训练后,毕业考试平均分都超过区、校平均分,并顺利进入市、区排球重点中学。

如今的江宁学校,体育运动在“两课、两操、一会”的基础上也做了拓展,每个学生每天要增做一次室内操、每周要增做一次韵律操,体育课也增加了很多选择性的拓展:韵律操、拉拉操、踢踏舞、拉丁舞、花样跳绳、击剑、轮滑、乒乓、足球、篮球……

每年寒假,每个江宁学生都有一份特殊的作业:他们必须完成每天锻炼一小时的体育作业,跳绳、长跑、打球都可以。学校把体育作业作为培育活力的切入口基于两个原因:一是强调面向全体孩子、人人参与;二是强调通过“育体”来“育心”,培养孩子多种能力和活泼、自信、乐群、有勇气、有胆魄等人格品质。

正如学校所提出的:每位学生不求一样的发展,但都要发展;每位学生不必是相同“规格”,但都要合格。

“豆豆选头头了!”

在孩子加入儿童团组织后,各级小干部的选举是他们生活中的一件大事。小红星儿童团的各级小干部必须由儿童团员们民主选举产生,这样才能增强他们的主人翁意识,让小干部们真正成为红星团员们的好伙伴、智多星,从而为大家服务。

在选举方式上,学校的小辅导员带领红星儿童团员策划了“豆豆选头头”活动,通过红星团员们喜闻乐见的游戏形式开展小干部的民主选举。于是,快乐的“豆选”在江宁校园应运而生。

红星儿童团员们举行了隆重的小干部选举仪式。当候选人作完简短的自我介绍后,大队儿童部部长宣布选举开始。只见候选小干部的身后摆放着一只自己制作的小篮子,红星儿童团员们每人手拿6颗“豆子”,在自己心仪的小干部的小篮子中投一颗。此时,参加选举的红星儿童团员们的心情相当激动,因为他们手中的每一颗“豆子”都是庄严的一票,是行使自己权利的体现。候选小干部们的心情更是激动万分,都希望自己的小篮子中有大收获。经过一番庄严认真的投选之后,由小辅导员清点各篮子里的“豆数”,并当场隆重宣布当选的“头头”。没想到的是,更精彩的一幕出现了,新当选的儿童团干部把自己篮子中的“豆子”分给了自己的伙伴、老师和家长。一位小干部这样说:“从牙牙学语、蹒跚学步的小娃娃到光荣的儿童团队长,师长们倾注了无数的心血,身边的伙伴伸出过温暖的双手。所以我非常感谢大家对我的信任……”这次选举,通过寓教于乐的游戏活动——快乐的“豆选”,培养了儿童团员们的民主意识,同时对他们的爱的教育也得到了拓展和延伸,取得了非常圆满的效果。

事实上,上海市江宁学校少先队是一支有着优良传统的集体,在历届领导、辅导员、少先队员们共同的努力下,学校曾先后被评为全国少先队基础理论专业委员会实验基地、全国雏鹰大队、上海市活力大队、上海市红旗大队、上海市少先队工作示范校。

多年来,江宁学校少先队坚持创新实践,不断思考如何更好地实现以队员发展为本的价值取向,思考如何真正让少先队组织教育惠及每一个孩子,充分了解队员的实际需求,尊重他们的自主地位,了解他们的喜好,呵护他们的个性与潜质,使他们都能获得恰如其分、健康的发展。

“沿着24路看上海!”

在“不一定第一,但绝对唯一”理念引领下,江宁学校以学生的差异和需求为起点,尊重学生的已有基础、个别差异和发展需求,以学生全面、持续、终身发展为目标,努力创设“关怀每个孩子成长需求、激发每个孩子追求成功、引导每个孩子获得最优化发展”的教育环境。

学校开展的基于核心素养的课程体系改革既是国际社会课程发展的趋势,也是新时期我国课程实践的时代要求。学生核心素养的落地则主要依赖于学校课程设计与实施。学校加强德育课程建设和学科德育落实,发挥主渠道育人作用,把学校建设成为传播和辐射社会主义核心价值的重要阵地。学校积极参与上海市大中小学德育课程一体化项目和市区“研学”试点项目,遵循“贴近实际、贴近生活、贴近学生”的原则，将学科教育渗透与社会实践活动相结合，明确“研学”课程育人目标与已有学科课程之间的对应与关联，从而实现研学课程与已有课程体系的融合。

今天的学生在城市成长。城市对人的影响因素构成复杂而变化多端。同时，城市化发展也是今天中国发展的重要途径。因此，学校将“城市·成长”作为社会实践活动课程构建与实施的核心主题，以丰富的城市教育资源为依托，从课程的角度，将社会实践活动编排成纵向衔接、横向沟通的课程体系，结合真实生活情境，尝试选取并构建跨学科的内容进行课程设计，明确目标、内容、实施、评价，不断完善实施机制，突显学生培育的连续性与阶段性，促进社会实践活动的系统化、规范化，帮助学生获得参与实践的丰富体验，发展学生的创新精神、实践能力，增强学生的社会责任感。这种学习也为学生将来步入工作岗位时，成为能够与他人合作、进行多领域协作的新型人才提供了丰富的学习体验和经验积累。目前，学校形成了“溯源立志南京行”“蓝白幽韵南通行”“我的长征我的路贵州行”“带路天涯西安行”“沿着24路看上海”“‘天下兴亡，匹夫有责’怀古明志昆山行”等“城市·成长”系列实践活动课程。

例如“沿着24路看上海”课程，上海24路公交线路始于普陀区长寿新村，终于黄浦区豆市街复兴东路，全线共19站，途经学校所在的西康路、陕西北路区域，以及上海老城厢豫园。24路沿线景点具有浓厚的历史情怀与人文积淀，从苏州河到黄浦江，串联起上海开埠百年的轨迹。沿线名人故居林立，既有民族资本家的住宅建筑，又有文化名人故居和革命先辈的足迹，同时还有市井百姓的生活缩影。乘坐24路还可以到达老城厢豫园，开始上海人的寻根之旅。24路沿线景点见证了一座城市从老城厢到繁华都市的历史变迁，是探寻上海“城市发展梦”的良好载体。

依托学校位于24路沿线的区域优势，江宁学校挖掘各科教材中与24路沿线各类资源相应的知识点，以教研的形式对教材进行具体分析，把“沿着24路看上海”的课程目标与内容要求细化到“各学科”和“主题”，设计了《沿着24路看上海学科主题统整探究活动一览表》，突显基础型课程所承载的教育功能。在具体实施中，学生全员参与，选择感兴趣的问题，以小组为单位，自主确定探究主题，拟定探究任务，聘请指导教师，运用“实地考察”“查阅资料”“调查采访”“信息收集与整理”等方法方式进行主题探究。在活动的过程中,学生解决问题与自主探究的能力得到了培养和发展,知晓了陕西北路的百年变迁,体验了上海城市文明的产生与发展,进一步激发起了“我爱上海”的情感。“沿着24路看上海”课程使学生在今天幸福生活的体验中思考自己未来的成长目标,增强为把我们的城市建设好、发展好而努力奋斗的责任意识。

“城市·成长”社会实践活动提倡实践、探究、合作、反思等多样化的学习方式,注重知识与经验的整合,注重发展学生的创新精神、实践能力、社会责任感以及良好的个性品质,对学生核心素养的培养具有独特价值。

图4　2010年迁建后的江宁学校全景

党的十九大报告中对教育发展提出了新要求。江宁学校将在以往办学的基础上,坚持贯彻党和国家教育方针,落实上海市和普陀区教育综改要求,积极推进素质教育的实施,以明确办学的价值追求,推动学校内涵发展,以学校的积极实践回应当前教育改革新要求,努力体现作为上海市新优质项目学校的示范价值和个性特色,为实现“两个一百年”的发展目标培养更多建设者和接班人。

上海财经大学附属北郊高级中学

探索财经拔尖创新人才培养模式

岁月留痕

上海财经大学附属北郊高级中学的前身可以追溯到1897年建校的晏摩氏女中和1906年建校的沪江大学附中。

抗日战争期间，两校师资力量坚实，治学严谨，教风踏实，教学质量显著，为国家、为社会培育了一批人才（许多校友，如丹麦中国友好协会名誉会长范岁久、桥牌皇后杨小燕等已成为国内外知名人士。许多校友，如李公朴、史霄雯、钱彤等成为献身民主革命的烈士）。

1951年，两校改为人民自办。1952年两校由政府接管，合并改名为北郊中学。1960年，学校被定为虹口区重点中学。

进入21世纪，学校以“文化立校”作为办学理念，形成科研兴校的特色，以治学严谨、教风扎实、教法灵活和不断进取的精神闻名遐迩。2005年9月，学校被命名为上海市实验性示范性高中。班主任节和班级文化建设逐渐成为学校德育工作的品牌，并且涌现出汪祖亨、张小敏、赵军山等特级教师。

一百余年的办学历史，积淀了深厚的文化传统和人文底蕴，无数精英和人才从这里走出：刘湛恩（沪江大学第一任中国籍校长）、朱瑞珠、刘方（上海市劳动模范）、郎建中（上海市知名校长、市区实验性示范性高中评审专家）等。一代又一代的不懈努力，终于铸就了“北郊”这个品牌。

校史回眸

上海财经大学附属北郊高级中学是一所历史悠久、具有优良传统的百年老校，她的前身是私立晏摩氏女子中学和私立沪江大学附中,1952 年两校合并,并改为公立,定名为上海市北郊中学。2001 年 4 月更名为北郊高级中学。2016 年 2 月易为现名。

图 1　北郊高级中学校史上的先贤

图 2　私立沪江大学附中

上海市私立晏摩氏女子中学创建于 1897 年,由美籍柏乐缇女士所创办,是一所私立性质的普通教会中学。沪江大学附中创始于 1906 年,原为浸会大学预科,第一任华人校长为刘湛恩。1951 年晏摩氏女中和沪江附中两校改为人民自办,由戴介民任校长。翌年 12 月,两校由政府接管合并,定名为北郊中学,由李学民任校长。

图 3　私立晏摩氏女子中学

1956 年，学校迁出北宝兴路浸会庄，搬至广中路 132 号。

1960 年，北郊中学被列为区重点中学，并迁至大连西路 235 号。学校提出了“两感”（责任感、光荣感）、“两性”（钻研性、坚持性）和“四认真”（认真备课、认真上课、认真辅导、认真批改），以治学严谨、教风扎实、教法灵活和不断进取的精神，赢得了良好的社会声誉。在校长朱瑞珠的带领下，学校不仅在教学上形成“严谨、认真”的风格，也在素质育人上做出了成就。

图 4　师生活动

1996 年 5 月，学校首创班主任节，至今已二十余年。1997 年，“营建中学班级文化，培养学生自我发展能力——关于德育中强化学生主体意识的研究”被立项为市级课题。在课题的研究和探索中，形成了“班级文化建设”的北郊德育模式，在全市享有一定的声誉并得到推广。

1999 年，学校提出以“文化立校”作为办学理念，以“人文、合作、敬业、改革”为学校理念，培养“德高、体健、学勤、行笃”的高素质大学预备人才。

2001 年学校更名为上海市北郊高级中学。2005 年 9 月，经上海市教育委员会审定,北郊高级中学被命名为上海市实验性示范性高中。

2014 年 9 月,学校重新审视传统,进一步丰富了“文化立校,素质立人”的办学理念。学校确立了新的发展目标:把学校建成以“三型四高”为主要特征的、特色鲜明的上海名校,并形成涉及人文情怀、审美情趣、博雅学识、国际视野、创新潜质和财经素养的特色课程。

2016 年 2 月,虹口区人民政府与上海财经大学合作共建上海财经大学附属北郊高级中学,实行理事会领导下的校长负责制,积极探索大学与高中贯通式财经拔尖创新人才培养模式。是年,学校被评为上海市依法治校标兵示范校。

学校曾获评国家教委现代教育技术实验学校、全国体育传统项目学校先进单位、上海市文明单位、上海市德育先进单位等称号。

历史撷英

有这样一位老人

这是一位老人和一所学校的故事,也是一群人和一段历史的故事。如今当你漫步在北郊的校园,你依然能够感受到那弥漫在校园中的人文气息。从晏摩氏女中,到与沪江大学附中合并后的北郊中学,再到如今的上海财经大学附属北郊高级中学,这种人文气息一直充盈在校园中,从未间断。然而,这一切的一切却都是从一位老人开始的。

这位老人叫朱瑞珠,曾是北郊中学的老校长,1939 年从金陵女子大学毕业后就进入北郊中学的前身晏摩氏女中。

刚踏上教育岗位时,学校就对她委以重任。她以扎实深厚的语文功底、一丝不苟的备课和细腻生动的讲课获得了学生们的信任。并且她把“年轻”化为优势,设法改变旧的教学体系和传统:她根据我国文学史的发展顺序并参考《开明活页文选》,自编教材,供学生精读和略读。同时,她还要求学生每周阅读一本课外读物并撰写读书报告,这极大地提高了学生学习语文的积极性。朱瑞珠在教学上的大胆尝试为学校后来的语文教学提供了范式,也为打造学校的人文环境做出了难以估量的贡献。

抗战胜利后,朱瑞珠始终站在中国共产党领导的进步师生一边。她努力团结老师与学生,弘扬学校的正气,借文学作品宣传新思想,为学生们指点迷津。并引领进步学生开展反对内战、向往和平的正义活动,与大家并肩携手迎接上海的黎明。上海解放后不久,她加入了中国共产党。

1952 年 12 月 25 日,沪江附中与晏摩氏女中为人民政府接办,合并并改名为北郊中学。由于周边地区居民对学校不了解,许多家长不愿意将自己的孩子送到北郊中学来读书。此时,已走上领导岗位的朱瑞珠校长,为提高学校的声誉、提高学校的教学质量,学习苏联的教育理论,进行教学研究,探索如何以教学为中心全面贯彻党的"德、智、体全面发展"教育方针。她亲临教学第一线,掌握学生和教学的第一手情况,在率领师生实践与总结的过程中,逐步形成了符合客观规律的教学模式。在她的带动下,学校教与学的氛围焕然一新,形成了鲜明的"北郊特色"。于是,北郊中学口碑日盛,社会声誉与日俱增,引起了上海基础教育界的重视。

不仅如此,北郊中学还在"德、体"方面开展了各种具体又切实可行的活动,这些系列主题教育活动成为学校的传统,并把人文情怀根植于一代又一代北郊人的心中。

1960 年,虹口区政府将北郊中学列为区重点中学。从此,学校又跨上了一个新的台阶。而在这一级级的台阶上,我们始终能看到一位老人的身影,她手持一盏小小的油灯,拾级而上,射出了北郊划时代的光芒。

郎校长的"浪头"

随着欢乐轻快的音乐声响起,同学们轻快地走出教学楼,来到操场,或做青春韵律操,或打羽毛球;而在教学楼休息大厅,刚下课的老师、学生坐在钢琴前,手指在黑白键上飞动,一首古典乐曲便在校园飘荡。这场景在今天的上财北郊每天都能见到。校园旁的行人,为这里的音乐氛围所吸引,难免会驻足张望。"丁零零"的上下课电铃声,已为美妙的音乐声所替代。

这要追溯到20多年前郎建中调任北郊高级中学当校长的时候。一进学校，他便关注学校的教学环境。虽然北郊中学教学成绩斐然，但他觉得教师办公室很挤，教师除了备课还是备课；下课，学生多在教室，很少活动。这与具有百年文化底蕴的名校很不相称。他决定要美化学校的教学环境，要用文化艺术陶冶师生性情。他在教师大会上说："成绩上去了，校园生活贫乏了，不利于老师和学生的身心发展。要营造学校的文化艺术氛围，用文化艺术美化老师们的生活，用音乐调剂老师的心情，用音乐调节学生的学习情绪。"

为此，郎建中激起了三次音乐浪花。第一浪，便是瞄准了枯燥刺耳的上下课电铃声，他要用美妙的音乐取代电铃声。当时有老师提出截取一段音乐，但他偏偏请沪上知名的音乐家谱曲，他说，高品位的音乐铃声也是对学生的美育。激起的第二浪，便是重新布置休息空间，特地在大厅添置了一架钢琴，老师和学生在休息时均可自由弹奏乐曲。坐在大厅，听悠扬的琴声，微风拂动紫色的鹅绒窗帘，优美雅致。激起的第三浪，则是改变了每周五下午惯常的政治学习的固定模式。学校特意安排教师隔周观看经典舞剧视频，听经典音乐。有时，郎建中还会为老师们讲述经典音乐的背景和相关知识。

有人说，郎校长真会搞花头，背地里称呼他"浪头"。一次，郎建中来到教师办公室，有老师打趣道："郎校长，浪头大。"郎建中并没生气，笑着对老师说："浪头，没有什么不好呀！不掀浪头，何卷千堆雪。"

郎建中的"浪头"不仅美化了校园的人文环境，更掀起了锐意改革的热潮。他抓住"二期课改"的机遇，为将北郊中学创建为上海市实验性示范性高中，审时度势，以敏锐的思路提出了"文化立校"的办学思想。学校大胆改革教师办公体制，创立"人文与社会""科学与生态""数学与技术""艺术与体育"等四大综合教研组，以跨学科教学作为切入点，开展有序、有效、可操作的跨学科教学活动。一时间，四大综合教研组申报的区、校级子课题如雨后春笋，北郊几乎所有的学科教师都沉浸在浓厚的教学科研的氛围中。郎建中尤其鼓励综合实践创新活动，有一次，高一学生去东方绿舟参加学军实践活动，郎建中建议利用语文课文《说数》，开展跨学科教学实践。他还鼓励数学老师带领学生开展"追寻数学美"的实践活动。

当学生们带着研究成果回到学校，郎建中又安排电教老师指导学生编辑视频，开报告会、演讲会。在郎建中文化立校的办学理念指导下，学校秉承人文传统，彰显人文特色。

2004年，在郎建中带领下，全校师生激起了巨大的浪头——学校被命名为上海市实验性示范性高中。北郊百年人文底蕴永远镌刻着郎建中的"大浪头"。

与时俱进，和学生一同成长

打开2017年"特级教师开课啦"讲座视频，伴随着陈寅不断深入的提问，不同的化学实验的引领，观看者即使不精通化学，也能感受到化学的魅力所在。在场近500人，有的是慕名而来的教师，有的是他过去的学生，听众虽然多，但气氛非常好。上海财经大学附属北郊高级中学副校长、上海市化学特级教师陈寅又一次用自己的渊博，用自己不同凡响的理念，征服了全场。

他，连续两届获得上海市中青年教师教学评选活动一等奖，两次被评为全国高中课堂教学研讨会一等优秀课；他，发表论著数百万字，获得多项市级科研荣誉奖；他，35岁获评上海市特级教师；他，2010年荣获"全国先进工作者"称号。

只有和学生在一起，才会感受幸福。无论是学困生还是学优生，陈寅都有办法找到最近发展区，让他们在原有基础上取得提高，保障每个学生快乐学习的权利；无论是家境优越还是家境贫寒的学生，他都一视同仁，尊重每个学生。他坚持4年在"爱心假日学校"为学生义务辅导。他利用午休时间指导学生研究课题，帮助学生修改研究论文。2016年由他指导的周皓青、王炫振同学的多篇论文《探究油动遥控模型车铝合金排气管的积碳清除》《松树的病虫害产生原因及其防治措施》等获上海市青少年科技创新大赛二、三等奖。

走进陈寅的课堂，你会觉得犹如走进一个小型的名家讲坛，陈寅在讲台上绘声绘色，学生们在台下听得津津有味。把溶液比作银行，把离子移动比作存款转账，用函数图形分析不同的化学反应，以各种比喻替代枯燥乏味的化学公式。陈寅用"化而学之"的教学法，将学生引入化学的神奇天地，他的化学课总能引发学生的遐想和共鸣。

"高中时期,是一个孩子塑造自己的人生观与世界观最重要的时期。我的任务不是把每个学生都培养成化学家,而是带领他们进入这个领域,哪怕将来从事和化学没有任何关系的工作,也能具备最基本的知识,过好他们完整的人生。"陈寅一字一顿地说着,坚定而且有力。

"美"不胜收的班级文化

北郊高级中学老教师的记忆中一定有着一幅独一无二的美丽画卷,这是2006年北郊高级中学"晏沪楼"施工工地与校园之间的一道两米来高的坚固隔离墙。

2006年9月,为配合地铁8号线建设,伴随北郊高级中学走过了近半个世纪的"晏沪楼"被夷为平地,学生一部分迁移到车站北路的临时校舍,一部分留在南面的"公朴楼"。晏沪楼成为建筑工地后,在工地与操场之间建起一条用灰色护板临时拼接起的"隔离墙"。灰色的墙壁、杂乱的工地和另一边的校园形成了鲜明的对比。经学校行政会议反复商议后,确定开展"校园壁画创意大赛",主题为"阳光天地 和谐校园"。团学联干部主动担当起了分配涂料、管理操场秩序等工作,为了避免打篮球的同学弄脏壁画,有些同学干脆就在操场上做起了"纠察"。这堵墙让本来杂乱的工地成为展示学生创意的天地,学生的梦想和创意点亮了这堵墙,点亮了空间有限的校园。画卷上一张张灿烂笑脸、一片竹林、一脉书香、活泼快乐的音符娃娃、绚丽的彩虹、金色的向日葵、一位清丽的少女凝望着指尖上那只生动的小小鸟……十几幅画卷构成了一道五十多米的长墙。当新楼拔地而起之后,这堵墙也就不复存在,但这一幅幅温暖了冬日的画卷就像北郊高级中学的班级文化,将留在孩子们的青春岁月中。

这些仅是北郊高级中学班级文化的一角。学校从1995年起开始探索班级文化建设,1997年确定了改善和推进德育工作的"营造中学班级文化,培养自我发展能力——关于德育中强化学生主体意识的研究"市级课题。在课题的研究和探索中形成"班级文化建设"的北郊德育模式,在全市享有一定声誉。二十几年来,班级文化成了北郊的一张名片,也成了北郊人的一份记忆。

法治教育、行规教育两翼齐飞

“第四十六条　中华人民共和国公民有受教育的权利和义务。国家培养青年、少年、儿童在品德、智力、体质等方面全面发展。”洪亮的朗读声从学校二楼报告厅内传出。报告厅内,学生们精神饱满、身姿挺拔,手捧着《中华人民共和国宪法》单行本,跟着北京主会场教育部领导的领读,同步跟读宪法节选。

这是2016年学校开展宪法学习日主题教育活动的场景。作为上海市依法治校标兵示范校(全市共十所),学校成为宪法日主题活动上海分会场,上海市教委政策法规处领导亲临现场,和学生一起,通过网络直播观看了主会场的宪法演讲比赛,参与跟读宪法活动,同时也聆听了学校依法治校工作的回顾总结。

学校以制度建设保障依法治校,以民主管理推进依法治校,以法治教育促进依法治校。学校在开展法治教育时,注重完善校本课程,编写了《点亮法治的明灯——高中生法治教材》,开设了“举案说法”法治教育拓展课,要求学生做到“四个学会”:学会学法、学会规范、学会维权、学会实践;教师落实“二有二能”:有意识、有能力、能垂范、能维权。学校通过“国旗下的讲话”“学生论坛”“学生模拟法庭”等形式,开展法治教育宣传,树立法治精神。学校还将法治教育和课外活动、研究性课题、学生假期社会实践活动紧密结合,依托警署和家长资源,进一步增强学校法治教育的针对性,使法治教育深入学生心灵,大大增强了学生运用法律知识进行自我保护的意识。

学校的法治教育也促进了学校行为规范教育。学校连续多年被评为上海市行为规范示范校,曾获得上海市行为规范标兵示范校荣誉称号。学校在行规教育过程中,突出了学生自我管理、自我教育、自我发展的实施原则。通过团学联“自管会”,学生参与学校多项管理制度的构建,使“我的校园我做主”民主治校活动能够组织化和制度化,实现学校和学生互为主体的教育管理模式,从根本上变传统的“监督式”学校管理模式为学生“参与式”和“激励式”的民主管理模式。团学联自管会根据学校日常管理需要,设有校风监察小组、学生督导团、值周班级、值日班长等不同层面的校纪校风监督部门,共同参与每日行为规范的检查评比。学生在生活习惯、学习习惯、人际交往和公共规范等方面都不断进步。

共同的荣光与梦想

2016年3月25日，上海财经大学附属北郊高级中学正式启航。回顾学校的发展之路，不禁感慨万千。几十年来，学校始终秉承着“文化立校、素质立人”的办学理念。如今，为了探索更好的育人模式，学校正式与上海财经大学合作办学，在继续坚持“人文教育”的基础上，又增加了“财商教育”板块。人文与财经的两翼齐飞将为上海财经大学附属北郊高级中学提供更大的发展平台和更多的优质资源。

区校合作共建后，学校与上海财经大学合作招生，并合作创办了“财经人文”“财经应用”两个创新实验班。上海财经大学的教授每周都会为创新班的学生开设财经类课程。一位创新实验班的学生分享了选修财经课程的感受：“教授讲的知识很有意思，财经课程的涉猎面很广，教授从古代的易经八卦联系到经商学，从社会热点话题和现象联系到财经本身，不仅培养了我们的人文情怀，也提升了我们的财经素养。”“人文”与“财经”是学校一向坚持的培养宗旨，现在学生能够在先修课程中获得成长，也是对学校工作的一种肯定和鼓舞。

图5　今日之北郊高级中学

除了先修课程,上海财经大学对学校的各类活动也予以极大的支持。每年的辩论赛,上海财经大学辩论社会给学校辩论赛参赛队员做前期培训,他们对辩题的剖析,思路的引导以及传授的技巧总会给学生们带来极大的启发。此外,在上海财经大学的大力支持与协助下,学校还成功举办了首届“上财北郊杯”高中生商业大赛。负责此次大赛的老师说:“没有想到学生能够在商业大赛中表现得如此出色,他们的潜力的确在一次次的锻炼中不断得到激发!”在全面铺开并强调核心素养培育和高考改革的大背景下,学生的研究性学习能力已经成为综合素质评价中非常重要的一环。为了提升学生的研究性学习能力,上海财经大学专门为学校提供相关专家来校指导学生的研究性课题,从而帮助学生更好地把握研究过程,有效地提升学生的核心素养。

上海外国语大学附属外国语学校

培养外语外交人才的摇篮

岁月留痕

2009年10月30日,上海外国语大学附属外国语学校首届毕业生杨洁篪回到母校看望恩师、关心后学,并向学校赠送题为"自强、至诚、志远,文理并举,培养国际型预备英才"的填词画轴。始终关注母校发展的杨洁篪又于2014年送上题为"使命"的石碑,以此表达对母校的美好祝愿,让师生们牢记肩负的重要责任。

在短短半个多世纪的办学历程中,上海外国语大学附属外国语学校已为国家培养了一大批国家栋梁之材,走出了几十位共和国大使和众多杰出的科学家、企业家、学者和各行各业翘楚。他们肩负使命、砥砺奋进,以强烈的"使命"意识,活跃在世界的舞台上,为祖国的事业贡献着自己的力量。

校史回眸

秉承"服务祖国发展、服务人类进步"的办学宗旨,弘扬"自强、至诚、志远"的校训,这样一所学校是用怎样的教育理念和育人模式培养了众多的杰出人才呢?

黄浦江是上海的母亲河,浦江两岸的风景和流淌的文化,荟萃着这座城市的精华,而人们之所以向往这座城市还是因其骨子里流淌的文化和她行走于时代前沿的教育。在这些星罗棋布的学校里,有一道亮眼的风景,人们津津乐道其独特的育人模式和自由的校园文化。它就是我国首批创办的七所外国语学校之一——上海外国语大学附属外国语学校。

图 1　钱其琛题词“培养外语外交人才的摇篮”

在那巍然耸立的教学大楼上,赫然映入眼帘的是钱其琛题词“培养外语外交人才的摇篮”的金色大字(图 1)。半个多世纪以来,黄浦江畔的这所学校承担着为国家培养外语人才的重任,担负着培育国家外交预备人才的“使命”。

图 2　建校初期的上外附中校门

回首峥嵘岁月,附中的创办、成长和辉煌与新中国的发展息息相关。1949 年,中华人民共和国的成立翻开了历史的新篇章。为了实现国家的繁荣富强,60 年代初，中央做出了加强对外交往的决定，引发了对外语人才的大量需求。为了更好满足国际交往的需要，周恩来总理和陈毅外长决定创办外国语学校，“为国家培养外语高级翻译人才”。上外附中由此诞生。

图3　建校初期的上外附中校园

上外附中是我国目前设置主修外语语种最多的外国语学校。学校以“服务祖国发展、服务人类进步”为办学宗旨，以“自强、至诚、志远”为校训。作为一所从事专业性外语教育的学校，上外附中的学生培养目标，随着国家的建设和改革开放的发展不断调整，在继承了20世纪六七十年代“培养文理并重的外语人才”传统的基础上，学校在21世纪以来先后提出了“培养全面发展、外语见长、高素质、复合型、国际型预备英才”和“培养外语突出、综合发展的国际化人才”的培养目标。

而今，作为全国外国语学校工作研究会会长理事长学校、上海市实验性示范性高中，上外附中在历任校领导和教职员工的共同努力下，先后被评选为全国中小学外语教研示范学校、上海市德育先进学校、学生行为规范示范学校、虹口区英语学科高地基地校、国家汉语国际推广实习基地、中国驻外使领馆阳光学校合作基地，荣获上海外语教学特殊贡献奖、上海市基础教育教学成果奖等荣誉，同时参加国家教育部组织的中学外语多语种课程标准研制，开展我国外国语学校国际化人才标准及培养实践研究，为教育部制定学生核心素养内容提供素材和依据。

优良的教育品质，深厚的校园文化孕育和成就了以杨洁篪、王光亚、崔天凯为代表的一批批心系中华、放眼世界的优秀学子。他们秉承附中精神，带着智慧与梦想走上国际国内社会的重要岗位，成为服务祖国发展、服务人类进步的栋梁。

历史撷英

历史记忆：披荆斩棘、开拓创新的老校长

1963年注定是不平凡的一年，这一年上海、北京、天津、南京等七所外国语学校相继成立。而建校初期的上外附中，全校教职员工只有12人，境遇艰难得连校舍都没有。师生们只能借杨浦中学的校园，下课后还要到学校的工地上劳动。如此“寒酸”的学校究竟能坚持多久？无数人在心里默默地猜测。面对怜悯和怀疑的目光，面对前路的坎坷与挫折，附中人深深明白，唯有披荆斩棘、勇往直前才能到达终点。于是，在刘葆宏校长的引领下，他们开始积极思考学校要走的路，并确立了英语“听说读写都要会，听说水平要领先，其他学科成绩不能低于其他重点中学”的学习目标。刘葆宏甚至亲自动员、组织所有老师自己编写教材，用自己的讲义上课。在刘葆宏的眼里，要放眼世界、要与国际接轨，首先就要开拓创新。

正是凭借着这份决心和勇气，上外附中挺过了最初的艰难，慢慢地在外国语学校中崭露头角。1965年教育部组织全国八所外国语学校和英语专业的大学生到附中听课，对刘葆宏提出的“听说读写都要会，听说领先”的情景教学法非常赞赏，并要求向全国外国语学校、大学的外语专业推广这一教法。自此，上外附中这个名字开始在中国基础教育的天空中回响。

20世纪70年代末，改革开放的春风吹遍了神州大地，时代的变迁推动着教育的进步。借此契机，开拓进取的附中人进行了一系列的科研探索，率先使用了当时国际上先进的“启发式情景教学法”，摆脱了纯语法、纯翻译的教学方式，从听、说、读、写等方面全方位对学生进行培养，在国内引起了很大的反响。为了应对我国外国语学校没有高水平专用英语教材的状况，2004年学校召集全国外国语学校的英语教学骨干，创编了全国外国语学校系列教材，使外国语学校学生真正拥有了适合的英语学习教材。时至今日，由上外附中组织编订的全国外国语学校系列教材供全国30余所外国语学校，超过5万师生使用。

改革开放以来，中国对多语种、国际化人才的需求进一步突显。在传统办学的基础上，上外附中继续探索能适应全球化新时代的人才培养新路。建校 40 周年之际，时任校长吴友富就提出了“每个附中毕业生必须掌握两门外语，部分学生要掌握三门外语”的设想。

自 2004 年开始，在时任校长崔德明“内涵发展”和“国际化办学”的理念引领下，上外附中在开设英语、法语、德语、日语、俄语、西班牙语 6 个语种的基础上，又在全国首先推行了“一主二辅”多语种人才培养方案，即学好主修外语之外，再较好地掌握一门辅修外语和一般了解一门选修外语。

“学习多门外语”在上外附中已成为共识。

学生培养：文理并举、全面发展的“小诺贝尔奖”获得者

清晨，上外附中西语班学生胡诗成便准时出现在大学实验室楼里，一头扎进各种试剂和仪器中，遨游在知识的海洋里。“做喜欢的事情便不会感到疲惫”的她，凭着对化学的满腔热爱，在高一暑假成功入选 2018 级“中学生英才计划”，由此开始了探索科学、走向世界的道路。

2019 英特尔国际科学与工程大奖赛中，胡诗成获得能源化学组一等奖并荣获学科最佳奖。她将受邀参与斯德哥尔摩国际青年科学研讨会，并出席诺贝尔奖颁奖典礼，熠熠星空中一颗小行星将以她的名字命名。“你无法预知未知世界的探索中会发生的事情，更美妙的是，这些研究结果还能用于生活。”

回顾自己在附中的求学之路，这位全国化学竞赛一等奖获得者由衷地感谢学校给予她在科学领域展翅翱翔的力量——钻研思考的精神和双语学习的能力。在她看来，英语的学习对西班牙语学习有帮助，学了西班牙语更能促进英语的学习。正因为有了两门语言的基础，看起化学、生物方面的原版书变得很顺利。她还说：“最关键的是，双语学习让我开阔了眼界，让我形成了严谨的思维，拥有了很好的收集信息、总结信息、掌握规律的能力。”

英特尔国际科学与工程大奖赛是世界上规模最大的中学生科学竞赛，它为全

球最优秀的小科学家和发明家们提供了互相交流、展示最新科技成果的舞台。每年，来自75个国家，超过1700名青少年科学家为此展开激烈的角逐。双语学习带给了胡诗成满满的自信力和对母校的自豪感。赛场下，胡诗成与国内外高中学生彼此交流，大家都羡慕她能流利地说着两门外语。赛场上，胡诗成充分发挥自己的语言优势，以多门外语与专家进行沟通与交流，最终获得了骄人的成绩。她所学习和掌握的语言为她最终站到了国际大赛领奖台上奠定了坚实的基础。

语言是人与万物沟通的基石。在上外附中这所以外语教学见长的学校，良好的语言学习环境，不仅培养出了众多的外语外交人才，也孕育出了一批文理并举、全面发展的小小"科学家"。2014年至2018年上半年，上外附中就有近百人次在非外语类学科（数学、物理、化学、信息、生物等）中获得国际、全国和上海市特等奖的喜人成绩。

"语言能力是思维能力和综合素养的体现。"上海外国语大学教授、上海市英语教育教学研究中心首席专家、上外附中现任校长束定芳表示，"上外附中多语种+的培养方式，为学生成长为具有国际视野、懂国际规则、能参与国际竞争的国际化人才奠定了基础。"而附中"全面发展、外语见长、文理并举、高素质、复合型、国际型预备英才"的培养目标，也成就了众多拥有创新能力、科学素养、家国情怀、国际视野的附中学子。据统计，2018年上外附中两百多名毕业生中有一百多名被清华大学、北京大学等国内著名高校提前录取，一百多名被耶鲁大学、哥伦比亚大学、芝加哥大学、斯坦福大学等众多国外知名学府录取。

课程建设：多语并重、综合发展的特色课程

在学生科学素养和语言能力的培育上，上外附中从来都是不遗余力的。2018年上外附中先后与上海科技馆、中科院上海生命科学研究院、上海技术物理研究所等多家科研机构签约合作，打造上外附中青少年科学家培育基地。在院士进校园科普讲座、科学创新实践站基地培养、研究员团队送课题入校园等方面进行深度合作，充分利用中科院专业领域的科研水平加强学校人才培养、课程建设、科教研究

等方面的探索。短短几个月内就有近 60 位学生参与了研究院所 20 余项科研子课题的研究。学生的研究能力和钻研精神受到研究员的一致好评,其中技术物理研究所第一期项目学员马骋远荣获上海市 19 届“明天小小科学家”称号。

在上外附中看来,课程是办学理念的支撑,是学校文化的核心,是教育活动的战线,是学生发展的关键。而外语的学习是外国语学校的生命力所在,也是学校发展的永恒课题。上外附中的多语课程,从 20 世纪 60 年代至今已走过了五个阶段:建校伊始,附中就开设了英、德、法、日、俄、西六门主修外语的课程;20 世纪 80 年代开始实施“一主一辅”多语课程的方案;进入 21 世纪后,学校开展了“一主二辅”的实验;2007 年又及时推出了同时主修两门外语的多语种课程。在教育全球化、国际化的大背景下,近年来学校根据特有的外语特色进行课程改革,积极探寻新时代下学生的成长与发展特点,设计顺应时代进步与发展的培养目标和实施途径。2019 年开始,上外附中响应国家号召,开发了“一带一路”多语种课程,增设了阿拉伯语、希伯来语、意大利语和葡萄牙语等语种,成为全国开设外语语种最多的外国语学校。

上外附中的多语课程为学生的人生创造了丰富多彩的可能性,更为学生的成长搭建起一座七彩的桥梁。“在上外附中,双外语的学习毫无疑问地帮助学生飞得更高更远,不仅是为他们的专业学习和职业生涯,更是一个人精神世界的成长过程。它需要学习者去用心感悟、用已有知识去学习吸收新知识、新技能、新思维,去理解另外一群生命的文化积累和社会生活的文化体验,它是一个触发大脑中已有知识结构和思维模式重组的过程。掌握一门外语意味着长出一双翅膀,学习和掌握两门外语,将使得这双翅膀更硬,翼展更宽广,更有力!”校长束定芳教授在全国基础教育多语种教育教学研讨会上如是说。

上外附中目前共设有 7 个年级,40 个教学班,1600 多名在校学生。自 2007 年起,附中率先启动中学生同时学习两门外语的实验,设置英、德、法、日、俄、西六个语种的外语课程,学生同时主修英语和小语种。这种尝试至今取得了显著的成效:目前双外语班的学生已有 5 届毕业生,90% 以上的学生两门外语都达到了相当高的水平,英语托福考试接近满分,第二外语为德语的学生几乎 100% 达到 C1 的水平，学习日语的学生90%以上可以达到1级的水平，学习其他语种的学生绝大多数也接近欧框B2和C1的水平。在过去的几年中，双语班的学生获得的全国性和国际大赛的奖项共60多项。学生的优异表现令老师们和家长们赞叹不已。其他班级学习双外语的学生也获得了不同程度的成功。

由此，上外附中“双外语并重”教学体系的设计与实践成为全国首创，也成为目前国内唯一试行的外国语学校。经过十多年的实践探索，上外附中积累了丰富的经验，为探索复合型外语人才培养提供了有价值的成功案例和模式，也对学校的多语种课程体系的发展起着承前启后的作用。截至2017年9月，上外附中共培养了双语学生590名（德英双语156人、法英双语154人、日英双语138人、西英双语82人、俄英双语60人）。

“在日积月累的学习中，在各类演讲、辩论、短剧的浸染之下，我越发体会到了中文、英语、日语间的相同之处。我希望能用好外语，自信地讲出我的想法、介绍我们的中国故事，尽所能去消除误会并赢得尊重与理解。”2018届日语双语班学生袁玥炜（英语、日语全国双料演讲冠军，现宾夕法尼亚大学学生）谈及附中的多语学习时感慨道。

文化传承：开放多元、兼容并蓄的校园文化

傍晚时分，上外附中的校园灯火通明，教学楼里异常热闹。澳大利亚、法国、智利、巴西等国的代表鱼贯而入，一场“联合国会议”即将在此召开。这是2019年上外附中—芝加哥大学模拟联合国大会开幕的现场，大会吸引了全国12个省市44所中学的逾500名师生参加。代表们可以在云集上百个“外交官”的“联合国教科文组织”，探索能源技术、可持续发展、医药疾病等问题。

在附中，模拟联合国已成为学校的热门社团，报名者需接受国际政治、批判性思维、口语和写作能力的多重考核。通过多年的努力，多达200余人的社团也成了附中的骄傲。学生作为代表中国的参赛队出席哈佛、耶鲁的模拟联合国活动，出色的语言水平、良好的国际视野和优雅的外交礼仪，得到了领导人和各国专家的一致

好评。模联社团被评为上海市明星社团。

多年来,上外附中正是通过这些活动时刻关注学生的核心素养发展,丰富学生的实践体验,培养学生的国际视野。在开放多元、兼容并蓄的校园文化基础上,形成了“课内外一体化”的上外附中品牌活动,以各类社团、“名家讲坛”“中国文化节·民族魂”和“国际文化节”为代表,构建起学校教育教学与实践活动相融合的育人模式。

2009 年至今,上外附中已开设与各领域顶尖专家交流互动的“名家讲坛”八十多期。2017—2018 年,学校邀请诺贝尔文学奖得主勒·克莱齐奥,中科院院士李大潜、薛永祺,茅盾文学奖得主毕飞宇,北大教授、著名语言学家陆俭明,浙大教授、著名翻译学家许钧等国内外名家来校与附中师生对话。同时增设外交官进校园、优秀校友回母校等系列讲座,拓展和提升附中学子的眼界与素养,实现“国际型预备英才”的培养目标。

图 4　上外附中“中国文化节·民族魂”活动

中国文化节和国际文化节里,“辩论赛学术性与趣味性相融合,台上巧舌如簧,台下如痴如醉。演讲台上语言的丰富柔美与演讲者的翩翩风度完美结合,生动地演绎着民族与世界的风采”。这些附中校园文化的经典品牌,为学生提供了展示外语水平、民族文化底蕴和跨文化事业的大舞台。

为了进一步培养学生的这些能力，学校还十分注重校际交流项目的开拓、延续和发展，通过多种形式与渠道为学生搭建人文交流平台。目前已缔结美洲、欧洲、大洋洲和亚洲其他国家和地区的31所姐妹学校，拥有近60个学生交流项目。每年会有大量的学生被派往各国和地区的姐妹学校进行校际交流，并有机会接待来访的外国政府、教育机构和姐妹学校师生代表团，将所学灵活运用于实践，自信地向世界各地的朋友传播中国的传统文化。2013—2017年，学校向20个国家和地区累计派出134次交流出访团，共计1691名学生与245名教师进行短期学习或交流活动；同时接待来自10个国家和地区累计135次的来访交流，共计1025名学生和492名教师到校访问考察、合作研究。

图5 2019英特尔国际科学与工程大奖赛能源化学组一等奖和学科最佳奖获得者胡诗成

附中的校园文化为提高学生的综合素质铺设了广阔的平台。在附中的舞台上不仅锻炼出一大批如朱元晨（获第二届美国英特尔国际科学与工程比赛最高奖）、樊紫瑛（熟练掌握五门外语）般优秀的学子，也成就了杨洁篪、王光亚、崔天凯等数不尽的国家英才。这一个个响亮的名字无疑是附中优良的教学品质和校园文化的最好证明。他们以附中为起点走上了光辉的人生历程，怀揣着“心系中华、放眼世界”的理念，用自身的无私奉献诠释了何为人生真正的价值。

新征程：学校“多语种、国际化”的改革发展

一个文化核心理念的确立，来源于学校的历史积淀与现状，来源于学校管理者对教育理念的历史性总结和前瞻性思考。上外附中便是一所不断在发展中再创辉煌的学校。

根据杨洁篪“文理并举，培养国际型预备英才”的题词要求，2017年，学校新领

导班子对上外附中的办学目标进行了新的定位，提出了以发展学生核心素养为根本，"立德树人、多语种、国际化"的"一体两翼"办学方针。"立德树人"是核心，"多语种、国际化"是两翼。"多语种"，即学校开设多门外语语种，每位学生都学习或掌握两门以上外语。"国际化"是国际化的"师资、课程、学生和文化交流"。

伴随着学校多语种、国际化的建设，上外附中坚持以教育教学实验为主导，对课程、教学、科研等方面进行了整体改革和系统的实践探索。

学校在落实国家课程的同时设置了一批以外语运用为基础的拓展型、研究型课程，如同声传译、辩论演讲、国际礼仪、国际交流、国际金融等 90 多门校本课程。同时积极创设学生综合活动平台，着力打造"国际文化节""中国文化节"等校园文化活动，更有近百个学生社团活跃在校园的每个角落。

在上外附中"全面发展的人"的课程体系培养下，学生在"外语外交人才摇篮"的校园文化中得到浸润与熏陶，通过必修课为各门功课打下坚实的基础，通过拓展课丰富知识体系、拓宽视野，通过社团活动和各类国内外实践活动发现自我、展示才华、提升综合实力。

而作为肩负着为国家培养外语外交预备人才使命的上外附中，在国家急需"一带一路"紧缺高素质小语种人才的情况下，又义无反顾地承担起为国家培养"专业知识+外语技能+文化素养"的复合型人才的重任。2018 年上外附中"中学'双外语并重'教学体系的设计与实践"获上海市基础教育教学成果奖一等奖。在此基础上学校全面推行"每个附中学生都会两门外语"的教学探索。从"双外语并重"到"二外选修"，推广到"二外必修"。学校有计划、有步骤地启动国家一带一路倡议下的"三语、四语、多语"战略性语言学习，依托上海外国语大学的多语种师资，增设阿拉伯语、希伯来语、葡萄牙语和意大利语等语种课程，不断构建"多语种、国际化"为特色的课程体系，并预计三到五年内语种数量增加到 20 种。

在教师发展方面，近年来上外附中在教育教学研究、教师培养等诸多方面与上海市基础教育界全面接轨。学校以教师的专业化发展带动学生的个性化发展，以科研和实践为抓手，努力构建"有理想、讲奉献、精业务、通人文、宽视野"的"附中教师形象"，并围绕教研组的建设与管理促进教师教育教学质量的提高，形成了附中教师“阶梯式培养”的机制。以上海市第四期“双名工程”申报与校新一轮校级骨干与青年骨干评选为契机，着手构建以上海市英语学科教育教学研究基地与高峰计划为核心，以1位高峰计划成员、14位市级攻关计划后备人选和3位区级种子计划主持人为支撑，以18位区级种子计划参与者和26位校级骨干教师、青年骨干教师为基础的教师发展梯队。

在教师发展初见成效的基础上，学校又着力打造具有国际影响力的科研文化氛围，分别承办了“中学俄语教育国际研讨会暨俄罗斯文化”“首届全国基础教育阶段多语种教育教学研讨会”等高规格的教育教学研讨，在更高的层面上、更广的范围内推动基础教育阶段外语教学的探索和实践，作为深入贯彻实施全国教育大会精神的具体行动之一。

经过历届校领导的阔斧引领和教职工的共同努力，随着学校教育改革的不断深入，附中在国内外的知名度也日益提升。学校不仅通过合作共建的方式支持各地的教育发展事业，还先后向这些学校派出办学指导人员、输出办学模式，带动了这些学校的发展，同时还为“孔子学院”和中国驻外领馆“阳光学校”派出师资力量，努力为国家的事业贡献一分力量。

而今，抒写着浦江的风雷和东海的浪涛的上外附中已插上了腾飞的翅膀，正带着一批批怀着为中华崛起而读书的信念，满腔热血、求知若渴的有志少年，飞向全中国和全世界的每一个地方。值此新中国成立七十周年之际，上外附中将以激情和理想再一次奏响教育的宏伟乐章。

上海市虹口区曲阳第四小学

上海中小学第一所心理健康教育示范校

岁月留痕

你知道上海市中小学第一所心理健康教育示范学校吗？你知道虹口区第一所城市少年宫学校吗？你听说过一个学校同时拥有“中华古船楼”“梦幻列车”“心灵加油站”三个上海市创新实验室吗？这就是上海市虹口区曲阳第四小学。

曲阳四小是上海市教委命名的上海市素质教育实验学校，早在20世纪80年代末就开展了小学生心理健康教育，享有较高的知名度。

校史回眸

学校现有15个教学班，近600名学生。在“手脑相长，健康向上”办学理念的引领下，学校取得了较好的成绩。学校被评为全国学校心理辅导特色学校，全国小学国际象棋传统学校，全国少先队雏鹰大队等。尤其是心理辅导和科技教育已成为学校的两个鲜明办学特色。

经过多年实践研究，学校形成了一个在小学实施心理辅导的“12345”基本框架：一项校本课程——“心的起航”；两支队伍：具有心理辅导专业知识的教师队伍和三年级以上各个班级的小辅导员队伍；三条路径——一是各学科教学中的心理辅导渗透，二是每周一节心理辅导活动，三是专题讲座和热线电话；四种形式——个别辅导、小组辅导、师生团体辅导、家长辅导；五项达成度——对师生进行适应心理、合群心理、责任心理、进取心理、抗挫心理的培养。

还基本形成了学校科技教育“421”工程:“4”即组成学校科技教育大环境的四大板块:课程建设板块——“科技坊”校本课程;科普宣传板块——“梦幻列车”主题科普宣传车厢;文化传承板块——“中华古船”的相关历史和建造;竞赛板块——“机器人”和“小发明”的兴趣小组活动。

“2”即配合学校科技教育的两大典型环境建设:硬环境和软环境。“硬件环境”主要包括:科学实验室、创新发明室、机器人工作室“梦幻列车”和“中华古船楼”。“软环境”主要包括:互动式大环境、“电子书包”中的“科技坊”学案和课程动画、学生电子档案袋和每学期一次的科技节活动。

“1”指的是学校科技教育与一组相关社会科技资源的整合。如:借助这些资源,学校定期组织学生到周边大学、研究所实验室探秘,请专家型家长来校授课等。

图1　曲阳第四小学校园全貌

历史撷英

抓住机遇　找准学校发展点

1988年,全区最年轻的校长——章本荣怀揣着教育梦想,来到了曲阳四小,当时,这是一所名不见经传的小学,而他,35岁,风华正茂、稳健潇洒。

来校的第一天,他巡视经过教师办公室,却听到两位老师高分贝的吵架声;经过走廊,墙皮大块地从墙上掉落下来;经过教室,只见一位老师大声地训斥学生道德败坏。的确,当时的学校生源差、环境差。松散的管理环境中,不少教师教育理念陈旧……

一切百废待兴!

章本荣个性鲜明、富有激情,他没有被困难吓倒,而是毅然接受了挑战。他时常与大师对话,品味精神大餐;时常聆听名师讲座,潜移默化地提高品位;时常徜徉于教育的书海,如饥似渴地阅读吸收。因为他始终坚信,机会总是青睐于有准备的人。

恰逢上海市精卫中心专家俞展飞医生以医教结合的方式来校开设心理讲座,通过问卷调查发现,有百分之十左右的孩子有心理问题,可是由于老师的教育理念陈旧,却将学生的心理问题视为思想道德问题,这一误区造成教师的教育方式过于简单,可谓是“暗潮已到无人会,只有篙师识水痕”。问题的症结找到了,章校长意识到这是一个解决难题的绝好机会,可以通过提高学生的心理素质,来提高整个学校的发展水平,于是他和班主任夏黎明老师一起在她所带的班级开始了课题研究——“小学心理辅导研究”。

机遇像一块粗糙的石头,只有在雕刻家手中才能获得新生。

当时的小学并没有人开展心理辅导,章本荣和夏黎明成了第一个吃螃蟹的人。开始是一个实验班,后来扩充到几个班,1993 年推广至全校,又得到了上海市普教所心卫室主任张声远先生的鼎力相助,他把国内外好的经验和研究带给了曲阳四小。在章本荣引领下,老师们开展了学生个别化心理辅导、师生团体辅导和班级自我管理的小组经营。

1. 学生个别辅导篇

班主任掌握了心理辅导的观念,全面深入地了解学生情况,坚持用实事求是的态度,化解了家长和学校的矛盾,也化解了学生和教师的矛盾。

故事:牛犊恋

美国心理学家赫洛克认为,男女从少年到青年,在和异性交往过程中,大致经历三个阶段:即疏远期、牛犊期和恋爱期。“牛犊恋”是指像牛犊靠近母牛一样的一种对年长者恋慕式的爱。

下面这个故事是一个奇特而真实的关于“牛犊恋”的故事——

开学已经1个多月了。章本荣接到学生娄晓家长的一封来信，反映刚接四(3)班的丛老师有侮辱学生人格的行为，并且罚他孩子抄写五遍课文。娄晓的父母要求学校严肃处理，并公开道歉。

丛老师是个经验丰富、师德良好的老教师，这一切难道是真的吗？

曲阳四小正尝试用心理辅导理念管理班级，对学生进行个体教育。面对这封信，章本荣首先找来班里的几位同学，了解下来得知，丛老师从来没有在全班同学面前侮辱过娄晓，至于罚抄课文的事，也是不存在的。而且，娄晓在学校告诉同学们，他爸爸、妈妈来找校长告丛老师了。他还说：“我好喜欢陆老师，陆老师就要回来了。”娄晓说的陆老师是他原来的数学老师，青春亮丽、活泼可爱。这学期因为新婚的房子在莘庄，离校太远，就调动工作了。这事怎么又和她搅在一起呢？

第二天，娄晓父母来到学校，当章本荣简洁明了地把真实情况述说了一遍，两位家长尴尬万分。在事实面前，娄晓承认：老师侮辱他的事是他编出来的，说丛老师罚他抄课文是恶作剧。可当大家问娄晓为什么要这样做时，娄晓只是反复地说：“我也不知道。”

事情到此似乎已经水落石出了。可是章本荣的疑惑和关注早已转到娄晓身上，这件事是诬陷老师的品德问题，还是不成熟少年的心理问题？学校是心理辅导的示范学校，万万不能像娄晓家长那样对一个人武断地得出结论。但要搞清楚这件事的原委，就一定不能凭想象，而要采取一定的心理辅导技巧，深入到娄晓的内心世界中去。特别是娄晓到处说“陆老师要回来了”，这是从哪里听来的？

于是章本荣决定设计一个让娄晓表达和宣泄真实情感的情境。两天后的下午，章本荣告诉娄晓，陆老师来看他了，娄晓一开始是一阵惊喜，但立刻又沉下脸来满怀心事地走进办公室，一眼就看见坐在沙发上的陆老师，一下子愣住了，两眼睁得圆圆大大的。

“陆老师！”忽然娄晓闪电般地向陆老师扑去，紧紧用双手抱着陆老师，“你真的回来了，我好想你。”

“娄晓，是不是想叫陆老师回来，你才乱讲丛老师，骗爸爸妈妈的？”这回轮到章本荣说话了。

“是的,我要陆老师回来,陆老师就是比丛老师好嘛。”娄晓不假思索地答道。

这时章本荣才恍然大悟,他真替丛老师感到委屈。娄晓可能是少年期出现的对陆老师的一种“牛犊恋”。这种“牛犊式”的情恋,很纯洁,带有梦幻色彩,也是个体成长发展过程中的一种正常的现象,绝不可能将此和人的道德品质联系起来。一般情况下,随着时间的推移,这种情恋会较快地消失。因此,只要辅导恰当,“牛犊恋”会转化为“师生情”的。

章本荣让娄晓明白,陆老师因为家庭原因不可能再回曲阳四小了,自己完全可以和陆老师用电话等方式保持联系,也可以在节假日拜访老师。娄晓也表示是自己错了,可他这么做不是故意的,他只想这样做能让陆老师重新回来。通过一次次的个别辅导,渐渐地,他和丛老师的关系也变得融洽了。

2. 师生团体辅导篇

“师生团体辅导”是曲阳四小的首创,每个学期,心理辅导室及时、敏感地捕捉住学生、老师中的小困惑、小烦恼、小矛盾,从情绪、人际沟通等方面去设计两至三次师生团体辅导活动,有些内容,如毕业班考前焦虑辅导、社团报名困扰辅导等已经成为传统内容。

图 2　师生团体辅导

故事:其实你不懂我的心

5月里的一个中午,五年级毕业班教室里,略显疲惫的学生们正在兴致勃勃地盯着电视机屏幕,欣赏熟悉的动画片。也许,中午学校里的动画片是这些忙碌的孩子们为数不多的娱乐内容了。

教室外走廊里,毕业班语文老师兼班主任何老师抱着一大摞本子、卷子正向教室走来。只见何老师重重地将作业放在讲台上,转过身,踮起脚,伸出右手,食指揿了一下电视机开关,"啪嗒"一声电视机黑屏了。"唉——"在座的孩子们轻轻地、齐刷刷地叹了一声。

终于,在《谈心周记》里,有一位学生写道:"老师,你知道吗?午饭后的动画片简直是我们唯一的慰藉啊……"

想象一下,当何老师读到这样的语句时,心里会是什么滋味?

何老师语重心长,又略显无奈地说:"我也想让你们看会儿动画片放松一下,但是你们还有很多知识点没有掌握,老师着急啊!"孩子们似懂非懂地望着老师。

通过学生的谈心周记,心理辅导老师捕捉到这一缕不和谐的气息,于是学校心理辅导课题组老师一致认为应把这一师生矛盾作为一个切入点,开展一次师生间的话语沟通,以期待心灵走得更近。于是以"其实你不懂我的心"为主题的一场师生团体辅导活动在32位五年级学生和6位老师的参与下开始了。

3. 班级经营篇

这是在"班级经营"课题开展过程中的一个小事件。从2006年始,学校根据自身的特点,提出了"班级经营"的理念。班级经营就是把班级当作学生和老师的家,通过教师和学生共同管理与筹划,开展好班级工作,让学生学会管理自我、管理小组、管理班级,从而健全学生的人格。归根结底,就是想改变以往不平等的师生关系、生生关系,建立一种温馨、平等的人际关系。

故事:袁老师,你错了

早操结束后的晨会课上,班主任袁老师针对学生做操时动作不到位,被体育老师批评并扣除了班级体育评分的情况进行教育。

只听袁老师说:“每个同学都是集体的一员,一荣俱荣,包括老师也是班级大家庭的一员……”一个小调皮鬼小声地在底下嘀咕:“那么,我们也可以评比老师吗?”袁老师听到了这句议论,坦然地请他来评评自己:“当然可以,老师也会有缺点的。”“小捣蛋”似信非信站起来,小声说:“袁老师,你在做操的时候,手臂也没有伸直……”袁老师停顿了一下,说道:“首先,感谢你指出了老师的缺点,希望你今后继续指出老师做得不够好的地方,老师也会提醒你们做得不够好的地方。我们是集体的一员,大家一起进步,好吗?”全班学生望着自己的班主任,觉得袁老师承认自己做操的不足之处后,他们和班主任的距离更近了。

1995 年上海市小学心理辅导模式研讨会在曲阳四小召开,这预示着小学心理辅导的研究受到市教委领导的关注。学校出版了第一本文集《小学心理辅导研究》。章本荣将心理辅导的理念贯穿在学校教育教学管理的始终,咬住青山不放松,使心理辅导成为学校亮丽的办学特色。

由章本荣主编的《学科教学中的心理辅导》《心灵的波涛——小学生个别心理辅导》《小学心理辅导研究》《发展性心理辅导与小学优质教育》等一系列心理健康教育丛书,在曲阳四小引发了一种充满激情与活力的力量,一种建设一流学校的力量。

捕捉敏锐　突破学校发展瓶颈

学校心理健康教育硕果累累,但章本荣认为对教育艺术的追求应该是永无止境的,心理健康教育不应是学校发展的唯一途径,可以尝试多元化的发展,体现校长的领导力,按他的原话就是:不断把新的教育理念和成熟的想法转化为全体教师的共同行为。

于是,科技教育成为继心理辅导后又一办学特色。1998 年,学校建成了上海市小学科普教育的一道风景线,即融合声、光、动作为一体的充满“科幻童趣”的科普长廊和突显了办学特色的教育环境。

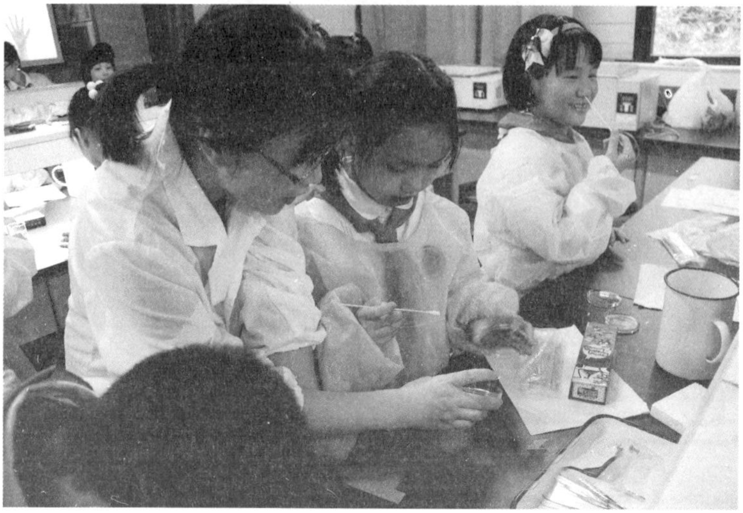

图3 学生在同济大学实验室做细菌培养实验

1. 科技小发明

故事一:年龄最小的院士

“妈妈,我要洗手!”7岁的小颙琦一边舔着沾在嘴角的冰淇淋,一边甩着滴上冰淇淋的黏糊糊的双手,向妈妈求助。妈妈拉着他,大步向步行街上的商家走去。

“有没有水龙头?能给孩子洗洗吗?”

“不行,不行,这是公家的水,大家都来洗,水费谁出!”营业员一口回绝。

原来安排好的逛街计划,因为这“无法洗的双手”只能泡汤了。

妈妈来到电话亭里,给爸爸打了电话,让他来接母子回家。小颙琦撅着嘴,皱着眉,扫兴地看着妈妈投币、拨号、通话,头脑中尽是营业员的话:“收费”“计价”。平时学校的小发明组,就要求大家遇到生活中的“麻烦事”,想办法去解决,或“加一加”,或“变一变”,或“减一减”,运用创新思路,改善我们的生活。突然,小颙琦的嘴角扬了起来,眉毛舒展开来了,眼睛中闪现出兴奋的光芒。

第二天,科技辅导员濮老师来到小颙琦的家,师生、父子三人“躲”进书房,讨论起来。一会儿又“叮叮当当”地忙碌开来,过不多久,一个新奇的玩意“诞生了”。

这是一个方匣子,它的上方有一个硬币投币口,投入硬币,转动旋钮,连接着水管的水龙头就打开了,缓缓流出一股“清泉”。

小颙琦凭借“投币水龙头”的发明,获得了国家专利证明书,成为当年第一批中国少年科学院小院士中的一员,年龄最小。

小颙琦的成功,也激发了更多的同学参与发明的热情。学校成立了小发明队,每年都有许多小发明作品在创新大赛上获奖,新的“小院士”层出不穷。

章本荣坚持实施对全体学生健全人格的教育,培养学生成为精神饱满、情绪愉快、学习自觉、手脑相长、关系和谐、行为举止受人欢迎的小学生。同时将“手脑相长,健康向上”作为学校的办学理念,逐步形成了科技特色,提高了全体学生的综合素养。

故事二:我也要探究

那天小明难过极了,学校的小发明组挑选组员,他没被选上。虽然老师以“名额有限”来安慰自己,但是小明看着那些被选上的大队长、中队长,明白自己的学习成绩不那么出色,老师根本不会考虑让课余还要花时间完成作业订正的学生参加小发明活动。可是小明心里不服:凭什么就认为学习成绩差的学生不能探究发明?自己最喜欢看《十万个为什么》,最喜欢装拆家里的玩具、闹钟,最喜欢拿瓶瓶罐罐配制奇奇怪怪的液体。总之,自己感觉自己就是一个“小科学家”。小明知道,班中有类似不满想法的同学还有许多。

过了几天,班主任兴奋地告诉大家一个好消息:全校要开设校本课程——“科技坊”了。小明听了高兴极了,自己也能像小发明组的同学一样在老师的指导下开展科学研究了。

小明清晰地记得老师给他们班上的第一节“科技坊”课是“喷泉”。在老师引导下,通过收集资料,他知道了喷泉的种类以及喷水的原理。小明利用可乐加薄荷糖制成的喷泉,喷得很高很高,他得意极了,自己的优势终于得到了发展。这样的课满足了所有热衷科学探究的同学。

2. 城市学校少年宫

2013 年 12 月,在上海市小学优质校本课程展示中,章本荣做了校本课程“科技坊”的主题发言。学校围绕课程建设的两个课题“开放构建、虚实融合的校本课程实践研究”“虚实融合的校本课程学业评价实施方案研究”分别获得上海市普教科研成果二、三等奖。为课程实施建设的典型环境被市教委评为“上海市学校城市少年宫”,学校被评为上海市科技教育特色示范学校。

故事:校园里驶来了“南船北车”

2013 年 9 月,小林和同学们一样,迫不及待地想回到修葺一新的校园里学习生活。

走进“新”校园的那一刻,真让小林大吃一惊,位于北面的教学大楼的底楼居然“开进了”一列现代化的“动车”,校园的南面则是一艘巨大的“中华古船”。

走进这一列“梦幻列车”,每节车厢里更是别有洞天。

图 4 上海创新实验室——梦幻列车

“森林寻梦”车厢里营造的是热带雨林的场景。头顶上小猴子在树枝间跳跃,小鸟叽叽喳喳地在枝头鸣唱,一股清泉从小山上潺潺流下。更让小林吃惊的是,在展示橱窗的下方有三个圆洞,伸进手去就能摸到“小动物”,过了几秒钟后,橱窗中“丛林里”灯光亮起,藏在其间的“小动物”闪亮登场,这“小动物”正是前面在圆洞中摸到的“那只”。原来这是让大家用“手摸”的方法了解小动物外形特点。

“极地探梦”车厢里“白雪皑皑”,“小企鹅”摇摆身躯欢迎小朋友的到来,模型橱窗里南极长城站灯光通明,长城站上五彩极光不断变化,绚丽夺目。

小林正睁大眼睛好奇地欣赏着南极光,耳朵里却传来了火箭发射倒计时的声音,他兴奋地循声跑去,原来"火箭追梦"车厢里,一枚模型火箭缓缓升上天空,电视屏幕打开,出现了火箭在空中分离,对接,宇航员在太空舱中穿行的场面,接着模拟"回收舱"缓缓下降。

更让小林兴奋的是"宇宙萦梦"车厢里"满天星空",八大行星能通过遥控器的选择,转动并播放语音信息,从而让参观者了解相关知识。操作电脑屏幕,还能让模型车在"月球"表面探索前进。"这真是一列梦幻的列车",小林不由自主地赞叹道!

放学了,小林又和几个男同学来到"中华古船楼"里,这里的郑和七下西洋、电子沙盘、虚拟航海、古船模制作,更让大家乐不思蜀。

现在小林特别自豪,因为自己的学校越来越美了,有那么多供同学们上课、社团活动的专用教室。听老师说"梦幻列车""中华古船楼",还有"心灵加油站",都被评为上海市创新实验室。

3. 国际象棋

1994,章本荣校长找到上海国际儿童广场弈园俱乐部教练朱良潮先生,拉着他的手说:"要顺应时代的要求,培养同国际接轨的21世纪的人才,必须会下国际象棋。"朱良潮教练被章本荣的真诚所打动,这一天,他们谈到很晚很晚……

曲阳四小在1994年秋的入学新生中开展了教学改革,设立了国际象棋班,以使学生在课外有特长和爱好。国际象棋班每周两节课,面向全校举办兴趣班。在大力普及的同时,学校成立了校队,常年坚持每周训练一次,为了不断提高水平,章本荣邀请谢军、叶江川等世界棋坛高手来校指导。

几年后,学校棋队多次荣获上海市团体冠军、全国团体亚军,先后有十多位同学获得全国个人冠军。1998年,曲阳四小被中国棋协命名为全国小学国际象棋传统学校。

故事:与世界冠军下和棋的小姑娘

1998年5月,俄罗斯棋手卡尔波夫来到上海,卡尔波夫是当时世界棋坛叱咤风云的人物,是国际象棋历史上第12位世界棋王,曾称霸棋坛10年之久。被称为棋界“丛林巨蟒”的卡尔波夫,拥有杰出的稳健调动子力的能力,往往通过系统稳健的方式如巨蟒缠身般扼杀对手。

当时,他和21名青少年选手进行车轮大赛,一路所向披靡,小棋手纷纷落马,卡尔波夫充分显示出王者之风。一位9岁的小女孩,是唯一逼使世界棋王做出“十”字手势,向她提和的选手。赛后,卡尔波夫说:“这小姑娘有天赋。”合影时,卡尔波夫特意将小姑娘拉到自己的身边。

这位小女孩,就是五年级学生——小邢。

“吾家有女初长成”,可喜可贺!

夏老师是小邢当年的班主任,回忆往事,夏老师满含深情。因为小邢是最令夏老师骄傲的一个学生,她曾在西班牙巴塞罗那国际象棋比赛中勇夺少年组第六名,是当时国内小学生最好的成绩,并获得上海市十佳好少年荣誉称号,后来还考上了北京大学。

“手脑相长,健康向上”的办学理念,在章本荣及团队的引领下逐步得到实现,在继国际象棋的发展后,“机器人”项目成为学校的又一亮点,学校还建成了高标准的机器人工作室。学校代表队连续四次获RCJ2010年至2013年的全国青少年机器人比赛一、二等奖,赴新加坡参加世界青少年机器人比赛获第三名。作为虹口区学生舞蹈团舞蹈基地,学校舞蹈团多次获得上海市“金孔雀”舞蹈比赛一等奖、创作二等奖。

人类因梦想而伟大,事业因激情而超越。

毋庸置疑,章本荣是一位典型的教育追梦者,一位怀揣教育激情的追梦者,为了实现梦想,他永不疲倦地思考、实践和超越。

复旦大学附属中学

将“育人”写在教育的旗帜上

岁月留痕

日月光华，旦复旦兮。

复旦大学附属中学秉承复旦大学的精神引领和文化传承，以“博学而笃志，切问而近思”为校训，并始终坚持“把人的培养放在首位”，全面实施素质教育。70年来，复旦附中始终将“育人”写在她的旗帜上：以大写的“人”为根本，追求卓越、体现崇高，富含青春的活力和文化的凝重，透射着智慧之光、学术之思和人性之美，铸造了学校教育的文化之魂。

享有“教育界伯乐”美誉的姜拱绅（1920—1996）在他近三十年的校长任期中，为复旦附中挖掘、培养了众多教育人才。他的尚贤思想和崇高的人格魅力，给附中的办学治校打好了精神的底子，使附中像一汪静水，不为风潮所惊，沉稳而从容地流淌。

跨世纪的“十年校长”曹天任（1941—2009）传承了老一辈附中人的教育思想并将它发扬光大。在曹天任“四个主人”教育观的引领下，附中人始终确信教师不是育分的工具，学生不是得分的机器，学校不是流水线的工厂，“立德树人”才是教育的核心。因而静气成为附中不变的底色，大气是附中高蹈的胸襟。

曾容（1933—2009）——中学数学界响当当的名字，在附中的教育沃土上耕耘了五十五年。卢元，上海市首批特级教师，语文教育界重量级的人物，他也将大半辈子奉献给了附中，将“培养大写的人”为毕生使命。像曾容老师、卢元老师这样的老前辈引领着附中老师用理想教书、思想教书、学养教书、情怀教书，感染着复旦附中教师们将职业演绎为事业，将教学升华为育人。

图 1　学校部分老师与苏步青先生合影(左起:曾容、谢应平、苏步青、何慧湘、曹天任、陈金辉)

校史回眸

1950 年,担负着为新中国培养有文化的工农干部和国家建设人才的历史使命,复旦附中的前身——华东人民革命大学附设工农速成中学应时而生(图 2)。第一任校长赵平生提出了“大众哲学和文化大众化”的办学思想,在这一思想指导下制定的教学策略,重视教学中理论的归纳与实践的联系。第二任校长郝达,注重教学规范建设和教材开发,积极营造科学的教育氛围。可以说,办学初期,正是凭借这批新中国教育先贤们的远见卓识,为学校后来的发展奠定了坚实的基础。

1955 年,学校由江苏转迁到上海,经历了由复旦大学附设工农速成中学、劳动中学、复旦大学工农预科的历史变迁。时任校长方宗坚主张拓展学生自由的学习空间,鼓励学生参加社会实践与公益劳动,聘请大学教师来校介绍先进科学技术和文化,指导学生科学实验。学校教育在走与工农相结合和生产劳动相结合方面做出了显著成绩,得到上海市教育局的充分肯定。

图 2　1950 年 9 月 11 日华东人民革命大学附设工农速成中学开学典礼

图 3　1955 年复旦大学附设工农速成中学的校舍

1959 年,学校更名为复旦大学预科,由姜拱绅担任校长。学校积极探索城市基础教育发展的有效模式,提出了"全面主动关心每一个学生的成长"的教育理念,重视文理兼备,突出实践环节,教师的教育教学水平普遍提高,学生的学习能力大为增强。这也是附中的教育从教育对象、教育内容发生质的变化以及体制转型的重要阶段。

伴随新中国的建设步伐,1962 年 12 月 1 日,复旦大学附属中学正式命名,由复旦大学校长陈望道先生题写校名,姜拱绅担任附中校长。正是姜拱绅及同仁们的励精图治,复旦附中"为国育人"的教育理念得以全面提升,确立了"重教学、重基础、重思想、重师资"的办学宗旨,培养了一批批高素质的人才苗子。

传承着一贯重视师资建设的战略认识,第二位"十年校长"曹天任坚持"兼容并蓄"的民主管理方针,坚持"一切为了学生"的衡量标准,塑造了宽松而又紧密的工作氛围与人际关系,使学校所拥有的 10 余位特级教师、50 余位高级教师的"富矿"资源得到充分展现与发挥。

"做学习的主人,做学校的主人,做国家的主人,做时代的主人"——这四个"主人"明确了附中新时期的育人目标,复旦附中也成为上海市第一批实验性示范性高中之一。

第三位“十年校长”谢应平追求“无为而治”的管理境界，为附中敬业爱生、专业博学、教有特色的教师提供了广阔的教学研究舞台。教师们吸取了西方现代教育中重实践、重创意、重个性的理论优势，结合附中实情和中国文化传统，各尽所能，推动着附中教育改革的深化。

学校分别于2012年、2015年在时任校长郑方贤的策划推动下，按照上海市政府和上海市教委要求，实施优质教育资源辐射新建城区，成立了浦东新区复旦附中分校和复旦附中青浦分校，以上海市实验性示范性高中的标准和政策统一管理和建设，有效推动和提升区域教育发展，满足当地对优质教育的需求，为实现教育公平做出贡献。

已是桃李遍地、奖誉无数的复旦附中，在现任校长吴坚的领导下，创设“环境自由，规划严谨，体验深刻”的学校教育生态，将学生培养成为具有人文情怀和科学精神，具备学术素养和国际视野，国家认同与文化传承并驾，服务社会与责任担当齐驱的全面发展的人。

历史撷英

姜拱绅校长办学从实从严

复旦附中的校园里矗立着一座姜拱绅校长的铜像。姜拱绅已经故去二十多年了，但同事、后辈、学生每每谈起这位老校长，总感慨万千，景仰无限。

1950年，姜拱绅大学一毕业就分配到复旦附中的前身工农速成中学。学校由工农速中更名复旦预科，又更名为复旦附中，他则由普通教师而为教导主任，继而为校长，并从1959年起在校长岗位上坚守了26年。1985年，已经65岁的姜拱绅被时任上海市市长汪道涵亲手授予名誉校长任命书，当时获此殊荣者全市仅有八人。

从1950年到1990年，姜拱绅在复旦附中度过了41个春秋。他把自己的毕生精力献给了复旦附中的教育事业，他爱才惜才，识才用才，他无私无畏，不偏不倚。全国语文名师黄玉峰在《十年难酬知遇恩》一文里深情回忆了姜拱绅对他的发现、赏识、考验和爱护。

黄玉峰当时在松江一所少体校任教，想要有所为却苦于无处为。姜拱绅在一次看似随意的谈话中，借机对黄玉峰进行了“面试”，并在半个月后让他来附中试教《送东阳马生序》。当时听课的，除了最早到场坐在最前排的姜拱绅，还有卢元、步根海、过传忠等在当时已负盛名或颇有建树的语文老师。黄玉峰的试教课受到大家的认可，但真正调任附中，却经过一年多的周折。姜拱绅几番修书松江教育局领导，还亲身驱车奔波至松江面谈。黄玉峰在文章中这样写道：“我当时真是受宠若惊。复旦附中在我心目中是一所神圣的殿堂，今日我竟有幸登上她的三尺讲台！我佩服姜公的勇气和魄力，竟敢将一个小县城的小教师，越级简拔。我下决心，不负所望。”

来附中后，黄玉峰开了几堂精彩的公开课。在他颇为得意之际，姜拱绅语重心长：“作为交流，公开课有它的作用，但不要搞那么多花花草草，像做戏那样。学语文，要引导学生多读书，不要变成课堂表演。要多花点功夫在实处。”

要多花点功夫在实处——这句话朴素无华却又掷地有声！这也是姜拱绅 32 年治校理念的高度概括。正因为求实，所以才能“眼中有人”而不看虚名；也因为求实，所以才能“爱才心切”而切中肯綮。

姜拱绅对人才的珍视是有口皆碑的。每当一个好教师被调走时，他总会感慨：“怎么让他走了，可惜！可惜！”有时，学校调来年轻教师，也会被他邀请到家里，拉拉家常，聊聊工作，谈谈人生——就像当年他对黄玉峰那样，对教育的才华和热情不吝称赞，对出现的问题和干扰也不留情面。

姜拱绅的“求实”还体现在他对教育改革的理解和把握上。他认为教育改革要渐进，走小步，而不能搞突进，走大步。建立稳定的教学秩序是首要之举，否则别说改革难以实现，连正常的教学也难以开展。在 20 世纪六七十年代政治风潮的“八面来风”中，附中虽不能幸免，却也因姜拱绅的影响和坚守而保持着一点“任尔东西南北风"的定力和勇气。

1962年开始,上海市决定取消工农速成中学或预科毕业生可以直升大学的资格,预科毕业生一律参加全市统考。消息来得非常突然,临近毕业的学生几乎没有多少复习迎考的时间了。得益于长期稳定的教育秩序以及一以贯之的扎实、厚实的教育方法,附中取得了第一榜(重点学校)70%,第二榜(一般学校)时增至90%的好成绩,这在当时引起了很大的轰动。1962年至1965年,附中不仅高考大面积丰收,而且育出了许多德才兼备的人才苗子。这几届毕业生中有不少人后来成为复旦大学管理、教学"双肩挑"的骨干力量,有的还在高级领导岗位上担任重要职务。

姜拱绅在任期间,为高校输送了近万名人才苗子,学校曾出现两次"人才高峰"。他提出"两个课堂实现三个目标"的办学方针,实施以大中学衔接为中心的教改试点,适度减少必修课课时数,推行选修课和免修课程制度,全面发展学生、拥有特长学生及各类型尖子生。这一办学方针,到现在仍然具有生命力。

姜拱绅在《育人之道》中这样写道:"有人说我是保守派校长,也有人说我是传统派校长。其实我不是保守派,也不是传统派。我是讲实际,如果称派,我便是务实派。"姜拱绅在20世纪60年代初期为复旦附中总结出"脚踏实地,艰苦奋斗,五育兼修,为国辅才"的校风,"从实从严,知能并重,团结互助,教书育人"的教风,"刻苦踏实,一丝不苟,勤于思考,勇于进取"的学风。在他的教育智慧和人格魅力的引领示范下,在优良的校风、教风与学风助推下,复旦附中向中国基础教育的领军地位稳步迈进,并放射出了她璀璨的教育光芒。

学校历史上跨世纪的"十年校长"曹天任

"要懂教育规律,按规律办事",这是姜拱绅之后历任校长的共识。20世纪90年代初,曹天任接任校长一职,他是附中历史上跨世纪的"十年校长"。曹天任儒雅谦恭,说起话来不疾不徐,为人处世宠辱不惊,有一股淡定从容的气息。从上任的第一天起,他就把自己的校长身份看成是服务学校、服务老师、服务学生的奉献者。曹天任是复旦历史系毕业的硕士,教学与管理的绩效也很显著,照理他早就可以申报特级教师了,但他总把机遇和荣誉让给一线教师和其他干部。有一次,正巧他所在的历史教研组的另一位老师也想尝试申报特级,但跟曹天任的学历、资格与绩效相比,自感不如而犹豫不决。曹天任知道后明确表态:“让给第一线的!”在曹天任的鼓励下,这位老师在业务上精益求精,经过两轮申报,最终如愿以偿。喜讯传来,曹天任笑得格外开怀。

面对荣誉,他谦让不争;面对管理,他张弛有道。在附中的教坛上,曹天任工作了20多年。他了解附中教师的人生理想与个性品格,他们有追求、有情怀、有思想、有温度。对于高素质的教师队伍,如果采用泰勒式大机器生产的企业硬性管理方式,甚至“管、卡、压”的背时做法,显然是不明智的,因而曹天任管的是“人心”——创造宽松的氛围和条件,让老师们充分发挥各自所长,让校园“百花齐放”。

有一位老师热心教育改革,自己编教材,采用新教法,效果也不错,报刊常有报道,可谓“墙里开花墙外红”。但也有老师对此不以为然,坚持认为自己的教学法效果更显著。面对这样的分歧,曹天任采用的是兼容并包的策略,只要学生得益,多种教学方法并存的局面是正常与合理的。他支持热心教学改革的老师,帮助其克服困难,推进改革,扩大成效;他也认可坚守传统教学法的老师,并不强求一致,硬性推广,而是希望大家取人之长补己之短,互相切磋,互相促进,目的只有一个——有利于学生成材。

育人之术各有其妙,但育人之心不可稍懈。曹天任在学校管理中不愿去塑造“绝对权威”的校长形象。他认为“领导讲的就要办”会导致不民主,也会束缚教师智慧。因此他做事喜欢找教师商谈,有时要与不同层面不同立场不同风格的老师三番五次地畅谈。他宁可让一个决策的出台慢一些,也要保证这个交流过程的充分、全面、彻底,从而将更多的老师团结在一起,志相同了,道才能合。

曹天任的深思熟虑和高瞻远瞩也体现在他对学生培养的理解上。他提出了“做学习的主人,做学校的主人,做国家的主人,做时代的主人”的育人目标。基于这样的目标,学校除了关注高中三年期间学生的全面成长,还要考虑学生升入高校甚至踏上工作岗位后的可持续发展。所以曹天任和老师们从不醉心于光鲜的考试分数和竞赛成绩。他说，学校的指导思想不是单纯考取高分和获取奖牌，而是通过考试竞赛鼓励学生培养敢于超越自我，敢于同高手较量的信心；成败是暂时的，建立起这种信心却是终生受用的。曹天任也总是规劝学生不要浮躁，要脚踏实地；不要稍有成绩就自以为是什么“家”、什么“星”了，外面的世界更广阔，人生的道路非常漫长，将来的变化还很多，不必急于定型，可以多做尝试，逐步加深对社会的理解和对自己的认识，不要求样样全优，但应该努力追求基础宽厚，将来才有可能成为顶天立地的人。

图4　1994年校园改建前校景

有人说，一个学校教育质量的好坏，看教师；教师水平的高低，看校长。复旦附中培养的人应是健康的人、大写的人，这是附中人办学的坚定态度。这种坚定的态度反映在历任校长的办学行动中，他们坚持有所为，有所不为。从姜拱绅的学生“五育和谐发展”，到曹天任的“四个主人”，再到谢应平的“一切为了学生健康成长”，以及如今吴坚“践行博雅教育”的时代解读，附中办学思想从不随波逐流，而是认准一个方向——读书做人、育人为本；认定一个目标——紧密围绕“人”的全面素质成长用心用力；认定一种心态——扎扎实实读书，安安静静办学。

图 5　1994 年校园改建前的操场

附中教师队伍的杰出代表

校长是一个学校的灵魂，决定着这个学校的品相，而教师是一个学校的血脉，透露出这个学校的气质。复旦附中的教师不能做知识的搬运工和乏味的教书匠，而是要以自身学养作为传授学问、启示学问的前驱。他们应该是智者，具备广阔的知识视野和理论素养，善于教导学生，开启心智；他们也应该是仁者，具有高尚的道德修养和人格魅力，春风化雨，滋润心灵。曾容老师就是附中教师队伍的杰出代表。

曾容 1951 年从福州考入浙大数学系。适逢新中国成立后首次高校院系调整，曾容和恩师苏步青一起，随全系并入复旦大学。1955 年，他毕业后来附中任教，从这一天起，他就为附中及中学数学教育奉献了自己全部的人生，直到 2009 年 5 月病逝。

曾容不苟言笑，给人的第一感觉是“凶”。他目光炯炯，眼里容不下沙子，有时会不顾场合直言不讳而让人下不来台。对学生的问题，他绝不苟且敷衍，定要说清道明，让人心服口服。但值得深思的是，被他“凶”过的老师学生往往并不怪他，更不会记仇，好多还成了他的“忘年交”。

附中1976届毕业生，后来也做了中学老师的郑跃星有一次请曾容指点一堂复数概念课的教学。郑跃星精心查阅了大量的资料，试图呈现复数概念发生发展的过程，希望学生得到数学文化的熏陶。课在他的预期下顺利完成了，他期待着曾老师的指点和认可。但情况却与预料的完全不同，曾老师在办公室里神情严肃、措辞激烈，几乎把这堂课说得一无是处。经过反思，郑跃星发现曾老师确实"凶"得有理，一堂课的成败关键在于是否体现了学科的核心价值，在数学的"过程教学"中，不能止步于"是什么""为什么"，要深入到"还有什么"中去。有些老师一直保存着当年曾容写给他们的纸片。这些纸片上都是曾容听课前后亲笔写下的同题教案和教学感言。有错字别字的指正，有数学概念的辨明，有思维架构的搭建……老师们在教案里、上课中的疏漏、模糊甚至错误的地方，曾容都逐一拾遗补阙，纠正纠偏。

附中老校长过传忠与曾容同事数十年，他用"憨"字来形容他。曾容是中国数学会的理事，是首届"苏步青数学教育奖"获奖人，这在中学界凤毛麟角。他在学术上有崇高的地位，与谷超豪、李大潜等大师级人物都有私交，但他从不张扬。曾容生活十分简朴，所住的单间小屋里最多的就是与数学教学相关的书籍。一日三餐他都在食堂吃，回到小屋就是他宽广无垠的数学天地。

曾容长期担任上海市中学生业余数学学校的校长。当时这所学校设在上海中学，曾容几乎每个双休日都骑着他那辆老自行车，从上海的东北角一直骑到西南角，单程至少20多公里，无论刮风下雨，无论严寒酷暑。作为一所重点培养少数中学数学特长生的业余学校，曾容用他的专业学养和人格力量吸引了上海一批顶尖的数学教师来任教。通过双休日的集中培训，这里涌现了一大批数学人才，先后有十多位学生在国际数学奥林匹克竞赛中获得金牌。在全世界难度最大的美国大学生普特南数学竞赛中，连续两届比赛的第一名获得者，都是这个学校的。

附中数学特级教师李秋明是曾容一手带出的高徒。他说，曾老师教了一辈子的数学，独创了"大致粗通""细微精通""融会贯通"的"三通"数学教学法。其实他的教学理念很朴素，就是要让学生明白，许多具体的演算步骤和公式概念，或许会在走出校门后渐渐遗忘掉，但映入脑海里的数学思想及思维能力训练，却是终身受益的。

2007年曾容体检时查出罹癌，他瞒着学校和家人，像往常一样在办公室、教室间穿梭；等病情加重瞒不下去了，他首先想到的是嘱咐知情者“不要再惊动更多人”；动完手术的第五天，他又出现在课堂上……

临终前，曾容把一生的积蓄65万元悉数捐赠给学校，并表示不要以他的名义设立奖学金。

数学是曾容安身立命的高贵信仰。他的“凶”，他的“憨”，其实是他对数学教学的赤子之爱。

在附中，以赤子之心忠诚于教育事业、倾注于学生培养的又岂止曾容先生一位呢？上海市首批特级教师，有语文“活字典”之称的卢元先生，也是一位德艺双馨的蔼然仁者。

已九十二岁高龄的卢元老师，如今随二子迁居澳洲，但他的心却始终牵挂着附中。卢元1955年8月进附中工作，从语文备课组长、教研组长到教导副主任、主任，直至1990年退休，退休后又返聘了十年，继续指导语文工作。在附中，卢元耕耘了五十多个年头。他在长期的教学实践和对教育科学的认真钻研的基础上形成了“严”（治学态度严谨，对自己、对学生严格要求）、“实”（踏实、朴实，从学生实际出发）、“活”（教得活泼生动，学生学得灵活主动）、“新”（不断更新观念，更新知识，勇于进行改革和创新）的教学风格，并且总结出“预”“引”“比”“联”“理”“读”“练”“摩”的教学方法，取得了突出成就。

卢元国学根底深厚，赋诗填词不在话下，其书法更是字如其人——字体雍容，笔画圆润，仿佛褪尽了人间的烟火气。卢元上起课来有种格律般的严谨，尤其古诗文，会逐字地讲解，务求学生对每一字都能尽晓其义，达到言文合一。卢元功底深厚，老师们但凡遇到问题向他请教，得到的答案如同查阅字典那样精准明确，甚至比字典呈现的内容还要翔实，因而被大家冠以“活字典”之称。

卢元也以扶植青年教师为乐事，不但圆满地解疑释惑，而且还开列出书单，指导他们阅读，不断修炼内功。他主编《中华学生古汉语词典》《学生古今汉语词典》《古文菁华百则》等书时，附中先后有多位老、中、青年教师参与编写。他对这些教师写的词条、注释和习题，一丝不苟地逐字逐句审阅，进行大量的增补和改换工作，有的条目几乎全部改写，花了比自己写更大的心血，但他丝毫不计较，仍将这些改写的内容归属原作者名下。

“教书育人是我唯一的志趣，也是我最大的志趣。”这是卢元大半辈子不折不扣践行的誓言。早先他的书斋名为“知困斋”，取《礼记·学记》中“教然后知困”“知困然后能自强也”两语之旨。七十岁以后，卢元将书斋改名为“四乐轩”。这是他积七十年生活经验总结出的人生感悟——“四乐”。所谓“四乐”，即育人最乐，助人为乐，知足常乐，读书自乐。可见他将终生献给中学教育事业的决心。

为什么他这样忠诚于中学的教育事业，甚至于 1977 年、1978 年许多高校要调他去中文系当教授时，他都不动心，一定要在中学语文教学事业中贡献自己的毕生精力？

卢元在一次采访中这样说道：“教育，是党和国家的伟大事业，而中学教育，是基础教育，又是承上启下的关键教育。中学语文教育这一环不抓好，就不可能培养出国家需要的人才。而语文教育，又是中学教育中的关键课，语文学不好，必然影响到数学、物理、化学等学科的学习……”这个斩钉截铁的回答，让我们看到了卢元的眼光和担当，他的“四乐”乐得多么高尚，乐得多么深邃，乐得多么在理！

大海襟怀松柏操，
鞠躬尽瘁育新苗。
来生倘或如吾愿，
再做园丁志更豪。

卢元老师的这首七绝，不仅是他一生从教的真实写照，也是附中诸多老前辈在教育沃土上深耕细作了一辈子的初心远旨。张大文、邹家元、俞永亮、陈国新、唐文钧……这些在各自学科领域做出不凡贡献的老师们，都是附中之光，成就了附中的辉煌。

上海交通大学附属中学

思源致远，创生卓越

岁月留痕

上海交通大学附属中学的前身为创建于1955年的上海市工农速成中学，学校自诞生伊始就肩负着培养新中国建设人才的光荣使命。1958年，上海市工农速成中学完成了历史使命，更名为交通大学预科。1964年，学校正式定名为上海交通大学附属中学。

图1　上海交通大学附属中学20世纪六七十年代校景

作为大学附中，学校在发展过程中深入探索基础教育与高等教育的高水平衔接，为国家培育创新型人才。1992年学校开设“交通大学预科班”，与上海交通大学联合培养人才。2009年学校成为上海市四所“探索建立拔尖创新人才培养基地”项目试点学校之一，并先后获评全国普通高中特色学校、上海市头脑奥林匹克活动特色学校等称号,在社会上享有“准大学生的摇篮”的美誉。我国著名的科学家钱伟长称上海交大附中为“高素质人才的摇篮”,时任市长徐匡迪曾题词赞誉:“此地真高境,桃李满天下。”

2002年,学校贯彻党和国家的教育方针和民族政策,开办内地新疆高中班,为促进各民族共同繁荣、共同进步做出了贡献。此后,学校又先后创办国际部、IB国际课程中心、民办浦东交中初级中学,托管交大附中浦东实验高中,承办交大附中嘉定分校、交大附中闵行分校,组建了交大附中教育联盟和上海交大附中(闵行)教育集团,为上海教育的高水平发展和优质教育资源的辐射做出了突出贡献。

校史回眸

1954年,上海市根据党中央作出的“工农速成中学必须以最大努力,大量地加以发展”的指示精神,创办了上海市第一工农速成中学、上海市第二工农速成中学;华东纺织工学院创办了“华东纺织工学院附设工农速成中学”;上海第一医学院创办了“上海第一医学院附设工农速成中学”;中央人民政府建筑工程部也创办了“中央人民政府建筑工程部工农速成中学”。速中学生用4年时间学完初高中6年的课程,毕业后直升各类大学继续深造。1955年,上海市教育局、高教局致函中央教育部,决定将一速中、二速中、华纺速中、上医速中四校合并,成立上海市工农速成中学。钱君洪担任上海市工农速成中学首任校长、党委书记。同年11月,中建速中并入上海市工农速成中学。

1958年,交通大学(上海部分)向上海市委建议,将上海市工农速成中学改为交通大学附属工农中学。同年,上海市工农速成中学更名为“上海交通大学工农预科”,而后改名“上海交通大学预科”(图2)。1962年,遵照上海市委指示,上海交大预科移交上海工学院,学校改名为上海工学院预科(图3)。同年,按照上海市统一规定,上海工学院预科改名为上海工学院附中。1963年,上海工学院附中与上海工学院脱钩,学校改名为上海市交通中学,并迁至上海市殷高路42号校址。

1964年，经上海市委批准，学校重归上海交通大学领导，学校再次更名为上海交通大学附属中学。

图2 上海交通大学预科所在地

图3 上海工学院预科(附中)当时的学生宿舍办公楼

作为大学预科、大学附中，学校在发展历程中深入探索基础教育与高等教育的高水平衔接，为国家培育创新人才。1992年学校开设“交通大学预科班”，与上海交通大学联合培养创新人才。2009年学校成为上海市四所“探索建立拔尖创新人才培养基地”项目试点学校之一，招收科技实验班。2010年，学校头脑奥林匹克社团获得当年的全球头脑奥林匹克竞赛冠军，并获时任市长韩正同志的接见与嘉奖。自2009年以来，交大附中学子在各级科技创新类赛事中获奖千余人次，从中涌现了数十名代表中国在国际中学生科技舞台上展现风采的学生，国际天文联合会以其中两位同学的名字命名了两颗小行星作为表彰。

21世纪以来，学校积极发挥优质教育资源的辐射带动作用。2002年，学校贯彻国家的教育方针和民族政策，积极承担国家任务，开办了内地新疆高中班，为促进各民族共同繁荣、共同进步做出了贡献。此后又先后创办国际部、IB国际课程中心、民办浦东交中初级中学，托管交大附中浦东实验高中，承办交大附中嘉定分校、交大附中闵行分校，组建了交大附中教育联盟和上海交大附中(闵行)教育集团。

近年来，交大附中坚持“依托交大，内实外名”的办学策略，发扬“求实、求高、求新”的办学传统，生成了“思源致远，创生卓越”的办学理念。学校不断深化内涵发展，初步形成了以高中生"生涯发展规划"、基于整体发展的"科技特色课程"等为代表的办学特色。面对教育现代化带来的新机遇、新挑战，上海交通大学附属中学正朝着"现代教育领先，国内著名、国际知名的实验性示范性高中"的目标迈进。

历史撷英

道德文章滋后生——语文教育大家沈蘅仲先生

沈蘅仲（1919年—2016年），江苏海门人，中国民主同盟盟员，当代语文教育家。1940年毕业于上海国学专修馆。1941年参加教育工作，1954年调上海交通大学附属中学任教。1956年荣膺陈毅市长签署的"上海市优秀教师"称号，1978年荣获首批"上海市特级教师"称号。曾任全国中学语文教学研究会常务理事、上海市语文教学研究会副会长。

对于语文教学，沈蘅仲老师认为：语文教学要让学生打好扎实的基础，首先要让学生掌握知识，若要再进一步提高，就得打开思路，活跃思想，即要求学生做到学得灵活、学以致用。教学既要实，又要活，就要力避忽视基础知识的架空分析，也要防止脱离课文孤立讲解知识。同时，还应通过课内带动课外，广泛阅读，让学生扩大知识领域。扎实和灵活，不只是就一篇课文、一堂课而言，还包括注意从整体出发。一方面要掌握教材体系，从整体考虑；另一方面，每节课、每篇课文、每个单元、每个学期以至于一个学年要完成怎样的教学任务，如何完成这些任务，教师都应根据大纲的要求，形成一个明确的总体观念。这样，在使用教材、讲解文章、传授知识、指导写作、总结复习时，就有了总体要求，教学上就会多而不杂，繁而有绪，聚零为整，反复加深。

沈蘅仲老师举过一个例子：曾有一个学生，从交大附中毕业后，分配在工厂里负责宣传工作，还在厂里开设写作讲座并受到好评。有人对他能够讲得头头是道感到奇怪，这个学生告诉他们：材料大多来自中学语文课的笔记。原来，为了让学生把学过的读写方法上升为理论知识，沈蘅仲老师在教学时集中了教材中涉及读写的知识，将知识短文和练习题以及教材结合在一起，编讲了许多读写知识的小专题用于指导学生写作实践。学生不但当时受益匪浅，而且积累下来成了以后工作中有用的材料。

沈蘅仲老师在语文教学方面注重培养学生的品德和能力，主张学生要学得扎实、用得灵活，其在写作及古诗文教学领域建树尤为卓著。

自20世纪60年代初始，沈蘅仲老师力倡并推进学生课外练笔活动，强调“人人读、人人记、人人练笔”，极大地调动了全体学生的学习积极性，切实提高了学生的读写能力，逐渐形成了交大附中具有传统特色的语文教学法，其影响覆盖沪上并辐射全国。

沈蘅仲老师著有《语文教学散论》《知困录——中学文言文备课札记》《知困录——中学古诗词备课札记》《孟子菁华》等多种学术论著。这些著作成为几代语文教师学习、运用，并从中受益的案头书。

沈蘅仲老师《知困录》一书自问世以来，在中学语文教育界具有广泛而深远的影响。“学，然后知不足；教，然后知困……知困然后能自强也”——这是沈蘅仲老师拈取“知困”作为书名的原因。在该书中，他以每一篇具体课文为立足点，就此文所涉及的方面辐射开去，凡有用的资料都尽可能收集到。因此，该书所辑录的资料对教师备课具有很大的帮助。即使在今天，由于沈蘅仲老师勘编材料严谨可靠，该书仍然具有考定正误的权威参考价值。

沈蘅仲老师不仅在专业上深入严谨，在生活中也严于律己。沈蘅仲老师家住市中心卢湾区，到地处宝山高境庙的交大附中上班，几十年如一日，从不迟到早退，做人做事与推敲学问同样一丝不苟。

沈蘅仲老师国学底蕴深厚，通诗文，能著述，正直忠厚，温文尔雅，待人和蔼可亲。1999年，华东师大赵志伟、上师大商友敬、复旦附中黄玉峰等几位老师去沈蘅仲老师府上拜访，本想请已经退休的老先生谈谈对当下语文教学的看法，孰知老先生却说：“我已经离开语文课堂多年，不了解情况，不便多说。”后来谈及他的母校上海国专，谈到了他们那时候的诗词背诵，一时兴起，沈蘅仲老师用“唐调”（他的老师、国学大师唐文治先生倡导的吟诵法）吟诵起《诗经》“小雅”中的一首诗，意犹未尽，沈老又吟诵了苏东坡的《水调歌头》。2007 年，杨浦教育学院开设了“古诗词的学与教”教师培训班，并增加古诗词吟诵的教学内容，计划采录几位前辈学人各有特色的古诗文吟诵调，沈蘅仲老师亦在其列。当时，沈蘅仲老师已退休多年，在家颐养天年，一听说此事，便一口答应。2010 年 6 月，杨教院有关老师与摄录人员便登门拜访沈蘅仲老师。当天，沈蘅仲老师不仅当场吟诵了几首古诗词，还将家藏的所有与吟诵有关的文字和音频视频材料都交给了来访的老师，请他们拿去整理，并说：“不要写借条了，都交给你们。我已老了，无力处理了，希望对你们有用。”老教师的拳拳之心令在场的老师们无不动容。

凡是青年教师向沈蘅仲老师求教，总能获得满满收获，并为沈老师的人格魅力所深深折服。有一次，青年教师们登门求教时带了几样水果糕点，沈先生便小声说：“我们都是俗人，但也想学做一些雅事。这个就不必了”，既表明了他的态度，又没让青年教师们下不了台。但每当青年教师奉上自己的新著或学员作品集，沈蘅仲老师都非常高兴地收下，并予以鼓励。

沈蘅仲先生毕生从事语文教学工作，他德高业精，堪称典范，教书育人，屡获殊荣。为永远景仰和缅怀沈蘅仲先生，上海交通大学附属中学于 2017 年 5 月将教师办公楼易名为“蘅仲楼”。

与交大附中结缘一生——校友、教师、校领导、校友会创建者陈德良

直到今天，陈德良依然会时常回想起 1960 年第一次站在上海交大附中门前的场景，追忆从中学生到老师，再到校领导，以及退休后创建并负责校友会工作，感慨他与交大附中一同走过的六十余年时光。

1960 年，陈德良以优异成绩考入了交大预科，从此开始了与上海交大附中的缘分。1965 年，陈德良回到母校工作，1978 年，“文革”刚刚结束，陈德良被任命为交大附中团委书记。很快，他的成绩得到了市、区各团组织的肯定，团工作“向心力从何来”的经验在市、区各兄弟学校交流，并在一些报刊上刊登介绍。

学校共青团工作走上正轨后，陈德良在党团工作方面对自己提出了更高的要求。怀着对党的一片赤诚，从1982年起，陈德良在学生中建立党章学习小组，创办了《向往》小报，编辑出版了《党旗飘扬》等学生建党辅导材料。他撰写的《早锻炼、早成熟、早发展》等文章先后发表在《解放日报》《支部生活》等报刊上。《邓小平文选》出版后，他又在学生中成立了邓小平理论研究会，并将自己获得的奖金捐出为团员们购置理论学习书籍。他被任命为交大附中党支部副书记后，更加关心学生的理论学习和党章学习，关心学生政治素养的培养。学生学理论、学党章成为交大附中突出特色。交大附中邓研会多次获评为上海交通大学邓研会优秀分会，以及杨浦区和上海市明星社团，经验交流会多次在交大附中召开。

陈德良重视对学生进行革命传统教育，从20世纪90年代起，他每年组织学生前往革命老区井冈山和延安考察，直至退休前一年，他还亲力亲为，带领学生坐着没有空调的绿皮火车，为革命老区的孩子们带去上海孩子捐赠的书籍。在他的组织下，交大附中与老区的南昌育才中学、延安杨家岭中学结为友好学校。他还促成附中与澳门濠江中学结为友好学校，1999年澳门回归，濠江中学第一个升起五星红旗，表达了对祖国母亲的拳拳赤子心。

鉴于陈德良对德育工作做出的贡献，他被评为上海市德育先进工作者。

陈德良在担任团委书记及党总支书记期间，既走访过全校所有班级的团支部书记及班长家庭，也走访过许多青年教师的家庭。有的师生家在郊区，陈老师就住宿在郊区，等第二天继续访问。他资助过生活困难的同事，也曾资助学生直至上大学，从不计较个人得失。

陈德良常常为了学校而忘我工作。1991年2月的一天，他上班时晕倒在车站上，后急送江湾医院，诊断为胆囊发炎，必须立即开刀切除胆囊。当时正是学校工作的关键时期，他执意请医生保守治疗，直到第二年暑假，才切除了已烂成泥团的胆囊。由于病情比预想的严重，伤口一直没愈合，在医院待了一个月。期间，他为关心新成立的"交大预科班"而偷偷从医院回到学校，引起了医院病人失踪的一场风波。

陈德良善于总结，笔耕不辍，退休后还先后20多次给新教师、新生作学校传统报告,并先后在上海人民出版社出版了《心声——一个教育工作者的心路历程》,以及交大附中三部曲:《从这里走向交大》《从这里走向成功》《从这里走向世界》等书;在学林出版社出版30多万字的游记散文《山水心灯》一书。从20世纪80年代初起至今,他有358篇(幅)论文、通讯报道、游记散文、照片等刊登在报刊上。

陈德良于2004年退休后依然牵挂着交大附中的发展。他还创建了交大附中校友会,联系各届校友,每年协助学校举行校庆活动。陈德良还编辑出版了上海交大附中校友报,至今已经出版了62期,为学校积累了一大批珍贵的资料。经过5年的努力,陈德良把手里大量的资料整理成一部记载学校前50年历史,共计200多万字的校史初稿。

在陈德良家中书房的墙上,挂着一位书法家为他题写的条幅:"晚霞灿烂"。陈德良每天凝视着这四个字,不断鞭策着自己,不断书写与交大附中的深情。

陈德良将自己的一生都献给了上海交大附中,在各个历史时期都为学校的发展倾注了自己的心力。他朴实求真的作风、奉献利人的精神,正是交中人务实有为的精神境界的代表,也是交大附中"大气不张扬,厚重不逼人,谦和不乏创新"的学校文化的生动注脚。

学校大事之一:科技创新活动

2001年,学校在全市率先开设了"课题式综合实践研究性学习"课程,并排入正式课表,让学生在学习基础知识的同时,提高动手实践能力,这也拉开了交大附中学生科技创新活动的序幕。与此同时,学校建立了上海市最早的两个科技特色社团:"蓝色动力"机器人社团和"AMZ"头脑奥林匹克社团,以社团为载体开展科技创新活动试点。

2009年,在中科院院士、时任上海交通大学校长张杰同志的关心和上海市教委的政策支持下,学校与交大合作探索创新拔尖人才培养办法,开办科技实验班,并以科技实验班建设为载体,建构了系统化的科技拓展课程体系。科技实验班的创设,在学校的科技创新领域起到了立竿见影的效果。

2010年,学校头脑奥林匹克社团赴美国参加全球头脑奥林匹克竞赛,并获得世界冠军。全体参赛队员得到时任上海市市长韩正同志的接见与嘉奖。

2012年,曹家骏同学作为中国国家队一员,首次为中国在国际科学与工程大奖赛上摘回大奖。

2014年,附中嘉定分校的姚悦同学摘获国际科学与工程大奖赛计算机类最佳项目奖,刷新了中国高中生在此领域的最佳成绩。

"自主探索,相互激发",开展科技创新活动以来,交大附中学子在各级科技创新类赛事中获奖千余人次,从中涌现了数十名代表中国在国际中学生科技舞台上展现风采的学生。经过20年的实践探索,学校逐渐形成了课内课外一体的教育框架,有课程研发团队、有课程体系、有社团支撑。这一教育实验的经验被上海"二期课改"吸收,研究型课程被纳入了上海市的课程体系,成为高中必修课程的一部分。

学校大事之二:学生生涯教育

学校从2002年开始生涯发展教育的探索,依据各年级学生的生理与心理特点、认知水平及接受能力,设定了"生涯认知、生涯体验、生涯选择"的三年分阶段目标序列。充分利用校内外教育资源,整合生涯规划教育实施的各类载体,开发了生涯理论课程、课题研究学习、生涯体验活动,进而将三阶段学习模型融合于生涯教育的重要载体之中,对高中三年的生涯教育进行了整体构建。从"适应生活"到"筹划发展"到"准备未来",形成了各年级纵向衔接、各类课程和实践活动横向贯通的生涯发展教育模式。

高一阶段主要以生涯理论课程为载体,促进学生适应生活、认识自我。该阶段重点是学习通识类生涯校本课程,尽快适应高中生活,初步了解生涯概念,树立生涯目标。同时学校利用生涯信息系统对学生进行初步的职业兴趣测评,学生结合系统对自身的探索和思考,明确大致发展方向。

高二阶段将课题研究和实践体验活动贯穿始终,促进学生筹划发展、完善自我。该阶段主要通过生涯规划体验、课题自主研究,与中高职学校合作开设的专业体验课，让学生走近社会、了解社会，进一步锻炼学生的沟通、判断、创新、领导等能力，在经历和实践中不断质疑、调整自己的人生规划。

高三阶段开展大学先修课程，辅以生涯指导，促进学生准备未来。学校组织专家、校友、学长、家长对该阶段学生进行个性化生涯指导，平稳心态，做好升学准备。此外，学校还通过与交大、同济、财大、华东理工、交大医学院等高校合作开展大学先修课程，提升学生的生涯决策能力。

学校生涯项目成果引起了社会的广泛关注，《中国教育报》《文汇报》《解放日报》等主流媒体多次大篇幅专题采访报道；合肥一中、东北师大附中、新加坡南洋女子学校和悉尼文法学校等近百所国内外知名中学来校调研学习。该项目成果也为上海市教育行政部门起草《上海市学生职业（生涯）发展教育“十二五”行动计划》提供了实证数据和决策参考。该项目获得 2014 年首届国家级教学成果奖二等奖。

学校大事之三：学生“模拟社区”

2002 年，学生自主管理的组织“模拟社区”成立，学校创造性地引进了城市社区管理的机制，把学校作为一个“小小的社区”，交给所有的学生自主“模拟运行”。

模拟社区分为学生会、服务会及自律会三会，共设十二个部门。其中学生会主要负责校内活动及与其他各高校的交流，服务会主要负责面向校内外的志愿者及实践活动，自律会则注重对于交中学子自我管理的意识、品行的培养以及维护学校日常运作秩序。全体高一新生都会参与为期一年的模拟社区部员工作，同学们根据模拟社区内的规章制度，通过选举产生每一届模拟社区的区长、会长以及部长。模拟社区始终坚持公开、公平、公正的干部选拔制度，学代会的民主投票、模拟社区区长的公推直选、部长的阳光选举等一系列学生干部选拔制度，为模拟社区工作的顺利开展奠定了基础。

模拟社区依托团日活动、班会、社会实践与理论研究等理论社团的阵地优势，通过开展专题讲座、主题班会、“红五月论坛”“传承先辈精神，弘扬志愿奉献”等专题教育活动，促使广大青年学生在实践中树立崇高的理想和坚定的信念，提高了模拟社区成员的思想觉悟。

交大附中模拟社区的品牌十多年来得到了杨浦区学联乃至市学联的肯定,已连续多届被杨浦区各兄弟学校推选为杨浦区学联主席单位,在区共青团大会上作主题发言,代表杨浦区学联参加市学联大会,代表杨浦区高中学校和兄弟区县团委进行工作交流。

图 4　三五楼(原办公楼)

学校大事之四:民族教育

2002 年,交大附中勇挑承办内地新疆高中班的重担。学校目前开办有 8 个内高班,有 350 多名各民族同学。面对不同文化、不同习惯的各少数民族学生群体,学校秉持"严爱细"的管理原则,本着"民族班无小事"的工作态度,一直坚持将政治思想教育放在首位,倡导民族交融,探究管理方法,取得了丰硕的办学成果与业绩。

2010 年,学校新疆部被评为"上海市中小学民族教育先进集体"荣誉称号;2011 年,学校第二食堂被评为"上海市清真食品供应先进单位";2013 年,学校新疆部被评为"上海市语言文字测试工作先进集体"。多位教师获上海市和新疆教育厅先进称号。学校新疆部开展的德育主题活动多次在《文汇报》《解放日报》《新民晚报》《新疆日报》和中央电视台、上海电视台、新疆电视台等多家新闻媒体上刊登并报道。学校内地新疆高中班的办学质量受到了上海市教育委员会、新疆自治区教育厅以及学生家长的高度评价。每年春节,上海市领导同志都会来校慰问新疆班师生,并对我校民族班办班成绩给予高度评价。

学校大事之五:交大附中教育集团

2009 年,为响应上海市市委推进郊区学校建设、扩大中心城区优质教育资源辐射农村力度的号召,由上海交通大学、上海市教育委员会、嘉定区人民政府共同创办，交大附中承办的“上海交通大学附属中学嘉定分校”（简称嘉定分校）正式成立。嘉定分校与本部实行一体化运作，实施教育资源共享、教学管理方法同步、整体综合联动的操作模式。嘉定分校开办以来，社会声誉逐年上升。

2014 年，上海交通大学、上海市教育委员会、闵行区人民政府就交大附中在闵行承办分校达成共识，签订了上海交通大学附属中学闵行分校合作办学协议书，2015 年开始正式招生。闵行分校距离上海交通大学仅 750 米，上海交通大学在师资、设备、资金等各方面对闵行分校的建设给予了全力支持，促进了大学和中学的联动。闵行分校办学以来，学校发展势头强劲，各项教学指标超过预期，与嘉定分校一样，成为又一所教学高标准、办学高起点、家长高赞誉的优质分校。

2017 年交大附中（闵行）教育集团成立，成员学校有交大附中闵行分校、交大二附中、交大实小、交大附幼以及闵行四中、闵行五中、丽江小学，学校为理事长单位；2011 年学校与杨浦区合作成立“交大附中教育联盟”，联盟学校有交大附中、少云中学、中原中学。成立教育联盟后的这几年，中原、少云两所学校的办学质量显著提升；2009 年，在浦东新区教育局的召集主持下，学校托管浦东实验高中，仅 4 年后的 2012 年，这所普通的高中就被命名为浦东新区实验性示范性高中。在整体筹划和战略布局之下，交大附中集团化的办学格局，实现了优质教育向上海市各个区的辐射，在社会上拥有极高的社会声誉。

图 5　五四楼

上海市控江中学

自主、创新，托起“控江梦”

岁月留痕

上海市控江中学，位于双阳路388号。学校创办于1953年，系上海市人民政府在杨浦工人新村创办的首批新型完全中学之一。同年，原私立浦江中学并入。1959年、1977年两次定为市重点中学。1996年起停止初中招生，成为高级中学，2005年被上海市教委评为首批上海市实验性示范性高中。

建校后，学校就承担了两项主要任务：向在旧社会饱尝苦难，失去读书权利和机会的工人子弟开门，接收向往新中国的归国华侨学生入学。20世纪80年代初，在邓小平“三个面向”战略方针指导下，学校开始进行教育教学改革的实验；90年代形成“自主发展教育”的办学理念；21世纪以来，继续秉持自主发展教育，近年来更是把“玩在控江”提炼成为“玩学合一”的育人方式。

控江中学因其历史，也以其行动，努力成为上海高中教育“可示范、可辐射”的中坚力量！

图1　老教学楼

校史回眸

六十多年的历程,犹如缓缓流淌的小河,轨迹清晰可见。回眸历史,校舍旧貌新颜,师生新老交替,任尔沧桑变迁,控江人薪火相传,咬定“自主发展教育”这座“青山”不放松,开拓进取的精神一以贯之。

艰苦创业的20世纪50年代——控江中学的历史起点。学校最初招收高一两个班,初中八个班,后来并入原江浦中学五个初中班。当时,学校的中心任务是:培养工人子弟与爱国侨生成为新中国的建设者。经过六年时间,在全校师生的艰苦努力下,学校于1959年列入上海市14所重点中学之一。

图2 教学楼正面

自强不息的20世纪60年代——控江中学的发展壮大。60年代,学校规模进一步扩大,教育质量大幅提高。如1960届高中毕业生303人,被大学录取290人,其中2名被国家挑选为留苏预备生,仅1965届高中毕业生就有7名被选送公费出国留学。1961—1964年间,学校先后有72位同学响应祖国号召,参加中国人民解放军,走上了保卫建设边疆、巩固国防的光荣岗位。学生入党、选派出国留学、参军与进入高校的人数均居全市前列。

整顿恢复的20世纪70年代——控江中学稳步提升。1977年,控江列入市政府表彰的教育战线“上海市十面红旗单位”之一,再次被列为市属重点中学。

兴校立业的20世纪80年代——控江中学走向辉煌。80年代,控江的教改迈出了大步,提出“自我评价、自我磨砺、自我调节、自我超越”的教改思路,进行了“六年一贯,四二分段的学制课程”的教改实验。控江树立“勤奋踏实,进取创新”的学风,“严格要求,实事求是,生动活泼”的校风,教育质量显著提高。

更上一层楼的20世纪90年代——控江中学的探索创新。90年代,随着教育改革的深化,控江中学积极探索育人的新途径,创立了“以人为本,自主发展”的教育理念,重视学生个性发展,形成鲜明的办学特色。着重提高“基础型、拓展型和研究型课程”的质量,以及外语、信息学科的水平,实践创新教育。

与时俱进的21世纪——自主、创新,托起“控江梦”。控江以崭新的姿态迈进新世纪:校舍改造面貌一新,教学设施齐全、先进;青年教师茁壮成长,师资力量日益雄厚;自主发展,创新教育的实践继续深化。不守成规,与时俱进,改革创新,使控江中学具有可持续发展的巨大潜力。

近年来,在高考改革不断深化的背景下,倡导“低控制、高支持、重自主、崇创新”的校园文化,“宽而不散、严而不苛”的育人环境,逐渐形成了“玩在控江”的社会口碑,结合核心素养的培育目标和高考新政的变革要求,学校又提炼出了“玩学合一”的课程哲学与教学模式。学校将沿着“自主发展教育”这一轨迹,努力实现人才培养高规格和优质化的“控江梦”。

历史撷英

不平凡的起点:招收工人子弟和侨生

20世纪50年代初,一大批爱国华侨子弟在新中国的感召下纷纷回国求学,以期学成,报效祖国。为此,刚刚建立的中华人民共和国在物质条件十分匮乏的境况下,仍然以极大的热忱给予侨生无微不至的关怀和照顾,开办了侨生补习学校和设备完善、师资力量很强的寄宿制中学,安排侨生入学。

正是在这样的背景下，按照当时上海市人民政府的指示，控江中学除了为附近工人子弟提供教育，同时积极接纳招收华侨学生。控江中学于1953年国庆日开学，郝恩被老市长陈毅同志委任为控江中学的第一任校长，学生中侨生占近20%。学校按照侨生特点，根据我国教育方针和"一视同仁、适当照顾"的政策，鼓励侨生努力攀登科学文化高峰。

解放初期，百废待举，物资匮乏，政府拨出资金，建立这样新型的完全中学，提供归国侨生寄宿并尽量满足其在学习生活上的需求，也的确是不容易的。由于当时政府对华侨子女的照顾，侨生不必付学杂费，只管住宿、伙食和日常费用；个别家庭学生贫苦，或是有来自印度尼西亚、缅甸，无法得到家中汇款的学生，学校除食宿免费外，还会发给他们生活补助金。

图3　20世纪70年代的控江

学校选派了富有爱心、对工作有着高度责任感的老师负责侨生工作，不仅关心他们的学业，还关心他们的生活起居、身心健康。学校还针对侨生班的特点配备了活动能力强、教学效果好的老师进行教学。正是由于这些"园丁"们的辛勤耕耘和呵护，才使这些"小苗"得以茁壮成长。其中，特别应该提到的是张慕瑾老师，她长期担任控江专职的侨生生活管理辅导老师，有时还兼任班主任，教政治课的工作也十分繁重。她可以说是鞠躬尽瘁,任劳任怨。她对侨生有慈母般的爱心,深深地感化和激励了广大的华侨同学,被控江侨生誉为“侨生之母”。

控江中学的校领导,从第一任校长郝恩开始,以后的领导朱立人、王林、唐炎南、吴达文、徐洪源等都十分重视并关心侨生工作。郝恩以身作则,他对侨生工作进行全面安排——抓思想教育,抓学习,抓纪律,抓生活管理,多方面并重,形成有机的整体。学校除尽力办好侨生的伙食以外,也注意丰富侨生的课余生活。侨生喜爱文体活动,就尽量为他们创造条件,满足他们这方面的需求。

郝恩校长是南下干部,后转业到教育战线的。他年青斯文,却精干利落。凭其慧眼,他从教育局争取到强阵容的师资队伍,才有控江的优良学业质量;他善于培养和提拔人才,先后培养了本校“自产”的校长,如徐洪源、吴达文、任雨霖、朱立人和郭成宝等。在他领导下,一所新学校在短短时间内发展成为市重点中学。他虽身为校长,却和蔼可亲、平易近人。他在控江和侨生同吃、同住、同锻炼,常常和同学一起打篮球、跑步,有说有笑,深受学校师生敬爱。更难能可贵的是,他能从关怀爱护侨生出发,坚持以正面教育来处理违纪事件。他是一位老革命,在过去工作的环境中学会了吸烟,但当他看到侨生中也有人吸烟时,他便在大会上指出中学生不能吸烟,说吸烟对身体发育和健康有百害而无一利。万万没有想到,会后同学中竟然有人向他提问:“你说吸烟对身体有害,那你为什么也在吸烟呢?”面对同学的提问,郝校长欣然回答:“我从现在开始不吸烟了,你们也都戒烟。”这件事对原有吸烟习惯的同学触动很大,不少同学和郝校长一起把吸烟的习惯戒掉了。言教不如身教,如是也。

从建校起到此后的十年间,先后有580余名侨生在学校就读,侨生来自十四个国家,其中包括日本、泰国、印尼及东南亚诸国。

侨生在运动场上,无论是田径、篮球、羽毛球,他们都是健将,甚至在市、区各项比赛中多次获奖。在文娱联欢会上,他们又是出色的歌手,校园中经常可以听到他们嘹亮的歌声,他们甚至组织文艺演出队参加市、区演出。

在学业上,大部分侨生突飞猛进,顺利完成学业,有些在校就被评为三好学生,还有相当一批同学以优异的成绩考取了清华、北大、复旦、华东师大等名牌大学。

这些同学走上工作岗位后充分发挥了他们的聪明才智，为祖国的社会主义建设做出了应有的贡献。他们中有大学教授、特级教师、高级工程师；有劳动模范、先进工作者；有的当选了市级或区级人大代表、政协委员，以及中华全国工商联执行委员；有的当上了省级或市级侨办、侨联的领导，或中国侨联的顾问；有的当选了侨居地的侨领，为增进中外友谊、发展中外经贸往来发挥着积极的作用。正是侨生的努力和卓越贡献，成就了控江中学的光辉一页。控江中学在上海市侨办、市侨联、致公党市委的支持下，在学校的帮助下，于 1987 年成立了侨生校友会。

图 4　庆祝建校 50 周年侨生校友会上邱荣芳会长发言

在接纳侨生的同时，控江中学更是为附近广大工人子弟提供优质的教育，为大量优秀的工人子弟的成长和发展打下了重要而坚实的基础，从这里走出了大学校长、共和国的将军以及大批为国家和社会做出贡献的专业人才，学校也因此而赢得了社会的广泛赞誉！

创新实验："中学六年一贯，四二分段制课程"改革

20 世纪 80 年代，为了贯彻邓小平同志提出的教育要"三个面向"的战略方针，培养适应 21 世纪需要的社会主义建设者和接班人；为了克服当时一定程度上存在的"应试教育"的弊端，把学校教育真正引导到"素质教育"的轨道上来；特别是利用重点中学的办学优势，培养一批优秀的中学生，为国家的高层次人才提供后备力量，控江中学开创性地开展了"中学六年一贯，四二分段制"的课程，以及教材整体改革实验，对当时统一模式的课程结构和教材进行系统、全面的改革。

其课程总体结构是：中学六年不分初高中，而是按四二分段，前四年打基础，基本上学完中学各主要学科的内容，后两年求发展，广泛开设选修课。用四年时间在不增加负担的情况下将当时中学六年的主要课程学好完全是可能的，四年基础打

好了,后两年就可以侧重因材施教。例如,在当时的背景下,学校面向实验班同学在中五、中六(即高二、高三)年级开设了为期一学年的心理学、中国现代文学作品选、哲学、欧美史、日本史等极具品质的选修课程,这样实验班学生在中学毕业时就能在某些学科方面初步形成特长,为他们今后进一步深造奠定一个高起点。

此项教学改革实验一直持续至21世纪初,取得了非常突出的成果。从课程体系上通过实验建立了一整套培养优秀学生的课程结构体系,对必修课、选修课的开设取得了比较系统的经验。同时,有效地促进了学校教师队伍的专业水平提升,形成了一支水平较高,改革和科研意识较强的,门类齐全的中青年师资队伍。

仅以第一届实验班为例,该班六年来曾多次被评为市、区、校的先进集体,出现了一批市、区、校的“三好”学生。该班毕业时共35人,免试直升重点大学8名,进入重点大学的共25人,占全班71.42%,全班35人都进入大学本科。在20世纪80年代,如此的教学成果堪称奇迹。

1992年后,由于上海初中学制改为四年制,因此,该项改革又调整为“七年一贯,五二分段”制,继续探索培养优秀学生的教育规律,该项改革一直持续至21世纪初。进入21世纪以来,几十位同学以高分进入北大、清华等全国顶尖学府,更有大量学生在全市,乃至全国竞赛中获奖。因此,该项试验对于控江中学的建设发展产生了重要的影响,是控江中学“自主发展教育”理念形成的重要基础与成果。

办学理念:自主发展教育

20世纪80年代初,学校开始进行教育教学改革的实验,培养学生“自辨、自学、自锻、自理”能力。80年代中期后,学校又开始“六年一贯,四二分段”的教改实验,进行了学制、课程、教材、教法综合整体改革的尝试,对怎样培养“基础扎实、知识面广、学有特长、全面素质良好”的优秀中学生进行了探索。

80年代末,学校进一步提出“自我评价、自我磨砺、自我调节、自我超越”的要求,逐步形成发掘学生自主潜能,培养学生自主、创新能力的办学思路。

90年代初,学校将办学思想凝练为“自主发展教育”,提倡尊重学生的主体地位,发挥学生的主体作用,让学生成为教育教学活动的主体和自身发展的主人。

进入21世纪,学校努力推进教育创新,不断提升办学水平,被评为首批上海市实验性示范性高中,同时学校积极探索构建自主发展教育的机制,统一共识,形成学校的办学理念——倡导自主,追求创新,即以启迪学生的自主意识、培养学生的自主能力,孵化学生的创新精神为核心,以促进学生综合素质全面发展和教师专业可持续发展为两翼,从而实现人才培养的高规格和优质化,以及学校办学的高品质和现代化。

控江中学秉持的自主发展教育理念建立在三个认知基点上:(1)学生是有着自主潜能、自主意识的能动的个体;(2)学生自主意识、自主能力的发展是一个阶段性渐进的过程;(3)学校教育是发掘学生自主潜能、自主意识,培养学生自主能力的重要途径。以此为出发点,开展学校的教育教学工作。

自主发展教育的教改实验,要完成两个角色的转化,即教育对象应由"被动"变为"主动",教师则由"传授者"变为"引导者"。要突出两个重点:一要让学生成为学校教育与教学活动的主体,学校要提供机会,创造条件,让学生在教师的指导和激励下发挥自身能动作用,自主参与学校的教育教学活动,自主表现自身价值,自主发展个性特长;二要让学生成为自主发展的主人,学校要针对青少年发展具有阶段性、层次性的特点,下功夫培养学生自我设计、自我评价、自我磨砺、自我调节、自我超越的意识和习惯,主动、及时地调整自己的心理和行为,并在新的追求中不断实现自我超越。

坚持德育在学校"自主发展教育"理念中的核心地位。德育的内容包括:学校以公民道德教育、社会主义核心价值观、"两纲"教育为出发点,努力培养学生正直高尚之德,以强化学生的自律和责任意识,加强理想信念爱国主义教育,努力形成有利于学生调动主观能动性和创造性,有利于学生综合素质发展,有利于学生良好道德情感提升的自主管理机制,积极引导学生进行各方面的自我管理。以社会实践活动提高学生生活实践的认识能力,广泛开展社区志愿活动,鼓励学生走出课堂、走出校园,投身社会,关注社会热点;以家长学校、教师家访等途径,增强学校和家庭教育学生的合力。学校广泛开展多种形式的心理健康教育活动,增强学生的心理保健意识，努力培养学生健全的人格、良好的人际交往和社会适应能力。

积极探索，构建“自主发展教育”特色的课程体系。从学校文化传统看，自主教育理念下蕴含着“理性、自由、包容、平等”的人文主义精神，因此在课程实施中重“人”的自主。从生源质量看，生源比较有优势，学生的自主能力比较强，因此在必要管理和夯实基础之外，强调给学生更多的学习选择权，为学生搭建多类型的学习平台，在课程实施中更注重习惯、思维、方法、能力、个性、学养等高阶品质的培养，让学生获得更强的自信心和更多的成就感。

自主发展教育，立足于学生主体发展地位的需要，着眼于学生自觉意识的唤醒，致力于学生可持续性发展能力的奠基。这是一种激发学生本体潜能，以培养学生自律、自学和自信为特征的“主体教育”。

自主发展教育，立足于教师自身发展的需要，着眼于教师循循善诱的作用，致力于教师与时同步的发展。这是一种强化教师指导优势，以实现教师自悟、自省和自强为特征的“主导教育”。

自主发展教育，立足于学校持续发展的需要，着眼于学校教育效益的提高，致力于学校社会职能的延伸。这是一种以深化学校办学内涵，整合学校资源和社会声誉，强化学校服务功能，逐步构建现代教育办学体制为特征的“自主办学”。

学校传承和创新“自主发展教育”的办学理念，坚持推进各项教育教学改革措施，取得良好的办学业绩。多年以来，自主发展教育已经成为控江中学校园文化的标志和品牌，成为学校师生的理念共识和行为指引。

育人方式：“玩学合一”的控江特质

控江中学，在倡导自主发展教育的长期办学实践过程中，积淀了丰厚的育人文化。其中，“玩在控江”既是社会口碑，也是典型概括。

学生们口中的“玩在控江”，可以是“自主学习的育人方式，宽松的管理氛围，对于独立人格的尊重”，也可以是“创造一个自由成长的空间和土壤，提供发展的各种可能性”；可以是“教师能够与学生平等地对话，很注重保护学生的特长和个性”，也可以是“这所学校，是最终能让你和大学生活完美对接的地方”。正是基于文化传统和办学理念，应于教育改革和育人观念的变化，学校近年来提出了“玩学合一”的育人思想。“玩是学之始，学乃玩之成”，就是要在课程与教学中赋予“玩”的基因，在“玩”与“学”的现实博弈中寻找平衡点，培养学生综合素养，实现全面而富有个性的成长。

“三一课堂”，是控江中学文科教学的一个缩影，是将语文传统课堂的导学，阅读课堂的研学，行走课堂的游学相结合，打通听、说、读、写、研等课程目标的实现路径。在课程设计中渗透“玩”的要素，激活孩子“学”的内驱，同时关注高阶思维的培养，既是主动式学习，也是创智型教学，这是“玩而慧学”的控江表达。

控江中学的新版校服，带着独有的青春气息和灵动创意，被誉为“校史上最美的一版校服”，这套校服的设计出自学生之手，并申请了中国外观设计专利。2016年，控江中学文创中心诞生，这也是上海基础教育首个文创实验室。由文创中心牵头，学校还成立了杨浦区“手工艺术联盟”。此外，控江中学行进管乐队更是上海市唯一一支高中学生行进管乐队，曾代表市、区赴多国参与国际交流活动。不仅是校服，学校的校歌创作、景观设计、行进管乐队等，处处都渗透着控江学子的智慧和活力。创造合适的时机，实现校园文化的 DIY，不仅能创建更文明的校园文化，也能在此过程中实现学生的道德自育，这是“玩而悟道”的控江表达。

随着时代的发展，对于学生创新意识、创新能力和创新精神的培养日益突显。为此，学校开展了具有前瞻性的校本课程设置，控江中学的创客培养计划便是其代表。以“创客教育”激励高中学生勇做梦想成真的行动家，以“创客教育”激励高中教师勇做专业突破的砥砺者，以“创客教育”激励高中学校勇做创想创为的引路人。这是“玩学合一”的重要组织形式。在学校的“十三五计划”中，控江中学将从“科技创新”“文化创意”“创业体验”三个方向发展创客课程，实践创客教学，组织创客活动，规划创客空间，培养创客团队，开拓创客资源。以创客中心建设整合跨学科研究，鼓励学生打破学科边界进行挑战性学习。这既与杨浦区的发展定位以及丰富的区内资源相匹配，也与学习发展的趋势成对接。这是“玩而善创”的控江表达。

从2017年起，学校的校本课程按照学生的专业愿景进行模块化重组，形成数学与逻辑、物理与工程、化学与环境、生物与医学、编程与人工智能（AI）、文学与传媒、语言与交流、历史与文博、财经与政法、创意与设计、管乐与艺术、体育与健身共十二大“专业导航课程包”，共计130余门课程。在课程的重新设计中追加了生涯指导、链接院校、课题研究、活动衍生等功能。这样做，是要让“玩学合一”更有质量，不仅仅是要好“玩”，更要“玩”好。控江中学鼓励学生持续选择同一个课程系列，以便在某一领域专注深造、学有所长，形成专业愿景。控江上通高等学府，中有创新实验，下接集团校，开辟了“初中—高中—大学”衔接培养的新模式。同时，学校让学生自己申报社团，学校给予课时、场地、导师、培训、管理、评价等方面的配套支持，赋予学生高度课程自治权。这种赋权管理的模式和社团课程化，经过反复实验，在控江中学已然落地生根、发芽结果。这些年，控江中学在科技创新大赛、明日科技之星等高水平的学术活动中成绩突出，这与学校不断改进课程设计有直接关联。

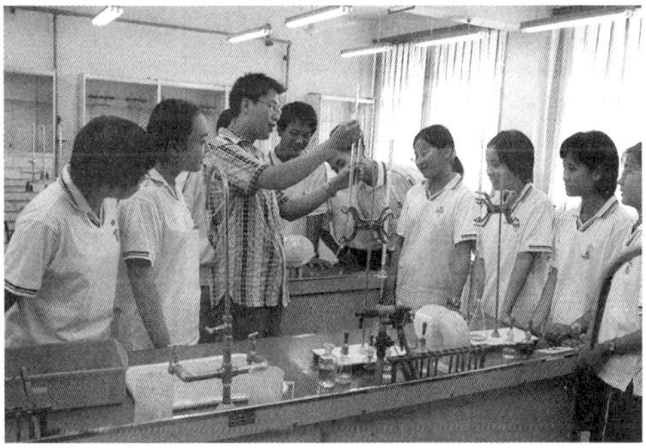

图5 学生探究实验

“玩学合一”的课程起初是学校针对高中学生学业负担重、自主学习时间空缺、学业愉悦感弱的状况而设计的，经过系统的校本化实践，形成了“低控制、高支持、轻负担、重自主”的课程文化。控江中学对“玩学合一”的育人方式提出了四个维度的素养目标，即“玩而慧学、玩而悟道、玩而善创、玩而乐享”，这可以理解为是核心素养的控江表达。从本质上说，“玩学合一”旨在实现“顺其天性、助其个性、养其长性”的育人特色。

上海市同济中学

“同修仁德、济世养生”的百年坚守

岁月留痕

21世纪初，同济大学校长、著名桥梁建筑学家李国豪为同济中学的新校园题写了校名，校园内的一块文化石上镌刻着“同舟共济”四个金色大字，昭示着同济中学的学校精神。

办学百年，同济中学遵循“同修仁德、济世养生”的办学宗旨，恪守“健康身体、振兴工艺、格物穷理”的校训，同济师生围绕“医、工、理”的发展目标，严谨治学，铸造了同舟共济的同济精神和爱国奋进的同济文化。学校曾涌现出大批有个人风格、有社会知名度的教师，培养出贝时璋、吴孟超等八位院士和数以万计的出色人才。

校史回眸

同济中学的前身系德籍医学博士埃里希·宝隆于1907年创办的同济德文医学堂德文科。次年改名为上海同济医学堂。1917年更名为私立同济医工专门学校，德文科仍是其下一个分支。1922年8月，德文科改名为附设中学部，增设中学部主任。1924年5月学校以同济医工大学附属中学命名。1927年8月改名为国立同济大学附属高级中学。1946年1月13日，当时的教育部批准同济接受上海市华德中学。2月，华德中学更名为同济大学附属中学上海分校。1950年同济附中与同济大学脱钩，定名为上海市同济中学，延续至今。学校原属上海北郊区,1958年划属宝山县,1959年定为市重点中学,1984年划归杨浦区,现为区实验性示范性高中。1951年开始招收初中学生,1997年9月起停招初中学生。

图1　1907年,德文医学堂设立

图2　1917年学校大楼

百年来,同济中学校址几经搬迁。1907年创办之始在白克路(今凤阳路)。1909年迁至法华路(今复兴中路)。1917年学校德文科正式改为附属中学,校址在吴淞。1937年卢沟桥事变后,附中随大学部内迁,从金华到江西,从广西到昆明,几经辗转,直到1940年定址于四川南溪李庄。1946年迁回上海,华德中学和威廉学校两所德文学校并入,附中租借四川北路191号原西童学校(今复兴中学)东半部。1947年,附中迁至当时远离市区的五角场地区原上海市博物馆(今长海医院影像楼)内。1949年6月,迁址黑山路原上海市图书馆。1952年,在政立路上开建新教学楼,高中教学活动移至新校区,对面建大礼堂。1955年,在大礼堂后的新厨房竣工,师生就餐由校本部移至大礼堂。1979年,新建教学及实验大楼竣工,自此,学校教学活动除体育音乐之外,全部移至新校区。2002年,区教育局新建的政立路25号新校区投入使用。至2012年底,学校占地面积达35000 m^2(60亩),建筑面积25000 m^2,各类教学设施齐全,且逐年更新。至2012年底,有班级19个,524名学生,82名教职工。

图3　1949年6月,同济中学迁址原上海市图书馆

图4　2002年,政立路25号新校区投入使用

新中国成立以来,学校历任校长有曹礼吾(1949—1954)、林应澜(1954.9—1956.8)、钱楷元(1957.2—1957.8)、陈宏辉(1957.8—1970)、陈紫霄(1977—1983)、万永宁(1983—1991)、胡仁明(1991—1995)、王海泉(1995—2000)、石森(2001—2007.8)、张咏梅(2007.9—2018.3)、姚玉清(2018.4—)。

2007年以来,学校以积极心理学的理论为指导,强调"每一个人都是今天最好的自己,通过努力,每一个人都能成长为明天更好的自己"的理念,鼓励师生发掘潜能,全面实施素质教育。教学质量稳步提高,社会声誉不断提升。学校有一支教育观念新、专业化发展快的优秀教师群体,至2012年底,中高级教师占教师总数80%,2人为上海市名教师后备人选,1人为杨浦区学科带头人,8人为区、校级骨干教师。

学校在2003年与德国圣布拉辛高级中学建立了友好合作关系,每年两校都互派师生出境学习,交流语言与文化。

学校现在是上海市学校心理健康教育示范校、上海市体育(篮球)传统学校、杨浦区文明单位、杨浦区爱国主义教育基地等。

历史撷英

"德文医学堂"创办人宝隆与德语教学特色

埃里希·宝隆于1862年3月4日生于德国东北部的小镇帕泽瓦尔克。在皇家医学外科研究所获得博士学位后，宝隆曾在皇家炮舰上担任上尉军医，因此结识了在上海开设诊所的德国医生卡尔·策德里乌斯。受其影响，宝隆产生了在上海建立一所给中国人治病的医院的想法。1899年，宝隆在上海德国教堂附近创办了同济医院，成为当时沪上著名医生。1900年，宝隆与策德里乌斯的长女在德国结婚。由于宝隆在医院内筹建一所德文医学堂的设想符合德国政府在华扩张其文化影响的需求，因此得到德国驻沪总领事克佩纳的赞赏和支持，并派参赞费舍尔负责在沪设立医学堂筹办基金会，在向德国工商界筹集资金、图书、医疗器械的同时，还向中国官方及商界筹集资金。

1907年6月3日，宝隆在同济医院对门白克路（今凤阳路）23—25号租房创立"德文医学堂"，下设医预科及德文科（即同济大学附属中学前身），由宝隆任董事会总监督（董事长）及学堂首任总理（校长）。董事会由德中双方18人组成，中方有上海商绅朱葆三、虞洽卿等。德文科有辛德勒任总监并教德文。首届招生33人，其中稍通德文的8人编入医预科，其余25人编入德文科，教课均用德语。学校次年改名为"上海同济医学堂"。

创办之初，学校就与德语特色结下了不解之缘。从附中开始，始终以德语作为第一外国语，在国内是唯一的。当时，学校还为其他中学毕业后转入同济的学生开办了为期一年的德语补习班，简称"德补班"，也称SK，即速成班。早期的附中也只设高中，学制三年，各年级都分设两个班，A班将来读医，B班将来读工科。教学内容相应有所侧重，但德文课受到同等重视。学生毕业后可以直升大学部（医、工、理）各系科，升入大学后，全部课程的讲授、实习和考试均由德籍教授（或个别国内外教授）用德语进行，附中成为同济大学的生源基地之一。

1950年6月，根据上海市军管会命令，同济大学附属中学与同济大学脱离附属关系，改为市立同济中学。此后，附中的德语教学日渐式微。

1993年9月，学校恢复与同济大学的传统关系，开设一个英德双外语班，德语由同济大学德语教师授课，毕业后外语对口部分学生直升同济大学并输送德国留学。

1995年开始，学校积极发展德语教学特色，在高一成立德语班，开设德语课程；在高二开设德语口语的拓展型课程，方便有兴趣的学生选修；校本教材《德语口语》完成开发。至此，恢复了同济的语言教学特色。

从2004年起，上海市同济中学开始致力于中德校际交流。2004年，学校与德国黑森林地区的圣布拉辛高级中学结为友好关系，两校每年定期互派师生交流学习两国的语言和文化。

2008年起，学校将“德语口语和德国文化”作为高一必修课、高二拓展课，每年春季举办“德国文化周”活动。

校训第一句与心理健康教育特色办学

“健康身体，为国为民，做中华崛起之同济；振兴工艺，为国为民，做中华繁荣之同济；格物穷理，为国为民，做中华强盛之同济……”这首谱写于21世纪初的新校歌道出了同济中学一百多年来“同修仁德、济世养生”的办学宗旨。“健康身体”被列为校训第一句。

静水深流。深远的文化传统和现实的发展需要是同济中学形成心理健康教育特色办学的厚实根基。1995年，学校成为上海最早开展学生心理健康教育的学校之一。2003年学校荣获首批“上海市学校心理健康教育示范校”称号，是当时杨浦区内唯一一所获此殊荣的高中学校。2012年，学校被评为“上海市第五届学校心理健康教育先进集体”，顺利通过积极心理学理念下的心理健康教育特色项目的中期评审。

学校以“better school，better life”为发展目标，以“同舟共济”的学校精神凝聚全体师生共同信念，大力探索运用积极心理学的有关理论指导教育教学实践，逐步形成了“每个人都是今天最好的自己，通过努力，每个人都能成长为更好的自己，学生、教师如此，学校亦如此”的教育理念，强调“心理的正向力量”，发挥“爱”的魔力，让同济师生“做更好的自己”，取得了学生、教师和学校共同发展的良好局面。

相比于“我们班的孩子……”“那些孩子……”，对于学生，教师们的称呼更多的是“孩子”。通过对积极心理学的研究和实践，教师逐渐拥有爱学生、教学生的巨大能量，形成了正向回应的教育机制："只要以一种积极乐观的心态面对学生，你就会发现一些表面看来消极的事情原来也有它积极的一面，负面材料背后也蕴含着丰富的正向教育资源"。有的老师不再教某个班级了，她的告别方式是送给每个孩子一个自己制作的蝴蝶结。有的老师让不分场合大叫大嚷的学生喊早操口令；让平时爱动、精力过剩的学生当班里的卫生监察员；让有偏科现象的学生担任学科代表……

学生和教师间亲密无比，"查查""小美"等都是学生对老师的亲切称呼。每次大学放暑假或者寒假，就有校友乐滋滋地回到母校同济中学当志愿者，为老师们做事。"不为别的，只为我喜欢老师们！"

从2002年起，学校组织或参与的有关心理健康教育的课题研究"高中生学习潜能开发团体训练的研究""高中生主动学习个性品质的实践与研究""积极心理学取向的班级辅导与研究实践"先后获上海市或杨浦区教育科研成果奖；学校教师全员参与的心理健康教育课题论文集《构建高中生主动学习个性品质》《你就是最好的那一个》等先后出版。

2008年起，学校开展的"促进师生共同成长的学校环境优化研究""运用积极心理学理论改善课堂教学心理环境成效研究""积极心理学在创设利于学生成长的班集体环境中的实践研究"等课题研究，均获得杨浦区第十届教育科研成果二等奖。近年来，学校办学绩效考评也迈上了一个新台阶，从2008年的"合格"到2010年"良好"，再到2011年起成为"优秀"。

从校训第一句"健康身体"到心理健康教育示范校，反映了对百年老校"同修仁德、济世养生"办学宗旨的传承，留下的是与时俱进的探索与发展的印迹。

"英烈石"前鲜花不败

1936年夏，同济大学一位戴着金丝边眼镜、身穿白帆布学生装、身材微胖的教授走进主任室。他就是前来上任的新校长冯至教授。

冯至，原名冯承植，1905年出生于河北涿县。1921年考入北京大学。1923年受到新文化运动的影响开始发表新诗，时年夏，参加林如稷主办的文学团体“浅草社”。1925 年在“浅草社”停止活动后，又与杨晦、陈翔鹤、陈炜漠另组“沉钟社”。因此，冯至曾被鲁迅赞誉为“中国最为杰出的抒情诗人”。1927 年，他从北京大学德文系毕业。1927 年 4 月出版第一部诗集《昨日之歌》，1929 年 8 月出版第二部诗集《北游及其他》，记录他在大学毕业后到哈尔滨的教书生涯。1930 年至 1935 年留学德国，获海德堡大学哲学博士学位。毕业回国后，于 1936 年夏开始担任同济大学教授兼附中主任。1939 年底后改任西南联大教授。1941 年他创作了一组诗，后来结集为诗集《十四行集》，影响甚大。冯至的小说和散文均十分出色，有《蝉与晚秋》《仲尼之将丧》《山水》等集。中华人民共和国成立后担任北京大学西语系教授、系主任，中国社会科学院外国文学研究所所长。曾获德国“大十字勋章”以及德国慕尼黑歌德学院颁发的“歌德勋章”等荣誉。

冯至在同济附中任职期间，主编的期刊《德文月刊》行销国内外，甚受读者欢迎。他在附中担任德文教师，选定的课本是语法和课文紧密结合在一起的。他上课非常认真，讲解清楚，学生反映非常好，后来经他教授的大量学生进入大学学习，中学打下的基础让他们得益匪浅。

星光流转，校园文化的诗意仍在沁香。每逢春末夏初，看得到精彩纷呈的艺术节表演；每逢金秋时节，听得到青春的心灵在学农赛诗会上的吟诵。校园诗歌活动也是别样精彩，从朗诵、创作到鉴赏，按三个年级分层递进，提升了学生的文化素养和文化判断力。2012 年，同济中学朗诵队荣获第四届全国中小学生文艺展演上海赛区朗诵比赛一等奖。2012 年 12 月学校荣获杨浦区第三届汉字节贡献奖。之后，该节目被杨浦区语言文字工作总结表彰会、杨浦区艺术活动总结表彰会两项大型活动邀请，参加汇报演出。讲故事、创意配音、配乐诗朗诵等屡屡获奖。教师们每年的迎新活动彰显特色，看话剧、学话剧、写话剧、演话剧，不亦乐乎。

每年清明时节，全校师生满怀崇敬之情举行祭奠英烈的主题活动，一簇簇鲜花敬献在“英烈石”前。由原中央顾问委员会委员、中央纪律检查委员会书记李昌校友题写的“英烈石”三个大字，鲜红夺目；英烈石背面，镌刻着同济中学历史上的 16 位革命先烈英名，令人肃然起敬：

20级詹大权、袁文彬，21级尹景伊，23级金世杰，27级王顺芳、陈元达、殷夫，28级朱觉，32级汪海粟，33级徐韧、郑文道、郑香山，35级钱钟汉、顾德祺，43级刘敬光，教员郑大朴。

翻开校史，爱国民主的优良传统熠熠闪光。在辛亥革命、五四运动、五卅运动、北伐战争等重大革命运动中都有学校师生的身影，尹景伊等革命先烈为此还献出了年轻的生命。1933年春，同济大学附中学生薛承绨按照共青团闸北区委“尽快在同济附中建立共青团组织”的指示，于5月在学校发展了3名学生入团，建立了地下共青团支部，并在校内举办读书会，在校外开办女工识字班，张贴抗日救亡标语等活动。暑假中又先后发展了张斟滋、梁诚广等入团。随后又发展了饶斌、雷骏随入团。但在年底，团组织遭到破坏，梁诚广被捕，其他团员只得转移离校……

1933届校友李昌原名雷骏随，1928年告别湖南家乡来到上海的同济大学附属中学求学。1935年李昌在清华大学参加“一二·九”运动。1936年转为中共党员。1937年2月当选为中华民族解放先锋队（以下简称民先队）总队长、党组书记，被民先队员们称为“铁鹰大队长”。“七七事变”后，李昌组织战地服务团，开展抗日支前活动。1938年8月化装为八路军军官跟随周恩来奔赴延安。新中国成立后，先后担任团中央书记、哈尔滨工业大学校长兼党委书记、中科院副院长兼党委书记、中共中央纪律检查委员会书记等职。当他得知母校百年校庆来临，马上委托秘书邮寄给母校500元作为校庆基金，并为母校“英烈石”题字。

在抗日战争时期，同济附中的学生积极参加同济大学学生的进步活动，如参加读书会、话剧团等，演出抗日话剧；当日军入侵桂林、占领独山后，抗战进入紧张关头，同济大、中学生中有三分之一投笔从戎。返沪后，附中学生依然与大学生一起参加“反饥饿、反内战、反迫害”等一系列爱国民主学生运动。当局为了切断附中学生与大学部的联系，将附中迁至远离市区的江湾五角场北部。1947年11月，上海学委派乔石担任同济大学党总支书记，附中也为所属五个支部中的一个，有党员15名。

同济附中的学生运动是和同济附中地下党组织一道成长的。如1947年的“募寒衣运动”，地下党领导的新学生会获得了群众的极大威信。在“一·二九”运动前后，地下党组织动员群众，连夜做了各种准备，包括买纸、裁纸、写标语横幅，组织列队，组织学生积极参加探监和营救被捕同学的工作等。这一时期的上海北区同济大学附中也因此被誉为“民主小堡垒”。

1948 年，为了反抗反动校方对学生自治会的迫害，同济大学学生准备“晋京请愿”，上海市 58 所学校组成声援团与附中学生共 4000 多人在其美路（今四平路）欢送。1 月 29 日早餐后，同济大学附中学生在共产党员张琢成、景蔚周、梁寿益等人的组织与带领下，从校门口列队出发，高举“争民主、反迫害”和“欢送同济大学学生代表晋京请愿”的横幅标语，一路唱着《光明颂》等歌曲，浩浩荡荡走向其美路。途中，与同济大学以及其他学校的队伍汇合在一起。学生们高呼“感谢兄弟学校支援”“上海学生大团结万岁”，高唱《团结就是力量》。抵达工学院附近时，被市长吴国祯、警备司令宣铁吾亲自指挥的数千反动军警与铁甲车所阻，学生们高呼口号“中国人不打中国人”，唱起“枪口对外，齐步向前，不打老百姓，不杀自己人……”，与军警形成对峙局面。下午四时左右，军警开始血腥镇压，马队冲打，随意抓人，制造了震惊全市的“一・二九”血案。游行学生受伤 69 人，失踪 33 人，被捕 97 人，遭开除、记过、警告者 166 人，附中的十多名党员被迫离校去解放区。其中，有新中国成立后国家体委第一位女副主任张彩珍。

图 5　校园里的院士亭

上海解放后，附中的一大批学生参加随军服务团，奔赴福建、四川、西藏等解放战争前线，还有一批则奔赴抗美援朝战场，其中有新中国第一批女飞行员王素瑜。

上海市杨浦区打虎山路第一小学

办老百姓家门口的好学校

岁月留痕

习近平总书记强调“人民群众对美好生活的向往就是我们的奋斗目标”。办一所老百姓家门口的好学校就是满足人民群众对美好生活向往的具体体现。几十年来，打虎山路第一小学（简称“打一小学”）几代教师一直在为此而努力，并且取得了积极的办学成效，赢得了社会的赞誉，打一小学从一所普通的中心小学成为上海乃至全国知名的学校。

校史回眸

打虎山路第一小学创办于1953年，当时校舍为一层平房，建筑面积3000多平方米，建校至今66年，现在学校占地近2万平方米。学校对口社区的一位老人说，他家四代人都在打一小学读书，打一小学的老师对学生都很好，教书都很认真，打一小学一直是周围老百姓信任的好学校。老人说得对，打一小学在“文革”前一直以办学质量好得到学生和家长的信任；1977年，“文革”结束后学校整顿恢复教学，杨浦区教育局提出了“面向全体学生，争取大面积提高质量”的要求，打一小学又是中心小学的领头羊，也是杨浦区的窗口学校，在106所小学中名列前茅。前辈校长翟子庚、朱安石、蒋彩娣带领打一师生努力办学，形成了很好的教风、学风和校风，赢得了学生、家长和社会的称赞；改革开放以后，打一小学积极开展课程改革，先后参加了一期和二期课改，课程改革引领了师生的发展，为打一小学的不断发展打下了很好的基础。

图1 老校舍

2006年，为适应学校教育的发展，杨浦区政府决定在原址重建校舍，2007年新校舍落成，建筑面积近12000平方米。新校舍宽敞明亮，教育教学设施齐全，为打一小学的进一步发展创造了更好的办学条件，打一小学又迈出了新的步伐。打一小学（加上阜新低年级校区）共有43个教学班、1500多名学生、120多位教师。

几年前，上海教育丛书编委会出版了校长卞松泉的专著《治一校若烹小鲜》，该书阐述了打一小学的办学思想、办学实践和办学成效，许多领导、专家和同行对打一小学坚持按教育规律办学，坚持创新发展，不浮躁、不折腾的办学思想和实践给予了积极的评价。

图2 新校舍全景

历史撷英

依法办学，科学发展，办老百姓家门口的好学校

在打一小学宽敞明亮的门厅里，有一句话特别醒目："我们的梦想是为了让每一个学生实现自己的梦想。"这是打一小学全体教师的职业理想，也是全体学生成长的梦想，更是党和国家对打一师生的期望，打一小学校风、学风、教风都融合在这一美好的教育梦想中了。在打一小学，"学生最大""与学生结伴成长""上好课是硬道理""一生只为做个好老师""明明白白办学校，踏踏实实教学生"等格言已经成为教师们"立德树人、教书育人"的行动共识。打一小学非常重视国家课程的校本化实施，坚持10多年研究与实践的"基准教学，课堂准入"的教学规范与教学方式，有效地促进了教师专业发展，提高了教育教学质量。打一小学重视学生综合素养的提高，在课程改革中不断开发和完善校本课程，形成了培养学生素养的"素质教育400"，即四个百分百：100%的学生参加探究课和拓展课的学习、100%的学生参加课外兴趣课的学习、100%的学生参加摇篮校本课程的学习、100%的学生参加摇篮社团的活动。"素质教育400"已经成为学校的办学特色。打一小学每年获得学校集体奖项数十个，师生每年有数百人次获得个人奖项，学生得到了全面发展，教师有了更多的成就感，学校也赢得了更好的办学声誉。

打一小学曾经是上海首批素质教育实验校，是上海市一期和二期课改实验校，曾入选中国图片社编《中国名校》文献档案。学校曾被教育部教育发展中心列为全国素质教育定点考察学校。1997年香港回归后，学校被新华社香港分社列为香港校长内地考察联系学校。打一小学努力办学，成效突出，先后获得了多项全国和上海市的荣誉，其中有上海市文明单位、上海市"五一"劳动奖状、上海市首届文明校园、中国创造教育学会实验基地等。

重视教师专业发展，课题研究列为教育部重点课题

打一小学以"立德树人"的办学目标引领教师在教育教学实践中建功立业，以

“一生只为做个好老师”的职业思想鼓励老师在成就学生中成就自己。务实的理念和实践夯实了学校持续发展的基础。打一小学的历任校长翟子庚、朱安石、蒋彩娣等都把全面贯彻党的教育方针，促进学生全面发展，培养一支具有高尚师德和爱岗敬业精神的教师队伍作为办学的重要工作来做，把传承与发展学校的优良传统作为己任，所以打一小学几十年来持续发展、科学发展，一直保持着良好的办学质量。

打一小学良好的办学质量还来自于老师们积极的教育研究意识。作为华东师范大学教育研究基地，打一小学与华东师大合作20多年，老师们积极参加教育教学的实践和研究，专业水平不断提高，华师大专家和打一老师撰写了许多研究论文、教育教学案例和经验总结，学校先后出版了《到中小学去研究教育》《校本管理》《超越规范》《小学教育问题研究》《为学生设计了这样的课程》《治一校若烹小鲜》《校本课程研究》《上好课是硬道理》《课堂是美丽的》《好老师这样起步》《学生最大，老师最好》《不用扬鞭自奋蹄》《快乐的校园》和“教学艺术”丛书等数百万字的研究专著、实践案例、教研成果、办学体会。打一小学教师通过教育教学实践和教研课题研究，对学校教育和学生成长有了更多的认识，更好地做到了“明明白白办学校、踏踏实实教学生”。

成就学生先要成就老师，培养学生先要培养老师，有了教师的高素质，才有学生的高素质。打一小学通过各种途径和方式提高教师教育教学水平，培养了一支“有理想信念、有道德情操、有扎实学识、有仁爱之心”的四有好老师队伍。目前，打一小学具有本科学历的教师占100%，有研究生学历和研究生结业教师近80%。学校60%以上教师曾荣获各级各类荣誉，有近30名教师先后被评为高级教师、特级教师和正高级教师，10多名教师先后成为上海市名校长、名教师培养对象和基地主持人，30多名教师成为市、区级骨干教师和学科带头人，学校里党员和入党积极分子占75%。

学校行政班子成员基本都是特级教师和高级教师，他们不仅努力提高自身的学校管理能力，而且积极带领全校教师不断提高专业水平，校长卞松泉是教育实践与研究的领头人，是勤奋的学校管理者。由他领衔的“提升教师职业幸福感的实践与研究”被立项为教育部重点课题。这个课题研究重在管理实践,让见习期教师、青年教师、成熟型教师通过自己不懈的努力,在自己的教育工作中获得成就感和幸福感。事实上,打一小学在办学过程中,一直帮助教师获得职业幸福感,帮助教师在教书育人中不断取得进步,获得成效。打一小学的老师辛苦着、收获着、快乐着。

开发了促进学生发展的学校课程,成果获上海市和全国一等奖

作为上海市首批素质教育实验校,打一小学从 20 世纪 90 年代开始积极开发校本课程,以此丰富学校的办学内容、丰富学生的童年生活,达到激发学习兴趣、提高综合素质的目的。

为此,学校为学生设计了丰富的学校课程,逐步形成了素质教育的“三个系列”:第一是兴趣课程系列,为了发展学生的兴趣,学校开设了几十个兴趣小组。第二是主题周系列,学校在多年办学中,逐步形成了一个主题周系列,这些主题周活动既有学科的特点,又有浓浓的校园文化色彩,从多方面培养了学生的兴趣和能力,也潜移默化地让学生浸润在学校文化中。第三是校本课程系列,为适应素质教育的发展,学校结合课程改革实验,在五个年级中形成了兴趣课的系列课程,这些课程努力体现知识性、情趣性、人文性,学生学在其中,乐在其中,融合学科知识与实践的“主题周活动”使学生有了更多的学习与认知体验……

除了素质教育的三个系列活动,学校还为学生设计了“摇篮校本课程”,这个课程根据学生的发展需求开发,同样以学生知识、兴趣、能力的培养为目的。“摇篮校本课程”丰富了学科内容,开阔了学生的视野,为学生的发展奠定了良好的基础,为学生个性特长的发展拓展了空间。校本课程的开发与实践不仅助推了学生的全面发展,也提升了学校的办学质量,形成了学校的办学特色。凝聚着学校课程开发经验与实践智慧的“为学生开设这样的课程”的研究成果被评为上海市教育科研成果一等奖、全国基础教育科研成果一等奖。

不少来学校参观访问的同行和来校指导工作的领导与专家都对打一小学的校本课程给予积极的评价,他们说以前是学习分数的单车道,现在则是能力与机会的

多车道和立交桥，而且条条道路通罗马，这充分体现了打一小学积极的办学理念和学生全面发展的办学特色和成效。

学校文化与学生德育融合，少先队成为全国雏鹰大队

“人文校园，和谐共生”是打一小学的办学思想，学校在校园文化建设中倡导师生结伴成长，通过丰富的学校文化艺术活动培养学生的审美情感，陶冶学生的道德情操，并逐步成为学生德育的特色。

打一小学把学生教育的理念概括为四个字：“学生最大”。为了“学生最大”，打一小学有不少与众不同的做法，而且都注入文化的内涵，如：学校校名由学生书写；校园内石头上刻着学生书写的名人励志格言；学生的艺术作品布置在走廊上的“摇篮画廊”中；教学楼前的草坪上还有为学生社团成员做的雕塑……为了做到“学生最大”，学校的许多活动也是为学生而“定制”，以突显个性，如：从“班班有歌声”活动到学生草地音乐会；从艺术社团的汇报演出到新年音乐会；从创立校刊校报刊登学生作文到成立“摇篮广播电视台”；从书香校园读书活动到与大作家见面会；从学生辩论赛到队干部的竞选；从成立“慈善关爱小组”助养百岁老人到帮助残疾女孩圆大学梦；从走进敬老院到走近山区留守儿童……打一小学的德育融知识与兴趣、文化与艺术、行为与善良、品德与才能于一体，与学校文化融合在一起，是寓教于乐、寓教于文、寓教于德的育人好方法。

打一小学人文校园的办学思想与学校德育的融合也通过课程渗透到学生平时的教育教学活动中，学校为学生设计的摇篮课程中包括了许多社团活动，这些社团活动不仅有知识性、趣味性，而且都有着文化的内涵。学校成立了许多学生文化社团，如：摇篮校刊、摇篮电视台、摇篮书市、摇篮画廊、摇篮舞蹈队、摇篮铜管乐队、摇篮舞龙舞狮队、摇篮腰鼓队、摇篮鼓号队等。之所以用摇篮取名，是想让学生知道打一小学是他成长的摇篮，摇篮助他成长，是他的童年伴侣。

打一小学是上海市“花园学校”，学校校园环境的设计和布置都是环境育人的“课程”，都要努力渗透人文校园的内涵，使校园中每一物、每一景都努力体现“润

物无声、潜移默化”的育人功能。学校把有特点的环境布置进行提炼、请师生投票推选，形成了“校园十景”，学校又“因景而用”，让每个景观都承载一项学校的传统教育活动，如“桃李林”的草地音乐会、“摇篮庭院”的师生才艺秀、“摇篮艺术厅”的元宵灯会、“摇篮演播厅”的打一人文讲坛、“摇篮剧院”的相约经典戏剧节，等等。“校园十景”与打一师生的学习和工作相伴，并在师生的成长与进步中留下美好的印象、难忘的回忆。一个景观，一项活动，一种体验，一分收获，这是打一小学的校园文化，也是打一小学办学的用心之处和追求的办学品位。打一小学把学校文化定位在“人文校园，和谐共生”的主题上，定位在文化育人的功能上，都是致力于将学校办成一个师生共建、共有、共享的精神家园。

图 3　学校把立德树人作为教育的根本任务

学校文化与学生德育的融合成为学校德育的特色，学校因此获得上海德育工作先进集体、上海行为规范示范校、上海少先队教育基地等荣誉，学校少先队被评为全国雏鹰大队。

“人文校园，和谐共生”的办学成效，获得上海市首届文明校园称号

打一小学在几十年的办学实践中，形成了“人文校园，和谐共生”的办学思想，

具体体现在“文化校园、艺术校园、生态校园、创意校园”等方面，并且每方面都落到了实处，取得了积极的成效。2018 年学校被评为上海市首届文明校园。

打一小学重视提高教师人文素养，鼓励教师职业自觉，倡导“不用扬鞭自奋蹄”的自觉自励。20 多年前，学校以“没有规矩不成方圆”为指导思想，积极推进管理改革，学校管理开始走向制度化管理。在对制度化管理的优势与问题不断反思以后，为了让教师们形成一种发自内心的、自觉的、良好的工作状态，学校从严格的制度管理开始转向情态管理，在对学校管理改革实践进行总结与反思后，学校又提出了“从建立规范到超越规范”管理的思想和管理方式，强调“不用扬鞭自奋蹄”的职业自觉。

崇尚团队精神、责任精神和奉献精神，崇尚自觉努力与超越自我，一句话，就是能够推动教师最大限度地激发自己内在动力。“超越规范”管理的意义也是重在激励而不是限制与惩罚。“超越规范”管理的理念和方法更适合教师群体的管理。超越规范不是不要规范，而是比规范做得更好。“超越规范”的管理既是教师的职业要求，也能使教师个性得到发展，给老师们创造一个宽松和谐的好心境、好环境。

为了引导老师从建立规范的限制“小我”走向“超越规范”的“大我”，在“超越规范”的层面上认真履行自己教书育人的神圣职责，体现打一小学名师名校的风采，学校提出四句话作为教师个人和团队合作的共识，也是老师们应该有的价值观。这四句话是：重视自己在群体中的影响和地位，在人际交往中的坦诚与合作，在工作中的勤奋和自励，在利益面前的理智和淡泊。后来又概括为“不用扬鞭自奋蹄”，这句话既实在又不说教，不仅被大家认可，也被大家活学活用。有的老师喜欢用这句话来自勉、自嘲，也有老师调侃这句话是“一句顶一万句”。不管老师们怎么自嘲自励，怎么调侃逗乐，“不用扬鞭自奋蹄”成了打一小学所有教师自觉自励的共识，所以，打一小学教师的素养有了不断提高，专业能力有了不断发展，教书育人的成效也就愈加明显。

打一小学“人文校园，和谐共生”的办学思想不仅体现在具有浓郁人文氛围的校园文化中，更体现在教师的职业素养中，体现在教师的职业行为中。“打一人文讲坛”已经开设了 20 多年，成为老师们的“所爱”，讲坛聘请社会各界贤达、专业人士来做讲座，开阔了教师视野、丰富了教师智慧、陶冶了教师的情感；每年的"三八妇女节"，打一小学都以"鲜花、诗歌、爱护"为主题，使女教师充分感受到了学校对女教师的尊重与关心；学校结合高雅艺术进校园活动，每年都会举办一场新年音乐会，让教师在美丽的校园里欣赏高雅艺术，提高教师的艺术欣赏能力和艺术欣赏品位；另外，打一小学还有特级教师和高级教师工作坊、男教师励志会、骨干教师联谊会、相约经典戏剧节、师生才艺春秋等教师喜欢参加的业务组织和艺术活动。值得一提的是，学校日常召开的教师大会、学期总结会、表彰会、教育论坛和德育年会都会有着鲜明主题和人文内涵，使打一小学"人文校园、和谐共生"的色彩更加浓郁。

学校文化活动丰富了教师的人文素养和职业情感，提升了教师的职业品位，提高了教师"立德树人"的职业自觉性和工作成效。

图 4　"一生只为做个好老师"是打一小学教师的职业追求

辐射优质教育资源，率先成立上海第一个小学教育集团

为了扩大优质教育资源，促进教育均衡发展，打一小学于 2005 年在全市率先成立了上海第一个小学教育集团，2010 年为促进城乡接合部大型居住社区教育的发展，根据市教委和杨浦区、浦东新区要求，打一小学又承办了远在浦东海边、往返距离达 70 公里的曹路打一小学。打一小学教育集团现有五所学校六个校区、5000 多名学生、400 多名教师。打一小学教育集团成立后，合并了周围的普通小学和农

民工子女学校，扩大了招生范围，招收了更多就近入学的地段生，让更多的学生能够走进家门口的好学校读书。但是，教育集团成立后，来自不同学校教师的教育教学水平存在一定差异，打一小学通过“基准教学、课程引领、骨干团队、教学管理、师德规范、尊师爱生、教育科研、校本培训、学校文化、人文关怀、慈善公益”等一系列举措，在师德规范、专业素养、教育教学等方面加以引导，经过多年努力，集团教师的师德修养提高了，专业水平提高了，集团成员校的办学水平得到了提高。

图 5 “上好课是硬道理”已成为教师们的行动共识

值得一提的是，打一小学承办的浦东曹路打一小学是上海市大型社区的配套小学，这是上海小学教育中唯一一个有别于“托管”的、由一所名校跨区承办另一所小学的办学模式。曹路打一小学开办时仅有 19 名学生，经过近 10 年的发展，目前，已有 28 个教学班、1000 多名学生和 70 多名教师。曹路打一小学在办学思想、学校管理、师资培养、学生教育等方面依托杨浦区打一小学的办学经验，在“新学校，高起点”的办学思想指导下，在师资队伍建设、学生素质教育等方面取得了积极的办学成效，成为一所具有打虎山路第一小学办学理念、办学实践和办学风格的好学校，成为浦东曹路地区知名的小学，为浦东新区基础教育的发展、为上海市大型社区的建设做出了积极的贡献。时任上海市副市长翁铁慧，市教委领导，浦东新区、杨浦区副区长及浦东和杨浦的教育局领导都先后来曹路打一小学调研指导工作，华东师大、上海师大的教授专家也先后来到曹路打一小学指导办学。现在打一小学教育集团各成员校都已经成为老百姓家门口的好学校，教育集团也成为老百姓家门口的好教育集团。教育集团的办学模式和经验得到了市领导和专家学者以及同行们的充分肯定。2018年初，经上海市教委批准，在打一小学成立了上海市集团化办学研究中心，中心的成立将会推动打一小学教育集团向更高的办学水平发展。

打一小学师生因为有了美好的教育梦想，在几十年的办学过程中，强调师生和谐、快乐、科学地发展，赢得了口碑，成为老师和学生喜欢的好学校，成为家长和社会信任的好学校。打一小学的办学声誉不断提高，也一直得到社会和媒体的关注，多年来，包括中央电视台、澳大利亚昆士兰电视台在内的国内外众多媒体对打一小学和打一小学教育集团的办学给予了积极的报道和宣传，教育部、市、区各级领导及来自国内外的教育界同行和专家对打一小学的办学思想、办学成果也都给予了积极的鼓励和充分的肯定，打一小学作为老百姓家门口的好学校，也为杨浦区和上海基础教育发展做出了贡献。

上海市嘉定区第一中学

办一所安静而丰富的学校

岁月留痕

上海市嘉定区第一中学的前身是嘉定县立初级中学，第二任校长陈奉璋(图1)参与策划并实施了“中心小学区制”，当时为全国不少地方所仿效，其基本形式延续至今。作为首批上海市实验性示范性高级中学，上海市嘉定区第一中学在保持原有办学优势、发展传统项目的基础上，逐渐形成了“科技教育”“古诗文吟诵”和“群众体育”三大特色。

图1　嘉定一中初创时期(右四为陈奉璋校长)

学校秉持“嘉言懿行，一以贯之”的精神，坚持“追踪前哲，认识时代”的校训，确立“发现我们的优势，做最好的自己”的育人价值观，以“办一所安静而丰富的学校”为办学愿景，定位“人文科技合力，培育嘉懿学子核心素养”为办学特色，传承“主体—发展性教育”“自主—创新教育”，提出新时期的“合作—创新教育”的办学理念，着眼于学校整体育人模式的改革与创新，关注构建基于师生共同价值观的学校文化，关注开发聚焦志趣、激发潜能、提供平台促进师生志趣能的匹配的创新思维课程，关注合作与开放，培养师生的协同发展素养和能力，培育有人文情怀、合作精神、创新素养、社会责任、国际视野的可持续发展的优秀人才。

校史回眸

上海市嘉定区第一中学创办于 1926 年，其前身为嘉定县立初级中学，首任校长为严子加。1958 年学校被命名为上海市首批重点中学，1985 年初高中脱钩，学校改办高级中学，2005 年被命名为首批上海市实验性示范性高中。

学校占地面积约 162 亩，建筑总面积 5 万余平方米，绿化覆盖率约 45%，有教学实验楼、图书馆、科技馆、创新思维广场、音乐厅、多功能厅、体育馆、网球场、足球场、400 米环形跑道、校园网络系统等教育教学场馆和温馨舒适的生活设施，是一所现代化、高标准的花园式学校。

图 2　1980 年，时任国家高教部副部长的嘉定一中 1935 届校友黄辛白（中）来校视察

2018学年，学校有教学班36个（其中6个新疆班），学生约1500名，教职工194人。教师160人，其中具硕士研究生学历者30人，具本科学历者130人；特级教师3人，区学科带头人3人，区骨干教师25人；高级教师60人，占教师总数的37.5%。

近年来学校屡获佳绩，被评为国家级体育传统项目学校、国家级语言文字规范化示范校、上海市文明单位（文明校园）、上海市科技教育特色示范校、上海市行为规范示范校、上海市心理健康教育示范校、上海市先进基层党组织、上海市安全文明校园、上海市花园单位、上海市绿色学校、上海市教师专业发展学校、上海市教育考试院上海市教育发展基金会"华强奖"、上海市中学生创客教育基地、上海市优秀体育后备人才二线运动队、嘉定区教育综合改革示范校、嘉定区教育系统优秀单位、嘉定区学习型党组织等荣誉称号。

2016年以来，学校以"办一所安静而丰富的学校"为愿景，秉承"嘉言懿行，一以贯之"的精神，基于"发现我们的优势，做最好的自己"的育人价值观，让学生通过教育，能够"保持清醒的自我意识，形成良好的智力品质，丰富自己的精神世界，知道怎样的自己才是最好的并努力实现之"。学校积极探索基于文化立校的高中"合作—创新"教育的实践研究，修改并完善新时期学校发展"十三五"规划，确立"人文科技合力，培育嘉懿学子核心素养"的学校特色，以"人文科技合力"深化教育综合改革，实现品质提升、品牌重塑的办学目标。

历史撷英

历史上"最年轻的校长"：筚路蓝缕，奠定学校基础

陈奉璋是嘉定一中历史上最年轻的校长。就读于江苏省立四中期间，"五四运动"的浪潮影响全国，18岁的陈奉璋成为学校宣传"五四运动"的主力。他还参与了由同乡好友潘指行组织的"娄塘教育实进社"，在其中负责实际经营管理工作。

1924年，陈奉璋从大同大学英文专修科毕业，两年后他成为嘉定县立女子中学的校长，年仅24岁。1927年，嘉定县立女子中学并入刚刚创校不久的嘉定县立初级中学（嘉定一中前身），陈奉璋接任嘉定县立初级中学的第二任校长。

嘉定县立初级中学刚刚成立，就招收了百余名学生，在嘉定城区闹市设坛。年轻的陈奉璋校长一到任，首先明确县立初级中学严格按照1923年（民国十二年）颁布的“壬戌学制”上课，初中阶段设3年课程。为了学生的全面发展，他对课程内容进行了精心的安排，包括国文、英语、历史、地理、数学、动物、植物、物理、化学、卫生、体育、图画、音乐、劳作，由学校选聘全上海最好的教师前来任教。陈奉璋除了管理学校的日常事务，也担任英语教学工作。在他的带动下，创立不久的嘉定县立初级中学在嘉定县内赢得了很好的名声。

但心系嘉定教育的陈奉璋校长并未只满足于县立初级中学的发展，他和时任嘉定县教育局长的潘指行一起策划并实施了“中心小学区制”。“中心小学区制”首先从小学开始实验，推及整个嘉定教育，将全县划分为11个中心小学区，由中心校管辖学区内所属其他学校，中心校在教学上起示范指导作用，全嘉定教育的行政管理与教育质量幡然改观。“中心小学区制”也为全国不少地方所仿效，其基本形式甚至延续至今——现在，嘉定区内仍常以“片区”为单位组织教师开展教育教研活动，这不啻是“中心小学区制”在新时期的一种借鉴式沿用。

“九一八”事变后，陈奉璋校长在县立初级中学课程中加设了公民课，强化学生的国民意识和社会责任意识。1932年“一·二八事变”，十九路军将第二道防线布置在嘉定，但此时十九路军已被日军三面合围，正当他们准备在此与日军玉石俱焚时，陈奉璋校长联合嘉定社会名流找到十九路军，力劝十九路军保存有生力量，撤离嘉定。十九路军在与日军激战数日撤退后对此深感慰藉，通电全国称“我军抵抗暴日，苦战月余，以敌军械之犀利，运输之敏捷，赖我民众援助，士兵忠勇，肉搏奋战，伤亡枕藉，犹能屡挫敌锋”。十九路军撤离后，日军大举入侵嘉定，嘉定县立初级中学的校舍、教学设备均遭损毁，刚刚创办6年的学校在战火中被迫停课。陈奉璋校长马上动员学生，自己动手，在被毁成废墟的原址上用茅草和木头搭建起了礼堂、教室，迅速复课。后来，参加长征的嘉定共产党员夏采曦等因与队伍失散，孤立无援,写信向陈奉璋校长求援,陈奉璋校长马上让妻子出面汇款,帮助他们返回上海参加革命工作。

1937 年“八一三”淞沪抗战爆发,嘉定县立初级中学遭日军飞机轰炸,校舍毁坏殆尽,无法上课。陈奉璋校长带着部分师生远行至上海市区,在租界内借沪新中学校舍坚持学习。苦苦坚持了一年,因战乱中民国政府无力划拨办学经费,异地上课的嘉定县立初级中学再次无奈停课。为解决嘉定学生上学问题,陈奉璋校长返回嘉定后,动员爱国人士集资开办私立学校。好友潘指行等人在陈奉璋的支持和鼓励下也出巨资创办了私立勤业中学,为嘉定教育再添力量。

1945 年 11 月,抗战胜利后不久,因县立初级中学的校舍已在战火中成为废墟,陈奉璋校长复任县立初级中学校长,带着学生借火神庙复校上课。他为重建校舍四处奔走,学生家长和毕业的校友们闻知此讯也纷纷慷慨解囊,校友宣宝濂一人就出资黄金三百两。学校得以在复校之际建造了草礼堂和锦生堂(图 4),也得以购置了大批当时较为先进的教具,具备了较为稳定的教学环境。私立勤业中学也同时并入,还增设了高中部。

图 3　1938 年嘉定私立中学锦生堂落成纪念

上海解放前夕，陈奉璋校长还与地下党一起开展护校斗争，不少进步人士受他保护，经他亲自安排留在学校任教。校内的地下党员教师，带领学生走出学校，配合解放军和南下干部参加各项革命工作，先后有200多名学生参干、参军和参加抗美援朝。

从1927年到1952年，陈奉璋在任校长的25年，是学校历史上最艰难的25年。他与众多前贤一起，筚路蓝缕开创了学校基业，为学校注入了“爱国爱乡”的传统，并使之一直贯彻在学校发展的历程里，教育和激励了一代又一代的师生，投身于学校和社会的新发展。

岁月里“最精英的名师”：各怀绝技，开创学校辉煌

1952年，年已50的陈奉璋校长奉命驰援安亭中学。毕业于复旦大学经济系的地下党员翟彦章继任校长。他秉持嘉定县立初级中学的传统，多方延请高水平教师到校任教，使教师队伍实力迅速提升。学校培养出了包括翟彦章校长自己在内的许多名师，如张维昌、陆慰萱、唐养申、汪济、高士锐、张乃敏、王元通等，学校走上精品教育的道路，在上海教育界崭露头角。1958年，嘉定县一中被评定为上海市重点中学。

嘉定县一中的每一位老师都各有绝活，每一样绝活都让学生终生难忘、终生得益。

陆慰萱老师的绝活很多，深得学生们的喜爱和拥戴。他的第一样绝活是上课，他是学校里示范课上得最多的老师，而且他的家常课和公开课一样精彩。时隔五十多年，陆老师的学生、《嘉定报》主笔赵春华仍清楚地记得陆老师在众多老师面前讲授课文《雪浪花》时的情形：陆老师把从家里搬来的留声机放在讲台上，放着悠扬的音乐，挺直身子站在教室最前面。这堂课，陆老师只做了一件事，就是把课文朗读了三遍。第一遍，陆老师自己读，声情并茂、抑扬顿挫地诵读，一下子就让学生如临其境，感受到主人公老泰山的心灵；第二遍，陆老师请同学读一段，分析一段，分析的过程只要完成一个任务，就是思考这段文字在文中能起到什么作用，分

析完了，同学们再自己品味；第三遍，陆老师又一次打开留声机，要求全班跟着旋律读。教学的过程很简单，但同学们上课时，胸口却隐隐发烫，上完课的一刹那，来听课的老师都不自觉地鼓起了掌。陆老师的课，没有唯一的模式，但都各有特点，总能令人走进作品，总能让人忘不了课本里的内容，总能让人读出文字之外的东西。陆老师的课，带着许多同学走进文学的世界，影响着他们的人生。

陆老师的第二样绝活是写得一手好字。陆老师软笔硬笔兼善，博采各家之长，自成一家，朵云轩还专门为他出过字帖。更绝的是，陆老师在全校甚至在全嘉定都掀起了一股习写好字的风潮。当时，学生中"陆体"盛行，学生经常成群结队地跑到陆老师办公室求墨宝。有段时间，陆老师外出教研有几天不在学校，学生们就找出陆老师在作业上的批语，当作字帖来临摹。陆老师班上的学生是当时校园里最红的人，其他班级和年级的同学都争着"讨好"他们，因为通过他们可以找陆老师要到"真迹"。陆老师对来"求字"的人，则总是有求必应，今天为同学写一幅中堂，明天为学生题个座右铭。甚至，不是本校的学生，只要是慕名前来，陆老师也从不拒绝，不但慷慨题字，还传授"心法"，不少非本校的学生成为陆老师的徒弟。陆老师的字备受大家推崇，但他却只用自己的字来服务学生，学生想研析剧本《清宫秘史》，陆老师就自己刻蜡纸，用出版字帖的规格认真誊写了两万多字的剧本，油印出来装订成册，给学生人手一本。

陆老师更令学生惊叹的绝活是高超的古体诗造诣，他能即席口占成诗，兴浓会诵吟酬唱，古诗文水平之高在嘉定难有人能望其项背。语文特级教师、校友钱梦龙就把陆慰萱老师和陆谷宜老师并尊为"嘉城二陆"，并以自己能结识陆老，叨陪末座，亲承謦欬为荣。陆老师诗虽写得极好，却无意作诗人，对自己写的诗作也不甚珍惜，写了便弃。倒是学生，时不时地将陆老师的诗找来，吟味学诵，不懂的地方便去向陆老师求教。久而久之，陆老师的学生不但古诗文的素养日渐提高，还有相当一部分同学能够自己创作一些颇有格调的古体诗。陆老师 66 届的学生张祖良和滕振国，上学时追着陆老师学诗，慢慢地接触并爱上中国的古典文化，后来还利用周末的时间到塔厅书场说书，广受嘉定民众的喜爱，发展成固定的每周周日一场，成了周末书场的明星。后来，张祖良同学继承了陆老师的衣钵，成为嘉定知名的语文教师,滕振国则专攻中国古典文化,成为上海大学研究宋词和元代戏剧的资深教授和知名专家,在古典文学领域的著述超百万字。

语文教师赖云青毕业于北大中文系,是中国作协的成员,著有长篇小说《乱世丞相》《大亨黄金荣》《大亨杜月笙》《大亨张啸林》《魔窟 76 号》,中篇历史小说《嘉定三屠》《捻军起义》《徐光启的故事》《美国独立战争》《显赫一时的拿破仑》,儿童文学《小刀会大闹孔子庙》,散文集《塔影波心流不去》;胡云翼老师学问渊博,堪称大家,以一己之力编过《中国文学史》和《宋词选》,名震一时;汪济老师古文功底超绝众人;张维昌老师的三角函数水平在全上海亦排在前列;政治老师杨振成,不仅政治教得好,同时还兼长法律,是嘉定数得着的大律师……

嘉定一中的老师们除了各有绝活之外,还团结在一起积极探索有效的教学方式和方法。与于漪、徐维振、杨墨秋一道被誉为上海语文教学"四名旦"的何玳丽老师就是最有代表性的一位。作为语文教研组长,后又任副校长的何玳丽针对"注入式"教学方法存在的问题,反复提醒老师在教学中切忌面面俱到,不能什么课文都从时代背景、作者介绍、段落大意、中心思想,一直讲到写作特色、现实意义。而应该从现实出发,给学生"引好路"。嘉定一中的作文教学最能体现"启发式"教学的理念。全校把学生的作文训练渗透进学生的生活,教学生观察、积累,养成每天写随笔的习惯;还指导学生学会"立论",引导学生从纷繁复杂的生活现象中提炼中"观点""见解";同时,还注意"一题多体"的训练方法,让学生懂得"万变不离其宗",思想见解才是第一位的,表达方式和文章体裁千变万化,还是要受到思想的支配。这一切,都是在启发和训练学生有话想说,有话可说,有话不能不说,从根本上引导学生注意语言文字水平的提高。

这样,嘉定一中的学子们继承了前辈们勤奋学习的学风,创造了优异的成绩。在翟彦章校长的带领下,嘉定一中从一个满目疮痍的旧学校成为颇具规模的市重点中学,形成了良好的校风、教风和学风,为国家培养了 6000 余名优秀毕业生。学校从 20 世纪 50 年代末到"文化大革命"发生、高考停止的 1966 年,升学率连续位居上海市所有高中的前列。1960 年 4 月,嘉定一中被评为上海市先进集体;1963 年,嘉定一中高考升学率达 95% 以上,名列全市重点中学第一,其中数学平均分数全市第一，语文平均分数全市第二；1964 年，嘉定一中高考升学率达 98%以上。

征程中“最可亲的校友”：福茂集团创始人赵锡成博士

在嘉定一中历史上，有数不清的知名校友。

赵锡成，1944 届校友，博士，旅美“华人船王”、福茂集团创始人，美国前劳工部长、现交通部部长赵小兰之父。1946 年考入交通大学航政系，在国内修毕航海专业后赴美。

赵锡成的成长正值战乱时期，时局变幻莫测，生灵涂炭，瘟疫肆虐横行。在敌日沦陷区，国耻是任何一个有民族自尊心的爱国者的切肤之痛。作为一个追求理想抱负的热血青年，他当时读书进取的目的十分明确：为不当亡国奴，为民族生存，愿尽匹夫之责。

赵锡成天生好奇心极强，对各种新鲜事物充满兴趣与憧憬。他勤奋好学，各门功课优秀，却不是个“书呆子”。在私立勤业中学（嘉定一中前身）求学期间，他曾和同学先后组织了足球队、篮球队、乒乓球队，使健康运动之风遍及校园。他曾在校队篮球比赛中获得“最佳投球手”的荣誉。他也喜欢乒乓球，几乎每战必胜。当时赵锡成的父亲逢赛必到，加油助威，给他莫大的精神支持。他“东征西伐”，战绩显赫，备受赞赏，且深深领会团队精诚合作的精神，也藉此奠定了凡事皆需追求进步的信心和勇气，以及与人共处务须和谐的信念。

多年以后，当赵锡成谈起自己的求学经历时，总是津津乐道嘉定一中培养他、支持他的体育运动爱好，对他而言是怎样的受益终身，是怎样深刻地影响着他数十年如一日，兢兢业业，风雨无阻，勤恳奋斗，自强不息。他的妻子赵朱木兰女士也是嘉定一中的校友，她在耐心地培育子女长大后，在 50 岁时下决心刻苦攻读，并以优异成绩取得硕士学位。父母的以身作则，言传身教，对赵小兰等子女们而言，是最好的榜样。

赵锡成和赵朱木兰取西方科学教育方式之精华，因材施教，中西合璧，对子女们要求“严而不苛”。赵锡成鼓励孩子们执着地追寻自己的梦想，一切从脚下的点滴做起。他总是要求他们做到最好,教导他们热爱竞争,有责任发展自己的天赋,有能力全面施展自己的才华,永远不要害怕尝试,永远要尽人事,永远与自己的标准竞争;教导他们人生奋斗的过程就是不断进取,不断完善,不断升华自己的过程。这样的人生才丰富多彩,才是实现了最大价值。同时,这应具有放大效应,影响其他人,回馈社会,造福社会,使这个世界因积极贡献而变得更加美好。

1982 年 3 月的初春,赵小兰和父亲共同在哈佛大学和麻省理工学院联合会议上发表演说。当时,哈佛大学商学院及麻省理工学院联合主办"航运论坛",父女俩都被邀请发表演讲。尤其是赵锡成在他演讲的"国际航运之前瞻"中,借用了"举一反三"和"利令智昏"两句哲理颇深的中国成语,向台下学者专家们深刻地分析了国际航运的前景,而后国际航运持续八年之久的衰退,证实了他当时预测的成功,受到同业者的广泛重视。

1988 年 6 月 17 日,在赵小兰受命担任联邦航务委员会主席的宣誓仪式上,为她手持圣经接受宣誓礼的竟是父亲赵锡成。这是她第一次接受政治任命的宣誓,那么庄严肃穆。她深情地注视着父亲的眼睛,感到异样的激动。她第一次感到从一个处处由父母呵护的孩子,真正走上了成熟独立的人生道路。她开始报恩父母,开始回馈社会。

1992 年夏,赵小兰女士受尼古拉大学邀请在毕业典礼上演讲。同时,赵锡成和赵小兰共同得到尼古拉大学的荣誉博士学位。

2006 年 4 月 20 日,时任中华人民共和国主席胡锦涛偕夫人访美期间,赵小兰在欢迎晚宴上代表美国政府及总统致欢迎词。同时,她的父母也被邀请参加各项欢迎仪式,并在共同参加白宫中午的盛宴之前,与两国元首伉俪一起合影,留下了十分难得的纪念。次日,肯塔基州亚太裔协会也为赵锡成和赵小兰颁发特殊成就奖。此事被肯州无线电台的 Terry Meiners 栏目做了父女专题访问。父女二人共同获颁"2013 年怀海德社会事业奖"。

赵小兰常说,她之所以能有今天,能成为对社会有贡献的人,全靠父亲多年的精心培养和教导。他呕心沥血,为子女们奉献了全部的爱,他既是挚爱的父亲,又是尊敬的导师,更是最真诚的朋友。

看今朝：办学愿景彰显广阔天地，学校特色熔铸创新品牌

回看来路，筚路蓝缕，披荆斩棘；还望今朝，立德树人，守正创新。在嘉定一中的发展历程中，每一任校长的倾心奉献都是立校的根基、师生的瑰宝。在这条齐心接力的宽阔大道上，我们总难忘记那些熟悉的身影。

20世纪80年代，张维昌校长认为中小学的教育，第一要义就是学生打基础、发展智力、培养能力。音、体、美是发展和培养青少年想象力和创造力的重要途径，不要用什么模式去抹杀孩子的兴趣与天分。今天再来看这样的教学思想，不得不佩服其前瞻性！特别是处在“升学率压倒一切”的整个80年代里，这是多么高明、多么大胆啊！

20世纪90年代初，姜继尚校长全面贯彻党的教育方针，坚持“德育为首、教学为本、全面发展、鼓励特长”的办学方针，大力改革创新发展，为把学校办成国际一流学校，做出了不懈的努力。

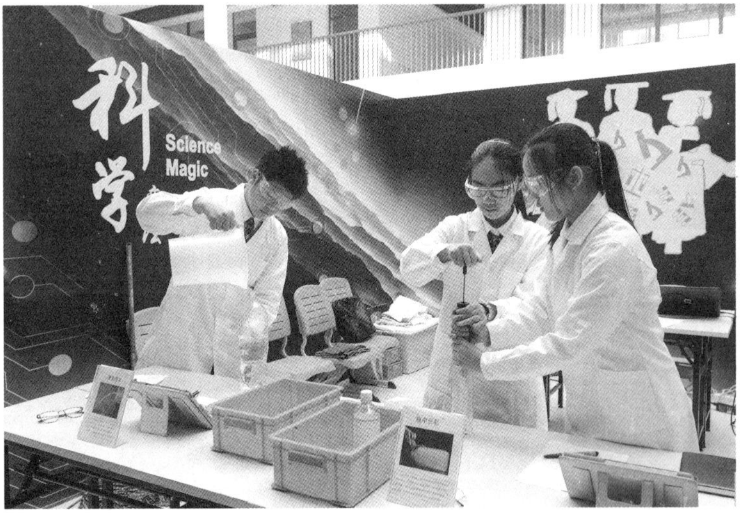

图4　嘉定一中科学实验贯通课程

1995年9月，许榕校长接手嘉定一中，他与同校老师制定了新的办学方案：把嘉定一中办成现代化、实验性、示范性、开放式的高级中学。他提出“基础厚实，自主发展”的办学思想，致力于建设有利于学生充分发展的教育环境。

2008年,康定校长来到嘉定一中。他的教育箴言是"以完美的榜样去激励学生",以"培养高素质的未来社会成功人士"为办学宗旨,强调教育以学生为本体,寻找贴近学生的有效教育方式。

2016年1月,管文洁校长来到嘉定一中。在充分调研、聆听师生发展诉求的基础上,在教育综合改革和新高考改革背景下,她带领大家坚持以人为本,以办一所安静而丰富的学校为共同愿景,以"合作—创新教育"为办学理念,推动学生合作学习、个体自治、人文关怀,在融合发展中形成一定的人文素养和精神气质;推动学生创新意识、创新思维和创新能力的提升,在创新发展中形成一定的创新素养和创新能力。在遵循教育规律的前提下变革学校管理,用"打开"和"建立"的方式系统改进,不断创新,不断突破,提升质量,让"嘉懿学子"在汲取磨砺中振翮飞翔,让"杰出园丁"在舒畅平静中丰满风骨,让嘉定一中在"教化嘉定"中积淀升华。

图5　嘉定一中2015年校景

大学之道,在明明德,在亲民,在止于至善。嘉定一中将坚持知行合一,守正创新,更有定力地、更为自信地、更有内涵地、更有力量感地、坚定地走自己的路,静静地把能做的事情做到最好,充满信心和勇气地行走在教育的大道上。

上海市高桥中学

市郊学校民主管理的先行者

岁月留痕

“万里长江口，千年高桥镇”。上海市高桥中学坐落在中国历史文化名镇高桥镇“民国时期高桥公园”旧址，人文底蕴深厚、自然环境优美，上海解放前是18所市立中学之一，1960年被列为上海市重点中学。

“传承红色基因，坚定理想信念”。学校拥有光荣的革命传统。1947年起，中国共产党人就在高桥中学展开了秘密的革命活动，校内同时独立存在3个共产党地下党组织，享有“浦东民主堡垒”的称号。

“作育英才，教师最乐”。著名历史学家程应镠担任中华人民共和国成立后学校的第一任校长。西泠印社社员金石书法家王京盙、天文史学家潘鼐等众多名家才俊先后来校任职任教。

“锐意创新，开拓进取”。改革开放以来，学校许多工作领潮流之先。率先在原川沙县学校系统实行教代会制度。率先在上海市郊试行学校管理体制改革。率先在浦东新区事业单位直选工会主席。20世纪80年代承担全国全市德育大纲实验、教师职务评聘、农村“星火燎原计划”、军事训练等试点工作。

校史回眸

现高桥中学校址这方土地，钟灵毓秀，具有悠久的办学传统。早在同治、光绪年间，存心堂(现师生餐厅处)就开办义塾。1911年上海市民政总长李平书等筹建的宝界公立小学堂从镇上东街迁入存心堂，次年改名乡立第一国民学校，标志着高桥地区近代教育的发端。1940 年，高桥籍人士杜月笙与原正始小学校长崔志明，创办“上海特别市市立第一中学”，总部设在陆家堰杜家祠堂，分部设于“存心堂”北部沿河屋舍。

1945 年抗战胜利后，上海市教育局接受杜月笙、高桥区区长钟玉良提请，于 1946 年 3 月创立“上海市市立高桥中学”，时列 18 所市立中学之一。国民党市党部委员、市教育局视察、高桥区党部主任陈月江任校长，学校占地 10 余亩，学生人数初为 200 余人，后来扩展到 500 多人。

1949 年 5 月上海解放，同年 6 月，上海市军管会市政教育处派军代表来校接管。1950 年 3 月 31 日，上海市人民政府任命程应镠为上海市市立高桥中学校长。1960 年被列为上海市重点中学。

图 1　1950 年 5 月 28 日，上海市立高桥中学庆祝上海解放一周年大会暨扩大校务会议开幕典礼

1986年学校由“文革”后的普通中学成为川沙县重点中学，提出“三化一流”（校园园林化、教学设备现代化、学校管理科学化；一流的校园、一流的设备、一流的师资、一流的管理、一流的质量）办学目标。

20世纪90年代，学校先后提出了“双成双全”（成人成才；面向全体，全面发展）教育思想和“三优一本”（优化学校环境、办学条件和教师队伍；以学生发展为本）教育思想。1993年成为浦东新区重点中学。

进入新世纪以后，学校提出了“为学以理，积学精业”的办学指导思想、“引领地域文化繁荣，涵育终身学习能力”的学校发展目标和“宽基础，重选择”的学生培养目标，并不断赋予其新的时代内涵。2006年成为浦东新区实验性示范性高中。

一个多世纪以来，学校为国家和社会培养出了近4万名优秀的毕业生，4名市区级高考状元，其中更是涌现出工程院院士周立伟、火箭发射测控专家张飞碧、书法篆刻家凌士欣、美术史家徐建融、前上海男篮主教练王重光、世界乒乓球七号种子选手于贻泽、国家一级演员兼导演李家耀、网络奇才满舟、中国第一位穿越北冰洋的女驾驶员白响恩等社会栋梁。

学校获得多项荣誉，包括上海市文明单位、上海市安全文明校园、上海市行为规范示范校、上海市德育工作先进集体等称号。2008年被评为浦东新区社会事业系统唯一的“上海市职工最满意的事业单位”。

近年来，学校正在努力建设充满人文气息和健康活力的现代书院式生态学校，培养“文质彬彬、和而不同、兼济天下”的现代君子。

历史撷英

浦东民主的一座堡垒

“时代的列车开进了高桥中学，同车共济奔向进步和光明……”这是1948年秋，高桥中学“读书会”所办墙报《火车头》的发刊词。

上海市市立高桥中学是抗战胜利后18所市立中学之一。1947年起，上级党组织派中共党员陈锡良到高桥中学任职，开辟党的工作。上海解放前夕，学校有三个共产党的地下组织，分属于教委、学委和高桥地方系统，在中学教育系统中享有“浦东民主堡垒”的称号。

1948 年，上级党组织调派金声穆老师来校任教，先后发展钟日照和龚德明两位教师入党。1949 届校友回忆：“金声穆老师与众不同，他态度和蔼，平易近人，主动接近同学，喜欢同大家聊天，能和同学们打成一片，在上地理课时，常常讲些当时的形势变化和发展，同学们都很喜欢听。”临近解放时，金声穆为高桥中学事务主任，钟日照为训育主任，龚德明为会计主任，三位中共地下党员参与学校行政领导班子，为高桥中学的新生提供了有力的保障。

1948 年，学生党员汤德奎到校后如星星之火，先后发展了十余名学生入党。中共浦东支部高桥小组也将学生进步力量组织起来，发展成为地下党的外围组织。他们以多种形式的活动联系群众，宣传进步思想，扩大党的影响。例如，组织同学阅读进步书刊、传阅地下油印小报、传唱革命歌曲、收听解放区广播、成立话剧组、编辑《火车头》墙报、发动募捐声援南京“四一”惨案受害学生、测绘敌军碉堡工事设施上交我军作战部门、成立“高桥中学应变委员会”组织应变护校斗争、书写张贴标语迎接解放，等等。

图 2　1949 年 9 月，上海青干班浦东学生工作队参加南汇防汛修塘工程全体同学合影

1949 年 6 月，上海军管会市政教育处派军代表杭苇等来校接管，高桥中学获得了新生，中国共产党人在高桥中学播下的革命种子，迅速地生根、开花、结果。据 1949 年 6 月 29 日《文汇报》上《南下青年名单》统计，当时学校报名参加“人民解放军华东随军服务团”学生共 87 人，在中学中名列第二（最后经批准实际参加者 32 人，其中共产党员 7 人）。1949 年 7 月，20 人左右参加上海市青年干部训练班学习，学习结束后，学员一起去南汇海塘工地做宣传工作，后部分学员返校成为建团骨干，7 人前往张家口的中央军委工程学校。1949 年 10 月 1 日，欢庆中华人民共和国成立，高桥区在高桥中学操场上召开了庆祝大会。1950 年，先后有两批同学报考华东人民革命大学，共录取 20 余人。年内朝鲜战争爆发，响应“抗美援朝，保家卫国”的号召，学生积极参加“军干校”，有的高中班级百分之一百的学生报了名，两年时间里，踏上革命征途的学生近 300 人，而当时学生总数才 700 人。

图 3　1949 年 10 月 1 日，高桥区人民庆祝新中国诞生，学生参加化装游行

图 4　1949 年 10 月 9 日，上海市高桥中学参加南下服务团全体同学合影（福州）

“一切服从革命利益”“一切听从党的召唤”是那个时期高桥中学的精神风貌。“有国才有家，为祖国为人民”的爱国情怀成为红色基因，被深深植入高桥中学这一片热土。

民主办学的一员闯将

程应镠，历史学家、教育家。青年时代相继在燕京大学与西南联大学习，曾参加“一二 · 九”运动；抗战胜利后，在昆明与上海投入民主运动；新中国诞生前，任上海光华大学和政法学院教授，是民盟上海市支部组织委员会副主委。

1949 年 9 月，上海市军管会中教处委派程应镠到高桥中学任校长。据程应镠回忆文字记载：“上海解放后，我要求办中学，这样，就一肩行李到高桥中学来了。我愿意干一辈子……”“一九四九年九月，我到这里来，它还是衣衫褴褛的乡村儿童,仅有十几间教室,几十本图书,潇潇秋雨,道路泥泞。但这个学校的师生,在中国共产党的领导下,对祖国解放充满了欢欣鼓舞之情,对未来怀着无限的希望。”为改善校园环境,程校长亲力亲为,带头赤脚下地劳动。第一届学生会第二任主席、1951届校友王祖德回忆:“程校长发动师生在校园内开展了一次以筑路、种树为主的建校运动,学校面貌焕然一新,在路筑好以后,亲自踏在那条路上时,体会到了‘劳动创造世界’的意义。”程校长注重学校图书馆建设并鼓励学生阅读,除学校办公费用以外,个人工资的大部分也投入到图书的购置,短短几个月,图书馆藏书从约七百本增加到几万册。

程应镠强调学校管理的民主化,成立“校务委员会”,委员十一人,内有学生代表二人。“校务委员会”扩大了民主的基础,集思广益,师生共同商讨解决学校的重大问题,在学校发展中发挥着重要作用,此制度一直延续到1966年。

程应镠注重学生的道德素养,要求全面发展,发展特长,将学生培养成能全心全意为人民服务的新中国建设人才。1951届校友孙建钢回忆:“程校长经常教导我们要又红又专,要为解放了的新中国贡献青春。我记得在全校大会上程校长说:‘青年要把为人民服务放在第一位,如果不是这样,方向就不对,那么,即使学了飞天的本领也没有用!’”1956届校友何咏梅回忆:“一九五二年五月二十八日校庆大典之际,学校按照惯例举行一年一度的运动会,程校长发表了‘读书不忘运动,运动不忘读书’的演说。演讲话音刚落,程校长脱去了西装革履,只着一件圆领汗衫、一条卡其平脚短裤,换上钉鞋。在几千双眼睛的注视下,从容不迫地伸了伸胳膊,弯了弯腰,踢了踢腿,旋即振臂一呼,带领运动员踏上了跑道。随着程校长快速奔跑的节奏,整个运动场沸腾了!”1955届校友、著名演员和导演李家耀回忆:“我演的第一出大戏《罗森堡夫妇》就是在母校校庆时师生同台演出的,总策划就是当时的校长,我们尊敬的恩师程应镠先生。在程校长、顾芳三副校长的启示下我才进入了文艺界。”

程应镠把高桥中学办得有声有色,成为上海一所有名的中学。1954年7月,上海市教育局将程应镠调至上海师专,在高等院校搞教学和科研,他成为著名的宋史专家、上海师范大学历史系与古籍研究所创立人、上海师范大学中国古代史学科奠基者。

勤工俭学的一面旗帜

1958年秋季,学校为了响应党中央关于开展勤工俭学的指示,贯彻教育与生产劳动相结合的方针,靠着沪东造船厂支援的一台旧车床,朱涛、袁锦华等老师、工友因陋就简,办起了金工、电工车间,校办工厂初步建立。

校办厂的建立,为贯彻党的教育方针,培养学生德、智、体、美、劳全面发展创造了条件,为学生学工、勤工俭学开辟了基地。1978届校友朱军回忆:"初中阶段学校安排的'学工'活动,我还能清晰地记得我们几位同学在两位指导老师的带领下,走街串巷检查各种电动机是否正确接地,线圈是否有断或短路现象等。我个人对'电'的浓厚兴趣应该是在这类动手实践中逐步建立起来的……2000年,应中国工程院邓中翰院士的邀请,我加入了北京中星微电子有限公司创始团队,担任工程副总裁,负责'星光中国芯'数字多媒体芯片的开发、设计和产业化,结束了中国的'无芯时代',并荣膺2004年度国家科技进步一等奖。回想起这一路走来,学工应该是我出发的原点。"

高桥中学校办厂开始以加工为主,后逐步适应市场需求,开发新产品。校办厂先后开发十多项新产品,并获得殊荣,如"上海市优秀新产品一等奖""上海市优质产品""上海市科技进步二等奖"等。全厂产值、利润、上缴款项等指标十多年来均名列全国校办厂前列。在浦东开发开放大潮推动下,校办厂实现了经营模式和管理体制的转换,成立上海浦东久安工贸公司,下设服装机械厂、塑料机械厂、仪表厂、塑料电器制品厂、商店及占地10亩的农场(原海滨中学校园)。

1982年校办厂被评为"全国勤工俭学先进集体"。1988年,"全国中小学第二次勤工俭学会议"在北京召开,唐国俊校长在会上作了"支持勤工俭学,创办一流学校"的发言,学校第二次被评为"全国勤工俭学先进集体",高桥中学校办厂被报刊誉为"全国勤工俭学的一面旗帜"。

秉承"办校必须办厂,办厂为了办校"的理念和宗旨,校办企业"创利、促教、育人",累计为学校提供近三千万元资金,建设校园、添置设备、购买教师住房和改善教师福利,实行学生勤工俭学、奖学金制度和助学金制度。20世纪80年代建立计算机房，受到多方报道，“农村子女上计算机房”在中央电视台国际台播出。

2005年起，浦东新区校办工业管理部门分期分批实施校办企业的“关停并转”，2006年6月校办工厂关停。“全国勤工俭学的一面旗帜”在高桥中学办学历史上留下浓重的一笔。

享誉杏坛的一位名师

1957年，23岁的唐国俊走上教育岗位，从事物理教学工作，第二年就执教高三毕业班，1984年起担任高桥中学校长。他从一名普通的一线教师做起，成为一名学者型领导，在高桥校园里为教育理想奋斗了整整40年。

唐国俊教学理念先进，认为物理教学不只是教给学生系统的物理知识，更重要的是教会学生学习，教会学生观察世界、发现问题以及独立解决问题的能力。他潜心钻研教学，优化教学环节，对备课、上课、练习、自学、辅导等重要环节进行了带有规律性的概括和总结，有的在校内得到推广。比如“新知学习七步骤”“教学组织五要素”“备课十要点”等。

教学语言精当、生动、风趣，是唐国俊显著的教学风格。他善于化抽象为形象，将枯燥深奥的物理知识变得浅显易懂、易于学生接受，带领学生享受课堂之趣、体会智慧之光、走进物理之美。他的物理课深受学生喜爱。学生凌俐在一篇回忆文章中曾记叙了这样一个几十年难忘的细节：“他善于把深奥的知识通过一个个笑话传授给我们。有一次，唐老师讲解开普勒第三定律。他面部肌肉故意呈现紧张状态，煞有介事地说：‘一个人不能不二不三，而这个定律正好是不二不三定律，就是行星的椭圆轨道的半长轴的三次方跟公转周期的平方是一个定值’，当唐老师说完这些话的时候，面部的肌肉一下子松开了，笑了，眼睛眯成了一条线，我们也会心地笑了。”沉浸在欢乐课堂中的学生，成绩自然也是优秀的。20世纪70年代恢复高考后，他所任教班级的高考物理成绩均超过县重点中学和本县的市重点中学。

唐国俊还开当时的教学研究之风，他撰写的《对物理教学中如何培养学生能力、发展智力的几点认识》《关于自感现象的研究》《遵循教学规律，展开教学活动》等论文，分别被刊物登载，或收进县、市教学经验汇编。他自编高中物理习题集，供学生练习，并在全县范围内推广使用。他曾两次参加市高校招生和中考命题工作，被同行推举为川沙县数理化学会副理事长、副会长。

1985 年，唐国俊担任校长后，培养了一大批优秀青年教师。例如，带教的王文德老师在县青年教师教学比赛中获得二等奖，所在班物理高考成绩名列前茅，曾被评为“上海市青年优秀班主任”。

唐国俊 1986 年荣获“全国教育系统劳动模范”称号，1988 年首评中学高级教师，1990 年被评为上海市物理特级教师，1994 年被授予“上海市优秀校长”称号。

共产党员的一个模范

倪亦方，原辽宁省鞍山化工二厂厂长、教授级高级工程师，化工部劳动模范，全国优秀共产党员，全国优秀经营管理者，全国“五一”劳动奖章获得者。据校友回忆，他在高桥中学 1949 届高中甲班学习，这个班级学习难度大，进度快，三角和解析几何等用英文原版教材，高二时班上有同学试考交大和同济，被同时录取。他是香港著名作家亦舒和倪匡的大哥，拒绝去香港过舒适的生活，痴心投入社会主义建设，充分表现了一个爱国知识分子的赤子之情。虽然他被生活捉弄，二十几年蒙受不白之冤，但他丝毫没有动摇报效祖国的决心，没有动摇对共产主义事业的坚定信念，充分表现了一个革命者的革命坚定性。

1952 年，倪亦方以全优的学习成绩从燕京大学毕业，放弃留校任教机会，主动申请去生产一线工作，到本溪钢铁司筑炉工地，当了副工长。1957 年被划为“右派分子”，升级为“现行反革命分子”，被关进监狱。

出狱后，被送到鞍山市公安局劳教处办的自强碳黑厂，以一个“释放就业人员”在一个碳黑作坊里开始了艰难的人生跋涉。坎坷的经历和生活的磨难，没有动摇他报效祖国的赤子之心，他始终坚信：乌云是暂时的，祖国的前途是光明的。他利用一切可能的条件不断搞出新的科技成果。为扭转进口碳黑的局面,在简陋的工棚兼卧室里,他把床板当作办公桌,用木板当制图板,不分昼夜地工作,年底,中国第一座硬质碳黑炉建成投产了,产量达到几百吨。“文革”前夕,已建成四座碳黑生产线,自强化工厂在碳黑的行业异军突起,成为国家生产碳黑的重点厂家之一。生产碳黑要排放尾气,在没有任何参考资料的情况下,不知道经过多少次试验,国内首创的尾气回收装置又在一个劳改就业人员的手中诞生了。

可是,发明者倪亦方得到的不是荣誉,而是更多的磨难。他被划入“四类分子”,受管制劳动,还要不断地挨批斗。他默默忍受,并不奢望荣誉,他说:“怎么限制都行,只要能利用我,就满足了。”他把自己的命运与祖国的命运熔铸在一起了!“工厂是国家的,国家需要碳黑,我还要拼命干。”1960 到 1979 年,二十年间“披枷带锁”的倪亦方搞成了几十项技术革新。1980 至 1986 年,解放了的倪亦方焕发出更高热情,有了更多的创造。前前后后,倪亦方有近百项技术革新成果,其中有四项国内首创的科研技术,这些成果对于缩小我国碳黑生产技术同世界先进水平的“时间差”发挥了重要作用。鞍山市化工二厂生产的中超耐磨碳黑和高耐磨碳黑已达到国际先进水平。中国从碳黑进口国走向出口国的崎岖道路上,洒有倪亦方的汗水和心血。

1983 年,倪亦方走过崎岖坎坷的道路,终于加入中国共产党。倪亦方卓越的贡献和高尚的精神境界,受到人们的赞扬。群众从倪亦方身上看到了共产党人公道、正直和无私的献身精神,坚定了对党的信念,看到了国家的希望(根据《瞭望周刊》1986 年 21 期《倪亦方》改写)。

积学精业的一片乐土

上海市高桥中学地处中国历史文化名镇高桥古镇的核心区域,毗邻中国(上海)自由贸易试验区,创立至今一直坐落在人文底蕴深厚、自然环境优美的“民国时期高桥公园”之内。

“积学精业读书地,小桥流水高桥园”。作为一所园林式学校,校内亭台楼阁、

图 5　校园一景——御碑亭

小桥流水、四季花开、绿意盎然。校内自然人文景观底蕴深厚、各具特色。“高桥十景”（“一碑”“两苑”“三亭”“四桥”）作为“市民看浦东”文化历史资源，免费对外开放。阅尽四百年沧桑的桂树，老枝发新芽。见证着学校发展历程的枫杨树，名列上海古树名录。四处区级保护文物珍贵厚重，尤其是被称为国内现存第一块航运御碑的明朝永乐御碑，成为学校镇校之宝，它是海上丝绸之路的亲历者，见证着郑和下西洋的辉煌。

近年来，学校坚持“为学以理，积学精业”的办学理念，培养“文质彬彬、和而不同、兼济天下”的现代君子，持续开展“家园建设”，提升师生的“主体意识和归属感”，形成了团结奋进、文明和谐的整体氛围。高桥中学日益成为广大教职员工实现自己事业理想与人生价值的美好家园，日益成为浦东莘莘学子心中向往和努力追求的读书圣地和成长乐园。

2017 年，学校开启新一轮发展规划，以“传承高桥园百年文脉，建设书院式生态学校”实验总课题为引领，在借鉴古代书院“师生共处，学生互助”模式的基础上，以学生追求知识和道德完善及社会性发展为目的，以现代导师制和学生自治为管理制度基础，以研修、探究为基本学习形式，打造自主、平等、自治、探究的学习环境，促进学生的全面发展，努力将高桥中学建设成为一所理念先进、底蕴深厚、质量优良、特色鲜明、环境典雅的浦东一流、上海知名的现代书院式生态学校。

“传承名校文化，谱写教育新篇”。高桥中学这所百年老校迎来了千载难逢的重塑辉煌、实现梦想的历史机遇。

上海市进才中学

上海第一所高规格现代化寄宿制高中

岁月留痕

上海市进才中学创办于1996年,由祖籍为浦东江镇的爱国台胞叶根林先生捐资兴建,是20世纪90年代上海市第一所高规格、现代化寄宿制高中。办学十多年来,以优异稳定的教育质量、丰富多彩的校园活动、谦恭温良的学子言行得到社会公认,先后获评为首批上海市实验性示范性高中、国家汉语国际推广中小学基地学校、全国学校艺术教育先进单位、上海市教育系统先进集体、全国文明单位。

图1　进才中学落成典礼

校史回眸

学校坐落于浦东陆家嘴金融贸易区,校园占地面积近两百亩。学校建筑由台湾建筑师设计和监理,呈中国古代学宫格局,曾获得“鲁班奖”和“白玉兰奖”。学校拥有标准足球场、体育馆、室内游泳馆、天象馆、天文台、图书馆以及公寓式宿舍楼等高标准的教育教学设施,并建有机器人实验室、创新实验工厂、DIS 物理实验室和实验走廊、现代化的生化实验楼、艺术楼等。学校包括高中部、国际部,在校学生共 2000 余名,其中高中部学生 1600 余名,国际部 400 余名,分别来自美国、德国、挪威、韩国、日本、泰国等 30 多个国家与地区。

学校坚持依法办学,以德治校、文化立校,以“厚德至善”为学校文化的核心理念,根据学校不同阶段发展需求,不断调整学校文化建设策略,先后经历了“制度立校”“人文立校”和“文化立校”3 个阶段,凝练出“厚德至善、学广思远”的校风,“尽心尽责、至善至美”的教风和“自尊自主、求真求新”的学风。经过多年发展,逐步形成了:大爱至爱、向荣而行、自主管理、制度推进、见微知著、夯实基础的文化共识。这些文化共识成为学校稳定、进取和发展的强大动力。

学校在“让每一个学生获得发展的机会,为学生的终身发展奠定基础”办学理念的指导下,确立了“科艺交融、人文固本”的学校课程理念,以“校本课程的整体建构及学与教的有效性研究”和“基于创新素养培育的课堂教学变革研究”课题为引领,推动教师教学研究与课程开发,逐步实现教师由“个体优秀”到“团队优秀”的转变。学校特色学科建设和特色活动开展鲜活,在学生创新素养培育方面作了积极探索,物理实验教学、艺术模块课程等在全市有很大的影响力。

学校坚持以学生发展为本,坚持“教”为“学”服务,培养学生的社会责任感。完善“感恩教育”体系,完善学生自主管理制度,开展学生社团活动,开展大别山社会实践活动,加强心理健康教育等,为学生终生发展奠基。学校有 100 余人次的学生在亚太地区天文奥林匹克大赛、全国数学联赛、全国中学生生物联赛、英特尔青少年科技创新大赛、全国中学生天文竞赛等市级以上的各类竞赛中获等第奖。如

2006届学生张琛倩获第二届上海市“明日科技希望之星”，被复旦大学自主招生录取，同时又被香港大学录取；2006届学生赵瑞在上海市“海文杯”英语竞赛中荣获一等奖；2007届学生徐麟获上海市“东华杯”化学竞赛一等奖第一名和“白猫杯”一等奖；2007届学生吴健章、张一斐、刘茵、齐卉同获全国中学生生物学竞赛上海赛区一等奖；2007届学生杨政获第七届沪港澳新四地暨2006全球华人中学生阅读征文大赛高级组冠军；2010届毕业生王宇生以理科实考分572分和总分592分的成绩摘取上海市理科状元的桂冠，并被清华大学钱学森力学班录取；2012届学生高莹在上海市“海文杯”英语竞赛中荣获一等奖，在上海市“恒源祥”作文竞赛中荣获一等奖，被美国哥伦比亚大学录取。在复旦、交大和上海纽约大学的自主招生等选拔活动中，进才学生以优秀的综合素质凸显了竞争优势，受到高校的认可。

图2　进才中学中央大楼

历史撷英

进才中学校名的由来

台北，1969年，一个风雨交加的黄昏。一生操劳的企业家叶进财先生弥留之际，对病榻边的大儿子叶根林说："我一生唯一未了的心愿，是能够有一天返乡兴学，造福乡里，希望你能替我了却此愿。"语毕，老人撒手人寰，年仅65岁。叶根林用微颤的手，合上了父亲的眼睛，心里默念着老人的嘱托。

叶进财先生，字进才，1904年生于浦东江镇，年幼时家贫失学，14岁时到上海拜师学木工手艺，开始踏上了营造之路，24岁时创立"叶财记营造厂"，60岁在台湾扩建为"叶财记工程公司"。公司诚信经营，技艺精湛，质量上乘，生意日趋兴隆，在台北获得了"叶半城"的美誉。

追忆童年，叶进财深感教育重要。他常对子女说："我幼年家贫，无力上学，故识字不多，吃了许多苦。如我有幸能返乡，必兴建学校，以供家乡贫苦子弟读书！"

浦东开发之初，叶根林夫妇带着父亲的嘱托返回故乡考察，拟以叶进财先生的名义，捐资1.3亿人民币建造一所设施一流的高级中学。在上海市教育局和浦东新区人民政府的积极支持下，1994年12月，叶家捐资的进才中学正式破土动工。为确保工程进度和质量，叶根林先生指派他的大儿子叶茂生以及台北叶财记建筑公司资深建筑施工专家杨特卿驻留浦东，全程监理学校的建设。

学校建造期间，叶根林积劳成疾，于1995年11月26日在台北逝世。临终前，他立下遗嘱，关照夫人叶周妙凤继续抓紧建设进才中学，建校费用专款专用，任何人不得动用，并要按进度拨款，保证工程按质按时竣工。叶周妙凤女士严格遵照丈夫遗嘱，克勤克俭，建成具有浓郁中华文化气息的进才中学。

1996年8月8日，当时上海第一所现代化、高标准的寄宿制高中——进才中学举行隆重的落成典礼，叶周妙凤带病坚持与儿子叶茂生一起参加典礼。回顾往事，她泪流满面，泣不成声："我们叶家三代建起这所学校太不容易……"到场的领导和嘉宾都感动不已。

学校创办不久，叶周妙凤女士也因病去世了。她的儿子叶茂生、叶茂宏两位先生继续主持叶氏企业，并在进才中学设立了"碧叶奖"，每年奖励30名优秀高中毕业生，并大力促成两岸的教育文化交流。

为了纪念叶家父子捐资办学的义举，建成后的进才中学中央教学区的草坪中，安放了叶进财先生的半身铜像，图书馆的阅览室里，安放着叶根林先生铜像。他们爱国爱乡的精神,感动和激励着一批批进才学子为实现中国梦而努力学习,激励着全体进才教师"与时俱进、乐育英才",为建设一流高中而鞠躬尽瘁,奋发有为!

一所弥散着浓郁中华传统文化氛围的校园

20世纪90年代中期,中国建筑工程最高奖——鲁班奖,和上海市建筑工程最高奖——白玉兰奖,颁发给了一所新建成的高级中学。这就是位于浦东杨高中路的进才中学。一所学校,获得建筑的两项最高荣誉,在中国教育史上是空前的。

人们经过熙熙攘攘的杨高中路,不经意间都会被一组赭红色大屋顶的古朴建筑所吸引。停下脚步,放眼看去,典雅厚重的大门上方,苏步青先生手书铁骨松风的四个大字"进才中学"跃入眼帘,不禁感受到庄重和肃然的书卷气息。

著名教育家苏霍姆林斯基说过:"校园应是一本活的教科书,使每座墙都能说话。"校园建筑,是学校文化的有机组成部分,代表着学校的价值取向和精神追求。进才中学,是已故台湾著名企业家叶进财捐资兴建的一所现代化高级中学,其建筑由台湾建筑师精心设计并监理施工。学校整体建筑呈中国古代学宫式样,南北对称、中轴通透,有红的墙、琉璃瓦、扇形窗等元素,沿中央大楼次第排开"春华楼""夏荣楼""秋实楼""冬蕴楼",寓意莘莘学子四季耕耘,积累道德学识的青春岁月。

学校建筑所使用的赭红色瓷砖,其颜色成为进才学子调色板中最鲜明的色彩,称作"进才红"。进才中学建筑物及公共设施的名称也处处透着传统的气息和自然的韵味。除了以"春、夏、秋、冬"四季命名的教学楼外,学校的道路都以与进才发展历史相关的人物来命名。如:两条南向大道为"根林路",以纪念捐资办学的叶根林先生,而北向大道为"步青路",纪念已故进才中学顾问苏步青先生;学校的景观草坪命名为"妙凤坪",以纪念捐资办学的叶周妙凤女士;校内的喷泉名为"恩勤泉",出自《诗经》"恩斯勤斯,鬻子之闵斯",意为惠泽笃厚、养育辛劳,推演为受之恩惠,倾心相报之意;学生宿舍名称则以"日月星辰"为命名思路,分别为"逐日楼"(男生宿舍)、"奔月楼"(女生宿舍)和"飞天楼"(高三宿舍);学校的四个广场呼应着四幢教学楼,以"东、西、南、北"及自然景观为命名思路,分别为"东升广场"

“西霞广场”“南平广场”“北虹广场”。进才的一石一木,都与典型的东方特色的建筑群及公共设施相匹配,蕴含着传统的文化思考与精神诉求,渗透着学子的感恩情怀。

“印象最深刻”的申博考察

2002年的春天,正是上海争办2010年世界博览会的关键之季。3月14日傍晚,在周慕尧副市长陪同下,国际展览局考察团一行7人顺利地完成了对进才中学的考察。团长卡门·塞雯情不自禁地感叹说:“这是迄今我印象中最为深刻的一次考察!”考察团成员赫尔穆特·施耐德先生说:“进才中学真是太漂亮了!我想,这一定是上海最好的一所学校!”

是什么感动了国际展览局考察团呢?学校典雅的建筑,盛开的鲜花,热情学子的笑脸等,处处都给考察团成员留下深刻的印象。这一天,整个接待过程始终呈现出了自然、和谐、真诚、动人的气氛。全体接待学生分别用流利的英语、法语、德语与贵宾交谈,使考察团官员感到异常欣喜。考察团成员对学校安排的每一项活动都表现出极大的热情和浓厚的兴趣。好几个活动环节都由于贵宾不愿离开而延长了时间。

通过这次考察,进才向世界展示了中国学生的丰采,为中国上海赢得世博主办权,贡献了中国中学生的一分力量。

我们的艺术嘉年华

每年十二月的某个晚上,进才大礼堂便成了一个充满幻想的唯美舞台:一袭旗袍的古典仕女向我们款款走来;充满异域风情的“法国贵族”正在优雅地举办一场宫廷舞会;“街头艺人”身着pop艺术服装恣意地展示自身才华;可爱的超级玛丽伴随动漫的乐声顶着蘑菇蹦蹦跳跳……

在这里,艺术课程不再是枯燥的“纸上谈兵”,而是不同的学习模块,并通过“校园集体舞”“建筑模型制作”“服装秀”“课本剧”等不同成果形式展示出来。学生通过欣赏与感受、选择与拓展、实践与创作循序渐进地走进艺术，并最终与校园文化活动相融合，成为一场全校狂欢的艺术嘉年华。

当然这并不是艺术课程的全部，展示只是课程的一个部分，学生们更享受的是艺术学习的过程。从最初对音乐、舞蹈、戏剧、绘画、雕塑、建筑、服装、影视等多种类型艺术的感知和体验，到通过舞蹈表演、戏剧表演、服装设计、建筑模型设计等各种艺术实践活动，学生们懂得欣赏、学会创作、乐于合作，每一步成长都来自发自内心的热爱，体会着因艺术而绽放的愉悦。

“朱妈”的生日聚会

圣诞并不是中国传统的节日，但进才中学的音乐教室里，每年这个时候，都是一片欢声笑语。因为这一天，是进才中学音乐教师，上海市特级教师朱燕婷的生日。朱老师深受学生爱戴，大家都亲切地称呼她为“朱妈”！

作为艺术教育工作者，朱妈与众不同的是，她选择合唱团成员，并不考虑学生以前的基础，她相信同学只要喜欢艺术，就不会不成功。每届80多位来自高一、高二的学生绝大多数是没有合唱基础的，可是朱妈会用自己美妙的歌声吸引他们，又会用各种音乐手段让同学们体会合唱艺术的和谐之美。

在进才，朱妈亲身实践“让学校艺术教育成为影响学生一生的教育”的理念，提出“普及与提高相结合、培养兴趣与发展特长相结合”的学校艺术教育目标，建立了“艺术与其他学科相互补”的课程关系。特别是二期课改以来，进才中学逐渐形成了以“艺术的审美、艺术的文化、艺术的实践”三要素构成的艺术课程学习框架。不仅让学生了解什么是艺术以及艺术作品的美，还要通过艺术展现的不同美感去研究发现艺术背后所支撑的不同文化、不同审美情趣，更重要的是还有校园集体舞、服装秀、合唱团等各种艺术实践活动。在朱妈带领的全体艺术教师的努力下，进才中学数十次荣获区、市级比赛的一等奖，以及上海市百校风采擂台赛金奖和世界合唱比赛的金奖，成为国家教育部“全国艺术教育先进”单位。

从维修钳工到物理特级教师

图 3 特级教师王肇铭指导学生做实验

中等身材，戴着眼镜，整个脸上自然透漏出亲和的笑容，成熟淡定，气度从容。“文革”中，他 17 岁时初中未毕业就赴农村插队，曾在一家县办化肥厂当维修钳工。1977 年恢复高考后，他只花了 10 个月的时间，自学完借来的初高中课本中的数理化等知识，以县工业系统第一名的成绩考上安徽师范大学滁州分校。毕业后以优异成绩留校，在物理系任教，1993 年回到上海浦东。

他就是王肇铭，一位物理特级教师，进才中学物理教研室主任，曾被教育部中国教师发展基金会评为特色教育优秀教师。

大道至简。他认为，物理教学中的素质教育和创新思维培养，就应该从实验开始，他首先提出了“物理实验教学体系”的概念，多方面、全方位地提高学生实验能力，促进学生后期能力的发展。

王肇铭老师带领的进才物理教研组，设计制作了大量适合课堂教学实际需要的教学仪器设备，又创建了物理实验走廊，成了培养学生兴趣、拓展学生思维的特殊场地，学生可以在任何方便的时间去“玩”。在“玩”中提出问题、思考问题、解决问题，更由此触发灵感，激发想象，成为创新思维的发源地。

创造从这里开始

进才物理实验走廊赫赫有名，是进才中学一道独特的风景线。这里拥有 75 件大型教学仪器。这些仪器不仅与中学物理教学有关，还包括“进动”“转动惯量”“材料结构”“驻波”“直线电机”“混沌摆”等涉及大学物理理论的实验仪器和许多光学和流体方面的有趣实验装置，有些还与数学知识相关。

课前饭后，喜欢物理的学生常常三五成群，驻足于此，这里成了创新思维的实验基地。

妙趣横生的玻璃琴。在进才教师节师生联欢会上，玻璃琴时而欢快激烈、时而哀婉低沉的演奏赢得热烈的掌声。这架玻璃琴是一位物理教师制作的。在实验课上老师与同学们一起敲击玻璃琴，一起研究玻璃片的发声规律。在老师的指导下，同学们用DIS声音传感器定量测定了敲击各种玻璃片的发声频率，发现击打不同的材质、不同长度、不同厚度的玻璃片会产生不同的振动频率，看着屏幕上不同振幅、不同周期的优美正弦波，同学们学会了从物理学的角度体会音乐的魅力，科学地揭示了能发出优美声音的玻璃琴之中的奥秘。

学生制作的拱形桥模型。2012年12月23日，由加拿大蒙特利尔市ETS大学主办的pontpop桥梁模型比赛中，进才中学龚玄杰等学生制作的“拱形桥模型”以1.082千克净重承受320千克质量的重压，取得了中国参赛组队中最优秀的成绩。同学们首先从网上查找相关资料，又到苏州河沿线观察各种类型桥梁的结构特点，最后设想以外白渡桥为结构模型，用冰棍杆替代外白渡桥的钢梁，用白胶替代外白渡桥上的铆钉。龚玄杰等7人耗时一个月左右，终于制作完成了长82厘米、高22厘米的桥梁模型。

可控制液滴大小的实验装置。在“上海市高一物理竞赛TI实验团体赛”中，新设置了长期题，要求研究并制作“可控制液滴大小的实验装置”。液滴大小控制范围越大，液滴大小越准，相关成绩越好。高一(6)班刘睿和陈雨羽等六名同学，先后汇集到实验走廊寻找创作的灵感。他们看到实验走廊里的滴水实验仪器，在频闪光的照射下仔细调节水滴每秒下落的滴数，在此基础上不断改进实验装置。刘睿和陈雨羽等三个同学代表实验小组，用这个能够控制液滴大小的实验装置参加了TI实验团体赛，最小水滴0.01毫升，最大水滴0.25毫升，两者之比达到25倍之多，远远超过两者之比达到3倍就为优秀的标准，名列TI实验团体赛“长期题”第一。

千里跃进大别山

当满载着500多名进才师生的14辆大巴到达暖流中学前的路边时，欢天喜地的鞭炮声随即响起。天堂寨的村民和学生,用最热烈、最隆重的方式迎接他们到来。进才高二年级学生每年都将在这里度过难忘的一周时光,来这里学农。

镜头一:树根立魂。金寨县是大别山之行的第一站。清晨全校五百余名师生在金寨红军广场上整齐列队,举行开营仪式,静静地聆听金寨县人大常委会副主任闫荣安动情地讲述那段烽火岁月。

镜头二:学农体验。大别山社会实践的第二站是入住农家。金寨县天堂寨镇山前山后的近100户人家各自领着五六个城里娃回家。在接下来的6天里,这些独生子女们将与农民一起挑水、喂猪、劈柴、生火、犁地、采茶……亲身体验老区的艰苦生活。

镜头三:社会调查。"大别山农村留守孩子现状""寻访将军后代""天堂寨镇村民收入与支出状况""大别山农村生命教育"等80多个社会实践课题由500多名学生来完成。学生们前往大别山之前,已花了一个多月听讲座、查资料,进行了充分准备。

镜头四:做小老师。在大别山,进才学生为村里的希望小学代课,做起了小老师。一名学生在日记中写道:"在给孩子们代课的过程中,我们时时刻刻都在被他们感动着。忘不了四年级的女孩送给我们的日记,忘不了二年级的男生们给我们的弹珠。预备班的孩子可爱、开朗,一二年级的孩子们乖巧懂事,他们都像太阳花一样努力向阳生长着,满是希望,憧憬着未来。"

镜头五:爱心结对。17年间,进才师生已经第14次来到革命老区开展活动,并与天堂寨镇暖流中学结成了对子,长期开展捐资助学活动。临行前,进才中学学生处组织高二的学生开展一次义卖活动。每个班级将义卖得到的款项,及学生们捐出的书籍、文具一起带到大别山,与暖流中学贫困的学生结对,承担对方一年的学习费用。结对后,进才学生还通过书信、电话等各种形式与结对的同学定期联系。在进才学生的鼓励下,结对的贫困生进步很大,有的学生顺利升入高一级的学校。

图4 大别山社会实践

校园风云人物——“王三百”

王宇生,在进才是一个人物。早在高一时,他就考出了数理化三科全部满分,因此人称“王三百”。2010年,王宇生不负众望,在高考中摘得理科状元桂冠。王宇生的成长,得益于进才宽松的心理环境和助力成才的老师们。

还在高一,老师发现王宇生具有物理学习的天赋,让他参加了物理竞赛培训班。在老师指导下,王宇生自学大学物理教材。在高中三年期间,他多次参加各类学科竞赛,在数学、物理、化学三科上海市级竞赛中,均获得奖项,成为学科竞赛的“全能冠军”。

王宇生有三个“重要论”:“做班级工作比学习更重要”“同学们的共同进步比一味的个人发展更重要”“娱乐、运动非常重要”。王宇生于2009年获得上海市三好学生的荣誉称号。在“市区优秀学生个人候选人”综合素质考评的长跑、实心球、立定跳远等三项体育测试中,他均获满分,再次印证了“王三百”实至名归。

天上有颗“凌晨”星——记进才中学2003届毕业生凌晨

曾经有人对凌晨的老师说:“知道吗,一提起你的学生,你的眼睛就会发亮哎!”老师开心地笑了:“那是让天上那颗‘凌晨星’照亮的呗!”2004 年凌晨作为中国中学生代表参加在美国的 Intel ISEF(国际科学与工程学大奖赛),他的研究课题“资源植物马齿苋延缓衰老的实验研究”获植物学科二等奖,同时收获了麻省理工学院林肯实验室给予的新发现小行星命名——“凌晨星”的殊荣。

2002 年整个暑假里,凌晨几乎都泡在第二军医大学动物实验室。平时小鼠实验室就弥漫着一股难闻的气味,加上三伏天的高温,能在如此的环境中坚持按照计划一步一步认真完成实验的凌晨让老师刮目相看。

凌晨的原始记录写了满满三大本,从顶着瓢泼大雨采集马齿苋,到打浆配置各种实验浓度的汁液,到对数千只果蝇以及 100 多只实验小鼠的各项指标(包括学习能力、记忆能力、体能等)进行测试,到最后对小鼠的生理解剖,凌晨已俨然成了一个合格的小小研究员。

在上海二期课改拉开帷幕之际,进才学生科学院就已经享誉上海,各大电视传媒、各大新闻报纸相继报道了进才学生的探究活动和取得的成绩。小院士们评价说:“学生科学院为我们搭建了实践与创造的舞台,给予我们的各种能力培养,这些大都是我们同龄人所缺乏的。”凌晨更是认为,在进才学生科学院的日子里,会是自己一生中难忘的一段经历,会是今后成功的起点。

今天,凌晨正在实践着自己的意愿。在一路经历了市级、国家级、国际级的青少年科技创新大赛的层层考验之后,凌晨依然选择了科学研究作为他未来想要成就的事业方向。现在,凌晨已是美国基因与细胞治疗学会会员、美国微生物学会会员、美国科学促进会会员。凌晨想要走的科研之路是“基因治疗”——简单地说就是用载体将基因导入人体或实验动物的不同组织细胞里,表达想要的蛋白质。凌晨现在的科研方向与学生时代的科学探究活动都是他喜欢的、想坚持下去的。

图 5 进才中学升旗仪式

上海市唐镇中学

百年老校的求索之路

岁月留痕

上海市唐镇中学是一所具有百年历史的老校,位于浦东新区中部。原校址在唐镇老街东侧,西临航运通道曹家沟和唐镇街心花园休闲区,北依闻名中外的路德圣母堂。2011 年 9 月,整体迁入唐镇齐爱路 646 号新校舍。

唐镇中学几度易名。前身是法籍传教士鄂神父于 1868 年创办的陈家公学,校址在机口陈家宅。1894 年,鄂神父又在路德圣母堂东侧兴建公学校舍;落成后,陈家公学即移址于此,并更校名为达尼公学。1898 年改称达义公学。1931 年,达义公学开设初中补习班。至 1933 年,公学已具备初级中学规模。1936 年,江苏省教育厅正式批准成立达义初级中学,是当时川沙县境内唯一的一所初级中学。

校史回眸

学校最初为七年制完小,分设男校和女校。当时规定,凡天主教徒子女不得进非教会学校就学,因此,浦东地区教徒子女纷纷来达尼公学读书。在 19 世纪 30 年代,男校学生已达三百余人,女校亦有二百余名学生。当时,校长由外籍神父兼任,教员十余人,灶杂人员四五人,教育、教学工作由神职人员兼任。学生的学膳费,家庭经济条件好的应交纳现金;一般农家可用粮食抵充;贫苦家庭则由所在地的教堂酌情补助。

公学校舍包括一座平房大厅、一幢九栋六开间的两层楼女宿舍和一幢九栋十二开间的两层楼男宿舍。

当时，教堂与学校拥有房屋二百余间，基地四十余亩。

各年级除跟普通学校一样开设规定的文化课外，还增设每周一节的教义课。

1937 年抗战全面爆发，因受日机轰炸川沙影响，为寄宿生安全计，学校一度停办。其后，上课时断时续，直至抗战胜利后，才恢复正常上课。创建阶段，囿于多种原因，校长一职屡有更迭。

1952 年冬，学校改制公立，更名为合庆初级中学。1958 年，定为完中，易名为虹桥中学。1970 年起，改名为唐镇中学。

学校从 1952 年 12 月 1 日公立建制起，经历了较快发展的阶段。办学业绩显著，学校风气良好，声誉与日俱增。历届初、高中毕业生中有相当多的人已获得中、高级职称，更有一批毕业生成了军队干部和地方各级党政干部。

始于 1958 年的勤工俭学活动开展得有声有色。当时，学校辟有 20 余亩学农基地和一个饲养场。学校被评为节煤全国先进单位，又先后被评为川沙县文明单位、浦东新区文明单位，获多项荣誉。

1991 年 5 月，学校确立了“奉献、严整、奋发、进取”的校风、“清、实、活、爱”的教风，以及“勤学、多思、求实、自强”的学风。

2007 年，结合“唐城”发展的良好机遇，学校确立了题为“以城市化发展为契机，努力提高办学水平”的新一轮发展规划，并新增校德“明理、冶情、和谐、自律”，确立了学校育人的灵魂和方向。

2011 年 9 月，学校整体迁入齐爱路 646 号新校舍。

历史撷英

校河与小红桥的回忆

走进唐中新校舍行政楼底楼的校舍陈列室，坐落在平地上的一座小桥或许会令人疑惑不解，桥身上用隶书雕刻的“小红桥”三字格外醒目。小红桥宛如一个情结，一把锁扣，把唐中人与这所百年老校紧紧地连接在一起。

依傍露德圣母堂而建的唐中老校舍中，一条清澈的小河把校园自然分成南北两个校区，河面宽约5米，长约15米。小红桥宛如卧虹一般架于两岸，因为桥身漆成红色，又因当时校名为“虹桥中学”，大家不约而同地称它为“小红桥”。

张泓铭，曾任上海社会科学院研究室主任，专业从事经济研究工作，是唐中62届高中毕业生，在唐中度过了初中、高中共六年的学习生涯。回忆往昔，他说：“我常常在回首那段美好时光的一切，以至于梦境中不时闪现横贯学校的那条小河、小河上的红桥、花园里的冬青和玫瑰……”

华东政法学院何勤华院长曾于1966至1968年在唐中初中部就读。2009年重游校园，当他驻足校河边，仰望两岸枝丫相接绿荫如盖的梓树，感慨地向陪同的老师说：“这里，曾是小红桥的位置……”

校河虽小，却是活水，与校外的河道贯通，水质常年清澈，流淌校情乡味。有趣的是，20世纪80年代时，每年春季学校在小河里投下鱼苗，两端封网，待到新春佳节将至时，学校又组织老师撒网捕鱼，而后将鲜活肥鱼分给教职员工，每每此时，小河边洋溢着丰收喜庆的气氛。

图1　唐镇中学旧校舍

随着校园的改建，在20世纪80年代校河边筑起了一道河堤，小红桥也随后被拆除。2010年9月，百年唐中迎来崭新的一页，学校整体搬迁至齐爱路646号。校河两岸的梓树也特地进行了整体搬迁，移植在新校舍花园与行政楼的周围。

首届高中（1962届）校友竖起了标杆

20世纪60年代初，我国经历了“三年困难时期”，经济极度紧张，大学招生数史无前例地压缩。唐镇中学第一届(1962届)50名高中同学中,进入高等学府的有14人,录取比例当年在全县首屈一指,一时成为川沙地区的美谈。其中,唐振琪考入上海师范学院(现上海师范大学)英文系,大学毕业后进入外交部,担任过外交部办公厅主任,出任过驻纳米比亚大使、驻希腊大使;张泓铭考入上海财经学院(现上海财经大学)贸易经济系,后成为上海市社会科学院的资深专家,迄今还忙碌着社会工作;孙文龙从上海外国语学院(上海外国语大学)毕业后被分配到外地的兵工厂工作,为兵器部的领导担任过翻译,为国家国防事业的发展尽过力。即使是留在农村的同学们,他们的品行学识也得到了乡亲父老和上级组织的肯定,有的担任了乡镇领导、工商所领导,还有的做了中小学教师。

可以说,唐镇中学历史上的首届高中班为唐镇和国家的建设和发展做出了贡献,也为唐镇中学的后续发展起到了助推作用。1962届高中校友中的不少学长常以来函、返校等形式与母校保持联系,他们的回忆、事迹无疑是当代学生励志教育的生动素材和校史教育的精彩篇章。当然,以此为标杆,唐中在一个时期内声誉鹊起。

那时教师的风采

唐镇在20世纪60年代是一个偏远闭塞的小乡镇,然而在唐中却汇集了许多优秀的老师,他们犹如闪光的明星,引导唐镇地区的农家子弟立德成才。

当时,唐中的老教师们教学经验丰富,年轻教师学识渊博,他们有的毕业于上海师范学院(现上海师范大学)、复旦大学等著名高等学府。数学教研组中,陈浩然老师教几何,上课的风格就像几何课本身一样,线条分明,求证严密,不拖泥带水,下课时间到,刚好讲完。语文老师王思铭上课时旁征博引,挥洒自如,突破当时传统的授课格局,一堂45分钟的课常常让人意犹未尽,让人在潜移默化中领略到中国文学的博大精深。黄鸿初老师擅长古文研究,写得一手好字,令学生敬仰不已。傅继华老师教地理,对全国各省市、世界各国的地理情况了如指掌,他讲起课来,声音洪亮,抑扬顿挫,别具风格。物理老师姚继祖上课时很注重实验,培养学生对物理知识的浓厚兴趣。化学老师王礼菡刚从大学毕业,初上讲台,嗓门清脆,活力四射,课余还教学生唱《洪湖水浪打浪》,与学生打成一片,学生称之“姐姐老师”。

英语老师潘克明是复旦大学的毕业生,英文很好,但身体欠佳。他讲课非常认真,常常为学生辛辛苦苦地用钢板蜡纸刻写英语辅导教材,把在教科书上提到的英语基本知识再加以归纳、比较和条理化,让学生加深理解语法现象之间的有趣关系、构词法的奥秘和常用词组的搭配。潘克明渊博的学识与缜密的教学风格让学生受益无穷。

1966 届高中毕业的吴秀国曾任浦东新区教育局人事处处长,他回忆在唐中的求学经历时,尤为感慨学校当时开设的各种课外讲座和课外兴趣活动小组。他介绍说:“这些讲座和活动小组,学生都可自由报名参加。当年姚继祖老师有一辆机器脚踏车,相当于现在的燃油助动车,这种车在 50 年之前是十分少见的,姚老师用他的车,给学生作知识讲座,引起了许多学生的兴趣。在听了姚老师的讲座后才知道,内燃机除了课本上说的四冲程的,在实践应用中还有二冲程的,姚老师车上的汽油机就是二冲程的。最让我感兴趣的是学校的无线电兴趣小组,我参加活动的时间最长,几乎有一年,也是最认真的。记得当时辅导老师是一位姓宋的数学教师,他给我们系统地讲授了无线收音机的原理,并指导我们从矿石收音机一直到五个电子管的收音机(当时俗称五灯机)的组装实践。毕业后,我一直热爱无线电技术,在 70 年代末,我便自己组装了一台 12 英寸的黑白电视机,且使用到 90 年代初,迄今仍兴趣不减。母校的实践教育令人难忘,受益终身。”

萦绕在心头的嘱咐

“1971 年 7 月,我从唐镇中学毕业,由于当时没有高中可以读,就回到了生产队务农。在临近毕业前的某一天,我们的班主任兼政治课老师华士珍找我谈了一次话。当时我非常痛苦,带着哭腔地对他说:‘我想要继续读书,我这么小,身体都还没有长成人呢,我不想回家去干农活。’”

“华老师听了我的话也很难过，透过镜片，我看到他的眼睛有点湿润。他对我说：‘你虽然书读得很好，我也非常喜欢你。但现在我一点办法也没有，因为今年上级规定整个上海市都取消高中，你们这一届学生没有机会继续读书了。你家户口是农村的，所以也只能回去干农活。华老师现在只有一句话要对你说，希望你一定要记住：‘在劳动之余，你一定不要停止学习，不管你今后做什么，多读一点书总是有用的。’”华东政法大学原校长何勤华在自己著写的《火红的岁月》中记录了他在唐中求学时，班主任华士珍老师对他的一番嘱咐。

在那段艰难的岁月里，看着一个热爱读书的学生的那种悲凉与失落，老师的心头也满是痛惜与无奈。唯一能做的，是把“勿忘读书”的教诲送给学生。正是牢记了华士珍老师的这番教诲，在1971年7月至1978年2月长达六年半回家务农的日子里，何勤华始终保持着每晚读书的良好习惯，坚持自学并广泛涉猎政治、历史、哲学等领域，为恢复高考后考取北大法学系奠定了基础。

坚守，他们把青春播撒在唐中的热土上

20世纪80年代，在唐中校园里新分配来一批洋溢青春活力的新教师，给古朴的老校园注入了新鲜血液。

黄素芳老师走上讲坛第二年就挑战自己，主动承担上市级公开课的任务，并获得了时任市语文教研员潘鸿新的赞赏。当年的学生、现在的老师王晓晴提起黄素芳的课，总是啧啧称赞，恍若刚从黄老师精彩的课堂走出一般。

翁正范老师在政治课上因材施教，想方设法地给学生创设锻炼和思辨的空间，将“新闻播报”“课堂辩论赛”“你立我驳”等新颖的活动形式引入课堂中，顿时给传统的“教师一言堂”的政治课带来了一股清新之风。谁说农家的孩子缺乏创造力和想象力，给他们一个舞台，他们就是主角！翁正范欣喜于学生们的变化，而朴实的农家子弟们也被他渊博的知识和儒雅的教学风度所折服。

二十余载，当岁月霜了他们的发丝，把一个个意气风发的青年人变为沉稳执着的中年人时，“唐镇中学”成了刻入他们生命的四个大字，这所农村校园的起伏兴

衰时时牵连着他们的心脉,成了他们坚守于此的永恒。

随着城镇化建设的推进,优质生源向城区集中,农村学校在办学硬件与软件上都显现出薄弱和不足。唐中的规模也逐渐萎缩,由原来的初高中兼具的完中转为初级中学,班级数由原来鼎盛时期 28 个班一度缩减为 13 个班,学生数也由原来的千余人缩减为三四百人,学校的教学质量出现滑坡,唐中陷入了办学历史上前所未有的困境。

即使在此困境中,唐中的老师依然坚守着自己的岗位。化学老师王文华教育教学经验丰富,管理学生自成一套,他言语不多,但句句精到,学生们个个都心服口服。物理老师吕秀萍性格泼辣,做事雷厉风行,学生起初惧怕她的大嗓门,但日久天长,却发现她是个外表强硬内心细腻的好老师,交到她手里的班级,总能创造出惊喜。

他们都是唐中校园里普通的一员,他们都有一种共同的品质——坚守。

享受同一蓝天下的阳光

2009 年 6 月,根据政府有关规定:唐镇周边的农民工子弟学校将撤销,合并入唐镇中学,这对学校而言,既是机遇,又是挑战。合并之后,生源得到了明显的扩充,但农民工子弟将占学校总学生数的八成以上,又给学校的教育和教学带来了严峻的挑战。倪建刚校长在教师大会上铿锵有力的表态振奋了全校教师的信心:“接,我们有这个能力,我们有这个信心!”豪迈之言、坚定之举翻开了唐中历史崭新的一页。

尽管进城务工人员随迁子女占到了学生总数的八成以上,但来到这里的学生,没有“身份”之别,他们在这里得到了一切公平、公正的教育权利和待遇。倪建刚说:“学生到了唐中,只有一个身份,就是学生。让每个学生健康快乐成长,就是我们的办学理念,就是一切工作的宗旨。”

让进城务工人员随迁子女也能享受到城市文明,让他们愉快地进入学校、课堂,让他们的心理、生理都有愉悦的展示,倪建刚还说:“把孩子内在的东西调动出来！为孩子提供展示自我的舞台！”唐镇中学的老师们在倪建刚的带领下，朝着这一目标，迈开了探索的脚步。

图3　唐镇中学小记者采访世博志愿者

学校的小记者社团为同学们搭设了锻炼平台。唐镇中学小记者社团已成立3年。成立之初，有人不理解：“农民工子女搞什么记者团？上好课就不错了！”可倪建刚不这么看，他说：“农民工子女怕被人看不起，怕说话。我们就是要锻炼他们大胆采访的能力。坚持，一定要搞！”于是，学校为小记者社团开设课程培训，邀请资深媒体人来校辅导小记者，与中国少年报社少年新闻学院上海分院合作开展活动，为小记者们的专业能力打下良好的基础。如今，在校内外许多活动中，都有小记者们活跃的身影：校运会采访选手、在高桥烈士陵园采访祭扫者、在世博园区采访外国友人、采访著名电影制片人顾泉雄、采访奥运火炬手金晶……小记者们写出的精彩报道都在《唐中风采》校刊上刊发。

如果说，小记者们用心记录精彩，而小摄影师们则用眼睛捕捉美丽。其中，王娜同学的作品《升腾》荣获2011年上海市学生摄影大赛三等奖；贾先勤、商贤榕同学在第16届全国中小学生绘画、书法作品比赛中，分获美术类二等奖和三等奖。

学校还举办“时装秀，展风采”活动。以“律动青春，绿动未来”环保理念为主题，在别开生面的“时装秀”上，学生用一双双巧手制作出美丽的舞裙、独一无二的装饰品、彰显民族文化的汉服等。活动中共收集到近30套服装，其中入围评选的有17套，一场富有创意和个性的“环保时装秀”新鲜出炉。

图4　唐镇中学学生自创文化衫

责任书:增强干部使命感、责任感的力举

为进一步加强学校目标责任管理,全面完成学期各项工作任务,增强干部的使命感和责任感,每学期初,每位中层干部都要在教工会上面对着全体教职员工上台签署工作任务书。任务书根据每学期的工作重点,由校党政领导共同讨论制定,任务书明确了每位干部一学期的常规工作和主要工作,是根据每位中层干部不同的岗位特点而量身定做的任务单。当签完任务书后,学校将之上传于校园网,同时在学校橱窗里公示,接受教职工乃至每个学生的全程监督。

例如,2010 学年度第二学期,学生管理部主任翁正范的主要工作是:在校长室的直接领导下,狠抓学生日常行为规范的养成;做好“假期快乐营”筹划与落实工作;抓好班主任队伍建设,完善评价方式,努力调动班主任的工作积极性;继续抓好红五月活动、十月歌会、元旦迎新活动、小记者团等工作,形成学校德育工作品牌;加强与各部门的协调,形成合力,提高工作效率;认真做好班主任绩效考核工作。

对照任务书,翁正范针对大批入校的农民工子女学习基础薄弱、行为习惯较差的实际情况,结合德育工作的新要求,开展了多项有利于学生身心发展、综合素质提升的课外兴趣活动。在学校领导和有关老师的大力支持、配合下,学校和中国新闻大学少年学院上海分院建立了工作站,小记者团工作有序开展,初见成效,在此基础上,编发了《唐中风采》校刊。2011 年的暑期,为给广大农民工子女提供良好的暑期生活,学生管理部和其他部门领导从工作计划、课程安排、组织管理、后勤保障等方面精心筹划,开展了“2011 唐镇中学暑期快乐营”活动。本次活动荣获“新区暑期工作优秀组织奖”。另外,在纪念建党 90 周年活动中,翁正范撰写的案例《用我们的双手给党过生日》获得初中组一等奖,他本人被评为浦东新区 2011 年农村优秀师德教师。

唐镇中学的社会声誉良好。当然,学校近几年来的显著进步,与校长兼党支部书记倪建刚的以身垂范、人格魅力密切相关。倪建刚把校长的职位看得很轻,却把肩头的责任看得很重。每天清晨,年届六旬的他从浦西赶到偏远的学校,他的身影总是最早出现在校园中。自 2007 年走马上任以来,他始终将学校的兴盛、师生的苦乐放在第一位,即便在妻子身患绝症、急需照料之时,他仍先公后私、坚守责任,竭心策划百

年老校的振兴之路，带领全校师生脚踏实地改革前进。他将责任写在心中。

“自由恋爱”的教育联合体

一场支教行动，引发了“教育联合体”的“姻缘”，在浦东新区传为佳话。

2007年，浦东新区实行部分骨干教师柔性流动，进才实验中学顾老师、王老师，洋泾东校尹老师，上南东校卫老师来到唐镇中学支教，为期两年；唐镇中学任老师、李老师、俞老师也分别来到三所学校进行顶岗培训学习。

这一“流动”，将这几所学校拉上了教育联合、办学互助、教师互学、学生互动的“联合之旅”。

2011年9月，唐镇中学搬入了期待已久的新校舍。“教育联合体”中的上南东校、进才实验、洋泾东校、进才北校，以一幅“鱼水情”油画祝贺唐镇中学乔迁之喜。油画图案是：波澜不惊的湖水中，荷花含苞待放，锦鱼灵动游弋。湖水象征五校交流的大平台；荷花寓意五校纯真的友谊；锦鱼蕴含五校发展的锦绣前程。整幅画勾勒了五校紧密联系、共同合作、共同提升的美好愿景，寓意深刻。

五校“教育联合体”，缘于支教工作。2007年起浦东新区的部分骨干教师进行柔性流动，到郊县或农村地区支教，帮助这些学校提升教学质量。唐镇中学，地处城乡接合部，当时属一般学校，上南东校、洋泾东校和进才实验学校的四位骨干教师响应号召来到唐镇中学支教，受到当地学校、教师和学生的普遍好评。

为了使五校“教育联合体”的活动正常化、正规化、制度化，五校签订了《五校教育联合体协议书》，各位校长组成领导小组，各位教导主任成为工作组长，各位教研组长成为联合体的成员。

“教育联合体”的成效引起了各方的关注。在五校“教育联合体”进入第五年之际，为更好地探索学校的新发展，实现“优势互补、资源共享”，上南东校沈飞校长负责申报了“构建学校教育联合体的实践研究”，并于2011年6月被批准为“浦东新区内涵发展项目”，2011年9月正式启动并实施。

五校“教育联合体”的成功运作，为实施开放办学、资源共享、教学齐研、师资互培等提供了典范，具有启示意义。

五校“教育联合体”，没有上级领导的指派，却在五所学校领导中得到了自觉的认同。用上南东校校长沈飞的话说，“这是一场教育的自由恋爱”。能谈成这场“恋爱”的内因不仅是校长们的个人魅力，而是对教育的志同道合。“志”在提升办学水平，促进教育优质均衡发展；“道”在追求教育理想，促进师生的和谐共同发展。

最初，四所学校通过支教牵线，结下了教育情缘。对教育发展的自觉，对学校办学提升的迫切愿望，使不同学校走到一起。唐镇中学校长倪建刚说：“当时学校正处于上升时期，支教给学校带来了生机。如何将支教的时间效应放大，并从个别行为变成学校整体行为，我想我们应当有个延续、发展的方式。”

这个想法在四所学校校长中一拍即合：将骨干教师的个体支教行为扩大为学校的整体支教，自然形成了四校联合体。

四校联合体的教研颇具实效，校长们意犹未尽。2009 年，他们向进才北校发出邀请。金卫东校长坦言：“对联合体来说，加盟不加餐，而对我校来说，这是极好的机会。”自此，五校“教育联合体”正式形成。

五校“教育联合体”也打破了地域的局限。浦东新区中小学分为若干个教育署，五所学校也分属不同的署，在一般情况下，不同署的学校联系的机会相对较少。而五校“教育联合体”打破了署的局限，成为跨署的联合体，而由于都是初中，这样的交流更有契合性和共同需求，对象相同、话题相同，既面临共同任务，又各有特点。

显然，五校“教育联合体”也是问题导向、需求导向、项目导向背景下的相同学段的教育联合体，也是建立在高度自觉基础上的教育联合体。

五校“教育联合体”之所以能够坚持不懈，常做常新，越搞越有新意，就在于既有共同的理想、共同的追求，也有共同的需求、共同的课题，更有科学的规范和有序的运作。这是五校“教育联合体”“婚姻保鲜”的“秘方”。

图 5　唐镇中学新校舍

上海市浦东新区第二中心小学

“全面发展　生动发展”的百年征程

岁月留痕

浦东新区第二中心小学的130年办学历史跨越了三个世纪，经受了时间的磨砺和历史的验证。学校创始于1889年清光绪年间，原名“杨家渡小学”，创办人是裴大中先生，德高望重的教育家黄炎培先生为学校的首任校董。

在跨越三个世纪的办学过程中，首任校董、著名教育家黄炎培先生提出的“智育，授予生活上所必须之普通技能；德育，宣归于实践；体育，求便于运动”的教育思想成为学校一以贯之发展的基石，“全面发展、生动发展”成为学校的办学传统，初步形成了“生动、和谐、开放”的学校文化，为实施素质教育奠定了基础。

图1　浦东二中心小学现貌

校史回眸

百年征程，学校几易其名：震修小学堂、上海市立大光小学、上海市洋泾区第二中心小学、上海市黄浦区第二中心小学。1993 年，随着浦东新区成立，学校更名为“浦东新区第二中心小学”，1997 年学校由浦东南路 1140 号搬迁至巨野路 517 号，并于 2009 年在张江开设分校……学校虽几经沧桑，但 23 任校长始终带领全体教师孜孜不倦地探索着教育的真谛，源源不断地培养各类人才，因为他们坚信，对一所学校而言，“百年”意味着历史，意味着文化，更意味着责任。

近年来，学校在继承传统的基础上，立足学校教育功能应回归教育价值本源，为人的发展服务的宗旨，提出了“学校是每一个孩子生动和谐发展的快乐家园”的办学理念和“智慧学习、人文彰显、建设幸福家园”的办学策略，力求通过“学习内容的丰富性、学习载体的开放性、学习方法的灵活性、学习手段的多样性”来体现教育教学的感染力，以满足每一个学生“教育需求、身体需求、情感需求、道德需求”，培养学生与自然、与社会、与他人及自我相处的能力和高尚的情操，实现“健康、文明、乐学、有特长”的学生培养目标，从尊重师生的个性和人格、营造良好的人际关系、让师生有成功的体验三个维度建设幸福校园。

图 2　国内外多方代表团来学校交流

学校以全面推进素质教育作为学校改革与发展的主旋律，近年来取得了累累硕果：学校被命名为全国中小学整体改革专业委员会实验基地、中国基础教育网络实验学校、上海市愉快教育研究基地等称号。

历史撷英

体艺领先的特色办学——一位音乐教师的圆梦之路

在学校学生发展部主任、新区音乐中心组成员忻继青的儿童时代，她就曾听父亲自豪地说起过二中心，知道了二中心在新中国成立前就是全国最好的小学，她的父亲、叔叔和姑姑都是从这个学校毕业的，当时，二中心叫震修小学。学校的特色是体艺教育，特别是在田径方面，在很多比赛中得过奖。在忻继青的幼小心灵里，便种下了一颗稚嫩的种子，埋下了一个模模糊糊的愿望。

随着忻继青进入行知艺术师范深造，作为“预备役”的音乐教师，儿时的心愿种子在她的心中逐渐发芽生长，渐渐清晰。而回父亲的母校任教的心愿，在她毕业分配时，终于梦想成真。时任二中心校长的章锦一眼相中了她，甚至把她的人事档案直接从其他学校人事那儿给“抢”了过去。从此，忻继青的成长与学校艺术教育的发展紧紧捆绑在一起。

1989 年 9 月，忻继青正式成为了一名音乐老师，一入校，她立即投入到紧张的工作中去，也马上被教研组浓厚的学术氛围深深影响。她了解到二中心在音乐学科出过不少人才，当时的黄浦区少年宫主任陆老师就是原来二中心的一名音乐老师。组内的老师们都是当时黄浦区小学音乐界的精英。看着身边的榜样们，她暗暗下定决心，一定要在专业上好好努力，做出一番成绩。在自身的努力和团队的帮助下，很快，年轻的忻继青老师迅速成为学校音乐组的中坚力量。

1995 年，根据学校在艺术教育方面的特色，费水根校长在和音乐组积极协商后，投入资金购买多种乐器，成立了学生管乐团，开了黄浦区甚至上海市小学学生成立管乐团的先河。随着乐团的不断成熟,后来许多有特长的老师也纷纷加入,学生乐团变成了师生乐团。忻继青多才多艺,不仅在钢琴、手风琴上有所建树,是乐团的指导教师和首席演奏,还在学生管乐团成立后自学了长笛,很快成为乐团的长笛手。后来,师生管乐团多次在区级活动中演出,深受好评,成为二中心小学的一道亮丽风景线。

1997 年,因配合浦东的开发开放,学校迁址到桃林地区。忻继青割舍不下与二中心的情意,放弃了在"黄金地段"菊园新校任教的机会,随着蒋倩校长来到新址。学校确立了"发挥优势、继承发展"的办学策略,坚持发展艺体特色,在此期间,忻继青发挥了中流砥柱的重要作用。1999 年,学校筹建学生管乐队,忻继青率领音乐教研组团队,奔波忙碌,选购乐器,聘请指导老师,在大家的共同努力下,学校"小红星"学生艺术团正式成立了!短短一年,学校管乐队就在浦东新区的艺术节上崭露头角。

图 3　学校小红星艺术团汇报演出

不久,李国君排球俱乐部、王后军足球俱乐部相继成立。排球、形体、器乐等艺体类校本课程陆续开发实施。学校陆续被评为浦东新区艺术特色学校、体教结合学校、足球一条龙布点学校。短短几年间,学校艺体教育荣誉不断,弦乐队、舞蹈队、合唱队、书画社、排球队、足球队等学生社团先后在市、区学生艺术节和学生运动会上获得佳绩。自1999年开始,学校囊括了多届上海市及浦东新区排球比赛小学组男子、女子组冠军,获得了男足冠军,浦东新区"金孔雀"舞蹈比赛特等奖,上海市"金孔雀"舞蹈决赛三等奖,浦东新区学生艺术节合唱比赛一等奖、器乐比赛一等奖等多项荣誉。

发展征途新起点——由"动迁"引发的众志成城

1997年7月,为配合菊园小区的动迁工程,原坐落于浦东南路1140号的浦东新区第二中心小学,迁址张杨路1776弄28号,与进才中学、进才北校形成一个教育园区。年仅32岁的蒋倩,由启新小学调任二中心校长,在原泾南小学的校址处,带领着同样"动迁"过来的十几位教职工,众志成城,开启了百年老校再创辉煌的新里程。

修整校舍,美化校园。蒋倩至今清晰地记得,那是1997年7月23日的上午,当她与同行的几位老师第一次走进"新"校园时,都几乎被眼前的景象惊呆了:原本应是整洁平整的操场,实际却是杂草丛生,有的杂草疯长得甚至比人都高;原本应是书声琅琅或宁静祥和的校园,实际却是响彻耳边的轰隆隆马达声;原本应是配套齐全、宽敞明亮的教室和专用教室,实际却是部分教室成外借仓库、专用教室内无相应设备……原来,泾南小学虽然只开办两年,但由于出借率高、人员进出复杂、管理不到位等原因,造成校园内设施设备损坏率高、绿化稀疏等现象。

面对现状,二中心人迎难而上,本着"整体规划,逐步实施"的原则,学校分三期进行了校园的硬件建设。

第一期:校容校貌出形象

修建操场,整修主席台,修筑看台;粉刷教学大楼的内墙,贴上瓷砖;安装教学大楼楼道两边的铝合金窗;解除与龙腾食品厂、申华制衣厂等单位的租借合同,收回被占用的教室和办公室,清理操场南面菲灵汽车修理厂的违章建筑。

第二期:积极装备保质量

在浦东社发局设备科、计财处的关心支持下,陆续装备了音乐室、电脑房、美术室、阅览室、劳技室、自然室等专用教室，并建设了闭路电视转播系统，从而为实现"一流设备、一流管理、一流质量"的办学目标奠定了硬件基础。

第三期:优化环境创氛围

首先是调整绿化布局，增加绿化面积、绿化品种，提高绿化品位，根据教学楼呈E字形的特点，开辟出教学楼之间的两个特色小花园。转眼间，旧貌换新颜，校园内绿树成荫，鸟语花香，绿化面积达到一千多平方米。其次是充分利用墙面，进行有主题的墙面装饰，如学生作品、名人名句、经典画作等，让"每一堵墙都说话"，营造了浓厚的育人氛围。

图4　校内一景

清雅美丽的校园、先进齐全的设施，为二中心重塑名校品牌提供了硬件保证。

汇聚智慧，共谋发展。世纪之交，万物更新，面对搬迁后的新局面、新形势，古老而又年轻的二中心的发展之路在哪里，又该走向何方？蒋倩凝视着校园，陷入了沉思，对，广开言路，出谋划策，群策群力！

于是，"有话大家说"系列座谈会如火如荼地举行：二中心老校长座谈会上，聆听老校长们对二中心传统的诠释、对未来的期许；教育教学专家座谈会上，听取专业的建议与指导；家长座谈会上，倾听家长的需求和困惑；学生座谈会上，了解学生的兴趣与心声;教师座谈上,鼓励大家畅所欲言,为学校发展出“金点子”……

当清晨第一缕阳光照进校长办公室时,蒋倩转了转硬邦邦的头颈,推开窗深深吸了一口气,她的双眼在阳光下熠熠生辉。此时此刻,蓬勃而充满活力的朝阳同桌上新鲜出炉的《学校三年发展规划》(1998 年 6 月至 2001 年 6 月)交相辉映,即将绽放出绚烂的光芒!

凝聚二中心集体智慧结晶的《学校三年发展规划》经教代会审议通过。总目标——为适应社会发展的需要,努力创办“三语特色校”(汉语口语、英语口语、计算机操作语),努力把学校办成学生学习的乐园、体艺发展的摇篮、文明建设的阵地、教育科研的前沿,力求把学校办成新区乃至上海的窗口学校。这成了全体二中心人的共同愿景。

以点带面,课改先行。围绕三年规划的总目标,学校以课程改革为抓手,在“教学严谨、基础扎实”传统的基础上,将学校的中心工作聚焦于素质教育。多项举措的受益者,无疑就是一届又一届的学生们,邵晓琦就是其中的一个。

邵晓琦一直觉得自己很幸运、很幸福,当她升入三年级时,二中心小学迁址到桃林地区,她成为学校为推进课改而开设的实验班的学生,经历了比以往更有趣、更有效的学习方式。

语文课上,老师会给他们看《狮城舌战》的录像,会教他们如何就某一论点进行阐述和驳论,会让他们分成两组进行辩论赛。在“唇枪舌剑”的你来我往中,渐渐地,邵晓琦发现自己变得更开朗了,思维更开阔更敏捷,口头表达能力、查找资料的能力、搜索信息的能力、统筹分析信息的能力、团队合作意识等都有了提升。与此同时,同学们的语文水平也有了很大的提高,她的同学林佳奕、张勤获得上海市《百年恩来》征文大赛一等奖,陈颖华等四位同学获二等奖,汤莉丽等八位同学获三等奖。

数学课上,老师会在他们轻松掌握课本知识后,给他们出一些和生活相联系的思维训练题,挑战他们的推理和逻辑思维能力。邵晓琦特别喜欢解思维训练题,为此,她还被推荐赴新加坡参加小学数学竞赛,获得鼓励奖,是当时新区唯一的四年级获奖学生。

英语课上,老师会让他们轮流"On duty"(执勤),当天轮到执勤的学生要进行两分钟的主题英语演讲。老师也经常让他们表演对话、唱经典英语儿歌等,英语课学得趣味盎然,同学们都能大声说英语。到了四年级,还增设了每周 2 节法文课,与进才北校的实验班课程相衔接。

电脑课上,老师会让他们使用电脑室里配备的二十多台最新的奔腾第二代"赛扬"电脑,查找资料,自主学习。计算机语言的掌握,为他们展现了一个更丰富、更广阔的世界。

音乐课上,他们学民族舞、唱民族歌;

美术课上,他们学剪纸、学篆刻;

体育课上,他们学木兰拳、学中国功夫……

当然,还有丰富多彩的活动:"中美之光"外教夏令营、元宵节灯会、端午节包粽子比赛……。

邵晓琦觉得小学生活就像彩虹,赤橙黄绿青蓝紫,斑斓而难忘。

天道酬勤,二中心小学迁址一年后就在桃林地区声名鹊起,教学班由 4 个扩展至 16 个,到 2000 年时,班级数已达 23 个,学生 1000 多人。期间,教师和学生在区级及以上各类竞赛中获团体和个人奖达千余人次,学校先后被评为浦东新区文明单位,浦东新区教育科学研究、德育教育研究实验基地,同时荣获局一级党支部、优秀教工之家、红旗团支部等称号。二中心小学以厚重的历史底蕴作为基础,因强大的综合实力而厚积薄发,同时不断与时俱进,奋发创新,短短三年间便在新址成为一所高质量、创特色、对内示范、对外开放的窗口学校。

社会化教育,全方位学习——课程改革,学校内涵发展的助推器

时光飞逝,当新世纪的第一缕阳光照进二中心校园时,也迎来了二中心的 110 岁生日。如何传承这份百年的深厚积淀?如何走出新世纪的第一步呢?年轻的沈晨曦校长思考着。学校教育如何打破围墙?如何让学生的学习有更多的机会走向生活,走向社会?"小学学科教育社会化探索"课题应运而生。此项课题被批准为

市级课题,二中心由此迈出了科研引领课程改革的第一步。

教师们通过课堂渗透、活动穿插、综合实践这三条途径实践学科教育社会化。他们从三三两两讨论如何用好教材开始走向自编校本教材,从开展互观课活动到思考如何改变传统的课堂教学方式,从一次又一次的学生活动中认识到学生个体社会化的重要性。在三年的课题研究过程中,学校创编和出版的各学科教学资料近二十册,拓展、深化了学校教育内容,提高了学校教育的开放度,促进了师生的共同发展。

二中心迈入第114个年头之际,迎来了第23任校长——陈洁。在沈晨曦雷厉风行,大刀阔斧地迈出科研兴校的步伐之后,陈洁则以她的知性稳重,厚积薄发再次赢得来自各界的掌声。两位年轻的女校长同样地拥有着对教育的那份执着与追求,对二中心的传承与发展有着太多的共同语言。沈晨曦调离后,陈洁在深入"小学学科教育社会化的探索与实践"的课题研究的基础上,进一步深化二中心的课程改革。"学校的一切教育活动皆课程"是她常常挂在嘴边的话,二中心的课改走上了"社会化教育,全方位学习"的特色课程建设之路。

关注表达,书香校园。无论是课内还是课间,走过二中心的教室,你一定会听到琅琅的经典诵读声,从低年级的三字经、弟子规诵读到高年级的论语、唐诗宋词,二中心努力为学生营造一个书香校园、文化校园。

金融理财,生活数学。数学学科以"理财"为抓手,将数学知识与生活实践相结合,引导学生探究生活中的数学问题,从账单的支付,银行利率的计算到春游的租车,超市购物攻略等,无一不受到学生的喜爱。

拓展资源,加强阅读。针对小学生英语阅读量不足,英语阅读资源缺乏的现状,英语教师们根据各种教材的主要话题分类,进行阅读素材的撰写与积累,建设了校本英语阅读资源库,用于英语课堂的阅读拓展与课外活动的开展。

校本德育,修德善学。根据学生心理、认知的实际情况,学校积极开展"注重体验与感悟"的德育教育,在国家课程、校本德育必修课程的基础上,进一步梳理活动类课程,将原有的日常综合教育活动、德育活动、社团活动等课程化,构建了以"学会自理、学会参与、学会合作、学会管理"为主题的"成长阶梯"校本德育系列,通过开展分年段教育活动、跨年段教育活动、校内外结合教育活动，为学生创设更开放的空间。

科学教育，发现世界。自然学科中，以“观察　体验　创新　成长”为主题开展“做中学”的实践研究，引导全校学生接近科学、走进科学。一年级的小朋友探究“奇妙的树叶”，观察树叶的形状、颜色、叶脉……二年级的小朋友认领了一份珍贵的礼物——一颗大豆种子，细心照料，寻找大豆发芽的秘密；高年级的学生通过小金鱼与香烟的实验真切体会尼古丁的危害。

排球普及，健身强体。利用李国君排球俱乐部的优势，二中心吸纳了数位专业排球教练加入体育教师的行列。在校排球队屡屡获奖的基础上，学校着力开发排球普及课程，通过早锻炼、午间 1 小时、体锻课等时间，对各年段学生进行排球普及教育，做到以点带面，普及推广。

人文艺术，乐器课堂。为了让二中心的每一位毕业生至少会一门乐器，学校除开设管弦乐艺术班外，在 2 至 5 年级的音乐课堂中，引入了口风琴教学。经过几个学期的练习，几乎每位学生都能熟练吹奏音乐书中的曲目。

我是最亮一颗星——德育，为学生成长奠基

每年的 6 月 1 日，对浦东新区第二中心小学的所有学生而言，是一个期盼许久的快乐节日，不仅因为它是国际儿童节，更因为是学校举办“星星游园会”的大日子，学生们可以用平日积攒的星星在游园会上“消费”了！他们可以凭星星参加各种有趣的游戏：如“紧急救援”“捕猎行动”；可以凭星星“购买”各种物品，如小兔子、小乌龟、小金鱼，甚至还可以用星星去换取端午节的传统食品——粽子！

最闪亮的星。“星星总动员”是以星星为评价载体、以争星为激励手段，以“争星、计星、评星、用星”为运作过程，以“一册、一榜、一网、一会”为实践形式，促进学生综合发展的教育活动。

每学期开学初，学生设定一个发展目标或心愿，开学典礼上，每位学生将其放入班级的心愿瓶中封存。在日常学习过程中，学生力争通过自身的努力在各方面

取得进步，人人争星、时时争星。你可以看到那些弯腰捡起被风吹落的纸屑，扶起摔倒的同学，将捡到的钱物交到广播室，为低年级弟弟妹妹服务的学生们，都获得了星星奖励。二中心的学生人手一本“星星储蓄本”，及时记录所得星数的情况。

每周班会课上，班主任组织学生进行一周小结。学生集满十颗小星可换一颗大星，并在班级星星榜中公布每个学生获得大星的情况。根据学生一个月所得的星数以及每周之星的评比情况，开展每月校园之星评比，如学习之星、爱心之星、服务之星、劳动之星、运动之星、礼仪之星等。

每学期学校组织一次“星星消费游园会”，将学生积攒下来的星星转换成“星星消费券”，进行游园活动。在充分考虑学生的年龄和认知需求的基础上，学校精心设计各种活动内容，力求吸引学生的眼球，真可谓“吃喝玩乐”样样有。活动中，学校成了一个小社会，教室成了“花卉园”“宠物馆”“蔬果园”“拍卖行”“竞技场”。通过游园会，进而发挥星星的后续激励作用。对一些星星少的学生，学生发展部开设了“星星借贷银行”，让他们通过借贷思考自己的不足并设计偿还借贷的奋斗目标。学生们通过“每天争星、每周计星、每月评星、每学期用星”的实践，体验成功的快乐。

促成长的阶梯。“成长阶梯”校本德育活动课程以德育要求为核心，针对学生年龄特点、认知能力，由“养成教育、生命教育、民族精神教育、年级主题教育”四个模块组成。每个模块以争“起步星、成长星、发展星、实践星、风采星”为目标，包括学习内容、学习目标、学习方式、建议学习时段等方面。

针对学校课程门类多、课时紧的客观问题，学校积极采取统整策略，将各种教育资源转化为学校课程内容。

学科整合。为改变原有课程过于强调学科本位、缺乏综合的现状，根据学生实际情况，以教材中单元重点内容开展跨学科综合学习，如四年级《语文》教材中有以名胜古迹为内容的教学单元，通过语文、音乐、自然学科的教学，使学生在阅读教学的基础上，进一步探寻名胜古迹、感受风土人情。学校还以主题教育的形式开展综合学习，如结合植树节，以“树”为主题的综合学习，有语文学科的“诗之树”诗歌创作、自然学科的“人与树木”知识问答、美术学科的“我与小树同成长”绘画比赛等。

时空整合。学校的德育教育内容丰富,形式多样,绝大多数教育活动安排在正常教学课时内,但也有不少内容是安排在学生课余时间的,如大队部的“队长学校”,它是面对学生干部的一种培训,也是学校的一项常规工作。“队长学校”是没有教材的课程,但是有目的、有计划。学校尝试把小干部培训的内容纳入学校德育课程中,做到“定时间、定地点、定人员、定内容”,让小干部的培训更有针对性。

任务整合。学校在实施拓展型、探究型课程的过程中,根据实际,与教育主管部门布置的主题活动、本校传统的节假日活动相整合,于稳定中显灵活,在统一中显个性。如“爱满星空”“三八国际妇女节”活动,学校将此项节日活动与“珍爱生命”主题教育活动相结合,在一年级开展“爱的体验——孵蛋活动”,整个活动围绕“鸡蛋”而进行:有孩子们担任“鸡妈妈”的护蛋过程,有鸡蛋如何孵成小鸡的科普知识学习,有了解母亲孕育培养孩子过程中最艰苦与感人事件的采访,活动成为学生了解生活、接受教育的有效载体。

“百年”的校史是一份无法估价的财富,学校的发展需要有厚重的历史底蕴作为基础,更需要借助强大的综合实力而厚积薄发。面对时代的发展和教育改革的需要,二中心人坚持弘扬传统与改革创新的统一,坚持全面发展与个性特长发展的统一,坚持锐意改革的开创性和稳步推进的操作性的统一,努力将百年老校办成学生生动、和谐发展的快乐家园。

上海市浦东新区梅园小学

传承百年的艺术教育探索

岁月留痕

学校创建于1880年（清朝光绪六年），已有近140年历史，是一所百年老校。当时为了纪念比利时的培格梦思教会会员，由姚家宅天主教堂（现其昌栈天主教堂若瑟堂）开办，取名为“培尔教会学校”。1948年上海解放后，人民政府接管了学校，更名为其昌栈小学（隶属上海市东郊区）。随着学校规模的日益扩大，1959年时任校长胡杏清向浦东县委申请，征用五间修女房为学校校舍，以满足学校教育教学的需求。不久，浦东县划归为黄浦区，学校随之更名为黄浦区其昌栈小学。1982年，由黄浦区教育局出资，将原教学用平房推倒，重新建造了如今的教学大楼。由于学校是建造在梅园坊中，故学校亦更名为黄浦区梅园小学。1992年，浦东新区成立后，学校也相应改名为浦东新区梅园小学。斗转星移，百年梅园在历任校长的带领下，从茅草棚到水泥墙，从数十名学生到数百名，甚至数千名。楼在变，人在变，但梅园人追逐中国教育的梦想却始终不变。

图1 梅园小学现貌

校史回眸

艺术教育,自 20 世纪 90 年代起成为梅园教育的一大亮点。

校长高剑毓,以民间工艺作为学校艺术教育活动的着力点,大力推进传统文化教育,开设如剪纸、泥塑、茶道、插花等十多门课程。学校校歌也在这一时期诞生,优美的词曲,充分体现了梅园学子自强不息、奋发向上的热情。

为了更好地体现教学上“以人为本”的思想,1999 年起,时任校长孔宇玮大胆提出了小学“走班制”教学模式研究的科研课题。在原有艺术课程的基础上,加入了学科课程,如“有话大家说”“英语听说玩”“国画欣赏”“趣味数学”等,让学生走进自己喜爱的课堂。每年举办的“走向明天”艺术会演专场,更是学生展示艺术技能的舞台。学校被评为浦东新区艺术教育特色学校。

前任校长陆虹,不仅传承原有的艺术教育特色,并以“教师做儿童研究”为教育改革主旋律,大力倡导“让师生在课堂中快乐成长”的办学理念。随着课题研究的不断深入,学校的师生关系有了质的变化。教师观察学生的角度不再只停留在课堂,而是学会了换个角度看待学生;课堂不再只是教师一言堂,而是让学生成为课堂的主人;学生学习的内容不再仅限于书本,而是走向生活实际,学习方式也从简单的交流反馈转变为合作体验。课堂活起来了,师生围着课堂转起来了。《教师——即研究者》一书的出版,标志着梅园小学新型师生关系的建立。《小学生体验式社会实践活动》内涵项目的实施,更是让探究活动成为学生的最爱。学校连续数年获得浦东新区艺术节优秀组织奖,小提琴、合唱、舞蹈等项目分获专场一等奖。

毛燕菁接任校长后,在调研中挖掘梅园特色,确立了在传承中发展、在发展中创品牌的主基调,立志要传承梅园的艺术特色,传承梅园人已经坚持了十多年的儿童研究。经过一番论证,确立了“基于脑科学的小学生艺术素养培养的实践研究”区级重点研究课题,基于梅园实际,将原有的儿童研究往纵深方向推进,将梅园的艺术教育推向新的高度。2018 年 6 月,上海市学习科学研究所/上海市学习专业委员会实验基地的成立,开启了艺术教育研究的新篇章。2018 年 9 月,“小学‘小小

图 2　毛燕菁与孩子们

男子汉'活动课程建设的实践研究"课题申报成功，开创了儿童研究的新视角。2019 年 5 月，"小学家庭亲子沟通中实施'焦点解决训练法'的研究"课题开题。

宝剑锋从磨砺出，梅花香自苦寒来。百年梅园，以自己独有的颜色，为浦东教育画上了精彩的一笔。

历史撷英

神秘的包裹——记梅园小学优秀教师朱红雷

图 3　朱红雷与学生

朱红雷，从毕业以后就扎根在梅园小学，从事语文教学兼班主任的工作，是梅园小学出了名的优秀班主任、优秀语文教师。

朱红雷对工作兢兢业业，每天总是在学生放学后独自留在教室，将教室地板擦洗干净,擦除桌面上的污点,把桌椅摆得整整齐齐。对于学生,她爱护有加。她担心孩子出汗后着凉,会在教室里备纸巾,随时为那些出汗的孩子擦汗。对于家长,她耐心指导,让师爱在家庭中闪光。

往日,她来上班时,只是肩上背着一个单肩包,最多外加一个不算太大的手提袋(装点带回家批改的学生作业)。可是,这一连几天,她除了一个单肩包外,总是提着一个很大的包走进办公室,但是,进屋的表情却看不出任何异常,她依旧在进门的那一刻跟办公室的老师们打招呼,然后将这大包东西顺手放在办公桌座位旁边的一个凳子上,接着就进入她往日一贯的工作状态,丝毫看不出有什么跟往日不一样的地方。

那一天,是学校一年一度的春游日。在即将出发前的一段时间里,朱老师的电话铃声不断响起。每当铃声响起,朱老师总是走出教室,到门外去接听。"丁零零……"春游的大巴上,朱老师的电话铃声又响起来了。这一次,空间有限,朱老师没有了回避的空间,只听见她说:"我已经跟你们说过了,我现在是不可能到医院去的,我不可能在这个时候丢下我这一车的孩子,去照顾他一个人,有问题你先找你们院长解决,我晚上才能过去。"

"谁呀,谁病了?"老师们关切地问。"我……我爱人,"朱老师吞吞吐吐地回答。院方三番五次打电话过来,肯定是他爱人病情比较严重,此时此刻,朱老师选择了留在孩子们的身边!

在返程的大巴车上,心力交瘁的朱老师,随着车身的晃动,不知不觉地睡着了。睡得那么沉,拿在手上的手机掉落在了腿上,她没有知觉,放在腿上的包也掉在了地上,她依旧没有知觉,大家能想象得出,她有多么劳累,然而,这一疲惫不堪之态,在她清醒的状态下,你丝毫感觉不到,她总是那么阳光,总是激情满满地跟孩子们说着、笑着。

回到学校,学生由家长都接走了以后,朱老师提着最近每天带进带出的那个大包裹,在校门口拦了一辆出租车就走了。那一刻,她的动作很快捷,你能感受得到她那份焦急。

蕙心兰质　宛若清风——记梅园小学音乐教师庄春兰

图4　庄春兰(右)

清晨七点,花坛旁的舞蹈教室中,传来悠扬的音乐声,其中夹杂着一声声清亮的喊节拍的声音。学校的艺术总监庄春兰老师又开始了她一天的工作。

2013年浦东新区举行中小学学生舞蹈专场比赛,学校舞蹈队在庄春兰的带领下早已全身心投入到备战状态中。为了尽可能减少学校的资金投入,庄春兰也赶潮流上了淘宝网,注册了淘宝账号。时尚、爱美的她对演出服要求很高,她还拿起皮尺给每一位舞蹈队员量尺寸,收到服装时她又马不停蹄地组织舞蹈队员一一试装。

功夫不负有心人,在集体舞比赛中孩子们亮丽的服装、自信的笑脸、有力的动感得到市舞蹈评委高度的好评,获得了2013年浦东新区中小学学生舞蹈专场比赛一等奖。

舞蹈比赛刚落下帷幕,校舞蹈队又接到参加浦东新区少年宫组织的"达人秀"比赛的任务。校舞蹈队决定选《让红领巾飘起来》这个舞蹈作品参加比赛。在一个周末的午后,庄春兰因严重高血压不能亲自带队前去,由大队辅导员吴老师和家长志愿者带领23位舞蹈队员来到位于迎春路的少年宫参赛。当时二十几所学校已经比赛完了,梅园小学是参赛的最后一所学校。23位队员们手举着那条长达9米的红领巾,信心满满地静静候场,时间一秒一秒过去了,可不知为什么,音乐始终没有响起。糟糕,吴老师立刻意识到赛场的电脑播放器与碟片格式不匹配,不能播放。怎么办?还要表演吗?老师急了、孩子们急了、家长们急了,场外的观众也开始小声议论,这时只听到一位评委说"算了,不跳了吧"。孩子们不愿意了,大喊着"我们要跳,没有音乐我们也会跳"。就在此时,只见舞蹈队的姑娘们不约而同轻喊着八拍的口令声,在节拍声中,梅园小学的参赛节目开始了。在场的每个人都寂静无声,每个人的眼睛都渐渐湿润,每个人的心灵都深受震撼。姑娘们在自己的口令中演绎着爱祖国、爱校园、爱生活的情景……表演结束了,专家评委首先起立,全场报以长时间的热烈鼓掌。孩子们兴奋了,家长们激动了,评委们感动了,表演毫无争议地获得了本场比赛的最高分。评委组组长曹基隆老师拉着小队员的手说:"太了不起了,孩子们,你们真真正正地让红领巾飘起来了,你们是怎么做到的?""我们的庄老师平时就是这样训练我们的,我们太熟悉这支舞蹈了,它已经深深印在我们的脑海中了,没有音乐我们也能跳。"孩子们叽叽喳喳地回答。

在庄春兰的带领下,梅园小学被评为首届浦东新区艺术特色学校,在各级各类艺术比赛中获奖无数。庄春兰先后获得学区优秀共产党员、浦东新区园丁奖、上海市艺术工作先进个人等荣誉。

用大力有余　入细心愈研——记梅园小学科研主任徐平

她是深谙梅花精神的科研人,更是立身讲台的耕耘者,她努力地研究课堂,研究孩子。

围绕课堂,她开展了许多研究课,尤其是在"小学数学综合与实践课"方面进行了很多研究。她撰写多篇研究性文章,在"新课程、新教育"论坛上发表,研究变奏课堂的《不按常理出牌》一文还曾获得浦东新区征文一等奖。

围绕孩子,她做了不少研究。其中,研究学生作业错误及跟踪辅导的文章获得浦东新区征文二等奖。此外,她还曾研究积极心理对学生作业的影响。

她独立完成两项区级课题。她参加第23届全国灰色系统学术研讨会,并作为上海的四位代表之一介绍了"灰色关联分析的教育应用"。正是因为该项课题,她结缘浦东教育学会灰色系统专业委员会,并成为常务理事。课题研究的成果在《教育评价的30种新探索》一文中呈现,收录在《教育系统

图5　徐平与孩子们

动态测评灰色系统草根谭》一书中,因此成为该书的编委之一。这项课题的研究成果获得浦东新区征文一等奖,长三角黄浦杯征文二等奖。

徐平老师引入国外语言文字领域盛行的“原始语言记录法”,将其运用于分析学生的作业,以此分析学生数学思维的内在逻辑。这项课题的成果发表在《新课程》杂志上,获得浦东新区征文二等奖。

探讨、交流、传承、创新——记梅园小学语文教学研讨团队

梅园小学的语文教研组一直在浓浓的教学教研氛围中探讨、交流、传承、创新,学校为老师创建了多元化的成长舞台。

专家教研员引领,提升教师教学水平。为提高语文教师的教学水平,给青年教师成长的机会,学校聘请了德高望重的专家、经验丰富的名师和区语文教研员来校定期听课指导,有专家吴立岗教授的“交际活动作文”指导、教研员陆耀芳老师的研课指导、名师周梅芳老师对青年教师的指导,等等。他们不是以“监督检查者”的身份出现,而是以引领者、合作者、研究者的身份与老师们一起进行平等、民主的互动式研究和交流,以组长参与的活动模式形成了专家教研员与教师的互动、教师与教师的互动。

作文教学是小学语文教学的重要组成部分,它也承载着培养学生语文综合素养的任务。且作文是学生语文能力的综合体现,它最能体现语文的工具性和人文性。因此,学校特别邀请小学作文专家吴立岗教授来校指导,进行“交际活动作文”的教学实验与改革,进一步研究、解决作文教学中出现的问题和困惑,以课堂教学为载体,进一步探讨作文教学的有效途径和策略。

以发展为目标,提高学生的语文素养。语文学习为其他课程学习打下基础,学生的语文素养的培养是一个长期的、系统的工程,而教师的教学要着眼于学生的未来。因此,语文教学研讨团队开学初就制定了低学段语文素养的培养目标:从常规抓起,让老师有目的、有意识地去培养学生读好书,写好字,说好话,扩大阅读知识面。学校重点抓好作业的规范性,写字的工整性,以及读书、写字的姿势等,各个班级还开展了讲故事活动。学校班级文化墙上张贴学生和老师的优秀书法作品,并

选出优秀作品进行展览及奖励。

为了丰富校园文化，培养学生对阅读的喜爱，2018 学年第一学期学校开展语文周活动，旨在营造书声琅琅的校园氛围，培养学生良好的读书习惯，提升阅读素养。通过开展低年级的“和大人一起读”、中高年级的“快乐读书吧”，以及各年级的课文朗读比赛，各班级布置阅读角等形式多样的活动，让每一位学生与书为伴，真正享受阅读的快乐，为培养自己的终身学习能力奠定基础。

35 周岁下的青年教师是语文教研组的骨干力量，是校语文工作的生力军。为切实加强每位教师的课堂教学水平，提高教学质量，语文组要求每位教师以年级段为单位相互听课，执教者呈上详细教案，听课者提交听课、评课记录及课后反思。课前新教师们能够认真备课，组内教师积极发表意见，提出各种建议，使每堂课都取得满意的效果。

让孩子们在实践体验中快乐成长——梅园小学体验式教育暨学生社会实践活动

《国家中长期教育改革和发展规划纲要（2010—2020 年）》以及上海市中小学二期课改都强调要丰富学生社会实践，强化学生能力培养，关注学生学习经验的形成、积累和建构。为了促进梅园的孩子身心健康发展，学校确立了“让孩子们在实践体验中快乐成长”的思路。

梅园的孩子在五年的时间内将经历一系列的实践活动，这些活动涉及“基础性实践活动”和“特色实践活动”两大主题，紧紧抓住“走进自然、走进社会、走近科学”三条主线，具体分为“走进自然、体质体能、艺术人文、考察体验、创意制作、科学普及”六大板块。

孩子们在实践中体验，在体验中感悟，在感悟中成长。梅园的老师随时握住自己手中的相机，记录着孩子们成长过程中的点点滴滴。每个学期，每个班级都会将这些精彩瞬间汇集成一段设计精美的视频，刻录成光盘送给每个孩子，这样，五年下来每个孩子就拥有十张这样的光盘。这些光盘成了学校送给孩子们最珍贵的礼物，见证着每个孩子在梅园的成长历程。

梅园的孩子每个月都会有一次基础性的实践活动，除此以外，他们还拥有丰富的特色实践活动体验。他们频繁出入社区：每月的10号为社区的老人读报、讲故事；每月的20号与社区孤老开展联谊活动；每周，小小志愿者走进社区小花园、梅园公园，争做清洁小卫士；每学年一次的远足活动；每学期一次的家长进课堂……

案例　五年级沪辽交流活动

中国地大物博，资源丰富，为了创造跨文化交流机会，开拓学生的视野，增进对南北文化差异的理解，培养学生的交流、沟通、合作能力，我校和大连市经济开发区董家沟小学结对成为友谊学校，定期组织学生进行访问交流活动。

活动之前，学生发展处召集参与活动的学生进行多次活动培训，如生活技能、如何填写社会实践手册、基本礼仪等，向孩子们强调活动的重点在于体验，教育他们入乡随俗，时刻牢记自己代表上海的形象。孩子们也通过网络资源了解大连的天气、人文知识，风俗习惯等。通过学校培训、家长指导、自己查资料学习，这群赴大连的孩子在踏上征程之前，已经对大连较为熟悉，由原先的一无所知变成了小小的“大连通”。

带着期待、带着兴奋、带着忐忑，孩子们开始了他们的体验之旅。有不少孩子第一次来到北方城市，又恰逢严冬，亲身体验了北方的冬天到底有多寒冷，同时，也体验了一下北方城市里室外非常寒冷，室内却很舒服（因为北方城市室内是统一供暖气的，这一点跟上海这样的南方城市不同）。在与董家沟小学孩子一起上课、一起吃饭、一起进行千米长跑、一起参加趣味体育友谊赛中，梅园的孩子感受小伙伴的热情、友好。在结对学生家庭中，梅园的孩子体验了地道的大连人的生活方式、生活节奏，感受到了董家沟小学家长的贴心、细心、耐心和爱心。与此同时，孩子们在没有父母在身边的情况下锻炼了生活自理能力，自己的事情自己做，学会了谦让，学会了入乡随俗，懂得了感恩。

体验式教育的项目实施为学生构建了一种更为开放的学习环境，使学生的发展置于比课堂与学校生活更广大的社会背景中，从学校拓展到社区乃至整个社会，使得学生以认知为主的生活与以体验为主的生活结合起来，加强教育和生活的联系，拓宽了学生学习的渠道，拓展了学生的社会视野。

在体验式教育中，通过活动前的探究、活动中的体验及活动后的交流，孩子们获得成功的感觉，增强了自信心。

宝剑锋从磨砺出，梅花香自苦寒来——梅园小学2019年“梅花奖”颁奖仪式活动

在梅园，除了孩子们有科技、体育、艺术等9个社团的丰富生活，老师和家长们都有机会参与摩登舞、合唱、形体时装、瑜伽等学校社团，使得全校师生及家长都于学校艺术培养中获益。

为弘扬师生、家长中的先进典型，营造梅园小学积极进取、勇于开拓，有梦想有力量的温馨向上的和谐氛围，展示梅园师生健康向上的精神风貌，学校在中华人民共和国成立70周年之际，开展“梅花奖”评比表彰活动，推动百年梅园绽放活力、蓬勃发展、蒸蒸日上，成为社区老百姓有口皆碑的家门口的优质学校。

有了这样的目标之后，学校筹建了领导小组，对“梅花奖”颁奖活动进行了总体流程设计。活动伊始，由学校合唱团的老师们合唱《祖国，慈祥的母亲》，一展梅园老师们的歌喉。紧接着，由学校小提琴队合奏乐曲《良宵》，两场精彩的表演无疑为在场观众带来了一场听觉盛宴。除此之外，师生带来的配乐诗朗诵《中国梦，我的梦》、青年教师团队演出的微话剧《白天鹅》、学校行政人员及家长代表共同参与的摩登舞社团出品的节目《维也纳华尔兹》、学生舞蹈《展望》都展示了梅园丰富多彩的校园文化建设特色，给现场观众留下深刻的印象。

通过全体师生及家长代表的民主推荐、投票表决，以及专家团队的认真评审，语文教学研讨团队、科研精英徐平老师、四(1)班陈牧弘同学，以及以庄春兰为代表的三位退休教师分别获得了金梅花、银梅花、童梅花、红梅花等四大奖项。文明组室五办、教学精英朱凌嘉、家长志愿者杨幸园等将近20个团队及个人获得入围奖、提名奖。

宝剑锋从磨砺出，梅花香自苦寒来。全体梅园人在各级领导的关怀下，在校领导的带领下，以梅花精神为引领，崇尚梅花坚守高风亮节之品，学梅花不畏艰难探索之神，如梅花凌霜傲雪做人，似梅花迎春化雨育人，开拓进取，不断创新，奉献新时代，共圆中国梦！

上海市浦东新区周浦小学

百年小学堂的教育追求

岁月留痕

周浦小学成立于1907年,秉承“以学生为本规划学校,以教师为本管理学校”的管理理念,实施“课内学方法,课外求发展”的自我教育模式,构筑课内外教育体系,为学生提供优质的教育资源,营造“传承百十年优秀文化,创建新时代幸福校园”的氛围,让学生在幸福的环境中健康快乐成长,以满足学生个性的发展需要,也为学校赢得令人瞩目的成绩。百十年历程,几经风雨,从一间以宗祠为办学点的小学堂,到如今成为一所桃李芬芳的全国体育工作先进学校、上海市素质教育实验学校。

校史回眸

周浦小学始创于1907年(光绪三十三年),邑人朱世新等集资借朱氏宗祠,创办私立知本两等小学堂。1912年改名为南汇县立第三高等学校。一年后,邑人顾铁生创办的慎始小学并入。1927年更名为南汇周浦小学。1937年抗日战争全面爆发,校舍被毁,学校借周浦县立初级中学部分校舍复课,曾数易校名。抗日战争胜利后更名为周浦镇第一国民学校。1949年,更名为周浦中心学校。1950年,各界人士捐款于现址建造校舍25间,总部迁入。1951年、1955年,县文教科两次拨款,共扩建校舍586平方米,同时地方人士捐赠226.05平方米的少年堂一座。1958年改名为周浦镇第一小学。1960年学校成为上海市实行中、

图1 学校20世纪70年代校舍

小学“五五”学制单位和县教改试点学校。1967年镇民办小学并入,更名为周浦镇小学。1977年被定为县重点小学。1978年后,有计划地组织学生开展各种兴趣活动,构筑出“课内、课外、兴趣组”的阶梯性活动教学模式。1978年教育局拨款增建先锋楼1幢。1979年被评为市教育先进集体。1987年,教育局拨款建造教学楼1幢。1989年学校开始实施“管理科学化、设施现代化、校舍标准化、环境园林化,创特色学校,树特色教师,育特色学生,争一流学校”的办学目标和“知识+能力+魄力”的育人目标,确立“以学生的发展规划学校,以教师的发展管理学校”的管理策略,把师生的发展作为学校可持续发展的核心思想。1994年教育局再次拨款建造综合楼1幢。1997年拆除少年堂建运动场。2001年撤县建区,更名为南汇区周浦镇小学。2009年南汇区并入浦东新区后更名为浦东新区周浦小学。学校步入发展的新轨道,以深化课程改革、全面推进信息化应用为核心,以教育科研为引领,充分利用现代教育技术改变教师研修方式,促进教师专业自我发展。通过国家课程的校本化实施和拓展型、探究型课程的校本化开发,打造历史积淀与现代信息有机结合的新周小自我教育品牌。

学校虽历经坎坷,却始终秉承优良的办学传统和先进的教育理念,与时俱进,培养出各界各类优秀人才,典型代表有:著名文学翻译家、文艺评论家傅雷;曾任第十一届全国政协常委、教科文卫体委员会副主任,中国宋庆龄基金会副主席张文康;原中央农村工作领导小组副组长、办公室主任陈锡文;现任中共中央委员、国务院新闻办公室主任徐麟……

学校曾获得全国贯彻《学校体育工作条例》优秀学校、少先队全国红旗大队、上海市文明单位、上海市教育信息化先进集体、上海市校园安全先进集体等荣誉。

历史撷英

或许当时创办学堂的先贤也未曾料及，这样的一所小学堂能够走过百十年的历程。112 年在时间的长河中并不漫长，但是对于一所学校来说，却令其中的师生难以忘怀。每一位曾工作于其中的教职员工，每一位曾就读于其中的学生，都因为遇见周小，而在其生命历程中，镌刻上周小的印记。

独具一格的作文教学：黄乃光老师

20 世纪 80 年代的周浦小学，只要一提起黄乃光老师，同学们都从心底里尊敬和爱戴她，家长们都感到把自己子女送到她任教的班级，称心、放心。她，澄澈的目光中闪烁着自信，动人的谈吐中散发着热情，甜美的微笑中流露着真诚。看似平凡文静，却是一位对教育事业有着远大抱负的热血教师。

她常说，写作，是一个人内在品质与智慧的输出，靠的是感情；提高，靠的是大量阅读；老师的任务是“启迪”，而不是只做搬运工。她影响了众多的孩子……

在作文教学实践中，她归纳总结了作文指导中“会写、要写、爱写”三步骤。她还总结了指导中“扶、仿、放、创”四字要领及高年级六步教学训练等。她探索到的这一套方法，易学可行，具有较强的可操作性，由此她为全区语文教师做过多次作文讲座，让其他教师受益无穷。

退休前夕，黄乃光著书立说，由上海教育出版社出版《你我来挑战》，中国纺织大学出版社出版《尝试与成功》、校本教材《小学作文教学探索》。同时又将主要精力转向写作尚有困难的学生，并将自己多年来的教学实践经验重新整理，开设“作文诊所”，精修学生作文，提供“学习处方”。她撰写的《为你引路》八册，摒弃传统教学中填鸭式的满堂灌，如医生给孩子开药方，根据孩子的病症配药。黄老师既是引导者又是陪练者，她花更多的时间创新教学内容，编写有效优质的提示 300 多例，激发了孩子们写作的冲动与阅读的兴趣。她的作文命题“新、奇、点子多”，注重自然释放式挥洒，思维可左右逢源。她实施的“点菜烹饪”式前期指导，给学生

“菜单”,让他们自主选择。

新中国第一代人民教师:顾义刚老师

顾义刚老师是周浦小学众多辛勤园丁中的闪亮之星,20 世纪 50 年代初,在党的培养下,他成为新中国培养的第一代人民教师,为此他感到骄傲和自豪,凭着报答党和人民的朴素阶级感情,对人民教师这个光荣的使命倍加珍惜。1960 年调入周浦小学后,更是倾注全力,在教育教学工作中做出了很大贡献。

顾义刚长期担任毕业班班主任,工作认真负责,深受家长和学生的欢迎,屡屡获奖:1981 年荣获上海市先进教师称号,1983 年被评为上海市五讲四美为人师表先进教师,1984 年获得上海市优秀班主任称号,1986 年荣获南汇县优秀教育工作者称号,同年光荣地加入了中国共产党;退休后继续兢兢业业,无私奉献,1993 年荣获南汇县园丁奖,1997 年荣获南汇县教育局老有所为精英奖。他谦虚谨慎、毫不张扬,把这些荣誉和奖励作为新的起点。

在班主任工作中,他从热爱学生出发,通过“抓两头,带中间”的方法,关心每个学生健康成长,利用业余时间家访,争取家长密切配合,耐心做好每个学生思想工作,促使学生全面发展,所任班级形成了良好的班风,被评为市级先进集体。

时代的需要,党和祖国的培育,圆了顾义刚的教师梦。顾义刚始终认为这条路的正确选择,让他真正实现了自己的人生价值。

无怨无悔的志愿行为:姚吴斌老师

姚吴斌,周浦小学的一名青年教师,现在新疆喀什地区支教,担任六年级双语班的数学老师,兼任莎车一小德育处干事和莎车一小援疆教师党小组组长,负责参与德育处各项工作以及开展援疆教师党小组的各项日常工作。

姚吴斌是周浦小学青年志愿者服务队的副队长。“趁着年轻,多做‘傻事’”是他经常说的一句话。其实他是想多做一些有意义的事。他工作后,就当起了一名照顾自闭症儿童的志愿者。日复一日,他坚持了整整一年,直到那个孩子可以一个人去适应普通公立学校的生活。

当姚吴斌看到《"万名援藏援疆教师支持计划"浦东新区选派工作方案》后,他马上就表达了想要支援边疆、奉献爱心的意愿,他向校领导表示:"西部是一个神奇的地方,到边疆工作,做一名边疆教育的志愿者,对我个人而言也是一种磨砺。"在区教育局的层层筛选下,姚吴斌成为上海市首批"万名援藏援疆教师支持计划"中的援疆教师。援疆支教以来,他用心、用情、用爱,克服了重重困难,实现了上海援疆支教教师的价值,用实际行动书写了"浦莎人民心连心"的光荣篇章,用真情付出,在边疆实现了援疆支教的历史使命。

四代同为周小人:章静儿一家

在百十年校庆的过程中,学校意外地发现了四代同为周小人的家庭。难能可贵的是,四代人都撰写了《我看周小》文章,从四代人四篇文章的对比,我们找寻到学校发展的脉络。在1946年,章静儿的曾外祖母钱宝仙从一所私立学校转入周浦镇第一小学,就读三年级,直到1949年毕业离开周浦镇第一小学。"那时的学校,教学条件差,似乎只有很小的平房,没有几排,当时能够在周浦小学读几年书,已经很不错了,我也是庆幸的,在我们那个年代有的没书读,有的比我大的已经工作了。"

章静儿的外公张洛平是在1965年就读一年级3班。他写道:当年记忆中的周小,那教学楼都是平房,只有东北区域那一幢,是两层楼的教学楼。球场操场都是泥土,那时学校最好的区域就是室内大会堂,兼室内体育馆。他还描述了一件记忆最为深刻的事情,即师生动手挖防空洞。这是特殊时期学校采取的自我保护措施,成为当时社会状况的一个见证。

时间继续流转,章静儿的妈妈在1989年的9月进入周浦小学,她这样描述:当时教室是位于学校靠最北面东边的一幢矮平房里面,室内的地面是由石砖铺成,颇有点古镇的味道。她还提到教自己的班主任蔡庆莺老师极其认真负责。她印象最深刻的那次是蔡老师病了,因为不放心他们,抱病坐在教室的最后一排,边吐边给他们批改作业。大约在1993至1994年,周浦小学开设了各种兴趣班,她毫不犹豫地参加了编织班,每每完成一个作品,她都很有成就感。后来学校还专门为这些兴趣班举行了一次展演,她们穿着统一的裙子,分别拿着自己的作品,在全校师生面前展示,自豪、欣喜、自信、开心、满足等各种复杂交织的心情,一拥而上,很是激动。当年的周浦小学不仅仅提供机会,让孩子们参加各种各样的兴趣班,还让孩子们展示自己的作品,小小年龄得到的肯定足以让孩子铭记一生。

章静儿在2016年9月1日正式成为周浦小学的一名小学生,她说:这是难忘的一天,2016年12月5日那天,我正式加入了共产主义儿童团,从这一天起,我就是光荣的小苗苗了,要牢记自己的责任和使命。同为周浦小学的校友,面临的情形不同,困难和机遇也不一样,但是因为同为周浦小学的毕业生,他们多了除血缘以外的情感凝结。

四代人的回忆是具体、丰富而生动的。"记得小学毕业时,我的作文还被刊印在结集毕业生优秀作文的学校刊物上,小伙伴们看到了还来祝贺我。那就像一盏明灯,给了小小的爱面子的我很大的鼓舞,这种力量使我直到今天依然不怕写作。对我来说用写作来表达,是我童年就会做的事,它是我成长和生活的一部分,感谢母校。""小学生活在我的记忆中丰富多彩,每次想到这里,我的心便如波涛汹涌的大海,久久不能平静。垂手沉思,感慨万千,一瞬间,许多十分美好的回忆浮现在我的眼前,操场上留下我们矫健飞奔的英姿,语文课上回响过我们朗朗的读书声,校园里印刻着我们追逐嬉戏的身影。"读到这样的文字,我们作为周小的一员,为之陶醉,也为之兴奋。能够为每一个孩子的发展提供最大的帮助,这便是我们存在的意义了吧。

20世纪90年代:以活动创特色

学校实施"以少先队活动为窗口,以体育工作为突破口,以技能学科为切入口"的创特色学校的办学思路。丰富的少先队活动为学生的自我发展、自我超越提供了条件。学校的传统是每学期组织大型活动:生活劳动博览,国际游戏城,旋转大舞台，开心时刻，雏鹰 disco，“我能行——学校 & 家庭 & 社区”课外教育展示活动，科技节，艺术节，智力竞赛，摄像文化节等。这些少先队活动，时刻紧贴时代的发展脉搏。1994 年自动化小队活动的专题片《小队在行动》，被团市委作为市少先队开展自动化小队示范向团中央汇报，并在电视台播出。

图 2　学校 20 世纪 90 年代全貌

学校劳动教育颇有特色，学校大队部于 1993 年 1 月创办红领巾经济实体——小小饮食店。1993 年 10 月，上海市农村学校劳动教育研讨会在学校举行，学校介绍了劳动教育的做法和经验。

体育是学校的传统项目，重视群体活动，坚持体教结合，推行“三操一舞”（休闲操、小卫士之歌操、圈操和校园集体舞），形成校运会、集体舞比赛、进出场比赛、冬锻月、踢跳赛、乒乓赛等体育系列活动。1992 年全国五省市体育工作研讨会暨教学评比活动在学校举行，2002 年学校获全国学校体育工作先进集体。动手动脑、生物百项等项目，在市县有较高的知名度，动手动脑比赛于 1988 年和 1989 年两度荣获市比赛团体、个人第 1 名。介绍周小开展创新活动的专题片《创造从这里起步》由上海教育电视台播出。1996 年、1997 年和 2001 年学校三次承办县级艺术教育现场会。学校九年中连续三届被评为市红十字工作先进集体，成为首批市红十字工作达标学校。2002 年 5 月，区少工委等单位在学校举办市少先队礼仪教育课题研讨会，全国少先队研究协会副会长段镇等专家参加了研讨会。

20 世纪 90 年代后期：以科研促发展

光靠活动已经不能满足教师的发展、学生的成长。学校依托高校小学教育研究所、上海市教育学会中小学数学教学专业委员会的科研优势，提出“科研是根”的管理思想，引导教师形成自己的教育教学风格，以推进教育教学的改革。1995 年，市级课题“学校教育中培养学生自我教育能力的模式研究”正式批准立项，于 2000 年结题。学校至 2001 年有市级课题 4 项，县级课题 10 项，形成了市、县、校的三级课题网络，1993 年至 2000 年教师发表论文 111 篇。2001 年，黄乃光的作文教学经验总结专著《走近语文作文乐园》出版，秦海龙的学校管理文集《志耕集》出版。

走进新时代：从“乐为文化”到“幸福教育”

2009 年学校随着南汇区并入浦东新区，步入发展的新轨道。学校以深化课程改革、全面推进信息化应用为核心，以教育科研为引领，充分利用现代教育技术，改变教师研修方式，促进教师专业自我发展，以课堂教与学方式的转变为重点，通过国家课程的校本化实验和拓展型、探究型课程的校本化开发，从学生需求出发，优化学校课程实施过程，满足学生多样化发展的需求，主动、积极、全面地实施素质教育，打造历史积淀与现代信息有机结合的新周小自我教育品牌。

在大力提升学生综合能力的背景下，学校对周小的优良传统进行了提炼，全面推广“乐有所为，有为乃乐”的内涵项目，提出提高学生综合能力的“乐学+乐为+技能”和提升教师综合能力的“德优+技精+合作”的思想。以少先队市级课题“少先队员快乐指数提升策略的行动研究”为平台，从学校环境、学校制度、校本课程、课堂教学、少先队自主活动等几个方面进行深入的研究，形成一种“欢乐生活、快乐学习”的文化氛围，出版专著《让每个孩子快乐起来》，提升少先队员快乐指数的策略研究。

2018 年 9 月，校长许永红带领管理团队，坚持“乐为”办学理念，对日益为大家关注的学生心理健康问题，进行现实性思考，致力于“为每个孩子创造一个快乐的童年”，确立以培养“快乐学习、健康成长、幸福生活”的少年为目标，牢固树立创新、协调、绿色、开放、共享的发展理念,传承百十年光辉历史,创建新时代幸福校园,努力开创周小教育发展的新历程。

图3 师生风采

学校坚持"立德树人"。学校以援疆教师姚吴斌的事迹为教育契机,营造志愿服务氛围,强化社会责任意识,开展了青年党员志愿者"爱老敬老""志愿护校""志愿看护""清洁家园"等活动,打造了学校"智慧党建"的特色。教师志愿者带领学生为社区"清洁家园"。志愿服务形成氛围,学生自发在家委会的带领下、居委会的支持下,在元宵节时自己动手做元宵,给街道的老年人尤其是独居老人送上温暖。渐渐地,家长也加入了志愿服务行列,自愿在放学时段在门卫值班,为学生的安全保驾护航。

在德育课程改革中,德育资源开发和整合利用成为一个关键课题。"大德育"思想也让周浦小学明晰,学校的一花一草、一屋一舍、一科一师皆能成为有效的德育资源。鉴于此,近年来,学校积极整合德育资源,以此提升学校整体育德能力,践行"德育为先"的理念,致力于通过丰富活动载体、创新活动形式展现雏鹰风采,提高学生综合素养。学校结合重要节庆日,加强传统文化、爱国主义教育;重视家庭教育、构建孩子的"幸福里";关注生命教育、职业体验教育,发展学生健全的人格。学校用心策划每一次活动,以期在活动中为孩子们搭建更广阔的发展平台,提供更多元的历练机会,让孩子们在幸福中学习、在学习中感知幸福!

要培养德才兼备的好学生,就需要一大批优秀的教师。周小大力营造"合作、互助、共赢"的教研氛围,打造"在团队中发展与提升"的教师成长文化。学校现有6名区级骨干教师,2名区级青年新秀,8名区各学科名师工作室和工作坊基地学员。"基于专题研究的教师专业发展共同体构建的实践探索"区级课题进入全面实施阶段。学校建立以内涵项目、学科教研、课题研究以及特色课程为专题的教师专业发展共同体，以教师自愿为前提，依托现有的区级骨干教师资源，让每一位教师都能置身于形式、内容不尽相同的共同体中，让每一位团队学员都能够成为幸福的教育者。目前，学校已经初步建立10个教师专业发展共同体。朱音老师的“移动终端环境下‘数字布鲁姆’理论在小学语文教学中的应用研究”立项为2018年市级青年教师课题，聚焦于未来智慧课堂与语文教学的整合。

学校注重特色课程的打造，将已有的学校文化优势资源转化为课程资源。学校是上海市体育传统学校、上海市（手球）传统项目学校、浦东新区（武术、手球）传统项目学校，多次举办区、市级武术、手球比赛。学校代表上海市参加亚洲武术套路锦标赛开幕式，主办上海市武术套路锦标赛，在上海市学生运动会武术团体操小学生组比赛中荣获金牌，“儿童武术”被评为区优秀课程并参加了市级展示。如今，武术、手球课程在周浦学区范围内不断推广与普及。同时，学校积极探索国家课程校本化实施的有效途径，确立以整体提高学生技能素质为目标的拓展课程资源，形成系列化校本课程，为学生的发展与施展才华提供平台。学校开设鼓乐队、动画入门、生物科技、棋类、绘画、文学、摄影、舞蹈、电漫、古筝等拓展兴趣课程50多项。

图4　周浦小学全景

无数周小人延续着周浦的历史文脉，肩负着惠泽后世的社会重任。杏坛耕耘，滋养着这片土地；栉风沐雨，我们勇敢前行。今天我们将一如既往地传承周小百十年优秀文化，努力创建新时代幸福校园。

上海市闵行区七宝镇明强小学

自强不息、勇于超越的世纪求索

岁月留痕

图1 明强小学老校舍

1905年5月(光绪三十一年),目睹帝国主义在中国大肆掠夺、维新思想方兴未艾、当地教育十分落后的状况,杨光霖、张之珍两位乡绅集资创办了七宝镇最早的一所小学"明强学堂"。光霖先生在亲笔写的《明强学堂捐启》中阐明了办学宗旨:"世界是一竞争场所耳,始以兵争,继而商争,今且以学争。以学争,其胜也,非一二人之智术能为功,必其通国皆学。今以地方之资财,培地方之子弟,内以养成国民之资格,外以抵御学战之风潮,不独某等之幸,抑亦民生国势之所赖以明赖以强也。"

"明强学堂"的诞生,是对"教育救国"理想的可贵实践,是对"科技救国"使命的期待。"明强"就是一本书,走进明强,就是走进一本书。这是一本记载着中国基础教育百年发展历史一斑的书,一本凝练了历代明强人自强不息精神的书,一本彰显着"审美·超越"学校文化核心理念的书,一本寄托着前辈嘱托与后辈期待的书,一本谱写着参与"生命·实践"教育学的创立与高校专家合作研究足迹的书……

校史回眸

“明强”这一百多年的历程，留下的不光是中国近代型学校发展的坎坷经历，也不光是学校文化的厚实积淀，更重要的是凝练了自强不息、敢于超越的三种精神。

精神之一：建校初期的爱国主义精神。

基于“民生国势，所赖以明赖以强”的教育救国思想，“明强学堂”的创办者，变卖家产捐资办学，这一行为本身体现了明强创办者对国富民强美好愿景的追求与向往。细品“明强”校名，不难体悟到其深刻的哲学思想与深厚内涵。其一，是为了使中国未来一代能变得更“明”、更“强”。“明强”校名凝聚了丰富的人文内涵，蕴含了独有的自强不息精神。其二，是对理想社会与强国富民境界的审美追求，触发国人崇尚“真、善、美”的内在品行。可见“明强”两字是先辈为后人留下的一份无价的文化遗产，从中足以看出在建校之初就已见端倪的“审美·超越”理念，而这种尚处于雏形的教育理念，始终贯穿于“明强”建校初期的发展历程中。

图 2　明强小学早期的校园

精神之二：革命战争时期的自强不息精神。

1928 年，在中国革命遭受严重挫折的低潮时期，中共地下党员倪雪红、盛幼宣（均为化名）两人以教员身份为掩护，来到明强小学任教。他们在课堂上宣传革命思想，教唱革命歌曲。1930 年，中国共产党的七宝支部就建立在明强小学内。在地下党领导下，学校组织“明强校友会”“七宝青年联谊会”“九十五民校”，宣传革命，教育青年，与国民党反动派、日寇及汪伪走狗开展了殊死的斗争。“明强校友会”成立于1946年冬,陆续吸收历届毕业生100多人为会员,曾出版《明强校友刊》,先后举行茶话会、座谈会、月光晚会,许多青年由此走上了革命道路。到1949年上海解放为止,先后有24名中共地下党员到明强小学任教。革命先辈以自身对事业和理想永不止步的追求精神融入明强文化的积淀之中,以生命与热血践行“审美·超越”的自强不息精神。

图3 明强教师

精神之三:转型变革时期的“生命·实践”精神。

改革开放后,特别是1999年明强主动投入“新基础教育”“生命·实践”的变革性实践,先后经历了探索性研究、发展性研究、成型性研究、扎根性研究四个阶段,历时15年之久。明强以“新基础教育”的“生命·实践”理念引领学校的发展,不断克服应试教育的功利主义倾向,坚持以学生生命的真实成长和培育学生的生命自觉为教育的根本目的,在教育教学的实践中进行教师的自我更新,使明强小学从形态到内涵发生了深刻的变化。“新基础教育”蕴含的新理念已经成为明强小学新的文化传统,以新空气和新养分催生百年明强文化的新发展。

图4　今日明强小学校景

历史撷英

冬去春来:转型变革创建现代名校

上海七宝明强小学现有学生3944人,分布在东、西两个校区的82个教学班中。1999年,明强小学投入"新基础教育"实践与探索,这是一次变革、转型、升华的教育改革创新成功之旅。经过五年发展性研究、五年成型性研究以及三年扎根性研究,基本完成了由近代型学校向现代型学校的成功转型。

在这十多年中,明强人与叶澜教授领衔的华东师范大学专家组建立了十年稳定的合作关系,筹划学校优质发展,共同帮助教师实现专业发展。百年老校充满生机,叶澜教授给明强小学题词:"学校是洒满阳光的花园,教育是充满生命的事业",显示出这一美好的理想已经变成了生动的现实。

而这十多年中,明强人同样回答了这样三个问题:

百年老校如何“老树新开”？“新基础教育”实践，是盛开鲜花的肥沃土壤。

小学教育如何“创新发展”？“新基础教育”实践，是点拨睿智的星星之火。

先进理念如何“吐蕊结果”？“新基础教育”实践，是喜获丰收的快乐耕作。

当代的明强不是一个人的明强，当代的明强是一群人的明强，这里要述说的是一群当代明强人践行变革自觉、文化自觉、生命自觉的故事：

关键词：智慧领导工程

转型成功的核心：生成领导智慧　提升办学思想

要实现近代学校向现代学校转型，学校领导和管理层面必须“脱胎换骨”。学校转型性变革呼唤领导智慧，而领导智慧也只有在学校转型性变革的实践中生成。

1. 形成“以研究性变革实践引领师生持续发展”的改革态势

——机制建设得到突破，逐步走上科学合理保障学校整体运行的道路。

治校决策机制建设：重点加强了校长负责与领导、骨干民主参与的互动。使领导团队整体注重“领导思维重建”与“领导方式变革”。“领导角色”由单一向多元转变，实现作为“学校总体目标的创新实践者、各部门条线的第一责任人、其他部门条线的合作支持者、师生主动发展的直接协助者”的“多重领导”角色；由被动领导向主动领导转型，生成“提升价值、整体策划、有效沟通、行动引领、反思更新”等领导智慧。

实施执行机制建设：重点探索了“行政性教研方式变革”与“非行政性研究组织创生”。“320有效教研”“小人物挑大梁”“日常无痕教研”等方式（形式）为传统的自上而下的行政性教研注入了更多规范性和主动性、创造性，关注每一个教师常态的成长。“学术委员会、年管会、师生工作室”的创生，保障了管理的重心下移，激发了更多师生成长的“内动力”，形成了更多师生“自组织”。

发展保障机制建设：以“校质量调研反馈中心”为切入口，建立起日常与改革同步的“调研、反馈、调整、更新”的即时性评价机制，保障了发展的科学与理性。

动力更新机制建设：注重将改革成果及时转化为教育新规，如“明强教师爱生倡议、一日规范”“明强学子一日新规”等，使师生主动创造并实践新规，切实转变了生存方式。

——理论实践有效转化,走上以“新基础教育”系统理论引领学校整体转型的可持续发展之路。

基于“新基础教育”整体转型性研究的“以‘审美·超越’为核心的学校文化的实践研究”“百年老校学校文化传承与发展的实践和探索”两项市级规划课题在理论和实践上均有新突破。学校“审美·超越”核心文化特征更趋鲜明,“明事理、明自我、强精神、强体魄”的“两明两强”校训得到深化和物化,内有师生追求卓越的生命自觉为根基,外有学校办学的具体进展为支撑。

——师生生存状态变化,从变革自觉、文化自觉逐渐向生命自觉过渡。

通过十余年“新基础教育”研究浸润,明强人已习惯于“在日常研究性实践变革中持续更新自我”,并逐步养成“新基础教育”思维与行为习惯,“学习研究、实践反思、系统重建”的“整体性”改革思维特征与“改进性”变革行为习惯已成为大多数明强人共有的特性。

——学校品牌走向成熟,以“明强”为底色的优质教育内涵在师生心中扎根。三年扎根研究初步实现了明强“创建城市化地区优质学校”的既定目标,并使学校在区域内的优质品牌地位更趋稳定,分别以输出办学理念、校长、骨干教师的方式,支持创办了“明强二小”。

2. 构建“结构开放、辐射多元、交流多向”的多元多层多向联动局面

——办学结构开放:多年来,市教委、闵行区政府、区教育局、镇政府等在学校硬、软件建设上给予大力支持,七宝作为“区教育重镇”,对学校发展给予了超常规关注。学校主动打开校门,让社会资源与学校积极互动,多年来形成了主动开放、多向沟通、合作共建的联动氛围。

——辐射机制多元:学校在2011年被华东师范大学新基础教育研究中心及闵行区教育局确定为“新基础教育”明强生态区组长校,通过“聚焦课堂、发展骨干、激活内需”,切实引领带动了北片十余所学校的变革进程。2013年,明强小学被七宝镇确定为“七宝小学教育联合体”牵头校,与七宝其余五所小学,推进教育联动发展。

——交流平台多向：十多年“新基础教育”实践研究，明强人在以叶澜教授为核心的华东师范大学专家团队引领下，实现了办学综合实力的一次飞跃，而学校改革与发展经验也在区、市、全国范围内产生影响。

关键词：七彩童年

成功转型的惠泽：享受童年快乐　提升成长悦度

学校将学生发展工作放在时代发展、教师发展、学校发展整体框架下思考，与教学、艺术、体育、科技相协调，向“精、特、美”高度发展，形成了以“七彩童年”为名的学生文化。“七彩童年”工程建构了纵横交叉的教育体系。

1. 横向：“学科育人专题体验区”重视成长的综合融通

(1) “校园文化”慧眼独具“二、三、四”匹配

学校在校园文化的建设上独具慧眼——在校园资源开发上应用“两项利处”。一是可供开发的空间比较大。明强东、西两校区占地近 70 亩，这样大的空间在上海市内并不多见，走进校园，都会觉得豁然开朗。学校利用校园空间这一持续发展的有利条件，力求做到“长袖善舞”。二是开发空间的资源比较多。其中就有“专家资源”：学校是“新基础教育”基地学校、“生命 · 实践”教育学合作研究校、“二期课改”研究基地校等，多年来得到各级专家悉心指导，懂得主动研究创新。组织资源：明强领导团队是上海市劳模集体，拥有一批智慧型管理者，在为师生发展提供智力支持与行动引领上后劲十足。人力资源：明强 200 余人的教职工团队善于创新，全国、市、区级名师汇集，在育人方面睿智而独特。财政资源：学校是区、镇两级政府双管单位，在办学上历来得到两级政府的有力支持。

——在校园环境设计上遵循“三条原则”。其一是全体充分利用的原则。其二是有利于学校文化建设的原则。其三是促进学生生命成长的原则。学校认为，校园决不仅仅是学生学习书本知识的地方，更是使学生的生命成长充满快乐、幸福，使童年充满自由创造，实现德智体美诸方面充分发展的乐园。

——在校园文化实践上体现“四项策略”。一是历史与现实互动的策略。明强拥有一百多年的历史。如何使这份宝贵的教育资源转化为师生的精神力量？这

需要寻找一种历史与现实互动的机制。为此,学校重点开发了校史陈列室的教育功能。二是人与自然亲近的策略。学校着力建设了以种植园和校园绿化区为主的绿色教育功能区。三是校内外教育空间融通的策略。加强学校与社区、家庭三者间的互相沟通、协调,实现校社教育资源共享,创建了“七宝古镇、九星集团、上航”等校内外合作教育基地,有效弥补了当代学生缺少社会实践与社会经验的缺憾。四是面上普及与社团提高的策略。明强校园内活跃着许多学生社团,如乒乓队、小足球队、围棋队、鼓乐队、舞蹈队、合唱队、摄影社、航模队等。

(2)“学科育人”打开视野“园、室、廊”融合

课内——坚持“和美育人”。明强教师共同追求的“和美课堂”目标,“和、活、灵、美”四个字是课堂变革的核心追求,和是开放互动之“和”,活是结构关联之“活”,灵是有机融通之“灵”,美是生命成长之“美”,集中反映了明强教师在新时期落实新课程标准、坚持学科育人的主动创造与有机整合。

课外——注重“学科体验”。育人的根本自觉应当反映在教育行为中,需要营造一个全息化的校园育人环境,为学生提供持续、科学的浸润与涵泳空间。

在学科内容体验上渗透到“全学科”。“学科育人专题体验区”涉及小学阶段全学科育人价值的开发运用,犹如一处处“见可观其形、闻可赏其味”的特殊景致,蜿蜒分布在明强校园内外,存放于每个明强人的心灵空间。

校长顾文秀说:“教育是一个生命与另一个生命的持久碰撞与对话,那么功夫就不能只花在课内和作业本上,只有尽力在校园的每一处、每一时段为每一个学生主动健康成长提供灵动发展的无限可能,教师自身才能与学生共同走向智慧幸福成长。”

2. 纵向:五个年段的强者系列体验课程

“强者系列体验课程”重视成长的丰富体验。基于“审美·超越”的文化核心理念,在教育主题设计上,形成以培养学生审美品质为目标的三大系列,分别以成长礼物的方式提供给各年龄段儿童体验。即:“强者之魂”系列(瞻仰校史、名人报告、书香校园、校庆活动、爱心捐助、入团入队仪式、十岁生日、社会实践、毕业典礼);“强者之行”系列(校园小当家、城管小卫士、强强小主播、强强志愿者、小小讲

解员、皮影写春秋、古镇小探秘、小小种植员、小手牵大手、民防大演练）；“强者之韵”系列（艺术节、运动会、科技节、摄影节、乒乓节、美丽一刻、每周一歌、每月一展）。这些活动通过策划、实践、反思、提升，力求做到每次活动都能有针对性地丰富学生成长体验并有所改进，坚持内涵和主旨不变的持续创新和发展。

关键词：幸福教师工程

转型成功的重心：生成教师智慧　提高育人艺术

“幸福教师”是教师生存方式的革命性转变，既需要正确的引导、适当的规范，更需要自觉的修养、持续的自我更新。

1. 专业研究：幸福教师的高度

在持续的研究性实践变革中，明强人领悟了课堂教学的真正价值在于育人，即促进学生主动健康地发展，而不仅仅是单纯的传授书本知识。在变革初期，这样的认识意味着他们将重新架构自身已经熟知的经验系统，自己动了自己的“奶酪”，同时把自己推到了变革与转型的风口浪尖，忍受着新旧教育观念“蜕变”带来的“阵痛”，明强教师虽因变革而“痛”，却因学生成长而快乐。

2. 研读学习：“幸福教师”的广度

华东师范大学教授李政涛，教育专家李振村，上海市教委教研室原主任、闵行区教育学院校长发展中心专家组组长王厥轩教授等先后多次被邀到明强作读书辅导讲座，明强人如今已经改变了以往平面的读书方式，取而代之的是“跳进跳出”的立体读书：以教育人的眼光，带着已有的教育常识、经验与独特的生命体验跳进书本；也以社会人的眼光，带着读书后的新思考跳回本职岗位和工作实际；带着新知识与新体验走进课堂，也走进教学变革实践中，去发展和提升自己，从而对学生产生关照生命全程的全新体验。

3. 文化自觉：“幸福教师”的深度

“新基础教育”实践历时 15 年，学校领导在全体教师中，积极倡导以“审美·超越”为文化核心理念的共同价值观，提出“明事理、明自我；强精神、强体魄”的“两明两强”校训，让教师在精神生活中，实现最自由、丰富的创造力，并把教师的个人发展与学校的发展紧紧地捆绑在一起。

关键词:和美课堂

成功转型的示范:培育精品课程　提高教学效益

和美的课堂指的是课堂教学诸要素的和谐与统一。它使教学过程呈现出情意交融、行云流水般的和美,充满智慧的教学互动激发出师生双方的最佳精神状态。明强小学在"和美课堂"的实践研究中提出了两大研究课题。

1. 成长体验:在"和活灵美"实践中丰厚师生"生命·实践"

明强教师专注于把课堂教学的过程进一步提升为师生主动合作、开发学科育人价值,对自我生命进行深刻体验和完善的过程。其中,追求课堂的"和、活、灵、美"境界,是教师团队对"新基础"课堂"有机美"的追求与创造。

——追求开放互动之"和",强调"教学内容的结构开放、教学设计的过程开放、教学资源的动态生成、师生生命的真实涌动"。教学全程对每一个学生开放,让所有学生都能充分围绕核心目标,形成多元复杂思维,进行有个体生命意义的独特表达与创造,力求达到"教师与学生、教学主体与环境、教学内容与方式"的和谐统一。

——追求结构关联之"活",强调课堂内的动态生成必须"从点状向整体,从浅层到深层,从个体到全体,从错误到有益,从单一到多维"有坡度地推进。教学不仅充分关注到知识内在结构的关联,更关注到学生成长过程的关联,真正把教学过程转化为随时发现、捕捉、重组、推进学生生命成长的动态生成过程。学校在扎根时期确立了"明强课堂动态生成五策略",即"有向开放—问题形成—互动生成—重组推进—拓展延伸"。

——追求有机融通之"灵",强调师生、生生间彼此人格的尊重、心灵的相通、情感的共鸣与知识形成相融。追求"厚",坚持课堂教学与学科育人、教与学、教师与学生生命体验的丰富与有机融通。起于"真",强调师生在课堂上讲真话,袒露真实思想。重在"通"。

——追求生命成长之"美",坚持每一堂课、每一学科给学生以生命成长之美的综合浸染。语文学科源于“中华文化”的深厚浸润之美,数学思维逻辑的激情碰撞之美,英语中西文化交融之美……追求生命成长之美,不再仅是简单的情感目标,而是教学中滋养师生生命成长的有机组成。师生在有限的课堂实践中走向无限的生命延展与完善。

2.“新基本功”:在主动梳理与历练中由“文化自觉”走向“生命自觉”

“新基础教育”改革的心路历程,实际上也是明强人与原本已经适应了的传统基本功较劲,并自觉向“新基础教育”“新人”所要求的基本功转换的过程。特别是在扎根阶段后期,全体明强教师在专家引领下主动梳理、提炼了具有明强特色的“新基本功”结构。

——领导管理“新功”。即通过“价值引领、责任担当、情感凝聚、实践分享”等激活人的发展自觉;通过“民主管理、责权下放、有效策划、行为更新”等提升人的实践智慧。

——学习研究“新功”。通过“理论系统浸化”,在新旧观念与实践的自我转化中产生学习内需,领悟新理念,创生新思想;通过“研究实践亲历”,以课堂为中心,从“走教案”“浅层反思”“旁观者”到深入学习现场,实现“动态生成”“二度反思”,提升现场学习力。

——教学实践“新功”。通过研读教材,将教材资源转化为学习可能;通过研读学生,将成长需求转化为教学重点;通过教学设计,让教学进程立足于成长需求;通过课堂推进,将课堂教学转化为生命体验。

——反思超越“新功”:通过课后反思甚至几度反思,个体反思甚至互助反思,在日常更新中实现教师“由教书匠转变成研究与创造者”的角色转换,重建超越自我的新功。

“新基本功”概念的提出,受到各方关注,《人民教育》《现代教学》杂志分别刊登了学校相关论文体会。2011年5月,学校在上海市小学课程教学工作会议上作代表发言,阐述了转型时期明强教师在“新基础教育”研究实践中努力将改革成果转化为自身素养的追求。

成事成人:累累成果彰显生命自觉

十多年的“新基础教育”实践与探索,使明强的办学水平始终处于高端稳定状态,社会声誉不断提升,社会对学校办学理念和教育质量的认可度与满意度达到了前所未有的高度。学校先后荣获国家级、市级、区级等荣誉称号 156 项,在闵行区中小学办学水平综合督导评估中连续保持 A 级一等,科研成果及论文荣获市级以上奖 63 项,区级以上奖 95 项。

图 5　庄严隆重的升旗仪式

教师先后有 50 多人次成为市、区教学骨干和学科带头人,成为学校乃至“新基础教育”研究共同体的“第一责任人”。有的教师还成为叶澜教授的助手,多次随专家组到兄弟学校和外省市,参与高水平的教学研讨,开展有质量的评课。学校更为区域教育发展输送了数名优秀管理者和骨干教师。近年来学校集体与教师个人专业成长中的主要荣誉有:全国教育系统先进集体、上海市文明单位(上海市和谐校园)、上海市中小学生行为规范示范校、上海市艺术教育特色学校等。教师在全国、上海市、闵行区各类教学评比中屡次获奖。

协和教育集团

“中西融合”的民办教育之探

岁月留痕

在“融合中西、和谐发展”这一发展理念的指引下，协和教育自1993年创办以来，坚持以学生为本的教育理念，不断探索和总结中西教育的贯通融合，已发展成为上海乃至全国优秀的基础教育民办教育集团。

办学26年，协和教育形成自己独特的办学模式和路径，包括：理论与实践交融的科研先导模式，探索具“中西融合”特质的先锋融合课程，以“中西融合”为价值导向的中外合作校长制，以及文教结合的艺术名家课程。

图1　1993年创办天地幼儿园

校史回眸

1993 年 9 月，协和运用市场机制举办了一家民办学前机构——天地幼儿园，在中国改革开放的舞台上，拉开了协和办学的大幕。1996 年 2 月 1 日，设立浦东新区幼儿教育集团，由此协和教育集团化办学有了发端。1998 年创办了一所国际化学前教育机构——海富幼儿园。在这一阶段，协和教育集团还涌现了金汇实验、绿世界等有特色的品牌幼儿园。2003 年，协和双语学校创办，明确提出“中外文化融合”的理念，开启“中西融合”的探索之路。

图 2　1998 年成立海富幼儿园

图 3　2003 年协和双语学校创立

自创办以来，协和教育集团秉承“中西融合　协力创新”的集团发展理念，针对中西方文化、教育理念及其落实，经历了文化共存、文化共生、文化共融/创的三个阶段。

第一阶段：共存。国际教育和国内教育泾渭分明，中外教师同处一个屋檐下，但因互不了解而各自发展、各自行事。这个阶段可以形容为“鸡鸭同笼”，中外课程的实施虽然可以和睦相处，但“你做你的，我做我的”，学生互动也仅局限于运动会和艺术节。

第二阶段：共生。中西方教育者们相互看到对方的优点，共同合作一些项目，互动性加强，彼此开始了解和接受对方的文化，课程上也有了更多的共同参与和浅层合作，中外学生相互接触的机会也多了起来。这个阶段仍旧是“你还是你，我还是我”，但已经有彼此理解和欣赏的变化。

第三阶段:文化共融和共创阶段。从 2010 年开始,协和教育集团力图在文化和教育理念、管理模式、课程设置、师资队伍、学生成长等教育核心要素上逐步实现融合,使学校走上理性思考与规划发展的攻坚克难之路。

经历了漫长的磨合期,协和越来越清晰自己的路径,将创学之初就设定的六大策略"中外校长共治、中外教师合作教学、中外课程相间互补、中外学生互动、中外环境互补、中外文化兼容并蓄"逐渐落实到每一个地方。

办学二十五年,协和教育以"中西融合"为理念的 K-12 民办教育集团化办学受到了社会的认可和欢迎。截至 2018 年,协和教育旗下包括幼儿园(海富幼儿园、精英幼儿园)、协和双语学校等教育品牌,拥有幼儿园、中小学以及国际高中共 44 所,学生人数已达 20000 余名,其中来自 40 个国家的外籍学生近 4000 名;教职员工 3000 余名,其中外籍师资约有 500 名。

历史撷英

实践与理论的交融:科研先导

研发是协和教育的核心竞争力。协和教育研发不仅立足学校实践,还注重积极参与中国民办教育研究院、中国教育政策研究院教育体制改革中心、上海市教育科学研究院、上海市跨文化基础教育研究中心等单位的相关科研工作。

探索与创新——上海市民办教育研究所。1995 年 6 月,以上海教科所作为前身之一的"上海市教育科学研究院"挂牌成立,下辖四个研究所:高教所、普教所、职教所和智力所;同年 12 月 16 日,按新体制、新机制创办的"上海市民办教育研究中心"成立,后改制更名为上海市教育科学研究院民办教育研究所,简称"民办所"。

协和教育集团创办人胡卫担任民办所所长,他建立起了全国第一支"专、兼、群"结合的研究队伍。协和教育集团正是借着这个机会,与民办所承担了国家社科基金、教育部等高层次的规划项目研究，以及联合国教科文、全国人大、全国政协、上海市政府、上海市教委委托的大量研究课题。

政策服务：民办所承担了全国人大委托的民办教育立法研究课题。长年以来，协和教育集团和民办所的创始团队充分利用成员担任全国及上海市政协委员的机会，持续为民办教育奔走呼吁。在历年政协大会上，共提案100余项，部分提案还被评为政协优秀提案；其中，关于民办教育政策的重要提案更直接推动了《民办教育促进法》的修法与实施，获得了国家领导人与国家机构的高度认可。

开拓创新：在协和教育与民办所的紧密合作下，出版了第一套民办教育丛书；建立了我国民办教育第一个大型数据库；编写了第一本中国民办教育发展事业报告（绿皮书和蓝皮书）。2000年获得第二届全国教育科研优秀成果二等奖1项，2001年获第二届国家教育图书奖二等奖1项，2008年、2011年、2016年分别获得上海市教育科学优秀成果一等奖。

品牌创办：以民办协和教育为实验蓝本，创办了“上海民进教育论坛”，论坛迄今举办了12届。

发展——上海市跨文化基础教育研究中心。协和教育作为上海国际教育的先行者，于2015年3月14日向市教委请缨出资成立上海市跨文化基础教育研究中心，简称跨文化中心。跨文化中心办公室设在协和教育集团内，以协和教育集团下属学校作为实验基地，拓展中西融合学校的科研机制，支持跨文化教育研究、咨询服务与成果推广。

自挂牌成立以来，协和教育与跨文化中心共同完成了多个研究项目，并与黄浦区教育国际交流中心合作，共同开展“学生跨文化国际理解力测评”项目，为黄浦区教育国际化发展提供了基于学生和学校数据收集的决策咨询服务。

迄今为止，跨文化中心举办了三届“上海区域教育国际化沙龙”、两届“上海跨文化基础教育实践与研究分享会”，为上海各区的国际教育发展提供了专业分享、互助成长的平台。

新征程——拟建青浦长三角协和教育创新中心。2019年2月，中共中央、国务院提出要“构建长三角教育协作发展新格局，进一步加大区域内教育资源相互开放的力度，搭建各级各类教育协作发展与创新平台，实现资源优势互补和有序流动”。

作为在沪、苏、浙、皖四地均开设有高品质 K-12 学校的民办教育机构，协和勇于担当时代责任与历史使命，拟建设“青浦长三角协和教育创新中心”。该中心将以协和国际化教育探索实践为依托，面向长三角一体化示范区和长三角国际化教育发展需求，深入开展区域基础教育国际化创新发展研究。

中西融合的课程：先锋融合课程

协和的中西融合之路从引进国际文凭课程（IB）、英式课程等国际通行课程开始，同时不断探索着中国本土课程优势与国际文凭小学课程（IBPYP）、英式课程等西方教育精华的有机结合。协和教育于 2012 年开始探索中西融合的课程，即“先锋融合课程”。2012 年 9 月，先锋融合课程首先在协和上海虹桥校区小学部，以实验性课程试行。随后，在上海浦东校区（2008 年建校）、上海万源校区（2012 年建校）、无锡校区（2013 年建校）、温州校区（2017 年建校）、厦门校区（2017 年建校）的小学和初中部逐渐推广。2019 年 9 月，新开办的协和上海青浦校区、合肥校区，也已开设小学和初中先锋融合课程。截至 2018 年 9 月，学习先锋融合课程的小学在校生的人数已占到协和集团在校小学生的 44%，初中阶段学生占到 27%，随着协和教育集团新校区的开办，这个比例将继续上升。

“先锋融合课程”的理念及目标：“先锋”课程的理念基础来自“东西文化融合”这一思想，也是协和“中西融合、和谐发展”育人目标在学校课程的具体体现。先锋融合课程最初是上海市二期课改框架下的一项跨文化实验课程，“以双文化、双通道”为发展目标，即在八年级学期期末时，“先锋班”的学生将面临两条升学路径的选择：或者为进入本土高中做准备，或者为进入国际高中课程做准备。为达到该发展目标，先锋融合课程的四大主要目标为：

- 夯实中国国家课程（或上海二期课改课程）的基础学科质量。
- 培养学生杰出的中英文表达和沟通能力。
- 引入国际教育元素，培养学生全球化的视野和跨学科探究能力。

• 提高德育课程和价值教育的体验性和实践性。

先锋融合课程的关键特征：中西互补，双语优势。撷取中外所长而整合之，协和“先锋融合课程”的“中西融合”之道体现为将中方扎实的学科基础与西方注重培养思维和行动力的综合主题学习有机结合。协和融合课程包括三大领域，分别是中文、数学等核心课程，外语、科技、人文、艺体等素养课程，以及丰富的个性化课程。其中，中文学习完全由中文老师单独授课，为了进一步加强母语学习，还会设计很多中国文化主题的项目式学习，增添更多“母语元素”，促进对传统文化和价值观的认同。数学为每周设计一节课，由中外方老师共同授课。

音乐、美术、体育、人文等所有素养类课程，从一年级开始，就是“一中一外”两位老师共同授课，提供浸润式的双语环境以及国际化视野。先锋融合课程还开设有中外教师合作教学的校本探究课程，以人文社会学科为主要内容。集团提供人文社会学科的探究纲要和教师培训，由中方老师基于所在社区、城市的地理情况，设计课程内容；西方老师利用先进的教学方法，将课程内容串联成几大主题，进行项目式学习。

先锋融合课程既重视发展学生认知方面的理解力，也重视学生情感方面的价值观教育。价值观教育既以美德课程的形式显性开展，也隐性地贯穿于课程整体中。每个先锋校区自主定义其核心价值观，并融入学校生活的方方面面，例如：领导力、日常管理、家校合作等。

先锋融合课程在中国国家课程（或上海市二期课改课程）对美德教育的基本要求基础上，借鉴国际课程中对学生美德教育的体验性与实践性关注，开发了校本美德课程。它包括学生必修的“德育”课内容，例如小学部开展与道德和价值观相关的教育活动，初中部开展与公民、社会相关的教育内容。其中的“美德”项目是基于联合国教科文组织推荐的价值观教育内容，由学校结合校情自主开发的项目。此外，先锋融合课程还通过专门针对提升学生责任感和服务社会意识而设计的一系列活动（例如学校内部的 House 制度，志愿者活动以及学生参与社区服务等），来深化美德教育。

为使美德课程和价值观教育的教学方式更符合中小学生的年龄特点，协和教育虹桥、无锡等校区采用“儿童哲学（P4C）”的方式进行教学。儿童哲学的理念和教学流程非常类似于“罗伯特议事规则”，学生在游戏和学习活动中开展在协商和妥协基础上的合作，同时“儿童哲学”也特别强调启发学生的提问，以及深度哲学思考和对话。

作为双语学校和教育集团，协和教育尤为强调发展学生的双语能力（中文和英文）。先锋融合课程对中文和英文的教学都有自己的探索和创造。

中文学习除国家课程规划的常规教学外，协和各校区还设计了很多中国文化主题的项目式学习，例如万源校区的“汉文化节”，温州校区的“汉字（象形字）探究”，虹桥校区的“茶文化探究”，浦东校区的“柳文化探究”，厦门校区的“闽南文化综合探究”等。各校区还通过组织诗词大会等形式加强学生对母语的学习，培育学生对中国优秀传统文化和价值观的认同。

在先锋融合课程里，英文既作为一门独立的语言学科，也作为教学语言，或以双语教学的形式贯穿于其他学科的日常教学中。在协和的融合课程体系中，有三种形式的英语课堂：一类是传统意义上的英语课，由中方老师单独上课，侧重于语法、单词的学习；一类是沉浸式母语教学，由外方老师单独上课，提供原汁原味的语言氛围，并着重对阅读、写作、口语进行提升；还有一类是中外方老师共同上课，不仅有基础语言的学习，也有基于阅读和写作的拓展学习，在提供一种接近母语学习方式的同时，又能提供中文辅助，加深印象。同时，无锡校区首创的中英文分级阅读课程也是先锋融合课程的亮点。目前在集团中心的推动下，中英文分级阅读课程在集团内各校区先锋融合部推广，以有效地帮助学生养成阅读习惯，培养阅读兴趣。

根据协和“中西融合、和谐发展”的教育理念，先锋融合课程旨在培养具有“中国心、世界眼”的中国人。接受先锋融合课程学习的学生拥有较高的学术潜力，能够在极具竞争力的国内课程中获得成功，又愿意在综合主题探究及英文学习中挑战自我。因此，在协和，先锋融合课程也被誉为协和教育集团“中西融合”教育理念和实践的“皇冠上的宝石”。

中西融合的学校领导:以我为主的中外联合校(园)长制

在协和学校,一中一西两位校长会同时出现在诸如晨间集会的各个地方,这源自于一种特殊的管理机制——"中西融合理念引领下的中外联合校长制"。

协和中外联合校长制及其特点。中外联合校长管理模式的诞生,在于协和最开始办的学校设有国内部和国际部,不论是国内部还是国际部的家长,对孩子的期望都体现着对中西融合教育的追求。而要办好一所中西融合、文化多元的学校,就需要同时了解中方和西方教育管理的人。目前,这一模式已经在协和各地的国际化学校普遍实施。

总而言之,成功的中外联合校长制有以下三个主要特点:中国和西方联合校长之间有一种共同的"文化尊重";双方的职业关系建立在信任和真诚交流的基础之上;双方都希望能够分享和尊重各自之前完全不同环境中的教育和管理经验,互相尊重彼此不同的背景。

在协和各校区,有不少成功的中外联合校长团队,例如协和虹桥校区国际融合部首任联合校长:张泓校长和 Martin Donnellan 校长,协和浦东校区首任联合校长卢慧文校长(现任协和教育集团总校长)和 Roger Morgan 校长。在中外方校长合作中,中方校长可以向外方校长分享学校如何处理好和教育行政管理部门的关系、国内教育改革以及如何将国际元素融入国内部课程等方面的知识和经验;外方校长能提供西方课程以及教师职业发展方面的建议。双方共同交流的领域则是如何与中国和外国家长打交道。

协和在探索中也发现,中外联合校长管理要取得成功,西方联合校长必须认识到西方在教育和管理方面绝对不存在"完全正确的答案",中国同仁能够在这两方面提供大量值得学习和借鉴的知识与经验。

中外联合校长制要以"中西融合"理念为价值引领。联合校长制带来的好处是显而易见的,因为联合校长不同的观点和视角促进了协作和共享领导的文化,中外教师都可以获得良好的专业发展机会。但是,联合校长制同时也带来了一系列挑战,包括如何分权、责任界定、沟通效率低下等问题。

协和集团对各校区有明确的“中西融合、和谐发展”的价值观引领。当然，各个学校（园）之间在总部统一价值观的基础上也可以有多元化的差异。协和集团总部对学校的引领，体现在中外校长都需要根据协和共同的价值观开展管理和教学工作。在实际操作中，中外校长出现矛盾的时候，也可以通过第三方，例如协和集团总部，来解决难题。

中外校（园）长的联合领导：从幼儿园到学校的一脉相承。从协和的幼儿园到中小学学校，“中西融合”的价值观一脉相承，也都致力于价值引领下的中外联合管理。在2013年，协和幼儿园品牌海富团队在“中西融合”基础上确立了团队幼儿园发展的11个核心价值，领导和管理都将基于核心价值开展。价值观的确立过程包括了协和海富园长管理团队的培训和研讨，老师们和家长们的问卷调查，以及管理团队的引导和沟通。

要做到成功的价值引领的中外领导和管理，筛选和培训具有共同价值理念的团队成员，在很大程度上保证了整个团队价值理念的一致性，这至关重要。为保证团队“中西融合”的良好价值基因，在管理者的选择上，团队尽可能地选择教育价值理念相同或类似，并具有相关教育和生活经历的伙伴。

图4　2009年香梅学习资源中心成立

艺术名家课程——上海协和文化创意中心

2011年5月,为探索文教结合的自主创新之路,协和教育集团首创协和文化创意中心(简称“文创中心”),邀请名家在集团下属中小学成立工作室,让学生在名家的“零距离”辅导下提高艺术欣赏能力和健康审美情趣。协和文创中心的名师名家课程,一方面结合上海二期课改要求,为学生开设各类校内文化艺术选修课程;另一方面,通过俱乐部形式,丰富学生课余生活。

自成立以来,文创中心不断开拓创新。从开展“名家讲坛”活动开始,到如今建立了成熟的六大艺术名家课程体系;从为协和校区提供教师培训及教学服务,到为更多公办、民办学校师生提供教师培训及教学服务,并研发京剧普及教材,将艺术教学的成果惠及更多人;从校内艺术联展和汇演,拓展到海外文化艺术交流活动。经过多年的细细打磨,越来越多的学生在校内外的舞台上崭露头角,甚至走向了世界。

深耕艺术名家课程,开拓文教结合创新之路。文创中心的艺术名家课程一直在丰富和拓展中,目前有六大名家,包括:史依弘,国家一级演员,中国戏剧界最高规格的奖项“梅花奖”得主;季萍萍:国家一级演员,巴黎国际芭蕾舞金奖得主;马晓晖:国家一级演员,首创“二胡与世界握手”的国际二胡演奏家;管齐骏:中国美术家协会敦煌创作中心创作委员,加拿大中国画会会长;王洛勇:“百老汇华裔第一人”,是国内最高水平的音乐剧教育工作者;何念:业内青年导演代表人物,被认为是目前上海最年轻、高产的话剧导演,获得了“票房蜜糖”的美称。众多名师组成的教学团队提供优质的课堂教学,将名师们自身的文化底蕴通过艺术课堂的形式传播给其他学员,无疑是最好的文化传承方式。

为了提供更好的教学服务,文创中心始终在不断努力成长。以京剧课程为例,史依弘京剧工作室已经发展成为在六所民办学校、三所公办学校同时开设课内外课程,拥有50个班级,逾600名学员的大型工作室。2016年,文创中心出版了《史依弘教你学京剧》教材(含四册书和两张光碟)。2017年12月,文创中心举办了京剧教学研讨会。

举办各类艺术活动,普及中外高雅艺术。2016年,马晓晖民乐工作室的6位学员参加了2016上海亚洲音乐节特别节目《马晓晖二胡拥抱经典旋律》新年祝福音乐会，他们与马晓晖合作表演《小城故事》。

2017 年，何念戏剧工作室的四位小演员携手无锡市协和双语国际学校 15 名优秀学生，共同参与了何念执导的新剧《疯狂剧团》的拍摄。

2018 年 5 月 19 日，著名京剧表演艺术家史依弘女士携手国际著名演员王洛勇先生、加拿大中国画会会长管齐骏先生共同编排创作的“京生今世——文教结合 · 传承传统艺术学生专场汇演”在上海大剧院大剧场举办。382 名中小学学员“绽放”舞台，90 幅京剧主题油画作品在剧院前厅展出，1600 名中小学生、家长在上海大剧院大剧场现场观看演出，《新民晚报》、澎湃新闻、东方网、第一教育等 11 家主流媒体争相报道，节目视频网络观看人数达 6 万人。

图 5 “京生今世”学生专场汇演

2019 年 5 月 6 日到 16 日，在长宁图书馆三楼的上海苏俄造型艺术馆举行了为期 11 天的“Art Bridge”管齐骏美术工作室师生书画作品展。

仅 2018 年间，文创中心举办了艺术讲座、汇演、开放课等各类艺术学习活动，并提供了在线直播，惠及近百万人。从已有艺术学习经验的孩子，到潜在的观众与学生，从学校辐射家庭，协和让更多孩子带家长走进剧院、展厅，观赏艺术表演、展览，让他们也对艺术学习充满期待。

促进中西文化交流，提升中华文化自信心。文创中心通过邀请国际组织来中心参观，观摩课堂，参加活动，让国外艺术组织了解协和优质文化教育，领略中国传统艺术的魅力。同时,中心定期组织学生赴国外进行文化交流活动,接受国外高端组织的艺术培训,并在国际舞台上展示,以提升文化自信心。

2014年,文创中心组织带领四大名家工作室学员,参加第九届香港国际青少年艺术节上海赛区比赛,各科目均获金奖。其中,京剧节目赴香港参加总决赛,荣获最高奖项——钻石奖。

2016年,文创中心组织带领四大名家工作室10名学员赴香港,参加第十届香港国际青少年艺术节总决赛,各科目均获金奖,京剧《卖水》(王林熙、刘诗玥、胡桐)受邀参加开幕式演出并荣获最高奖项——钻石奖;芭蕾独舞《天鹅湖》(吴雨昕)获钻石奖,《摩登时代》(高嘉岳、彭友怡、陈子君、陈博颖、戴奕玲)获金奖;二胡《喜送公粮》独奏(郑源)获金奖;绘画作品《神秘的海底世界》(李枝姿)获金奖。

2018年在“海外桃李杯第八届国际舞蹈大赛上海邀请赛”中,J.Ballerina艺术风格工作室学员摘获三枚一等奖章。在2017年的英皇芭蕾考级中,84位学员RAD考级全部通过,17位学员成绩优秀,摘得金章。其中,33位参加PPID级别的学员全部获得奖章,有1/3的PID至G4学员获得金章荣誉,良好或优秀成绩的比例高达98%。

自创办以来,文创中心还组织了四次国际文化艺术交流活动。2015年夏季,文创中心携手欧洲舞蹈教育协会英国皇家舞蹈学员,组织了“2015奥地利顶级音乐舞蹈艺术交流活动”;2016年7月23日至8月5日,组织带领学员赴意大利参加现代舞教父MALDOOM亲授的顶级舞蹈艺术交流活动,同百名欧洲舞蹈学员同台演出;2017年7月16日至28日,学员前往欧洲Gasteig文化中心、慕尼黑格特纳国家歌剧院、慕尼黑Pinakothek国家博物馆进行艺术学习。2019年4月12日,中心还组织了“英韵合协”协和与英国诺丁汉特伦特大学音乐文化交流活动。

协和文创中心深入贯彻中央关于推进社会主义文化强国建设的决策部署,始终秉持“让学生享受高雅艺术、为学生提供专业艺术服务”核心理念,以“名家引领、专业指导、海外交流、文化传承”为方式,依据协和教育集团的办学理念——提供中西文化融合的教育定位,着力构建文化创意中心与学校艺术教育并存、互补、引领的阶梯式运行网络,积极探索专业艺术教育服务的成功之路。

上海市松江一中

根植传统的“四自教育”

岁月留痕

上海市松江一中由“两条支流”汇聚而成,“每条支流”不同时期的教育思想特色鲜明,不同凡响。

其中“一条支流”先后为松江府中学堂(1904—1913),江苏省立第三中学(1913—1927),江苏省立松江中学(1927—1934),江苏省立松江高级应用化学科职业学校(1934—1949)。

另“一条支流”为私立江春初级中学、松江县代用初级中学(1924—1927),松江县立中学(1927—1937),推行十项训育标准,即“五期能”“五养成”。

1. 锻炼体格,期能刻苦耐劳,战胜困难。

2. 训练意志,期能刚健笃实,见义勇为。

3. 陶冶性情,期能和乐向上,发扬卓励。

4. 启发思想,期能遇事反省,破除盲从。

5. 练习自治,期能善用权能,遵守纪律。

6. 指导服务,养成和平合作之精神。

7. 鼓励劳动,养成创立生产之意志。

8. 讲求卫生,养成整齐清洁之习惯。

9. 注意社交,养成活泼乐义之态度。

10. 爱护公物,养成尚公俭朴之德性。

松江县立中学移沪复校期间(1937—1945),以培养学生完整人格为主旨,于充实知识之外，更注意品德之陶冶，体力之锻炼，务期青年在此抗战建国时期内，为积极有力之分子。松江县立中学(1945—1949)的训导总目标如下：

1. 高尚坚定的志愿与统一不移的共信——自信信道
2. 礼义廉耻的信守与组织管理的能力——自治治事
3. 刻苦俭约的习性与劳动服务的精神——自育育人
4. 耐劳健美的体魄与保国卫民的智能——自卫卫国

图1　中华人民共和国成立初期松江县第一中学校门

校史回眸

上海市松江一中由两所学校于1950年合并而成。

其一为江苏省立松江高级应用化学科职业学校(简称省职中)。20世纪初，救国图存成为时代呼声，改革中国旧有的封建教育制度、培养适应时代需要的有用之材成为历史潮流。慈禧不得不发布“罪己诏”和“改革”谕旨：“着各省所有书院，于省城均改设大学堂，各府及直隶州均改设中学堂，各州县均改设小学堂。”松江府七县一厅聚资，由原云间书院改建的松江府中学堂于1904年落成，校址在云间第一楼之北的原管粮厅衙门旧址。松江府知府田庚任总办，谢葆钧任监督(校长)。后校名历经变更——松江府中学堂、江苏省立三中、省立松江中学、省职中，学校也数次搬迁，1947 年迁回松江松汇路新松江社（现松江一中生活区）新址复校。

其二为松江县立中学。1924 年钱江春、侯绍裘、赵祖康等创办私立江春初级中学，后更名为松江代用初级中学、松江县立中学等。校址亦历经变迁，1945 年迁至永安酒楼旧址（现松江一中教学区）。

1950 年 2 月省职中与县中合并成立苏南公立松江中学。之后先后更名为松江县中学、松江县第一中学、松江区第一中学，2004 年定名上海市松江一中。

学校现为上海市实验性示范性高中。学校占地面积 80335 平方米，建筑面积 38597.1 平方米。有 38 个班级，其中包括 8 个新疆内地班。

近年来，学校陆续获得上海市文明单位、上海市中学生行为规范示范校、全国中小学国防教育示范学校、全国语言文字规范示范校等荣誉称号。

历史撷英

侯绍裘：革命精神的播火者

侯绍裘（1896—1927），1924 年秋与钱江春、赵祖康等创设私立江春初级中学，任校长。

侯绍裘“以最多数人之最大幸福为人生的最终目的”。他 17 岁考进松江江苏省立第三中学，1918 年考入上海南洋公学（现上海交通大学）。1919 年积极参加“五四运动”，被选为学生会年级评议长。在此期间，与朱季恂等人共同编辑出版了《松江评论》，同时出版《问题周刊》。1923 年秋成为松江第一名共产党员。

据侯绍裘之子侯焕昭回忆，1924 年 10 月黄正庵由中共上海地委派到江春初中任教。1924 年 12 月末，中共早期领导人罗章龙、恽代英在侯绍裘的陪同下来苏南开展党建、团建工作。到松江的第二天，侯绍裘便在自己刚刚创办的江春初中主持召开了演讲会。

因江浙军阀连续混战，侯绍裘将自己开办的景贤女中与江春初中一起迁到上海。在“五卅”运动中，侯绍裘和恽代英为学生队伍指挥，并与沈雁冰、杨贤江等发起建立上海教职员救国同志会。1925 年 8 月国民党江苏省党部成立，他与柳亚子、朱季恂当选为常委。10 月任国民党江苏省党部中共党团书记。其间他应邀任苏州乐益女中校务主任，并主持建立了中共苏州独立支部、苏州学联、妇联和国民党苏州市党部。

1926 年 1 月参加国民党“二大”，当选为大会提案审查委员会委员。1927 年 3 月上海工人举行第三次武装起义，当选为上海特别市临时政府委员。当北伐军逼近南京时，4 月 2 日侯绍裘奉命率国民党江苏省党部迁往南京。4 月 6 日江苏省政务委员会开会讨论筹建江苏省政府，会议推选李富春、李隆建、张曙时、侯绍裘四人为筹备委员。4 月 9 日蒋介石在上海实施暴力“清党”的计划。10 日上午，侯绍裘在南京市民肃清反革命大会上愤怒谴责蒋介石的罪恶行径。当晚 11 时，他召开省、市共产党员主要干部紧急会议，不幸与十名同志同时被捕。他们不顾威逼利诱，英勇不屈，最终惨遭杀害，侯绍裘年仅 31 岁。

上海解放后侯绍裘被追认为烈士，松江县人民政府立碑纪念。时任中共中央宣传部长陆定一为之撰写碑文。

叶圣陶在回忆侯绍裘时说：“他把教育跟革命结合起来，办教育不是无所为而为，为的是革命。”

侯绍裘办学坚持弘扬“科学”与“民主”的“五四”精神，尤其重视演讲。他经常组织演讲会，鼓励学生就时事发表演说。他还邀请叶楚伧、邵力子、柳亚子、沈雁冰、陈望道、周建人、叶圣陶、于右任、杨杏佛、吴稚晖等人来松江演讲，不仅开阔了学生的眼界，也播撒下革命的种子。

侯绍裘播撒的革命种子不断生根发芽。1927 年和陈云同志一起领导青浦县小蒸农民起义，而在 1928 年初被反动派杀害的吴志喜烈士就是松江县代用初级中学学生。陈云同志曾亲笔题词：“吴志喜烈士永垂不朽”。1937—1945 年移沪复校的松江县立中学以各种方式开展爱国主义教育，坚决抵制日伪政权推行的奴化教育。不少热血青年投笔从戎，毅然走上了革命道路。1946 年 6 月 18 日县

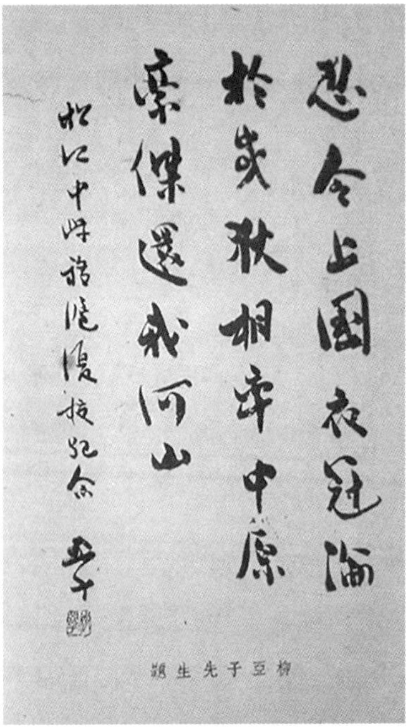

图 2　柳亚子先生题词

中学生庄永春(后任国家文物局副局长)、彭思源、陈炳奎等发起规模浩大的反内战游行示威活动。时年 6 月 21 日《文汇报》载:“反对内战运动自杭州市等展开以来,本县县中全体学生首先响应……十八日全体学生忍痛罢课,举行盛大游行,沿途由军警当局荷枪实弹维持秩序,行列甚长,沿途散发传单,高呼口号,声振云霄。”

赵祖康:实业救国的践行者

赵祖康(1900—1995),1924 年与侯绍裘、钱江春等创办私立江春初级中学。

1949 年 5 月 24 日,赵祖康被任命为国民党上海市代理市长。次日,他命令停止抵抗,使得上海的城市建筑、档案资料和人民生命财产得到保护。5 月 28 日,赵祖康正式向陈毅市长移交政权,并随即被委任上海人民政府工务局局长。后曾任上海市规划建筑管理局局长、副市长、人大常委会副主任;民革中央副主席、上海市民革名誉主席。他是中国公路学会名誉理事,中国土木工程学会第二、第三届副理事长,上海市土木工程学会名誉理事长,上海市交通工程学会名誉理事长。

1912 年 12 月 26 日,孙中山莅临松江发表演说,使赵祖康萌发了求真理、爱国家的进步思想。他手书“勤于读书,爱国爱民”八个大字,压在自己的书桌上用以自勉。他信奉孙中山“实业救国”理念,“五四运动”后又以“读书不忘救国,救国不废读书”为座右铭。1922 年毕业于交通大学唐山工学院(今西南交通大学)土木工程系。他与钱江春、胡山源等创办文学社团——弥洒社,与沈联璧等筹办新松江社,宗旨不外乎救国。

1929 年,赵祖康进入国民政府交通部工作,次年被公派至美国康奈尔大学留学，进修道路与给排水工程。1931年回国，被任命为国民政府全国经济建设委员会公路处副处长，后逐渐升迁至交通部公路总局副局长。抗战交通史上著名的四大公路，即合称为三西公路的西兰（西安—兰州）、西汉（西安—汉中）、乐西（乐山—西昌）三条公路，以及滇缅、汉渝等公路，都凝聚着赵祖康的心血。1946年被美国授予抗日战争自由勋章。1948年，我国著名雕塑家刘开渠曾创作雕塑《开路先锋》赠给赵祖康，向这位中国公路界的元勋表达敬意。

“詹天佑铁路，茅以升桥梁，赵祖康公路”，研究中国交通史的学者将他们三人并称为中国交通工程三杰。赵祖康作为近现代中国公路第一人，为中国道路标准、车牌标准、全国公路规划制定以及人才培养等做出了开创性贡献。

抗战结束后，赵祖康主持制定“上海市都市计划”，为上海发展描绘出一幅宏伟的蓝图。著有《道路工程学名词译法之研究》，编纂出版《英汉道路工程词汇》《道路与交通工程词典》。

施蛰存：《松江县立中学校友会年刊》见其轶作

1934年7月印行的《松江县立中学校友会年刊》（第一期）赫然发现署名施蛰存的《无想庵小令（词）》，经查施蛰存各种文集未见收录。

无想庵小令

施蛰存

蝶恋花

桐落潇潇南国冷，惆怅西风常惹恹恹病，乍觉近来眉更靓，罗衣着体浑难称。雅陈横天天又瞑，寂寞空房独坐生凄零，曼爇炉烟慵对镜，镫前怕炤纤纤影。

南歌子二首

（一）

宛转搴珠箔，低徊卸玉蝉。镫前顾影不胜怜，何况月华双炤黛眉湾！

（二）

玉关垂青锁，银泥覆锦鸳。暗思明想泪栏干，帘外秋风吹彻凤城寒。

施蛰存(1905—2003),原籍杭州,8 岁时随家迁居松江。1922 年升入江苏省立第三中学,后考入杭州之江大学,翌年进上海大学,后转入大同大学,又改入震旦大学专修法文。施先生曾自谓“四个大学的肄业生”。1927 年回松江任松江县立中学教员,1935 年 10 月至 1936 年 7 月,在江苏省立松江高级应用化学科职业学校教国文。曾创办并主编《新文艺》《现代》《文艺风景》等五种刊物。1932 年《现代》初创时,他向自己的老师瞿秋白约稿,“先生及时寄来文章,使创刊号增色”。杨迎平的《施蛰存传略》有如下记载:“1933 年,鲁迅在柔石等五烈士牺牲两周年时写了纪念文章《为了忘却的记念》,文章写好后,在另外两个杂志编辑部搁了好几天,别的编辑都不敢用,最后才转给施蛰存,虽然当时形势很紧张,但他‘舍不得鲁迅这篇异乎寻常的文章被扼杀’而决定发表,还向鲁迅要了一张柔石的照片和一张柔石手迹,又特意配了一幅珂勒惠支的木刻画《牺牲》刊登在本期的《文艺画报》上。”

施蜇存除办刊外,还从事短篇小说、诗歌、散文创作,并翻译外国文学作品。任华东师范大学教授后专注于古典文学及碑版文物研究,曾获“上海市文学艺术杰出贡献奖”。

朱雯:译著《西线无战事》等久印不衰

朱雯(1911—1994),江苏省立第三中学毕业,后曾任教于江苏省立松江中学、江苏省立松江高级应用化学科职业学校和松江县立中学(均为松江一中前身)。

1923 年考入江苏省立第三中学,1932 年毕业于苏州东吴大学。在校期间即开始文学活动,创办文学旬刊《白华》,第一部短篇小说集《现代作家》出版于 1929 年。大学毕业后曾回母校任国文教员,1934 年松江中学改称江苏省立松江高级应用化学科职业学校后,他仍留校任教。抗战全面爆发,携眷经桐庐、长沙到广西,1939 年转道香港回到已成“孤岛”的上海,继续执教于刚从松江迁沪复课的松江高级应用化学科职业学校,直至 1940 年暑期。他先后担任上海财经学院、上海震旦大学、上海师范大学教授及上海师大文学研究所所长、中国作家协会上海分会理事、全国高等学校外国文学教学研究会副会长、中国翻译工作者协会名誉理事、上海比较文学研究会副会长等职。

1946 年开始主要力量转移到外国文学的翻译和研究上，曾翻译苏联作家托尔斯泰的《苦难的历程》和《彼得大帝》，德国作家雷马克的《西线无战事》《凯旋门》等多部长篇小说。这些外国文学中的名著，经他忠实而流畅的译笔，得以在中国读者中广泛流传，产生了很大的影响。

洪野：施蛰存称其为“忠实的艺术家”

有“画魂”之称的女画家潘玉良，一段传奇经历常为人们津津乐道，而最初引导潘玉良走上艺术之路的正是画家洪野。

洪野（1901—1932），近代画家，安徽歙县人。1922 年于上海东南专科师范学校美术科毕业后，应聘为上海美术专科学校西画系教授、上海神州女子学校美术科主任，后又返母校东南专科师范任美术科主任。学校改组为上海大学，于 1926 年设立美术系时任美术系主任，以及校最高领导机构“行政委员会”的委员，并在上海中华艺术大学兼任西画教授。洪野因倾向革命，1927 年“四一二”事变后被迫离开上海大学，举家避居松江，在松江县立中学执教美术。洪野擅长油画和水彩画，注重吸取法国印象画派的色彩表现，常以西洋画法在中国宣纸上作画。《黄昏》等多幅画作曾入选 1929 年在上海举办的第一次全国美术展览。为俞平伯诗集《西还》设计的装帧，被认为是“五四”时期新文学美术装帧的珍品。

洪野曾与施蛰存在松江县立中学共执教鞭。洪野去世后，施先生写过一篇感人至深的散文《画师洪野》，怆然追忆故知，深深为“忠实的艺术家的无闻而死”扼腕叹息。施蛰存在文中忆及洪野：

“物质上既无获得，精神上又无安慰；倒不如息影江村，教几个天真的中学生，闲时到野外去写生，或在家中喝一盏黄酒之为安乐了……

但是他对于艺术，却并没有消极……他突变而为一个纯粹的革命画家了。他的野外写生的对象，不再是小桥流水，或疏林茅屋了，他专给浚河的农民，或运输砖瓦的匠人们写照了。他说：‘为了要表现我所同情的人物，所以我的画已经不是资

产阶级书斋里壁上的装饰品了。'

他在贫困的生活中，一个人寂寞地描绘他所同情的人物，直到死。"

校史馆里的"镇馆之宝"

在松江一中校史馆里有三件藏品可谓"镇馆之宝"：

一是朱开轩作为中国政府代表团成员参加"中英香港政权交接仪式"的嘉宾出席证，二是1997年7月1日"香港回归中国"彩色丝绸版《文汇报纪念特刊》（头版政权交接仪式新闻图片中可见朱开轩身影），三是刻有"朱开轩先生惠存"和"董建华暨香港各界庆祝回归委员会致意"字样的"香港回归中国"纪念雕塑工艺品。

此三件珍贵纪念品是朱开轩校友于2004年10月6日（10月16日为百周年校庆日）亲自送回母校的。他深情地说："这三件纪念品由母校收藏比我自己珍藏着要有意义得多。"

"人生如河，学校如源，一生功名当还之于母校。"朱开轩对母校的真情感人至深。他多次回母校视察指导工作，并将自己出访苏联、印度等国接受的外国政府礼品转赠母校。弥留之际还嘱托其居住在金山的外甥来松江一中挖一抔泥土带到北京，他要枕着母校的泥土长眠。

图3　20世纪40年代末县中篮球队（后排左一为朱开轩校友）

朱开轩(1932—2016),1947年2月因私立中国中学学费太贵,听从幼年时好友——在“县中”就读的胡嘉龙同学的意见,到松江县立中学插班读初二下,1948年从松江一中初中毕业。1951年入中国人民解放军第一航空学校学习。1958年毕业于北京航空学院自动控制系。1993年3月至1998年3月,任国家教育委员会主任、党组书记。1998年3月当选九届全国人民代表大会常务委员会委员、全国人大教育科学文化卫生委员会主任委员。他是中国共产党第十三届、十四届中央委员会候补委员。

松江一中与“新松江社”渊源深厚

新松江社是有影响的进步社团组织,《上海地方志》《松江县志》均有记载。1923年,由侯绍裘、朱季恂、沈联璧、钱江春等发起组织。定名新松江社,意在激浊扬清,弃旧图新,使旧松江出现新面貌。建社后,开展各种政治活动,经常组织群众举行反帝、反封建集会和游行;邀请恽代英、肖楚女、邓中夏、邵力子、沈雁冰、陈望道等到松江讲演。1927年,侯绍裘牺牲;沈联璧遭当局通缉,初期新松江社解体。之后沈联璧回松江任松江县立中学校长,着手恢复新松江社,1935年新址落成,召开首届社员大会,知名人士柳亚子、蔡元培、丰子恺等到会祝贺。1937年,松江沦陷,社务遂告停顿。

“新松江社”与松江一中的渊源深厚:“新松江社”的创办人侯绍裘和钱江春也是江春初中(松江一中前身之一)创办人,沈联璧是松江县立中学(前身为江春初中)校长。现今松江一中学生生活区——榆树头33—34号,正是“新松江社”原址所在。抗战全面爆发后,当时的“省职中”一度停办,1947年复校时正是借“新松江社”作为校舍。1950年“省职中”与松江县立中学合并,成立“苏南公立松江中学”(松江一中前身)。至此,便形成了“一校两区”(即“榆树头33—34号”与“松汇中路601号”)的现状。

图 4　2003 年改建之前的松江一中校门

四自教育:根植传统的育人特色历久弥新

自信信道、自治治事、自育育人、自卫卫国是松江县立中学(1945—1949)的训导总目标。在创建实验性示范性高中过程中,学校从传统中汲取滋养,并与时俱进,推陈出新,提出了新的“四自教育”:自育育德、自治治事、自学学问、自养养性。

自育育德:建构广阔德育场,培养“三大”之人。学校从三个层次打好学生“学会做人”的基础:具有公民素养的“大方的人”,具有健全人格的“大气的人”和具有理想信念的“大写的人”。

实施分层育德目标,落实核心价值教育。将“大方人、大气人、大写人”的育德目标进行分解,形成年级教育主题。筑牢课堂稳固阵地,强化学科育德功效,以极其丰富的德育体验活动,培养学生积极的价值取向和社会责任感。

潜心挖掘德育资源,发挥文化育人价值。健康向上的学校文化能给师生创造一个无形却很庄重的心理“磁场”,具有“润物细无声”的教育魅力。学校注重育人资源的开发,形成深受学生喜欢、富有育人成效的系列校园文化活动。学校还将教育中的问题转化为资源,搭建富有创意的活动平台,引导学生自我教育,实现成长。“我在柚子树下等你”的校园柚子采摘节就是一个典型案例。

自治治事:开掘自治实验田,提升综合素质。丰富实施路径,引导学生主动参与学校管理。建立年级学生自我管理委员会,分级管理,梯度对接。成立“学生民意调查团”,引导学生积极调研,理性谏言。建立各项活动学生组团招标制度,从策划设计、组织运作到总结评价,全程凸显中标学生的“主办权”。建立校内外义工服务机制,岗位设定,自选坐标,人人参与。构建校外志愿服务网络,整合家长、社区和大学城等资源,逐步形成布局合理、充满活力、可持续发展的“1+N”志愿服务品牌。

自学学问:聚焦“关键问题”,推动教学变革。细化课程标准,落实校本化实施。组织教师研学国家课程标准,对接新高考改革要求,聚焦核心素养,按照课程三年贯通的基本思路,编制“松江一中学科课程执行纲要”。启动“学科学习指导手册”的编制。着力解决引导学生学什么、怎么学的问题,力图成为学生自学学问的有效载体。

课题引领实践,促进教与学转型。基于“互学互研提升学生学习品质”的项目,启动高效课堂“五个一工程”,积极探索“一二三四”学研课堂模式,营造追求高效课堂的积极氛围,有效促进教学方式的转变。学生自管会还自发设计各种自主学习项目,如开设“学生讲坛”,开展“兵教兵”活动等。

尊重学生兴趣,实施分别化培养。有面向全体学生的必拓课程和研究型通识课程;有面向具有学术潜能的学生的分类指导;有面向具有学术专长的学生,提供像科学家一样做研究的平台,如与辰山植物园合作的“准科学家培养计划”,与高校合作开设的科技前沿课程等。还有众多社团活动,学生可以自主创设与申报。近年来学生参加区级以上比赛屡获奖项,2017 学年仅科技类获奖学生就达 240 位。学生参加世界 OM 头脑奥林匹克创新大赛、上海市青少年科技创新大赛、上海市青少年明日科技之星评选等,都不断取获得历史性突破。

自养养性:关注身心健康,促进个性发展。关注课堂美育,拓宽兴趣培养。引导学生发现各学科中蕴藏的对称之美、变化之美、逻辑之美、哲理之美等。学校的校园文化活动，一年四季从不间断，为学生提供了展示才华的宽广舞台。丰富多彩的社团活动，为学生兴趣发展提供广阔空间。

开发文化课程，滋养人文素养。依托第一课堂的课程群落，开设三大类传统文化课程，分别是文化思想类（12门）、经典文本诵读类（13类）与传统技艺类（7门）课程。面向第二课堂的主题活动有校内主题体验活动、校外地域文化专题研究和增进国际理解的多元文化对话课程。

图5　松江一中新校门

上海市青浦高级中学

在坚守与创新中“磨炼”

岁月留痕

创建于1923年的上海市青浦高级中学，始终以“教育报国”为己任，一直传承“红色基因”。学校是享誉国内的顾泠沅“青浦实验”的发祥地，也是上海市“一期课改”和“二期课改”的实验学校。1999年易址新建，跻身于上海市11所现代化寄宿制高中行列。2005年成为上海市实验性示范性高中。

学校坚持以“磨炼”为核心的办学理念，“磨炼教育”的求真精神、向善品行以及尚美气质，成为青中人共同的价值追求。构建“磨炼大平台”，凭着韧劲和韧性，师生一起成长、成功，“磨炼教育”成为支持学校发展的基石，贯穿于学校工作全过程。学校坚持“青浦实验”教育精神，参与青浦新课堂实验“为学而教，以学定教，鼓励挑战性学习”主题研究，进行“建设学生创新学习场所——磨炼书院行动”的探索，“磨炼书院”成为小课题研究的孵化基地，提升了学生综合实践能力，为青浦新课堂实验提供了鲜活的案例，在青浦教育界发挥了一定的辐射引领作用。

近年来，学校用心潜心磨炼，主动因应高考，创生了“根与芽”、创客空间、微电影社、话剧社等市知名社团，学生在全市乃至国内外各类竞赛中频频获奖，每年有众多学子被北大、清华、复旦、交大等名校录取。

学校是全国精神文明建设工作先进单位、上海市文明单位、上海市中小学行为规范示范校、上海市未成年人思想道德建设工作先进单位。

校史回眸

1923年秋，青浦城南文昌阁一隅，一块不起眼的校牌挂出，宣告上海市青浦高级中学的前身——青浦县立初级中学的诞生。1937年，抗日战争全面爆发，学校被迫停办，师生投入救亡图存的革命洪流。1945年，抗战胜利后，迅即复校，并以跳动不竭的生命力使学校办学能力、办学规模和办学水平不断提高。1956年开始招收高中学生。1961年结束了“三地鼎立”（本部与一、二分部）的局面，定址青安路（现青浦一中所在地）。1978年被定为县重点中学。1987年初中部另立新校，学校成为县重点高中。1999年学校迁至公园东路1100号，改名为上海市青浦高级中学。

图1　青浦县立初级中学旧址

学校坚持“师生崇德务实，为国育才成才”的办学宗旨，始终把学生的全面发展和健康成长作为一切工作的出发点和归宿，形成了“团结、求实、严谨、创新”的校风和“勤奋、踏实、主动”的学风。教育质量在区内首屈一指，在全市也颇有影响。学校涌现出张鉴周等一批批思想活跃、知识渊博、善教会研、诚信宽宏、追求卓越的名师,他们革故鼎新,务实求真,竭诚奉献,立德树人,在教书育人的道路上留下了坚实的足迹。

近百年来,学校为社会造就了万千志士俊才,从这里走出去的有中国工程院院士、中医泰斗董建华,中国工程院外籍院士、澳大利亚两院院士顾敏,优秀的军队将才陈为松、陆增祺,还有70多位杰出的专家学者、骄人的科技精英、资深的外交使者、出色的艺术大家,更有无数扎根于基层、活跃在各条战线上的服务明星和能工巧匠……

历史撷英

倡导教育报国的“红色牧师”

爱国,是立德之源、立功之本。青浦县立初级中学具有光荣革命传统。刚建校时,正值反帝反封建的“五四运动”激起的浪潮开始涌及青浦城。所以,在与文昌阁隔天井相对的仪门墙上,写着“勿忘国耻”四个醒目大字,激励学生读书不忘救国雪耻。革命先烈夏明辉、许崇道、顾涤新等都曾是青中的学生。

1928年,被美国进步记者埃德加·斯诺在《西行漫记》中称为“王牧师”的董健吾就任青浦县立初级中学的第二任校长。出生于青浦本地的董健吾(1891—1970),于1914年进入上海圣约翰大学神学系,大学毕业后曾留校任教。1919年“五四运动”时,他受爱国学生运动的影响,曾支持学生“升国旗”,而被辞退教职,旋去扬州、西安等地当牧师。1924年重回圣约翰大学任教。1927年初,去河南,在冯玉祥所辖的国民革命军第二集团军中布道,在政治部兼任秘书处处长,还到洛阳、郑州一带从事工人运动。同年加入中国共产党。北伐战争胜利之后,董健吾回到青浦,他利用国民党青浦县党部临时执行委员会常委这个公开身份,不避艰险,秘密进行党的活动,巧妙地营救了一批被通缉的共产党员。在担任学校校长期间,他积极向学生宣传爱国主张,重视学生的品德培养,要求教师在传授文化知识的同时，要注意引导学生养成优良的品行。那时学校校舍残破不堪，他就向省教育厅请款，拟建新校舍。翌年，接受在上海的党中央特科负责人陈赓的安排，离开青浦到上海市区，以圣彼德教堂主持牧师的公开身份，在霞飞路嵩山路口开设“松柏斋古玩店”，作为党的地下联络站，并开办大同幼稚园，秘密收养流落在江、浙、沪等地的革命者子女和烈士遗孤，其中有彭湃、恽代英、李立三的子女和毛岸英、毛岸青、毛岸龙兄弟三人。

在老校长的影响下，一代代青中人以“教育报国”为己任。20 世纪 50 年代初，学校强调“把爱国主义教育贯彻到各科教学中去，务使政治与整个文化课密切结合”，出现过几次踊跃参军参干的动人景象。进入 50 年代中期，学校紧随时代潮流，对学生开展思想政治教育，营造“一颗红心，两种准备”“到祖国最需要的地方去”的校园氛围，学生毕业后积极报名到农村去、到边疆去，很多人成长为当地革命和建设事业的排头兵。

享誉国内域外的“中医泰斗”

董建华，青中 1930 届校友，1918 年生，青浦县人，北京中医学院教授、主任医师。董建华出身于中医世家，他的曾祖父是一位中医眼科大夫。外祖父是位秀才出身的儒医，善治热病急症，闻名乡里。耳濡目染，使他对医学产生了浓厚的兴趣。

1942 年，董建华返回故里，开业行医。他一面为患者诊治，一面在秦伯未开办的中医函授学校深造。当时正值抗日战争时期，社会动乱，百姓生活困苦，天花、霍乱、伤寒等传染病流行，董建华不计报酬，无论穷富，精心为患者治病，积累了极丰富的经验。中华人民共和国成立后，他先后担任青浦县城厢联合诊所主任、县卫生协会主任、中国红十字会青浦县分会副会长以及县政协委员等职。

1955 年，董建华被选送到江苏省中医师资进修学校深造，使其 10 多年的实践经验得以升华。由于成绩突出，他受到了学校的嘉奖，后留校负责伤寒与温病的教研工作。

1957 年，董建华加入中国共产党。同年，因卫生部要加强北京中医学院的师资力量，董建华奉命首批由南京调到北京任教，并任附属东直门医院内科主任、副院长。在他担任学院温病教研室主任期间，致力于理论联系实际的教学改革试点工作，为教学质量的提高，为教研室的建设，为开创阶段的北京中医学院的教学、医疗、科研工作，发挥了卓有成效的奠基作用。

董建华擅长诊治内、妇、儿科及疑难杂症，名扬海内外。向他求医的人很多，从外国元首、国家领导人，到平民百姓，他都一视同仁，精心治疗。广大患者交口称赞他“高尚的医德，人民的福星”。

董建华曾参加中国代表团出席联合国在日内瓦召开的世界卫生组织大会，并宣读论文《中医对保障人民健康与改善环境卫生所起的积极作用》，受到与会者的重视，弘扬了中医辉煌业绩。他还多次出访瑞士、日本、意大利、印度、喀麦隆等国家和地区，进行学术交流，为国际友人（多数为国家元首）治病，受到高度赞扬，提高了中医药的国际地位。

董建华主持和指导了国家级、部级、局级和院级多个中医药科研课题，成为本领域的学术带头人，他的研究成果荣获多项重大科研成果奖。他集医、教、研于一身，为我国培养了大批优秀的高级中医药人才。他培养的学生数以千计，可以说是“桃李满天下”。他培养的研究生中，博士生就有23名，这些人现在都是省、市、区中医院的领导或业务骨干。董建华临床著述颇丰，主编了《中国现代名中医医案精华》《内科心法》《临证治验》《温热病论治》等十余部著作，发表了百余篇有很高价值的学术论文，令中医界同仁十分敬佩。他于1994年当选为中国工程院院士。

董建华是中华全国中医学会《中国医药学报》的主编，又是中华全国中医内科学会主任、卫生部学术委员会委员、连续三届（六、七、八届）全国人大常务委员会委员、全国人大教科文卫委员会委员。作为人民代表，他不顾年迈，多次深入基层视察，组织中医界的人民代表收集、研究中医工作中的问题，并提出了许多建设性的议案。他从事中医内科临床、教学和科研工作50多年，为祖国中医药事业做出了巨大的贡献，曾获得全国卫生系统先进个人、北京市劳动模范的称号。他是全国“五一”劳动奖章的获得者，是我国中医药界德高望重的泰斗。

坚持立德树人的特级教师

张鉴周,1938 年出生于浙江省新昌县,中学就读于浙江新昌中学,1959 年于上海师范学院化学系毕业,被分配至青浦县中学任教化学,担任过班主任、教研组长,1984 年起负责党支部工作,1988 年正式被任命为青浦县中学党支部书记,1990 年起兼任常务副校长,全面主持学校工作。1998 年他退居二线,担任青浦高级中学校长顾问,并仍奋战在教育教学第一线。

图 2　教育名师张鉴周(中)

张鉴周对学生有着浓浓的爱意。“偏爱中差生,向每个同学负责”“引导爱好者,培养特长生”和“一树”(树信心),“二勤”(勤辅导,勤反馈),“三抓”(抓思想,抓习惯,抓方法),是他教育学生的原则。数十年来,用自己微薄的收入资助困难学生,用心感动家长,挽回流失的学生,用自己的言行影响他的每位学生……他得到了学生的爱戴、同事的敬佩和家长的赞誉。

张鉴周在担任教研组长期间,领导全组制订了“化学教学常规”,使化学教学工作进入了有章可循的发展轨道。从 1978 年开始,他与化学组同仁一起在教学中开展了一系列的探索和改革:如改革实验教学、建立实验考试制度、制订高中三年化学教学中渗透德育的计划、开展化学课堂教学模式的探讨等。在张鉴周带领下,化学组形成了浓厚的教科研氛围,化学教学质量不断提高。从1980届开始,学生化学高考成绩连续七年超过市重点中学的平均分,教研组多次被评为市、县先进组室。

1991年全市课程教材改革试点启动,青中是上海市23所高中课改试点学校之一。在张鉴周带领下,学校采用“思想先行,虚实并举,分层教育,多渠道渗透”的原则,在不断学习与实践中逐步端正教育思想,从而使试点得到社会的支持、家长的理解、教师的投入,课改得以顺利进行。在课改中着力构建“三个板块”的课程结构,并坚持“三线一面”“三位一体”的教育功能落实,坚持原则性与灵活性相结合。青浦县中学一些行之有效的“一期课改”经验、做法,得到市内专家和同仁的认可。

作为学校的管理者,张鉴周用心实践着这样一个原则:学生在校我必在校,要求学生做到的我先做到。无数个清晨,他总顶着风霜雨露,迎着朝霞,最早一个走进校园,和学生一起做操、锻炼。无数个夜晚,他总是披着星辉月色,带着欣慰和倦意回到自己的住处。张鉴周几十年来都这样,一以贯之,坚持不懈——做老师是如此,当了校长是如此,从领导岗位上退下来后还是如此。“一切为了学生,一切为了学校”是张鉴周的不竭工作动力。

作为一名学校领导,张鉴周身体力行,始终站在教学第一线,三尺讲台,有他的情,有他的缘,他在学生面前永远精力充沛。对青年教师,他甘为人梯,把自己的教育教学经验毫无保留地传给他们。

1990年,张鉴周被授予上海市特级教师称号,其先后获得的主要荣誉称号还有:上海市优秀教师、上海市劳动模范、全国“五一”劳动奖章、全国先进工作者、上海市优秀校长、青浦区教育名师等。他担任上海市第十届人民代表大会代表、上海市中学化学研究会常务理事,在市级及以上刊物发表论文20多篇,主编或参与编著的书10本,很多科研成果获得全国、市、区级奖励。张鉴周爱生敬业的精神、探索改革的勇气、求真务实的态度、高超精湛的教学技艺和清廉勤勉的作风,成为学校师生的精神力量。

受惠“磨炼教育”的追梦少年

青中的“磨炼教育”及其教改，在潜移默化中对学生成长产生了极大的影响。

这里以2017年被北京电影学院提前批次录取的学生陈子龙为例。身为年级中为数不多的艺考生，在现实与梦想之间，他选择随心逐梦。“锲而不舍，金石可镂”，2017年7月，凭着这份热爱与坚持，陈子龙喜获北京电影学院影视摄影与制作专业的录取通知书。

回顾高中三年，陈子龙庆幸自己没有做一个“听话”的孩子，学校给了他磨炼成才的机会。他分出部分课余时间发展兴趣。高一时，陈子龙接触了摄影，他发现自己在影像的世界里找到了“专长”。后来，他加入学校的电视节目制作社，“转行”拍起了短片，还当起了学校电视台台长。高二时，陈子龙的摄影已小有成果，他自拍自制的校景明信片一售而空。当身边的同学在为冲刺高考忙得焦头烂额时，陈子龙依然“该拍片的时候拍片，做广播节目冲在最前”。

“我也受过师长的质疑，因为我做的这些事对高考来说好像是‘无用功’。”陈子龙认真思考了一段时间，然后和几个同学创立了微信公众号“青中志”。写了几篇推文后，“青中志”竟有了近一千的用户。基于自有的优质影像资源和不断尝试的话题开发，“青中志”得到了许多反馈与鼓励。“策划、采编、排版、宣传，都是费脑费力的事，还要逃过家长的法眼，以致美工同学常常半夜一点偷偷拿了笔记本坐在马桶上排版。”陈子龙说，“毕竟在你没做出点成绩之前，大人们都会误认为这事儿浪费时间。”

但是，这些“无用功”激发了陈子龙对媒体、媒介、故事、影像以及艺术的兴趣，并且逐渐引发了他将来从事影视拍摄的想法。“如果当初我没有去发现和认识自己，就不会有现在的我。有梦就去追，跌倒了一样有人爱。即使辛苦也乐在其中。这就是磨炼。”在陈子龙眼里，多做尝试，多体验生活，找到自己的兴趣点，这是高中生应该做的事，也是学校倡导的。

在高一新生军训演讲快结束时，陈子龙对学弟学妹说道：“高中，的确很难让人有时间做梦，你会听到理想的召唤，也要考虑温饱问题。有未来是一件很开心的事，我很愿意去和大家见证这个未来，见证我们一起走过的路。成败，其实不是最重要的，因为当你去追逐理想的时候，你就是走在成功的路上。”

开启砥砺奋进的崭新诗篇

20 世纪末，青中易址新建，成为一所现代化寄宿制高中；嗣后，学校开启了创建上海市实验性示范性高中的行动。在时任校长吴甫光带领下，2001 年制订《上海市青浦高级中学创建实验性示范性高中规划》，并确立了“磨炼出素质”的办学理念，启动实施育人、强师、管理创新“三大工程”。2005 年 4 月，上海市教委专家组对学校《创建实验性示范性高中规划》的实施进行总结性评审。最后上海市教委批准青浦高级中学为上海市实验性示范性高中。至此，青中在短短几年内实现了由县重点中学——现代化寄宿制高中——市实验性示范性高中的“三级跳跃”，“磨炼教育”雏形遂成。

图 3　著名科学家、教育家钱伟长到校祝贺新校址落成

2015 年，曾任学校副校长的陆康其卸任朱家角中学校长，回到母校担任校长。四年来，陆康其把“磨炼教育”的内涵不断向纵深开掘，学校的教育教学各个方面都在原有的基础上实现了大的跨越。

图4　陆康其

构“磨炼课程”体系，探“三思课堂”实施模式，促进了课堂教学方式的转变。学校以“磨炼教育”理念为引领，强化课程价值功能，关注不同学习领域的学科知识和育人内核，对“求真”精神、“向善”品行、“尚美”气质等的培育各有侧重，强调了“磨炼”意愿导向，着力将真善美与德智体进行整合，架构有学校特色的课程体系；关注学生的兴趣和个性发展需要，设置长短结合、人文与科学并举的系列生本课程，包括面向全体学生的龙舟文化课程、针对资优学生的创新实验课程、指向专长学生的专业选修课程、服务学生课题的项目研究课程，科目数量丰富，累计已达60多门。学校课程管理制度体系比较完整。基础型课程着力于校本化实施。拓展型课程针对学科拓展提出分层、分科、分项要求，针对自主拓展提出综合实践等操作要求，实施学分制。研究型课程基于综合素质需要，建立“磨炼书院”，将学生在生活和学习过程中碰到的问题专题化，打造一年一次的“磨炼研学论坛”和校“磨炼杯”创新成果评比平台。

学校基于“磨炼理念进课堂”的思想，提出了“三思”课堂模型：“勤思”，聚焦态度、习惯；“善思”，聚焦方法、策略；“奇思”，聚焦能力、智慧，并通过各种途径积极探索“三思课堂”实施模式，丰富“三思”内涵。如：启动“鼓励挑战性学习的‘三思’课堂行动”区级课题研究；每年举办以“三思课堂”为主题的展示研讨和论坛活动；

各学科教研组结合学科特点，分别开展基于“三思课堂”的教学实践，并进行主题教研活动，形成研修报告；编制基于“三思课堂”的教学评价量表，指导教师改进课堂教学策略，提高课堂教学的有效性。

重育德能力建设，筑教师磨炼“四大高地”，促进教师专业发展能力的提升。学校以“四有好老师”为标准制订“为人师表公约”，每年度开展“岗位标兵”和“师德之星”评选活动，弘扬身边先进典型，师德建设取得了一定成效。“班主任基本功大赛”“雏雁、劲雁、领雁计划”“‘心会’班主任工作室建设”等，促进了班主任队伍建设。根据学生发展需求，尝试建构“人生导师制”管理模式，助推教师提升育德能力。以“学术型教师团队建设的行动研究”为主导，开展“学科整合”“三思课堂”等项目研究，提升教师教学理论研究和实践探索能力。根据“磨炼书院”项目建设需求，提出“创新指导教师团队”建设目标，汇聚高校、企业、家长三方资源，聘请校外专业人士做学校的“专家教师”，助推教师队伍向跨学科、复合型方向发展。面对高考新政，学校积极表现、及时应对，任课教师的“分层走班制”管理能力、指导学生科学选科能力以及学科教学的专业胜任力都有明显提高。

学校构筑教师磨炼的“四大高地”（研究高地、理论高地、道德高地、机制高地），形成了一支以“成功、成熟、成家”为价值追求的结构合理的教师队伍。学校建立了 3 个特级教师工作室，6 个学科教师研修基地，作为上海市教师专业发展学校暨见习教师实习规范化培训基地，在区域内发挥着积极的作用。学校注重特色项目教师队伍建设，心理、科技、体育、艺术等学校特色学科已建成不断趋于合理的阶梯式教师团队。

推“磨炼教育”实践探索，助学生全面健康发展，促进了学校办学特色的形成。学校始终坚守“磨炼出素质”教育理念，坚定“磨其心志，炼就品质”教育方向，通过“丰盈磨炼教育理念”“架构磨炼课程体系”“推进磨炼德育实践”“做强磨炼教育机制”“拓宽思维磨炼平台”“构筑人才磨炼高地”六大行动，务实推进“磨炼教育”项目实践探索。

在“磨炼教育”推进中，学校为学生提供了诸多实践创新场域，建有校园有机农场、生物创新实验室、创客空间、3D 打印工作室、机器人室等，学生个性特长获得

图 5　十八岁成人仪式

发展，学习内驱动力因兴趣而增强。面向全体学生的游泳和龙舟体育课程，成为磨炼学生意志品质的重要载体。尤其是龙舟课程，利用校园西侧的河道，因地制宜，开发校本课程，每年举办一次龙舟节，每次活动全校有 500 余名学生参加，成为学校的特色项目。四年来，学校在世界头脑奥林匹克中国区决赛、全国青少年创客活动、科技创新大赛等比赛中频频获奖，其中获得好几项国家级一等奖。

学校先后被评为全国中小学心理健康教育特色学校、全国生态文明教育示范学校、上海市未成年人思想道德建设工作先进单位、上海市戏剧特色学校、DI 上海青少年创新思维竞赛活动模范学校。

风雨砥砺，韶华似水。九十六年的风雨兼程，是一部艰苦创业、自强不息的创业史；是一部与时俱进、勇于创新的改革史；是一部攻坚克难、负重前行的拼搏史；是一部团结协作、和衷共济的奋斗史。在青中的发展史上，前辈们筚路蓝缕，以启山林；后来人承继其志，燃灯前行。习近平总书记强调："走得再远，走到再光辉的未来，也不能忘记走过的过去，不能忘记为什么出发。"面对新方位、新征程、新使命，欣欣向荣的青浦高级中学，扎根浦江之滨，坚守师道初心，一定会把这种好传统、好作风薪火相传、发扬光大。无论何时何地，无论顺境逆境，我们将始终秉承"勇于担当、敢于超越"的精神，积极进取，开拓创新，把青浦高级中学建设成声名远播的历史名校。

上海市朱家角中学

水乡名校，惠泽代代学子

岁月留痕

上海西郊，水乡青浦，淀山湖畔，有一座历史文化名镇——朱家角。朱家角中学坐落其中，无市井之喧扰，是读书的好地方。70多年来，学校临水授课，惠泽代代学子。

朱家角中学的目标是：以师德为先、师能为基，引导教师增强育人使命感和职业神圣感，确立现代教育理念、掌握先进教育方法，提升自己的教育境界和专业能力，加快成为教有所长、育有所精、"德能相谐"的学生成长发展引路人。为此，学校坚持弘扬老一辈朱中教师"对青浦老百姓负责"的职业精神，通过校本研修和课堂改进行动，培养胸有大志、安于岗位，视野开阔、作风严谨，乐于奉献、敢于担当的智慧型教师，整体提高教师队伍的专业素养，大力促进教师全面和谐发展。

校史回眸

时光追溯至1942年，镇上人士程士敏集资创办济青中学，意在"济助失学青年"。1945年，马希圣等圣约翰大学毕业生创办约光中学，寓意"弘扬圣约翰之光"。1950年，两校合并为私立珠溪初级中学。1956年，学校改制为公办，名为朱家角初级中学，校址从原来的宗族祠堂迁至马氏课植园。1958年，学校开始招收高中班级，易名为朱家角中学。1978年，学校被列为青浦县重点中学。1987年，初中部撤走，成为重点高中。2004年，学校整体迁至现址，成为上海市现代化寄宿制高中。2005年，学校办起了新疆内高班。2010年，学校被评为上海市实验性示范性高中。

图1　1947年约光初级中学首届毕业生与教师合影

图2　2004年学校搬迁至新址

面对教育转型的要求，学校提出以课程为体、社团为用，适应学生多样化发展需求，并以“文化引领，和谐发展”为核心理念，聚焦“水之蕴”，运用朱家角镇区特有的地域优势，开发特色课程，丰富校本课程资源，优化学校课程建设。

春晖文学社是学校第一个学生社团，自1985年创建以来，先后获得了全国优秀文学社团、全国优秀中学生文学社百家、全国优秀中学生文学社团活动示范单位、上海市明星社团等20多个奖项，其社刊《春晖》被评为优秀社刊。近几年，“春晖”品牌优势得到提升，拓展为艺术、体育、科技、书画等系列学生社团。

近年来，学校将创建“学得课堂”作为教学改进的目标，鼓励教师用自己的智慧“以学定教、少教多学”。“学得课堂”强调学生通过自主学习而“获得”，突显的行为要求是“听得懂、记得牢、问得明、说得出、用得活”，它强调让每个学生都学得了、学得到、学得有趣、学得有劲、学后还想学。

教育内涵发展之本，在于师资。自古以来，人们常以水寄寓自己的文化意识与文化自觉，学校亦将水所蕴藉的美德与睿智，尊奉为教师文化的隐喻。如今，学校的内涵建设，当可喻德于水，喻智于水；师资质量的提升与教师专业的发展，也可求索于水之意蕴。水，有滴水穿石的执着，有相聚而动的明智，有积少成多的耐心，有川流归海的胸怀;水的灵动,会给人以鲜活的生命体验,会促使人的心智与性情和谐发展,这一切,给了教师丰富而深邃的启示。水能渗透一切,教师之爱要像甘露那样,滋润学生的心田;水能包容一切,教师之爱要像活水那样,充盈学生的智慧;水能荡涤一切,教师之爱要像清水那样,洗涤学生身上沾染的尘埃,这一切,又对教师提出了自我修炼的要求。

江山代有才人出,长江后浪推前浪。在学校 70 多年的办学历史里,每个时代的教师队伍中总有一批前行者。今天的朱中教师行列内,几乎每个人都有属于自己的平凡或不平凡的故事。

图 3　20 世纪 60 年代学生在校园进行军训

历史撷英

上善若水

《老子》说:“上善若水。水善利万物而不争。”教师,尤其是后来又担任了领导职务的教师,需要以此自律、自励、自省、自强。在朱中,老校长徐绥琪,当能与之比较一番。

徐绥琪1977年参加教育工作,1983年调入朱中,先后当过年级组长、教研组长、副教导主任。1995年起,任校长、党支部书记;2006年被评为上海市特级校长。

无论是在教学第一线,还是在学校领导岗位上,徐绥琪始终忘我工作,乐于奉献,为提高学校教育教学质量、开创学校办学新局面做出了不懈的努力。长期以来,他那种勤奋做事、真诚待人、踏实肯干、锐意进取的工作精神与领导风格,享誉教育界,远播区内外。

在学校管理上,他不去提那些前卫的时尚理念,只是从当校长的第一天起,就告诫自己"要像对待自己的子女一样,让每一个学生都得到关爱;要像对待自己的亲人一样,让每一个老师都感到温馨",并提议将它作为领导班子的行动口号。徐绥琪的"两要",渗透着朴素的人文关怀,成为建设和谐发展学校的指导思想。

一切为了学生的发展,是教师职业道德的内核。这句话在朱中有着不一样的诠释。已实施10多年的"义务门诊"是学校特有的一种个别化教学方式,曾被校外同仁称为朱中教学质量保障体制中的"秘密武器"。这种面对面指导的"始作俑者"与身体力行者是徐绥琪。最初提出这项管理措施是为了运用团队的力量纾解教学骨干缺乏的困境,它要求教师不分任教年级、班级,共同为高三学生的学习释疑解难。这对"各人自扫门前雪"的传统观念是一个极大冲击,同时又可为青年教师提前挑担子创造机遇,还能促使教师自我反思,不断提高。现在,"义务门诊"已从学业解困拓宽到心理解惑和生命关怀,成了师生交流互动、和谐共进的绿色通道,成为教师理解、研究和引导学生的又一个平台。

能否以事业为上,是师德的试金石。2005学年开学那几天,徐绥琪的父亲病重,需要他在身边服侍。可是徐绥琪既要布置各项开学工作,又要组织修订市实验性示范性高中创建规划,还要协调新疆班学生宿舍楼工程及时启动;而作为镇人大代表,他也得做好大会发言准备。面对纷繁头绪,徐绥琪仍然不放弃上课。于是,他先设法将父亲送进医院,又急忙电告外地的哥哥姐姐,请他们赶来照看老人,然后赶回学校上课,并坚持在中午进行"义务门诊"。谁知,上课之前,徐绥琪又得知自己的儿子突患急性阑尾炎,需马上做手术。无奈之下,他只能让儿子自己去治疗,直到上完课,做好高三学生辅导答疑之后,才去医院。诸如此类的事,在徐绥琪看来仅是个人私事，但却深深地影响着他周围的每一个人。

师爱似水

教育是爱的事业，教师的工作就是在自己的岗位上奉献爱——用心做好教育，精心栽培桃李。在朱中年轻教师队伍里，张烁是一位成绩卓著的教育模范。

在16年的职业生涯中，张烁用爱心关怀、关注她所教过的每一个学生，并希望通过自己的努力，让学生多明白一些做人、做事的道理。她的教育信念是：为了不让一个学生游离于班级集体，教师要以自己的真心去换取学生的真情。不知有多少次，她受到学生的误解，甚至受到学生的顶撞，但她总是要求自己不着急、不冲动、不气馁，更加耐心、更加诚心地面对他们、教育他们。有个学生在周记中这样写："我是一名差生，曾经一度自暴自弃过。在我要放弃时，张老师紧紧地拉住我，她说'我不会放弃你的'。多么沉甸甸的七个字啊，它让我倍感温暖。"这位学生的话语就是张烁工作的真实写照。

在日常教育中，张烁总是从各个方面，多角度地关心爱护身边的每一个学生，让每个学生都能和谐健康地发展。2008届的一名男生，性格有点乖张，时常因心理紧张而发泄情绪。张烁与他交往，从不时紧时松、忽冷忽热，而是持之以恒地关心他。这个一直处于班级"底层"的学生，后来也考上了大学，成为一名表现优秀的大学生。

张烁认为，学生毕竟还是孩子，都是可以教育好的，教师要用爱的力量悉心施教；班主任还应该当好心理咨询师，重视学生个性的发展。每天，她总会出现在走廊上、小径旁，轻轻地与学生交谈，关爱的话语如淙淙溪流注入他或她的心田。看到这个景象，学生就会相信，自己遇到的苦闷与麻烦，都会在张老师那里迎刃而解。有个学生为此这样写道："在张老师的眼中，没有说不通的学生。"

师爱似水，灌浇着一株株成长中的幼苗。在张烁培育下，许多学生从此得到改变，走向成功。在苦心育桃李的同时，她也感受到了浓浓的余香。1997年，她获得区新长征突击手、区优秀团员的称号；2004年，获得区行政记大功的荣誉；2005年，又获得区新长征突击手的称号，被评为区教学能手；2007 年，获得区“五个一”积极分子、朱家角地区优秀教师的称号，并获得区行政记功；2008 年，获得区十佳班主任提名奖，被评为区示范教师；2009 年，获得上海市园丁奖。

源头活水

教师的关爱何以能连绵不绝，教育的智慧何以能出奇制胜？因为无穷的师爱自有它的源头活水，这就是师德的积淀、师能的修炼。汶美娟老师从 2002 年踏上工作岗位以来就注意自身素养的提高，力求以德化人、以智育人。在 10 多年工作实践中，汶美娟处处以身作则，要求学生做到的，她自己首先做到。

学生小秦家境不好，母亲长期患病，一次父亲出车祸住院，家庭经济更是雪上加霜。汶美娟得知后，发动全班学生捐献零花钱，又代表班级去小秦家探望，亲手送上两千多元资助款，以表达全体师生的心意，汶美娟自己还为学生买了学习用品和衣物。这一切，秦同学是在周末回家后才知道的。原来，汶美娟获知小秦家的变故后，怕当着受助学生面举办捐赠活动会让他尴尬、不自在，甚至伤害其自尊心。所以，这次全班性捐款是在她的巧妙安排下，悄悄地进行的。所有学生和汶美娟一起编写了这份“善意的谎言”，谁也没有在班里提到过这件事。直到这个班级毕业后，在第一次全班聚会中，秦同学手捧鲜花，眼含热泪向汶美娟鞠躬致谢，旧事才得以重提。

教师的爱心与智慧，如和风细雨，送清凉、沁心脾，使每个学生愉快成长、和谐发展。这些年来，汶美娟老师所带的班级曾先后被评为青浦区先进集体、凝聚型团支部，以及上海市先进集体、上海市金爱心集体。

水落石出

1996 年 9 月，青年教师谢建妹担任了高一年级一个班的班主任。面对着一张张写满求知欲望的青春脸庞，她暗暗下决心，一定要带好这个新班级，让学生家长放心，让社会满意。

想让家长放心,可这个班级却偏偏出了一个难以让教师放心的学生。开学不久,谢建妹发现女生小朱非常爱哭,很不适应寄宿学校的集体生活,只要一提起自己的妈妈,她的眼泪就无法控制。

其实,小朱的特殊行为是一种情感抑郁、纠结的反映。心病还需心药治。谢建妹一边学习心理学、教育学的有关理论,分析小朱的"病症",一边多方设法了解小朱的家庭情况,寻找她的"病根"所在。原来,小朱的爸爸是一名出租车司机,长年奔波在市区,不能天天回家。于是,她从小就和母亲睡在一起,每晚总是要摸着妈妈的头发才能入睡。这样看来,小朱的恋母情结很严重,以致无法自制。而她的自我心理调节能力差,难以适应新的学习与生活环境,常常表现出紧张、不安、焦虑、压抑等情绪特征,其实质则是尚未能摆脱心理断乳期。

为此,谢建妹一次次来到学生宿舍,像大姐姐一样与小朱促膝谈心。为了帮助小朱解脱困境,谢建妹让她参与一些班级工作,以转移她的注意力。在谢建妹的引导下,这个班级不但没有一个学生对小朱有讥讽言行,而且大家总是伸出友好之手在各方面关心帮助她,并经常邀集她一起到各个宿舍拉家常。在小朱心理疾病最严重的时期,谢建妹还争取到学校领导的支持,为小朱母亲安排了一份临时性工作,让校园里有一位特殊的"陪读"妈妈。这一特事特办,既有效促使小朱的情绪逐步稳定,也为她母亲解决了一些生活上的困难。

在谢建妹的一番苦心和努力之下,这名曾因心理疾患而在三个学期里四次中断学业的学生,终于因"水落"——摆脱了心理困境,而"石出"——恢复到正常状态。高二下学期,小朱主动向谢老师提出寄宿要求,积极融入班集体。1999 年,她以优异成绩考入了上海第二医科大学本硕连读的七年制专业。

水到渠成

"快来看,今天的解放日报登了我校学生的文章!"一时间,全校师生议论纷纷。原来,《解放日报》的双休特刊用很大篇幅刊载了朱中高一学生小沈的来信《我的内心好痛苦》,信中她含着眼泪写了与父亲产生矛盾、发生冲突的全过程。

小沈的爸爸原来是一个普通农民，曾经吸烟，嗜酒成瘾，还经常打骂她们母女。小沈对报社编辑说："我真的好痛苦，不知道该如何面对这一切。上课时每每想到眼睛哭肿的妈妈就会分神，我多么渴望有一个和睦的家庭呀。"这个 17 岁女孩，从懂事起已有十多年没有叫过一声"爸爸"了。

《解放日报》不但刊载了小沈的来信，而且还写了一篇编者按。由此，一场社会大讨论"我们现在怎样做父亲"拉开了序幕。在父女冲突面前，学校怎么办？考虑到小沈是刚进校门的高一新生，而这矛盾在常人看来又是"清官难断家务事"，所以学校领导商议还是先从缓解父女关系入手。于是，校长徐绥琪、政教主任郑军和班主任张素君以及其他有关教师，一次次下乡家访，与学生家长交谈，又走访小沈父亲的工作单位，请其领导协助教育。与此同时，学校老师也多次找小沈谈心。

精诚所至，金石为开。一遍遍沟通，一次次谈话，终于使如同冰炭的父女关系开始转变。为促使小沈全家融合，学校又特地创办了一次家庭活动。在小沈父亲生日那天，校长徐绥琪特地在学校会议室主持了一个别开生面的祝福会。这天，《解放日报》记者来了，上海市社科院青少年研究所所长来了，小沈父亲单位的领导也来了，而小沈一家更是喜气洋洋，成了会上的主宾。在欢快的音乐声中，小沈切开蛋糕，边送到自己父亲的嘴里，边说"祝爸爸生日快乐"。这句话出自一个十多年没有叫过一声"爸爸"的女孩口中，该是多么不易，又是多么悦耳，在场的人无不为之动容。在记者的闪光灯下，徐绥琪笑了，老师们笑了，大家享受着教育成功的快乐。小沈一家也在笑，激动的泪珠挂在他们的脸上，这是一种发自肺腑的微笑。

第二天，《解放日报》刊发了小沈的投稿《我的内心好激动》，作为这场讨论的结束之作。在那篇文章中，小沈说："特别要感谢我的班主任和学校领导，他们几次三番找我谈话，晓之以理、动之以情，使我内心深处那块冻结了十几年的坚冰慢慢融化……就在父亲生日这一天，我终于喊出了极普通又极不普通的两个字——爸爸！"

三年后，小沈顺利毕业，考入上海大学土木工程系。

水滴石穿

只有德艺双馨的教师，才会在教育有特殊需要的学生、拯救有缺陷的心灵上，创造出奇迹。朱中数学教师王维明就是一位卓越的灵魂工程师。

女生小薛，1998 年进入高一年级就读，她本应于 2001 年毕业，但因患心理疾病而休学，时间长达两年半之久。其间，除了在家养病，她还去过乡办厂打工。2001 年 11 月，由于身体状况有所转好，她被准予回校复学，安排在王维明任教的高一（7）班。小薛的数学基础原来就较差，加上又荒废了两年多的功课，所以她一时间根本无法跟上班级的教学进度，平时测验成绩只有十几分，甚至几分。那个学期的期末考试，她仅得了 26 分。尽管小薛本人很重视难得的复学机会，但由于差距太大，实在难以为继。面对现实，原本心理状态就不佳的小薛几乎彻底崩溃，失去继续学下去的信心。品尝过生活艰辛的小薛，深知这样的学习机会弥足珍贵，她对校园、对老师恋恋不舍。在这个关键时刻，王维明对小薛说："你是我遇到过的少数读书特别认真的学生之一，我非常乐意教你这样的学生。只要你能坚持，你的数学成绩一定会提高！"两句朴实的话，是充满激情的鼓励，使得在彷徨中挣扎的小薛坚定了继续学习的信心。

于是，每天中午十二点，王维明准时等候在办公室，为小薛补数学课。时间长了，中午补习成了师生两人都忘不了的心灵之约。2002 年，王维明被提任为教导主任，担子重了，工作更忙了，而每天为小薛补课则从未停止过。小薛升入高二后，虽然王维明已不再任教她的班级，但为小薛补课却一如既往，一直到她高三毕业。天道酬勤，经过师生二人的共同努力，高二第二学期期末考试，小薛的数学成绩已经达到了班级的平均水平。

2004 年初夏，面对即将来临的高考的压力，小薛特别紧张、焦虑，心情变得烦躁起来。那些日子，她的思想负担很重，晚上经常失眠，一度想不再准备报考相关学科，但那就意味着将放弃能进入大学本科的机会。这个时候，王维明又找小薛谈话，帮助她分析自己各科的学习现状，还做了很多解释，终于使小薛放下包袱，轻装上阵。后来，小薛以 465 分的成绩被上海师大录取（超过"一本"控制线）。为此，小薛怀着感激之情给校长写了一份信，她说："最令我难忘和倍受感动的，是教导处的王老师。"正是王维明老师，以一颗爱心多年孜孜不倦地坚持帮教，滴水穿石，使小薛的人生出现转机，实现了"山重水复疑无路，柳暗花明又一村"的大逆转。

水乳交融

师生关系，既可以化为促使教育成功的正能量，也有可能会成为影响教育前进的阻力，关键是要看教师如何去认知，怎样去把握。

马书生是朱中的一位语文教师，他对处理师生关系有独到的体会与经验。马书生始终秉持的观念是，要教育好学生，教师必须用自己的学识赢得学生的信任，用自己的品行感化学生的心灵，为此，教师首先要用心和学生平等交流。他认为，师生关系好了，教师对学生的教育就能"有如时雨化之者"，让学生在不知不觉中得到成长。

融洽师生关系，"攻心为上"。马书生利用自己的学科专长，从内心深处去打动学生。他给学生开了很多陶冶性情的书目，引导他们读书，并用自己的真诚感染学生。他教育学生，对于我们民族的脊梁、民族的英雄，虽然我们可能达不到他们的境界，但我们可以仰望，可以"心向往之"。学生景仰马老师的为人，他们打心底里佩服这位老师，也接受了他所倡导的观点，并在周记中，更在行动上，对老师的教导表示认同、表示遵从。

这些年来，马书生就是这样践行着对师生关系的领悟。2012 年，他所带班级的戴同学，由于家庭等多方面的原因，对教师也抱有很大的抵触情绪。该生一度什么作业都不交，并且拒绝与任何教师交谈。无论教师采取"强硬"措施，还是实行"怀柔"政策，他都保持一种近乎麻木的神情，一言不发。对他，几乎所有任课教师都无计可施。为了打开戴同学的心扉，解开他的心结，马书生利用周末休息时间，带了他以及班上几个与他关系较好的学生，一起去上海书城。在这次以购书为名的外出活动中，马老师不说与学习有关的任何问题，只是和大家闲聊，彼此平等地交流着。在谈话中，马书生发现戴同学其实有很多优点，也找到了问题的缘由。因为得到了尊重，又经过多次推心置腹的交流，戴同学心中的坚冰逐渐消解，他寻回了学习的自信，对作业的偏见也逐步去除了，学习成绩则由班级后几名上升到中等水平。

马书生还认为，教师教育学生不能只靠口头，更要靠自己的行动，关键在于用行为做榜样。那一年，他在高一年级当班主任，发现班级的卫生工作有问题。对此，他不多说什么，就动手打扫教室，擦地面。开始时学生没有觉察到，但时间一长，他们很快发现了这个“秘密”，并意识到自身存在的问题。于是，在班干部的组织下，全班举行了一次以“责任”为主题的班会。就这样，马书生以实际行动给学生上了一堂生动的行为规范教育课，通过这次教育，学生的责任意识增强了，师生关系也更融洽了。

理想的师生关系，应该是彼此真诚相待、水乳交融。虽然要达到这个境界很难，但马书生有决心与信心在今后的教育实践中，以自己的执着行动诠释对这一理想的追求。

图 4　朱家角中学校园全景

上海市青浦区实验小学

上海郊县第一所承担学制改革教育实验任务的小学

岁月留痕

1908年，青浦热心办学的钱学乾先生腾出自己家中一间房屋，创办“城厢私立具体初等小学堂”。这便是实验小学的根。绵延111年的学校历史，有初创时一个班级、一位教师、十名学生的微小规模的新学探索；有被日伪敌人强占校舍、学校被迫停办一年的悲痛伤疤；更有勇于探讨教育规律的种种实践，学校曾经是上海郊县第一所承担教育实验任务的小学，开设“一至四年级复式试点班”。而1978年改革开放以来，党和政府实施教育优先发展战略，实验小学的发展步入了黄金时期。

校史回眸

至青浦解放前，学校曾11次易名。1949年中华人民共和国成立后，学校更名为城厢镇第二中心小学。1957年秋学校定名为青浦县实验小学，成为上海郊县第一所承担教育实验任务的小学，开设“一至四年级复式试点班”，研究“单班四复式教学”。20世纪60年代初，学校被定为上海市“五年一贯制教改试点学校”，试用五年一贯制教材，着手研究低年级识字教学、汉语拼音教学和推广普通话。1999年青浦撤县建区，学校随之易名为青浦区实验小学。

1978年以来，学校以办成实验性和示范性的一流上海市郊学校为办学目标，积极尝试开展“整体效益、和谐发展”“非智力因素培养”“反馈原理在预防和矫治学生厌写作情绪中的应用和效应的实验设计”“借助形象直观，培养学生思维能

图 1　学校大门(1986 年)

力”等课题实验,在减轻学生负担的同时提高其文化素质。1987 年被国家教委定为“小学德育整体改革”实验学校之一,承担“分层次、多渠道进行集体主义教育”的研究课题。学校德育科学化、制度化的建设工作得到国家教委的肯定。实验小组成员顾承厘当选全国中小学德育先进工作者。

图 2　红领巾之春音乐舞蹈专场(1985 年)

20世纪90年代初，学校紧随青浦教改实验的步伐，坚持“以德为先，和谐发展”的办学思想，深化课程改革，推进素质教育。其间，学校全面实施“一期课改”，确立了“以教学经验科学化为突破口，全面提高学校教育质量”的发展思路，总结了“张志芳的语文教学经验”，并在全校各学科予以推广，收到令人欣喜的成效。90年代中后期，学校成功争创“上海中小学素质教育示范校”。1997年学校被命名为“全国德育实验基地学校”。

21世纪以来，学校逐步形成了“以人为本，以德为先，以学为主，和谐发展”的办学理念，加强实践体验活动，最终达到学生道德规范的内化，达到“学会做人”的目标。从“七五”至今学校参加了六轮国家级德育课题研究。

一代又一代的实小教师始终坚持着“智慧授业，爱心育人”的职业操守，为莘莘学子的健康成长而呕心沥血。学校名师辈出，培养了特级校长1人，特级教师2人，先后有7名教师被列为市双名工程培养对象，现有中学高级教师18人。先后有三位教师荣获全国小学语文课堂教学评比一等奖。

上万名学生，秉承“做人求真、做事求实”的校训，豪迈地走向社会，为家乡建设、民族振兴、社会进步做出贡献。原中央军委纪委副书记陈卫松、中国导弹研究院总工程师吴永刚、国家发改委科技司副司长顾大伟、澳大利亚科学院院士顾敏、加拿大皇家音乐学院教授谢天吉、浙江大学生命科学院教授钱泽澍、青年演员朱雨辰等都就读于此。

2011年暑期，学校成为“青浦实验教育集团”的一员。目前学校拥有城中、青湖两个校区，占地50000多平方米，建筑面积28000多平方米，校园规划有序，布局合理，设施齐全，环境优美。学校现有70个教学班，3415名学生，245名教职工。

近年来，学校先后被评为全国和谐校园先进学校、上海市文明单位、上海市行为规范示范校、上海市教科研工作先进集体等。

历史撷英

教学经验科学化：百年老校传承与发展的动力源

20世纪90年代初，学校进入老年教师退休高峰和青年教师剧增的阶段，老教师退休,意味着优秀经验随之流失,之前虽有积累,但仅属零星,不成系统,难以为继,因而形成了新老交替的“断裂层”。

为此,学校在校长陆文一的带领下,确立了“以教学经验科学化为突破口,全面提高学校教育质量”的发展思路,在广泛深入调查研究的基础上,依据学校的传统和优势,借助实践筛选的方法,积极探求教学经验科学化的一般途径和方法,通过有效的管理使科学化的经验在教育实践中得以传播和发展,并物化为质量,从而形成了学校教科研的有效模式,即“调研—筛选—传播”,构建了传统精华与现代创新有机整合的良性循环机制,呈现出科学化的教学经验与学校教育质量提高之间相互依存、相互促进的教改新态势。

调研:夯实教学经验科学提炼的基础。学校课题组成员系统收集了 1980 年以来学校广大教师的实践经验,认真追踪、发掘、整理。首先,组织力量总结名牌教师的特色经验,并作为单科突破的例证,如特级教师张志芳“语文教学艺术”等;其次,按学科组成专题组,发动全校教师有选择地提供经验,以名牌教师的教学经验为主干,融汇其他特色经验,形成各学科教学经验总结;第三,拓展视野,博采众长,如汲取顾泠沅数改小组的科研成果、一师附小的“愉快教育”思想和经验等,为全面发掘、系统整理、科学提炼打下良好基础。

其间,课题组特别注重经验的“抢救”,先后召开了退休、离校教师教育教学经验恳谈会和在校老教师教育教学经验恳谈会,涉及教师 79 人。内容主要为教学和管理的特色经验、操作要点及效果反馈,包括具体教学实例、教具设计及书面总结材料等,会议发言 28 人次,收到书面材料 36 份,整理得出经验条目 26 条。整个调研过程从总结老教师经验入手,较好地体现了调研的“四结合”,即退休教师与在职教师结合,名优教师与一般教师结合,历史经验与现实经验结合,外来经验与本校经验结合。

筛选:形成各科教学与管理的经验系统。学校以顾泠沅数改小组首倡的“实践筛选法”为基本的科学研究方法,以“单科突破、全面展开”为基本路径,对调研中系统收集的经验信息进行初步的筛选与整理。学校聘请了县教师进修学校科研室、教研室、德育室、课改办的 17 位研究人员参与和指导整个筛选过程,采用教研员和本校教师对口组合、平行推进的方法，并吸收部分青年教师参加基础经验的实施及效果评价的研究。课题组成员对各学科的基础经验在课堂教学中的每一次实施过程都作了认真、翔实的记录和充分的考察评价，并在多种形式的活动中展开全方位的讨论，综合分析、反复论证、调整优化，逐步形成了学校各科教学和管理的经验系统。

传播：凸显科研在教改中的重要作用。教研论坛是经验传播的极好形式。学校定期邀请本校有经验的教师结合大量的教学实例介绍某一方面的教学特色，与教师的实际贴近，通俗易学，很受欢迎。综合性的随堂听课，年级组的实践课，教研组的研究课以及评比、观摩课等也是传播经验的极好途径。

此外，学校将各科教学的经验配以大量的教学范例及事实描述，作为新教师上岗的必修课和考核内容，作为修订各科教学常规的依据和师资培训的教材，进而逐步达到研究成果课程化。

如今，作为课改基地，学校始终秉承“调研—筛选—传播”这一有效的科研模式，持之以恒地开展教学实践与研究，在不断对学校的传统经验进行重新认识、科学继承的过程中，为学校的持续健康发展注入新的活力与能量。

学会做人：全面育人的永恒旋律

在学校百年校庆的纪念册上，第一张具有历史纪念意义的活动图片便是20世纪80年代的升旗仪式。黑白两色的照片上，是孩子们稚嫩的身影：高高举起的小手，端端正正的身姿，在简陋操场上举行的升旗仪式开始了当时学校生活的一天。而彼时，学校的集体主义教育、爱国主义教育正如这高高飘扬的五星红旗，红红火火地迎风招展。

集体主义教育——迈开德育研究第一步。20世纪80年代初，学校领导为了响应中共中央《关于教育体制改革的决定》，由“应试教育”向“素质教育”转型，努力攻克难关，集中力量加强小学生思想道德教育和行为习惯的训练。而正在此时，学校也迎来了德育工作的新契机：“七五”前期，学校被国家教委列为全国小学德育整体改革实验学校，开始接受国家教委下达的关于小学德育整体改革的实验任务。1986年起，学校领导在研究了学生和学校的情况后，针对当时的实际现状开展了“多层次、多渠道进行集体主义教育”的课题研究。课题组成员通过整整五年时间的实验，总结出了“教育目标序列化，教育环境一体化，教学手段儿童化，实验研究科学化”的经验，为实小后来的德育研究打下了基础。1988年，顾承厘校长获得了全国德育先进个人称号。1993年，课题成果荣获“全国小学德育整体改革成果奖”，实验小学的德育研究迈出了扎实的一步。

道德启蒙教育——生发“学会做人”德目体系。跨入“八五”期间，学校被上海市教委列入上海市整体改革实验学校，在原有课题研究的基础上，学校又参加了国家级重点课题“当前我国儿童道德启蒙的研究”的实践与研究。在一批兢兢业业的研究者的实践基础上，学校发掘传统美德文化资源，实施小学传统美德教育模式的探索，提出了教育内容的序列化。其时，实验小学还开始了多样化教育手段的研究，如以故事激情、与少先队争章活动结合，建立德育的考核机制，注重以往一直忽视的德育评价问题。在不断研究过程中，反复实践、梳理总结，从现实出发，在原定的十二个德目中选定了“爱国、孝敬、友爱、节俭”四个重点德目，并制定了分年级的序列要求。在实施过程中，在研究人员的指导下，全体教师的智慧得以显现。教师们主动寻找和挖掘与教材匹配的传统美德故事、音像资料等教育资源，并且积极拓展延伸，精心设计与之相对应的课外活动，设计了许多主题活动方案，形成了纵向成序、横向沟通的“一课一活动”教育内容体系。在这个阶段，教师们的创造性和主动性得到了极大的激发。德育科研的成果和效应已见端倪，全体教师按照序列要求有重点地开展多元的教育活动，反复实践、反思、改进，使这些德目的成效呈螺旋式上升。彼时，学校的德育网络渐渐完善，德育从原来的关在校门内，逐渐走向了开放式教育的模式，从课内延伸到课外，从校内拓展到校外。1997年，课题成果获得了上海市第六届教科研成果三等奖、青浦区教科研成果一等奖。

双特校长张蔚芹牢牢地把握住了学校发展的契机，提出了全面育人的新目标。在她的带领下，学校继续以德育科研为先导，带领全体教师把实验小学的育人水平带入了新的境界中。以张蔚芹为首的课题组成员，反思和研究当时学校德育中“无力和不力”的现状，找到了当时学校德育中的瓶颈问题：“独生子女问题”“双重人格问题”“学校德育处于包围中的环境困惑”等几大难题。课题组成员不断实践、探索、反思、总结，在明确“学会做人”的内涵基础上，确立了学校进行儿童道德启蒙的思路。他们重新梳理了1994年到1996年之间小学传统美德教育的研究经验与成果，在“爱国、孝敬、友爱、节俭”四个德目基础上构建了“学会选择、学会创造、学会合作、学会抗挫”的学生“学会做人”培养目标体系。

“学会做人”教育——打开全面育人新局面。在开展“学会做人”系列道德启蒙教育的过程中，实验小学的老师们智慧地创造了“一低、二小、三细、四实”，即“教育起点低、教育坡度小、具体要求细、训练内容实”的德育经验，教育的方法符合儿童的兴趣喜好，教育的方式也越来越多元。学校先后被评为全国少先队雏鹰大队、全国中小学德育工作先进集体、上海市文明单位、上海市中小学行为规范示范校、上海市学校德育工作先进集体等。实验小学被公认为是具有优良传统、优秀师资以及较强的教科研工作实力的实验性学校。

图3　1997年3月26日全国德育实验学校揭牌仪式

在此阶段的学校德育发展过程中，不仅仅是学校德育的研究迈开了大步，一些德育的管理机制也逐渐完善、成熟。学校建立了由校长为首的德育领导小组，并把德育教导从教导处分离出来，建立了主抓德育的专门职能部门——德育处，按照职责范围实行分层管理。学校还与周边居委会、派出所等单位建立了文明共建关系，利用社区资源组织学生参加义务劳动、公益宣传等，也经常邀请民警以及社区内有专长、关心儿童教育的人士来校开设各类法制、传统美德教育专题讲座。寒暑假中，学校与居委会共商假期计划，安排好学生课外德育活动。还建立了家长委员会制度，利用对家长的家庭教育指导和家长对学校的关心支持，向家庭辐射伦理道德，完善学校、家庭、社区三位一体的教育网络，让学生得到完整、良好的德育影响。自此，学校的德育新局面被打开了。

行为养成教育——激发“学会做人”新能量。进入21世纪后的实验小学，已是一所区内知名、有着丰富德育底蕴的优质学校。对于新的实小管理者而言，既要站在实小一贯的德育传统和经验的制高点上，又要推陈出新，创造新的工作思路和经验，还要思考以后工作发展的方向，这是一个不小的难题。为了攻克难题，再创新高，学校邀请老校长张蔚芹担任学校的德育顾问。

课题组针对德育工作现状和学生的特点、需求，制定了具有针对性的分层、分年段、分类的养成教育目标和内容要求，细化了学校的行为规范教育内容与要求，编写了操作性强的行规教育校本课程及其配套方案。教师们强化学科育德，因科制宜，发挥课堂教学主阵地作用；加强活动体验，强调过程管理，促进学生行为习惯养成；三位一体，提升家校合力，促进养成教育的全方位落实；丰富评价方式，形成全程化、多元化养成教育评价机制。以丰富的德育策略来强化学生的行为训练，促进了学生的行为习惯养成。

随着一批又一批德育管理者和教师的成长、成熟，实验小学在区域内打响了“学会做人”的德育品牌。近年来，学校在不断夯实德育基础，促进学生行为习惯养成的基础上，成功举办了上海市一年级养成教育现场研讨会、青浦区“提升行为品质　践行世博文明”中小学德育现场会、青浦区“夯实德育基础，奠基幸福人生”中小学德育现场会等，为发展学校的德育品牌起到了推动进程和发展内涵的作用。学校先后被授予全国和谐校园先进单位、全国语言文字规范化示范学校、上海市文明单位（连续8届）、上海市中小学行为规范示范校（首届至今）、上海市安全文明校园(连续4届)等60余项区级以上集体荣誉。

图4 教育家吕型伟来校指导工作

实验小学——一所具有“学园、花园、乐园”特点的百年老校,带着使全体学生“学会做人”的教育理想,在新世纪的教育改革征程中不懈求索,奋发进取。

“快乐6+1”:校园生活的幸福直通车。恰逢学校的“快乐活动日”,学校组织了一场盛大的爱心义卖活动。爱心小天使们在各摊位之间穿行的快乐身影和那一顶顶艳丽的尖顶帐篷,交织成一幅动静有致的图景。校长徐峰介绍说,像这样全校人人参与的主题系列活动每个月都举办。

那是学校实行的“快乐6+1”校园文化系列活动。“6”,指六场全校参与的专场活动,包括三月义卖专场、四月读书专场、五月艺术专场、九月小黄帽专场、十月科技专场、十一月健身专场;“1”,指的是一场比赛,即达人赛,从初赛、复赛到总决赛,为期一学年。结合各专场还开展爱心小天使、悦读小博士、艺术小明星、安全小卫士、科技小能手、健身小力士、校园小达人的评选活动,为学生提供充分的自主发展时空和广泛的自由选择的机会,增强学生主人翁意识,形成竞争与合作的能力和习惯,使学生有充分展示才华的天地和舞台。

“快乐6+1”如同幸福直通车一样,开到哪里,就将幸福快乐带到哪里。童年时代,孩子在活动中获得的快乐是无法替代的,在活动中收获的成长更是不可估量的。青浦区实验小学“快乐6+1”校园文化系列活动注定是为孩子们带来满满幸福的直通车,在为实现"让每个孩子都健康快乐成长"的愿景道路上将一马当先,一路向前。

她追索着,奋斗着——记上海市小学语文特级教师张志芳

上海市小学语文特级教师张志芳于1966年毕业于上海市第一师范学校,历任青浦区实验小学教师、副校长、副书记,区政协委员,上海市语文教学研究会理事。曾获全国优秀教师、上海市优秀教育工作者、上海市首届园丁奖一等奖、青浦区专业技术拔尖人才等称号。在全国首届中青年教师阅读教学观摩赛中获一等奖。撰写并发表论文、教学设计、教学案例约17万字,其中九篇论文获市、区级教科研论文奖。个人事迹入选人民教育出版社出版的《中国女教师》一书。

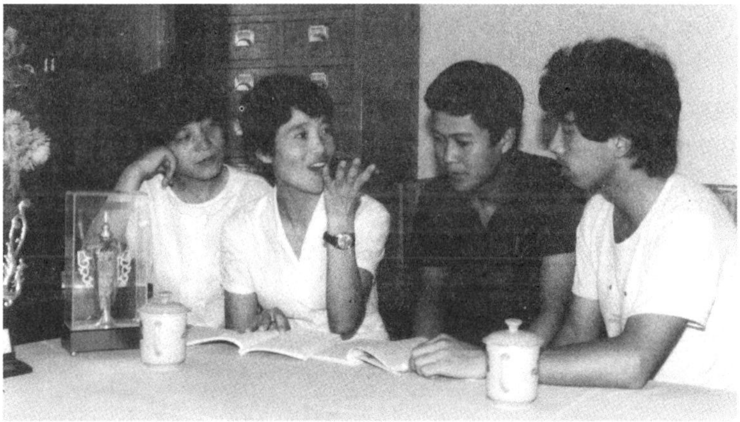

图5　张志芳老师指导青年教师

"她以亲切、生动的语言,富有艺术性的提问,灵活自如的教法,亲密无间的师生情感形成了自己鲜明的语文教学特色"。短短的话语,高度概括了张志芳驰骋教坛的楚楚英姿。她的研究论文《阅读教学中的思维训练》参加全国小语会第二届年会论文交流,得到了专家与同行的充分肯定。

张志芳任副校长,主要分管教学工作,她给自己的定位是:做一块无私的磨刀石,让千万把钢刀锋利。她说,要使一所学校的发展有后劲,需培养一支德才兼备的青年教师队伍。她抓青年教师培养工程,一方面采用多种形式让老师们走进名

优教师的心灵世界，感受优秀教师的师德风范；另一方面，在创造性继承实小“师徒结对”“传帮带”的传统经验时做到：首先，在指导过程中，善于发现执教者的教学特长，使研究视点能体现“扬长避短”；其次，在教师说课描绘教学情境时，鼓励以教育教学理论作支撑，不仅知其然，还知其所以然。

张志芳用辛勤的汗水浇灌着青浦区实验小学这座教苑的大花坛。鲜花竞相开放，这些青年教师有的已走上了领导岗位，有的已在学科中崭露头角，他们在区、市级乃至全国级学科教学大赛中取得令人瞩目的成绩。

为使青年教师早日成长为实小的中坚力量，张志芳率身垂范，带领青年教师开展课题研究，区级课题“在‘研读’与‘涵咏’中提高小学生语文素养”，集十余名青年骨干教师的智慧，最终达成了预期研究目标。

张志芳从教 37 年。几十年来，她晨也匆匆，夕也匆匆，很少有娱乐，难得有消遣。她把一生献给了党的教育事业。她是青浦区实验小学的骄傲，是广大小学语文教师的骄傲。那次，她在以“爱的奉献”为主题的发言中曾这样感言：“我坚信‘生活中有了爱，就有了一切’。如果再有一万次选择，当教师依然是我的第一志愿。我将继续追索、奋斗。”

上海市奉贤中学

以“质量管理”享誉社会

岁月留痕

上海市奉贤中学是一所地处上海远郊的百年老校，学校继承和发展“敦本重学、奉贤至诚”的办学思想，经过几代领导和教师的执着追求和智慧奉献，从一所教会公学发展成一所上海市一流的现代化高品质高中。

图1　20世纪60年代校园风貌

1956年奉贤中学增设南上海第一个高中部。改革开放后，奉贤中学成为南上海第一所获得上海市文明单位称号的学校，之后又升华为全国文明单位。21世纪后，奉贤中学易地新建为占地354亩的南上海第一所大型现代化寄宿制高中，在上海实验性示范性高中验收中，以全优的成绩，实现华丽转身。学校通过“求生存”“谋发展”“创品牌”三步走发展战略，形成了“奉文育贤”的学校文化，教育质量于2012年跃升为郊区前列。连续15次被评为上海市文明单位，并被评为全国文明单位、首届上海市文明校园；曾有两位35周岁以下年轻教师被评为上海市特级教师；尤其积极探索激发学生潜能育人模式，曾先后举办全国和国际专题研究现场会。

学校管理绩效卓越，成为上海市普教系统第一所荣获“上海市质量管理奖”的学校。学生在高考、自主招生和各类比赛中成绩斐然，被媒体誉为“撬动郊区自主招生地壳运动”的“奉贤中学现象”，又被举办 PISA 测试的国际经合组织(OECD)评为从“入口”到“出口”“增值最大”的学校，在国内、国际享有一定的知名度。

校史回眸

1914 年，天主教友顾硕望在原石瑟义塾的基础上继承并吸纳本地深厚的文化底蕴，顺应辛亥革命及奉贤县由东乡西迁的发展机遇，在南桥天主教堂内创立石瑟公学。学校历经曲折，1933 年由天主教友张怀亮等筹款建楼房两幢。1934 年增设耀蝉初级中学。1937 年，因抗日战争全面爆发停办。1945 年，由神父金鹤亭恢复耀蝉初级中学。1946 年，乡绅陈开明等在陈氏一邱园成立私立建华初级中学。由于奉贤处于江苏南部边远滨海农业地区，加上时局动乱，政治腐败，到新中国成立初，学校仍然是规模不大的私立中学。虽然有当时著名教育家马相伯取《荀子·致士》篇“明火振树以耀蝉”中“耀蝉”为校名，也难以“明火”振兴学校。

新中国成立后，学校获得新生，1952 年由人民政府接办，学校由私立改为公办“奉贤县第二初级中学”。随着我国第一个五年计划胜利完成，奉贤经济、社会有了很大的发展，1956 年学校始得正名“奉贤县奉贤中学”，并附设高中。特别是 1958 年奉贤县划归上海市，成为经济发达、教育先进的上海市的一个郊县，给学校带来了迅速发展的历史机遇。1960 年学校被市教育局定为市重点中学，更名为“上海市奉贤中学”。1978 年复定为县属重点中学“奉贤县奉贤中学”。1984 年成为上海市第一所初高中脱钩的学校，恢复“上海市奉贤中学”的校名。2000 年后学校规模不断扩大，从原来每个年级六个班逐步扩大到十六个班。2004 年学校异地新建，占地 354 亩，成为大型现代化寄宿制高中。

2005 年学校以全优的成绩通过上海市实验性示范性高中评审，同期制定了

图 2　20 世纪 70 年代建造的教学楼

"求生存、谋发展、创品牌"的"三步走"发展战略，并以学校龙头课题为抓手引领学校发展。2005—2008 年，学校通过市级课题"城郊新建寄宿制高中'和谐发展'的教育资源优化的实践研究"引领，优化了包括课程资源、德育资源、教学资源、管理资源等在内的教育资源，解决了学校生存问题。2010—2013 年，学校以"城郊高中激发学生发展潜能的实践研究"市级课题为引领，着力探索人才培养模式，形成了激发学生潜能的操作路线和实施策略，发展了学生的动力潜能、学习潜能、志趣潜能和创新潜能，实现了学校"谋发展"战略目标，完成了从规范办学向内涵发展的跨越。2014 年，学校确立了"大数据背景下激发高中生潜能的学习环境建设的行动研究"市级课题，正式踏上了"创品牌"之路，经过几年的努力，提高了教师建设信息化学习环境激发学生潜能的素养，建设了激发学生潜能的信息化课程及其资源，建设了激发学生潜能的信息化设施与技术学习环境，优化了激发学生潜能的信息化学习文化心理环境，完善了大数据背景下激发学生潜能学习环境建设的管理保障体系，积累了依托大数据学习环境激发学生潜能的实践案例。几年来，学校不断凝练"激发学生潜能"发展特色，研究成果"激发潜能——一种人才培养的模式"和"提升新疆内高班教育品质的实践研究"分别于 2014 年和 2017 年获上海市级教学成果一等奖；研究成果"城郊高中激发学生创新潜能的实践研究"和"提高高中教师激发学生潜能素养的实践研究"分别于 2015 年和 2017 年获国家教师基金会教育科研成果一等奖和二等奖。2019 年，学校确立了"新课标背景下高中项目化学习的实践研究"，旨在深化潜能教育，打造奉贤中学"潜能教育"品牌，实现"上海领先、国内一流、国内外相融合、具有国际视野和鲜明个性特色的现代化研究型高中"发展愿景，成为"受人尊敬的品牌学校"。

历史撷英

上海市奉贤中学的发展得益于政府和社会热心的关怀和支持、多任学校领导执着的追求和创新、几代教师不懈的努力和奉献。

敦本重学　回归教育

1956年,奉贤中学增设高中之后不断扩展,成长为市重点中学。1978年拨乱反正后不久成为一所完中。1984年由当时的知名教师奚定华担任校长。

奚定华1959年于上海师范大学毕业,18岁只身来到奉贤,从数学教师做起,工作深入到数学教育的各个领域,曾获得上海市第一届中青年数学教学大奖赛优秀奖;编写过教材,当过数学教材审查委员,多次参加数学高考命题和审题,并担任命题组负责人。

综观这个阶段学校办学思想,基本是继承了以往优秀办学思想和办学特色,学校与时俱进,不断发展,逐步形成"敦本重学,奉贤至诚,创新力行,和谐发展"的办学理念,提高教学质量,主动适应奉贤经济社会发展,满足广大人民对优质高中教育的需求。

敦本重学,即以学生发展为本,以教师发展为本,以满足老百姓对优质高中教育的需求为本,重在学生自主发展,增强学生综合素质。奉贤至诚,就是敬崇人才、尊重人才、重用人才,使人才忠诚事业、虔诚求知、诚实做人、诚心做事、诚信交往。创新力行,强调学校要加强管理创新、德育创新、课程教学创新、教师教育创新,强调求真务实、身体力行、实践体验、探求感悟,掌握本真之学识、修炼本真之人生。和谐发展,就是以学生全面的个性发展为根本出发点,构建和谐的人际关系,创设和谐的教育合力和管理情境,促进教师自主和谐的专业发展。

20世纪80年代后期,奉贤中学重点做了三件事:第一件是1985年初高中脱钩后,作为上海市区县一级重点中学,全面建立适应上海高考制度改革的教育教学秩序,建立"班级管理、学科教育、团委学生工作"三位一体的学生思想教育的德育一体化管理机制，建立适应会考、高考的分类学科教学的质量管理的运行机制。到 1989 年奉贤中学会考、高考成绩跃升到全市 61 所区县重点高中的前三位，全市高考理科第一名、语文单科第一名、数学单科第三名、物理满分都是奉贤中学的学生。第二件事是 1986 年在县内率先实行教师专业技术职称评定试点，为 1988 年全县推行教师专技职称提供了工作经验。第三件事是 1987 年在县内率先实行学校内部管理体制的改革，建立“党支部把握办学政治方向、干部队伍建设、教职工思想教育；校长全面负责行政工作；工会参与民主管理，成立教职工代表大会”的学校内部管理体制，为县域内学校管理改革提供了样本，比上海市教委颁布的“三加一”基础教育学校管理体制文件出台早了整整十二年。

图 3　20 世纪 80 年代奉贤中学校门

创新力行　和谐发展

在 1984 年奚定华担任校长的同时，上级部门从教师进修学院调蒋辉蘗担任奉贤中学副校长，协助奚定华开展教学、德育和教师队伍建设等管理工作，在 1992 年奚定华调入市教研室后，接任奉贤中学校长。

蒋辉蘗于 1978 年考入华东师范大学中文系，大学毕业后回到家乡奉贤从事教育工作，先后当过高中语文教研员、上海市大中师语文中心教研组长、奉贤中学校长兼书记、奉贤区教育局局长、奉贤区人大教工委主任、奉贤区教育学会会长，其间还连续三届当选上海市人大代表。

自改革开放以来，学校持续发展，争创上海市实验性示范性高中。20 世纪 90 年代奉贤中学完成了三大任务。第一是承担上海市“一期课改”的试点工作，学校以“和谐发展教育”的思想引领，全面分析学校课程实施的优势与问题，明确了与上海“三加一”高考改革方案相适应的课程实施的策略、途径与方法。以改善师生关系、生生关系改革、课堂教学改革为重点，建立了国家课程校本化实施的操作系统，使奉贤中学在20世纪90年代的教学质量始终保持在61所区县重点中学的前三名，26所市重点中学的20名左右。第二是不断改善办学条件，优化教学资源，先后建造了男生宿舍楼、女生宿舍楼、实验大楼、图书馆大楼、学生食堂大厅，改建体育馆，1997年还创建了奉贤中学“贤韵”电视台。第三是建立奉贤中学教师梯队培养机制，全面启动教师专技职称破格评审工作。在行政抓青年教师专业发展的同时，党支部抓青年教师的思想建设。奉贤中学破格评审工作始终走在全市前列。从1990年到1997年，上海市共破格评定144名中学高级教师，奉贤中学就有17名，语文教研组长陆建国被评为高级教师时为全市最年轻者，曾一度成为市内佳话。

在20世纪80年代中期，针对“文革”后新生代教师严重断层现象，奉贤中学便把培养青年教师作为学校发展的首要目标。1990年起，学校建立了以“合同带教制、师徒带教制和导师带教制”为主题的青年教师阶梯式培养系统，并创建高层次教育教学常规，加强教研组、备课组建设，提高教师的业务素质。在促使新教师转变为成熟教师，再培养成骨干教师过程中，让青年教师尽快形成学科教学与班级管理特色与能力。为此，学校将教研组建设工作与培养青年教师工作结合起来，使其成为培养青年教育人才的基地。“压得起担子，挡得住诱惑，经得起考验，做得出成绩”，成为奉贤中学青年教师成长的座右铭。1999年教师节前夕，在市政府公布的新一批特级教师嘉奖名单中，奉贤中学年仅34岁的青年教师张育青和吴彩霞同时上榜，一校飞出“双凤”，奉贤中学为培养青年教师所建立的崭新机制和创设的良好环境给全市学校师资队伍建设以很大的启示，在1999年9月17日的《上海教育报》上被特别报道。

课题引领　跨越发展

2004年，奉贤中学在全市范围招聘新校长，年轻的季洪旭竞聘成功。此时的奉贤中学已从原来每个年级6个班迅速扩大为14个班。随着迁入新校，招收新疆

图 4　教师办公楼和教学楼群(2004 年)

内高班,学校继续扩大到每个年级 16 个班,全校共有 50 个班级,成为上海市城郊大型寄宿制高中。

季洪旭,来自江苏阜宁,在接任奉贤中学校长的这一年,他面临很多任务:新校的验收、搬迁,九十周年校庆和迎接市实验性示范性高中的终期评审。他深感肩上的压力和责任:学校如何抓住新一轮发展的机遇,提升办学水平,迎接时代挑战?

季洪旭是一位有智慧、有理想、有号召力,带着全体奉贤中学人一起追梦的领导者。他追求实施可持续发展教育,追求实现学生、教师和学校的可持续发展,努力为学生的全面发展、个性发展和终身发展提供优质教育资源,以把学生培养成为富有国际视野和民族精神的现代人。他有清晰的近期、中期和远期目标:首先是注重内涵发展,出效益,上质量,达到上海市新一轮实验性示范性高中的水平;然后要提升办学水准,出经验,创特色,向国家级示范高中迈进;最后要丰富学校文化,出精品,打品牌,形成在国际上有一定影响的基础教育先进校。

面对人民群众对优质高中教育的迫切需求和学校迅速扩班带来的资源稀释,季洪旭凭借多年任校长的经验和智慧,鲜明地提出了“求生存、谋发展、创品牌”奉贤中学三步走的发展战略,通过学校龙头课题引领学校发展,迈开了执着追求的脚步。

2005 年,学校以市级龙头课题引领发展,“城郊新建寄宿制高中‘和谐发展’的教育资源优化的实践研究”解决学校求生存问题,优化课程资源、德育资源、教学资源、管理资源、文化资源、教师资源。学校在深入研究中构建了“三位一体”生活德育课模式,形成了系统的课程教学资源,建立了扁平化管理和全面质量管理机制,创建了“德润人和、文化人贤”的文化建设系统,探索“整体推进、梯队发展、资源共享”的教师专业发展制度。学校形成了“博学严谨、善导爱生”的教风和“善学明理、笃志奋进”的学风,广大师生员工展现出“超越自我、追求卓越”的精神状态,学校步入了内涵发展的快车道。学校显示出强劲的发展趋势：教学质效迅速提高，连续三年高考上线率大幅提升，在参加高考人数大大超过其他学校平均数的情况下，教育教学质量达到郊区第一、上海市实验性示范性高中的上游水平；新疆部的每届毕业生在高考中均获得上海市第一的骄人成绩。课题成果“高中‘和谐发展’的高中教育资源优化的实践研究”于2010年获第十届上海市教育科研成果三等奖。

2010年，学校确定了“城郊高中激发学生发展潜能的实践研究”课题解决学校发展问题，开展了激发学生发展潜能的探索和实践，引领全体教师一起探索人才培养模式，让学生成为最好的自己。经过近四年的研究，学校形成了人才培养的技术路线和操作策略，总结出：学生是发展的主体，课程、教师和教学等环境是发展的客体；对于主体而言，激发潜能是一个认识自我、形成发展志向、选择发展兴趣、提升发展能力、实现自主发展的循序渐进过程；学校必须为学生提供了解分析、诊断规划、资源供给、培养激励、鼓励评价的循序渐进的操作系统。还提炼出有效推进激发潜能的人才培养策略：了解学生——搭准激发学生潜能的脉搏；构筑课程图谱——提供激发学生潜能的载体；创建“二二三四”导学制课堂教学范式——探索激发学生潜能的主渠道；营造温馨教室——创设激发学生潜能的良好环境；提高教师专业素养——抓住激发学生潜能的关键。制定了《奉贤中学“激发学生潜能促进自主发展”行动纲要》，全面激发学生发展潜能。

通过这一轮课题的研究，学校实现六大转型：创建德育特色，从生活德育走向奉文育贤；完善课程体系，从全面优化走向特色课程；推进教学创新，从注重效率走向激发潜能；促进教师发展，从制度自觉走向文化自觉；优化教育科研，从经验提升走向项目驱动；推进管理改革，从规范化管理走向智慧型领导。课题成果“激发潜能——一种人才培养模式的构建”获2013年上海市教学成果一等奖。

2014年，学校确立了“大数据背景下激发高中生潜能的学习环境建设的行动研究”课题，解决创建学校品牌的问题。建设大数据背景下激发高中生潜能的学习环境，改善了教师信息化教育教学方式，丰富了学生可选课程，完善了各学科学习资源和信息化设施的使用，优化了班级学习环境和宿舍学习环境，为激发学生潜能拓展了新的学习时空。它可以融合物理环境和虚拟环境，为学生构建个性化学习环境；对学生已有的学习准备、能力、兴趣和天分、学习风格等进行评估，构建有利于提升学生思维品质、丰富学生实践经历、激发学生各项潜能的支持性学习环境。在百年校庆之际，奉贤中学邀请了全球 12 所学校的校长，举办了以"激发学生潜能"为主题的教育研讨会，共享人类教育智慧；在国家级、市级范围举办了"中国教育创新'20+'论坛教育信息化专题论坛""多元视野下的基础教育改革与创新""创设温馨课堂　激发学生主动发展潜能"等论坛和现场会。

课题研究引领学校跨越发展。在"三步走"战略发展的十多年中，学校教育教学质量持续创新高，学生在高考、自主招生和各类比赛中成绩斐然，跻身全市实验性示范性高中的中上水平，激发学生潜能新模式的有效探索受到领导和专家的广泛认可，在国内、国际享有一定的知名度。"城郊高中激发学生创新潜能的实践研究"于 2015 年获国家教师基金会教育科研成果一等奖。

创新突破　打造品牌

2016 年 5 月，季洪旭校长调任，奉贤中学原副校长林春辉主持工作。林春辉继承和发扬季洪旭的创品牌发展战略，打造学校六大特色：具有研究力和个性化的研究型教师梯队；具有开放性和选择性的校本课程体系；优质化和创新性的教学特色；更具高效性和民主化的学校管理；更加人文化和现代化的学校环境；更有领导力和实践力的学生。

林春辉带领学校通过四大举措突破发展瓶颈：

完善融开放性、选择性和研究性于一体的课程体系。依托新建的科创大楼，开放学科教室，升级理化生技术课程；改建文创中心、艺术中心，由过分重视单纯学科知识的习得转化为对学生综合素养及其能力的培养，逐步提供丰富多样的、能满足学生个性需要的选择性课程，并在时间、空间、资源等方面增强课程的开放性；基于项目化学习，培养基础知识扎实、研究能力出众的学生。

利用信息化学习环境，促进教与学方式的变革。统一身份认证和数据集成，整合已有 14 个软件应用系统，对于不能接入的系统提出替代和更新系统方案。定制研发学生学分制和学程管理业务系统。整合各类业务平台中与学生相关的数据,结合上海市教委学生综合素质评价要求及奉贤中学“贤文化”培育学生目标,定制开发一套学生数据综合评价及行为分析系统。建设学生学习环境的时间、空间和安全方面的保障机制,使学生的学习数据采集常态化。培养教师、家长分析研究和应用学生学习情况的习惯,改进教育、教学的形式。再造学习流程,改变学生学习习惯,利用作业辅导系统,减少课堂内讲评时间,提升课堂效益。

实施学生综合素质评价,培养学生核心素养。更准确地在学生发展过程中作出诊断和跟踪,学校不断完善综合评价的评价方式、时间、权重和指导形式等,以便更好地诊断学生潜能发展情况,建立学生综合评价反馈和跟踪机制,激发学生潜能,培养学生核心素养。

提升教师研究力,推动课程全面有效实施。激发教师潜能,培养教师自我诊断、自我制定个人发展规划的能力;健全并完善提升教师研究力、形成教师个性化特长的教师评价考核机制;形成校本研训的课程体系,搭建提升教师研究力、形成个性化特长的研修平台;建立学科高地,培养一批有个性特长的专家型、学者型教师,使教师在所任教学科领域具有个性化的教学风格,有足够的知名度和话语权。

2016 年 12 月,林春辉又创新引入与奉贤中学“超越自我,追求卓越”学校精神非常契合的卓越绩效管理模式,坚实地带领奉贤中学人继续走在“创品牌”的道路上。

在卓越绩效管理模式下,学校秉承“激发每一位学生潜能,促进每一位学生成长”的发展精神,更关注对社会、家长和学生的需求和满意度分析,依据数据分析作科学诊断,制定课程设置、教学方法和教学评价等方案,为学生提供优质的课程,探索更能满足学生发展需要的教学方式,更好地为学生服务。为了达成卓越发展目标,全校教师齐心协力,优化一切资源,进行重大创新:开展了“学程化设置”“模块化实施”“双班并举的走班模式”“学分绩点制评价”;进一步打造学校信息化学习环境,通过建设物联化、智能化的教室,数字化的自适应学习平台,为学生提供“全时空”的技术学习环境;又增加了督导室,聘请资深管理人员定期督导或专项督导,通过“诊断需求、制定方案、实施方案、检测修正、反思提升”的操作路线,制定程序文件，形成规范、协调、公正、高效的管理体制，通过 PDCA 多次循环，不断提升管理质效。教师制定三年发展规划，并通过电子档案袋全程记录专业发展。卓越绩效管理模式成为全面实现战略目标的制度保障。

三年来，奉贤中学美誉度进一步提高，多次被评为全国文明单位；现已有 8 名特级教师、1 名正高级教师和 1 名国家“万人计划”教学名师；学生动力潜能、学习潜能、志趣潜能、创新潜能得到全面发展，各类竞赛硕果累累，其中 DI 团队获全球比赛第一名。“提高高中教师激发学生潜能素养的实践研究”的研究成果于 2017 年获国家教师基金会教育科研成果二等奖。“提升新疆内高班教育品质的实践研究”于 2017 年获上海市教学成果一等奖。奉贤中学获奉贤区区长质量奖银奖，成为第一所获得上海市“质量管理奖”的普教系统学校。

图 5　今日奉贤中学校门

2019 年，奉贤中学确立了新课题“新课标背景下高中项目化学习的行动研究”，以其为主要抓手来深化潜能教育，使学生的潜能得到“唤醒—激发—释放—发展”，努力打造奉贤中学“潜能教育”品牌，实现现代化研究型高中这一战略目标。

上海市金山中学

培养具有时代精神的新型农村高中生

岁月留痕

东海之滨，浦江之畔，朱泾古镇的城南新区，有一处古罗马风格的建筑群，这就是上海市实验性示范性寄宿制高级中学金山中学。它那高耸的钟楼上不停转动的指针，似乎记载着金中九十二年来的沧桑岁月；那滴答的钟声，又仿佛述说着几代金中人的奋斗历程。

作为金山区历史上的第一所中学，追溯其前身，乃是1927年独此一家创办的金山县立初级中学，自其诞生之日起，适值国运多舛，教育式微，以致创业维艰、步履蹒跚。自创办至新中国成立的22年，学校几经搬迁，几度停办，历经辗转磨难。

图1 金山中学20世纪70年代校舍

1949年5月13日，中国人民解放军解放金山，金中亦如凤凰涅槃，重获新生。1976年10月春雷震天动地，标志着中国开始了伟大的历史性转折，教育终于迎来拨乱反正、生机盎然的春天。金中人抓住机遇，迈开锐意改革、增速发力的步伐，拓展进取追求的新领域，启动以改革促办学的新思路。

校史回眸

学校发轫于清代柘湖书院(朱泾镇健康路42号),1927年,金山县立初级中学创办。1956年,更名为金山县中学。1960年,被定为金山县重点中学。1997年,更名为上海市金山中学。2004年9月,学校搬迁至朱泾镇众益街899号新建校址,成为上海市高标准现代化寄宿制高级中学。2007年7月,学校升格为上海市实验性示范性高中。

建筑中西合璧,庄严大气,充满着人文气息;学校设施一流,设备先进,闪耀着科学光辉。“文学馆”与“科技馆”遥相呼应、两翼并存。创建科学高中的STEAM课程与创新实验室交相辉映、浑然一体。校园环境温馨和谐,风景宜人。在上海市中学网评“最美校园”评比中,两次名列榜首,是名副其实的花园单位。

秉承“让教育充满智慧”的办学思想,学校精心构建“智慧教育链”,着力丰富“柘湖早荷”等五大课程群,实践“三学三研”教学模式,改革推行“三导课”等,形成了智慧教育场,堪称是智慧教育的领头羊。学校每年都会吸引一大批全国各地的教育管理者、教育同行慕名而来,探求真谛。

图2　金山中学20世纪90年代校门

金中园涌现了全国恒源祥文学之星、上海市科技明日之星等一大批智慧学生。近些年来,本科上线率达100%,有一批学生考入清华、北大、复旦、交大等名校。

学校传统优良,文化底蕴厚实,办学业绩显著,获得上海市科技教育特色学校、上海市和谐校园(文明单位)、全国精神文明建设工作先进单位、全国教育科研先进单位等荣誉。

学校以“培养崇文通理兼具领袖气质和百姓情怀的优秀高中生”为己任,正向着“上海一流、全国知名、融入世界的现代化、高质量、有特色”的科学高中迈进。

历史撷英

新生篇：追求革命真理，投身教育事业

老校长刘毓松(1916—2000)，广西壮族自治区陆川县人。1925年起，先后在家中私塾、月垌高等小学、陆川乌石南平初中、陆川县立初级中学、广西省立梧州高级中学、广西省立南宁高级中学求学。

1938年10月参加广西学生军投身抗日。1941年9月在南宁高中就读时加入中国共产党，开展党的秘密地下工作。1943年由于地下党组织遭到反动派严重的破坏，单线联系的党组织关系就此中断。在多次寻找党组织未果的情况下，1943年9月赴贵阳赤水考入上海大夏大学史社系学习，积极寻找党组织为党工作。

抗战胜利后，学校回迁上海。他联系到党组织的成员，并积极参加“反内战、反饥饿、反迫害”民主爱国运动。1947年2月党组织正式批准他重新入党。大学毕业后，在无锡县私立中华中学任教。1948年3月，经党组织安排，来到金山县中学工作。然而，在1948年年底，党组织联系人遭国民党逮捕被杀害，致使他第二次与党组织失去联系。但他始终以党员标准严格要求自己，与进步师生一起开展护校斗争，迎接金山的解放。

金山解放后，他担任金山县中学副校长，从1950年起到1968年担任金山县中学校长。由于个人的历史问题，他经历了多次政治运动，受到不公正的对待。1979年恢复工作，改任金山县中学副校长，直至1984年离休。1982年金山县委恢复了他1947年的党籍，1985年上海市委组织部重新确认了他自1941年以来的党籍。

他对教育工作倾注了毕生的心血，从学校实际出发，细化制订了一系列规章制度，从学校的行政管理、教学管理到后勤管理，从开展各项政治活动到参与教学改革，从开展文体活动到组织学生下乡劳动，他总是身体力行，亲力亲为。他为金山

县中学从一所普通中学升格为重点中学立下了汗马功劳。

教改篇:课改卓有成效　黑陶可见一斑

1978 年,党的十一届三中全会做出党和国家工作重点转移的伟大战略决策,开启了全面改革开放和现代化建设的新历程。改革大潮,激扬起金中师生教育改革之奋进航线。

学校强调对学生的“自重、自学、自理”的培养理念,并将“三自”理念深化为培养学生“会做人、会学习、会生活”的“三会”培养目标。会做人,就是要具有良好的道德品质和文明的行为习惯;会学习,就是要有良好的学习习惯和科学的学习方法;会生活,就是会照顾自己的生活,并能关爱他人。

金中人昂首迈进,在新的办学实践中,逐步形成了“面向全体、打好基础、培养能力、发展特长、提高素质”的办学宗旨,一系列教改措施扎实推进,德育为重、教学领先的特色鲜明,成效如花似锦。

1981 年起,学校遵照上级关于加强劳动教育的有关意见,成立了劳技课改教研组,制订了“课程必修,内容选修;定向培养,学以致用;年级组织,分组活动”的课程实施办法。全校开设了家用电器、园艺、农机修理、兽医、土壤分析、养蜂、剪裁、无线电收发等几十门课程,学生劳技教育扎实红火。

《解放日报》头版以“在校学技术,回家派用场”为标题对金山县中开设劳动技术课作了专题报道,《文汇报》《上海教育》《中学教育》等报纸杂志都先后刊登了有关报道及经验介绍。上海市教委、金山县教育局分别在学校召开现场交流会。上海电视台也录制并在新闻报道中播放了现场会的实况。学校卓有成效的劳技教育经验被载入《中国教育年鉴(1985—1986)》。

尤其值得一提的是“黑陶制作”课程。金山黑陶,诞生于中国新石器时代,是古老的中国制陶技艺,有“黑如漆,声如磬,薄如纸,亮如镜,硬如瓷”的美誉。然而,斗转星移,时代变迁,制陶工艺失传已久。20 世纪 80 年代,金山中学开设了劳动技术课,其中有“黑陶制作”课程。师生同心协力,选用朱泾黑泥,几经挫折,成

图3 栢湖园

功制成陶器。1993年,经政府协调,学校黑陶并入金山农民画院,使得“土与火的艺术,力与美的结晶”的黑陶艺术得以继续发扬光大。如今,在金山中学的栢湖书院内,就陈列着当年师生制作的部分黑陶制品。

学校非常重视学生的心理健康,针对中学生特定阶段容易发生心理不够稳定,受到学习压力及家长期望值过高等诸多因素影响,部分学生急需心理调适之需求,未雨绸缪,开展学生心理辅导,建立了“学生心理咨询室”,编写心理教育教材,开设心理辅导课,开展学生心理调查等。学校根据实践提炼撰写的《农村学生学习心理剖析及其对策》,曾在上海市中小学心理协会第三届年会上作交流发言,产生较大影响。

升格篇:让教育更接地气,培养符合时代精神的新型农村高中学生

金山地处上海远郊,由于社会发展过程中带来的城乡差异,生活环境与文化习俗相对滞后,这就使农村学生在学习上、生活上乃至气质上都不可避免地带有淳朴的乡土气息和农村烙印。

1997年金山撤县建区,学校由之前的“金山县中学”更名为“上海市金山中学”。2000年,上海市教委推出了创建实验性示范性高中的重大举措,学校抓住契机,确立了“培养符合时代精神的新型农村高中学生”的校情化创建主题,提出了“让教育更接地气”的创建策略,开发了一批具有生命力的实验项目。2004年9月1日,学校迁入新址,成为一所上海市高标准现代化寄宿制高中。2007年7月,学校通过创建,被上海市教委命名为上海市实验性示范性高中。

“立德树人”乃重中之重。学校精心提炼的“德育生活化”策略,让学校德育工作贴近学生生活,在潜移默化中提升学生的人生境界。在“德育生活化”策略指导下,围绕“培养符合时代精神的新型农村高中学生”的创建主题,学校开发的创新

项目无不闪烁着针对性、实效性之光华，绚丽多姿。

解读宗教文化。随着农村经济发展，郊区宗教活动有低龄化趋势，针对不少学生随父母参与宗教迷信活动，学校开展“解读宗教文化，做先进文化的实践者”活动。引导学生了解宗教，帮助学生认识宗教与迷信、宗教与邪教、宗教与科学的区别，达到对学生进行无神论教育的目的，引导学生走出宗教。戚佳丹同学撰写的《金山地区巫术残存调查》荣获上海市科学论文二等奖、“远泽杯”全国中学生研究性论文一等奖和华东师范大学“夏雨奖”。

“模拟型家庭”创建。为培养学生的社会责任感，学校充分挖掘社区资源，组织学生与朱泾镇广福街孤寡老人结成“模拟祖孙”，6 至 8 位学生和一位老人组成“模拟家庭”，为老人提供物质帮助和精神陪护。此项活动从 20 世纪 90 年代延续至今，培养了学生关爱老人、孝敬父母的传统美德，提升了责任意识和奉献精神。“模拟型家庭”创建经验被收入《上海市中小学德育特色》一书，同时被中央精神文明办公室收入《未成年人思想道德建设工作创新案例》中。2005 年，学校光荣地获评为全国“保春杯”敬老爱老护老先进集体。

主题辩论与主题演讲。学校结合德育生活化实践，推出“金中杯”主题论辩赛和“思哲杯”主题演讲赛两大品牌项目。组织学生围绕社会热点、教育重点，积极参与班级、年级、学校层层比赛，引导学生关注社会及国内外大事，扩展视野，树立正确的价值判断力，锻炼学生的思辨能力和口头表达能力。《关爱老人是志愿者永恒主题》的演讲登上上海市“中学生世纪论坛”。学生在上海市“我与国防”演讲中多次荣获特等奖。

学校围绕全面推进“二期课改”，提出了“聚焦课改，决战课堂”的行动纲领，开展了“让课精彩每一堂，让教师成长每一天”的常态课诊断活动及“践行课改理念，探索有效教学”的公开教学活动，促进教师由“知识型”向“研究型”转变，提高教师的教学智慧和实践能力。

“问题意识”学习法。学校注重把培养学生的“问题意识”，作为引导学生从“学会”到“会学”的抓手，提出“自读、自研、互研”的学习要求，引导学生在“自读自研—质疑问难—知识顿悟”的过程中学会思考、学会学习。由此改变学生传统的“接受式学习方法”,形成具有创新特色的“自读(发现问题)—自研(分析问题)—互研(讨论问题)—自悟(解决问题)”的“问题意识学习法”。学校开设答疑室,学科教师与优秀学生坐堂,为学生的质疑问难创设条件;教师记录学生的提问次数,并进入学生评价中,通过“评价增值”促进学生学习提问的积极性。“问题意识学习法”的落地,彻底改变了学校教与学的生态,促进了教学质量大幅度提升。

英语环境营造法。学校提出的“英语环境营造法”,乃为充分运用学校资源,在校园营造英语学习的教学物质环境、人文环境、媒体环境和课堂教学环境等因素的综合方法,为学生搭建一个英语学习的大平台,拓宽学生学习英语的时间和空间,在不增加学生英语学习负担的情况下,有效提升学生的英语水平。“英语环境营造法”的有效实践,使英语学科甩掉了薄弱学科的帽子,学生的英语能力得到明显提升,在区、市各类英语竞赛中硕果累累。“英语环境营造法”设计方案《起点·热点·高点》获上海市首届现代学校发展创意设计优秀案例评选高中组一等奖。英语组被上海市总工会命名为上海市红旗班组。

“学研体”和“班研体”建设。班级教学研究,是学校教学研究的最前沿阵地。学校创新推出“学研体”和“班研体”建设。班级中不同学业水平的5—6位学生组成学习研究共同体,一个班级可组建7—8个“学研体”,做到“问题共研、学习互帮、成果共享”,“学研体”成为班级自主学习的高效平台。班主任任组长、任课教师参加的班级教学研究小组活动,使得班级教学管理更具针对性:对各科作业量的控制、班级教学时间的统筹更容易协调,对学习困难生的学习解困更具实效性,从而增强了教学的针对性和学习的主动性,使课堂教学更具活力。

开创篇:让教育充满智慧,培育崇文通理兼具领袖气质和百姓情怀的时代新人

随着教改的深入,学校面临着新的挑战。学校的发展需要新的思考、新的高度。创新人才的培育,是当今社会的一个重要命题。学校顺应时代发展潮流,突破

原有的“县中模式”,将目光聚焦于让每个师生变得更聪明、更富灵气的教改实践,确立了“培育崇文通理兼具领袖气质和百姓情怀的优秀高中生”的育人目标,提出了“让教育充满智慧”的办学思想,开发了一批具有生命力的实践项目。

学校意识到教育本质在于启迪智慧,教育过程是激发智慧的创造性活动,现代教育应以追求专业开发学生的智慧为己任,为学生打造一个智慧型的学习天地。因此,让教育全过程充满智慧,以专业与智慧破解教育的短板与瓶颈,构建起蕴涵金山中学办学理念的“智慧教育链”,引领学校自主发展与高效拓展,是金中人的又一追求。

“智慧教育链”,即以智慧教育的理念引领、构筑起“智慧型管理—智慧型教师—智慧型家长—智慧型学生”的有机组合体。其中,“智慧型教师”与“智慧型学生”是两大主角,“智慧型教师”是关键,“智慧型学生”是归宿,“智慧型管理”及“智慧型家长”则是推波助澜的重要保障,从而形成别具一格的智慧型教育场。

智慧团队建设。智慧教师队伍建设——让学校教育充满智慧,教师是关键。学校着力于打造一支充满智慧的教师队伍,塑智慧教师“尚德”之魂;积极倡导读书文化,聚智慧教师“博学”之气;潜心践行教学改革,育智慧教师“善教”之能;努力促进专业成长,厚智慧教师“深研”之基。在智慧教师团队建设实践中,教师的师德、师术、师艺快速提升,一批教师被评为金山区学科带头人、导师、首席教师和上海市特级教师,有力地推动了学校在新的历史时期的大发展。尤其可圈可点的是读书论坛与教科研年会,至今已分别连续举办了十二届与十八届,已经成为金中提升教师智慧的两大亮丽品牌!

育人品牌打造。“立德树人”是学校教育的主旋律。学校始终把“育德”放在首位,继承学校“德育生活化”传统,融入时代发展的新元素。在德育实践中,精心设计了“十大校园节日文化”,每月举办一次大型活动,寓教于乐,有力地培养了学生自主策划、设计、组织能力,提升了学生的理想、文化、道德境界;学生讲坛、班级迷你舞台秀、金中长廊音乐会、生涯规划指导、学生义工实践、学生德育综合评价等,有力提升了学生的人生境界。

智慧课程建设。学校精心打造智慧课程,形成五大智慧课程体系:“幸福人生”课程群、“领袖气质”课程群、“百姓情怀”课程群、“崇文通理”课程群、“柘湖早荷”课程群。每个课程群均由基础型、拓展型、研究型课程组成。如在理科实验班拓展课设置上,安排“周末名家讲坛”系列课程、国学经典系列课程、物理 KPK 课程、光启学院课程,还有与高校联办课程、与澳大利亚哥伦比亚学院合作的科学英语特色课程,以及得到京剧大师尚长荣盛赞的学校京剧班课程等。在学校“宝塔型”创新人才培育方案指导下,不同基础的学生在相应课程群的学习中各得其所,共同成长。

智慧教学实践。智慧贵行,行于善教。学校在课堂教学的改革实践中,潜心于智慧教学创新,构建“导学导教导课”的教研模式,每周每个备课组推出 1 至 2 节课,集体备课后由一位教师写出学案、教案,并先行上课,课后集体评改学案、教案,并供全组分享。浓厚的教研气氛,提升了教师的教学设计能力,提高了教学效益。学校在“三导”课基础上推出了“三学三研”教学模式,即:教师的课堂角色为“导学、助学、督学”,学生的课堂角色为“自学自研、互学互研、深学深研”。“三学三研”使教师与学生的教与学角色重新定位,教师主导,学生主体,教在关键,学在自主,智慧碰撞,教学相长,提升了课堂教学效益。

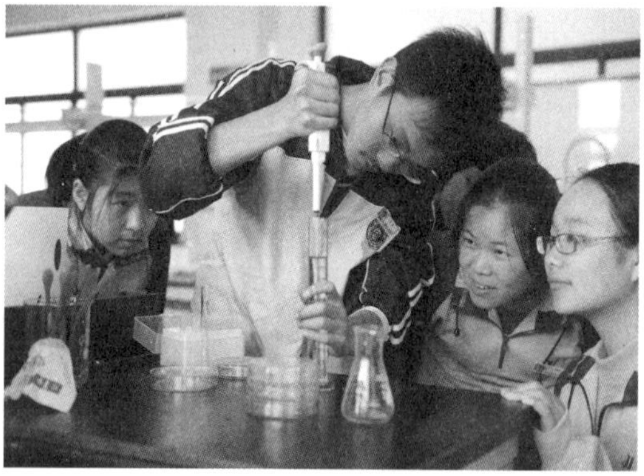

图 4 学生开展实验探究

科技创新教育。科技创新能力,是现代学生基础素养培育中的核心要素。学校在科技创新教育方面迈开大步,取得了丰硕成果。学校成立金山中学学生科学院,精心打造十大创新实验室。建成了科技探索馆,推出了一批科学探索课程。编制科技探索馆套餐任务单,把科技探索馆中的五十多个项目组成十八个套餐,学生可根据自己的知识基础、兴趣爱好自主选择。学校的科技创新教育,有力地提高了学生的实践创新能力,培养了学生追求真知、追求真理的科学精神。学校连续多年获得上海市科技教育特色示范学校称号。

智慧校园建设。学校顺应信息科技发展的时代潮流,潜心打造"智慧校园"。"智慧校园"亮点迭出,先后建成信息化应用管理平台,含有学情分析系统、网上阅卷系统等;建成信息化应用学习平台,含有智慧课堂平台、在线课程平台等,帮助学生开展基于平台的自学自研和教师在线辅导,改变了教师的教学方法与学生的学习方式,"让教育充满智慧"的办学理念落地生根。尤其是学校被上海市教育委员会确定为上海市教育信息化应用标杆培育校,更使学校的智慧教育如虎添翼。

民族教育新篇。从 2006 年 8 月起,学校接受上海市府委托,开始承办内地新疆高中班。学校专门成立新疆部,毗邻新校舍征地新建新疆班学生宿舍和清真食堂。十多年来,新疆部始终秉承"德育为先、育人为本"的宗旨,本着因材施教原则,遵循新疆班学生身心发展规律,以文化融合为主渠道,注重多元价值观背景下的价值引导,以有效教学为突破口,营造良好的学习环境,逐步形成"融合教育"为特色的德育模式,以"适应性教学"为重点的教学模式,被上海市教委认定为上海唯一一所推进新疆班混班教学工作的试点学校。

金中教育集团。2016 年 10 月 24 日,学校与西林中学联手组成金中教育集团,进一步深化教育综合改革,满足金山拓展优质多样教育资源的需求,开展初高中集团化办学的探索。集团在教育理念、课程开发、学生培养、师资建设、特色创建、文化创建等方面开展合作交流,实现共建、共进、共享、共荣。集团以"智慧教育""赏识教育"为核心理念,通过项目推进,建立集团内合理的教育资源配置机制,构建初高中教师一体化发展平台,形成可借鉴、可复制、可推广的初高中集团化办学模式。

学校对外交流。十多年来,学校加大对外交流的力度,不断打破围墙,汲取中外优质教育资源之智慧,触发优质办学的新思考,推动学校的新发展。先后与上海市位育中学结成姊妹学校;与云南普洱一中结成友好学校;与江苏、浙江、山东、辽宁、河北、北京、天津等省市学校组成了五省三市八校重点高中联盟;与新加坡德明中学、德国 WHG 中学等学校签约成为合作交流学校，使师生眼界不断扩大，教育思考更有深度，办学创新更有力度。金中的智慧教育正从区内走向全国乃至世界，走向更加广阔的天地。

图 5　今日之金山中学

今天，学校已站在上海市实验性示范性高中建设的平台。在新的起点，金中人提出了“把学校办成上海一流、全国知名、融入世界的科学高中”的新的办学目标。相信金中人以智慧教育理念为引领，深耕智慧教育梦想，一路播撒，一路收获，师生携行，将挺立于时代潮头！

后记

历史,总是在一些特殊年份给人们以汲取智慧、继续前行的力量。《足迹——上海教育故事》一书从酝酿、策划到最终编辑出版成书前后历经了近八年之久,成稿有先有后,终于在庆祝中华人民共和国成立70周年时正式出版。

上海,作为中国近现代教育的发祥地,孕育了一批办学历史悠久,具有先进的办学理念、独特的办学模式和特色,为培养栋梁之材奠定基础的中小学校。以上海教育丛书编委会名义推出的这套书就力图通过梳理这些学校在近百年上海教育发展史上做出过的贡献、留下的重要足迹和创造的大量经验,窥一斑而知全豹,以对推动中国经济社会发展的这些学校做个粗略的勾勒与白描,力求记录上海教育现代化发展的足迹,作为研究者的索引,借鉴者的概览。

但是要以有限的篇幅,从历史的纵深和时代的视角来梳理学校几十年来的实践经验、名师名家、发展成就并不是一件容易的事。幸而本书在编写过程中,得到了百余所中小学校的倾力供稿、大力支持,在此表示由衷的感谢!也向为本书的审稿修改和编辑出版付出大量心血的朋友们致以诚挚的谢意!

本书中所介绍的学校仅仅是上海教育发展历史上的一小部分,难免挂一漏万,在推动上海教育率先实现现代化的进程中,每一所学校都是宝贵的财富。上海教育丛书编委会还将持续关注这一选题,适时推出后续的专辑以飨读者。

今年是中华人民共和国成立70周年,站在历史的交汇点上,上海教育面临着新的机遇,也将迎来新的挑战。率先实现教育现代化,迈向教育综改深水区处处急流,步步艰难。希望更多的学校能从书里所展现的这些"足迹"中汲取勇往直前、敢为人先、砥砺奋进的精神与力量,抓牢历史机遇,突破瓶颈;立足本土需求,审时度势;坚持内涵发展,务实创新;矢志追求卓越,开放多元,不忘初心,牢记使命,共同推动新时代教育事业的发展驶向新的航程,乘风破浪!

上海教育丛书

反映先进教育思想和实践经验　传播教育教学智慧

体现上海教育改革发展的成果　引领教育教学改革

1994年

上海普通教育史(1949—1989)　17.20元

吕型伟　主编

为了未来——我的教育观　17.00元

吕型伟　著

1995年

耕耘散记　10.00元

方仁工　著

语文教学新探——"双分"教学的理论与实践　9.00元

陆继椿　著

听力残疾儿童的语言教学　12.00元

银春铭　编著

班主任日记　7.90元

黄静华　著

1996年

和校长教师谈教学　9.00元

陆善涛　著

语文教学与智力发展　7.50元

周寿仁　著

幼儿心理素质教育　9.50元

高志方　著

小学生心理辅导札记　10.00元

毛蓓蕾　著

1997 年

我和愉快教育 10.00 元

倪谷音　著

以物讲理和见物思理——谈谈中学物理的教与学 12.60 元

唐一鸣　著

语文教学谈艺录 10.80 元

于　漪　著

青春期教育的实施 11.80 元

姚佩宽　著

幼教改革新探——“幼儿园综合性主题教育”探微 9.80 元

倪冰如　赵　赫　著

学校家长工作 9.30 元

高　峰　著

沿着未知的道路漫游——上海的 OM 活动 9.00 元

陈伟新　陈玲菊　著

中学化学教与学的优化 10.50 元

何吉飞　著

少先队的自动化 14.70 元

段　镇　沈功玲　著

我教化学课 13.30 元

黄有诚　著

1998 年

走进幼儿绘画世界 9.50 元

李慰宜　著

文言文的教与学 12.50 元

卢　元　著

家庭教育心理 11.00 元

吴锦骠　郭德峰　著

开发潜能　发展个性 10.80 元

恽昭世　著

注重方法　自我发展——谈谈物理尖子学生的培养 13.50元

　张大同　曹德群　著

情系操场 12.70元

　李华丰　著

物理实验创造技法和实验研究 11.50元

　冯容士　陈燮荣　著

探索中学英语教学成功之路 8.80元

　陈少敏　著

思想品德课教学原则与方法 9.30元

　顾志鸣　张振芝　著

培养数学思维能力的探索 17.90元

　陈振宣　著

爱的奉献——工读耕耘手记 8.85元

　周长根　著

集体的组织与培养——少先队工作回忆笔记 9.60元

　刘元璋　著

献给孩子们的歌 8.00元

　严金萱　著

中学历史课堂教学方法研究 14.00元

　朱光明　著

1999年

幼儿园"生存"课程的研究 12.70元

　姜　勇　徐　刚　著

育人之路二十载——大同中学教改纪实 9.30元

　王世虎　陈德生　张浩良　徐志雄　著

心与心的交流——走进小学语文教学的艺术殿堂 8.50元

　张平南　著

中学数学思想方法的教学 13.00元

　戴丽萍　著

跳跃的音符——唱游教学 10.50元

　陈蓓蕾　著

和青年教师谈语文教学 11.00 元

钱梦龙 著

让思想政治课充满活力 8.30 元

浦以安 著

中、外幼儿教育的比较与实践 10.40 元

钱 文 封莉容 主编

数学教师札记 12.50 元

胡松林 著

青浦实验启示录 11.00 元

顾泠沅 郑润洲 李秀铃 编

学会参与 走向未来 14.00 元

张雪龙 著

感悟生命——谈中学生物的教与学 7.10 元

王璩玛 著

2000 年

农村教育综合改革与燎原计划 12.70 元

俞恭庆 著

小学科技活动课探索 9.50 元

刘炳生 著

面向市场 主动适应——上海市竖河职校办学之路 9.30 元

黄应义 著

绿色教育——中学环境教育的实践与认识 12.40 元

周大来 著

2002 年

为了未来——我的教育观(续集) 26.00 元

吕型伟 著

校舍建设 50 载 25.00 元

刘期泽 著

2003 年

小班化教育 16.00 元

毛 放 著

幼儿园“生存”课程的实践　14.00 元

吴荷芬　主编

岁月如歌——上海世界外国语小学的成长故事　20.00 元

王小平　钱佩红　著

从第二课堂走来——尚文中学教改纪实　13.00 元

毛懿飞　管彦丰　吴端辉　著

2004 年

课堂，走向儿童——上海市实验小学开放教育再探　16.00 元

杨　荣　等著

2005 年

残障儿童心理生理教育干预案例研究　14.00 元

何金娣　贺　莉　编著

继承传统　直面挑战——上海市省吾中学德育工作纪实　15.00 元

陆雪琴　陈佩云　陈炳福　胡侣元　编著

2006 年

理想与现实——我的教育实践　12.00 元

李汉云　著

情理相融创和谐——我当校长 20 年　15.00 元

李首民　著

2007 年

把德育过程还给学生——黄浦区德育工作纪实　16.00 元

曹跟林　李　峻　毛裕介　著

学校课程领导与教师群体发展——上海市长宁区初级职业技术学校的研究与实践　17.00 元

夏　峰　沈　立　编著

女校·女生　25.00 元

徐永初　主编

探究学习与教师行为改善　29.50 元

吴子健　编著

当好大队辅导员　21.00 元

洪雨露　著

2008 年

有效教研——基础教育教研工作导论　49.00 元

赵才欣　著

现代学校解读与建构　42.00 元

赵连根　等著

2009 年

语文名篇诵读　46.00 元

唐婷婷　著

用现在竞争将来——上海市南湖职业学校围绕市场办学的实践　40.00 元

张云生　等著

搏动的讲台——我教思想政治课　35.00 元

秦　璞　著

资优生教育——乐育菁英的追求　52.00 元

唐盛昌　著

2010 年

未成年学生不良行为的发现与教育调适　30.00 元

杨永明　等著

园长的故事——幼儿园领导与管理案例　48.00 元

何幼华　郭宗莉　黄　铮　编著

视障教育——上海盲校百年印证　57.00 元

徐洪妹　编著

愉快学习　有效课堂——愉快教育学科学习设计的实践　47.00 元

徐承博　等著

让每个学生在创造实践中成长　44.00 元

芮仁杰　丁　姗　著

走进游戏　走近幼儿　49.00 元

徐则民　洪晓琴　编著

我的语文修炼　35.00 元

王雅琴　著

2011 年

有效教学——金山区课堂教学实践写实　38.00 元

徐　虹　等著

教学生活得像个“人”——我的大语文教学　52.00 元

黄玉峰　著

寻找适合每个学生发展的教育之路——徐汇教育优质均衡发展改革纪实　33.00 元

王懋功　等著

志高者能远行　50.00 元

鲍贤俊　著

满足儿童需要　成就幸福童年　35.00 元

郭宗莉　著

学校体育之心语　37.00 元

徐阿根　著

2012 年

陈鹤琴与上海教育　49.00 元

上海市陈鹤琴教育思想研究会　著

腾飞于沃土　39.00 元

任淑秋　刘夏亮　朱　瑛　编著

语文教学谈艺录(修订本)　36.00 元

于　漪　著

科技星星在这里闪烁　36.00 元

卢晓明　著

舞蹈追梦　57.00 元

胡蕴琪　著

治一校若烹小鲜　49.00 元

卞松泉　著

后“茶馆式”教学　43.00 元

张人利　著

2013 年

缔造未来 60.00 元

陈白桦　等著

家庭教育精选百例 35.00 元

仲立新　唐洪平　编著

段力佩与育才中学 34.00 元

陈青云　编著

“人之为人”的教育追求——我的育人思想与办学实践 46.00 元

仇忠海　著

赵宪初与南洋模范 37.00 元

高　屹　李雄豪　等编著

见证变革——站在上海基础教育转折点上 54.00 元

尹后庆　著

2014 年

重规范　强实践　求创新——上海市全面实施中小幼见习教师规范化培训纪实 48.00 元

上海市见习教师规范化培训项目组　编著

陶行知与上海教育 52.00 元

屠　棠　编著

口述教改——地区实验或研究纪事 38.00 元

顾泠沅　著

走向新优质——“新优质学校推进”项目指导手册 45.00 元

胡兴宏　主编

墙外开花墙内香——委托管理与成功教育 40.00 元

刘京海　著

生态寻梦——崇明县生态教育写真 39.00 元

黄　强　主编

2015 年

激发成长自觉——“中和位育”引领的求索之路 48.00 元

张建中　主编

2016 年

师道　匠心——特级教师给学生、家长和教师的 60 堂公开课　72.00 元
上海市特级教师联谊会　上海教育杂志社　编著

上海课程改革 25 年(1988—2013)　49.00 元
孙元清　徐淀芳　张福生　赵才欣　著

空间引发的学习变革——上海市市西中学“思维广场”解码　38.00 元
董君武　方秀红　等著

中学化学教学设计　54.00 元
叶佩玉　著

2017 年

让孩子表现自己　让教师发现孩子——以幼儿自主学习为核心的低结构活动探索　52.00 元
郑惠萍　编著

宝宝心语　39.80 元
茅红美　主编

让每个学生创意翱翔——头脑奥林匹克活动 30 年　49.00 元
陈伟新　叶品元　等著

教育剧场——女中的创新课程　36.00 元
徐永初　主编

上海教研素描——转型中的基础教育教研工作探讨　34.00 元
陆伯鸿　著

让每一个孩子成为与众不同的自己　40.00 元
徐　红　著

名师之路——上海市“双名工程”的探索与实践　68.00 元
上海市教师专业发展工程领导小组　著

在玩中与科技结缘——科技幼儿园的办园追求与实践　45.00 元
高一敏　著

特色之路——上海民办中小学发展历程　36.00 元
胡　卫　主编

2018 年

行进在上海数学课程改革路上　35.00 元
邱万作　著

修炼(上、下)——百位特级谈教师专业成长 108.00 元

上海市特级教师特级校长联谊会　上海教育杂志社　编

教育信息化——走进自适应学习时代 46.00 元

张　治　等著

DIS,上海创造——数字化实验系统研发纪实 76.00 元

冯容士　李　鼎　著

教育中的情和爱——儿童、青少年情感发展与教育研究 40 年 50.00 元

梅仲孙　著

新优质学校设计 43.00 元

胡兴宏　汤林春　主编

2019 年

铺路——让学生有更好的发展 48.00 元

邬宪伟　著

小学生社会情绪能力养成教育设计 38.00 元

曹坚红　著

发现 理解 支持——指向个性化教育支持的幼儿发展评价实践 42.00 元

温剑青　编著

满眼繁花——一个语文教师的成长手记 38.00 元

郑朝晖　著

足迹(上、下)——上海教育故事 198.00 元

《上海教育丛书》编委会　主编